Feiter · Steuerberatervergütungsverordnung Kommentar

Steuerberater-vergütungsverordnung

Kommentar

4., erweiterte und vollständig neubearbeitete Auflage

Bearbeitet von

Dr. Gregor Feiter
Rechtsanwalt
Hauptgeschäftsführer der
Steuerberaterkammer Düsseldorf

unter Mitarbeit von

Anja Heister
Bezirksrevisorin FG Düsseldorf

Lefebvre Stollfuß

Zitierweise:
Feiter, StBVV Kommentar, 4. Aufl. 2025, Rz. ...

Bibliografische Information der Deutschen Nationalbibliothek
Die Deutsche Nationalbibliothek verzeichnet diese Publikation in der Deutschen Nationalbibliografie; detaillierte bibliografische Daten sind im Internet über http://dnb.d-nb.de abrufbar.

ISBN: 978–3-08–319403-3

Satz: mediaTEXT Jena GmbH, Jena
Druck und Verarbeitung: Plump Druck & Medien GmbH, Rheinbreitbach
Verlag: Stollfuß Verlag – Zweigniederlassung der Lefebvre Sarrut GmbH, Bundeskanzlerplatz 2, 53113 Bonn

Gedruckt auf 100 % FSC-zertifiziertem Papier

Vorwort zur 4. Auflage

Seit der 3. Auflage im August 2020 hat es eine Vielzahl von Änderungen im Vergütungsrecht gegeben, die eine Neuauflage geboten erscheinen lassen. Es handelt sich im Einzelnen um

- das Sanierungs- und Insolvenzrechtsfortentwicklungsgesetz (SanInsFOG) mit Änderungen zum 1.1.2021 u.a. im Vergütungsrecht für Insolvenzverwalter und neuen Tätigkeiten als Sanierungsberater und Restrukturierungsbeauftragter,
- das Kostenrechtsänderungsgesetz (KostRÄG) 2021, das am 1.1.2021 in Kraft getreten ist mit einer Erhöhung der RVG-Gebühren sowie Änderungen im Vergütungsrecht der Sachverständigen,
- das Gesetz zur Förderung verbrauchergerechter Angebote im Rechtsdienstleistungsmarkt (sog. Legal-Tech-Gesetz), das am 1.10.2021 in Kraft getreten ist und Änderungen beim Erfolgshonorar (§ 9a StBerG) gebracht hat,
- die am 18.6.2022 in Kraft getretene Vierte Verordnung zur Änderung der Steuerberatervergütungsverordnung mit einem neuen Gebührentatbestand in § 24 Abs. 1 Nr. 11a StBVV für „Grundsteuererklärungen",
- das Gesetz zur Neuregelung des Berufsrechts der anwaltlichen und steuerberatenden Berufsausübungsgesellschaften sowie zur Änderung weiterer Vorschriften im Bereich der rechtsberatenden Berufe, das zum 1.8.2022 einige überwiegend redaktionelle Änderungen (u.a. §§ 1 Abs. 2, 21 Abs. 2 StBVV) in der StBVV erforderlich machte,
- die Bürokratieentlastungsverordnung, die am 14.12.2024 in Kraft getreten ist und Erleichterungen bei der Berechnung vorsieht (Textform).
- Am 1.6.2025 ist das Kosten- und Betreuervergütungsrechtsgesetz (KostBRÄG) 2025 in Kraft getreten, das eine Erhöhung bei den RVG-Gebühren vorsieht (Wertgebühren ca. 6 %, Betragsrahmengebühren ca. 9 %). Von dieser Erhöhung profitieren auch Steuerberater, wenn sie nach RVG abrechnen, insbesondere in außergerichtlichen Rechtsbehelfs- und Klageverfahren. Das KostBRÄG 2025 sieht darüber hinaus auch Veränderungen bei der Vergütung von bestimmten vereinbaren Tätigkeiten vor, z.B. als Betreuer und Sachverständiger.
- Zuletzt sind durch die Fünfte Verordnung zur Änderung der Steuerberatervergütungsverordnung mit Wirkung zum 1.7.2025 wichtige Änderungen in Kraft getreten, u.a. Gebührenerhöhungen von rund 6 % bei den Tabellen A bis D sowie von rund 9 % bei der Zeitgebühr in § 13 Satz 2 StBVV und den Betragsrahmengebühren in § 34 StBVV. Der Zeittakt in § 13 Satz 2 StBVV wurde von einem angefangenen Halbstundentakt auf einen angefangenen Viertelstundentakt umgestellt. Daneben wurden neue Gebührentatbestände geschaffen (z.B. für einen Antrag auf verbindliche Auskunft, die Mitteilung elektronischer Aufzeichnungssysteme und die Mindeststeuererklärung) sowie einige klarstellende (z.B. §§ 3 Satz 2, 33 Abs. 6 StBVV) und redaktionelle Änderungen (z.B. § 40 StBVV) vorgenommen. Besonders praxisrelevant sind die Änderungen im Recht der Vergütungsvereinbarung. Die Regelungen der StBVV sind noch stärker an die Vorschriften des RVG angeglichen worden. Dies zeigt sich durch den Wegfall des § 14 StBVV (Pauschalvergütungsvereinbarung), die Änderungen in § 4 Abs. 1 Satz 1 und 2 StBVV und die Schaffung neuer Vorschriften in § 4a StBVV und § 4b StBVV. Ob die Vergütung noch nach altem oder schon nach neuem Recht zu berechnen ist, richtet sich nach der neu gefassten Übergangsvorschrift des § 41 StBVV.

Die äußere Aufmachung des Werkes mit einem festen Einband ist unverändert geblieben. Zunächst wird ein Gesamtüberblick zum Vergütungsrecht sowie zu angelehnten Themenbereichen gewährt. In einer Einführung zum Vergütungsrecht werden grundsätzliche Begriffsbestimmungen vorgenommen und zivilrechtliche Fragen erläutert (Steuerberatungsvertrag, Verjährungsfragen, Belehrungspflichten, Rückforderungs- und Schadensersatzansprüche, Maßnahmen zur Sicherung des Honoraranspruchs bei drohender Insolvenz etc.). Danach wird jede Vorschrift der Steuerberatervergütungsverordnung im Einzelnen und unter Berücksichtigung der seit der letzten Auflage ergangenen Rechtsprechung und der veröffentlichten Fachliteratur vollständig kommentiert. Die Kommentierungen enthalten vorangestellt den amtlichen Verordnungstext und sind absatzweise bzw. satzweise aufgebaut. Zahlreiche Beispiele und Hinweise ergänzen die Kommentierungen und stellen damit einen direkten Praxisbezug her.

Angelehnte Themenbereiche, wie z.B. vereinbare Tätigkeiten oder Erfolgshonorarvereinbarungen, werden anschließend erläutert. Daneben enthält das Werk zahlreiche Muster, z.B. einen Steuerberatungsvertrag, verschiedene Muster für Vergütungsvereinbarungen, jeweils mit Erläuterungen, und ein A – Z der Streitwerte der Finanzgerichtsbarkeit, das von Frau Anja Heister vollständig überarbeitet und neu kommentiert wurde.

Am Ende des Werkes sind die amtlichen Gebührentabellen abgedruckt. Um dem Praktiker die zielgenaue Suche zu erleichtern, wurde das ohnehin schon umfangreiche Stichwortverzeichnis um weitere Stichworte ergänzt.

Das Werk dient vornehmlich Steuerberatern, Steuerbevollmächtigten und Berufsausübungsgesellschaften, aber auch allen sonstigen zur unbeschränkten Hilfeleistung in Steuersachen befugten Personen und Gesellschaften, wie z.B. Wirtschaftsprüfern oder vereidigten Buchprüfern, bei der Erstellung von Gebührenrechnungen. Angesprochen sind auch Rechtsanwälte, die ihre Mandanten in gebührenrechtlichen Angelegenheiten beraten und vertreten sowie Zivilgerichte aller Instanzen, die über gebührenrechtliche Streitigkeiten zu befinden haben. Genauso können steuerlich interessierte Privatpersonen anhand des Werkes ihre Steuerberaterrechnungen prüfen.

Düsseldorf, im August 2025 Dr. Gregor Feiter

Inhaltsverzeichnis

Seite

Literaturverzeichnis

Berners	Praxiskommentar Steuerberatervergütungsverordnung, Herne/Berlin, 6. Aufl. 2020;
Brummer	Gebührenverordnung für Steuerberater, Münsing, 10. Aufl. 2010;
Eckert	Steuerberatervergütungsverordnung, München, 7. Aufl. 2023 (zitiert: Bearbeiter in Eckert);
Eggesiecker	Honorar für Steuerberatung, Bonn/Berlin, 2. Aufl. 1998;
Feiter	360° StBVV eKommentar, Bonn;
Gerold/Schmidt/ von Eicken u.a.	Rechtsanwaltsvergütungsgesetz, München, 26. Aufl. 2023 (zitiert: Bearbeiter in Gerold/Schmidt);
Grüneberg,	Bürgerliches Gesetzbuch, München, 84. Aufl. 2025 (zitiert: Grüneberg);
Hartung/Schons/ Enders	Rechtsanwaltsvergütungsgesetz, München, 3. Aufl. 2017;
Hinne/Klees/ Müllerschön/ Winkler/Zastrow	Vereinbarungen mit dem Mandanten, Baden-Baden, 5. Aufl. 2022 (zitiert: Bearbeiter in Hinne/Klees/Müllerschön/Winkler/ Zastrow);
Jost	Vergütungs- und Kostenrecht im FG- und BFH-Verfahren, Berlin, 7. Aufl. 2024;
Koslowski	Steuerberatungsgesetz, München, 8. Aufl. 2022;
Kuhls u.a.	Steuerberatungsgesetz, Herne/Berlin, 4. Aufl. 2020 (zitiert: Bearbeiter in Kuhls u.a.);
Meyer/Goez/ Schwamberger	Steuerberatervergütungsverordnung, Berlin, 11. Aufl. 2023 (zitiert: Bearbeiter in Meyer/Goez/Schwamberger);
Mittelsteiner/Scholz	Steuerberatergebührenverordnung, Heidelberg, 5. Aufl. 2002;
ohne Herausgeber	Bonner Handbuch der Steuerberatung, Loseblatt, Bonn;
Schneider	Fälle und Lösungen zum RVG, Bonn, 6. Aufl. 2023;
Schneider/Volpert	AnwaltKommentar RVG, Bonn, 9. Aufl. 2021 (zitiert: Bearbeiter in Schneider/Volpert);
Toussaint	Kostenrecht, München, 55. Aufl. 2025;
Warttinger/Zimmer- mann/Keller	Gebührenrecht für Steuerberater, Wiesbaden 2008.

Abkürzungsverzeichnis

a.A.	andere Ansicht
AAB	Allgemeine Auftragsbedingungen
AAG	Aufwendungsausgleichsgesetz
abl.	ablehnend
Abl.EU	Amtsblatt der Europäischen Union
Abs.	Absatz
Abschn.	Abschnitt
AdV	Aussetzung der Vollziehung
AE	Ausländische Einkünfte/Nicht zu berücksichtigende Gewinnminderungen bei Auslandsbeteiligungen (Anlage zu Körperschaftsteuererklärungen)
a.E.	am Ende
a.F.	alte Fassung
AfA	Absetzung für Abnutzung
AfaA	Absetzung für außergewöhnliche technische und wirtschaftliche Abnutzung
AG	1. Amtsgericht; 2. Aktiengesellschaft
AGB	Allgemeine Geschäftsbedingungen
AktG	Aktiengesetz
AllGO	Allgemeine Gebührenordnung für die wirtschaftsprüfenden sowie wirtschafts- und steuerberatenden Berufe
Alt.	Alternative
ÄndG	Änderungsgesetz
ÄndVO	Änderungsverordnung
Anh.	Anhang
Anm.	Anmerkung
AnwBl	Anwaltsblatt (*Zeitschrift*)
AnwG	Anwaltsgerichtshof
AnwSt	Senat für Anwaltssachen beim Bundesgerichtshof
AnwZ	Senat für Anwaltssachen beim Anwaltsgerichtshof
AO	Abgabenordnung
Art.	Artikel
ASC II-Format	Accounting Standards Codification II-Format
AUEV	Vertrag über die Arbeitsweise der Europäischen Union
Aufl.	Auflage
AUS	Ausländische Einkünfte und Steuern (Anlage zur Einkommensteuererklärung)
BAFA	Bundesamt für Wirtschaft und Ausfuhrkontrolle
BAG	Bundesarbeitsgericht
BAnz	Bundesanzeiger
BB	Betriebs-Berater (*Zeitschrift*)
BDSG	Bundesdatenschutzgesetz
BerHG	Gesetz über Rechtsberatung und Vertretung für Bürger mit geringem Einkommen
Beschl.	Beschluss
betr.	betreffend
BewG	Bewertungsgesetz
BfA	Bundesversicherungsanstalt für Angestellte
BFH	Bundesfinanzhof
BFH/NV	Sammlung aller amtlich nicht veröffentlichten Entscheidungen des Bundesfinanzhofs
BGB	Bürgerliches Gesetzbuch

BGBl.	Bundesgesetzblatt
BGH	Bundesgerichtshof
BGHSt	Entscheidungen des Bundesgerichtshofs in Strafsachen
BGHZ	Entscheidungen des Bundesgerichtshofs in Zivilsachen
BilMoG	Bilanzrechtsmodernisierungsgesetz
BiRiLiG	Bilanzrichtliniengesetz
BMF	Bundesministerium der Finanzen
BMJ	Bundesministerium der Justiz
BMJV	Bundesministerium der Justiz und für Verbraucherschutz
BORA	Berufsordnung für Rechtsanwälte
BOStB	Berufsordnung der Bundessteuerberaterkammer
BP	1. Betriebsprüfung 2. Betriebsprüfer
BPO	Betriebsprüfungsordnung (Steuer)
BRAK	Bundesrechtsanwaltskammer
BRAK-Mitt.	Mitteilungsblatt der Bundesrechtsanwaltskammer (*Zeitschrift*)
BRAO	Bundesrechtsanwaltsordnung
BRAGO	Bundesgebührenordnung für Rechtsanwälte
BR-Drucks.	Bundesrats-Drucksache
BSG	Bundessozialgericht
BStBK	Bundessteuerberaterkammer
BStBl	Bundessteuerblatt
BT-Drucks.	Bundestags-Drucksache
Buchst.	Buchstabe
BVerfG	Bundesverfassungsgericht
BVerfGE	Entscheidungen des Bundesverfassungsgerichts
BVerwG	Bundesverwaltungsgericht
bzw.	beziehungsweise
d.h.	das heißt
DB	Der Betrieb (*Zeitschrift*)
DDG	Digitale Dienste Gesetz
DEÜV	Datenerfassungs- und -übermittlungsverordnung
DFÜ	Datenfernübertragung
DiFin	Digitaler Finanzbericht
DL-InfoV	Dienstleistungs-Informationspflichten-Verordnung
DStR	Deutsches Steuerrecht (*Zeitschrift*)
DStRE	Deutsches Steuerrecht Entscheidungsdienst (*Zeitschrift*)
DStRK	DStR kurzgefasst: DStRK: steuerrechtliche Rechtsprechung kurzgefasst – (*Zeitschrift, vormals SteuK*)
DStZ	Deutsche Steuer-Zeitung (*Zeitschrift*)
DStZ/E	Deutsche Steuer-Zeitung Eildienst (*Zeitschrift)*
DSWR	Datenverarbeitung Steuer, Wirtschaft und Recht (*Zeitschrift*)
DV	Durchführungsverordnung
DVR	Deutsche Verkehrsteuer-Rundschau (*Zeitschrift*)
DVStB	Verordnung zur Durchführung der Vorschriften über Steuerberater, Steuerbevollmächtigte und Steuerberatungsgesellschaften
eAU	elektronischen Arbeitsunfähigkeitsbescheinigung
EDV	elektronische Datenverarbeitung
EFG	Entscheidungen der Finanzgerichte (*Zeitschrift*)
EG	1. Ehrengericht 2. Europäische Gemeinschaft
EGBGB	Einführungsgesetz zum Bürgerlichen Gesetzbuch
EhrRiEG	Gesetz über die Entschädigung der Ehrenamtlichen Richter
EHUG	Gesetz über elektronische Handelsregister und Genossenschaftsregister sowie Unternehmensregister

ELBA	Elektronische Bilanzabgabe
ErbSt	Erbschaftsteuer
ErbStDV	Erbschaftsteuer-Durchführungsverordnung
ErbStG	Erbschaftsteuer- und Schenkungsgesetz
ESt	Einkommensteuer
EStDV	Einkommensteuer-Durchführungsverordnung
EStG	Einkommensteuergesetz
EStR	Einkommensteuer-Richtlinie
etc.	et cetera
EuGH	Europäischer Gerichtshof
EuGHE	Entscheidungssammlung des Europäischen Gerichtshofs
EuGVVO	Verordnung über die gerichtliche Zuständigkeit und die Anerkennung und Vollstreckung von Entscheidungen in Zivil- und Handelssachen
EuSCVO	Verordnung zur Einführung eines Europäischen Verfahrens für geringfügige Forderungen (Small Claims-Verordnung)
e.V.	eingetragener Verein
evtl.	eventuell
EWiR	Entscheidungen zum Wirtschaftsrecht (*Zeitschrift*)
f.	folgend
FA	Finanzamt
FamFG	Gesetz über das Verfahren in Familiensachen und in den Angelegenheiten der freiwilligen Gerichtsbarkeit
ff.	fortfolgende
FG	Finanzgericht
FGG	Gesetz über die Angelegenheiten der freiwilligen Gerichtsbarkeit
FGO	Finanzgerichtsordnung
FinVermV	Verordnung über die Finanzanlagenvermittlung
Fn.	Fußnote
GDPdU	Grundsätze zum Datenzugriff und zur Prüfbarkeit digitaler Unterlagen
gem.	gemäß
GewO	Gewerbeordnung
GewSt	Gewerbesteuer
GewStDV	Gewerbesteuer-Durchführungsverordnung
GewStG	Gewerbesteuergesetz
GG	Grundgesetz für die Bundesrepublik Deutschland
ggf.	gegebenenfalls
GKG	Gerichtskostengesetz
GI	Gerling Informationen für wirtschaftsberatende, rechts- und steuerberatende Berufe (*Zeitschrift*)
gl.A.	gleicher Ansicht
GmbH	Gesellschaft mit beschränkter Haftung
GoB	Grundsätze ordnungsgemäßer Buchführung
GoBD	Grundsätze zur ordnungsmäßigen Führung und Aufbewahrung von Büchern, Aufzeichnungen und Unterlagen in elektronischer Form sowie zum Datenzugriff
GoBS	Grundsätze ordnungsmäßiger DV-gestützter Buchführungssysteme
GrESt	Grunderwerbsteuer
GrEStG	Grunderwerbsteuergesetz
GrSt	Grundsteuer
GrStG	Grundsteuergesetz
GuV	Gewinn- und Verlustrechnung

GVG	Gerichtsverfassungsgesetz
HFR	Höchstrichterliche Finanzrechtsprechung (*Zeitschrift*)
HGB	Handelsgesetzbuch
HLBS	Hauptverband der landwirtschaftlichen Buchstellen und Sachverständigen e.V.
h.M.	herrschende Meinung
HOAI	Honorarordnung für Architekten und Ingenieure
Hrsg.	Herausgeber
i.d.F.	in der Fassung
i.d.R.	in der Regel
IDW	Institut der Wirtschaftsprüfer Deutschlands e.V.
i.E.	im Ergebnis
i.H.v.	in Höhe von
INF	Information über Steuer und Wirtschaft (*Zeitschrift*)
inkl.	inklusive
InsO	Insolvenzordnung
i.S.d.	im Sinne der/des
i.S.v.	im Sinne von
InsVV	Insolvenzrechtliche Vergütungsverordnung
i.V.m.	in Verbindung mit
InvStG	Investmentsteuergesetz
JStG	Jahressteuergesetz
JuS	Juristische Schulung (*Zeitschrift*)
JVEG	Justizvergütungs- und -entschädigungsgesetz
KG	1. Kommanditgesellschaft; 2. Kammergericht
KonTraG	Gesetz zur Kontrolle und Transparenz im Unternehmensbereich
KostO	Gesetz über die Kosten in Angelegenheiten der freiwilligen Gerichtsbarkeit
KostREuroUG	Gesetz zur Umstellung des Kostenrechts und der Steuerberatergebührenverordnung auf Euro
KostRMoG	Kostenrechtsmodernisierungsgesetz
KP	Kanzleiführung Professionell (*Zeitschrift*)
krit.	kritisch
KSO	Einkünfte aus Kapitalvermögen, Anrechnung von Steuern (Anlage zur Einkommensteuererklärung)
KStG	Körperschaftsteuergesetz
KStR	Körperschaftsteuer-Richtlinie
KV	Kostenverzeichnis
KV-GKG	Kostenverzeichnis zum Gerichtskostengesetz
KWG	Kreditwesengesetz
LG	Landgericht
Ls	Leitsatz
LSG	Landessozialgericht
LuftVStG	Luftverkehrsteuergesetz
MaBV	Makler- und Bauträgerverordnung
MDR	Monatsschrift für Deutsches Recht (*Zeitschrift*)
m.E.	meines Erachtens
MicroBilG	Kleinstkapitalgesellschaften-Bilanzrechtsänderungsgesetz
Mio	Millionen
MMR	Zeitschrift für das Recht der Digitalisierung, Datenwirtschaft und IT *(Zeitschrift)*
m.w.N.	mit weiteren Nachweisen
n.F.	neue Fassung
NJW	Neue Juristische Wochenschrift (*Zeitschrift*)

NJW-RR	Rechtsprechungsreport der Neuen Juristischen Wochenschrift (*Zeitschrift*)
Nr.	Nummer
n. rkr.	nicht rechtskräftig
NRW	Nordrhein-Westfalen
NWB	Neue Wirtschaftsbriefe (*Zeitschrift*)
n.v.	nicht veröffentlicht
OFD	Oberfinanzdirektion
o.g.	oben genannt
OHG	Offene Handelsgesellschaft
OLG	Oberlandesgericht
OLGR	Oberlandesgericht Report
OSS	One-stop-shop
OVG	Oberverwaltungsgericht
p.a.	per annum
PAngV	Preisangabenverordnung
PartG	Partnerschaftsgesellschaft
PartGG	Partnerschaftsgesellschaftsgesetz
PKH	Prozesskostenhilfe
RA	Rechtsanwalt
RBerG	Rechtsberatungsgesetz
RDG	Rechtsdienstleitungsgesetz
rkr.	rechtskräftig
Rspr.	Rechtsprechung
RStBl.	Reichssteuerblatt
RVG	Rechtsanwaltsvergütungsgesetz
Rz.	Randziffer
S.	Seite
s.	siehe
SG	Sozialgericht
s.o.	siehe oben
sog.	so genannt
SolZ	Solidaritätszuschlag
StB	Steuerberater
StB	Der Steuerberater (*Zeitschrift*)
StBÄndG	Gesetz zur Änderung des Steuerberatungsgesetzes
StBerG	Steuerberatungsgesetz
Stbg	Die Steuerberatung (*Zeitschrift*)
StBGebV	Gebührenverordnung für Steuerberater, Steuerbevollmächtigte und Steuerberatungsgesellschaften
StBH	Steuerberater Handbuch
StBJb	Steuerberater-Jahrbuch
StBK	Steuerberaterkammer
StbKRep	Steuerberater Kongress Report (*Zeitschrift*)
StBv	Steuerbevollmächtigter
StBVV	Vergütungsverordnung für Steuerberater, Steuerbevollmächtigte und Steuerberatungsgesellschaften
Std.	Stunde(n)
StEd	Steuer-Eildienst (*Zeitschrift*)
StEUGO	Steuerberatergebührenverordnung
StGB	Strafgesetzbuch
st.	ständig
str.	streitig, strittig
StR	1. Strafrecht 2. Standesrichtlinien
TMG	Telemediengesetz

Tz.	Textziffer
u.a.	unter anderem
u.Ä.	und Ähnliches
UG (haftungsbeschränkt)	Unternehmergesellschaft (haftungsbeschränkt)
Urt.	Urteil
USt	Umsatzsteuer
UStDV	Umsatzsteuer-Durchführungsverordnung
UStG	Umsatzsteuergesetz
UStR	Umsatzsteuer-Rundschau (*Zeitschrift*)
usw.	und so weiter
u.U.	unter Umständen
UWG	Gesetz gegen unlauteren Wettbewerb
v.	von, vom
vBP	vereidigter Buchprüfer
VBVG	Gesetz über die Vergütung von Vormund und Betreuern
VersR	Versicherungsrecht (*Zeitschrift*)
VersSt	Versicherungssteuer
VG	Verwaltungsgericht
vGA	verdeckte Gewinnausschüttung
VGH	Verwaltungsgerichtshof
vgl.	vergleiche
v.H.	Vom Hundert
VO	Verordnung
Vorbem.	Vorbemerkung
VSBG	Verbraucherstreitbeilegungsgesetz
VuV	Vermietung und Verpachtung
VV RVG	Vergütungsverzeichnis zum Rechtsanwaltsvergütungsgesetz
VwGO	Verwaltungsgerichtsordnung
VZ	Veranlagungszeitraum
WEG	Wohnungseigentumsgesetz
wistra	Zeitschrift für Wirtschaft, Steuer, Strafrecht (*Zeitschrift*)
WM	Wertpapier-Mitteilungen (*Zeitschrift*)
WP	Wirtschaftsprüfer
WPK-Magazin	Wirtschaftsprüferkammer-Magazin
WPK-Mitt	Mitteilungsblatt der Wirtschaftsprüferkammer (*Zeitschrift*)
WPO	Wirtschaftsprüferordnung
www	world wide web
z.B.	zum Beispiel
Ziff.	Ziffer
ZIP	Zeitschrift für Wirtschaftsrecht und Insolvenzrecht
ZPO	Zivilprozessordnung
ZRP	Zeitschrift für Rechtspolitik
ZSEG	Gesetz über die Entschädigung von Zeugen- und Sachverständigen
ZVG	Gesetz über die Zwangsversteigerung und die Zwangsverwaltung
ZwVwV	Zwangsverwalterverordnung
ZwVerwVO	Zwangsverwalter-Vergütungsverordnung
z.T.	zum Teil
zzgl.	zuzüglich

A. Grundlagen des Vergütungsrechts

Inhalt

Schrifttum

Becker, Rückzahlung von Steuerberaterhonoraren, Honorargestaltung für Steuerberater, August 2021, 4; **Berger/Reiss,** Vertragsfreiheit im B2B-Bereich – neue Impulse für eine Reform des AGB-Rechts im Unternehmerverkehr, NJW 2025, 1311; **Berners,** Allgemeine Auftragsbedingungen im Steuerberatungsvertrag, NWB 2018, 890; **Best,** Beraterwechsel, zivil- und berufsrechtliche Probleme, DSWR 1997, 235; **Beyme,** Erhöhung des Gegenstandswerts durch ausländische Einkünfte, Honorargestaltung durch Steuerberater, Juni 2022, 6; **Beyme,** Kündigungsfristen bei Steuerberatungsverträgen und das Gesetz für faire Verbraucherverträge, Stbg 2021, 460; **Beyme,** Anmerkungen zu BGH v. 19.11.2020, IX ZR 133/19, Stbg 2021, 142; **Beyme,** Mahnkosten bei Honorarforderungen, Honorargestaltung für Steuerberater, Oktober 2020, 7; **Beyme,** Honorarrisiko bei per Fernkommunikation abgeschlossenen Steuerberatungsverträgen – was ist hinsichtlich des Widerrufsrechts zu beachten?, Stbg 2018, 76; **Bräuer,** Fernabsatzvertrag & Co – müssen Anwälte sich warm anziehen?, AnwBl 2015, 970; **Chab,** Abgrenzung zwischen Erfüllungsansprüchen und Haftpflichtansprüchen, AnwBl 2012, 922; **d'Avoine,** Vorsatzanfechtung gegen Steuerberater als Zahlungsmittler, DB 2018, 752; **El-Auwad,** Anwaltsverträge: Widerruf des Mandats nach Fernabsatzrecht?, AnwBl 2017, 971; **Ellers,** Zur Neuausrichtung der Vorsatzanfechtung (§ 133 InsO) und ihren Folgen für die Praxis, DB 2021, 2678; **Ernst,** Widerruf von Anwaltsverträgen im Fernabsatz?, NJW 2014, 817; **Feiter,** Private Steuererklärungen als Serviceleistung, KANZLEI intern 06_2019, 2; **Feiter,** Zeitnah abrechnen und Ansprüche nicht verjähren lassen, KANZLEI intern 5_2019, 2; **Feiter,** Vergütungsrecht: Gesonderte Abrechnung von EDV-Kosten, DStR 2017, 1182; **Feiter,** Bindung an mündliche Honorarzusage – keine Abrechnung nach StBVV möglich, KP 2015, 79; **Feiter,** Honorarprozess: Aktivlegitimation eines früheren Sozius und fehlende Unterschrift auf der Rechnung, KANZLEI intern 10/2015, 3; **Feiter,** Nachbesserungskosten – wie sind Überprüfungs- und Korrekturarbeiten abzurechnen?, KANZLEI intern 07/2015, 3; **Feiter,** Der Honoraranspruch des Steuerberaters nach Kündigung des Steuerberatungsvertrages, KP 2006, 56; **Feiter,** Nachträgliche Gebührenabrechnung: Steuerberater kann Verjährungsfristen ausnutzen, KP 2006, 46; **Feiter,** Der Grundsatz von Treu und Glauben im Steuerberatergebührenrecht, INF 1996, 566; **Feiter/Tegethoff,** Informationspflichten für Steuerberater, KANZLEI intern 09/2016, 4; **Fritzsche/Rüppell,** Die Beschränkung der Insolvenzanfechtung nach dem COVInsAG, DB 2020, 1059; **Fuhst,** Neue Anfechtungsrisiken für Steuerberater – ein Praxisleitfaden, DStR 2013, 782; **Gehrlein,** Aktuelle Rechtsprechung des BGH zum Insolvenzanfechtungsrecht, DB 2020, 543; **Gehrlein,** Aktuelle Rechtsprechung des BGH zur Insolvenzanfechtung, DB 2018, 428; **Gehrlein,** Neuere Rechtsprechung des BGH zur Vorsatzanfechtung, DB 2013, 2843; **Gilgan,** Verletzung des Steuerberatungsvertrags durch unberechtigte Zurückbehaltung von Unterlagen, KP 2020, 115; **Goez,** Welches Zivilgericht ist bei einer Honorarklage zuständig, wenn der Mandant wegzieht?, KP 2021, 2016; **Goez,** Vergütung oder Schadensersatz bei vertragswidrig beendetem Mandat, KP 2016, 88; **Graf v. Westphalen,** AGB-Recht im ersten Halbjahr 2023, NJW 2023, 2240; **Graf v. Westphalen,** AGB-Recht im ersten Halbjahr 2021, NJW 2021, 2328; **Gräfe/Wollweber/Schmeer,** Steuerberaterhaftung, 7. Auflage 2021; **Haarmann/Huber/Schmittmann,** Praxis der Insolvenzanfechtung, 5. Aufl. 2022; **Hamminger,** Steuerberaterverträge: Zulässige Vereinbarungen zur Kündigungsfrist und Vergütungspflicht bei Kündigung, NWB 48/2016, 3622; **Hartl,** Über Geld reden: Anwaltsvergütung und Kostenrisiken, AnwBl 2022, 548; **Henke,** Obligatorisches Güteverfahren bei anwaltlichen Gebührenforderungen?, AnwBl 2005, 352; **Janetzko,** Vertragliche Vereinbarung eines Nachbesserungsrechts durch einen Steuerberater, DStR 2015, 2875; **Kähler,** Aushandlung von AGB-Klauseln aufgrund begründeten Verhandlungsverzichts, BB 2015, 450; **Kessel,** AGB oder Individualvereinbarung – Relevanz und Reformbedarf, AnwBl 2012, 293; **Kulke,** Neue Regelungen für faire Verbraucherverträge, MDR 2022, 129; **Lang/Kühler,** Der Geltungsbereich von uneingeschränkten

Zustimmungsklauseln in AGB für Unternehmen, NJW 2022, 2145; **Leißing,** Dürfen Steuerberater ihre Rechnungen nachträglich korrigieren?, KP 1999, 131; **Maier,** Rechtskenntnis als Verjährungsvoraussetzung, NJW 2024, 3557; **Masuch,** Neues Muster für Widerrufsbelehrungen, NJW 2008, 1700; **Maxl,** Möglichkeiten eines Teilurteils im Steuerberatergebührenrecht, DStR 1991, 1100; **Mayer,** Entwicklungen zur Rechtsanwaltsvergütung, NJW 2023, 1695; **Mediger,** Die Erstattung von Rechtsanwaltskosten bei Honorarvereinbarung, MDR 2017, 245; **Meyer,** § 11 StBGebV: Änderung des einmal bestimmten Rahmensatzes nicht möglich, KP 2003, 8; **Meyer/Rönnig,** Vorsicht vor Verjährung von Gebühren im Einspruchs- und Klageverfahren!, KP 2002, 55; **Mutschler,** Die zivilrechtliche Einordnung des Steuerberatungsvertrags als Dienst- oder Werkvertrag, DStR 2007, 550; **Niebling,** AGB-Recht – Aktuelle Entwicklungen zu Einbeziehung, Inhaltskontrolle und Rechtsfolgen, MDR 2017, 684; **Nickert,** Insolvenzanfechtung: Anforderungen an Stundungsanträge für Mandanten, KANZLEI intern 08/2016, 3; **Riewe,** Neuausrichtung in der insolvenzrechtlichen Vorsatzanfechtung, NJW 2021, 2619; **Rohlfing,** Grob fahrlässige Unkenntnis und Beginn der Regelverjährung bei Alt- bzw. Überleitungsfällen, MDR 2006, 721; **Rönnig,** Honorarklage des Steuerberaters: Welches Gericht ist zuständig?, KP 2001, 79; **Rüppell,** Änderung der BGH-Rechtsprechung zur Indizwirkung der Zahlungsunfähigkeit bei der Vorsatzanfechtung, DB 2021, 2141; **Saenger/Uphoff,** Erstattungsfähigkeit anwaltlicher Zeithonorare, NJW 2014, 1412; **Schädlich,** Bundesgerichtshof begrenzt die Vorsatzanfechtung weiter, NWB 2022, 1309; **Schädlich,** Reform der Insolvenzanfechtung in Kraft getreten, NWB 2017, 1521; **Schädlich,** BGH stellt die Insolvenzanfechtung auf dogmatisch neue Füße, NWB 2021, 3198; **Schneidenbach,** Schadensersatzanspruch des Mandanten gegen den Vorberater bei fehlerhafter Buchführung?, KANZLEI intern 06/2015, 3; **Schons,** Vergütungsvereinbarung: Wer, wann, wie, warum – wer es nicht macht, ist dumm?, AnwBl Online 2020, 372; **Sommerfeld,** Zum individuellen Aushandeln einer Vertragsklausel, EWiR 2017, 401; **Stapper/Schädlich,** Das Honorar des Steuerberaters und die Anfechtung durch den Insolvenzverwalter, NWB 2013, 935; **Stengert,** Angebot und Rechnung für Gewinner, Stbg 2024, 305; **Struckmeier/Maxl,** Nichtigkeit des Steuerberatungsvertrages bei gleichzeitiger Tätigkeit des Steuerberaters als Geschäftsführer der Mandantin, DStR 2021, 1564; **Ueberfeldt,** Informationspflichten für Steuerberater im Überblick, DStR 2017, 900; **Wacker,** Unzulässige Abrechnung von Höchstgebühr und E-Bilanzerstellung versus Beratungsfehler, KP 2021, 208; **Wacker,** Kein Ersatz der Kosten für die Beauftragung eines Steuerberaters zur „Berechnung des Steuerschadens“, KANZLEI intern 08_2019, 2; **Wacker,** Kein Honorar für sinnlose Beratung, KANZLEI intern 11_2017, 3; **Wacker,** Was rechtfertigt den Ansatz der Höchstgebühr?, KANZLEI intern 06/2017, 2; **Wacker,** Schadensersatz bei Fehlern des Vorberaters nach Beraterwechsel, KANZLEI intern 10/2016, 2; **Wais,** Das Gesetz für faire Verbraucherverträge – Weitere Reaktionen auf die Digitalisierung, NJW 2021, 2833; **Wollweber/Ruske,** Honorarstreit in Selbstanzeigemandaten: Ist Ihre Vergütung gerichtsfest?, Stbg 2016, 402.

A. Bedeutung und zeitlicher Anwendungsbereich

Mit der am 1.4.1982 in Kraft getretenen Gebührenordnung für Steuerberater, Steuerbevollmächtigte und Steuerberatungsgesellschaften – Steuerberatergebührenverordnung[1] haben die Angehörigen der steuerberatenden Berufe erstmals die Möglichkeit erhalten, ihre Gebühren auf Grund einer gesetzlichen Gebührenregelung abzurechnen. Von Anfang an stieß das neue Gebührenrecht in der Praxis auf große Akzeptanz. Noch im Jahr 2017 rechneten die StB 74,5 % ihrer Arbeitszeit nach StBVV ab.[2] Im Jahr 2023 waren es hingegen nur noch 54 % aller Tätigkeiten.[3] Am grundsätzlichen Aufbau der StBVV hat sich wenig geändert. Gleichwohl unterliegt das Gebührenrecht durch den Gesetz- und Verordnungsgeber sowie die Rechtsprechung einem ständigen Wandel. Beispielhaft sei auf die Einführung der Regelung über Erfolgshonorare (§ 9a StBerG) oder die in den letzten Jahren mehrfach geänderte Vorschrift über Vergütungsvereinbarungen (§ 4 StBVV) und die dazu ergangene Rechtsprechung verwiesen. Zu einer optimalen Honorargestaltung gehört des- 1

1) StBGebV; Gesetz v. 17.12.1981, BGBl. I 1981, 1442.
2) Siehe Statistisches Berichtssystem für Steuerberater (STAX 2018), veröffentlicht auf www.bstbk.de.
3) Siehe STAX 2024, veröffentlicht auf www.bstbk.de.

halb eine solide Kenntnis der StBVV und der hierzu ergangenen Rechtsprechung. Daneben muss der StB, der in gerichtlichen Verfahren tätig wird, auch die Grundzüge des RVG beherrschen, da u.a. § 40 StBVV die sinngemäße Anwendung des RVG vorschreibt.

2 Eine besondere Bedeutung kommt auch der Regelung in § 2 StBVV zu: Existiert für eine bestimmte Angelegenheit kein Gebührentatbestand in der StBVV, so sind die Gebühren in sinngemäßer Anwendung der Vorschriften der StBVV zu bemessen. Dadurch soll erreicht werden, dass Lücken innerhalb der StBVV, die der Verordnungsgeber nicht bemerkt hat oder die sich nachträglich zeigen (z.B. durch neue oder geänderte Gesetze, Verordnungen und Richtlinien) ausgefüllt werden.

B. Begriffsbestimmungen

I. Vergütung

3 Die Vergütung des StB ist in § 1 Abs. 1 StBVV geregelt. Sie umfasst **Gebühren und Auslagen**.

4 Mit den Gebühren sind auch die **Allgemeinen Geschäftskosten** abgegolten (§ 3 Satz 1 StBVV). Nach § 12 Abs. 1 StBVV entgelten die Gebühren grundsätzlich die gesamte Tätigkeit des StB vom Auftrag bis zur Erledigung der Angelegenheit. Die Abgeltung aller in einer Angelegenheit zusammengefassten Einzeltätigkeiten mit einer einheitlichen Gebühr ist ein wichtiger Grundsatz des Gebührenrechts. Soweit die StBVV keine gesonderten Regelungen enthält, sind deshalb auch **Vor-, Nach- und Übergabearbeiten** von der Gebühr mit abgegolten (→ § 12 StBVV Rz. 247 ff.).

5 Die **Auslagen** sind in den §§ 16–20 StBVV geregelt. Daneben kann der StB Auslagenersatz nach den §§ 675, 670 BGB für alle Aufwendungen geltend machen, die er den Umständen nach für erforderlich halten durfte. Dazu zählen auch **besondere Geschäftskosten**, die mandatsbezogen anfallen, wie insbesondere **Rechenzentrumskosten** (→ § 3 StBVV Rz. 110).[1)]

6 **Schuldner** der Vergütung des StB ist grundsätzlich der Auftraggeber. Dieser muss die Vergütung allerdings erst dann bezahlen, wenn ihm zuvor eine nach § 9 StBVV ordnungsgemäß spezifizierte Rechnung erteilt worden ist.

7 Ist der StB im Rahmen der **Prozesskostenhilfe** beigeordnet, so richtet sich sein Vergütungsanspruch nach dem RVG, im Fall des Obsiegens gegen den Prozessgegner, ansonsten gegen die Staatskasse (§ 40 Satz 2 StBVV). Soweit Prozesskostenhilfe bewilligt worden ist, kann der StB den Auftraggeber jedenfalls nicht unmittelbar in Anspruch nehmen. Auch im Falle der **Beratungshilfe** richtet sich der Vergütungsanspruch nach den Vorschriften des RVG, § 8 Abs. 1 BerHG.

8 Von dem Vergütungsanspruch zu unterscheiden ist der **Kostenerstattungsanspruch**, der im Fall eines teilweise gewonnenen Prozesses ausschließlich dem Mandanten zusteht (→ § 40 StBVV Rz. 704 ff.).

II. Auftrag/Vollmacht

9 Ein Steuerberatungsvertrag ist formfrei gültig. Ein schriftlicher Vertrag oder ein Vertrag in Textform hat jedoch den Vorteil, dass der Auftragsumfang und damit die Reichweite der Honoraransprüche des StB dokumentiert sind. Von der Auftragserteilung abzugrenzen ist die Vollmacht, die der Auftraggeber dem StB zur Legitimation gegenüber Dritten, insbesondere Behörden und Gerichten erteilt. Hier ist zu beachten, dass sich aus dem Umfang einer Vollmacht nicht unbedingt Rückschlüsse auf den Umfang des Auftrags ableiten lassen.

1) Feiter, DStR 2017, 1182.

Beispiel:

Der Mandant beauftragt den StB mündlich mit der Erstellung seiner Einkommensteuererklärung und erteilt ihm Empfangsvollmacht gegenüber dem Finanzamt. Der StB wird auftragsgemäß tätig. Den ihm zugesandten Steuerbescheid unterzieht er einer Prüfung, die er nach § 28 StBVV berechnet.

Ob die Prüfung des Steuerbescheids, den der StB auf Grund der Empfangsvollmacht erhalten hat, noch vom Auftrag, die Einkommensteuererklärung zu erstellen, gedeckt ist, wird von den Gerichten unterschiedlich gesehen (siehe die Nachweise → § 28 StBVV Rz. 487). Die Einlegung eines Einspruchs wäre ohne ausdrücklichen Auftrag jedenfalls nicht abrechnungsfähig.[1] Die vorbehaltlose Bezahlung von Rechnungen in der Vergangenheit genügt nicht, um einen Auftrag für die Zukunft herzuleiten.[2] **10**

III. Angelegenheit

Der Begriff der Angelegenheit ist einer der zentralen Begriffe der StBVV, der jedoch an keiner Stelle definiert ist. Er ist nicht mit dem Auftrag, der regelmäßig mehrere Angelegenheiten umfasst, gleichzusetzen. Nach der Rechtsprechung des BGH ist die **Tätigkeit des StB, für die die Vergütungsverordnung eine selbständige Gebühr ausweist**, grundsätzlich eine Angelegenheit (→ § 10 StBVV Rz. 223 und 224). In derselben Angelegenheit darf der StB die Gebühr nur einmal fordern (§ 12 Abs. 2 StBVV). Bei vorzeitiger Erledigung der Angelegenheit oder vorzeitiger Auftragsbeendigung bleiben die bereits entstandenen Gebühren bestehen (§ 12 Abs. 4 StBVV). Der StB kann deshalb einen seiner bisherigen Leistung entsprechenden Teil der Vergütung verlangen. Nur sofern dieser Teil für den Mandanten ohne Interesse ist, kann der StB nichts verlangen (§ 628 Abs. 1 Satz 2 BGB für den Dienstvertrag). **11**

IV. Fälligkeit und Durchsetzbarkeit

Die Vergütung wird **fällig**, wenn der Auftrag erledigt oder die Angelegenheit beendet ist (§ 7 StBVV). Mit Fälligkeit endet das Recht des StB auf die Geltendmachung eines Vorschusses (§ 8 StBVV). Der Mandant hat dann Anspruch auf eine ordnungsgemäß spezifizierte Abrechnung nach § 9 StBVV. Dies gilt auch dann, wenn er bereits bezahlt hat. Erst dann, wenn der StB ordnungsgemäß spezifiziert abgerechnet hat, ist sein Vergütungsanspruch auch **durchsetzbar** (klagbar). Die ordnungsgemäße Abrechnung hat darüber hinaus auch weitergehende Auswirkungen, insbesondere wird der Auftraggeber erst durch eine ordnungsgemäße spezifizierte Rechnung in Verzug gesetzt und darf sich der StB erst nach ordnungsgemäß spezifizierter Rechnung auf sein gesetzliches Zurückbehaltungsrecht berufen (→ § 9 StBVV Rz. 208). **12**

V. Gebührenarten

Die StBVV wird durch **Wertgebühren** und Rahmengebühren geprägt. Die meisten Gebührentatbestände sehen legal definierte Gegenstandswerte vor. Ergibt sich der Gegenstandswert nicht unmittelbar aus der Verordnung, richtet er sich nach dem Wert des Interesses (§ 10 Abs. 1 Satz 3 StBVV). Nur für bestimmte Tätigkeiten sieht die StBVV eine **Zeitgebühr** vor (§ 13 Satz 1 StBVV). Wer darüber hinaus Leistungen nach Zeitaufwand abrechnen will, sollte mit dem Mandanten eine Vergütungsvereinbarung nach § 4 Abs. 1 StBVV bzw. § 3a RVG schließen. Für die Lohnbuchführung nach § 34 StBVV und Meldungen elektronischer Aufzeichnungssystem nach § 23 Abs. 2 StBVV sind **Betragsrahmengebühren** durch Vorgabe eines Mindest- und eines Höchstbetrags vorgesehen (→ § 10 StBVV Rz. 217). **13**

---

1) AG Krefeld v. 7.4.2005, 78 C 386/02.
2) LG Dortmund v. 25.8.2022, 1 O 52/11.

C. Anwendungsbereich

14 Der **persönliche Anwendungsbereich** der StBVV ergibt sich aus § 1 Abs. 1 Satz 1 und Abs. 2 StBVV. Danach gilt die StBVV unmittelbar nur für StB mit Sitz im Inland, während für StBv und Steuerberatungsgesellschaften eine entsprechende Anwendung der StBVV vorgesehen ist (→ § 1 StBVV Rz. 86). Für Rechtsanwälte verweist § 35 Abs. 1 RVG auf die §§ 23–39 i.V.m. §§ 10, 13 StBVV.

Praxistipp:

Im Fall einer Doppelqualifikation (StB und Rechtsanwalt) empfiehlt sich für die (wenigen) nicht von § 35 Abs. 1 RVG umfassten Gebührentatbestände eine ausdrückliche Vereinbarung mit dem Mandanten, ob nach dem RVG oder nach der StBVV abgerechnet werden soll (→ § 1 StBVV Rz. 91).

15 § 1 StBVV erfasst nur die **selbständig ausgeübte Berufstätigkeit**. Die StBVV findet deshalb keine Anwendung auf angestellte StB nach § 58 StBerG und auf StB, die als freie Mitarbeiter für andere StB tätig werden (→ § 1 StBVV Rz. 95).

16 Der **sachliche Anwendungsbereich** der StBVV ist auf die Tätigkeiten nach § 33 StBerG beschränkt. Für vereinbare Tätigkeiten nach § 57 Abs. 3 StBerG gilt die StBVV nicht unmittelbar. Die Abrechnung vereinbarer Tätigkeiten kann nach speziellen Vorschriften erfolgen oder nach freier Vereinbarung. Gibt es weder spezielle Vorschriften noch eine Vereinbarung, richtet sich das Honorar nach der Üblichkeit und Billigkeit (§§ 612 Abs. 2, 632 Abs. 2 BGB). Der **räumliche Anwendungsbereich** ist auf Tätigkeiten im **Inland** beschränkt (§ 1 Abs. 1 Satz 1 StBVV).

D. Gebührentabellen

17 Die Wertgebühren richten sich nach den der Verordnung beigefügten vier Tabellen, die seit Inkrafttreten der Verordnung wiederholt an die wirtschaftliche Entwicklung angepasst wurden. Daneben ist die Tabelle zu § 13 RVG relevant, wenn die StBVV auf das RVG verweist (§§ 21 Abs. 2, 40 StBVV).

- **Tabelle A – Beratungstabelle:** Sie entsprach bis zum 20.12.2012 und bis zu einem Gegenstandswert von 290 000 € der Tabelle zu § 13 Abs. 1 RVG und flachte ab einem Gegenstandswert von 350 000 € ab. Nachdem die Gebühren der Tabelle A mit Wirkung zum 20.12.2012 um ca. 5 % und die der Tabelle zu § 13 RVG mit Wirkung zum 1.8.2013 um ca. 11 % angehoben wurden, besteht kein identischer Verlauf mehr.
- **Tabelle B – Abschlusstabelle:** Die Abschlusstabelle kommt insbesondere in den Fällen des § 25 StBVV (Ermittlung des Überschusses der Betriebseinnahmen über die Betriebsausgaben) und des § 35 StBVV (Abschlussarbeiten) zur Anwendung.
- **Tabelle C – Buchführungstabelle:** Die Buchführungstabelle deckt Tätigkeiten nach § 33 StBVV ab.
- **Tabelle D – Landwirtschaftliche Buchführung:** § 39 StBVV sieht für Buchführungs- und Abschlussarbeiten für land- und forstwirtschaftliche Betriebe die Anwendung einer gesonderten Tabelle D vor.
- **Tabelle E – Rechtsbehelfstabelle** (Rückblick) **und Tabelle zu § 13 RVG:** Die Rechtsbehelfstabelle war bis zum 20.12.2012 identisch mit der Tabelle zu § 13 Abs. 1 RVG. Nachdem die Gebühren der Tabelle E mit Wirkung zum 20.12.2012 um ca. 5 % und die der Tabelle zu § 13 RVG mit Wirkung zum 1.8.2013 um ca. 11 % angehoben wurden, bestand kein identischer Verlauf mehr. **Die Tabelle E wurde mit Wirkung zum 1.7.2020 aufgehoben**[1] und ist nur noch für „Altfälle" (Auftragserteilung vor dem 1.7.2020) relevant. Für alle anderen Fälle richten sich die Gebühren nach der Tabelle zu § 13 RVG (→ § 40 StBVV Rz. 645).

1) Fünfte Verordnung zur Änderung steuerlicher Verordnungen v. 25.6.2020, BGBl. I 2020, 1495, 1498 = BStBl I 2020, 555.

Alle Tabellen sind **degressiv** gestaltet. Welche Tabelle anwendbar ist, regeln die einzelnen Gebührenvorschriften. Zuletzt wurden die Tabellen A bis D mit Wirkung zum 1.7.2025 um ca. 6 %[1] und die Tabelle zu § 13 RVG mit Wirkung zum 1.6.2025 um ca. 6 % angehoben.[2] 18

E. Steuerberatungsvertrag

Rechtsgrundlage für den Vergütungsanspruch des StB ist in aller Regel der Steuerberatungsvertrag. Ausnahmsweise kann sich ein Vergütungsanspruch aber auch aus Geschäftsführung ohne Auftrag (§§ 677 ff. BGB; auch unter → § 40 StBVV Rz. 647)[3] oder ungerechtfertigter Bereicherung (§§ 812 ff. BGB) ergeben. 19

I. Abgrenzung Individualvertrag – Allgemeine Auftragsbedingungen

Praxistipp: 20

Auch wenn ein Steuerberatungsvertrag formfrei geschlossen werden kann, empfiehlt sich ein schriftlicher Vertrag oder eine schriftliche Auftragsbestätigung oder eine Auftragsbestätigung in Textform, um den Umfang des Auftrags und damit die Rechtsgrundlage für den Vergütungsanspruch nachweisbar dokumentieren zu können.[4]

Die Frage, ob es sich bei dem schriftlichen Vertrag oder einem Vertrag in Textform um einen Individualvertrag oder um allgemeine Auftragsbedingungen handelt, ist nicht nur rein theoretischer Natur, sondern wirkt sich auf die Kündigungsmöglichkeiten und die daraus folgenden Vergütungs- und Entschädigungsregelungen aus. Ein **Individualvertrag** wird nur in seltenen Fällen vorliegen, nämlich dann, wenn die Vertragsbedingungen zwischen den Vertragsparteien im Einzelnen ausgehandelt wurden (§ 305 Abs. 1 Satz 3 BGB). **Allgemeine Geschäftsbedingungen** hingegen sind alle für eine Vielzahl von Verträgen vorformulierten Vertragsbedingungen, die eine Vertragspartei der anderen Vertragspartei bei Abschluss eines Vertrags stellt (§ 305 Abs. 1 Satz 1 BGB). Die von den einschlägigen Verlagen herausgegebenen Musterverträge unterfallen in jedem Fall den §§ 305 ff. BGB,[5] die die Einbeziehung von AGB in Rechtsverhältnisse regeln, wenn sie unverändert übernommen oder nur vorgesehene **Leerräume** (Name, Vertragsgegenstand, Vertragsdauer) ausgefüllt werden. Handschriftliche Ergänzungen der Leerstellen ändern am Charakter der AGB nichts.[6] Ist nur eine einzige Klausel (z.B. über die Vertragslaufzeit) ausgehandelt, liegt insoweit eine Individualvereinbarung vor. Die übrigen Vertragsbedingungen bleiben dann Allgemeine Geschäftsbedingungen. „**Aushandeln**" i.S.d. § 305 Abs. 1 Satz 3 BGB ist mehr als Verhandeln. Der Verwender muss den Klauselinhalt ernsthaft zur Disposition stellen und seinem Vertragspartner Gestaltungsfreiheit zur Wahrung eigener Rechte einräumen.[7] Der BGH vertritt in dieser Frage eine harte Linie und verneint ein individuelles Aushandeln, wenn der Verwender der Klausel dem Interessenten die Klausel als eine von mehreren Alternativen angeboten hat. Die Wahl zwischen bestimmten, von der anderen Seite vorgegebenen **Formularalternativen** genüge nicht. Erforderlich sei vielmehr, dass der Vertragspartner in der Auswahl der in Betracht kommenden Vertragstexte frei ist und insbesondere

---

1) Fünfte Verordnung zur Änderung der Steuerberatervergütungsverordnung steuerlicher Verordnungen v. 31.3.2025, BGBl. I 2025 Nr. 105 = BStBl I 2025, 1009.
2) KostBRÄG 2025 v. 7.4.2025, BGBl. I 2025 Nr. 109.
3) Siehe AG Düsseldorf v. 23.5.2013, 39 C 4247/12.
4) Der Pflichtenkreis des StB ist vom Auftrag abhängig, siehe LG Frankfurt v. 29.5.2012, 2–26 O 258/11, Stbg 2013, 281, zur Frage, ob der StB Erstattungsanträge nach dem Energiesteuergesetz stellen musste.
5) Hamminger, NWB 2016, 3622, 3624.
6) BGH v. 23.8.2016, VIII ZR 23/16, NJW-RR 2017, 137 (Mietvertrag); Niebling, MDR 2017, 684.
7) Graf von Westphalen, NJW 2023, 2240 m.w.N.; ausführlich Kessel, AnwBl 2012, 293 ff. und Kähler, BB 2015, 450 zur Möglichkeit eines Verhandlungsverzichts, wenn beide Parteien mit dem Inhalt der Klausel einverstanden sind.

Gelegenheit erhält, alternativ eigene Textvorschläge mit der effektiven Möglichkeit ihrer Durchsetzung in den Verhandlungen einzubringen.[1] Beweispflichtig hierfür ist der StB. Deshalb empfiehlt sich eine schriftliche Zusatzvereinbarung zum Steuerberatungsvertrag, aus der sich die Situation des Aushandelns eindeutig ergibt, etwa indem dokumentiert wird, dass der StB für ein Zugeständnis des Mandanten eine Gegenleistung erbringt. AGB werden gem. § 305 Abs. 2 BGB gegenüber einem Verbraucher-Mandanten nur dann Bestandteil des Vertrags, wenn der Verwender (StB) die andere Vertragspartei bei Vertragsabschluss darauf hinweist, sowie ihr in zumutbarer Weise die Möglichkeit zur Kenntnisnahme verschafft und die andere Vertragspartei mit der Geltung einverstanden ist. Dies gilt unabhängig davon, ob der Vertrag mündlich, fernmündlich oder schriftlich geschlossen wird.

Formulierungsbeispiel Zusatzvereinbarung zum Steuerberatungsvertrag

Formulierungsbeispiel:

Zusatzvereinbarung zum Steuerberatungsvertrag
vom ...

zwischen

StB ...

und

M (Mandant) ...

Das jederzeitige außerordentliche Kündigungsrecht nach § 627 BGB wird hiermit für beide Seiten ausgeschlossen. Unberührt bleibt das Kündigungsrecht aus wichtigem Grund (§ 626 BGB). Die vereinbarte Vertragslaufzeit soll beiden Vertragsparteien Planungssicherheit geben. M ist damit einverstanden, dass er im Fall einer vorzeitigen, vertragswidrigen Kündigung ohne wichtigen Grund das vereinbarte Honorar bis zum Ende der vereinbarten Vertragslaufzeit zahlen muss, auch wenn er die Leistungen von StB nicht mehr in Anspruch nimmt. Voraussetzung hierfür ist allerdings, dass er sich im Annahmeverzug befindet, der StB seine Leistungsbereitschaft also weiterhin anbietet. Im Gegenzug erklärt der StB sich damit einverstanden, von der ursprünglich vorgesehenen monatlichen Pauschale für die Finanz- und Lohnbuchhaltung ab ... einen Betrag von ... € nachzulassen.

____

Datum, Unterschriften

Aus dieser Vereinbarung wird die Situation des Aushandelns eindeutig erkennbar, da der StB als Gegenleistung für den Ausschluss des Kündigungsrechts des Mandanten einen Preisnachlass gewährt.

Praxistipp:

Aus Beweissicherungsgründen sollte der StB sich von seinem Mandanten stets schriftlich bestätigen lassen, dass dieser mit der Geltung der AGB einverstanden ist. Darauf kann allerdings verzichtet werden, wenn die AGB bereits in den schriftlichen Steuerberatungsvertrag integriert sind (wie z.B. mit §§ 6 ff. der DWS-Verträge) und der Mandant den Steuerberatungsvertrag (und damit auch die AGB) unterschreibt.

Bei der Verwendung von AGB ist zwischen **Verbrauchern** einerseits und **Unternehmern**, juristischen Personen des öffentlichen Rechts und nicht rechtsfähigen öffentlich-rechtlichen Sondervermögen andererseits zu unterscheiden. Auf letztere finden § 305 Abs. 2 und 3 BGB (über die **Einbeziehung von AGB** in den Vertrag) und die §§ 308 und 309 BGB (über die **Inhaltskontrolle**) keine Anwendung, § 310 Abs. 1 Satz 1 BGB. Der Ausschluss der §§ 308 und 309 BGB befreit im unternehmerischen

1) BGH v. 15.2.2017, IV ZR 91/16 (KG), MDR 2017, 520 mit Anm. Sommerfeld, EWiR 2017, 401.

Geschäftsverkehr von zum Teil starren Begrenzungen und bindet die Inhaltskontrolle, die allein am Maßstab des § 307 BGB erfolgt, an die Beachtung von Handelsgewohnheiten und Handelsgebräuchen, § 310 Abs. 1 Satz 2, 2. Halbsatz BGB. Allerdings sind die Anforderungen an die Transparenz von Vertragsbestimmungen im Geschäftsverkehr mit Unternehmern trotz deren Geschäftserfahrung nicht generell geringer als im Rechtsverkehr mit Verbrauchern. Das durch § 307 Abs. 1 BGB gewährleistete Schutzniveau ist deshalb nicht niedriger als in den Fällen der §§ 308 und 309 BGB (→ § 13 StBVV Rz. 270 zur 15-Minuten-Zeittaktklausel gegenüber Verbrauchern und Unternehmern).[1)]

II. Rechtsnatur des Steuerberaterberatungsvertrags

Es ist eine Frage des Einzelfalls, ob der Steuerberatungsvertrag als Geschäftsbesorgungsvertrag mit Dienstleistungscharakter (§§ 611 ff. BGB) oder Werkvertragscharakter (§§ 631 ff. BGB) anzusehen ist. Auch diese Abgrenzungsfrage ist für die Kündigungsmöglichkeiten und daraus folgende Vergütungs- und Entschädigungsregelungen bedeutsam. Auch die Frage, ob dem StB ein Nachbesserungsrecht zusteht, richtet sich nach der Einordnung des Vertrags. **21**

Von **Dienstvertragsrecht** ist auszugehen, wenn dem StB allgemein die Wahrnehmung aller steuerlichen Interessen des Mandanten übertragen wird. Es kommt nicht auf die Dauer eines Vertragsverhältnisses an; so können sich auch einzelne Werkverträge aneinander anschließen und insgesamt zu lang andauernden Vertragsbeziehungen führen. Entscheidend ist der Umfang der Beraterpflichten. Berät der StB einen Mandanten in (nahezu) allen bei diesem anfallenden steuerlichen Angelegenheiten, ist von Dienstvertragsrecht auszugehen. **22**

Werkvertragsrecht bildet demgegenüber nach bisheriger Rechtsprechung die Ausnahme und ist dann anzunehmen, wenn der StB außerhalb einer fortlaufenden Mandatsbeziehung einen Einzelauftrag erhält, um etwa einen Vermögensstatus oder ein Gutachten zu erstellen. **23**

Abgrenzungsprobleme können in besonders gelagerten Einzelfällen entstehen, wenn die vom StB geschuldeten Leistungen alle erfolgsorientiert sind und isoliert betrachtet werkvertraglichen Charakter haben. **24**

Der **BGH** hat allerdings in mehreren Entscheidungen einen Dienstvertrag auch dann angenommen, wenn der StB lediglich mit der Buchführung, der Erstellung der Jahresabschlüsse sowie der Vorbereitung der Steuererklärungen beauftragt war, bei dem im Rechtsstreit freilich allein eine fehlerhafte Beratung bei Abgabe der Steuererklärungen in Rede stand.[2)] Deshalb wird man von Dienstvertragsrecht nicht nur in den Fällen ausgehen können, in denen der StB auch eine (nicht erfolgsorientierte) Beratung schuldet, sondern auch bei Verträgen, die sich (nur) auf die Erstellung der Buchführung nebst Jahresabschluss und Steuererklärungen beziehen.[3)] Dies hat der BGH mit Urteil v. 2.5.2019 klargestellt. Danach sind auch Tätigkeiten, die nicht zu den Vorbehaltsaufgaben eines StB gehören („Finanz- und Lohnbuchführung"), Bestandteil eines einheitlichen Dienstvertrages, wenn dieser auch die steuerliche Geschäftsbesorgung zum Gegenstand hat.[4)] **25**

III. Kündigungsmöglichkeiten und deren Auswirkungen auf den Honoraranspruch

Die Kündigung eines **Dienstvertrags** regeln die §§ 626, 627 BGB. Die außerordentliche Kündigung aus wichtigem Grund gem. § 626 BGB kann vertraglich nicht ausge- **26**

1) Lang/Kühler, NJW 2022, 2145 zu AGB mit Zustimmungsfiktion; Berger/Reiss, NJW 2025, 1311 zu Reformüberlegungen mit Bereichsausnahmen für Unternehmer.
2) Nachweise in BGH v. 7.3.2002, III ZR 12/01, NJW 2002, 1571.
3) Auch Mutschler, DStR 2007, 550, 554 m.w.N; Janetzko, DStR 2015, 2875.
4) BGH v. 2.5.2019, IX ZR 11/18, DB 2019, 1378.

schlossen werden. Die jederzeit mögliche Kündigung bei Diensten höherer Art auf Grund einer Vertrauensstellung gem. § 627 BGB kann grundsätzlich nur durch individuelle und möglichst schriftliche Vereinbarung, nicht jedoch in AGB ausgeschlossen werden.[1] Ausnahmen sind nur dann denkbar, wenn in den AGB sehr kurze **Kündigungsfristen** vereinbart sind, z.B. eine monatliche oder zweimonatige[2] Kündigungsfrist zum Monatsende. Wo genau die Grenze verläuft, ist nicht entschieden. Maßgeblich ist, ob die vereinbarte Kündigungsfrist einen angemessenen Ausgleich der Interessen beider Vertragspartner enthält.

Praxistipp:

Am 1.3.2022 ist das **Gesetz für faire Verbraucherverträge** v. 10.8.2021, BGBl. I 2021, 3433 mit geänderten Kündigungsfristen in § 309 Nr. 9 BGB in Kraft getreten. Neu ist zum einen, dass die Kündigungsfrist bei Verträgen mit fester Laufzeit nicht länger als ein Monat vor Ablauf der Mindestlaufzeit sein darf (§ 309 Nr. 9c BGB). Als wesentliche Neuerung gilt zum anderen, dass eine stillschweigende Verlängerung um eine weitere Mindestlaufzeit ausgeschlossen ist. Zulässig ist allein die automatische Umwandlung in einen Vertrag mit unbestimmter Laufzeit, der jederzeit mit einer Frist von höchstens einem Monat gekündigt werden kann (§ 309 Nr. 9b BGB). Die neuen Fristen gelten nur für Verträge, die nach Inkrafttreten geschlossen werden. Für Altverträge gilt weiterhin altes Recht.[3] Wer auf der „sicheren Seite" sein will, sollte die neuen Vorgaben auch im Geschäftsverkehr mit Unternehmern beachten (→ Rz. 20 a.E.).[4]

Für Altverträge gilt, dass die Beschränkung auf nur eine Kündigungsmöglichkeit im Jahr mit wesentlichen Grundgedanken des § 627 Abs. 1 BGB unvereinbar und damit unwirksam ist.[5] Gleiches gilt, wenn das Kündigungsrecht von Anfang an dadurch umgangen werden soll, dass eine unzulässig lange Vertragslaufzeit vereinbart wird, die dem Grundgedanken des § 627 BGB widerspricht. Die Anwendbarkeit des §§ 627 BGB ist bereits dann gegeben, wenn der StB Dienste höherer Art „zu leisten hat". Maßgeblich ist der Inhalt der Vereinbarung, nicht die bis zur Kündigung erbrachten Dienste.

Beispiel:

StB und Mandant vereinbaren in einem schriftlichen Steuerberatungsvertrag folgende Leistungen: "*Erstellung der Jahresabschlüsse einschließlich GuV, Jahressteuererklärungen, Buchführungsarbeiten sowie Beratung in allen steuerlichen Angelegenheiten einschließlich Rechtsbehelfe*". Bis zur Kündigung des Mandats wird der StB nur im Rahmen der Finanz- und Lohnbuchführung tätig.

Obwohl der StB mit der Finanz- und Lohnbuchführung keine Dienste höherer Art erbracht hat, ist § 627 BGB anwendbar, weil er sich vertraglich zur Leistung höherer Dienste verpflichtet hat.[6]

In schriftlichen Steuerberatungsverträgen mit Laufzeit von einem Jahr und mehr finden sich gelegentlich Regelungen zum **pauschalierten Schadensersatz** bei vorzeitiger Kündigung durch den Mandanten.

Beispiel:

„Wird der Auftrag aus Gründen, die der Auftraggeber zu vertreten hat, vorzeitig beendet, so hat der StB Anspruch auf 50 % der ihm für die Ausführung des gesamten Auftrages zustehenden Vergütung. Die Vertragsparteien haben die Möglichkeit, einen geringeren bzw. höheren Schaden nachzuweisen."

Eine solche Klausel ist mit dem Grundgedanken des § 627 BGB unvereinbar. Denn danach ist Folge einer außerordentlichen Kündigung lediglich die anteilige Vergü-

1) Goez, KP 2016, 88.
2) BGH v. 7.6.2018, ZR 351/17, ZIP 2018, 1449 zu einem Kinderkrippenbetreuungsvertrag.
3) Kulke, MDR 2022, 129, 132; Wais, NJW 2021, 2833.
4) Beyme, Stbg 2021, 460 f.
5) BGH v. 11.2.2010, IX ZR 114/09, DB 2010, 555.
6) BGH v. 2.5.2019, IX ZR 11/18, DB 2019, 1378.

tungspflicht für bereits erbrachte Leistungen, § 628 Abs. 1 Satz 1 BGB. Weitere Zahlungsverpflichtungen sieht das Gesetz nur unter den besonderen Umständen des § 628 Abs. 2 BGB vor (Vertragswidriges Verhalten der anderen Vertragspartei). Schadensersatzansprüche für nicht erbrachte Dienste in Höhe von 50 % des vereinbarten Honorars in AGB erschweren deshalb die Ausübung des Kündigungsrechts in unzulässiger Weise.[1] Gleiches gilt für eine AGB-Klausel, in der die (Weiter-)Zahlung der vereinbarten Pauschale bis zum Ablauf der vereinbarten Kündigungsfrist vorgesehen ist.[2]

Praxistipp:

§ 627 BGB ist nicht anwendbar, wenn ein **dauerndes Dienstverhältnis mit festen Bezügen** vorliegt. Auch ein einjähriges Dienstverhältnis ist bereits ein „dauerndes Dienstverhältnis". „Feste Bezüge" hat die Rechtsprechung bei der Vereinbarung eines bestimmten Mindestentgelts angenommen, z.B. bei einem jährlichen Pauschalbetrag oder bei festen monatlichen Pauschalen für die Buchführung und Lohnbuchführung bzw. die Wahrnehmung steuerlicher Interessen, nicht aber bei der Vereinbarung eines bestimmten Zehntelsatzes (z.B. 6/10 für Buchführung), da das Entgelt erst nachträglich festgestellt werden könnte, wenn der Gegenstandswert/Jahresumsatz bekannt ist.[3] Gleiches gilt für die Vereinbarung einer Zeitgebühr, da der Zeitaufwand vorher nicht feststeht. Werden aber in o.g. Sinne „feste Bezüge" vereinbart, ist der Mandant grundsätzlich an die vereinbarte Vertragslaufzeit gebunden und kann nur ordentlich, nicht aber gem. § 627 BGB außerordentlich kündigen (auch § 12 StBVV Rz. 13). Letztlich muss das Dienstverhältnis aber ein gewisses Maß an wirtschaftlicher Erheblichkeit und persönlicher Bindung für den StB mit sich bringen, um ein schützenswertes und gegenüber der Entschließungsfreiheit des Auftraggebers vorrangiges Vertrauen auf die Fortsetzung des Dienstverhältnisses begründen zu können.[4] Durch die gesetzliche Regelung soll das Vertrauen des Dienstverpflichteten geschützt werden, dass ihm auf längere Zeit bestimmte, von vornherein festgelegte Beträge in einem Umfang zufließen, welche (mit) die Grundlage seines wirtschaftlichen Daseins bilden können. Eine soziale oder wirtschaftliche Abhängigkeit muss nicht vorliegen.[5] Die **festen Bezüge** müssen sich als **Entgelt** auf die **Gesamtdienstleistung** beziehen. Ist in einem umfassenden Mandat (Jahresabschluss, Steuererklärungen, Finanz- und Lohnbuchführung, Rechtsbehelfsverfahren, Beratung) nur für die Finanz- und Lohnbuchführung eine feste Pauschale im Sinne fester Bezüge vereinbart, für die übrigen Leistungen aber eine Abrechnung nach StBVV vorgesehen, bleibt § 627 BGB anwendbar.[6] Um das Kündigungsrecht nach § 627 BGB auszuschließen, sollte deshalb entweder für **alle Dienstleistungen eine Pauschale** im o.g. Sinn vereinbart **oder** es sollten **getrennte Verträge** geschlossen werden. Auf diese Möglichkeit weist der BGH ausdrücklich hin.[7] Das Kündigungsrecht nach § 627 BGB kann ansonsten grundsätzlich nur durch eine Individualvereinbarung ausgeschlossen werden.

Ein Honoraranspruch des StB kann sich nach Dienstvertragsrecht aus dem Gesichtspunkt des **Annahmeverzugs** des Auftraggebers aus § 615 BGB ergeben. Allerdings ist die Anwendbarkeit des § 615 BGB eingeschränkt. Existiert nur ein **mündlicher Steuerberatungsvertrag**, kann der StB den Auftraggeber nicht in Annahmeverzug versetzen und Honorar für nicht mehr erbrachte Leistungen verlangen.

Beispiel:[8]

Gegenstand des Mandatsverhältnisses zwischen StB und Mandant war die Finanz- und Lohnbuchführung, die Anfertigung der Steuererklärungen, die Aufstellung des Jahres-

1) OLG Braunschweig v. 7.6.1999, 7 K 115/98, DStRE 2000, 278; OLG Koblenz v. 28.1.1993, 5 U 1254/92, BB 1993, 2183; Berners, NWB 2018, 890, 896; Hamminger, NWB 2016, 3622, 3625; vgl. auch § 307 Abs. 2 Nr. 1 und § 309 Nr. 5b BGB.
2) AG Kirchhain v. 4.3.2015, 5 C 207/14, DStR 2015, 1775 mit Anm. Raab.
3) BGH v. 19.11.1992, IX ZR 77/92, BB 1993, 531; OLG Saarbrücken v. 6.6.1989, 7 U 95/98, StB 1990, 162; LG Kleve v. 4.7.2008, 1 O 298/07, DStR 2009, 136.
4) BGH v. 22.9.2011, III ZR 95/11, DB 2011, 2428 in einer WP-Sache.
5) BGH v. 18.2.2016, III ZR 126/15, NJW 2016, 1578 zu einem Kinderkrippenvertrag.
6) BGH v. 2.5.2019, IX ZR 11/18, DB 2019, 1379 und v. 11.2.2010, IX ZR 114/09, DB 2010, 555.
7) BGH v. 2.5.2019, IX ZR 11/18, DB 2019, 1379.
8) OLG Düsseldorf v. 29.8.2017, I-23 U 153/16.

abschlusses und die steuerliche Beratung. Ein schriftlicher Vertrag oder ein Vertrag in Textform existierte nicht. Für die Jahre 2011 und 2012 buchte der StB monatliche Vorauszahlungen für die o.g. Tätigkeiten in Höhe von insgesamt 17 850,00 € ab. Er erledigte in diesem Zeitraum aber nur noch die Lohnbuchführung, da der Mandant ihm trotz mehrfacher Aufforderungen die für die Finanzbuchführung erforderlichen Belege nicht mehr zur Verfügung gestellt hatte, weil er bereits einen anderen StB beauftragt hatte, ohne das Mandatsverhältnis zum Vorberater zu kündigen. Der StB war der Auffassung, dass er die vereinnahmten Vorschüsse behalten durfte, weil er den Mandanten in Annahmeverzug gesetzt habe und sich deshalb ein Honoraranspruch aus § 615 BGB ergebe.

Das OLG Düsseldorf bejahte nur einen geringfügigen Honoraranspruch für die Lohnbuchführung und verurteilte den StB im Übrigen zur Rückzahlung von 16 797,08 €. Die Anwendbarkeit des § 615 BGB sei durch die speziellen Vorschriften der StBVV im konkreten Fall ausgeschlossen. Nach § 12 Abs. 4 StBVV sei Voraussetzung für das Entstehen des Honoraranspruchs, dass der StB mit der Ausführung irgendeiner Tätigkeit **begonnen** habe. Dies sei hier nicht der Fall gewesen. Eine noch weitere Vorverlagerung des Honoraranspruchs auf den Zeitpunkt der Aufforderung zur Überlassung der Buchführungsbelege würde dazu führen, dass ein noch nicht entstandener Anspruch erst begründet würde. Dies sei aber nicht Zweck des § 615 BGB, der keinen eigenständigen Anspruch gewähre, sondern nur den ursprünglichen Erfüllungsanspruch aufrechterhalte.[1] Weiter heißt es, dass der StB vor Beginn seiner Tätigkeit auch nicht fest mit einer Vergütung rechnen könne, da der Mandant gemäß § 627 BGB jederzeit fristlos kündigen könne.

Dieser Hinweis passt sicherlich im Fall eines mündlichen Steuerberatungsvertrages, über den das OLG Düsseldorf zu entscheiden hatte. Im Fall eines **schriftlichen Steuerberatungsvertrages** oder eines Vertrages in Textform sind hingegen Fallkonstellationen möglich, in denen der Mandant nicht gemäß § 627 BGB fristlos kündigen kann, weil ein **dauerndes Dienstverhältnis mit festen Bezügen** vorliegt (s.o.) oder das **Kündigungsrecht nach § 627 BGB wirksam ausgeschlossen** wurde (s.o. und → Rz. 27). Daneben kommt ein Honoraranspruch des StB unter dem Gesichtspunkt des **Annahmeverzugs** bei schriftlichen Verträgen bzw. solchen in Textform auch dann in Betracht, wenn der Steuerberatungsvertrag nicht gekündigt wird, der Mandant aber seinen vertraglich vereinbarten **Mitwirkungspflichten nicht nachkommt**.

Beispiel:[2]

Der schriftliche Steuerberatungsvertrag sah vor, dass der Mandant zur Übergabe aller für die Ausführung des Auftrags notwendigen Unterlagen verpflichtet war. Nachdem er dem StB keine Unterlagen mehr übergeben hatte, wurde er hierzu mehrfach aufgefordert. Eine Reaktion des Mandanten erfolgte nicht. Auch kündigte dieser das Mandatsverhältnis nicht. Die fristlose Kündigung erfolgte vielmehr mehrere Monate später durch den StB, der dann die vereinbarte Vergütung bis zum Zeitpunkt der Kündigung verlangte.

Das OLG Koblenz bejahte den Honoraranspruch des StB unter dem Gesichtspunkt des Annahmeverzugs (§ 615 BGB). Der StB habe auch nicht rechtsmissbräuchlich gehandelt, weil er mit dem Ausspruch der Kündigung noch mehrere Monate wartete. Denn mangels ausdrücklicher Erklärung des Mandanten, dass dieser auf Dauer kein Interesse mehr an den vereinbarten Steuerberatungsleistungen hatte, war ein Abwarten im Hinblick auf eine mögliche Fortsetzung der Zusammenarbeit mit dem Mandanten nicht von vorneherein zwecklos. Der entscheidende Unterschied zwischen beiden Entscheidungen, ist der, dass im Fall des OLG Koblenz ein schriftlicher Steuerberatungsvertrag existierte, der vertragliche Mitwirkungspflichten des Mandanten vorsah. Anders als im Fall des OLG Düsseldorf konnte der StB allein aufgrund der schriftlichen Vereinbarungen fest mit einer Vergütung rechnen. Sein Vertrauen auf die Vertragsreue des Mandanten war deshalb schutzwürdiger als im Fall des OLG Düsseldorf. Der Zweck des § 615, den Dienstverpflichteten davor zu schützen, seine Arbeitskraft anderweitig verwerten zu müssen, ist deshalb im Falle eines schriftlichen Steuerberatungsvertrages eher erfüllt als im Falle eines nur mündlichen Steuerberatungsvertrages.

1) So auch BAG v. 24.9.2014, 5 AZR 593/12, MDR 2015, 166.
2) OLG Koblenz v. 1.12.2005, 6 U 951/04, GI 2006, 119.

Eine Kündigung zur **Unzeit** durch den StB kann Schadensersatzansprüche auslösen, § 627 Abs. 2 BGB. Eine Kündigung zur Unzeit liegt nicht vor, wenn diese so rechtzeitig vor Fristablauf erfolgt, dass dem Mandanten noch ausreichend Zeit zur Verfügung steht, sich an einen anderen StB zu wenden und diesen die Erfolgsaussichten eines Einspruchs prüfen zu lassen.[1)]

Das **Werkvertragsrecht** kennt grundsätzlich nur die Kündigungsmöglichkeit des Auftraggebers (§ 648 BGB). Sie ist jederzeit möglich. Diese Belastung des Auftragsnehmers wird dadurch ausgeglichen, dass er bei einer vorzeitigen Kündigung des Vertrags grundsätzlich die volle Vergütung abzüglich ersparter Aufwendungen erhält (§ 648 Satz 2 BGB). Diese Rechtsfolge kann m.E. aber nur im Fall eines **schriftlichen Steuerberatungsvertrages** oder eines solchen in Textform eintreten, der von Seiten des Auftraggebers ohne Einhaltung der vereinbarten Kündigungsfrist vorzeitig und vertragswidrig gekündigt wird.[2)] Bei einem **mündlich geschlossenen Steuerberatungsvertrag** kann der StB Honorar nur für bereits begonnene Arbeiten verlangen. Die speziellen Regelungen der StBVV (hier § 12 Abs. 4 StBVV) gehen den BGB-Vorschriften vor (→ Rz. 26).[3)] Der Auftragnehmer selbst kann nur ausnahmsweise kündigen – bei mangelnder Mitwirkung des Auftraggebers und entsprechender Abmahnung (§§ 642, 643 BGB). Beide Seiten können jedoch auch wegen Unzumutbarkeit vergleichbar § 626 BGB kündigen. Dieses Recht wird aus § 242 BGB abgeleitet. 27

Fazit / Praxistipp: 28

Die ausdrückliche Kündigung des Vertrags durch den Auftraggeber oder seine Untätigkeit (Auftraggeber reicht keine Belege mehr ein, ohne das Auftragsverhältnis zu kündigen) wirken sich auf den **Vergütungsanspruch** des StB wie folgt aus:

- Bei Annahme eines **mündlichen Dienstvertrages** kann der StB nur den seinen bisherigen Leistungen entsprechenden Teil der Vergütung verlangen (§ 628 Abs. 1 Satz 1 BGB, → Rz. 26).[4)] Gleiches gilt grds. auch im Falle eines **schriftlichen Dienstvertrages**.[5)]
- Handelt es sich bei dem **schriftlichen Dienstvertrag** oder einen solchen in Textform um einen **Individualvertrag** oder liegt ein **dauerndes Dienstverhältnis mit festen Bezügen** vor, kann der StB den vertragswidrig kündigenden Mandanten in Annahmeverzug versetzen und Schadensersatz für die nicht mehr erbrachten Leistungen bis zum Ende der vereinbarten Vertragslaufzeit verlangen (§ 615 Satz 1 BGB).[6)] Auch ohne ausdrückliche Kündigung des Mandanten kann er unter dem Gesichtspunkt des Annahmeverzugs das vereinbarte Honorar verlangen, wenn der Mandant seinen vertraglichen Mitwirkungspflichten nicht nachkommt (→ Rz. 26).[7)] Der StB muss sich lediglich ersparte Aufwendungen anrechnen lassen (§ 615 Satz 2 BGB). Als Kostenersparnis (ersparte Sachmittel, Auslagenersatz nach § 16 StBVV)[8)] legt die Rechtsprechung überwiegend 10–15 % der vereinbarten Vergütung zu Grunde.[9)]
- Auch bei Annahme eines **mündlichen Werkvertrages** kann der StB Honorar nur für solche Arbeiten verlangen, mit denen er mindestens begonnen hat (→ Rz. 27).
- Im Falle eines **schriftlichen Werkvertrages** oder eines solchen in Textform kann der StB demgegenüber die volle vereinbarte Vergütung abzüglich ersparter Aufwendungen verlangen (§ 648 BGB).[10)]

---

1) OLG Celle v. 18.10.2024, 20 U 8/24.
2) OLG Brandenburg v. 29.10.2003, 7 U 54/04, besprochen von Feiter, KP 2006, 56.
3) So OLG Düsseldorf v. 29.8.2017, I-23 U 153/16 zu § 615 BGB.
4) OLG Düsseldorf v. 29.8.2017, I-23 U 153/16.
5) OLG Düsseldorf v. 17.9.2019, I-24 U 211/18, DStR 2020, 135.
6) Goez, KP 2016, 88.
7) OLG Koblenz v. 1.12.2005, 6 U 951/04, GI 2006, 119.
8) AG Herne v. 22.1.2013, 5 C 203/11 zu DATEV-Kosten.
9) LG Duisburg v. 1.3.2002, 10 O 36/95, Stbg 2001, 189 m.w.N.
10) OLG Brandenburg v. 29.10.2003, 7 U 54/04, besprochen von Feiter, KP 2006, 56.

IV. Nachbesserungsrecht des Steuerberaters

29 Einen Anspruch auf „Nacherfüllung" kennt nur das Werksvertragsrecht (§§ 634 Nr. 1 und 635 BGB). Gleichwohl entsprach es lange Zeit einhelliger Rechtsprechung, dass der Mandant seinem (bisherigen) StB grundsätzlich Gelegenheit zur Nachbesserung geben muss, bevor er einen anderen StB mit der Beseitigung von Fehlern beauftragt, auch wenn der Vertrag als Dienstvertrag anzusehen ist (→ Rz. 82). Für das Dienstvertragsrecht hat der BGH das Nachbesserungsrecht des Vorberaters mit Urteil vom 11.5.2006[1] eingeschränkt und für den Fall verneint, dass der zwischen StB und Mandant geschlossene Vertrag ein Dienstvertrag ist, der Mandant das Mandat durch Kündigung bereits beendet hatte und der Fehler erst von dem neu beauftragten StB entdeckt worden ist. Der BGH begründet seine Entscheidung damit, dass die entsprechende Anwendung der werkvertraglichen Vorschriften über die Nacherfüllung im Widerspruch zur Vorschrift des § 627 BGB stünde, der bei einem Dienstvertrag mit einem StB dem Mandanten jederzeit die Kündigung des Mandatsverhältnisses ermöglicht. Sinn und Zweck dieser Vorschrift sei es, nur Personen des eigenen Vertrauens mit der steuerlichen Beratung zu befassen. Dieser Zweck würde aber nicht erreicht, wenn der Mandant gehalten wäre, dem wirksam gekündigten StB hinsichtlich bestimmter Teilleistungen noch Gelegenheit zur Nachbesserung zu geben. Im Übrigen wäre es umständlich, zeitaufwendig und für den Mandanten unnötig belastend, wenn dieser dem früheren StB trotz Kündigung die Möglichkeit einer Mängelbeseitigung einräumen müsste, da sich der neue Berater, der den Fehler entdeckt habe, bereits eingearbeitet habe. Ob der BGH anders entscheiden würde, wenn das Mandatsverhältnis noch nicht beendet ist und der Fehler des StB anderweitig entdeckt wird, bleibt offen. Für ein Nachbesserungsrecht spricht in diesem Fall allerdings, dass der Rechtsgedanke des § 627 BGB nicht greift, solange das Vertrauensverhältnis fortbesteht und es auch nicht zu Meinungsverschiedenheiten kommen kann, solange der Mandant keinen zweiten StB beauftragt hat.

30 Fraglich ist auch, ob das Nachbesserungsrecht **vertraglich vereinbart** werden kann. Im Rahmen einer Individualvereinbarung ist dies möglich, da § 627 BGB individuell abgedungen werden kann. In AGB hingegen ist ein Ausschluss des § 627 BGB nicht möglich. Dies spricht dafür, dass auch ein Nachbesserungsrecht in AGB nicht wirksam vereinbart werden kann, wenn das Mandatsverhältnis schon beendet ist und der Mangel im Nachhinein (z.B. durch den neuen StB) entdeckt wird.[2] Demgegenüber hält das LG Münster[3] eine Regelung zum Nachbesserungsrecht in AGB grundsätzlich für wirksam. Auch wenn diese Entscheidung im Widerspruch zur o.g. BGH-Rechtsprechung[4] stehen dürfte und die Wirksamkeit einer solchen Klausel deshalb zweifelhaft ist, kann sich eine solche Nachbesserungsklausel für den Vorberater als hilfreich erweisen, wenn er später mit Schadensersatzansprüchen konfrontiert wird.

Formulierungsvorschlag:

Der Auftraggeber hat gegen den Auftragnehmer einen Anspruch auf Beseitigung etwaiger Mängel. Er hat dem Auftragnehmer innerhalb einer angemessenen Frist Gelegenheit zur Nachbesserung zu geben.

F. Vergütungsvereinbarungen

31 Die StBVV bzw. das StBerG kennen nur noch zwei Arten von Vergütungsvereinbarungen, nämlich

1) BGH v. 11.5.2006, IX ZR 63/05, DStR 2006, 957.
2) Janetzko, DStR 2015, 2875.
3) LG Münster v. 4.12.2013, 110 O 31/13.
4) BGH v. 11.5.2006, IX ZR 63/05, DB 2006, 202.

- die Vergütungsvereinbarung nach §§ 4 Abs. 1, 4a StBVV und
- die Vereinbarung eines Erfolgshonorars nach § 9a StBerG.

Bis zum 30.6.2025 existierte mit § 14 StBVV noch eine gesonderte Vorschrift für Pauschalvergütungsvereinbarungen, die mit Wirkung zum 1.7.2025 aufgehoben wurde.[1)] Für Pauschalvergütungsvereinbarungen gelten seitdem nur noch die §§ 4 Abs. 1, 4a StBVV. In allen Fällen sind bestimmte Formerfordernisse zu beachten. Dies gilt auch für Vergütungsvereinbarungen nach § 3a RVG oder § 4a RVG. Diese Regelungen sind anwendbar, wenn die StBVV auf das RVG verweist (§§ 21 Abs. 2, 40 StBVV).

Aus dem Grundsatz der **Vertragsfreiheit** folgt, dass grundsätzlich alle Arten von 32
Vergütungsvereinbarungen zulässig sind, z.B. die Vereinbarung einer **Zeitgebühr an Stelle** einer gesetzlichen **Wertgebühr** (→ § 64 StBerG Rz. 884 ff.).[2)] Die Grenze sind unzulässige Gebührenunterschreitungen und unzulässige Gebührenüberhebungen (→ § 64 StBerG Rz. 887 ff.). An eine (**mündliche**) **Honorarzusage** ist der StB grundsätzlich gebunden. Eine davon abweichende Abrechnung nach StBVV ist nicht zulässig (→ Rz. 63),[3)] wenn diese für den Mandanten ungünstiger ist, als die Abrechnung nach Vereinbarung.[4)] Von einer (mündlichen) Honorarzusage zu unterscheiden ist die **unverbindliche Schätzung** des voraussichtlichen Steuerberaterhonorars.

Beispiel:[5)]

Zwischen StB und Mandant bestand seit 2020 ein Mandatsverhältnis. In einer schriftlichen „Auftragserteilung“ hatte der Mandant sich seinerzeit damit einverstanden erklärt, dass die Honorare nach der StBVV abgerechnet werden. Im Jahr 2023 beauftragte der Mandant den StB mit der Erstellung der Bilanz nebst dazugehöriger Steuererklärungen für sein Einzelunternehmen für das Wj 2021. Auf die Frage des Mandanten nach den Kosten erklärte der StB, dass die Bilanz eine Summe von 700 € bis 800 € kosten werde. Tatsächlich rechnete der StB für die Bilanz 832,50 €, für die E-Bilanz 127,60 €, für die USt-Erklärung 256,95 € und für die GewSt-Erklärung 312,20 € ab. Zuzüglich Bescheidprüfung, Auslagenersatz und USt belief sich der Rechnungsbetrag auf 1 950,71 €.

Das AG Düsseldorf verneinte eine hinreichende Verbindlichkeit der vom StB für die Erstellung der Bilanz genannten Summe von 700 € bis 800 €, da der StB keine konkrete Summe genannt hatte.

Nach der Rechtsprechung des BGH verstößt der StB nicht dadurch gegen die StBVV, dass ein völlig **anderer Abrechnungsmodus** gewählt wird.[6)] Im Anwaltsbereich hat das BVerfG die Versteigerung anwaltlicher Dienstleistungen gebührenrechtlich nicht beanstandet.[7)] Die Vergütung des StB muss auch nicht zwingend in Geld erfolgen. Als Gegenleistung können auch **Sachleistungen oder Naturalleistungen** des Mandanten vereinbart werden, die selbstverständlich auch der Besteuerung unterliegen. In diesen Fällen stellt sich häufig die Problematik, dass die Äquivalenz von Leistung und Gegenleistung nur schwer zu beurteilen ist. Hinzu kommt, dass die Bezahlung in Naturalien als Leistung an erfüllungsstatt im Insolvenzfall für den Insolvenzverwalter leichter anfechtbar ist.[8)]

---

1) Fünfte Verordnung zur Änderung der Steuerberatervergütungsverordnung v. 31.3.2025, BGBl. I 2025 Nr. 105 = BStBl I 2025, 1009.
2) BGH v. 12.9.2024, IX ZR 65/23, ZIP 2024, 2348 zum Anwaltsrecht.
3) LG Zweibrücken v. 12.1.2015, 1 O 218/14; Feiter, KP 2015, 79.
4) BGH v. 12.9.2024, IX ZR 65/23, ZIP 2024, 2348 zum Anwaltsrecht.
5) AG Düsseldorf v. 28.3.2025, 233 C 348/23.
6) BGH v. 30.9.2004, I ZR 89/02, NJW 2005, 1268, zur Steuerberatungs-Hotline mit Abrechnung im Minutentakt; § 21 StBVV Rz. 21.
7) BVerfG v. 19.1.2008, 1 BvR 1886/06, NJW 2008, 1298.
8) Inkongruente Deckung; vgl. Haarmann/Huber/Schmittmann, Praxis der Insolvenzanfechtung, 5. Aufl. 2022, § 131 Rz. 15.

G. Vergütungsanspruch: Sicherung und Durchsetzung

I. Schriftlicher Steuerberatungsvertrag und schriftliche Vergütungsvereinbarung

33 Der **Abschluss eines schriftlichen Steuerberatungsvertrags** als Grundlage des Honoraranspruchs kann sich im Einzelfall als vorteilhaft erweisen, z.B. wenn es um die Frage geht, ob dem StB überhaupt ein Auftrag erteilt wurde und welchen Umfang ein unstreitig erteilter Auftrag hatte.

Beispiel:

Ein Existenzgründer beauftragt den StB mündlich mit der monatlichen Finanz- und Lohnbuchführung. Nach Abschluss des Wirtschaftsjahrs erstellt der StB den Jahresabschluss nebst dazugehöriger Steuererklärung ohne hierzu ausdrücklich beauftragt worden zu sein.

Die Erteilung eines Buchführungsauftrags rechtfertigt nicht ohne Weiteres den Schluss, dass auch ein Auftrag für die Erstellung des Jahresabschlusses und der Steuererklärungen besteht.[1] Letztlich lassen sich Streitigkeiten dieser Art durch einen schriftlichen Vertrag mit detaillierten Regelungen zum Mandatsumfang vermeiden. Insbesondere bei Neumandanten kommt es immer wieder vor, dass Mandanten die Auftragserteilung bestreiten. In diesen Fällen muss der beweispflichtige StB die Umstände vortragen, die für eine Beauftragung sprechen.[2] Wenn zu Beginn des Mandatsverhältnisses kein schriftlicher Steuerberatungsvertrag geschlossen wurde, besteht immer noch die Möglichkeit, sich den Umfang des Auftrags nachträglich bestätigen zu lassen.

Beispiel:

Nach Fertigstellung des Jahresabschlusses und der Steuererklärungen bittet der StB den Mandanten um Unterzeichnung der Vollständigkeitserklärung, der Vereinbarung über die Teilnahme am Verfahren der DATEV eG zur Einreichung von Jahresabschlussdaten beim Betreiber des Elektronischen Bundesanzeigers sowie der (nachträglich) erstellten Auftragsbestätigung. Gleichzeitig wird der Mandant darauf hingewiesen, dass erst nach Unterzeichnung aller Dokumente die elektronische Übermittlung erfolgt.

34 Als vorteilhaft kann sich neben einem schriftlichen Steuerberatungsvertrag auch eine **Vergütungsvereinbarung** in Textform erweisen, da dadurch von vornherein Streitigkeiten über die Angemessenheit der Gebühren vermieden werden. Auf die Einhaltung der Formvorschriften ist unbedingt zu achten. Im Falle einer **Praxisveräußerung** tritt der Käufer in die bestehenden Verträge ein. Es handelt sich um eine gesetzlich nicht geregelte Vertragsübernahme,[3] wenn die Mandanten durch Vollmachtserteilung ihr Einverständnis mit der Mandatsübernahme erteilt haben.

II. Belehrungspflichten des Steuerberaters

35 Grundsätzlich muss der StB seinen Auftraggeber nicht darauf hinweisen, dass die Dienstleistung entgeltlich erbracht wird. Umgekehrt muss der Mandant die Unentgeltlichkeitsabrede beweisen.[4] Ebenso wenig muss der StB den Mandanten auf die voraussichtliche gesetzliche Gebührenhöhe hinweisen, da er an eine gesetzlich geregelte Gebührenordnung gebunden ist (zur Aufklärungs- und Belehrungspflicht bei vereinbarten Gebühren → § 4 StBVV Rz. 131). Der Auftraggeber muss bei der Beauftragung eines StB regelmäßig damit rechnen, dass er die gesetzliche Vergü-

---

1) AG Oberhausen v. 27.11.2001, 35 C 379/01, DStRE 2002, 471.

2) OLG Stuttgart v. 25.6.2019, 12 U 25/18, WPK-Magazin 2019, 62.

3) LG Duisburg v. 2.10.2015, 7 S 21/15; BGH v. 10.2.2011, IX ZR 45/08, BFH/NV 2011, 959 und § 4 StBVV Rz. 13; LG Düsseldorf v. 22.3.2019, 7 O 158/15, besprochen von Feiter, KANZLEI intern 06_2019, 2 und LG Wuppertal v. 25.5.2016, 3 O 299713 (rkr.), zur Übernahme einer bestehenden Unentgeltlichkeitsvereinbarung zwischen Verkäufer und Mandant durch den Käufer → Rz. 65.

4) OLG Düsseldorf v. 1.12.2022, 24 U 109/21, BRAK-Mitt 2023, 122 zum Anwaltsrecht.

tung zahlen muss.[1] Das gilt auch dann, wenn bereits ein Mandat besteht und ein Folgemandat erteilt wird.[2] Allerdings ist in § 4 Abs. 3 StBVV eine Informationspflicht vorgesehen, die den StB verpflichtet, jeden Mandanten in Textform darauf hinzuweisen, dass eine höhere oder niedrigere Vergütung als die gesetzliche Vergütung in Textform vereinbart werden kann. StB unterliegen auch dann einer gesetzlichen Hinweispflicht, wenn sie gegenüber Verbraucher-Mandanten unter Angabe von Preisen werben. § 1 PAngV[3] verlangt dann die Angabe des Endpreises (einschließlich Umsatzsteuer). Unzulässig wäre die Werbung mit einer bestimmten Preisangabe „zuzüglich 19 % USt".[4] Auch nach der Rechtsprechung des EuGH zu Art. 73, 78 der Mehrwertsteuersystemrichtlinie ist ein vereinbarter Preis ohne Regelung zur Mehrwertsteuer als Bruttopreis anzusehen.[5] Rechtsanwälte sind demgegenüber lediglich verpflichtet, vor Übernahme des Auftrags auf die zu erhebenden Gebühren hinzuweisen, wenn diese sich nach dem Gegenstandswert richten (§ 49b Abs. 5 BRAO).[6]

Soweit das DDG[7] u.a. auch StB mit einem eigenen Internet-Auftritt bestimmte Informationspflichten vorschreibt (u.a. auch die Angabe, welchen gesetzlichen Vorschriften der Berufsstand des StB unterliegt), kann ein Verstoß gegen diese Informationspflichten (namentlich ein unterlassener Hinweis auf die StBVV) den Honoraranspruch des StB nicht gefährden. Gleiches gilt für Informationspflichten nach der DL-InfoV,[8] die in § 4 DL-InfoV auch Informationspflichten zu Preisen enthält und für sonstige Informationspflichten nach §§ 36, 37 VSBG, Art. 14 Abs. 1 ODR-Verordnung[9] und § 4 Abs. 3 StBVV.[10] Verstöße gegen die Informationspflichten können allenfalls als Ordnungswidrigkeit und mit den Mitteln des Wettbewerbsrechts geahndet werden,[11] ggf. auch Schadensersatzansprüche auslösen.[12] 36

Auf Verlangen des Auftraggebers gehört es zu den Beratungspflichten eines StB, die Höhe der voraussichtlichen Gebühren mitzuteilen und ggf. zu erläutern. Der gebotene Inhalt der Aufklärung hängt von den Umständen des einzelnen Falls ab, insbesondere von der für den StB erkennbaren **Aufklärungsbedürftigkeit** des Auftraggebers (→ § 4 StBVV Rz. 140).[13] Besonderes Gewicht kommt der praktischen Brauchbarkeit der Belehrung zu. Die Rechtsprechung verlangt grundsätzlich einen Hinweis auf die **Art der Gebühren und deren Höhe** (→ Rz. 51 ff.).[14] Aufgabe des StB 37

1) BGH v. 2.7.1998, IX ZR 63/97, MDR 1998, 1313 f.; OLG Düsseldorf v. 1.12.2022, 24 U 109/21, BRAK-Mitt 2023, 122; OLG München v. 5.6.2019, 15 U 318/18, MDR 2019, 1218; OLG Köln v. 12.3.1997, XVII U 85/96, Stbg 1998, 568, zum Anwaltsrecht; LG Essen v. 30.10.2024, 18 O 37/24; LG Saarbrücken v. 8.1.2004, 2 S 304/01; LG Wuppertal v. 25.5.2016, 3 O 299/13 (rkr.) zu einer behaupteten Unentgeltlichkeitsvereinbarung.
2) BGH v. 14.12.2005, IX ZR 210/03, AnwBl 2006, 214.
3) Preisangabenverordnung v. 18.10.2002, BGBl. I 2002, 4198.
4) OLG Naumburg v. 8.11.2007, 1 U 70/07, AnwBl 2008, 142.
5) EuGH v. 7.11.2013, C-249/12, C-250/12, HFR 2013, 1165 = DStRE 2014, 816.
6) OLG Düsseldorf v. 16.9.2024, 24 U 85/23, DStR 2025, 423 mit Anm. Feiter.
7) Digitale-Dienste-Gesetz v. 6.5.2024, BGBl. I 2024 Nr. 149.
8) Verordnung v. 17.3.2010, BGBl. I 2010, 267.
9) Aufgehoben zum 20.7.2025 durch Verordnung (EU) 2024/3228 wegen zu geringer Nutzung.
10) Zu den Informationspflichten für Steuerberater siehe Ueberfeldt, DStR 2017, 900.
11) Zur DL-InfoV: OLG Hamm v. 28.2.2013, I – 4 U 159/12, DStR 2013, 2195: Kein Bagatellverstoß nach § 3 UWG; a.A. LG Dortmund v. 26.3.2013, 3 O 102/13, BRAK-Mitt. 2013, 168: Bagatellverstoß; ebenso LG Nürnberg-Fürth v. 25.3.2010, 3 HK O 9663/09, DStRE 2010, 1344 zu § 5 TMG.
12) Ueberfeldt, DStR 2017, 900, 904; Feiter/Tegethoff, KANZLEI intern 09/2016, 6 m.w.N.
13) OLG Düsseldorf v. 19.7.2007, I-24 U 46/06, GI aktuell 2008, 52, 54 zum Fall einer vereinbarten Vergütung.
14) BGH v. 13.3.1980, III ZR 145/78, NJW 1980, 2128, 2130; OLG Düsseldorf v. 19.7.2007, I-24 U 46/06, GI aktuell 2008, 52, 55. für Rechtsanwälte; zur Darlegungs- und Beweislast bezüglich der erfolgten Belehrung OLG Köln v. 12.3.1997, 17 U 85/96, Stbg 1998, 568, ebenfalls zum Anwaltsrecht.

ist es, dem Mandanten den Sinn einer gesetzlichen Regelung verständlich zu erklären und den konkreten Fall unter das anzuwendende Gesetz so verständlich zu subsumieren, dass auch der juristische Laie die Folgen erkennen und verantwortlich entscheiden kann, ob er sie auf sich nehmen will. Im Falle einer Vergütungsvereinbarung reicht es nicht aus, dem Auftraggeber einen Vordruck „Gebührenhinweise" auszuhändigen oder ihm Gesetzestexte zum Selbststudium zu übergeben.[1]

38 Auch **ohne Aufforderung** des Mandanten kann sich aus besonderen Umständen gem. §§ 157, 242 BGB eine Rechtspflicht zur Aufklärung über die Höhe der voraussichtlichen Gebühren ergeben – etwa bei einem außerordentlich hohen **Gegenstandswert**[2] oder wenn die Tätigkeit des StB für den Auftraggeber **unwirtschaftlich** oder wirtschaftlich sinnlos (→ Rz. 52) wäre, wenn offensichtlich ist, dass der Mandant sich nicht über die Kosten im Klaren ist oder wenn der StB einen falschen Eindruck erweckt hat, dass es bei zu Beginn veranschlagten geringeren Gebühren bleibe.[3] Auch dann, wenn der StB von einer **langjährigen Abrechnungspraxis** durch eine erhebliche Anhebung der Gebühren abweichen will, wird man einen vorherigen Hinweis erwarten dürfen (im Einzelnen zu den Fallgruppen → Rz. 51 ff.; zu Belehrungspflichten gegenüber **nicht bilanzierungspflichtigen Mandanten** → § 32 StBVV Rz. 527).[4] Nach ständiger Rechtsprechung des BGH trägt derjenige, der eine Aufklärungs- oder Beratungspflichtverletzung behauptet, dafür die Beweislast. Die mit dem Nachweis einer negativen Tatsache verbundenen Schwierigkeiten werden dadurch ausgeglichen, dass der StB die behauptete Fehlberatung substantiiert bestreitet und darlegen muss, wie im Einzelnen beraten bzw. aufgeklärt worden sein soll.[5] Er muss den Verlauf des Aufklärungsgesprächs im Einzelnen schildern und Angaben darüber machen, was er dem Mandanten über die voraussichtliche Höhe seiner Vergütung gesagt hat.[6]

Praxistipp:

Der StB sollte deshalb in den Handakten und darüber hinaus schriftlich gegenüber dem Auftraggeber dokumentieren, dass und wie er eine solche Belehrung erteilt hat. Zu den Rechtsfolgen einer pflichtwidrig unterlassenen Belehrung → Rz. 52.

39 Hat es der StB mit einem **Verbraucher** (§ 13 BGB) zu tun, können sich Belehrungspflichten im Hinblick auf ein mögliches **Widerrufsrecht** (§§ 312g, 355, 356 BGB) des Verbraucher-Mandanten ergeben. Zu denken ist insbesondere an die früheren **Haustürgeschäfte** (§ 312 BGB a.F.), die jetzt als „**außerhalb von Geschäftsräumen geschlossene Verträge**" bezeichnet sind (§ 312b BGB). Die Voraussetzungen dieser Vorschrift werden im Verhältnis StB/Mandant nur selten vorliegen, so dass die Vorschrift für StB weitgehend irrelevant ist. Eine ordnungsgemäße **Widerrufsbelehrung** über das 14-tägige Widerrufsrecht des § 355 Abs. 2 BGB ist wegen der Komplexität der gesetzlichen Regelungen nicht einfach. Es empfiehlt sich eine Orientierung an dem Muster Anlage 1 zu Art. 246a § 1 Abs. 2 Satz 2 EGBGB. Wird in einer von der Musterwiderrufsbelehrung abweichenden Widerrufsbelehrung neben der Post- und E-Mail-Adresse keine Telefonnummer angegeben, ist dies unschädlich.[7] Bezüglich des **Widerrufsformulars** empfiehlt sich eine Orientierung an dem offiziellen Muster Anlage 2 zu Art. 246a § 1 Abs. 2 Satz 1 Nr. 1 EGBGB, das nur aus einer einfachen Widerrufsfloskel besteht und in das lediglich die Adressdaten der Parteien, Kaufgegenstand und -datum einzutragen sind. Zulässig ist auch eine andere vergleichbar unmissverständliche Erklärung (§ 355 Abs. 1 Satz 3 BGB). Es genügt, dem Verbrau-

1) OLG Düsseldorf v. 19.7.2007, I-24 U 46/06, GI aktuell 2008, 52, 55.
2) BGH v. 14.12.2005, IX ZR 210/03, NJW-Spezial 2006, 190; v. 7.12.2000, IX ZR 423/99, BRAK-Mitt. 2001, 118, für Rechtsanwälte.
3) Hartl, AnwBl 2022, 548.
4) LG Wuppertal v. 5.6.2019, 3 O 245/18.
5) BGH v. 11.10.2007, IX Z R 105/06, DB 2007, 2704, zum Anwaltsrecht.
6) OLG Köln v. 12.3.1997, 17 U 85/96, Stbg 1998, 568, zum Anwaltsrecht.
7) BGH v. 25.2.2025, VIII ZR 143/24, MDR 2025, 440.

cher die Möglichkeit einzuräumen, das Formular auf der Webseite auszufüllen und zu übermitteln (§ 356 Abs. 1 Satz 1 BGB). Der StB muss den Zugang des Widerrufs unverzüglich bestätigen (§ 356 Abs. 1 Satz 2 BGB). Ist eine Außergeschäftsraumsituation gegeben, weil der StB den Verbraucher-Mandanten in dessen Privatwohnung oder an dessen Arbeitsplatz aufsucht, ist Vorsicht geboten. Wegen des Risikos des Widerrufs innerhalb von 14 Tagen dürfte der StB eigentlich erst nach Ablauf dieser Frist mit der Beratung beginnen. Da dies in der Regel keine Option ist, sollte der StB von der Möglichkeit Gebrauch machen, eine **Zustimmungserklärung** des Mandanten einzuholen, § 356 Abs. 4 Satz 1 BGB.[1]

Formulierungsvorschlag

Zustimmungserklärung zum Verlust des Widerrufsrechts bei Vertrag über Dienstleistungen eines Steuerberaters

Zustimmungserklärung[2]

Ich stimme ausdrücklich zu, dass Herr/Frau Steuerberater/in .... bereits vor Ablauf der Widerrufsfrist mit der Ausführung der vertraglichen Dienstleistung beginnt. Mir ist bekannt, dass ich bei Widerruf bereits erbrachte Leistungen zu bezahlen habe und bei vollständiger Vertragserfüllung durch Herrn/Frau Steuerberater/in .... das mir zustehende Widerrufsrecht verliere.

Zu beachten ist auch, dass der BGH den Auftrag zur Erstellung eines Existenzgründungsberichts noch nicht dem Unternehmerhandeln zuordnet, solange der Gründungsentschluss noch nicht gefallen, dieser vielmehr vom Ergebnis des Berichts abhängig gemacht wird. Wird der StB in einer solchen Situation tätig, ohne über das Widerrufsrecht belehrt zu haben, kann der Verbraucher-Mandant sein Widerrufsrecht seit Juni 2014 ein Jahr und 14 Tage lang ausüben (vgl. § 356 Abs. 3 Satz 2 BGB).[3] Eine Belehrungspflicht bei Nutzung von **Fernkommunikationsmitteln** (Brief, Telefon, Fax, E-Mail etc.) besteht grds. nicht. Denn nur der **gelegentliche** Vertragsschluss über Fernkommunikationsmittel ist noch keine organisierte Vertriebsform i.S.d. § 312c BGB (Fernabsatzvertrag), die dem Verbraucher-Mandanten bei fehlender Belehrung ein Widerrufsrecht einräumen würde.[4] Anders ist dies z.B. bei einer „echten" Online-Beratung, wenn sich der StB in den Bereich eines **organisierten Fernabsatzvertriebssystems** begibt.[5] Die Informationspflichten gehen in diesen Fällen aber nicht so weit, dass der StB stets auch eine Telefonnummer anzugeben hätte.[6] Kein Vertragsschluss unter ausschließlicher Verwendung von Fernkommunikationsmitteln liegt vor, wenn es einen persönlichen Kontakt zwischen Verbraucher und StB während der Vertragsanbahnung gegeben hat.[7] Liegen konkrete Anhaltspunkte für ein organisiertes Vertriebs- und Dienstleistungssystem vor (z.B. durch die Darstellung auf der Homepage), muss der StB im Falle des Widerrufs des im Fernabsatz geschlossenen Vertrags darlegen und beweisen, dass seine Ver-

1) Beyme, Stbg 2018, 76, 81 und Stbg 2021, 142 jeweils mit Muster.
2) Muster nach Beyme, Stbg 2021, 142.
3) Zur früheren Rechtslage mit unbefristetem Widerrufsrecht siehe BGH v. 15.11.2007, III ZR 295/06, Stbg 2009, 464; Masuch, NJW 2008, 1700.
4) OLG Hamburg v. 17.10.2022, 3 U 184/21, AnwBl 2023, 680; Grüneberg, 84. Aufl. 2025, § 312c BGB Rz. 6.
5) BGH v. 19.11.2020, IX ZR 133/19, Stbg 2021, 142 mit Anm. Beyme und BGH v. 23.11.2017, IX ZR 204/16, Stbg 2018, 182 mit Anm. Beyme; Beyme, Stbg 2018, 76 mit weiteren Rechtsprechungsnachweisen; El-Auwad, Stbg 2017, 971; Bräuer, AnwBl 2015, 970; Ernst, NJW 2014, 817.
6) EuGH v. 10.7.2019, C-649/17, NJW 2019, 3365 zu Art. 6 Abs. 1 Buchst. c; AEUV Art. 267 in dem Verfahren gegen Amazon; BGH v. 25.2.2025, VIII ZR 143/24, MDR 2025, 440.
7) BGH v. 27.2.2018, XI ZR 160/17, ZIP 2018, 774.

tragsschlüsse **nicht** im Rahmen eines solchen Systems erfolgen.[1] Die Anforderungen an die Darlegungs- und Beweislast sind hoch, da der BGH nur Verträge aus dem Anwendungsbereich des Fernabsatzwiderrufs ausschließt, die eher zufällig per Fernkommunikationsmittel zustande kommen. Welche Mindestanforderungen an ein organisiertes Vertriebs- und Dienstleistungssystem zu stellen sind, lässt der BGH offen. Kritisch kann es für StB bereits dann werden, wenn die Kanzlei so organisiert ist, dass weder für die Vertragsverhandlungen noch für den Abschluss des Mandatsvertrages eine gleichzeitige persönliche Anwesenheit von StB und Verbraucher-Mandant erforderlich ist. Gegenüber Verbraucher-Mandanten empfiehlt sich deshalb, eine **Widerrufsbelehrung** (Muster Anlage 1 zu Art. 246a § 1 Abs. 2 Satz 2 EGBGB) nebst **Widerrufsformular** (Muster Anlage 2 zu Art. 246a § 1 Abs. 2 Satz 1 Nr. 1 EGBGB) auf der Homepage zu veröffentlichen, z.B. Im Rahmen der Allgemeinen Auftragsbedingungen. Versäumnisse können im schlimmsten Fall zum **Verlust des Honoraranspruchs** führen. Auch hier kann der StB seinen Honoraranspruch dadurch absichern, dass er eine Zustimmungserklärung des Mandanten einholt (s.o. Beispiel), die zum Verlust des Widerrufsrechts führt.

III. Gerichtliche Zuständigkeit

40 Für Streitigkeiten über Gebührenforderungen sind erstinstanzlich die Amtsgerichte oder Landgerichte – je nach Gebührenstreitwert – **sachlich zuständig**. Die Amtsgerichte sind seit mehr als 30 Jahren bis zu einem Streitwert von 5 000 € zuständig (§ 23 Nr. 1 GVG). Dieser Streitwert soll nach den Vorstellungen des BMJV auf 10 000 € angehoben werden.[2] In einigen Bundesländern, die von der Ermächtigung des § 15a EG ZPO Gebrauch gemacht haben, war eine Klage erst nach erfolgloser Durchführung eines obligatorischen **Güteverfahrens** zulässig, wenn der Vergütungsanspruch 750 €[3] bzw. 600 €[4] nicht überstieg.[5] Mittlerweile haben alle Länder – zuletzt mit Wirkung zum 1.1.2013 auch Baden-Württemberg – dieses obligatorische Verfahren in vermögensrechtlichen Streitigkeiten abgeschafft, so dass der Rechtsweg zu den Amtsgerichten wieder offensteht. Die Abschaffung erfolgte wegen der geringen Erfolgsquoten und wegen der Umgehungsmöglichkeit durch Mahnverfahren. Ab dem 1.1.2018 gibt es für Streitigkeiten über Honorarforderungen von Personen, für die eine besondere Honorar- oder Tarifordnung gilt, im Saarland eine zentrale Zuständigkeit des Amtsgerichts Lebach.[6] Die Berufung gegen ein Amtsgerichts-Urteil ist zulässig, bei einer Berufungssumme von mehr als 600 € oder wenn das Gericht die Berufung im Urteil zugelassen hat (§ 511 Abs. 2 ZPO).

41 Sehr umstritten war lange Zeit die Frage der **örtlichen Zuständigkeit**, insbesondere die Frage, ob Honorarforderungen auch am Gericht des Kanzleisitzes geltend gemacht werden können.[7] In einer Anwaltssache hat der BGH im Jahr 2003 entschieden,[8] dass die Gebührenforderung eines Rechtsanwalts ohne Vorliegen besonderer Umstände wie sonstige Geldforderungen am Wohnsitz des Schuldners zu erfüllen und geltend zu machen sind. Die Entscheidung ist auf StB übertragbar, da ein Steuerberatungsvertrag und ein Anwaltsvertrag vergleichbare Schuldverhältnisse sind. Mittlerweile hat der BGH bestätigt, dass der Honoraranspruch eines StB

1) BGH v. 19.11.2020, IX ZR 133/19 zur Werbung einer deutschlandweit tätigen und auf das Hochschul- und Prüfungsrecht spezialisierten RA-Kanzlei.
2) Referentenentwurf eines Gesetzes zur Änderung der Zuständigkeiten bei Amts- und Landgerichten v. 24.6.2025, www.bmjv.de.
3) Baden-Württemberg, Bayern, Brandenburg, Hessen, Sachsen-Anhalt, Schleswig-Holstein.
4) Nordrhein-Westfalen, Saarland.
5) S. hierzu Henke, AnwBl 2005, 352.
6) Gerichtsstrukturreformgesetz v. 30.11.2016, ABl. Saarland I 2017, 79. Artikel 7 des Gesetzes sieht umfangreiche Übergangsbestimmungen für bereits anhängige Verfahren vor.
7) S. hierzu z.B. Rönnig, KP 2001, 79.
8) BGH v. 11.11.2003, X ARZ 91/03, AnwBl 2004, 119.

aus einem **inländischen Mandat** am Wohnsitz bzw. Ort der Niederlassung des Mandanten geltend zu machen ist.[1] Für Fälle mit **Auslandsbezug** besteht im Bereich der EU für bestimmte Vertragstypen ein autonomer Gerichtsstand des Vertrages.[2] Für die Erbringung von Dienstleistungen ist der Ort der Dienstleistung (i.d.R. der Kanzleisitz) maßgebend. Dieser bestimmt den einheitlichen Erfüllungsort für alle sich aus diesen Verträgen ergebenden Ansprüche, einschließlich der Zahlungsansprüche.[3] Der StB kann seine ausländischen Mandanten deshalb i.d.R. bei dem für seine Kanzleisitz zuständigen Gericht verklagen. Details regelt seit dem 1.1.2009 u.a die Small-Claims-Verordnung.

Praxistipp:

Die beste Möglichkeit, Honorarprozesse vor auswärtigen Gerichten zu vermeiden, ist die rechtzeitige Geltendmachung ausreichender Vorschüsse, weil der Mandant im Falle späterer Rückforderung am Kanzleisitz des StB klagen müsste. Darüber hinaus können Berufsausübungsgesellschaften mit ihren Auftraggebern, wenn es sich um Kaufleute handelt, eine Gerichtsstandvereinbarung treffen (§§ 29 Abs. 2, 38 Abs. 1 ZPO).

IV. Verjährung

Das am 1.1.2002 in Kraft getretene Gesetz zur Modernisierung des Schuldrechts – Schuldrechtsmodernisierungsgesetz[4] hat u.a. zu wesentlichen Änderungen bei den Verjährungsregelungen der §§ 194 ff. BGB geführt. Für alle ab dem 1.1.2002 fällig werdenden Vergütungsansprüche gilt eine **Verjährungsfrist von drei Jahren**, beginnend mit dem Ende des Jahres, in dem der Anspruch entstanden, also fällig geworden ist und in dem der Gläubiger von den anspruchsbegründeten Umständen und der Person des Schuldners Kenntnis erlangt oder grob fahrlässig nicht erlangt hat (§§ 195, 199 Abs. 1 BGB). Nach ständiger Rechtsprechung des **BGH** kommt es nur auf die Kenntnis bzw. grob fahrlässige Unkenntnis der den Anspruch begründenden **Umstände** und nicht auf die zutreffende rechtliche Bewertung an.[5] Allerdings steht diese Auffassung insoweit im Konflikt zur **EuGH**-Rechtsprechung, dass **Verbraucheransprüche** nicht vor der **Rechtskenntnis** des Verbrauchers verjähren dürfen.[6] Soweit Verbraucher betroffen sind, empfiehlt sich deshalb eine richtlinienkonforme Auslegung des § 199 Abs. 1 Nr. 2 BGB, dass der Verbraucher-Mandant die den Anspruch begründenden tatsächlichen und rechtlichen Umstände kennen muss.[7] 42

Die dreijährige Verjährungsfrist gilt grundsätzlich auch für Schadensersatzansprüche des Mandanten wegen sog. Korrekturkosten (→ Rz. 83) und für **Bereicherungsansprüche** des Mandanten wegen der Rückforderung von Honorar (→ Rz. 77 ff.). Im Gegensatz zu der früheren Verjährungsfrist von 30 Jahren stellt dies eine erhebliche Verbesserung für den StB dar, nicht zuletzt, weil die neue kürzere Verjährungsfrist bereits für Bereicherungsansprüche galt, die vor dem 1.1.2002 entstanden waren (Art. 229 § 6 Abs. 4 EGBGB). Der Beginn der Verjährungsfrist von drei Jahren knüpft an die Kenntnis bzw. grob fahrlässige Unkenntnis an. Dies gilt auch für den Anspruch auf Rückzahlung nicht verbrauchter Vorschüsse. Diese Kenntnis wird der Mandant oft erst nach einer ordnungsgemäßen Abrechnung erlangen, die den 43

1) BGH v. 16.11.2006, IX ZR 206/03, DStR 2007, 1099; ebenso LG Düsseldorf v. 9.7.2021, 21 O 454/20, besprochen von Goez, KP 2021, 206.
2) Art. 7 Nr. 1 VO (EU) Nr. 1215/2012 = Brüssel Ia-VO, gültig seit dem 10.1.2015.
3) BGH v. 2.3.2006, IX ZR 15/05, NJW 2006, 1806; OLG Düsseldorf v. 23.11.2021, I-24 U 355/20 und OLG Karlsruhe v. 24.8.2007, 14 U 72/06, NJW 2008, 85, jeweils zum Anwaltsrecht.
4) SchuldRModG v. 29.11.2001, BGBl. I 2001, 3219.
5) BGH v. 19.3.2008, III ZR 220/07, MDR 2008, 615 zu einem Rückforderungsanspruch gegen einen StB wegen Verstoßes gegen das RBerG; weitere Nachweise bei Maier, NJW 2024, 3557; ebenso AG Mönchengladbach v. 30.5.2018, 36 C 20/18; einschränkend allerdings BGH v. 11.10.2012, VII ZR 10/11, NJW 2012, 3569 zur Rückforderung von Architektenhonorar.
6) Nachweise bei Maier, NJW 2024, 3557, 3558.
7) Maier, NJW 2024, 3557, 3561.

Anforderungen des § 9 StBVV entspricht.[1] Fehlt es an dem in → Rz. 42 erwähnten Kenntnismerkmal, verjähren Bereicherungsansprüche erst in zehn Jahren von ihrer Entstehung an (§ 199 Abs. 4 BGB).

Beispiel:

M zahlt im Jahr 01 das ihm von seinem Steuerberater S mit der Höchstgebühr ordnungsgemäß in Rechnung gestellte Buchführungshonorar. Im Jahr 06 fordert er das die Mittelgebühr überschreitende Honorar unter Hinweis auf fehlende Kenntnis von der Höchstgebühr zurück.

Frage: Gilt hier die dreijährige oder die zehnjährige Verjährungsfrist?

Da M Unternehmer und nicht Verbraucher ist (→ Rz. 42) und da ihm bereits in 01 eine prüfbare Rechnung vorlag, war ihm die Einholung von Informationen über die Gebührenhöhe schon im Jahr 01 möglich und zumutbar. Bei M liegt grob fahrlässige Unkenntnis vor, mit der Folge, dass S sich auf die Einrede der Verjährung berufen kann.[2] Es gilt also die dreijährige Verjährungsfrist.

Ob eine **Verkürzung der gesetzlichen Verjährungsfrist** für Bereicherungsansprüche in AGB wirksam vereinbart werden kann, ist umstritten. M.E. kann die kenntnisunabhängige Frist von drei Jahren auf z.B. sechs Monate verkürzt werden, wenn für den Beginn des Laufs der verkürzten Frist die Kenntnis von der Anspruchsentstehung Voraussetzung ist. Eine Verkürzung der kenntnisunabhängigen Frist von zehn auf z.B. drei Jahre ist hingegen nicht möglich.[3]

44 Die meisten Rechtsverfolgungsmaßnahmen, die früher eine Unterbrechung der Verjährung bewirkt haben, führen seit der Schuldrechtsreform (1.1.2002) nur zu einer **Hemmung der Verjährung** (§ 204 BGB).[4] Dadurch wird die Frist für die Dauer des betreffenden Umstandes, z.B. die Dauer eines Rechtsstreits im Falle einer Klageerhebung – sowie weitere sechs Monate (vgl. § 204 Abs. 2 BGB) – angehalten. Mit der Schuldrechtsreform wurde auch die Regelung eingeführt, die eine Hemmung der Verjährung bei Vergleichsverhandlungen vorsieht (§ 203 BGB).

45 Auch dann, wenn der StB seinem Mandanten noch keine Rechnung erteilt hat oder die Rechnung formell fehlerhaft ist, wird die **Verjährung durch die Erhebung einer Klage oder die Zustellung eines Mahnbescheids im Mahnverfahren gehemmt**, da die fehlende Einforderbarkeit (vgl. § 9 StBVV) keine Auswirkungen auf die Rechtshängigkeit (vgl. § 261 ZPO) hat.[5] Keine Verjährungshemmung tritt ein, wenn die Geltendmachung des Anspruchs durch einen Nichtberechtigten erfolgt. Nichtberechtigter ist auch, wer eine Honorarforderung auf Grund einer nichtigen Abtretung erworben hat (→ § 64 StBerG Rz. 896 ff.).[6] Nichtberechtigter ist ferner der Partner einer PartG (oder Sozietät), wenn die Honorarforderung der PartG bzw. Sozietät und nicht dem einzelnen Partner zusteht.[7]

46 Eine **Unterbrechung der Verjährung**, d.h. einen Neubeginn der Verjährung, gibt es nur noch im Falle des Anerkenntnisses des Anspruchs durch Abschlagzahlung,[8]

1) BGH v. 7.3.2019, IX ZR 143/18, AGS 2019, 170; a.A. LG Dortmund v. 20.5.2020, 7 O 185/15, DStR 2021, 2215 mit Anm. Wacker: Verjährungsbeginn erst mit der durch Urteil vorgenommenen Leistungsbestimmung.

2) In diesem Sinne auch AG Mönchengladbach v. 30.5.2018, 36 C 20/18; Rohlfing, MDR 2006, 721, 723.

3) Feiter, KANZLEI_intern 8_2018, 7 m.w.N.

4) Zur Verjährungshemmung nach altem und neuem Recht bei Nichtbetreiben des Verfahrens siehe LG Saarbrücken v. 16.11.2005, 90 53/03, INF 2006, 132.

5) BGH v. 2.7.1998, IX ZR 63/97, MDR 1998, 1313; LG Aschaffenburg v. 16.4.1998, 2 S 289/97, Stbg 2000, 474.

6) OLG Düsseldorf v. 25.11.1993, 8 U 104/92, NJW 1994, 2423.

7) OLG Düsseldorf v. 15.12.2011, I-24 U 99/11, MDR 2012, 436; zur fehlenden Aktivlegitimation in diesem Fall: AG Düsseldorf v. 20.8.2015, 50 C 115/15; Feiter KANZLEI intern 10/2015, 3.

8) BGH v. 21.1.2015, VI ZR 87/14, NJW 2015, 1589.

Zinszahlung, Sicherheitsleistung oder in sonstiger Weise und bei Vornahme oder Beantragung einer gerichtlichen oder behördlichen Vollstreckungsmaßnahme (§ 212 Abs. 1 BGB). Als Anerkennungshandlung kommen z.B. in Betracht: Stundungsgesuch, Angebot anderweitiger Verrechnung. Es genügt für die Verjährungsunterbrechung, dass der Schuldner den Anspruch „dem Grunde nach" anerkennt (→ Rz. 69 und → Rz. 79, Nachweise zum „Deklaratorischen Schuldanerkenntnis").

Nur in seltenen Ausnahmefällen wird der StB der **Verjährungseinrede** des Mandanten den **Einwand der unzulässigen Rechtsausübung** aus § 242 BGB entgegen halten können, i.d.R. wenn der Mandant ausdrücklich auf die Einrede der Verjährung verzichtet hat,[1] nicht aber schon dann, wenn er bittet, von Zwangsmaßnahmen gegen ihn abzusehen und ankündigt, unaufgefordert auf die Angelegenheit zurück zu kommen[2] oder wenn der Mandant sich erst in der Berufungsinstanz nach für ihn ungünstiger Beweisaufnahme auf Verjährung beruft.[3] Der Mandant, der die Einrede auch schon in der 1. Instanz hätte erheben können, muss jedoch damit rechnen, dass ihm in einem solchen Fall der „Flucht in die Verjährung" die Kosten des Berufungsverfahrens auferlegt werden (§ 97 Abs. 2 ZPO). **47**

Zulässig sind auch Vereinbarungen über **Verjährungserschwerungen**, z.B. eine zwischen StB und Mandant vereinbarte Verlängerung der gesetzlichen Verjährungsfrist bis zu einer Höchstfrist von 30 Jahren (§ 202 BGB). **48**

Praxistipp:

Steuerberater, die auch im finanzgerichtlichen Klageverfahren tätig werden, sollten beachten, dass für die Vertretung im **Einspruchs- und Klageverfahren** unterschiedliche **Fälligkeitszeitpunkte** gelten, da es sich gebührenrechtlich um gesonderte Angelegenheiten handelt (→ § 40 StBVV Rz. 651). Die Vergütung im gerichtlichen Verfahren wird nach Beendigung jedes einzelnen Rechtszugs gesondert fällig (§ 40 Satz 1 StBVV i.V.m. § 8 Abs. 1 Satz 2, 2. Alt. RVG).[4]

Die Verjährung des Gebührenanspruchs für die Vertretung im Einspruchsverfahren nach § 40 Satz 1 StBVV beginnt mit der Beendigung dieses Verfahrens, i.d.R. dem Erlass des Einspruchsbescheides. Vertritt der StB den Mandanten im anschließenden Klageverfahren vor dem FG und ggf. weiter vor dem BFH, wird die Verjährung des Honoraranspruchs aus § 40 Satz 1 StBVV nicht gehemmt (→ § 40 StBVV Rz. 651).[5] Droht der Anspruch zu verjähren, muss der StB ggf. noch vor Abschluss des Prozesses seine Tätigkeiten im Zusammenhang mit dem Einspruchsverfahren gesondert abrechnen. **49**

Zur Verjährung von Buchführungsarbeiten → § 33 StBVV Rz. 555 m.w.N.

V. Treu und Glauben (§ 242 BGB)

Die Geltendmachung eines Honoraranspruchs kann sich im Einzelfall als treuwidrig i.S.v. § 242 BGB erweisen.[6] **50**

1. Verletzung von Belehrungspflichten

Die ein Schuldverhältnis wie den Steuerberatungsvertrag kennzeichnenden Hauptleistungspflichten werden durch **Nebenpflichten** ergänzt, deren Grundlage v.a. **51**

1) OLG Düsseldorf v. 12.1.1995, 13 U 90/93, GI 1997, 45: Die Erklärung des Mandanten, er werde die Rückstände bezahlen, reichte dem Gericht aus.

2) LG Oldenburg v. 22.9.2000, 13 S 626/00, AnwBl 2001, 248.

3) OLG Düsseldorf v. 20.2.1992, 13 U 149/91, GI 1993, 201; OLG Frankfurt/M. v. 29.4.1980, 5 U 84/78, MDR 1981, 228.

4) LG Essen v. 20.4.2019, 18 O 317/18, besprochen von Feiter, KANZLEI intern 5_2019, 2.

5) OLG Nürnberg v. 15.10.1999, 6 U 1383/99, Stbg 2001, 687 mit Anm. Späth; Meyer/Rönnig, KP 2002, 55.

6) Siehe hierzu Feiter, INF 1996, 566.

§ 242 BGB ist. Zu den vertraglichen – aber auch schon vorvertraglichen – Nebenpflichten des StB gehören unter anderem sog. **Belehrungspflichten** (→ Rz. 35 ff.). Bei schuldhafter Verletzung einer solchen Pflicht kann der Auftraggeber mit einem **Schadenersatzanspruch** aufrechnen, wenn er darlegt und ggf. beweist, dass er bei einem vorherigen Hinweis des Beraters eine für ihn günstigere Lösung gefunden hätte.[1] Keine Belehrungspflicht besteht für den StB, wenn er das Einverständnis des Mandanten in eine bestimmte Abrechnungspraxis unterstellen darf.

Beispiel:

Der StB hatte für den Mandanten im Jahr 01 mehrere gleichartige Leistungen im Zusammenhang mit der Corona-Neustarthilfe zu einem Stundensatz von 120 € abgerechnet. Der Mandant hatte vorbehaltlos gezahlt. Aufgrund einer weiteren Beauftragung für gleichartige Leistungen rechnete der StB diese Leistungen ebenfalls mit dem Stundensatz von 120 € ab. Der Mandant bezweifelt die Angemessenheit des Stundensatzes.

Das AG Düsseldorf sah in der vorbehaltlosen Zahlung eine **konkludente Zustimmung** des Mandanten, gleichartige Leistungen mit einem Stundensatz von 120 € ebenfalls zu bezahlen. Jedenfalls sei es dem Mandanten verwehrt, nunmehr erstmalig die Angemessenheit des Stundensatzes in Frage zu stellen.[2]

a) Belehrung über vermeidbare Kosten

52 Der StB muss ungefragt auf die voraussichtliche Höhe seiner Vergütung hinweisen, wenn die Höhe, der vom Auftraggeber zu zahlenden Gebühren das von ihm verfolgte Ziel wirtschaftlich sinnlos macht.[3] Nach der älteren Rechtsprechung ist ein StB verpflichtet, einen **Kleingewerbetreibenden**, der nicht gesetzlich verpflichtet ist, Bücher zu führen und zu bilanzieren, darauf hinzuweisen, dass eine solche Pflicht nicht besteht, wenn der Mandant den Auftrag erteilt, die Buchführung zu übernehmen und die Bilanzen zu erstellen. Unterlässt der StB einen entsprechenden Hinweis und drängt dem Auftraggeber sozusagen seine diesbezügliche Tätigkeit auf, sei es unbillig, dem StB die dadurch erlangten Vermögensvorteile zu belassen.[4] Die Durchsetzung von Schadensersatzansprüchen scheitert in diesen Fällen allerdings häufig daran, dass der Auftraggeber einen angeblich entstandenen Schaden nicht substantiiert darlegt. Erforderlich ist eine **Differenzrechnung** mit einem **Gesamtvermögensvergleich**, der alle von dem haftungsbegründenden Ereignis betroffenen finanziellen Positionen umfasst.[5] Dazu muss der Auftraggeber zunächst darstellen, welche Steuerberatungskosten für die Anfertigung steuerlicher Aufzeichnungen und einer Einnahmenüberschussrechnung angefallen wären und darüber hinaus, wie sich die steuerliche Situation unter Berücksichtigung etwa einer Überleitungsrechnung dargestellt hätte, wie sich die geänderten Steuerberatungskosten, die gemäß § 4 Abs. 4 EStG üblicherweise als Betriebsausgaben absetzbar sind, auf die Höhe der Besteuerungsgrundlagen und die Besteuerung selbst ausgewirkt hätten und wie hoch unter Berücksichtigung dessen insgesamt der Schaden gewesen wäre (→ § 32 StBVV Rz. 527).[6] Einem substantiierten Schadensersatzanspruch kann der

---

1) BGH v. 21.3.1996, IX ZR 240/95, NJW 1996, 1954, 1956; OLG Koblenz v. 17.6.1997, 14 W 340/97, AnwBl 1998, 543; OLG Köln v. 12.3.1997, XVII U 85/96, Stbg 1998, 568; OLG Düsseldorf v. 21.6.2011, I-24 U 155/10, MDR 2012, 316; LG Wuppertal v. 5.6.2019, 3 O 245/18; Best, DSWR 1997, 235.

2) AG Düsseldorf v. 28.3.2025, 233 C 348/23.

3) OLG München v. 5.6.2019, 15 U 318/18, DStR 2019, 1711 mit Anm. Raab zum Anwaltsrecht.

4) OLG Dresden v. 29.1.2003, 12 U 0805/02, StB 2003, 149, 150; OLG Düsseldorf v. 24.8.2000, 13 U 214/99, DStRE 2002, 535, auch zur Problematik des Vorteilsausgleichs; OLG Düsseldorf v. 28.6.1990, 18 U 68/90, GI 1991, 19; LG Krefeld v. 10.1.1997, I S 115/96, DStRE 1999, 999; AG Duisburg-Hamborn v. 30.9.1997, 7 C 698/96, Stbg 1998, 360 mit Anm. Feiter.

5) BGH v. 20.11.1997, IX ZR 286/96, WM 1998, 142; BGH v. 19.1.2006, IX ZR 232/01, DB 2006, 889.

6) LG Wuppertal v. 5.6.2019, 3 O 245/18.

StB in diesen Fällen ggf. entgegenhalten, dass es gegen den Grundsatz von Treu und Glauben (§ 242 BGB) verstößt, wenn der Mandant Leistungen, die üblicherweise gegen Entgelt erbracht werden, über Jahre hinweg in Anspruch nimmt, diese zur Erfüllung seiner steuerlichen Pflichten nutzt und das dafür gezahlte Honorar später zurückfordert, ohne eine Kompensation für die Leistungen des StB anzubieten.[1] Das OLG Frankfurt/M.[2] versagte einem StB den Honoraranspruch bei **unwirtschaftlichen Nachbilanzierungen** für einen Zeitraum von sechs Jahren und Nichtaufklärung über die Höhe der dafür entstehenden gesetzlichen Gebühren. Ein hoher Vergütungsanspruch von über 50 000 € brutto, dem eine Abrechnung nach Gegenstandswert zu Grunde liegt, löst ebenfalls einen Schadensersatzanspruch aus, wenn der Mandant auf Grund vorangegangener Gespräche mit einer Abrechnung nach Stundensätzen von 250 € rechnet. Er hat dann Anspruch auf Freistellung der unnötigerweise entstandenen Kosten, d.h. er ist so zu stellen, wie er bei einer Abrechnung auf Stundenbasis stehen würde.[3] Eine Aufklärungspflicht kann auch dann bestehen, wenn der Mandant eine Vergütungsvereinbarung abgeben soll, die zu einer Überschreitung der gesetzlichen Gebühren führt. Letztlich hängt der Umfang der Belehrung von der Interessenlage und der erkennbaren Aufklärungsbedürftigkeit ab.[4] Der Mandant muss in die Lage versetzt werden, durch die Hinweise des StB eine eigenverantwortliche, sachgerechte Entscheidung treffen zu können, ob er eine Vertretung durch den StB zu dessen Konditionen wünscht.[5] Eine Aufklärungspflicht besteht auch dann, wenn der zu erreichende wirtschaftliche Vorteil in einem krassen **Missverhältnis** zu den Gebühren steht.[6]

b) Belehrung über Gebührenerhöhungen

Will der StB von einer langjährigen Abrechnungspraxis abweichen, ist es eine Frage **53** des Einzelfalls, ob wegen der besonderen Umstände eine Rechtspflicht zur vorherigen Aufklärung des Mandanten besteht. Will der Berater erstmals Leistungen abrechnen, die er in der Vergangenheit nie berechnet hat, wird man im Zweifel einen entsprechenden Hinweis erwarten dürfen.[7] Gleiches gilt, wenn der StB einseitig von einem vereinbarten Abrechnungsmodus abweichen will, z.B. anstelle der vereinbarten Pauschale nach StBVV abrechnen will.[8] Bei einer Anhebung der bisherigen Gebühren, z.B. Erhöhung der Zehntelsätze, wird man einen vorherigen Hinweis jedenfalls dann erwarten dürfen, wenn die Arbeiten nach Art, Umfang und Schwierigkeitsgrad keine ins Gewicht fallenden Änderungen erfahren haben, der Zehntelsatz im Vergleich zu den Vorjahren aber deutlich erhöht werden soll.[9]

c) Belehrung über Formvorschriften

Eine Vergütungsvereinbarung nach § 4 Abs. 1 StBVV und nach § 3a RVG und die **54** Vereinbarung eines Erfolghonorars nach § 9a StBerG bzw. § 4a RVG bedürfen der

1) LG Wuppertal v. 5.6.2019, 3 O 245/18.
2) OLG Frankfurt/M. v. 10.4.2003, 2 U 91/02, DStR 2003, 1635.
3) OLG Hamm v. 16.6.2009, 28 U 1/09, GI aktuell 2000, 52 in einer RA-Sache.
4) OLG Düsseldorf v. 21.6.2011, I-24 U 155/10, MDR 2012, 316.
5) BGH v. 18.9.1997, IX ZR 49/97, NJW 1998, 136; LG Stuttgart v. 11.7.2016, 27 O 338/15, GI aktuell 2017, 28.
6) LG Stuttgart v. 11.7.2016, 27 O 338/15, GI aktuell 2017, 28, besprochen von Wollweber/Ruske, Stbg 2016, 402, 410: RA-Kosten für Selbstanzeige 34 031,62 € bei Steuernachzahlung von 5 629,79 €; LG Duisburg v. 12.10.2012, 7 S 51/12, NJW 2013, 1614: RA-Kosten 2 562,90 €, erreichbarer Vorteil max. 750 €.
7) LG Detmold v. 23.10.1991, 2 S 175/90: erstmalige Abrechnung von Gebühren nach § 29 StBGebV durch die Praxiskäuferin, die von dem Praxisverkäuferzuvor nie berechnet wurden.
8) Schleswig-Holsteinisches OLG v. 11.1.2019, 17 U 21/18, Stbg 2019, 231 mit Anm. Pestke.
9) So AG Duisburg-Ruhrort v. 4.8.2000, 8 C 301/99, INF 2002, 96: Der Berater hatte seit 1994 für die Erstellung der Bilanzen jeweils einen Rahmensatz von 10/10 in Ansatz gebracht und erstmals für das Jahr 1997 ohne Begründung 30/10 angesetzt; Best, DSWR 1997, 235.

Einhaltung bestimmter Formalien, insbesondere der Textform. Bei einem Verstoß gegen die Formerfordernisse ist der StB nicht schutzwürdig, da er die gesetzlichen Anforderungen kennen und auf ihrer Einhaltung bestehen muss.[1] Der Mandant kann deshalb auch nach jahrelanger Durchführung einer unwirksamen Honorarabrede Herabsetzung des Honorars verlangen, ohne dass er sich treuwidrig i.S.v. § 242 BGB verhält.[2] Nach der Rechtsprechung zum Anwaltsrecht darf der RA keine Früchte aus seiner eigenen Inkompetenz ziehen, wenn er selbst die fehlerhafte Vergütungsvereinbarung entworfen hat.[3]

d) Belehrung über Interessenkollision

55 StB dürfen nicht tätig werden, wenn eine Interessenkollision nach § 57 Abs. 1a und 1b StBerG gegeben ist. Ein Verstoß gegen das berufsrechtliche Verbot führt zur Nichtigkeit des Steuerberatervertrages gem. § 134 BGB.[4] Erkennt der StB bei der Auftragserteilung, dass eine Interessenkollision vorliegt, ohne den Mandanten darauf hinzuweisen und kündigt dieser nach späterer Kenntniserlangung den Auftrag, kann er dem Honoraranspruch des StB einen Schadensersatzanspruch in Höhe des Honorars wegen der Verletzung vorvertraglicher Offenbarungspflichten entgegenhalten (§§ 311 Abs. 2, 280 BGB).[5]

Praxistipp:

Ein Rechtsgeschäft, das gegen ein gesetzliches Verbot verstößt, ist nichtig, wenn sich nicht aus dem Gesetz etwas anderes ergibt, § 134 BGB. Der Vorbehalt in § 134 BGB wird im Allgemeinen so interpretiert, dass eine allein auf die Person und den Status des StB betreffende (berufsrechtliche) Regelung nur zu berufsrechtlichen Konsequenzen führen kann. Nur dann, wenn die berufsrechtliche Regelung auch dem Schutz des Mandanten dient, z.B. das Verbot eines Handelns in Interessenkollision, kann sich ein Verstoß gegen das Berufsrecht auch zivilrechtlich auswirken und neben der Nichtigkeit des Steuerberatungsvertrags zu bereicherungsrechtlichen Rückforderungsansprüchen des Mandanten führen.[6]

Tritt die Interessenkollision erst im Laufe des Mandats ein, ohne dass der StB den Mandanten unterrichtet oder das Mandat beendet, wirkt sich dieser Umstand nicht rückwirkend auf den Honoraranspruch aus. Bis zum Verstoßzeitpunkt bereits verdiente Gebühren kann der StB in jedem Fall geltend machen.[7] Ein weitergehender Honoraranspruch kann allerdings an der Vorschrift des § 628 Abs. 1 Satz 2 BGB scheitern (→ § 12 StBVV Rz. 256)[8] oder daran, dass der Mandant mit einem Schadensersatzanspruch aufrechnet.

2. *Unzulässige Rechtsausübung*

56 Von der Vielzahl möglicher Anwendungen des Verbots unzulässiger Rechtsausübung sind im Gebührenrecht insbesondere die Fälle des Verbots widersprüchlichen Verhaltens und der Unverhältnismäßigkeit von Bedeutung.

1) LG Bochum v. 13.10.2023, I-4 O 40/23, DStR 2023, 2743 mit Anm. Micus zu einer mündlichen Pauschalpreisvereinbarung eines StB; Schleswig-Holsteinisches OLG v. 11.1.2019, 17 U 21/18, Stbg 2019, 631 mit Anm. Pestke.
2) BGH v. 8.6.2004, IX ZR 119/03, NJW 2004, 2818, 2820; OLG Düsseldorf v. 14.10.2003, I–24 U 79/03, GI 2005, 58, 62 jeweils zu § 3 Abs. 1 BRAGO.
3) Schons, AnwBl Online 2020, 372, 378 m.w.N.
4) OLG Düsseldorf v. 14.2.2023, 24 U 125/21, NJW-Spezial 2023, 287 zum Anwaltsvertrag; LG Köln v. 21.11.2012, 9 S 69/12, AnwBl 2013, 552 m.w.N.; Mayer, NJW 2023, 1695, 1697 m.w.N.
5) LG Saarbrücken v. 23.2.2010, 9 S 15/09, nebst Hinweisbeschluss v. 18.1.2010.
6) LG Rottweil v. 25.9.2020, 5 O 44/19 KfH, DStRE 2021, 828 und nachfolgend OLG Stuttgart, Protokoll v. 20.4.2021, 12 U 334/20, besprochen von Struckmeier/Maxl, DStR 2021, 1564, 1566 und Becker, Honorargestaltung für Steuerberater, August 2021, 4: es ging um einen Interessenkonflikt des StB aufgrund einer ihm von der zuständigen Steuerberaterkammer genehmigten gewerblichen Tätigkeit.
7) BGH v. 23.4.2009, IX ZR 167/07, DStR 2009, 2123, in einer Anwaltssache.
8) BGH v. 23.4.2009, IX ZR 167/07, DStR 2009, 2123.

a) Widersprüchliches Verhalten durch Nachforderung von Honorar

Inwieweit der StB nicht oder zu niedrig geltend gemachte Gebühren und Auslagen (auch → § 16 StBVV Rz. 307) nachfordern darf, ist umstritten. Grundsätzlich unzulässig ist ein nachträgliches Abweichen von dem einmal ausgeübten Ermessen bei der Bestimmung des Gebührenrahmens. Deshalb darf der StB, der sein Ermessen (Leistungsbestimmungsrecht i.S.d. § 11 StBVV, § 315 BGB) **endgültig und abschließend** ausgeübt hat, nicht im Nachhinein höhere Gebührensätze für die Wertgebühren oder eine höhere Zeitgebühr berechnen (siehe → § 11 StBVV Rz. 229).[1] Allerdings gilt dieser Grundsatz nicht uneingeschränkt. Der BGH konzediert dem Rechtsanwalt, dass er irrtümlich nicht geltend gemachte Gebühren und Auslagen grundsätzlich nachfordern kann.[2] Das OLG Hamburg spricht sogar von einem „absolut unangemessenen Ergebnis", wenn der Rechtsanwalt, der versehentlich nach altem Gebührenrecht abgerechnet hat, nicht nachliquidieren könnte.[3] Demgegenüber scheint das OLG Düsseldorf strenger zu sein. Es lässt Ausnahmen nur zu, wenn **Nichtigkeits- oder Anfechtungsgründe** vorliegen.[4] In der Literatur finden sich ähnliche Stellungnahmen: Wenn der StB eine Gebührenposition vergessen oder übersehen habe, soll keine Bindung eintreten.[5] Bei der Bewertung des Einzelfalls geht es letztlich um die Frage, ob eine Nachliquidation treuwidrig im Sinne des § 242 BGB wäre oder nicht (→ § 11 StBVV Rz. 229). 57

An einem endgültigen und abschließend ausgeübten Leistungsverlangen fehlt es im Falle einer bloßen **Vorschuss**anforderung (→ § 8 StBVV Rz. 176) oder wenn der StB sich eine Erhöhung ausdrücklich und erkennbar vorbehalten hat (→ Rz. 229).[6] Ebenso wenig ist der StB an einen **Gebührensatz** gebunden, den er im Vorjahr oder in der Vergangenheit abgerechnet hat (→ § 8 StBVV Rz. 177).[7] Umstritten ist, ob die Bindung an eine einmal erteilte unspezifizierte Schlussrechnung so weit geht, dass der StB auch im Falle einer **nachträglichen Spezifizierung** den ursprünglichen Rechnungsbetrag nicht überschreiten darf.

Beispiel 1 (nachträgliche Spezifizierung):

Der StB hatte für diverse Schriftsätze und Einsprüche pauschal 660 DM, umgerechnet 337,45 € berechnet. Die nachträgliche Aufschlüsselung der Leistungen und die spezifizierte Abrechnung nach den Vorschriften der Steuerberatergebührenverordnung führen zu einem höheren Betrag.[8]

Höchstrichterliche Rechtsprechung gab es lange Zeit nur zum **Architektenhonorar**. 58
Danach ist der Architekt nach Treu und Glauben an eine einmal von ihm erstellte Schlussrechnung gebunden, wenn die Rechnungsstellung in Kenntnis der für die Berechnung maßgebenden Umstände erfolgte.[9] Allerdings hat der BGH diesen Grundsatz, der ein Abweichen von der Schlussrechnung nur bei wichtigem Grund vorsah, zunehmend aufgeweicht.[10] Danach tritt eine Bindung an die Schlussrechnung nur dann ein, wenn der Auftraggeber auf der abschließenden Berechnung des Honorars vertrauen durfte und er sich im berechtigten Vertrauen auf die Endgültig-

1) BGH v. 4.12.1986, III ZR 51/85, NJW 1987, 3203 zum Anwaltsrecht.
2) BGH v. 4.12.1986, III ZR 51/85, NJW 1987, 3203.
3) OLG Hamburg v. 17.8.1978, 8 W 222/78, MDR 1979, 235.
4) OLG Düsseldorf v. 6.12.1990, 18 U 126/90, GI 1992, 91; OLG Düsseldorf v. 2.4.1998, 13 U 86/96, GI 1999, 39, 40.
5) So Leißing, KP 1999, 131; ebenso zum Anwaltsrecht N. Schneider in Schneider/Volpert, 9. Aufl. 2021, § 14 RVG Rz. 97 m.w.N.
6) N. Schneider in Schneider/Volpert, 9. Aufl. 2021, § 14 RVG Rz. 97 m.w.N.
7) AG Duisburg-Ruhrort v. 21.6.2019, 8 C 253/17: Erhöhung der Buchführungsgebühr von 4/10 im Jahr 2016 auf 5/10 im Jahr 2017.
8) Sachverhalt nach LG Mannheim v. 20.12.1991, 9 O 332/91.
9) BGH v. 7.3.1974, VII ZR 35/73, BGHZ 62, 208; v. 1.3.1990, VII ZR 132/89, NJW RR 1990, 725.
10) BGH v. 5.11.1992, VII ZR 52/91, NJW 1993, 659; v. 23.10.2008, VII ZR 105/07, NJW 2009, 435.

keit der Schlussrechnung in schutzwürdiger Weise so eingerichtet hat, dass ihm eine Nachforderung nicht mehr zugemutet werden kann. Die Unzumutbarkeit der Nachforderung setzt voraus, dass die dadurch entstandene zusätzliche Belastung unter Berücksichtigung aller Umstände des Einzelfalls für den Auftraggeber eine **besondere Härte** bedeutet, weil er bei einer (schlagartigen) Geltendmachung der Nachforderung unzumutbar hart getroffen würde.[1] Auf Vertrauen wird sich der Auftraggeber jedenfalls dann nicht berufen können, wenn er selbst alsbald die Prüffähigkeit der Schlussrechnung rügt, da er in diesem Fall gerade kein Vertrauen in die Schlussrechnung setzt.[2] Einzelne Gerichte haben die Rechtsprechung des BGH zum Architektenrecht ausdrücklich auf StB übertragen.[3] Andere Gerichte[4] versagten die nachträgliche Rechnungskorrektur nach oben mit der vom StB endgültig und abschließend ausgeübten Leistungsbestimmung i.S.d. § 11 StBVV, § 315 BGB. Mittlerweile hat der BGH zur Parallelvorschrift des **§ 10 RVG** entschieden, dass die berichtigte **Berechnung eines Rechtsanwalts** nicht höher sein darf als die ursprüngliche Berechnung (→ § 9 StBVV Rz. 198, 206).[5] Diese zum Anwaltsrecht ergangene Rechtsprechung ist wegen der Parallelität der §§ 10 RVG, 11 StBVV auf Steuerberater eher übertragbar, als die Rechtsprechung zum Architektenhonorar.

59 Umstritten ist darüber hinaus, ob die Bindung des StB auch dann besteht, wenn er eine **falsche Gebührenvorschrift** oder einen **falschen Gegenstandswert** zu Grunde gelegt hat.

Beispiel 2 (falsche Gebührenvorschrift):

Der StB hatte seine klageweise geltend gemachte Gebührenforderung zunächst auf § 23 Satz 1 Nr. 1 StBGebV gestützt. Nach einem Hinweis des Gerichts nahm er eine Berichtigung vor und machte Gebühren nach § 30 StBGebV geltend. Die Berichtigung führte in etwa zu einer Verdoppelung der ursprünglich geltend gemachten Gebühren.[6]

60 Das LG Duisburg vertrat unter Hinweis auf die zunächst unrichtige Berechnung und die gegenteilige Rechtsprechung des OLG Düsseldorf[7] die Auffassung, dass der StB nachträglich von seinem ursprünglich ausgeübten Ermessen abweichen durfte. Dass der Irrtum über die Anwendbarkeit der richtigen Gebührenvorschrift ausschließlich in die Risikosphäre des StB fiel, da von ihm erwartet werden muss, dass er die maßgeblichen Gebührenvorschriften kennt, hat das Gericht nicht problematisiert. Mit dieser Begründung hätte dem StB eine nachträgliche Rechnungskorrektur und die Geltendmachung eines höheren Rechnungsbetrags auch versagt werden können.[8] Zwar unterliegt die Frage, welche Gebühr die richtige ist, nicht dem Ermessen des StB. Gleichwohl tritt m.E. eine Bindungswirkung ein, die einer Nachberechnung durch den StB entgegensteht. Denn der StB muss die richtigen Gebührenvorschriften kennen und darf aus seiner Unkenntnis keinen Vorteil ziehen (siehe auch → Rz. 52).

Beispiel 3 (falsche Gebührenvorschrift):

Der StB hat für die Finanzbuchführung des Jahres 01 einen Gegenstandswert von 280 000 € und 12 Monatsgebühren von 6/10 nach § 33 Abs. 1 StBVV zugrunde gelegt.

1) BGH v. 27.10.2011, VII ZR 163/10, NJW 2012, 848, 850.
2) BGH v. 5.11.1992, VII ZR 52/91, NJW 1993, 659.
3) OLG Hamm v. 23.1.1987, 25 U 262/86, GI 1987, 112; LG Mannheim v. 20.12.1991, 9 O 332/91; a.A. aber OLG Karlsruhe v. 2.9.1992, 1 U 42/92; ähnlich LG Düsseldorf v. 10.1.1986, 31 C 246/84, besprochen von Maxl, DStR 1991, 1100; und LG Mönchengladbach v. 15.11.1994, 6 O 71/89.
4) OLG Düsseldorf v. 2.4.1987, 13 U 86/96, GI 1999, 39; OLG Düsseldorf v. 8.2.1996, 13 U 255/94, Stbg 1997, 77; OLG Köln v. 22.4.1993, 1 U 63/92, NJW-RR 1993, 1073, 1074; AG Moers v. 25.1.2012, 561 C 462/10.
5) BGH v. 24.5.2007, IX ZR 89/06, NJW 2007, 2332; BGH v. 22.2.2018, IX ZR 115/17, NJW 2018, 1479.
6) Sachverhalt nach LG Duisburg v. 19.9.2003, 7 S 238/02, Stbg 2004, 237 mit Anm. Feiter.
7) OLG Düsseldorf v. 2.4.1998, 13 U 86/98, GI 1999, 39.
8) So OLG Celle v. 14.11.2019, 3 Ws 323/19, NJW-Spezial 2020, 156 in einer Anwaltssache.

Für das Sortieren umfangreicher und ungeordneter Belege hat er zusätzlich eine Zeitgebühr nach § 33 Abs. 7 StBVV berechnet, insgesamt 10 Stunden zu je 100 €. Der Netto-Gesamtbetrag beläuft sich auf 3 181,60 €. Der Mandant wendet ein, dass Sortierarbeiten nicht gesondert mit einer Zeitgebühr hätten abgerechnet werden dürfen. Der StB korrigiert daraufhin die Berechnung, indem er den Zehntelsatz nach § 33 Abs. 1 StBVV nachträglich auf 8/10 erhöht und die Zeitgebühr nicht mehr geltend macht. Der Netto-Gesamtbetrag beläuft sich nach der Korrektur auf 2 908,80 €.

Die Rechtsprechung geht überwiegend davon aus, dass **Sortierarbeiten** nicht mit einer Zeitgebühr berechnet werden können (→ § 33 StBVV Rz. 540). Wenn der StB diesen Aufwand gleichwohl irrtümlich nicht bei der Höhe des Zehntelsatzes berücksichtigt, sondern mit einer gesonderten Zeitgebühr ansetzt, ist er – unter Berücksichtigung des Grundsatzes von Treu und Glauben (§ 242 BGB) – nicht daran gehindert, den Zehntelsatz nachträglich zu erhöhen, solange er – wie in Beispiel 3 – den ursprünglichen Rechnungsbetrag nicht überschreitet.[1] Hinsichtlich des ursprünglich geltend gemachten Netto-Gesamtbetrages dürfte in jedem Fall eine Bindungswirkung eingetreten sein.[2] Würde man dem StB die Rechnungskorrektur versagen, käme man zu dem unangemessenen Ergebnis, dass der StB an der Geltendmachung der angemessenen (billigen) Gebühr gehindert wäre, während der Mandant ohne sachlichen Grund durch einen Abrechnungsfehler des StB begünstigt würde. So weit geht der Vertrauensschutz des Mandanten aber nicht. Er verdient nur Schutz vor einer unbilligen Gebührenbestimmung.

Beispiel 4 (falscher Gegenstandswert):

Ausgehend von den Umsätzen der Jahre 01 und 02 schätzte der StB den Jahresumsatz des Mandanten nach der Kündigung des Mandatsverhältnisses zum 31.8.2003 für das Jahr 03 und rechnete die Buchführung für die Monate 01–08 auf der Basis einer 3,5/10-Gebühr nach § 33 Abs. 1 StBGebV ab. Im Folgejahr stellte sich heraus, dass der tatsächliche Jahresumsatz 03 erheblich niedriger lag. Der Auftraggeber verlangt eine Rechnungskorrektur zu seinen Gunsten unter Berücksichtigung des niedrigeren Gegenstandswertes und der Gebühr von 3,5/10. Der StB ist der Auffassung, den Gebührenrahmen wegen des zu niedrig geschätzten Gegenstandswertes anheben zu dürfen, und zwar bis zur Höhe der ursprünglich geltend gemachten Forderung von 3 382, 80 €, was im konkreten Fall einer 4,37/10-Gebühr entsprach.[3]

Beispiel 5 (falscher Gegenstandswert):

Der StB hatte für die Erstellung einer Einnahmen-Überschussrechnung einen Gebührensatz von 10/10 nach § 25 Abs. 1 StBGebV nach einem Gegenstandswert von 400 000 € (und nicht – was richtig gewesen wäre – i.H.v. 400 000 DM) angesetzt. Später korrigierte er die Rechnung dahingehend, dass er unter Zugrundelegung des richtigen Gegenstandswertes i.H.v. 200 000 € nunmehr einen Gebührensatz von 15/10 abrechnete.

Beispiel 6 (falscher Gegenstandswert):

Bei der Bemessung des Gegenstandswerts nach § 24 Abs. 1 Nr. 1 StBVV hat der StB ausländische Einkünfte seines Mandanten aus nichtselbständiger Tätigkeit in Höhe von 100 000 € nicht berücksichtigt, weil sein Rechnungsschreibungsprogramm diese steuerfreien Einnahmen, die dem Progressionsvorbehalt unterliegen, bei der Bestimmung des Gegenstandswertes nicht berücksichtigte. Unter Hinweis auf die h.M. in der Kommentarliteratur will er seine Gebührenrechnung nachträglich ändern und einen um 100 000 € höheren Gegenstandswert ausweisen.

Grundsätzlich ist eine nachträgliche **Korrektur des Gegenstandswertes** möglich, da 61
der StB bei der Bestimmung des Gegenstandswertes kein Ermessen hat. Dieser unterliegt vielmehr der vollen gerichtlichen Kontrolle.[4] In den Beispielsfällen 4 und

1) Feiter, KANZLEI intern 09/2015, 6.
2) OLG Hamm v. 22.6.1994, 25 U 125/933, GI 1995, 35, 36.
3) Sachverhalt nach AG Neuss v. 24.4.2002, 33 C 5252/01.
4) N. Schneider in Schneider/Volpert, 9. Aufl. 2021, § 14 Rz. 98 m.w.N.

5 ist m.E. eine nachträgliche Berichtigung möglich.[1] Bei einem irrtümlich zu niedrig angesetzten Gegenstandswert kann der Zehntelsatz nachträglich erhöht werden, solange der ursprünglich abgerechnete Gesamtbetrag nicht überschritten wird (Grenze des § 242 BGB; → § 11 StBVV Rz. 229 und → Rz. 58 a.E.).

62 Zu erwähnen sind in diesem Zusammenhang noch die Fälle, in denen der StB die **Kündigung des Mandatsverhältnisses** durch den Auftraggeber zum Anlass nimmt, **erstmals Tätigkeiten** zu **berechnen**, die in der Vergangenheit nicht berechnet wurden, z.B. die Prüfung von Bescheiden, betriebswirtschaftliche Beratung, Besprechung mit Finanzämtern, Banken etc. oder eine solche Kündigung zum Anlass nimmt, wesentlich höhere Gebühren als in den Vorjahren abzurechnen. In diesen Fällen genießt der Vertrauensschutz des Mandanten auf die Einhaltung der bisherigen Abrechnungspraxis Vorrang. Der Berater muss sich auf eine illoyale Verspätung seiner Rechtsausübung verweisen lassen.[2] Gleiches gilt, wenn der **StB einseitig von einer vereinbarten Pauschalvergütung** abweicht und die Kündigung des Mandatsverhältnisses zum Anlass nimmt, nach den gesetzlichen Gebühren abzurechnen.[3]

63 Auch an einen **Gebührenerlass** („persönlicher Nachlass") **/Gebührenverzicht** ist der StB gebunden. Erklärt der StB sich in einem Honorargespräch mit den Mandanten bereit, auf die Geltendmachung der Gebühren für die Durchführung eines Rechtsbehelfsverfahrens zu verzichten, ist er an diese Erklärung gebunden und kann später nicht die gesetzlichen Gebühren nach § 40 StBVV berechnen.[4] Erklärt der StB, dass er entgegenkommenderweise auf die bisher abgerechneten 23/10 eine Gutschrift von 5,5/10 erteilt, so dass endgültig nur 17,5/10 abgerechnet werden, kann er später – wenn der Mandant nicht zahlt – nicht den ursprünglich geltend gemachten höheren Betrag einklagen.[5] Ausnahme auch hier: **Nachforderungsvorbehalt**.

Praxistipp:

Statt einer bindenden Gebührenermäßigung empfiehlt es sich, dem Mandanten einen **Skonto** einzuräumen. Das Verstreichenlassen der Frist zur Skontoinanspruchnahme durch den zahlungsunwilligen Mandanten hindert den StB nämlich nicht daran, den Rechnungsbetrag in voller Höhe zu fordern.

b) Unverhältnismäßigkeit

64 Ein gesetzlich geregelter Spezialfall des § 242 BGB findet sich in § 66 Abs. 2 Satz 2 StBerG. Danach darf der StB sich wegen seiner Honorarforderungen gegenüber einem zahlungsunfähigen oder zahlungsunwilligen Mandanten nicht auf ein Zurückbehaltungsrecht an der Handakte berufen, „soweit die Vorenthaltung der Handakten und der einzelnen Schriftstücke nach den Umständen unangemessen ist." Gemeint ist der Fall einer verhältnismäßig geringfügigen Forderung.

3. Verwirkung

65 Auch das Rechtsinstitut der Verwirkung ist ein typischer Fall der unzulässigen Rechtsausübung wegen widersprüchlichen Verhaltens, das jedoch in Rechtsprechung und Literatur als eigenständige Fallgruppe behandelt wird. Ein Recht kann dadurch verwirkt werden, dass es der Berechtigte längere Zeit hindurch nicht geltend macht (Zeitmoment) und der Verpflichtete sich nach dem gesamten Verhalten des Berechtigten (Umstandsmoment) darauf einrichten durfte und auch eingerichtet hat, dass dieser das Recht auch in Zukunft nicht geltend machen werde. Auch hier

---

1) Ebenso Leißing, KP 1999, 131; a.A. Meyer, KP 2003, 8.
2) Vgl. LG Detmold v. 23.10.1991, 2 S 175/90; AG Düsseldorf v. 2.7.1996, 26 C 1020/96; Best, DSWR 1997, 235.
3) Schleswig-Holsteinisches OLG v. 11.1.2019, 17 U 21/18, Stbg 2019, 231 mit Anm. Pestke.
4) LG Zweibrücken v. 12.1.2015, 1 O 218/14, besprochen von Feiter, KP 2015, 79.
5) AG Halle v. 18.8.2011, 2 C 167/10.

liegt der Verstoß gegen Treu und Glauben in der illoyalen Verspätung der Rechtsausübung.[1] Bittet der Mandant wegen eines Liquiditätsengpasses den StB, die Berechnung der Buchführungstätigkeiten 2011 und 2012 aufzuschieben und rechnet der Steuerberater diese im Juli 2014 ab, liegt kein Fall der Verwirkung vor.[2] Die Nichtabrechnung von Honoraransprüchen über einen Zeitraum von 4,5 Jahren durch den StB begründet noch keine konkludente **Unentgeltlichkeitsvereinbarung**. Das Unterlassen von Abrechnungen kann verschiedene Gründe haben und begründet für sich genommen noch keine Willenserklärung dahin, dass die nicht abgerechneten, wenngleich abrechenbaren Leistungen dauerhaft unentgeltlich erbracht werden sollten.[3] Eine jahrelang praktizierte Abrede, dass Deklarationen, die die Einkommensteuerseite betreffen, nicht gesondert vergütet werden sollen, muss der StB aber gegen sich gelten lassen. Eine solche Unentgeltlichkeitsvereinbarung ist auch nicht nach § 134 BGB oder § 138 Abs. 1 BGB nichtig, da die damit ermöglichte Steuerhinterziehung jedenfalls nicht der Hauptzweck der Absprache ist.[4] Daneben kann ein Vergütungsanspruch auch unter dem Gesichtspunkt der schwerwiegenden (Treue-)Pflichtverletzung verwirkt werden.[5] Der Rückforderungsanspruch des Mandanten unterliegt ebenfalls der kurzen regelmäßigen Verjährung von drei Jahren (→ Rz. 43; §§ 195, 199 BGB). Eine weitere Abkürzung dieser Verjährungsfrist durch Verwirkung kann nur unter ganz besonderen Umständen angenommen werden. Die Einlassung des StB, er habe mit den eingegangenen Honorarzahlungen bereits in anderer Weise kalkuliert, reicht nicht aus.[6]

VI. Aufrechnung

Seinen Honoraranspruch kann der StB grundsätzlich auch im Wege der Aufrechnung geltend machen, etwa dann, wenn der Mandant Schadensersatzansprüche wegen fehlerhafter Leistungen oder Bereicherungsansprüche wegen überzahlten Honorars stellt. Diese Möglichkeit scheidet jedoch dann aus, wenn es sich um zweckgebundene Gelder handelt oder dem StB Gelder treuhänderisch übergeben wurden. Auf Grund der Zweckbindung ist es ihm nach dem Grundsatz von Treu und Glauben (§ 242 BGB) verwehrt, die Aufrechnung mit eigenen Honoraransprüchen zu erklären, mit Ausnahme des Honorars für die Durchführung des Treuhandauftrags.[7] Ein Aufrechnungsverbot besteht nicht mehr, wenn der Treuhandauftrag erloschen und die Zweckbindung entfallen ist.[8] Auch ist die Aufrechnung mit einer verjährten Honorarforderung möglich, wenn die Forderung des StB bei Eintritt der Aufrechnungslage, also in dem Zeitpunkt, in dem sich die Forderungen erstmals aufrechenbar gegenüber standen, voll wirksam und fällig war (§ 215 BGB). Voraussetzung hierfür ist, dass die Forderung des StB vor Verjährungseintritt schon ordnungsgemäß nach § 9 StBVV spezifiziert war.[9] 66

1) Siehe hierzu die in Steuerberaterangelegenheiten ergangenen Entscheidungen OLG Köln v. 29.11.1989, 24 U 162/89; OLG Düsseldorf v. 12.3.1992, 13 U 200/91, GI 1992, 370, besprochen von Feiter, INF 1996, 566, 569; LG Essen v. 19.6.2015, 15 S 88/15 und v. 30.11.2000, 6 O 399/00, DStRE 2001, 615; LG Mönchengladbach v. 24.8.2005, 4 S 159/04, besprochen von Feiter, KP 2006, 46; AG Münster v. 22.11.2005, 3 C 3832/04, INF 2005, 932.
2) LG Essen v. 19.6.2015, 15 S 88/15.
3) LG Wuppertal v. 25.5.2016, 3 O 299/13. rkr.; ebenso OLG Düsseldorf, Hinweisbeschluss v. 23.3.2017, I-23 U 73/16 in gleicher Sache → Rz. 34.
4) LG Düsseldorf v. 22.3.2019, 7 O 158/15, besprochen von Feiter, KANZLEI intern 6_2019, 2.
5) BGH v. 12.5.2011, III ZR 107/10, Stbg 2011, 521: Missbräuchliche eigennützige Verwendung einer Handlungsvollmacht mit negativen Auswirkungen auf die Liquidität des Mandanten.
6) BGH v. 23.1.2014, VII ZR 117/13, NJW 2014, 1230 zum Architektenhonorar.
7) BGH v. 23.2.1995, IX ZR 29/94, NJW 1995, 1425; OLG Karlsruhe v. 11.5.2004, 17 U 157/01, AnwBl 2004, 658; OLG Düsseldorf v. 10.2.2000, 13 U 147/99, Stbg 2001, 467; OLG Düsseldorf v. 28.7.2005, I-24 U 45/05, AnwBl 2005, 787; OLG Düsseldorf v. 14.10.2008, I-24 U 146/07, GI 2009, 163.
8) OLG Düsseldorf v. 31.10.2011, I-24 U 87/11, DStR 2012, 1475.
9) OLG Düsseldorf v. 12.6.1997, 13 U 92/96, GI 2000, 23; auch BGH v. 13.7.1984, III ZR 136/83, AnwBl 1985, 257.

VII. Zeitnahe Abrechnung, Zuordnung von Zahlungen

67 Über Honorarvorschüsse ist nach Erledigung des Auftrags und der Beendigung der Angelegenheit unverzüglich abzurechnen. Nicht empfehlenswert ist die Rechnungsschreibung Wochen oder gar Monate nach der erbrachten Leistung.

Praxistipp:

Bei den Standardleistungen Buchführung, Lohn, Steuererklärungen, Jahresabschluss empfiehlt es sich, dass keines dieser Produkte das Büro verlässt, ohne dass die Rechnung beiliegt.[1] Hinblick auf die Akzeptanz beim Mandanten sollte immer zeitnah abgerechnet werden. Bei zeitnaher Abrechnung hat der Mandant die vom StB erbrachten Leistungen noch gut vor Augen, so dass diese Vorgehensweise auch aus psychologischen Gründen zu empfehlen ist. Für den StB ist das Risiko, dass Honoraransprüche verjähren könnten oder dass ein Honoraranspruch verwirkt wird, praktisch nicht gegeben. Kurze Zahlungsziele empfehlen sich nicht nur in den Fällen, in denen der Mandant insolvenzbedroht ist und jede Zahlung mit dem Risiko der späteren Insolvenzanfechtung behaftet ist (→ Rz. 70 f.), sondern aus Gründen der Akzeptanz sowie wegen Liquiditäts- und Zinsvorteilen.

Mitunter stellt sich die Frage, wie Zahlungen von Mandanten auf mehrere offene Rechnungen zu behandeln sind. Nach § 366 Abs. 1 BGB wird diejenige Schuld getilgt, die der Schuldner bei seiner Leistung bestimmt. Die Bestimmung kann ausdrücklich erfolgen, z.B. durch Angabe der Rechnungsnummer auf der Überweisung oder konkludent, z.B. durch Zahlung des exakten Betrages, der sich aus einer von mehreren Rechnungen ergibt.

Trifft der Schuldner keine Bestimmung, ergibt sich die Tilgungsreihenfolge aus § 366 Abs. 2 BGB. Danach wird bei mehreren fälligen Forderungen grundsätzlich die älteste zuerst getilgt.[2]

Beispiel:

Bei einer schon verjährten Forderung aus dem Jahr 01 über 1 500 € und einer noch nicht verjährten Forderung aus dem Jahr 02 über ebenfalls 1 500 € wird die ältere (also die bereits verjährte) Forderung erfüllt, wenn der Schuldner keine Leistungsbestimmung trifft.

VIII. Gebührentransparenz

68 Eine transparente, für den Mandanten nachvollziehbare Gebührenrechnung fördert die Honorarakzeptanz.

Praxistipp:

Neben den gesetzlich geforderten Mindestangaben (§ 9 StBVV bzw. § 10 RVG) sollten in der Gebührenrechnung auch weitere Angaben gemacht werden, die zum besseren Verständnis beitragen, z.B. die Angabe des Rahmensatzes und des in Rechnung gestellten Gebührensatzes sowie die Angabe der Gebührentabelle. Mit einem gewissen Aufwand kann auch ein transparentes Leistungsverzeichnis bzw. eine kanzleiinterne Preisliste erstellt werden, die es dem Mandanten schon im Voraus ermöglicht, über die Inanspruchnahme des Leistungsumfangs und damit der Rechnungshöhe selbst zu bestimmen. Einen weiteren Beitrag zur Honorarakzeptanz kann der StB dadurch leisten, dass er nicht jede Kleinigkeit, z.B. jedes Telefonat, gesondert nach Zeitaufwand abrechnet, es sei denn, es besteht eine entsprechende Vergütungsvereinbarung. Der StBVV liegt das Prinzip der Pauschgebühr zu Grunde (→ Rz. 4; § 12 Abs. 1 und 2 StBVV). Viele Einzeltätigkeiten sind nicht separat abrechenbar und im Zweifel vor Gericht nicht durchsetzbar.

Deshalb empfiehlt es sich, im Zweifel die Hauptgebühr etwas großzügiger abzurechnen und bei Bedarf zu erläutern, welche Nebenleistungen von dieser Gebühr mit umfasst werden.

1) Stengert, Stbg 2024, 305 f.

2) LG München v. 29.11.2012, 4 O 25878/09, DStR 2013, 486.

Mit Augenmaß sollte auch bei der Inrechnungstellung von Auslagen vorgegangen werden. Zwar kann der StB für jede gebührenrechtliche Angelegenheit Auslagenersatz verlangen, wenn tatsächlich Auslagen entstanden sind (→ § 16 StBVV Rz. 303). Aus optischen Gründen sollte der Auslagenersatz für mehrere Angelegenheiten in einer Summe zusammengefasst werden, § 9 Abs. 2 Satz 3 StBVV.

IX. Schuldanerkenntnis

Die Honorarschuld des Mandanten lässt sich auch durch ein deklaratorisches Schuldanerkenntnis nach § 781 Abs. 1 BGB absichern (→ Rz. 46).[1] Zu seiner Wirksamkeit bedarf es der Schriftform, es sei denn, es handelt sich um die Erklärung eines Kaufmanns. Folgende Punkte müssen geregelt werden: 69

- Bestätigung der Honorarschuld,
- Bestätigung der Höhe des Honorars,
- Ausschluss aller Einwendungen, die der Mandant kannte oder kennen musste,
- Ausschluss des Bereicherungsanspruchs bei Zahlung auf eine nicht oder nicht in der Höhe bestehende Honorarschuld,
- Neubeginn der Verjährung gem. § 212 Abs. 1 Nr. 1 BGB.

Musterformulierung:

„Hiermit erkennt Frau/Herr ... an, Herrn Steuerberater ... per 31.8.01 einen Betrag i.H.v. insgesamt ... EUR aus den Gebührenrechnungen mit den Nummern ... zu schulden. Die Gebührenrechnungen werden dem Grunde und der Höhe nach anerkannt. Einwendungen oder Einreden, gleich aus welchem Rechtsgrund, stehen Herrn/Frau ... nicht zu. Auf die Einrede der Verjährung wird ausdrücklich verzichtet. Der Mandant wird auf diese Schuld monatlich, spätestens bis zum 3. Werktag eine Abschlagszahlung i.H.v. ... EUR leisten, und zwar ab ...

Hinsichtlich der Zinsen wird Folgendes vereinbart: ..."

Bleibt der Mandant die Vergütung schuldig und muss der StB das Honorar später einklagen, wäre es sogar unschädlich, wenn die dem Schuldanerkenntnis zugrunde liegenden Rechnungen fehlerhaft und nicht einforderbar (§ 9 StBVV) wären, wenn die Zahlungsklage ausschließlich auf das Schuldanerkenntnis gestützt wird (siehe Beispiel → § 9 StBVV Rz. 214).[2] Denkbar, wenn auch weitgehend unüblich, ist ein abstraktes bzw. konstitutives Schuldanerkenntnis.[3]

Eine noch weiter gehende Sicherung ist durch ein **notariell beurkundetes Schuldanerkenntnis** möglich, wenn sich der Mandant der sofortigen Zwangsvollstreckung unterwirft. Insbesondere im Insolvenzfall kann dies von Vorteil sein, da der Insolvenzverwalter titulierte Forderungen nicht bestreiten kann und diese Forderungen in einer Quote berücksichtigt werden können. Der entscheidende Vorteil des notariell beurkundeten Schuldanerkenntnisses ist der, dass daraus unmittelbar die **Zwangsvollstreckung** betrieben werden kann, ohne dass der Klageweg beschritten werden müsste (wie beim deklaratorischen oder abstrakten Schuldanerkenntnis).

X. Sicherungsmaßnahmen bei drohender Insolvenz des Mandanten

Im Falle einer drohenden Insolvenz sollten StB ihre Honorarforderungen **rechtzeitig insolvenzfest machen**. Dem Insolvenzverwalter steht ein reiches Instrumentarium an Anfechtungstatbeständen zur Verfügung. Vereinnahmt der StB z.B. in Kenntnis der Krise des Mandanten in den letzten drei Monaten vor dem Insolvenzantrag Honorare für erbrachte Leistungen und liegt ein Fall der **kongruenten Deckung** vor, 70

1) Zu den Anforderungen siehe OLG Hamm v. 26.11.2013, 25 U 5/13, DStR 2014, 2151.
2) LG Wuppertal v. 22.10.2010, 3 O 269/10.
3) Siehe hierzu BGH v. 14.1.2008, II ZR 245/06, DStR 2008, 627.

so ist diese Vereinnahmung durch den späteren Insolvenzverwalter gem. § 130 Abs. 1 Nr. 1 InsO grundsätzlich anfechtbar.[1] Im Fall einer **inkongruenten Deckung** kann sich der Anfechtungszeitraum auf einen Monat vor Stellung des Insolvenzantrags verkürzen, § 131 Abs. 1 Nr. 1 InsO. Zahlungen des Schuldners (Mandanten) an den Steuerberater, die den gesetzlichen Gebührenrahmen überschreiten, stellen eine teilweise inkongruente Deckung dar, wenn die getroffene Vergütungsvereinbarung unwirksam ist. Die teilweise Inkongruenz führt dazu, dass die gesamte Zahlung anfechtbar ist und nicht nur der Teil des Honorars, der über die gesetzlichen Gebühren hinausgeht.[2] Inkongruente Deckungen sind auch Zahlungen vor Fälligkeit (§ 7 StBVV) oder auf eine nicht ordnungsgemäß spezifizierte (§ 9 StBVV) Forderung,[3] es sei denn, die Parteien haben vereinbart, dass der StB sein Honorar auch ohne eine den Anforderungen des § 9 StBVV entsprechende Rechnungsstellung einfordern und durchsetzen kann.[4] Auch Leistungen an erfüllungsstatt (→ Rz. 32) oder erfüllungshalber, z.B. in Naturalien sind inkongruente Deckungen.

Praxistipp:

Grundsätzlich empfiehlt es sich, jede Form der Forderungsabsicherung, sei es durch Bürgschaft, Sicherungsabtretung, Vorschuss etc., in einem Zeitraum deutlich über drei Monate vor einem denkbaren Insolvenzgang zu ergreifen.

StB, die mit dem Eintritt eines Insolvenzfalls rechnen müssen, sollten eine stringente Gebührenpolitik verfolgen und sich durch (wertäquivalente) **Vorschussforderungen** (für noch zu erbringende Leistungen) bzw. durch eine dokumentierte Zug-um-Zug-Herausgabe der erbrachten Leistungen gegen sofortige Bezahlung absichern. Wenn zwischen Leistung und Gegenleistung (z.B. Vorschusszahlung und Beratungsende) nicht mehr als 30 Tage[5] liegen, handelt es sich um ein insolvenzrechtliches **Bargeschäft** i.S.d. § 142 InsO, das nur bei **vorsätzlicher Gläubigerbenachteiligung** (§ 133 InsO) anfechtbar ist. Jedoch sind die Voraussetzungen eines Bargeschäfts nicht erfüllt, wenn der StB einen Vorschuss in einer Höhe geltend macht, der die **wertäquivalente Vergütung** für die nächsten 30 Tage überschreitet.[6] Das Bargeschäft eignet sich nicht, um Altrückstände zu realisieren. Es beschränkt sich auf Geschäfte, die in der Krise Zug um Zug abgewickelt werden, wobei es unschädlich ist, wenn die Auftragserteilung schon vor der Krise erfolgte. Der sogenannte "Bargeschäftseinwand" greift nach bisheriger BGH-Rechtsprechung allerdings **nur bei kongruenten Deckungsanfechtungen** nach § 130 InsO und nicht bei inkongruenten Deckungsanfechtungen nach § 131 InsO.[7] Die Voraussetzungen eines bargeschäftlichen Leistungsaustauschs hat der Anfechtungsgegner **darzulegen** und ggf. zu beweisen (OLG Düsseldorf v. 9.7.2020, I-12 U 55/19, ZIP 2020, 2294, 2296.

71 Problematisch ist die Frage, wann eine **vorsätzliche Gläubigerbenachteiligung** nach § 133 InsO vorliegt, die selbst ein Bargeschäft anfechtbar macht. In zeitlicher Hinsicht ist danach zu unterscheiden, ob das Insolvenzverfahren vor der **Reform des Insolvenzanfechtungsrechts** am **5.4.2017** eröffnet wurde oder nicht. Am 4.4.2017 wurde das Gesetz zur Verbesserung der Rechtssicherheit bei Anfechtungen nach der Insolvenzordnung und dem Anfechtungsgesetz verkündet, das am darauffolgenden Tag in Kraft getreten ist.[8] Insolvenzverfahren, die vor dem 5.4.2017 eröffnet wurden, richten sich noch nach altem Recht. Zu berücksichtigen ist ferner die **Ände-**

1) AG Viersen v. 5.2.2008, 32 C 233/07, Stbg 2008, 463; AG Hattingen v. 25.11.2005, 7 C 147/05, DStR 2006, 111; LG Essen v. 8.3.2006, 13 S 213/05, DStRE 2007, 935.
2) OLG Düsseldorf v. 11.5.2017, I-12 U 55716, ZIP 2017, 1486.
3) BGH v. 13.4.2006, X ZR 158/06, DB 2006, 1458.
4) BGH v. 3.3.2022, IX ZR 78/20, NJW 2022, 2038, Rz. 64.
5) BGH v. 13.4.2006, IX ZR 158/05, DB 2006, 1485; OLG Düsseldorf v. 11.5.2017, I-12 U 55/16, ZIP 2017, 1486; Rogge/Leptien in Schmidt, Hamburger Kommentar, § 142 InsO Rz. 8 m.w.N.
6) OLG Düsseldorf v. 9.7.2020, I-12 U 55/19, ZIP 2020, 2294, 2299.
7) Vergleiche die Nachweise in Schmitt (Hrsg.), Hamburger Kommentar zum Insolvenzrecht, Ergänzungsband 6. Aufl., § 142 Rz. 5; ebenso OLG Düsseldorf v. 9.7.2020, I-12 U 55/19, ZIP 2020, 2294, 2296; a.A. noch OLG Düsseldorf v. 11.5.2017, I-12 U 55/16, ZIP 2017, 1486.
8) BGBl. I 2017, 654.

rung der Rechtsprechung des BGH durch das Urteil v. 6.5.2021.[1] Die Entscheidung erging zu einem Altfall (§ 133 InsO in der bis zum 4.4.2017 geltenden Fassung), sie ist aber auch für die aktuelle Gesetzesfassung relevant (Rz. 30 der Entscheidungsgründe). Der BGH hat mit dieser Entscheidung seine strenge Rechtsprechung zur Vorsatzanfechtung relativiert (→ Rz. 73).

Zunächst wird ein Überblick über die alte Rechtslage bis zum 4.4.2017 und die dazu ergangene Rechtsprechung bis zu dem o.g. Urteil des BGH v. 6.5.2021 gegeben (→ Rz. 72). Anschließend wird die Bedeutung der Entscheidung des BGH v. 6.5.2021 zur Neuausrichtung der insolvenzrechtlichen Vorsatzanfechtung (→ Rz. 73) und die seit dem 5.4.2017 geltende neuen Rechtslage dargestellt (→ Rz. 74).

1. Alte Rechtslage bis zur Neuausrichtung der Vorsatzanfechtung durch den BGH

Die frühere Rechtsprechung zur **Vorsatzanfechtung** (Rechtsprechung bis zur BGH- **72**
Entscheidung v. 6.5.2021, IX ZR 72/20, DStR 2021, 1826; → Rz. 73) wurde in der Unternehmenspraxis und in der Literatur vielfach als zu weitgehend und unberechenbar empfunden. Bereits mit Urteil v. 13.4.2006 hatte der BGH die nur **drohende Zahlungsunfähigkeit** als starkes Beweisanzeichen für Benachteiligungsvorsatz angenommen.[2] Der Schuldner sollte in Fällen drohender Zahlungsunfähigkeit nur dann nicht mit Benachteiligungsvorsatz handeln, wenn er auf Grund **konkreter Umstände** – etwa der sicheren Aussicht, demnächst Kredit zu erhalten oder Forderungen realisieren zu können – mit einer baldigen Überwindung der Krise rechnen konnte.[3] **Indizien** für (drohende) Zahlungsunfähigkeit waren die **Zahlungseinstellung**, eine dauerhaft **schleppende Zahlungsweise** oder **nicht eingehaltene Zahlungszusagen,**[4] **Ratenzahlungs- und Stundungsbitten** des Mandanten,[5] es sei denn, sie entsprachen ausnahmsweise den Gepflogenheiten des Geschäftsverkehrs.[6] StB, die für ihre Mandanten einen Stundungsantrag stellten, hatten damit gleichermaßen wie das Finanzamt Kenntnis von der (drohenden) Zahlungsunfähigkeit und mussten die Anfechtung des Beraterhonorars fürchten.[7] Auch die über mehrere Monate verspätete Abführung von **Sozialversicherungsbeiträgen** rechtfertigte den Schluss auf eine Zahlungseinstellung des Schuldners und einen Benachteiligungsvorsatz,[8] weil diese Forderungen wegen der drohenden Strafbarkeit (§ 266a StGB) in der Regel bis zuletzt entrichtet werden.[9] In der Ankündigung des Schuldners gegenüber dem Gläubiger, im Falle des Zuflusses neuer Mittel die Verbindlichkeit nur durch eine Einmalzahlung und zwanzig folgende Monatsraten begleichen zu können, sah der BGH die Offenbarung der Zahlungsunfähigkeit.[10]

Lagen bei drohender Zahlungsunfähigkeit keine konkreten Umstände vor, die ein Abwenden der Krise nahelegten, liefen StB als intime Kenner der wirtschaftlichen Verhältnisse ihrer Mandanten stets Gefahr, dass jedwede Zahlung bzw. Sicherungsmaßnahme als vorsätzliche Gläubigerbenachteiligung angesehen wurde. Dies war und ist deshalb fatal, weil die Anfechtungsfrist im Fall einer vorsätzlichen Gläubigerbenachteiligung nach § 133 InsO a.F. zehn Jahre betrug. Problematisch waren insbesondere Situationen, in denen **laufend neue Verbindlichkeiten** entstanden und

1) BGH v. 6.5.2021, IX ZR 72/20, DStR 2021, 1826.
2) BGH v. 13.4.2006, IX ZR 158/05, DB 2006, 1485.
3) BGH v. 22.11.2012, IX ZR 62/10, DB 2013, 55; v. 5.12.2013, IX ZR 93/11, MDR 2014, 371; v. 22.5.2014, IX ZR 95/13, DB 2014, 1480; Gehrlein, DB 2013, 2843.
4) BGH v. 9.6.2016, IX ZR 174/15, ZIP 2016, 1348; BGH v. 17.11.2016, IX ZR 65/15, DB 2016, 2958.
5) BGH v. 6.12.2012, IX ZR 3/12, WM 2013, 174.
6) BGH v. 12.3.2013, XI ZR 227/12, NJW 2013, 3437.
7) Ausführlich hierzu Nickert, KANZLEI intern 08/2016, 3.
8) BGH v. 7.5.2015, IX ZR 95/14, DB 2015, 1463.
9) Gehrlein, DB 2020, 543 m.w.N.
10) BGH v. 16.6.2016, IX ZR 23/15, DB 2016, 1629.

nach einmaliger Erfüllung aufgelaufener Rückstände die neu entstehenden Verbindlichkeiten jeweils erst nach Einleitung der **Vollstreckung** erfüllt wurden. Hier lag die Messlatte an die Vorsatzanfechtung nach der BGH-Rechtsprechung niedrig.[1]

Gleichwohl galt für den Normalfall, dass auch ein wiederholter **Zahlungsverzug** nicht schon die Kenntnis vom Benachteiligungsvorsatz begründete.[2] Auch bei einem Austausch von Leistungen in bargeschäftsähnlicher Weise (**Vorkasse**), weil zuvor mehrere Lastschriften zurückgegeben wurden, konnte nicht zwangsläufig auf das Wissen des Gläubigers vom Benachteiligungsvorsatz des Schuldners geschlossen werden.[3] Ein den Gläubigerbenachteiligungsvorsatz des Schuldners ausschließender **Sanierungsversuch** wurde angenommen, wenn Regelungen mit einzelnen Gläubigern dem Schuldner neue Liquidität verschaffen sollten, mittels der eine Gläubigerbefriedigung möglich war.[4] Welche Anforderungen an ein **Sanierungskonzept**/einen Sanierungsplan zu stellen sind, hat der BGH in mehreren Entscheidungen näher ausgeführt.[5] Es muss sich um ein schlüssiges, von den tatsächlichen Gegebenheiten ausgehendes Konzept handeln, welches mindestens ansatzweise schon umgesetzt worden war und Aussicht auf Erfolg hatte. Im Zeitpunkt der Beauftragung des Sanierungsberaters müssen aus objektiver Sicht konkrete Ansätze für eine Sanierungschance bestehen.[6] In Anfechtungsprozessen kann es sich für den Anfechtungsgegner (StB) lohnen, die Gründe vorzutragen, wieso er auf die Schlüssigkeit des Sanierungskonzepts vertrauen durfte. Rein **spekulative Szenarien**, wie die Hoffnung auf steigende Börsenkurse sind keine konkreten Umstände, die nahelegen, dass die Krise noch abgewendet werden kann.[7] Eine Gläubigerbenachteiligung wurde auch dann verneint, wenn der Geschäftsführer der späteren Insolvenzschuldnerin oder sonstige **Dritte** deren **Verbindlichkeit** aus eigenen Mitteln **begleicht**.[8] Eine anfechtbare Rechtshandlung liegt grundsätzlich nicht vor, wenn der Gläubiger vollstreckt, z.B. ein Pfandrecht an einem Kontoguthaben erwirkt.[9] Allerdings können auch **Zwangsvollstreckungsmaßnahmen** unter bestimmten Voraussetzungen als selbstbestimmte Handlung des Schuldners mit der Folge der Anfechtbarkeit angesehen werden, z.B. wenn der Schuldner eine Überweisung von seinem Bankkonto veranlasst.[10] Vorsicht ist geboten, wenn der **StB als Zahlungsmittler** tätig wird und im Auftrag seines Mandanten Gelder an bestimmte Gläubiger (z.B. das Finanzamt) weiterleitet.[11] Zwar kann daraus in der Regel nur dann die Kenntnis vom Gläubigerbenachteiligungsvorsatz abgeleitet werden, wenn der Zahlungsmittler aus Eigen- oder Fremdinteresse aktiv an einer Gläubigerbenachteiligung teilnimmt. Gleichwohl sollte der StB es vermeiden, an der gezielten Befriedigung einzelner Gläubiger mitzuwirken, wenn die Tätigkeit als Zahlungsmittler nicht in ein tragfähiges und von der Rechtsprechung anerkanntes Sanierungskonzept eingebunden ist. Beweisvorteile bestehen für den Insolvenzverwalter dann, wenn Zahlung an eine **nahestehende Person** erfolgt, § 133 Abs. 2 InsO a.F. bzw. § 133 Abs. 4 InsO n.F. Der StB ist jedoch nur ausnahmsweise nahestehende Person.

1) BGH v. 25.10.2012, IX ZR 117/11, BB 2012, 3157 mit Anm. Krüger/Riewe.
2) Gehrlein, DB 2020, 543, 546 m.w.N. und DB 2013, 2843; zur Beweislast des Gläubigers s. BGH v. 17.11.2016, IX ZR 65/15, DB 2017, 178.
3) BGH v. 4.5.2017, IX ZR 285/16, ZIP 2017, 1232.
4) BGH v. 8.12.2011, IX ZR 156/09, DB 2012, 173.
5) BGH v. 12.5.2016, IX ZR 65/14, NJW-RR 2016, 1518; BGH v. 14.6.2018, IX ZR 22/15, NZI 2018, 840; BGH v. 28.3.2019, IX ZR 7/18, NJW-Spezial 2019, 407.
6) OLG Düsseldorf v. 9.7.2020, I-12 U 55/19, ZIP 2020, 2294, 2296.
7) OLG Düsseldorf v. 9.7.2020, I- 12 U 55/19, ZIP 2020, 2294, 2296 m.w.N.
8) BGH v. 21.6.2012, IX ZR 59/11, ZIP 2012, 1468; v. 24.10.2013, IX ZR 104/13, ZIP 2013, 2262; Stapper/Schädlich, NWB 2013, 935, 942.
9) BGH v. 22.11.2013, IX ZR 142/11, DB 2012, 2927 mit Anm. Junghans, EWiR 2013, 155.
10) BGH v. 18.1.2018, IX ZR 144/16, DB 2018, 946; BGH v. 22.6.2017, IX ZR 111/14, ZIP 2017, 1772 m.w.N.; HambKomm-ErgB 2017/Rogge/Leptien, § 133 InsO Rz. 6.
11) BGH v. 14.9.2017, IX ZR 3/16, DB 2017, 2862, besprochen von d'Avoine, DB 2018, 752.

Er muss – vergleichbar einem leitenden Angestellten des Unternehmens – aktuell einen typischen Wissensvorsprung über die wirtschaftliche Lage des Unternehmens haben.[1)]

2. Neuausrichtung der Vorsatzanfechtung durch BGH

Mit Urteil v. 6.5.2021[2)] hat der BGH seine Rechtsprechung zur Vorsatzanfechtung nach § 133 InsO in mehreren Punkten neu ausgerichtet. Die Entscheidung erging zu einem Altfall (§ 133 InsO in der bis zum 4.4.2017 geltenden Fassung),[3)] sie ist aber auch für die aktuelle Gesetzesfassung (→ Rz. 74) relevant (Rz. 30 der Entscheidungsgründe). Dem Urteil lag folgender (verkürzt dargestellter) **Sachverhalt** zu Grunde: Der Kläger (Insolvenzverwalter) nahm die Bundesrepublik Deutschland im Wege der Vorsatzanfechtung auf Rückzahlung von Ordnungsgeldern in Anspruch, die das Bundesamt für Justiz wegen verspäteter Offenlegung von Jahresabschlüssen gegenüber der Schuldnerin (einer GmbH) verhängt hatte. Der Kläger berief sich zur Begründung auf eine Erklärung des Steuerberaters der Schuldnerin, diese könne die seinerzeit offene Schuld i.H.v. 2 557 € nicht in einer Summe begleichen. In der Folge leistete die Schuldnerin neun Ratenzahlungen i.H.v. 2 307 €. Ein Jahr später zahlte sie nochmals Gebühren und Auslagen an das Bundesamt für Justiz wegen erneut verspäteter Offenlegung eines Jahresabschlusses nach Androhung eines weiteren Ordnungsgeldes. Amts- und Landgericht hatten die Klage abgewiesen. Der BGH hob das Berufungsurteil wegen rechtsfehlerhafter Begründung auf und verwies die Sache zurück. Mit seinem Urteil führt der BGH die Vorsatzanfechtung in Kongruenzfällen (§ 133 InsO) in Abgrenzung zur Deckungsanfechtung (§ 130 InsO) auf ihren Kernbereich zurück. 73

Die Kernaussagen lassen sich wie folgt zusammenfassen: Der Gläubigerbenachteiligungsvorsatz des Schuldners kann abweichend von der früheren Rechtsprechung in der Regel **nicht** mehr auf eine nur **drohende Zahlungsunfähigkeit** gestützt werden (Leitsatz 4 und Rz. 39 der Entscheidungsgründe). Ausnahmen lässt der BGH weiterhin zu, etwa zulasten von Gläubigern, deren rückständige Forderungen gezielt vor denen anderer Gläubiger befriedigt werden (Rz. 40 der Entscheidungsgründe). Damit fällt für Insolvenzverwalter eine Beweiserleichterung weg. Für den Gläubigerbenachteiligungsvorsatz des Schuldners und die Kenntnis des Anfechtungsgegners von einem solchen Vorsatz reicht die erkannte – eingetretene – Zahlungsunfähigkeit allein nicht mehr aus (Leitsatz 1 und Rz. 30 ff. der Entscheidungsgründe). Der BGH verlangt zusätzlich ein prognostisches Element dahingehend, dass der Schuldner seine übrigen Gläubiger auch **künftig** nicht vollständig wird befriedigen zu können (Leitsatz 2 und 3 sowie Rz. 31 der Entscheidungsgründe). Für die Insolvenzverwalter bedeutet dies eine stärkere Herausforderung. Bereits bei der außergerichtlichen Geltendmachung einer Insolvenzanfechtung wird der Insolvenzverwalter genauere Angaben zum **Ausmaß** der eingetretenen Zahlungsunfähigkeit machen müssen und wie diese aus Sicht des Anfechtungsgegners zutage getreten ist (Leitsatz 6 und Rz. 44 ff. der Entscheidungsgründe). Kongruente Deckungen in Situationen **geringfügiger Rückstände** (wie in dem vom BGH entschiedenen Fall) oder bloß **unpünktliche Zahlungen** sollen in der Regel anfechtungsfrei bleiben, während die Vorsatzanfechtung in klaren Verschleppungsfällen regelmäßig weiterhin durchgreift (Rz. 36, 45 der Entscheidungsgründe). Für den Nachweis der Zahlungseinstellung ist die **Erklärung des Schuldners**, aus Mangel an liquiden Mitteln nicht zahlen zu können, hingegen eine besonders aussagekräftige Grundlage, auch wenn sie mit einer **Stundungsbitte** versehen ist (Leitsatz 5 und Rz. 15, 41 der Entscheidungsgründe). Im konkreten Fall kam der Erklärung des Steuerberaters der Schuldnerin eine solche Wirkung jedoch nicht zu, da die Zahlungseinstellung nur

1) BGH v. 15.11.2012, IX ZR 205/11, ZIP 2012, 2449; Fuhst, DStR 2013, 782.
2) BGH v. 6.5.2021, IX ZR 72/20, DStR 2021, 1826.
3) § 133 InsO in der bis zum 4.4.2017 geltenden Fassung.

bezogen auf eine einzige und zudem verhältnismäßig geringfügige Forderung des Bundesamtes für Justiz (2 557 €) offenbar geworden war (Rz. 45 der Entscheidungsgründe).

Zwischenzeitlich hat der BGH seine Rechtsprechung zur Vorsatzanfechtung weiter begrenzt[1] und klargestellt, dass seine Neuausrichtung der Vorsatzanfechtung nicht für inkongruente Leistungen des Schuldners (§ 131 InsO) gilt.[2] Wie die Tatgerichte die neue Rechtsprechung in der Praxis anwenden werden, bleibt abzuwarten. Erste Einschätzungen[3] gehen davon aus, dass die Anfechtung in Fällen kongruenter Deckung schwieriger wird, weil der Schuldner bei Vorliegen der erforderlichen Voraussetzungen ja gerade Aussicht auf nachhaltige Beseitigung der gegenwärtigen Zahlungsunfähigkeit hat.[4] Insolvenzverwalter werden künftig detaillierten Sachvortrag liefern müssen. Dies bedeutet Mehraufwand bei der Anspruchsdurchsetzung, die bei schlechter Aktenlage scheitern kann.[5] **Anfechtungsfälle im Kontext von Sanierungen bzw. erfolgversprechenden Sanierungsversuchen** (→ Rz. 72) bleiben wegen der typischerweise vorhandenen umfassenden Kenntnisse der Berater hinsichtlich der Finanz- und Vermögenslage eine Gratwanderung. War der Sanierungsversuch von vorneherein aussichtslos oder ist er gescheitert, sind gezahlte Beraterhonorare regelmäßig anfechtbar.[6] Hat der StB Kenntnis von einem schlüssigen Sanierungskonzept, ist er nicht verpflichtet, das Konzept fachmännisch zu prüfen oder prüfen zu lassen. Er darf sich auf die Angaben des Schuldners oder seines Beraters verlassen, solange er keine Anhaltspunkte dafür hat, dass er getäuscht werden soll oder, dass der Plan keine Chancen auf dauerhaften Erfolg hat.[7] § 133 Abs. 1 Satz 2 InsO enthält eine widerlegbare Tatsachenvermutung, wann von der Kenntnis des Anfechtungsgegners vom Gläubigerbenachteiligungsvorsatz auszugehen ist. Dann muss der Anfechtungsgegner den Beweis des Gegenteils führen. Der BGH hat die Anforderungen an die Widerlegung der Vermutung der Kenntnis des Gläubigerbenachteiligungsvorsatzes des Schuldners durch den Gläubiger klargestellt. Hat der Gläubiger noch keine Tatsachen erhalten, die darauf schließen lassen, dass die Zahlungsunfähigkeit des Schuldners drohte und dass die Handlung die Gläubiger benachteiligte, wirkt die Vermutungsregel des § 133 Abs. 1 Satz 2 InsO noch nicht gegen ihn.[8] Er sollte in dieser Situation keine weiteren Informationen provozieren, die seine Gutgläubigkeit schwächen könnten. Liegen hingegen Informationen vor, welche den Vermutungstatbestand ausfüllen, sollte der Gläubiger beim Schuldner aktiv weitere Informationen anfragen, die ihm belegen, dass die Gläubiger auf lange Sicht befriedigt werden können und die zur Befriedigung oder Sicherung führende Rechtshandlung erst dann annehmen, wenn hieran aus der ex-ante-Sicht keine ernsthaften Zweifel bestehen.

3. *Neue Rechtslage*

74 Durch die o.g. **Reform des Insolvenzanfechtungsrechts** hat sich die Rechtslage für StB für solche Insolvenzverfahren verbessert, die ab dem 5.4.2017 eröffnet wurden.[9] Hervorzuheben ist insbesondere die Eindämmung der als zu exzessiv empfundenen

1) BGH v. 10.2.2022, IX ZR 148/19, WM 2022, 477; BGH v. 24.2.2022, IX ZR 250/20, DB 2022, 728; BGH v. 3.3.2022, IX ZR 78/20, DStR 2022, 1287, jeweils besprochen von Schädlich, NWB 2022, 1309.
2) BGH v. 23.6.2022, IX ZR 75/21, DStR 2022, 2231.
3) Schädlich, NWB 2022, 1309; Schädlich, NWB 2021, 3198, 3205; Ellers, DB 2021, 2678, 2684; Riewe, NJW 2021, 2619, 2621; Rüppell, DB 2021, 2141 f.
4) Schädlich, NWB 2021, 3198, 3205; Ellers, DB 2021, 2678, 2684.
5) Schädlich, NWB 2022, 1309, 1320.
6) BGH v. 3.3.2022, IX ZR 78/20, DStR 2022, 1287 zu Honorarzahlungen an Sanierungsberater; BGH v. 23.6.2022, IX ZR 75/21, DStR 2022, 2231 zu Honorarzahlungen an WP.
7) BGH v. 26.10.2023, IX ZR 112/22, WM 2024, 80.
8) BGH v. 26.10.2023, IX ZR 112/22, WM 2024, 80, besprochen von Weidehaas, DB 2024, 580.
9) Schädlich, NWB 20/2017, 1521 ff.

Vorsatzanfechtung. Durch die Entscheidung des BGH v. 6.5.2021, IX ZR 72/20 (→ Rz. 73) wird die Vorsatzanfechtung weiter eingedämmt. Nachfolgend ein kurzer Überblick über die neue Rechtslage:

Der **Anfechtungszeitraum** bei der Vorsatzanfechtung wurde von zehn auf **vier Jahre** verkürzt, wenn Sicherungen oder Befriedigungen gewährt oder ermöglicht wurden, § 133 Abs. 2 InsO. Diese Verkürzung bedeutet mehr Rechtssicherheit für Zahlungen von Mandanten an ihren StB. In § 133 Abs. 3 Satz 1 InsO wurde klargestellt, dass bei kongruenten Deckungshandlungen nicht mehr auf die **drohende Zahlungsunfähigkeit**, sondern auf die (eingetretene) **Zahlungsunfähigkeit** abzustellen ist. Die Rechtsprechung zur drohenden Zahlungsunfähigkeit (→ Rz. 72) ist damit für diese Fälle wohl überholt (→ siehe auch → Rz. 73; auf die Kenntnis von der drohenden Zahlungsunfähigkeit kommt es nach wie vor nach § 133 Abs. 1 InsO an). Eine durchgängige Verbesserung der Position des StB ist dadurch vor dem Hintergrund der umfangreichen Indizienrechtsprechung des BGH nicht zu erwarten.[1] Dreh- und Angelpunkt der Anfechtung von Honorarzahlungen ist die Frage nach der **Kenntnis** des StB von dem Vorsatz des Mandanten, seine Gläubiger durch die Zahlung benachteiligen zu wollen. Auch künftig wird es wohl weiterhin möglich sein, die Kenntnis der Zahlungsunfähigkeit mit der Kenntnis von Umständen zu begründen, die zwingend auf Zahlungsunfähigkeit, nur eben die eingetretene, schließen lassen. Allerdings ist hierbei die neue Rechtsprechung des BGH zu berücksichtigen (→ Rz. 73). In § 133 Abs. 3 Satz 2 InsO wurde eine **Beweislastumkehr** eingeführt. Danach wird im Fall einer Zahlungsvereinbarung oder der Gewährung einer sonstigen Zahlungserleichterung vermutet, dass der Anfechtungsgegner (StB) zur Zeit der Handlung die Zahlungsunfähigkeit des Schuldners (Mandanten) nicht kannte. Der Gesetzgeber reagiert damit auf die Rechtsprechung des BGH und regelt auf gesetzlicher Basis, dass die **Bitte des Schuldners auf Abschluss einer Ratenzahlungsvereinbarung** noch kein Indiz für eine Zahlungseinstellung oder Zahlungsunfähigkeit ist, wenn sie sich im Rahmen der Gepflogenheiten des Geschäftsverkehrs hält. Es wird wohl weiterhin darauf ankommen, ob der Schuldner die Ratenzahlungsvereinbarung im Folgenden auch einhält.[2] In jedem Fall kann der StB jetzt dahingehend argumentieren, dass sein Mandant durch die Ratenzahlungsvereinbarung, gegebenenfalls auch mit anderen Gläubigern, seine Liquidität wiederherstellen konnte. Es sei denn, die Unternehmenskennzahlen widersprechen dieser Vermutung völlig. Auch die vom BGH entwickelten Anforderungen an ein **Sanierungskonzept** gelten unverändert fort.[3] Welche Auswirkungen die neue BGH-Rechtsprechung hat, bleibt aber abzuwarten (→ Rz. 73). Durch die Novelle werden auch **Bargeschäfte privilegiert**. Diese sind nur noch anfechtbar, wenn einerseits die Voraussetzungen der Vorsatzanfechtung nach § 133 Abs.1–3 InsO vorliegen und der Gläubiger (StB) positiv **erkannt** hat, dass der Schuldner (Mandant) **unlauter** handelte, § 142 Abs. 1 InsO. Ausweislich der Gesetzesbegründung müssen hierzu „hinreichend gewichtige Umstände“ vorliegen, „um in dem vollzogenen Austausch einen besonderen Unwert zu erkennen“. Soweit der Schuldner Geschäfte führt, die allgemein zur Fortführung des Geschäftsbetriebs erforderlich sind, soll die Unlauterkeit nach der Gesetzesbegründung auch dann zu verneinen sein, wenn der Schuldner erkennt, dass eine Betriebsfortführung verlustträchtig ist. Auch der BGH hat zwischenzeitlich entschieden, dass die **Fortführung eines verlustträchtigen Betriebs** noch keine Unlauterkeit begründet.[4] Unlauterkeit liegt insbesondere vor, wenn StB und Mandant kollusiv zu Lasten anderer Gläubiger zusammenwirken.[5] Erhält eine Rechts-

1) Siehe z.B. BGH v. 9.6.2016, X ZR 174/15; Gehrlein, DB 2018, 428 m.w.N.
2) BGH v. 3.4.2014, IX ZR 201/13, DB 2014, 1189; v. 10.7.2014, IX ZR 280/13, ZIP 2014, 1887; v. 16.4.2015, IX ZR 6/14, WM 2015, 933.
3) BGH v. 12.5.2016, IX ZR 65/14, NJW RR 2016, 1518; BGH v. 14.6.2018, IX ZR 22/15, NZI 2018, 840; BGH v. 28.3.2019, IX ZR 7/18, NJW-Spezial 2019, 407.
4) BGH v. 5.12.2024, IX ZR 122/23, DB 2025, 45.
5) BGH v. 5.12.2024, IX ZR 122/23, DB 2025, 45.

anwaltskanzlei von einem entsprechend eingerichteten Fremdkonto **Befriedigungen auf ihre Honorarzahlungen**, liegen die Voraussetzungen eines Bargeschäfts nicht vor.[1] In § 142 Abs. 2 InsO findet sich erstmals eine Normierung der Unmittelbarkeit beim Bargeschäft, die für StB aber wohl – im Vergleich zur alten Rechtslage – keine Veränderungen mit sich bringt. Die bisherige Höchstgrenze von 30 Tagen ist auch weiterhin zu beachten (siehe die Nachweise → Rz. 70). Der „Bargeschäftseinwand" greift allerdings nur bei kongruenten Deckungsanfechtungen (siehe die Nachweise → Rz. 70). Ein Bargeschäft kann nur zwischen den konkreten Vertragsparteien bestehen. Die Rechtsprechung zum Bargeschäft kann nicht gegenüber Dritten gelten.[2]

Praxistipp:

Das Gesetz zur vorübergehenden Aussetzung der Insolvenzantragspflicht und zur Begrenzung der Organhaftung bei einer durch die COVID-19-Pandemie bedingten Insolvenz vom 27.3.2020 (COVInsAG) enthält Beschränkungen der Insolvenzanfechtung von Rechtshandlungen im Zeitraum 1.3.2020 bis 30.9.2020 bzw. 30.9.2023.[3]

XI. Verzugseintritt nach Rechnungszugang

75 Nach § 286 Abs. 3 Satz 1 BGB kommt der Mandant „automatisch" in Verzug, wenn er nicht innerhalb von 30 Tagen nach Fälligkeit und Rechnungszugang das Honorar bezahlt. Der fingierte Verzugseintritt gilt bei Verbraucher-Mandanten (z.B. Arbeitnehmer, Rentner, Vermieter) aber nur, wenn der Berater in der Rechnung auf diese Rechtsfolge hinweist. Fehlt ein solcher Hinweis, tritt ohne Mahnung kein Verzug ein.

76 Die Übersendung einer Rechnung mit der einseitigen Bestimmung eines Zahlungsziels durch den StB begründet ohne die erforderliche Belehrung des Verbraucher-Mandanten ebenfalls keinen Verzug.

Beispiel:

Der StB erstellt am 14.9.2019 eine Rechnung, die mit dem Hinweis schließt: „Den Rechnungsbetrag überweisen Sie bitte bis zum 5.10.2019 auf das rechts unten angegebene Konto".[4]

Zahlt der Verbraucher-Mandant darauf nicht, gerät er erst durch eine Mahnung in Verzug, weil die Rechnung keinen Hinweis darauf enthält, dass der Mandant bei nicht rechtzeitiger Zahlung in Verzug gerät. Zwar bedarf es einer Mahnung gem. § 286 Abs. 2 Nr. 1 BGB nicht, wenn für die Leistung eine Zeit nach dem Kalender bestimmt ist. Diese Bestimmung muss aber durch Rechtsgeschäft, durch Gesetz oder durch Urteil getroffen worden sein. Die einseitige Festlegung einer Leistungszeit durch den Gläubiger allein reicht für die Anwendung der Vorschrift nicht aus, so dass der Schuldner erst durch eine Mahnung in Verzug gerät. Für das selbst erstellte Mahnschreiben kann der StB lediglich den tatsächlichen Materialaufwand für Papier und Porto berechnen.[5] Der Verzugszins beträgt seit dem 29.7.2014 für alle danach neu entstandenen Schuldverhältnisse, an denen Verbraucher nicht beteiligt sind, 9 Prozentpunkte über dem Basiszinssatz (§ 288 Abs. 2 BGB). Bei Verbrauchern liegt der Verzugszins bei 5 Prozentpunkten über dem Basiszinssatz (§ 288 Abs. 1 BGB). Außerdem hat der Gläubiger gegenüber einem Unternehmer-Mandanten einen Anspruch auf Ersatz von Beitreibungskosten i.H.v. 40 € (§ 288 Abs. 5 Satz 1 BGB). Diese Neuregelungen gelten auch für bestehende Mandate, wenn die Leis-

1) OLG Frankfurt v. 23.5.2024, 4 U 2/23, ZIP 2024, 2927.
2) BFH v. 20.6.2023, VII R 22/19, DB 2023, 2685 zum steuerrechtlichen Drei-Personen-Verhältnis mit FA als Drittem.
3) Fritzsche/Rüppell, DB 2020, 1059.
4) Beispiel nach BGH v. 25.10.2007, III ZR 91/07, MDR 2008, 67.
5) Beyme, Honorargestaltung für Steuerberater, Oktober 2020, 7 f.

tung nach dem 30.6.2015 erbracht wurde. Die Verzugskostenpauschale nach § 288 Abs. 5 Satz 1 BGB kann neben den Anwaltskosten geltend gemacht werden. Ob die 40-Euro-Pauschale auf die außergerichtlichen Anwaltsgebühren anzurechnen ist, ist umstritten. Der BGH geht von einer Anrechnung aus und hat dem EuGH die Frage der Unionsrechtskonformität der in § 288 Abs. 3 Satz 3 BGB vorgesehenen Anrechnung zur Entscheidung vorgelegt.[1]

H. Rückforderungsansprüche

Die Fälle, in denen Mandanten bereits bezahlte Gebühren im Nachhinein – meist nach Beendigung des Mandatsverhältnisses – wegen angeblicher Überzahlung zurückfordern, häufen sich in der Praxis. Auch Insolvenzverwalter neigen dazu, die Rechnungen des StB des Gemeinschuldners auf ihre Angemessenheit zu prüfen und ggf. Rückforderungsansprüche geltend zu machen. Denkbar ist ein vertraglicher Schadensersatzanspruch wegen der Verletzung von Belehrungspflichten (→ Rz. 51 ff.) oder ein gesetzlicher Anspruch wegen ungerechtfertigter Bereicherung (§§ 812 ff. BGB), z.B. wenn bei einer Geschäftsführung ohne Auftrag die Voraussetzungen des § 683 BGB nicht vorliegen (§ 684 BGB) oder der Steuerberatungsvertrag nichtig ist.[2] Typischer Fall für einen Rückforderungsanspruch sind überhöhte Honorarrechnungen, auf die der Mandant gezahlt hat.[3] 77

Beispiel:

Der StB rechnet über mehrere Jahre (2012–2014) die Höchstgebühren für die Anfertigung der Einkommensteuererklärung (6/10) und die Ermittlung des Überschusses bei den Einkünften aus Kapitalvermögen (12/20) ab. Macht der Mandant später Rückforderungsansprüche geltend, muss der StB den Ansatz der Höchstgebühr rechtfertigen. Gelingt ihm dies nicht, ist der Rückforderungsanspruch begründet.[4]

Ein Bereicherungsanspruch ist aber nicht schon deshalb begründet, weil der Mandant auf eine formell fehlerhafte Gebührenrechnung gezahlt hat, da formelle Fehler den Rechtsgrund der Leistung (den Steuerberatungsvertrag) nicht berühren (siehe § 9 StBVV Rz. 210).[5] In einem solchen Fall ist der StB auf Aufforderung aber verpflichtet, die Berechnung nachzuholen (zu den zeitlichen Schranken → § 9 StBVV Rz. 215).

Zwar ist es grundsätzlich Sache des Bereicherungsgläubigers (des Mandanten), die Voraussetzungen eines Bereicherungsanspruchs substantiiert **darzulegen und zu beweisen**. Um die Schwierigkeiten auszugleichen, den Negativbeweis des fehlenden Rechtsgrundes zu führen, treffen den StB hier aber **Mitwirkungspflichten**. Bei substantiiertem Sachvortrag des Mandanten muss er aus seiner Handakte heraus die tatsächlichen Umstände darlegen, die für einen Rechtsgrund sprechen. Er muss also konkret vortragen, wann er welche Arbeit erledigt und abgeliefert hat.[6] 78

Beispiel:

Die Behauptung des Mandanten, die Buchführung des StB sei unvollständig oder fehlerhaft, ist so allgemein, dass der StB darauf nicht erwidern muss. Behauptet der Mandant, der StB habe ab dem Jahr … keine Jahresabschlüsse und Steuererklärungen mehr erstellt, muss der StB darauf konkret eingehen. Er darf sich nicht auf reines Bestreiten dieser Behauptung beschränken, da sie dann als unbestritten behandelt wird.

---

1) BGH v. 18.1.2018, III ZR 174/17, NJW 2018, 1324 mit abl. Anm. Stöber und m.w.N.
2) So z.B. OLG Koblenz v. 27.10.1992, 3 U 1884/91, MDR 1993, 180 f.
3) Siehe LG Dortmund v. 20.5.2020, 7 O 185/15, DStR 2021, 2215 mit Anm. Wacker.
4) AG Detmold v. 9.1.2017, 6 C 293/16; Wacker, KANZLEI intern 06/2017, 2. Im konkreten Fall musste der StB 3 565,50 € Honorar zurückzahlen.
5) OLG Düsseldorf v. 2.4.1998, 13 U 86/96, GI 1999, 39; LG Meiningen v. 16.9.2013, 4 S 226/12.
6) Zu den Anforderungen, die sowohl an den Sachvortrag des Auftraggebers als auch an den Sachvortrag des StB zu stellen sind, vgl. OLG Düsseldorf v. 9.10.1997, 13 U 153/96, GI 1999, 275; LG Meiningen v. 16.9.2013, 4 S 226/12.

79 Der StB kann einem Rückforderungsanspruch nicht von vornherein mit Erfolg entgegenhalten, dass der Mandant die Honorarforderung durch die **vorbehaltlose Bezahlung** anerkannt habe. Die Rechtsprechung geht davon aus, dass Bereicherungsansprüche selbst bei vorbehaltloser Bezahlung der Honorarrechnung nicht ausgeschlossen sind.[1] Zum Steuerberatervergütungsrecht haben mehrere Gerichte[2] entschieden, dass ein Bereicherungsanspruch selbst dann nicht ausgeschlossen ist, wenn dem Mandanten die Rechnung zuvor inhaltlich erläutert wurde, da er lediglich eine vermeintliche Schuld habe erfüllen, nicht aber einen Anspruch des StB habe anerkennen wollen. Nur ganz vereinzelt haben Gerichte in der kommentarlosen Teilzahlung auf verschiedene offene Rechnungen[3] oder in der Zahlung des Rechnungsbetrages trotz behaupteter Zweifel an der Richtigkeit der Rechnung[4] ein **deklaratorisches Schuldanerkenntnis** (→ Rz. 69) gesehen. Diese Entscheidungen können bei der **Abwehr möglicher Rückforderungsansprüche** im Einzelfall hilfreich sein. Jeder StB muss sich aber darüber im Klaren sein, dass die bloße Zahlung allein noch kein deklaratorisches Schuldanerkenntnis bedeutet.[5] Besondere Umstände und damit ein deklaratorisches Schuldanerkenntnis hat die obergerichtliche Rechtsprechung demgegenüber bejaht bei einem Gespräch zwischen StB und Mandant über die Höhe des geschuldeten Honorars, als dessen Ergebnis ein bestimmter Betrag festgestellt und konkrete Vereinbarungen über Zahlungsmodalitäten getroffen wurden.[6]

80 Nicht ausreichend ist die bloße Anzeige der Erfüllungsbereitschaft des Mandanten, indem er die Begleichung der Rechnungen ankündigt und um Ratenzahlung bittet oder die Tatsache, dass er in den Vorjahren keine Einwendungen gegen die Höhe der Gebühren erhoben hat.[7] Auch Bestätigungsvermerke auf Rechnungen oder Kontoauszügen, mit denen der Mandant sein Einverständnis mit dem Rechnungsbetrag zum Ausdruck bringt, sind noch kein deklaratorisches Schuldanerkenntnis, wenn der Mandant dadurch nur die Bereitschaft des StB zur Gewährung weiterer Zahlungsaufschübe fördern und seinen eigenen finanziellen Engpass überbrücken will.[8] Die Amtsgerichte entscheiden teilweise weniger streng. Als ausreichend wurden angesehen:

- schriftliche Mitteilung des Mandanten an den StB, dass er die Forderung zahlen werde,[9]
- Mitteilung des Mandanten an seinen StB, er sei nicht in der Lage, das geforderte Honorar auf einmal zu begleichen, aber bereit, dies in Raten zu zahlen, und die daraufhin erfolgte Zahlung der ersten Rate.[10]

1) OLG Düsseldorf v. 21.2.2017, I-23 U 151/15; OLG Hamburg v. 16.7.1999, 14 U 272/96, MDR 2000, 115; OLG Koblenz v. 27.10.1992, 3 U 1884/91, MDR 1993, 180, 182 zum Anwaltsrecht; LG Düsseldorf v. 24.6.2021, 1 O 35/18 zum StB.
2) OLG Düsseldorf v. 16.4.1992, 13 U 201/91, GI 1993, 149, 150; ferner OLG Düsseldorf v. 2.7.2002, 23 U 158/01, GI 2002, 250; zustimmend LG Hagen v. 28.8.2013, 10 S 1/13; AG Brandenburg v. 1.7.2003, 32 C 665/99, GI 2004, 27, 29.
3) OLG Köln v. 20.6.1997, 19 U 236/96, VersR 1998, 1388; LG Duisburg v. 22.3.2002, 8 C 591/99.
4) AG Saarbrücken v. 9.8.2000, 42 C 234/00; AG Saarbrücken v. 2.3.2000, 42 C 54/00.
5) Siehe auch BGH v. 11.1.2007, VII ZR 165/05, MDR 2007, 712; allein die Zahlung des Werklohns auf eine geprüfte Rechnung rechtfertigt nicht die Annahme eines deklaratorischen Schuldanerkenntnisses; BGH v. 10.3.2021, III ZR 200/18, besprochen von Graf v. Westphalen, NJW 2021, 2328 zur vorbehaltlosen Zahlung bei Fernwärmeliefervertrag und unwirksamer Preisanpassungsklausel.
6) OLG Düsseldorf v. 2.7.2002, 23 U 158/01, GI 2002, 250.
7) OLG Düsseldorf v. 14.9.2010, I 23 U 1/10.
8) OLG Hamm v. 26.11.2013, 25 U 5/13, DStR 2014, 2151.
9) AG Steinfurt v. 24.7.2008, 21 C 75/07.
10) AG Rheine v. 13.7.2001, 10 C 32/01, Stbg 2001, 621.

Darüber hinaus kann sich ein Rückforderungsanspruch im Einzelfall als treuwidrig i.S.v. § 242 BGB erweisen. Zu denken ist insbesondere an die Fälle, in denen der Mandant das geltend gemachte **Honorar über viele Jahre vorbehaltlos gezahlt** hat und erstmals nach Beendigung des Mandatsverhältnisses Rückforderungsansprüche geltend macht (→ Rz. 52).[1] Eine Rückzahlungsverpflichtung besteht in aller Regel aber nur in Höhe der **Nettobeträge**, weil im Zweifel davon auszugehen ist, dass der Auftraggeber die vom StB in Rechnung gestellte Mehrwertsteuer als Vorsteuer abgesetzt hat. Die Abführung der Umsatzsteuer an das Finanzamt bewirkt den Wegfall der Bereicherung.[2] Im Falle einer Praxisvertretung sind bereicherungsrechtliche Ansprüche nicht gegen den (eventuell zu hoch abrechnenden) Vertreter, sondern gegen den Vertretenen geltend zu machen. Nur dieser ist passivlegitimiert.[3] 81

I. Schadensersatzansprüche (insbesondere Kosten des Nachfolgeberaters)

Sind die Arbeiten des Vorberaters fehlerhaft, ist die an ihn gezahlte Vergütung gleichwohl kein zu ersetzender Vermögensnachteil.[4] Auch eine Minderung des Honorars des Vorberaters wegen vermeintlicher Mängel kommt im Falle eines Dienstvertrages nicht in Betracht, da das Dienstvertragsrecht keine Gewährleistung kennt.[5] Etwas anderes kann dann gelten, wenn die **Leistung des StB unbrauchbar (sinnlos)** ist.[6] Der Schaden des Mandanten besteht in diesen Fällen in der Belastung mit einem Honoraranspruch. Bei Anwendung von Dienstvertragsrecht kann er deshalb mit einem eigenen Schadensersatzanspruch nach § 280 Abs. 1 BGB aufrechnen. Der Anspruch ist auf Befreiung von dieser Honorarverbindlichkeit gerichtet. Oft stellt sich die Frage, ob der Auftraggeber, der einen anderen StB mit der Mängelbeseitigung, z.B. der Neuerstellung von Steuererklärung und Jahresabschluss beauftragt, die Kosten des Nachfolgeberaters **auf den Vorberater abwälzen** kann. Nach der bisherigen obergerichtlichen Rechtsprechung sollten die Kosten des Nachfolgeberaters grundsätzlich nur dann ersatzfähig sein, wenn der Vorberater zuvor erfolglos unter Fristsetzung zur Nachbesserung aufgefordert wurde.[7] Dies galt unabhängig davon, ob der Steuerberatungsvertrag im konkreten Fall als Werk- oder Dienstvertrag anzusehen war. Zwar regelt nur das Werkvertragsrecht einen Nacherfüllungsanspruch (§§ 634 Nr. 4, 636 BGB n.F. bzw. § 634 BGB a.F.). Die OLG-Rechtsprechung ging aber davon aus, dass dem Dienstverpflichteten auch bei einem Dienstvertrag ein Nacherfüllungsanspruch einzuräumen ist, wenn – wie bei Steuerberatungsverträgen – die geschuldeten Einzelleistungen isoliert betrachtet werkvertraglichen Charakter haben und nur durch die Übertragung aller steuerlichen Interessen des Mandanten ein Dienstverhältnis entsteht. Einer Fristsetzung bedurfte es 82

1) S. hierzu BGH v. 8.6.2004, IX ZR 119/03, NJW 2004, 2818, → Rz. 47 und LG Wuppertal v. 5.6.2019, 3 O 245/19.

2) BGH v. 8.5.2008, IX ZR 229/06, NJW-RR 2008, 1369; OLG Düsseldorf v. 23.3.2004, 23 U 66/03, GI 2004, 182, 185; Struckmeier/Maxl, DStR 2021, 1564, 1567.

3) AG Mönchengladbach v. 30.5.2018, 36 C 20/18; Koslowski, StBerG, 7. Aufl. 2015, § 69 Rz. 16.

4) Gräfe/Wollweber/Schmeer, Erster Teil Rz. 1875 ff. mw.N.

5) BGH v. 4.2.2010, IX ZR 18/09, NJW 2010, 1364, 1369; OLG München v. 5.6.2019, 15 U 318/18, DStR 2019, 1711 mit Anm. Raab zum Anwaltsrecht; OLG Düsseldorf v. 18.10.2010, I-24 U 50/10, MDR 2011, 1327.

6) LG Bielefeld v. 29.3.2017, 3 O 44/12, besprochen von Wacker, KANZLEI intern 11_2017, 3; der StB hatte trotz Ablaufs der Festsetzungsfrist des § 169 AO aussichtslose Anträge gestellt und Einsprüche eingelegt; ebenso OLG Düsseldorf v. 12.10.2021, 24 U 265/20, NJW-Spezial 2022, 31 für den Fall verspäteter Leistungserbringung bei absolutem Fixgeschäft.

7) OLG Koblenz v. 18.3.2003, 3 U 1027/02, DStRE 2003, 1070; OLG Düsseldorf v. 9.1.2001, 26 U 37/00, GI 2001, 72; OLG Frankfurt/M. v. 13.10.1993, 21 U 145/92, DStR 1994, 479; OLG Hamm v. 11.12.1998, 25 U 75/98, GI 2000, 225 f.; OLG Hamm v. 4.6.1986, 25 U 61/85, DStR 1987, 170; OLG Köln v. 23.12.1982, 1 U 26/82, ZIP 1983, 707.

ausnahmsweise dann nicht, wenn der Vorberater die Nacherfüllung gem. § 635 Abs. 3 BGB verweigert oder die Nacherfüllung fehlgeschlagen oder dem Besteller unzumutbar ist (§§ 636, 637 Abs. 2 BGB) sowie in den Fällen der §§ 281 Abs. 2 und 323 Abs. 2 BGB. Mit Urteil vom 11.5.2006[1] hat der BGH das Nachbesserungsrecht des Vorberaters entgegen der OLG-Rechtsprechung für den Fall verneint, dass der zwischen StB und Mandant geschlossene Vertrag ein Dienstvertrag ist, der Mandant das Mandat durch Kündigung bereits beendet hatte und der Fehler erst von dem neu beauftragten StB entdeckt worden ist. Die entsprechende Anwendung der werkvertraglichen Vorschriften stünde nämlich im Widerspruch zur dienstvertraglichen Regelung des § 627 BGB, der dem Mandanten jederzeit die Kündigung des Mandatsverhältnisses ermöglicht. Dieser Zweck würde nicht erreicht, wenn der Mandant gehalten wäre, dem wirksam gekündigten StB noch Gelegenheit zur Nachbesserung geben zu müssen.

83 Bezweifelt der Auftraggeber – anders als der Vorberater – dass dessen Arbeiten ordnungsgemäß sind und ist er selbst nicht in der Lage, die Ordnungsmäßigkeit der Arbeiten des Vorberaters zu prüfen, können die Kosten eines mit der Prüfung und Berichtigung beauftragten weiteren StB grundsätzlich als Kosten der Rechtsverfolgung im Wege des Schadensersatzes auf den Vorberater abgewälzt werden,[2] wenn tatsächlich eine Schlechterfüllung des Vorberaters vorliegt. Diese muss der Auftraggeber darlegen und beweisen.[3] Der Schaden entsteht in aller Regel dann, wenn die **Korrekturkosten** beim Auftraggeber anfallen, also z.B. im Zeitpunkt der Beauftragung des neuen StB.[4] Es handelt sich insoweit nicht um einen Steuerschaden im engeren Sinne, der verjährungsrechtlich erst mit einem „Akt des Finanzamtes" entstünde (z.B. Zugang eines belastenden Steuerbescheides, Beanstandung im Rahmen einer Betriebsprüfung).

Im Einzelfall kann die Beauftragung eines neuen StB gegen die **Schadensminderungspflicht** des Auftraggebers verstoßen. Hat z.B. der Vorberater die Herausgabe der in seinem Besitz befindlichen Buchführungsunterlagen gegen Sicherheitsleistung (**Hinterlegung** des streitigen Honorars) angeboten und beauftragt der Mandant gleichwohl einen anderen StB mit der Neuerstellung der Buchführung, kann ein Verstoß gegen die Schadensminderungspflicht vorliegen, mit der Folge, dass das Honorar des neuen Beraters nicht mit Erfolg vom Vorberater verlangt werden kann.[5] Die „Pflicht" zur Hinterlegung besteht auch dann, wenn der Vorberater den (früheren) Mandanten nicht auf die Möglichkeit der Hinterlegung hinweist. Jedenfalls kann der (frühere) Mandant gegenüber dem Vorberater die Kosten für die Neuerstellung der Buchführung auch in diesem Fall nicht im Wege des Schadensersatzes (§ 280 BGB) geltend machen.[6] Das AG Bielefeld versagte dem anwaltlich vertretenen Mandanten die Ersatzfähigkeit der Kosten des von ihm zusätzlich beauftragten StB zur Berechnung des Steuerschadens, weil diese Berechnung auch der bevollmächtigte Rechtsanwalt hätte vornehmen können. Jedenfalls hätte der Mandant einen hierzu fähigen Rechtsanwalt beauftragen müssen.[7] Wenn die Weigerung des Vorberaters zur Herausgabe von Unterlagen oder Daten gegen den Grundsatz von Treu und Glauben (§ 242 BGB) verstößt (z.B., weil seine Forderung

1) BGH v. 11.5.2006, IX ZR 63/05, DB 2006, 1422.
2) BGH v. 6.2.1985, IVa ZR 82/83, NJW 1985, 1964; v. 29.4.1993, IX ZR 109/92, NJW 1993, 2181; v. 14.4.2005, IX ZR 109/04; OLG Düsseldorf v. 18.11.2003, I-23 U 47/03, GI 2005, 53, 57; OLG Karlsruhe v. 11.6.2001, 13 W 41/01, NJW-RR 2002, 499; LG Mönchengladbach v. 15.7.2024, 6 O 208/22; LG Krefeld v. 13.3.2019, 2 O 318/17; LG Kleve v. 22.4.2015, 1 O 89/11, KANZLEI intern 07/2015, 3 mit Anm. Feiter; → Rz. 1.
3) Schneidenbach, KANZLEI intern 06/2015, 3.
4) LG Kleve v. 29.12.2022, 6 O 84/21 unter Hinweis auf BGH v. 27.11.1985, IVa ZR 97/84, ZIP 1986, 309, 311.
5) LG Duisburg v. 5.11.2007, 2 O 46/05.
6) LG Duisburg v. 7.5.2021, 10 O 37/16.
7) AG Bielefeld v. 23.2.2018, 417/24/15, besprochen von Wacker in KANZLEI intern 08_2019, 2.

bereits weitgehend bezahlt ist oder ihm kein Zurückbehaltungsrecht zusteht), verletzt der Mandant nicht die Schadensminderungspflicht, wenn er einen anderen StB mit der Neuerstellung der Buchführung beauftragt. Der Vorberater muss dann das angemessene Honorar des neuen Beraters im Wege des Schadensersatzes zahlen.[1] **Ersatzfähig** sind grundsätzlich nur **die (angemessenen) gesetzlichen Gebühren** nach der StBVV.[2] Ein Anspruch auf Ersatz der Kosten des neuen StB setzt nicht voraus, dass dieser eine ordnungsgemäß spezifizierte Rechnung erstellt hat, die allen Anforderungen des § 9 StBVV genügt (→ § 9 StBVV Rz. 184).[3] Die Rechnung muss aber prüfbar sein. Zum Teil wird auch eine Abrechnung nach Zeitaufwand akzeptiert.[4] Sind nur die vom Vorberater ermittelten Einkünfte aus Vermietung und Verpachtung fehlerhaft, rechtfertigt dies nicht die gesamte Neuanfertigung der Einkommensteuererklärung.[5] In besonders gelagerten Fällen kann ausnahmsweise auch ein höheres vereinbartes Honorar im Wege des Schadensersatzes vom Vorberater verlangt werden, soweit dies im konkreten Fall angemessen und erforderlich ist, z.B. wenn die Beauftragung eines Spezialisten nötig ist, der höhere Stundensätze verlangt.[6] In der höchstrichterlichen Rechtsprechung ist dies aber noch nicht anerkannt. Allerdings hat der BGH in einer Anwaltssache ausdrücklich offen gelassen, ob als erstattungsfähige „gesetzliche Gebühren und Auslagen" nach § 91 Abs. 2 Satz 1 ZPO lediglich die Regelsätze des RVG oder nicht doch auch ein höheres, vereinbartes Honorar in Betracht kommen kann.[7] Es bleibt also zu hoffen, dass sich auch vor dem BGH eine differenziertere Auffassung durchsetzen wird.[8] Der Vorberater kann den Schaden nicht auf seine Vermögensschaden-Haftpflichtversicherung abwälzen. Diese ist nicht eintrittspflichtig.[9]

Es kommt vor, dass Mandanten zu vereinbarten Besprechungsterminen in der Kanz- **84**
lei nicht erscheinen oder Termine kurzfristig absagen. Besonders ärgerlich ist dies, wenn der Steuerberater solche Termine als Exklusivtermine in den Abendstunden oder an Samstagen freihält und vergeblich auf den Mandanten wartet. Im Bereich der Ärzteschaft gibt es mittlerweile mehrere Gerichtsentscheidungen zu sog. **Ausfallhonoraren**. Dabei ist anerkannt, dass ein bloßer Aushang in der Praxis, in dem auf die Berechnung eines Ausfallhonorars bei kurzfristiger Terminabsage hingewiesen wird, nicht ausreicht, um Schadensersatzansprüche geltend machen zu können, weil es an einer wirksamen Vereinbarung fehlt. Auch die bloße Vereinbarung eines Termins dient lediglich der Organisation der Kanzleiabläufe und hat nicht den Cha-

1) LG Münster v. 13.1.2021, 110 O 10/20, besprochen von Wacker, KP 2021, 208; LG Bochum v. 29.5.2019, 4 O 32/15, besprochen von Gilgan, KP 2020, 115; LG Paderborn v. 17.2.2016, 3 O 174/13; OLG Düsseldorf v. 17.6.2008, I-23 U 163/07; OLG Düsseldorf v. 2.10.2012, I-23 U169/11, DStR 2013, 2243; OLG Köln v. 12.8.2010, 8 U 11/09, GI-aktuell 2013, 14, 21.
2) LG Mönchengladbach v. 15.7.2024, 6 O 208/22: Mittelgebühren für die Fibu wurden als angemessen angesehen; LG Duisburg v. 22.2.2023, 2 O 182/19; LG Münster v. 13.1.2021, 110 O 10/20, besprochen von Wacker, KP 2021, 208: Mittelgebühren wurden akzeptiert; KG Berlin v. 2.12.2014, 7 U 23/14, AnwBl 2015, 627 zum 15-fachen Überschreiten der gesetzlichen RVG-Gebühren.
3) OLG Saarbrücken v. 18.6.2020, 4 U 47/19 zum Anwaltsrecht.
4) LG Bochum v. 16.11.2012, 4 O 372/12: der Anspruch belief sich auf 11 308 €. Die abgerechneten Stundensätze von 140 € netto und 110,09 € netto für den StB/WP und die niedrigeren Stundensätze von 90 € und 72 € für Mitarbeiterstunden wurden nicht beanstandet.
5) LG Leipzig v. 4.5.2016, 3 O 1289/13, besprochen von Wacker, KANZLEI intern 10/2016, 2. Der Nachfolgeberater hatte für die Neuanfertigung der ESt-Erklärung 3 440,47 € berechnet. Aus Sicht des Gerichts war lediglich eine Gebühr in Höhe von 214,91 € angemessen.
6) OLG Koblenz v. 29.5.2008, 2 U 1620/06, NJW 2009, 1153: es ging um Pflichtverletzungen eines Testamentsvollstreckers und die dadurch ausgelöste Beauftragung eines spezialisierten RA; OLG München v. 21.7.2010, 7 U 1879/10, AnwBl 2010, 719 zur Beauftragung zweier auf Wirtschaftsrecht spezialisierter Kanzleien mit Stundensätzen von 260,00 € und 225,00 €; Mediger, MDR 2017, 245; Saenger/Uphoff, NJW 2014, 1412.
7) BGH v. 13.11.2014, VII ZB 46/12, NJW 2015, 633 m.w.N.
8) Mayer, NJW 2015, 1647.
9) Chab, AnwBl 2012, 922 f.

rakter eines Fixgeschäfts oder eines rechtsverbindlichen Vertrags. Anders ist dies, wenn ein Ausfallhonorar wirksam vereinbart wird, z.B. im Rahmen eines schriftlichen Steuerberatungsvertrags. Mangels eines echten Bedürfnisses ist dies bei StB allerdings unüblich. Wer sich diese Möglichkeit gleichwohl offenhalten möchte, sollte möglichst genau regeln, unter welchen Voraussetzungen das Ausfallhonorar anfällt (bis wann und wie muss die Terminabsage erfolgen, in welcher Höhe fällt ein Ausfallhonorar an). Letztlich geht es nicht darum, eine gerichtsfeste Vereinbarung zu treffen, da kein Steuerberater Interesse daran haben dürfte, ein Ausfallhonorar einzuklagen. Vielmehr geht es darum, die eigene Praxisorganisation zu optimieren und die Mandantschaft hinsichtlich der Einhaltung von Terminen zu sensibilisieren. Dazu reicht es i.d.R. aus, dem Mandanten eine Terminbestätigung zuzuschicken und einen Tag vor dem vereinbarten Termin per E-Mail oder SMS an den Termin zu erinnern.

B. Kommentierung Steuerberatervergütungsverordnung

§ 1 Anwendungsbereich

(1) [1]Die Vergütung (Gebühren und Auslagenersatz) des Steuerberaters mit Sitz im Inland für seine im Inland selbständig ausgeübte Berufstätigkeit (§ 33 des Steuerberatungsgesetzes) bemisst sich nach dieser Verordnung. [2]Dies gilt für die Höhe der Vergütung nur, soweit nicht etwas anderes vereinbart wird.

(2) Für die Vergütung der Steuerbevollmächtigen und der Berufsausübungsgesellschaften gelten die Vorschriften über die Vergütung der Steuerberater entsprechend.

Inhalt

Schrifttum

Feiter, Abrechnungsfragen bei interdisziplinären Kanzleien, KANZLEI intern 06_2017, 7; **Feiter,** Die Erledigung von Rechtsangelegenheiten durch die steuerberatenden Berufe, NWB Fach 30, 1213; **Hense/Ulrich,** WPO Kommentar, 3. Aufl. 2018; **Höhl,** Auswirkungen des EuGH-Urteils zur HOAI auf die Preisregulierung bei Rechtsanwälten und Steuerberatern, in Kluth (Hrsg.), Jahrbuch des Kammer- und Berufsrechts 2019, 157; **Jost,** Aktuelle Entwicklungen und Tendenzen im Gebührenrecht, INF 2003, 318; **Lahmann,** Gestaltung von Vergütungsvereinbarungen und Zweifelsfragen, DStR 2009, 2069; **Maxl/Feiter,** Vertragsfreiheit oder Bindung an die Steuerberatergebührenverordnung?, INF 1995, 438; **Niebling,** AGB-Recht – Aktuelle Entwicklungen zu Einbeziehung, Inhaltskontrolle und Rechtsfolgen, MDR 2018, 633; **Wilk/Beyer-Petz,** Änderungen der Steuerberatervergütungsverordnung, DStR 2016, 1885.

A. Inhalt und Bedeutung

Die Vorschrift grenzt den Geltungsbereich der Verordnung, deren Rechtsgrundlage § 64 StBerG ist, persönlich, sachlich und räumlich ab und stellt durch eine Legaldefinition klar, dass der Vergütungsanspruch nicht nur die Zahlung der vorgesehenen **Gebühren**, sondern auch den Ersatz der durch die Ausführung des Auftrags verursachten **Auslagen** umfasst. Die StBVV wird in dem durch § 1 StBVV bestimmten Anwendungsbereich bei Abschluss des Beratungsvertrages zum Vertragsinhalt, ohne dass es noch einer besonderen Vereinbarung über die Höhe des Honorars bedarf. Ein Muster eines Steuerberatungsvertrags mit ausführlichen Anmerkungen (→ Muster Rz. 516 f.), Informationspflichten beim Mandatsbeginn (→ Rz. 918) sowie **85** eine musterhafte Haftungsbegrenzungsvereinbarung (→ Rz. 919) sind in Teil D. Vertrags- und Antragmuster mit Erläuterungen zu finden.

B. Persönlicher Geltungsbereich (Abs. 1 und 2)

I. Vergütung

86 § 1 Abs. 1 Satz 1 StBVV stellt klar, dass sich der Anspruch auf eine Vergütung aus einem Anspruch auf Gebühren (§ 10 StBVV Rz. 217) und einem Anspruch auf Auslagenersatz zusammensetzt. Dem Anspruch auf Vergütung ist noch die Umsatzsteuer hinzuzurechnen, die in § 1 StBVV nicht genannt ist und deshalb formal nicht als „Auslagenersatz" anzusehen ist.

II. Steuerberater

87 Gemäß § 1 Abs. 1 Satz 1 StBVV gilt die StBVV unmittelbar nur für StB „mit Sitz im Inland". Sie gilt also nicht für StB mit beruflicher Niederlassung im Ausland und auch nicht für ausländische „Steuerberater". Die Beschränkung auf StB „mit Sitz im Inland" ist mit Wirkung zum 23.7.2016 durch die Dritte Verordnung zur Änderung steuerlicher Verordnungen eingefügt worden.[1] Gem. § 1 Abs. 2 StBVV ist für die Vergütung der **StBv** und ab dem 1.8.2022 der **Berufsausübungsgesellschaften**[2] eine entsprechende Anwendung vorgesehen. Eine sachliche Differenzierung ergibt sich daraus nicht. Der Verordnungsgeber hat sich dadurch lediglich ersparen wollen, neben StB jeweils auch StBv und Steuerberatungsgesellschaften (ab 1.8.2022: Berufsausübungsgesellschaften) im Verordnungstext gesondert erwähnen zu müssen. In § 1 Abs. 2 StBVV hat der Verordnungsgeber im Rahmen der Dritten Verordnung zur Änderung steuerlicher Verordnungen[3] nicht ausdrücklich klargestellt, dass nur StBv und Steuerberatungsgesellschaften „mit Sitz im Inland" gemeint sind. Dieses kleine redaktionelle Versäumnis sollte allerdings nicht zum Anlass genommen werden, StBv und Steuerberatungs- bzw. seit dem 1.8.2022 Berufsausübungsgesellschaften anders zu behandeln als StB. Auch StBv und Steuerberatungs- bzw. Berufsausübungsgesellschaften sind nur dann an die StBVV gebunden, wenn sie ihren Sitz im Inland haben. Den **Begriff** der **„Berufsausübungsgesellschaften"** hat der Gesetzgeber mit Wirkung zum 1.8.2022 nicht nur in das Berufsrecht der Steuerberater, sondern gleichsam in das Berufsrecht der Rechtsanwälte (§§ 59b ff. BRAO) eingeführt. Dies bedeutet aber nicht, dass auch Berufsausübungsgesellschaften i.S.d. BRAO mit dem Begriff der Berufsausübungsgesellschaften in § 1 Abs. 2 StBVV gemeint sind. Da in § 1 Abs. 2 StBVV lediglich die bisherige Bezeichnung „Steuerberatungsgesellschaften" ersetzt werden sollte, ist klar, dass nur Berufsausübungsgesellschaften nach §§ 49 ff. StBerG gemeint sind. Gleichwohl sind viele Vorschriften der StBVV auch für Berufsausübungsgesellschaften i.S.d. BRAO anwendbar. Dies ergibt sich aber nicht aus § 1 Abs. 2 StBVV, sondern aus § 35 Abs. 1 RVG i.V.m. § 1 Abs. 1 RVG (→ Rz. 89).

88 Die StBVV findet mit Ausnahme der Rechtsanwälte und deren Berufsausübungsgesellschaften (→ Rz. 89) keine Anwendung auf den **Personenkreis, der nach § 3 Nr. 1–3 StBerG** ebenfalls zur unbeschränkten Hilfeleistung in Steuersachen befugt ist.Gleiches gilt für Dienstleister aus dem EU-Ausland und der Schweiz, die unter **§ 3a StBerG** fallen. Für Letztere gilt – soweit vorhanden – die gebührenrechtliche/preisrechtliche Regelung des jeweiligen Niederlassungsstaates. Wilk/Beyer-Petz gehen hingegen – ohne Begründung – davon aus, dass Personen nach § 3a StBerG

1) BGBl. I 2016, 1722 = BStBl I 2016, 725.
2) Gesetz zur Neuregelung des Berufsrechts der anwaltlichen und steuerberatenden Berufsausübungsgesellschaften sowie zur Änderung weiterer Vorschriften im Bereich der rechtsberatenden Berufe v. 7.7.2021, BGBl. I 2021, 2363; bis 31.7.2022: Steuerberatungsgesellschaften.
3) BGBl. I 2016, 1722 = BStBl I 2016, 725.

durch die Novellierung der Vorschrift (→ Rz. 87) ebenfalls an die StBVV gebunden sind.[1] Vermutlich werden die Verfasser die Regelung des § 3a Abs. 1 Satz 2 StBerG im Blick gehabt haben. Danach unterliegen Personen nach § 3a StBerG bei ihrer Tätigkeit im Inland denselben Berufsregeln wie Personen nach § 3 StBerG. Aus dieser Vorschrift kann gleichwohl nicht gefolgert werden, dass Personen nach § 3a StBerG die StBVV zu beachten haben. Dagegen sprechen folgende Überlegungen: Weder der Wortlaut des § 1 Abs. 1 Satz 1 StBVV, noch die Gesetzesbegründung unterscheiden zwischen zwei Arten von ausländischen Steuerberatern, nämlich solchen nach § 3a StBerG und sonstigen „Steuerberatern". Der persönliche Anwendungsbereich wird eindeutig auf Steuerberater mit Sitz im Inland beschränkt. Damit fallen alle ausländischen StB aus dem persönlichen Anwendungsbereich heraus. § 1 Abs. 1 Satz 1 StBVV erweist sich insoweit als lex specialis zu § 3a Abs. 1 Satz 3 StBerG. Hinzu kommt, dass die Bindung nach § 3a Abs. 1 Satz 3 StBerG sich nicht auf alle Berufsregeln erstreckt. Nach der Rechtsprechung des EuGH bestehen insbesondere Bedenken, eine Bindung an fremde Honorarordnungen anzunehmen.[2] Diese Überlegungen gelten auch für **§ 3d StBerG**, der seit dem 1.8.2022 in Kraft ist und den partiellen Berufszugang für ausländische Dienstleister regelt.

Auch der **Personenkreis**, der **nach § 4 StBerG** nur zur beschränkten Hilfeleistung in Steuersachen befugt ist, fällt nicht unter den Anwendungsbereich der StBVV. Gleiches gilt für **Rechtsbeistände** und **Kontierer**.[3] Jedoch bestehen keine Bedenken, dass diese Personen die Anwendung der materiell-rechtlichen Vorschriften der StBVV, also der Gebührenvorschriften, vereinbaren. Wird keine Vereinbarung getroffen, so ist bei dem Bestehen einer Taxe die taxmäßige Vergütung, in Ermangelung einer Taxe die übliche Vergütung als vereinbart anzusehen (§ 612 Abs. 2, 632 Abs. 2 BGB). Als übliche Vergütung für zulässigerweise erbrachte Buchführungsarbeiten[4] kann in diesen Fällen § 33 StBVV herangezogen werden. Der Umstand, dass der Dienstleister nicht die gleiche fachliche Qualifikation wie ein StB hat, steht dem Vergütungsanspruch nicht entgegen, da es durchaus üblich ist, dass die Buchführung nicht von Steuerberatern selbst, sondern von Mitarbeitern erstellt wird (→ § 1 StBVV Rz. 94).[5]

Für einen **Rechtsanwalt**, der Hilfeleistung in Steuersachen erbringt, gelten die §§ 23 – 39 StBVV i.V.m. §§ 10, 13 StBVV über § 35 Abs. 1 RVG. Gleiches gilt für **Berufsausübungsgesellschaften** i.S.d. §§ 59b ff. **BRAO** (§ 1 Abs. 1 RVG). Zwar können Rechtsanwälte in außergerichtlichen Angelegenheiten Pauschalvergütungen und Zeitvergütungen vereinbaren, die niedriger sind als die gesetzlichen Gebühren (§ 4 Abs. 1 RVG). Dies bedeutet aber nicht, dass Rechtsanwälte die in §§ 23 – 39 StBVV vorgesehenen Gebühren unterschreiten oder mit einer Gebührenunterschreitung werben **dürfen**. Denn bei § 35 Abs. 1 StBVV handelt es sich um eine spezielle Verweisungsvorschrift.[6] Für § 4 RVG ist daneben kein Raum. 89

Beispiel:

Die Werbung eines Rechtsanwalts mit der Aussage „Wir prüfen Ihren Steuerbescheid zum Festpreis von 45 € (inkl. MwSt)" soll nach Ansicht des OLG Nürnberg eine **wettbewerbswidrige** (und berufswidrige) Werbung mit einer Gebührenunterschreitung sein. Der beworbene Festpreis von 45 € liege zwar noch innerhalb des Gebührenrahmens von 30 € bis 75 € je angefangene halbe Stunde (§ 28, 13 Satz 1 Nr. 1, Satz 2 StBVV), beziehe sich jedoch auf eine unbestimmte Vielzahl von Fällen und berücksichtige deshalb nicht

1) Wilk/Beyer-Petz, DStR 2016, 1885, 1886.
2) EuGH v. 12.9.2013, Kostas Konstantinides, C-475/11, Stbg 2014, 43 mit. Anm. Pestke.
3) Eggesiecker, 2. Aufl. 1998, § 1 STEUGO Rz. 1.180.
4) Vgl. § 6 Nr. 4 StBerG und AG Lippstadt v. 11.5.2020, 26 C 69/19: Abweisung der Zahlungsklage einer Kontiererin für die Vorbereitung von Steuererklärungen.
5) OLG Koblenz v. 4.5.2015, 10 U 1352/14.
6) OLG Nürnberg v. 21.10.2014, 3 U 954/14, DStR 2015, 783 m. Anm. Raab.

die Besonderheit des Einzelfalls.[1] Ob diese wettbewerbsrechtliche Würdigung zutreffend ist, darf bezweifelt werden. **Zivilrechtlich** ist der Rechtsanwalt jedenfalls an das „Angebot" gebunden.[2]

Da § 35 RVG nicht auf § 21 StBVV (Rat und Auskunft) verweist, ist die Werbung eines Rechtsanwalts für den Pauschalbetrag von 20 € eine außergerichtliche Rechtsberatung zu erbringen, kein Verstoß gegen das Verbot der Unterschreitung gesetzlicher Gebühren, da es im RVG für die außergerichtliche Beratung seit dem 1.7.2006 keine gesetzliche Vergütung mehr gibt (vgl. § 34 Abs. 1 Satz 1 und 2 RVG).[3] Gleiches gilt für Erstberatungen zu Preisen zwischen 10 € und 55 €.[4] In diesem Bereich dürfen Rechtsanwälte sogar **kostenlose Beratungen** anbieten,[5] auch in Form von Coupons und Gutscheinen.[6] Denn das Verbot der Gebührenunterschreitung in § 49b Abs. 1 BRAO gilt nicht für die Erstberatung. Auf die Ausnahmevorschrift eines Gebührenerlasses in § 49b Abs. 1 Satz 2 BRAO kommt es deshalb nicht an. § 4 Abs. 1 RVG, der ein angemessenes Verhältnis zwischen vereinbarter Vergütung und Leistung, Verantwortung und Haftungsrisiko verlangt, gilt nicht im Rahmen der anwaltlichen Erstberatung nach § 34 RVG.[7] Diese Rechtsprechung ist auf Steuerberater nicht übertragbar, da die StBVV keine dem § 34 RVG vergleichbare Vorschrift kennt.

90 Für einen „**Nur-Wirtschaftsprüfer**", der Tätigkeiten erbringt, die sachlich von der StBVV erfasst werden, gibt es keine eigene Gebührenordnung. Wirtschaftsprüfer haben lediglich die Vorgaben der §§ 55, 55a WPO zu beachten. Obwohl die Rechtsprechung eine Bindung des „Nur-Wirtschaftsprüfers" an die StBVV verneint hat, ist bislang nicht höchstrichterlich geklärt, ob den Gebührentatbeständen der StBVV die Bedeutung einer Taxe i.S.d. § 612 Abs. 2 BGB beizumessen ist[8] oder ob der „Nur-WP" sein Honorar nach billigem Ermessen bestimmen darf, ohne an die StBVV gebunden zu sein.[9] Mangels eines tätigkeitsbezogenen Anknüpfungspunktes im Gesetz, dass die StBVV auch für Wirtschaftsprüfer gilt, sind „Nur-Wirtschaftsprüfer" nicht an die StBVV gebunden. Gleiches gilt für eine „Nur-Wirtschaftsprüfungsgesellschaft", selbst wenn der handelnde Geschäftsführer Steuerberater ist, da ausschließlich auf das Auftragsverhältnis zwischen Mandant und Gesellschaft abzustellen ist.

91 **StB**, die **zugleich WP** sind und geschäftsmäßige Steuerrechtshilfe leisten, sind wiederum an die StBVV gebunden, da es keine konkurrierende Gebührenordnung gibt. Sie haben ihre Steuerberatungstätigkeiten deshalb nach der StBVV abzurechnen.[10] Anders sieht es bei **StB** aus, die **zugleich** als **Rechtsanwälte** zugelassen sind. Sie waren bis 30.6.2004 der BRAGO und damit einer konkurrierenden Gebühren-

1) OLG Nürnberg v. 21.10.2014, 3 U 954/14, DStR 2015, 783 m. Anm. Raab.
2) Zur Problematik der Gebührenunterschreitung unter zivil-, wettbewerbs- und berufsrechtlichen Aspekten siehe → § 64 StBerG Rz. 885.
3) OLG Stuttgart v. 28.12.2006, 2 U 134/06, AnwBl 2007, 229.
4) BGH v. 3.5.2007, I ZR 137/05, AnwBl 2007, 870; OLG Naumburg v. 8.11.2007, 1 U 70/07, AnwBl 2008, 142.
5) BGH v. 3.7.2017, AnwZ (Brfg) 42/16, AnwBl 2017, 894; AGH NRW v. 9.5.2014, 1 AGH 3/14, DStR 2014, 2043 m. Anm. Wacker; LG Essen v. 10.10.2013, 4 O 226/13, AnwBl 2014, 275; AnwGH Berlin v. 22.11.2006, II AGH 4/06, AnwBl 2007, 375; Kammer-Mitteilungen der RAK Düsseldorf 4/2013, 372.
6) AGH NRW v. 3.6.2016, 2 AGH 1/16, DStR 2016, 2423 m. Anm. Ring.
7) BGH v. 3.7.2017, AnwZ (Brfg) 42/16, AnwBl 2017, 894.
8) So KG Berlin v. 14.9.2009, 22 U 204/08, WPK-Magazin 2010, 35 unter Hinweis auf §§ 612 Abs. 2, 315, 316 BGB.
9) So OLG Düsseldorf v. 2.3.1989, 18 U 215/88, StB 1989, 236 f.; OLG Düsseldorf v. 13.10.1994, 13 U 211/93, GI 1996, 94 f.; a.A.: Goltz in Hense/Ulrich, § 55 WPO Rz. 9: analoge Anwendung der StBVV auf den Bereich der Honorarbemessung.
10) Brandenburgisches OLG v. 10.7.2001, 11 U 37/00, DB 2001, 2288 f.; OLG Bremen v. 31.5.1994, StO 5/93, Stbg 1994, 502; Goltz in Hense/Ulrich, § 55 WPO Rz. 8.

ordnung unterworfen. Seit Inkrafttreten des RVG müssen Rechtsanwälte Hilfeleistung in Steuersachen überwiegend nach der StBVV abrechnen (§ 35 Abs. 1 RVG), nicht anwendbar sind aber die § 21 StBVV, § 22 StBVV und § 40 StBVV a.F. (Auftragserteilung vor dem 1.7.2020; → Rz. 92), so dass sich insoweit immer noch die Konkurrenzfrage stellt. Diese ist durchaus von praktischer Relevanz. Denn die Abrechnung nach RVG kann in diesen Fällen günstiger sein.

Beispiel:

StB/Rechtsanwalt berät über die steuerlichen Möglichkeiten einer denkmalgeschützten Immobilie bei Vermietung und stellt dem Mandanten ein Argumentationspapier zur späteren Verwendung zur Verfügung.

Das RVG sieht in Nr. 2300 VV einen Gebührenrahmen von 0,5 – 2,5, die StBVV in § 21 Abs. 1 Satz 1 nur einen Gebührenrahmen von 1/10 – 10/10 vor.

Hinzu kommt, dass die Tabelle A zur StBVV Nachteile gegenüber der RVG-Tabelle aufweist. Auch im Einspruchsverfahren gab es bis zum Inkrafttreten der Fünften Verordnung zur Änderung steuerlicher Verordnungen am 1.7.2020[1] erhebliche Unterschiede, die zu einer Schlechterstellung von StB gegenüber Rechtsanwälten führten und in „Altfällen" mit Beauftragung vor dem 1.7.2020 auch weiterhin führen. Unter dem Geltungsbereich der BRAGO wurde dem StB/Rechtsanwalt überwiegend ein Wahlrecht eingeräumt, ob er nach der BRAGO oder nach der StBGebV abrechnet.[2] Auch heute wird dem StB/Rechtsanwalt – allerdings nur außerhalb der von § 35 RVG erfassten steuerberatenden Tätigkeiten – ein Wahlrecht eingeräumt.[3] Dies ist auch sachgerecht. Andernfalls stünde der Rechtsanwalt, der zusätzlich noch die Qualifikation als StB erworben hat, schlechter da als der Nur-Rechtsanwalt, der in den Fällen der §§ 21, 22, 40 StBVV a.F. nach den günstigeren Regelungen des RVG abrechnen kann. Eine Verpflichtung des StB/Rechtsanwalt, die für den Mandanten günstigere Regelung anzuwenden, ist deshalb zu verneinen.[4] 92

Übernimmt der StB, der einer Berufsausübungsgesellschaft angehört, eine untypische Tätigkeit, kann es sein, dass ihm ein Einzelmandat erteilt wurde und nicht die Berufsausübungsgesellschaft beauftragt wurde.[5] Zur geschäftsmäßigen Hilfeleistung in Steuersachen sind alle **Berufsausübungsgesellschaften** i.S.d. §§ 49 ff. StBerG und i.S.d. BRAO befugt. Dies hat der Gesetzgeber mit Wirkung zum 1.8.2022 in § 3 Nr. 2 StBerG klargestellt.[6] Mit dieser Änderung im StBerG und durch die gleichzeitige Übernahme des Begriffs „Berufsausübungsgesellschaften" in § 1 Abs. 2 StBVV haben sich frühere Streitfragen hinsichtlich der Befugnis von einfachen (d.h. nicht als Steuerberatungsgesellschaft anerkannten) PartG und deren Bindung an die StBVV erledigt. Alle Berufsausübungsgesellschaften i.S.d. StBerG sind an die StBVV gebunden (→ Rz. 87). Ist die Berufsausübungsgesellschaft Vertragspartei des Steuerberatungsvertrags, so steht die Honorarforderung nicht den einzelnen Partnern, sondern der Berufsausübungsgesellschaft zu.[7] Erhebt nur einer der Partner 93

1) BGBl. I 2020, 1495, 1498 = BStBl I 2020, 555.
2) Warttinger in Eckert, 7. Aufl. 2023, § 1 StBVV Rz. 15; Maxl/Feiter, INF 1995, 438 f.; a.A. Mittelsteiner/Scholz, 4. Aufl. 1998, § 1 StBGebV Rz. 10. Nach OLG Düsseldorf v. 23.3.2004, 23 U 66/03, GI 2004, 182 und Jost, INF 2003, 318 f. sollte entscheidend sein, ob steuerliche oder anwaltliche Qualifikation im Vordergrund steht.
3) Mayer in Gerold/Schmidt, 26. Aufl. 2023, § 35 RVG Rz. 2 m.w.N.
4) A.A. wohl FG Saarland v. 29.7.1994, 2 S 69/94, EFG 1995, 396. Danach hat der Kostenbeamte im Kostenfestsetzungsverfahren (→ Rz. 704 ff.) eine Vergleichsrechnung vorzunehmen und zu prüfen, was für den Mandanten günstiger ist.
5) BGH v. 5.7.2007, IX ZR 257/06, GI aktuell 2010, 46, zum Anwaltsrecht.
6) Gesetz zur Neuregelung des Berufsrechts der anwaltlichen und steuerberatenden Berufsausübungsgesellschaften sowie zur Änderung weiterer Vorschriften im Bereich der rechtsberatenden Berufe v. 7.7.2021, BGBl. I 2021, 2363.
7) BGH v. 9.12.2010, IX ZR 44/10, NJW 2011, 2301; Feiter, KANZLEI intern 06_2017, 7.

Klage auf Zahlung der Vergütung, wird dadurch die Verjährung nicht gehemmt, da er nicht Inhaber der Forderung ist.[1)]

Fraglich ist, ob bei der Beauftragung einer **gemischten Berufsausübungsgesellschaft** von StB und Rechtsanwalt in den Fällen, in denen § 35 RVG die Anwendung der StBVV nicht vorsieht, ein Gebührenwahlrecht besteht. Rechtsprechung gibt es hierzu nicht. In der Literatur wird die Auffassung vertreten, dass bei einem einheitlichen Beratungsauftrag mit rechtlichen und steuerrechtlichen Elementen (z.B. dem Auftrag, ein rechtliches und steuerrechtliches Konzept zur Veräußerung einer Beteiligung zu entwickeln) das RVG maßgeblich sei, da mangels Rechtdienstleistungsbefugnis des StB nur über das RVG eine vollständige Erfassung des Auftrags möglich ist.[2)] Für diese spezielle Fallgruppe ist diese Betrachtung sachgerecht. Wird die Berufsausübungsgesellschaft allerdings nur mit der Vertretung der steuerlichen – nicht auch der rechtlichen – Interessen beauftragt, dürfte die StBVV als das speziellere Gesetz vorrangig anwendbar sein. Ihr kommt insoweit die Bedeutung einer Taxe i.S.d. §§ 612 Abs. 2, 632 Abs. 2 BGB zu. Nur in besonders gelagerten Einzelfällen dürfte eine Abrechnung nach RVG möglich sein, z.B. wenn innerhalb einer solchen Berufsausübungsgesellschaft der Rechtsanwalt den Auftrag entgegennimmt und bearbeitet und den Auftraggeber darauf hinweist, dass die Abrechnung nach RVG erfolgt.

94 Dem StB steht auch dann ein Vergütungsanspruch nach der StBVV zu, wenn er sich zur Erledigung des Auftrags seiner **Mitarbeiter** bedient. Zwar hat gem. § 613 BGB der Dienstverpflichtete die Dienste im Zweifel persönlich zu leisten. Soweit der Einsatz von Mitarbeitern allerdings verkehrsüblich ist, steht dem StB unbestritten seine volle Vergütung zu.[3)] Dies gilt insbesondere für Arbeiten, die im Innenverhältnis von nicht berufsangehörigen Mitarbeitern erledigt werden, z.B. die Vorbereitung eines Jahresabschlusses oder einer Steuererklärung oder die monatliche Finanz- oder Lohnbuchführung. Ein persönlicher Kontakt zwischen StB und Mandant ist für das Entstehen des Vergütungsanspruchs ebenfalls nicht erforderlich.[4)] Tritt der nicht berufsangehörige Mitarbeiter auch nach außen (also gegenüber Mandanten oder sonstigen Dritten, Behörden oder Gerichten) auf, richtet sich die Berufsüblichkeit nach der Qualifikation des Mitarbeiters und der effektiv von ihm ausgeübten Tätigkeit. Handelt es sich um eine schwierige steuerrechtliche oder steuerstrafrechtliche Beratung, für die nur ein Berufsangehöriger die erforderliche Vorbildung mitbringt, und wird gleichwohl ein nicht entsprechend qualifizierter Angestellter eingesetzt, entsteht kein vertraglicher Honoraranspruch, da der Berater seine Vertragspflichten dadurch nicht erfüllt.[5)] Ein Honoraranspruch des StB kann sich in einem solchen Fall allenfalls aus Gesetz[6)] ergeben. Tritt ein nicht berufsangehöriger Mitarbeiter nach außen mehr oder weniger selbständig in Erscheinung (z.B. durch die Teilnahme an einer Betriebsprüfung, die Besprechung mit dem Finanzamt oder durch eine Geschäftsreise), empfiehlt es sich, mit dem Auftraggeber eine **Vereinbarung** über die Vergütung für den Einsatz des Mitarbeiters nach § 4 StBVV zu treffen. Zur Frage, ob die **Höhe der gesetzlichen Vergütung** von der Qualifikation des Mitarbeiters beeinflusst wird → § 13 StBVV Rz. 274.

III. Selbständig ausgeübte Berufstätigkeit

95 Nur die **„selbständig ausgeübte Berufstätigkeit"** der StB, StBv und Berufsausübungsgesellschaften wird von der StBVV erfasst. Gespräche über die Anbahnung

1) OLG Düsseldorf v. 15.12.2011, I-24 U 99/11, MDR 2012, 436, zum Anwaltsrecht.
2) Lahmann, DStR 2009, 2069, 2074 unter Hinweis auf OLG Düsseldorf v. 30.10.2007, I-23 U 199/06, AnwBl 2008, 72.
3) OLG Koblenz v. 4.5.2015, 10 U 1352/14.
4) AG Osnabrück v. 31.1.2013, 49 C 26/12 (32).
5) LG Bochum v. 5.7.1985, 4 O 514/82, GI 1986, 139.
6) Geschäftsführung ohne Auftrag, §§ 677 ff. BGB, ungerechtfertigte Bereicherung, §§ 812 ff. BGB.

eines Mandats stellen noch keine Berufstätigkeit in diesem Sinne dar und sind deshalb auch nicht berechnungsfähig.[1)]

Die selbstständige Berufstätigkeit ist von der nur unselbstständig ausgeübten Berufstätigkeit abzugrenzen. Die StBVV findet deshalb keine Anwendung auf **angestellte StB** nach § 58 StBerG und auf StB, die als „freie Mitarbeiter" für andere StB tätig sind.[2)] **96**

C. Sachlicher Geltungsbereich (Abs. 1 Satz 1)

Der sachliche Anwendungsbereich der StBVV ist auf die Tätigkeiten nach § 33 StBerG beschränkt. Für vereinbare Tätigkeiten nach § 57 Abs. 3 StBerG gilt die StBVV nicht unmittelbar. Dies gilt auch für eine im Einzelfall rechtlich zulässige rechtsberatende Tätigkeit.[3)] Wenn die StBVV auf das RVG verweist (§ 21 Abs. 2, 40 StBVV), richtet sich die Vergütung des StB nach den Vorschriften der RVG. **97**

D. Räumlicher Geltungsbereich (Abs. 1 Satz 1)

Zum räumlichen Geltungsbereich der StBVV fand sich bis zum Inkrafttreten der Dritten Verordnung zur Änderung steuerlicher Verordnungen[4)] am 23.7.2016 keine ausdrückliche Regelung. Deshalb war fraglich, ob sie auch dann beachtet werden musste, wenn der StB im Ausland, z.B. über eine weitere Beratungsstelle tätig wird. § 21 BOStB regelt, dass das StBerG und die BOStB auch bei grenzüberschreitenden Tätigkeiten **grundsätzlich** zu beachten sind. Ein ausdrücklicher Hinweis, dass dies auch für die StBVV gilt, findet sich dort nicht. Gleichwohl konnte die Verbindlichkeit der StBVV im Ausland aus § 64 Abs. 1 Satz 1 StBerG abgeleitet werden, der eine Bindung an die Gebührenordnung vorsieht und der von § 21 Abs. 1 BOStB erfasst wird. Allerdings war schon in der Vergangenheit kein sachlicher Grund ersichtlich, deutsche StB im Ausland zu reglementieren, insbesondere dann nicht, wenn es in dem betreffenden Staat keine Gebührenordnung gibt und die ausländischen Berater, mit denen der StB konkurriert, hinsichtlich der Abrechnung frei sind. Da § 21 Abs. 1 BOStB vorsieht, dass das StBerG und die BOStB bei grenzüberschreitender Tätigkeit nur „grundsätzlich" zu beachten sind, und der StB bei seiner Tätigkeit im Ausland konkurrenzfähig sein muss, ließ sich schon immer gut vertreten, dass die StBVV in diesen Fällen nicht zu beachten ist. Durch die Dritte Verordnung zur Änderung steuerlicher Verordnungen[5)] wurde dies mit Wirkung zum 23.7.2016 ausdrücklich klargestellt. **98**

Hintergrund dieser Klarstellung war das von der Europäischen Kommission am 18.6.2015 gegen die Bundesrepublik Deutschland eingeleitete Vertragsverletzungsverfahren aufgrund der „verbindlichen Mindestpreise" in der StBVV.[6)] Der Anwendungsbereich der StBVV wurde auf Steuerberater mit Sitz im Inland und auf im Inland ausgeübte Tätigkeiten – nach dem Vorbild des § 1 HOAI – beschränkt, um den Bedenken im Hinblick auf die Dienstleistungsfreiheit (Art. 16 DLRL) Rechnung zu tragen. Dadurch wurde zum einen klargestellt, dass die StBVV nicht (mehr) gilt, wenn der StB seinen Sitz im Ausland hat oder wenn er seine Berufstätigkeit (unabhängig von seinem Sitz) im Ausland ausübt. Zum anderen wurde klargestellt, dass ausländische Dienstleister ebenfalls nicht an die StBVV gebunden sind. Konsequenz

---

1) Warttinger in Eckert, 7. Aufl. 2023, § 1 StBVV Rz. 17 ff.
2) Warttinger in Eckert, 7. Aufl. 2023, § 1 StBVV Rz. 24; 25; Goez in Kuhls u.a., § 64 StBerG Rz. 9; a.A. für „echte freie Mitarbeit" Eggesiecker, 2. Aufl. 1998, § 1 STEUGO Rz. 1.430.
3) Feiter, NWB Fach 30, 1213, 1217 (noch mit Blick auf das RBerG), Beispiel für eine erlaubte Rechtsdienstleistung.
4) BGBl. I 2016, 1722 = BStBl I 2016, 1722.
5) BGBl. I 2016, 1722 = BStBl I 2016, 1722.
6) Siehe Pressemitteilung der Europäischen Kommission vom 18.6.2015.

dieser Klarstellung ist, dass ein Verstoß gegen Art. 16 DLRL nicht mehr geltend gemacht werden kann, da dieser nur grenzüberschreitende Sachverhalte erfasst.[1]

E. Subsidiarität der StBVV (Abs. 1 Satz 2)

99 Die Regelung wurde – zur Abwendung des von der Europäischen Kommission eingeleiteten Vertragsverletzungsverfahrens (→ Rz. 98) durch die Dritte Verordnung zur Änderung steuerlicher Verordnungen[2] mit Wirkung zum 23.7.2016 eingefügt. Sie bestimmt, dass der StB mit seinen Mandanten eine von den Bestimmungen der StBVV abweichende Vergütung vereinbaren kann. Die StBVV findet hinsichtlich der Höhe der Vergütung deshalb nur Anwendung, wenn nichts anderes vereinbart ist. In der Begründung des Verordnungsgebers heißt es dazu, dass die Vereinbarung einer höheren als der gesetzlichen Vergütung bereits nach geltendem Recht möglich ist (§ 4 Abs. 1 Satz 2 StBVV). Nach dem neuen § 4 Abs. 3 und 4 StBVV sei künftig auch unter den dort genannten Voraussetzungen die Vereinbarung einer niedrigeren als der gesetzlichen Vergütung zulässig.[3] Tatsächlich handelt es sich lediglich um eine Klarstellung, da die Vereinbarung einer niedrigeren als der gesetzlichen Vergütung auch ohne ausdrückliche Regelung in der StBVV schon immer zulässig war (→ § 64 StBerG Rz. 884 ff.).

1) Höhl, 2019, 157, 176.
2) BGBl. I 2016, 1722 = BStBl I 2016, 1722.
3) BR-Drucks. 201/16 v. 20.4.2016, 21.

§ 2
Sinngemäße Anwendung der Verordnung

Ist in dieser Verordnung über die Gebühren für eine Berufstätigkeit des Steuerberaters nichts bestimmt, so sind die Gebühren in sinngemäßer Anwendung der Vorschriften dieser Verordnung zu bemessen.

Inhalt

Schrifttum

Beyme, Praktische Hinweise und gebührenrechtliche Fragen im Zusammenhang mit dem MOSS-Verfahren, Stbg 2017, 259; **Beyme,** Abrechnung der vierteljährlichen Erklärungen nach § 18h Abs. 3 UStG, KANZLEI intern 07_2017, 2; **Beyme,** Abrechnung von Umsatzsteuer-Voranmeldungen in der EU, KANZLEI intern 08_2017, 6.

A. Inhalt und Bedeutung

Die Vorschrift entspricht dem bis zum 30.6.2004 geltenden § 2 BRAGO. Über § 2 **100** StBVV soll erreicht werden, dass Lücken innerhalb der StBVV, die der Verordnungsgeber nicht bemerkt hat oder die sich nachträglich zeigen, z.B. durch neue oder geänderte Gesetze, Verordnungen und Richtlinien oder sich wandelnder Rechtsprechung, ausgefüllt werden.

B. Anwendungsbereich

Die Vorschrift gilt nur für **Vorbehaltsaufgaben** des StB nach § 33 StBerG (§ 1 **101** StBVV), für **vereinbare Tätigkeiten** nach § 57 Abs. 3 StBerG sind die Vorschriften des BGB über die „übliche Vergütung" einschlägig, §§ 612 Abs. 2, 632 Abs. 2 BGB.[1)]

Es muss eine **Lücke** in der Gebührenregelung der StBVV vorliegen, z.B. weil der **102** Verordnungsgeber Änderungen in den Steuergesetzen gebührenrechtlich in der StBVV noch nicht nachvollzogen hat.[2)] Eine solche Lücke besteht, wenn der StB eine auf einen bestimmten Gebührentatbestand nicht passende, wohl aber der darin genannten Tätigkeit gleichgeartete Tätigkeit entwickelt, die jedoch aus Rechtsgründen die Begriffsmerkmale des gesetzlichen Gebührentatbestandes nicht erfüllt.

> **Beispiel:**
>
> Für die Abrechnung der vierteljährlichen Erklärungen im One-Stop-Shop (OSS)-Verfahren (bis 30.6.2021: Mini-One-Stop-Shop- oder MOSS-Verfahren) bietet sich eine sinngemäße Anwendung des § 24 Abs. 1 Nr. 8 StBVV i.V.m. § 2 StBVV an. In diesen Verfahren ist keine Jahreserklärung vorgesehen, die Steuererklärungen nach § 18h Abs. 3 UStG (MOSS-Verfahren) und § 18j Abs. 4 Satz 1 UStG (OSS-Verfahren) haben deshalb die Wirkung einer Umsatzsteuerjahreserklärung. Es handelt sich nicht um Steueranmeldungen, weil § 18h Abs. 6 UStG und § 18j Abs. 7 UStG nicht auf die §§ 150 Abs. 1, 168 AO verweisen. Deshalb kommt eine sinngemäße Anwendung des § 24 Abs. 1 Nr. 7 StBVV nicht in Betracht.[3)]

Allerdings darf die **Entscheidung des Verordnungsgebers**, bestimmte Tätigkeiten gebührenmäßig nicht zu berücksichtigen, durch die Heranziehung des § 2 StBVV

1) Warttinger in Eckert, StBVV, 7. Aufl. 2023, § 2 StBVV Rz. 5.
2) LG Essen v. 30.10.2024, 18 O 37/24.
3) Beyme, Stbg 2017, 259, 262; KANZLEI intern 7_2017, 2 zum MOSS-Verfahren.

nicht umgangen werden. So besteht für Tätigkeiten eines inländischen StB im Ausland seit dem 23.7.2016 keine Lücke mehr, da der Verordnungsgeber den räumlichen Anwendungsbereich der StBVV in § 1 Abs. 1 Satz 1 StBVV auf Tätigkeiten im Inland beschränkt hat.

Beispiel:

Ein inländischer StB erstellt für ein Reiseunternehmen, das u.a. Busreisen nach Dänemark veranstaltet, Umsatzsteuervoranmeldungen für Dänemark.[1]

Eine sinngemäße Anwendung der Regelung über Umsatzsteuer-Voranmeldungen (§ 24 Abs. 1 Nr. 7 StBVV) über § 2 StBVV kommt in diesem Beispielsfall mangels Regelungslücke nicht in Betracht. Denn der Verordnungsgebers hat den räumlichen Anwendungsbereich der StBVV bewusst auf Tätigkeiten im Inland eingeschränkt.[2]

Hier bleibt nur die Abrechnung der üblichen Vergütung nach BGB, wobei hinsichtlich der Üblichkeit der Vergütung eine Orientierung an § 24 Abs. 1 Nr. 7 StBVV möglich ist (Beyme, KANZLEI intern 08_2017, 7.

Beispiel:

Reporting of VAT bei der SKAT

§ 612 Abs. 2 BGB[3]	3,5/10	__,__ €

Es ist auch nicht Aufgabe des § 2 StBVV, aus **Billigkeitsgründen** eine nach den gesetzlichen Bestimmungen bemessene, aber als zu gering empfundene Vergütung auf den angemessenen Betrag zu erhöhen. Hier hilft nur eine Vergütungsvereinbarung.

Ebenso wenig kann § 2 StBVV als eigenständige **Ermächtigungsgrundlage** für einen Honoraranspruch herangezogen werden. Dies gilt erst recht, wenn die StBVV eigene Gebührentatbestände vorsieht.

Beispiel:[4]

Der StB hatte unter Bezugnahme auf § 2 StBVV für zwei Besprechungstermine einen Betrag von 357 € berechnet. Das LG Essen versagte dem StB die Gebühr. Der Anwendungsbereich des § 2 StBVV war nicht eröffnet, da die StBVV für mündliche Auskünfte bzw. Besprechungen mit § 21 Abs. 1 StBVV und § 31 Abs. 1 StBVV eigene Gebührentatbestände enthält.

103 § 2 StBVV bezieht sich auf gebührenrechtlich selbständige **Angelegenheiten** (→ § 10 StBVV Rz. 223), die keine Berücksichtigung in der Verordnung gefunden haben, nicht aber auf Einzeltätigkeiten innerhalb einer gebührenrechtlich selbstständigen Angelegenheit, die bereits mit der für diese Angelegenheit vorgesehenen Gebühr abgegolten werden.

104 Der Wortlaut der Vorschrift stellt klar, dass § 2 StBVV nur auf Gebühren, **nicht auf Auslagenersatz anwendbar** ist. Soweit die Vorschriften über den Auslagenersatz innerhalb der StBVV nicht abschließend sind (§§ 16 ff. StBVV), ist auf die Vorschriften des materiellen Rechts (§ 670 BGB) auszuweichen (→ § 3 StBVV Rz. 110).

105 § 2 StBVV ordnet die **sinngemäße Anwendung** der einschlägigen Gebührentatbestände an, d.h. der Charakter der sinngemäß anzuwendenden Gebührenvorschrift darf nicht geändert werden. Dies gilt für die Gebührenart (Wertgebühr, Betragsrahmengebühr, Zeitgebühr), den Gegenstandswert bei Wertgebühren, den Gebührenrahmen und die Anwendung der Gebührentabelle.

1) Reporting of VAT bei der SKAT.
2) Beyme, KANZLEI intern 08_2017, 6; Warttinger in Eckert, StBVV, 7. Aufl. 2023, § 2 StBVV Rz. 6.
3) Unter Berücksichtigung der Mittelgebühr von § 24 Abs. 1 Nr. 7 StBVV.
4) LG Essen v. 30.10.2024, 18 O 37/24.

Beispiel:

Für die Anfertigung einer Mitteilung nach § 138 Abs. 2 AO und für die Anzeige nach § 30 ErbStG gibt es erst seit dem 1.7.2025 eigene Gebührentatbestände (Zeitgebühr) in § 24 Abs. 5 Nr. 1 und 7 StBVV.[1] Bis dahin konnte für diese beiden Fälle § 24 Abs. 4 Nr. 5 StBVV i.V.m. § 2 StBVV herangezogen werden.

Bis zum 20.12.2012 kannte die StBGebV nur einen Auffangtatbestand für sonstige Anträge, die nicht in Steuererklärungen gestellt werden (§ 23 Satz 1 Nr. 10 StBGebV). Durch die VO zum Erlass und zur Änderung steuerlicher Verordnungen[2] sind drei neue Auffangtatbestände hinzugekommen, die den Anwendungsbereich des § 2 StBVV einschränken und damit eine strukturelle Schwachstelle der StBGebV geschlossen haben. Es handelt sich um einen Tatbestand für alle Feststellungserklärungen des Bewertungsgesetzes und des Erbschaft- und Schenkungsteuergesetzes (§ 24 Abs. 1 Nr. 11 StBVV), um einen Tatbestand für die Erstellung sonstiger Steuererklärungen (§ 24 Abs. 1 Nr. 26 StBVV) und einen Tatbestand für sonstige Anträge und Meldungen nach dem EStG (§ 24 Abs. 4 Nr. 5 StBVV) der sich seit dem 1.7.2025 in § 24 Abs. 5 Nr. 4 StBVV wiederfindet. **106**

1) Fünfte Verordnung zur Änderung der Steuerberatervergütungsverordnung v. 31.3.2025, BGBl. I 2025 Nr. 105, S. 4 = BStBl I 2025, 1009.

2) VO zum Erlass und zur Änderung steuerlicher Verordnungen v. 11.12.2012, BGBl. I 2012, 2637 = BStBl I 2013, 2.

§ 3
Auslagen

[1]Mit den Gebühren werden auch die allgemeinen Geschäftskosten entgolten. [2]Soweit im Dritten Abschnitt nichts anderes bestimmt ist, kann der Steuerberater Ersatz der entstandenen Aufwendungen (§ 675 in Verbindung mit § 670 des Bürgerlichen Gesetzbuchs) verlangen.

Inhalt

Schrifttum

Beyme, StBVV 2025 – Die Änderungen im Überblick mit Hinweisen zur praktischen Anwendung, Sonderausgabe KP 2025, 1; **Feiter,** Vergütungsrecht: Gesonderte Abrechnung von EDV-Kosten, DStR 2017, 1182; **Groß/Freyenfeld/Gradl,** Riders in the Storm – 16 Thesen, wie ChatGPT & co. Die Steuerberater-Branche verändern könnten, DStR 2023, 1853.

A. Inhalt und Bedeutung

107 § 3 Abs. 1 StBVV a.F. regelte die Mindestgebühr. Durch das KostREuroUG[1] wurde die Mindestgebühr des § 3 Abs. 1 StBGebV von 20 DM auf 10 € festgelegt. Die frühere Rundungsvorschrift in § 3 Abs. 1 Satz 2 StBGebV, wonach Pfennigbeträge auf 10 Deutsche Pfennig aufzurunden sind, wurde durch das KostREuroUG[2] gestrichen. Anpassungen an die jeweilige Mindestgebühr hatte es zuvor durch die 3. ÄndVO[3] auf 20 DM und durch die 1. ÄndVO[4] auf 15 DM gegeben. Der Mindestbetrag bei Inkrafttreten der StBGebV[5] am 1.4.1982 betrug 12 DM. Nachdem die Europäische Kommission am 18.6.2015 gegen die Bundesrepublik Deutschland ein Vertragsverletzungsverfahren aufgrund „verbindlicher Mindestpreise" in der StBVV eingeleitet hatte,[6] wurde den Bedenken der Kommission u.a. durch eine ersatzlose Streichung des § 3 Abs. 1 StBVV a.F. (Mindestgebühr) durch die Dritte Verordnung zur Änderung steuerlicher Verordnungen[7] Rechnung getragen. Mit der Fünften Verordnung zur Änderung der Steuerberatervergütungsverordnung[8] wurde mit Wirkung zum 1.7.2025 ein neuer Satz 2 in § 3 Abs. 1 StBVV zum Ersatz von Aufwendungen eingeführt und § 3 Abs. 2 StBVV gestrichen.

108 Die praktische Bedeutung des **§ 3 Abs. 1 StBVV a.F.** war gering. Sie beschränkte sich auf **Wert- und Betragsrahmengebühren,** da die Zeitgebühr gem. § 13 Satz 2 StBVV mindestens 30 € betrug und schon von daher über dem in § 3 Abs. 1 StBVV a.F. vorgesehenen Betrag lag. Bei Abrechnung einer Zeitgebühr im Minutentakt (z.B. im Rahmen einer Telefon-Hotline) wurde bei kurzen Gesprächen u.U. die Mindestgebühr von 10 € nicht erreicht. Darin lag jedoch kein Verstoß gegen die frühere Regelung oder das Verbot der berufswidrigen Gebührenunterschreitung, da § 3 Abs. 1 StBVV a.F. nur bei Anwendung der gesetzlichen Gebühren, nicht aber im

1) KostREuroUG v. 27.4.2001, BGBl. I 2001, 751.
2) KostREuroUG v. 27.4.2001, BGBl. I 2001, 751, 760.
3) 3. ÄndVO v. 20.8.1998, BGBl. I 1998, 2369.
4) 1. ÄndVO v. 20.6.1988, BGBl. I 1998, 841 = BStBl I 1988, 217.
5) StBGebV v. 17.12.1981, BGBl. I 1981, 1442 = BStBl I 1982, 269.
6) S. Pressemitteilung der Europäischen Kommission v. 18.6.2015.
7) BGBl. I 2016, 1722 = BStBl I 2016, 725.
8) Fünfte Verordnung zur Änderung der Steuerberatervergütungsverordnung v. 31.3.2025, BGBl. I 2025 Nr. 105 = BStBl I 2025, 1009.

Fall der Berechnung einer **vereinbarten** Vergütung zu beachten war (→ § 21 StBVV Rz. 351).[1]

Eine **Ausnahme** galt für die in **§ 34 StBVV** vorgesehenen Betragsrahmengebühren. Würde sich der Mindestbetrag des § 3 Abs. 1 StBVV a.F. auf jede einzelne Betragsrahmengebühr beziehen, wären die in § 34 Abs. 3 und 4 StBVV vorgesehenen Rahmen gegenstandslos. Winkler[2] schlug deshalb vor, jeweils die mit der Summe der Arbeitnehmer eines Abrechnungszeitraumes vervielfachte Rahmengebühr als die maßgebliche „selbstständige Gebühr" anzusehen. Lag diese unter der Mindestgebühr des § 3 Abs. 1 StBVV a.F., gelangte die Mindestgebühr von 10 € in Ansatz. **109**

Beispiel:

Die Führung von Lohnkonten und die Anfertigung der Lohnabrechnung nach vom Auftraggeber erstellten Buchungsunterlagen (§ 34 Abs. 3 StBVV) für 2 Arbeitnehmer bedingte einen Rahmenbetrag von 4,50 € je Arbeitnehmer. Die „selbstständige Gebühr" betrug damit 9 € und war auf 10 € anzuheben. Diese Anhebung erfolgt nach neuem Recht nicht mehr.

B. Abgeltung von Auslagen

Die amtliche Begründung zu § 3 StBGebV führt hierzu aus, dass zu den durch die Gebühren abgegoltenen **allgemeinen Geschäftskosten** insbesondere Personalkosten (z.B. Gehälter, Sozialleistungen), Raumkosten (Miete, Licht, Heizung), Kosten für die Beschaffung der Büroausstattung (Mobiliar, Hardware, Software) sowie die zur Ausführung des Auftrages notwendigen Schreibaufwendungen (z.B. Büromaterial) gehören. Damit sind die Aufwendungen gemeint, die für den allgemeinen Bürobetrieb, unabhängig von einem bestimmten Einzelauftrag, entstehen. **110**

Beispiele für allgemeine Geschäftskosten:

Kosten und Lizenzgebühren, die das Rechenzentrum dem StB für beraterbezogene Leistungen, wie Gebühren für IT-Service, Sicherheitspauschale, Branchenauswertungen, E-Steuern, Mehrwert-Angebote, asp, E-Mail-Verschlüsselung, etc. in Rechnung stellt.

Aufwendungen und Gebühren, die für die Bearbeitung eines konkreten Mandats anfallen und die in den (monatlichen) Abrechnungen des Rechenzentrums bestimmten Mandanten-Nummern zugeordnet sind, sind hingegen keine allgemeinen, sondern **besondere Geschäftskosten**[3] und fallen nicht unter § 3 Satz 1 StBVV.[4]

Beispiele für besondere Geschäftskosten:

Gebühren für Belegverwaltung online, Abrechnungsgrundpreise und Druckkosten im Bereich Lohn und Gehalt, Fibu- und OPOS-Auswertungen, BWA, Übermittlungsgebühren für elektronische Übermittlungen im Bereich Buchführung (z.B. ZM, USt-VA), Lohn, Steuererklärungen, Steuerbescheide (Rückübermittlung), Jahresabschlüsse (z.B. E-Bilanz, EHUG), Abrufgebühren für die VaSt-Daten und Steuerkonto online etc.

Soweit für besondere Geschäftskosten in den §§ 15- 20 StBVV keine Sondervorschriften für eine Weiterberechnung bestehen, können diese nach §§ 675, 670 BGB 1:1 weiterberechnet werden.[5] Nach diesen Vorschriften ist der Mandant als Auftraggeber zum Ersatz solcher Aufwendungen verpflichtet, die der Beauftragte (der StB) für erforderlich halten durfte. Dazu gehören auch die im einzelnen Mandat

1) BGH v. 30.9.2004, I ZR 89/02, NJW 2005, 1268.
2) Winkler in Eckert, 5. Aufl. 2013, § 3 StBVV Rz. 3.
3) Müller-Rabe in Gerold/Schmidt, RVG, 26. Aufl. 2023, VV Vorbemerkung 7 Rz. 9; Lang-Lendorff in Toussaint, Kostenrecht, 55. Aufl. 2025, VV Vorbemerkung Teil 7 Rz. 8 ff.
4) Feiter, DStR 2017, 1182.
5) LG Köln v. 26.1.2023, 2 O 133/21; ausführlich Feiter, DStR 2017, 1182 ff. → § 33 StBVV Rz. 537; Lang-Lendorff in Toussaint, Kostenrecht, 55. Aufl. 2025, VV Vorbemerkung Teil 7 Rz. 8 zum Anwaltsrecht.

anfallenden EDV-Kosten. Der Verordnungsgeber hat dies mit Wirkung zum 1.7.2025 durch einen neuen Satz 2 in § 3 Satz 1 StBVV klargestellt.[1] Die EDV-Kosten sind insbesondere von den Auslagen nach § 16 StBVV zu trennen. § 16 StBVV betrifft vor allem die Kosten, die dem StB durch seinen **Telekommunikationsdienstleister** in Rechnung gestellt werden. Davon zu unterscheiden sind die Kosten, die dem StB von seinem **Rechenzentrum** in Rechnung gestellt werden (→ § 16 StBVV Rz. 299 und 305).

Praxistipp:

Aus Klarstellungs- bzw. Transparenzgründen gegenüber dem Mandanten ist zu empfehlen, die 1:1-Weiterberechnung der EDV-Kosten vorab zu dokumentieren, z.B. im Rahmen einer Vollmacht (→ § 4 StBVV Rz. 127; nicht im amtlichen Muster für Vollmachten im Besteuerungsverfahren) oder im schriftlichen Steuerberatungsvertrag.

Aus Vereinfachungsgründen ist auch die Vereinbarung einer jährlichen **Pauschale** denkbar, die den tatsächlichen EDV-Kosten im konkreten Mandat in etwa entspricht.

Für die Weiterberechnung der o.g. EDV-Kosten besteht wegen der in den letzten Jahren gestiegenen EDV-Kosten ein praktisches und wirtschaftliches Bedürfnis. Die bislang „vernachlässigten" §§ 675, 670 BGB, die zumeist nur im Zusammenhang mit den wenig relevanten Kosten für die Beschaffung von Registerauszügen, und Urkunden, Übersetzungskosten, Kosten für die Einholung von Auskünften, für Vorschüsse (z.B. auf Gerichtskosten), Privatgutachten, Boten- und Expressgutgebühren oder Datenbank-Recherchekosten im Einzelfall außerhalb einer bestehenden Lizenz Erwähnung fanden, erlangen dadurch eine neue, praxisrelevante Bedeutung. Die Klarstellung durch den Verordnungsgeber zum 1.7.2025 ist deshalb zu begrüßen.

Fraglich ist, ob abweichend von § 3 Satz 1 StBVV im Rahmen einer **Vergütungsvereinbarung** nach § 4 Abs. 1 StBVV vereinbart werden kann, dass der Mandant einen bestimmten Prozentsatz der Netto-Rechnungshonorarsumme oder eine bestimmte Pauschale für **allgemeine Geschäftskosten** zahlt. Rechtsprechung hierzu ist nicht bekannt. Die Frage wird mit zunehmender Technologie, allen voran KI-basierten Lösungen wie ChatGPT oder Microsoft CoPilot an Bedeutung gewinnen. Denn der Aufwand, der mit der Etablierung und Unterhaltung einer **Kanzlei-KI** einhergeht, muss adäquat eingepreist werden. Es ist davon auszugehen, dass zumindest ein Teil der Beratungshonorare sich zu Technologie- und Content-Anbietern verlagern wird. Für deren Lösungen dürften nicht unerhebliche **Lizenzzahlungen** zu entrichten sein. Auch die Einrichtung und Wartung von Hard- und Software dürfte mehr personelle und finanzielle Kapazitäten fordern.[2] Bezüglich der rechtlichen Zulässigkeit und der Rechtsfolgen einer solchen Klausel wird auf die Ausführungen zur Vereinbarung eines höheren Auslagenersatzes verwiesen (→ § 16 StBVV Rz. 303).

111 Die amtliche Begründung zu § 3 Abs. 3 StBGebV weist darauf hin, dass sich der Anspruch auf Umsatzsteuer und Auslagenersatz nach den §§ 15–20 StBGebV bestimmt. Rechtsgrundlage für den Anspruch auf Auslagenersatz sind die Vorschriften des BGB. Die §§ 16–20 StBVV sehen lediglich gewisse Modifizierungen in Bezug auf die Post- und Fernmeldegebühren, Dokumentenpauschalen und Reisekosten vor. Die Verordnungsbegründung verdeutlicht damit nochmals, dass es sich bei den §§ 16–18 StBVV nicht um abschließende Regelungen zum Auslagenersatz handelt und der StB sonstige Aufwendungen unter den o.g. Umständen nach §§ 675, 670 BGB gegenüber seinem Auftraggeber abrechnen kann.[3] Absatz 2 wurde mit Wirkung zum 1.7.2025 gestrichen.[4] Dieser regelte lediglich, dass sich der Anspruch auf

1) Fünfte Verordnung zur Änderung der Steuerberatervergütungsverordnung v. 31.3.2025, BGBl. I 2025 Nr. 105, S. 3 = BStBl I 2025, 1009; Beyme, Sonderausgabe KP 2025, 1, 7.
2) Groß/Freyenfeld/Gradl, DStR 2023, 1853, 1855.
3) So auch die Vorbemerkung 7 Abs. 1 Satz 2 VV RVG.
4) Fünfte Verordnung zur Änderung steuerlicher Verordnungen v. 31.3.2025, BGBl. I 2025 Nr. 105 = BStBl I 2025, 1009.

Zahlung der Umsatzsteuer und der Post- und Telekommunikationsdienstleistungen, der Dokumentenpauschale und der Reisekosten nach §§ 15 bis 20 StBVV bestimmt. Einen darüber hinausgehenden eigenständigen Regelungsgehalt hatte § 3 Abs. 2 StBVV nicht.

§ 4
Vergütungsvereinbarung

(1) [1]Eine Vereinbarung über die Vergütung bedarf der Textform. [2]Sie muss als Vergütungsvereinbarung oder in vergleichbarer Weise bezeichnet werden, von anderen Vereinbarungen mit Ausnahme der Auftragserteilung deutlich abgesetzt sein und darf nicht in der Vollmacht enthalten sein. [3]Art und Umfang des Auftrags nach Satz 2 sind zu bezeichnen. [4]Hat der Auftraggeber freiwillig und ohne Vorbehalt geleistet, kann er das Geleistete nicht deshalb zurückfordern, weil seine Erklärung den Vorschriften der Sätze 1 bis 3 nicht entspricht.

(2) Ist eine vereinbarte Vergütung unter Berücksichtigung aller Umstände unangemessen hoch, so kann sie im Rechtsstreit auf den angemessenen Betrag bis zur Höhe der sich aus dieser Verordnung ergebenden Vergütung herabgesetzt werden.

(3) Der Steuerberater hat den Auftraggeber in Textform darauf hinzuweisen, dass eine höhere oder niedrigere als die gesetzliche Vergütung in Textform vereinbart werden kann.

Inhalt

Schrifttum

Arconada, Vergütungsvereinbarung: Hat der Mandant die Wahl, was er zahlen möchte? Honorargestaltung für Steuerberater Mai 2020, 4; **Bereska,** Stundensatzvereinbarungen mit Verbrauchern jetzt überprüfen!, AnwBl 2023, 2023; **Berners,** Aktuelles zur Steuerberatervergütungsverordnung, NWB 40/2015, 2960; **Berners,** Formerfordernisse der Vergütungsvereinbarung gelten auch für den Schuldbeitritt, NWB 48/2016, 3618; **Beyme,** Honorarfragen zur Grundsteuer: Vierte Verordnung zur Änderung der StBVV: Zulässigkeit von Pauschalangeboten und sonstigen Vereinbarungen, Stbg 2022, 234; **Beyme,** StBVV 2025 – Die Änderungen im Überblick mit Hinweisen zur praktischen Anwendung, Sonderausgabe KP; **Beyme,** Bezahlung des Honorars mit einem Grundstück?, Honorargestaltung für Steuerberater, Juli 2021, 7; **Brönnecke,** Keine Honorarabrechnungen (mehr) im 15-Minuten-Takt, NWB 31/2020, 2333; **Christ,** Neue Informationspflichten der geänderten StBVV, Honorargestaltung für Steuerberater, Sep. 2016, 1; **Feiter,** Rückvergütungsvereinbarung – zulässig?, Honorargestaltung für Steuerberater, Oktober 2023, 6; **Feiter,** Informationspflichten bei der Vereinbarung von Stundensatzhonoraren, Honorargestaltung für Steuerberater, März 2023, 1; **Feiter,** Vereinbarung über gezahlte Vorschüsse als Mindesthonorar, Honorargestaltung für Steuerberater, Juni 2022, 8; **Feiter,** Pauschalvergütungsvereinbarungen – Unzulässige Einschränkung der Vertragsfreiheit durch den Ausschlusskatalog des § 14 Abs. 2 StBVV?, DStR 2019, 1887; **Feiter,** Vereinbarung einer „Mindesthonorarklausel", KANZLEI intern, 11_2016, 2; **Feiter,** Vergütungsvereinbarung für „alle künftigen Aufträge" wirksam?, KANZLEI intern 07/2015, 2; **Fölsch,** Aktuelle Entwicklungen zur anwaltlichen Vergütungsvereinbarung, MDR 2016, 133; **Gemmer,** Wie konkret muß eine Gebühr innerhalb einer Honorarvereinbarung nach § 4 StBGebV sein?, KP 2001, 60; **Gilgan,** Ab welcher Höhe gelten die strengen Formvorschriften für Vergütungsvereinbarungen?, KP 2023, 15; **Gilgan,** Die Reichweite der Informationspflicht nach § 4 Abs. 4 StBVV, KP 2016, 183; **Graf von Westphalen,** Gesetzliches Mindesthonorar für Anwälte als unzulässige Wettbewerbsbeschränkung, ZIP 5/2024, R5; **Graf von Westphalen,** Der EuGH und das Schicksal anwaltlicher Vergütungsvereinbarungen, ZIP 2023, 2177; **Günther,** Sorgfalt bei der Gestaltung von Vergütungsvereinbarungen zahlt sich aus, NWB 26/2024, 1795; **Günther,** Gesteigerte Anforderungen an die Transparenz in Vergütungsvereinbarungen, NWB 17/2023, 1260; **Janal,** Die Errichtung und der Zugang einer Erklärung in Textform gem. § 126b BGB, MDR 2006, 368; **Jordans/Rösler,** Preiserhöhung in der Inflation: Rechtliche Vorgaben für das Massengeschäft, ZIP 2022, 1677; **Jung,** Vorvertragliche Informationspflichten des Rechtsanwalts, AnwBl 2015, 724; **Klaeren,** Formverstöße bei Vergütungsvereinbarungen, KANZLEI intern 06_2019, 3; **Klaeren,** Hinweispflicht auf höhere bzw. niedrigere Vergütung, KANZLEI intern 11/ 2016, 6; **Kunze,** Anwälte in eigener Sache – wo liegen die Grenzen der Honorarmaximierung?, AnwBl 2017, 1073; **Lahmann,** Gestaltung von Vergütungsvereinbarungen und Zweifelsfragen, DStR 2009, 2069; **Lang/Kühler,** Der Geltungsbereich von uneingeschränkten Zustimmungsklauseln in AGB für Unternehmen, NJW 2022, 2145; **Niebling,** AGB-Recht – Aktuelle Entwicklungen zu Einbeziehung, Inhaltskontrolle und Rechtsfolgen, MDR 2018, 633; **Niebling,** AGB-Recht – Aktuelle Entwicklungen zu Einbeziehung, Inhaltskontrolle und Rechtsfolgen, MDR 2017, 684; **Ring/Klinghöfer,** AGB-Recht in der anwaltlichen Praxis, 4. Aufl. 2017; **Römermann,** Vereinbarung einer Vergütung nach § 4 RVG, MDR 2004, 421; **Schaade,** Zu den Voraussetzungen der Wahrung des Textformerfordernisses betreffend eine anwaltliche Vergütungsvereinbarung, DStR 2015, 383; **Schneider,** Aktuelle Rechtsprechung zur Vergütungsvereinbarung, AnwBl Online 2019, 199; **Schneider,** Die Vergütungsvereinbarung des Rechtsanwalts – was Anwälte wissen sollten, AnwBl 2016, 178; **Schons,** Wenn Du zum Anwalt gehst, nimm einen Anwalt mit!, AnwBl 2017, 280; **Wacker,** Vertragstreue trotz Gesetzesänderung? KANZLEI intern 9_2018, 2; **Ueberfeldt,** Informationspflicht en für Steuerberater im Überblick, DStR 2017, 900; **Willerscheid,** Vergütungsvereinbarungen rechtssicher gestalten – Stolpersteine erkennen, Honorargestaltung für Steuerberater Juli 2020, 3; **Wohlfart,** Die Steuerberater-Bibel, 1. Aufl. 2025; **Zimmermann,** AGB-Recht: Aktuelle Entwicklungen bei Einbeziehung, Inhaltskontrolle und Rechtsfolgen, MDR 2023, 873.

A. Inhalt und Bedeutung

§ 4 Abs. 1 StBVV statuiert zum Schutz des Auftraggebers[1] ein komplexes System formaler Anforderungen an die Vereinbarung einer Vergütung. Die Vorschrift wurde mit Wirkung zum 1.1.2007 § 4 Abs. 1 RVG a.F. nachgebildet. **112**

1) BGH v. 3.12.2015, IX ZR 40/15, MDR 2016, 182, 183; Fölsch, MDR 2016, 133, 134 m.w.N.

Nachdem die Europäische Kommission am 18.6.2015 unter anderem gegen die Bundesrepublik Deutschland ein Vertragsverletzungsverfahren wegen der „verbindlichen Mindestpreise" in der StBVV eingeleitet hatte, ist neben einer Änderung des § 1 StBVV (→ § 1 StBVV Rz. 98) und des § 3 StBVV (→ § 3 StBVV Rz. 107) auch eine Änderung des § 4 Abs. 1 StBVV erfolgt. Mit der Dritten Verordnung zur Änderung steuerlicher Verordnungen[1] wurde § 4 Abs. 1 StBVV mit Wirkung zum 23.7.2016 weitgehend den Regelungen in § 3a RVG und § 9a Abs. 3 Satz 2 StBerG angepasst. Beide Regelungen sehen für den Abschluss einer Vergütungsvereinbarung seitdem nicht mehr die Schriftform, sondern das weniger strenge Formerfordernis der Textform vor. Es war deshalb nur konsequent, die dort vorgesehenen geringeren Formerfordernisse auch in § 4 Abs. 1 StBVV zu übernehmen.[2]

In einem neuen Absatz 3 wurde zudem geregelt, dass der StB in außergerichtlichen Angelegenheiten auch eine **niedrigere** als die gesetzliche Vergütung vereinbaren kann, wenn diese in einem angemessenen Verhältnis zu Leistung, Verantwortung und Haftungsrisiko des StB steht. In einem neuen Absatz 4 sind erstmals besondere Informationspflichten des StB vorgesehen. Danach hat der StB den Auftraggeber in Textform darauf hinzuweisen, dass eine höhere oder niedrigere als die gesetzliche Vergütung in Textform vereinbart werden kann.

Zur weiteren **Vereinheitlichung der Vorschriften über die Vergütungsvereinbarung nach RVG und StBVV** wurde § 4 Abs. 1 Satz 1 und 2 StBVV mit Wirkung zum 1.7.2025 an § 3a Abs. 1 Satz 1 und 2 RVG angeglichen. § 4 Abs. 3 StBVV wurde in seinem wesentlichen Inhalt in einen neuen § 4a StBVV überführt und mit § 4b StBVV eine dem § 4b RVG vergleichbare Regelung geschaffen. Ferner wurde § 14 StBVV gestrichen und klargestellt, dass für Pauschalvergütungsvereinbarungen nur noch die §§ 4 bis 4b StBVV gelten.[3] In den Fällen, in denen die StBVV auf das RVG verweist (§§ 21 Abs. 2, 40 StBVV), gelten die §§ 4 ff. StBVV nicht. Dann sind vielmehr die §§ 3a ff. RVG zu beachten.

Unionsrechtliche Bedenken gegen die Wirksamkeit des § 4 StBVV bestehen nicht. Die Dienstleistungs-RL enthält schon keine Vorschriften, die einer im nationalen Recht vorgeschriebenen Schrift- oder Textform entgegenstehen. Im Hinblick auf die mit der Schriftform/Textform für Vergütungsvereinbarungen zu gewährleistende Klarstellungs- und Beweisfunktion ist die damit einhergehende Beschränkung der Dienstleistungsfreiheit nicht als unverhältnismäßig zu bewerten.[4]

Der Geltungsbereich ist auf die **originären Berufstätigkeiten** nach § 33 StBerG beschränkt (§ 1 StBVV). Für **vereinbare Tätigkeiten** (§ 57 Abs. 3 StBerG) gilt § 4 StBVV nicht.[5]

Die Formerfordernisse gelten auch für einen **Schuldbeitritt**.[6] Erklärt ein Dritter den Schuldbeitritt (auch „Schuldmitübernahme"), so kann diese Erklärung in der Vergütungsvereinbarung enthalten sein. Einer gesonderten Vereinbarung, die von der Vergütungsvereinbarung abgesetzt ist, bedarf es nicht. Entscheidend sind eindeutige Formulierungen in der Vereinbarung.

1) Dritten Verordnung zur Änderung steuerlicher Verordnungen v. 18.7.2016, BGBl. I 2016, 1722 = BStBl I 2016, 725.
2) Vgl. hierzu Art. 9 der Dritten Verordnung zur Änderung steuerlicher Verordnungen, BR-Drucks. 201/16 v. 20.4.2016.
3) Fünfte Verordnung zur Änderung der Steuerberatervergütungsverordnung v. 31.3.2025, BGBl. I 2025 Nr. 105 = BStBl I 2025, 1009; BR-Drucks. 61/25, S. 17, 25 ff.
4) So BGH v. 2.6.2022, VII ZR 12/21, NJW 2022, 3230 zu § 7 Abs. 5 HOAI 2013.
5) OLG Celle v. 8.7.1998, 3 U 206/97, GI 2001, 129.
6) BGH v. 12.5.2016, IX ZR 208/15, MDR 2016, 915; Berners, NWB 48/2016, 3618.

Beispiel:

Zwischen StB..... (Auftragnehmer)

und

..............(Auftraggeber zu 1)

und

..............(Auftraggeber zu 2)

wird folgende Vergütungsvereinbarung geschlossen:

....

Auftraggeber zu 1 und Auftraggeber zu 2 haften für die vereinbarte Vergütung als Gesamtschuldner.

....	....	....
Ort, Datum	Unterschrift Auftragnehmer zu 1	Unterschrift Auftragnehmer zu 2

Der StB hat in diesem Fall zwei Schuldner, von denen er jeweils nach eigener Wahl vollständige Erfüllung verlangen kann.

§ 4 StBVV verlangt nicht, dass die Vergütung in Geld erfolgt. Theoretisch kann sich der StB **Naturalien** bzw. Sachleistungen (z.B. Grundstücke) versprechen oder sich Forderungen oder Geschäftsanteile abtreten lassen.[1]

B. Vergütungsvereinbarung (Abs. 1)

I. Anwendungsbereich

1. Keine Beschränkung mehr auf „höhere" Vergütung

Bis zum **30.6.2025** bedurfte nur die Vereinbarung einer höheren Vergütung der **113**
Form des § 4 Abs. 1 StBVV. Mit der Neufassung von § 4 Abs. 1 Satz 1 und 2 StBVV wurde zum 1.7.2025 ein Gleichlauf zu § 3a Abs. 1 Satz 1 und 2 RVG hergestellt. Seitdem ist der **Anwendungsbereich** nicht erst dann eröffnet, wenn eine „höhere als die gesetzliche Vergütung" vereinbart wird, sondern **in allen Fällen**, in denen eine Vergütung vereinbart werden soll. Dies ist z.B. der Fall, wenn ein konkreter Gebührensatz für eine bestimmte Tätigkeit vereinbart wird, wenn anstelle einer gesetzlich vorgesehenen Wertgebühr eine Zeitgebühr oder eine Pauschale vereinbart wird oder wenn eine gesetzlich nicht vorgesehene „**Zusatzgebühr**" vereinbart wird, z.B.

- eine Terminsgebühr für die Wahrnehmung von Besprechungen jedweder Art mit Dritten (z.B. Notar, Rechtsanwalt, Bank),
- ein zusätzlicher Festbetrag auf die gesetzlichen Gebühren,
- eine Vereinbarung, dass jeder Gegenstand als eine eigene Angelegenheit abgerechnet wird (z.B. in Rechtsbehelfsverfahren nach § 40 StBVV, → § 40 StBVV Rz. 652 f.),
- eine **Einarbeitungspauschale** im Sinne einer Grundgebühr (z.B. bei notwendiger Sichtung umfangreicher Unterlagen).

Formulierungsvorschlag:

„Zusätzlich zu den gesetzlichen Gebühren nach der StBVV wird eine Einarbeitungspauschale in Höhe von .... € zuzüglich der jeweils gültigen gesetzlichen Umsatzsteuer, derzeit 19%, d.h. insgesamt ...€ vereinbart."

Eine Vergütungsvereinbarung kann grundsätzlich jederzeit geschlossen werden, d.h. vor Auftragserteilung, während des bestehenden Auftrags oder auch danach.

1) Beyme, Honorargestaltung für Steuerberater, Juli 2021, 7.

114 Durch die Erweiterung des Anwendungsbereichs des § 4 Abs. 1 StBVV auf alle Vergütungsvereinbarungen (→ Rz. 113) hat sich ein jahrelanger Meinungsstreit erledigt. Denn in Rechtsprechung und Literatur gab es keine einheitliche Meinung zu der Frage, ob die Vereinbarung einer „**höheren**" Gebühr schon dann vorlag, wenn die vereinbarte Gebühr über der **angemessenen gesetzlichen Gebühr**, aber noch **innerhalb des Gebührenrahmens** lag[1] oder ob die theoretisch mögliche **höchste Gebühr** nach der StBVV überschritten sein musste.[2]

Beispiel:

StB und Mandant vereinbaren im schriftlichen Steuerberatungsvertrag eine monatliche Buchführungsgebühr nach § 33 Abs. 1 StBVV i.H.v. 10/10, ohne die Formerfordernisse des § 4 Abs. 1 StBVV zu beachten. Angemessen wäre eine 7/10-Gebühr.

Nach der erstgenannten Auffassung konnte der Mandant sich im Prozess auf die Unwirksamkeit der Vereinbarung berufen, da die angemessene Gebühr überschritten war und die Formvorschrift des § 4 Abs. 1 StBVV nicht eingehalten wurde. Nach der zuletzt genannten Auffassung wäre die Vereinbarung im Steuerberatungsvertrag wirksam, da die Höchstgebühr noch nicht überschritten war.[3] Durch die Neufassung des § 4 Abs. 1 StBVV ist klargestellt, dass die dort genannten Formerfordernisse ab dem 1.7.2025 immer eingehalten werden müssen.

Praxistipp:

Das RVG unterscheidet zwischen der formbedürftigen **Vergütungsvereinbarung** (§§ 3a ff. RVG) und der formfreien **Gebührenvereinbarung** für Beratung, Mediation und Gutachten (§ 34 RVG). Die StBVV kennt die Differenzierung zwischen Vergütungsvereinbarung und Gebührenvereinbarung nicht (Beratung und Gutachten sind in §§ 21, 22 StBVV geregelt, die Mediation ist als vereinbare Tätigkeit nicht in der StBVV geregelt). Für StB spielt diese Differenzierung deshalb keine Rolle. Jede Form der Vereinbarung muss den Formerfordernissen des § 4 Abs. 1 StBVV genügen.

115 Eine Vergütungsvereinbarung kann auch als **Wahlschuldverhältnis** (§ 262 BGB) mit unterschiedlichen Vergütungsmodellen für unterschiedliche Ziele/Aufträge ausgestaltet sein. Dies kollidiert nicht mit der Pflicht des StB, sein Gebührenbestimmungsrecht „selbst" auszuüben (→ § 11 StBVV Rz. 229). Das einschlägige Vergütungsmodell richtet sich in diesen Fällen nach dem vom Mandanten verfolgten Ziel.[4]

Beispiel:

Der Mandant beauftragt den StB die Erfolgsaussichten eines Rechtsmittels zu prüfen. Hinsichtlich der Vergütung treffen Mandant und StB bei Auftragserteilung folgende Vereinbarung in Textform:

„Für den Fall, dass der Mandant den StB nach Prüfung der Erfolgsaussichten nicht mit der Einlegung des Rechtsmittels beauftragt, soll der StB seinen Aufwand nach einem vereinbarten Stundensatz abrechnen. Für den Fall, dass der Mandant den StB nach Prü-

1) So die früher h.M.: OLG Köln v. 2.5.2003, 8 U 90/01; Eggesiecker, 2. Aufl. 1998, § 4 STEUGO Rz. 4.320; Berners, 5. Aufl. 2016, § 4 StBVV Rz. 11; Volkmann in Meyer/Goez/Schwamberger, 7. Aufl. 2013, § 4 StBVV Rz. 1; Winkler in Eckert, 5. Aufl. 2013, § 4 StBVV Rz. 2; Klaeren, KANZLEI intern 06_2019, 3.

2) So BGH v. 7.5.2013, IX ZA 1/13, HFR 2013,1160; wohl auch OLG Frankfurt v. 5.10.2018, 8 U 203/17, GI aktuell 2019, 11, 14 unter ausdrücklicher Bezugnahme auf diese Kommentierung; OLG Düsseldorf v. 21.2.2017, I-23 U 151/15 (→ Rz. 115), besprochen von Goez, KP 2017,193; Gilgan, KP 2023, 15, 16; Willerscheid, Honorargestaltung für Steuerberater Juli 2020, 3, 4; Lahmann, DStR 2009, 2069f.; Beyme in Meyer/Goez/Schwamberger, 11. Aufl. 2023, § 4 StBVV Rz. 1 und Winkler in Eckert, 6. Aufl. 2017, § 4 StBVV Rz. 8, unter Aufgabe seiner noch in der Vorauflage vertretenen Auffassung; unklar Warttinger in Eckert, 7. Aufl. 2023, § 4 StBVV Rz. 15 und 16.

3) → Darstellung der unterschiedlichen Auffassungen in Feiter, StBVV Kommentar, 3. Aufl. 2020, Rz. 115 ff.

4) KG Berlin v. 7.5.2019, 13 U 28/18, AnwBl 2019, 424 zum Anwaltsrecht; Arconada, Honorargestaltung für Steuerberater, Mai 2020, 4.

fung der Erfolgsaussichten mit der Rechtsmitteleinlegung und -führung beauftragt, soll der StB auf Basis eines vereinbarten Erfolgshonorars abrechnen."

2. Pauschalvergütungsvereinbarung

Bis zum 30.6.2025 existierte mit § 14 StBVV eine eigene Vorschrift mit eigenen Voraussetzungen für eine Pauschalvergütungsvereinbarung. Durch die Fünfte Verordnung zur Änderung der Steuerberatervergütungsverordnung[1] wurde § 14 StBVV mit Wirkung zum 1.7.2025 gestrichen. Pauschalvergütungsvereinbarungen müssen seitdem nur noch die Anforderungen des § 4 StBVV bzw. des § 4a StBVV erfüllen (→ Kommentierung zu § 41 StBVV Rz. 786 zur Bedeutung der Übergangsvorschrift). **116**

Der Verordnungsgeber reagiert damit auf die Kritik aus dem Schrifttum.[2] Denn § 14 StBVV schränkte die Möglichkeit, Pauschalvergütungen zu vereinbaren, in mehrfacher Hinsicht ein. Pauschalvergütungsvereinbarungen waren nur gestattet, wenn es sich um „laufend auszuführende Tätigkeiten" (§ 14 Abs. 1 Satz 1 StBVV a.F.) handelte. Darüber hinaus waren Pauschalvergütungsvereinbarungen für bestimmte praxisrelevante Tätigkeiten generell ausgeschlossen (§ 14 Abs. 2 StBVV a.F.). Diese Einschränkungen und Verbote waren nicht mehr begründbar, zumal Rechtsanwälte keinen vergleichbaren Einschränkungen unterliegen.[3] Ebenfalls gestrichen wurde die Regelung des § 14 Abs. 3 StBVV a.F., wonach der Gebührenanteil der Pauschalvergütung in einem angemessenen Verhältnis zur Leistung des StB stehen musste. Durch die Regelung des § 4a Satz 2 StBVV (bis zum 30.6.2025: § 4 Abs. 3 Satz 2 StBVV) bestand auch für diese Einschränkung kein Bedürfnis mehr. Durch die Aufhebung des gesamten § 14 StBVV wird die Rechtslage für Steuerberater an das Vergütungsrecht der Rechtsanwälte angeglichen.

Die Formulierung „Pauschalvergütung" macht deutlich, dass nicht nur Gebühren, sondern auch **Auslagen** zusammengefasst als Vergütung pauschaliert werden können. Gleichwohl empfiehlt es sich, eine Aufteilung zwischen Gebühren und Auslagen vorzunehmen. Dies erleichtert eine spätere Überprüfung und Anpassung der vereinbarten Pauschalen. **117**

Aus dem gleichen Grunde empfiehlt sich auch eine **Aufteilung** der auf die jeweiligen Tätigkeiten entfallenden Pauschalen, wenn zahlreiche Leistungen von der Pauschale umfasst sind. Wird in der Vereinbarung selbst keine Untergliederung vorgenommen, sollte die Zusammensetzung der Pauschalvergütung zumindest aus der Handakte des StB ersichtlich sein, damit der Berater die Voraussetzungen für eine Anpassung der Pauschalvergütung leichter darlegen kann. Auch im Falle einer vorzeitigen Beendigung des Vertrages oder Rückforderungsansprüchen des Mandanten kann eine Aufschlüsselung wichtig werden. In aller Regel werden Pauschalvergütungsvereinbarungen nicht mit Verbrauchern, sondern mit Unternehmern abgeschlossen. Wird ausnahmsweise mit einem Verbraucher eine Pauschalvergütung vereinbart, muss die vereinbarte Pauschale nach der PAnGV bereits die Umsatzsteuer beinhalten (→ Rz. 132).

Die Vereinbarung einer Pauschale ist für den StB in mehrfacher Hinsicht mit **Risiken** verbunden. Dies fängt schon bei der **Bezeichnung des Auftraggebers** an. Auf die Bezeichnung der Vertragspartei(en) ist bei mehreren möglichen Auftraggebern, z.B. bei Konzernstrukturen oder bei einer Unternehmensgruppe besondere Sorgfalt zu legen. Aber auch bei eher „kleineren" Mandaten kann es schnell zu Unklarheiten kommen, die im Zweifel zu Lasten des StB gehen. Dies zeigt ein Urteil des OLG Köln.[4] Dort hatte ein Berater jahrelang im Rahmen einer Pauschalvergütungsver- **118**

---

1) Fünfte Verordnung zur Änderung der Steuerberatervergütungsverordnung v. 31.3.2025, BGBl. I 2025 Nr. 105 = BStBl I 2025, 1009.
2) Feiter, DStR 2019, 1887; Beyme, Stbg 2022, 234.
3) Siehe hierzu die ausführliche Begründung in BR-Drucks. 61/25 v. 6.2.2025, S. 26.
4) OLG Köln v. 5.8.1996, 27 U 81/95, BB 1996, 2219.

einbarung das Unternehmen eines Mandanten betreut und darüber hinaus den Mandanten und dessen Ehefrau persönlich beraten, ohne dies gesondert zu berechnen. Daraus, sowie aus einem Schreiben des StB, schloss das OLG, die Pauschalvergütungsvereinbarung umfasse die Gesamtberatung, ein zusätzliches Honorar für die Beratung des Ehepaares dürfe nicht berechnet werden. Ähnlich lag der Fall, über den das LG Düsseldorf[1] zu entscheiden hatte. Der StB hatte mit dem Ehemann der Beklagten mündlich ein monatliches Pauschalhonorar von 120 € für „Alles" vereinbart. Da das Kündigungsschreiben des StB an beide Eheleute gerichtet war, ging das Gericht davon aus, dass die Pauschale auch alle Leistungen im Verhältnis zur Ehefrau umfasste, u.a. Lohnbuchführung, Finanzbuchführung, Einnahme-Überschussrechnung und Steuererklärungen.

119 Da unklare Vereinbarungen im Zweifel zu Lasten des StB gehen, ist auf die genaue Formulierung dessen, was die **Pauschale umfasst**, besondere Sorgfalt zu legen. Andernfalls sind Diskussionen über die gesonderte Berechnung von **Zusatzleistungen** vorprogrammiert.

Beispiele:

Sind monatliche Pauschalen für Buchführungsarbeiten vereinbart, können nicht zusätzlich zu dieser Pauschale Zusatzarbeiten für die Umstellung der Buchführung auf EDV[2] oder für Abstimmarbeiten[3] berechnet werden.

Eine Vereinbarung, in der sich der Berater verpflichtet, die Finanzbuchführung für eine monatliche Pauschale von 153,39 € (300 DM) zu erstellen ist so zu verstehen, dass mit der Zahlung des monatlichen Pauschalbetrages sämtliche für die Erstellung der Finanzbuchführung anfallenden Kosten nebst Aufwendungen abgegolten sind, d.h. auch Serviceleistungen wie dazu gehörende Beratungen und das Abholen und Verbringen von Unterlagen.[4]

Wurde für den Bereich der Lohnbuchführung eine pauschale Abrechnung von 15,34 € (30 DM) pro Mitarbeiter und Monat vereinbart, kommt darüber hinaus eine Abrechnung von sonstigen Tätigkeiten in entsprechender Anwendung des § 34 Abs. 5 StBVV nicht in Betracht.[5] Das Landgericht ging davon aus, dass die Vereinbarung nicht zwischen Lohnbuchführung im engeren Sinne und sonstigen Tätigkeiten unterschied, so dass sämtliche Tätigkeiten aus dem Bereich der Lohnbuchführung von der vereinbarten Vergütung abgegolten waren.

Praxistipp:

Wenn in einem Bestandmandat die Finanz- und/oder Lohnbuchführung auf DATEV Unternehmen online umgestellt wird, sollte der StB vorab prüfen, ob eine dauerhafte Anpassung der Pauschalvergütung erforderlich ist. Der einmalige Zeitaufwand für die Einrichtung von DATEV Unternehmen online ist m.E. eine Tätigkeit, die zusätzlich zu der vereinbarten Pauschale mit einer Zeitgebühr nach § 32 StBVV abgerechnet werden kann, wenn die Umstellung auf DATEV Unternehmen online im Zeitpunkt der Pauschalvergütungsvereinbarung nicht vorhersehbar und nicht vom Willen der Vertragsparteien erfasst war.

Ein weiteres Risiko besteht darin, dass sich die **Verhältnisse ändern** können, die der Kalkulation der Pauschale zugrunde lagen. Auch bei neuen Mandanten ist die sofortige Vereinbarung einer Pauschalvergütung mit Risiken verbunden, weil sich die Gegenstandswerte und der anfallende Zeitaufwand mitunter nur **schwer schätzen** lassen. Diesem Risiko kann der StB dadurch begegnen, dass in die Vereinbarung eine **Deckelung** nach Aufwand aufgenommen wird, z.B. dadurch, dass die

1) LG Düsseldorf v. 19.12.2008, 22 S 394/07, GI aktuell 2010, 27.
2) OLG Celle v. 21.12.1984, 3 U 131/84, DStR 1985, 482.
3) OLG Düsseldorf v. 3.5.2002, 23 U 152/01, GI 2003, 7, 11; AG Remscheid v. 27.6.2001, 27 C 16/01.
4) LG Mönchengladbach v. 26.5.2000, 2 S 21/96.
5) LG Duisburg v. 1.3.2000, 10 O 362/95, Stbg 2001, 189.

vereinbarte Pauschale einen Zeitaufwand bis zu einer bestimmten Stundenzahl abdeckt und der darüber hinaus gehende Zeitaufwand gesondert berechnet wird.[1)]

Formulierungsvorschlag:

„StB... und Auftraggeber... vereinbaren für... ein Pauschalhonorar i.H.v. ... € zuzüglich 19 % USt. Mit diesem Betrag sind bis zu ... Arbeitsstunden abgegolten. Werden mehr Arbeitsstunden benötigt, rechnet der StB diesen zusätzlichen Mehraufwand nach vorherigem Hinweis an den Auftraggeber mit einem Stundensatz i.H.v. ... € zuzügl. 19 % USt ab."

Die **Angabe der Zeiträume**, für welche die pauschal zu übernehmenden Tätigkeiten erbracht werden, ist von großer praktischer Bedeutung. Abgrenzungsprobleme können insbesondere im Fall einer Kündigung entstehen, wenn die Vereinbarung nicht erkennen lässt, ob die Vergütung für das „Jahr der üblichen Erledigung" oder für das „Jahr der wirtschaftlichen Zugehörigkeit" gezahlt wurde. **120**

Praxistipp:

Im Vertrag empfiehlt sich eine Regelung, wonach die Pauschalvergütung für das laufende Jahr (z.B. 03) sich auf Jahresabschlussarbeiten und Steuererklärungen des abgelaufenen Jahres (z.B. 02) oder sogar des vorletzten Jahres (z.B. 01) erstreckt und bei vorzeitiger Vertragsbeendigung die gesonderte Abrechnung dieser Arbeiten nach Maßgabe der StBVV erfolgt.[2)]

Eine ausdrückliche Regelung, dass die vereinbarte Pauschale für die gesamte Vertragsdauer verbindlich bleibt, sollte unterbleiben, da eine solche Klausel wegen Nichtbeachtung des § 313 BGB in AGB unwirksam ist.[3)] Andererseits werden Pauschalhonorarvereinbarungen regelmäßig für einen mehrjährigen Zeitraum getroffen. Deshalb erweisen sich **Regelungen zur Anpassung der Pauschalvergütung** an eingetretene Änderungen der Verhältnisse im Vertrag als sinnvoll. Die Anpassung kann in einem Abstand von einem Jahr oder auch einem längeren Zeitraum erfolgen oder von objektiven Umständen (Gegenstandswert etc.) abhängig gemacht werden.[4)] Diese und jede andere Änderung des Vertrags bedürfen ihrerseits wieder der in § 4 Abs. 1 Satz 1 und 2 StBVV vorgesehenen Form. Der gesetzliche Formzwang gilt grundsätzlich auch für spätere Änderungen und Ergänzungen des Vertrags.[5)] Bei Nichtbeachtung der Formerfordernisse wäre das Rechtsgeschäft – die Ergänzung bzw. Änderung des Vertrags – nach § 125 Satz 1 BGB nichtig. Es würde nach wie vor die ursprüngliche Vereinbarung gelten.[6)] Dies verkennt das OLG Düsseldorf,[7)] das dem StB auf Grund einer vertraglich vereinbarten Klausel und **ohne** Kündigung der Pauschalvergütungsvereinbarung eine einseitige Anpassung der Pauschale und eine Abrechnung nach StBVV ermöglichte. Zulässig dürfte hingegen eine **dynamische Anpassung** der Pauschale sein, wenn dies in der Vereinbarung vorgesehen ist, z.B. eine jährliche Anpassung der Pauschale an den einen bestimmten Index oder an die Inflationsrate. Gleiches dürfte für eine Regelung gelten, die den StB berechtigt, die Pauschale anzupassen, wenn dies dem Auftraggeber in Textform mitgeteilt wird und dieser der Anpassungsmitteilung trotz angemessener Frist (z.B. 3 Monate) nicht widerspricht. Anlass und Modus der Änderungen sollten möglichst transparent dargestellt werden.

Praxistipp:

Eine Anpassung ist entbehrlich, wenn an Stelle einer festen Pauschale eigene Gebührentabellen, gestaffelt nach Jahresumsatz (z.B. für die Finanzbuchführung) und Anzahl

1) Feiter, Honorargestaltung für Steuerberater Mai 2022, 1, 3.
2) Lotz, in Eckert, 7. Aufl. 2023, § 14 StBVV Rz. 19 ff. mit Formulierungsbeispielen.
3) BGH v. 20.7.2017, VII ZR 259/16, ZIP 2017, 1861.
4) Berners, NWB 2017, 2701, 2705.
5) BGH v. 26.10.1973, V ZR 194/72, NJW 1974, 271; Schleswig-Holsteinisches OLG v. 11.1.2019, 17 U 21/18, Stbg 2019, 231; Grüneberg, 84. Aufl. 2025, § 125 BGB Rz. 10.
6) Schleswig-Holsteinisches OLG v. 11.1.2019, 17 U 21/18, Stbg 2019, 231.
7) OLG Düsseldorf v. 26.5.2009, I 21 U 121/08.

der Mitarbeiter (z.B. für die Lohnbuchführung) in die Pauschalvergütungsvereinbarung integriert werden. Diese Vorgehensweise bietet sich an, wenn der StB bestimmte Branchen schwerpunktmäßig betreut und den voraussichtlichen Aufwand gut abschätzen kann.

Im Fall einer vereinbarten Pauschale müssen die Gebührenrechnungen den Anforderungen des § 9 Abs. 1 StBVV genügen und einen Hinweis auf die vereinbarte Pauschale enthalten.[1] Die sonstigen in § 9 Abs. 2 StBVV genannten Einzelheiten sind hier überflüssig. Zur Minimierung des Abrechnungsaufwandes empfiehlt sich eine Dauerrechnung i.S.d. § 31 UStDV, wenn der Auftraggeber auf eine monatliche Berechnung verzichtet. Als Dauerrechnungen werden Rechnungen bezeichnet, die regelmäßig über einen festgelegten Zeitabschnitt (z.B. Kalenderjahr) ausgestellt werden. Die Anforderungen an Dauerrechnungen richten sich nach den allgemeinen Grundregelungen für Rechnungen und ergeben sich aus § 14 UStG.

Muster Dauerrechnung zur Pauschalvergütungsvereinbarung

Dauerrechnung (§ 31 UStDV) zur Pauschalvergütungsvereinbarung

Leistungszeitraum: 01.01.01 – 31.12.01

USt-ID-Nr.:

Rechnung-Nr.:

Auftragsgegenstand	Monat	Jahr €
Buchführungsarbeiten: Buchführungspauschale	€	€
Führung der Lohn- und Gehaltskonten Lohnbuchführungspauschale	€	€
Auslagenersatz gem. § 16 StBVV	€	€
Summe	€	€
zzgl. der jeweils gültigen gesetzlichen USt	€	€
Gesamtbetrag	€	€

Diese Rechnung berechtigt in jedem Monat ihrer Laufzeit, in dem eine Zahlung geleistet wird, gemeinsam mit dem Zahlungsbeleg zum Vorsteuerabzug aus der geleisteten Zahlung.

....

Ort, Datum — Unterschrift/ Auftraggeber

....

Ort, Datum — Unterschrift/ Auftragnehmer

Bei einer **vorzeitigen Beendigung des Vertrages** ist das vereinbarte Honorar nach § 628 Abs. 1 Satz 1 BGB auf einen den **erbrachten Leistungen** entsprechenden Teil herabzusetzen (→ § 12 StBVV Rz. 259).[2] Im Einzelfall kann sich ein darüber hinaus gehender Vergütungsanspruch des StB aus § 615 Satz 1 BGB ergeben, d.h., der Berater kann die bis zum Ende der Vertragslaufzeit vereinbarte Vergütung verlan-

1) Maxl/Feiter, INF 1994, 756, 759.
2) BGH v. 16.10.1986, III ZR 67/85, NJW 1987, 315.

gen. Er muss sich lediglich gem. § 615 Satz 2 BGB **ersparte Aufwendungen** anrechnen lassen (→§ 12 StBVV Rz. 260).[1]

Praxistipp:

1. Wenn die Pauschalvergütungsvereinbarung nicht nur für ein Jahr, sondern für einen mehrjährigen Zeitraum geschlossen wird, sollte auch der Zeitpunkt, zu dem jeweils eine Überprüfung bzw. eine Anpassung der Vergütung erfolgen soll, Aufnahme in die Vereinbarung finden. Wird dies versäumt, kann der StB die Vergütung nicht einseitig anpassen.[2]
2. Eine Unterschrift ist nicht mehr erforderlich. Sie empfiehlt sich gleichwohl zu Beweiszwecken.

Bei der **Werbung mit Pauschalpreisen**, die sich auf eine unbestimmte Vielzahl von Fällen bezieht, ist Vorsicht geboten. Die Rechtsprechung verlangt eine gewisse Berücksichtigung des Einzelfalls, z.B. durch eine **Gebührenstaffelung**[3] (→ § 64 StBerG Rz. 887 m.w.N.). Ein weiteres Risiko für den Berater besteht darin, dass unklare Vertragsregelungen regelmäßig zu seinen Lasten gehen (→ Rz. 118). 121

II. Formelle Voraussetzungen (Abs. 1)

1. Textform (Satz 1)

Die Erklärung des Auftraggebers musste bis zum Inkrafttreten der Dritten Verordnung zur Änderung steuerlicher Verordnungen (→ Rz. 112) schriftlich abgegeben werden („Einseitige Schriftlichkeit" durch den Auftraggeber reichte aus). Jetzt reicht die einfachste gesetzliche Form, nämlich **Textform** i.S.d. § 126b BGB aus. Eine **mündliche/telefonische Vereinbarung** über eine Zusatzvergütung ist eine Vergütungsvereinbarung, die dem Textformerfordernis nicht genügt.[4] Wird die Textform nicht eingehalten, stellt dies lediglich eine sanktionsfreie Sorglosigkeit des StB in eigener Sache dar, ist aber noch keine Berufspflichtverletzung.[5] Dies folgt bei Anwendung des RVG daraus, dass auch mündliche Vereinbarungen wirksam sind. Sie sind lediglich unverbindlich, soweit die gesetzliche Vergütung überschritten wird (→ § 4b StBVV).[6] 122

Ist durch Gesetz die **Textform** vorgeschrieben, so muss die Erklärung in einer Urkunde oder auf andere zur dauerhaften Wiedergabe in Schriftzeichen geeignete Weise abgegeben werden, die Person des Erklärenden genannt und der **Abschluss der Erklärung** durch Nachbildung der Namensunterschrift oder anders erkennbar gemacht werden, § 126b BGB. Es bedarf also nicht einmal mehr einer Unterschrift des Auftraggebers. Es muss nur sichergestellt sein, dass die Person des Erklärenden deutlich wird und dass der Abschluss (das Ende) der Erklärung erkennbar ist. Der Namensnennung kommt keine Abschlussfunktion zu. Vielmehr kann die Person des Erklärenden auch im Kopfbogen oder innerhalb des Textes genannt werden. In einem solchen Fall ist der Abschluss der Erklärung anders zu kennzeichnen, etwa durch den Hinweis „dieses Schreiben wurde maschinell erstellt und trägt deshalb keine Unterschrift", durch eine Grußformel oder eine Datierung.[7]

Praxistipp:

Der Textform ist nicht genügt, wenn es infolge nachträglicher, schriftlicher Ergänzungen an einem räumlichen Abschluss der Vereinbarung fehlt. Deshalb führen unterhalb der

1) Vgl. Feiter/Ulrich, INF 2004, 34, 38.
2) LG Düsseldorf v. 17.3.2000, 15 O 804/95.
3) Beyme, Stbg 2022, 234.
4) LG Koblenz v. 18.12.2024, 15 O 97/24, DStR 2025, 1543 mit Anm. Trosin.
5) AnwG Hamm v. 11.5.2017, 52/16, BRAK-Mitt. 2017, 243 zu § 3a Abs. 1 Satz 1 und 2 RVG; Schneider, AnwBl Online 2019, 199, 200.
6) LG Koblenz v. 18.12.2024, 15 O 97/24, NJW-Spezial 2025, 93 zur Unverbindlichkeit eines mündlich vereinbarten Zusatzhonorars.
7) Janal, MDR 2006, 368; Mayer in Gerold/Schmidt, 26. Aufl. 2023, § 3a RVG Rz. 7.

Unterschrift angefügte Vertragsnachträge zur Formunwirksamkeit der Erklärung und sollten deshalb unbedingt vermieden werden.[1]

Die Erklärungen, für welche das Gesetz Textform voraussetzt, sind allesamt empfangsbedürftig. Neben der formgerechten Erstellung des Dokuments setzt dies auch den formgemäßen **Zugang** beim Empfänger voraus, der bei elektronischen Erklärungen nicht immer leicht zu führen ist (→ Rz. 123).[2]

Praxistipp:

Es empfiehlt sich deshalb, auch weiterhin die Unterschrift des Auftraggebers einzuholen, um dokumentieren zu können, dass er die Vergütungsvereinbarung zur Kenntnis nehmen konnte.[3]

Die **Parteibezeichnung** sollte möglichst konkret sein. Bei einer Mehrheit von Auftraggebern (Partnerschaftsgesellschaft, GbR) empfiehlt sich ebenfalls (wie nach altem Recht) aus Beweisgründen die Unterschrift aller oder eines vertretungsberechtigten Partners mit Vertretungszusatz „i.V." bzw. durch Hinzusetzen eines Firmenstempels einzuholen.

123 Neben Urkunden sind auch elektronische Speichermedien geeignete Schriftträger i.S.d. § 126b BGB, sofern die gespeicherten Daten in Schriftzeichen lesbar sind und der Schriftträger geeignet ist, die Daten dauerhaft festzuhalten. Dazu genügt die Verkörperung der Erklärung auf einer Festplatte, einem USB-Stick oder einer CD/DVD. Eine Vergütungsvereinbarung kann somit wirksam per **Computerfax, Telefax, E-Mail oder SMS** abgeschlossen werden.[4] Es genügt, wenn Antrag und Annahme in Textform vorliegen, ohne dass beide körperlich oder elektronisch verbunden sind.[5]

Beispiel:

StB übermittelt dem Geschäftsführer einer inländischen GmbH, mit deren steuerlichen Angelegenheiten er beauftragt wurde, den Entwurf einer Vergütungsvereinbarung als pdf-Anhang per E-Mail an dessen Wohnsitz nach London. Der Geschäftsführer erklärt ebenfalls per E-Mail sein Einverständnis.

Die Erklärung muss aus sich heraus allein verständlich sein. Ein **blanko** unterzeichnetes Papier reicht nicht.[6] **Gesprochene Mitteilungen**, die digitalisiert versandt und beim Empfänger von der akustischen zur optischen Wahrnehmbarkeit umgewandelt werden, entsprechen nicht der Textform.[7]

124 Im Falle einer **Praxisveräußerung** bedarf es für den wirksamen Übergang der Vergütungsvereinbarungen, die zwischen dem Veräußerer und den Mandanten bestehen, nicht erneut der Textform. Stimmen die Mandanten der Praxisübertragung zu den bisherigen Bedingungen zu, tritt der Erwerber in die laufenden Verträge ein. Er ist zumindest bis zu einer vertraglich vorgesehenen Anpassung der Honorare an die Abrechnungspraxis des Veräußerers gebunden.[8]

1) BGH v. 3.11.2011, X ZR 47/11, AnwBl 2012, 97 m.w.N.; Mayer in Gerold/Schmidt, 26. Aufl. 2023, § 3a RVG Rz. 7; auch → Rz. 131 und → Rz. 144.
2) Ausführlich Janal, MDR 2006, 368.
3) Schons, AnwBl Online 2020, 372, 378; Schons in Hartung/Schons/Enders, § 3a RVG Rz. 21 m.w.N.
4) Mayer in Gerold/Schmidt, 26. Aufl. 2023, § 3a RVG Rz. 7 m.w.N.
5) Mayer in Gerold/Schmidt, 26. Aufl. 2023, § 3a RVG Rz. 7b.
6) OLG Düsseldorf v. 11.12.2001, 24 U 19/01, GI 2003, 70, 72, zu § 3 Abs. 1 BRAGO.
7) Schons in Hartung/Schons/Enders, § 3a RVG Rz. 21.
8) BGH v. 10.2.2011, IX ZR 45/08, BFH/NV 2011, 959; Thüringer OLG v. 13.2.2008, 7 U 147/07, DStR 2011, 1147; LG Duisburg v. 2.10.2015, 7 S 21/15 zum Fortbestand einer Vereinbarung bei Kauf einer Steuerberatungskanzlei; BGH v. 16.12.1999, VII ZR 392/96, DB 2000, 1859, zum Fortbestand der Honorarvereinbarung bei Übernahme eines Architektenvertrags.

2. Deutlich abgesetzt von anderen Vereinbarungen (Satz 2)

Die Vergütungsvereinbarung muss von anderen Vereinbarungen **deutlich abgesetzt** sein. Dieses **Trennungsgebot** galt seit Inkrafttreten der Dritten Verordnung zur Änderung steuerlicher Verordnungen (→ Rz. 112) bis zum Inkrafttreten der Fünften Verordnung zur Änderung der Steuerberatervergütungsverordnung am 1.7.2025 (→ Rz. 112) nur, wenn das Schriftstück nicht vom Auftraggeber verfasst wurde, sondern vom StB (§ 4 Abs. 1 Satz 3 StBVV a.F.). Mit der Fünften Verordnung zur Änderung der Steuerberatervergütungsverordnung[1] wurde diese Einschränkung ebenso gestrichen, wie der Begriff „Schriftstück", der wegen des Textformerfordernisses zumindest nicht mehr präzise war.[2] In der Vereinbarung enthalten sein durften seit Inkrafttreten der Dritten Verordnung zur Änderung steuerlicher Verordnungen (→ Rz. 112) Regelungen zur Auftragserteilung (§ 4 Abs. 1 Satz 2 StBVV a.F.). Dies war nach der früheren Fassung nicht gestattet. Allerdings sah auch die frühere Fassung schon vor, dass Art und Umfang des Auftrags zu bezeichnen waren (§ 4 Abs. 1 Satz 2, 2. Halbsatz StBVV a.F. und § 4 Abs. 1 Satz 3 StBVV). Diese Vorgabe ist mit Wirkung zum 1.7.2025[3] gestrichen worden, um einen Gleichlauf mit § 3a Abs. 1 RVG herzustellen (→ Rz. 112). 125

Nicht zu den „anderen Vereinbarungen", von denen die Vergütungsvereinbarung deutlich abgesetzt sein muss, gehören alle Klauseln, die die Vergütung unmittelbar betreffen, wie z.B. Regelungen zur Fälligkeit, zum Vorschuss, zur Verjährung, zur Preisanpassung oder zum Gerichtsstand für die Vergütungsklage. Unschädlich ist auch eine in der Vergütungsvereinbarung abgegebene Bestätigung des Mandanten, eine Abschrift der Vergütungsvereinbarung erhalten zu haben.[4] Demgegenüber gehören zu den „anderen Vereinbarungen" Gerichtsstandvereinbarungen für Klagen aus dem Mandatsverhältnis, Haftungsbeschränkungsvereinbarungen, Regelungen zur Heranziehung von Mitarbeitern, Regelungen zu den Mitwirkungspflichten des Mandanten oder Vereinbarungen über den Ausschluss des Kündigungsrechts.[5] Diese müssen deutlich abgesetzt von der Vergütungsvereinbarung sein, wenn alles in einem einheitlichen Vertrag geregelt ist. Deutlich abgesetzt bedeutet, dass sich die Vergütungsvereinbarung in ihrer Gesamtheit so deutlich vom übrigen Vertragstext abhebt, dass sie dem Vertragspartner die Rechtslage unübersehbar zur Kenntnis bringt, so dass der Auftraggeber sofort erkennen kann, dass es sich um eine gesonderte Vereinbarung handelt.[6] Eine Trennlinie reicht nicht aus, wenn auch der übrige Text bereits mit mehreren Trennlinien versehen ist.[7] Gleiches gilt, wenn der **gesamte Vertragstext völlig einheitlich** gestaltet ist und als Mittel der räumlichen Trennung ausschließlich Paragrafen, Absätze oder durch Fettdruck hervorgehobene Überschriften enthält. In diesen Fällen ist die Vergütungsvereinbarung gleichförmig und nicht deutlich abgesetzt in den Vertragstext eingebettet, so dass der Gesamteindruck einer äußeren Homogenität erzeugt wird.[8]

---

1) Fünfte Verordnung zur Änderung der Steuerberatervergütungsverordnung v. 31.3.2025, BGBl. I 2025 Nr. 105 = BStBl I 2025, 1009.
2) BR-Drucks. 61/25, S. 24.
3) Fünfte Verordnung zur Änderung der Steuerberatervergütungsverordnung v. 31.3.2025, BGBl. I 2025 Nr. 105 = BStBl I 2025, 1009.
4) BGH v. 19.5.2009, IX ZR 174/06, AGS 2009, 430; Günther, NWB 2024, 1795, 1797.
5) OLG Düsseldorf v. 5.12.2023, 24 U 116/22, DStR 2024, 1207; Günther, NWB 2024, 1795, 1797 f.; Schneider, AnwBl 2016, 178, 180; Mayer in Gerold/Schmidt, 26. Aufl. 2023, § 3a RVG Rz. 10.
6) BGH v. 3.12.2015, IX ZR 40/15, MDR 2016, 182; OLG Karlsruhe v. 20.1.2015, 19 U 99/14, AnwBl 2015, 350 m.w.N.; AG Oldenburg v. 2.11.2015, 31 C 3/14; Römermann, MDR 2004, 421.
7) Schons in Hartung/Schons/Enders, § 3a RVG Rz. 31.
8) BGH v. 3.12.2015, IX ZR 40/15, MDR 2016, 182; OLG Düsseldorf v. 5.12.2023, 24 U 116/22, DStR 2024, 1207 mit Anm. Fietkaus; OLG Karlsruhe v. 20.1.2015, 19 U 99/14, AnwBl 2015, 350; AG Oldenburg v. 2.11.2015, 31 C 3/14; Günther, NWB 2024, 1795, 1797 f.

3. Bezeichnung als Vergütungsvereinbarung oder in vergleichbarer Weise (Satz 2)

126 Die Vergütungsvereinbarung muss **immer** als Vergütungsvereinbarung oder in vergleichbarerer Weise bezeichnet sein. Bis zum Inkrafttreten der Fünften Verordnung zur Änderung der Steuerberatervergütungsverordnung am 1.7.2025 (→ Rz. 112), galt dies nur für (Regel-)Fall, dass die Vergütungsvereinbarung nicht vom Auftraggeber, sondern vom StB verfasst wurde oder der StB auf einen einschlägigen Vordruck zurückgriff. Bis zum Inkrafttreten der Dritten Verordnung zur Änderung steuerlicher Verordnungen (→ Rz. 112) musste die Vergütungsvereinbarung sogar ausdrücklich als „Vergütungsvereinbarung" bezeichnet werden. Abweichende Bezeichnungen, wie z.B. „Honorarvereinbarung" wurden nach alter Rechtslage unterschiedlich bewertet.[1)]

Zweckmäßig ist es, die Vereinbarung ausdrücklich als „Vergütungsvereinbarung" zu bezeichnen. Der gleichlautende Begriff „**Honorarvereinbarung**" ist unschädlich.[2)] Die Bezeichnung „**Gebührenvereinbarung**" ist zumindest irreführend, wenn darin auch Regelungen zur Höhe der Auslagen enthalten sind.[3)] Die bloße Bezeichnung „**Vergütung**" ist ebenfalls problematisch, da sie nicht hinreichend deutlich zum Ausdruck bringt, dass von der gesetzlichen Vergütung abgewichen werden soll.[4)] Abzuraten ist von Bezeichnungen, wie „**Beratervertrag**",[5)] „**Pauschalvereinbarung**" oder „**Steuerberatungsvertrag mit Vergütungsvereinbarung**". Bei der Gestaltung der Vereinbarung ist darauf zu achten, dass das Wort „Vergütungsvereinbarung" quasi die **Überschrift** des Dokuments (das **erste Wort**) ist und nicht erst im Anschluss an die Bezeichnung der Parteien erfolgt. Idealerweise wird die Bezeichnung möglichst zentriert und durch Fettdruck oder größere Schrift hervorgehoben.

4. Nicht in der Vollmacht enthalten (Satz 2)

127 Die Vergütungsvereinbarung darf nicht in der Vollmacht enthalten sein. Die StBVV unterscheidet also zwischen der **generell unzulässigen Verbindung** mit der Vollmacht und der unter der Voraussetzung des deutlichen Absetzens zulässigen Verbindung mit anderen Vereinbarungen (→ Rz. 125). Die Regelung dient dem Schutz des Auftraggebers, der in der Vollmacht keine von den gesetzlichen Vorgaben der StBVV abweichende Vergütungsvereinbarung erwartet. Bis zum Inkrafttreten der Fünften Verordnung zur Änderung der Steuerberatervergütungsverordnung am 1.7.2025 (→ Rz. 112) war es möglich, in der Vollmacht eine Regelung über die Vergütung (Gebühren, Auslagen, EDV-Kosten) vorzusehen, wenn **keine höhere** als die gesetzliche Vergütung vereinbart wurde (→ Rz. 113 ff.).

Beispiel:

> In der Vollmacht vereinbaren StB und Mandant eine Gebühr in Höhe von 30/10 für die Anfertigung einer Selbstanzeige.

In diesem Beispielsfall wird **keine „höhere"** als die gesetzliche Vergütung vereinbart. Denn der Gebührensatz von 30/10 entspricht der gesetzlichen Höchstgebühr nach § 30 StBVV, liegt also noch innerhalb des gesetzlichen Gebührenrahmens. Eine solche Vereinbarung war nach der bis zum 30.6.2025 geltenden Regelung des § 4 Abs. 1 Satz 2 Nr. 2 StBVV zulässig. Nachdem die Beschränkung des Anwen-

---

1) Zulässig: LG Köln v. 16.4.2015, 2 O 404/14, DStR 2016, 95 zu § 4 Abs. 1 StBVV a.F. und OLG München v. 10.12.2014, 15 U 5006/12 zu § 4 Abs. 2 Satz 1 RVG a.F.; unzulässig: LG Wiesbaden v. 27.11.2014, 9 O 199/13.
2) BT-Drucks. 16/8348 v. 5.3.2008.
3) Schneider, AnwBl 2016, 178, 180; Schons in Hartung/Schons/Enders, § 3a RVG Rz. 26.
4) Schneider, AnwBl 2016, 178, 180.
5) BGH v. 8.6.2004, IX ZR 119/03, AnwBl 2004, 662.

dungsbereichs des § 4 Abs. 1 StBVV auf die Vereinbarung einer „**höheren**" Vergütung zum 1.7.2025 entfallen ist, müssen die Formerfordernisse des § 4 Abs. 1 Satz 1 und 2 StBVV nunmehr stets beachtet werden, auch wenn keine höhere als die gesetzliche Vergütung vereinbart wird.

5. Art und Umfang des Auftrags (Satz 3)

§ 4 Abs. 1 Satz 3 StBVV sieht vor, dass **Art und Umfang des Auftrags** nach Satz 2 zu bezeichnen sind. Diese Regelung findet sich in § 3a Abs. 1 RVG nicht. Das zusätzliche Formerfordernis ist vor dem Hintergrund der vom Verordnungsgeber beabsichtigten Angleichung an § 3a Abs. 1 RVG durch die Fünfte Verordnung zur Änderung der Steuerberatervergütungsverordnung[1] nicht zu erklären. Vermutlich wurde die Streichung des Satzes 3 (und des Satzes 4) schlichtweg vergessen. Sucht man nach einer Erklärung für die Regelung des Satzes 3, ließe sich argumentieren, dass nur bei einer genauen Leistungsbeschreibung für den Auftraggeber erkennbar ist, auf welche Leistungen sich die Vergütungsvereinbarung bezieht. Da anders als beim Rechtsanwalt der dem StB erteilte Auftrag i.d.R. verschiedene Tätigkeiten umfasst, gebietet es der von der Vorschrift bezweckte Schutz des Auftraggebers, in der Vergütungsvereinbarung unmittelbar oder mittelbar (z.B. durch einen Verweis auf den schriftlichen Steuerberatungsvertrag) zu regeln, für welche Tätigkeiten eine andere als die gesetzliche Vergütung vereinbart wird. Man könnte Satz 3 deshalb als eine spezielle Regelung zur Bestimmtheit des Auftrags verstehen. 128

6. Rechtsfolgen bei Verstößen gegen Formvorschriften (Satz 4)

Ist die Vergütungsvereinbarung nach § 4 Abs. 1 StBVV wegen Nichtbeachtung der Form unwirksam, kann dieser Formmangel jederzeit – auch noch nach Beendigung des Auftrags – durch eine wirksame Vereinbarung geheilt werden. Dies setzt jedoch die im Streitfall nicht zu erwartende Zustimmung des Mandanten voraus. Bei fehlender Heilung gilt § 4b StBVV. 129

Ein Verstoß gegen § 4 Abs. 1 Satz 3 StBVV hat demgegenüber keine Auswirkungen (→ § 4b StBVV Rz. 155). Auch dies spricht dafür, dass der Verordnungsgeber bei der Angleichung des § 4 Abs. 1 StBVV an § 3a Abs. 1 RVG schlichtweg übersehen hat, § 4 Abs. 1 Satz 3 (und 4) StBVV zu streichen (→ Rz. 128). Für StB erweist sich die unterbliebene Streichung der **vergütungsrechtlichen Kondiktionsregelung** in § 4 Abs. 1 Satz 4 StBVV als vorteilhaft (→ § 4b StBVV Rz. 158). Denn mit § 4 Abs. 1 Satz 4 StBVV bleibt StB eine weitere Heilungsmöglichkeit für den Fall der formunwirksamen Vergütungsvereinbarung erhalten. Danach ist eine Rückforderung durch den Mandanten ausgeschlossen, wenn die höhere Vergütung **freiwillig und ohne Vorbehalt** geleistet worden ist. Eine vergleichbare Regelung existierte nur bis zum 30.7.2008 im **RVG**. Seitdem gibt es diese Heilungsmöglichkeit bei fehlerhaften Vergütungsvereinbarungen im RVG nicht mehr.[2] Für StB wird diese Abweichung dann relevant, wenn die StBVV auf die Vorschriften des RVG verweist, wie z.B. in § 40 StBVV.

Beispiel:

StB und Mandant schließen für ein Klageverfahren vor dem FG eine (fehlerhafte) Vergütungsvereinbarung. Zahlt der Mandant zunächst freiwillig und ohne Vorbehalt das vereinbarte Honorar und fordert dies später unter Hinweis auf die fehlerhafte Vergütungsvereinbarung ganz oder teilweise zurück, kann der StB sich nicht auf die freiwillige und vorbehaltlose Zahlung berufen, da das RVG dies nicht mehr vorsieht. Der StB ist in diesen Fällen nur durch § 814 BGB vor Rückforderungsansprüchen des Mandanten geschützt.

---

1) Fünfte Verordnung zur Änderung der Steuerberatervergütungsverordnung v. 31.3.2025, BGBl. I 2025 Nr. 105 = BStBl I 2025, 1009.

2) Schons, AnwBl 2020, 372, 376.

Welche Anforderungen an die „freiwillige Leistung" zu stellen sind, ist eine Frage des Einzelfalls. Grundsätzlich ist es allein Sache des StB, für eine formgerechte Vergütungsvereinbarung zu sorgen. Dazu gehört auch die Information des Mandanten, dass er eine höhere als die gesetzliche Vergütung zahlt. Hat der StB dem Mandanten eine entsprechende Information gegeben, kommt es bei der Frage der „Freiwilligkeit" nicht mehr darauf an, ob es sich bei dem Mandanten um einen geschäftsgewandten Auftraggeber oder einen ungewandten Auftraggeber handelt.[1] Nach OLG Düsseldorf[2] muss auch ein Mandant, der Volljurist ist, nicht wissen, dass eine mündlich geschlossene Vergütungsvereinbarung formunwirksam ist. An der „Freiwilligkeit" fehlt es immer dann, wenn der Mandant gar keine, also auch keine mündliche Erhöhungserklärung abgegeben hat, bzw. gar nicht weiß, dass die bezahlten Gebühren höher sind als die gesetzlichen Gebühren[3] oder wenn der Mandant sich in Rechtsnot befindet.[4] In diesen Fällen greift § 4 Abs. 1 Satz 3 StBVV nicht ein und dem Mandanten steht – mangels Freiwilligkeit der Leistung – ein Rückforderungsanspruch aus Bereicherungsrecht zu.[5] Einwände gegen den Bereicherungsanspruch sind dem StB grundsätzlich verwehrt.[6] Vorbehaltlosigkeit der Leistung liegt vor, wenn der Auftraggeber im Zusammenhang mit der Leistung keinen Zweifel an der Berechtigung der Forderung artikuliert.[7] Die Darlegungs- und Beweislast für die Kenntnis des Mandanten hat der StB.[8]

III. Inhaltliche Anforderungen

1. AGB-Recht

130 **Preishauptabsprachen** unterliegen nach § 307 Abs. 3 BGB grundsätzlich keiner Inhaltskontrolle nach **AGB-Recht**. Über das AGB-Recht kann kein gerechter Preis ermittelt werden. Für Preisabsprachen gilt der Kontrollmaßstab des § 4 Abs. 2 StBVV bzw. des § 3a Abs. 2 RVG. Kontrollfähig sind hingegen **Preisnebenabreden**, wie der Preis abzurechnen ist.[9] Zu den Preisnebenabreden gehören z.B. **Zeittaktklauseln, Mindesthonorarklauseln, Preiserhöhungsklauseln, Anerkenntnisklauseln, Pauschalierungsklauseln** oder **Rückvergütungsklauseln**. Die Höhe eines vereinbarten Stundensatzes (Preishauptabsprache) unterliegt – wie auch sonstige Klauseln einer Vergütungsvereinbarung – aber dann der AGB-Kontrolle, wenn es für das vereinbarte Entgelt eine gesetzliche Regelung gibt. Diese findet sich für StB in den Vorschriften der StBVV und des RVG, auch wenn dort Vergütungsvereinbarungen ausdrücklich zugelassen sind.[10] Preishauptabsprachen in AGB sind deshalb darauf zu überprüfen, ob sie mit dem Grundgedanken des Preisrechts übereinstimmen.[11] Ein **Verstoß gegen wesentliche Grundgedanken der gesetzlichen Regelung** (§ 307 Abs. 2 Nr. 1 BGB) liegt bei gegenseitigen Verträgen z.B. vor, wenn **der**

1) So aber Kilian, NJW 2005, 3104, 3107.

2) OLG Düsseldorf v. 12.6.2018, 24 U 131/17, AGS 2019, 162.

3) BGH v. 8.6.2004, IX ZR 119/03, NJW 2004, 2818; OLG Düsseldorf v. 12.6.2018, 24 U 131/17, AGS 2019, 162; OLG Düsseldorf v. 11.11.2008, I-24 U 36/08, GI 2009, 8, 10, zu § 4 RVG a.F.; OLG Koblenz v. 22.9.2003, 5 U 763/03, MDR 2004, 55, zu § 3 Abs. 1 Satz 2 BRAGO; LG Duisburg v. 9.7.2020, 11 O 273/19; LG Essen v. 16.1.1992, 16 O 183/90.

4) BGH v. 4.2.2010, IX ZR 18/09, NJW 2010, 1364, 1370; Kilian, NJW 2005, 3104, 3106.

5) OLG Düsseldorf v. 12.6.2018, 24 U 131/17, AGS 2019, 162 zum Anwaltsrecht.

6) Siehe die Nachweise bei Kilian, NJW 2005, 3104, 3107.

7) Kilian, NJW 2005, 3104, 3107.

8) OLG Düsseldorf v. 12.6.2018, 24 U 131/17, AGS 2019, 162 zum Anwaltsrecht.

9) Kilian, NJW 2023, 908, Anmerkung zu EuGH-Urteil v. 12.1.2023.

10) BGH v. 12.9.2024, IX ZR 65/23, Rz. 11, DStR 2025, 485 mit Anm. Fietkau; BGH v. 13.2.2020, IX ZR 140/19, MDR 2020, 570 zum Anwaltsrecht; a.A. noch BGH v. 11.7.2019, VII ZR 266/17, MDR 2019, 1125 zum Architektenhonorar und OLG Düsseldorf v. 23.11.2021, I-24 U 355/20, AnwBl Online 2022, 206 zum RA-Honorar.

11) BGH v. 8.5.2025, IX ZR 90/23, BB 2025, 1794 und v. 12.9.2024, IX ZR 65/23, Rz. 11, DStR 2025, 485 mit Anm. Fietkau.

Grundsatz der Gleichwertigkeit von Leistung und Gegenleistung verletzt wird. Dieser kommt nach Auffassung des BGH **bei der Vereinbarung eines Zeithonorars** uneingeschränkt zum Tragen.[1] Die Inhaltskontrolle bezieht sich dabei allein auf den Zeitpunkt des Abschlusses der Vergütungsvereinbarung. Eine **Staffelung** der Gebühren (insbesondere bei Stundensätzen) nach **Qualifikation** der Mitarbeiter ist zulässig und üblich. Für den Mandanten muss im Falle einer Staffelung der Gebühren ersichtlich sein, welcher **Leistungsgruppe** der jeweilige Mitarbeiter angehört. Andernfalls fehlt es an der Vereinbarung einer **konkreten** Gebühr.[2]

Beispiel:

Eine Differenzierung bei den Stundensätzen zwischen „langjähriger Mitarbeiter" und „Mitarbeiter" ermöglicht dem Mandanten ohne nähere Erläuterungen keine eindeutige Zuordnung und ist deshalb zu unbestimmt.

Nur mit einer bestimmten (konkreten), zumindest aber bestimmbaren **Gebühr** wird der **Mandant nicht unangemessen benachteiligt** (§ 307 Abs. 1 Satz 2 BGB) und genügt die Vereinbarung dem **Transparenzgebot** (§ 307 Abs. 1 Satz 2 BGB). Die Anforderungen an die Bestimmtheit dürfen nicht überspannt werden.[3] Eine Vereinbarung ist dann noch hinreichend konkret, wenn die Vergütung nach Abschluss der Vereinbarung berechnet werden kann. Zulässig ist z.B. die Vereinbarung, dass der doppelte Betrag der gesetzlichen Gebühren oder ein prozentualer Zuschlag dazu zu zahlen sei. Dem StB darf aber **kein einseitiges Bestimmungsrecht** verbleiben.[4] Lediglich die Höhe der Auslagen bzw. Spesen darf unbestimmt bleiben.[5]

Beispiel (unbestimmte Vereinbarung):

„Die Gebühren für laufende steuerliche Beratung und für die steuerliche Beratung in Sonderprojekten wird der Auftragnehmer nach Zeitaufwand unter Zugrundelegung seiner üblichen Stundensätze abrechnen. Die derzeit gültigen Stundensätze belaufen sich für Partner auf 300 bis 350 €, für Prokuristen auf 200 bis 250 € und für Sachbearbeiter auf 150 bis 180 €."

Dem StB verbleibt bei den vorgesehenen Rahmengebühren noch ein einseitiges Bestimmungsrecht. Nach der o.g. Rechtsprechung führt dies zur Unwirksamkeit der Vereinbarung.

Fraglich ist, ob eine Vereinbarung mangels Bestimmtheit unwirksam ist, in der „**mindestens die Mittelgebühr** und höchstens die Höchstgebühr" vereinbart wird. Auch hier verbleibt dem StB ein einseitiges Bestimmungsrecht, so dass nichts anderes gelten dürfte als in dem o.g. Beispiel (Unwirksamkeit der Vereinbarung). Würde man die Vereinbarung als wirksam ansehen, gäbe sie dem StB keine Rechtssicherheit, wenn er mehr als die Mittelgebühr abrechnet. Denn der StB ist für jedwedes Überschreiten der Mittelgebühr darlegungs- und beweispflichtig. Denkbar ist auch eine Vereinbarung mit dem Inhalt, dass die monatlich vereinbarten Vorschüsse gleichzeitig als Mindestvergütung vereinbart werden. Wichtig ist allerdings, dass die Vereinbarung für den Mandanten verständlich ist.[6]

Umstritten ist die Zulässigkeit von vorsorglich getroffenen **Rahmenvergütungsvereinbarungen,** die für den Fall einer gesonderten neuen Beauftragung bereits eine 131

1) BGH v. 12.9.2024, IX ZR 65/23, Rz. 42 m.w.N., DStR 2025, 485 mit Anm. Fietkau.
2) Brönnecke, NWB 2020, 2333, 2340 f.
3) BVerfG v. 12.8.2002, 1 BvR 328/02, AnwBl 2002, 612.
4) BGH v. 19.2.1998, III ZR 106/97, NJW 1998, 1786, zur Gebührenverordnung für Ärzte; BGH v. 25.2.1965, VII ZR 112/63, NJW 1965, 1023, zur BRAGO; Toussaint, 55. Aufl. 2025, § 3a RVG Rz. 50; Berners, 6. Aufl. 2020, § 4 StBVV Rz. 49; Gemmer, KP 2001, 60; siehe auch § 4 Abs. 3 Satz 2 RVG: danach darf die Höhe der Vergütung nicht in das Ermessen eines Vertragsteils gestellt werden; andernfalls gilt die gesetzliche Vergütung als vereinbart.
5) BVerfG v. 12.8.2002, 1 BvR 328/02, AnwBl 2002, 612.
6) Feiter, Honorargestaltung für Steuerberater, Juni 2022, 8 mit Formulierungsvorschlag.

konkrete Vergütungsregelung enthalten.[1] Hält man eine Rahmenvergütungsvereinbarungen grundsätzlich für zulässig, muss sie in jedem Fall **hinreichend bestimmt** sein. Sie muss erkennen lassen, welche zukünftigen Aufträge davon erfasst sein sollen (→ Rz. 130).[2] Welche Anforderungen an die ausreichende Bestimmtheit einer Rahmenvergütungsvereinbarung zu stellen sind, ist im Detail umstritten. Für die Gestaltung von Vergütungsvereinbarungen ist insbesondere die Frage interessant, ob eine **Vergütungsvereinbarung** auch **für „alle zukünftigen Aufträge"** geschlossen werden kann, die im Zeitpunkt der Vereinbarung noch nicht erteilt sind und bei denen nicht einmal feststeht, ob es zu einer Auftragserteilung kommt. Im Wesentlichen werden hierzu drei Auffassungen vertreten:

Nach der strengsten Auffassung reicht eine bewusst allgemein gehaltene Vergütungsvereinbarung, die auch mögliche weitere Aufträge im Vorhinein pauschal mit abdecken soll, mangels Bestimmtheit nicht aus.[3] Deshalb wird empfohlen, den Inhalt einer Vergütungsvereinbarung immer möglichst genau zu definieren. Bei einem Klageverfahren sollten Steuerart und Steuerjahr genannt werden. Nach dieser Auffassung muss im Falle einer nachträglichen Auftragserweiterung also immer eine neue Vergütungsvereinbarung geschlossen werden.

Nach einer vermittelnden Auffassung sind Rahmenvergütungsvereinbarungen grundsätzlich zulässig, wenn sie ausreichend bestimmt sind und klar ist, für welche Tätigkeiten sie gelten sollen. Hieran seien keine zu strengen Anforderungen zu stellen.[4] Ausreichend sei eine grobe Umschreibung der künftigen Aufträge (z.B.: "Allgemeine steuerliche Beratung in laufenden Angelegenheiten einschließlich der Vertretung gegenüber Finanzbehörden"). Auch nach dieser Auffassung dürfte die Bezeichnung „für alle zukünftigen Aufträge" nicht hinreichend bestimmt sein.

Nach der liberalsten Auffassung ist auch eine Rahmenvergütungsvereinbarung, die sich auf „alle zukünftigen Aufträge" erstreckt, hinreichend bestimmt und damit wirksam.[5]

Diese Auffassung verdient Zustimmung. Denn eine Vergütungsvereinbarung, die sich auf „alle zukünftigen Aufträge" bezieht, ist für einen durchschnittlichen Vertragspartner hinreichend verständlich. Sie ist auch ausreichend bestimmt, da sie eben für alle zukünftigen Aufträge gilt und es keine Auslegungsschwierigkeiten über Umfang der Vereinbarung geben kann. Der Auftraggeber wird deshalb durch eine solche Klausel nicht unangemessen benachteiligt (§ 307 Abs. 1 Satz 1 BGB). Auch die Schutz- und Warnfunktion des § 4 Abs. 1 Satz 1 und 2 StBVV verlangt keine Beschränkung auf bereits erteilte Aufträge.[6] Selbstverständlich ist der StB für die Erteilung eines jeden zukünftigen Auftrags beweispflichtig. Zu den Rechtsfolgen einer unbestimmten Klausel → Rz. 130.

---

1) Für die Zulässigkeit: OLG Bamberg v. 15.6.2023, 12 U 89/22 Rz. 69, NJW 2023, 3516; OLG Düsseldorf v. 16.9.2024, 24 U 85/23, DStR 2025, 423 mit Anm. Feiter; OLG Düsseldorf v. 8.11.2022, I-24 U 38/21, DStR 2023, 1030; AnwBl Online 2023, 44; Hinne/Klees/Müllerschön/Winkler/Zastrow, 5. Aufl. 2022, Rz. 80; Lahmann, DStR 2009, 2069, 2072 f., mit Muster; a.A. LG Köln v. 24.1.2018, 26 O 453/16, BRAK-Mitt. 2018, 97 für den Fall einer vorsorglichen Beauftragung für eine gerichtliche Tätigkeit, wenn der Auftrag zunächst nur auf die außergerichtliche Tätigkeit ausgerichtet ist, → Rz. 145.

2) OLG Karlsruhe v. 28.8.2014, 2 U 2/14, NJW-Spezial 2015, 28 mit Anm. von Feiter, KANZLEI intern 07/2015, 2.

3) Schaade, DStR 2015, 384; Berners, NWB 40/2015, 2960, 2962.

4) Lahmann, DStR 2009, 2069, 2072.

5) In diesem Sinne wohl OLG Düsseldorf v. 16.9.2024, 24 U 85, 23, DStR 2025, 423 mit Anm. Feiter; OLG Düsseldorf v. 8.11.2022, I-24 U 38/21, DStR 2023, 1030; AnwBl Online 2023, 44 und OLG Düsseldorf v. 21.4.2009, I-24 U 27/08; Teubel in Hinne/Klees/Müllerschön/Winkler/Zastrow, 5. Aufl. 2022, Rz. 80.

6) Feiter, KANZLEI intern 07/2015, 2 m.w.N.

Praxistipp:

In der „Hektik des Alltags" und des damit verbundenen Zeitdrucks kommt es vor, dass der StB mit der Mandatsbearbeitung beginnt, ohne dass dem Auftrag eine wirksame Vergütungsvereinbarung zugrunde liegt, etwa wenn der Mandant die ihm zugesandte oder übergebene Vergütungsvereinbarung zunächst in Ruhe lesen will und diese später nicht zurückgibt. Dies ist besonders fatal, wenn die Vergütungsvereinbarung auch für künftige Aufträge und Folgemandate gelten soll. Hier ist es wichtig, dass kanzleiintern nachgehalten wird, dass der Mandant die Vergütungsvereinbarung akzeptiert und möglichst unterschrieben zurückgibt.

Praxistipp:

Erteilt der Mandant dem StB im Anwendungsbereich der Rahmenvergütungsvereinbarung einen neuen Auftrag, ist die Vergütungsfrage durch die Rahmenvergütungsvereinbarung („alle zukünftigen Aufträge") geregelt. Der StB sollte allerdings die Auftragserteilung in irgendeiner Form dokumentieren, damit er später im Bestreitensfall nachweisen kann, dass seinem Tätigwerden ein Auftrag zugrunde lag.

Die **Vereinbarung von Zeithonoraren** mit einem **Verbraucher** (B2C-Verkehr) **132**
genügt nur dann dem unionsrechtlichen Erfordernis der Klarheit und Verständlichkeit,[1] wenn der Verbraucher in die Lage versetzt wird, die wirtschaftlichen Folgen des Vertragsschlusses einschätzen zu können, z.B. durch eine Schätzung der Stunden, die voraussichtlich oder mindestens erforderlich sind, um die Dienstleistung zu erbringen oder durch die Verpflichtung in angemessenen Zeitabständen Rechnungen oder regelmäßige Aufstellungen zu übermitteln, in denen die aufgewandten Arbeitsstunden ausgewiesen sind.[2] Im deutschen Recht gilt das **Transparenzgebot** nach Art. 4 Abs. 2 der Richtlinie 93/13 über § 307 Abs. 1 Satz 2 BGB. Fehlende Transparenz allein führt nach den europarechtlichen Vorgaben aber nicht zwingend zur Unwirksamkeit der Klausel. Die Richtlinie selbst[3] verlangt für die Feststellung der Missbräuchlichkeit einer Klausel vielmehr eine Gesamtwürdigung aller Umstände des Vertragsschlusses. Etwas anderes kann sich nur dann ergeben, wenn das nationale Recht – wie im Fall des der Entscheidung des EuGH zu Grunde liegenden litauischen Rechts – ein höheres Schutzniveau vorsieht als die Richtlinie. Dann kann bereits der bloße Verstoß gegen das Transparenzgebot zur Unwirksamkeit führen. Die Regelungen des BGB enthalten kein gegenüber Art. 3, 4 der Richtlinie erhöhtes Schutzniveau i.S.d. Art. 8 der RL 93/13 EWG. Nach § 307 Abs. 1 Satz 2 BGB **kann** bei einem Verstoß gegen das Transparenzgebot eine unangemessene Benachteiligung vorliegen. Außerdem regelt § 310 Abs. 3 Nr. 3 BGB, dass bei Verbraucherverträgen auch die den Vertragsschluss begleitenden **Umstände** zu berücksichtigen sind. Damit ist – wie nach der europarechtlichen Regelung auch – eine Gesamtwürdigung aller Umstände des Vertragsschlusses vorzunehmen.[4] Ist eine **Klausel** danach **unwirksam**, führt dies nicht zur Unwirksamkeit der Vergütungsvereinbarung oder des gesamten Steuerberatungsvertrages. Im Falle einer oder mehrerer unwirksamen Klausel(n) kann die Preisabrede im Ganzen unwirksam sein. Der StB darf dann nur die gesetzlichen Gebühren berechnen.[5] Allerdings darf der StB von der Unwirksamkeit der Klausel nicht profitieren. Wenn die gesetzlichen Gebüh-

1) Art. 5 der Richtlinie über missbräuchliche Klauseln in Verbraucherverträgen RL 93/13/EWG.
2) EuGH v. 12.1.2023, C-395/21 in einer litauischen Anwaltssache. Es ging um Rest-Honorar in Höhe von 9 900 € zzgl. Auslagenersatz. Vereinbart war ein Stundensatz von 100 €.
3) Art. 3 Abs. 1 der RL 93/13 in der durch RL 2011/83 geänderten Fassung.
4) BGH v. 12.9.2024, IX 65/23, Rz. 19 ff., DStR 2025, 485 mit Anm. Fietkau; OLG Bamberg v. 15.6.2023, 12 U 89/22 Rz. 75 ff., NJW 2023, 3516.
5) BGH v. 12.9.2024, IX ZR 65/23, Rz. 52, 57, DStR 2025, 485 mit Anm. Fietkau; Bereska, AnwBl 2023, 150, 151; Beyme, Stbg 2023, 115; a.A. Graf von Westphalen, ZIP 2023, 2177 ff.: Kein Anspruch auf die gesetzliche Vergütung gegenüber Verbraucher-Mandant, aber gegenüber Unternehmer-Mandant; → Rz. 139.

ren höher sind, kann er nur die vereinbarte geringere Vergütung verlangen (→ Rz. 139).[1]

Praxistipp:

Wer das Transparenzgebot ernst nimmt und im Hinblick auf eine transparente Klausel auf der sicheren Seite sein will, sollte die Vorgaben des EuGH beachten. Sie lassen sich in der Praxis leicht umsetzen. Unterbleibt die Information des Mandanten, kann dieser später leicht die fehlende Transparenz der Stundensatzvereinbarung reklamieren. Dieses Risiko sollte von vornherein vermieden werden. Auf der sicheren Seite ist der StB deshalb immer dann, wenn er seine Verbraucher-Mandanten vor Vertragsschluss informiert, wie viele Stunden voraussichtlich oder mindestens erforderlich sind, um die vereinbarte Dienstleistung zu erbringen.[2] Wird die Stundenzahl erreicht und sind weitere Tätigkeiten erforderlich, sollte der Mandant ebenfalls informiert werden. Die erforderliche Transparenz kann der StB auch dadurch schaffen, dass er in angemessenen Zeitabständen (z.B. monatlich) Rechnungen mit einem Nachweis über die erbrachten Leistungen übermittelt (→ Rz. 923 Muster Vergütungsvereinbarung Zeithonorar (außergerichtliche Tätigkeit, § 2 Abs. 1)). Diese Variante bietet sich im Rahmen eines auf Dauer angelegten Mandats mit Stundensatzvereinbarung an. Zwar hat der EuGH nur in einer Verbrauchersache entschieden. Gleichwohl ist es empfehlenswert, die Vorgaben auch gegenüber **Unternehmer**-Mandanten (B2B-Verkehr) einzuhalten.[3] Auch wenn bei den klassischen Dienstleistungen in Standardfällen i.d.R. keine Aufklärung des Unternehmer-Mandanten erforderlich sein wird,[4] darf nicht verkannt werden, dass das deutsche Recht das Transparenzerfordernis traditionell auch im B2B-Verkehr anwendet,[5] so dass der StB im Hinblick auf eine transparente Klausel nur dann auf der sicheren Seite ist, wenn er die EuGH-Vorgaben auch im B2B-Bereich beachtet.

Ist der Mandant Verbraucher, müssen die Stundensätze einschließlich der anteiligen Umsatzsteuer als Bruttopreis ausgewiesen werden (§§ 1 Abs. 3, 6 Abs. 1 Nr. 1, 12 Abs. 1 Satz 3 PAngV).[6] Andernfalls ist von einer mehrdeutigen Klausel auszugehen, die zu Lasten des Verwenders auszulegen ist. Die Formulierung „150 € zuzüglich Umsatzsteuer" wird gegenüber einem Verbraucher ausgelegt wie „150 € inklusive Umsatzsteuer".[7] Außerdem liegt eine Ordnungswidrigkeit vor, § 10 Abs. 1 Nr. 4 PAngV.

2. Typische Klauseln

a) Mindesthonorarklausel

133 **Mindesthonorarklauseln** legen eine Untergrenze für die vom Mandanten zu zahlende Vergütung fest. Sie sollen garantieren, dass der StB für eine bestimmten Tätigkeit mindestens einen bestimmten Betrag erhält. Mindesthonorarklauseln sind insbesondere zu empfehlen, wenn Stundensätze/Zeitgebühren vereinbart werden oder wenn der StB in gerichtlichen Verfahren tätig wird. Unwirksam sind Mindesthonorarklauseln aber immer dann, wenn sie so ausgestaltet sind, dass sie den **Mandanten unangemessen benachteiligen** (§ 307 Abs. 1 Satz 1 BGB). Nach BGH[8] sind sie im Rechtsverkehr mit **Verbrauchern** wohl generell unwirksam.

1) BGH v. 12.9.2024, IX ZR 65/23, Rz. 64 f., DStR 2025, 485 mit Anm. Fietkau; Bereska, AnwBl 2023, 150, 151.
2) Feiter, Honorarbrief für Steuerberater, März 2023, 1, 2 mit Formulierungsbeispiel.
3) Feiter, Honorargestaltung für Steuerberater, März 2023, 1, 2.
4) Beyme, Stbg 2023, 114 f.
5) Graf von Westphalen ZIP 2023, 2177, 2183 f.; Anmerkung Kilian, NJW 2023, 908 zu EuGH-Urteil v. 12.1.2023.
6) Brönnecke, NWB 2020, 2333, 2341 f.
7) OLG München v. 13.1.1970, 5 U 2419/69, NJW 1970, 661; LG Heidelberg v. 12.8.2016, 3 O 149/16; Schlosser in Staudinger, BGB, Bearbeitung 2013, § 305c Rz. 115.
8) BGH v. 12.9.2024, IX ZR 65/23, Rz. 37, 51, DStR 2025, 485 mit Anm. Fietkau.

Beispiel:[1]

Im Erstberatungsgespräch mit Rechtsanwalt R teilte der Mandant M mit, dass er im Jahr 2004 ein Bankkonto in Liechtenstein eröffnet habe und dort insgesamt 65 000 € aus einer Erbschaft angelegt hat. Der Gesamtvermögenswert war zwischenzeitlich auf 82 000 € angestiegen. M beauftragte R mit der Erstellung einer steuerlichen Selbstanzeige. Die Parteien schlossen eine schriftliche Vergütungsvereinbarung, die einen Stundensatz von 250 € vorsah. Weiter wurde vereinbart, dass als Mindestgebühr die 30/10-**Höchstgebühr** des § 30 StBVV **in doppelter Höhe** geschuldet wird und der Gegenstandswert mindestens **dem Doppelten des gesetzlichen Mindestgegenstandswertes** von 8 000 € entspricht. R rechnete seine Tätigkeit später nicht nach Zeitaufwand ab (angefallen waren 31 Std.), sondern nach der vereinbarten Mindesthonorarklausel und machte eine Forderung von 51 076,23 € geltend.

Das LG Stuttgart versagte die geltend gemachte Vergütung, da der zwischen den Parteien geschlossene Vertrag gegen die guten Sitten (§ 138 Abs. 1 BGB) verstieß und damit nichtig war. Bei Zugrundelegung des vereinbarten Stundensatzes hätte R lediglich 9 683,63 € und bei einer Abrechnung nach der gesetzlichen Mittelgebühr 10 721,78 € geltend machen können. Das verlangte Honorar stehe dazu in einem auffälligen Missverhältnis. Hinzu kamen noch besondere Umstände, weil R die Unterlegenheit des M bewusst zu seinem Vorteil ausgenutzt hatte.

Weitere Beispiele:

Der **BGH** sah folgende Mindesthonorarklauseln im Verhältnis zwischen einem RA und einem Verbraucher als unwirksam an:

„Entsteht Streit über die angefallene Arbeitszeit, kann der RA anstelle des Zeithonorars oder hilfsweise nach seiner Wahl das **Doppelte** der gesetzlichen Vergütung, mindestens jedoch eine 2,5 Geschäftsgebühr zuzüglich USt verlangen…“.[2]

„Der Mandant schuldet … **mindestens das dreifache** der gesetzlichen Vergütung nach dem RVG“.[3]

Praxistipp:

Mindesthonorarklauseln sollten von vorneherein nicht auf eine moralisch anstößige und unseriöse Honorarmaximierung angelegt sein, indem dort ein Mehrfaches der gesetzlichen Vergütung als Mindestvergütung vorgesehen ist.[4] Die Mindesthonorarklausel sollte **fair und konkret** ausgestaltet sein, indem z.B. die gesetzliche Mindestgebühr oder die gesetzliche Mittelgebühr vereinbart werden.

Die ältere Rechtsprechung des OLG München, nach der eine Mindesthonorarklausel, in der mindestens das Zweifache der gesetzlichen Gebühren vereinbart wird, zulässig ist,[5] ist durch die neuere Rechtsprechung des BGH – jedenfalls im Verhältnis zu einem **Verbraucher-Mandanten** – überholt.[6] Es darf nicht verkannt werden, dass ein nicht vorgebildeter Durchschnittsmandant die Bedeutung einer solchen Klausel möglicherweise nicht erkennt oder auch nur erahnt. Bei einem geschäftsgewandten Mandanten mag dies anders zu beurteilen sein. Auf der sicheren Seite ist

1) LG Stuttgart v. 18.4.2016, 27 O 382/15, AGS 2017, 6.
2) BGH v. 12.9.2024, IX ZR 65/23, DStR 2025, 485 mit Anm. Fietkau.
3) BGH v. 13.2.2020, IX ZR 140/19, MDR 2020, 570.
4) A.A. Brönnecke, NWB 2020, 2333, 2340, der einen Multiplikator des zwei- oder dreifachen der gesetzlichen Gebühren empfiehlt.
5) OLG München v. 30.11.2016, 15 U 1298/16 Rae, AnwBl 2017, 209 mit kritischen Anm. Schons, AnwBl 2017, 280 und zustimmenden Anm. Kunze, AnwBl 2017, 1073 und Brönnecke, NWB 2020, 2333, 2340; OLG München v. 5.6.2019, 15 U 319/18, DStR 2019, 1711 mit Anm. Raab zur Unwirksamkeit einer Mindesthonorarklausel, nach der die gesetzlichen Gebühren pauschal um das Dreifache angehoben werden; bestätigt durch BGH v. 13.2.2020, IX ZR 140/19, MDR 2020, 570; Brönnecke, NWB 2020, 2333, 2339.
6) BGH v. 13.2.2020, IX ZR 140/19, MDR 2020, 570; BGH v. 12.9.2024, IX ZR 65/23, DStR 2025, 485 mit Anm. Fietkau.

der StB aber auch im Verhältnis zu einem **Unternehmer-Mandanten** nur, wenn er sich an der o.g. Rechtsprechung orientiert.

Praxistipp:

Da wegen des Transparenzgebotes (§ 307 Abs. 1 Satz 2 BGB) einerseits die Verpflichtung besteht, den Klauselinhalt klar und verständlich zu formulieren,[1] andererseits die Gefahr besteht, dass der Klauselinhalt für den Mandanten nicht verständlich ist, sollte dieser über die Bedeutung der Mindesthonorarklausel aufgeklärt werden.[2]

Ob und unter welchen Voraussetzungen der StB von einer vereinbarten Mindesthonorarklausel später Gebrauch macht, hängt vom Einzelfall ab. Keinesfalls sollte die Klausel dazu dienen, den Mandanten mit einer Abrechnung nach Zeitaufwand zu locken, um dann später nach einer attraktiveren Abrechnungsmethode abzurechnen. Sinnvoll und hilfreich ist eine Mindesthonorarklausel immer dann, wenn eine **Abrechnung nach vereinbartem Zeitaufwand** zu einer **unangemessen niedrigen Vergütung** führen und den Wert der Leistung des StB nicht angemessen honorieren würde.[3]

Beispiel:

StB wird mit der Prüfung einer schwierigen umsatzsteuerlichen Frage beauftragt. Für die Lösung benötigt er eine halbe Stunde, da er dieselbe Rechtsfrage zuvor für einen anderen Mandanten aufwändig (16 Std.) geklärt hat.

Eine Abrechnung nach Zeitaufwand stünde in diesem Fall in keinem angemessenen Verhältnis zur Schwierigkeit der Tätigkeit und der Bedeutung der Angelegenheit für den Mandanten. Der Grundsatz von Gleichwertigkeit von Leistung und Gegenleistung, ein wesentlicher Grundgedanke der für gegenseitige Verträge geltenden Regeln des bürgerlichen Rechts, wäre verletzt.[4] Hier käme deshalb dank der Mindesthonorarklausel eine Abrechnung nach Wertgebühr (§ 21 Abs. 1 Satz 1 StBVV) in Betracht.

Darüber hinaus erweist sich eine Mindesthonorarklausel in den Fällen als hilfreich, in denen der **Mandant** den in Rechnung gestellten **Zeitaufwand bestreitet** und der StB möglicherweise Beweisschwierigkeiten hat, den Zeitaufwand plausibel darzulegen und zu beweisen.

Formulierungshilfe für eine Mindesthonorarklausel (Stundensatz mit Mindestvergütung)

„Anstelle der gesetzlichen Vergütung vereinbaren die Parteien für die unter Ziffer.... xy des Steuerberatungsvertrages bezeichneten Tätigkeiten einen Stundensatz von ... € zuzüglich der jeweils gültigen gesetzlichen Umsatzsteuer, derzeit ...%, mithin ... € pro Stunde brutto."

Alt. 1.:"Unabhängig davon kann der Auftragnehmer jedoch mindestens die gesetzliche Vergütung nach der Mittelgebühr verlangen."

Alt. 2: „Unabhängig davon kann der Auftragnehmer jedoch mindestens die gesetzliche Vergütung nach der Mittelgebühr verlangen, wenn der Auftraggeber den Zeitaufwand bestreitet oder wenn die Abrechnung nach Stundensätzen zu einer niedrigeren als der gesetzlichen Vergütung nach der Mittelgebühr führt."

Die Alt. 1 legt nicht eindeutig fest, unter welchen Voraussetzungen der StB die gesetzliche Vergütung nach der Mittelgebühr fordern kann. Ob sie deshalb schon unverbindlich oder intransparent ist, ist umstritten.[5] Wenn in der Vereinbarung –

1) BGH v. 8.10.2015, I ZR 132/14; LG Köln v. 24.1.2018, 26 O 453/16, BRAK-Mitt. 2018, 97; Niebling, MDR 2017, 684, 687.
2) Feiter, KANZLEI intern 11_2016, 2.
3) Feiter, KANZLEI intern 11_2016, 2.
4) Siehe hierzu BGH v. 12.9.2024, IX ZR 65/23, Rz. 42, DStR 2025, 485 mit Anm. Fietkau.
5) Mayer in Gerold/Schmidt, RVG, 26. Aufl. 2023, § 3a Rz. 18.

wie in Alt. 2 – hingegen ausdrücklich geregelt ist, unter welchen Bedingungen wie abzurechnen ist, ist dasTransparenzgebot beachtet.[1]

Fraglich ist, ob eine **„umgekehrte" Mindesthonorarklausel**, die eine wahlweise Abrechnung nach Zeitaufwand und nicht nach Gegenstandswert vorsieht, wirksam vereinbart werden kann.

Beispiel:

Die Parteien vereinbaren für alle wertbasierten Tätigkeiten eine Abrechnung auf Basis des Gegenstandswertes nach den jeweiligen Vorschriften der StBVV. Für den Fall, dass in einer Angelegenheit eine Abrechnung nach dem für die Bearbeitung dieser Angelegenheit angefallenen Zeitaufwand zu einer höheren als der angemessenen gesetzlichen Vergütung führt, soll eine Abrechnung nach Zeitaufwand erfolgen.

Auch eine solche Mindesthonorarklausel muss bestimmt und transparent sein. Sie darf den Auftraggeber nicht unangemessen benachteiligen. Wenn dies beachtet wird, bestehen m.E. keine Vorbehalte gegen eine solche „umgekehrte" Mindesthonorarklausel.

b) Preiserhöhungsklausel

Preisanpassungsklauseln sind in AGB nicht grundsätzlich unwirksam. Zulässig sind solche Klauseln, wenn ein berechtigtes Interesse des Verwenders (§ 307 Abs. 1 BGB) besteht und die Preisanpassungen in der Vereinbarung schon der Höhe nach festgelegt sind.[2] Gerade bei Dauerschuldverhältnissen besteht grundsätzlich ein berechtigtes Interesse des Verwenders, eine Preisanpassung an geänderte Kosten vorzunehmen.[3] Allerdings ist fraglich, ob ein solches Interesse auch dann besteht, wenn das Vertragsverhältnis von beiden Seiten kurzfristig beendet werden kann.[4] Auch ein Steuerberatungsvertrag kann grundsätzlich von beiden Seiten kurzfristig gekündigt werden (→ Grundlagen des Vergütungsrechts Rz. 26). Gleichwohl besteht m.E. ein berechtigtes Interesse des StB an der Verwendung einer Preisanpassungsklausel. Eine Änderungskündigung wäre für den StB mit übermäßigem, zusätzlichem Geschäftsaufwand verbunden. Auch ist fraglich, ob eine Änderungskündigung im Interesse der Mandanten liegt, die i.d.R. die Dienste des StB weiter in Anspruch nehmen wollen, solange der Preis noch angemessen ist. Die Schranke des § 307 Abs. 1 Satz 1 BGB (unangemessene Benachteiligung) ist zu beachten. Sie wird nicht eingehalten, wenn die Klausel es dem Verwender ermöglicht, über die Abwälzung konkreter Kostensteigerungen hinaus den zunächst vereinbarten Preis ohne Begrenzung anzuheben. Dementsprechend sind Preisanpassungsklauseln nur zulässig, wenn die Befugnis zur Anpassung von Kostenerhöhungen abhängig gemacht wird und die einzelnen Kostenelemente offengelegt werden (→ Muster Rz. 923).[5] Empfehlenswert ist es, dem Auftraggeber eine großzügig bemessene Widerspruchsfrist einzuräumen und auf die Bedeutung des Schweigens (fingierte Zustimmung) ausdrücklich hinzuweisen.[6] Gleichwohl sind derartige Klauseln generell riskobehaftet.[7] Eine mögliche Unangemessenheit der Klausel kann dadurch 134

1) Mayer in Gerold/Schmidt, RVG, 26. Aufl. 2023, § 3a Rz. 18.
2) Hinne/Klees/Müllerschön/Winkler/Zastrow, 5. Aufl. 2022, Rz. 375.
3) BGH v. 11.6.1980, VIII ZR 174/79, MDR 1981, 47.
4) Verneinend: KG v. 15.11.2023, 23 U 112/22, MDR 2024, 94 zu einer Preisanpassungsklausel eines Streaming-Dienstes: zumutbar sei eine Änderungskündigung.
5) BGH v. 15.4.2021, I ZR 23/30, MMR 2021, 812 und zuvor KG v. 20.12.2019, 5 U 24719 m.w.N. zu Netflix-Preisanpassungsklausel.
6) So Hinne/Klees/Müllerschön/Winkler/Zastrow, 5. Aufl. 2022, Rz. 375.
7) Zu den Transparenzanforderungen, die an Preiserhöhungsklauseln zu stellen sind, siehe auch BGH v. 12.9.2024, IX ZR 65/23, Rz. 38 ff., DStR 2025, 485 mit Anm. Fietkau zu einer Erhöhungsklausel in einem Verbraucher-Mandat, DStR 2025, 485; BGH v. 15.4.2021, I ZR 23/20, MMR 2021, 812 und zuvor KG v. 20.12.2019, 5 U 24/19 zu Netflix-Preisanpassungsklausel; Wolf/Lindacher/Pfeiffer, AGB-Recht, 6. Aufl., § 309 Nr. 1 BGB Rz. 100; Jordans/Rösler, ZIP 2022, 1677 und Lang/Kühler, NJW 2022, 2145 zu uneingeschränkten Zustimmungsklauseln im Massengeschäft.

kompensiert werden, dass dem Mandanten die Möglichkeit eingeräumt wird, das Vertragsverhältnis jederzeit zu kündigen.[1] Bei Unwirksamkeit einer Preisanpassungsklausel bleibt der Vertrag im Übrigen wirksam.[2] Nach der Rechtsprechung des BGH zu Preisanpassungsklauseln in Energieversorgungsverträgen kann der Kunde die Unwirksamkeit einer formularmäßig vereinbarten Preiserhöhung nicht mehr mit Erfolg geltend machen, wenn er sie nicht innerhalb eines Zeitraums von drei Jahren nach Zugang der Jahresrechnung, in der die Preiserhöhung erstmals berücksichtigt worden ist (**Dreijahresfrist**) beanstandet hat. Der BGH kommt durch ergänzende Vertragsauslegung zu diesem Ergebnis.[3] Auf diese Rechtsprechung sollten sich StB in entsprechenden Fallkonstellationen berufen.

c) Anerkenntnisklausel/Fingierte Zustimmung

135 Bei vereinbarten Zeithonoraren enthalten viele Vergütungsvereinbarungen eine fingierte Zustimmungsklausel, wonach die in Rechnung gestellten Zeiten als anerkannt gelten, wenn der Auftraggeber nicht innerhalb einer bestimmten Frist widerspricht (**Anerkenntnisklausel**). Die Zulässigkeit einer solchen Klausel ist wegen der gesetzlichen Vorgaben in §§ 309 Nr. 12, 308 Nr. 5 und 307 BGB sehr umstritten.[4] Das LG Köln hält sie für unzulässig, weil sie den Mandanten unangemessen benachteilige und der Verwender (im konkreten Fall eine Anwaltskanzlei) kein berechtigtes Interesse an der Verwendung der Erklärungsfiktion habe. Ein solches berechtigtes Interesse sei insbesondere bei organisatorischen Bedürfnissen im Rahmen des Massenverkehrs anzunehmen.[5] Nachdem der BGH[6] die Unzulässigkeit einer fingierten **Zustimmungsklausel** sogar im Massenverkehr der **Banken** mit ihren Privatkunden bejaht hat, ist die Verwendung solcher Klauseln unsicherer denn je. Unmittelbare Anwendung findet das Urteil des BGH allerdings nur auf Banken im Verhältnis zu ihren Privatkunden (Verbrauchern). Ob der BGH gegenüber Unternehmern einen großzügigeren Maßstab anlegen wird, bleibt abzuwarten. In einer **Anwaltssache** hat der BGH jetzt eine Zeitvergütungsvereinbarung mit Anerkenntnisklausel zumindest gegenüber einem **Verbraucher** als unwirksam angesehen. Die einseitige Verlagerung der Risiken bei der Darlegung, Nachprüfbarkeit und dem Nachweis des tatsächlichen Bearbeitungsaufwands sei eine unangemessene Benachteiligung i.S.d. § 307 BGB.[7]

Praxistipp:

Gegenüber Verbrauchern sollten derartige Klauseln nicht mehr verwendet werden. Wer trotz der aufgezeigten Unsicherheiten, eine entsprechende Klausel gegenüber einem Unternehmer-Mandanten verwenden möchte, sollte keine überzogenen Anforderungen an den Widerspruch (z.B. „substantiierter Widerspruch") des Mandanten aufstellen, möglichst **periodische** – am besten monatliche – **Abrechnungen** vereinbaren und dafür Sorge tragen, dass die Rechnungen zeitnah bezahlt werden. Mit der Zahlung gilt die Abrechnung zwar nicht als genehmigt, es dreht sich jedoch die Darlegungs- und Beweislast. Nicht der StB muss die abgerechneten Stunden beweisen, sondern der Mandant muss den Gegenbeweis führen.[8] Zusätzlich sollte auch **jede einzelne Rechnung** unter Bezugnahme auf den Inhalt der Vergütungsvereinbarung nochmals einen Hinweis enthalten, wonach die abgerechneten Zeiten als anerkannt gelten, wenn der Mandant nicht innerhalb einer großzügig bemessenen Frist (z.B. ein Monat) nach Bekanntgabe der

1) KG v. 20.12.2019, 5 U 24/19 zu Netflix-Preisanpassungsklausel.
2) BGH v. 13.1.2010, VIII ZR 81/08, WM 2010, 481; Niebling, MDR 2018, 633, 639.
3) U.a. BGH v. 26.1.2022, VIII ZR 175/19, BGHZ 232, 312; Zimmermann, MDR 2023, 873, 878 m.w.N.
4) Ring/Klinghöfer, Rz. 382 ff.; Mayer in Gerold/Schmidt, 26. Aufl. 2023, § 3a RVG Rz. 66.
5) LG Köln v. 24.1.2018, 26 O 453/16, BRAK-Mitt. 2018, 97, n.rkr.; Hinne/Klees/Müllerschön/Winkler/Zastrow, 5. Aufl. 2022, S. 76 f.
6) BGH v. 27.4.2021, XI ZR 26/20, ZIP 2021, 1262 und EWiR 2020, 193 mit Anm. Homberger.
7) BGH v. 12.9.2024, IX ZR 65/23, Rz. 51, DStR 2025, 485 mit Anm. Fietkau.
8) Schneider, AnwBl Online 2019, 199, 201.

Rechnung widerspricht. Der Mandant weiß dann, was „auf ihn zukommt" (→ Muster Rz. 923).

d) Zeittaktklausel

136 Bis zur Entscheidung des BGH zur Unzulässigkeit eines angefangenen 15-Minuten-Zeittakts gegenüber einem Verbraucher-Mandanten[1)] waren Zeittaktklauseln weit verbreitet. Gegenüber Verbrauchern wird seitdem eine minutengenaue Abrechnung oder ein 6-Minuten-Zeittakt empfohlen. Auch gegenüber einem Unternehmer-Mandanten empfiehlt sich eine minutengenaue Abrechnung oder ein 6-Minuten-Zeittakt (→ siehe hierzu § 13 StBVV Rz. 270 m.w.N.).

e) Pauschalierungsklausel

137 Neben einer Vereinbarung über die Gebühren kann auch eine von den Vorgaben der StBVV abweichende Vereinbarung über den **Auslagenersatz** getroffen werden (→ § 16 StBVV Rz. 303). Problematisch ist eine Klausel, die dem StB ermöglicht als Auslagenersatz einen bestimmten Prozentsatz des vereinbarten Honorars oder der Rechnungssumme zu berechnen (→ § 16 StBVV Rz. 303). Der BGH hält eine solche Klausel gegenüber einem Verbraucher-Mandanten im Falle einer Zeitvergütungsvereinbarung für unwirksam, weil sich dadurch der Stundensatz erhöhe, ohne dass erkennbar wäre, dass mit jeder Arbeitsstunde durchschnittlich entsprechende Auslagen verbunden wären. Die sei intransparent und benachteilige die Mandanten unangemessen.[2)] Von der Verwendung einer entsprechenden Klausel ist bei Zeitvergütungsvereinbarungen mit Verbraucher-Mandanten deshalb abzuraten.

Praxistipp:

Wird gegenüber einem Unternehmer-Mandanten ein bestimmter Prozentsatz des vereinbarten Honorars als Auslagenersatz vereinbart (z.B. 5 %), sollte zusätzlich eine Deckelung erfolgen.

Formulierungsbeispiel:

„Zusätzlich zu dem unter Ziffer... xy vereinbarten Honorar werden Auslagen wie folgt vereinbart:

Post- und Telekommunikationsdienstleistungen werden mit 5 % des vereinbarten Netto-Honorars abgerechnet, höchstens aber eine Pauschale von .... € netto".

Enthält die Vereinbarung keine Regelung zum Auslagenersatz und zur Umsatzsteuer, ist im Zweifel davon auszugehen, dass neben der vereinbarten Vergütung weder Auslagenersatz noch Umsatzsteuer geltend gemacht werden können.

Teilweise wird empfohlen, für die **laufende Beratung** oder die sog. **Tür-und-Angel-Beratung** feste Pauschalen zu vereinbaren, die sich am Jahreshonorar für die Finanzbuchführung, die Lohnbuchführung und den Jahresabschluss orientieren.[3)] Davon ist abzuraten. Nach der Rechtsprechung des BGH[4)] zur Unzulässigkeit der Pauschalierung von Auslagenersatz ist eine Klausel zur Pauschalierung von Beratungsleistungen aus den vom BGH aufgezeigten Gründen erst recht unwirksam, da das Honorarvolumen hier deutlich höher wäre als im Fall der Pauschalierung des Auslagenersatzes. Die Benachteiligung des Mandanten wäre in diesem Fall ungleich höher.

f) Sonstige Klauseln

138 **Rückvergütungsklauseln** spielen in der bisherigen Praxis kaum eine Rolle. Allerdings kann im Einzelfall ein Interesse an einer solchen Klausel bestehen, wenn es

1) BGH v. 13.2.2020, IX ZR 140/19, MDR 2020, 570.
2) BGH v. 12.9.2024, IX ZR 65/23, Rz. 45, DStR 2025, 485 mit Anm. Fietkau.
3) Wohlfart, S.229.
4) BGH v. 12.9.2024, IX ZR 65/23, DStR 2025, 485 mit Anm. Fietkau.

sich um ein besonders wichtiges Mandat handelt und der Mandant ein gewisses Entgegenkommen beim Honorar erwartet.

Beispiel:

StB vereinbart mit einer größeren Mandantengruppe, dass beim Überschreiten bestimmter jährlicher Umsatzgrenzen ein bestimmter Protzentsatz der Gesamtvergütung für das laufende Geschäftsjahr im darauffolgenden Geschäftsjahr zurückvergütet wird.[1]

Auch eine Vereinbarung über die gesonderte Berechnung der **Reisezeit** – abweichend von den in § 18 Abs. 3 StBVV vorgesehenen Tage- und Abwesenheitsgeldern – ist zulässig. So kann z.B. vereinbart werden, dass die Reisezeit mit dem vollen oder halben Stundensatz berechnet wird. Wenn nicht der volle Stundensatz abgerechnet werden soll, kann es unter Abrechnungsgesichtspunkten praktischer sein, nicht den halben Stundensatz, sondern die halbe Reisezeit zugrunde zu legen, da Stundenverrechnungssätze im System zumeist personenbezogen und nicht tätigkeitsbezogen hinterlegt sind. Abweichende Vereinbarungen sind möglich. Allerdings muss eine entsprechende Klausel transparent sein. Es muss klar sein, nach welchen Bedingungen Reisezeiten zu vergüten sind (→ **Muster** Rz. 923).[2]

3. Rechtsfolgen bei Verstößen gegen AGB-Recht

139 Eine Klausel, die gegen das Transparenzgebot verstößt, ist nicht allein wegen dieses Verstoßes unwirksam. Unwirksam ist eine intransparente Klausel erst dann, wenn sie den Mandanten unangemessen benachteiligt (→ Rz. 130).[3]

Eine einzelne unwirksame Klausel führt noch nicht zur Unwirksamkeit der gesamten Vergütungsvereinbarung oder des Steuerberatungsvertrages. Gleiches gilt, wenn mehrere voneinander trennbare Klauseln unwirksam sind.[4]

Mehrere unwirksame Klauseln in einer Vergütungsvereinbarung führen nur dann zur Unwirksamkeit der gesamten Vergütungsvereinbarung, wenn der wirksame Teil der Vereinbarung im Gesamtgefüge des Vertrags nicht mehr sinnvoll ist. Der Steuerberatungsvertrag bleibt gleichwohl wirksam (§ 306 Abs. 1 BGB). Der StB kann in diesem Fall nur das gesetzliche Honorar verlangen (§ 306 Abs. 2 BGB), und zwar maximal bis zur Höhe des vereinbarten Honorars.[5]

4. Aufklärungspflicht über eventuell höhere Vergütung?

140 Bis zum Inkrafttreten der Fünften Verordnung zur Änderung der Steuerberatervergütungsverordnung am 1.7.2025 (→ Rz. 112) trafen den StB wegen der Schutz- und Warnfunktion[6] des § 4 Abs. 1 Satz 1 StBVV a.F. **weitergehende Informationspflichten** dahingehend, dass die vereinbarten Gebühren **höher** als die gesetzlichen Gebühren sind. Es musste eindeutig feststehen, für welche Tätigkeiten der Auftraggeber eine höhere als die gesetzliche Vergütung zahlen soll.[7] Seit der Angleichung des § 4 Abs. 1 StBVV an § 3a Abs. 1 RVG zum 1.7.2025 (→ Rz. 113) ist der Anwendungsbereich der Vorschrift nicht mehr auf die Vereinbarung einer höheren Vergütung beschränkt. Er umfasst vielmehr jede Art von Vereinbarung, mit Ausnahme der niedrigeren Vergütung, die gesondert in § 4a StBVV geregelt ist.

---

1) Ausführliche Darstellung mit rechtlicher Beurteilung: Feiter, Honorarbrief für Steuerberater, Oktober 2023, 6.
2) LG Köln v. 24.1.2018, 26 O 453/16, BRAK-Mitt. 2018, 97, n.rkr.
3) BGH v. 12.9.2024, IX ZR 65/23, DStR 2025, 485 mit Anm. Fietkau; BGH v. 8.5.2025, IX ZR 90/23, BB 2025, 1794.
4) BGH v. 13.2.2020, IX ZR 140/19, MDR 2020, 570.
5) BGH v. 12.9.2024, IX ZR 65/23, DStR 2025, 485.
6) BGH v. 3.12.2015, IX ZR 40/15, MDR 2016, 182; LG Wiesbaden v. 27.11.2014, 9 O 199/13.
7) OLG Düsseldorf v. 16.9.2024, 24 U 85/23, DStR 2025, 423 mit Anm. Feiter; OLG Karlsruhe v. 28.8.2014, 2 U 2/14, DStR 2015, 383; OLG Düsseldorf v. 19.7.2007, I-24 U 46/06, GI aktuell 2008, 52, 55; siehe hierzu → Rz. 113.

Praxistipp:

Gleichwohl empfiehlt sich unverändert, im Fall einer vereinbarten und möglicherweise höheren Vergütung, den Mandanten darüber aufzuklären, dass die vereinbarte Vergütung (möglicherweise) zu einer höheren Vergütung führt als die gesetzliche Vergütung.

Die Aufklärungspflicht des StB geht nicht so weit, dass dieser den (neuen) Mandanten ohne besonderen Anlass darauf hinweisen muss, welche Vergütung (ob vereinbart oder nach den gesetzlichen Vorschriften) für ihn wirtschaftlich günstiger ist.[1] Da Kostenklauseln oftmals komplex und (selbst für Fachleute) auf den ersten Blick hinsichtlich der Folgen nicht immer abschätzbar sind, ist es Aufgabe des StB, dem Mandanten den Sinn einer solchen Klausel verständlich zu machen. Entscheidend ist der Grad der **Aufklärungsbedürftigkeit des Mandanten**.[2] War der Mandant früher selbst als RA in einer Großkanzlei tätig, bedarf es ihm gegenüber keiner Aufklärung über die Bedeutung einer Zeitvergütungsklausel.[3] Eine **generelle Pflicht** zur Aufklärung über das Verhältnis von vereinbarter zu gesetzlicher Vergütung hat die Rechtsprechung bislang **nicht** statuiert (zum Umfang der Belehrungspflichten siehe → Grundlagen des Vergütungsrechts Rz. 35 ff. und Rz. 51 ff.). Ist die **Aufklärung** des Mandanten **gänzlich unterblieben oder unzureichend**, hat dies **keine Auswirkungen auf die Wirksamkeit** der Vereinbarung.[4] Allerdings kann ein schuldhaftes Unterlassen des StB gegen die Aufklärungspflicht zu einem **Schadensersatzanspruch** des Mandanten mit dem Inhalt führen, von dem vereinbarten Honorar befreit zu werden und nur die gesetzlichen Gebühren zahlen zu müssen.[5]

C. Unangemessen hohe Vergütung (Abs. 2)

Eine Gebührenüberhebung kann zivilrechtlich unwirksam sein, wenn die Voraussetzungen des § 138 Abs. 1 BGB (Sittenwidrigkeit) oder des § 138 Abs. 2 BGB (Wucher) vorliegen.[6] Die Nichtigkeit nach § 138 BGB hat zur Folge, dass die Vergütungsvereinbarung als solche nichtig ist. Der Steuerberatungsvertrag bleibt davon unberührt, mit der Folge, dass die gesetzlichen Gebühren geschuldet werden.[7] Darüber hinaus ist eine Gebührenüberhebung i.S.d. § 352 StGB auch berufswidrig. Zum Schutz des Auftraggebers sieht § 4 Abs. 2 StBVV vor, dass jede Vereinbarung einer höheren Vergütung ihre Grenze auch in der Unangemessenheit im weitesten Sinne findet. Die Vereinbarung einer unangemessen hohen Vergütung, die nicht nichtig i.S.v. § 138 BGB ist, bleibt aber zunächst rechtswirksam. Sie kann im Rechtsstreit durch das zuständige Gericht allerdings auf den angemessenen Betrag bis zur Höhe der sich aus dieser Verordnung ergebenden Vergütung herabgesetzt werden. Das Gericht kann die zuständige Steuerberaterkammer zur Abgabe eines Gutachtens über die Angemessenheit der Gebühren veranlassen (§ 76 Abs. 2 Nr. 7 StBerG). **141**

Die Vorschrift hat wenig praktische Bedeutung. Nach der Rechtsprechung ist eine unangemessen hohe Vergütung dann gegeben, wenn sich ein Festhalten an der getroffenen Vereinbarung, unter Berücksichtigung der gesamten Umstände des Ein- **142**

---

1) OLG Düsseldorf v. 16.9.2024, 24 U 85/23, DStR 2025, 423 mit Anm. Feiter zum Anwaltsrecht.
2) OLG Düsseldorf v. 19.7.2007, I-24 U 46/06, GI aktuell 2008, 52, 54 f.
3) OLG Bamberg v. 15.6.2023, 12 U 89/22 Rz. 81, NJW 2023, 3516.
4) OLG Düsseldorf v. 19.7.2007, I-24 U46/06, GI aktuell 2008, 52, 54 unter Hinweis auf BGH, NJW 2005, 1266; Kilian, NJW 2005, 3104, 3107 Fußnote 42.
5) OLG Düsseldorf v. 19.7.2007, I-24U 46/06, GI aktuell 2008, 52, 54, 56.
6) BGH v. 10.11.2016, IX ZR 119/14, DStR 2017, 517, 518; BGH v. 24.7.2003, IX ZR 131/00, NJW 2003, 3486; OLG Bamberg v. 15.6.2023, 12 U 89/22, NJW 2023, 3516; LG Stuttgart v. 18.4.2016, 27 O 382/15, AGS 2017, 6.
7) BGH v. 12.9.2024, IX ZR 65/23, DStR 2025, 485 mit Anm. Fietkau; BGH v. 10.11.2016, IX ZR 119/14, DStR 2017, 517; N. Schneider in Schneider/Volpert, RVG, 9. Aufl. 2021, § 3a Rz. 106; Römermann, EWiR 2017, 45, 56; a.A. LG Stuttgart v. 18.4.2016, 27 O 382/15, AGS 2017, 6 unter Hinweis auf BGH v. 17.5.1988, VI ZR 233/87, NJW 1989, 26.

zelfalls, als unzumutbar und als unerträgliches Ergebnis darstellt.[1] Dabei ist das Gericht nicht befugt, die vertraglich ausbedungene Leistung durch die billige oder angemessene zu ersetzen. Für eine Herabsetzung ist nur dann Raum, wenn es unter Berücksichtigung aller Umstände unverträglich und mit den Grundsätzen des § 242 BGB unvereinbar wäre, den Mandanten an seinem Honorarversprechen festzuhalten. Es muss ein krasses, evidentes Missverhältnis zwischen der Leistung des StB und der Vergütung bestehen. Maßgeblicher Zeitpunkt für die Beurteilung ist der Zeitpunkt der Vertragsbeendigung.[2] Die Unangemessenheit der vereinbarten Vergütung wird nach der Rechtsprechung des BGH bei einem mehr als **fünffachen Überschreiten der gesetzlichen Höchstgebühren** vermutet.[3] Der StB kann diese Vermutung widerlegen. Er muss darlegen und beweisen, dass das vereinbarte Honorar im konkreten Fall unter Berücksichtigung der insbesondere in § 11 StBVV genannten Gebührenbestimmungsfaktoren angemessen ist.[4] Darüber hinaus ist u.a. zu berücksichtigen, wie weit das Ergebnis tatsächlich als Erfolg des StB anzusehen ist und wie sich die Vermögensverhältnisse darstellen.[5]

Kritische Stellungnahme:

Die gesetzlichen Gebühren sind vielfach keine ausreichende Vergleichsgrundlage, weil sie nicht in allen Fällen die marktangemessene Vergütung für die Leistung des StB abbilden. Deshalb überzeugt die aus der Luft gegriffene Vermutung eines Missverhältnisses bei fünffachem Überschreiten der gesetzlichen Vergütung nicht.[6]

Bei einer Abrechnung nach vereinbarten **Stundensätzen** ist nicht von einer Unangemessenheit auszugehen, wenn die zwischen den Parteien getroffene Vergütungsvereinbarung (insbesondere die Stundensätze) nach Sachlage angemessen ist, selbst wenn sie die gesetzlichen Gebühren um das **sechs- oder achtfache überschreitet**.[7] Wenn der Stundensatz als solcher angemessen ist und das hohe Honorar vor allem auf den vielen angefallenen Tätigkeitsstunden beruht und keine Anhaltspunkte dafür vorliegen, dass der StB die Arbeitszeit unangemessen aufgebläht hat, ist auch ein Honorar, das sechsfach so hoch ist wie die gesetzliche Vergütung, nicht unangemessen oder sittenwidrig.[8] Dies kann auch für ein Honorar gelten, das **9,32-fach und 13-fach** höher ist als die gesetzlichen Gebühren.[9] Problematisch sind Stundensätze, die der StB aufgrund einer vereinbarten und intransparenten Preisanpassungsklausel **einseitig** erhöhen kann.[10] Die nachgewiesenen Stunden müssen in

1) BGH v. 8.5.2023, IX ZR 90/23 und v. 21.10.2010, IX ZR 37/10, NJW 2011, 63 f.; BGH v. 4.2.2010, IX ZR 18/09, NJW 2010, 1364; ebenso OLG München v. 21.7.1967, 9 U 2205/66, NJW 1967, 1571 f.; OLG Köln v. 30.9.1997, 17 U 31/97, NJW 1998, 1960 ff., zu § 3 Abs. 3 BRAGO.

2) BGH v. 8.5.2023, IX ZR 90/23 und N. Schneider in Schneider/Volpert, RVG, 9. Aufl. 2021, § 3a Rz. 104; Römermann, EWiR 2017, 45, 46.

3) BGH v. 21.10.2010, IX ZR 37/10, NJW 2011, 63, 65 f. in einer Strafsache und BGH v. 8.5.2025, IX ZR 90/23, BB 2025, 1794 und v. 10.11.2016, IX ZR 119/14, DStR 2016, 517 in einer Zivilsache.

4) OLG Bamberg v. 15.6.2023, 12 U 89/22 Rz. 92, NJW 2023, 3516; Kallenbach, AnwBl 2017, 208.

5) BGH v. 10.11.2016, IX ZR 119/14, Rz. 28 f., AnwBl 2017, 208; OLG Bamberg v. 15.6.2023, 12 U 89/22 Rz. 92, NJW 2023, 3516.

6) So auch Römermann, EWiR 2017, 45, 46.

7) So die Rechtsprechung zum Anwaltsrecht: BGH v. 13.2.2020, IX ZR 140/19, AnwBl 2020, 302 zu einem Stundensatz von 290 €; OLG Düsseldorf v. 8.1.2019, I-24 U 84/18, NJW 2019, 1956 zu einem Stundensatz von 250 €; OLG Karlsruhe v. 28.8.2014, 2 U 2/14, AnwBl 2015, 182 zu einem Stundensatz von 300 €; OLG Celle v. 18.11.2009, 3 U 115/09, MDR 2010, 116 zu einem Stundensatz von 150 €; Lahmann, DStR 2009, 2069, 2074 m.w.N.

8) OLG Düsseldorf v. 8.1.2019, I-24 U 84/18, NJW 2019, 1956, 1957 zu einem angemessenen Stundensatz von 250 €.

9) OLG Bamberg v. 15.6.2023, 12 U 89/22 Rz. 94 ff. und 111 ff., NJW 2023, 3516 zu einem Stundensatz von 290 €.

10) BGH v. 12.9.2024, IX ZR 65/23, Rz. 43, DStR 2025, 485 mit Anm. Fietkau.

einem angemessenen Verhältnis zu Umfang und Schwierigkeit der Sache stehen. Eine bindende Bearbeitungszeit gibt es aber nicht. Da die Arbeitsweise von Steuerberatern individuell unterschiedlich gestaltet ist, sind Zeitdifferenzen bei der Bearbeitung grundsätzlich hinzunehmen.[1] Der BGH sah in dem vereinbarten Pauschalhonorar eines RA von 20 000 € in einer Kindschaftssache im Ergebnis keinen Verstoß gegen die guten Sitten (§ 138 Abs. 1 BGB) und verneinte die Unangemessenheit, obwohl die gesetzlichen Gebühren (3 733,03 €) um mehr als das Fünffache überschritten wurden. Für die Beurteilung der Angemessenheit eines Stundenhonorars ist es auch von Bedeutung, ob ein kaum bekannter, in dem Rechtsgebiet nicht hervorgetretener RA in einer Standardsache oder ein bundesweit **renommierter RA** mit dem Hintergrund einer **Großkanzlei** in einem besonders schwierigen Mandat tätig wird. Erklärt ein Mandant sein Einverständnis mit in Großkanzleien üblichen **Stundensätzen**, so kann er nicht nachträglich unter dem Gesichtspunkt der Unangemessenheit eine Reduzierung verlangen.[2] Vereinbarte Stundensätze von 480 € für Partner oder Counsel und 350 € für einen Associate liegen für Großkanzleien noch im üblichen Rahmen.[3] Gleiches gilt für gestaffelte Stundensätze von 710 €, 625 € und 500 €, da die Angemessenheit eines anwaltlichen Stundensatzes u.a. von der Kostenstruktur der jeweiligen Kanzlei anhängt. Einzelkanzleien mit wenig Personal, zum Teil mit Familienangehörigen, in ländlichen mietpreismäßig günstigen Regionen können deutlich anders kalkulieren als international tätige Großkanzleien in Städten mit teuren Mieten und einem großen und kostspieligen Personalbestand.[4] Ein gehobenes Einkommen, wie in Großkanzleien, erforderte im Jahr 2010 im Regelfall ein Zeithonorar von 250 € pro Stunde.[5] Auch die gezielte Beauftragung eines Fachanwalts, der dem Mandanten aus einem anderen Prozess als „**harter Hund**" bekannt war, macht eine Vergütungsvereinbarung trotz 3,6-fachen Überschreitens der gesetzlichen Gebühren nicht sittenwidrig.[6] Unter Berücksichtigung dieser Kriterien werden im Anwaltsrecht teilweise Stundensätze im Bereich von 350 € bis 400 € als unproblematisch angesehen.[7]

§ 4 Abs. 2 StBVV greift auch dann ein, wenn der StB unmittelbar mit dem Gegner **143**
seines Mandanten eine unangemessen hohe Vergütung in der Weise vereinbart, dass er gegen den Gegner einen eigenen Zahlungsanspruch erhält.[8] Zur Begründung führt der BGH aus, dass die Regelung in § 3 Abs. 3 BRAGO a.F. nicht nur dem Schutz des Mandanten dient, sondern vor allem Auswüchse bei vertraglichen Vergütungsregelungen beschneiden soll, die mit der besonderen Stellung des Rechtsanwalts als einem Organ der Rechtspflege nicht vereinbar sind. Diese Ausführungen gelten entsprechend für StB als gesetzliches Organ der Steuerrechtspflege (§ 32 Abs. 2 Satz 1 StBerG).

D. Vergütungsvereinbarung nach RVG

Wenn die StBVV auf das RVG verweist, gilt § 4 Abs. 1 StBVV nicht. Vielmehr ist **144**
über § 40 Satz 1 StBVV die Regelung des § 3a RVG anwendbar.

1) BGH v. 13.2.2020, IX ZR 140/19, AnwBl 2020, 302 und BGH v. 21.10.2010, IX ZR 37/10, NJW 2011, 63 f.; v. 4.2.2010, IV ZR 18/09, NJW 2010, 1364, 1371 zum Anwaltsrecht.
2) BGH v. 21.10.2010, IX ZR 37/10, NJW 2011, 63 f. und v. 4.2.2010, IV ZR 18/09, NJW 2010, 1364.
3) OLG Karlsruhe v. 11.1.2023, 3 U 46/21 m.w.N. zu einer Vereinbarung aus dem Jahr 2013.
4) So OLG Düsseldorf v. 23.11.2021, I-24 U 355/20, AnwBl Online 2022, 206: abgerechnet waren insgesamt 9 760 € für 15,05 Std. Anwaltstätigkeit.
5) BGH v. 21.10.2010, IX ZR 37/10, NJW 2011, 63 f. und v. 4.2.2010, IV ZR 18/09, NJW 2010, 1364.
6) OLG München v. 2.2.2022, 15 U 2738/21 Rae, AGS 2022, 203 in einem arbeitsrechtlichen Mandat.
7) Schons, AnwBl Online 2020, 372, 379.
8) BGH v. 15.5.1997, IX ZR 167/96, NJW 1997, 2388, zu § 3 Abs. 3 BRAGO.

§ 3a Abs. 1 Satz 3 RVG begründet zum Schutz der Rechtssuchenden eine Hinweispflicht des StB. Diese muss einen **Hinweis zur Kostenerstattung** enthalten, die regelmäßig nur die gesetzliche Vergütung umfasst. Dem Rechtssuchenden soll damit verdeutlich werden, dass er den die gesetzliche Vergütung übersteigenden Betrag selbst zahlen muss. Ein Verstoß gegen diese Hinweispflicht führt nicht zur Rechtsfolge des § 4b RVG, also nicht zur Begrenzung des Gebührenanspruchs auf die gesetzliche Gebühr.[1] Der Verstoß kann aber Schadensersatzansprüche nach § 280 BGB in Höhe des Differenzbetrags zwischen der gesetzlichen und der vereinbarten Vergütung auslösen.[2]

145 Eine **Gebührenunterschreitung** ist in gerichtlichen Verfahren **unzulässig**. Der StB darf deshalb mit seinem Mandanten weder eine geringere als die gesetzliche Vergütung vereinbaren noch unterhalb der gesetzlichen Mindestgebühren abrechnen.[3]

Praxistipp:

Gerade wegen dieses Verbots der Gebührenunterschreitung ist es immer zweckmäßig, für die Tätigkeit in gerichtlichen Verfahren mindestens die gesetzliche Vergütung zu vereinbaren (siehe Muster Vergütungsvereinbarung Zeitgebühr (gerichtliche Tätigkeit) → Rz. 924).

Praxistipp:

Empfehlenswert sind getrennte Vergütungsvereinbarungen für außergerichtliche und gerichtliche Tätigkeiten. Eine allumfassende Beauftragung für außergerichtliche und (künftige) gerichtliche Tätigkeiten in einem einzigen Auftrag bzw. einer einzigen Vergütungsvereinbarung ist vor dem Hintergrund des § 307 Abs. 2 Nr. 1 BGB problematisch, da der Mandant dadurch möglicherweise in seiner Entscheidungsfreiheit eingeschränkt wird.[4]

E. Informationspflichten (Abs. 3)

146 Die Regelung wurde durch die Dritte Verordnung zur Änderung steuerlicher Verordnungen als Absatz 4 eingefügt (→ Rz. 112). Durch die Fünfte Verordnung zur Änderung der Steuerberatervergütungsverordnung wurde Absatz 4 zu Absatz 3, weil der bisherige Absatz 3 gleichzeitig aufgehoben und der wesentliche Regelungsinhalt des bisherigen Absatzes 3 in einen neuen § 4a StBVV übertragen wurde (→ Rz. 112). Die Gesetzesbegründung spricht von besonderen Informationspflichten des StB. Dieser muss den Auftraggeber in Textform darauf hinweisen, dass eine **höhere oder niedrigere** als die gesetzliche Vergütung **in Textform** vereinbart werden kann.

Praxistipp:

Der **Regelungsinhalt** des neuen § 4 Abs. 3 StBVV ist durch die Fünfte Verordnung zur Änderung der Steuerberatervergütungsverordnung mit Wirkung **zum 1.7.2025 unrichtig** geworden, weil die Vereinbarung einer niedrigeren Vergütung seitdem nicht mehr der Textform bzw. den sonstigen Formerfordernissen des § 4 Abs. 1 Satz 2 StBVV bedarf (siehe § 4a StBVV). Anders als der neue § 4a StBVV sah § 4 Abs. 3 StBVV a.F. die Formerfordernisse des § 4 Abs. 1 StBVV a.F. auch für die Vereinbarung einer niedrigeren Vergütung vor. In dem neuen § 4a StBVV, der ausweislich der Gesetzesbegründung mit dem bisherigen § 4 Abs. 3 StBVV a.F. inhaltsgleich sein soll,[5] finden sich seit dem 1.7.2025 keine Hinweise mehr auf diese Formerfordernisse. Die Regelungen des § 4 Abs. 3 StBVV a.F. und die es § 4a StBVV sind in Wirklichkeit also nicht inhaltsgleich.

---

1) BGH v. 12.5.2016, IX ZR 208/15, MDR 2016, 915; OLG Karlsruhe v. 28.8.2014, 2 U 2/14, DStR 2015, 383 f.
2) OLG Düsseldorf v. 8.11.2022, I-24 U 38/21; Schneider, AnwBl 2016, 178, 180 f.; Jung, AnwBl 2015, 724, 733; Schons in Hartung/Schons/Enders, § 3a RVG Rz. 38.
3) Schneider, AnwBl Online 2019, 199, 201.
4) So jedenfalls LG Köln v. 24.1.2018, 26 O 453/16, n.rkr., BRAK-Mitt. 2018, 97.
5) BR Drucks. 61/25, S. 25.

Damit ist die Vereinbarung einer niedrigeren Vergütung formfrei möglich. Sie kann auch mündlich geschlossen werden. Der Verordnungsgeber hat ganz offensichtlich übersehen, die Informationspflicht nach § 4 Abs. 3 StBVV an diese Neuerung anzupassen. Aufgrund dieses offensichtlichen **redaktionellen Versehens** ist zu empfehlen, nicht an dem unzutreffenden Wortlaut des § 4 Abs. 3 StBVV zu kleben, wenn es um die Erfüllung der Informationspflicht nach § 4 Abs. 3 StBVV geht, sondern den Mandanten zutreffend zu informieren.

Formulierungsvorschlag zu § 4 Abs. 4 StBVV a.F. (bis zum 30.6.2025):

„Der Auftraggeber wird darauf hingewiesen, dass eine **höhere oder niedrigere** als die gesetzliche Vergütung **in Textform** vereinbart werden kann (§ 4 Abs. 4 StBVV)."

Dieser Formulierungsvorschlag wegen des Wegfalls der Formerfordernisse in § 4a StBVV für die Vereinbarung einer niedrigeren Vergütung unzutreffend geworden ist, empfiehlt sich nunmehr folgende Formulierung:

Formulierungsvorschlag zu § 4 Abs. 3 StBVV n.F. (ab 1.7.2025):

„Der Auftraggeber wird darauf hingewiesen, dass eine **höhere** als die gesetzliche Vergütung **in Textform** oder eine niedrigere als die gesetzliche Vergütung vereinbart werden kann (§ 4 Abs. 3 StBVV)."

Der StB muss zumindest einmal gegenüber jedem seiner Mandanten und nicht nur gegenüber solchen, mit denen eine Vergütungsvereinbarung besteht[1] diesen Hinweis geben.[2] Ein Verstoß gegen diese Informationspflicht hat keine Auswirkungen auf die Wirksamkeit der Vergütungsvereinbarung. Zwar könnte die Verortung der Informationspflicht in § 4 Abs. 3 StBVV die Annahme nahelegen, dass diese Pflicht tatsächlich nur dann zu beachten ist, wenn eine Vergütungsvereinbarung nach § 4 StBVV besteht. Diesem Verständnis widerspricht allerdings der Umstand, dass § 4 Abs. 3 StBVV (bzw. § 4 Abs. 4 StBVV a.F.) zum Zwecke einer Verbesserung des Verbraucherschutzes eingefügt wurde. Sinn und Zweck der Vorschrift ist es, alle Mandanten über die Möglichkeit einer abweichenden Vereinbarung aufzuklären. Hinzu kommt, dass gerade die Mandanten, mit denen eine Vergütungsvereinbarung besteht, im Zweifel gar nicht aufklärungsbedürftig sind. Denn diese Mandanten wissen um die Möglichkeit einer abweichenden Vereinbarung, weil dem Abschluss der Vereinbarung in aller Regel Verhandlungen bzw. Gespräche über die abweichende Honorargestaltung vorausgegangen sind.[3] Eine Beschränkung der Informationspflicht auf Mandanten, mit denen eine Vergütungsvereinbarung geschlossen wird, würde den Anwendungsbereich deshalb zu sehr einschränken und liefe der Intention des Verordnungsgebers zuwider. Die Informationspflicht gilt seit Inkrafttreten der Regelung. Eine Übergangszeit gibt es ebenso wenig, wie eine Beschränkung auf neue Mandate, die ab dem Zeitpunkt des Inkrafttretens der Regelung begründet werden. Die Informationspflicht gilt deshalb auch für Mandate, die im Zeitpunkt des Inkrafttretens der Regelung schon bestanden haben. Diese neue Informationspflicht war nicht zu verhindern. Sie ist letztlich der Preis, der für die Beendigung des eingeleiteten Vertragsverletzungsverfahrens (→ Rz. 112) gezahlt werden musste.

Am einfachsten können diejenigen StB, die schriftliche Steuerberatungsverträge oder AGB verwenden, dieser Informationspflicht gerecht werden. Es genügt die Aufnahme einer entsprechenden Klausel in den Steuerberatungsvertrag oder in die AGB.

1) So aber Gilgan, KP 2016, 183; Christ, Honorargestaltung für Steuerberater, Sep. 2016, 1.
2) Handlungsempfehlungen des DStV zur Einhaltung der neuen Hinweispflichten des Steuerberaters nach § 4 Abs. 4 StBVV, Stbg 2016, 484; Klaeren, KANZLEI intern 11/2016, 6; Ueberfeldt, DStR 2017, 900, 903; Raab, DStR 2017, 688; Beyme in Meyer/Goez/Schwamberger, 11. Aufl. 2023, § 4 StBVV Rz. 18.
3) Ueberfeldt, DStR 2017, 900, 903.

Eine entsprechende Information kann der StB auch in die Vollmacht aufnehmen oder dem Mandanten in Form eines gesonderten Informationsblattes oder per E-Mail erteilen. Er kann diesen Hinweis auch mit oder in der Gebührenrechnung erteilen. Es genügt, dass jeder Mandant den Hinweis ein einziges Mal erhält.

Praxistipp:

Da die Frage der Informationspflicht u.U. erst viele Jahre später relevant wird, empfiehlt es sich, die Gebührenrechnung, mit der die Information erteilt wurde, so zu archivieren, dass sie bei einer Suche leicht wiedergefunden werden kann.

Es reicht nicht aus, dass der StB eine entsprechende Information auf seiner **Internet-Seite** bereitstellt. Denn die Erklärungen, für welche das Gesetz Textform vorschreibt, sind allesamt empfangsbedürftig und setzen deshalb Zugang beim Empfänger voraus. Bei digitalisierten Inhalten reicht das bloße Wahrnehmen im Internet oder die Möglichkeit der Wahrnehmung nicht aus. Überwiegend wird eine Speicherung oder ein Ausdruck des Dokuments durch den Empfänger verlangt.[1] Diesen Nachweis kann der StB nicht führen, so dass davon abzuraten ist, der Informationspflicht nach § 4 Abs. 3 StBVV nur durch einen Hinweis auf der Internet-Seite nachzukommen. Aus den gleichen Gründen ist davon abzuraten, den Hinweis im Empfangs- oder Wartebereich der Kanzlei auszuhängen, da auch bei dieser Vorgehensweise Zugangsprobleme nicht ausgeschlossen sind.

147 Ein Verstoß gegen die Informationspflichten nach § 4 Abs. 3 StBVV ist in erster Linie von zivilrechtlicher Relevanz, da der Mandant u.U. Schadensersatzansprüche[2] geltend machen kann (§ 280 Abs. 1 i.V.m. §§ 241 Abs. 2, 311 Abs. 2 Nr. 1, 2 BGB). Gerät der Mandant in Insolvenz, drohen u.U. Schadensersatzansprüche durch den Insolvenzverwalter. Der Anspruch ist auf das negative Interesse gerichtet. Dem Mandanten ist daher der Schaden zu ersetzen, der durch das Unterlassen des Hinweises kausal entstanden ist. Denkbar wäre beispielsweise, dass der Mandant vorträgt, er hätte einen Vertrag nur mit einer Vergütung, die unterhalb der gesetzlichen Vorgaben liegt, abgeschlossen, wenn er von dieser Möglichkeit gewusst hätte. Beweispflichtig für die Anspruchsvoraussetzungen, insbesondere für die Kausalität und die Schadenshöhe ist der Mandant. Er muss konkret darlegen und notfalls beweisen, dass er einen anderen StB beauftragt hätte, der dieselbe Dienstleistung zu einer Vergütung unterhalb der gesetzlichen Vorgaben erbracht hätte. Dies allein reicht aber nicht aus. Solange der StB angemessene Gebühren abrechnet, wird der Mandant allein mit dem Hinweis darauf, er sei über die Möglichkeit der Gebührenunterschreitung nicht aufgeklärt worden, keinen Rückforderungsanspruch wegen zu viel gezahlter Gebühren durchsetzen können. Und zwar auch dann nicht, wenn er einen anderen StB präsentiert, der dieselbe Leistung angeblich zu einem niedrigeren Honorar erbracht hätte. Der ursprünglich beauftragte StB kann in einem solchen Fall nämlich einwenden, dass die Vereinbarung niedriger Gebühren nur dann zulässig ist, wenn die vereinbarte Gebühr „in einem angemessenen Verhältnis zur Leistung, der Verantwortung und dem Haftungsrisiko des Steuerberaters steht" (§ 4a StBVV). Wer also von vorneherein angemessene Gebühren abrechnet, ist vor etwaigen Schadensersatzansprüchen einigermaßen sicher.[3] In diesen Fällen wird der Mandant sich deshalb nicht auf die „deutlich überwiegende, auf gesicherter Grundlage beruhende Wahrscheinlichkeit", berufen können, dass ihm durch den nicht erfolgten Hinweis ein Schaden entstanden ist.[4] Weiterhin müsste der Mandant den Beweis für die Verletzung der Informationspflicht des StB führen.

1) Janal, MDR 2006, 368; Mayer in Gerold/Schmidt, 26. Aufl. 2023, § 3a RVG Rz. 7 m.w.N.
2) Siehe BGH v. 24.5.2007, IX ZR 89/06, AnwBl 2007, 628 zur Hinweispflicht des RA nach § 49b Abs. 5 BRAO.
3) Klaren, KANZLEI intern 11/2016, 6.
4) Jung, AnwBl 2015, 724, 730 m.w.N.

Praxistipp:

Zur Vermeidung von Schadensersatzansprüche sollte der StB die Informationspflicht gleichwohl ernst nehmen und seine Mandanten in der gebotenen Weise (→ Rz. 146) aufklären.

Da es sich bei vertragsbezogenen Informationspflichten um Marktverhaltensregeln im Sinne des UWG handelt, liegt bei einer Verletzung der Informationspflichten auch eine unlautere Handlung im Sinne des UWG vor, die grundsätzlich wettbewerbsrechtliche Ansprüche von Mitbewerbern auslösen kann. Da der Nachweis eines kausalen Schadens oder einer spürbaren Interessenbeeinträchtigung der Verbraucher, Mitbewerber oder sonstigen Marktteilnehmer jedoch nur schwer zu führen sein wird, dürfte diesen Ansprüchen keine praktische Bedeutung zukommen.

Die Missachtung der gesetzlichen Informationspflichten könnte von der zuständigen Steuerberaterkammer ggf. (z.B. bei dauerhafter, konsequenter Missachtung) als Berufspflichtverletzung verfolgt werden, da die neue Informationspflicht die allgemeine Berufspflicht zur gewissenhaften Berufsausübung (§ 57 Abs. 1 StBerG) konkretisiert.[1]

1) So auch Jung, AnwBl 2015, 724, 729 zu § 49b Abs. 5 BRAO m.w.N.

§ 4a
Unterschreiten der gesetzlichen Vergütung

[1]In außergerichtlichen Angelegenheiten kann eine niedrigere als die gesetzliche Vergütung vereinbart werden. [2]Sie muss in einem angemessenen Verhältnis zu Leistung, Verantwortung und Haftungsrisiko des Steuerberaters stehen.

Inhalt

Schrifttum

Beyme, StBVV 2025 – Die Änderungen im Überblick mit Hinweisen zur praktischen Anwendung, Sonderausgabe KP; **Beyer-Petz,** Änderungen der StBVV, DStR 2016, 1885; **Gilgan,** Vorsicht bei der Herabsetzung von Vorschüssen, KP 2018, 130; **Schneider,** Aktuelle Rechtsprechung zur Vergütungsvereinbarung, AnwBl Online 2019, 199; **Weitze/Scholl/Jendrzok,** Vergütungsvereinbarungen rechtssicher gestalten, DStR 2017, 65.

A. Inhalt und Bedeutung

148 § 4a StBVV geht auf den bisherigen § 4 Abs. 3 StBVV zurück, der bis zum 30.6.2025 anwendbar war. § 4 Abs. 3 StBVV a.F. wurde mit Wirkung zum 23.7.2016 durch die Dritte Verordnung zur Änderung steuerlicher Verordnungen eingefügt, um das gegen Deutschland eingeleitete Vertragsverletzungsverfahren wegen der „verbindlichen Mindestpreise" zu beenden (→ § 4 StBVV Rz. 112).[1)] Mit der Verlagerung des Regelungsgehaltes in den neuen § 4a StBVV hat der Verordnungsgeber mit Wirkung zum 1.7.2025 einen Gleichlauf zu § 4 RVG hergestellt.[2)] In § 4a StBVV wurde auf das Textformerfordernis verzichtet, das in § 4 Abs. 3 StBVV a.F. noch vorgesehen war (→ Rz. 150). **Unionsrechtliche Bedenken** gegen die Wirksamkeit des § 4a StBVV bestehen nicht. Diese wurden durch die Einführung des § 4 Abs. 3 StBVV a.F. gerade ausgeräumt (§ 4 StBVV Rz. 112). Mit der Einführung des § 4 Abs. 3 StBVV a.F. hat der Verordnungsgeber nicht nur für die Beendigung des Vertragsverletzungsverfahrens gesorgt. Er hat auch klug und mit Weitsicht gehandelt. Denn zwischenzeitlich hat der EuGH entschieden, dass gesetzlich festgeschriebene **Mindestvergütungen** für die Tätigkeit von Rechtsanwälten eine nach Art. 101 Abs. 1 AEUV verbotene horizontale **Wettbewerbsbeschränkung** sind und keine legitimen Ziele verfolgen. Derartige nationale Regelungen müssen „unangewendet" bleiben.[3)] Da § 4a StBVV – ebenso wie der frühere § 4 Abs. 3 StBVV – eine Unterschreitung der gesetzlichen Vergütung seit dem 23.7.2016 ausdrücklich ermöglichen, sind die StB in Deutschland von dieser Entscheidung nicht betroffen.

B. Unterschreiten der gesetzlichen Vergütung

I. Außergerichtliche Angelegenheiten

149 Die Vorschrift des § 4a StBVV gilt nach ihrem klaren Wortlaut nur für die **außergerichtliche Tätigkeit** des StB. In gerichtlichen Verfahren ist eine Gebührenunter-

1) BGBl. I 2016, 1722 = BStBl I 2016, 725.
2) Fünfte Verordnung zur Änderung der Steuerberatervergütungsverordnung v. 31.3.2025, BGBl. I 2025 Nr. 105 = BStBl I 2025, 1009.
3) EuGH v. 25.1.2024, C-438/22, ZIP 2024 5/2024, R5, mit Anm. Graf von Westphalen.

schreitung unzulässig. Daran hält der Verordnungsgeber ausdrücklich fest. Ausweislich der Begründung zur Fünften Verordnung zur Änderung der Steuerberatervergütungsverordnung soll die Vereinbarung einer niedrigeren als der gesetzlichen Vergütung in **gerichtlichen Verfahren** weiterhin unzulässig bleiben (→ § 4 StBVV Rz. 144).[1)]

Nach der Gesetzesbegründung zu § 4 Abs. 3 StBVV a.F. sollte die Möglichkeit geschaffen werden, dass ein StB und sein Mandant in außergerichtlichen Angelegenheiten eine niedrigere als die gesetzliche Vergütung (Gebühren und Auslagen) vereinbaren können. Die Beschränkung auf außergerichtliche Angelegenheiten entspricht der für Rechtsanwälte geltenden Rechtslage.[2)] Sowohl § 4a StBVV, als auch § 4 Abs. 1 RVG finden nur dort Anwendung, wo eine **gesetzliche Vergütung** tatsächlich existiert.

II. Keine Formerfordernisse

§ 4 Abs. 3 StBVV a.F. sah bis zum 30.6.2025 vor, dass die Vereinbarung einer niedrigeren Vergütung nur unter den Formerfordernissen des § 4 Abs. 1 StBVV zulässig war. In der Gesetzesbegründung zu § 4 Abs. 3 StBVV a.F. heißt es hierzu, dass der Mandant hinsichtlich der Form der Vereinbarung gleichermaßen schutzbedürftig ist, wie bei der Vereinbarung einer höheren als der gesetzlichen Vergütung und dass deshalb auch die Formerfordernisse des § 4 Abs. 1 StBVV (insbesondere Textform) gelten. Diese Begründung überzeugte von Anfang an nicht. Bei der Vereinbarung einer niedrigeren Vergütung bedarf es zum Schutz des Mandanten keiner bestimmten Form. Denn von der Vereinbarung einer niedrigeren Vergütung profitiert allein der Mandant. Dieser ist deshalb auch beweispflichtig für eine vereinbarte Unterschreitung der gesetzlichen Vergütung (→ § 4 StBVV Rz. 131).[3)] In dem neuen § 4a StBVV ist der Verweis auf die in § 4 Abs. 1 StBVV genannten **Formerfordernisse weggefallen**. Eine Vereinbarung nach § 4a StBVV kann deshalb auch **mündlich** geschlossen werden. Ob der Verordnungsgeber erkannt hat, dass es sich bei dem Verweis in § 4 Abs. 3 StBVV a.F. auf die Formerfordernisse des § 4 Abs. 1 StBVV um eine ungerechtfertigte Überregulierung gehandelt hat oder ob der Wegfall der Formerfordernisse allein auf die vom Verordnungsgeber verfolgte Angleichung an § 4 Abs. 1 Satz 1 und 2 RVG zurückgeht, ergibt sich aus der Verordnungsbegründung nicht. Es liegt allerdings die Vermutung nahe, dass letzteres der Fall ist, denn der neue § 4a StBVV entspricht inhaltlich § 4 Abs. 1 und 2 RVG. Er entspricht inhaltlich aber nicht dem bisherigen § 4 Abs. 3 StBVV, da die Formerfordernisse des § 4 Abs. 3 StBVV a.F. nicht übernommen wurden. Dies hat der Verordnungsgeber übersehen. Denn in der Begründung heißt es fälschlicherweise: „§ 4a StBVV-E entspricht inhaltlich dem bisherigen § 4 Absatz 3 StBVV."[4)] 150

III. Niedrigere Vergütung

Fraglich ist, wann eine **niedrigere als die gesetzliche Vergütung** im Sinne dieser Vorschrift vorliegt. Zwei Interpretationsmöglichkeiten sind denkbar. Zum einen könnte eine niedrigere Vergütung erst dann vorliegen, wenn die gesetzliche Mindestvergütung unterschritten werden soll (**Untersatzabweichung**). Zum anderen könnte eine niedrigere Vergütung aber auch schon dann vorliegen, wenn eine niedrigere als die angemessene gesetzliche Vergütung vereinbart werden soll. Das RVG, an das sich die Gesetzesbegründung des § 4 Abs. 3 StBVV a.F. anlehnt, verwendet 151

1) BR-Drucks. 61/25, S. 25.
2) § 4 Abs. 1 RVG; zum Verbot der Unterschreitung der gesetzlichen Vergütung in gerichtlichen Verfahren siehe auch § 49b BRAO; OLG München v. 10.12.2014, 5006/12 und Schneider, AnwBl Online 2019, 199, 201.
3) LG Duisburg v. 2.10.2015, 7 S 21/15 m.w.N.
4) BR-Drucks. 61/25 S. 25.

den Begriff der „Vergütungsvereinbarung" dann, wenn eine höhere oder niedrigere als die gesetzlich festgelegte Vergütung vereinbart werden soll.[1] Bei Rahmengebühren sind nur die Unter- und Obersätze gesetzlich festgelegt. Liegt das vereinbarte Honorar innerhalb des Gebührenrahmens, ist § 4a StBVV m.E. nicht anwendbar.[2] M.E. sollten deshalb nur die Fälle erfasst werden, in denen feststeht, dass eine Untersatzabweichung erfolgt.

Beispiel:

StB vereinbart mit seinem Mandanten eine monatliche Buchführungsgebühr von 1/10 nach § 33 Abs. 1 StBVV.

Ebenso die Fälle, in denen eine solche Untersatzabweichung zumindest möglich ist, dies im Zeitpunkt der Vereinbarung aber noch nicht feststeht, etwa weil an Stelle der gesetzlichen Wertgebühr eine Zeitgebühr oder ein Stundensatz vereinbart wird (z.B. Stundensatz von 30 € für monatliche Buchführung). Insoweit kann auf die Ausführungen und Argumente zur Vereinbarung einer höheren Vergütung verwiesen werden (→ § 4 StBVV Rz. 113 ff.).

152 Nach § 4a Satz 2 StBVV muss die vereinbarte Vergütung in einem **angemessenen Verhältnis** zu Leistung, Verantwortung und Haftungsrisiko des StB stehen, nicht zuletzt, um den StB vor wirtschaftlich übermächtigen Auftraggebern zu schützen.[3] Mit dem Angemessenheitsgebot wird der Gedanke des § 64 Abs. 1 StBerG und des § 11 StBVV aufgegriffen und der StB in die Pflicht genommen, die gesetzlich vorgesehenen (Mindest)Gebühren (und Auslagen) nicht leichtfertig zu unterschreiten. Keinesfalls darf die Regelung aber dahingehend verstanden werden, dass Steuerberatern nunmehr generell auch Preisdumping bis hin zu einem **vollständigen Verzicht** auf die gesetzliche Vergütung erlaubt wäre.[4] Dies kann im Übrigen auch nicht aus § 6 RDG abgeleitet werden, der die Möglichkeit unentgeltlicher Rechtsdienstleistungen vorsieht. Denn die Vorschriften der StBVV sind die spezielleren und gehen § 6 RDG deshalb vor. Eine **Unterschreitung** der angemessenen Gebühr **kann** sowohl **berufsrechtliche**, als auch **wettbewerbsrechtliche Folgen** haben.[5] **Zivilrechtlich** dürfte eine unangemessen niedrige Vergütungsvereinbarung gemäß § 134 BGB nichtig sein.[6] Allerdings ist es dem StB wegen des Grundsatzes von Treu und Glauben (§ 242 BGB) untersagt, sich auf diese Unwirksamkeit zu berufen und die gesetzlichen Gebühren abzurechnen. Er bleibt im Ergebnis also an die (unwirksame) Vereinbarung gebunden. Zur Klarstellung sei darauf hingewiesen, dass der StB in Einzelfällen selbstverständlich auch **ohne Vereinbarung** von der gesetzlich vorgesehenen Mindestvergütung abweichen darf, wenn die in Rechnung gestellte Vergütung in einem angemessenen Verhältnis zu Leistung, Verantwortung und Haftungsrisiko des StB steht.[7] Auch die **gelegentliche unentgeltliche Erledigung** kleinerer Arbeiten für einen Mandanten ist nicht generell wettbewerbs- und berufswidrig. Es kommt auf die Umstände des Einzelfalls an.[8] Auch wenn besondere Umstände vorliegen, wie z.B. eine durch die **Corona-Krise** ausgelöste **wirtschaftliche Notlage des Mandanten**, und der StB deshalb auf Gebühren verzichtet, ist dies berufs- und wettbewerbsrechtlich nicht vorwerfbar.[9]

1) Mayer in Gerold/Schmidt, 26. Aufl. 2023, § 3a RVG Rz. 3.
2) Ebenso OLG München v. 13.12.2017, 15 U 886/17; Gilgan, KP 2018, 130.
3) Schons in Hartung/Schons/Enders, 3. Aufl. 2017, § 4 RVG Rz. 17 zum Anwaltsrecht.
4) Beyer-Petz, DStR 2016, 1885, 1887; Weitze-Scholl/Jendrzok, DStR 2017, 65, 72; Kilian in Henssler/Prütting, 5. Aufl. 2019, § 49b BRAO Rz. 35.
5) Vgl. § 64 StBerG Rz. 887 ff.
6) Kilian in Henssler/Prütting, 5. Aufl. 2019, § 49b BRAO Rz. 54a.
7) Vgl. § 64 StBerG Rz. 887 ff.
8) OLG München v. 24.10.2018, 20 U 2963/17, Rz. 140 der Entscheidungsgründe.
9) Siehe hierzu § 64 StBerG Rz. 889.

§ 4b
Fehlerhafte Vergütungsvereinbarung

[1]Aus einer Vergütungsvereinbarung, die nicht den Anforderungen des § 4 Absatz 1 Satz 1 und 2 entspricht, kann der Steuerberater keine höhere als die gesetzliche Vergütung fordern. [2]Die Vorschriften des bürgerlichen Rechts über die ungerechtfertigte Bereicherung bleiben unberührt.

Inhalt

Schrifttum

Beyme, StBVV 2025 – Die Änderungen im Überblick mit Hinweisen zur praktischen Anwendung, Sonderausgabe KP; **Kilian,** Leistung auf eine formwidrige Vergütungsvereinbarung, NJW 2005, 3104; **Schneider,** Abrechnung fehlerhafter Vergütungsvereinbarung, NJW-Spezial 2017, 283; **Schons,** Vergütungsvereinbarung: Wer, wann, wie, warum – wer es nicht macht ist dumm? AnwBl Online 2020, 372; **Weitze/Scholl/Jendrzok,** Vergütungsvereinbarungen rechtssicher gestalten, DStR 2017, 65.

A. Inhalt und Bedeutung

153 Die Vorschrift wurde mit Wirkung zum 1.7.2025 durch die Fünfte Verordnung zur Änderung der StBVV[1)] eingefügt. Sie geht auf die Parallelvorschrift des § 4b RVG zurück, der bereits mit Wirkung zum 1.7.2008 durch das Gesetz zur Neuregelung des Verbots der Vereinbarung von Erfolgshonoraren eingefügt wurde.[2)] Während der Anwendungsbereich des § 4b StBVV auf fehlerhafte Vergütungsvereinbarungen nach § 4 Abs. 1 Satz 1 und 2 StBVV beschränkt ist, erstreckt sich der Anwendungsbereich des § 4b RVG neben fehlerhaften Vergütungsvereinbarungen nach § 3a Abs. 1 Satz 1 und 2 RVG auch auf fehlerhafte Erfolgshonorarvereinbarungen nach § 4a Abs. 1 und 2 RVG.

Die Vorschrift muss im Kontext der Neufassung des § 4 StBVV und der Einfügung des § 4a StBVV – ebenfalls zum 1.7.2025 – gesehen werden. Der Verordnungsgeber verfolgt mit sämtlichen Änderungen eine weitgehende Angleichung des Rechts der Vergütungsvereinbarung an die Vorschriften des RVG.[3)] Die Angleichung ist sachgerecht und trägt dazu bei, dass StB und Rechtsanwälte im Recht der Vergütungsvereinbarung mit den §§ 4 ff. StBVV und den §§ 3a ff. RVG weitgehend gleiche Regelungen vorfinden. Dies wiederum erleichtert die praktische Handhabung der Vorschriften, zumal für StB nicht nur die Vorschriften der StBVV, sondern die des RVG gelten, wenn die StBVV auf das RVG verweist (§§ 21 Abs. 2, 40 StBVV) und der StB eine Vergütungsvereinbarung schließen möchte. Dann sind – wegen des Verweises auf das RVG – für den StB die §§ 3a ff. RVG maßgebend.

154 § 4b StBVV ist nur anwendbar, wenn eine fehlerhafte Vergütungsvereinbarung nach § 4 Abs. 1 Satz 1 und Satz 2 StBVV vorliegt (→ Rz. 155). § 4b Satz 1 StBVV stellt

1) Fünfte Verordnung zur Änderung der Steuerberatervergütungsverordnung v. 31.3.2025, BGBl. I 2025 Nr. 105 = BStBl I 2025, 1009.
2) Gesetz v. 12.6.2008, BGBl. I 2008, 1000.
3) BR-Drucks. 61/25, S. 17.

erstmals klar, dass Formfehler einer Vergütungsvereinbarung nach § 4 Abs. 1 Satz 1 und 2 StBVV nicht zur Nichtigkeit der Vereinbarung führen, sondern den Vergütungsanspruch auf die gesetzliche Vergütung begrenzen (→ Rz. 156). Nach § 4b Satz 2 StBVV folgt ein etwaiger Rückforderungsanspruch des Mandanten aus dem Bereicherungsrecht und nicht aus dem geschlossenen Vertrag (→ Rz. 157).

B. Fehlerhafte Vergütungsvereinbarung (Satz 1)

I. Fehlerhaftigkeit der Vergütungsvereinbarung

155 Die Fehlerhaftigkeit der Vergütungsvereinbarung muss auf einem Verstoß gegen die Formerfordernisse des § 4 Abs. 1 Satz 1 und Satz 2 StBVV beruhen. Auf andere fehlerhafte Vereinbarungen oder unterlassene Hinweispflichten (z.B. § 4 Abs. 1 Satz 3, Abs. 3 StBVV oder § 3a Abs. 1 Satz 3 RVG bei Anwendbarkeit des RVG) ist die Vorschrift nicht anwendbar. Der Anwendungsbereich des § 4b Satz 1 StBVV ist deshalb nur eröffnet bei einem Verstoß gegen

- das Textformerfordernis (§ 4 Abs. 1 Satz 1 StBVV),
- das Gebot der Bezeichnung als Vergütungsvereinbarung oder in vergleichbarer Weise (§ 4 Abs. 1 Satz 2 StBVV),
- das Gebot, die Vergütungsvereinbarung von anderen Vereinbarungen mit Ausnahme der Auftragserteilung deutlich abzusetzen (§ 4 Abs. 1 Satz 2 StBVV),
- das Verbot, die Vergütungsvereinbarung mit der Vollmacht zu kombinieren (§ 4 Abs. 1 Satz 2 StBVV).

Ist die Vergütungsvereinbarung aus einem dieser vier Gründe fehlerhaft, greift die Rechtsfolge des § 4b Satz 1 RVG.

II. Beschränkung auf gesetzliche Vergütung

156 Eine fehlerhafte Vergütungsvereinbarung nach § 4 Abs. 1 Satz 1 und 2 StBVV führt nicht zur Nichtigkeit der Vereinbarung nach § 125 BGB. Insoweit geht § 4b Satz 1 StBVV dem § 125 BGB als **Sonderreglung** vor.[1]

Bis zum Inkrafttreten des § 4b StBVV am 1.7.2025 stellte sich die Rechtslage noch völlig anders dar. Denn der BGH hatte in seinen früheren Entscheidungen zu § 4 StBGebV und zu den Parallelvorschriften in BRAGO und RVG immer wieder auf § 125 BGB und die Nichtigkeitsfolge abgestellt.[2] Er hat seine diesbezügliche Rechtsprechung zum Anwaltsrecht erst mit einer Grundsatzentscheidung vom 5.6.2014 aufgegeben[3] und entschieden, dass eine anwaltliche Vergütungsvereinbarung, die gegen die Formvorschriften des § 3a Abs. 1 Satz 1 und 2 RVG oder § 4a Abs. 1 und 2 RVG verstößt, nicht nichtig, sondern **wirksam** ist. Aus ihr kann die vereinbarte Vergütung aber nur bis zur Höhe der gesetzlichen Gebühr **gefordert** werden. Der BGH begründet seine neue Auffassung mit der Vorschrift des § 4b RVG, der seit dem 1.7.2008 genau diese Rechtsfolge vorsieht. Weiter leitet der BGH aus dieser Vorschrift ab, dass nur die vereinbarte Gebühr gefordert werden kann, wenn die gesetzliche Gebühr höher ist als die vereinbarte Gebühr. Eine dem § 4b RVG vergleichbare Regelung gab es bis zum 1.7.2025 für StB nur im Falle fehlerhafter Erfolgshonorarvereinbarungen (§ 9a Abs. 5 StBerG), nicht aber im Falle fehlerhafter Vergütungsvereinbarungen nach § 4 Abs. 1 Satz 1 und 2 StBVV. Deshalb war für fehlerhafte Vergütungsvereinbarungen nach dieser Vorschrift unverändert die

1) N. Schneider in Schneider/Volpert, RVG, 9. Aufl. 2021, § 4b RVG Rz. 7 zu § 4b RVG.
2) BGH v. 19.10.1995, IX ZR 20/95, WPK-Mitt. 1996, 124; weitere Nachweise in BGH v. 5.6.2014, IX ZR 137/12, AnwBl 2014, 758.
3) BGH v. 5.6.2014, IX ZR 137/12, AnwBl 2014, 758; siehe hierzu Mayer in Gerold/Schmidt, RVG, 26. Aufl. 2023, § 4b RVG Rz. 6 ff.

ältere BGH-Rechtsprechung mit der Nichtigkeitsfolge zu beachten. Von praktischer Relevanz war die Differenzierung zwischen alter und neuer BGH-Rechtsprechung bis zum 1.7.2025 im Ergebnis allerdings nicht. Denn der BGH kam mit Rückgriff auf Billigkeitserwägungen (§ 242 BGB) immer schon zu dem Ergebnis, das sich unmittelbar aus § 4b RVG ergibt. Danach schuldete der Auftraggeber im Falle einer fehlerhaften Vergütungsvereinbarung nur die gesetzliche Vergütung mit etwaiger Rechtsfolgenkorrektur über § 242 BGB.[1] Voraussetzung dafür war allerdings, dass der StB die hilfsweise begehrte gesetzliche Vergütung auch ordnungsgemäß in Rechnung stellte, und sei es im Prozess (→ § 9 StBVV Rz. 212).[2]

Durch den neuen § 4b StBVV, der dem § 4b RVG nachgebildet wurde, ist die Rechtslage bei StB und Rechtsanwälten seit dem 1.7.2025 wieder vergleichbar. Der **Mandant schuldet** sowohl nach § 4b Satz 1 StBVV als auch nach § 4b Satz 1 RVG nur die **vereinbarte Vergütung**. Die **gesetzliche Vergütung** ist lediglich eine **Begrenzung**. 157

Praxistipp:

Da **Grundlage des Vergütungsanspruchs** die **vereinbarte Vergütung** bleibt, muss der StB im Falle eines Formverstoßes streng genommen keine neue Rechnung nach den gesetzlichen Vorschriften erstellen. Er muss lediglich kenntlich machen, dass die vereinbarte Vergütung auf einen bestimmten Betrag **begrenzt** ist (nämlich die gesetzliche Vergütung). Abgerechnet wird aber die vereinbarte Vergütung.[3] Gleichwohl ist der StB gut beraten, eine Hilfsberechnung nach der gesetzlichen Vergütung vorzuhalten, um im Fall der Unverbindlichkeit darlegen zu können, in welcher Höhe die vereinbarte Vergütung verbindlich ist.[4]

Liegt die **vereinbarte Vergütung unter der gesetzlichen Vergütung**, ergeben sich nach der o.g. BGH-Grundsatzentscheidung[5] keine Probleme, da die vereinbarte Vergütung nach der neueren Rechtsprechung wirksam und verbindlich ist.[6]

Praxistipp:

Eine **Alternativberechnung** nach den gesetzlichen Gebühren hilft dem StB nur im Falle einer unwirksamen Vergütungsvereinbarung, nicht aber dann, wenn er im Falle eines vereinbarten Stundenhonorars die abgerechneten Stunden mangels sorgfältiger Zeiterfassung nicht nachweisen kann.[7]

C. Rückforderung der überzahlten Vergütung (Satz 2)

Hat der Mandant die vereinbarte Vergütung bezahlt und stellt sich erst dann heraus, dass die Vereinbarung nicht den Anforderungen des § 4 Abs. 1 Satz 1 und 2 StBVV entspricht, greift nach § 4b Satz 2 StBVV der Verweis auf das Bereicherungsrecht. Die Regelung hat nur deklaratorischen Charakter. Dass nach der neueren Rechtsprechung des BGH die fehlerhafte Vergütungsvereinbarung nicht unwirksam, sondern nur unverbindlich ist, ist unerheblich. Die Unverbindlichkeit wird hier wie ein fehlender Rechtsgrund behandelt. Der Sinn und Zweck der Vorschrift wird erst dann verständlich, wenn man sich die Historie der Parallelvorschrift des § 4b Satz 2 RVG ansieht. Mit der Einführung des § 4b Satz 2 RVG zum 1.7.2008 wollte der Gesetzgeber (lediglich) verdeutlichen, dass die §§ 812 ff. BGB an die Stelle der bisherigen 158

1) Weitze-Scholl/Jendrzok, DStR 2017, 65, 70.
2) OLG Brandenburg v. 31.7.2019, 11 U 159/18; OLG Düsseldorf v. 11.11.2008, I-24 U 36/08, GI 2009, 8, 10, zu § 4 RVG a.F.; LG Wiesbaden v. 27.11.2014, 9 O 199/13; AG Dortmund v. 30.4.2021, 430 C 764/20; N. Schneider in Schneider/Volpert, RVG, 9. Aufl. 2021, § 4b RVG Rz. 8.
3) Mayer in Gerold/Schmidt, RVG, 26. Aufl. 2023, § 4b RVG Rz. 8.
4) Schneider, NJW-Spezial 2017, 283, 284; zur Darlegungs- und Beweislast siehe N. Schneider in Schneider/Volpert, RVG, 9. Aufl. 2021, § 4b RVG Rz. 11.
5) BGH v. 5.6.2014, IX ZR 137/12, AnwBl 2014, 758.
6) N. Schneider in Schneider/Volpert, RVG, 9. Aufl. 2021, § 4b RVG Rz. 11.
7) LG Köln v. 16.4.2015, 2 O 404/14, DStR 2016, 95 mit Anm. Raab.

vergütungsrechtlichen Kondiktionsregel des § 4 Abs. 1 Satz 3 RVG a.F. Anwendung finden.[1] Diese vergütungsrechtliche Kondiktionsregel fand sich bis zum 30.6.2008 im RVG. Danach war eine Rückforderung durch den Mandanten ausgeschlossen, wenn die höhere Vergütung **freiwillig und ohne Vorbehalt** geleistet worden ist. Die Parallelvorschrift in § 4 Abs. 1 Satz 4 StBVV existiert unverändert. Warum der Verordnungsgeber insoweit von der erklärten Vereinheitlichung des § 4 Abs. 1 StBVV mit § 3a RVG abgesehen hat, erschließt sich nicht. Möglicherweise wurde dies schlicht übersehen.

Praxistipp:

Für StB bedeutet der Erhalt der vergütungsrechtlichen Kondiktionsregel in § 4 Abs. 1 Satz 4 StBVV eine Besserstellung gegenüber Rechtsanwälten. Denn Rechtsanwälte müssen bis zum Eintritt der Verjährung des Bereicherungsanspruchs mit Rückzahlungsansprüchen ihrer Mandanten rechnen, während StB auch weiterhin die Rückzahlung verweigern können, wenn der Mandant **freiwillig und ohne Vorbehalt** gezahlt hat.

Neben dem Fall der freiwilligen und vorbehaltlosen Zahlung ist der Rückforderungsanspruch des Mandanten auch bei einem wirksamen **Verzicht** auf sein Rückforderungsrecht[2] und bei **Treuwidrigkeit** i.S.v. § 242 BGB ausgeschlossen.[3]

159 Liegt der Zahlung des Mandanten an den StB eine **unwirksame Vergütungsvereinbarung** zugrunde und überschreitet die Zahlung den gesetzlichen Gebührenrahmen, ist die Zahlung insgesamt als **inkongruente Deckung** unter den Voraussetzungen des § 131 Abs. 1 Nr. 1 InsO durch den Insolvenzverwalter **anfechtbar**.[4]

Beispiel:[5]

Der Mandant erteilt dem StB im April 2009 den Auftrag, die vom Vorberater erstellte Finanzbuchführung der Jahre 1999 – 2006 zu überprüfen. Vereinbart wird eine Zeitgebühr von 51 € je angefangene halbe Stunde. Am 18.6.2009, wenige Tage vor Eröffnung des Insolvenzverfahrens, rechnet der StB für die erbrachten Leistungen im Zeitraum April bis Juni 2009 20 002,71 € ab, wobei er einen Stundensatz von 102 € in Ansatz brachte. Der Mandant zahlte am darauffolgenden Tag 20 000 € in bar.

Das OLG Düsseldorf ging von einer anfechtbaren Zahlung aus, die in vollem Umfang zurück zu gewähren sei. Die Zahlung stelle eine inkongruente Deckung im letzten Monat vor dem Antrag auf Insolvenzeröffnung dar. Da der gesetzliche Gebührenrahmen des § 13 Satz 2 StBVV durch die vereinbarte Zeitgebühr überschritten war und die Vereinbarung weder als Vergütungsvereinbarung bezeichnet noch deutlich von anderen Vereinbarungen abgesetzt war, war die Zahlung insoweit inkongruent, als die geforderte Vergütung über der gesetzlichen Vergütung lag. Die teilweise Inkongruenz hatte hier zur Folge, dass die Zahlung insgesamt als inkongruente Deckung anfechtbar ist. Das OLG Düsseldorf berief sich auf den Grundsatz, dass eine einheitliche Rechtshandlung nur insgesamt kongruent sein könne. Ist sie teilweise inkongruent, sei sie es in vollem Umfang. Da zwischen dem Beginn der Tätigkeit und der Zahlung mehr als 30 Tage lagen, schied die Annahme eines Bargeschäfts (§ 142 InsO) aus, das der Anfechtung möglicherweise hätte entgegenstehen können.

1) BT-Drucks. 16/8916, S. 17 und 18.
2) N. Schneider in Schneider/Volpert, RVG, 9. Aufl. 2021, § 4b RVG Rz. 26.
3) Mayer in Gerold/Schmidt, RVG, 26. Aufl. 2023, § 4b RVG Rz. 12.
4) OLG Düsseldorf v. 11.5.2017, I-12 U 55/16, ZIP 2017, 1486 und DStR 2017, 2190 mit Anm. Draf.
5) OLG Düsseldorf v. 11.5.2017, I-12 U 55/16, ZIP 2017, 1486 und DStR 2017, 2190 mit Anm. Draf.

§ 5
Mehrere Steuerberater

Ist die Angelegenheit mehreren Steuerberatern zur gemeinschaftlichen Erledigung übertragen, so erhält jeder Steuerberater für seine Tätigkeit die volle Vergütung.

Inhalt

A. Inhalt und Bedeutung

Nach der amtlichen Begründung zu § 5 StBGebV erhält jeder Berufsangehörige die volle Vergütung, wenn der Auftrag mehreren Berufsangehörigen nebeneinander zur Erledigung übertragen wird. Dies soll nicht gelten, wenn die Berufsangehörigen in einer Sozietät zusammengeschlossen sind (→ Rz. 162). § 5 StBVV stellt damit klar, dass die Vergütung nicht deshalb zu ermäßigen ist, weil das Maß der Arbeit im Falle einer gemeinschaftlichen Erledigung meist geringer ist als im Falle eines Einzelauftrags. **160**

Die Vorschrift entspricht § 6 RVG (bis 30.6.2004: § 5 BRAGO), der für StB dann Anwendung findet, wenn die StBVV auf die Vorschriften des RVG verweist (§§ 21 Abs. 2, 40 StBVV). Allerdings sind die Kosten der Beauftragung von zwei StB i.d.R. nicht erstattungsfähig, § 91 Abs. 2 Satz 2 ZPO.

B. Anwendungsbereich

§ 5 StBVV regelt nur den Fall der **gemeinschaftlichen Erledigung** einer Angelegenheit, d.h., es müssen mehrere Steuerberatungsverträge mit mehreren StB abgeschlossen sein, die die gleiche Tätigkeit zum Gegenstand haben. Die Aufträge müssen nicht zeitgleich erteilt worden sein. Sie können auch sukzessive erteilt werden. In der Praxis kommt eine „Nebeneinanderbeauftragung" gelegentlich in finanzgerichtlichen oder BFH-Verfahren, in Steuerstraf- oder Bußgeldverfahren vor. Hier gilt dann nicht § 5 StBVV, sondern über § 40 Satz 1 StBVV die Parallelvorschrift des § 6 RVG. **161**

Beispiel:

In einem steuerstrafrechtlichen Ermittlungsverfahren beauftragt der Mandant neben seinem „Haus-StB" einen auf Steuerstrafrecht spezialisierten StB.

Ein arbeitsteiliges Vorgehen beider StB steht der Anwendung des § 6 RVG nicht entgegen.[1] Ebenso wenig steht der Anwendung des § 6 RVG entgegen, wenn die Tätigkeiten der beiden beauftragten StB zu unterschiedlichen Gebühren führen.

Beispiel:

In dem steuerstrafrechtlichen Ermittlungsverfahren erreicht der eine StB die Einstellung des Verfahrens; der andere StB hat daran nicht mitgewirkt. Beide StB erhalten die Grundgebühr und die Verfahrensgebühr nach § 40 Satz 1 StBVV i.V.m. Nrn. 4100, 4104 VV RVG. Die zusätzliche Gebühr nach § 40 Satz 1 StBVV i.V.m. Nr. 4141 VV RVG erhält nur der StB, der an der Einstellung mitgewirkt hat.

Weitere Anwendungsfälle des § 5 StBVV bzw. des § 6 RVG (→ Rz. 160) sind bei Außenprüfungen und Fahndungsprüfungen (§ 29 Nr. 1 StBVV), bei Tätigkeiten im

1) N. Schneider in Schneider/Volpert, 9. Aufl. 2021, § 6 RVG Rz. 11.

Verfahren der Selbstanzeige (§ 30 StBVV), im Einspruchsverfahren (§ 40 Satz 1 StBVV) oder bei der Prüfung der Erfolgsaussichten eines Rechtsmittels (§ 21 Abs. 2 StBVV) denkbar, wenn es dem Mandanten darum geht, eine zweite Meinung einzuholen.

162 Die Verordnungsbegründung stellt bereits klar, dass die Vorschrift nicht anwendbar ist, wenn der Auftrag einer **Sozietät** (gemeint ist die GbR) erteilt wurde. Die Sozietät erhält die Vergütung also nur einmal, es sei denn, der Auftraggeber wünscht ausdrücklich, dass zwei oder mehrere Mitglieder einer Sozietät die Beratungsleistung gemeinschaftlich erbringen.[1] Dies gilt auch für die Auftragserledigung durch jede andere Rechtsform einer Berufsausübungsgesellschaft.[2] § 5 StBVV gilt ebenso wenig, wenn der StB einen anderen StB zur Unterstützung heranzieht und einen Unterauftrag erteilt, etwa zur Erstellung eines Gutachtens[3] und wenn mehrere StB die gleiche Tätigkeit nacheinander ausüben (z.B. im Falle eines Beraterwechsels).[4]

163 Anders als § 6 RVG bzw. § 5 BRAGO stellt § 5 StBVV nicht auf den „**Auftrag**", sondern die **„Angelegenheit"** ab. Die Verordnungsbegründung verwendet allerdings wieder den Oberbegriff „Auftrag". Im Zweifel ist der Verordnungstext maßgebend, so dass es auf die selbstständig berechnungsfähige gebührenrechtliche Angelegenheit ankommt.[5] Zum Begriff der Angelegenheit → § 10 StBVV Rz. 223 f. Da § 6 RVG in den o.g. Fällen (→ Rz. 160) auch für StB gilt, ist die diesbezügliche Kommentierung ebenfalls von Interesse. Danach müssen die verschiedenen Aufträge die gleiche Tätigkeit zum Inhalt haben und denselben Gegenstrand betreffen.[6] An anderer Stelle heißt es, dass mehrere Rechtsanwälte in der gleichen Angelegenheit in der gleichen Art nebeneinander tätig werden.[7] Die Begriffe „Auftrag" und „Angelegenheit" werden bei der Kommentierung des § 6 RVG also ebenfalls nicht sauber abgegrenzt. Praktische Auswirkungen dürfte dies aber nicht haben, da § 5 StBVV und § 6 RVG ohnehin etwas Selbstverständliches regeln, nämlich, dass die Vergütungspflicht des Auftraggebers gegenüber einem jeden der von ihm beauftragten StB bzw. Rechtsanwälte gilt. Auftrag und Angelegenheit werden in diesen Fällen stets identisch sein.

---

1) Warttinger in Eckert, 7. Aufl. 2023, § 5 StBVV Rz. 10 f.
2) Warttinger in Eckert, 7. Aufl. 2023, § 5 StBVV Rz. 12.
3) Berners, 6. Aufl. 2020, § 5 StBVV Rz. 6.
4) Warttinger in Eckert, 7. Aufl. 2023, § 5 StBVV Rz. 3.
5) Warttinger in Eckert, 7. Aufl. 2023, § 5 StBVV Rz. 2.
6) N. Schneider in Schneider/Volpert, 9. Aufl. 2021, § 6 RVG Rz. 8.
7) Mayer in Gerold/Schmidt, 26. Aufl. 2023, § 6 RVG Rz. 2.

§ 6
Mehrere Auftraggeber

(1) Wird der Steuerberater in derselben Angelegenheit für mehrere Auftraggeber tätig, so erhält er die Gebühren nur einmal.

(2) [1]Jeder Auftraggeber schuldet dem Steuerberater die Gebühren und Auslagen, die er schulden würde, wenn der Steuerberater nur in seinem Auftrag tätig geworden wäre. [2]Der Steuerberater kann aber insgesamt nicht mehr fordern als die nach Absatz 1 berechneten Gebühren und die insgesamt entstandenen Auslagen.

Inhalt

Schrifttum

Beyme, Gemeinsame Steuererklärung bei Auftreten nur eines Ehegatten, Honorargestaltung für Steuerberater, August 2019, 1; **Feiter,** Ordnungsgemäße Abrechnung bei mehreren Auftraggebern, Honorarbrief für Steuerberater, 05/2013, 1; **Gilgan,** Steuerberatungsvertrag – Kein Geschäft des täglichen Lebens, INF 2002, 471; **Schneider,** Ordnungsgemäße Abrechnung bei mehreren Auftraggebern, AnwBl 2013, 213.

A. Inhalt und Bedeutung

Die Vorschrift entspricht im Wesentlichen § 7 Abs. 1 und 2 RVG (bis 30.6.2004: § 6 Abs. 1 Satz 1 und Abs. 3 BRAGO). § 6 Abs. 1 StBVV bestimmt, dass die Zahl der Auftraggeber grundsätzlich nicht zu einer Vermehrung der Gebühren führt. Eine Erhöhung der Geschäftsgebühr kann aber eintreten, wenn die StBVV auf die Vorschriften des RVG verweist und damit auch Nr. 1008 VV RVG anwendbar ist. Dies ist in den §§ 21 Abs. 2, 40 StBVV der Fall. **164**

B. Tätigkeit für mehrere Auftraggeber (Abs. 1)

Der Berater muss gleichzeitig für **mehrere Auftraggeber** in **derselben Angelegenheit** (→ § 10 StBVV Rz. 223) tätig sein. Dieselbe Angelegenheit liegt z.B. bei einer einheitlichen und gesonderten Feststellung vor. Ob der StB es mit einem oder mehreren Auftraggebern zu tun hat, hängt davon ab, wer den StB persönlich beauftragt hat. Erteilt eine Person für eine Personenmehrheit den Auftrag, sind die mehreren Personen Auftraggeber.[1)] Bei den Auftraggebern muss es sich also zivilrechtlich um **Personenmehrheiten** handeln. Hierzu zählen z.B. **Eheleute** oder Miterben einer **Erbengemeinschaft**, wenn beide Eheleute bzw. mehrere Miterben den StB mit der Erstellung einer Einkommen- oder Erbschaftsteuererklärung beauftragt haben.[2)] Verstirbt der Mandant während eines laufenden Verfahrens und führt der StB für die Erben das Verfahren fort, benötigt er hierfür keinen gesonderten Auftrag. Das Mandat setzt sich automatisch mit den Erben fort. Erblasser und Erben werden **165**

1) Volpert in Schneider/Volpert, 9. Aufl. 2021, § 7 RVG Rz. 8 m.w.N.

2) BGH v. 16.3.2004, VIII ZB 114/03, MDR 2004, 905; LG Karlsruhe v. 1.4.2019, 3 O 28/13, NJW-Spezial 2019, 445 und AG Viersen v. 18.9.2003, 31 C 239/01 (zur Erbengemeinschaft); Niedersächsisches FG v. 4.8.1983, VI 402/82 Ko, EFG 1984, 140; AG Neuss v. 21.8.1998, 39 C 232/96, StB 1999, 61 (zu Eheleuten).

dabei als gesonderte Auftraggeber bzw. als Auftraggebermehrheit angesehen.[1] Fraglich ist, ob ein Vertrag mit beiden **Eheleuten** zustande kommt, wenn der Steuerberater nur von einem Ehegatten beauftragt wurde. Geht es um den Auftrag zur Erstellung einer Einkommensteuererklärung unter **Zusammenveranlagung**, wird dies bejaht, da ein sog. Geschäft zur Deckung des Lebensbedarfs der Familie i.S.d. § 1357 BGB vorliegt.[2] Allerdings gilt § 1357 BGB nicht bei **getrennt lebenden** Eheleuten (vgl. § 1357 Abs. 2 BGB). In einer Erbangelegenheit soll hingegen kein Geschäft des täglichen Lebens vorliegen, da hier u.U. widerstreitende Interessen der Ehegatten vorliegen können.[3] Misslingt dem StB in einem solchen Fall im Gebührenprozess der Nachweis, dass ein Auftrag jeweils eines Ehepartners vorgelegen hat, trägt er die gerichtlichen und außergerichtlichen Kosten, die durch die unberechtigte Inanspruchnahme des weiteren Ehepartners entstanden sind.

166 Zwar führt die Tätigkeit für mehrere Auftraggeber außerhalb der o.g. Anwendungsfälle (→ Rz. 164) nicht zu einer Vermehrung von Gebühren. Dieser Umstand ist aber bei der Bestimmung des **Rahmensatzes** der Gebühr angemessen zu berücksichtigen, weil die Tätigkeit für mehrere Auftraggeber regelmäßig mit zusätzlicher Arbeit, einer Erhöhung der allgemeinen Geschäftskosten, einer höheren Bedeutung der Angelegenheit sowie einer höheren Verantwortung und damit auch einem höheren Haftungsrisiko verbunden ist.[4]

C. Gesamtschuldnerische Haftung (Abs. 2)

167 § 6 Abs. 2 StBVV stellt klar, dass die Auftraggeber in einem Gesamtschuldverhältnis (§§ 421 ff. BGB) zueinander stehen, d.h., die Haftung des Einzelnen reduziert sich nicht deshalb, weil noch weitere Auftraggeber vorhanden sind. Der StB kann – muss aber nicht – die gesamte Vergütung von jedem einzelnen Auftraggeber verlangen. Der Ausgleich der Gesamtschuldner erfolgt dann im Innenverhältnis (§ 426 BGB). Hat der StB aber eine besondere Tätigkeit nur für einen Auftraggeber entfaltet, die gebührenrechtlich separat erfasst werden kann, und hat sich dadurch die Vergütung des StB erhöht, so haftet hierfür nur derjenige Auftraggeber, in dessen Interesse diese besondere Tätigkeit ausgeübt worden ist. Ein Schuldverhältnis zu den übrigen Auftraggebern wird insoweit nicht begründet.

168 Da jeder Auftraggeber nur die Gebühren und Auslagen schuldet, die er im Falle eines Einzelauftrags schulden würde, ist die **Gesamtschuldnerschaft** insoweit **begrenzt,** als der Mehraufwand, den der StB wegen der Tätigkeit für mehrere Auftraggeber gebührenerhöhend geltend macht (z.B. nach Nr. 1008 VV RVG), nicht berücksichtigt wird.

Bei mehreren Auftraggebern genügt eine **Gesamtrechnung**, in der alle Auftraggeber aufgeführt sind oder die Auftrag gebende Gemeinschaft ist (z.B. eine Erbengemeinschaft), streng genommen nicht. Vielmehr muss sich aus der Berechnung ergeben, in welcher Höhe jeder Auftraggeber anteilsmäßig gem. § 6 Abs. 2 StBVV haftet. Andernfalls genügt die Rechnung nicht den formellen Anforderungen des § 9 StBVV und ist vor Gericht nicht durchsetzbar (→ § 9 StBVV Rz. 194).[5] Eine Gesamt-

1) LG Karlsruhe v. 1.4.2019, 3 O 28/13, NJW-Spezial 2019, 445 m.w.N.; OLG Frankfurt a.M. v. 20.2.2025, 18 W 178/24, NJW-Spezial2025, 220.

2) OLG Düsseldorf v. 26.11.2004, I-23 U 101/04, INF 2005, 93; AG Kleve v. 27.6.2023, 35 C 45/23; a.A. AG Meinerzhagen v. 20.2.2019, 4 C 174/18, besprochen von Beyme, Honorargestaltung für Steuerberater, August 2019, 1; AG Leutkirch v. 2.4.2008, 2 C 21/08, DStR 2009, 876; AG Paderborn v. 5.9.2011, 54 C 216/11; AG Ludwigsburg v. 19.6.2002, 8 C 3161/01; Gilgan, INF 2002, 471 f.

3) OLG Düsseldorf v. 6.6.1991, 13 U 3/91, GI 1992, 167.

4) Warttinger in Eckert, 7. Aufl. 2023, § 6 StBVV Rz. 4.

5) LG Mannheim v. 3.5.2012, 4 O 15/11, AnwBl 2013, 149; AG Kerpen v. 17.7.2014, 102 C 93/14, NJW-Spezial 2014, 509; Feiter, Honorarbrief für Steuerberater 5/2013, 1 und Schneider, AnwBl 2013, 113, jeweils mit Berechnungsbeispielen; Volpert in Schneider/Volpert, 9. Aufl. 2021, § 7 RVG Rz. 46.

rechnung an alle Auftraggeber kann aber dann ausreichend sein, wenn die Vergütung des StB von den Auftraggebern aus einem gemeinsamen Vermögen beglichen wird. Die kann etwa bei einer GbR, einer Erbengemeinschaft oder bei Eheleuten der Fall sein.[1)]

Praxistipp:

Im ersten Schritt empfiehlt sich eine Gesamtrechnung, da die Aufteilung des Rechnungsbetrages aufwändig und kompliziert ist. Erst dann, wenn einer oder mehrere Auftraggeber eine Aufteilung wünschen, muss der StB eine Aufteilung vornehmen, um keine Rechtsnachteile zu erleiden.

Insbesondere dann, wenn die Auftraggeber zerstritten sind oder über das Vermögen eines Ehepartners das Insolvenzverfahren eröffnet wurde und keine Zahlung auf die Gesamtrechnung erfolgt, weil jeder Auftraggeber nur bereit bzw. in der Lage ist, den auf ihn entfallenden Anteil an der Gesamtvergütung zu zahlen, stellt sich für den Steuerberater die Frage, wie dieser Anteil zu ermitteln ist. Hierzu nachfolgendes:

Beispiel zur Aufteilung des Gesamtrechnungsbetrages bei mehreren Auftraggebern:

Eheleute beauftragen den StB im Mai 2020 mit der Anfertigung der Einkommensteuererklärung 2019 nebst Anlagen N. Er rechnet seine diesbezüglichen Bemühungen gegenüber beiden Eheleuten wie folgt ab:

Einkommensteuererklärung, § 24 Abs. 1 Nr. 1 StBVV,

Gegenstandswert 103 982,00 € (92 379,00 €/11 603,00 €)

1/10, Tab. A	142,20 €
Anlage N Ehemann, § 27 Abs. 1 StBVV,	
Gegenstandswert 97 479,00 €, 2/20, Tab. A	134,10 €
Anlage N Ehefrau, § 27 Abs. 1 StBVV	
Gegenstandswert 12 603,00 €. 2/20, Tab. A	55,20 €
Auslagenersatz, § 16 StBVV	20,00 €
	351,50 €
19 % Umsatzsteuer	66,78 €
Gesamt	**418,28 €**

Die Eheleute sind zerstritten. Ein Rechnungsausgleich erfolgt nicht. Vielmehr verlangen beide eine Aufteilung des Rechnungsbetrages sowie getrennte Rechnungen.

Vorgehensweise:

Zunächst ist zu ermitteln, welchen Anteil jeder der Auftraggeber im Innenverhältnis zu tragen hat.

Anteil Ehemann:

Einkommensteuererklärung, § 24 Abs. 1 Nr. 1 StBVV,	
Gegenstandswert 92 379,00 €, €, 1/10, Tab. A	142,20 €
Anlage N Ehemann, § 27 Abs. 1 StBVV,	
Gegenstandswert 97 479,00 €, 2/20, Tab. A	134,10 €
Auslagenersatz, § 16 StBVV	20,00 €
	296,30 €
19 % Umsatzsteuer	56,30 €
Gesamt	**352,60 €**

1) Volpert in Schneider/Volpert, 9. Aufl. 2021, § 7 RVG Rz. 47 m.w.N.; i.E. auch AG Mettmann v. 18.6.2021, 22 C 141/17: Übersendung der Rechnung an den mit der Abwicklung einer Drei-Personen-GbR betrauten Gesellschafter genügt; keine Verpflichtung zur Erstellung von Teilrechnungen, da gemeinsamer Auftrag nur der Haftung nach zu je 1/3 der Rechnungssumme beschränkt war.

Anteil Ehefrau:

Einkommensteuererklärung, § 24 Abs. 1 Nr. 1 StBVV,	
Gegenstandswert 11 603,00 €, 1/10, Tab. A	55,20 €
Anlage N, § 27 Abs. 1 StBVV,	
Gegenstandswert 12.603,00 €, 2/10, Tab. A	55,20 €
Auslagenersatz, § 16 StBVV	20,00 €
	130,40 €
19 % Umsatzsteuer	24,77 €
Gesamt	**155,18 €**

Da die Eheleute nicht für die volle Vergütung als Gesamtschuldner haften (§ 6 Abs. 2 StBVV) muss im nächsten Schritt ermittelt werden, für welchen Betrag beide als Gesamtschuldner haften. Dies geschieht wie folgt:

	Einzelhaftung Ehemann (netto)	296,30 €
+	Einzelhaftung Ehefrau (netto)	130,40 €
–	Gesamthaftung (netto)	351,50 €
	Gesamtschuld	**75,20 €**

Unter Berücksichtigung der Gegenstandswerte sollte die **Gesamtschuld** im Verhältnis 9/10 (Ehemann) zu 1/10 (Ehefrau) **aufgeteilt** werden. Dies entspricht einer gesamtschuldnerischen Haftung von 7,52 € für die Ehefrau und von 67,68 € für den Ehemann. Die gesamtschuldnerische Mithaftung des jeweils anderen ist von dem jeweiligen Netto-Betrag, für den die Eheleute einzeln haften, in Abzug zu bringen, so dass die jeweilige Haftung wie folgt aussieht:

Anteil Ehemann:		296,30 €
		– 7,52 €
		288,78 €
+	19 % Umsatzsteuer	54,87 €
		343,65 €
Anteil Ehefrau:		130,40 €
		– 67,68 €
	62,72 €	62,72 €
+	19 % Umsatzsteuer	11,92 €
		74,64 €

Addiert man beide Beträge, ergibt sich mit **418,28 €** exakt der Betrag, der in der Gesamtrechnung (Sachverhalt) an beide aufgeführt ist.

Im konkreten Fall muss der Steuerberater deshalb in der an die Ehefrau gerichteten Rechnung die gesamtschuldnerische Mithaftung des Ehemanns i.H.v. 67,68 € in Abzug bringen und umgekehrt in der an den Ehemann gerichteten Rechnung die gesamtschuldnerische Mithaftung der Ehefrau i.H.v. 7,52 € in Abzug bringen. Der Ehefrau ist dann eine Rechnung i.H.v. insgesamt 74,64 € und dem Ehemann eine Rechnung i.H.v. insgesamt 343,65 € zuzustellen.

Die Rechnungen sollten einen **Nachforderungsvorbehalt** vorsehen, der es dem Steuerberater ermöglicht, die den jeweiligen Auftraggebern zunächst gutgeschriebene Mithaftung des anderen Teils nachträglich zu verlangen, falls der andere Teil die Rechnung nicht bezahlt.

Bliebe z.B. die Zahlung des Ehemannes aus, könnte gegenüber der Ehefrau noch folgender Betrag nachträglich in Rechnung gestellt werden:

Bereits gezahlter Betrag (netto)	62,72 €
zuzüglich gutgeschriebene gesamtschuldnerische Mithaftung	

des Ehemanns	67,68 €
	130,40 €
19 % Umsatzsteuer	24,77 €
Gesamt	**155,18 €**

Dieser Betrag von 155,18 € entspricht exakt dem Betrag, für den die Ehefrau nach § 6 Abs. 2 Satz 1 StBVV maximal haftet (s.o.). Den Differenzbetrag zu 418,28 € i.H.v. 263,10 € könnte der Steuerberater nur von dem Ehemann verlangen. Zahlt dieser nicht, müsste der Betrag notfalls eingeklagt werden.

§ 6 Abs. 2 Satz 2 StBVV sieht eine **Gesamtbegrenzung** der **Gebühren und Auslagen** 169
vor. Er wurde mit Wirkung zum 1.8.2022 an die Parallelvorschrift des § 7 Abs. 2 Satz 2 RVG angepasst.[1] Der Verordnungsgeber hatte im Zuge der letzten Novellierung der StBVV[2] übersehen, den Hinweis auf § 40 Abs. 5 StBVV a.F. zu streichen. Bis zum 31.7.2022 fand sich in § 6 Abs. 2 Satz 2 StBVV noch die Sonderbestimmung, dass § 40 Abs. 5 StBVV (a.F.) von der Begrenzung des § 6 Abs. 1 StBVV unberührt bleibt und dem StB im Rahmen des außergerichtlichen Rechtsbehelfsverfahrens eine günstigere Gebührenregelung zu Teil wird. Der Hinweis war unschädlich und für „Altfälle" mit Beauftragung vor dem 1.7.2020 nach wie vor passend. Bei späterer Auftragserteilung gilt über den Verweis in § 40 StBVV Nr. 1008 VV RVG.

1) Gesetz zur Neuregelung des Berufsrechts der anwaltlichen und steuerberatenden Berufsausübungsgesellschaften sowie zur Änderung weiterer Vorschriften im Bereich der rechtsberatenden Berufe v. 7.7.2021, BGBl. I 2021, 2363, 2434.

2) Fünfte Verordnung zur Änderung steuerlicher Verordnungen v. 25.6.2020, BGBl. I 2020, 1495 = BStBl I 2020, 555.

§ 7
Fälligkeit

Die Vergütung des Steuerberaters wird fällig, wenn der Auftrag erledigt oder die Angelegenheit beendigt ist.

Inhalt

Schrifttum

Beyme, Fälligkeit Honorar: ab Erstellung oder erst ab Übermittlung?, Honorargestaltung für Steuerberater, November 2023, 4; **Feiter/Mäkeler,** Abrechnungsprobleme bei der Körperschaftsteuererklärung 2017 wegen verspäteter Bereitstellung der Schnittstellen, KANZLEI intern 05/2018, 3; **Gilgan,** Grenzen der Vorleistungspflicht für Steuerberater und Zurückbehaltungsrecht, KP 2017, 22; **Gilgan,** Zur Bedeutung der Fälligkeit für den Honoraranspruch, INF 2003, 919; **Goez,** Fälligkeit des Steuerberaterhonorars und abweichende Vereinbarungen, KP 2016, 28; **Heller,** Zuordnung von Zahlungen bei mehreren offenen Honorarforderungen, KP 2014, 75; **Schroer,** Das Zurückbehaltungsrecht des Steuerberaters, INF 1995, 695.

A. Inhalt und Bedeutung

170 Die Regelung entspricht dem ab 1.7.2004 geltenden § 8 Abs. 1 Satz 1 RVG und ist § 16 Satz 1 BRAGO nachgebildet. In den Fällen, in denen die StBVV auf die Vorschriften des RVG verweist (§§ 21 Abs. 2, 40 StBVV), findet für StB nicht § 7 StBVV, sondern § 8 Abs. 1 Satz 1 RVG Anwendung, ohne dass dies praktische Auswirkungen hätte. Besonders zu beachten ist § 8 Abs. 1 Satz 2 RVG, wonach die Vergütung in einem gerichtlichen Verfahren auch fällig wird, wenn eine Kostenentscheidung ergangen oder der **Rechtszug** beendigt ist oder wenn das Verfahren länger als 3 Monate ruht. Hinsichtlich der Fälligkeit und des Verjährungsbeginns (→ Rz. 175) ist zwischen den Rechtszügen zu unterscheiden. Die Vergütung wird fällig, wenn der Rechtszug beendet ist.

Beispiel:[1)]

Der StB hat ein finanzgerichtliches Verfahren und im Anschluss daran noch ein Verfahren vor dem BFH geführt. Das FG-Verfahren endete mit Urteil vom 1.7.2023. Das Verfahren vor dem BFH endete mit Beschluss über die Zurückweisung der Nichtzulassungsbeschwerde vom 8.3.2024. Für beide Verfahren gelten unterschiedliche Fälligkeitszeitpunkte. Der Vergütungsanspruch für das FG-Verfahren war am 1.7.2023 fällig. Verjährungsbeginn war der 31.12.2023. Der Vergütungsanspruch für das BFH-Verfahren war am 8.3.2024 fällig. Verjährungsbeginn war der 31.12.2024 (zum Verjährungsbeginn siehe auch → Rz. 175).

Obwohl der Begriff der „Vergütung" nur die Gebühren und Auslagen umfasst, wird auch die Umsatzsteuer fällig, wenn der Auftrag erledigt oder die Angelegenheit beendigt ist.

171 Die Fälligkeit des Vergütungsanspruchs tritt mit der Erledigung des Auftrags oder der Beendigung der Angelegenheit ein, wobei die Begriffe „Erledigung" und „Beendigung" inhaltlich gleichzusetzen sind. Die Erledigung des (gesamten) Auftrages wird i.d.R. durch die Kündigung des Mandatsverhältnisses durch einen der

1) LG Essen v. 24.4.2019, 18 O 317/18.

Beteiligten ausgelöst. Wann die Angelegenheit beendigt ist, hängt von der Abgrenzung des Begriffs der Angelegenheit ab (→ § 10 StBVV Rz. 223).

Die Vorschrift des § 7 StBVV ist, da sie dem Schuldrecht angehört, **nachgiebigen Rechts**. Der StB kann daher mit dem Auftraggeber eine frühere oder spätere Fälligkeit formlos oder auch konkludent vereinbaren, z.B. durch Zeitvergütung und regelmäßige Zwischenabrechnungen.[1] Insbesondere bei vereinbarten Pauschalen, die mehrere Angelegenheiten umfassen, bietet sich die Vereinbarung einer (monatlichen) Fälligkeit des Honorars an, weil eine Aufteilung des Honorars auf die einzelnen Angelegenheiten oft schwierig ist und die Fälligkeit des Honorars – ohne Vereinbarung – erst nach Erledigung des Gesamtauftrags eintreten würde. Gleiches gilt, wenn die Parteien ein Zeithonorar vereinbart haben. 172

Praxistipp:

Bei vereinbarten Zeithonoraren sollte zusätzlich vereinbart werden, dass die Vergütung nach bestimmten Zeitabständen – am besten monatlich – abgerechnet wird und dass hinsichtlich der abgerechneten Zeiten Fälligkeit eintritt.

Dies ermöglicht es dem StB, seine Berechnung zeitnah zu erstellen und einzufordern (→ Muster Rz. 923, § 2 Abs. 2). Der Vorteil für den StB liegt darin, dass eine „Endabrechnung“ dann nicht mehr erforderlich ist. Jede Rechnung ist „Endabrechnung“ für den Leistungszeitraum. Der Nachteil liegt darin, dass die Verjährungsfrist früher zu laufen beginnt.

B. Anwendungsbereich

I. Abgrenzung Entstehung, Fälligkeit, Durchsetzbarkeit

Die Entstehung der Gebühr ist von der Fälligkeit und der Durchsetzbarkeit bzw. Einforderbarkeit zu unterscheiden. Eine Gebühr ist entstanden, wenn der Berater auf Grund des Auftrages irgendeine Tätigkeit vorgenommen hat (→ § 12 StBVV Rz. 247). Unter Fälligkeit versteht man den Zeitpunkt, von dem ab der Gläubiger die Leistung verlangen kann. Einforderbarkeit tritt gem. § 9 StBVV dann ein, wenn dem Mandanten eine ordnungsgemäß spezifizierte Honorarrechnung zugegangen ist. Der Eintritt der Fälligkeit ist der Einforderbarkeit nach § 9 StBVV also zeitlich vorgelagert. 173

Streitig ist, ob der Eintritt der Fälligkeit des Vergütungsanspruchs voraussetzt, dass der StB dem Mandanten die **Arbeitsergebnisse zur Verfügung gestellt** hat. Unter Hinweis auf die im Dienst- und Werksvertragsrecht geregelte Vorleistungspflicht (§§ 614, 641 Abs. 1 BGB) des Verpflichteten wird teilweise vertreten, dass ein Auftrag erst dann erledigt oder eine Angelegenheit erst dann beendigt ist, wenn der StB seinem Auftraggeber die Arbeitsergebnisse verfügbar gemacht hat.[2] Nach a.A. beschränkt sich die Vorleistungspflicht des StB jedoch auf die „Leistung der versprochenen Dienste“ (§ 611 Abs. 1 BGB) oder die „Herstellung des versprochenen Werkes“ (§ 631 Abs. 1 BGB), nicht aber auf die Herausgabe der Arbeitsergebnisse und der vom Mandanten zur Verfügung gestellten Unterlagen.[3] Dieser Auffassung ist zuzustimmen, da die Fragen der Vorleistungspflicht und die Frage der Heraus- 174

1) BGH v. 19.9.2013, IX ZR 112/11, AGS 2013, 573 und v. 21.11.1996, IX ZR 159/96, NJW 1997, 516; Goez, KP 2016, 28.

2) OLG Frankfurt/M. v. 7.11.2001, 23 U 184/00, DStRE 2002, 1287; OLG Düsseldorf v. 22.11.2011, I-23 U 205/10 und v. 20.6.1996, 13 U 100/95, GI 1997, 150; Warttinger in Eckert, 7. Aufl. 2023, § 7 StBVV Rz. 6; Mittelsteiner/Scholz, 4. Aufl. 1998, § 7 StBGebV Rz. 6, 12.

3) OLG Düsseldorf v. 28.5.2002, 23 U 193/01, GI 2002, 219, 222; OLG Naumburg v. 23.7.2001, 1 U 124/99, BB 2001, 2292; Beyme in Meyer/Goez/Schwamberger, 11. Aufl. 2023, § 7 StBVV Rz. 5; Gilgan, KP 2017, 22, 23 und INF 2003, 919; Goez in Kuhls u.a., § 66 StBerG Rz. 30 m.w.N.; Schroer, INF 1995, 695 f.

gabe von „vorgeleisteten" Arbeitsergebnissen unterschiedlicher Natur sind. Wäre der Vergütungsanspruch des StB tatsächlich erst dann fällig, wenn dem Auftraggeber die Arbeitsergebnisse zur Verfügung gestellt wurden, würde das Leistungsverweigerungsrecht bzw. das Zurückbehaltungsrecht des StB ausgehöhlt. Außerdem sind keine schutzwürdigen Interessen des Auftraggebers ersichtlich, da dieser jederzeit Anspruch auf Einsichtnahme in die Handakte hat (§ 666 BGB), unter Vorbehalt zahlen kann oder das Zurückbehaltungsrecht durch Sicherheitsleistung abwenden und so in den Besitz der Unterlagen gelangen kann.

Die Gegenauffassung, die eine Vorleistungspflicht bejaht, kommt mit einer anderen Begründung teilweise zum gleichen Ergebnis. Nach OLG Düsseldorf[1] gilt die Vorleistungspflicht nicht uneingeschränkt. Die Grenzen ergeben sich aus § 321 BGB und § 242 BGB (Treu und Glauben). Danach entfällt ausnahmsweise die Vorleistungspflicht des StB, wenn der Mandant ernsthaft und unberechtigt erklärt, er könne oder wolle nicht zahlen. In dem vom OLG Düsseldorf entschiedenen Fall hatte sich der Mandant geweigert, die Finanzbuchführung für das Jahr 2007 zu bezahlen, die Bezahlung des Jahresabschlusses 2007 aber Zug um Zug gegen Herausgabe ausdrücklich angeboten. Nach Ansicht des OLG Düsseldorf war der StB nicht zur Herausgabe des Jahresabschlusses verpflichtet, weil er sich auf sein Zurückbehaltungsrecht aus § 273 BGB berufen konnte. Das Gericht bejahte die Konnexität zwischen den beiderseitigen Forderungen (des StB auf Bezahlung der Finanzbuchführung 2007 und des Mandanten auf Herausgabe des Jahresabschlusses 2007) unter Hinweis auf die ältere BGH-Rechtsprechung.[2]

Praxistipp:

Um sich auf das Zurückbehaltungsrecht berufen zu können, müssen dem Mandanten die Arbeitsergebnisse in jedem Fall angeboten werden, damit dieser die Möglichkeit hat, sie zu nutzen. Werden die Arbeitsergebnisse nicht angeboten und beauftragt der Mandant einen anderen StB, geht der Honoraranspruch des Vorberaters ins Leere.[3]

Daneben ist fraglich, ob die Fälligkeit des Vergütungsanspruchs erst durch die **elektronische Übermittlung der Steuererklärung an das Finanzamt** oder bereits mit Fertigstellung der Erklärung ausgelöst wird. Dies ist zunächst eine Frage des Auftrags. Im Normalfall wird der Mandant davon ausgehen und dies auch wünschen, dass der StB die Steuererklärung nicht nur anfertigt, sondern diese auch an das Finanzamt übermittelt. Übermittelt der StB die endgültige Steuererklärung an das Finanzamt, nachdem er zuvor ohne Wissen des Mandanten eine vorläufige Steuererklärung abgegeben hatte, ist mit der Übermittlung der endgültigen Steuererklärung Fälligkeit eingetreten, da die Angelegenheit beendet ist.[4] Problematisch wird es dann, wenn der StB die Steuererklärung erstellt hat, er diese aber mangels rechtzeitiger Bereitstellung der Schnittstellen noch nicht elektronisch an die Finanzverwaltung übermitteln kann. Die Bereitstellung der Schnittstellen erfolgt insbesondere bei der Körperschaftsteuererklärung oft verspätet. Üblicherweise lässt das BMF verlauten, dass der Steuerpflichtige die Körperschaftsteuererklärung bis zu einem bestimmten Stichtag in Papierform abgeben kann. In diesem speziellen Fall tritt die Fälligkeit des Vergütungsanspruchs in jedem Fall mit Abgabe der Körperschaftsteuererklärung in Papierform ein.[5] Wie verhält es sich aber mit Steuererklärungen, die der StB erstellt, aber noch nicht elektronisch übermittelt hat. Kann er die Übermittlung unter Berufung auf sein Zurückbehaltungsrecht davon abhängig machen, dass der Mandant das Honorar für die Anfertigung der Steuererklärungen zuvor bezahlt? Ist der Vergütungsanspruch nach Anfertigung, aber vor Abgabe der Erklärung bereits

1) OLG Düsseldorf v. 22.11.2011, I-23 U 205/10.
2) BGH v. 17.2.1988, IVa ZR 262/86, NJW 1988, 2607.
3) OLG Düsseldorf v. 20.6.1996, 13 U 100/95, GI 1997, 150; AG Neuss v. 6.1.2010, 80 C 4348/08.
4) OLG Karlsruhe v. 31.8.2022, 15 U 110/21, DStR 2023, 2525 mit Anm. Fietkau.
5) Feiter/Mäkeler, KANZLEI intern 05/2018/3.

fällig? M.E. ja, denn der Auftrag zur Anfertigung der Steuererklärung und der Auftrag zur Übermittlung der Steuererklärung sind zwei unterschiedliche Angelegenheiten. Bereits aus dem Wortlaut des § 24 StBVV ergibt sich, dass der StB das Honorar für die „Anfertigung" der Steuererklärung verlangen kann. § 24 StBVV setzt nicht voraus, dass die Steuererklärung auch übermittelt wird. Bereits mit Anfertigung der Steuererklärung wird der Honoraranspruch des StB also fällig.[1)]

II. Wirkungen der Fälligkeit

Die Fälligkeit bewirkt, dass **175**

- die Vergütung einforderbar ist (§ 9 StBVV),
- der StB bezogen auf die Angelegenheit keinen Vorschuss mehr verlangen kann (→ § 8 StBVV Rz. 182)

Praxistipp:

Soweit an einen StB Vorschusszahlungen in einer abgeschlossenen Angelegenheit erfolgen, ist die Leistung inkongruent. Dies gilt auch dann, wenn an Stelle des Vorschussanspruchs ein fälliger Vergütungsanspruch bestand, dieser aber mangels einer dem Auftraggeber mitgeteilten Berechnung nicht einforderbar (§ 9 StBVV) war. Inkongruent sind ferner Zahlungen, die auf einen Vergütungsanspruch geleistet worden sind, der noch nicht fällig war, weil die Erledigung der Angelegenheit noch ausstand.[2)]

- ein Antrag auf selbstständige Wertfestsetzung im gerichtlichen Verfahren zulässig ist (§ 40 Satz 1 StBVV, § 33 Abs. 2 Satz 2 RVG),
- ein Antrag auf Festsetzung der Vergütung zulässig ist (§ 40 Satz 1 StBVV, § 11 Abs. 2 Satz 1 RVG).

Für den Eintritt des **Verzugs** kommt es hingegen nicht allein auf den Zeitpunkt der Fälligkeit, sondern auch auf den der Einforderbarkeit an (→ § 9 StBVV Rz. 207). Die Berechnung von **Verzugszinsen** ist nicht zulässig, wenn der StB mit dem Mandanten eine **Stundungs- oder Ratenzahlungsvereinbarung** getroffen hat. Ein bereits eingetretener Verzug wird geheilt, wenn die festgelegte Leistungszeit einvernehmlich hinausgeschoben, die Erfüllung der Leistungspflicht also nachträglich gestundet wird.[3)]

Praxistipp:

Um Verzugszinsen berechnen zu können, sollte in der Stundungs- bzw. Ratenzahlungsvereinbarung ausdrücklich geregelt werden, dass neben den Raten auch der gesetzliche Verzugszins fällig wird.

Zur Wirkung einer Stundungs- bzw. Ratenzahlungsvereinbarung auf das **Zurückbehaltungsrecht** des StB (→ § 9 StBVV Rz. 208).

Die Fälligkeit hat darüber hinaus besondere Bedeutung für den Zeitpunkt des Beginns der **Verjährung** des Vergütungsanspruchs, da die Verjährungsfrist mit dem Ende des Jahres beginnt, in dem der Anspruch entstanden, dieser also fällig geworden ist (§§ 195, 199 Abs. 1 BGB; siehe Beispiel → Rz. 170 und → Rz. 172 a.E.; § 33 StBVV Rz. 555 zum Verjährungsbeginn bei Buchführungsarbeiten).

1) So auch LG Duisburg v. 22.2.2023, 2 O 182/19 unter Hinweis auf den eindeutigen Wortlaut „Anfertigung" der Einkommensteuererklärung und AG Kleve v. 27.6.2023, 35 C 45/23: „Zu vergüten ist bei einem Steuerberatungsvertrag als einem Geschäftsbesorgungsvertrag i.S.d. BGB die Leistungserbringung, das ist hier die Erstellung einer Erklärung"; ebenso: Beyme in Meyer/Goez/Schwamberger, 11. Aufl. 2023, § 7 StBVV Rz. 6; Beyme, Honorargestaltung für Steuerberater, November 2023, 4.
2) BGH v. 13.4.2006, IX ZR 158/05, NJW 20026, 2701, 2703 zum Anwaltsrecht.
3) BGH v. 24.10.1990, VIII ZR 305/89, WM 1991, 291.

Bei **Zahlungen** des Mandanten **auf mehrere offene Forderungen** wird diejenige Schuld getilgt, die der Mandant bei seiner Leistung ausdrücklich oder schlüssig bestimmt (§ 366 Abs. 1 BGB). Trifft der Mandant keine Bestimmung, ergibt sich die Tilgungsreihenfolge aus § 366 Abs. 2 BGB. Das heißt, dass unter mehreren fälligen (sowie gleichermaßen gesicherten und lästigen) Forderungen die ältere Forderung zunächst getilgt wird.

Beispiel:

Der Mandant zahlt ohne nähere Bestimmung 1 500 €. Offen sind zwei Forderungen des StB aus dem Jahr 01 (verjährt) und dem Jahr 02 (nicht verjährt) über jeweils 1 500 €. Durch die Zahlung wird hier die ältere (verjährte) Forderung erfüllt.[1)]

1) Heller, KP 2014, 75.

§ 8
Vorschuß

Der Steuerberater kann von seinem Auftraggeber für die entstandenen und die voraussichtlich entstehenden Gebühren und Auslagen einen angemessenen Vorschuß fordern.

Inhalt

Schrifttum

Arconada, Vorschuss ... und wie er abzurechnen ist, Honorargestaltung für Steuerberater August 2019, 3; **Feiter,** Abtretung von Vorschussforderungen an eine Verrechnungsstelle, Honorargestaltung für Steuerberater, Juni 2023, 3; **Feiter,** Geldwäsche durch Annahme von Honoraren – ein Strafbarkeitsrisiko für Steuerberater?, Honorargestaltung für Steuerberater, Dezember 2021, 1; **Feiter,** Verrechnung von Vorschüssen nach Mandatsbeendigung, KANZLEI intern 02_2019, 5; **Feiter/Mertens,** Vorläufiges Leistungsverweigerungsrecht wegen der Covid-19-Pandemie bei „wesentlichen Dauerschuldverhältnissen" – auch Steuerberatungsverträge umfasst?, Stbg 2020, 233; **Geismann,** Abrechnung von Vorschüssen, Honorargestaltung für Steuerberater, September 2017, 4; **Gemmer,** So optimieren Sie die Honorardurchsetzung, Honorargestaltung für Steuerberater, April 2023, 1; **Gemmer,** Anforderung eines Vorschusses: Ist eine abschließende Gebührenrechnung zusätzlich erforderlich?, KP 2001, 94; **Gilgan,** Vorsicht bei der Herabsetzung von Vorschüssen, KP 2018, 130; **Gilgan,** Anforderungen an eine Vorschussrechnung, KP 2015, 194; **Micus,** Keine Abtretung von Vorschussforderungen an die Steuerberater-Verrechnungsstelle, DStR 2023, 1375; **Schneider,** Bindungswirkung einer Vorschussanforderung, NJW-Spezial 2018, 411.

A. Inhalt und Bedeutung

Die Vorschrift ist § 17 BRAGO nachgebildet und entspricht dem seit 1.7.2004 geltenden § 9 RVG. Der Vorschuss soll den Anspruch des StB auf Zahlung seiner Vergütung sichern. Ist noch keine Fälligkeit nach § 7 StBVV eingetreten und auch keine vorzeitige Fälligkeit vereinbart, steht dem StB ein Recht auf Vorschuss zu. **Ausnahme**: Das Vorschussrecht ist durch eine **spezialgesetzliche Regelung** außer Kraft gesetzt. **176**

Beispiel:

Das Gesetz zur Abmilderung der Folgen der Corona-Krise[1] räumte Verbrauchern und Kleinstunternehmern in Art. 240 § 1 EGBGB befristet das Recht ein, unter Berufung auf die Covid-19-Pandemie eine aus einem „wesentlichen Dauerschuldverhältnis" geschuldete vertragliche Leistung zu verweigern. Dieses Leistungsverweigerungsrecht würde leerlaufen, wenn man dem StB in dieser Situation ein Vorschussrecht zubilligen würde.[2]

Die Höhe des Vorschusses bestimmt sich nach der „Angemessenheit" die auch dann noch gegeben ist, wenn ein Vorschuss in Höhe der voraussichtlich entstehenden **Gebühren und Auslagen** gefordert wird.

Praxistipp:

Ein Vorschuss für Rahmengebühren darf nicht im Umfang der Höchstgebühr angefordert werden, wenn sich noch nicht absehen lässt, ob der tatsächliche Aufwand der Mandats-

1) Gesetz zur Abmilderung der Folgen der COVID-19-Pandemie im Zivil-, Insolvenz- und Strafverfahrensrecht v. 27.3.2020, BGBl. I 2020, 569.
2) Feiter/Mertens, Stbg 2020, 233, 235.

erfüllung diese Höhe rechtfertigt.[1] Bei Auslagen ist danach zu fragen, in welcher Höhe Auslagen voraussichtlich anfallen werden.

Soweit sich erst im Laufe der Zeit weitere Gebühren oder Auslagen abzeichnen, mit denen der StB vorher nicht gerechnet hat, ist er nicht gehindert, weitere Vorschüsse zu verlangen. Berufsrechtlich ist § 8 Abs. 3 BOStB zu beachten. Danach dürfen StB aus ihnen anvertrauten Vermögenswerten keine Vorschüsse entnehmen, soweit die Vermögenswerte zweckgebunden sind.

177 Bei der Abrechnung von Vorschüssen, insbesondere für Buchführungsarbeiten, kommt es häufig vor, dass der Vorschuss als solcher nicht kenntlich gemacht wird. Häufig wird der Vorschuss einfach als Lastschrift – ohne Rechnung und ohne ausdrückliche Deklaration als Vorschuss – vom Konto des Mandanten eingezogen, so dass dieser nicht erkennen kann, ob es sich um einen Vorschuss oder um eine Schlussrechnung handelt. Ein Hinweis auf § 8 StBVV in der Vorschussrechnung ist zwar nicht erforderlich (→ str., § 9 StBVV Rz. 202), allerdings sollte sich aus dem Wortlaut der Rechnung ergeben, dass ein „Vorschuss" geltend gemacht wird. Gerade bei der Abrechnung von Buchführungsarbeiten kommt es häufig vor, dass der StB eigentlich einen Vorschuss verlangen will, diesen jedoch nicht als solchen deklariert.

Beispiel:

Der StB rechnet im Jahr 02 monatlich eine 7/10-Gebühr für die Erstellung der Buchführung auf Basis des Jahresumsatzes 01 ab, ohne darauf hinzuweisen, dass es sich um einen Vorschuss handelt.

Mit der Erteilung der monatlichen Rechnung, selbst wenn sie vor Fälligkeit erstellt wird und eigentlich als Vorschuss gemeint war, hat der StB sein **Bestimmungsrecht hinsichtlich des Gebührensatzes** nach § 315 Abs. 1 BGB ausgeübt. Er bleibt dann an den abgerechneten Gebührensatz gebunden und kann im Rahmen einer Schlussrechnung (unter Berücksichtigung des tatsächlichen Jahresumsatzes aus 02) keinen höheren Gebührensatz abrechnen.[2]

Praxistipp:

Dem Problem der Bindungswirkung kann der StB ganz leicht dadurch entgehen, dass er in der Überschrift ausdrücklich darauf hinweist, dass es sich um einen Vorschuss handelt.[3] Da Vorschüsse auch für bereits **entstandene Gebühren** geltend gemacht werden können, bestehen keine Bedenken, wenn der StB die Vorschussrechnungen erst nach erbrachter Leistung abrechnet, also z.B. die FiBu für März erst im April oder Mai abrechnet. Da die StBVV Begriffe wie Abschlagszahlung, Akontozahlung, Teil- oder Zwischenrechnung nicht kennt, sollte der StB sich immer an diese gesetzliche Bezeichnung halten.[4] Darüber hinaus ist zu empfehlen, Vorschussforderungen möglichst allgemein geltend zu machen und auf die Angabe von Gebührensätzen in der Vorschussrechnung zu verzichten.

Senkt der StB auf eine Bitte des Mandanten den Vorschuss, kann darin nicht nur eine Einigung über die **Herabsetzung des Vorschusses**, sondern sogar eine Vereinbarung über eine bestimmte Vergütung liegen.[5] Demgegenüber ist der StB an einen von ihm geschätzten **Gegenstandswert** grundsätzlich nicht gebunden. Denn die Höhe des Gegenstandswertes ist nicht Ergebnis der Ermessensausübung des

1) BGH v. 11.12.2003, IX ZR 109/00, NJW 2004, 1043, 1047.
2) OLG Köln v. 12.10.2009, I 5 U 59/09, AGS 2009, 525 zum Anwaltsrecht; Schneider, NJW-Spezial 2018, 411; N. Schneider in Schneider/Wolf, 9. Aufl. 2021, § 9 RVG Rz. 85 m.w.N.
3) AG Duisburg-Ruhrort v. 21.6.2019, 8 C 253/17; Gemmer, Honorargestaltung für Steuerberater, April 2023, 1, 2.
4) Schneider, NJW-Spezial 2018, 411.
5) OLG München v. 13.12.2017, 15 U 886/17, Stbg 2018, 327 und besprochen von Gilgan, KP 2018, 130, 139.

StB nach § 11 StBVV.[1] Nur dann, wenn besondere Umstände dafür sprechen, dass der Vorschuss tatsächlich eine Pauschale ist, kann wiederum eine Bindungswirkung eintreten (siehe hierzu auch → § 33 StBVV Rz. 552 f.).

Zahlt der Mandant den angeforderten Vorschuss nicht, kann der Berater bis zur Zahlung weitere Tätigkeiten gemäß § 320 BGB ablehnen, das Mandatsverhältnis kündigen oder – kaum zweckdienlich – den Vorschuss einklagen. Zahlt der Mandant den Vorschuss nicht innerhalb von 30 Tagen nach Aufforderung (§ 286 Abs. 3 Satz 1, 1. Halbsatz BGB) und Belehrung (§ 286 Abs. 3 Satz 1, 2. Halbsatz BGB) oder gerät er durch eine Mahnung in Verzug, schuldet er hierauf **Zinsen** mach §§ 286, 288 BGB.[2] Gegenüber einem Unternehmer kann der StB in diesem Fall auch die Verzugskostenpauschale nach § 288 Abs. 5 Satz 1 BGB geltend machen. Das **Einklagen des Vorschusses** ist nur solange (prozessual) zulässig, wie das Mandatsverhältnis noch besteht und nicht gekündigt wurde. Mit Eintritt der Fälligkeit (§ 7 StBVV), z.B. durch Kündigung, muss der StB endgültig gem. § 9 StBVV abrechnen.[3] Nach h.M. soll die klageweise Geltendmachung eines Vorschusses berufswidrig sein.[4] Nach a.A. muss ein Anspruch, der einem RA oder StB von Gesetzes wegen zugestanden wird (z.B. durch § 9 RVG oder § 8 StBVV) auch einklagbar sein. Andernfalls besteht die Gefahr, dass der Anspruch durch fehlende Zahlungsmoral des Mandanten ausgehöhlt wird.[5] 178

Praxistipp:

Eine **Abtretung** von Vorschussforderungen **nach** Eintritt der Fälligkeit (z.B. nach Mandatskündigung durch den StB oder den Mandanten) an eine **Verrechnungsstelle** oder sonstigen Dritten ist berufswidrig, da der StB nach Eintritt der Fälligkeit berufsrechtlich zur unverzüglichen Abrechnung verpflichtet ist.[6] Eine solche Forderung könnte von der Verrechnungsstelle oder dem Dritten zivilrechtlich auch nicht durchgesetzt werden, weil es an einer Berechnung nach § 9 StBVV fehlt. Die Verrechnungsstelle oder der sonstige Dritte sind nicht befugt, selbst eine Schlussrechnung zu erstellen (→ § 11 StBVV Rz. 229).

Eine Abtretung von Vorschussforderungen **vor** Eintritt der Fälligkeit ist hingegen nicht berufswidrig. Gebührenforderungen – und dazu zählen auch Vorschussforderungen – dürfen unter den Voraussetzungen des § 64 Abs. 2 StBerG abgetreten werden.[7] Ein berufsrechtlich relevantes Fehlverhalten des StB läge in diesen Fällen nur dann vor, wenn der StB es unterlässt, dem Abtretungsempfänger die Fälligkeit der Forderung, z.B. nach Beendigung des Mandats, anzuzeigen.

Ein Vorschuss ist nicht nach § 40 Satz 1 StBVV i.V.m. § 11 RVG festsetzbar. Ein Festsetzungsantrag nach § 11 Abs. 2 Satz 1 RVG ist erst zulässig, wenn die Vergütung fällig und endgültig abgerechnet ist.[8]

Eine **Verrechnung** des gezahlten Vorschusses hat in der Berechnung nach § 9 StBVV zu erfolgen (vgl. § 9 Abs. 2 Satz 1 StBVV). Nur die tatsächlich gezahlten Vorschüsse sind zu berücksichtigen.[9] Vorschüsse dürfen nur mit den Gebühren desjenigen **Auftrags** verrechnet werden, für die sie angefordert worden sind. Dies 179

1) LG Essen v. 19.6.2015, 15 S 88/15; Gilgan, KP 2015, 194.
2) Toussaint, Kostenrecht, 55. Aufl. 2025, § 9 RVG Rz. 16.
3) BGH v. 13.4.2006, IX ZR 158/05, NJW 2006, 2701.
4) Mayer in Gerold/Schmidt, 26. Aufl. 2023, § 9 RVG Rz. 24; N. Schneider in Schneider/Volpert, 9. Aufl. 2021, § 9 RVG Rz. 82.
5) Klees in Mayer/Kroiß 9. Aufl. 2025, § 9 RVG Rz. 33; Hartung/Schons/Enders, 3. Aufl. 2017, § 9 RVG Rz. 40; LG Düsseldorf v. 19.4.2023, 045 StL 21/22 und 045 StL 22/22.
6) LG Düsseldorf v. 19.4.2023, 045 StL 21/22 und 045 StL 22/22; Feiter, Honorargestaltung für Steuerberater, Juni 2023, 3; Micus, DStR 2023, 1375.
7) LG Düsseldorf v. 19.4.2023, 045 StL 21/22 und 045 StL 22/22 mit ausführlicher Begründung; LG Arnsberg v. 8.12.2020, I-1 O 45/19, DStRE 2022, 1406; Feiter, Honorargestaltung für Steuerberater, Juni 2023, 3; Micus, DStR 2023, 1375.
8) N. Schneider in Schneider/Volpert, 9. Aufl. 2021, § 9 RVG Rz. 81.
9) LG Duisburg v. 28.11.2013, 8 O 452/10.

ergibt sich aus der Zweckbestimmung des Vorschusses, so dass sich eine „Querverrechnung" von Vorschüssen verbietet.[1)]

Beispiel:

Der StB hat im Jahr 01 Vorschüsse für Jahresabschluss und Steuererklärungen eines kleinen Betriebs in Höhe von 2 000 € erhalten. Das Mandat endet durch Kündigung des Mandanten zum Jahresende 01 bevor der StB mit den Jahresabschlussarbeiten und den Steuererklärungen beginnt. Eine Verrechnung dieser Vorschüsse mit offenen Honorarforderungen aus einer erbschaftsteuerlichen Beratung des Betriebsinhabers persönlich wäre im Zweifel unzulässig, da es sich um ein anderes Auftragsverhältnis handelt.

Fraglich ist, ob eine Verrechnung von Vorschüssen bei unterschiedlichen Angelegenheiten innerhalb eines Auftragsverhältnisses zulässig ist.

Beispiel:

Der StB kündigt im März 02 ein Mandat fristlos, weil sich der Mandant als unzuverlässig erwiesen hat. Für den Jahresabschluss 01 hat der StB Vorschüsse vereinnahmt. Mit den Jahresabschlussarbeiten hat er noch nicht begonnen. Der StB hat offene Honorarforderungen aus Buchführungsarbeiten 01, für die er keine Vorschüsse vereinnahmt hat. Die für den Jahresabschluss vereinnahmten Vorschüsse würde er gerne mit den offenen Honorarforderungen für die Buchführung verrechnen.

Jahresabschluss und Buchführung sind gebührenrechtlich unterschiedliche Angelegenheiten. Ob eine Verrechnung zulässig ist, hängt davon ab, wie eng die Zweckbestimmung des Vorschusses definiert wird. Soweit die Frage überhaupt problematisiert wird, wird in der Kommentarliteratur überwiegend auf das Auftragsverhältnis und nicht auf die gebührenrechtliche Angelegenheit abgestellt, so dass eine Verrechnung in dem o.g. Beispielsfall zulässig wäre.[2)] M.E. sind Verrechnungen innerhalb eines Auftragsverhältnisses immer zulässig.

Praxistipp:

Das Problem kann der StB dadurch entschärfen, dass er Vorschüsse möglichst allgemein, z.B. „für künftige Leistungen" anfordert und nicht für bestimmte gebührenrechtliche Angelegenheiten, wie Jahresabschluss und Steuererklärungen.

Für die Verrechnung kommen zwei Möglichkeiten in Betracht. Entweder erfolgt die Verrechnung auf **Netto-Basis**. Dann werden die Nettobeträge der Vorschüsse von der Nettovergütung der Schlussrechnung abgezogen und erst dann die Umsatzsteuer ausgewiesen.

Beispiel:

Gesamt (netto)	2 248,00 €
./. Vorschüsse (netto)	1 969,00 €
	279,00 €
19 % Umsatzsteuer	53,01 €
Rechnungsbetrag	332,01 €

Oder es werden die **Brutto-Vorschüsse** von der Brutto-Summe der Schlussrechnung abgezogen. Dann wäre in der Schlussrechnung aber insgesamt zu viel an Umsatzsteuer ausgewiesen. Deshalb muss der StB in der Schlussrechnung noch gesondert ausweisen, wieviel Umsatzsteuer bereits im Vorschuss enthalten war und wieviel Umsatzsteuer in dem Schlussbetrag noch enthalten ist.[3)] Obwohl eine Verrechnung

1) N. Schneider in Schneider/Wolf, 9. Aufl. 2021, § 9 RVG Rz. 92.

2) Mayer in Gerold/Schmidt, 26. Aufl. 2023, § 9 RVG Rz. 23; Feiter, KANZLEI intern 02_2019, 5; Arconada, Honorargestaltung für Steuerberater, August 2019, 3, 5; a.A. N. Schneider in Schneider/Volpert, 9. Aufl. 2021, § 9 RVG Rz. 92, der auf die „Angelegenheit" abstellt.

3) Berechnungsbeispiele bei N. Schneider in Schneider/Volpert, 9. Aufl. 2021, § 9 RVG Rz. 93 f. und § 10 RVG Rz. 52; Enders, in Hartung/Schons/Enders, 3. Aufl. 2017, § 9 RVG Rz. 32; Arconada, Honorargestaltung für Steuerberater, August 2019, 3, 5.

auf Netto-Basis eine weniger aufwändigere Darstellung erfordert, ist in der Praxis die Brutto-Verrechnung üblich, weil dem Mandanten der Brutto-Betrag geläufiger ist und auch die Vorschussrechnung einen Brutto-Betrag ausweist.

Beispiel:

Rechnungsbetrag insgesamt	1 500,00 €
zuzüglich Umsatzsteuer	285,00 €
Gesamt (netto)	**1 785,00 €**
./. Vorschüsse	1 428,00 €
verbleibender Restbetrag	**357,00 €**
darin enthaltene Umsatzsteuer	57,00 €
In den Vorschusszahlungen enthaltene Umsatzsteuer	228,00 €

Rückzahlungsansprüche des Mandanten wegen zu viel gezahlter Vorschüsse richten sich grundsätzlich nach §§ 675, 667 BGB und nicht nach § 812 BGB.[1)]

Beispiel OLG Düsseldorf v. 29.8.2017, I-23 U 153/16:

Der StB hatte in 2011 und 2012 vom Konto eines langjährigen Mandanten (Zahnarzt) Vorschüsse für die Lohnbuchführung, die Finanzbuchführung, die Anfertigung der Steuererklärungen und die Aufstellung der Jahresabschlüsse in Höhe von 17 850,00 € abgebucht. Tatsächlich hatte er in 2011 und 2012 nur noch die Lohnbuchführung erstellt, weil der Mandant einen anderen StB mit den weiteren Arbeiten beauftragt hatte. Der frühere StB wurde zur Rückzahlung der Vorschüsse in Höhe von 16 797,08 € – abzüglich der Gebühren für die Lohnbuchführung – verurteilt. Das OLG zog als Anspruchsgrundlage den § 667 BGB heran.

In Einzelfällen kann sich ein Rückzahlungsanspruch auch aus § 826 BGB[2)] oder aus § 628 Abs. 1 Satz 3 BGB i.V.m. § 346 Abs. 1 BGB ergeben.[3)]

Soweit Vorschüssen keine erbrachten Leistungen gegenüberstehen, kann der Mandant deren Rückzahlung i.d.R. allerdings nur in Höhe der **Nettobeträge** verlangen, wenn der StB die in den Vorschussrechnungen berechnete Umsatzsteuer als Vorsteuer abgesetzt hat.[4)] Besteht ausnahmsweise auch ein Anspruch auf (Teil-)Rückzahlung der Umsatzsteuer, ist das Procedere nach § 14c UStG (Rechnungsberichtigung) einzuhalten.[5)]

Eine gesetzliche Verpflichtung, den vereinnahmten Vorschuss vergleichbar einer Mietkaution (§ 551 Abs. 3 Satz 1 BGB) zu einem üblichen Zinssatz anzulegen, besteht nicht. Deshalb hat der Auftraggeber auch keinen Anspruch auf Rückzahlung des Vorschusses zuzüglich Zinsen. Eine **Verzinsungspflicht** besteht aber dann, wenn der StB mit der Rückzahlung in Verzug ist oder wenn er sich schadensersatz-

1) BGH v. 16.12.2021, IX ZR 81/21, DStRE 2022, 1017 und v. 7.3.2019, IX ZR 143718, DStR 2019, 1773 mit Anm. Feiter; BGH v. 3.2.1988, IVa ZR 196/86, StB 1988, 312; OLG Düsseldorf v. 29.8.2017, I-23 U 153/16; OLG Düsseldorf v. 23.3.2004, 23 U 66/03, INF 2004, 452; OLG Düsseldorf v. 9.10.1997, 13 U 153/96, GI 1999, 275 f.; LG Mönchengladbach v. 17.12.2015, 10 O 271/14; AG Oldenburg v. 2.11.2015, 31 C 3/14, rkr.; Schneider, NJW-Spezial 2013, 347 oder nach §§ 628 Abs. 1 Satz 3, 812 Abs. 1 Satz 1, 1. Alt BGB (OLG Köln v. 14.7.2022, 15 U 137/21, DStR 2022, 2519, 2520; LG Duisburg v. 2.10.2015, 7 S 21/15 m.w.N.; Geismann, Honorargestaltung für Steuerberater, September 2017, 5.

2) LG Stuttgart v. 18.4.2016, 27 O 382/15, AGS 2017, 6 zu einer sittenwidrigen Vergütungsvereinbarung.

3) OLG Köln v. 14.5.2021, 24 U 81/20, DStR 2021, 2488.

4) BGH v. 8.5.2008, IX ZR 229/06, NJW-RR 2008, 1369; OLG Hamm v. 26.5.2014, 18 U 29/13, NJW-RR 2014, 1393, 1395; OLG Düsseldorf v. 9.10.1997, 13 U 153/96, GI 1999, 275, 278 und v. 23.3.2004, 23 U 66/03, GI 2004, 182, 185; → Grundlagen des Vergütungsrechts Rz. 81.

5) Siehe auch EuGH v. 15.9.2016, C-518/14; → § 9 StBVV Rz. 204.

pflichtig gemacht hat, z.B. weil er den Vorschuss zu hoch veranschlagt hat.[1] Der StB kann sich wegen des Anspruchs auf Abrechnung und Rückzahlung nicht verbrauchter Vorschüsse wegen des Grundsatzes von Treu und Glauben (§ 242 BGB) nicht auf die Einrede der Verjährung berufen.[2] Die Darlegungs- und Beweislast dafür, dass ein Vorschuss bereits durch geleistete Arbeit verdient wurde, liegt beim StB.[3]

Praxistipp:

Grundsätzlich ist zu empfehlen, von dem Recht auf Vorschuss beherzt Gebrauch zu machen und für alle vereinbarten Leistungen Vorschüsse zu fordern. Je unsicherer es ist, ob der Mandant später zahlt oder zahlen kann, desto konsequenter sollte von der Möglichkeit Vorschüsse zu vereinbaren, Gebrauch gemacht werden. Der Mandant profitiert von einer gleichmäßigen Honorarbelastung, dem StB steht ein wirksames Kontrollinstrument zur Seite. Er kann die weiteren Arbeiten einstellen, wenn der Mandant die Vorschüsse nicht mehr zahlt. Wenn es so gelingt, Honorarrückstände gar nicht erst entstehen zu lassen, erspart der StB sich auf diese Art und Weise spätere Honorardurchsetzungsprobleme (z.B. durch Abtretung offener Forderungen an eine Verrechnungsstelle oder durch das Betreiben eines Mahn- und Klageverfahrens).

180 Die Annahme von Honorar (egal, ob Bar- oder Giralgeld) durch den StB kann strafbare **Geldwäsche** sein, wenn der StB im Zeitpunkt der Annahme des Honorars die illegale Herkunft des Geldes aus einer Straftat als eine von verschiedenen Möglichkeiten einkalkuliert und mit bedingtem Vorsatz handelt.[4] Stammen die Gelder auf einem Bankkonto nur zum Teil aus rechtswidrigen Taten und werden diese Gelder mit legalen Finanzmitteln vermengt, gilt folgendes: Das Guthaben auf einem Konto ist insgesamt taugliches Tatobjekt einer Geldwäsche, wenn der deliktische Anteil bei wirtschaftlicher Betrachtung nicht völlig unerheblich ist, was der BGH bei einem deliktischen Zufluss von 5,9 % bereits bejaht hat.[5]

Praxistipp:

Da der maßgebliche Anknüpfungszeitpunkt für die Strafbarkeit wegen Geldwäsche der **Zeitpunkt der Honorarannahme** ist, lassen sich diese Strafbarkeitsrisiken leicht vermeiden, wenn der StB vor Beginn der Tätigkeit von seinem **Vorschussrecht** Gebrauch macht und den Vorschuss tatsächlich auch vereinnahmt. Das Honorar würde dann zu einem Zeitpunkt fließen, in dem er noch keine Kenntnis von der inkriminierten Herkunft der Gelder hat. Gerade bei neuen und insbesondere unübersichtlichen Mandaten sollte so verfahren werden. Der StB minimiert dadurch nicht nur sein Strafbarkeitsrisiko, sondern auch sein Honorarausfallrisiko.

B. Anwendungsbereich

181 Die §§ 669, 675 BGB gewähren dem StB einen Anspruch auf Vorschuss wegen der Auslagen; § 8 StBVV erweitert diesen Anspruch auch auf Vorschüsse bezüglich der Gebühren. Trotz des entgegenstehenden Wortlauts ist unstreitig, dass der StB auch die anfallende Umsatzsteuer nach § 8 StBVV fordern kann.[6] Ein gesetzliches Recht auf Vorschuss besteht nur insoweit, als sich die **Vergütung nach der StBVV** richtet.[7]

---

1) Toussaint, Kostenrecht, 55. Aufl. 2025, § 9 RVG Rz. 38.
2) Siehe LG Karlsruhe v. 11.6.2012, 1 S 11/12 m.w.N.; Schneider, NJW-Spezial 2013, 347 m.w.N.; Gerold/Schmidt, 26. Aufl. 2023, § 9 RVG Rz. 23.
3) OLG Düsseldorf v. 9.10.1997, 13 U 153/96, GI 1999, 275f. m.w.N. OLG Düsseldorf v. 23.3.2004, 23 U 66/03, INF 2004, 452; AG Oldenburg v. 2.11.2015, 31 C 3/14, rkr.; N. Schneider in Schneider/Volpert, 9. Aufl. 2021, § 9 RVG Rz. 84.
4) Feiter, Honorargestaltung für Steuerberater, Dezember 2021, 1.
5) BGH v. 20.5.2015, 1 StR 33/15, NJW 2015, 3254.
6) Warttinger in Eckert, 7. Aufl. 2023, § 8 StBVV Rz. 5; Eggesiecker, 2. Aufl. 1998, § 7 STEUGO Rz. 8.300 ff.
7) Vgl. § 1 Abs. 1 Satz 1 StBVV; Arconada, Honorargestaltung für Steuerberater, August 2019, 3, 4; N. Schneider in Schneider/Volpert, 9. Aufl. 2021, § 9 RVG Rz. 1 zu § 9 RVG.

Im Bereich der **vereinbaren Tätigkeiten** kommt eine Vorschusspflicht nach spezialgesetzlichen Regeln oder nach Auftragsrecht (§§ 670, 669 BGB) in Betracht.[1] Im Fall einer **Vergütungsvereinbarung** sollte das Vorschussrecht des StB in der Vereinbarung gesondert geregelt werden. Denn bei einem völligen Abrücken von dem Gebühren- und Auslagensystem der StBVV (z.B. durch die Vereinbarung von Pauschalen oder Zeithonoraren), ist § 8 StBVV schon vom Wortlaut her („Gebühren und Auslagen") nicht mehr anwendbar.[2]

Formulierungsbeispiele für eine Vergütungsvereinbarung:

„Der Auftragnehmer ist berechtigt, jederzeit einen angemessenen Vorschuss zu verlangen."

oder

„Der Auftragnehmer ist jederzeit berechtigt, für die bereits angefallene Vergütung sowie die voraussichtlich noch anfallende weitere Vergütung einen angemessenen Vorschuss zu verlangen."

Auch eine abweichende Vereinbarung, wonach der StB ohne Vorschuss zur Dienstleistung verpflichtet ist, ist möglich, muss aber ebenfalls ausdrücklich vereinbart werden.[3] Da es für die Bemessung des Steuersatzes auf die Fälligkeit der Vergütung (§ 7 StBVV) ankommt, müssen Vorschüsse nachversteuert werden, wenn sich nach Zahlung des Vorschusses, aber vor Fälligkeit die Umsatzsteuer erhöht (→ § 15 StBVV Rz. 298).[4]

Die Zahlung des Vorschusses hat **keine Erfüllungswirkung** nach § 362 BGB. Die Vergütung des StB erlischt also nicht schon mit Eingang des Vorschusses, sondern erst mit dessen Verrechnung.[5] Das Recht, einen Vorschuss zu fordern, erlischt mit Eintritt der **Fälligkeit** des Honorars gem. § 7 StBVV, da der Berater nunmehr die Möglichkeit der Berechnung nach § 9 StBVV hat (→ Rz. 179)[6] und hierzu auch berufsrechtlich nach § 57 Abs. 1 StBerG (gewissenhafte Berufsausübung) verpflichtet ist;[7] § 45 Abs. 3 BOStB a.F. sah eine Pflicht zur unverzüglichen Abrechnung vor). Die Abrechnungspflicht trifft den StB grundsätzlich auch dann, wenn sich die Höhe des Vorschusses mit dem tatsächlich entstandenen Honorar deckt.[8] Es reicht nicht aus, die Vorschussanforderung kurzerhand zur Berechnung nach § 9 StBVV zu erklären. Erforderlich ist vielmehr die Erteilung einer ordnungsgemäßen Schlussrechnung.[9] Aus der Pflicht zur „Abrechnung" folgt nach AGH NRW nicht die Pflicht zur unverzüglichen Auszahlung des festgestellten Saldos oder Überschusses, so dass eine verzögerte Auszahlung keine Berufspflichtverletzung ist.[10] Die 5. Satzungsversammlung der BRAK hat die Entscheidung des AGH NRW zum Anlass genommen, § 23 BORA dergestalt zu ergänzen, dass dort neben der Abrechnungspflicht auch eine Auszahlungspflicht vorgesehen ist. Diese Neufassung gilt seit dem 1.9.2014. 182

1) N. Schneider, in Schneider/Volpert, 9. Aufl. 2021, § 9 RVG Rz. 11 m.w.N.
2) N. Schneider in Schneider/Volpert, 9. Aufl. 2021, § 9 RVG Rz. 7, 109; Gemmer, Honorargestaltung für Steuerberater, April 2023, 1, 2.
3) OLG Düsseldorf v. 22.2.1997, 13 U 8/96, GI 1998, 170.
4) N. Schneider in Schneider/Volpert, 9. Aufl. 2021, § 9 RVG Rz. 76 mit Berechnungsbeispiel.
5) N. Schneider in Schneider/Volpert, 9. Aufl. 2021, § 9 RVG Rz. 84; a.A.: Toussaint, Kostenrecht, 55. Aufl. 2025, § 9 RVG Rz. 34.
6) BGH v. 13.4.2006, IX ZR 158/05, NJW 2006, 2701 zum Anwaltsrecht; OLG Düsseldorf v. 28.5.2002, 23 U 193/01, GI 2002, 219, 222 und OLG Düsseldorf v. 9.10.1997, 13 U 153/96, GI 1999, 275f.; AG Schelm v. 16.11.2012, 23 C 208/12.
7) LG Düsseldorf v. 19.4.2023, 045 StL 21/22 und 045 StL 22/22.
8) Vgl. hierzu Gemmer, KP 2001, 94; LG Düsseldorf v. 27.10.2011, 9 O 157/11, DStR 2013, 2243.
9) BGH v. 7.3.2019, IX ZR 143/18, NJW 2019, 1458 mit Anm. Offermann-Burckart; AG Berlin-Lichtenberg v. 1.3.2013, 114 C 138/11, NJW-Spezial 2013, 379.
10) AGH NRW v. 7.9.2012, 2 AGH 8/12 m. Anm. Weber, DStR 2013, 1307; a.A. AnwG Hamburg v. 23.4.2014, III 13/13 EV 80/12, AnwBl 2014, 1057.

Praxistipp:

Auch wenn keine diesbezügliche ausdrückliche Regelung für StB besteht, sollten StB Vorschüsse nicht nur unverzüglich abrechnen, sondern etwaige Überschüsse auch unverzüglich auszahlen.

Für den Anspruch auf Rückzahlung nicht verbrauchter Vorschüsse gilt die regelmäßige Verjährungsfrist von drei Jahren (§§ 195, 199 Abs. 1 BGB). **Der Zeitpunkt des Verjährungsbeginns** ist umstritten. Nach einer Auffassung beginnt die Verjährung erst mit Ablauf des Jahres, in welchem der Mandant die Berechnung nach § 9 StBVV erhält.[1] Nach anderer Auffassung ist auf den Zeitpunkt der Fälligkeit (§ 7 StBVV) der Vergütung abzustellen.[2] Der mit dieser Auffassung verbundene frühere Verjährungsbeginn wirkt sich für den Mandanten jedoch nicht nachteilig aus, da es dem StB nach Treu und Glauben (§ 242 BGB) verwehrt ist, sich gegenüber dem Anspruch des Mandanten auf Abrechnung und Rückzahlung auf die Einrede der Verjährung zu berufen.[3] Der **Anspruch auf Rückzahlung** nicht verbrauchter Vorschüsse entsteht aufschiebend bedingt mit der Leistung des Vorschusses.[4] Mit der **Eröffnung des Insolvenzverfahrens** über das Vermögen des Auftraggebers tritt die aufschiebende Bedingung für den Rückzahlungsanspruch ein. Dieser Zeitpunkt ist für den Beginn der **Verjährung** des Rückforderungsanspruchs von Bedeutung.[5] Eine fehlende Abrechnung als solche löst noch keinen Rückforderungsanspruch des Mandanten hinsichtlich der gezahlten Vorschüsse aus. Glaubt der Mandant, Rückforderungsansprüche zu haben, muss er diese notfalls gerichtlich geltend machen und seine Forderung genau beziffern. Ist ihm dies nicht möglich, weil er die Berechnung des StB nicht kennt, muss er im Wege der Stufenklage vorgehen und zunächst den ihm zustehenden Anspruch auf Auskunft und Rechnungslegung (§§ 675, 666 BGB) geltend machen.[6] Ein StB ist gem. §§ 675 Abs. 1, 666 BGB zur **Rechenschaft** über erhaltene Vorschüsse verpflichtet. Mit der Eröffnung des Insolvenzverfahrens über das Vermögen seines Mandanten geht das Recht, diesen Anspruch geltend zu machen, auf den Insolvenzverwalter über. Der StB kann die Rechenschaftslegung nicht unter Hinweis auf seine Verschwiegenheitspflicht verweigern.[7] Wenn der StB nach Mandatsbeendigung keine unverzügliche Abrechnung über den Gebührenvorschuss erteilt hat, stellt dies ein als Dauerdelikt zu wertendes Unterlassen dar. Wenn er wegen der nicht erfolgten Abrechnung berufsrechtlich verurteilt wurde, steht diese Verurteilung einer erneuten Verurteilung wegen desselben Unterlassens entgegen (Art. 103 Abs. 3 GG, ne bis in idem).[8]

183 Gemäß § 40 Satz 2 StBVV, § 47 RVG hat der im Wege der Prozesskostenhilfe beigeordnete StB einen Anspruch auf Vorschuss gegen die Staatskasse (→ Rz. 759).

1) N. Schneider in Schneider/Volpert, 9. Aufl. 2021, § 9 RVG Rz. 105 zu § 10 RVG.
2) Mayer in Gerold/Schmidt, 26. Aufl. 2023, § 9 RVG Rz. 23 zu § 8 RVG.
3) Mayer in Gerold/Schmidt, 26. Aufl. 2023, § 9 RVG Rz. 23.
4) BGH v. 16.12.2021, IX ZR 81/21, DStRE 2022, 1017 f.
5) BGH v. 16.12.2021, IX ZR 81/21, DStRE 2022, 1017 f.
6) BGH v. 7.3.2019, IX ZR 143/18, NJW 2019, 1458 mit Anm. Offermann-Burckart.
7) BGH v. 18.6.2018, AnwZ (Brfg) 61/17, BRAK-Mitt. 2018, 249 zum Anwaltsrecht.
8) AnwGH Celle v. 14.8.2018, AGH 2/18 (I 1), NJW-Spezial 2018, 671.

§ 9
Berechnung

(1) [1]Der Steuerberater kann die Vergütung nur aufgrund einer von ihm oder auf seine Veranlassung dem Auftraggeber mitgeteilten Berechnung fordern; die Berechnung bedarf der Textform. [2]Der Lauf der Verjährungsfrist ist von der Mitteilung der Berechnung nicht abhängig.

(2) [1]In der Berechnung sind die Beträge der einzelnen Gebühren und Auslagen, die Vorschüsse, eine kurze Bezeichnung des jeweiligen Gebührentatbestands, die Bezeichnung der Auslagen sowie die angewandten Vorschriften dieser Gebührenverordnung und bei Wertgebühren auch der Gegenstandswert anzugeben. [2]Nach demselben Stundensatz berechnete Zeitgebühren können zusammengefaßt werden. [3]Bei Entgelten für Post- und Telekommunikationsdienstleistungen genügt die Angabe des Gesamtbetrages.

(3) Hat der Auftraggeber die Vergütung gezahlt, ohne die Berechnung erhalten zu haben, so kann er die Mitteilung der Berechnung noch fordern, solange der Steuerberater zur Aufbewahrung der Handakten nach § 66 des Steuerberatungsgesetzes verpflichtet ist.

Inhalt

Schrifttum

Beyme, Wegfall des Zustimmungserfordernisses zur Rechnungsstellung in Textform: Zur Anwendung des neuen § 9 StBVV, Stbg 2025, 77; **Beyme,** Rechnungsstellung auf Englisch,

Verbandsnachrichten Steuerberaterverband Berlin-Brandenburg e.V., 4/2022; **Beyme,** Zitieren von Rechnungen, Honorargestaltung für Steuerberater, Oktober 2021, 8; **Beyme,** Verbesserungen bei der StBVV ab 1.7.2020, Stbg 2020, 325; **Beyme,** Nachträgliche Anpassung des Gegenstandswertes, KANZLEI intern 08_2019, 7; **Beyme,** Zehntelsatz als Pflichtangabe in Abrechnungen nach § 9 StBVV?, KANZLEI intern 10_2018, 2; **Cremers,** Formerleichterungen bei Anwaltsrechnungen, NJW 2024, 3497; **Dißars,** Durchsetzung des Gebührenanspruchs des Steuerberaters, NWB, Fach 30, 1309; **Feiter,** Bürokratieentlastung durch digitale Rechnung, KP 2025, 52; **Feiter,** Neue Stolpersteine im Honorarprozess durch beA und beSt, Honorargestaltung für Steuerberater, Mai 2023, 1; **Feiter,** Zeitnah abrechnen und Honoraransprüche nicht verjähren lassen, KANZLEI intern 05_2019, 2; **Feiter,** Pflicht zur Abrechnung nach (alter) StBGebV bei Verwendung alter AAB?, KANZLEI intern 03_2019, 7; **Feiter,** Zahlung unter Vorbehalt der Rückforderung, KANZLEI intern 03_2019, 3; **Feiter,** Rechnungsadressat bei atypisch stiller Gesellschaft, KANZLEI intern 02_2019, 4; **Feiter,** FAQ zu den Pflichten und Rechten des Steuerberaters bei Mandatsbeendigung und Mandatswechsel, KANZLEI intern 11_2018, 3; **Feiter,** Abrechnungsfragen bei interdisziplinären Kanzleien, KANZLEI intern 06_2017, 7; **Feiter,** Honorarprozess: Aktivlegitimation eines früheren Sozius und fehlende Unterschrift auf der Rechnung, KANZLEI intern 10/2015, 3; **Feiter,** Zitierpflicht bei Abrechnung nach RVG, KANZLEI intern 10/2015, 6; **Feiter,** Mandant bestreitet Zugang der Gebührenrechnung: So sollten Sie als Steuerberater reagieren, KP 2001, 86; **Feiter,** Aktuelle Rechtsprechung zum Gebührenrecht der Steuerberater, INF 2000, 214; **Feiter,** Formerfordernisse bei Gebührenrechnungen, INF 1997, 118; **Fietkau,** Die Steuerberatervergütungsabrechnung „goes digital", DStR 2025, 59; **Gilgan,** Was passiert mit dem Zurückbehaltungsrecht beim Factoring?, KP 2024, 40; **Gilgan,** Auswirkung der Forderungsabtretung auf das Zurückbehaltungsrecht, KP 2019, 162; **Gilgan,** Rückforderung bereits gezahlten Honorars, NWB 30/2016, 2290; **Gilgan,** Anforderungen an eine Vorschussrechnung, KP 2015, 194; **Gilgan,** Die formellen Anforderungen an eine Gebührenrechnung nach § 9 StBGebV, StB 2004, 221; **Goez,** Die Durchsetzung des Gebührenanspruchs des Steuerberaters, INF 1998, 86; **Hartung,** Die Stundenabrechnung – was ist abrechenbar?, AnwBl 2017, 304; **Hüttemann/Jacobs,** Zurückbehaltungsrecht bei unterlassener oder fehlerhafter Rechnungsausstellung, MDR 2007, 1229; **Lützen,** „Schriftlich" und „Schriftform" – der unbekannte Unterschied, NJW 2012, 1627; **Mäkeler,** Besteht eine Verpflichtung des Steuerberaters zur Erläuterung seiner Rechnung?, KANZLEI intern 5_2018, 5; **Meyer,** Zum Formerfordernis der eigenhändigen Unterschrift bei der Gebührenrechnung, KP 2004, 10; **Raab,** Pflicht zur Nennung des § 12 Abs. 4 StBVV bei vorzeitiger Mandatsbeendigung?, DStR 2017, 2191; **Reiff,** Die Wahrung der Textform nach § 126b BGB durch den Inhalt einer Webseite, ZJS 2012, 4; **Schneider,** Aktuelle Rechtsprechung zur Vergütungsvereinbarung, AnwBl Online 2019, 199; **Schneider,** Zug-um-Zug-Verurteilung bei Fehlen einer ordnungsgemäßen Rechnung?, NJW-Spezial 2016, 667; **Schons,** Vergütungsvereinbarung: Wer, wann, wie, warum – wer es nicht macht, ist dumm?, AnwBl Online 2020, 372; **Schrick,** Buchführung: Gegenstandswert verhandelbar?, KANZLEI intern 05_2017, 2; **Ueberfeldt,** ZUGFeRD auch für Steuerberaterrechnungen?, KANZLEI intern 06_2017, 3; **Ueberfeldt/Keller,** Wer darf die Honorarrechnung des Steuerberaters unterzeichnen?, DStR 2010, 1644; **Wacker,** Gebührenbestimmung, „Toleranzgrenze" – Rechtsprechung und Probleme der Beauftragung, KANZLEI intern 01_2017, 3; **Weitze-Scholl/Jendrzok,** Vergütungsvereinbarungen rechtssicher gestalten, DStR 2017, 65; **Weymüller,** E-Rechnungspflicht für Anwälte, NJW 2025, 1869; **Wimmer,** Probleme bei der Durchsetzung von Steuerberaterhonoraren vor den Zivilgerichten, DStR 1996, 440.

A. Inhalt und Bedeutung

184 Die Vorschrift entspricht im Wesentlichen § 10 RVG. Für die Prüfung der **Erfolgsaussicht eines Rechtsmittels** (§ 21 Abs. 2 StBVV), im **Rechtsbehelfsverfahren vor den Verwaltungsbehörden**, im **Verwaltungsvollstreckungsverfahren**, im **gerichtlichen Verfahren** und bei **Prozesskostenhilfe** gilt für StB § 10 RVG und nicht § 9 StBVV, da die StBVV auf die Vorschriften des RVG verweist (bis zum 30.6.2025: §§ 40, 44, 45, 46 StBVV; seit dem 1.7.2025: § 40 StBVV). Dieser Verweis umfasst auch die allgemeinen Vorschriften des RVG und damit auch § 10 RVG.[1] Aus § 10 RVG ergibt sich insbesondere die Pflicht, bei einer Abrechnung nach RVG die angewandten

1) Fietkau, DStR 2025, 59, 61; Feiter, KANZLEI intern 10/2015, 6.

Nummern des Vergütungsverzeichnisses zu zitieren.[1] Nach § 2 Abs. 2 RVG bestimmt sich die Höhe der Vergütung nach dem Vergütungsverzeichnis als Anlage zum RVG. Streng genommen müsste immer zitiert werden: „§ 2 Abs. 1 Satz 1 RVG i.V.m. Nr. ..... VV RVG". Das Weglassen dieser umständlichen und ständigen Zitierung von § 2 RVG macht die Mitteilung der Berechnung nicht unwirksam.[2] Empfehlenswert ist eine **Präambel**, in der eingangs der Rechnung (zusammenfassend) vermerkt wird: „..berechnet nach den Vorschriften des RVG und des Vergütungsverzeichnisses (VV)".[3]

Ein weiterer wesentlicher Unterschied zwischen § 9 StBVV und § 10 RVG bestand zwischen dem 1.7.2020[4] und dem 17.7.2024[5] darin, dass der neu gefasste § 9 Abs. 1 StBVV nicht mehr zwingend ein Schriftform- und Unterschriftserfordernis vorsah. StB konnten Rechnungen seitdem auch elektronisch, insbesondere per E-Mail oder durch Bereitstellung in einer Cloud an den Auftraggeber versenden, wenn der Mandant zugestimmt hatte (→ Rz. 186). **§ 10 Abs. 1 RVG** wurde erst mit Wirkung zum 17.7.2024 geändert und das Schriftformerfordernis durch ein Textformerfordernis ersetzt (→ Rz. 188).[6]

§ 9 StBVV regelt, unter welchen Voraussetzungen das Honorar des StB einforderbar, d.h. **gerichtlich durchsetzbar** (klagbar) wird. Hiervon zu unterscheiden sind die Entstehung und die Fälligkeit der Gebühr. Eine Gebühr ist entstanden, wenn der StB auf Grund des Auftrags irgendeine Tätigkeit vorgenommen hat (amtliche Begründung zu § 12 Abs. 4 letzter Satz StBGebV). Fällig wird die Gebühr, wenn der Auftrag erledigt oder die Angelegenheit beendigt, d.h. abschließend bearbeitet ist (§ 7 StBVV). Einforderbar wird die Gebühr erst auf Grund einer Berechnung i.S.d. § 9 StBVV. Eine formgerechte Rechnung nach § 9 StBVV ist jedoch nur bei der **Einforderung der Vergütung vom Mandanten** erforderlich. Geht es hingegen um die Erstattung von Steuerberaterkosten im Wege des Schadensersatzes (→ Grundlagen des Vergütungsrechts Rz. 83), kommt es auf eine ordnungsgemäße Rechnungsstellung nicht an.[7] Im Fall einer **Vergütungsvereinbarung** müssen nicht alle Pflichtangaben des § 9 StBVV in der Berechnung angegeben werden. Die erforderlichen Angaben ergeben sich vielmehr aus der Vereinbarung.[8] Deshalb ist in der Berechnung auch nicht auf die StBVV, sondern auf die Vereinbarung Bezug zu nehmen.

Beispiel:

Unter Bezugnahme auf die Vergütungsvereinbarung vom ..... rechne ich wie folgt ab:

Insgesamt muss die Berechnung für den Mandanten überprüfbar sein. Die Angabe der gesetzlichen Vorschriften der StBVV ist entbehrlich, da ja gerade nicht nach diesen Vorschriften, sondern nach der davon abweichenden Vereinbarung abgerechnet wird. Ist eine Abrechnung nach Stunden oder anderen Zeiteinheiten vereinbart, muss die Berechnung den Stundensatz, die Anzahl der Stunden und ggf. auch die Leistungsnachweise (→ Rz. 201) enthalten. In vielen Fällen reicht bereits eine Rechnung mit Bezugnahme auf die Vereinbarung, mit gesondertem Ausweis der Umsatzsteuer und ggf. der Verrechnung eventuell gezahlter Vorschüsse.

---

1) Zur Zitierpflicht nach § 10 RVG siehe Cremers, NJW 2024, 3497.
2) Burhoff in Gerold/Schmidt, 26. Aufl. 2023, § 10 RVG Rz. 18.
3) N. Schneider in Schneider/Volpert, 9. Aufl. 2021, § 10 RVG Rz. 35.
4) Fünfte Verordnung zur Änderung steuerlicher Verordnungen v. 25.6.2020, BGBl. I 2020, 1495, 1498 = BStBl I 2020, 555.
5) Gesetz zur weiteren Digitalisierung der Justiz v. 12.7.2024, BGBl. I 2024, Nr. 234.
6) Cremers, NJW 2024, 3497.
7) OLG Saarbrücken v. 18.6.2020, 4 U 47/19, NJW-Spezial 2020, 668 zu § 10 RVG.
8) OLG Düsseldorf v. 8.11.2022, I-24 U 38/21, AnwBl Online 2023, 44 zu einem anwaltlich vereinbarten Zeithonorar; N. Schneider in Schneider/Volpert, 9. Aufl. 2021, § 10 RVG, Rz. 67 ff.; Burhoff in Gerold/Schmidt, 26. Aufl. 2023, § 10 RVG, Rz. 25 ff.

185 Die formellen Voraussetzungen des § 9 Abs. 2 StBVV müssen nicht eingehalten werden, wenn die StBVV nicht unmittelbar anwendbar ist, also außerhalb ihres persönlichen, räumlichen und sachlichen Anwendungsbereichs (§ 1 StBVV). Allerdings geht das OLG Düsseldorf davon aus, dass der Mandant generell – auch außerhalb des unmittelbaren Anwendungsbereichs der StBVV – zumindest die Möglichkeit haben muss, eine Berechnung daraufhin zu prüfen, ob die Tätigkeit erbracht und das geltend gemachte Honorar auch der Höhe nach zu Recht verlangt wird.[1]

Praxistipp:

Auch wenn die Voraussetzungen des § 9 Abs. 2 StBVV nicht vorliegen müssen, sollte eine Rechnung für den Auftraggeber immer prüfbar (transparent) sein.

B. Schriftform, Textform und Mitteilung an den Auftraggeber (Abs. 1)

I. Rechtslage bis zum 30.6.2020 (Schriftform)

186 Nach § 9 Abs. 1 Satz 1 StBVV a.F. konnte der StB seine Vergütung nur auf Grund einer von ihm (selbst) unterzeichneten Berechnung einfordern. Damit war **Schriftform** i.S.d. § 126 Abs. 1 BGB gemeint.[2] Danach musste die Berechnung eigenhändig vom StB unterschrieben sein. Alternativ war die elektronische Übermittlung mittels qualifizierter elektronischer Signatur zulässig, § 126 Abs. 3 BGB i.V.m. § 126a Abs. 1 BGB. Nach der Rechtsprechung kann auch ein nicht lesbarer Namenszug als **Unterschrift** anerkannt werden.[3] Jedenfalls ist nach der höchstrichterlichen Rechtsprechung eine „gewisse Großzügigkeit" bei der Beurteilung von Unterschriften festzustellen.[4] Bei einer länger andauernden Geschäftsbeziehung darf der StB darauf vertrauen, dass seiner zuvor niemals beanstandeten Unterschrift in Form eines Namenskürzels nicht erst im Honorarrechtsstreit von seinem Mandanten die Anerkennung versagt wird.[5] Da eine Steuerberatungspraxis auf Gewinnerzielung ausgerichtet ist, kann daraus zwanglos abgeleitet werden, dass die Praxisinhaber alle Anstrengungen unternommen haben, um streitige Honorarforderungen vor Gericht durchzusetzen. Dazu gehört auch die Sicherstellung, dass Honorarrechnungen von einer zeichnungsberechtigten Person unterschrieben sind. Wenn dies im Rahmen eines Honorarrechtsstreits von einer früheren Mitarbeiterin bestätigt wird, kann dies als Nachweis für die Unterschrift bereits ausreichen.[6] Die **Schriftform** ist nicht eingehalten, wenn die Berechnung des StB lediglich per Telefax,[7] als Dateianhang einer **E-Mail**[8] oder mit **eingescannter Unterschrift**[9] übersendet wird.

1) OLG Düsseldorf v. 13.10.1994, 13 U 211/93, GI 1996, 94: Danach erfordert die Geltendmachung einer Zeitgebühr durch eine steuerberatend tätige Nur-Wirtschaftsprüfungsgesellschaft konkrete Angaben über die Art der erbrachten Leistungen und den jeweiligen Zeitaufwand; OLG Düsseldorf v. 10.2.2000, 13 U 147/99, Stbg 2001, 467, zur Treuhandtätigkeit eines StB; AG Remscheid v. 1.4.2015, 8 C 359/14, NJW-Spezial 2015, 315: Angabe der BGB-Vorschriften, z.B. §§ 675, 612 BGB.
2) Burhoff in Gerold/Schmidt, 26. Aufl. 2023, § 10 RVG Rz. 5.
3) BGH v. 3.3.2015, VI ZB 71/14, ZIP 2015, 1704.
4) BVerfG v. 29.7.1988, 1 BvR 1047/88, NJW 1988, 2787; BGH v. 28.9.1998, II ZB 19/98, DStR 1998, 1841.
5) OLG Saarbrücken v. 26.7.2006, 1 U 604/05, GI 2007, 96, 98 f.
6) LG Düsseldorf v. 15.2.2024, 1 O 47/19.
7) BT-Drucks. 14/4987, 12; KG v. 29.9.2004, 1 W 254/02, MDR 2005, 540, zu § 154 Abs. 1 KostO (Berechnung des Notars); BGH v. 30.7.1997, VIII ZR 244/96, NJW 1997, 3169, zu empfangsbedürftigen Willenserklärungen, die dem Schriftformerfordernis unterliegen; Lützen, NJW 2012, 1627 f.
8) AG Hamburg-Altona v. 3.5.2006, 319c C 337/05, DStR 2006, 1523.
9) OLG Köln v. 9.11.2006, 8 O 42/06.

Praxistipp:

Im Interesse einer Nachprüfbarkeit der Berechnung sollte dem Mandanten immer die Originalrechnung mitgeteilt werden.

II. Rechtslage vom 1.7.2020 bis zum 13.12.2024 (Schriftform oder Textform mit Zustimmung)

Durch die Fünfte Verordnung zur Änderung steuerlicher Verordnungen[1] wurde § 9 Abs.1 StBVV mit Wirkung ab dem 1.7.2020 dergestalt geändert, dass die Berechnung vorbehaltlich der **Zustimmung** des Auftraggebers auch in **Textform** erstellt werden konnte. Der StB konnte danach Rechnungen auch elektronisch, insbesondere per **E-Mail** an den Auftraggeber versenden. Auch eine Bereitstellung der Rechnung über einen **Cloud-Dienst**, wie z.B. DATEV-Unternehmen-Online reichte aus. Denn das Textformerfordernis des § 126b BGB erfasst auch sonstige Erklärungen auf Servern von Dritten, auf die der Empfänger über einen persönlichen Zugang zugreifen und über die er bestimmen kann.[2] Die Zustimmung musste nicht für jede Berechnung einzeln erteilt werden (§ 9 Abs. 1 Satz 3 StBVV a.F.). Ausweislich der Gesetzesbegründung zu § 9 Abs. 1 StBVV bedurfte die Zustimmung keiner besonderen Form und war ebenfalls – wie die Berechnung – in Textform zulässig. Auch eine mündliche oder konkludente Zustimmung reichte aus,[3] wenngleich sich aus Beweisgründen und aus datenschutzrechtlichen Gründen (unverschlüsselter oder verschlüsselter Versand der Rechnung) immer eine Zustimmung in Textform oder Schriftform empfahl (→ Rz. 214). Die Zustimmung konnte ausweislich der Gesetzesbegründung zu § 9 Abs. 1 StBVV auch nachträglich erklärt werden. Ohne die Zustimmung des Auftraggebers musste der StB auch weiterhin das Schriftformerfordernis beachten. Die Änderungen des § 9 Abs. 1 StBVV sollten der Weiterführung der Digitalisierung bei den steuerberatenden Berufen dienen und Einklang mit den bereits erfolgten Änderungen der §§ 4, 14 StBVV schaffen, da auch bei einer Vergütungsvereinbarung und einer Pauschalvereinbarung Textform ausreicht und keine eigenhändige Unterschrift mehr verlangt wird. Tatsächlich schafften die Änderungen keine echte Verbesserung zum früheren Rechtsstand, da das Schriftformerfordernis nach h.M. abbedungen werden konnte.[4] Die (vermeintlichen) Erleichterungen bei der Abrechnung entbanden den StB ausweislich der Gesetzesbegründung nicht davon, die **berufsrechtliche Verantwortung** für die Richtigkeit und Angemessenheit der Rechnung zu übernehmen. Um dies sicherzustellen, bedurfte es aber nicht zwingend einer eigenhändigen Unterschrift oder einer qualifizierten elektronischen Signatur. Die Eigenverantwortlichkeit bei der Prüfung und Freigabe der Rechnung konnte auch anderweitig im kanzleieigenen Abrechnungssystem dokumentiert werden. 187

Fehlte es an der **eigenhändigen Unterzeichnung** und hatte der Auftraggeber auch nicht auf das Unterschriftserfordernis verzichtet, konnte der StB das Honorar nicht erfolgreich einklagen, so dass eine auf Zahlung gerichtete Klage abzuweisen war.

Praxistipp (Rechtslage bis 13.12.2024):

Bestreitet der Mandant im Prozess, dass der StB die Rechnungen eigenhändig unterschrieben hat, reicht es nicht aus, dass der StB mit Klageerhebung nicht unterschriebene Kopien der Rechnungen vorgelegt hat. Er muss vielmehr unterschriebene Rechnungen

---

1) Fünfte Verordnung zur Änderung steuerlicher Verordnungen v. 25.6.2020, BGBl. I 2020, 1495, 1498 = BStBl I 2020, 555.

2) Erfurter Kommentar zum Arbeitsrecht, 21. Aufl. 2021, § 127 Rz. 30b; Reiff, ZJS 2012, 432, 435 zu sog. „fortgeschrittenen" Webseiten.

3) Ebenso Beyme, Stbg 2020, 325.

4) Beyme, Stbg 2020, 325; → Rz. 214, auch zu den praktischen Auswirkungen, wenn § 10 RVG einschlägig ist.

nachreichen.[1] In den Prozessen, in denen Anwaltszwang besteht, kann die fehlende Unterschrift nicht dadurch geheilt werden, dass der bevollmächtigte RA die unterschriebene Rechnung mit **einfacher Signatur** über das **besondere elektronische Anwaltspostfach (beA)** an das Gericht übermittelt. Gleiches gilt, wenn kein Anwaltszwang besteht, der StB sich selbst vertritt und die Rechnung(en) über sein **besonderes elektronisches Steuerberaterpostfach (beSt)** an das Gericht übermittelt. Dadurch wird zwar in beiden Fällen den prozessualen Anforderungen des § 130a ZPO an die elektronische Einreichung von Schriftsätzen genügt. Dies betrifft aber nur das Verhältnis zwischen RA (beA) bzw. StB (beSt) und Gericht, nicht aber das Verhältnis zwischen StB und Mandant. Das insoweit bestehende Schriftformerfordernis gem. § 9 Abs. 1 StBVV kann nur durch eine qualifizierte elektronische Signatur ersetzt werden.[2] Mit einer einfachen Signatur wird dem Schriftformerfordernis im Verhältnis StB und Mandant nicht genügt, da das Gericht dem Mandanten lediglich einfache Kopien schickt. Dies reicht für das Schriftformerfordernis nicht aus.

Keine einheitliche Meinung bestand in der Frage, ob eine Klage mit nicht unterschriebenen Rechnungen als unzulässig,[3] als „derzeit" unbegründet[4] oder als unbegründet[5] abzuweisen ist.

Kritische Stellungnahme:

Gegen eine Klageabweisung als unzulässig spricht, dass die Erteilung einer ordnungsgemäßen Berechnung keine Frage der Zulässigkeit der Klage ist, da die ZPO eine solche Prozessvoraussetzung nicht kennt. Dass es sich bei dem früheren Unterschriftserfordernis nicht um eine Prozessvoraussetzung handelt, zeigt sich bereits daran, dass die Parteien nicht erst seit der Neufassung des § 9 Abs. 1 StBVV auf das Unterschriftserfordernis verzichten können, was bei einer Prozessvoraussetzung nicht möglich ist (→ Rz. 214).[6] Vergleichbar einer Klage, die auf eine noch nicht fällige Leistung gerichtet ist, müsste die Klage, die wegen der fehlenden Unterschrift auf eine noch nicht durchsetzbare/klagbare Leistung gerichtet ist, als „derzeit" unbegründet abgewiesen werden.

Die prozessualen Auswirkungen der unterschiedlichen Auffassungen lassen sich wie folgt zusammenfassen:

Bei einer unzulässigen Klage tritt in der Hauptsache keine Rechtskraft ein, so dass die zugrunde liegende Vergütungsforderung erneut eingeklagt werden kann.

Wird die Klage im Tenor als „derzeit" unbegründet abgewiesen, kann der StB nach Erteilung einer neuen – ordnungsgemäßen – Rechnung aufgrund des neuen und noch nicht abgeurteilten Lebenssachverhalts erneut klagen, ohne dass der Einwand der Rechtskraft entgegensteht.

Bei einer Klageabweisung als unbegründet, besteht die Gefahr, dass einer erneuten Klage der Einwand der Rechtskraft entgegengesetzt werden kann. Dies gilt jedenfalls dann, wenn sich nicht einmal aus den Entscheidungsgründen ergibt, dass die Klage als „derzeit" unbegründet abgewiesen wird. Ergibt sich hingegen aus den Entscheidungsgründen, dass der Anspruch des StB nur wegen der fehlenden Unterschrift abgewiesen wurde, kann der StB erneut klagen, wenn er die Klage eine eigenhändig unterschriebene Rechnung stützt.[7]

1) LG Duisburg v. 31.1.2025, 1 O 148/22, DStR 2025, 797 mit Anm. Trosin; LG Stade v. 12.2.2020, 2 O 180/19.
2) § 126a Abs. 1 BGB; OLG Düsseldorf v. 27.10.2022, 3 W 111/22, NJW 2023, 618 m. Anm. Schneider; Feiter, Honorargestaltung für Steuerberater, Mai 2023, 1; a.A. OLG Düsseldorf v. 8.11.2022, I-24 U 38/21, AnwBl Online 2023, 44, 46, dem eine einfache Signatur reichte.
3) So OLG Frankfurt/M. v. 7.11.2001, 23 U 118/00, Beihefter zu DStR 36/2002 (Kammer-Report); LG Gera v. 28.1.2005, 1 S 174/04, MDR 2005, 480.
4) So Berners, 6. Aufl. 2020, § 9 StBVV Rz. 39; N. Schneider in Schneider/Volpert, 9. Aufl. 2021, § 10 RVG Rz. 90 ff.
5) So OLG Köln v. 25.2.2000, 19 W 1/00, MDR 2000, 910; LG Stade v. 12.2.2020, 2 O 180/19; AG Düsseldorf v. 20.8.2015, 50 C 115/15, KANZLEI intern 10/2015, 3.
6) Ebenso N. Schneider in Schneider/Volpert, 9. Aufl. 2021, § 10 RVG Rz. 95.
7) Feiter, KANZLEI intern 10/2015, 3; N. Schneider in Schneider/Volpert, 9. Aufl. 2021, § 10 RVG Rz. 96.

Praxistipp:

Ist im Laufe des Prozesses Verjährung der Honorarforderung eingetreten, ist eine erneute klageweise Geltendmachung nicht mehr möglich. In diesem Fall bliebe nur die Berufung gegen das Urteil erster Instanz, vorausgesetzt, die Berufungssumme von 600,00 € ist erreicht.

Nach der berufsgerichtlichen Rechtsprechung liegt eine **Berufspflichtverletzung** vor, wenn der StB das Unterschriftserfordernis missachtet.[1] Durch die Neufassung des § 9 Abs. 1 StBVV zum 1.7.2020 ist diese Rechtsprechung für die Fälle überholt, in denen der Mandant sich mit einer Rechnung in Textform einverstanden erklärt hat. Zur Frage, ob der Mandant schon vor dem 1.7.2020 und in den Fällen, in denen § 10 RVG einschlägig ist, auf das Schriftformerfordernis verzichten kann → Rz. 214.

III. Rechtslage ab dem 14.12.2024 (Textform)

Durch die Bürokratieentlastungsverordnung[2] wurde § 9 Abs. 1 StBVV mit Wirkung zum 14.12.2024 an den zuvor mit Wirkung zum 17.7.2024 geänderten § 10 Abs. 1 RVG angepasst. Die Neuregelung erklärt die **Textform** zum berufsrechtlichen Maßstab bei der Rechnungsstellung. Das Schriftformerfordernis wurde ebenso gestrichen, wie das Zustimmungserfordernis bei Textform. Hintergrund ist die sukzessive Einführung der **E-Rechnung** im **B2B**-Bereich ab dem 1.1.2025. Nach der Neudefinition der E-Rechnung in § 14 Abs. 1 UStG muss diese ab dem 1.1.2025 „in strukturiertem, elektronischem Format ausgestellt, übermittelt und empfangen" werden und „eine automatische und elektronische Verarbeitung" ermöglichen. Diese Neudefinition der E-Rechnung ist der Grund für die Änderungen des § 9 Abs. 1 StBVV (und zuvor schon des § 10 Abs. 1 RVG). 188

Praxistipp:

Das Textformerfordernis genügt seit dem 14.12.2025 auch gegenüber Mandanten, die nicht zum Empfang einer E-Rechnung verpflichtet sind, z.B. **B2C**-Mandanten.

Unter Textform ist eine auf einem dauerhaften Datenträger abgegebene, **lesbare Erklärung** zu verstehen, § 126b BGB. Auch ein **strukturierter Datensatz**, wie er in § 14 Abs. 1 UStG ab dem 1.1.2025 vorgesehen ist, erfüllt das Textformerfordernis.[3] Maßgeblich ist insoweit, dass der strukturierte Datensatz nach einer Konvertierung bzw. mit Hilfe von Anzeigeprogrammen für das menschliche Auge lesbar ist (maschinelle Lesbarkeit). Dadurch ist dem Textformerfordernis[4] des § 126b BGB bereits genügt.[5]

Die Neufassung des § 9 Abs. 1 Satz 1 StBVV sieht erstmals vor, dass die Berechnung vom StB selbst oder **„auf seine Veranlassung"** dem Auftraggeber mitgeteilt werden

1) „Steuerkiste-Fall" LG Münster v. 11.5.2012, 19 StL 2/11, DStRE 2014, 573 m. Anm. Wacker; Honorarbrief für Steuerberater 18/2013, 1; LG Erfurt v. 28.11.2003, StV 2/02, DStRE 2004, 863.

2) Verordnung zur Entlastung der Bürgerinnen und Bürger, der Wirtschaft sowie der Verwaltung von Bürokratie (Bürokratieentlastungsverordnung) v. 11.12.2024, BGBl. I 2024 Nr. 411.

3) Strukturierte Datenformate sind z.B. XML, EDIFACT und .doc.

4) In der ausführlichen Verordnungsbegründung heißt es hierzu: „Die Textform ist erfüllt, wenn die Erklärung lesbar ist. Dies ist bei der Übermittlung der Erklärung in einem elektronischen Dokument dann erfüllt, wenn davon ausgegangen werden kann, dass ein Durchschnittsempfänger regelmäßig in der Lage ist, die Dateien zu öffnen und die darin enthaltene Erklärung lesbar zu machen. Strukturierte Daten im Format „Extensible Markup Language" (XML) erfüllen das Kriterium der Lesbarkeit zwar nur in Verbindung mit einem verbindlichen Interpretationsschema. Ein solches Interpretationsschema bieten aber inzwischen weit verbreitete „XML-Viewer".

5) Fietkau, DStR 2025, 59, 60; Feiter, KP 2025, 52; Staudinger, 2023, § 126b BGB Rz. 24, 28; Grüneberg, 84. Aufl. 2025, § 126b BGB Rz. 3; ebenso BMF-Schreiben v. 15.10.2024 zur Ausstellung von Rechnungen nach § 14 UStG Rz. 6.

kann. Aus dieser neuen Formulierung kann nicht geschlossen werden, dass der StB den Rechnungsstellungsprozess auf Dritte, z.B. Mitarbeiter verlagern dürfte. In der Verordnungsbegründung heißt es hierzu, dass die zivil-, straf- und berufsrechtliche Verantwortung des StB für die Richtigkeit und Angemessenheit der Berechnung von der Änderung unberührt bleibt. Auch die Ausübung des Ermessens, etwa nach § 11 StBVV bleibt dem StB vorbehalten. Dies kommt in der Formulierung zum Ausdruck, dass (nur) der StB die Vergütung fordern kann. Dementsprechend wird in der Verordnungsbegründung klargestellt, dass der StB die von ihm zu verantwortende Berechnung nicht selbst versenden muss, sondern sich seines Kanzleipersonals bedienen darf.[1)]

Im Übrigen wird § 9 Abs. 1 Satz 1 StBVV sprachlich dahingehend modernisiert, dass das Wort „einfordern" durch das Wort „**fordern**" ersetzt wird. Eine Änderung der Rechtslage ist damit nicht verbunden. Es soll vielmehr deutlich gemacht werden, dass jegliche Geltendmachung des Anspruchs erfasst ist, etwa auch im Rahmen einer Aufrechnung oder eines Zurückbehaltungsrechts.[2)]

Praxistipp (zeitlicher Geltungsbereich):

Durch die Änderung des § 9 Abs. 1 StBVV mit Wirkung zum 14.12.2024 haben sich alle Streitfragen im Zusammenhang mit der Unterschrift und dem Zustimmungserfordernis zur Textform für die Zukunft erledigt. Offen ist, ob auch vor dem 14.12.2024 begründete Mandate ohne Zustimmung des Mandanten ab dem 14.12.2024 in Textform abgerechnet werden können. Nach § 47a Satz 1 StBVV(seit dem 1.7.2025: § 41 StBVV) ist für die Vergütung das bisherige Recht anzuwenden, wenn der Auftrag vor der Änderung der Verordnung erteilt worden ist. Diese Regelung ist hier aber nicht einschlägig, da § 9 Abs. 1 StBVV eine Verfahrensvorschrift und keine Vorschrift über die Vergütung ist (→ § 41 StBVV Rz. 779). M.E. können deshalb auch Mandate, die vor dem 14.12.2024 begründet wurden, ab dem 14.12.2024 unter Anwendung des neuen § 9 Abs. 1 StBVV abgerechnet werden.[3)] Rechnungen, die vor dem 14.12.2024 erstellt wurden und formunwirksam waren, werden hingegen durch die Neufassung der Vorschrift nicht geheilt.[4)]

189 **Ausnahmen** vom früheren Erfordernis der **Unterschrift** des Praxisinhabers galten für Praxisvertreter, -abwickler, -treuhänder (§§ 69–71 StBerG), vertretungsberechtigte Geschäftsführer einer Steuerberatungsgesellschaft.[5)] Die diesbezügliche Rechtsprechung und Literatur ist nur noch für die **Beurteilung von „Altfällen"** relevant. Damit sind Berechnungen gemeint, die vor dem 14.12.2024 ergangen sind (→ siehe Praxistipp Rz. 188 a.E.). Da durch die Unterschrift keine vertragliche Verpflichtung begründet werden soll, reicht m.E. auch die Unterschrift eines Geschäftsführers ohne Einzelvertretungsbefugnis, anderer Partner einer Sozietät oder Partnerschaftsgesellschaft, wenn es sich um Berufsangehörige handelt,[6)] nicht aber angestellte StB und freie Mitarbeiter,[7)] es sei denn, es handelt sich bei ihnen um sog. Scheinsozien.[8)] Bei interdisziplinären Berufsausübungsgesellschaften dürfen Rechtsanwälte

1) So auch die Gesetzesbegründung zu § 10 Abs. 1 RVG; siehe hierzu Cremers, NJW 2024, 3497, 3498.
2) Ebenso die Gesetzesbegründung zu § 10 Abs. 1 RVG; siehe hierzu Cremers, NJW 2024, 3497, 3499.
3) So auch Cremers, NJW 2024, 3497, 3499 zur Neufassung des § 10 Abs. 1 RVG zum 17.7.2024; ebenso Beyme, Stbg 2025, 77, 78.
4) Beyme, Stbg 2025, 77, 78.
5) OLG Düsseldorf v. 20.11.2001, 23 U 26/01, GI 2002, 117 f.; Dißars, NWB, Fach 30, 1309; Ueberfeldt/Keller, DStR 2010, 1644, 1646.
6) Eggesiecker, 2. Aufl. 1998, § 9 STEUGO Rz. 9.160 f.
7) Streitig, vgl. OLG Karlsruhe v. 31.8.2022, 15 U 110/21, DStR 2023, 2525 mit Anm. Fietkau; Meyer, KP 2004, 10; Goez, INF 1998, 86, 88; Warttinger in Eckert, 7. Aufl. 2023, § 9 StBVV Rz. 17; a.A. AG Hannoversch Münden v. 12.12.2011, 3 C 274/10; Eggesiecker, 2. Aufl. 1998, § 9 STEUGO Rz. 9.180; Dißars, NWB, Fach 30, 1309 f.
8) So auch Ueberfeldt/Keller, DStR 2010, 1644, 1646.

alle Rechnungen unterschreiben, in denen anwaltliche und steuerberatende Leistungen abgerechnet werden, da Rechtsanwälte auch zur unbeschränkten Hilfeleistung in Steuersachen befugt sind (§ 55c StBerG i.V.m. § 55b Abs. 1 Satz 1 StBerG i.V.m. § 3 Nr. 1 StBerG). Steuerberater hingegen dürfen Rechnungen, in denen neben steuerberatenden auch anwaltlichen Tätigkeiten abgerechnet werden, nicht allein ohne Rechtsanwalt unterzeichnen.[1] Beim Leiter einer weiteren Beratungsstelle (§ 34 Abs. 2 StBerG, § 49 BOStB) wird man danach differenzieren müssen, ob der Leiter gleichzeitig Sozius/Partner oder nur Angestellter oder freier Mitarbeiter ist.

Eine **Heilung** kann noch im Prozess erfolgen;[2] die Unterzeichnung der Klageschrift durch einen bevollmächtigten Rechtsanwalt reicht allerdings ebenso wenig, wie ein vom StB unterschriebenes Mahnschreiben.[3] **190**

Im **Verhinderungsfall** (insbesondere Tod) muss ein Dritter die Abrechnung erstellen und – wenn altes Recht anwendbar ist (→ siehe Praxistipp Rz. 188 a.E.) – auch unterzeichnen, z.B. der (Prozess-)bevollmächtigte[4] oder der Rechtsnachfolger,[5] damit die Authentizität der Erklärung sichergestellt ist. Nach der Rechtsprechung des BGH[6] ist ein ehemaliger Rechtsanwalt als Gläubiger seiner Vergütungsansprüche auch nach dem Ausscheiden aus der Anwaltschaft berechtigt und verpflichtet, Berechnungen zu unterzeichnen und den Auftraggebern mitzuteilen, wenn ein Praxisabwickler nicht bestellt oder der bestellte Praxisabwickler insoweit nicht tätig geworden ist. Es sei kein sachlicher Grund ersichtlich, einem ehemaligen Rechtsanwalt die Geltendmachung seiner Gebühren in formaler Hinsicht zu erschweren, indem allein für die Unterzeichnung der Berechnung ein Praxisabwickler bestellt oder ein zugelassener Rechtsanwalt beauftragt werden müsste. Diese Rechtsprechung kann auf **ehemalige Steuerberater** ohne weiteres übertragen werden. **191**

§ 9 Abs. 1 Satz 1 und Abs. 2 Satz 1 StBVV sprechen von einer **„Berechnung"**. Diese Bezeichnung gehört aber nicht zu den Formerfordernissen. Dem Berater steht es frei, seine Berechnung auch als „Rechnung", „Honorarrechnung", „Liquidation" etc. zu bezeichnen. **192**

Die Berechnung muss dem Mandanten **„mitgeteilt"** werden (§ 9 Abs. 1 Satz 1 StBVV). Dies setzt Zugang i.S.d. § 130 BGB voraus. Im Bestreitensfalle muss der StB den Zugang eines Rechnungsexemplars oder einer Berechnung in Textform beweisen, notfalls im Prozess eine neue Rechnung vorlegen.[7] Eine mehrfache Mitteilung kann sich für den StB als Nebenpflicht aus dem Mandatsverhältnis ergeben, z.B. wenn der Mandant die Rechnung verloren oder versehentlich vernichtet hat.[8] **193**

Praxistipp:

Ist der Berechnung eine Zusammenstellung der einzelnen Rechnungsposten (Spezifikation) auf einem gesonderten Blatt beigefügt, empfiehlt es sich, beides zu unterzeichnen.[9]

---

1) Feiter, KANZLEI intern 06_2017, 7.
2) Zu beachten ist allerdings die durch beA und beSt veränderte Rechtslage, → Rz. 187.
3) OLG Köln v. 25.2.2000, 19 W 1/00, MDR 2000, 910; OLG Düsseldorf v. 20.11.2001, 23 U 21/01, GI 2002, 93, 96; a.A. AG Dortmund v. 15.1.1999, 131 C 6383/98, Stbg 1999, 531; LG Traunstein v. 18.6.2009, 8 S 627/09.
4) OLG Schleswig v. 19.4.2012, 11 U 63/11; OLG Düsseldorf v. 9.11.1999, 24 U 104/98, GI 2001, 47 f.; offen gelassen von BGH v. 6.5.2004, IX ZR 85/03, BRAK-Mitt 2004, 238.
5) LG Düsseldorf v. 26.6.2001, 24 S 476/00: Eine Kopie der vom verstorbenen Praxisinhaber unterschriebenen Rechnung reichte dem Gericht nicht.
6) BGH v. 16.2.2023, IX ZR 189/21, NJW-Spezial 2023, 379 und MDR 2023, 599 zu § 10 RVG; BGH v. 6.5.2004, IX ZR 85/03, BRAK-Mitt. 2004, 238 zu § 18 BRAGO.
7) AG Kleve v. 24.5.2000, 30 C 134/99, INF 2001, 576; Feiter, KP 2001, 86; Gilgan, StB 2004, 221 f.
8) Toussaint, 55. Aufl. 2025, § 10 RVG Rz. 31.
9) Wimmer, DStR 1996, 440 m.w.N.

194 Der **Auftraggeber** muss in der Berechnung genau und **richtig bezeichnet** werden. Eine Falschbezeichnung ist unschädlich, wenn trotzdem deutlich wird, welche Rechtspersönlichkeit in Anspruch genommen wird.[1] Allein der Umstand, dass eine Gesellschaft das Gewerbe abgemeldet und eine Löschung aus der Handwerksrolle erfolgt ist, reicht nicht für die Annahme der Liquidation aus, so dass eine solche Gesellschaft richtiger Rechnungsadressat und richtige Beklagte ist.[2] Bei der Übersendung einer Rechnung an eine GbR, die keine Büroräume mehr unterhält, genügt die Übersendung an den Gesellschafter, der mit der Abwicklung der GbR betraut ist.[3] Wird die Rechnung fälschlicherweise an den Ehegatten des Auftraggebers adressiert, ist die Gebührenforderung nicht klagbar.[4] Ist der Mandant verstorben, bleibt dieser zwar Rechnungsadressat. Verklagt werden muss im Falle der Nichtzahlung aber der Rechtsnachfolger.[5] Im Falle einer atypisch stillen Gesellschaft ist Rechnungsadressat (z.B. für die Gewerbesteuererklärung, Feststellungserklärung oder E-Bilanz) allein der Inhaber des Handelsgeschäfts.[6]

Praxistipp:

Bei einer Mehrheit von zerstrittenen Auftraggebern (z.B. zusammenveranlagte Eheleute) oder im Falle der Insolvenz eines Ehegatten kann sich die Notwendigkeit ergeben, für jeden Auftraggeber eine eigene Rechnung zu erstellen. Andernfalls ist die Vergütung im Zweifel nicht einforderbar i.S.d. § 9 StBVV. In einem Begleitschreiben sollte jeder Auftraggeber darauf hingewiesen werden, wie hoch sein Anteil an der Gesamtvergütung ist und dass jeder Auftraggeber für den Gesamtbetrag haftet (§ 6 Abs. 2 Satz 1 StBVV).[7]

195 In § 9 Abs. 1 Satz 2 StBGebV wurde mit Wirkung zum 1.1.2007 klargestellt, dass der **Lauf der Verjährungsfrist** unabhängig von der Mitteilung der Berechnung ist. Die Verjährung beginnt ab Fälligkeit. Der Steuerberater kann somit die Verjährung seiner Ansprüche nicht dadurch hinausschieben, dass er die Aufstellung einer Berechnung unterlässt. Durch die Neufassung des § 9 Abs. 1 StBVV ab dem 1.7.2020 fand sich die inhaltlich unveränderte Regelung bis zum 13.12.2024 in Satz 4. Durch die erneute Änderung des § 9 Abs. 1 StBVV zum 14.12.2024 findet sich die Regelung wieder in Satz 2.

C. Sonstige Formerfordernisse (Abs. 2)

I. Einzelne Angaben in der Gebührenrechnung

196 Neben der Angabe des Auftraggebers und der Bezifferung der Ansprüche sind folgende **Mindestpflichtangaben** erforderlich:

1. Kurze Bezeichnung des jeweiligen Gebührentatbestands

197 Seit Inkrafttreten der 3. ÄndVO[8] ist eine kurze Bezeichnung des Gebührentatbestands zwingend erforderlich. Damit soll eine mandantenfreundliche Transparenz der Rechnungen sichergestellt werden. Dies kann entweder dadurch geschehen, dass der Text des jeweiligen Gebührentatbestandes übernommen wird oder eine Kurzbezeichnung gewählt wird, die dem Auftraggeber eine Überprüfung der Berechnung ermöglicht (z.B. „Einkommensteuererklärung 2023", „Fristverlänge-

1) LG Kleve v. 8.6.2016, 1 O 41/15.
2) LG Kleve v. 8.6.2016, 1 O 41/15.
3) AG Mettmann v. 18.6.2021, 22 C 141/17.
4) AG Delbrück v. 19.12.2008, 2 C 240/08.
5) LG Düsseldorf v. 11.7.2016, 5 O 518/11; Wacker, KANZLEI intern 01_2017, 3.
6) Feiter, KANZLEI intern 02_2019, 4.
7) LG Mannheim v. 3.5.2012, 4 O 15/11, AnwBl 2013, 149; AG Kerpen v. 17.7.2014, 102 C 93/14, NJW-Spezial 2014, 508; → § 6 StBVV Rz. 168 mit Berechnungsbeispiel.
8) 3. ÄndVO v. 20.8.1998, BGBl. I 1998, 2369.

rungsantrag Einkommensteuererklärung 2023"). Wichtig ist allerdings, dass die einzelnen Gebührentatbestände getrennt aufgeführt werden.

Beispiel:

Rechnet der StB pauschal 8 Std. für „steuerliche und wirtschaftliche Beratung" ab, ohne die einzelnen Tätigkeiten, auf die sich die Abrechnung bezieht, anzuführen, ist die Rechnung nicht prüfbar, da sie nicht die vorgesehenen Mindestangaben enthält.[1]

Gleiches gilt, wenn mit der Höchstgebühr für den Jahresabschluss auch umfangreiche wirtschaftsberatende Tätigkeiten erfasst und abgerechnet werden.[2]

2. Angewandte Vorschriften

Erforderlich ist eine **exakte Bezeichnung der maßgeblichen Vorschriften, des Absatzes, des Satzes und der Nummer**. § 9 StBVV selbst zählt nicht zu den zitierpflichtigen Vorschriften. Nach h.M. hat die Angabe einer unrichtigen Gebührenvorschrift keine Auswirkungen auf die Ordnungsgemäßheit der Rechnung i.S.v. § 9 StBVV. Die **Rechnung** ist danach lediglich **fehlerhaft** (inhaltlich falsch), ohne dass die Wirksamkeit der Rechnung bzw. der Vergütungsanspruch des StB davon berührt wird.[3] Der Mandant hat allerdings einen Anspruch auf eine Berechnung unter Angabe der zutreffenden Gebührenvorschriften und kann bis zum Erhalt einer fehlerfreien Rechnung sein **Zurückbehaltungsrecht** ausüben.[4] Wird eine unzutreffende Vorschrift zitiert, z.B. § 29 Nr. 1 StBVV für die Teilnahme an einer sozialversicherungsrechtlichen Prüfung, muss der StB damit rechnen, dass die Honorarforderung vor Gericht nicht durchsetzbar ist, wenn keine Berichtigung erfolgt (→ § 29 StBVV Rz. 491 und ausführlich zu den prozessualen Auswirkungen → Rz. 205 und 206 m.w.N.). Denn es ist nicht Aufgabe des Mandanten oder des Gerichts die in Wahrheit anwendbare Gebührenvorschriften zu ermitteln. Schon eine falsche **Zitierweise** der Gebührenvorschriften, etwa weil Paragraphen, Absätze und Sätze nur durch Schrägstriche getrennt werden, kann zur Klageabweisung führen.[5] In Einzelfällen haben die Gerichte **Formfehler nicht beanstandet**. So hat das OLG Düsseldorf[6] die Angabe des **falschen** Absatzes einer Gebührenvorschrift als unschädlich angesehen, weil der Mandant anhand des erläuternden Rechnungstextes unschwer den richtigen Absatz feststellen konnte. Auch die **fehlende** Angabe des maßgeblichen Absatzes einer Gebührenvorschrift sah das OLG Düsseldorf[7] als unschädlich an, weil die erledigte Angelegenheit auf Grund einer Erläuterung in der Rechnung klar und bestimmt war. Der StB hatte lediglich „§ 33 StBGebV" ohne Angabe des zutreffenden Absatzes zitiert, in der Rechnung allerdings ausgeführt: „Anfertigung der Buchführung Jan. – Nov. 1986 einschl. Kontieren, Abstimmen, Datenerfassen, Auswerten, mtl. Umsatzsteuererklärungen". Das OLG ging davon aus, dass der i.d.R. nicht sachkundige Mandant ohnehin den Verordnungstext für eine Überprüfung der Rechnung zu Hilfe nehmen muss. Auch das AG Düsseldorf hielt die Angabe der falschen Vorschrift im Zusammenhang mit der Erstellung der E-Bilanz (§ 35 Abs. 1 Nr. 8 StBVV anstelle von § 35 Abs. 1 Nr. 3b StBVV) für unschädlich.[8] Zu einer vollständigen Zitierweise gehört auch ein **Hinweis auf die maßgebliche Verordnung**, die 198

1) OLG Düsseldorf v. 14.9.2010, I-23 U 1/10.
2) Gilgan, NWB 2016, 2290, 2292.
3) BGH v. 22.2.2018, IX ZR 115/17, NJW 2018, 1479 zum Anwaltsrecht.
4) OLG Düsseldorf v. 24.6.2008, I 24 U 204/07, AnwBl 2008, 718; Schneider, NJW-Spezial 2016, 667; Schneider in N. Schneider/Volpert, 9. Aufl. 2021, § 10 RVG Rz. 101; Berners, 6. Aufl. 2020, § 9 StBVV Rz. 38.
5) OLG Düsseldorf v. 11.10.1990, 18 U 62/90, GI 1992, 101.
6) OLG Düsseldorf v. 22.4.1993, 13 U 177/92, GI 1993, 398; ähnlich bereits OLG Hamm v. 26.6.1989, 25 W 14/89, GI 1990, 104.
7) OLG Düsseldorf v. 20.2.1992, 13 U 137/91, GI 1992, 360.
8) AG Düsseldorf v. 28.3.2025, 233 C 348/23 unter Hinweis auf OLG Düsseldorf v. 24.6.2008, 24 U 204/07, AnwBl 2008, 718.

StBVV. Weist der StB in einem Eingangssatz (**Präambel**)der Berechnung darauf hin, dass nach den Vorschriften der Steuerberatervergütungsverordnung (StBVV) abgerechnet wird, ist ein Hinweis auf die Verordnung hinter den angegebenen Vorschriften nicht mehr erforderlich. Dies mag anders sein, wenn sich ein Bezug zwischen dem Eingangssatz und den zitierten Vorschriften nicht so ohne weiteres herstellen lässt, weil die Vorschriften ganz am Ende der Rechnung ohne Hinweis auf „StBVV" zitiert werden.[1]

Praxistipp:

Werden in einer Rechnung auch sog. vereinbare Tätigkeiten oder Tätigkeiten nach RVG abgerechnet, ist die StBVV nicht für alle abgerechneten Tätigkeiten einschlägig. In diesen Fällen sollte im Eingangssatz (Präambel) deshalb nicht nur auf die StBVV Bezug genommen werden. Dies wäre unzutreffend. Die Präambel sollte in diesen Fällen allgemein gehalten sein. Andernfalls droht Klageabweisung wegen einer irreführenden Präambel.[2]

Formulierungsbeispiel:

„... rechne ich gemäß den gesetzlichen Vorschriften ab: ..."

oder

„... rechne ich wie folgt ab: ...".

Besteht eine **Vereinbarung** über das Honorar, muss der StB in der Rechnung lediglich auf die Vereinbarung Bezug nehmen. Die Zitierpflicht von gesetzlichen Vorschriften entfällt in diesem Fall. Liegen dem Auftragsverhältnis noch alte **AAB** aus der Zeit der **StBGebV** zugrunde, in denen geregelt ist, dass der StB seine Leistungen nach der StBGebV abrechnet, bedeutet dies nicht, dass der StB auch nach Inkrafttreten der StBVV verpflichtet wäre, die geringeren Gebühren nach der StBGebV abzurechnen.[3] Die Angabe des Gebührensatzes und der einschlägigen Gebührentabelle gehört nicht zu den Mindestpflichtangaben. Bei einer Abrechnung nach **RVG** sind auch die angewandten **Nummern des Vergütungsverzeichnisses** anzugeben. Dies ergibt sich aus § 10 RVG, der in den Fällen der §§ 21 Abs. 2, 40 StBVV unmittelbar anwendbar ist und an die Stelle des § 9 StBVV tritt (→ Rz. 184). In der Gebührenrechnung ist die Verweisnorm (z.B. § 40 Satz 1 StBVV) i.V.m. der einschlägigen Nummer des Vergütungsverzeichnisses zu zitieren. Eine darüberhinausgehende Zitierpflicht der allgemeinen Vorschriften der §§ 2 Abs. 2, 13 RVG besteht nicht.[4] Im Falle vorzeitiger Mandatsbeendigung muss neben der eigentlichen Ermächtigungsgrundlage (z.B. § 25 StBVV) nicht auch noch § 12 Abs. 4 StBVV zitiert werden.[5] Schädlich ist die Angabe des § 12 Abs. 4 StBVV allerdings nicht. Der Hinweis dient der Erläuterung und sorgt gegenüber dem Auftraggeber für Transparenz und Honorarakzeptanz.

3. Angabe des Gegenstandswertes (und des Gebührensatzes) bei Wertgebühren

199 Der **Gegenstandswert** ist **exakt zu bezeichnen**. Ob auch die Angabe des Gebührensatzes bei Satzrahmengebühren erforderlich ist, ist umstritten (→ Rz. 205). Eine Wertangabe „331" im Zusammenhang mit der Finanzbuchführung ist unrichtig, wenn der Wert eigentlich das Tausendfache beträgt.[6] Nicht jeder Buchführungsmonat

1) So LG Stade v. 12.2.2020, 2 O 180/19; der StB hatte die Zeiten für die Teilnahme an einer Betriebsprüfung aufgelistet und ganz am Ende der Rechnung die §§ 29, 13 ohne Hinweis auf die „StBVV" zitiert. Dies war nach Auffassung des Gerichts „verwirrend".
2) Siehe LG Stade v. 12.2.2020, 2 O 180/19.
3) Feiter, KANZLEI intern 03_2019, 7.
4) Beyme, Honorargestaltung für Steuerberater, Oktober 2021, 8; Feiter, KANZLEI intern 05_2019, 2, 3 unter Hinweis auf LG Essen v. 24.4.2019, 18 O 317/18.
5) Raab, DStR 2017, 2191; → § 12 StBVV Rz. 258; a.A. aber AG Remscheid v. 29.6.2016, 46 C 208/14, DStR 2017, 2191.
6) OLG Düsseldorf v. 11.10.1990, 18 U 62/90, GI 1992, 101.

muss gesondert ausgewiesen werden, wenn die monatliche Gebühr identisch ist. Es genügt die Angabe des Zeitraums (z.B. Januar bis Dezember 2012), wobei aus Klarstellungsgründen der gewählte Zehntelsatz oder die monatliche Gebühr unbedingt aufgeführt werden sollte (12 × 7/10 oder 12 × 125 €), damit unzweifelhaft ist, wie sich der Gesamtbetrag der Gebühr zusammensetzt. Die Angabe eines unrichtigen Gegenstandswertes macht die **Rechnung fehlerhaft** (inhaltlich falsch). Nach h.M. ist dieser Fehler aber nicht so gravierend, dass eine nicht ordnungsgemäße Rechnung vorliegen würde.[1] Dies bedeutet, dass der Honoraranspruch trotz fehlerhafter Rechnung besteht und grundsätzlich auch durchsetzbar i.S.d. § 9 StBVV ist. Allerdings steht dem Vergütungsanspruch des StB ein **Zurückbehaltungsrecht** des Mandanten gegenüber, der erst dann zur Zahlung verpflichtet ist, wenn ihm eine ordnungsgemäße Rechnung ausgehändigt wird (zu den prozessualen Auswirkungen → Rz. 205 und 206). Die Angabe eines falschen Gegenstandswertes kann bereits zur Klageabweisung führen.[2] Die Angabe eines halbwegs zutreffenden Gegenstandswertes aus der Gebührentabelle reicht nicht.

Beispiel:

Der StB gibt als Gegenstandswert für die Fibu 200 000 € in der Rechnung an. Der tatsächliche Jahresumsatz beträgt aber 158 000 €. Obwohl die Gebühr nach Tab. C bei einem Jahresumsatz von 150 000 € - 200 000 € identisch ist, ist die Angabe des Gegenstandswertes fehlerhaft.

Praxistipp:

Stellt der Sachverständige in einem Honorarrechtsstreit fest, dass die vom StB in Ansatz gebrachten Gegenstandswerte unzutreffend sind, sollte der StB unverzüglich berichtigte Honorarrechnungen mit den zutreffenden Gegenstandswerten vorlegen, um eine Abweisung der Klage zu vermeiden.

Wie unterschiedlich und nicht vorhersehbar die Gerichte im Fall eines unzutreffenden Gegenstandswertes entscheiden, zeigt eine Entscheidung des LG Düsseldorf.[3] Danach ist noch nicht von einem falschen Gegenstandswert auszugehen, wenn der tatsächliche Wert von dem in der Rechnung angesetzten Wert nur geringfügig abweicht und noch kein Gebührensprung nach der Gebührentabelle eintritt. Tritt ein Gebührensprung ein, kann der StB nach LG Düsseldorf nur die geringere Gebühr fordern. Auch das AG Mülheim a.d. Ruhr[4] beanstandete einen zu hoch angesetzten Gegenstandwert für die Finanzbuchführung nicht als Formfehler, sondern legte den tatsächlichen Gegenstandswert zu Grunde.

Praxistipp:

Der StB sollte sich keinesfalls darauf verlassen, dass die Gerichte stets so beraterfreundlich entscheiden und die zutreffende Gebühr anhand des zutreffenden Gegenstandswertes selbst ermitteln. Der StB sollte in diesen Fällen das Zurückbehaltungsrecht des Mandanten durch Vorlage einer fehlerfreien Rechnung abwenden.

Beruht der Gegenstandswert auf einer **Schätzung** oder wird anstelle des tatsächlichen Gegenstandswertes der Mindestgegenstandswert aufgeführt, sollte dies durch entsprechende Zusätze („Schätzung" oder „Mindestgegenstandswert") kenntlich gemacht werden. Für die Richtigkeit des Gegenstandswertes ist der StB beweispflichtig.[5] Der vom StB zugrunde gelegte **Gegenstandswert** ist gemäß § 138 Abs. 3 ZPO **als zugestanden anzusehen**, wenn der Mandant diesen nur pauschal und

1) OLG Düsseldorf v. 24.6.2008, I 24 U 204/07, AnwBl 2008, 718; Schneider, NJW-Spezial 2016, 667; N. Schneider in Schneider/Volpert, 9. Aufl. 2021, § 10 RVG Rz. 105; Warttinger in Eckert, 7. Aufl. 2023, § 9 StBVV Rz. 45; Berners, 6. Aufl. 2020, § 9 StBVV Rz. 45.

2) OLG Oldenburg v. 1.9.1998, 5 U 74/98, Stbg 1999, 427; AG Duisburg v. 20.2.2003, 33 C 2291/00.

3) LG Düsseldorf v. 9.9.2010, 8 O 233/08.

4) AG Mülheim a.d. Ruhr v. 21.6.2012, 27 C 298/10.

5) Zu den Anforderungen an die Beweislast siehe LG Duisburg v. 28.11.2013, 8 O 452/10.

unsubstantiiert bestreitet.[1] Der Verzicht auf die Angabe des zutreffenden Gegenstandswertes ist aber nicht gleichzusetzen mit einem Verzicht auf eine Abrechnung nach dem zutreffenden Gegenstandswert.

Praxistipp:

Da eine Abrechnung auf Basis des Vorjahresumsatzes zu einer höheren Vergütung führen kann, wenn der Vorjahresumsatz (deutlich) höher ist als der Umsatz des laufenden Jahres, sollte der StB sich nur im Falle einer Vergütungsvereinbarung nach § 4 Abs. 1 StBVV auf diesen Abrechnungsmodus einlassen.[2]

Eine nachträgliche Korrektur des Gegenstandswertes ist möglich. Der StB ist nicht an den von ihm zugrunde gelegten Gegenstandswert gebunden, wenn dieser sich nachträglich als unrichtig erweist.[3]

Beispiel:

Der StB rechnet die FiBu für das Jahr 01 im Januar 02 ab (Gegenstandswert 2 Mio. €). Im März 02 legt der Mandant Rechnungen vor (200 000 €), die noch für das Jahr 01 zu berücksichtigen sind und zu einem Gebührensprung führen.

Der StB kann in diesem Fall auf Grundlage des tatsächlichen Jahresumsatzes mit einer korrigierten Rechnung reagieren.[4] Eine Bindung an einen falschen Gegenstandswert gibt es nicht. Sie kann auch nicht aus § 11 StBVV abgeleitet werden, da der Gegenstandswert – anders als der Zehntelsatz – nicht dem Ermessen des StB unterliegt, sondern eine objektive Größe ist. Die nachträgliche Korrektur des Gegenstandswertes ist auch in den Fällen möglich, in denen sich z.B. im Rahmen einer **Betriebsprüfung** herausstellt, dass der Mandant bestimmte Einnahmen nicht erfasst hat. Der StB kann in diesen Fällen berichtigte Rechnungen erstellen, und zwar rückwirkend für 10 Jahre ab Entstehung des Anspruchs (§ 852 BGB).

4. Zeitgebühren

200 Bei der Berechnung von Zeitgebühren muss der StB zum einen die für die erledigte Angelegenheit **einschlägige Gebührenvorschrift**, z.B. §§ 28, 32, 33 Abs. 7, 34 Abs. 5 StBVV, zum anderen aber auch § 13 StBVV, und zwar die zutreffende Nummer des Satzes 1 sowie Satz 2, der die Höhe der Vergütung regelt, angeben.[5] Es reicht nicht aus, nur § 13 StBVV ohne die einschlägige Ziffer[6] oder ohne die Angabe von Satz 2 zu zitieren.

Beispiel:

Bei einer Abrechnung nach **Zeitgebühr** gehört neben der Angabe der maßgeblichen Gebührenvorschrift die Angabe des § 13 Satz 1 StBVV mit der zutreffenden Nummer **und** die Angabe des § 13 Satz 2 StBVV. Fehlt eine dieser Angaben, ist die Rechnung vor Gericht nicht durchsetzbar.[7]

---

1) LG Kleve v. 26.4.2023, 6 O 64/21: das Gericht unterstellte, dass dem Mandanten sein eigener Jahresumsatz (§ 33 Abs. 6 StBVV) und seine Bilanzsumme (§ 35 Abs. 2 StBVV) bekannt sein müssen. Pauschales Bestreiten der vom StB zugrunde gelegten Gegenstandswerte reiche in diesem Fall nicht. Legt der StB im Einverständnis mit dem Mandanten bei der Abrechnung der monatlichen Buchführung Vorjahresumsätze zugrunde, stellt sich die Frage, ob der Mandant dadurch auf eine Abrechnung nach dem tatsächlichen Gegenstandswert verzichtet hat. Zwar kann der Mandant auf alle Formerfordernisse des § 9 StBVV – und damit auch auf die Angabe des zutreffenden Gegenstandswertes – verzichten (→ Rz. 214).

2) Schrick, KANZLEI intern 05_2017, 2 mit Formulierungsvorschlag.

3) Beyme, KANZLEI intern 08_2019, 7.

4) LG Essen v. 19.6.2015, 15 S 88/15; Gilgan, KP 2015, 194 f.

5) OLG Düsseldorf in ständiger Rechtsprechung, z.B. v. 25.4.1996, 13 U 81/95, GI 1996, 269; LG Duisburg v. 31.1.2025, 1 O 148/22, DStR 2025, 797; LG Mainz v. 19.2.1997, 3 S 191/96, INF 1998, 671; LG Wuppertal v. 4.8.1998, 5 O 472/97, INF 1998, 768.

6) Siehe auch AG Essen v. 18.3.2013, 13 C 8/13.

7) LG Duisburg v. 31.1.2025, 1 O 148/22, DStR 2025, 797 mit Anm. Trosin: Zitiert war lediglich „§ 32 StBVV i.V.m. § 13 Satz 1 Nr. 1 StBVV". Es fehlte die Angabe von § 13 Satz 2 StBVV.

Die Angabe des **Stundensatzes** oder der aufgewandten Zeit schreibt die StBVV nicht vor. Nach § 9 Abs. 2 Satz 2 StBVV können sogar nach demselben Stundensatz berechnete Zeitgebühren zusammengefasst werden, also z.B. einheitliche Zeitgebühren für die Prüfung von Steuerbescheiden und die Teilnahme an einer Betriebsprüfung (§§ 28, 29 Nr. 1 StBVV). Da aber bei fehlender Angabe des Stundensatzes oder des Zeitaufwandes für den Mandanten nicht nachprüfbar ist, wie sich der Gesamtrechnungsbetrag zusammensetzt, wird im Schrifttum durchweg die Auffassung vertreten, dass es näherer Angaben im Hinblick auf den Zeitaufwand oder den jeweiligen Stundensatz bedarf.[1)]

Praxistipp:

Obwohl bereits durch die Angabe des Zeitaufwandes oder des Stundensatzes die Möglichkeit der Kontrolle der Honorarberechnung besteht, verlangt das OLG Düsseldorf zur Einforderbarkeit von Zeitgebühren für jede einzelne Rechnungsposition sowohl die Angabe des Zeitaufwandes als auch die Angabe des Stundensatzes.[2)] Deshalb empfiehlt sich eine kumulative Angabe von Zeitaufwand und Stundensatz in der Gebührenrechnung.

Die Rechtsprechung verlangt ferner bereits bei Rechnungsstellung eine **prüfbare** **201**
Leistungsbeschreibung (time-sheet).[3)] Die Entscheidungen sind zwar zum Anwaltsrecht und zu vereinbarten Zeithonoraren ergangen. Sie sind aber auch für StB aus zwei Gründen von besonderem Interesse. Zum einen knüpft das OLG Düsseldorf an die Rechtsprechung des BGH[4)] an, der bei einer Abrechnung nach vereinbartem Zeitaufwand von einem Rechtsanwalt verlangt, dass dieser „stichwortartig, in einer auch im Nachhinein verständlichen Weise" niederlegt, welche konkrete Tätigkeit er innerhalb eines bestimmten Zeitraums verrichtet hat. Leerfloskeln, wie „Akteneinsicht, Rechtsprechungsrecherche, Diktat verschiedener Schreiben" erteilt der BGH eine deutliche Absage (→ § 13 StBVV Rz. 275).[5)] Zum anderen begründet das OLG Düsseldorf seine Rechtsauffassung mit einer analogen Anwendung des § 10 Abs. 2 Satz 1 RVG, der im Wesentlichen mit § 9 Abs. 2 Satz 1 StBVV identisch ist. Die analoge Anwendung sei im Hinblick auf Sinn und Zweck der gesetzlich vorgeschriebenen Abrechnung (Transparenzgebot) erforderlich. Ein vereinbartes Zeithonorar sei nur dann **einforderbar**, wenn folgende Anforderungen erfüllt seien:

- Bezeichnung der Angelegenheit; bei mehreren gleichzeitig abgerechneten Angelegenheiten Auftrennung der Abrechnung nach jeder einzelnen Angelegenheit,
- Vorlage eines Leistungsverzeichnisses (time-sheet), das den jeweils abgerechneten Zeitaufwand einer bestimmten Tätigkeit zuordnet, die schlagwortartig zu bezeichnen ist,
- Berechnung des Zeithonorars (gesamter Zeitaufwand × Stundensatz = Zeithonorar),
- Berechnung der Auslagen (falls gesondert berechenbar unter Nennung der jeweils maßgeblichen Gebührenvorschrift),
- Berechnung der Mehrwertsteuer,
- Ausweis der abzuziehenden Vorschüsse (falls gezahlt).

1) Eggesiecker, 2. Aufl. 1998, § 9 STEUGO Rz 9.320; Beyme in Meyer/Goez/Schwamberger, 11. Aufl. 2023, § 9 StBVV Rz. 15; Mittelsteiner/Scholz, 4. Aufl. 1998, § 9 StBGebV Rz. 14; Feiter, INF 1997, 118 f.
2) OLG Düsseldorf v. 20.6.1996, 13 U 100/95, GI 1997, 150 f.; OLG Düsseldorf v. 13.10.1994, 13 U 211/93, GI 1996, 94.
3) OLG Düsseldorf v. 8.11.2022, I-24 U 38/21, AnwBl Online 2023, 44; OLG Düsseldorf v. 6.10.2011, I-24 U 47/11, AnwBl 2012, 372; LG Karlsruhe v. 19.1.2021, 6 O 213/18, AnwBl Online 2021, 761, 765.
4) BGH v. 4.2.2010, IX ZR 18/09, NJW 2010, 1364, 1371, zum Anwaltsrecht.
5) Zuletzt bestätigt durch BGH v. 13.2.2020, IX ZR 140/19, AnwBl 2020, 303.

Praxistipp:

Diese Rechtsprechung sollte durchgehend auch von StB beachtet werden, wenn Leistungen nach Zeit abgerechnet werden. Im Bestreitensfalle besteht immer eine Nachweispflicht über die abgerechneten Tätigkeiten (→ § 13 StBVV Rz. 275). Wird der Rechnung von vorneherein ein „time-sheet" beigelegt, kann der Mandant die fehlende Einforderbarkeit nicht erfolgreich geltend machen. Der StB läuft nicht Gefahr, Nachteile wegen eines Formverstoßes zu erleiden (→ Rz. 205 ff.).

Werden für den StB und den Mitarbeiter **unterschiedlich hohe Zeitgebühren** abgerechnet, z.B. für die Teilnahme an einer Betriebsprüfung, muss für den Mandanten aus Transparenzgründen klar erkennbar sein, auf welche Personen sich die jeweiligen Zeitgebühren beziehen.[1] **Abkürzungen** sind nicht selbsterklärend und sollten aus Gründen der Transparenz erläutert werden.[2]

Abrechenbar ist immer die produktive Arbeitszeit, also alle typischen Tätigkeiten im Zusammenhang mit der Finanz- und Lohnbuchführung, der Anfertigung von Steuererklärungen oder der Aufstellung von Jahresabschlüssen, aber auch Vorarbeiten, Recherchen und Gespräche. Letztlich ist jeglicher Zeitaufwand abrechenbar, der mit der Bearbeitung des Mandats verbunden und vom Auftrag gedeckt ist.[3] Hierzu dürften auch gewisse unproduktive Zeiten gehören, wie z.B. Wartezeiten in telefonischen Warteschleifen der Finanzverwaltung, wenn sie denn der Mandatsbearbeitung und der Auftragserfüllung dienen. Da diese Zeiten außerhalb einer Vergütungsvereinbarung mangels eines entsprechenden Gebührentatbestandes nicht nach Zeitaufwand (§ 13 StBVV) abrechenbar sind, wirken sie sich bei Wertgebühren allenfalls durch einen höheren Gebührensatz aus („Umfang der beruflichen Tätigkeit" i.S.d. § 11 Satz 1 StBVV). **Nicht abrechenbar** sind die Zeiten, die der StB zur Dokumentation des Zeitaufwandes aufwendet.[4] Zeiten des Nachdenkens über eine bestimmte Fragestellung bei Autofahrten, Zugfahrten, in der Freizeit,[5] Zeiten, die für das Schreiben und Versenden der Rechnungen anfallen oder auch Zeiten der „Mandantenpflege". Gleichwohl sollten auch Zeiten der „Mandantenpflege" zur eigenen Kontrolle dokumentiert werden. Sind die Zeitaufzeichnungen nicht eindeutig (gerichtsfest), behelfen sich die Gerichte gelegentlich mit Sicherheitsabschlägen.[6]

5. Vorschüsse

202 In die Berechnung sind auch die tatsächlich gezahlten, nicht aber die nur buchhalterisch erfassten Vorschüsse aufzunehmen (→ § 8 StBVV Rz. 179),[7] wobei es zulässig ist, die insgesamt erhaltenen Vorschüsse in einem Betrag aufzuführen. Die Verrechnung der Vorschüsse kann auf Netto-Basis oder auf Brutto-Basis erfolgen, → § 8 StBVV Rz. 179.

Praxistipp:

Aus Gründen einer besseren Transparenz kann sich im Einzelfall (wegen der Zweckbestimmung der Vorschüsse) eine Aufschlüsselung der Vorschüsse auf die einzelnen Angelegenheiten empfehlen, z.B. bei einem umfangreichen Mandat oder bei mehreren Auftraggebern.

1) OLG Düsseldorf v. 8.11.2022, I-24 U 38/21, AnwBl Online 2023, 44.
2) LG Stade v. 12.2.2020, 2 O 180/19: beanstandet wurden die Kürzel „MA" (für Mitarbeiter) und "AH" (dieses Kürzel stand für die beiden ersten Buchstaben des Nachnamens des StB.
3) Schons, AnwBl Online 2020, 372, 380 m.w.N.; § 13 StBVV Rz. 289.
4) Schons, AnwBl Online 2020, 372, 380.
5) Hartung, AnwBl 2017, 304.
6) LG Kleve v. 13.6.2003, 1 O 114/01: Abschlag von 25 % der dokumentierten Stunden.
7) LG Duisburg v. 28.11.2013, 8 O 452/10.

§ 8 StBVV muss m.E. in einer Vorschussrechnung nicht zitiert werden, da § 9 StBVV in diesem Fall nicht anwendbar ist. § 9 StBVV beschränkt sich auf Pflichtangaben in einer Schlussrechnung und nicht auf Vorschussrechnungen.[1]

6. Auslagen

Die Auslagen sind gem. § 9 Abs. 2 Satz 1 StBVV im Einzelnen zu bezeichnen. Für Auslagen nach § 16 StBVV sieht § 9 Abs. 2 Satz 3 StBVV vor, dass die Angabe des Gesamtbetrags genügt. Nach Auffassung von Eggesiecker[2] soll die Angabe des Gesamtbetrags auch dann ausreichen, wenn die geltend gemachten Auslagen mehreren gebührenrechtlichen Angelegenheiten zuzuordnen sind. Nach a.A.[3] soll mit der Regelung des § 9 Abs. 2 Satz 3 StBVV lediglich vermieden werden, dass jeder einzelne Posten nach § 16 StBVV getrennt aufgezeichnet werden muss. Bei mehreren selbständig zu berechnenden Angelegenheiten sei die Zusammensetzung der Summe der Pauschsätze aber zu verdeutlichen (die Bezeichnung der „Post- und Telekommunikationsdienstleistungen" als „Kostenpauschale gem. § 16 StBGebV" genügt den formalen Anforderungen des § 9 Abs. 2 StBGebV), AG Grevenbroich v. 1.4.2004, 19 C 296/01).[4] 203

Die übrigen Auslagen nach §§ 17 ff. StBVV und § 3 Satz 2 StBVV sind unter Angabe der gesetzlichen Vorschriften im Einzelnen aufzuführen.

7. Umsatzsteuer

Die Umsatzsteuer ist **nicht Teil der Vergütung** (§ 1 Abs. 1 StBVV) und deshalb in § 9 StBVV nicht ausdrücklich genannt. Deshalb muss auf § 15 StBVV in der Berechnung nicht ausdrücklich hingewiesen werden.[5] Auch wenn der StB auf Grund einschlägiger Vorschriften des UStG verpflichtet ist, eine Rechnung mit gesondertem Umsatzsteuerausweis zu erstellen, führt nicht berechnete Umsatzsteuer nicht dazu, dass die Gebührenforderung wegen Verstoßes gegen § 9 Abs. 2 StBVV nicht durchsetzbar wäre.[6] 204

Praxistipp:

Aus Gründen äußerster Vorsicht sollte § 15 StBVV in den Rechnungen stets zitiert werden. Jedenfalls dann, wenn eine Rechnung vor Gericht durchgesetzt werden muss, sollte dies ggf. nachgeholt werden.

Auch Verstöße gegen **§ 14 Abs. 4 UStG** sind nicht geeignet, die Durchsetzbarkeit der Honorarforderung zu gefährden. Allerdings kann der Mandant ein **Zurückbehaltungsrecht** nach § 273 BGB geltend machen, solange er mangels ordnungsgemäßer Rechnung, diese nicht steuerlich geltend machen kann.[7] Ein Zurückbehaltungsrecht kann der Mandant auch dann ausüben, wenn er keine **E-Rechnung** erhält, obwohl diese verpflichtend ist. Denn in diesem Fall berechtigen andere Rechnungen den Empfänger nicht mehr zum Vorsteuerabzug.[8] Hinsichtlich der technischen

1) A.A. ohne Begründung LG Duisburg v. 31.1.2025, 1 O 148/22, DStR 2025, 797 mit Anm. Trosin.
2) Eggesiecker, 2. Aufl. 1998, § 9 STEUGO Rz. 9.375.
3) Mittelsteiner/Scholz, 4. Aufl. 1998, § 9 StBGebV Rz. 18; Steuerberaterkammer Nürnberg 02/2013, 29.
4) AG Grevenbroich v. 1.4.2004, 19 C 296/01.
5) Ebenso Beyme in Meyer/Goez/Schwamberger, 11. Aufl. 2023, § 9 StBVV Rz. 19; a.A. LG Duisburg v. 31.1.2025, 1 O 148/22, DStR 2025, 797 mit Anm. Trosin.
6) Vgl. dazu LG Düsseldorf v. 26.6.2001, 24 S 476/00.
7) BGH v. 26.6.2014, VII ZR 247/13, DStR 2013, 1887.
8) Zur E-Rechnung und Vorsteuerabzug Weymüller, NJW 2025, 1869, 1871; zur rückwirkenden Rechnungskorrektur BFH v. 22.1.2020, XI R 10/17, BStBl II 2020, 601; EuGH v. 15.7.2010, Pannon Gep Centrum, C-368/09, ABl.EU C 246, S. 11 und BMF v. 18.9.2020, III C 2 – S 7286-a/19/10001:001, BStBl I 2020, 976.

Durchführung der Berichtigung hält es der EuGH für unschädlich, dass die erteilte Rechnung durch Gutschrift storniert und durch eine neue Rechnung ersetzt wird, wobei Stornogutschrift und neue Rechnung unterschiedliche Rechnungsnummern haben dürfen. Hüttemann/Jacobs beschränken dieses Recht nicht nur auf Unternehmer, die zum Vorsteuerabzug berechtigt sind, sondern räumen auch der „Privatperson" ein berechtigtes Interesse an der Rechnungserteilung ein, das die Geltendmachung eines Zurückbehaltungsrechts rechtfertigt.[1] Die Zusammenfassung der Umsatzsteuer für alle Teilbeträge derselben Rechnung ist zulässig. Zu beachten ist jedoch, dass von dem Gesamtbetrag der Umsatzsteuer die auf Vorschüsse entfallende Umsatzsteuer abzusetzen ist.

II. Auswirkungen von Formverstößen

205 Die Nichtbeachtung der Formvorschriften des § 9 StBVV kann sich in mehrfacher Hinsicht nachteilig für den StB auswirken (→ Rz. 206 ff.). Fraglich ist, ob einzelne Mängel der Berechnung insgesamt zu ihrer Unwirksamkeit führen. Dagegen spricht, dass Sinn und Zweck der gesetzlichen Regelung eine derart weitreichende Folge nicht erfordern. Deshalb ist davon auszugehen, dass bei mehreren Rechnungspositionen nur diejenigen nicht durchsetzbar sind, bei denen die Vorgaben des § 9 StBVV nicht erfüllt worden sind.[2] **Kein Formverstoß** liegt vor, wenn die Rechnung keinen Hinweis auf die **Gebührentabelle** oder den **Zehntelsatz** enthält, da § 9 Abs. 2 StBVV dies nicht verlangt. Deshalb ist es auch unschädlich, wenn der StB in der Rechnung statt der vorgesehenen Zehntel-Gebühr Zwanzigstel-Gebühren ausweist.[3] Nach einer Entscheidung des LG Freiburg zur Parallelvorschrift des § 10 RVG soll auch die Angabe des Gebührensatzes bei Satzrahmengebühren erforderlich sein. Andernfalls fehle es mangels Transparenz an der Einforderbarkeit. Der Mandant erhalte dann nicht die Informationen, die er benötige, um erkennen zu können, welche Leistung er bezahlen solle.[4]

Kritische Stellungnahme:

M.E. geht dies zu weit. Der Wortlaut des § 10 RVG und des § 9 StBVV geben dies nicht her. Auch Transparenzgründe können hier nicht angeführt werden, da bei Angabe des Gegenstandswertes und des Betrages sehr wohl ermittelt werden kann, welchen Satzrahmen der StB abgerechnet hat. Dies ist nur mit etwas Mehraufwand verbunden. Die Rechnung ist aber prüfbar und nachvollziehbar und deshalb auch einforderbar.[5]

Praxistipp:

Gleichwohl empfiehlt sich wegen der nicht eindeutigen Rechtslage auch die Angabe des Gebührensatzes in der Rechnung.

Einer Geltendmachung des Honoraranspruchs steht nicht entgegen, dass der **Mandant** auf Einsichtnahme in die Handakte besteht, um den **Honoraranspruch prüfen** zu können. Da der Honoraranspruch wegen unzureichender oder pflichtwidriger Leistung des StB nicht gekürzt werden oder in Wegfall geraten kann, kommt nur ein Schadensersatzanspruch des Mandanten in Frage, mit dem er die Aufrechnung erklären kann. Diesen Anspruch kann er in einem Folgeprozess verfolgen.[6] Der StB hat auch keine **Erläuterungspflicht**.[7] Deshalb kann der Mandant die Bezahlung der

---

1) Hüttemann/Jacobs, MDR 2007, 1229, 1233.
2) Burhoff in Gerold/Schmidt, 26. Aufl. 2023, § 10 RVG Rz. 32 m.w.N.
3) LG Düsseldorf v. 9.9.2010, 8 O 233/08.
4) LG Freiburg v. 4.10.2010, 8 O 338/09, AGS 2012, 222; ebenso N. Schneider in Schneider/Volpert, 9. Aufl. 2021, § 10 RVG Rz. 26.
5) Ebenso Beyme, KANZLEI intern 10_2018, 2.
6) So LG Leipzig v. 23.12.2021, 3 O 1268/21, AnwBl 2022, 176 zu einem anwaltlichen Honoraranspruch. Das Gericht bejahte allerdings einen datenschutzrechtlichen Auskunftsanspruch in Form von Kopien aus der Handakte gemäß Art. 15 Abs. 3 DSGVO. Siehe hierzu auch → § 12 StBVV Rz. 253 a.E.
7) OLG Düsseldorf v. 22.11.2022, I-24 U 38/21, AnwBl Online 2023, 44, 46.

Rechnung nicht davon abhängig machen, dass ihm die Rechnung erläutert wird.[1] Ebenso wenig unberührt bleibt auch die **verjährungshemmende Wirkung** einer auf eine formunwirksame Rechnung gestützten Klage, d.h. dem StB drohen grundsätzlich keine Rechtsnachteile, wenn er zum Zwecke der Verjährungshemmung Klage erhebt und ordnungsgemäße, spezifizierte Gebührenrechnungen erst im Laufe des Prozesses vorlegt.[2] Gleiches gilt für fehlende oder mangelhafte Rechnungsunterschriften.[3] Erhöht sich der Klagebetrag durch nachträgliche Spezifizierung der Gebührenrechnungen im Prozess, droht hinsichtlich des den Ursprungsbetrag übersteigenden Rechnungsbetrags keine Teilverjährung. Der Umfang der Verjährungshemmung wird nämlich durch den Streitgegenstand der erhobenen Klage bestimmt. Maßgebend ist zwar der tatsächlich gestellte Antrag unter Berücksichtigung seiner tatsächlichen Begründung. Eine Erhöhung des Anspruchs ist jedoch unschädlich und stellt keine Änderung des Klageantrags dar (§ 264 Nr. 2 ZPO).

1. Klageabweisung

Eine auf eine formunwirksame Gebührenrechnung gestützte Klage ist als (derzeit) unbegründet abzuweisen (→ Rz. 186; zur Heilung in der Berufungsinstanz und zur Kostenfolge → Rz. 212). Im Falle einer **inhaltlich fehlerhaften Rechnung** (falsche Gebührenvorschrift, falscher Gegenstandswert) kann der Mandant sich auf sein Zurückbehaltungsrecht berufen. Er ist erst dann zur Zahlung verpflichtet, wenn ihm eine inhaltlich fehlerfreie Rechnung mitgeteilt wurde. Gelingt es dem StB in diesen Fällen nicht, berichtigte Gebührenrechnungen – ggf. noch im Honorarrechtsstreit – nachzureichen, muss er mit einer Klageabweisung rechnen.[4] Eine Verurteilung des Mandanten Zug um Zug gegen Erteilung einer inhaltlich fehlerfreien Rechnung[5] entspricht nicht der Spruchpraxis der Gerichte. Dies würde auch voraussetzen, dass die Gerichte die zutreffenden Gebührenvorschriften bzw. Gegenstandswerte selbst ermitteln und daraus die zutreffenden Gebühren ableiten, was aber nicht deren Aufgabe sein kann. Besonders deutlich wird dies, wenn man sich vorstellt, dass der StB eine (falsche) Gebührenvorschrift zugrunde gelegt hat, die eine Abrechnung nach Wertgebühr vorsieht, während das Gericht der Auffassung ist, dass eine Gebührenvorschrift einschlägig ist, die eine Abrechnung nach Zeitgebühr vorsieht. Das Gericht kann in einem solchen Fall das Gebührenbestimmungsrecht des StB nicht selbst ausüben. In diesen Fällen verbietet sich deshalb auch ein Anerkenntnis des Mandanten (in welchem Umfang soll er die geltend gemachte Forderung anerkennen?) Zug um Zug gegen Erteilung einer fehlerfreien Rechnung.[6] Im Falle der **Korrektur** einer inhaltlich falschen Rechnung (z.B. Angabe der falschen Gebührenvorschrift) kann der StB die tatsächlich entstandene Vergütung nur bis zur Höhe der zunächst (fehlerhaft) abgerechneten Leistung einfordern (→ Rz. 199 zur Gegenstandswertkorrektur).[7] **206**

2. Verzug

Durch eine **formunwirksame Gebührenrechnung** kann der Mandant nicht in Zahlungsverzug gesetzt werden, da Verzug eine fällige und durchsetzbare Forderung **207**

1) Feiter, KANZLEI intern 5_2018, 5; N. Schneider in Schneider/Volpert, 9. Aufl. 2021, § 10 RVG Rz. 27.
2) BGH v. 2.7.1998, IX ZR 63/97, MDR 1998, 1313 f., in einer Anwaltssache; LG Aschaffenburg v. 16.4.1998, 2 S 289/97, DStRE 1999, 198; OLG Düsseldorf v. 21.4.1994, 13 U 101/93, GI 1994, 351.
3) OLG Saarbrücken v. 26.7.2006, 1 U 604/05, 209, GI 2007, 96, 98 f.
4) Siehe die Nachweise aus der uneinheitlichen Rechtsprechung unter → Rz. 198 und → Rz. 199.
5) So der Vorschlag von Schneider, NJW-Spezial 2016, 667.
6) So aber die Empfehlung von Schneider, NJW-Spezial 2016, 667.
7) BGH v. 22.2.2018, IX ZR 115/17, NJW 2018, 1479.

voraussetzt.[1] Der StB, der nach erfolgloser Mahnung einen Rechtsanwalt mit der Durchsetzung seines Honoraranspruchs beauftragt, kann deshalb diese Kosten nicht als Verzugsschaden i.S.d. § 280 Abs. 1 und 2 i.V.m. § 286 BGB auf den Mandanten abwälzen. Gleiches gilt, wenn der StB einen Zinsschaden gem. §§ 286, 288 BGB bzw. §§ 291, 288 BGB geltend macht, weil er einen Bankkredit in Anspruch nimmt.[2] Zinsen können erst dann verlangt werden, wenn der Honoraranspruch auch einforderbar ist. Dazu gehört bei einer Abrechnung nach Zeitaufwand eine Aufschlüsselung der abgerechneten Zeiten (→ Rz. 201).[3]

3. Zurückbehaltungsrecht

208 Der StB kann sich gegenüber seinem Mandanten nicht mit Erfolg auf ein Zurückbehaltungsrecht an Daten und Unterlagen berufen, solange er seine Forderungen nicht ordnungsgemäß spezifiziert und inhaltlich richtig in Rechnung gestellt hat. In einem solchen Fall steht vielmehr dem Mandanten ein Zurückbehaltungsrecht zu. Dieser kann die Bezahlung verweigern, bis er eine ordnungsgemäß spezifizierte fehlerfreie Rechnung erhalten hat. Die Geltendmachung eines Zurückbehaltungsrechts durch den StB setzt nicht nur eine fällige, sondern auch eine durchsetzbare Forderung voraus.[4] Daran fehlt es bei einer Stundungs- oder Ratenzahlungsvereinbarung, wenn die Raten pünktlich bedient werden.

Beispiel:

Nach Fertigstellung und Abrechnung des Jahresabschlusses und der Steuererklärungen für das Kalenderjahr 01 bittet der Mandant den StB um Ratenzahlung. Der StB willigt ein, dass der Rechnungsbetrag in 12 Monatsraten, beginnend ab September 02 gezahlt wird. Für den Fall des Rückstandes mit mehr als einer Monatsrate soll der gesamte Restbetrag fällig werden. Der Mandant zahlt entsprechend der Vereinbarung. Im Dezember 02 kündigt der Mandant das Auftragsverhältnis und wechselt zu einem anderen StB. Gleichzeitig verlangt er Herausgabe aller Unterlagen und Übertragung aller Daten auf den neuen StB. Der Vorberater beruft sich auf sein Zurückbehaltungsrecht.

Solange der Mandant die Raten wie vereinbart zahlt, wird der StB „wegen seiner Gebühren und Auslagen" (§ 66 Abs. 3 StBerG) befriedigt bzw. hat keinen „fälligen Anspruch" (§ 273 Abs. 1 BGB) und damit auch kein Zurückbehaltungsrecht. Die Fälligkeit wird vielmehr nach hinten verlegt.[5] Der StB muss deshalb die Unterlagen herausgeben und die Daten übertragen, obwohl er noch nicht sein gesamtes Honorar erhalten hat.

Praxistipp:

Die Stundungs- oder Ratenzahlungsvereinbarung sollte unter die auflösende Bedingung gestellt werden, dass sie hinfällig wird, wenn der Mandant einen anderen StB beauftragt.

Eine weitere Folge der hinausgeschobenen Fälligkeit und des fehlenden Verzugseintritts ist die, dass der StB **keinen Verzugszins** berechnen kann. Dies gilt nicht nur für den Zeitpunkt ab Beginn der Stundungs- oder Ratenzahlungsvereinbarung, sondern auch für den Zeitraum davor.

---

1) AGH Celle v. 24.6.2013, AGH 1/13 I (I 1), AnwBl 2014, 90; LG Düsseldorf v. 4.9.2013, 9 O 64/10; Toussaint, 55. Aufl. 2025, § 10 RVG Rz. 51; Grüneberg, 84. Aufl. 2025, § 286 BGB Rz. 9; Burhoff in Gerold/Schmidt, 26. Aufl. 2023, § 10 RVG Rz. 4.

2) LG Duisburg v. 9.9.2014, 22 O 31/12; Toussaint, 55. Aufl. 2025, § 10 RVG Rz. 51; a.A. AG Bonn v. 28.10.2009, 11 C 292/08.

3) LG Karlsruhe v. 19.1.2021, 6 O 213/18, AnwBl Online 2021, 761, 765.

4) N. Schneider in Schneider/Volpert, 9. Aufl. 2021, § 10 RVG Rz. 101 m.w.N.; Feiter, KANZLEI intern 11_2018, 2, 4.

5) LG Frankfurt a.M. v. 19.8.2011, 5/35-StL-9/11.

Beispiel:

Der Mandant (Unternehmer) hat mehrere Rechnungen des StB aus dem Jahr 01 über insgesamt 8 000 € nicht bezahlt. Im Juni des Jahres 02 schließen StB und Mandant wegen dieser Rückstände eine Ratenzahlungsvereinbarung über monatlich zu zahlenden Raten in Höhe von 100 €. Eine Vereinbarung über Zinsen treffen die Parteien nicht.

Obwohl der Mandant wegen der ihm im Jahre 01 zugegangenen Rechnungen spätestens nach Ablauf von 30 Tagen in Verzug geraten ist (§ 286 Abs. 3 BGB), kann der StB für den Zeitraum vom Rechnungszugang bis zum Zustandekommen der Vereinbarung keinen Verzugszins berechnen, weil dies nicht ausdrücklich vereinbart wurde. Zwar befand sich der Mandant im Verzug. Aber ein eingetretener Verzug wird geheilt, wenn der StB dem Mandanten die Leistung nachträglich stundet.[1]

Praxistipp:

Wenn der StB dem Mandanten Zinsen berechnen will, muss dies ausdrücklich in der Stundungs- bzw. Ratenzahlungsvereinbarung geregelt sein.

Ist der **Honoraranspruch verjährt**, darf der StB sich nur dann auf ein Zurückbehaltungsrecht aus § 273 BGB berufen, wenn sich der Honoraranspruch und der Herausgabeanspruch des Mandanten in unverjährter Zeit vollgültig gegenübergestanden haben (§ 215 BGB).[2] Das heißt, dem Mandanten muss bereits zu diesem Zeitpunkt eine ordnungsgemäß spezifizierte Rechnung vorgelegen haben. Beruft der StB sich zu Unrecht auf ein Zurückbehaltungsrecht, drohen Schadensersatzansprüche. Fraglich ist, ob der StB sich bereits vertragswidrig verhält, wenn er sein Zurückbehaltungsrecht mit (der Höhe nach) unberechtigten Honoraransprüchen rechtfertigt. Das LG Stuttgart hat diese Frage in einem Fall bejaht, in dem ein RA sich wegen eines erheblich überhöhten und sittenwidrigen Honorars auf sein Zurückbehaltungsrecht berufen hatte.[3] Würde man generell nur noch darauf abstellen, ob der StB seinen Honoraranspruch vollumfänglich durchsetzen konnte, wäre das Risiko für den StB sich auf sein Zurückbehaltungsrecht zu berufen, unkalkulierbar. Gleichzeitig würde dies zu einer Aushöhlung des Zurückbehaltungsrechts führen.[4] Deshalb sollte ein vertragswidriges Verhalten des StB erst dann angenommen werden, wenn die Geltendmachung des Zurückbehaltungsrechts offensichtlich rechtswidrig ist. Auf das Zurückbehaltungsrecht kann sich der StB auch dann nicht berufen, wenn der Mandant das geforderte Honorar **unter Vorbehalt der Rückforderung gezahlt** hat. Durch die Zahlung tritt Erfüllungswirkung (§ 362 BGB) ein. Der Vorbehalt der Rückforderung steht dem nicht entgegen.[5] Ebenso wenig wird es von der Rechtsordnung geschützt, wenn der StB die Herausgabe von Unterlagen und Daten – trotz vollständiger Bezahlung des Honorars – davon abhängig macht, dass der **Mandant** zuvor **auf Ansprüche aus dem Mandatsverhältnis verzichtet**. Ein solches Verhalten kann sogar den Tatbestand der versuchten Nötigung oder versuchten Erpressung erfüllen.[6] Hat der StB die **Honorarforderung abgetreten**, z.B. an eine **Verrechnungsstelle**, hängen die Auswirkungen auf das Zurückbehaltungsrecht davon ab, ob die Abtretung im Rahmen des echten oder unechten Factorings erfolgte. Beim echten Factoring wird die Forderung vom StB an den Abtretungsempfänger verkauft. Der StB ist durch die Zahlung des Kaufpreises befriedigt. Sein Zurückbehaltungsrecht entfällt, es geht nicht auf den Abtretungsempfänger über.[7]

1) BGH v. 24.10.1990, VIII ZR 305/89, WM 1991, 291.
2) BGH v. 13.5.2006, V ZR 40/05, NJW 2006, 2773, zur Leistungsverweigerung wegen verjährter Gegenforderung; LG Mönchengladbach v. 15.7.2024, 6 O 208/22; Grüneberg, 84. Aufl. 2025, § 387 BGB Rz. 11 m.w.N.
3) LG Stuttgart v. 18.4.2016, 27 O 382/15.
4) So auch Weitze-Scholl/Jendrzok, DStR 2017, 65, 71.
5) LG Wuppertal v. 17.10.2018, 3 O 87/18; AG Oberhausen v. 7.12.2018, 30 C 337/18 und 30 C 339/18, besprochen von Feiter, KANZLEI intern 03_2019, 3.
6) Feiter, KANZLEI intern 03_2019, 3, 4.
7) Grüneberg, 84. Aufl. 2025, § 401 BGB Rz. 6.

Anders ist es im Fall des unechten Factorings. Das Bonitätsrisiko bleibt beim StB, die Forderung wird nur sicherheitshalber abgetreten. Die Zahlung des Kaufpreises beim unechten Factoring ist eine bloße Vorfinanzierung des Honoraranspruchs, dessen Abtretung nach § 364 Abs. 2 BGB nur erfüllungshalber für den Fall erfolgt, dass die Forderung tatsächlich eingezogen werden kann. Bis dahin kann sich der StB uneingeschränkt auf sein Zurückbehaltungsrecht berufen (→ § 64 StBerG Rz. 897).[1]

Praxistipp:

Im Falle eines **SEPA-Basis-Lastschriftmandates** ist zu beachten, dass der Mandant innerhalb von acht Wochen Widerspruch gegen die Lastschrift einlegen kann. Wenn der StB nach vermeintlicher Bezahlung innerhalb der Acht-Wochen-Frist Unterlagen und Daten herausgibt und der Mandant anschließend Widerspruch gegen die Lastschrift einlegt, läuft das Zurückbehaltungsrecht des StB ins Leere. Der StB sollte sich deshalb vor der Herausgabe schriftlich bestätigen lassen, dass der Mandant die Lastschrift genehmigt bzw. seine Bank angewiesen hat, die Buchung nicht rückgängig zu machen. Eine solche Bestätigung zu verlangen, ist weder treu- noch berufswidrig. Alternativ sollte die Widerspruchsfrist abgewartet werden. Kein Widerspruchsrecht besteht im Falle einer **SEPA-Firmen-Lastschrift**, die allerdings nicht mit Verbrauchern vereinbart werden kann.

4. Aufrechnung

209 Die in § 215 BGB vorgesehene Möglichkeit der Aufrechnung mit einer verjährten Forderung ist dem StB dann verschlossen, wenn seine Gebührenrechnung im Zeitpunkt der Aufrechnungslage an einem Formfehler litt[2] oder die Gebührenrechnung dem Mandanten noch gar nicht mitgeteilt wurde.[3]

Beispiel:

Im Jahr 01 hat der StB S gegenüber seinem Mandanten M Beratungsleistungen in Höhe von 5 000 € erbracht. Die Gebührenrechnungen enthielten nicht alle Pflichtangaben nach § 9 Abs. 2 StBVV. Um den Einzug der Forderungen hat S sich nicht gekümmert, da M in wirtschaftlichen Schwierigkeiten steckte. Im Jahr 04 lässt sich S von M eine neue Telefonanlage zum Preis von 5 000 € installieren. Wegen seiner Honorarforderung aus 01 erklärt er sofort nach Rechnungserhalt im Jahr 04 die Aufrechnung. M reagiert nicht und fordert in 05 den Preis für die Telefonanlage.

S hat in diesem Beispiel den kompletten Honoraranspruch verloren. Zu dem Zeitpunkt, als seine Honorarforderung noch nicht verjährt war (bis 31.12.01), bestand mangels korrekter Gebührenrechnung (fehlende Pflichtangaben) keine Aufrechnungslage. Die von ihm erklärte Aufrechnung lief ins Leere. Eine Heilung durch Nachschieben einer korrekten Gebührenrechnung ist nach Ablauf der Verjährungsfrist nicht mehr möglich.

5. Bereicherungsansprüche und Verjährung

210 Eine nicht prüfbare Rechnung führt dazu, dass der Mandant Rückforderungsansprüche für bereits gezahltes Honorar zehn Jahre lang geltend machen kann (§ 199 Abs. 4 BGB). Denn die dreijährige regelmäßige Verjährungsfrist gilt nur dann, wenn der Schuldner auch von den anspruchsbegründenden Umständen Kenntnis erlangt oder grob fahrlässig nicht erlangt hat (§§ 195, 199 Abs. 1 BGB). In den Fällen, in denen der StB gar nicht abrechnet, weil ihm beispielsweise ein SEPA-Lastschriftmandat vorliegt oder in denen er völlig unspezifiziert (nicht prüfbar) abrechnet, gilt deshalb für mögliche Rückforderungsansprüche die zehnjährige Verjährungsfrist.

1) Gilgan, KP 2024, 40 und KP 2019, 162.
2) LG München I v. 29.11.2012, 4 O 25878/09, n. rkr., DStR 2013, 486 m. Anm. Wacker; OLG Düsseldorf v. 12.6.1997, 13 U 92/96, GI 2000, 23; Feiter, INF 2000, 214 f. m.w.N.; Grüneberg, 84. Aufl. 2025, § 387 BGB Rz. 11 m.w.N.; a.A. LG Duisburg v. 9.9.2014, 22 O 31/12 unter Hinweis auf Schlüter in MüKo, 6. Aufl. 2012, § 387 BGB Rz. 38.
3) OLG Düsseldorf v. 11.2.2008, I-24 U 104/07, GI 2009, 54, 59.

Durch von vorneherein ordnungsgemäß spezifizierte Rechnungen wird diese Verjährungsfrist von zehn auf drei Jahre „verkürzt". Allerdings führt nicht schon der Formverstoß zu einem Bereicherungsanspruch. Der StB muss durch die fehlerhafte Abrechnung tatsächlich auch ungerechtfertigt bereichert sein. Eine nicht ordnungsgemäße Rechnung berührt den Rechtsgrund der Leistung nicht. Das ergibt sich bereits aus § 9 Abs. 3 StBVV. Danach besteht schon kein Anspruch auf bereicherungsrechtliche Rückabwicklung, wenn es an der Existenz einer Abrechnung fehlt. Der Mandant hat lediglich einen Anspruch auf eine nachträglich erstellte Rechnung. Er kann aus dem Versäumnis des StB aber keine weitergehenden Bereicherungsansprüche herleiten (→ Grundlagen des Vergütungsrechts Rz. 77; → § 8 StBVV Rz. 182 und → Rz. 216 f.). Ein Anspruch auf Rückzahlung kann aber dann begründet sein, wenn der Mandatsumfang im Falle einer vereinbarten Vergütung unbestimmt ist. Ein solcher Mangel geht über eine bloße Formalie hinaus, so dass der Mandant das gezahlte Honorar kondizieren kann, soweit es das alternativ nach der StBVV bzw. dem RVG geschuldete Honorar übersteigt.[1]

6. Erleichterte Anfechtung von Honorarzahlungen

Die unterlassene Spezifizierung einer Honorarforderung i.S.d. § 9 StBVV führt zur Inkongruenz des Honoraranspruchs und damit zu einer erleichterten Anfechtung nach § 131 InsO. Dies gilt auch für den Fall, dass der Anspruch schon fällig i.S.d. § 7 StBVV ist (→ Grundlagen des Vergütungsrechts Rz. 70 ff.).[2] **211**

III. Heilung von Formmängeln

Im Anwaltsrecht kann eine fehlende Spezifizierung der Gebührenrechnung nach § 10 RVG im Prozess dadurch geheilt werden, dass die notwendigen Angaben im Rahmen der (anwaltlichen Schriftsätze) nachgeholt werden.[3] Voraussetzung ist lediglich, dass der anwaltliche Schriftsatz alle erforderlichen Angaben des § 10 RVG enthält. Selbst wenn der RA seinen Honoraranspruch in erster Linie auf eine Honorarvereinbarung stützt und eine Berechnung der gesetzlichen Gebühren nach § 10 RVG nur vorgenommen hat, um dem Mandanten den gesetzlichen Gebührenanspruch im Vergleich zum vereinbarten Honorar vorzurechnen, ist dies unschädlich. Für die Wirkung nach § 10 RVG kommt es nur darauf an, dass die Berechnung dem Mandanten eine Überprüfung ermöglicht.[4] Der RA kann die erforderliche Spezifizierung auch **noch in der Berufungsinstanz nachholen**.[5] Bei Nichtbeachtung der Prozessförderungspflichten, d.h. bei verspäteter Vorlage im Prozess besteht aber die Gefahr, dass das Gericht eine Verfahrensverzögerung annimmt und die korrigierten Gebührenrechnungen nicht mehr berücksichtigt.[6] Diese Rechtsprechung zum Anwaltsrecht ist auf StB übertragbar. Allerdings ist die Ausgangslage eine andere, da StB sich im Honorarprozess i.d.R. nicht selbst vertreten. Nur wenn dies ausnahmsweise der Fall ist und der StB in seinem prozessualen Schriftsatz eine Berechnung i.S.d. § 9 StBVV nachholt, kann die Rechtsprechung zum Anwaltsrecht herangezogen werden. Durch die Einführung von beA und beSt sind die Heilungsmöglichkeiten bei fehlender Unterschrift (→ Rz. 130) eingeschränkt (→ Rz. 187). Keine Heilung im Sinne einer Alternativberechnung nach den **212**

1) OLG Düsseldorf v. 8.11.2022, I-24 U 38/21, AnwBl Online 2023, 44, 49.
2) BGH v. 13.4.2006, IX ZR 158/05, NJW 2006, 2701, 2703.
3) BGH v. 21.10.2010, IX ZR 37/10, NJW 2011, 63, 66; BGH v. 4.7.2002, IX ZR 153/01, NJW 2002, 2774 f.; OLG Düsseldorf v. 19.11.2002, 23 U 258/01, GI 2003, 39, 41; OLG Düsseldorf v. 11.11.2008, I 24 U 36/08, GI 2009, 8, 10, zu § 4 RVG a.F.; OLG Frankfurt/M. v. 15.2.1993, 22 U 183/91, GI 1994, 123; a.A. LG Düsseldorf v. 18.12.2009, 22 S 336/08: Mandant muss Originalrechnungen erhalten.
4) BGH v. 4.7.2002, IX ZR 153/01, NJW 2002, 2774 f. zur Vorgängerregelung des § 18 BRAO.
5) OLG Düsseldorf v. 6.5.1993, 13 U 86/91, GI 1994, 16.
6) OLG Düsseldorf v. 25.4.1996, 13 U 81/95, GI 1996, 269 und OLG Düsseldorf v. 14.9.2010, I-23 U 1/10.

gesetzlichen Vorschriften ist möglich, wenn StB und Mandant eine Vergütungsvereinbarung nach Stundensätzen/Zeitaufwand getroffen haben und der StB die abgerechneten Stunden/Zeiten nicht nachweisen kann (→ § 4 StBVV Rz. 130).[1]

213 Obsiegt der StB in zweiter Instanz, trägt der Mandant entgegen dem Prinzip der Kostenhaftung des letztendlich Unterliegenden nicht die gesamten Kosten beider Instanzen, sondern nur die Kosten der ersten Instanz (§ 97 Abs. 2 ZPO).[2] Die Kosten des Verfahrens trägt der StB auch dann, wenn er den Anspruch nach Vorlage einer ordnungsgemäßen Gebührenrechnung im Prozess sofort anerkennt (§ 93 ZPO).[3]

IV. Verzicht auf Formerfordernisse

214 Der Mandant kann auf die Einhaltung der **Formerfordernisse des § 9 Abs. 2 StBVV** verzichten, da die Bestimmung über den Inhalt der Berechnung **dispositiv** ist.[4] Damit können die Parteien vereinbaren, dass der StB sein Honorar auch ohne eine den § 9 Abs. 2 StBVV entsprechende Rechnungsstellung einfordern und durchsetzen kann.

Beispiel:

Der StB hat internationale Mandantschaft, die die **Rechnungen in Englisch** (oder einer anderen Fremdsprache) wünscht. Es gehört zu den Formerfordernissen, die Berechnungen unter Angabe der Gebührentatbestände auf Deutsch zu erstellen.[5] Wünscht der Mandant die Rechnungsstellung in einer für ihn verständlichen Fremdsprache, bestehen keine Bedenken, entsprechend zu verfahren. Es empfiehlt sich, den Wunsch des Mandanten zu dokumentieren.

Der Verzicht auf bestimmte Formerfordernisse kann z.B. im Rahmen eines schriftlichen Steuerberatungsvertrages geregelt werden. Der Verzicht kann auch im Rahmen eines **deklaratorischen Schuldanerkenntnisses** erklärt werden. Bleibt der Mandant die Vergütung schuldig und muss der StB das Honorar einklagen, kommt es auf die Fehlerhaftigkeit der Berechnungen nicht mehr an, wenn er seine Vergütungsklage ausschließlich auf das deklaratorische Schuldanerkenntnis stützt.

Beispiel:[6]

Der StB hat – ohne dass eine diesbezügliche wirksame Vereinbarung mit dem Mandanten bestand – über mehrere Jahre alle Leistungen (Lohnbuchführung, Finanzbuchführung, Steuererklärungen, Jahresabschluss) unter Bezugnahme auf § 13 StBVV nach Zeitaufwand berechnet. Nachdem Honorarrückstände von ca. 50 000,00 € aufgelaufen sind, lässt sich der StB von dem Mandanten ein deklaratorisches Schuldanerkenntnis unterschreiben, in dem dieser erklärt, dass er die Honorarforderungen dem Grunde und der Höhe nach anerkennt und auf sämtliche Einwendungen und Einreden verzichtet. Der StB stützt seine Honorarklage später auf dieses Schuldanerkenntnis, so dass der Mandant mit dem Einwand, die Gebührenrechnungen genügen nicht den gesetzlichen Anforderungen, weil nach Zeitgebühr und nicht nach Wertgebühr abgerechnet wurde, kein Gehör findet.

1) LG Köln v. 16.4.2015, 2 O 404/14, DStR 2016, 95.
2) OLG Düsseldorf v. 8.11.2022, I-24 U 38/21, AnwBl Online 2023, 44, 51.
3) AG Wuppertal v. 13.10.1995, 96 C 361/94.
4) BGH v. 3.3.2022, IX ZR 78/20, BGHZ 233, 70, Ziffer 64 der Entscheidungsgründe zu § 10 Abs. 2 RVG; Feiter, KANZLEI intern 06/2014, 2; ebenso zu § 10 RVG: Toussaint, 55. Aufl. 2025, § 10 RVG Rz. 25; Schneider, RVGreport 2012, 322, 323; Burhoff in Gerold/Schmidt, 26. Aufl. 2023, § 10 RVG Rz. 23 m.w.N.
5) Beyme, Verbandsnachrichten Berlin-Brandenburg 4/2022.
6) LG Wuppertal v. 22.12.2010, 3 O 269/10, rkr.

Streitig war lange Zeit, ob der Mandant auf das **Schriftformerfordernis** einschließlich der **Unterschrift** des StB verzichten konnte.[1] Relevant war die Frage insbesondere für Fälle, in denen der Mandant eine elektronische Übersendung der Gebührenrechnung oder die Bereitstellung in einer Cloud wünschte. Durch die Neufassung des § 9 Abs. 1 StBVV ab dem 1.7.2020[2] hatte sich dieser Meinungsstreit für den **Anwendungsbereich des § 9 StBVV** erledigt (→ Rz. 186), für den **Anwendungsbereich des § 10 StBVV** hat sich die Streitfrage erst durch die Neufassung des § 10 Abs. 1 RVG zum 17.7.2024 erledigt.[3]

Auch wenn der StB seit dem 14.12.2024 nicht mehr auf die Zustimmung seines Mandanten angewiesen ist, wenn er Rechnungen elektronisch versenden möchte, kann eine entsprechende Zustimmungserklärung unter datenschutzrechtlichen Gesichtspunkten Sinn machen.[4] Gleiches gilt für den Fall, dass der StB es mit Mandanten zu tun hat, die von der Verpflichtung zur Ausstellung von E-Rechnungen befreit sind.

D. Zahlung der Vergütung ohne Gebührenrechnung (Abs. 3)

Nach § 9 Abs. 3 StBVV kann der Mandant, der die Vergütung ohne Berechnung gezahlt hat, die Mitteilung der Berechnung noch fordern, solange der StB zur Aufbewahrung der Handakten nach § 66 StBerG verpflichtet ist. Der ergänzende Hinweis auf § 66 StBerG ist mit Wirkung zum 1.8.2022 in Kraft getreten.[5] Er hat lediglich klarstellende Funktion. Der Anspruch auf eine ordnungsgemäße Abrechnung ergibt sich bereits unmittelbar aus dem Steuerberatungsvertrag selbst (§§ 675, 666 BGB). Die StBVV gibt hierzu keine eigene Anspruchsgrundlage, sondern setzt diese als bestehend voraus. In § 9 Abs. 3 StBVV ist nur geregelt, wie lange der Mandant seinen Anspruch auf Abrechnung noch geltend machen kann, nämlich so lange, wie der StB zur Aufbewahrung der Handakte verpflichtet ist.[6] Die Länge der **Aufbewahrungspflicht** ergibt sich aus § 66 Abs. 1 Satz 2 und 3 StBerG. Sie beträgt **grundsätzlich zehn Jahre**. Hierbei handelt es sich (nur) um eine Berufspflicht. Der zivilrechtliche Herausgabeanspruch des Mandanten verjährt bereits nach drei Jahren.[7] Von der zehnjährigen Aufbewahrungspflicht gibt es **eine Ausnahme**. Wenn der StB dem Auftraggeber die Übergabe der Dokumente angeboten hat, der Auftraggeber aber nicht innerhalb von 6 Monaten reagiert hat (§ 66 Abs. 2 Satz 3 StBerG), muss der StB keine Berechnung mehr aufstellen.[8] Eine weitere Ausnahme dürfte dann vorliegen, wenn der StB dem Auftraggeber die Dokumente auf sein Verlangen herausgegeben hat, allerdings ist die seit dem 1.8.2022 geltende Neufassung des § 66 Abs. 2 StBerG insoweit nicht so eindeutig, wie die bis dahin geltende Regelung **215**

1) Bejahend: Feiter, KANZLEI intern 06/2014, 2; Ueberfeldt, KANZLEI intern 06_2017, 3; Beyme in Meyer/Goez/Schwamberger, 11. Aufl. 2023, § 1 StBVV Rz. 9; ebenso zu § 10 RVG: Burhoff in Gerold/Schmidt, 26. Aufl. 2023, § 10 RVG Rz. 7 und 23; a.A. zu § 10 RVG: AG Berlin-Lichtenberg v. 1.3.2013, 114 C 138/11, AGS 2013, 274: keine Abdingbarkeit, schon gar nicht in AGB; Schneider, RVGreport 2012, 322, 325 m.w.N.

2) Fünfte Verordnung zur Änderung steuerlicher Verordnungen v. 25.6.2020, BGBl. I 2020, 1495, 1498 = BStBl I 2020, 555.

3) Gesetz zur weiteren Digitalisierung der Justiz v. 12.7.2024, BGBl. I 2024 Nr. 234, S. 15.

4) Siehe Schleswig-Holsteinisches OLG v. 18.12.2024, 12 U 9/24: Versand von Rechnungen ohne Ende-zu-Ende Verschlüsselung als Verstoß gegen DSGVO besprochen von Feiter, VerbandsMagazin Düsseldorf 3/2025.

5) Gesetz zur Neuregelung des Berufsrechts der anwaltlichen und steuerberatenden Berufsausübungsgesellschaften sowie zur Änderung weiterer Vorschriften im Bereich der rechtsberatenden Berufe v. 7.7.2021, BGBl. I 2021, 2363, 2434.

6) So auch N. Schneider in Schneider/Volpert, 9. Aufl. 2021, § 10 RVG Rz. 109.

7) BGH v. 15.10.2020, IX ZR 243/19, NJW 2020, 3725 zu § 50 Abs. 1 Satz 2 BRAO.

8) So auch Burhoff in Gerold/Schmidt, 26. Aufl. 2023, § 10 RVG Rz. 35 zu § 10 Abs. 3 RVG.

des § 66 Abs. 1 Satz 4 StBerG. Eine Pflicht zur Mitteilung der Berechnung kann in besonders gelagerten Einzelfällen nur noch aus § 242 BGB abgeleitet werden. Liegt keiner der Ausnahmefälle des § 66 Abs. 2 StBerG vor und greift die 10-Jahres-Frist, kann § 242 BGB ebenfalls einschlägig sein, allerdings mit umgekehrten Vorzeichen zu Gunsten des StB. Denn in einer jahrelangen Hinnahme von nicht ordnungsgemäßen Gebührenrechnungen durch den Mandanten kann beim StB ein Vertrauenstatbestand entstehen, der es als **treuwidrig** (§ 242 BGB) erscheinen lässt, wenn der Mandant erst nach Jahren, insbesondere nach Beendigung des Mandatsverhältnisses, auf einer ordnungsgemäßen Spezifizierung i.S.d. § 9 Abs. 3 StBVV besteht.[1)]

216 Zahlt der Mandant auf Gebührenrechnungen, die den Anforderungen des § 9 Abs. 2 StBVV nicht genügen, führt dies allein noch nicht dazu, dass die Honorarzahlungen ohne **Rechtsgrund** erfolgt sind und dem Mandanten ein Bereicherungsanspruch gem. § 812 BGB zusteht. Er kann zunächst nur verlangen, dass die Gebührenrechnungen (soweit sie nicht verjährte Zeiträume betreffen) nachgebessert werden. Erweist sich dabei allerdings, dass die Rechnungssumme zu hoch war, kann er den zu viel gezahlten Betrag zurückverlangen (→ Rz. 210).

1) LG Meiningen v. 16.9.2013, 4 S 226/12; AG Ludwigshafen v. 6.9.1996, 2 C 293/95, KammerReport DStR 23/1998, 4; AG Viersen v. 29.9.1999, 2 C 136/96, StB 2000, 103 f.; ebenso Schneider, AnwBl Online 2019, 199, 200 unter Hinweis auf OLG München v. 25.10.2017, 15 U 889/17 Rae für den Fall einer unverbindlichen Vergütungsvereinbarung, die über einen längeren Zeitraum widerspruchslos praktiziert wurde.

§ 10
Wertgebühren

(1) [1]Die Wertgebühren bestimmen sich nach den dieser Verordnung als Anlage beigefügten Tabellen A bis D. [2]Sie werden nach dem Wert berechnet, den der Gegenstand der beruflichen Tätigkeit hat. [3]Maßgebend ist, soweit diese Verordnung nichts anderes bestimmt, der Wert des Interesses.

(2) In derselben Angelegenheit werden die Werte mehrerer Gegenstände zusammengerechnet; dies gilt nicht für die in den §§ 24 bis 27, 30, 35 und 37 bezeichneten Tätigkeiten.

Inhalt

Schrifttum

Beyme, Zur Bestimmung des gerichtlichen Streitwerts für einen im Vorverfahren tätigen Steuerberater, Stbg 2017, 41.

A. Inhalt und Bedeutung

Die StBVV sieht überwiegend **Wertgebühren** vor. Danach ist für die Berechnung der Gebühren der Gegenstandswert maßgebend. In vielen Gebührentatbeständen hat der Verordnungsgeber den Gegenstandswert bereits selbst bestimmt. Hierzu zählen die in der Praxis wichtigsten Gebührentatbestände, wie z.B. §§ 24 Abs. 1–3, 25–27, 33 und 35 StBVV. Für einzelne Tätigkeiten, bei denen sich der Gegenstandswert nur schwer ermitteln lässt, ist die **Zeitgebühr** vorgesehen (z.B. §§ 24 Abs. 5, 28, 29 Nr. 1, 32, 33 Abs. 7, 34 Abs. 5, 35 Abs. 3, 36 Abs. 1 StBVV). Daneben kennt die StBVV noch die **Betragsrahmengebühr** (§§ 23 Abs. 2, 34 Abs. 1–4 StBVV), die jedoch von untergeordneter Bedeutung ist. Nur wenige Vorschriften enthalten keine Regelung zum Gegenstandswert (z.B. §§ 21, 22, 23, 40 StBVV). Nicht immer ist hier eine eindeutige Bestimmung des Gegenstandswertes möglich. **217**

B. Tabellen A–D und Gegenstandswert (Abs. 1)

I. Tabellen A-D

Zur Berechnung der Wertgebühren sah die StBVV bis zum 30.6.2020 fünf Tabellen (A-E) vor, die seit Inkrafttreten der Verordnung wiederholt an die wirtschaftliche Entwicklung angepasst wurden. Mit der Fünften Verordnung zur Änderung steuerlicher Verordnungen[1)] wurde die Tabelle E gestrichen. Sie findet nur noch auf „Altfälle" nach § 21 Abs. 2 StBVV a.F. und § 40 StBVV a.F. mit Beauftragung vor dem 1.7.2020 (vgl. § 47a StBVV a.F.) Anwendung. Die §§ 21 Abs. 2, 40 StBVV n.F. verwei- **218**

1) Gesetz v. 25.6.2020, BGBl. I 2020, 1495, 1498 = BStBl I 2020, 555.

sen seit dem 1.7.2020 auf die Vorschriften des RVG und damit auch auf die Gebührentabelle zu § 13 RVG (RVG-Tabelle). Alle Tabellen sind degressiv gestaltet. Wann welche Tabelle anwendbar ist, ergibt sich aus den einzelnen Gebührenvorschriften.

Tabelle A: Beratungstabelle.

Sie entsprach bis zu einem Gegenstandswert von 290 000 € der Tabelle zu § 13 Abs. 1 RVG und flachte ab einem Gegenstandswert von 350 000 € ab. Nach Inkrafttreten der VO zum Erlass und zur Änderung steuerlicher Verordnungen laufen die Tabellen seit dem 20.12.2012 auseinander. Da Rechtsanwälte die Hilfeleistung in Steuersachen aber weitgehend nach StBVV und damit nach den Tabellen zur StBVV abrechnen, ist ein Gleichlauf der Tabelle A und der Tabelle zu § 13 RVG aus Gründen der Gleichbehandlung nicht (mehr) erforderlich (vgl. § 35 RVG).

- Tabelle B: Abschlusstabelle,
- Tabelle C: Buchführungstabelle,
- Tabelle D: Landwirtschaftliche Buchführung und
- Tabelle E: Rechtsbehelfstabelle.

Die Tabelle E und die Tabelle zu § 13 RVG (bzw. früher § 11 BRAGO) hatten stets einen identischen Verlauf, um gleiche Gebühren für gleiche Leistungen sicherzustellen. Mit Wirkung zum 20.12.2012[1] wurden die Gebühren der Tabelle E um ca. 5 % angehoben, nicht jedoch die der Tabelle zu § 13 RVG. Diese wurden aber durch das 2. KostRMoG mit Wirkung zum 1.8.2013 um ca. 11 % erhöht, wobei die Steigerungen je nach Wertstufe zwischen knapp 1 % und mehr als 66 % lagen.[2] Diese gebührenrechtliche Ungleichbehandlung[3] wurde durch die Fünfte Verordnung zur Änderung steuerlicher Verordnungen[4] durch einen Verweis auf das RVG beseitigt. Dadurch ist für Aufträge ab dem 1.7.2020 sichergestellt, dass StB im außergerichtlichen Rechtsbehelfsverfahren nach § 40 Satz 1 StBVV und im Fall des § 21 Abs. 2 StBVV die gleiche Vergütung wie Rechtsanwälte erhalten.

II. Gegenstandswert

219 In der amtlichen Begründung zu § 10 StBGebV[5] heißt es, dass nach Abs. 1 Wertgebühren alle Gebühren sind, die in der Verordnung mit volle Gebühr oder mit Bruchteilen der vollen Gebühr bezeichnet sind. Sie werden nach dem Gegenstandswert **berechnet** und ergeben sich aus den Tabellen A-D, die einen Bestandteil dieser VO bilden. Gegenstandswert ist der Wert des Gegenstandes der beruflichen Tätigkeit (§ 10 Abs. 1 Satz 2 StBVV). Die Grundlage hierfür bildet der „**Wert des Interesses**“ (§ 10 Abs. 1 Satz 3 StBVV). Damit ist das „Interesse des Auftraggebers“ gemeint, also der Betrag, um den gestritten wird.[6] So genannte Folgewirkungen (Auswirkungen auf andere Steuern und Zuschläge) wurden bis zum Inkrafttreten des 2. KostRMoG am 1.8.2013 nicht berücksichtigt.[7] Mit dem 2. KostRMoG wurde in § 52 Abs. 3 Satz 2 GKG die Regelung eingeführt, dass „offensichtlich absehbare Auswirkungen auf künftige Geldleistungen oder auf noch zu erlassende, auf derartige Geldleistungen bezogene Verwaltungsakte“ streitwerterhöhend zu berücksichtigen sind. Damit sind insbesondere „Folgesteuern“, wie Kirchensteuer, Solidaritäts-

1) Verordnung zum Erlass und zur Änderung steuerlicher Verordnungen v. 11.12.2012, BGBl. I 2012, 2637 = BStBl I 2013, 2.
2) Zweites Gesetz zur Modernisierung des Kostenrechts v. 23.7.2013, BGBl. I 2013, 2586.
3) Siehe hierzu Feiter, Stbg 2013, 466.
4) Gesetz v. 25.6.2020, BGBl. I 2020, 1495, 1498 = BStBl I 2020, 555.
5) Abgedruckt in Eckert, 4. Aufl. 2003, zu § 10 StBGebV.
6) FG Nürnberg v. 12.3.2003, I 11/2003, EFG 2003, 1044; Boelsen in Eckert, 7. Aufl. 2023, § 10 StBVV Rz. 14; Mittelsteiner/Scholz, 4. Aufl. 1998, Einführung Rz. 72.
7) Mittelsteiner/Scholz, 4. Aufl. 1998, Einführung Rz. 75.

zuschlag und Zinsen gemeint (→ § 40 StBVV Rz. 650).[1] Unklar ist allerdings, ob dies auch außerhalb eines gerichtlichen Verfahrens gilt, also z.B. bei der Bestimmung des Gegenstandswerts im außergerichtlichen Rechtsbehelfsverfahren (→ § 40 StBVV Rz. 650).

Beispiel:

Führt der StB einen Einspruch wegen der festgesetzten Einkommensteuer, ist derzeit unklar, ob Zinsen zur Einkommensteuer, Kirchensteuer und Solidaritätszuschlag, Verspätungs- und Säumniszuschläge bei der Bestimmung des Gegenstandswertes berücksichtigt werden dürfen.[2]

Speziell in den Fällen der §§ 21, 22 StBVV bestehen unterschiedliche Auffassungen in Rechtsprechung und Literatur, wie der „Wert des Interesses" bestimmt werden muss. Auf die entsprechenden Kommentierungen dieser Vorschriften wird verwiesen.

In den Fällen, in denen der Gegenstandswert nicht ermittelt werden kann, ist er zu schätzen.[3] Mehr als eine überschlägige **Schätzung** ist dem Berater nicht zuzumuten (→ § 33 StBVV Rz. 548).[4] 220

Liegen keine genügenden Anhaltspunkte für eine Schätzung des Gegenstandswertes vor, ist ein **Ausweichen** auf die Zeitgebühr zulässig, § 13 Satz 1 Nr. 2 StBVV. Dies gilt jedoch nicht für Tätigkeiten nach § 23 StBVV. Möglich ist allerdings die Vereinbarung einer Zeitgebühr nach § 4 Abs. 1 StBVV (→ § 4 StBVV Rz. 114 ff. und → § 13 StBVV Rz. 270). Bestehen überhaupt keine Anhaltspunkte für eine Schätzung des Gegenstandswerts, kann auf den Auffangstreitwert von 5 000 € nach § 23 Abs. 3 Satz 2 Halbsatz 2 RVG ausgewichen werden (z.B. → § 23 StBVV Rz. 379).[5] 221

C. Zusammenrechnen mehrerer Gegenstandswerte (Abs. 2)

Nach § 10 Abs. 2 StBVV werden mehrere Gegenstände innerhalb einer einheitlichen Angelegenheit zusammengerechnet. Von dieser Zusammenrechnung werden allerdings die praktisch bedeutsamen Anwendungsfälle der §§ 24–27, 30, 35 und 37 StBVV ausgenommen. 222

I. Begriff der „Angelegenheit"

Der Begriff der **Angelegenheit** ist für die Gebührenbemessung – aber auch für die Berechnung der Auslagen nach § 16 StBVV – von zentraler Bedeutung. Er ist nicht mit dem Auftrag, der regelmäßig mehrere Angelegenheiten umfasst, und schon gar nicht mit der Gebührenrechnung gleichzusetzen. Der Begriff der Angelegenheit ist in der StBVV nicht definiert. Grundsätzlich ist die Tätigkeit eines StB, für welche die Gebührenverordnung eine selbstständige Gebühr ausweist, eine Angelegenheit, die sich auf mehrere, gebührenrechtlich unbeachtliche Einzeltätigkeiten erstrecken kann. Der BGH[6] definiert die Angelegenheit im gebührenrechtlichen Sinne als den durch einen einheitlichen Lebenssachverhalt abgesteckten Rahmen, 223

1) FG Baden-Württemberg v. 25.1.2016, 1 KO 2611/15, Stbg 2017, 90 mit Anm. Beyme.

2) Dagegen, soweit sich Auswirkungen auf „Folgesteuern" desselben Streitjahrs ergeben: FG Hamburg v. 22.3.2017, 5 K 137/16, EFG 2017, 944 , ferner (allerdings noch zur alten Rechtslage): FG Düsseldorf v. 9.11.2001, 5692, 11 K 6886/96 E; LG Düsseldorf v. 17.11.1999, 11 O 85/98; a.A. LG Duisburg v. 8.2.2001, 8 O 359/99; Beyme, Stbg 2017, 41.

3) Amtliche Begründung zu § 10 StBGebV.

4) Eggesiecker, 2. Aufl. 1998, § 10 STEUGO Rz. 10.820; Beyme in Meyer/Goez/Schwamberger, 11. Aufl. 2023, § 10 StBVV Rz. 19.

5) Beyme in Meyer/Goez/Schwamberger, 11. Aufl. 2023, § 10 StBVV Rz. 20.

6) BGH v. 6.6.2019, I ZR 150/18, ZIP 2020, 242 m.w.N.; BGH v. 6.7.2000, IX ZR 210/99, DStRE 2000, 1061; BGH v. 21.11.1996, IX ZR 159/95, NJW 1997, 516.

in dem der Berater für seinen Auftraggeber tätig werden soll. Eine Angelegenheit kann mehrere Gegenstände umfassen. Innerhalb einer gebührenrechtlichen Angelegenheit können auch mehrere Prüfungsaufgaben zu behandeln sein.[1] Ob mehrere Gegenstände nur eine Angelegenheit darstellen, hängt entscheidend davon ab, ob der StB diese Gegenstände aufgrund etwa der sachlichen und zeitlichen Verbundenheit mittels eines einheitlichen Vorgehens bearbeiten kann.[2] Die Rechtsprechung stellt dementsprechend auf folgende drei Kriterien ab:

- ein einheitlicher Auftrag,
- ein innerer Zusammenhang,
- ein **einheitlicher Tätigkeitsrahmen** im Hinblick auf Inhalt und Zielsetzung.[3]

224 Die Abgrenzung zwischen Angelegenheit und Gegenstand (→ Rz. 225) ist insbesondere in den Fällen schwierig, in denen Einspruch gegen mehrere Steuerbescheide eingelegt wird (→ § 40 StBVV Rz. 652 ff.). Bei einem Tätigkeitsbündel stellt der BGH im Anwaltsvergütungsrecht auf den Aufwand des Anwalts ab, nämlich darauf, ob der Anwalt **gleichförmig** vorgeht **oder** eine **gesonderte Auseinandersetzung** erfolgt. Wird der Rechtsanwalt beauftragt, mit den Gläubigern eines Unternehmens zum Zwecke der Sanierung Forderungsverzichte auszuhandeln, so entsteht für den Auftrag jedem Gläubiger gegenüber eine Gebührenangelegenheit, sobald der Anwalt sich mit diesem gesondert auseinandersetzen muss. Wird dagegen an bestimmte Gläubiger ohne weitere Tätigkeit ein einheitliches Rundschreiben versandt, handelt es sich dagegen i.d.R. nur um eine einzige Gebührenangelegenheit mit mehreren Gegenständen.[4] Nur eine Angelegenheit nimmt der BGH auch bei gleichlautenden Abmahnschreiben gegen mehrere Unternehmen an.[5] Im sozialrechtlichen Verwaltungsverfahren geht das BSG von derselben Angelegenheit aus, wenn mehrere Auftraggeber einer Bedarfsgemeinschaft gesonderte Vollmachten erteilt haben, es aber inhaltlich um einen einheitlichen Lebenssachverhalt geht.[6] Dieses Verständnis des Begriffs „Angelegenheit" wird man auch auf die StBVV übertragen können.[7] Eine einheitliche Angelegenheit kann trotz getrennter Vollmachten auch bei **unterschiedlichen Adressaten parallel erlassener Steuerbescheide** vorliegen, wenn die jeweilige Regelung auf einem einheitlichen Lebenssachverhalt beruht, eine inhaltlich identische Rechtsfrage zu klären ist und zwischen den Adressaten eine **Streitgenossenschaft** besteht.[8]

Weitere Beispiele:

Die Anfertigung jeder Steuererklärung nach § 24 Abs. 1 StBVV stellt eine eigene Angelegenheit dar.

Die Anfertigung der Steuererklärung und die Prüfung des Steuerbescheids sind zwei Angelegenheiten.

Die Prüfung mehrerer Steuerbescheide sind mehrere Angelegenheiten (→ § 28 StBVV Rz. 486).[9]

1) BGH v. 5.10.2010, VI ZR 152/09, NJW 2011, 782, Rz. 14.
2) BGH v. 6.6.2019, I ZR 150/18, ZIP 2020, 242, 244.
3) BGH v. 6.6.2019, IX ZR 150/18, ZIP 2020, 242, 244 m.w.N.; Schleswig-Holsteinisches FG v. 27.11.2019, EFG 2020, 131 m.w.N.; OLG Düsseldorf v. 29.6.2010, I-24 U 212/09, GI aktuell 2011, 17, 18; FG Düsseldorf v. 14.10.2009, 3 KO 439/09 KF, EFG 2010, 161; FG Brandenburg v. 27.2.2001, 1 KO 3064/00, EFG 2001, 653.
4) BGH v. 3.5.2005, IX ZR 401/00, NJW 2005, 2927.
5) BGH v. 6.6.2019, I ZR 150/18, ZIP 2020, 242.
6) BSG v. 2.4.2014, B 4 AS 227/13.
7) So ausdrücklich Schleswig-Holsteinisches FG v. 27.11.2019, 1 K 149/16, EFG 2020, 131.
8) Schleswig-Holsteinisches FG v. 27.11.2019, 1 K 149/16, EFG 2020, 131.
9) AG Mönchengladbach-Rheydt v. 20.9.2018, 11 C 382/16.

Im Rahmen der Gewinneinkünfte und der Überschusseinkünfte fällt für jede der dort genannten Einkunftsarten eine gesonderte Gebühr an, da es sich um mehrere Angelegenheiten handelt (→ § 25 StBVV Rz. 456 und → § 27 StBVV Rz. 468).

Bei monatlicher Finanzbuchführung ist jeder Buchführungsmonat eine eigene Angelegenheit (→ § 33 StBVV Rz. 552 ff. auch zur Jahres- und Vierteljahresbuchführung. Ausnahme: § 39 Abs. 2 StBVV → § 39 StBVV Rz. 631).

Bei der Lohnbuchführung kommt es auf den Zeitraum an (Woche, Monat), der Grundlage für die Lohnabrechnung aller Arbeitnehmer eines Abrechnungszeitraums ist.

Sonstige Hilfeleistungen nach §§ 33 Abs. 7, 34 Abs. 5 StBVV sind keine eigenen Angelegenheiten.[1)]

Die gesamte Betriebsprüfung ist eine einheitliche Angelegenheit. Die Zeiten für die Teilnahme an einer Betriebsprüfung sind deshalb minutengenau und nicht als jeweils angefangene halbe Stunde abzurechnen (→ § 29 StBVV Rz. 492).

Die Erstellung des Jahresabschlusses mit Anhang und schriftlichem Erläuterungsbericht sind drei Angelegenheiten, für die in § 35 StBVV drei unterschiedliche Gebührentatbestände vorgesehen sind.[2)]

II. Begriff des „Gegenstandes"

Aus der amtlichen Begründung zu § 10 StBGebV[3)] ergibt sich, dass bei mehreren Gegenständen die Gebühr aus der Summe der Gegenstandswerte zu ermitteln ist. Hieraus ergibt sich eine Gebührendämpfung, da die Zusammenrechnung eben nicht die Summe der für jeden einzelnen Gegenstand ermittelten Gebühren ausmacht. Gegenstand der steuerberatenden Tätigkeit ist das Rechtsverhältnis, auf das sich die Tätigkeit des StB bezieht. Bezugspunkt ist hier das jeweilige Quantum von Einzeltätigkeiten, wie sie der konkrete Gebührentatbestand beschreibt.[4)] In der Praxis bereitet die Frage, ob mehrere Gegenstände eine Angelegenheit bilden oder mehrere Angelegenheiten vorliegen, insbesondere im Einspruchsverfahren Schwierigkeiten (→ § 40 StBVV Rz. 653). 225

III. Praktischer Anwendungsbereich des § 10 Abs. 2 StBVV

Der Anwendungsbereich des § 10 Abs. 2 StBVV ist schon deshalb gering, weil der zweite Halbsatz des Abs. 2 die Anwendung für die §§ 24–27, 30, 35 und 37 StBVV ausschließt und die StBVV für andere Vorschriften entweder die Zeitgebühr oder die Betragsrahmengebühr vorsieht. Denkbar ist eine Zusammenrechnung mehrerer Gegenstandswerte allerdings im außergerichtlichen Rechtsbehelfsverfahren für Aufträge vor dem 1.7.2020 (→ Rz. 217).[5)] 226

Beispiel:

Der StB legt Einsprüche gegen die Gewinnfeststellungsbescheide für die Jahre 01 bis 05, die Gewinnfeststellungsbescheide für die Jahre 06 bis 09 und die Gewerbesteuer-Messbescheide für die Jahre 01 bis 08 ein. Über die Rechtsbehelfe, die in getrennten Verfahren geführt werden, wird durch getrennte Einspruchsbescheide entschieden.[6)]

Sieht man hier nicht schon in jedem einzelnen angefochtenen Bescheid eine eigenständige Angelegenheit (→ § 40 StBVV Rz. 654), sondern nur drei gebührenrechtliche Angelegenheiten, hat zumindest eine Zusammenrechnung der Gegenstandswerte nach § 10 Abs. 2 StBVV zu erfolgen.

---

1) Str.; bejahend OLG Düsseldorf v. 20.1.1994, 13 U 102/93, GI 1995, 11 f. zu § 33 Abs. 7 StBVV; verneinend OLG Düsseldorf v. 21.4.1994, 13 U 101/93, GI 1994, 351.
2) A.A. LG Köln v. 26.1. 2023, 2 O 133/21 ohne Begründung: eine Angelegenheit.
3) Abgedruckt in Eckert, 4. Aufl. 2003, zu § 10 StBGebV.
4) Mittelsteiner/Scholz, 4. Aufl. 1998, Einführung Rz. 65.
5) Für Aufträge ab dem 1.7.2020 finden über § 40 StBVV die entsprechenden Bestimmungen des RVG Anwendung; gleiches gilt im Klageverfahren.
6) FG Niedersachsen v. 9.1.2001, 4 K 1/99 Ko, EFG 2001, 528.

227 Eine Gegenstandswertaddition ist auch denkbar bei schriftlichen Einwendungen gegen einen Betriebsprüfungsbericht nach § 29 Nr. 2 StBVV. Die sich aus dem Bericht ergebenden Mehrsteuern sind zu addieren. Der Gesamtbetrag entspricht dem Wert des Interesses.[1)] § 10 Abs. 2 StBVV kann auch im Bereich des § 23 StBVV Bedeutung erlangen, z.B. bei einem Antrag auf Anpassung von Einkommensteuer-Vorauszahlungen für mehrere Jahre (→ § 23 StBVV Rz. 369). Bei einer Selbstanzeige gem. § 30 StBVV, z.B. wegen Steuerhinterziehung über mehrere Jahre, erfolgt, wie in den Fällen der §§ 24–27, 35 und 37 StBVV keine Zusammenrechnung. Vielmehr ist eine Einzelberechnung vorzunehmen, d.h., es fallen Wertgebühren für jeden einzelnen Gegenstand der Selbstanzeige an. Bei laufend veranlagten Steuern ist daher jede Steuer für jeden Veranlagungszeitraum ein gesonderter Gegenstand (→ § 30 StBVV Rz. 502).

1) Beispiel bei Eggesiecker, 2. Aufl. 1998, § 10 STEUGO Rz. 10.930.

§ 11
Rahmengebühren

[1]Ist für die Gebühren ein Rahmen vorgesehen, so bestimmt der Steuerberater die Gebühr im Einzelfall unter Berücksichtigung aller Umstände, vor allem des Umfangs und der Schwierigkeit der beruflichen Tätigkeit, der Bedeutung der Angelegenheit sowie der Einkommens- und Vermögensverhältnisse des Auftraggebers, nach billigem Ermessen. [2]Ein besonderes Haftungsrisiko des Steuerberaters kann bei der Bemessung herangezogen werden. [3]Bei Rahmengebühren, die sich nicht nach dem Gegenstandswert richten, ist das Haftungsrisiko zu berücksichtigen. [4]Ist die Gebühr von einem Dritten zu ersetzen, ist die von dem Steuerberater getroffene Bestimmung nicht verbindlich, wenn sie unbillig ist.

Inhalt

Schrifttum

Arconada/Pietzonka, Vom Umgang mit akzentuierten Persönlichkeiten, Honorargestaltung für Steuerberater, März 2023, 5; **Best,** Beraterwechsel, DSWR 1997, 235; **Beyme,** Festlegung der Gebühr nach § 11 StBVV, KANZLEI intern 5_2018, 2; **Dinc,** Wenn die KI schneller liest als der Mensch – bleibt Ethik auf der Strecke?, AnwBl 2025, 154; **Feiter,** Keine Berücksichtigung von Wartezeiten bei der Höhe der Terminsgebühr, DStR 2015, 2686; **Gilgan,** Grundsätze der Gebührenbestimmung, StB 2004, 266; **Goez,** Steht dem Steuerberater bei der Gebührenbestimmung eine Toleranzspanne zu?, KP 2015, 119; **Kilian,** KI-assisitierte Rechtsdienstleistungen und Vergütungsrecht, AnwBl 2025, 19; **Klaeren,** Mittelgebühr vs. Ermessensspielraum? KANZLEI intern 03_2019, 2; **Klaeren,** Steht dem Steuerberater bei der Gebührenbestimmung ein Toleranzbereich von 20 % zu?, KANZLEI intern 09/2015, 2; **Klein,** Rahmengebühren in der StBVV, DStR 2025, 61; **Lutje,** Bestimmung der angemessenen Gebühr nach § 11 StBGebV, KP 1997, 1; **Maxl,** Zur sogenannten Mittelgebühr, Stbg 1989, 127; **Schneider,** Das neue Gebührenrecht für Rechtsanwälte 2021; **Schneider,** Bestimmung von Betragsrahmengebühren wird bei der Anrechnung von Gebühren neu geregelt, RVG professionell, Sonderausgabe 2020, 15; **Wacker,** Was rechtfertigt den Ansatz der Höchstgebühr?, KANZLEI intern 06_2017, 2; **Wacker,** Gebührenbestimmung, „Toleranzgrenze" – Rechtsprechung und Probleme der Beauftragung, KANZLEI intern 01_2017, 3; **Zimmermann,** Vergütungsberechnung – Gebühren einzelfallbezogen abrechnen, NWB 17/2016, 1299.

A. Inhalt und Bedeutung

228 Nach § 64 StBerG, der Ermächtigungsnorm der StBVV, gilt für sämtliche Gebühren der **Grundsatz der Angemessenheit**. Die Höhe der Gebühren darf den Rahmen des Angemessenen nicht übersteigen und hat sich nach Zeitaufwand, Wert des Objekts und Art der Aufgabe zu richten. Damit ist klargestellt, dass die Gebühren stets nach den Umständen des Einzelfalles zu berechnen sind. Dem trägt § 11 StBVV Rechnung, der § 14 RVG nachgebildet ist[1] und für alle drei Arten von Gebühren (Wertgebühr, Zeitgebühr und Betragsrahmengebühr) gilt. In den Fällen, in denen die StBVV auf die Vorschriften des **RVG** verweist (§§ 21 Abs. 2, 40 StBVV), findet § 11 StBVV keine Anwendung. Dann kann die Parallelvorschrift des § 14 RVG einschlägig sein. Diese ist für Tätigkeiten des StB im Verwaltungsvollstreckungsverfahren und im finanzgerichtlichen Verfahren aber unerheblich, da in diesen Verfahren feste Gebühren abzurechnen sind und der StB kein Ermessen bei der Gebührenbestimmung hat. Durch das KostRÄG 2021 wurde in § 14 RVG ein neuer Absatz 2 eingefügt, der die **Anrechnung** von Rahmengebühren betrifft. **Synergieeffekte**, die bei einer fortschreitenden Befassung eintreten, sollen ausschließlich durch die vorgeschriebene Anrechnung berücksichtigt werden. Die Folge ist: Die Bestimmung der Höhe der zweiten Gebühr soll so erfolgen, als sei der Rechtsanwalt zuvor nicht tätig gewesen. Diese Regelung bezieht sich auf alle Bemessungsmerkmale des § 14 Abs. 1 RVG.[2] Für StB ist § 14 Abs. 2 RVG insbesondere im Einspruchsverfahren und Klageverfahren (§ 40 Satz 1 StBVV) von Relevanz, wenn der StB bereits mit der Sache befasst war und wegen dieser Vorbefassung eine Anrechnung erfolgen muss (→ § 40 StBVV Rz. 661 ff., 681 ff.).

B. Ermessensausübung

229 Das Leistungsbestimmungsrecht nach § 11 StBVV gehört in seiner Ausübung zum Entstehungstatbestand des Vergütungsanspruchs. Es handelt sich um eine spezielle Ausprägung des Leistungsbestimmungsrechts nach § 315 BGB.[3] Bei der Bestimmung der Leistung nach billigem Ermessen i.S.d. § 315 Abs. 1 BGB ist immer auch § 242 BGB zu berücksichtigen. Die Vorschriften zusammen sind Grundlage der richterlichen Inhaltskontrolle.[4] Das Billigkeitsermessen muss der StB **selbst** ausüben. Er kann es nicht ohne Zustimmung des Mandanten auf einen Dritten, z.B. einen Mitarbeiter oder gar eine Verrechnungsstelle übertragen.[5] Hat der StB sein Gebührenbestimmungsrecht nach § 11 StBVV im Falle einer Wertgebühr durch die Wahl eines bestimmten Rahmensatzes ausgeübt, kann er im Nachhinein grundsätzlich keine Änderung mehr vornehmen (zu Ausnahmen siehe hierzu → Grundlagen des Vergütungsrechts Rz. 50 ff.). Eine Bindung an das ausgeübte Ermessen tritt gleichermaßen bei der Zeitgebühr ein. Eine nachträgliche Erhöhung der Zeitgebühr ist grundsätzlich nicht mehr möglich.[6]

Inwieweit der StB nicht oder zu niedrig geltend gemachte Gebühren und Auslagen (auch → § 16 StBVV Rz. 307) nachfordern darf, ist umstritten. Grundsätzlich unzuläs-

1) JStG 2007 v. 13.12.2006, BGBl. I 2006, 2878 = BStBl I 2007, 28.
2) Schneider, Das neue Gebührenrecht für Rechtsanwälte 2021, § 2 Rz. 15 ff.; Schneider, RVG professionell, Sonderausgabe 2020, 15.
3) OLG Hamm v. 22.6.1994, 25 U 125/933, GI 1995, 35.
4) Grüneberg, 84. Aufl. 2025, § 315 BGB Rz. 2.
5) BGH v. 4.12.2008, IX ZR 219/07 und AG Berlin-Lichtenberg v. 1.3.2013, 114 C 138/11, AGS 2013, 274 zu § 14 RVG; N. Schneider in Schneider/Volpert, 9. Aufl. 2021, § 14 RVG Rz. 77; so auch ausdrücklich die Begründung zur Änderung des § 9 Abs. 1 StBVV in der Bürokratieentlastungsverordnung v. 13.12.2024, BGBl. I 2024 Nr. 411: „Auch soll die Ausübung des Ermessens, etwa nach § 11 StBVV bei der Bemessung von Rahmengebühren, den Steuerberaterinnen und Steuerberatern vorbehalten bleiben.".
6) OLG Hamm v. 22.6.1994, 25 U 125/933, GI 1995, 35; LG Kleve v. 13.6.2003, 1 O 114/01.

sig ist ein nachträgliches Abweichen von dem einmal ausgeübten Ermessen bei der Bestimmung des Gebührensatzes. Deshalb darf der StB, der sein Ermessen (Leistungsbestimmungsrecht i.S.d. § 11 StBVV, § 315 BGB) **endgültig und abschließend** ausgeübt hat, nicht im Nachhinein höhere Gebührensätze für die Wertgebühren oder eine höhere Zeitgebühr berechnen.[1] Allerdings gilt dieser Grundsatz nicht uneingeschränkt. Der BGH konzediert dem Rechtsanwalt, dass er irrtümlich nicht geltend gemachte Gebühren und Auslagen grundsätzlich nachfordern kann.[2] Das OLG Hamburg spricht sogar von einem „absolut unangemessenen Ergebnis", wenn der Rechtsanwalt, der versehentlich nach altem Gebührenrecht abgerechnet hat, nicht nachliquidieren könnte.[3] Demgegenüber scheint das OLG Düsseldorf strenger zu sein. Es lässt Ausnahmen nur zu, wenn **Nichtigkeits- oder Anfechtungsgründe** vorliegen.[4] Auch wenn der StB eine Gebührenposition vergessen oder übersehen hat, soll keine Bindung eintreten.[5] Bei der Bewertung des Einzelfalls geht es letztlich um die Frage, ob eine Nachliquidation treuwidrig i.S.d. § 242 BGB wäre oder nicht.[6]

An einem endgültigen und abschließend ausgeübten Leistungsverlangen fehlt es im Falle einer bloßen **Vorschussanforderung** (→ § 8 StBVV Rz. 176) oder wenn der StB „**Abschlagszahlungen**" i.S.v. Vorschüssen in Höhe eines bestimmten Gebührensatzes vereinnahmt und bei der späteren Schlussrechnung einen höheren Gebührensatz abrechnet (→ § 8 StBVV Rz. 177).[7] Gleiches gilt, wenn der StB sich eine **Erhöhung** ausdrücklich und erkennbar **vorbehalten** hat (→ Grundlagen des Vergütungsrechts Rz. 63).[8] Umstritten ist, ob eine Bindung eintritt, wenn der StB zunächst eine **falsche Gebührenvorschrift** angewendet hat und durch die spätere Anwendung der richtigen Vorschrift eine höhere Gebühr anfällt (→ Grundlagen des Vergütungsrechts Rz. 60)[9] und ob die Bindung an eine einmal erteilte unspezifizierte Schlussrechnung so weit geht, dass der StB auch im Falle einer **nachträglichen Spezifizierung** den ursprünglichen Rechnungsbetrag nicht überschreiten darf (→ Grundlagen des Vergütungsrechts Rz. 58 ff.).

C. Gesetzliche Gebührenbestimmungsfaktoren

§ 11 StBVV nennt fünf Gebührenbestimmungsfaktoren, nämlich die Bedeutung der Angelegenheit, den Umfang und die Schwierigkeit der Tätigkeit, die Einkommens- und Vermögensverhältnisse des Auftraggebers sowie ein besonderes Haftungsrisiko. Der jeweilige Gebührenbestimmungsfaktor kann für Wert- oder Betragsrahmengebühren andere Bedeutung haben als für Zeitgebühren. So rechtfertigt ein erheblicher Zeitaufwand im Rahmen einer Betriebsprüfung für sich allein noch nicht eine über die mittlere Zeitgebühr hinausgehende Gebühr, weil – anders als bei Wert- oder Betragsrahmengebühren – der Zeitaufwand bereits durch die Vielzahl der Stunden vergütet wird.[10] **230**

1) BGH v. 4.12.1986, III ZR 51/85, NJW 1987, 3203 zum Anwaltsrecht.
2) BGH v. 4.12.1986, III ZR 51/85, NJW 1987, 3203.
3) OLG Hamburg v. 17.8.1978, 8 W 222/78, MDR 1979, 235.
4) OLG Düsseldorf v. 6.12.1990, 18 U 126/90, GI 1992, 91; OLG Düsseldorf v. 2.4.1998, 13 U 86/96, GI 1999, 39, 40.
5) N. Schneider in Schneider/Volpert, 9. Aufl. 2021, § 14 RVG Rz. 97 m.w.N.
6) Übersicht über die denkbaren Fallkonstellationen: → Grundlagen des Vergütungsrechts Rz. 50 ff.
7) AG Duisburg-Ruhrort v. 21.6.2019, 8 C 253/17.
8) N. Schneider in Schneider/Volpert, 9. Aufl. 2021, § 14 RVG Rz. 97 m.w.N.
9) OLG Celle v. 14.11.2019, 3 Ws 323/19, NJW-Spezial 2020, 156.
10) OLG Düsseldorf v. 26.3.1998, 13 U 63/97, GI 1999, 196 f. Das OLG führte die von den Berufsangehörigen in Ansatz gebrachte Zeitgebühr von 150 DM für die Teilnahme an einer Betriebsprüfung, die sich über einem Zeitraum von einem ¾ Jahr erstreckte, mangels konkreten Sachvortrags auf die mittlere Zeitgebühr von 107,50 DM/Stunde zurück.

I. Bedeutung der Angelegenheit

231 Mit der Bedeutung der Angelegenheit ist – wie bei dem Begriff „Wert des Interesses“ in § 10 Abs. 1 Satz 3 StBVV – die Bedeutung der Angelegenheit **für den Auftraggeber** gemeint.[1] Ein Interesse, das der Praxisinhaber oder die Öffentlichkeit an der Angelegenheit haben könnten, ist nicht zu berücksichtigen, soweit sich dadurch nicht auch die Bedeutung der Angelegenheit für den Auftraggeber erhöht. Es kommt auf das objektive Interesse des Mandanten und nicht auf seine (möglicherweise falschen) subjektiven Vorstellungen von der Bedeutung der Angelegenheit, z.B. den Auswirkungen einer Gebäude-AfA an.[2] Hat eine Angelegenheit über den Einzelfall hinaus Präjudizwirkung für Folgejahre, etwa bei einem Sachverhalt mit Dauerwirkung (z.B. einer Abschreibung oder der Mitwirkung bei Verfahrensdokumentationen), wirkt sich dies gebührenerhöhend aus.[3] Gleiches gilt, wenn das Finanzamt dem Mandanten bei einer gewerblichen Tätigkeit Liebhaberei unterstellt.[4] Auch der von dem StB erzielte „Erfolg“ z.B. bei einer Schlussbesprechung im Rahmen einer Außenprüfung, wird der „Bedeutung der Angelegenheit“ zugeordnet,[5] ebenso die Vermeidung negativer steuerlicher Konsequenzen durch Aktivitäten des StB.[6] Die „nackte“ Angabe eines hohen Gegenstandswertes rechtfertigt allein noch keine Schlussfolgerung auf eine bedeutsame Angelegenheit.[7] Anders ist es, wenn es für den Mandanten um enorme steuerliche Auswirkungen geht.[8]

II. Umfang der Tätigkeit

232 Der „Umfang der Tätigkeit“ bringt die **zeitliche Komponente** zur Geltung. Fallen umfangreiche Randarbeiten (Vor-, Neben- und Nacharbeiten) an, für die die StBVV keinen gesonderten Gebührentatbestand vorsieht, wirkt sich dieser Umstand gebührenerhöhend aus. Auch ein erhöhter Informationsfluss und Kommunikationsaufwand, den der Mandant verursacht (z.B. durch zahlreiche telefonische Rückfragen oder umfangreichen E-Mailverkehr), wirkt sich gebührenerhöhend aus.[9] Ferner wirkt sich aus, wie gut der Mandant die Arbeit des StB vorbereitet hat. Ungeordnete oder fehlende Belege und Unterlagen bilden ebenso Arbeitserschwernisse für den StB wie Unterbrechungen der Arbeit, die der Auftraggeber zu vertreten hat. Sie beeinflussen damit zwangsläufig die Wahl des Rahmensatzes.[10] Der Umfang der Tätigkeit allein rechtfertigt nur in besonders gelagerten Fällen den Ansatz der Höchstgebühr. Um die Höchstgebühr abrechnen zu können, müssen in der Regel weitere Umstände wie Schwierigkeit der Tätigkeit oder Bedeutung der Angelegenheit hinzukommen (→ Rz. 245).[11] Erzielt der StB erhebliche **Synergieeffekte** durch **gleich gelagerte Einspruchsverfahren**, so ist die durch die Parallelität der Sachverhalte und rechtlichen Fragestellungen bedingte erhebliche Reduzierung des zeitlichen Aufwands nach der Rechtsprechung grundsätzlich gebührenmindernd zu berücksichtigen.[12]

1) AG Düsseldorf v. 9.4.2001, 17803/00.
2) Klein, DStR 2025, 61, 62 m.w.N.
3) FG Baden-Württemberg v. 22.7.1986, IX Ko 2/86, EFG 1987, 207.
4) Zimmermann, NWB 17/2016, 1299, 1300.
5) Lotz in Eckert, 7. Aufl. 2023, § 11 StBVV Rz. 16.
6) LG Hagen v. 28.8.2013, 10 S 1/13.
7) AG Schwelm v. 16.11.2012, 23 C 208/12; AG Kassel v. 4.10.2012, 435 C 739/12 mit abl. Anm. Gilgan, KP 2013, 134.
8) FG Münster v. 26.6.2024, 4 Ko 1086/24 KFB, EFG 2024, 1781: streitige Bemessungsgrundlage: 12 500 000 €.
9) Zu diesem Aspekt AG Düsseldorf v. 14.8.2018, 37 C 79/18.
10) Klein, DStR 2025, 61, 62 m.w.N.
11) AG Detmold v. 9.1.2017, 6 C 293/16, besprochen von Wacker, KANZLEI intern 06_2017, 2.
12) BGH v. 26.2.2013, XI ZR 345/10, AGS 2013, 252 (Rz. 60 ff.); FG Hamburg v. 25.1.2018, 4 K 85/17, EFG 2018, 686 m.w.N.

Kritische Stellungnahme:

M.E. hat die Reduzierung des zeitlichen Umfangs keine Auswirkungen auf die Schwierigkeit der Tätigkeit, die für jede gebührenrechtliche Angelegenheit objektiv zu bestimmen ist. Deshalb bestehen gegen eine Gebührenreduzierung bis zur Mindestgebühr in Parallelfällen Bedenken. Wenn neben der Schwierigkeit der Tätigkeit noch weitere Gebührenbestimmungsfaktoren hinzukommen, ist dies bei der Wahl der Gebühr gebührenerhöhend zu berücksichtigen (→ Rz. 233).

Synergieeffekte können auch dadurch entstehen, dass der StB mit der Angelegenheit **vorbefasst** war.

Beispiel:[1]

RA wird im Rahmen einer Betriebsprüfung tätig und gibt eine 11seitige Stellungnahme zu dem im Prüfungsbericht angesetzten Entnahmegewinn ab. Das FA folgt den Einwendungen nicht und ändert den festgestellten Gewinn entsprechend den Prüfungsfeststellungen. Dagegen legt der RA Einspruch ein und verweist zur Begründung auf seine Stellungnahme im Rahmen der Betriebsprüfung. Für das Einspruchsverfahren rechnet er eine 2,0-Geschäftsgebühr gem. Nr. 2300 VV RVG ab. Das FA ist der Auffassung, dass nur eine 0,3-Geschäftsgebühr nach Nr. 2301 VV RVG gerechtfertigt ist, weil der RA im Einspruchsverfahren lediglich auf seine frühere Stellungnahme verwiesen hat.

Das FG Münster hat dem RA die beantragte 2,0-Geschäftsgebühr zugebilligt, weil die oben zitierte Rechtsprechung zu Synergieeffekten bei gleich gelagerten Einspruchsverfahren auf den vorliegenden Fall nicht passe. Zur Begründung verwies das FG Münster darauf, dass dem Synergieeffekt hier nicht durch eine geringere Gebühr, sondern durch die gesetzlich vorgesehene Anrechnung wegen der vorangegangenen Tätigkeit (Vorbemerkung 2.3 Abs. 4 Satz 1 und 3 VV RVG und § 15a Abs. 2 (jetzt Abs. 3) RVG) Rechnung getragen würde. Das FG Münster übersieht dabei allerdings, dass eine solche Anrechnung gar nicht vorgesehen ist, weil der RA gem. § 35 Abs. 1 RVG die Teilnahme an der Betriebsprüfung nach § 29 StBVV abrechnen muss und nicht nach Nr. 2300 VV RVG. Da die StBVV – anders als das RVG – für diese Fälle keine Anrechnung vorsieht, wird man dem Synergieeffekt deshalb durch eine Gebührenminderung Rechnung tragen müssen.

Fraglich ist, ob sich der **Einsatz von KI** wegen der damit erzielten Effizienzgewinne zum Nachteil des StB auswirkt. Wenn eine rechtliche Prüfung dank automatisierter Analyse nur zwei statt acht Stunden dauert, wirkt sich dies m.E. zwangsläufig auf den zeitlichen Umfang und damit zum Nachteil des StB aus, auch wenn andere Gebührenbestimmungsfaktoren, wie „Bedeutung" und „Schwierigkeit" davon nicht betroffen sind.[2]

Wartezeiten bei Gericht sind bei der Bemessung der Terminsgebühr zu berücksichtigen, wenn es sich bei der Terminsgebühr um eine Betragsrahmengebühr, wie in Strafsachen handelt. Bereits Wartezeiten vor einem Termin zur mündlichen Verhandlung, die die in der Ladung mitgeteilte Uhrzeit um mehr als 15 Minuten überschreiten und die allein der Sphäre des Gerichts zuzurechnen sind, wirken sich bei der Bewertung des Umfangs der Tätigkeit gebührenerhöhend aus.[3] In sozialgerichtlichen Verfahren wirken sich Wartezeiten des StB bei Gericht hingegen nicht gebührenerhöhend aus, da die Vertretung des StB auf die Verfahren nach §§ 28h und 28p SGB IV beschränkt ist und hier nach festen Wertgebühren abgerechnet werden muss.[4] Bei Tätigkeiten, die nach Zeitgebühr abgerechnet werden, z.B. die Teilnahme an einer Außenprüfung, ist der Umfang kein gebührenerhöhender Faktor, da er sich bereits in der Anzahl der Stunden ausdrückt.[5]

1) FG Münster v. 26.6.2024, 4 Ko 1086/24 KFB, EFG 2024, 1781 mit Anm. Frantzmann.
2) Siehe hierzu auch Kilian, AnwBl 2025, 19, 21; Dinc, AnwBl 2025, 154.
3) SG Dresden v. 19.7.2017, S 20 AS 7587/13, NJW-Spezial 2017, 636.
4) Feiter, DStR 2015, 2686.
5) LG Duisburg v. 5.11.2007, 2 O 46/05.

III. Schwierigkeit der Tätigkeit

233 Schwierig ist eine Tätigkeit, wenn der StB erheblich über dem Durchschnitt liegende Probleme zu lösen hat. Mit der „Schwierigkeit der beruflichen Tätigkeit" sind sowohl **rechtliche als auch tatsächliche Schwierigkeiten** gemeint. Maßgeblich für das Kriterium der Schwierigkeit sind die Kenntnisse eines durchschnittlichen nicht spezialisierten StB.[1] Individuelle Unfähigkeit schadet. Sie macht Durchschnittliches nicht schwierig.[2] Es kommt also auf einen **objektiv-generellen Beurteilungsmaßstab** an und nicht auf die individuellen Fähigkeiten und Kenntnisse des StB.[3] Teilweise werden zur Bestimmung der Schwierigkeit Kataloge einfacher und anspruchsvoller Tätigkeiten vorgeschlagen.[4] Derartige schematische Verallgemeinerungen können nur eine Orientierung geben, sind zumeist aber nicht zielführend, da es immer auf den konkreten Einzelfall ankommt.[5] Wenn es um die Schwierigkeit geht, sind z.B. rechtliche Probleme, Tätigkeiten in Spezialgebieten (unabhängig davon, ob der StB auf dem Gebiet spezialisiert ist, → Rz. 236), die Auseinandersetzung mit umfangreicher oder schwer zugänglicher Judikatur, besonders tiefe Kenntnisse des Verfassungsrechts, die Befassung mit Gesetzgebungsmaterialien oder europarechtlichen Fragestellungen,[6] komplexe Streitfragen,[7] schwierige Verhandlungen mit Behörden, der Einsatz von Fremdsprachenkenntnissen, die Notwendigkeit der Hinzuziehung eines Dolmetschers oder Übersetzungsarbeiten,[8] die Bewältigung (computer-)technischer Probleme, die der StB nicht zu vertreten hat oder auch der Umgang mit Mandaten auf Grund deren schwieriger Persönlichkeitsstruktur[9] zu berücksichtigen.

Bestimmte Tätigkeiten, insbesondere Arbeiten im Rahmen des Lohnsteuerabzugs und der Lohnbuchführung stuft die ältere Rechtsprechung durchweg als Leistungen mit geringem Schwierigkeitsgrad ein.

Beispiel:

Sozialversicherungsmeldungen für 10 Arbeitnehmer und das Ausfüllen von Arbeitsbescheinigungen gem. § 312 SGB III für 3 Arbeitnehmer können nach OLG Düsseldorf[10] von einer durchschnittlich qualifizierten Kraft jeweils im Bruchteil einer halben Stunde erledigt werden. Da es sich hierbei um Leistungen mit geringem Schwierigkeitsgrad handele, stehe dem StB i.R.d. §§ 34 Abs. 5, 13 StBGebV nicht mehr als der Mindestsatz der Zeitgebühr zu.[11]

Ist der StB in einem konkreten Mandat mit der Klärung einer schwierigen Rechtsfrage beauftragt, die sich auf mehrere Veranlagungszeiträume auswirkt, stellt sich die Frage, ob dies zu einer Minderung der Gebühr für die weiteren Jahre führt, weil der StB die schwierige Rechtsfrage bereits einmal geklärt hat und dadurch **Synergieeffekte** (durch eine Reduzierung des zeitlichen Aufwands) für die weiteren Jahre eintreten.

1) FG München v. 1.2.2011, 4 E 1210/10, RVG Report 2011, 174.
2) Kilian, AnwBl 2025, 19, 20 m.w.N.
3) So auch N. Schneider in Schneider/Volpert, 9. Aufl. 2021, § 14 RVG Rz. 36 m.w.N. zum Anwaltsrecht; Klein, DStR 2025, 61, 62.
4) Z.B. Lotz in Eckert, 7. Aufl. 2023, § 11 StBVV Rz. 14.
5) Klein, DStR 2025, 61, 62; Toussaint, Kostenrecht, 55. Aufl. 2025, § 14 RVG Rz. 28.
6) FG Hamburg v. 25.1.2018, 4 K 85/17, EFG 2018, 686.
7) FG Münster v. 26.6.2024, 4 Ko 1086/24 KFB, EFG 2024, 1781: Zuordnung von immateriellen Wirtschaftsgütern bei Unternehmenspachtverträgen, Realisationszeitpunkt, Bewertung, verfahrensrechtliche Fragen.
8) Mayer in Gerold/Schmidt, 26. Aufl. 2023, § 14 RVG Rz. 22 ff. m.w.N.; a.A. OLG Düsseldorf v. 29.7.1999, 1 Bs 629/99, AnwBl 1999, 704.
9) LG Karlsruhe v. 17.2.1987, III QS 177/86, AnwBl 1987, 338; ausführlich hierzu Arconada/Pietzonka, Honorargestaltung für Steuerberater, März 2023, 5.
10) OLG Düsseldorf v. 10.2.2000, 13 U 147/99, Stbg 2001, 467.
11) Vgl. auch OLG Düsseldorf v. 21.4.1994, 13 U 101/93, GI 1994, 351.

Beispiel:

Das Finanzamt hat die Umsatzsteuer für die Jahre 01 – 04 für eine Rechtsanwaltssozietät unzutreffend festgesetzt. Der StB beantragt für alle Jahre Berichtigung der Umsatzsteuerfestsetzungen unter Hinweis auf § 174 AO (widerstreitende Steuerfestsetzungen) und rechnet unter Hinweis auf die Schwierigkeit der Angelegenheit für jedes Jahr die Höchstgebühr von 10/10 nach § 23 Abs. 1 Satz 1 Nr. 1 StBVV ab.

Unterstellt man, dass in diesem Beispielsfall nicht nur eine, sondern fünf Angelegenheiten vorliegen, und dass die Höchstgebühr allein wegen der Schwierigkeit der Tätigkeit (ggf. auch wegen der Bedeutung der Angelegenheit für den Auftraggeber, wegen dessen Einkommens- und Vermögensverhältnissen, wegen des Haftungsrisikos und ggf. auch wegen weiterer, unbenannter Gebührenbestimmungsfaktoren) gerechtfertigt ist, kann der StB für jedes Jahr eine Gebühr in gleicher Höhe geltend machen. Die Synergieeffekte durch die Reduzierung des Zeitaufwandes würden dann keine Rolle spielen. Bei **gleich gelagerten Einspruchsverfahren/Parallelverfahren** geht die Rechtsprechung allerdings durchgehend davon aus, dass die (erhebliche) Reduzierung des zeitlichen Aufwands gebührenmindernd zu berücksichtigen ist. Wenn die einmal erarbeiteten Rechtskenntnisse ohne weiteres auf weitere Einspruchsverfahren übertragen werden können und der Bevollmächtigte ggf. sogar mit denselben standardisierten Schreiben vorgehen kann, müssten schon besondere Umstände vorgetragen werden, die gleichwohl eine höhere Gebühr rechtfertigen.[1)]

Der **Einsatz von KI** hat auf die Schwierigkeit der Tätigkeit keinen nachteiligen Einfluss, da bei der Beurteilung der Schwierigkeit auf einen objektiv-generellen Beurteilungsmaßstab abzustellen ist.[2)]

IV. Einkommens- und Vermögensverhältnisse

Bei Berücksichtigung der Einkommens- und Vermögensverhältnisse ist von den Verhältnissen auszugehen, die dem Durchschnitt der Bevölkerung entsprechen. Der StB kann für die gleiche Leistung von einem wirtschaftlich gut gestellten Mandanten mehr verlangen, als von einem weniger bemittelten Mandanten. Für die Bestimmung, ob durchschnittliche Verhältnisse vorliegen, können die Statistiken des Statistischen Bundesamts herangezogen werden.[3)] Bereits ab 1 500 € soll von durchschnittlichen Einkommensverhältnissen gesprochen werden können.[4)] Bei der Beurteilung der Verhältnisse kommen mehrere Zeitpunkte in Betracht, der Zeitpunkt der **Auftragserteilung,** der Zeitpunkt der **Rechnungsstellung**[5)] oder der Zeitpunkt der **Fälligkeit** bzw, des **Abschlusses der Arbeiten**.[6)] Deshalb ist es gut vertretbar, auf die für den StB im Einzelfall günstigere Betrachtung abzustellen.[7)] 234

V. Haftungsrisiko

Ein ausdrücklich genannter Gebührenbestimmungsfaktor ist seit 1.1.2007 auch das Haftungsrisiko des StB. Nach Satz 2 „kann" ein „besonderes" Haftungsrisiko berücksichtigt werden, wenn es sich um eine Wertgebühr handelt. Ein „besonderes" Haftungsrisiko ist mehr als das „normale" Haftungsrisiko. Die **Kann-Bestimmung** erklärt sich daraus, dass das Haftungsrisiko schon durch den Gegenstands- 235

1) BGH v. 26.2.2013, XI ZR 345/10, AGS 2013, 252; FG Hamburg v. 25.1.2018, 4 K 85/17, EFG 2018, 686 m.w.N.
2) Kilian, AnwBl 2025, 19, 20.
3) Statistisches Bundesamt, www.statistikportal.de und www.destatis.de.
4) Mayer in Gerold/Schmidt, 26. Aufl. 2023, § 14 RVG Rz. 35 m.w.N.
5) Lotz in Eckert, 7. Aufl. 2023, § 11 StBVV Rz. 17; Toussaint, Kostenrecht, 55. Aufl. 2025, § 14 RVG Rz. 44.
6) Klein, DStR 2025, 61, 63.
7) Mayer in Gerold/Schmidt, 26. Aufl. 2023, § 14 RVG Rz. 36 m.w.N.

wert bestimmt wird. Es kann sich nur um Fälle handeln, in denen sich das erhöhte Haftungsrisiko des StB nicht im Gegenstandswert niederschlägt.[1] Entspricht dieser nicht dem Haftungsrisiko (z.B. im Rechtsbehelfs- und Klageverfahren), kann das besondere Haftungsrisiko gebührenerhöhend berücksichtigt werden. Ein erhöhtes Haftungsrisiko kann sich aus der Übernahme einer nicht vollständig korrekten Buchführung des Vorberaters ergeben. Auch wenn die Arbeitsleistung einfach ist, rechtfertigt dies bereits die Mittelgebühr.[2] Allgemein wird man sagen können, dass ein besonderes Haftungsrisiko vorliegt, wenn der StB an die vorherige Arbeit eines anderen StB anknüpft, da er dessen Wertungen entweder im Vertrauen übernehmen oder überprüfen muss.[3] Das Haftungsrisiko muss nach Satz 3 berücksichtigt werden bei Betragsrahmengebühren, die sich nicht nach dem Gegenstandswert richten (→ § 10 StBVV Rz. 217) und bei Zeitgebühren, da es sich auch hierbei um eine Rahmengebühr handelt (§ 13 Satz 2 StBVV). Fraglich ist, ob das Haftungsrisiko als Bemessungskriterium wegfällt, wenn der StB von der **Möglichkeit der** vertraglichen **Haftungsbeschränkung** gem. § 67a StBerG oder der gesetzlichen Haftungsbeschränkung durch Wahl der Rechtsform (z.B. PartG mbB) Gebrauch macht. Dagegen spricht, dass eine vertragliche Haftungsbegrenzung in aller Regel nur bei höheren Mindestversicherungssummen gem. § 67a Abs. 1 Nr. 2 StBerG greift, für die der StB höhere Versicherungsprämien zahlt. Gleiches gilt im Fall der PartG mbB. Ein Gebührenausgleich, der dieses Haftungsrisiko berücksichtigt, erscheint deshalb angemessen.

D. Sonstige Gebührenbestimmungsfaktoren

236 Da es sich bei den 5 in § 11 StBVV genannten Gebührenbestimmungsfaktoren nur um eine beispielhafte Aufzählung handelt („vor allem") und der StB die Gebühr im Einzelfall unter Berücksichtigung „aller Umstände" bestimmen muss, kommen auch andere Umstände in Betracht.

Ob die Höhe des Gebührenrahmens dadurch beeinflusst wird, dass die Leistung durch einen Berufsangehörigen oder durch einen **Mitarbeiter oder Gehilfen** bzw. Auszubildenden erbracht wird, ist streitig (→ § 13 StBVV Rz. 274). Grundsätzlich kann die Angemessenheit einer Gebühr oberhalb der Mindestgebühr nicht damit begründet werden, dass die Tätigkeit vom **StB selbst** und nicht von einem Mitarbeiter erledigt wurde. Das gilt insbesondere für ein Überschreiten der Mittelgebühr. Ein betriebsüblicher **Stundenverrechnungssatz** rechtfertigt ebenfalls nicht schon eine bestimmte (höhere) Gebühr. Dieser ist für die Begründung einer bestimmten Gebühr nur insoweit von Relevanz, als er Aufschluss über die Anzahl der angefallenen Stunden gibt. Nur die Anzahl der Stunden ist als Kriterium des § 11 StBVV (Umfang der Tätigkeit) maßgeblich, nicht jedoch der Stundenverrechnungssatz[4] oder **Kostendeckungsüberlegungen**.[5]

Beispiel:

Der StB rechnet die monatliche Buchführung für einen Gastronomiebetrieb mit der Höchstgebühr von 517,20 € ab und begründet dies damit, dass bei der betriebsüblichen Kalkulation von 80,00 € für einen Steuerfachangestellten die Monatsgebühr sogar 640,00 € betragen würde.

In diesen Fällen hilft nur eine Vergütungsvereinbarung nach § 4 Abs. 1 StBVV.

1) OLG Celle v. 23.8.2012, 16 U 8/12.
2) So AG Moers v. 25.1.2012, 561 C 462/10.
3) Klein, DStR 2025, 61, 63.
4) AG Detmold v. 9.1.2017, 6 C 293/16; der StB hatte den Ansatz der Höchstgebühren für die Anfertigung der Einkommensteuererklärung und für die Ermittlung des Überschusses bei den Einkünften aus Kapitalvermögen mit dem von ihm kalkulierten Stundensatz gerechtfertigt.
5) AG Essen-Steele v. 31.10.2007, 8 C 331/06 zu § 34 Abs. 2 StBVV.

Wenn der StB auf Wunsch des Auftraggebers kurzfristig an Samstagen, Sonntagen (Wochenende), an Feiertagen oder an normalen Arbeitstagen **außerhalb der üblichen Arbeitszeit** (in der Nacht) tätig wird, kann dieser Umstand gebührenerhöhend berücksichtigt werden.[1] Angemessen dürfte ein **Zuschlag von 20 %** sein. Dies kann aus § 10 Abs. 1 JVEG abgeleitet werden, der seit dem 1.1.2021 vorsieht, dass sich das Honorar des Sachverständigen um 20 % erhöht, wenn die Leistung zu mindestens 80 % zwischen 23 und 6 Uhr oder an Sonn- oder Feiertagen erbracht wird. Auch wenn der StB unverschuldet unter besonderem „**Zeitdruck**" arbeiten muss oder auf Wunsch des Mandanten „**Hausbesuche**" macht bzw. Mitarbeiter in das Unternehmen des Mandanten entsendet, ist eine Gebührenerhöhung gerechtfertigt. Im Anwaltsrecht werden darüber hinaus auch die **Bedrohung** des RA durch den Gegner und **Fälle mit besonderem öffentlichem Interesse** als weitere gebührenerhöhende Umstände genannt.[2]

Besondere **Zusatzqualifikationen** des StB, z.B. als RA, WP, Fachberater oder **spezielle Branchenkenntnisse** können sich im Einzelfall – insbesondere, wenn es im konkreten Mandat auf die Qualifikation ankommt – gebührenerhöhend auswirken.[3] Die Qualifikation des StB ist für das Merkmal „Schwierigkeit" unerheblich. Gerade der besonders qualifizierte StB kann den Auftrag jedoch routiniert und damit für den Mandanten effektiv erledigen. Diese besondere Effektivität ist deshalb bei Satzrahmengebühren als weiterer ungeschriebener Gebührenbestimmungsfaktor zu berücksichtigen.[4] Auch die **Stellung** bzw. eine besondere **Reputation** ist im Anwaltsrecht als gebührenerhöhender Umstand anerkannt, wenn *„... ein bundesweit renommierter Anwalt mit dem Hintergrund einer Großkanzlei in einem besonders schwierigen Mandat tätig werden soll..."* und *„... ein Mandant sein Einverständnis mit in Großkanzleien üblichen Stundensätzen..."* erklärt.[5] Die Reputation allein rechtfertigt noch keine höhere Gebühr, wenn sie dem Mandanten nicht auch durch eine effektivere Leistungserbringung spürbar zugutekommt.[6]

Dagegen wirken sich folgende Umstände **nicht** auf die Höhe des Gebührenrahmens aus: 237

- Erhöhung der allgemeinen Geschäftskosten,[7]
- niedriger Gegenstandswert,[8]
- Mandatskündigung.[9]

E. Angemessene Gebühr

Der StB muss **für jede einzelne Angelegenheit** die angemessene Gebühr bestimmen. Innerhalb des Gebührenrahmens darf der StB auch Zwischenwerte ansetzen (z.B. 3,8/10). Ein nachträglicher Ausgleich zwischen zu hoch bemessenen und zu niedrig angesetzten Gebühren findet nicht statt. 238

1) Lutje, KP 1997, 1, 2; Lotz in Eckert, 7. Aufl. 2023, § 11 StBVV Rz. 22.
2) Mayer in Gerold/Schmidt, 26. Aufl. 2023, § 14 RVG Rz. 40.
3) Mayer in Gerold/Schmidt, 26. Aufl. 2023, § 14 RVG Rz. 40 m.w.N.
4) Lotz in Eckert, 7. Aufl. 2023, § 11 StBVV Rz. 26.
5) BGH v. 4.2.1990, IX ZR 18/09, NJW 2010, 1364, 1373; N. Schneider in Schneider/Volpert, 9. Aufl. 2021, § 14 RVG Rz. 57.
6) LG Dortmund v. 20.5.2020, 7 O 185/15, DStR 2021, 2215 in einer StB-Sache mit zust. Anm. Wacker.
7) Str., Lotz in Eckert, 7. Aufl. 2023, § 11 StBVV Rz. 27; Mittelsteiner/Scholz, 4. Aufl. 1998, § 11 StBGebV Rz. 5; differenzierend: Eggesiecker, 2. Aufl. 1998, § 11 STEUGO Rz. 11.430 ff.; a.A. ohne Begründung Lutje, KP 1997, 1.
8) LG Kiel v. 22.6.1994, 12 O 131/94, Stbg 1998, 171, 175; AG Mönchengladbach v. 8.12.2000, 36 C 1229/98.
9) Eggesiecker, 2. Aufl. 1998, § 11 STEUGO Rz. 11.560; Best, DSWR 1997, 235.

Praxistipp:

Von „Mischkalkulationen" ist abzuraten. Setzt ein StB z.B. ohne besonderen Grund die Gebühr nach §§ 33 oder 24 StBVV am unteren Rand, die Gebühr nach § 35 StBVV oder §§ 25, 27 StBVV aber am oberen Rand des Gebührenrahmens fest, würden im Honorarprozess die zu hoch gegriffenen Gebühren auf das angemessene Maß herabgesetzt. Die zu niedrig angesetzten Gebühren blieben aber bestehen, da der StB sich insoweit mit der Wahl des Rahmensatzes gebunden hätte.[1]

I. Mittelgebühr als „Regelgebühr"

239 Den Begriff „Mittelgebühr" hat das Anwaltsgebührenrecht hervorgebracht. Es handelt sich hierbei nicht um eine in der StBVV selbst angesprochene Gebühr. Die Bezeichnung „Mittelgebühr" steht für den mittleren Gebührensatz im Rahmen der von der StBVV vorgegebenen Gebührenspanne. Sie errechnet sich durch Addition der Mindest- und Höchstgebühr dividiert durch 2:

$$\text{Mittelgebühr} = \frac{\text{Mindestgebühr} + \text{Höchstgebühr}}{2}$$

Beispiel:

Die Mittelgebühr für die Erstellung einer Einkommensteuererklärung nach § 24 Abs. 1 Nr. 1 StBVV beträgt 3,5/10.

Ob die Mittelgebühr im Einzelfall angemessen ist oder nicht, kann nicht generell festgestellt werden, sondern ist nach den Umständen des Einzelfalls zu beurteilen. Eine Vermutung, dass die Mittelgebühr die „angemessene" Gebühr ist, stellt die StBVV nicht auf. Gleichwohl orientieren sich Teile der Rechtsprechung an der Mittelgebühr und geben ihr damit eine Bedeutung, die ihr nach den Vorstellungen des Verordnungsgebers eigentlich nicht zukommen sollte.[2] Dies hat zur Folge, dass sich die Gerichte vielfach damit begnügen, eine von dem StB geltend gemachte höhere Gebühr bis zur Höhe der Mittelgebühr zurückzuführen, ohne zu prüfen, ob nicht auch die Mittelgebühr unangemessen hoch ist.[3] In der obergerichtlichen Rechtsprechung vertrat zunächst nur das OLG Hamm[4] eine engere Auffassung. Danach ist der StB grundsätzlich schon für ein Überschreiten der Mindestgebühr darlegungspflichtig, da auch für die Ermessensausübung i.R.d. § 11 StBVV der allgemeine Grundsatz gelte, dass der StB als Bestimmungsberechtigter i.S.d. § 315 BGB die Beweislast für die Billigkeit der getroffenen Bestimmung trage. Dieser Rechtsprechung folgen jetzt auch das OLG Düsseldorf[5] und einzelne Land- und Amtsgerichte.[6] Das OLG Hamm hat seine frühere Rechtsprechung aufgegeben und stellt

1) Mittelsteiner/Scholz, 4. Aufl. 1998, § 11 StBGebV Rz. 12.

2) Vgl. OLG Frankfurt a.M. v. 5.10.2018, 8 U 203/17, Stbg 2018, 521 m. Anm. Beyme; OLG Hamm v. 26.11.2013, 25 U 5/13, DStR 2014, 2151 und insbesondere die ältere Rspr. des OLG Düsseldorf v. 9.5.1985, 18 U 257/84, GI 1985, 24; OLG Düsseldorf v. 14.12.1988, 13 U 241/88, besprochen von Maxl, Stbg 1989, 127; OLG Düsseldorf v. 31.10.1990, 18 U 113/90, StB 1991, 103; OLG Köln v. 19.9.1990, 2 U 31/90, StB 1990, 381; vgl. auch BGH v. 16.1.1969, VII ZR 66/66, NJW 1969, 932, 933, der es als unbedenklich angesehen hatte, dass der Tatrichter von der Mittelgebühr ausgegangen war; s. auch Gilgan, StB 2004, 266 f.

3) Z.B. OLG Düsseldorf v. 26.3.1998, 13 U 63/97, GI 1999, 196 f.

4) OLG Hamm v. 14.7.1989, 25 O 22/88, WPK-Mitt. 1989, 135; OLG Hamm v. 19.8.1998, 25 U 42/98, DStRE 1999, 895.

5) OLG Düsseldorf v. 8.4.2005, I-23 U 190/04, GI 2005, 125, 128 m.w.N.

6) LG Düsseldorf v. 11.8.2006, 20 S 32/06, Stbg 2007, 139; LG Duisburg v. 28.6.2007, 7 S 247/06, DStR 2007, 2035; AG Borbeck v. 8.10.2002, 6 C 353/00, GI 2003, 102; AG Brandenburg v. 1.7.2003, 32 C 665/99, GI 2004, 27, 30; AG Wuppertal v. 2.11.2005, 39 C 194/05; AG Geldern v. 16.9.2005, 14 C 100/04.

jetzt auf die Mittelgebühr ab, wenn keine Anhaltspunkte dafür ersichtlich sind, dass die in Rechnung gestellten Leistungen nur unterdurchschnittlich schwierig waren.[1)]

Nach beiden Auffassungen ist danach die Mittelgebühr gerechtfertigt, wenn es sich um eine Angelegenheit von durchschnittlicher Bedeutung und durchschnittlichem Umfang/Schwierigkeitsgrad handelt (Durchschnittsfall).[2)] Auch wenn der StB bei Ansatz der Mittelgebühr diesen Ansatz nicht weiter begründen muss, ist es der Gegenseite nicht verwehrt, das Vorliegen eines „Durchschnittsfalls" zu bestreiten.[3)] Im Falle eines substantiierten Bestreitens ist die Einholung eines Sachverständigengutachtens geboten (→ Rz. 243).

II. Gerichtlich nicht überprüfbarer Ermessensspielraum (sog. Toleranzgrenze)

240 Nach der zum Anwaltsgebührenrecht entwickelten Rechtsprechung steht dem Rechtsanwalt ein Ermessensspielraum bei der Bestimmung der angemessenen Gebühr zu, der gerichtlich nicht überprüfbar ist. Dieser Toleranzbereich bezieht sich nicht auf den Gebührenrahmen, sondern auf die vom Rechtsanwalt nach seinem Ermessen festgesetzte Gebühr.[4)] Die so festgesetzte Gebühr ist nur dann nicht verbindlich, wenn sie „unbillig" ist, § 14 Abs. 1 Satz 4 RVG (vgl. auch § 11 Abs. 1 Satz 4 StBVV). Daraus resultiert die „Toleranz-Rechtsprechung" für Rechtsanwälte.[5)] Wird danach eine Gebühr, die sich innerhalb des Toleranzbereichs bewegt, zur gerichtlichen Prüfung gestellt, dürfen die Gerichte die Gebühr nicht so festsetzen, wie sie sie für absolut richtig halten. Da die Gebührenbemessung von zahlreichen Faktoren abhängt, die dem Ermessen des Festsetzenden unterliegen, lässt sich ohnehin nicht exakt feststellen, welche Höhe die absolut und einzig richtige ist. Das Gericht darf deshalb sein Ermessen so lange nicht an die Stelle des Berufsangehörigen setzen, wie dieser von seinem Gebührenbestimmungsrecht nicht unbillig Gebrauch gemacht hat. Eine Unbilligkeit der vom Rechtsanwalt festgesetzten Gebühr wird überwiegend erst dann angenommen, wenn die berechnete Gebühr die angemessene Gebühr um 20 % (Toleranzgrenze) und mehr übersteigt.[6)] Der Toleranzbereich gilt auch dann, wenn durch die Anwendung der 20 %-Grenze die **Höchstgebühr** erreicht wird.[7)] Wird die Toleranzgrenze überschritten, so ist die anwaltliche Bestimmung unbillig und damit völlig unverbindlich. Das Gericht setzt die Gebühr dann nicht herab, sondern vollständig neu fest, wobei es seinen eigenen Maßstab anlegen darf und nicht etwa gezwungen ist, den höchsten gerade noch nicht unbilligen Betrag anzunehmen.[8)]

Ausnahme: Bei der sog. **Schwellengebühr**, die die StBVV nur in § 40 Abs. 1 StBVV a.F. kennt, gibt es nach der BGH-Rechtsprechung **keinen Toleranzspielraum** (→ § 40 StBVV Rz. 658).[9)]

241 Die anfangs nur in Einzelfällen zu beobachtende Bereitschaft einzelner Amts- und Landgerichte, dem StB ebenfalls einen gerichtlich nicht überprüfbaren Ermessensspielraum von 20 % bei der Bestimmung der angemessenen Gebühr einzuräumen,

1) OLG Hamm v. 26.11.2013, 25 U 5/13, DStR 2014, 2151; ebenso OLG Frankfurt a.M. v. 5.10.2018, 8 U 203/17, Stbg 2018, 521 m. Anm. Beyme; LG Essen v. 30.10.2024, 18 O 37/24.

2) So auch BGH v. 6.7.2000, IX ZR 210/99, DStR 2000, 1785 f.; OLG Karlsruhe v. 31.8.2022, 15 U 110/21, DStR 2023, 2525; AG Soest v. 2.11.2021, 13 C 117/20.

3) LG Krefeld v. 5.4.2023, 12 O 29/22.

4) N. Schneider in Schneider/Volpert, 9. Aufl. 2021, § 14 RVG Rz. 81 ff.

5) BGH v. 5.2.2013, VI ZR 195/12; Goez, KP 2015, 119.

6) BGH v. 5.2.2013, VI ZR 195/12 und v. 8.5.2012, VI ZR 273/11, BRAK-Mitt 2012, 190; weitere Nachweise bei Mayer in Gerold/Schmidt, 26. Aufl.2023, § 14 RVG Rz. 12.

7) SG Fulda v. 6.10.2020, S 4 SF 19/20 E, NJW-Spezial 2202, 733.

8) N. Schneider in Schneider/Volpert, 9. Aufl. 2021, § 14 RVG Rz. 92; → Rz. 241 m.w.N.

9) Mayer in Gerold/Schmidt, 26. Aufl. 2023, § 14 RVG Rz. 12a.

setzte sich zunehmend durch und wird auch heute in der Rechtsprechung noch vertreten.[1] Die Gebührenbestimmung des StB muss sich an der Billigkeit ausrichten, § 315 Abs. 3 Satz 1 BGB. Aus diesem Grunde lässt sich die Toleranz-Rechtsprechung des BGH zum Anwaltsrecht ohne weiteres auch auf StB übertragen. Dabei wird zum Teil ausdrücklich auf die jüngste BGH-Rechtsprechung zum Anwaltsrecht abgestellt, mit der Folge, dass im Falle eines Überschreitens der Toleranzgrenze von einer völlig unverbindlichen Gebührenbestimmung auszugehen ist, die das Gericht zu einer Neufestsetzung der Gebühr ohne Berücksichtigung einer Toleranzgrenze berechtigt.[2]

Beispiel:

Für die Buchführung nach § 33 Abs. 1 StBVV hat der StB monatlich die Höchstgebühr von 12/10 abgerechnet. Er macht seine Honorarforderung klageweise geltend, da der Mandant nicht zahlt. Nach Einholung eines Sachverständigengutachtens kommt das Gericht zu dem Ergebnis, dass lediglich die Mittelgebühr von 7/10 angemessen ist. Die Bestimmung des StB ist somit unbillig. Maßgebend ist die Mittelgebühr und nicht etwa eine um 20 % erhöhte Mittelgebühr.

Demgegenüber geht das LG Düsseldorf[3] von einem falschen Verständnis der Toleranzgrenze aus, wenn es dem StB statt der geltend gemachten Höchstgebühr von 20/10 nach § 25 Abs. 1 StBVV nicht nur die vom Sachverständigen für angemessen gehaltene Mittelgebühr von 12,5/10, sondern zusätzlich noch 20 %, also 15/10 zubilligt.

Die Rechtsprechung zur **Toleranzgrenze** lässt sich auch auf die **Zeitgebühr** übertragen, da es sich hierbei ebenfalls um eine Rahmengebühr handelt. Da das Anwaltsrecht keine Zeitgebühr kennt, gibt es hierzu naturgemäß keine anwaltliche Rechtsprechung. In einer Steuerberatersache haben das LG Bielefeld[4] und das AG Düsseldorf[5] die Rechtsprechung zur Toleranzgrenze auf die Zeitgebühr nach § 28 StBVV angewendet.

Beispiel:[6]

Der StB hatte für die Prüfung eines Steuerbescheides unter Bezugnahme auf §§ 28, 13 Satz 1 Nr. 1 und 2 StBVV eine Gebühr in Höhe von 49,98 € abgerechnet und gemeinsam mit weiteren Positionen vor Gericht eingeklagt. Der vom Gericht beauftragte Sachverständige hielt eine Gebühr in Höhe von 47,01 € für angemessen. Da sich die vom StB abgerechnete Gebühr innerhalb der Toleranzgrenze von 20 % hielt, sprach das AG Düsseldorf dem StB die Gebühr in Höhe von 49,98 € zu.

1) OVG Bautzen v. 20.11.2018, 5 E 18/18, DStR 2019, 1431 mit Anm. Raab; LG Bielefeld v. 29.3.2017, 3 O 44/12, DStR 2017, 2839 mit Anm. Raab; LG Düsseldorf v. 25.6.2015, 16 O 250/11, DStR 2017, 2839 mit Anm. Raab; LG Bremen v. 27.5.1987, 1 O 545/86; LG Duisburg v. 11.8.1994, 9 O 492/91, Stbg 1996, 214; LG Duisburg v. 4.8.2000, 10 O 57/98, GI 2001, 254; LG Duisburg v. 8.2.2001, 8 O 359/99; LG Duisburg v. 5.11.2007, 2 O 46/05; AG Essen v. 28.9.1995, 17 C 58/95; AG Essen v. 17.5.2001, 131 C 140/99; AG Essen-Steele v. 31.10.2007, 8 C 331/06; AG Krefeld v. 1.7.1996, 7 C 1062/95; AG Krefeld v. 16.1.1997, 4 C 397/95; AG Frankfurt/M. v. 25.9.1998, 31 C 1375/97, StB 1999, 350; LG Kleve v. 8.3.2000, 2 O 463/98, HLBS-Report 2001, 151; LG Essen v. 5.1.2000, 44 O 156/98; AG Solingen v. 12.1.2000, 12 C 208/98; AG Neuss v. 13.3.2002, 40 C 2666/00; für eine Toleranzgrenze von bis zu 30 % sogar: LG Potsdam v. 6.12.2008, 24 Qs 113/08 zu § 14 RVG; a.A. OLG Frankfurt a.M. v. 5.10.2018, 8 U 203/17, Stbg 2018, 521 m. Anm. Beyme; OLG Hamm v. 26.11.2013, 25 U 5/13, DStR 2014, 2151; OLG Düsseldorf v. 11.2.2008, I-24 U 104/07, GI 2009, 54, 57.

2) LG Dortmund v. 20.5.2020, 7 O 185/15, DStR 2021, 2215 mit zust. Anm. Wacker; OVG Bautzen v. 20.11.2018, 5 E 18/18, DStR 2019, 1431 mit Anm. Raab; OLG Frankfurt a.M. v. 3.1.2017, 4 U 117/16; LG Düsseldorf v. 25.6.2015, 16 O 250/11, DStR 2017, 2839 mit Anm. Raab; LG Duisburg v. 21.08.2015, 10 O 89/15; Klaeren, KANZLEI intern 09/2015, 2.

3) LG Düsseldorf v. 11.7.2016, 5 O 518/16 mit zustimmenden Anmerkungen Wacker, KANZLEI intern 01_2017, 3.

4) LG Bielefeld v. 29.3.2017, 3 O 44/12, DStR 2017, 2839 mit Anm. Raab.

5) AG Düsseldorf v. 27.4.2017, 47 C 17868/14.

6) AG Düsseldorf v. 27.4.2017, 47 C 17868/14.

Andererseits gibt es auch immer wieder Gerichtsentscheidungen, in denen eine solche Toleranzgrenze versagt wird.[1] Gleichwohl sollte der StB gegenüber dem Gericht im Rahmen eines Honorarprozesses vorsorglich auf den ihm zustehenden Ermessensspielraum hinweisen. **242**

III. Darlegungs- und Beweislast

Orientiert man sich für den „Durchschnittsfall" auch weiterhin an der Mittelgebühr, obliegt dem Auftraggeber die Darlegungslast, wenn er die Mittelgebühr für übersetzt hält. Andererseits muss der StB, wenn er eine höhere als die Mittelgebühr verlangt, im Bestreitensfalle erläutern, dass eine Überschreitung wegen der in § 11 StBVV benannten Gebührenbestimmungsfaktoren oder wegen unbenannter Gebührenbestimmungsfaktoren angemessen ist. An diese Darlegungslast stellt die Rechtsprechung strenge Anforderungen. Die Darlegung der konkreten Gebühr durch den StB darf sich nicht auf die Aussage beschränken, dass bei einer insgesamt durchschnittlichen Angelegenheit allein aufgrund des Toleranzbereichs eine um 20 % über der Mittelgebühr liegende Gebühr verlangt werden könne. Dies wäre eine Überschreitung des dem StB eingeräumten Ermessensspielraums, da der Toleranzbereich lediglich die Gebührenbestimmung schützt und nicht als gebührenerhöhendes Bewertungskriterium herangezogen werden darf (→ Rz. 241).[2] Nach der neueren Rechtsprechung (→ Rz. 239) trägt der StB sogar uneingeschränkt die Darlegungs- und Beweislast für jede die Mindestgebühr übersteigende Gebührenforderung. Hierzu genügt es nicht, im Prozess die Beauftragung eines Sachverständigen zur Ermittlung der Angemessenheit der Gebühr anzubieten; dies liefe auf einen unzulässigen Ausforschungsbeweis hinaus. Der Berater muss vielmehr konkret (und nicht nur pauschal) vortragen, welche Tätigkeiten er entfaltet hat, die eine höhere Gebühr angemessen erscheinen lassen.[3] Fordert der StB vor Gericht mehr als die Mittelgebühr und bietet zu Beweiszwecken für die die Einholung eines Sachverständigengutachtens an, ohne den hierfür geforderten Kostenvorschuss zu zahlen, muss er damit rechnen, dass das Gericht in Ermangelung eigener Sachkunde nur die Mindestgebühr zubilligt.[4] Gelegentlich kann es vorkommen, dass ein Gericht von der Einholung eines Sachverständigengutachtens zur Angemessenheit der Gebühr absieht und den Gebührensatz selbst nach Billigkeitsgesichtspunkten festlegt.[5] **243**

Praxistipp:

Nicht nur der StB, der mehr als die Mittelgebühr fordert, sondern jeder StB, der keine Honorarvereinbarung getroffen hat und die Mindestgebühr überschreitet, sollte rechtzeitig dafür sorgen, dass sich ausreichendes Dokumentationsmaterial in seiner Handakte befindet, mit dem er in einem Gebührenprozess die Umstände darlegen und notfalls beweisen kann, die seine Gebührenbestimmung rechtfertigen. Da der StB beweispflich-

1) So beanstandete das OLG Düsseldorf mit Urteil v. 25.4.1996, 13 U 81/95, GI 1996, 269, dass der StB die Anhebung der Gebühr für die Erstellung der Einkommensteuererklärung von 3,5/10 auf 4/10 nicht begründet hatte; in diesem Sinne auch OLG Frankfurt a.M. v. 5.10.2018, 8 U 203/17, Stbg 2018, 521 m. Anm. Beyme; OLG Hamm v. 26.11.2013, 25 U 5/13, DStR 2014, 2151; LG Düsseldorf v. 19.8.2014, 1 O 497/11; AG Geldern v. 16.9.2005, 14 C 100/04; AG Neuss v. 23.6.2004, 80 C 6487/01; AG Wuppertal v. 2.11.2005, 39 C 194/05.

2) OLG Frankfurt v. 5.10.2018, 8 U 203/17, Stbg 2018, 521; Klaeren, KANZLEI intern 03_2019, 2; N. Schneider in in Schneider/Volpert, 9. Aufl. 2021, § 14 RVG Rz. 91.

3) OLG Düsseldorf v. 9.7.2020, I-12 U 55/19, ZIP 2020, 2294, 2297; OLG Frankfurt v. 5.10.2018, 8 U 203/17, Stbg 2018, 521; LG Duisburg v. 28.6.2007, 7 S 247/06, DStR 2007, 2035; LG Hagen v. 28.8.2013, 10 S 1/13; Raab, DStR 2019, 1432; Klaeren, KANZLEI intern 03_2019, 2.

4) So AG Detmold v. 14.10.2016, 7 C 108/15. Der StB hatte eine 10/10-Gebühr nach § 33 Abs. 1 StBVV gefordert. Zugesprochen wurde die Mindestgebühr von 2/10.

5) So AG Kassel v. 4.10.2012, 435 C 739/12, besprochen von Wacker, KANZLEI intern 5_2018, 2. In entsprechender Anwendung des § 315 Abs. 3 Satz 2 BGB legte das Gericht die Mittelgebühr von 12,5/10 im Fall des § 25 Abs. 1 StBVV zugrunde.

tig ist, muss er den Kostenvorschuss für die Einholung eines Sachverständigengutachtens bezahlen, wenn er nicht auf die Mindestgebühr verwiesen werden will.

An einen einmal gewählten Zehntelsatz bzw. eine **frühere Gebührenpraxis** ist der StB **nicht** für alle Zeit **gebunden**, da sich die Verhältnisse ändern können. Insbesondere gibt es keine Vermutung dafür, dass ein Abweichen von früheren Ansätzen zu unbilligen Ergebnissen führt.[1] Keine Partei darf ohne ausdrückliche Erklärung darauf vertrauen, dass bei veränderten Sachverhalten genauso abgerechnet wird wie bei früheren.[2] Die Beweislast für die Angemessenheit der erhöhten Gebühr trifft den StB.

IV. Ersetzung der Gebühr durch einen Dritten (Satz 4)

244 Die Vorschrift entspricht § 14 Abs. 1 Satz 4 RVG und hat m.E. keinen eigenen Anwendungsbereich, da sie nur nach Durchführung eines gerichtlichen Verfahrens zum Tragen kommen kann und über § 40 Satz 1 StBVV dann die Regelung des § 14 Abs. 1 Satz 4 RVG einschlägig ist. Soweit ein Dritter die Gebühr ersetzen muss, ist die vom StB getroffene Bestimmung nicht verbindlich, wenn sie unbillig ist. Dritte sind Beteiligte, die auf Grund einer Kostenentscheidung einem anderen dessen Gebühren und Auslagen zu erstatten haben, z.B. das im Finanzgerichtsprozess unterlegene Finanzamt (§ 139 FGO). Im Rahmen des Kostenfestsetzungsverfahrens muss die Unbilligkeit einer Rahmengebühr nach der Rechtsprechung des BGH vom erstattungspflichtigen Dritten dargelegt und bewiesen werden.[3] Der BGH geht davon aus, dass die Billigkeit der Gebührenbestimmung in Erstattungsfällen kein anspruchsbegründendes Merkmal ist, sondern der Dritte die Unbilligkeit der Rahmengebühr vortragen muss. Tut er dies nicht, muss der Rechtspfleger/Urkundsbeamte die beantragte Gebühr festsetzen. Er hat nach BGH kein eigenes Prüfungsrecht und kann deshalb auch eine beantragte Höchstgebühr nicht kürzen, wenn er diese für unbillig hält. Ob die Finanzgerichte dem BGH insoweit folgen werden, bleibt abzuwarten. Es entspricht bislang allgemeiner Auffassung, dass die Frage der Billigkeit einer Gebührenbestimmung nicht zur Disposition der Parteien des Kostenfestsetzungsverfahrens steht, sondern vom Rechtspfleger bzw. Urkundsbeamten zu entscheiden ist.[4] Die Frage ist für StB nur von geringer Relevanz. Speziell nach Durchführung eines finanzgerichtlichen Klageverfahrens kann sich die Frage der Billigkeit allenfalls bei der Festsetzung der Gebühren des Einspruchsverfahrens stellen, da nur dort eine Rahmengebühr vorgesehen ist (§ 40 StBVV i.V.m. Nr. 2300 VV RVG). Die Gebühren des finanzgerichtlichen Klageverfahrens sind hingegen feste Gebühren.

V. Rechtsprechung zur Gebührenhöhe

245 Nachstehend einige Entscheidungen zur Angemessenheit der Gebühr:

- Die Mittelgebühr bei Bilanzierungsarbeiten wurde von der Rechtsprechung in einem Fall für angemessen gehalten, in dem der StB die von einem anderen StB erstellte Bilanz „nur" zu überprüfen und ggf. Umbuchungen vorzunehmen hatte,[5] ferner auch in einem Fall, in dem der StB die Buchführung selbst gefertigt hatte.[6]
- Für das erstmalige Erstellen der Einkommensteuererklärung einschließlich der Anlage FW, als auch für die entsprechende Anfertigung in den Folgejahren

1) LG Berlin v. 12.3.2013, 15 O 268/12.
2) Klein, DStR 2025, 61, 64 m.w.N.
3) BGH v. 20.1.2011, V ZB 216/10, ASR 2011, 211.
4) Mayer in Gerold/Schmidt, 26. Aufl. 2023, § 14 RVG Rz. 7 f.
5) OLG Düsseldorf v. 31.10.1990, 18 U 109/90, GI 1992, 89.
6) OLG Düsseldorf v. 7.1.1993, 13 U 83/92, GI 1993, 342.

sowie die Prüfung von Steuerbescheiden billigte das AG Neuss[1] dem Berater die Höchstgebühren zu.

- Für die Erstellung einer Vermögensteuererklärung bei einem steuerpflichtigen Einkommen zwischen 1,5 Mio. DM und 2,1 Mio. DM, also umgerechnet zwischen 766 937,82 € und 1 073 712,90 €, und einem Arbeitsaufwand von 5–6 Std. wurde die geforderte 4/20-Gebühr zugebilligt.[2]
- Für die Umstellung der Mandantenbuchführung auf ein neues System sah das OLG Saarbrücken[3] wegen schwieriger Abstimmungsprobleme einen Stundensatz von 140 DM, umgerechnet 71,58 €, als angemessen an.
- Die Aufstellung einer Eröffnungsbilanz, die Erstellung des Jahresabschlusses und das Fertigen der Körperschaftsteuer- und Gewerbesteuererklärung für eine GmbH sind erfahrungsgemäß stets mit zumindest durchschnittlichem Arbeitsumfang und Schwierigkeitsgrad verbunden, so dass Mittelgebühren in Ansatz gebracht werden dürfen.[4]
- Eine erheblich überdurchschnittliche Anzahl von Buchungen (ca. 600 monatlich) und der durch eine „Offene-Posten-Buchführung" entstehende zeitliche Mehraufwand rechtfertigt nach LG Osnabrück den Ansatz der Höchstgebühr nach § 33 Abs. 1 StBVV.[5]
- Die Aufstellung einer Eröffnungsbilanz für eine Kapitalgesellschaft (Bargründung einer GmbH ohne jede Besonderheit) rechtfertigt den Ansatz der Mittelgebühr. Zusätzlich ist dem StB ein Ermessensspielraum von 20 % zuzubilligen.[6]
- Für die Erstellung der EÜR eines hauptberuflich tätigen Arztes oder Rechtsanwalts kommt aufgrund der Schwierigkeit der Tätigkeit von vornherein nur der Ansatz einer Gebühr von 15/10 bis 20/10 gemäß § 25 Abs. 1 StBVV in Betracht. Für die Erstellung der Umsatzsteuerjahreserklärung eines hauptberuflich tätigen Rechtsanwalts ist – trotz nur durchschnittlicher Bedeutung – bei einem überdurchschnittlichen inhaltlichen und zeitlichen Aufwand ein Gebührensatz von 5/10 nach § 24 Abs. 1 Nr. 8 StBVV angemessen.[7]
- Ein einziger Umstand nach § 11 StBVV (hier der Umfang der Tätigkeit) reicht in der Regel nicht, um den Ansatz der Höchstgebühr (hier für die Anfertigung der Einkommensteuererklärung und die Ermittlung des Überschusses bei den Einkünften aus Kapitalvermögen) zu begründen. Hat der Mandant in einem solchen Fall mehrere Jahre die Höchstgebühren bezahlt, steht ihm ein Rückforderungsanspruch zu.[8]
- Wird der StB erstmals mit der Einspruchseinlegung gegen einen Haftungsbescheid beauftragt, kann dies die Höchstgebühr von 20/10 nach § 40 Abs. 1 StBVV rechtfertigen.[9] Im konkreten Fall wurden ca. 16–19 Arbeitsstunden aufgewendet. Diese Stundenzahl war für das Gericht im Hinblick auf die Einarbeitung in den neuen Sachverhalt, die Besprechung der Angelegenheit, die Literatur- und Rechtsprechungsrecherche sowie einen Ortstermin ohne weiteres plausibel. Nach Ansicht des Gerichts handelte es sich nicht um ein Alltagsgeschäft, sondern um eine schwierige und anspruchsvolle Materie.
- Die vom StB abgerechnete Mittelgebühr von 9/20 nach § 24 Abs. 1 Nr. 11 StBVV für die Anfertigung einer Feststellungserklärung im Rahmen einer Erbschaft-

1) AG Neuss v. 15.5.1998, 31 C 257/96, INF 1998, 544.
2) AG Düsseldorf v. 9.4.2001, 17803/00.
3) OLG Saarbrücken v. 23.4.1997, 1 U 759/96, INF 1998, 703.
4) LG Saarbrücken v. 8.1.2004, 2 S 304/01.
5) LG Osnabrück v. 6.2.2007, 4 O 113/05, DStR 2007, 739.
6) AG Düsseldorf v. 25.9.2007, 48 C 10774/03.
7) LG Detmold v. 20.4.2016, 10 S 44/15, DStRE 2017, 895.
8) AG Detmold v. 9.1.2017, 6 C 293/16, besprochen von Wacker, KANZLEI intern 06_2017, 2.
9) AG Dülmen v. 6.2.2018, 3 C 33/17.

steuererklärung wurde als angemessen angesehen.[1] Die Grundstücksbewertung (vier Grundstücke und ein Miteigentumsanteil) hatte einen erheblichen Teil der Tätigkeit des StB ausgemacht. Hinzu kamen ein erhöhter Informationsfluss und Kommunikationsaufwand mit dem Mandanten (→ § 24 StBVV Rz. 418).

- Das Kindergeldrecht stellt keine generell besonders schwierige Rechtsmaterie dar. Es handelt sich vielmehr um ein Massenverfahren mit im Regelfall überschaubaren Rechtsproblemen; deshalb ist im Regelfall keine höhere als die Mittelgebühr gerechtfertigt[2].
- Ist der Aufwand für das Kontieren/Verbuchen für den StB dadurch reduziert, dass er nicht einzeln kontiert und bucht, sondern auf Aufstellungen (summenmäßige Sammelbuchungen) des Mandanten zurückgreifen kann, ist aus dem Gebührenrahmen des § 33 Abs. 1 StBVV lediglich eine Gebühr von 4/10 angemessen.[3]

1) AG Düsseldorf v. 14.8.2018, 37 C 79/18.
2) FG Köln v. 20.12.2018, 2 Ko 2385/18, EFG 2019, 555.
3) LG Düsseldorf v. 7.9.2023, 1 O 289/17.

§ 12
Abgeltungsbereich der Gebühren

(1) Die Gebühren entgelten, soweit diese Verordnung nichts anderes bestimmt, die gesamte Tätigkeit des Steuerberaters vom Auftrag bis zur Erledigung der Angelegenheit.

(2) Der Steuerberater kann die Gebühren in derselben Angelegenheit nur einmal fordern.

(3) Sind für Teile des Gegenstandes verschiedene Gebührensätze anzuwenden, so erhält der Steuerberater für die Teile gesondert berechnete Gebühren, jedoch nicht mehr als die aus dem Gesamtbetrag der Wertteile nach dem höchsten Gebührensatz berechneten Gebühr.

(4) Auf bereits entstandene Gebühren ist es, soweit diese Verordnung nichts anderes bestimmt, ohne Einfluß, wenn sich die Angelegenheit vorzeitig erledigt oder der Auftrag endigt, bevor die Angelegenheit erledigt ist.

(5) [1]Wird der Steuerberater, nachdem er in einer Angelegenheit tätig geworden war, beauftragt, in derselben Angelegenheit weiter tätig zu werden, so erhält er nicht mehr an Gebühren, als er erhalten würde, wenn er von vornherein hiermit beauftragt worden wäre. [2]Ist der frühere Auftrag seit mehr als zwei Kalenderjahren erledigt, gilt die weitere Tätigkeit als neue Angelegenheit.

(6) Ist der Steuerberater nur mit einzelnen Handlungen beauftragt, so erhält er nicht mehr an Gebühren, als der mit der gesamten Angelegenheit beauftragte Steuerberater für die gleiche Tätigkeit erhalten würde.

Inhalt

Schrifttum

Aly, Die vergütungsrechtlichen Folgen der vorzeitigen Mandatsbeendigung, AnwBl 2022, 220; **Beyme,** Aufwand für Konvertierung von Daten abrechnen, Honorargestaltung für Steuerberater Juli 2020, 8; **Dötsch,** Die Vergütung bei vorzeitiger Beendigung eines anwaltlichen Stundenhonorarvertrages, MDR 2021, 841; **Feiter,** FAQ zu den Pflichten und Rechten des Steuerberaters bei Mandatsbeendigung und Mandatswechsel, KANZLEI intern 11_2018, 2; **Feiter,** Steuerberater muss Mandanten trotz Zurückbehaltungsrecht die Möglichkeit verschaffen, Kopien von Belegen zu fertigen, KANZLEI intern 01/2015, 4; **Goez** Vorsicht bei umfangreichen Berichtigungsarbeiten: Arbeitsaufwand angemessen honorieren lassen, KP 2014, 155; **Henssler,** Der (Teil-)Vergütungsanspruch des Rechtsanwalts im Falle vorzeitiger Mandatsbeendigung im Normgefüge des § 628 BGB, NJW 2005, 1; **Klaeren,** Abrechnung von Nacharbeiten, KANZLEI intern 04/2016, 6; **Lahmann,** Die Besprechungsgebühr nach § 31 StBGebV – die verkannte Gebühr?, DStR 2008, 2337; **Lutje,** Können Übergabearbeiten infolge Mandatswechsel gesondert abgerechnet werden?, KP 1998, 7; **Mayer,** Entwicklungen zur Rechtsanwaltsvergütung 2014, NJW 2015, 1647; **Meyer,** Beanstandungen und Rückfragen der Finanzverwaltung bei Jahresabschlüssen und Steuererklärungen, KP 2003, 148; **Raab,** Anmerkung zu einer Entscheidung des OVG Weimar, Beschluss vom 17.12.2018 (4 VO 812/18) – Zur Entstehung eines neuen Gebührenanspruchs bei erneutem Tätigwerden, DStR 2019, 1232; **Schwamberger,** Rückfragen des Finanzamts zu Steuererklärungen: Wie kann dieser Aufwand berechnet werden?, KP 2015, 6.

A. Inhalt und Bedeutung

246 § 12 StBVV ist der Vorschrift des § 15 RVG (zuvor: § 13 BRAGO) nachgebildet und regelt im Wesentlichen den „Pauschcharakter" der Gebühr, d.h. die Abgeltung aller in einer „Angelegenheit" zusammengefassten Einzeltätigkeiten mit einer einheitlichen Gebühr. Dieser **Pauschcharakter**, der insbesondere in den Abs. 1, 2 und 4 der Vorschrift zum Ausdruck kommt, hat nichts mit einer „Pauschalvergütung" zu tun. Letztere bezeichnet die Zusammenfassung „mehrerer Angelegenheiten", für die ein pauschales Entgelt in Textform vereinbart werden kann.

Auch die Abs. 5 und 6 der Vorschrift dienen der Einmalhonorierung der jeweiligen Angelegenheit. Gleichzeitig haben sie – wie Abs. 3, der eine Ergänzung zu § 10 Abs. 2 StBVV darstellt – die Funktion einer Gebührendämpfung.

B. Abgeltungsbereich (Abs. 1)

247 Grundsätzlich entgelten die Gebühren die gesamte Tätigkeit vom Auftrag bis zur Erledigung der einzelnen Angelegenheit. Entgegen dem Wortlaut ist für die **Entstehung der Gebühr** aber nicht die Auftragserteilung als solche, sondern die Aufnahme der ersten Tätigkeit maßgeblich. Dies ergibt sich aus der amtlichen Begründung der Vorschrift, wo es heißt: „Eine Gebühr ist entstanden, sobald der Steuerberater auf Grund des Auftrages irgendeine Tätigkeit vorgenommen hat".[1)] In aller Regel werden allerdings Auftragserteilung und erste Tätigkeit zeitlich zusammenfallen, etwa wenn der StB im Rahmen eines ersten Mandantengesprächs Informationen entgegennimmt oder ihm zur Prüfung vorgelegte Unterlagen sichtet. Entfaltet der StB also schon während des ersten Gesprächs beratende Tätigkeiten, löst dies regelmäßig auch eine Gebühr aus. Kommt es nicht zu der Erteilung eines Auftrags, sondern bleibt es bei einem **Anbahnungsgespräch,** ohne dass schon über konkrete Maßnahmen oder steuerliche Probleme gesprochen wurde, ist eine Gebühr noch nicht entstanden (→ § 21 StBVV Rz. 336).

248 Hinsichtlich des Begriffs der **Angelegenheit** wird auf die Ausführungen unter → § 10 StBVV Rz. 223 f. verwiesen. Der angelegenheitsbezogene Pauschcharakter der Gebühr bedeutet, dass für alle die der jeweiligen Angelegenheit zuzuordnenden Einzeltätigkeiten keine weiteren, zusätzlichen Gebühren gefordert werden können, unabhängig von der Schwierigkeit oder dem Aufwand für die konkreten Tätigkeiten. Diese Umstände spielen nur für die Bemessung des Rahmensatzes eine Rolle (§ 11 StBVV). Deshalb ist ein Antrag auf **Akteneinsicht** ebenso wie die Akteneinsicht selbst nicht gesondert abrechenbar, da es sich jeweils um Vorbereitungstätigkeiten handelt, die mit der Gebühr abgegolten sind.[2)] Wird der Antrag im Rahmen

1) Abgedruckt bei Eckert, 4. Aufl. 2003, zu § 12 StBGebV.
2) Müller-Rabe in Gerold/Schmidt, 26. Aufl. 2023, § 15 RVG Rz. 32.

eines außergerichtlichen Rechtsbehelfsverfahrens gestellt, kann der Mehraufwand aber bei der Wahl des Gebührensatzes des § 40 Satz 1 StBVV i.V.m. Nr. 2300 VV RVG gebührenerhöhend berücksichtigt werden. Gleiches gilt für einen Antrag auf Akteneinsicht außerhalb eines Rechtsbehelfsverfahrens. Dem Antrag wird ein entsprechender Auftrag des Mandanten zugrunde liegen. Der StB wird dem Mandanten nach erfolgter Akteneinsicht eine Auskunft oder einen Rat erteilen, so dass der Mehraufwand durch die Akteneinsicht bei der Bemessung der Gebühr nach § 21 Abs. 1 Satz 1 StBVV berücksichtigt werden kann. Nur dann, wenn die Akteneinsicht im Rahmen eines (finanzgerichtlichen) Klageverfahrens erfolgt, ist eine Gebührenerhöhung nicht möglich, da es sich bei den Gebühren im Klageverfahren um feste Gebühren handelt. Der Aufwand im Zusammenhang mit der Akteneinsicht ist deshalb von der Verfahrensgebühr nach Nr. 3200 VVRVG mit abgegolten.

Praxistipp:

Die Höhe der Aktenversendungspauschale ergibt sich aus Nr. 9300 KV-GKG. Kostenschuldner der Aktenversendungspauschale ist der StB (§ 28 Abs. 2 GKG). Die Kosten kann er als Auslagenersatz von seinem Mandanten erstattet bekommen, § 40 Satz 1 StBVV i.V.m. Vorbem. 7 Abs. 1 Satz 2 VV-RVG i.V.m. §§ 675, 670 BGB.[1]

Eine gesonderte Abrechnung von **Vorarbeiten** ist nur dann möglich, wenn die StBVV dies ausdrücklich vorsieht, wie z.B. in den §§ 25 Abs. 2, 27 Abs. 3, 35 Abs. 3 und 39 Abs. 3 StBVV. Wegen des Ausnahmecharakters dieser Vorschriften ist der Ansatz einer Zeitgebühr für Vorarbeiten in anderen Fällen – ohne wirksame Vereinbarung – nicht möglich (→ § 24 StBVV Rz. 399; → § 25 StBVV Rz. 448 und → § 33 StBVV Rz. 534 a.E. und → § 33 StBVV Rz. 551). **249**

Beispiele:

Für Vorarbeiten (Sortieren, Abstimmen, Bankkonten, Korrespondenz) im Zusammenhang mit der Erstellung einer Einkommensteuererklärung steht dem StB keine Zeitgebühr zu.[2] E-Mail-Korrespondenz, in der es überwiegend um die Anforderung von Unterlagen für beauftragte Leistungen geht, kann nicht separat mit einer Gebühr nach § 21 Abs. 1 StBVV berechnet werden.[3]

Wegen des Pauschcharakters der Gebühr sind grundsätzlich auch **Nacharbeiten** des StB nicht separat abrechenbar. Zu denken ist hier insbesondere an die Beantwortung von Rückfragen des Finanzamtes oder des Auftraggebers bzw. des Nachfolgeberaters nach Abgabe der Steuererklärungen oder die Überarbeitung eines Jahresabschlusses (→ § 24 StBVV Rz. 394, → § 24 StBVV Rz. 399; → § 35 StBVV Rz. 579).[4] Liegt ein entsprechender Auftrag vor, kann der Berater zusätzlichen Aufwand durch eine Erhöhung des Rahmensatzes bei der späteren Berechnung berücksichtigen. Hat er seine Leistungen unmittelbar nach Abgabe der Erklärungen abgerechnet und ergibt sich erst später die Notwendigkeit, bestimmte Nacharbeiten vorzunehmen, kann er für die bisherige Rechnung eine Storno-Rechnung erteilen und die frühere Rechnung durch eine andere Rechnung ersetzen, die den zusätzlichen Aufwand durch die Wahl eines höheren Rahmensatzes berücksichtigt.[5] Denkbar ist auch eine nochmalige, sinngemäße (§ 2 StBVV) Anwendung der Vorschriften der StBVV (z.B. §§ 24, 25, 27, 35) für umfangreiche Berichtigungsarbeiten, die der StB nicht zu vertreten hat. Für nachträgliche Übermittlungen im Rahmen von Steuererklärungen bietet sich die unmittelbare oder analoge Anwendung des **§ 24 Abs. 5** **250**

---

1) LG Düsseldorf v. 3.4.2018, 1 AR 12/18, NJW-Spezial 2018, 413.
2) AG Kempen v. 18.3.1999, 11 C 321/95, DStRE 2000, 948 f.
3) LG Duisburg v. 9.9.2022, 10 O 204/18, GI aktuell 2022, 304, 305: es ging um 11,25 Std. die mit 1 051,66 € gesondert berechnet worden waren.
4) LG Mönchengladbach v. 26.5.2000, 2 S 43/00, HLBS-Report 2001, 151; AG Kempen v. 18.3.1999, 11 C 321/95, DStRE 2000, 948, 950.
5) Raab, DStR 2019, 1232; Klaeren, KANZLEI intern 04/2016, 6; zur Rechnungsberichtigung siehe auch → Grundlagen des Vergütungsrechts Rz. 57 f.

Nr. 4 StBVV (Zeitgebühr) an. Ggf. kann auf die Zeitgebühr ausgewichen werden, wenn sich für die Nacharbeiten kein Gegenstandswert ermitteln lässt. Dann sollte wie folgt zitiert werden: Ermächtigungsgrundlage (z.B.: § 35 Abs. 1 Nr. 1 StBVV) i.V.m. § 13 Satz 1 Nr. 2, Satz 2 StBVV. Eine isolierte Abrechnung nach § 13 StBVV kommt nicht in Frage,[1] da es sich bei § 13 StBVV nicht um eine gebührenrechtliche Ermächtigungsgrundlage für einen Honoraranspruch handelt (→ § 13 StBVV Rz. 271). In bestimmten Fällen wird der StB auch eine Wertgebühr nach § 23 Satz 1 Nr. 1 StBVV für die Berichtigung einer Steuererklärung oder aber – speziell bei Nacharbeiten im Zusammenhang mit Steuererklärungen – eine Zeitgebühr nach § 24 Abs. 5 Nr. 4 StBVV ggf. i.V.m. § 2 StBVV abrechnen können (siehe → § 13 StBVV Rz. 271).[2] Weil Nachberechnungen beim Mandanten nicht gut ankommen, wird in der Praxis vielfach so verfahren, dass nachträgliche Arbeiten in der Leistungserfassung erfasst und bei späterer Gelegenheit abgerechnet werden. Bei Einkommensteuer-Mandanten, die den StB nur einmal jährlich beauftragen, ist davon ist abzuraten, da es sich bei der Steuererklärung des Folgejahres um eine neue gebührenrechtliche Angelegenheit handelt, mit der die Nacharbeiten des Vorjahres nichts zu tun haben. Abgesehen davon besteht auch keine Gewissheit, dass der StB im Folgejahr erneut mit der Anfertigung der Steuererklärung beauftragt wird.

Praxistipp:

Generell ist eine Abrechnung nach Zeitaufwand zu empfehlen. Dies ist für den StB am einfachsten und dem Mandanten leicht zu vermitteln. Da allerdings Zweifel bestehen, ob dies immer der formal korrekte Weg ist, sollte spätestens dann, wenn das Honorar eingeklagt werden muss, geprüft werden, ob die Ursprungsrechnung storniert und durch eine neue Rechnung ersetzt werden sollte.[3]

Wenn Korrekturarbeiten erforderlich sind, die ausschließlich der Berater zu verantworten hat, kann er den zusätzlichen Aufwand nicht in Rechnung stellen. Der Berater muss den Fehler ohne zusätzliches Honorar beheben.[4]

251 Soweit teilweise die Auffassung vertreten wird, dass bei „erheblichen" Nacharbeiten gebührenrechtlich eine eigene Angelegenheit vorliege,[5] ist diese mit der Systematik der StBVV nicht vereinbar. Zudem ist unklar, wie „erhebliche" von „einfachen" Nacharbeiten abgegrenzt werden sollen. Da die o.g. Rechtsprechung eine solche Differenzierung ebenfalls nicht vornimmt und der StB durch die Möglichkeit der nachträglichen Rechnungskorrektur oder der nachträglichen Vereinbarung einer höheren Gebühr ausreichend gesichert ist, besteht letztendlich auch kein Bedürfnis für eine separate Abrechnung.

252 Teilweise wird auch vertreten, dass der StB analog § 31 StBVV den durch Beanstandungen und Rückfragen des Finanzamtes ausgelösten Mehraufwand berechnen darf.[6] Durch den mit Wirkung zum 1.1.2007 neu gefassten § 31 Abs. 2 Satz 2 StBVV ist dies aber nur unter bestimmten Voraussetzungen denkbar (→ § 31 StBVV Rz. 513, → § 31 StBVV Rz. 522).

Wird mit dem Mandanten eine Vergütungsvereinbarung nach § 4 Abs. 1 StBVV geschlossen, nach der nicht ohnehin alles nach Zeitaufwand abgerechnet wird, sollte dort auch eine Regelung zu Nacharbeiten enthalten sein.

1) So aber Schwamberger, KP 2015, 6, 8.
2) AG Hannover v. 16.11.2012, 514 C 1281/12, besprochen von Goez, KP 2014, 155.
3) Klaeren, KANZLEI intern 04/2016, 6.
4) Schwamberger, KP 2015, 6; Eggesiecker, 2. Aufl. 1998, § 12 STEUGO Rz. 12.848; Feiter, 1998, 22.
5) Eggesiecker, 2. Aufl. 1998, § 12 STEUGO Rz. 12.860; Beyme in Meyer/Goez/Schwamberger, 11. Aufl. 2023, § 12 StBVV Rz. 10.
6) Meyer, KP 2003, 148; Lahmann, DStR 2008, 2337, 2339.

Formulierungsvorschlag Nachträgliche Arbeiten

„... Alle nachträglichen Tätigkeiten und Arbeiten des Beraters im Zusammenhang mit der Auftragserledigung werden nach Zeitgebühr berechnet. Zu den nachträglichen Arbeiten und Tätigkeiten gehören insbesondere:

- *Nacharbeiten, die nicht auf einem Fehler des Beraters beruhen,*
- *Tätigkeiten auf Grund weiterer Ermittlungen der Finanzbehörde (Auskünfte, Besprechungen mit der Behörde usw.).*

Es werden folgende Zeitgebührensätze vereinbart:

...“

Ob der bisherige StB für sog. Übergabearbeiten (insbesondere das Zusammenstellen von Unterlagen, die Selektion und Aufbereitung von Daten und deren Herausgabe/Übermittlung) eine gesonderte Gebühr berechnen kann, ist nicht eindeutig geregelt. § 12 Abs. 1 StBVV hilft hier nicht weiter. Er stellt lediglich auf die Erledigung der Angelegenheit ab. Übergabearbeiten, z.B. die **Zusammenstellung und Herausgabe von Unterlagen bzw. Daten** an den Mandanten oder Nachfolgeberater treten i.d.R. erst nach Erledigung der Angelegenheit ein oder haben mit der Angelegenheit nichts zu tun. Eine spezialgesetzliche Regelung fehlt in der StBVV, so dass der Zeitaufwand und die Sachkosten (z.B. für eine Archiv-DVD) nur nach den auftragsrechtlichen Regelungen des BGB abgerechnet werden können (§ 612 Abs. 2 bzw. § 632 Abs. 2 BGB für den Zeitaufwand und §§ 670, 675 BGB für Sachkosten). Wenn der bisherige und der neue StB dieselbe Software nutzen, entstehen bei einem Mandatswechsel bzw. Datenexport/-import i.d.R. keine Probleme und kein abrechnungsfähiger Aufwand. Dies kann sich bei der Verwendung unterschiedlicher Systeme anders darstellen. Eine weitergehende Pflicht des Vorberaters, als dem neuen Berater die Daten in einem **ASCII-Format** zur Verfügung zu stellen, besteht nicht.[1] Hat der StB den Herausgabeanspruch des Mandanten an **Unterlagen** schon zu einem früheren Zeitpunkt erfüllt und verlangt dieser zu einem späteren Zeitpunkt Fotokopien aus der Akte des Beraters, ist der Vorberater nach dem Grundsatz von Treu und Glauben (§ 242 BGB) zur Anfertigung von Fotokopien verpflichtet.[2] Gleiches gilt, wenn der bisherige StB dem Mandanten auf dessen Wunsch sämtliche **Daten** im DATEV-Format auf einem USB-Stick gesichert übergeben hat und der Mandant später über seinen neuen StB diese Daten als ASCII-Dateien verlangt, um sie in sein EDV-System zu importieren. Weil bereits zu einem früheren Zeitpunkt ausgehändigte Unterlagen und Daten nicht mehr zur Handakte des StB gehören (§ 66 Abs. 2 StBerG), liegt ein neues Auftragsverhältnis mit einem eigenständigen **Vergütungsanspruch** vor. Geschuldet wird die „übliche Vergütung“ (§§ 612 Abs. 2, 632 Abs. 2 BGB), die sich für den Zeitaufwand – analog § 13 Satz 2 StBVV – am **unteren Rahmensatz der Zeitgebühr** orientieren dürfte.[3] In Einzelfällen kann der Zeitaufwand auch erheblich sein, z.B. wenn der Vorberater mehrere Stun- 253

1) Feiter, KANZLEI intern 11_2018, 3.
2) BGH v. 30.11.1989, III ZR 112/88, NJW 1990, 510 m.w.N.
3) So auch LG Duisburg v. 1.3.2000, 10 O 362/95, Stbg 2001, 189, das die Zusammenstellung von Unterlagen anlässlich einer Mandatskündigung mit einem Stundensatz von 60 DM (umgerechnet 30,68 €) nicht beanstandet hatte, dabei aber übersehen hatte, dass § 13 StBGebV keine eigenständige Ermächtigungsgrundlage für einen Gebührenanspruch ist → § 13 StBVV Rz. 271; ähnlich LG Duisburg v. 24.3.2016, 4 O 88/13: die Aufforderung des Mandanten an den StB, Unterlagen zu übersenden, begründe einen Dienstvertrag über die Versendung von Unterlagen, für die die übliche Vergütung (§ 612 Abs. 2 BGB) abgerechnet werden kann. Im konkreten Fall waren Kosten von 54,74 € entstanden; ebenso LG Köln v. 26.1.2023, 2 O 133/21: Stundensatz von 60 € für Mandatsabwicklungsarbeiten angemessen.

den für die **Konvertierung der Daten** benötigt.[1] Die **Beantwortung von Fragen** des ehemaligen Auftraggebers, in denen es um die Aufklärung von Widersprüchen im Zusammenhang einer Bilanz geht, ist grundsätzlich nicht gesondert abrechenbar, weil es keine Rechtsgrundlage für einen entsprechenden Honoraranspruch gibt.[2]

Trotz bestehenden Zurückbehaltungsrechts und unabhängig von einem möglichen datenschutzrechtlichen Auskunftsanspruch muss der StB dem Mandanten nach Auffassung der Gerichte die Möglichkeit verschaffen selbst **Einsicht in die Unterlagen** zu nehmen und **Kopien** zu **fertigen**.[3] Das Recht auf Einsichtnahme in die Unterlagen hat aber keine Auswirkungen auf das Recht des StB, den Honoraranspruch geltend zu machen.[4] Für die vom (früheren) Mandanten selbst verursachten Kopierkosten kann der StB zumindest Auslagenersatz gem. §§ 675, 670 BGB in Höhe der tatsächlichen Kosten verlangen.[5] Fertigt der StB oder einer seiner Mitarbeiter die Kopien im Einverständnis mit dem (früheren) Mandanten, kommt ggf. eine Dokumentenpauschale nach § 17 Abs. 1 Nr. 1d StBVV, ansonsten auch Auslagenersatz in Höhe der tatsächlichen Kosten in Betracht. Weitere Kosten, etwa für die Bereitstellung einer Aufsichtsperson zur Überwachung des früheren Mandanten, können mangels Anspruchsgrundlage nicht verlangt werden.[6]

C. Gebühren in derselben Angelegenheit (Abs. 2)

254 § 12 Abs. 2 StBVV bringt einen an sich selbstverständlichen Gedanken zum Ausdruck, nämlich die Tatsache, dass der StB die **Gebühren in derselben Angelegenheit nur einmal fordern** kann.

Beispiel:

Kommt es in derselben Angelegenheit zu mehreren Besprechungen mit dem zuständigen Finanzamt, fällt die Gebühr nach § 31 StBVV nur einmal an. Der besondere Aufwand kann innerhalb des vorgesehenen Gebührenrahmens (Umfang der Tätigkeit i.S.d. § 11 StBVV) berücksichtigt werden.

D. Anwendung verschiedener Gebührensätze (Abs. 3)

255 Die Bestimmung des § 12 Abs. 3 StBVV stellt eine Ergänzung zu § 10 Abs. 2 StBVV dar. Die praktische Bedeutung dieser Vorschrift ist – anders als bei Rechtsanwälten – gering, weil die Hauptanwendungsfälle für die Zusammenrechnung der Werte mehrerer Gegenstände (§§ 24 – 27, 30, 35 und 37 StBVV) durch § 10 Abs. 2 StBVV ausdrücklich von der Zusammenrechnung ausgenommen sind. Ausweislich der amtlichen Begründung[7] hat die Vorschrift nur im außergerichtlichen Rechtsbehelfsverfahren und für die Raterteilung nach § 21 StBVV Bedeutung. Nach Inkrafttreten

1) Beyme, Honorargestaltung für Steuerberater Juli 2020, 8; Lutje, KP 1998, 7 unter Hinweis auf AG München v. 7.5.1985, 2 C 18119/84: 4 Std. Zeitaufwand, der unbeanstandet nach der Mittelgebühr abgerechnet wurde.

2) OLG Düsseldorf v. 10.2.2000, 13 U 147/99, GI 2001, 197; LG Mönchengladbach v. 26.5.2000, 2 S 43/00, HLBS-Report 2001, 151.

3) OLG Köln v. 5.1.2009, 8 W 127/08, DStR 2009, 1228 m. krit. Anm. Riemer; OLG Düsseldorf v. 29.11.2011, I-23 U 70/11; LG Düsseldorf v. 3.11.2014, 6 O 422/14; krit. dazu Feiter, KANZLEI intern 01/2015, 4.

4) LG Leipzig v. 23.12.2021, 3 O 1268/21, AnwBl 2022, 176; siehe hierzu → § 9 StBVV Rz. 205.

5) Anm. Riemer, DStR 2009, 1228 zu OLG Köln v. 5.1.2009, 8 W 127/08.

6) Anm. Riemer, DStR 2009, 1228 zu OLG Köln v. 5.1.2009, 8 W 127/08; AG Düsseldorf v. 20.8.2012, 36 C 5193/12: dort hatte der StB von seinem Mandanten einen Vorschuss i.H.v. 238 € (eigene Rechtsanwaltskosten) für einen Einsichtstermin in den Kanzleiräumen verlangt, den das Gericht als „offenbar völlig willkürlich" und nicht von § 811 Abs. 2 BGB gedeckt ansah.

7) Abgedruckt bei Eckert, 4. Aufl. 2003, § 10 Rz. 24 – 27.

der Fünften Verordnung zur Änderung steuerlicher Verordnungen vom 25.6.2020[1] ist der Anwendungsfall für das außergerichtliche Rechtsbehelfsverfahren weggefallen, da § 40 StBVV auf die Vorschriften des RVG verweist und damit die Parallelvorschrift des § 15 Abs. 3 RVG einschlägig ist.

E. Vorzeitige Erledigung der Angelegenheit oder Beendigung des Auftrags (Abs. 4)

§ 12 Abs. 4 StBVV bringt zum Ausdruck, dass der einmal entstandene Gebührenanspruch keine Beeinträchtigung dadurch erfahren soll, dass sich entweder die Angelegenheit vorzeitig erledigt oder der Auftrag vor der abschließenden Erledigung (z.B. durch Kündigung) endet. 256

I. Umfang des Honoraranspruchs

§ 12 Abs. 4 StBVV steht in Zusammenhang mit der dienstvertraglichen Regelung des § 628 Abs. 1 Satz 1 BGB, wonach der Gläubiger einen den bisherigen Leistungen entsprechenden Teil der Vergütung verlangen kann. Der Rechtsgrund für den werkvertraglichen Vergütungsanspruch ergibt sich aus § 648 BGB; die Vorschrift des § 12 Abs. 4 StBVV ist eine Sonderbestimmung für die Bemessung der Höhe des Vergütungsanspruchs, nicht aber für den Anspruchsgrund.[2] Deshalb muss die Vorschrift auch nicht in der Gebührenrechnung zitiert werden (→ § 9 StBVV Rz. 198).[3] Unproblematisch ist der Anwendungsbereich dieser Vorschrift bei Angelegenheiten, die nach der Zeitgebühr honoriert werden, da die bereits aufgewandte Arbeitszeit unschwer berechnet werden kann. Bedeutung erlangt die Regelung deshalb nur bei Wertgebühren und Betragsrahmengebühren. Der StB, der auf Grund des Auftrags irgendeine Tätigkeit vorgenommen hat, hat die entsprechende Wert- oder Betragsrahmengebühr **in voller Höhe** verdient. Dies entspricht dem Prinzip der gesetzlichen Verfahrenspauschgebühr.[4] Einem verminderten Zeitaufwand kann im Rahmen eines Dienstvertrags bei der Wahl des Rahmensatzes nach § 11 StBVV (Umfang der Tätigkeit) Rechnung getragen werden.[5] 257

Beispiel:

In einem Fall, in dem sowohl die Gewinn- und Verlustrechnung als auch der Anhang bis auf abschließende Bewertungen fertig gestellt waren, der Auftrag aber durch Kündigung des StB vorzeitig endete, kam das LG Duisburg[6] nach durchgeführter Beweisaufnahme zu dem Ergebnis, dass die in Ansatz gebrachten Gebührensätze von 30/10 für die Gewinn- und Verlustrechnung und $^{10}/_{10}$ für den Anhang billigem Ermessen entsprachen.

M.E. ist es sachgerechter, auf den **Fertigstellungsgrad** der Arbeiten abzustellen (→ vgl. z.B. § 35 StBVV Rz. 578). Für den Beginn der Arbeiten und das Entstehen des Honoraranspruchs ist der StB beweispflichtig. Bei monatlich auszuführender Lohnbuchführung und Finanzbuchführung beginnt die Tätigkeit mit Ausführung der für den jeweiligen Monat anfallenden Arbeiten.[7] Hat der StB lediglich mit den

1) BGBl. I 2020, 1495, 1498 = BStBl I 2020, 555.
2) BGH v. 16.10.1986, III ZR 67/85, NJW 1987, 315, zur bis 30.6.2004 geltenden Parallelvorschrift des § 13 Abs. 4 BRAGO (ab 1.7.2004 gilt wortgleich § 15 Abs. 4 RVG); LG Duisburg v. 4.8.2000, 10 O 57/98, GI 2001, 254, zu § 12 Abs. 4 StBGebV.
3) A.A. AG Remscheid v. 29.6.2016, 46 C 208/14, DStR 2017, 2191 mit kritischen Anm. Raab.
4) OLG Düsseldorf v. 21.2.2017, I-23 U 151/15; OLG Düsseldorf v. 8.5.2002, 23 U 193/01, GI 2002, 219, 222.
5) So Lotz in Eckert, 7. Aufl. 2023, § 12 StBVV Rz. 32 a.E.
6) LG Duisburg v. 4.8.2000, 10 O 57/98, GI 2001, 254.
7) OLG Düsseldorf v. 2.6.2009, I-23 U 119/08, DStR 2009, 2122.

Arbeiten zur Lohnbuchführung begonnen, stellt dies noch keinen Beginn der Finanzbuchführung dar.[1)]

258 **Einschränkungen des Vergütungsanspruchs** können sich aus den dienstvertraglichen Vorschriften des BGB ergeben. Der Vergütungsanspruch des StB kann insbesondere unter den Voraussetzungen des § 628 Abs. 1 Satz 2 BGB nachträglich entfallen. Kündigt der Berater „grundlos", ohne durch ein vertragswidriges Verhalten des Mandanten dazu veranlasst worden zu sein, z.B. weil der Mandant sich während eines laufenden gerichtlichen Verfahrens weigert, eine Vergütungsvereinbarung zu unterschreiben[2)] oder veranlasst er seinerseits durch ein vertragswidriges Verhalten[3)] die Kündigung des Mandanten, so wird der Vergütungsanspruch hinfällig, sofern die bisherigen Leistungen des StB infolge der Kündigung für den Mandanten ohne Wert sind.[4)] Eine „grundlose" Kündigung durch den StB ist keine Pflichtverletzung, wenn sie nicht ausnahmsweise zur Unzeit erfolgt (§ 627 Abs. 2 BGB). Eine „grundlose" Kündigung kann deshalb keinen Schadensersatzanspruch des Mandanten auslösen. Der StB muss in diesen Fällen lediglich vorausbezahltes Honorar zurückzahlen, sofern seine Leistung infolge der Kündigung für den Mandanten nicht mehr von Interesse ist.[5)] Der StB verliert seinen Honoraranspruch nicht schon bei einem nur geringfügig eigenen vertragswidrigen Verhalten.[6)] Außerdem muss der Mandant dem StB vor der Kündigung eine Frist zum Tätigwerden setzen.[7)] Der BGH verlangt zudem einen kausalen Zusammenhang zwischen dem vertragswidrigen Verhalten des StB und der Kündigung durch den Mandanten. Die Kündigung des Mandanten muss also auf der Pflichtverletzung des StB beruhen.[8)] Es reicht nicht aus, dass im Zeitpunkt der Kündigung ein vertragswidriges Verhalten des StB vorlag (z.B. eine schuldhaft erstellte unbrauchbare Buchführung), das dem Mandanten erst später bekannt wird.[9)] Schuldhafte Fehlleistungen des StB, die für den Mandanten ohne Interesse und völlig unbrauchbar sind (§ 628 Abs. 1 Satz 2, 2. Alt. BGB), führen zu einem Schadensersatzanspruch des Mandanten nach § 280 BGB, der auf Befreiung von der Vergütungspflicht gerichtet ist.[10)] Ein sog. Auflösungsverschulden des StB liegt nicht vor, wenn der Mandant beharrlich und wahrheitswidrig leugnet, eine Honorarvereinbarung unterzeichnet zu haben und der StB dies zum Anlass für die Kündigung nimmt.[11)] Die Nichtbefolgung eines anwaltlichen Rats zur Rücknahme eines Rechtsmittels kann ein vertragswidriges Verhalten des Mandanten darstellen, mit der Folge, dass der Vergütungsanspruch trotz Mandatsniederlegung bestehen bleibt.[12)] Im konkreten Fall hatte ein RA das Mandatsverhältnis gekündigt, weil die Mandantin auf der Durchführung einer objektiv nicht gewinnbaren Nichtzulassungsbeschwerde bestanden hatte. Eine verspätete Leistung kann ebenfalls zum Verlust des Honoraranspruchs führen, wenn der Leistungszeitpunkt so wesentlich ist, dass das Leistungsziel nach Ablauf dieses Zeitpunkts

---

1) OLG Düsseldorf v. 29.8.2017, I-23 U 153/16.
2) BGH v. 16.7.2020, IX ZR 298/19, MDR 2020, 1216 und BGH v. 29.9.2011, IX ZR 170/10, DStR 2012, 482 m. Anm. Juretzek.
3) Z.B. fehlende Erreichbarkeit für den Mandanten über einen mehrwöchigen Zeitraum, OLG Rostock v. 12.8.2008, 1 U 157/08, MDR 2009, 59.
4) Aly, AnwBl 2022, 220.
5) OLG Köln v. 14.5.2021, 24 U 81/20, DStR 2021, 2488 m. Anm. Juretzek; Aly, AnwBl 2022, 221, 222.
6) Z.B. einmaliges Nichtbeantworten einer Sachstandsanfrage; vgl. auch OLG Köln v. 14.7.2022, 15 U 137/21, DStR 2022, 2519 mit Anm. Rein.
7) OLG Düsseldorf v. 31.10.2011, I-24 U 87/11, DStR 2012, 1475 mit Anm. Juretzek.
8) BGH v. 7.3.2019, IX ZR 221/18, DStR 2019, 1375 mit Anm. Juretzek und Stbg 2020, 91 mit Anm. Beyme.
9) So aber die Vorinstanz KG Berlin v. 8.6.2018, 9 U 41/16, MDR 2018, 1109 unter Hinweis auf ältere BGH-Rechtsprechung zum Handelsvertreter.
10) BGH v. 13.9.2018, III ZR 294/16, MDR 2018, 1373 zur Zahnarzthaftung.
11) OLG Düsseldorf v. 15.7.2008, I 24 U 224/07, AnwBl 1/2009, Internetbeilage.
12) BGH v. 16.2.2017, IX ZR 165/16, DB 2017, 1258.

nicht mehr erreicht werden kann (absolute Fixschuld). Der Schaden des Mandanten besteht dann in der Belastung mit einem Vergütungsanspruch.[1)]

Im Falle einer **sittenwidrigen Vergütungsvereinbarung** kann der StB grundsätzlich die gesetzlichen Gebühren als rechtsgrundlose Leistung nach § 812 Abs. 1 Satz 1 i.V.m. § 818 Abs. 2 BGB verlangen.[2)] Voraussetzung dafür ist aber, dass der Mandant tatsächlich bereichert ist und die Leistungen für ihn nicht nutzlos sind. Letzteres ist der Fall, wenn der Mandant die Arbeitsergebnisse des StB nicht erhält, weil der StB sich rechtswidrig auf ein Zurückbehaltungsrecht beruft und der Mandant gezwungen ist, einen anderen StB zu beauftragen.[3)]

§ 12 Abs. 4 StBVV ist im Falle eines **vereinbarten Pauschalhonorars** nicht anwendbar.[4)] Vereinbaren die Parteien z.B., dass der Mandant für die laufende Wahrnehmung aller in einem bestimmten Kalenderjahr anstehenden Steuerangelegenheiten[5)] eine Pauschale zuzüglich der gesetzlichen Mehrwertsteuer zu zahlen hat und endet der Auftrag vorzeitig, ist der vom StB entfaltete Arbeitsaufwand nur **anteilig** zu berücksichtigen. Entspricht der von dem StB entfaltete Arbeitsaufwand nur einem Anteil von etwa einem Drittel des insgesamt erforderlichen Arbeitsaufwands, ist die Pauschale auf einen entsprechenden Betrag zu reduzieren.[6)] Verlangt der StB einen seinen bisherigen Leistungen entsprechenden Teil der Vergütung, muss er hierzu im Honorarprozess substantiiert und nachvollziehbar vortragen. Der Bestimmung des erbrachten Teils der Gesamtleistung wohnt ein qualitatives und ein zeitliches Moment inne. Fehlt ein derartiger Vortrag im Prozess, kommt eine Vergütungsschätzung durch das Gericht in entsprechender Anwendung des § 287 ZPO nicht in Betracht.[7)] § 12 Abs. 4 StBVV findet auch bei jeder anderen Form der Vergütungsvereinbarung, z.B. bei einem **vereinbarten Stundenhonorar** keine Anwendung. Auch hier greift stattdessen § 628 Abs. 1 Satz 1 BGB. Der StB kann nur das Honorar für die tatsächlich (nachweislich) geleisteten Stunden verlangen, selbst wenn dieses Honorar unter den üblichen gesetzlichen Gebühren der StBVV liegt.[8)] **259**

II. Honorar für nicht erbrachte Leistungen

Die Frage, ob der StB im Falle einer vertragswidrigen Kündigung durch den Auftraggeber oder durch bloße Untätigkeit des Auftraggebers,[9)] weitergehende Honoraransprüche geltend machen kann, weil er auf die Vertragstreue des Mandanten vertrauen durfte, beantwortet § 12 Abs. 4 StBVV nicht. Hierzu wird verwiesen auf die Ausführungen in → Grundlagen des Vergütungsrechts Rz. 26–28. **260**

1) OLG Düsseldorf v. 12.10.2021, I-24 U 265/20, AnwBl 2022, 108 zu einem zu spät erstellten gutachterlichen Memo eines RA.
2) BGH v. 30.5.2000, IX ZR 121/99, NJW 2000, 2669.
3) Nach LG Stuttgart v. 18.4.2016, 27 O 382/15, PStR 2016, 205 ist der Rechtsgedanke aus § 628 Abs. 1 Satz 3 BGB auf die Frage der Bereicherung nach § 812 BGB übertragbar.
4) BGH v. 22.5.2014, IX ZR 147/12, DB 2014, 1485, 1486.
5) Prüfung des Jahresabschlusses und Erstellung des Prüfberichtes, laufende Steuerberatung, Fertigung der jeweils fälligen jährlichen Steuererklärungen.
6) Vgl. § 628 Abs. 1 Satz 1 BGB; BGH v. 16.10.1986, III ZR 67/85, NJW 1987, 315 f., zu einem vertraglich vereinbarten Pauschalhonorar eines Rechtsanwalts mit entsprechenden Beträgen in Deutsche Mark; ebenso BGH v. 22.5.2014, IX ZR 147/12, DB 2014, 1485; OLG Düsseldorf v. 16.6.1994, 13 U 77/93, GI 1995, 80 zu einem vertraglich vereinbarten Pauschalhonorar eines StB; Aly, AnwBl 2022, 220; Lotz in Eckert, 7. Aufl. 2023, § 12 StBVV Rz. 29; Henssler, NJW 2005, 1.
7) OLG Koblenz, Hinweisbeschluss v. 9.12.2013, 5 U 1190/13; Mayer, NJW 2015, 1647, 1648.
8) Dötsch, MDR 2021, 841, 842 m.w.N.; Aly, AnwBl 2022, 220 beide zur Parallelvorschrift des § 15 Abs. 4 RVG.
9) Siehe z.B. OLG Koblenz v. 1.12.2005, 6 U 951/04, GI 2006, 119.

F. Weitere Tätigkeit in derselben Angelegenheit (Abs. 5)

261 Im Fall einer erneuten Beauftragung des StB in derselben Angelegenheit erhält der Berater nicht mehr an Gebühren, als er bei Erledigung der Angelegenheit in einem Zuge erhalten würde. Diese Regelung hat nur bei Wertgebühren und Betragsrahmengebühren, nicht aber bei Zeitgebühren praktische Bedeutung. Eine Ausnahme gilt gem. § 12 Abs. 5 Satz 2 StBVV nur in dem Fall, in dem der Auftrag seit mehr als zwei Kalenderjahren erledigt ist. Diese Regelung wurde durch die 3. ÄndVO[1] eingefügt. Ausweislich der amtlichen Begründung[2] sollen damit die Unbilligkeiten für den StB beseitigt werden, die dadurch entstehen, dass er sich vollkommen neu in eine Materie einarbeiten muss, mit der er zuletzt vor langer Zeit befasst war. Maßgebend für den Begriff der Erledigung ist der Zeitpunkt, der die Gebühren fällig werden lässt. Es wird auf Kalenderjahre – nicht Jahre – abgestellt, weil der Zeitpunkt der Erledigung des Auftrags nicht immer präzise bestimmt werden kann. Hierdurch sollen Auseinandersetzungen zwischen StB und Mandant weitgehend vermieden werden. § 12 Abs. 5 Satz 2 StBVV ist nur dann anwendbar, wenn einem StB nach Erledigung eines früheren Auftrags ein **weiterer Auftrag** erteilt worden ist. § 12 Abs. 5 Satz 2 StBVV regelt nicht den Fall, dass weder ein neuer Auftrag erteilt noch ein früherer Auftrag erledigt, aber die Angelegenheit mehr als zwei Kalenderjahre von dem StB nicht bearbeitet worden ist,[3] z.B. wegen einer Aussetzung oder einem Ruhen des Verfahrens. Dies sind keine Fälle der Erledigung.[4] Die Gebühren für den neuen Auftrag richten sich nach dem Gebührenrecht im Zeitpunkt der neuen Auftragserteilung. Das ergibt sich aus der Übergangsvorschrift des § 41Satz 1 StBVV.[5]

Praxistipp:

Wird der StB in einem gerichtlichen Verfahren tätig, ist § 15 Abs. 5 Satz 2 RVG zu beachten, der § 12 Abs. 5 Satz 2 StBVV entspricht und darüber hinaus einen Anrechnungsausschluss für die weitere Tätigkeit vorsieht, wenn der frühere Auftrag seit mehr als zwei Kalenderjahren erledigt ist. § 15 RVG gilt darüber hinaus in allen weiteren Fällen, in denen die StBVV auf das RVG verweist.

Die Zwei-Jahresfrist des § 15 Abs. 5 Satz 2 RVG hat ihren Hauptanwendungsbereich in der **Aufhebung und Zurückverweisung**, wenn das Rechtsmittelverfahren länger als zwei Kalenderjahre angedauert hat.[6]

Beispiel:

An ein Ausgangsverfahren vor dem FG schließt sich ein Revisionsverfahren an, in dem die Sache nach mehr als zwei Kalenderjahren an das FG zurückverwiesen wird. Der Kläger wird in allen Verfahrensabschnitten von demselben StB vertreten.

Nach FG Köln[7] ist die Verfahrensgebühr des ersten Rechtszugs trotz der zwei Jahre auf die Verfahrensgebühr des zweiten Rechtszugs anzurechnen, weil der StB den

1) 3. ÄndVO v. 20.8.1998, BGBl. I 1998, 2369.
2) Abgedruckt bei Eckert, 4. Aufl. 2003, zu § 12 StBGebV.
3) BGH v. 30.3.2006, VII ZB 69/05, MDR 2006, 1316, zu § 13 Abs. 5 Satz 2 BRAGO; VGH München v. 8.12.2014, 15 M 14.2529, NJW 2015, 648.
4) OVG Weimar v. 17.12.2018, 4 VO 812/18, DStR 2019, 1231 mit Anm. Raab zu einer Fortführung des Verfahrens nach einer „statistischen Erledigung"; FG Baden-Württemberg v. 23.8.2010, 13 Ko 1170/10, EFG 2011, 373; FG Saarland v. 11.3.2008, 2 Ko 1643/07, NJW-Spezial 2008, 637.
5) A.A. aber BGH v. 16.11.2017, V ZB 152/16, NJW-Spezial 2018, 156.
6) OLG Hamburg v. 4.4.2014, 8 W 84/13, NJW-Spezial 2014, 412 m.w.N.; N. Schneider in Schneider/Volpert, 9. Aufl. 2021, § 15 RVG Rz. 300 mit Beispiel.
7) FG Köln v. 1.2.2019, 2 Ko 32/19, EFG 2019, 816 mit Anm. Hennigfeld und v. 7.8.2012, 10 Ko 783/11, EFG 2012, 2237.

Kläger in allen Verfahrensabschnitten vertreten hat. Der Sinn und Zweck der Vorschrift des § 15 Abs. 5 Satz 2 RVG, wonach eine Anrechnung unterbleibt, wenn ein RA sich aufgrund Zeitablaufs letztlich erneut in eine Sache einarbeiten muss, gebiete es hier, auch den Aufwand für die Tätigkeit im Revisionsverfahren zu berücksichtigen. Letztlich sei der StB in allen Verfahrensabschnitten für den Mandanten tätig gewesen und habe sich zu keinem Zeitpunkt völlig neu in die Sache einarbeiten müssen. Bei dieser Sachlage sei ein Absehen von der grundsätzlich gesetzlich angeordneten Anrechnung (Vorbem. 3 Abs. 6 VV RVG) nicht geboten.

Kritische Stellungnahme:

Die Ausführungen des FG Köln sind nachvollziehbar. Sie überzeugen aber nur in den Fällen, in denen der StB im Rahmen des Revisionsverfahrens auch Tätigkeiten entfaltet hat, die über eine reine Fristenkontrolle hinausgehen. Ansonsten greift der Gedanke der Ausnahmevorschrift des § 15 Abs. 5 Satz 2 RVG ein, dass nach einem Zeitraum von zwei Kalenderjahren erfahrungsgemäß eine neue Einarbeitung in das Mandat erfolgen muss.

Umstritten ist, wie die Berechnung der Zwei-Jahres-Frist im Falle der gerichtlichen Zurückverweisung vorzunehmen ist, ob es auf den Zeitpunkt der Verkündung des Rechtsmittelurteils oder auf den Zeitpunkt der Kenntnisnahme des StB von der Zurückverweisung ankommt.[1]

G. Abrechnung einzelner Handlungen (Abs. 6)

Der praktische Anwendungsbereich dieser Vorschrift ist gering, da StB i.d.R. ein umfassendes Beratungsmandat erhalten und nicht nur für einzelne Tätigkeiten im Rahmen einer Angelegenheit beauftragt werden. Die Vorschrift ist dem § 15 Abs. 6 RVG nachgebildet, der sich an der prozessualen Tätigkeit eines Rechtsanwalts orientiert. Wird der StB in gerichtlichen Verfahren tätig, gilt auch für ihn § 15 Abs. 6 RVG. Nach § 12 Abs. 6 StBVV sollen die Gebühren für mehrere zusammenhängende Einzeltätigkeiten nicht höher sein als eine Gesamtgebühr für die ganze Angelegenheit.[2] 262

1) Siehe hierzu N. Schneider in Schneider/Volpert, 9. Aufl. 2021, § 15 RVG Rz. 301; Mayer in Gerold/Schmidt, 26. Aufl. 2023, § 15 RVG Rz. 135.

2) Zu Beispielen siehe Eggesiecker, 2. Aufl. 1998, § 12 STEUGO Rz. 12.750; und Boelsen in Eckert, 7. Aufl. 2023, § 12 StBVV Rz. 38 ff. mit Beispielen.

§ 13
Zeitgebühr

[1]Die Zeitgebühr ist zu berechnen

1. **in den Fällen, in denen diese Verordnung dies vorsieht,**
2. **wenn keine genügenden Anhaltspunkte für eine Schätzung des Gegenstandswerts vorliegen; dies gilt nicht für Tätigkeiten nach § 23.**

[2]Sie beträgt 16,50 bis 41 Euro je angefangene viertel Stunde.

Inhalt

Schrifttum

Beyme, Zeittakt bei Vereinbarung einer höheren Zeitgebühr, Honorargestaltung für Steuerberater Februar 2023, 4; **Beyme,** Ausweichen auf Zeitgebühr trotz Mindestgegenstandswert?, Honorargestaltung für Steuerberater, März 2019, 7; **Blattner,** 15-Minuten-Zeittakt: Das letzte Wort ist (nicht) gesprochen?!, AnwBl 2020, 344; **Brönnecke,** Keine Honorarabrechnungen (mehr) im 15-Minuten-Takt, NWB 31/2020, 2333; **Feiter,** Die Entwicklung des Gebührenrechts in Festschrift 75 Jahre Steuerberater-Verband-Köln, 2022, 259; **Feiter,** Abrechnung von Lohnbuchführungsarbeiten und die Teilnahme an Betriebsprüfungen, Honorargestaltung für Steuerberater, November 2020, 1; **Feiter,** Typische Probleme bei der gerichtlichen Durchsetzung von vereinbarten Stundensätzen, KANZLEI intern 11/2014, 2; **Gilgan,** So weisen Sie gerichtsfest nach, was Sie für den Mandanten getan haben, KP Sonderausgabe „Leistungserfassung und Honorarsicherung" 2021, 6; **Lahmann,** Gestaltung von Vergütungsvereinbarungen und Zweifelsfragen, DStR 2009, 2069; **Meyer,** Höhe der Zeitgebühr bei Tätigkeit von Mitarbeitern, KP 2002, 145; **Neufang/Spangberger/Zepezauer,** Die neue Steuerberatervergütungsverordnung (StBVV) und Tipps zur Abrechnungspraxis, StB 2013, 35; **Otterbach,** Ohne gescheite Leistungserfassung ist alles nichts, KP Sonderausgabe „Leistungserfassung und Honorarsicherung" 2021, 2; **Ring/Klingelhöfer,** AGB-Recht in der anwaltlichen Praxis, 4. Aufl. 2017, Bonn; **Ritter,** Zeithonorarabrechnung und Lesegeschwindigkeit, NJW 2015, 1147; **Schwamberger,** Wann und wie kann eine Zeitgebühr berechnet werden? Teil 1, KP 2016, 93; **Wacker,** Abrechnung nach Zeitgebühr – Inhalt einer Stundenaufstellung, KANZLEI intern 09_2017, 2; **Wacker,** (Begrenzte) Zulässigkeit mündlicher Honorarvereinbarungen, KANZLEI intern 12_2016, 2; **Wilk/Beyer-Petz,** Die neue Steuerberatervergütungsverordnung, DStR 2012, 2508.

A. Inhalt und Bedeutung

I. Norminhalt und Zweck

Die StBVV sieht überwiegend Wertgebühren vor. Die Zeitgebühr ist deshalb von untergeordneter Bedeutung. Ausweislich der amtlichen Begründung zu § 13 StBVV wurde im Interesse einer besseren Transparenz der auf den Auftraggeber zukommenden Gebührenbelastung der Anwendungsbereich der Zeitgebühr auf die in § 13 Satz 1 StBVV geregelten Fälle beschränkt. **263**

Der Gebührenrahmen ist nur im Fall der Abrechnung nach den gesetzlichen Vorschriften, nicht aber im Fall der Berechnung einer vereinbarten Vergütung zu beachten. Eine Unterschreitung der gesetzlichen Mindestzeitgebühr kann im Einzelfall zulässig sein (→ Rz. 270).[1] **264**

Die Berechnung der Arbeitszeiten erfolgt angelegenheitsbezogen (vgl. § 12 Abs. 1 und 2 StBVV), d.h. alle mit der konkreten Angelegenheit zusammenhängenden Tätigkeiten und Zeiten von der Entgegennahme der Erstinformation bis zur Ablage sind zu berücksichtigen. Zur berechnungsfähigen Zeit bei Leistungen, die nach Zeitgebühr abgerechnet werden, wird in der Kommentarliteratur überwiegend auch die **„Reisezeit"** gerechnet, wenn und soweit eine Reise der Ausführung eines zeithonorierten Auftrages, z.B. im Rahmen einer Außenprüfung, dient.[2] Weder der Wortlaut des § 13 StBVV noch die amtliche Begründung stützen diese Auffassung. Soweit in der zitierten Kommentarliteratur auf einen Erlass des ehemaligen Reichswirtschaftsministers vom 11.4.1939 zur Gebührenordnung für Pflichtprüfungen und auf die AllGO verwiesen wird, in denen ausdrücklich geregelt war, dass als Zeitaufwand auch die für den Weg benötigte Zeit galt, haben diese Regelungen jedenfalls keinen Eingang in die StBVV gefunden.[3] Ohne ausdrückliche Vereinbarung nach § 4 Abs. 1 StBVV ist die Reisezeit deshalb mit den in § 18 Abs. 3 StBVV vorgesehenen Beträgen abgegolten.[4] Im Falle einer Vergütungsvereinbarung ist das AGB-Recht zu beachten. Soll die Reisezeit als nicht spezifische steuerberatende Tätigkeit auf Grundlage einer Stundenhonorarvereinbarung gesondert vergütet werden, muss die Vereinbarung dies eindeutig regeln. **265**

Beispiel:[5]

Auszug aus einer Honorarvereinbarung zwischen RA und Mandant:

„1. Es wird ein Zeithonorar vereinbart. …

2. Der Stundensatz für die allgemeine Beratung beträgt 250 € zuzüglich Mehrwertsteuer. …

3. Hinzu kommen eventuelle anfallende Ausgaben für Port, Telefon/Telefax, Reisekosten und sonstige Auslagen."

Der RA rechnete aufgrund dieser Vereinbarung auch die Reisezeit mit dem vereinbarten Stundensatz ab.

Nach Auffassung des LG Karlsruhe gab die Vereinbarung dies nicht her, da die Abrechnung nach Stundensatz auf „allgemeine Beratung" beschränkt war, wozu

1) BGH v. 30.9.2004, I ZR 89/02, NJW 2005, 1268, zur Steuerberatungs-Hotline.
2) Lotz in Eckert, 7. Aufl. 2023, § 13 StBVV Rz. 17; Beyme in Meyer/Goez/Schwamberger, 11. Aufl. 2023, § 13 StBVV Rz. 19; Mittelsteiner/Scholz, 4. Aufl. 1998, § 13 StBGebV Rz. 6; Eggesiecker, 2. Aufl. 1998, § 13 STEUGO Rz. 13.530; Brummer, 10. Aufl. 2010, § 13 StBGebV Anm. 7.
3) Anders z.B. der seit dem 1.7.2004 geltende § 8 Abs. 2 JVEG v. 5.5.2004, BGBl. I 2004, 718, 776, wo für die Vergütung von Sachverständigen, Dolmetschern und Übersetzern ausdrücklich geregelt ist, dass das nach Stundensätzen bemessene Honorar auch notwendige Reise- und Wartezeiten beinhaltet.
4) So auch Berners, 6. Aufl. 2021, § 13 StBVV Rz. 9.
5) LG Karlsruhe v. 19.1.2021, 6 O 213/18, AnwBl Online 2021, 761.

die Reisezeit nicht gehört. Dem RA wurde sogar die gesetzliche Abwesenheitspauschale (Nr. 7005 RVG) versagt, da sich eine geltungserhaltende Reduktion der Klausel verbot (§ 306 Abs. 2 BGB) und in Ziffer 3 der Honorarvereinbarung gerade keine pauschale Abgeltung von Auslagen vereinbart war.

Fazit: Wenn Reisezeiten nach einem vereinbarten Stundensatz abgerechnet werden sollen, ist eine aus Sicht des Mandanten eindeutige und transparente Regelung erforderlich (vgl. Muster Rz. 923, § 1 Abs. 4).

II. Zeitlicher Anwendungsbereich

266 Die Zeitgebühr betrug bei Inkrafttreten der StBGebV 20 bis 60 DM je **angefangene halbe Stunde**. Sie wurde durch die 1. ÄndVO mit Wirkung vom 1.7.1988 auf 25 bis 70 DM, durch die 2. ÄndVO mit Wirkung vom 30.6.1991 auf 30 bis 77,50 DM und durch die 3. ÄndVO mit Wirkung vom 28.8.1998 auf 37,50 bis 90 DM je angefangene halbe Stunde erhöht. Mit der Euroumstellung zum 1.1.2002 wurde die Zeitgebühr auf 19 bis 46 € geändert.[1] Eine deutliche Erhöhung der Zeitgebühr auf 30 bis 70 € je angefangene halbe Stunde erfolgte zum 20.12.2012.[2] Mit der Fünften Verordnung zur Änderung steuerlicher Verordnungen[3] wurde der Obersatz der Zeitgebühr um 5 € auf 75 € angehoben. Eine weitere Änderung der Zeitgebühr und eine erstmalige Änderung des Zeittaktes wurde durch die Fünfte Verordnung zur Änderung der Steuerberatervergütungsverordnung[4] bewirkt. Danach beträgt die Zeitgebühr ab dem 1.7.2025 16,50 € bis 41 € je **angefangene viertel Stunde**. Der mittlere Gebührensatz erhöht sich damit von 105 € pro Stunde auf 115 € pro Stunde, der Höchstsatz von 150 € auf 164 €. Allerdings verringert sich der Gebührenrahmen durch die Verkürzung des Zeittaktes bei Tätigkeiten bis zu 15 Minuten. Dies wird bei Tätigkeiten bis zu 15 Minuten zu einer geringeren Zeitgebühr führen. Der Verordnungsgeber begründet die Änderung des Zeittaktes damit, dass Mandanten ein berechtigtes Interesse daran haben, nur diejenige Arbeitszeit zu bezahlen, die tatsächlich für ihre Angelegenheit aufgewendet wurde.[5] Wenn man berücksichtigt, dass der Verordnungsgeber im ursprünglichen Referentenentwurf[6] sogar eine minutengenaue Abrechnung vorgesehen hatte, erweist sich der Viertel-Stunden-Takt als akzeptabler Kompromiss, der in der Praxis nicht zu Problemen führen wird, da er in der Kanzleisoftware gut abgebildet werden kann.

B. Zeitgebühr (Satz 1)

I. Anwendungsfälle (Satz 1 Nr. 1)

267 Die in der VO geregelten Anwendungsfälle der Zeitgebühr sind §§ 24 Abs. 4 (bis 30.6.2025) und Abs. 5 (ab 1.7.2025), 25 Abs. 2, 27 Abs. 3, 28, 29 Nr. 1, 32, 33 Abs. 7, 34 Abs. 5, 35 Abs. 3, 36 Abs. 1 und 38 Abs. 2 StBVV.

II. Anwendungsfälle (Satz 1 Nr. 2)

268 Gemäß § 13 Satz 1 Nr. 2 StBVV ist eine Zeitgebühr auch anzusetzen, wenn keine genügenden Anhaltspunkte für eine Schätzung des Gegenstandswerts vorliegen.

1) 1. ÄndVO v. 20.6.1988, BGBl. I 1988, 841 = BStBl I 1988, 217; 2. ÄndVO v. 21.6.1991, BGBl. I 1991, 1370 = BStBl I 1991, 697; 3. ÄndVO v. 20.8.1998, BGBl. I 1998, 2369; KostREuroUG v. 27.4.2001, BGBl. I 2001, 751.

2) Verordnung zum Erlass und zur Änderung steuerlicher Verordnungen v. 11.12.2012, BGBl. I 2012, 2637 = BStBl I 2013, 2.

3) Verordnung v. 25.6.2020, BGBl. I 2020, 1495, 1498 = BStBl I 2020, 555.

4) Verordnung v. 31.3.2025, BGBl. I 2025 Nr. 105 = BStBl I 2025, 1009.

5) BR-Drucks. 61/25, S. 25.

6) Referentenentwurf des BMF einer Verordnung zur Änderung der Steuerberatervergütungsverordnung sowie zur Änderung weiterer Verordnungen im Recht der steuerberatenden Berufe v. 10.10.2024, S. 13.

Dies gilt jedoch nicht für Tätigkeiten nach § 23 StBVV. Der weitere Hinweis auf die §§ 40, 44–46 StBVV entfällt mit Wirkung zum 1.7.2025.[1] Es handelt sich um eine redaktionelle Änderung. Der Verweis auf diese Vorschriften ist überflüssig, da die in Bezug genommenen Vorschriften seit dem 1.7.2020 ihrerseits nur noch auf das RVG verweisen. In allen Fällen kann nach wie vor eine höhere Zeitgebühr nach § 4 Abs. 1 StBVV (im Fall des § 23 StBVV) oder bei Anwendbarkeit des RVG nach § 3a RVG vereinbart werden (→ Rz. 270; → § 4 StBVV Rz. 118). Ob genügend Anhaltspunkte für eine Schätzung des Gegenstandswerts vorliegen oder nicht, hängt davon ab, ob der StB in der Lage ist, den Wert des Interesses (→ § 10 StBVV Rz. 219) ohne langwierige Zusatzermittlungen zu schätzen. § 13 Satz 1 Nr. 2 StBVV ist also dann nicht anwendbar, wenn eine Ermittlung oder Schätzung schwierig, aber doch möglich ist. Die Darlegungslast für das Fehlen einer Schätzgrundlage liegt beim StB.[2] Kann ein Gegenstandswert bestimmt oder plausibel geschätzt werden, darf der StB nicht auf die Zeitgebühr ausweichen.[3] Er riskiert sonst, mit seiner Honorarklage abgewiesen zu werden. Dies verkennt das OLG Frankfurt a.M.[4] Fraglich ist, ob ein Ausweichen auf die Zeitgebühr gestattet ist, wenn ein Gegenstandswert nicht ermittelt oder geschätzt werden kann, die StBVV aber einen **Mindestgegenstandswert** vorsieht, der bei der Abrechnung zugrunde gelegt werden könnte.

Beispiel:

StB erhält den Auftrag eine Feststellungserklärung zu erstellen. Nachdem er mehrere Bauakten ausgewertet hat, wird das Mandat wegen Eigentümerwechsels gekündigt. Zur Feststellung des Wertes ist der StB nicht gekommen. Auch eine Schätzung ist wegen der unvollständigen Unterlagen nicht möglich. Der StB möchte nach Zeitaufwand abrechnen, obwohl § 24 Abs. 1 Nr. 11 StBVV einen Mindestgegenstandswert vorsieht.[5]

M.E. ist dies möglich. Der Wortlaut des § 13 Satz 1 Nr. 2 StBVV eröffnet die Abrechnung nach Zeitaufwand, wenn keine genügenden Anhaltspunkte für eine Schätzung des Gegenstandswerts vorliegen. Das ist hier der Fall. Wenn wie in dem Beispielsfall „zufällig" ein Mindestgegenstandswert existiert, hindert dies nicht die Anwendung des § 13 Satz 1 Nr. 2 StBVV.[6]

Ein Sonderfall ist die Beratung über eine Telefonhotline: Hierin sieht der BGH keine Gebührenunterschreitung, sondern eine zulässige Abweichung im Modus der Gebührenberechnung (→ § 21 StBVV Rz. 351).[7]

III. Sonstige Anwendungsfälle

1. Sinngemäße Anwendung der Zeitgebühr

Die Zeitgebühr ist als Regelgebühr auch dann abrechenbar, wenn ein ausdrücklicher Gebührentatbestand fehlt, aus § 2 StBVV aber die sinngemäße Anwendung eines Gebührentatbestandes mit Zeitgebühr folgt. **269**

Beispiele:

Der Wortlaut des § 28 StBVV erstreckt sich nur auf die Prüfung von Steuerbescheiden. Die Vorschrift ist aber nach § 2 StBVV „sinngemäß" auf alle Verwaltungsakte anzuwenden, die in „steuerbescheidähnlicher Form" ergehen (→ § 28 StBVV Rz. 484). § 24 Abs. 5

1) Fünfte Verordnung zur Änderung der Steuerberatervergütungsverordnung v. 31.3.2025, BGBl. I 2025 Nr. 105 = BStBl I 2025, 1009.
2) AG Düsseldorf v. 11.11.2008, 31 C 255/07.
3) AG Düsseldorf v. 1.10.2008, 35 C 4829/08.
4) OLG Frankfurt a.M. v. 5.10.2018, 8 U 203/17, Stbg 2018, 521 mit kritischen Anm. Beyme; das OLG hatte es nicht beanstandet, dass die Steuerberatungsgesellschaft Buchführungsarbeiten nach Zeit abgerechnet hatte.
5) Beyme, Honorargestaltung für Steuerberater, März 2019, 7.
6) Ausführlich Beyme, Honorargestaltung für Steuerberater, März 2019, 7.
7) BGH v. 30.9.2004, I ZR 89/02, DStR 2005, 714 zur Steuerberatungs-Hotline.

Nr. 4 StBVV gilt nach seinem Wortlaut nur für Anträge und Meldungen nach dem EStG. Er kann aber „sinngemäß“ für Meldungen außerhalb des EStG angewendet werden (→ § 24 StBVV Rz. 441).

2. Vereinbarung einer Zeitgebühr

270 Vereinbarungen über eine **höhere** Zeitgebühr sind gem. § 4 Abs. 1 StBVV bzw. § 3a RVG (vgl. § 40 Satz 1 StBVV) möglich. Streitig ist, ob eine Zeitgebühr auch für einen angefangenen **15-Minuten-Takt** formularmäßig wirksam vereinbart werden kann. Im Anwaltsrecht waren lange Zeit Vereinbarungen üblich, die den Anwalt berechtigen, für angefangene 15 Minuten jeweils ein Viertel des vereinbarten Stundensatzes zu berechnen. Allerdings sieht der BGH im Rechtsverkehr mit **Verbrauchern** darin eine unangemessene Benachteiligung gem. § 307 Abs. 1, 2 Nr. 1 BGB.[1] Verbraucher seien beim Abschluss anwaltlicher Vergütungsvereinbarungen typischerweise in besonderem Maße schutzwürdig. Zwar gebe es auch gute Gründe für eine Abrechnung nach Zeittakten. Denn zum einen koste es den Anwalt Zeit, wenn er sich nach einer Unterbrechung seiner Arbeit, etwa durch einen Anruf oder eine Rückfrage eines Angestellten, erneut seiner eigentlichen Arbeit zuwendet. Zum anderen bietet eine Zeittaktklausel dem Mandanten den Anreiz, Rückfragen und Bemerkungen möglichst geordnet und gesammelt zu übermitteln und den Anwalt nicht unnötig und durch wiederholte E-Mails oder Anrufe in seiner Arbeit zu unterbrechen. Nach Ansicht des BGH überwiegen aber die berechtigten Interessen des Mandanten, nur die Arbeitszeit zu bezahlen, die der Anwalt tatsächlich für ihn verwandt hat. **Welcher Zeittakt** angesichts dessen noch **vertretbar** wäre, lässt der BGH ausdrücklich offen. Jedenfalls ein Zeittakt von 15 Minuten, der auch durch die belanglosesten Tätigkeiten des Anwalts ausgelöst wird, und beliebig oft zur Anwendung gebracht werden kann, sei keinesfalls gerechtfertigt. Dadurch würde es dem Rechtsanwalt ermöglicht, die auch nur flüchtige Durchsicht des E-Mail-Eingangsfachs in jeder Angelegenheit, in der eine E-Mail eingegangen ist, mit einem Viertel des vereinbarten Stundensatzes abzurechnen. Der zu vergütende zeitliche Aufwand dürfe aber nicht außer Verhältnis zu Schwierigkeit, Umfang und Dauer der zu bearbeitenden Angelegenheit stehen. Damit ist die Zulässigkeit einer 15-Minuten-Zeittaktklausel im Rechtsverkehr mit Verbrauchern höchstrichterlich entschieden. Weiter offen ist, ob derartige Klauseln damit insgesamt der Vergangenheit angehören oder im Rechtsverkehr mit **Unternehmern** wirksam vereinbart werden können.[2] Teile der Rechtsprechung sehen in einer solchen Zeittaktklausel **generell**, also auch gegenüber Unternehmern, einen Verstoß gegen § 307 Abs. 1, 2 Nr. 1 BGB, weil sie strukturell geeignet sei, das Prinzip von Leistung und Gegenleistung (Äquivalenzprinzip) empfindlich zu verletzen und die Abrechnung aufzublähen.

Beispiel:

Bei einem vereinbarten Honorar von 230,00 € je Stunde würden vier kurze Telefonate von jeweils 1 Minute am Tag auf der Grundlage einer 15-Minuten-Zeittaktklausel ein Honorar von 230,00 € rechtfertigen statt eines tatsächlich nur verdienten 4-Minuten-Honorars von 15,33 €.

Deshalb müsse minutengenau abgerechnet werden. Die Erschwernis durch das Herausreißen aus dem Arbeitsrhythmus müsse durch die Höhe des Zeithonorars berücksichtigt werden.[3] Nach der Gegenauffassung kann ein solcher Zeittakt gegenüber Unternehmern hingegen wirksam vereinbart werden. Zur Begründung wird auf § 13 Satz 2 StBVV verwiesen, der bis zum 30.6.2025 sogar einen dreißigmi-

1) BGH v. 13.2.2020, IX ZR 140/19, ZIP 2020, 716, 719 f., besprochen von Brönnecke, NWB 31/2020, 2333.
2) Für die Zulässigkeit gegenüber Unternehmern: Blattner, AnwBl 2020, 344, 346.
3) OLG Düsseldorf v. 29.6.2006, I-24 U 196/04, AGS 2006, 530; LG Köln v. 24.1.2018, 26 O 453/16, BRAK-Mitt. 2018, 102; LG Köln v. 18.10.2016, 11 S 302/15, AnwBl 2017, 560 mit Anm. N. Schneider.

nütigen Takt vorsah. Zu überprüfen sei lediglich im Einzelfall, ob bei der Anwendung der Zeittaktklausel ein Missbrauch (sog. Ausübungskontrolle) vorliege.[1)]

Kritische Stellungnahme:

M.E. überzeugt eine differenzierte Betrachtung zwischen Verbrauchern und Unternehmern bei Zeittaktklauseln nicht. Die vom BGH vorgebrachten Argumente lassen zum einen eine grundsätzlich ablehnende Haltung des BGH gegenüber einem 15-Minuten-Takt erahnen, zum anderen greifen sie auch bei Unternehmer-Mandanten.[2)] Hier ist das potentielle Missbrauchsrisiko aufgrund des Mandatsumfangs regelmäßig sogar größer. Zwar ist bei Unternehmern aufgrund ihrer Geschäftserfahrung und der nach § 310 Abs. 1 Satz 2 BGB zu berücksichtigenden Gewohnheiten und Gebräuche im Handelsverkehr von einer besseren Erkenntnis- und Verständnismöglichkeit als bei Verbrauchern auszugehen. Dies führt jedoch nicht zu einer generellen Absenkung des durch § 307 Abs.1 BGB gewährleisteten Schutzniveaus gegenüber einem Unternehmer.[3)]

Da kurze Zeitintervalle zu erheblichen Rundungseffekten und damit zu einer Diskrepanz von tatsächlicher und berechneter Arbeitszeit führen, ist derjenige auf der sicheren Seite, der eine **minutengenaue Abrechnung** vereinbart.[4)] Als akzeptabel wird teilweise auch ein angefangener **6-Minuten-Takt** (1/10 Stunde) angesehen. Wer aus dem Arbeitsfluss gerissen werde (durch einen kurzen Anruf), dürfe dafür 6 Minuten abrechnen. Das Missbrauchsrisiko, dass viele kleine Minuten-Aufgaben sich zu vielen abrechenbaren Stunden summieren, erscheine gering.[5)] Unter Berücksichtigung der o.g. BGH-Rechtsprechung hält das LG Karlsruhe das Äquivalenzprinzip bei einer Abrechnung im **5-Minuten-Takt** für ausreichend gewahrt.[6)] Auch eine Klausel, die eine **einmalige Aufrundung** am Ende eines jeden Arbeitstages vorsieht, wurde bislang als zulässig angesehen.[7)] Daran dürfte sich durch die BGH-Entscheidung nichts geändert haben.

Praxistipp:

Letztlich ist es für den StB nicht mit besonderen Risiken verbunden, eine Zeittaktklausel zu vereinbaren. Sollte ein Gericht die Klausel später als unwirksam einstufen, bliebe die Vergütungsvereinbarung im Übrigen wirksam, also auch die Vereinbarung über die Höhe des Stundensatzes, § 306 Abs. 1 BGB. Der StB könnte deshalb tatsächlich angefallenen Zeitaufwand minutengenau abrechnen.[8)] Es ist deshalb eher die Frage, ob das Vertrauensverhältnis zum Mandanten durch eine Zeittaktklausel „belastet" werden soll.

Der StB kann in den Fällen, in denen die StBVV eine Zeitgebühr vorsieht, von vorneherein eine **bestimmte** Zeitgebühr (z.B. die Mittelgebühr) vereinbaren. Dies folgt aus dem Grundsatz der Vertragsfreiheit. Nach der Rechtsprechung des BGH ist auch

1) OLG Schleswig v. 19.2.2009, 11 U 151/07, AnwBl 2009, 554; OLG München v. 11.8.2014, 15 U 2960/12, BeckRS 2014, 123857; LG München v. 21.9.2009, 4 O 10820/08, AGS 2010, 284; Lahmann, DStR 2009, 2069, 2073.

2) Ebenso Brönnecke, NWB 31/2020, 2333, 2339.

3) Ring/Klingelhöfer, AGB-Recht, § 6 Rz. 7.

4) Mayer in Gerold/Schmidt, 25. Aufl. 2021, § 3a RVG Rz. 65; Winkler in Hinne/Klees/Müllerschön/Winkler/Zastrow, Vereinbarungen mit Mandanten, 5. Aufl. 2022, 77.

5) OLG Karlsruhe v. 1.2.2023, 3 U 46/21 in einem Unternehmer-Mandat; OLG München v. 5.6.2019, 15 U 318/18 Rae, AnwBl 2019, 491; LG Freiburg v. 19.7.2019, 8 O 56/18, BeckRS 2019, 46259; Blattner, AnwBl 2020, 344, 346; Anm. der AnwBl-Redaktion zu BGH v. 13.3.2020, IX ZR 140/19, AnwBl 2020, 303, 304 m.w.N.; siehe auch BGH v. 6.5.2021, IX ZR 57/20, ZIP 2021, 1282 zur Wirksamkeit eines 6-Minuten-Takts in Vergütungsvereinbarung zwischen Mitgliedern eines Gläubigerausschusses und der Schuldnerin.

6) LG Karlsruhe v. 19.1.2021, 6 O 213/18, AnwBl Online 2021, 761; ebenso AG Waldkirch v. 4.8.2021, 1 C 214/20, BeckRS 2021, 33295.

7) OLG Düsseldorf v. 8.2.2011, I-24 U 112/09, AGS 2011, 366; so wohl auch LG Köln v. 18.10.2016, 11 S 302/15, AnwBl 2017, 560.

8) BGH v. 13.2.2020, IX ZR 140/19, ZIP 2020, 716, 721; OLG Karlsruhe v. 11.1.2023, 3 U 46/21; OLG Düsseldorf v. 18.2.2010, 24 U 183/05; LG Köln v. 18.10.2016, 11 S 301/15, AnwBl Online 2017, 274, 278; Blattner, AnwBl 2020, 344, 346.

die **Vereinbarung einer Zeitgebühr an Stelle einer Wertgebühr** zulässig (→ § 4 StBVV Rz. 116). Zunächst hatte der BGH[1] in einem obiter dictum und ohne weitere Begründung die Vereinbarung eines „Pauschalhonorars" für den StB mit 35 DM (umgerechnet 17,90 €) pro Stunde für Buchführungsarbeiten unbeanstandet gelassen. In einem weiteren Urteil hat der BGH[2] die schriftliche Vereinbarung eines StB/Wirtschaftsprüfers mit seinem Auftraggeber, die Prüfung eines Jahresabschlusses nach einer bestimmten Zeitgebühr abzurechnen, als wirksam angesehen. Dann hat der BGH[3] in einer weiteren Entscheidung unter Hinweis auf den Grundsatz der Vertragsfreiheit ausgeführt, dass auch die (mündliche) Vereinbarung eines Stundensatzes von 300 DM (umgerechnet 153,39 €) für die Tätigkeit einer Steuerberatungsgesellschaft im Rahmen einer Selbstanzeige zivilrechtlich wirksam ist. Zutreffend hat der BGH in dieser Entscheidung festgestellt, dass mit der Vereinbarung eines Stundensatzes von 300 DM (umgerechnet 153,39 €), der außerhalb des in § 13 Satz 2 StBVV vorgesehenen Gebührenrahmens liegt, nicht schon eine höhere Gebühr i.S.d. § 4 Abs. 1 StBVV vereinbart sei. Für die Frage, ob eine „höhere" Gebühr i.S.d. § 4 Abs. 1 StBVV a.F. vereinbart wurde, komme es entscheidend darauf an, ob der Mandant bei einer Abrechnung nach Zeitaufwand im Ergebnis einen höheren Betrag schulden würde, als bei einer Abrechnung nach der gesetzlichen Vorschrift, im konkreten Fall § 30 StBVV. Dass dies im Einzelfall erst nach der vom StB erteilten Abrechnung feststehe, weil erst dann eine Vergleichsrechnung angestellt werden könne, benachteilige den Mandanten nicht, da dieser höchstens das gesetzliche Honorar schulde, ggf. sogar nur die niedrigere vereinbarte Vergütung. Zuletzt hat der BGH[4] unter Hinweis auf die Begründung zur StBGebV nochmals betont, dass Abweichungen von den vorgesehenen Gebühren zivil- und preisrechtlich zulässig sind. Dies schließe ein, dass anstelle einer gesetzlichen Wertgebühr (§ 21 Abs. 1 Satz 1 StBVV) eine Zeitgebühr vereinbart werden kann. In der Praxis werden häufig **mündliche Stundensatzvereinbarungen** getroffen.

Beispiel:

StB und Mandant vereinbaren mündlich einen Stundensatz von 45,00 € zzgl. USt (insgesamt 53,55 €) für sämtliche Leistungen.[5]

StB und Mandant vereinbaren mündlich einen Stundensatz von 65,00 € für die Lohnbuchführung.[6]

Nur wenn das mündlich vereinbarte Honorar „höher" war als die gesetzliche (Höchst-)Gebühr, war die Vereinbarung nach § 4 Abs. 1 StBVV a.F. unwirksam (→ § 4 StBVV Rz. 113 ff.).[7] Durch die Änderung des § 4 Abs. 1 StBVV zum 1.7.2025 und die Neuregelung des § 4b StBVV[8] hat sich diese Rechtslage geändert. Es kommt nicht mehr darauf an, ob die vereinbarte Vergütung eine „höhere" Vergütung ist. Die Formerfordernisse des § 4 Abs. 1 Satz 1 und 2 StBVV gelten für jede Art von Vergütungsvereinbarung, mit Ausnahme der Vereinbarung einer niedrigeren Vergütung (§ 4a StBVV). Die Rechtsfolge einer formunwirksamen Vereinbarung ergibt sich unmittelbar aus § 4b StBVV.

3. Zeitgebühr als Hilfsgebühr?

271 Nach dem Willen des Verordnungsgebers ist die Zeitgebühr keine Hilfsgebühr für anderweitig nicht geregelte Sachverhalte. Insbesondere der Umstand, dass umfang-

1) BGH v. 21.3.1996, IX ZR 240/95, NJW 1996, 1954.
2) BGH v. 1.2.2000, X ZR 198/97, DStR 2000, 480.
3) BGH v. 21.9.2000, IX ZR 437/99, INF 2000, 767.
4) BGH v. 30.9.2004, I ZR 89/02, NJW 2005, 1268 zur Steuerberatungs-Hotline.
5) AG Lünen v. 19.8.2016, 8 C 597/14.
6) AG Moers v. 11.5.2016, 561 C 448/13.
7) Wacker, KANZLEI intern 12_2016, 2.
8) Fünfte Verordnung zur Änderung der Steuerberatervergütungsverordnung v. 31.3.2025, BGBl. I 2025 Nr. 105 = BStBl I 2025, 1009.

reiche Vor-, Neben- oder Nacharbeiten auszuführen sind, rechtfertigt keine zusätzliche Abrechnung einer Zeitgebühr unter Bezugnahme auf § 13 StBVV.[1] Denn § 13 StBVV ist keine Ermächtigungsgrundlage für einen Honoraranspruch. Wird in einer Gebührenrechnung als Anspruchsgrundlage für eine bestimmte Tätigkeit lediglich § 13 StBVV zitiert, ist die Gebührenforderung des Beraters insoweit nicht durchsetzbar (→ § 9 StBVV Rz. 200). Erforderlich ist eine Ermächtigungsgrundlage, z.B. § 24 Abs. 5 Nr. 4, § 2 StBVV i.V.m. § 13 Satz 1 Nr. 2 und Satz 2 StBVV, wenn der Steuerberater nach Abgabe und Abrechnung der Einkommensteuererklärung auf Anforderung des Finanzamtes nachträgliche Aufstellungen anfertigt, die er nach Zeitaufwand abrechnen möchte.

C. Bestimmung der Zeitgebühr (Satz 2)

I. Gebührenrahmen

Der Gebührenrahmen betrug ab dem 1.7.2020 30 € bis 75 €. Ab dem 1.7.2025 wurde **272**
er auf 16,50 € bis 41 € je angefangene viertel Stunde festgesetzt (→ Rz. 266). Maßgeblich für die Bestimmung der konkreten Zeitgebühr sind in erster Linie die Gebührenbestimmungsfaktoren des § 11 StBVV mit Ausnahme des Zeitaufwandes, der durch die Anzahl der abzurechnenden Stunden bereits berücksichtigt wird (→ § 11 StBVV Rz. 232). Da es für die Bestimmung der konkreten Zeitgebühr also maßgeblich auf die Bedeutung der Angelegenheit und die Schwierigkeit der Tätigkeit ankommt und § 13 Satz 2 StBVV ausdrücklich auf die „angefangene halbe Stunde" (bis 30.6.2025) bzw. die „angefangene viertel Stunde" (ab 1.7.2025) abstellt, wirkt es sich nicht gebührenmindernd aus, wenn der StB keine volle halbe bzw. viertel Stunde, sondern nur den Bruchteil einer halben bzw. viertel Stunde für eine bestimmte Tätigkeit, z.B. die Prüfung eines Steuerbescheids benötigt. Eine **Toleranzgrenze**, also ein gerichtlich nicht überprüfbarer Ermessensspielraum von 20 % (→ § 11 StBVV Rz. 240) gilt auch bei der Abrechnung von Zeitgebühren, wenn es um die Höhe der abgerechneten Zeitgebühr geht.[2] Die Zeitgebühr bezieht sich auf die jeweilige **Angelegenheit**.[3]

Beispiele:

Prüft der StB drei Steuerbescheide mit einer Zeitdauer von jeweils 10 Minuten, kann er für jeden Bescheid eine angefangene halbe bzw. viertel Stunde berechnen, da jeder Steuerbescheid eine gesonderte gebührenrechtliche Angelegenheit ist.

Prüft der StB einen Steuerbescheid jeweils 7 Minuten an zwei unterschiedlichen Tagen, kann er nur eine angefangene halbe bzw. viertel Stunde abrechnen, da nur eine Angelegenheit vorliegt.

Im Falle einer Betriebsprüfung liegen zwar mehrere Einzeltätigkeiten vor. Gleichwohl ist nach h.M. die Betriebsprüfung eine einzelne gebührenrechtliche Angelegenheit (→ § 29 StBVV Rz. 492), so dass eine Addition der angefallenen tatsächlichen Zeiten erfolgt und nicht je angefangene halbe Stunde abgerechnet werden darf.[4]

Das LG Düsseldorf[5] hatte darüber zu entscheiden, ob eine Gebühr von 130 € für **273**
eine Beratung zur Ansparabschreibung nach § 7g EStG angemessen war und dies bejaht.

1) LG Duisburg v. 9.9.2022, 10 O 204/18, GI aktuell 2022, 304: Der StB hatte 11,25 Std. für E-Mail-Korrespondenz abgerechnet, die im Zusammenhang mit bereits beauftragten Leistungen stand und deshalb nicht gesondert abgerechnet werden konnte.

2) AG Düsseldorf v. 27.4.2017, 47 C 17868/14.

3) Berners, 6. Aufl. 2020, § 13 StBVV Rz. 18.

4) A.A. wohl Beyme, Honorargestaltung für Steuerberater, Februar 2023, 4, der von der Zulässigkeit einer Abrechnung je angefangene halbe Stunde (ab 1.7.2025: angefangene viertel Stunde) ausgeht, solange die gesetzliche Gebühr von 150 €/Std. bzw. 75 €/halbe Stunde nicht überschritten wird.

5) LG Düsseldorf v. 19.8.2014, 1 O 497/11.

274 Die Frage, ob die Höhe der Zeitgebühr dadurch beeinflusst wird, dass nicht der StB selbst, sondern einer seiner **Mitarbeiter,** z.B. ein Steuerfachangestellter, die betreffende Tätigkeit ausübt, ist umstritten. Während die AllGO in § 9 Abs. 2 noch eine Sonderregelung für den Einsatz von Mitarbeitern des StB enthielt,[1] differenziert § 13 StBVV insoweit nicht. Allerdings findet sich in der amtlichen Begründung der Hinweis, dass die Bestimmung der Gebühr innerhalb des Rahmens auch davon abhängen kann, ob die betreffende Tätigkeit vom Berufsträger selbst oder von einem nicht berufsangehörigen Mitarbeiter ausgeführt wird. Dieser Hinweis hilft aber nicht wirklich weiter. Es ergibt sich bereits aus § 11 StBVV, dass einfache Aufgaben, die hauptsächlich von Mitarbeitern und Hilfskräften erledigt werden, schon wegen des geringeren Schwierigkeitsgrades mit einer niedrigeren Gebühr abzurechnen sind. Die entscheidende Frage ist die, ob Tätigkeiten mit gleichem Schwierigkeitsgrad unterschiedlich abzurechnen sind, je nachdem, ob der StB selbst oder ein Mitarbeiter tätig geworden ist. Dass dies nicht zwingend ist, ergibt sich schon aus dem persönlichen Anwendungsbereich der StBVV, der auf Berufsangehörige beschränkt ist (§ 1 StBVV). Selbstverständlich kann der StB aber auch die Stunden seiner Mitarbeiter (in seiner Eigenschaft als StB) abrechnen (→ § 1 StBVV Rz. 94). Gegen eine Differenzierung nach der Qualifikation der Mitarbeiter spricht nicht nur der o.g. Vergleich mit der AllGO, sondern auch ein Vergleich mit anderen Vorschriften, z.B. mit § 6 HOAI (Honorarordnung für Architekten und Ingenieure) i.d.F. von 2002. Der Verordnungsgeber hatte dort nämlich eine dreigeteilte Staffelung der Zeitgebühren nach Qualifikation vorgesehen. Für den Auftragnehmer war ein Stundensatz von 38 bis 82 €, für qualifizierte Mitarbeiter ein Stundensatz von 36 bis 59 € und für weniger qualifizierte Mitarbeiter ein Stundensatz von 31 bis 43 € vorgesehen. Da eine solche Staffelung in § 13 StBVV unterblieben ist, obwohl die AllGO eine solche Differenzierung noch kannte, rechtfertigt dies den Schluss, dass es sich insoweit um eine bewusste Entscheidung des Verordnungsgebers gehandelt hat. Im Übrigen wäre es systemwidrig, nur bei der Zeitgebühr auf die Qualifikation abzustellen, nicht aber bei Wertgebühren oder Betragsrahmengebühren. Außerdem spricht gegen eine Differenzierung nach der Qualifikation der Mitarbeiter, dass stets der StB haftet, auch wenn er sich eines Erfüllungsgehilfen bedient.[2] Die Rechtsprechung bietet ein ähnlich uneinheitliches Bild.[3]

Praxistipp:

Der aufgezeigte Meinungsstreit ist m.E. ein Scheingefecht. Da es sich bei der Zeitgebühr um eine Rahmengebühr handelt, sind ausnahmslos die Gebührenbestimmungsfaktoren des § 11 StBVV maßgeblich, wenn es um die Höhe der angemessenen Zeitgebühr geht. Die **Qualifikation** ist dort als Gebührenbestimmungsfaktor aber nicht genannt und im Rahmen des § 11 StBVV auch nicht als Kriterium anerkannt (→ § 11 StBVV Rz. 236). Sie kann deshalb **nur mittelbar** Auswirkungen auf die Höhe der Zeitgebühr haben, z.B. wenn die Tätigkeit schwierig ist[4] und deshalb nur von einem hochqualifizierten StB mit dem entsprechenden Wissen wahrgenommen werden kann. Denn der StB wird nicht nur für die Zeit der Beratung, sondern auch für die **Inanspruchnahme seines Wissens** vergütet.[5]

---

1) Feiter in 75 Jahre Steuerberater-Verband Köln, 2022, 259, 263.
2) Ebenso Lotz in Eckert, 7. Aufl. 2023, § 13 StBVV Rz. 8 f.; Schwamberger, KP 2016, 93, 94; Meyer, KP 2002, 145; Berners, 6. Aufl. 2020 § 13 StBVV Rz. 30 f.; Wacker, DStR 2011, 2370 f.; a.A. und für eine Differenzierung nach dem Qualifikationsgrad oder dem beruflichen Status: Eggesiecker, 2. Aufl. 1998, § 13 STEUGO Rz. 13.640; Beyme in Meyer/Goez/Schwamberger, 11. Aufl. 2023, § 13 StBVV Rz. 16 f.; Mittelsteiner/Scholz, 4. Aufl. 1998, § 13 StBGebV Rz. 2.
3) Für eine Differenzierung: LG Duisburg v. 5.11.2007, 2 O 46/05; AG Düsseldorf v. 5.11.1997, 25 C 20800/95; LG Düsseldorf v. 23.12.1999, 22 S 678/98; dagegen: wohl LG Düsseldorf v. 4.9.2013, 9 O 64/10; AG Moers v. 7.3.2008, 563 C 478/05; AG Hildesheim v. 2.8.1984, 20 C 322/84, DStR 1987, 408; AG Wedding v. 12.7.1984, 5 C 25/84.
4) Die Schwierigkeit der Tätigkeit ist in § 11 StBVV ausdrücklich genannt.
5) AG Leverkusen v. 27.5.2020, 27 C 135/19, NJW-RR 2020, 876 zum Anwaltsrecht.

II. Zeitaufzeichnungen

Für die umfassende Abrechnung nach Zeitaufwand ist ein elektronisches Zeiterfassungssystem, möglichst mit integriertem Kontrollzentrum, unverzichtbar (zum Nachweis von Zeitaufwand → § 9 StBVV Rz. 201 sowie zur Anerkennungsklausel/fingierten Zustimmungsklausel → § 4 StBVV Rz. 135 ff.).[1] Es dient der eigenen Kontrolle und zeigt, ob sich ein Auftrag rechnet. Ferner kann durch eine sorgfältige und aussagekräftige Zeiterfassung die bestmögliche Transparenz gegenüber den Mandanten hergestellt werden. 275

Praxistipp:

Auch die Kanzleichefs sollten ihre Zeiten erfassen und mit gutem Beispiel vorangehen. Gegenüber den Mitarbeitern sollten die Vorteile der Zeitaufschreibung erläutert werden. Bei manchen Mitarbeitern bestehen möglicherweise Vorbehalte wegen möglicher Leistungskontrollen. Darum geht es jedoch nicht. Jeder Mitarbeiter muss lernen, wie ein Unternehmer zu denken. Dazu bedarf es eines sauberen Controllings und bestmöglicher Transparenz gegenüber dem Mandanten. Dies gilt es den Mitarbeitern zu vermitteln und in der Kanzlei konsequent umzusetzen. Welche Leistungen letztendlich abgerechnet werden, entscheidet die Kanzleileitung.

Ist kein Leistungserfassungssystem vorhanden, empfiehlt es sich, dem Mandanten zu Dokumentations- und Beweiszwecken eine schriftliche Bestätigung oder (monatliche) Rechnungen über die nach Zeitaufwand abgerechneten Leistungen zuzuleiten. Gerade bei Zeitgebühren ist es besonders wichtig, die erbrachte Leistung, Datum, Beginn und Ende der Tätigkeit, Anzahl der Stunden und mögliche Zeugen (Mitarbeiter) festzuhalten. Die erbrachten Leistungen müssen konkret und nachprüfbar dargelegt werden.[2] Aus den Aufzeichnungen (time sheet) muss sich auch die Art der Tätigkeit des StB ergeben. So müssen z.B. die vorgelegten Aufzeichnungen nach der Rechtsprechung des OLG Düsseldorf[3] und des OLG Köln[4] die Unterscheidung ermöglichen, ob der dargestellte Zeitaufwand sich auf Buchführungsarbeiten i.S.d. § 33 Abs. 1–5 StBVV oder auf sonstige Hilfeleistungen nach § 33 Abs. 7 StBVV bezieht. **Leerformeln**, wie „Aktenstudium", „Rechtsprechungsrecherche" oder „Jahresabschlussarbeiten" bzw. „JA", „Prüfergespräch", „Unterlagen zusammengestellt", „Durchsicht Ausgangsrechnungen", „Telefonat mit Mandant", „Klärung Prüferfragen", „Unterlagen angenommen" etc. genügen nicht den Anforderungen an eine detaillierte Zeitaufstellung.[5] Derartige Stundenaufstellungen, die sich in pauschalen allgemeinen Schlagwörtern zu den angefallenen Tätigkeiten erschöpfen, reichen nicht aus und ersetzen nicht den substantiierten Sachvortrag. Gleiches dürfte für die Verwendung von Textbausteinen für wiederkehrende Tätigkeiten aus einem Drop-Down-Menü gelten.[6] Erforderlich sind immer **tätigkeitsbezogene Ausführungen zu Arbeits- und Gesprächsinhalten**.[7] Bei Tätigkeiten im Rahmen der Finanzbuchführung sind die Möglichkeiten der Tätigkeitsbeschreibung naturgemäß begrenzt. Als Leistungsbeschreibung genügen hier Konkretisierungen wie z.B. „Kreditoren", „Debitoren", „Barbelege", „Bank", „Kontendurchsicht", „Sortieren", „Scannen" etc. Ungeklärte Bearbeitungszeiten geben nur dann Anlass,

1) Otterbach, KP Sonderausgabe 2021, 2.

2) BGH v. 13.2.2020, IX ZR 140/19, ZIP 2020, 716, 721; BGH v. 4.2.2010, IX ZR 18/09, NJW 2010, 1364, 1370 f.; OLG Frankfurt/M. v. 12.1.2011, 4 U 3/08, AnwBl 2011, 300 zum Anwaltsrecht; LG Wuppertal v. 21.5.2014, 8 S 67/13; Feiter, KANZLEI intern 11/2014, 2.

3) OLG Düsseldorf v. 20.1.1994, 13 U 102/93, GI 1995, 11.

4) OLG Köln v. 26.8.1994, 19 U 246/93, GI 1995, 78.

5) LG Stade v. 12.2.2020, 2 O 180/19, bespr. von Feiter, Honorargestaltung für Steuerberater, November 2020, 1; LG Köln v. 16.4.2015, 2 O 404/14, DStR 2016, 95; Schons in Hartung/Schons/Enders, 3. Aufl. 2017, § 3a RVG, Rz. 115 m.w.N.

6) Otterbach, KP Sonderausgabe 2021, 2, 4; Gilgan, KP Sonderausgabe 2021, 6, 14.

7) OLG Düsseldorf v. 9.7.2020, I-12 U 55/19, ZIP 2020, 2294, 2297 zu einem StB als Sanierungsberater; Gilgan, KP Sonderausgabe 2021, 6, 13 mit Beispielen.

den gesamten aufgezeichneten Zeitaufwand anzuzweifeln, wenn wegen der Häufung von Ungereimtheiten betrügerisches Handeln des StB anzunehmen ist.[1] Steht eine Beweisaufnahme (z.B. durch Vernehmung mehrerer Mitarbeiter des StB als Zeugen) in keinem Verhältnis zur Bedeutung des streitigen Teils der Forderung, kann das Gericht von seiner Schätzungsbefugnis nach § 287 Abs. 2 ZPO Gebrauch machen. Eine Schätzung hat nur dann zu unterbleiben, wenn sie mangels konkreter Anhaltspunkte vollkommen „in der Luft hinge" und daher willkürlich wäre.[2] Nachfolgend einige Entscheidungen, in denen keine überzogenen **Anforderungen** an die **Darlegungs- und Beweislast** gestellt wurden:

276 So hat das OLG Hamburg[3] in einer Anwaltssache ausgeführt, dass dann, wenn der Rechtsanwalt in allen Einzelheiten festgehalten habe, wie viele Minuten er jeweils auf welche Angelegenheit verwandt habe, der dokumentierte Zeitaufwand grundsätzlich abzunehmen sei. Auch dann, wenn er zwar die Art der Tätigkeit in seiner Handakte notiert habe, aber keine zugehörige Zeitnotiz vorhanden sei, dürfe ihm nicht wegen des Fehlens dieser Zeitaufzeichnung jedweder Anspruch abgesprochen werden, wenn sich andererseits aus vorhandenen Unterlagen ergebe, dass er in der entsprechenden Angelegenheit tätig geworden sei. Wo dies nicht der Fall sei, könne das Gericht entsprechend § 287 Abs. 2 ZPO den erforderlichen Zeitaufwand im Wege der Schätzung bestimmen.

277 Bei der Erfassung der Zeiten genügt die Angabe von Datum und Uhrzeit, wenn es sich um Tätigkeiten handelt, die der Mandant selbst miterlebt hat, z.B. Telefonate, Besprechungen, E-Mail-Korrespondenz oder sonstiger Schriftverkehr mit dem Mandanten.[4]

278 Das OLG Saarbrücken[5] sah ebenfalls – ohne detaillierte Zeiterfassungsunterlagen – ausreichende Anhaltspunkte für eine Schätzung nach § 287 Abs. 2 ZPO, nachdem ein Mitarbeiter des StB zeugenschaftlich vernommen worden war und darauf hingewiesen hatte, dass die in Rechnung gestellten Stunden nach den Notizen im Terminkalender zusammengestellt worden seien.

279 Das LG Duisburg[6] war in einem Fall, in dem der Berater mit einem DATEV-Zeiterfassungssystem gearbeitet hatte, ebenfalls großzügig. Wörtlich heißt es in den Entscheidungsgründen: „Soweit der Sachverständige einräumt, dass die Notwendigkeit des Ausmaßes an Zeitaufwand nur schwer abschätzbar sei, stellt dies für die Stundenabrechnung ein immanentes Kostenrisiko dar. Der Sachverständige hat aber vorliegend keine Tätigkeiten entdecken können, die in einer unangemessen hohen Arbeitszeit erledigt wurden und aus diesem Grund eine Kürzung des Honorars rechtfertigen würden."

280 In einem anderen Fall – es ging um den Nachweis von 105,5 Std. im Rahmen einer Außenprüfung – verlangte das LG Duisburg[7] keinen hundertprozentigen Nachweis des Zeitaufwands. Das Gericht gab sich mit den Aussagen der zeugenschaftlich vernommenen Mitarbeiter zufrieden, wonach die Zeiterfassung sehr gewissenhaft durchgeführt und unmittelbar nach Erledigung der Arbeiten aufgeschrieben werde.

281 Das OLG Düsseldorf[8] folgte ebenfalls den Angaben des StB, weil diese detailliert begründet und nachvollziehbar waren. Das Gericht schätzte den Zeitaufwand für Tätigkeiten nach § 34 Abs. 5 StBGebV auf 19,5 Stunden.

---

1) Mayer in Gerold/Schmidt, 26. Aufl. 2023, § 3a RVG Rz. 65 a.E. m.w.N.
2) OLG Frankfurt v. 5.10.2018, 8 U 203/17, Stbg 2018, 521 mit Anm. Beyme.
3) OLG Hamburg v. 16.7.1999, 14 U 272/96, MDR 2000, 115.
4) LG Freiburg v. 19.7.2019, 8 O 56/18, BeckRS 2019, 46259.
5) OLG Saarbrücken v. 23.4.1997, 1 U 759/96, INF 1998, 703 f.
6) LG Duisburg v. 1.3.2000, 10 O 362/95, Stbg 2001, 189.
7) LG Duisburg v. 5.11.2007, 2 O 46/05.
8) OLG Düsseldorf v. 19.11.2002, 23 U 258/01, GI 2003, 39, 41.

Das LG Kleve[1] nahm entsprechend der Empfehlung des Sachverständigen einen **Sicherheitsabschlag** i.H.v. 25 % des dokumentierten Zeitaufwandes vor, weil auf Grund der allgemeinen Tätigkeitsbeschreibungen nicht eindeutig erkennbar war, ob alle erfassten Tätigkeiten auch gesondert abrechnungsfähig waren. **282**

Das LG Meiningen[2] wirft die Frage auf, ob dem StB noch eine Substantiierung der abgerechneten Stunden zumutbar ist, wenn der Mandant die Rechnungen über Jahre nicht beanstandet hat. Dies wird auf die Umstände des Einzelfalls, insbesondere die Dauer des Mandatsverhältnisses, ankommen, § 242 BGB. **283**

Das LG Wuppertal[3] hatte es mit einem Fall zu tun, in dem der Mandant die abgerechneten Stunden bestritten hatte. Bei der Beweiswürdigung differenzierte das LG danach, ob es dem Mandanten möglich war, zu den abgerechneten Zeiten konkrete Ausführungen zu machen oder nicht. Soweit der StB Telefonate mit Dritten und die Durchsicht von Unterlagen nach Zeitaufwand abgerechnet hatte, durfte der Mandant sich auf **pauschales Bestreiten** beschränken. Insoweit sei der StB voll beweispflichtig. Soweit der StB auch Gesprächstermine mit dem Mandanten nach Zeitaufwand abgerechnet hatte, durfte der Mandant sich hingegen nicht auf reines Bestreiten beschränken. Als unmittelbar **beteiligter Gesprächspartner** hätte er die aus seiner Sicht zutreffende Gesprächsdauer angeben müssen. Da er dies nicht getan hatte, wurde dem StB das Honorar insoweit zugesprochen. **284**

Das LG Düsseldorf[4] ging nach der Vernehmung eines **Mitarbeiters** des StB als **Zeugen** davon aus, dass die sich aus der Mandantenleistungskarte ergebenden Zeiten zutreffend erfasst waren. Wörtlich heißt es „Dafür, dass der Zeuge I zu Lasten der Beklagtenseite mehr Stunden erfasst haben sollte, als die Besprechungen tatsächlich gedauert haben, spricht nichts. Es kommt hinzu, dass der Zeuge glaubhaft bekundet hat, die Vorbereitungszeiten nicht einmal berechnet zu haben". **285**

Das AG Hattingen[5] hatte die Mitarbeiterin des StB als Zeugin zu den angefallenen Zeitgebühren im Rahmen der Lohnsteueraußenprüfung 2006 – 2009 befragt. Die Mitarbeiterin hatte bestätigt, dass sie die abgerechneten Zeiten systematisch erfasst hatte. Dies reichte dem Gericht, zumal die Aussage der Mitarbeiterin von der Gegenseite nicht weiter bestritten wurde. **286**

Ein **pauschales Bestreiten** des Mandanten bei Vorgängen, die er **selbst miterlebt** hat (z.B. Telefonate, Gespräche) oder die er kennt (z.B. E-Mail-Korrespondenz oder sonstige Korrespondenz) ist im Prozess unerheblich.[6] **287**

Der Mandant bestreitet die vom StB angesetzten Arbeitszeiten nicht hinreichend, wenn er lediglich behauptet, dass für die Bearbeitung der Angelegenheit eine Stunde ausreichend gewesen wäre. Dies ist in der Sache schon **kein Bestreiten des Zeitaufwandes**, sondern nur seiner **Notwendigkeit**. Bei Dienstverträgen führt dies nicht zu einem teilweisen Wegfall des Vergütungsanspruchs, sondern allenfalls zu einem Schadensersatzanspruch aus § 280 Abs. 1 BGB. Dieser verringert den Honoraranspruch des StB aber nur dann, wenn er ihm im Wege der **Aufrechnung** entgegengehalten wird.[7] **288**

III. Angemessener Zeitaufwand

Der (nachgewiesene) Zeitaufwand muss in einem angemessenen Verhältnis zu Umfang und Schwierigkeit der Sache stehen. Abrechenbar ist grundsätzlich nur **289**

1) LG Kleve v. 13.6.2003, 1 O 114/01.
2) LG Meiningen v. 16.9.2013, 4 S 226/12.
3) LG Wuppertal v. 21.5.2014, 8 S 67/13, besprochen von Feiter, KANZLEI intern 11/2014, 2.
4) LG Düsseldorf v. 9.9.2014, 22 O 31/12.
5) AG Hattingen v. 3.5.2013, 16 C 12/13.
6) OLG Düsseldorf v. 23.11.2021, I-24 U 355/20, AnwBl Online 2022, 206.
7) LG Kleve v. 26.4.2023, 6 O 64/21.

der **produktive Arbeitsaufwand**, der sich in einem time-sheet (→ § 9 StBVV Rz. 201) schlüssig darstellen lässt. Das Nachdenken über einen bestimmten Fall außerhalb der üblichen Arbeitszeiten, z.B. beim Autofahren, Zugfahren und während der Freizeit rechtfertigt m.E. kein Honorar. Die Leistung ist im Zweifel nicht produktiv und deshalb nicht abrechenbar.[1] Grundsätzlich nicht produktiv sind auch **Wartezeiten**, z.B. am Telefon im Rahmen von sog. telefonischen **Bürgerservices** der Finanzverwaltung. Stehen diese Wartezeiten aber im Zusammenhang mit einem Auftrag, den der StB nach Wertgebühr oder Zeitgebühr gesondert abrechnet, kann der (unproduktive) Zeitaufwand m.E. aber beim Gebührensatz berücksichtigt werden (Kriterium nach § 11 StBVV: Umfang der Tätigkeit). Selbstverständlich können alle anfallenden Zeiten auch dann gesondert berechnet werden, wenn dies wirksam vereinbart ist.

Eine bindende Bearbeitungszeit gibt es nicht. Allerdings ist der StB zu einer effektiven und zeitschonenden Arbeitsweise verpflichtet. Diese vertragliche Treuepflicht folgt aus dem Grundsatz von Treu und Glauben, § 242 BGB.[2] Zeitdifferenzen sind bei der Dauer der Bearbeitung grundsätzlich hinzunehmen, da sich die Arbeitsweise von StB und Rechtsanwälten – wie jeder Mandant weiß – individuell unterschiedlich gestaltet und es nicht darum geht, einem Rechtsanwalt oder StB bindend vorzugeben, in welchem Zeitraum ein Mandat zu bearbeiten ist. Trotzdem darf der zu vergütende zeitliche Aufwand nicht außer Verhältnis zu Schwierigkeit, Umfang und Dauer der zu bearbeitenden Angelegenheit stehen.[3] Deswegen ist auch beim Lesen und Auswerten von Mandantenunterlagen oder bei der Literaturrecherche kein objektiver, sondern ein subjektiver Maßstab anzulegen. Die Leistungspflicht orientiert sich grundsätzlich an der individuellen Leistungsfähigkeit des StB. Der StB schuldet deshalb keine objektive Normallesegeschwindigkeit und erst Recht kein Speed-Reading, sondern grundsätzlich seine subjektive Lesegeschwindigkeit.[4] Diese Rechtsprechung gilt allerdings nur für StB und nicht für die Mitarbeiter, bei denen Tempo und Arbeitsweise ebenfalls unterschiedlich sind. Hier muss der StB bei „langsamen" Mitarbeitern oder bei internen Umstrukturierungsmaßnahmen, die mit einem Mitarbeiterwechsel verbunden sind, ggf. Abschläge einkalkulieren und genau prüfen, wie viele der erfassten Stunden tatsächlich abrechenbar sind. Problematisch wird es, wenn bei **Besprechungsterminen** mit dem Mandanten neben dem StB eine weitere Person teilnimmt und für die Teilnahme an den Besprechungsterminen die „doppelte" Stundenzahl abgerechnet wird. Grundsätzlich ist die Frage der Teilnahme von Mitarbeitern an Besprechungen eine Organisationsentscheidung des StB. Die Teilnahme eines Sachbearbeiters an einer Besprechung kann für den Mandanten von Vorteil sein, etwa weil Fragestellungen zügig beantwortet werden können, ohne dass der StB noch einmal Rücksprache mit dem Sachbearbeiter halten muss. Ob immer alle Stunden abrechenbar sind, ist eine Frage des Einzelfalls. Bei einem Erstgespräch dürfte die Teilnahme von zwei StB bzw. einem StB und einem Sachbearbeiter grundsätzlich nicht erforderlich sein. Das AG Borken hatte in einem solchen Fall eine Kürzung der Mitarbeiterstunden – nicht der des StB – um die Hälfte vorgenommen.[5] Bei **vereinbarten Stundensätzen** gilt: je höher der Stundensatz, umso effizienter und schneller muss die Bearbeitung sein.[6]

---

1) Anwälte fragen nach Ethik, Die Stundenabrechnung – was ist abrechenbar? AnwBl 2017, 304.

2) BGH v. 8.5.2025, IX ZR 90/23, BB 2025, 1794; BGH v. 1.2.2000, X ZR 198/97, DStR 2000, 480 zu einem WP-Stundenhonorar für Prüfung eines Jahresabschlusses; Schons in Hartung/Enders/Schons, 3. Aufl. 2017, § 3a RVG Rz. 116 zu Rechtsanwälten.

3) BGH v. 13.2.2020, IX ZR 140/10, ZIP 2020, 716, 721; BGH v. 21.10.2010, IX ZR 37/10, NJW 2011, 63, 65 und BGH v. 4.2.2010, IX ZR 18/09, NJW 2010, 1364, 1371 zu Rechtsanwälten; LG Wuppertal v. 21.5.2014, 8 S 67/13 zu StB.

4) Ritter, DStR 2015, 1147.

5) AG Borken v. 11.7.2017, 12 C 158/14, besprochen von Wacker, KANZLEI intern 09_2017, 2.

6) BGH v. 21.10.2010, IX ZR 37/10, NJW 2011, 63, 65 und BGH v. 4.2.2010, IX ZR 18/09, NJW 2010, 1364, 1371 zu Rechtsanwälten; Schons in Hartung/Schons/Enders, 3. Aufl. 2017, § 3a RVG Rz. 125.

§ 14 StBVV
Pauschalvergütung

(weggefallen; siehe hierzu die Kommentierung zu § 4 StBVV Rz. 116 ff.)

§ 15
Umsatzsteuer

[1]Der Vergütung ist die Umsatzsteuer hinzuzurechnen, die nach § 12 des Umsatzsteuergesetzes auf die Tätigkeit entfällt. [2]Dies gilt nicht, wenn die Umsatzsteuer nach § 19 Abs. 1 des Umsatzsteuergesetzes unerhoben bleibt.

Inhalt

Schrifttum

Beyme, Umsatzsteuer bei der Gebührenabrechnung für die Buchführung land- und forstwirtschaftlicher Betriebe, Honorargestaltung für Steuerberater, November 2020, 7; **Beyme,** Verbesserungen bei der StBVV ab 1.7.2020, Stbg 2020, 325; **Schneider,** Festsetzung der Umsatzsteuer, NJW-Spezial 2019, 475; **Schneider,** Die Vergütungsvereinbarung des Rechtsanwalts – was Anwälte wissen sollten, AnwBl 2016, 178.

A. Inhalt und Bedeutung

I. Steuerpflichtige Umsätze (Satz 1)

290 § 15 StBVV entspricht dem früheren § 25 Abs. 2 BRAGO. Das RVG regelt die Umsatzsteuer in Nr. 7008 VV RVG. Sie ist dort – anders als § 15 StBVV – Teil des Auslagenersatzes. Für StB ist Nr. 7008 VV RVG und nicht § 15 StBVV anwendbar, wenn die StBVV hinsichtlich der Berechnung der Vergütung auf das RVG verweist (z.B. § 40 StBVV). Nach § 15 StBVV erhält der StB zusätzlich zur Gebühr und zum Auslagenersatz die hierauf entfallende Umsatzsteuer. § 15 Satz 1 StBVV verweist auf § 12 UStG. Der StB muss also prüfen, ob die von ihm erbrachten Leistungen steuerbar sind. Handelt es sich nicht um Inlandsumsätze, fällt u.U. keine Umsatzsteuer an.[1)] Gleiches gilt, wenn der StB Kleinunternehmer ist (→ Rz. 297) oder in eigener (beruflicher) Angelegenheit (→ Rz. 295) tätig wird.

II. Vorbehaltsaufgaben

291 Umsatzsteuerpflichtig ist grundsätzlich die gesamte Vergütung des StB. Allerdings ist der Anwendungsbereich des § 15 StBVV sachlich auf die sog. **Vorbehaltsaufgaben** beschränkt, also auf Leistungen, die der StB unmittelbar nach der StBVV abrechnet (§ 1 Abs. 1 Satz 1 StBVV). Für bestimmte vereinbare Tätigkeiten finden sich spezialgesetzliche Regelungen zur Umsatzsteuer (z.B. in § 7 InsVV oder in § 23 ZwVwV). Gibt es keine spezialgesetzlichen Regelungen, ergibt sich der Anspruch auf die Umsatzsteuer aus § 612 Abs. 2 bzw. § 632 Abs. 2 BGB, da der Auftraggeber

1) Schneider, NJW-Spezial 2019, 475.

nach diesen Vorschriften die übliche Vergütung schuldet, wozu auch die Umsatzsteuer gehört.[1]

B. Anwendungsbereich

I. Honorarvereinbarungen

Schließt der StB mit dem Auftraggeber eine Honorarvereinbarung sollte die zusätzliche Inrechnungstellung der Umsatzsteuer ausdrücklich vereinbart werden. Wird lediglich vereinbart, dass zusätzlich Umsatzsteuer zu zahlen ist, so gilt damit nur der zum Zeitpunkt des Vertragsschlusses geltende Umsatzsteuersatz.[2] Problematisch kann auch die Vereinbarung eines bestimmten Umsatzsteuersatzes werden, wenn die Umsatzsteuer später gesenkt wird (vgl. → Rz. 298). Deshalb sollte „die jeweils gültige gesetzliche Umsatzsteuer" vereinbart werden.[3] **292**

Praxistipp:

Eine nicht eindeutige Vereinbarung geht bei Verbraucher-Mandanten immer und bei Unternehmer-Mandanten möglicherweise zu Lasten des StB, d.h. die vertraglich vereinbarte Vergütung wird als Bruttovergütung inklusive Auslagen und Umsatzsteuer angesehen (→ § 4 StBVV Rz. 119).[4]

Dies gilt im Ergebnis auch für Honorarvereinbarungen im Bereich der **vereinbaren Tätigkeiten** nach § 57 Abs. 3 StBerG. Zwar gilt § 15 StBVV ausweislich des § 1 StBVV nur für die selbstständig ausgeübte Berufstätigkeit nach § 33 StBerG. Gleichwohl wird der StB auch insoweit im Rahmen eines Geschäftsbesorgungsvertrages entweder mit Dienst- oder Werkvertragscharakter tätig. Zu der in einem solchen Fall geschuldeten üblichen Vergütung (§§ 612 Abs. 2, 632 Abs. 2 BGB) gehört bei einem Freiberufler aber auch die Umsatzsteuer. Wird diese nicht ausdrücklich zusätzlich vereinbart, ist bei einem Verbraucher-Mandanten in jedem Fall davon auszugehen, dass alle anfallenden Nebenkosten inklusive Umsatzsteuer von dem vereinbarten Honorar abgegolten sind.[5] Bei Unternehmer-Mandanten ist die Rechtsprechung uneinheitlich, so dass auch hier der Praxistipp (→ Rz. 292) beachtet werden sollte. **293**

II. Berechnung der Umsatzsteuer

Der StB muss die Umsatzsteuer in seiner Rechnung gesondert ausweisen. Da die Umsatzsteuer – anders als bei Rechtsanwälten (→ Rz. 290) aber nicht Teil des Auslagenersatzes und damit nicht Teil der Vergütung (§ 1 Abs. 1 Satz 1 StBVV) ist, besteht keine Pflicht des StB, § 15 StBVV in der Rechnung zu zitieren (→ § 9 StBVV Rz. 204).[6] Anders ist dies, wenn der StB seine Leistungen nach RVG abrechnet, weil die StBVV auf das RVG verweist (§§ 21 Abs. 2, 40 StBVV). **294**

Ist in den Auslagen (insbesondere Reisekosten), die der StB seinem Mandanten weiterberechnet, bereits Umsatzsteuer enthalten (z.B. bei Inlandsflügen 19 % oder bei Bahnfahrten und Taxifahrten 7 %), muss der vorsteuerabzugsberechtigte StB aus diesen Kosten die Umsatzsteuer herausrechnen und auf den Nettobetrag einheitlich Umsatzsteuer i.H.v. 19 % erheben.[7] Seinem Mandanten kann er nur die Nettobeträge der Auslagen/Reisekosten in Rechnung stellen, da er die in diesen Kosten **295**

1) Lotz in Eckert, 7. Aufl. 2023, § 15 StBVV Rz. 6.
2) LG München I v. 21.9.2009, 4 O 10820/08, AGS 2010, 284 mit Anm. Schneider.
3) Schneider, AnwBl 2016, 178, 182 m.w.N.
4) Schneider, AnwBl 2016, 178, 182.
5) OLG Karlsruhe v. 17.11.1978, 15 U 111/77, DB 1979, 447 m.w.N.; Grüneberg, 84. Aufl. 2025, § 157 BGB Rz. 13 m.w.N.
6) A.A. LG Duisburg v. 31.1.2025, 1 O 148/22, DStR 2025, 797 mit Anm. Trosin.
7) LG Ellwangen v. 23.3.2018, 1 KLs 14 Js 11054/17, NJW-Spezial 2018, 573.

enthaltene Umsatzsteuer als Vorsteuer beim Finanzamt geltend machen kann.[1] Der Nettobetrag kann mit folgender Formel aus dem Bruttobetrag herausgerechnet werden: Bruttobetrag : 119 x 100 (bei einem Umsatzsteuersatz von 19 %) bzw. Bruttobetrag : 107 x 100 (bei einem Umsatzsteuersatz von 7 %). Für die so errechneten Auslagen/Reisekosten kann der StB dem Mandanten dann die Umsatzsteuer von 19 % in Rechnung stellen.

Beispiel:

Der StB hat für eine Taxifahrt 30,00 € bezahlt. Nach Abzug von 7 % Umsatzsteuer ergibt sich ein Nettobetrag von 28,03 €. Die Rechnung an den Mandanten sieht wie folgt aus:

Taxikosten (netto)	28,03 €
19 % Umsatzsteuer	5,32 €
Gesamt	33,35 €

Nicht umsatzsteuerbare durchlaufende Posten i.S.d. § 10 Abs. 1 Satz 6 UStG (z.B. verauslagte Gerichtskosten, Zustellgebühren oder Verwaltungsgebühren) sind in der Vergütungsrechnung des StB im Anschluss an den ausgewiesenen Umsatzsteuerbetrag aufzuführen.[2]

III. Umsatzsteuerfreie Vergütung, insbesondere Steuerberater in eigener Sache

296 Wird der StB für sich selbst in einer **betrieblichen Sache** tätig, liegt ein Eigengeschäft vor, bei dem keine Umsatzsteuer anfällt. Ein solcher Fall liegt vor, wenn der StB sein Honorar selbst einklagt oder sich gegen die Rückzahlung von Honorar oder gegen Schadensersatzansprüche selbst wehrt.[3] Wird der StB für sich selbst in einer **privaten Sache** tätig, also nicht betriebsbezogen, ist seine Tätigkeit umsatzsteuerpflichtig. Der erstattungspflichtige Gegner muss die Umsatzsteuer deshalb ersetzen. Ein solcher Fall liegt z.B. vor, wenn der StB sich selbst in einer Einkommensteuersache vertritt oder ein Privatdarlehen einklagt.[4] Wird der StB für einen **Verbraucher-Mandanten** tätig, der seinen Wohnsitz **außerhalb der EU** hat, ist die Tätigkeit des StB nicht umsatzsteuerpflichtig. Der StB muss dann keine Umsatzsteuer abführen und kann folglich gegenüber dem Mandanten auch keine Umsatzsteuer erheben.[5]

IV. Steuerberater als „Kleinunternehmer" (Satz 2)

297 Nach § 15 Satz 2 StBVV darf der StB die Umsatzsteuer nicht erheben, wenn diese nach § 19 Abs. 1 UStG unerhoben bleibt. Von dieser sog. „Kleinunternehmerregelung" profitieren ab dem 1.1.2025[6] alle im Inland ansässigen Unternehmer – auch StB –, deren Gesamtumsatz im vorangegangenen Jahr 25 000 € (zuvor 22 000 €) nicht überstiegen hat und im laufenden Jahr 100 000 € nicht überschreitet.

Der StB kann jedoch nach § 19 Abs. 2 UStG zur Umsatzsteuer optieren und dadurch auch als „Kleinunternehmer" die Berechtigung zur Umsatzsteuerinrechnungstellung herbeiführen.

V. Änderungen des Steuersatzes

298 Der Steuersatz betrug zum Zeitpunkt des Inkrafttretens der StBGebV 13 %. Durch das **Zweite Corona-Steuerhilfegesetz**[7] v. 29.6.2020, hatte die Bundesregierung zur

1) Müller-Rabe in Gerold/Schmidt, RVG, 26. Aufl. 2023, 7008 VV Rz. 56.
2) Lotz in Eckert, 7. Aufl. 2023, § 15 StBVV Rz. 4.
3) N. Schneider in Schneider/Volpert, RVG, 9. Aufl. 2021, VV 7008 Rz. 42 f., 95; Müller-Rabe in Gerold/Schmidt, RVG, 26. Aufl. 2023, 7008 VV Rz. 31 ff. jeweils m.w.N.
4) Müller-Rabe in Gerold/Schmidt, RVG, 26. Aufl. 2023, 7008 VV RVG Rz. 33.
5) VG Berlin v. 18.2.2021, VG 14 KE 4/21, NJW-Spezial 2021, 220.
6) Jahressteuergesetz 2024 v. 2.12.2024, BGBl. I 2024 Nr. 387 = BStBl I 2024, 1484.
7) BGBl. I 2020, 1512 = BStBl I 2020, 563.

Konjunkturbelebung beschlossen, die Mehrwertsteuer befristet vom 1.7.2020 bis zum 31.12.2020 zu senken. Beim Regelsteuersatz galten für alle bis zum 30.6.2020 ausgeführten Umsätze weiter 19 % USt. Für alle vom 1.7.2020 bis zum 31.12.2020 ausgeführten Leistungen betrug der Regelsteuersatz 16 %. Seit dem 1.1.2021 gilt wieder der alte Regelsteuersatz. Kommt es zu einer Veränderung des Umsatzsteuersatzes, hat dies regelmäßig auch gebührenrechtliche Auswirkungen auf die Umsatzsteuerberechnung, die nachfolgend und rückblickend am Beispiel der unterschiedlichen Steuersätze aufgrund des Zweiten Corona-Steuerhilfegesetzes dargestellt werden. Maßgeblich für die Umsatzsteuerberechnung ist allein der Zeitpunkt der **tatsächlichen Leistungserbringung** (§ 13 Abs. 1 Nr. 1a UStG). Das gilt auch für **Teilleistungen** (§ 13 Abs. 1 Nr. 1a Satz 2 UStG). Entscheidend ist nicht der Zeitpunkt der Erbringung der Gesamtleistung, sondern der Zeitpunkt der Ausführung der einzelnen Teilleistung. Anknüpfungspunkt für die Leistungsausführung ist der in § 7 StBVV genannte **Fälligkeitszeitpunkt**, also der im Zeitpunkt der Auftragserledigung oder der Beendigung der Angelegenheit geltende Steuersatz.[1] Es gilt der Grundsatz der **Einheitlichkeit der Leistung** (Abschnitt 29 der UStR) mit der Folge, dass hinsichtlich einer gebührenrechtlichen **Angelegenheit** die Höhe der **Umsatzsteuer** einheitlich zu beurteilen ist.[2]

Beispiel:

Im April 2020 erhebt der StB auftragsgemäß Klage beim Finanzgericht. Im November 2020 wird mündlich verhandelt und es ergeht ein Urteil.

Durch Klageerhebung ist im April 2020 eine 1,6-Verfahrensgebühr nach § 45 StBVV i.V.m. Nr. 3200 VV RVG entstanden.

Die 1,2-Terminsgebühr nach § 45 StBVV i.V.m. Nr. 3202 VV RVG ist im November entstanden.

Da es sich bei dem finanzgerichtlichen Klageverfahren um eine einheitliche gebührenrechtliche Angelegenheit handelt (§ 45 StBVV i.V.m. § 19 Abs. 1 Nr. 1 RVG; vgl. auch § 17 Nr. 1 RVG), ist es unzulässig, die Verfahrensgebühr mit 19 % USt und die Terminsgebühr mit 16 % USt zu berechnen. Da die Angelegenheit mit Urteilsverkündung beendet und der Vergütungsanspruch dadurch fällig wird (§ 45 StBVV i.V.m. § 8 Abs. 1 Satz 2 RVG), gilt einheitlich der Steuersatz von 16 % USt.

Auch bei **Dauerleistungen** (z.B. laufende steuerliche Beratung, Teilnahme an einer Betriebsprüfung) ist auf das Ende des vereinbarten Leistungszeitraums abzustellen.[3] Während es bei Leistungen wie der Aufstellung des Jahresabschlusses, Anfertigung von Steuererklärungen, einmalige Beratung, Prüfung von Bescheiden und Einlegung von Einsprüchen einen eindeutig bestimmbaren Leistungszeitpunkt gibt, ist dieser Zeitpunkt bei **Finanzbuchführungsleistungen** differenziert zu betrachten. Richtet sich der Auftrag auf die fortlaufende Buchführung für das gesamte Kalenderjahr 2020 und werden für die Buchführungsarbeiten **monatliche Anzahlungen** (Vorschüsse) angefordert und bezahlt, spricht für die Annahme einer Teilleistung, dass die monatliche Finanzbuchführung eine gesonderte gebührenrechtliche Angelegenheit ist (→ § 33 StBVV Rz. 554). Das Honorar wird mit Fertigstellung der Finanzbuchführung (i.d.R.) im Folgemonat fällig (str.; vgl. → § 33 StBVV Rz. 555 m.w.N.) und i.d.R. auch monatlich abgerechnet. In diesem Sinne kann auch das BMF-Schreiben v. 30.6.2020[4] zur befristeten Absenkung des allgemeinen und

1) OVG Münster v. 23.10.2008, 19 E 504/07, NJW 2009, 933; Müller-Rabe in Gerold/Schmidt, RVG, 26. Aufl. 2023, VV 7008 Rz. 35; N. Schneider in Schneider/Wolf, RVG, 9. Aufl. 2021, VV 7008 Rz. 117.

2) Müller-Rabe in Gerold/Schmidt, RVG, 26. Aufl. 2023, VV 7008 Rz. 36.

3) BMF-Schreiben v. 30.6.2020, III C 2-S 7030/20/100009:004, BStBl I 2020, 584 zur befristeten Absenkung des allgemeinen und ermäßigten Umsatzsteuersatzes zum 1. Juli 2020, Rz. 23; BStBK Hinweise zur Steuerberatervergütung ab 1. Juli 2020, S. 5 f. mit Berechnungsbeispielen, veröffentlicht auf www.bstbk.de.

4) BMF v. 30.6.2020, III C 2 – S 7030/20/100009:004, BStBl I 2020, 584.

ermäßigten Umsatzsteuersatzes zum 1. Juli 2020 verstanden werden. Dort heißt es in Rz. 25: *„Wird eine Dauerleistung nicht insgesamt für den vereinbarten Leistungszeitraum, sondern für kürzere Zeitabschnitte (z.B. Vierteljahr, Kalendermonat) abgerechnet, liegen insoweit Teilleistungen im Sinne des § 13 Abs. 1 Nr. 1 Buchstabe a Satz 3 UStG vor.".*[1] Unproblematisch ist der Fall, dass der StB mit dem Mandanten für die monatliche Buchführung individuell eine **Stundensatzvergütung** oder eine monatliche **Pauschale** vereinbart hat. Fälligkeit tritt hier unstreitig dann ein, sobald der jeweilige Monat „gebucht" ist, also i.d.R. im Folgemonat. Insoweit liegt eine Teilleistung vor. Umfasst die Pauschale mehrere unterschiedliche zu besteuernde sonstige Leistungen, ist die einheitliche Pauschale sachgerecht auf die einzelnen Leistungen aufzuteilen.[2] Wird für 2020 im Jahr 2021 eine **Jahresbuchführung** erstellt (z.B. für einen Kleinunternehmer oder einen Vermieter), sind insgesamt 19 % USt abzurechnen.[3] Für die Buchführung von **LuF-Betrieben** ergeben sich m.E. keine Besonderheiten. Auch insoweit liegt eine Dauerleistung vor. Auch insoweit können Teilleistungen vorliegen. Zwar handelt es sich bei der Buchführungsgebühr für einen LuF-Betrieb um eine Jahresgebühr. Dies hat aber nicht zur Folge, dass der Leistungszeitraum immer erst nach Ablauf des (abweichenden) Wirtschaftsjahres endet, denn auch die Buchführung für LuF-Betriebe wird zum Teil monatlich, vierteljährlich oder als Jahresbuchführung erbracht. Liegen die Voraussetzungen einer Teilleistung vor, ist hinsichtlich der Umsatzsteuer auf den konkreten Leistungszeitraum (z.B. den Monat, in dem gebucht wurde), abzustellen.[4]

1) Für Teilleistungen siehe auch BStBK-Hinweise zur Steuerberatervergütung ab 1. Juli 2020, S. 7 f. mit Berechnungsbeispielen und DStV-Hinweise „Befristete Absenkung der Umsatzsteuer – Das müssen Steuerberater bei der Rechnungserstellung ab 1. Juli beachten, veröffentlicht auf www.bstbk.de und www.dstv.de; ebenso Beyme, Stbg 2020, 325, 327.
2) BStBK-Hinweise zur Steuerberatervergütung ab 1. Juli 2020, S. 10, www.bstbk.de.
3) Beyme, Stbg 2020, 325, 327.
4) A.A. Beyme, Honorargestaltung für Steuerberater, November 2020, 7, 8.

§ 16
Entgelte für Post- und Telekommunikationsdienstleistungen

[1]Der Steuerberater hat Anspruch auf Ersatz der bei der Ausführung des Auftrags für Post- und Telekommunikationsdienstleistungen zu zahlenden Entgelte. [2]Er kann nach seiner Wahl an Stelle der tatsächlich entstandenen Kosten einen Pauschsatz fordern, der 20 Prozent der sich nach dieser Verordnung ergebenden Gebühren beträgt, in derselben Angelegenheit jedoch höchstens 20 Euro.

Inhalt

Schrifttum

Beyme, Wie oft kann die Auslagenpauschale nach § 16 StBVV angesetzt werden?, Honorargestaltung für Steuerberater, Februar 2025, 6; **Feiter,** Ist der Steuerberater verpflichtet, Auslagenersatz zu berechnen?, KANZLEI intern 6_2018, 2; **Franz/Dardat,** Die Post- und Telekommunikationspauschale nach dem RVG, NJW 2018, 11; **Gläser/Danner,** Steuerberatervergütung für Leistungen im Zusammenhang mit der E-Bilanz, DStR 2014, 2198; **Eckert,** Die erste Rechtsprechung zum Steuerberatungsgebührenrecht, DStR 1987, 407; **Schneider,** Aktuelle Rechtsprechung zur Vergütungsvereinbarung, AnwBl Online 2019, 199.

A. Inhalt und Bedeutung

299 Die Vorschrift stellt klar, dass die **Post- und Telekommunikationsdienstleistungen** nicht zu den allgemeinen Geschäftskosten i.S.d. § 3 Abs. 1 StBVV gehören und daher neben den Gebühren als Auslagen gefordert werden können. Inhaltlich entspricht sie der Regelung der Nr. 7002 VV RVG. Von diesen Kosten, insbesondere den **Kosten des Telekommunikationsdienstleisters**, sind sonstige **besondere Geschäftskosten**, die mandantenbezogen anfallen, z.B. **EDV-/(Datev)-Kosten** abzugrenzen. Wenn für diese Kosten keine besonderen Abrechnungsvorschriften in der StBVV existieren und sie auch nicht unter die §§ 16 ff. StBVV subsumiert werden können, kommt eine Abrechnung nach §§ 675, 670 BGB in Betracht (→ § 3 StBVV Rz. 110).

300 § 16 StBVV ist nicht anwendbar, wenn der StB vereinbare Tätigkeiten nach § 57 Abs. 3 StBerG wahrnimmt. Der Auslagenersatz richtet sich dann nach §§ 670, 675 BGB.[1] Wenn die StBVV auf die Vorschriften des RVG verweist (z.B. in § 40 StBVV), ist § 16 StBVV ebenfalls nicht anwendbar. Dann ist nach Nr. 7001 und 7002 VV RVG abzurechnen.

301 Die 3. ÄndVO[2] hat den Begriff der Fernmeldegebühren durch den der Telekommunikationsdienstleistungen ersetzt. Die Änderung ist redaktioneller Art. Die letzte Änderung der Vorschrift mit Wirkung zum 1.1.2007 durch das JStG 2007[3] diente der Angleichung der Höhe des pauschalen Kostensatzes an die Werte des RVG. Bis dahin war in Satz 2 ein Pauschsatz von 15 % und für Strafsachen und Bußgeldverfahren eine Höchstgrenze von 15 € je Angelegenheit vorgesehen.[4]

---

1) LG Köln v. 26.1.2023, 2 O 133/21.
2) 3. ÄndVO v. 20.8.1998, BGBl. I 1998, 2369.
3) JStG 2007 v. 13.12.2006, BGBl. I 2006, 2878 = BStBl I 2007, 28.
4) KostREuroUG v. 27.4.2001, BGBl. I 2001, 751.

B. Anwendungsbereich

302 Ob der StB einen Anspruch auf Ersatz von Auslagen hat, bestimmt sich nach §§ 675, 670 BGB. Die StBVV setzt einen solchen Anspruch voraus. In den §§ 16 ff. StBVV sind deshalb lediglich Regelungen für typische Auslagen getroffen worden. Neben den dort genannten Entgelten für Post- und Telekommunikationsdienstleistungen, Schreibauslagen (§ 17 StBVV) und Geschäftsreisen (§ 18 StBVV) sind weitere Auslagen denkbar, z.B. EDV-/(Datev) -Kosten, Kosten im Zusammenhang mit dem Transparenzregister, Kosten für die Beschaffung von Handelsregisterauszügen, Grundbuchauszügen, Urkunden, Übersetzungskosten, Kosten für die Einholung von Auskünften, für Vorschüsse (z.B. auf Gerichtskosten), Privatgutachten, Boten- und Expressgebühren, Datenbank-Recherchekosten im Einzelfall außerhalb einer bestehenden Lizenz oder Kosten im Zusammenhang mit einer für den Mandanten vorgenommenen Zahlung an das Finanzamt. Soweit der StB diese Auslagen für erforderlich halten durfte, kann er sie als weitere besondere Aufwendungen nach § 3 Satz 2 StBVV i.V.m. §§ 675, 670 BGB gegenüber dem Mandanten abrechnen (→ Rz. 299).

303 Zu den Entgelten für Post- und Telekommunikationsdienstleistungen rechnen die Portokosten für Briefe, Päckchen, Pakete mit allen Sonderzuschlägen. Soweit es um die Nutzung moderner Kommunikationsmittel geht, sind die Grundgebühren sowie anteilige Kosten für die Anschaffung und Unterhaltung der entsprechenden Anlagen und Anschlüsse nicht als Auslagenersatz abrechenbar, da es sich um allgemeine Geschäftskosten handelt, § 3 Satz 1 StBVV. Fraglich ist, ob im Falle eines **Flatrate-Vertrages** Auslagenersatz für Telefonate (auch über Smartphone), Telefaxe, Internetnutzung (E-Mail-Versand, Internettelefonie, Voice over IP, Videotelefonie, Videokonferenzen etc.) anfällt (siehe dazu → Rz. 305). Daneben können mandantenbezogene Kosten, z.B. EDV-/(Datev) -Kosten als besondere Geschäftskosten gemäß § 3 Satz 2 StBVV i.V.m. §§ 675, 670 BGB weiterberechnet werden (→ Rz. 299, → § 3 StBVV Rz. 110).

Praxistipp:

Im Fall einer Vergütungsvereinbarung sollten die Parteien die zusätzliche Inrechnungstellung von Auslagenersatz ausdrücklich vereinbaren, andernfalls ist davon auszugehen, dass sämtliche Auslagen in dem vereinbarten Honorar enthalten sind (→ § 15 StBVV Rz. 293 m.w.N.).

Fraglich ist, ob höherer Auslagenersatz oder eine **höhere Pauschale für Auslagenersatz** wirksam vereinbart werden kann.

Beispiel:

In einer Vergütungsvereinbarung nach § 4 Abs. 1 StBVV findet sich folgende Klausel: „Anstelle der gesetzlich vorgesehenen Pauschale für Post- und Telekommunikationsdienstleistungen nach § 16 StBVV tritt eine Pauschale i.H.v. 5 % der berechneten Gebühren, mindestens aber 50 €".

Das LG Köln[1] hat in einer Anwaltssache eine solche Klausel wegen Verstoßes gegen § 307 Abs. 1 Satz 1, Abs. 2 Nr. 1 BGB für unwirksam gehalten, weil sie dem gesetzlichen Leitbild der Nr. 7002 VV RVG (Parallelvorschrift des § 16 StBVV) widerspricht. Die gesetzlich vorgesehene Obergrenze von 20 € (je Angelegenheit) stelle einen **wesentlichen Grundgedanken der gesetzlichen Regelung** und der dort vorgesehenen Pauschale dar, während die Geltendmachung höherer Auslagen deren konkrete Angabe erfordert. Im Gegensatz dazu sehe die o.g. Klausel eine höhenmäßig nicht gedeckelte Mindestpauschale von 50 € vor. Demgegenüber hatte das OLG Karlsruhe[2] keine Bedenken gegen eine anwaltlich vereinbarte Auslagenpauschale von 3 % des vereinbarten Stundensatzes. Eine solche Vereinbarung ent-

1) LG Köln v. 18.10.2016, 11 S 302/15, AnwBl Online 2017, 274, 281.
2) OLG Karlsruhe v. 11.1.2023, 3 U 46/21.

spreche zwar in keiner Weise der gesetzlichen Regelung in Nr. 7002 VVRVG. Der Anwalt hätte aber genauso gut einen um 3 % höheren Stundensatz vereinbaren können, der dann die Auslagen mit abdeckt und immer noch im Rahmen der üblichen Bandbreite liege. Es könne keinen Unterschied machen, ob ein Teil des Honorars auf diese Weise gesondert den Auslagen zugeordnet wird. Der **BGH**[1] hat in einer Anwaltssache eine Auslagenpauschale von 5 % der Nettogebühren, mindestens 20 € als **unangemessene Benachteiligung** gegenüber einem Verbraucher-Mandanten angesehen. Eine solche Klausel sei **intransparent** (§ 307 Abs. 1 Satz 2 BGB) und wegen der damit verbundenen unangemessenen Benachteiligung unwirksam (§ 307 Abs. 1 Satz 1 BGB). Die Besonderheit des vom BGH entschiedenen Falles lag darin, dass der Anwalt eine Stundensatzvereinbarung und zusätzlich eine Stundensatzerhöhungsklausel mit dem Mandanten vereinbart hatte, die aus Sicht des BGH intransparent war und die Höhe des Stundensatzes verschleierte. Nach Ansicht des BGH verstärkt die Pauschalierung des Auslagenersatzes den durch missbräuchliche Vertragsgestaltung verdeckten preistreibenden Effekt der Erhöhungsklausel. Der durchschnittliche Vertragspartner könne den zu zahlenden Aufwendungsersatz im Laufe der Mandatsbearbeitung jedenfalls nicht abschätzen. Unabhängig von dieser Besonderheit sieht der BGH eine solche Klausel wohl generell kritisch, wenn es heißt: "Tatsächlich erhöht sie den vereinbarten Stundensatz pauschal um 5 % ohne dass erkennbar wäre, dass mit jeder Arbeitsstunde durchschnittlich entsprechende Auslagen verbunden wären".[2]

Die Frage, ob bzw. inwieweit durch Vereinbarung von der gesetzlichen Regelung des § 16 StBVV abgewichen werden kann, beantwortet m.E. § 4 Abs. 2 StBVV am besten. Danach kann eine vereinbarte Vergütung (dazu gehört auch Auslagenersatz, vgl. § 1 Abs. 1 Satz 1 StBVV) auf den angemessenen Betrag bis zur Höhe der gesetzlichen Vergütung herabgesetzt werden, wenn die vereinbarte Vergütung unter Berücksichtigung aller Umstände **unangemessen hoch** ist. Davon ist auszugehen, wenn die vereinbarten Beträge sich nicht mehr im **Rahmen des Möglichen** halten, da dann in Wahrheit keine „Auslagen" vereinbart werden. Bei der Würdigung der Angemessenheit ist auf den **Zeitpunkt der Auftragserledigung bzw. Mandatsbeendigung** abzustellen.[3] Es kommt also auf den Einzelfall an.

Kritische Stellungnahme:

Dies verkennt m.E. das LG Köln, wenn es die Klausel von vorneherein als unwirksam ansieht. Das LG Köln erwähnt auch mit keinem Wort, dass die Auslagenpauschale von 20 € nicht pro Rechnung, sondern pro Angelegenheit geltend gemacht werden kann. Die vereinbarte Mindestpauschale von 50 € liegt deshalb bei drei abgerechneten Angelegenheiten schon unterhalb der gesetzlichen Pauschale von 3 x 20 € = 60 €.

Praxistipp:

1. Klauseln wie im Fall des LG Köln, des OLG Karlsruhe oder des BGH sind in der Praxis weit verbreitet und von Mandantenseite akzeptiert. Zwingende Gründe, derartige Klauseln künftig nicht mehr zu verwenden, bestehen nicht. Allenfalls gegenüber Verbraucher-Mandanten besteht nach der o.g. BGH-Entscheidung ein gewisses Risiko, wenngleich der BGH-Fall zusätzliche Umstände aufwies, die schließlich zur Unwirksamkeit der Klausel führten. Sollte ein Gericht eine solche Klausel als unwirksam ansehen, bliebe die Vergütungsvereinbarung im Übrigen wirksam. Der StB wäre nur gezwungen, den Auslagenersatz nicht nach Vereinbarung, sondern nach den gesetzlichen Vorschriften abzurechnen. Ein überschaubares Risiko. Aus Akzeptanzgründen sollte dem Mandanten eine derartige Klausel im Vorfeld mit Vereinfachungsgründen bei der Abrechnung erläutert werden.

---

1) BGH v. 12.9.2024, IX ZR 65/23, MDR 2024, 1475.
2) BGH v. 12.9.2024, IX ZR 65/23, MDR 2024, 1475, Rz. 45.
3) Onderka/N. Schneider/Volpert, 9. Aufl. 2021, § 3a RVG Rz. 104 m.w.N.

2. Um Diskussionen über die Zulässigkeit einer solchen Klausel gänzlich auszuschließen, kann die vereinbarte Auslagenpauschale alternativ in den vereinbarten Stundensatz oder die vereinbarte Pauschale eingepreist werden. Diese Einpreisung schafft zum einen Transparenz im Verhältnis zum Mandanten, zum anderen erspart sie jedwede Rechtsfertigung von Auslagenersatz.[1]

I. Wahlrecht

304 Der StB kann nach seiner Wahl entweder die im Einzelfall tatsächlich entstandenen Entgelte für Post- und Telekommunikationsdienstleistungen oder einen Pauschsatz berechnen, der 20 % der Gebühr nach der StBVV, jedoch höchstens 20 € für jede **Angelegenheit** (→ § 10 StBVV Rz. 223)[2] beträgt. Auch innerhalb einer Gebührenrechnung kann der Berater nach seinem Ermessen für jede Angelegenheit eine Pauschale oder die tatsächlichen Kosten geltend machen.

305 Ein Wahlrecht zwischen einer Einzelberechnung und einer Pauschalierung besteht nach h.M. aber nur dann, wenn überhaupt **Auslagen angefallen** sind.[3]

Praxistipp:

Vorsicht ist geboten, wenn der StB seinem Mandanten bereits die EDV-/DATEV-Kosten weiterberechnet. Fallen neben den entsprechenden Übermittlungs- und Speichergebühren sowie den sonstigen Gebühren des Rechenzentrums keine weiteren Kosten an, weil der StB mit seinem Mandanten weder telefoniert noch per E-Mail oder Post korrespondiert hat, kann er keinen zusätzlichen Auslagenersatz abrechnen.

Entgegen der früheren Rechtsauffassung[4] setzt sich zunehmend die Auffassung durch, dass die Auslagenpauschale durch jedwede Nutzung der modernen Kommunikationsmittel ausgelöst wird, und es unschädlich ist, wenn ein Einzelnachweis bzw. eine Aufschlüsselung einzelner Kosten wegen eines **Flatrate-Vertrages** gar nicht möglich ist. Danach reicht bereits der Versand einer einzigen E-Mail an den Mandanten aus, um die Auslagenpauschale geltend machen zu können.[5] Die gegenteilige ältere Rechtsprechung ist in der Tat nicht mehr zeitgemäß, da sie aus Zeiten stamme, als es noch keine Flatrates gab und für jeden einzelnen Telefonanruf genaue Entgelte berechnet wurden. Sie würde auch dem Sinn und Zweck der Pauschalisierung entgegenlaufen, das Kostenrecht transparenter und einfacher zu gestalten. Daher wird die Pauschale mit jeder vom Anwalt verwendeten Nutzung der modernen Kommunikationsmedien (z.B. E-Mail, „MyDATEV Kommunikation" als Alternative zur E-Mail, Videokonferenz, Videotelefonie, Mobiltelefonie etc.) ausgelöst. Zuvor schon hat das AG Winsen/Luhe[6] ebenfalls in einer Anwaltssache entschieden, dass die Pauschale auch dann in Ansatz gebracht werden darf, wenn im Einzelfall keinerlei Einzelkosten angefallen sind. Es sei gerade Sinn und Zweck einer Pauschale, dem Berechtigten jeglichen Aufwand zu ersparen, der mit der Führung eines Einzelnachweises verbunden ist.[7] Das AG Winsen/Luhe verweist zur Begründung auf das Ziel des Gesetzgebers, das Vergütungsrecht der Rechtsanwälte

1) Schneider, AnwBl Online 2019, 199, 203.
2) Beyme, Honorargestaltung für Steuerberater, Februar 2025, 6.
3) OLG Stuttgart v. 10.6.1986, 10 U 208/85, besprochen von Eckert, DStR 1987, 407; OLG Frankfurt a.M. v. 3.5.2017, 18 W 195/16, NJW-Spezial 2017, 477; Lotz in Eckert, StBVV, 7. Aufl. 2023, § 16 Rz. 8; Beyme, Honorargestaltung für Steuerberater, Februar 2025, 6; ebenso zum Anwaltsrecht: Müller-Rabe in Gerold/Schmidt, RVG, 26. Aufl. 2023, VV 7001, 7002 Rz. 20 m.w.N.; a.A.: Franz/Dardat, NJW 2018, 11: danach soll die Geltendmachung der Pauschale losgelöst von tatsächlich angefallenen Auslagen möglich sein.
4) Siehe nur N. Schneider in Schneider/Volpert, RVG, 9. Aufl. 2021, VV 7001–7002 Rz. 7 und 8.
5) So OLG Frankfurt a.M. v. 3.5.2017, 18 W 195/16, NJW-Spezial 2017, 477; Müller-Rabe, in Gerold/Schmidt, RVG, 26. Aufl. 2023, VV 7001, 7002 Rz. 21a; N. Schneider in Schneider/Volpert, 9. Aufl. 2021, RVG, VV 7001–7002 Rz. 8 zum Anwaltsrecht.
6) AG Winsen/Luhe v. 27.12.2015, 18 II 531/11, NJW-Spezial 2016, 220.
7) In diesem Sinne auch Franz/Dardat, NJW 2018, 11; Ueberfeldt, DStR 2017, 2143.

mit der Einführung des RVG „transparenter und einfacher" zu gestalten. Dieses Ziel verfolgte der Verordnungsgeber auch mit der Einführung der StBVV,[1] so dass die vom OLG Frankfurt a.M. und vom AG Winsen/Luhe vorgebrachten Argumente zu der Parallelvorschrift der Nr. 7002 VV RVG auf § 16 StBVV übertragbar sind. Da die Argumente überzeugen, ist davon auszugehen, dass sich diese Rechtsprechung im Anwaltsrecht weiter festigen und auch auf StB Anwendung finden wird.

Auslagen i.S.d. § 16 StBVV fallen dann an, wenn der StB im Vorfeld der Übermittlung elektronischer Steuererklärungen oder der E-Bilanz oder im Anschluss daran schriftlich oder in Textform mit dem Mandanten korrespondiert.[2] Verschickt der StB mehrere Steuererklärungen nebst der dazugehörigen Anlagen in einer Postsendung an den Mandanten, kann er die Pauschale nach § 16 StBVV mehrfach – für jede Angelegenheit (→ § 10 StBVV Rz. 224 ff.) – in Ansatz bringen.[3] Sind Portokosten ausschließlich für die Versendung der Vergütungsrechnung angefallen, rechtfertigt dies noch keinen Auslagenersatz nach § 16 StBVV.[4] Für die Abrechnung nach RVG (→ § 16 StBVV Rz. 300) ist dies durch die Anmerkung zu Nr. 7001 VVRVG geklärt. Dort heißt es: „Für die durch die Geltendmachung der Vergütung entstehenden Entgelte kann kein Ersatz verlangt werden". Dass auch im Rahmen einer bloßen Beratung in der Kanzlei Auslagen anfallen können, z.B. durch das Anfordern von Akten oder durch schriftliche Korrespondenz mit dem Mandanten, ist in der Rechtsprechung zwischenzeitlich anerkannt.[5] Der StB ist **nicht verpflichtet**, Auslagenersatz geltend zu machen, wenn Auslagen entstanden sind.[6] Eine Berechnungspflicht ergibt sich weder aus § 16 StBVV, noch aus § 9 StBVV. Ein Verstoß gegen eine vermeintliche Berechnungspflicht hätte im Übrigen nur berufsrechtliche, aber keine zivilrechtlichen Konsequenzen. D.h. der StB könnte ggf. berufsrechtlich belangt werden, auf die Durchsetzbarkeit seiner Honorarforderung hätte der Auslagenverzicht aber keine Konsequenzen.[7] Unstreitig ist, dass der StB bei besonderen Umständen, etwa der Bedürftigkeit eines Auftraggebers, Auslagenersatz ermäßigen oder streichen darf (§ 45 Abs. 4 Satz 2 BOStB a.F.).

Die Pauschale kann der Berater auch dann fordern, wenn die **Höhe der tatsächlich entstandenen Auslagen weit unter dem Pauschalbetrag** liegt oder wenn die Höhe der tatsächlichen Auslagen gar nicht feststellbar ist, weil der StB einen Flatrate-Vertrag hat (→ Rz. 305). **306**

Kritische Stellungnahme:

Durch die heute üblichen Flatrate-Verträge und die zunehmende Korrespondenz per E-Mail und beSt wird es für StB immer schwieriger, die Auslagenpauschale gegenüber den Mandanten plausibel zu machen, auch wenn deren Geltendmachung nach der neueren Rechtsprechung durchaus zulässig ist (→ Rz. 305). Wünschenswert wären zeitgerechte Regelungen im Bereich der §§ 16 ff. StBVV, die der zunehmenden Digitalisierung Rechnung tragen. Bis dahin empfiehlt es sich, § 16 StBVV mit Augenmaß anzuwenden. Im Falle einer Vergütungsvereinbarung sollten auch die „Nebenkosten" geregelt werden (→ Rz. 303), damit es keine Diskussionen mit dem Mandanten gibt.

Eine Nachweispflicht über die Höhe der entstandenen Auslagen besteht nur dann, wenn nicht der Pauschsatz in Anspruch genommen wird, sondern die tatsächlich entstandenen niedrigeren oder höheren Beträge geltend gemacht werden. Hier ist

1) BR-Drucks. 603/12 v. 10.10.2012, S. 43.
2) Gläser/Dauer, DStR 2014, 2198.
3) Lotz in Eckert, 7. Aufl. 2023, § 16 StBVV Rz. 5.
4) Lotz in Eckert, 7. Aufl. 2023, § 16 StBVV Rz. 8.
5) AG Königs-Wusterhausen v. 15.2.2012, 2 d II UR 70/11, NJW-Spezial 2012, 220; AG Riesa v. 16.8.2017, 2 UR II 345/16, NJW-Spezial 2018, 29.
6) Feiter, KANZLEI intern 6_2018, 2; Berners, 6. Aufl. 2020, § 16 StBVV Rz. 2.
7) Ausführlich Feiter, KANZLEI intern 6_2018, 2.

der StB in vollem Umfang darlegungs- und beweispflichtig.[1] Ein weiterer Nachteil einer konkreten Abrechnung ist die Pflicht zum gesonderten Umsatzsteuerausweis. Enthalten die gezahlten Entgelte ihrerseits Umsatzsteuer, darf der StB gegenüber einem zum Vorsteuerabzug berechtigten Mandanten zunächst nur die Nettobeträge ansetzen und dann die Umsatzsteuer hinzurechnen. Nur so kann der Mandant den Vorsteuerabzug geltend machen (→ Rz. 296).[2]

II. Nachforderung von Auslagenersatz

307 Stellt der Berater, der zunächst eine Auslagenpauschale berechnet hatte, im Nachhinein fest, dass die tatsächlich entstandenen Auslagen den Pauschalbetrag wesentlich übersteigen, kann er grundsätzlich im Rahmen einer Rechnungskorrektur eine Nachberechnung vornehmen.[3] Nur wenn besondere Umstände hinzutreten, die das Verlangen des Beraters als treuwidrig erscheinen lassen (§ 242 BGB), wird man ausnahmsweise eine Bindung des Beraters an die zunächst berechnete Pauschale annehmen können.

1) Zur Glaubhaftmachung der tatsächlich entstandenen Auslagen im finanzgerichtlichen Verfahren → Rz. 699.

2) BGH v. 17.4.2012, VI ZB 46/11, AnwBl 2012, 664; N. Schneider in Schneider/Volpert, RVG, 9. Aufl. 2021, VV 7001 – 7002 Rz. 18.

3) OLG Stuttgart v. 23.9.1969, 8 W 143/69, NJW 1970, 287 f.; OLG Hamm v. 22.6.1994, 25 U 125/93, GI 1995, 35; Mittelsteiner/Scholz, 4. Aufl. 1998, § 16 StBGebV Rz. 6; a.A. OLG Düsseldorf v. 20.1.1994, 13 U 102/93, GI 1995, 11; Lotz in Eckert, 7. Aufl. 2023, § 16 StBVV Rz. 11, 12.

§ 17
Dokumentenpauschale

(1) [1]Der Steuerberater erhält eine Dokumentenpauschale

1. für Ablichtungen

a) aus Behörden- und Gerichtsakten, soweit deren Herstellung zur sachgerechten Bearbeitung der Angelegenheit geboten war,

b) zur Mitteilung an Gegner oder Beteiligte und Verfahrensbevollmächtigte auf Grund einer Rechtsvorschrift oder nach Aufforderung durch das Gericht, die Behörde oder die sonst das Verfahren führende Stelle, soweit hierfür mehr als 100 Ablichtungen zu fertigen waren,

c) zur notwendigen Unterrichtung des Auftraggebers, soweit hierfür mehr als 100 Ablichtungen zu fertigen waren,

d) in sonstigen Fällen nur, wenn sie im Einverständnis mit dem Auftraggeber zusätzlich, auch zur Unterrichtung Dritter, angefertigt worden sind und

2. für die Überlassung elektronischer Dokumente an Stelle der in Nummer 1 Buchstabe d genannten Ablichtungen.

[2]Eine Übermittlung durch den Steuerberater per Telefax steht der Herstellung einer Ablichtung gleich.

(2) [1]Die Höhe der Dokumentenpauschale bemisst sich nach den für die Dokumentenpauschale im Vergütungsverzeichnis zum Rechtsanwaltsvergütungsgesetz bestimmten Beträgen. [2]Die Höhe der Dokumentenpauschale nach Absatz 1 Nr. 1 ist in derselben Angelegenheit und in gerichtlichen Verfahren in demselben Rechtszug einheitlich zu berechnen.

Inhalt

Schrifttum

Beyme, Akteneinsicht in Zeiten der Pandemie ist durch Übersendung in die Kanzleiräume zu realisieren, Anmerkung zu FG Hamburg v. 1.2.2021, 4 K 136/20, Stbg 2021, 221; **Gläser/Danner,** Steuerberatervergütung für Leistungen im Zusammenhang mit der E-Bilanz, DStR 2014, 2198; **Schoenfeld,** Akteneinsicht im finanzgerichtlichen Verfahren in Pandemiezeiten, Anmerkung zu FG Hamburg v. 1.2.2021, 4 K 136/20, EFG 2021, 386.

A. Inhalt und Bedeutung

308 Durch das JStG 2007[1] wurde § 17 StBGebV weitgehend an Nr. 7000 VV RVG angepasst. Nr. 7000 VV RVG seinerseits wurde zum 1.8.2013 durch das 2. KostRMoG[2] erneut geändert. Diese Änderungen sind in § 17 StBVV noch nicht nachvollzogen, obwohl durch die Fünfte Verordnung zur Änderung steuerlicher Verordnungen v. 25.6.2020[3] und durch die Fünfte Verordnung zur Änderung der Steuerberatervergütungsverordnung v. 31.3.2025[4] Die Anpassung ist nunmehr im Rahmen einer Siebten Verordnung zur Änderung steuerlicher Verordnungen vorgesehen (→ Rz. 309 a.E. und Rz. 313). Bei § 17 StBVV handelt es sich um eine restriktive Vorschrift, die Ersatz für Ablichtungen (Abs. 1 Satz 1 Nr. 1) und elektronisch gespeicherte Daten (Abs. 1 Satz 1 Nr. 2) nur unter den in Abs. 1 Satz 1 Nr. 1 Buchst. a bis d und Abs. 1 Satz 1 Nr. 2 genannten Voraussetzungen zulässt. In allen anderen Fällen erhält der StB keine gesonderte Vergütung. Seine Kosten gelten dann vielmehr als allgemeine Geschäftskosten nach § 3 Satz 1 StBVV.

Wie bei § 16 StBVV handelt es sich um eine „Mussvorschrift", d.h. die Pauschale für die Herstellung von Dokumenten muss nach § 17 StBVV geltend gemacht werden, wenn tatsächlich entsprechende Auslagen entstanden sind (Str. → § 16 StBVV Rz. 305). Die Übermittlung der E-Bilanz kann unter keinen der Tatbestände des § 17 StBVV subsumiert werden. Die Aufnahme eines eigenen Tatbestandes in die StBVV (→ § 35 StBVV Rz. 582)[5] ist nicht zu erwarten. § 17 StBVV gilt nicht, wenn der StB vereinbare Tätigkeiten nach § 57 Abs. 3 StBerG ausübt. Der Auslagenersatz richtet sich dann nach den §§ 670, 675 BGB. Ebenso wenig gilt § 17 StBVV, wenn der StB seine Leistungen nach RVG abrechnet (§§ 21 Abs. 2, 40 StBVV). Dann ist Nr. 7000 VV RVG einschlägig.

Die Dokumentenpauschale entsteht im Fall des § 17 StBVV für **Ablichtungen** und im Fall der Nr. 7000 VV RVG für **Kopien** und **Ausdrucke**. Nach beiden Vorschriften erhält der StB für sog. **Urschriften** keine gesonderte Vergütung.[6] Von der Entstehung der Dokumentenpauschale (Anspruch gegen den Auftraggeber) ist deren Erstattbarkeit (Anspruch gegen den unterlegenen Gegner im gerichtlichen Verfahren) zu unterscheiden. § 17 Abs. 2 Satz 1 StBVV verweist hinsichtlich der Höhe des Entgelts nicht mehr auf das GKG, sondern auf die entsprechende Regelung zur Dokumentenpauschale in Nr. 7000 VV RVG. Diese Vorschrift wurde zuletzt durch das 2. KostRMoG mit Wirkung zum 1.8.2013 geändert. Danach sind für die ersten 50 Seiten Schwarz-Weiß-Kopien 0,50 € und für jede weitere Schwarz-Weiß-Kopie pro Seite 0,15 € und für die ersten 50 Seiten Farbkopien 1,00 € und für jede weitere Farbkopie 0,30 € vorgesehen (vgl. Nr. 7000 VV RVG).

Beispiel:

Der StB fertigt in derselben gebührenrechtlichen Angelegenheit 60 Schwarz-Weiß-Kopien und 60 Farbkopien aus einer Behördenakte.

Er kann für die ersten 50 Schwarz-Weiß-Seiten 0,50 € und für die ersten 50 Seiten Farbkopien 1,00 € abrechnen. Dass er insgesamt mehr als 50 Kopien gefertigt hat, ändert daran nichts.

Der Wortlaut unterscheidet nicht zwischen unterschiedlichen Seitenformaten. Zwar kann das **DIN A4-Format** als „Normseite" angesehen werden, kleinere oder größere Formate rechtfertigen aber keine Ab- oder Zuschläge auf die gesetzlich vorgesehenen Beträge. Bei **doppelseitigen Ablichtungen** kommt es nicht auf die Zahl der

1) JStG 2007 v. 13.12.2006, BGBl. I 2006, 2878 = BStBl I 2007, 28.
2) 2. KostRMoG v. 23.7.2013, BGBl. I 2013, 2586.
3) BGBl. I 2020, 1495, 1498 = BStBl I 2020, 555.
4) BGBl. I 2025 Nr. 105 = BStBl I 2025, 1009.
5) Vgl. Gläser/Danner, DStR 2014, 2198, 2199.
6) Volpert in Schneider/Volpert, 9. Aufl. 2021, VV 7000 Rz. 3.

hergestellten Papierseiten, sondern auf die Zahl der auf einem Blatt hergestellten Ablichtungen an.[1]

B. Umfang der erstattungsfähigen Auslagen (Abs. 1)

I. Ablichtungen aus Behörden- und Gerichtsakten (Satz 1 Nr. 1 Buchst. a)

Die Vorschrift ist für StB nur von geringer praktischer Relevanz, da das Anfertigen **309** von Kopien aus Behördenakten in außergerichtlichen Angelegenheiten nicht zum Tagesgeschäft eines StB gehört. In Betracht kommen etwa Ablichtungen aus gemeindlichen Bauakten im Zusammenhang mit der Einheitsbewertung des Grundbesitzes oder Abschriften aus Behördenakten im Zusammenhang mit einem Einspruchsverfahren. Für den Empfang und den erstmaligen Ausdruck eines als Computerfax eingegangenen Telefaxschreibens fällt keine Dokumentenpauschale an (→ Rz. 314).[2]

In gerichtlichen Verfahren gilt über § 40 Satz 1 StBVV die Nr. 7000 VV RVG. Nach überwiegender Auffassung in der **Zivil- und öffentlich-rechtlichen Gerichtsbarkeit**[3] kann der Prozessbevollmächtigte nur für solche Abschriften eine Dokumentenpauschale fordern, die zur sachgemäßen Bearbeitung der Rechtssache geboten sind. Begründet wird dies mit dem im Kostenerstattungsrecht herrschenden Prinzip der Sparsamkeit. Diese Grundsätze gelten auch für das finanzgerichtliche Verfahren. Auch der StB muss deshalb das ihm eingeräumte Ermessen ausüben. Ein „engherziger Maßstab" ist nicht anzulegen, da dem StB wegen des ihn treffenden Haftungsrisikos ein eigener Beurteilungsspielraum einzuräumen ist, welche Schriftstücke abzulichten sind. Auch ist es weder dem Prozessbevollmächtigten noch dem Urkundsbeamten zuzumuten, jedes Blatt einer Akte umfassend auf seine Verfahrensrelevanz zu überprüfen. Es kann von einem Bevollmächtigten nicht verlangt werden, dass er sofort erkennt, welche Seiten einer umfangreichen Akte relevant sind und welche nicht.[4] In Verwaltungsverfahren besteht keine Verpflichtung zur Verwendung einer elektronischen Ablichtung. Der StB darf grundsätzlich Kopien fertigen.[5] Das Kopieren einer kompletten Akte wird in der Regel allerdings nicht gebilligt. Von einer Kostenerstattung auszunehmen sind insbesondere Aktenbestandteile, die auf den ersten Blick irrelevant sind sowie eigene Schriftsätze des StB und Beschlüsse des Gerichts, die er schon erhalten hat.[6] Auch Kopien von Gerichtsentscheidungen, die für die übrigen Verfahrensbeteiligten hergestellt werden, sind nicht zu erstatten, wenn es sich um veröffentlichte und allgemein zugängliche Entscheidungen handelt.[7] Speziell in **Strafsachen** wird die Notwendigkeit von Kopien aus Behörden- und Gerichtsakten großzügiger beurteilt. Auf eine kleinteilige Differenzierung nach verschiedenen Aktenbestandteilen sei zu verzichten. Welche Bedeutung der Aktenbestand für die sachgemäße Bearbeitung habe, erweise sich regelmäßig erst im Nachhinein. Ein Verteidiger dürfe deshalb den gesamten Akteninhalt (einschließlich Beiakten, Aktendeckel und lose einliegender Blätter) kopieren.[8] Nach überwiegender Auffassung gilt dies aber nicht, wenn dem Verteidiger

1) Volpert in Schneider/Volpert, 9. Aufl. 2021, VV 7000 Rz. 201.
2) VG Dresden v. 21.8.2019, 12 K 2345/16.A, NJW-Spezial 2019, 637.
3) Nachweise bei Thüringer FG v. 14.10.2014, 4 Ko 557/13, EFG 2015, 72, 76 ff.
4) OLG Schleswig v. 24.11.2020, L 5 SF 301/20 B E in einer sozialrechtlichen PKH-Sache. Es ging um netto 253,60 € für 1 574 Kopien.
5) VG Augsburg v. 16.1.2025, Au 2 M 23.2090, StRR 2025, Nr 5, 5.
6) Thüringer FG v. 14.10.2014, 4 Ko 557/13, EFG 2015, 72, 76 ff. mit zahlreichen weiteren Nachweisen; VG Gelsenkirchen v. 12.3.2013, 1 K 4489/11; VG Würzburg v. 4.5.2012, W 6 M 12.300.24; VG Lüneburg v. 2.12.2004, 1 B 53/04, NJW 2005, 697, in einer Anwaltssache m.w.N.; Lotz in Eckert, 7. Aufl. 2023, § 17 StBVV Rz. 8.
7) OLG Hamburg v. 7.3.2017, 8 W 23/17, MDR 2017, 972.
8) AG Essen v. 21.11.2011, 50 Ls – Js 778/09.

eine digitalisierte Akte (eAkte), z.B. in Form einer CD-Rom oder eines USB-Sticks, zur Verfügung gestellt wird. Dann ist es ihm grundsätzlich zuzumuten, sich mit Hilfe der e-Akte in den Sachverhalt einzuarbeiten und erst auf dieser Grundlage zu entscheiden, welche (zentralen) Aktenbestandteile für die weitere Vertretung des Mandanten auch in Papierform benötigt werden.[1)] Nach anderer Ansicht kann auch in diesen Fällen ein Ausdruck der Akte zur sachgerechten Bearbeitung der Rechtssache geboten sein. Geboten sei ein Ausdruck bereits dann, wenn dem Prozessbevollmächtigten während der Hauptverhandlung kein Laptop zur Verfügung steht und er deshalb keinen Zugriff auf die eAkte hätte. Eine gesetzliche Verpflichtung zur Verwendung einer elektronischen Akte in Strafsachen samt Anschaffung der technischen Ausstattung wurde im Jahr 2017 noch verneint.[2)]

Praxistipp:

Seit dem 1.1.2018 wird **Akteneinsicht in elektronisch geführte Prozessakten** beim Finanzgericht grundsätzlich durch Bereitstellung des Inhalts der Akten zum Abruf (Downloadmöglichkeit) über ein bundesweit einheitliches **Akteneinsichtsportal** gewährt, § 78 Abs. 2 Satz 1 FGO. Auf besonderen Antrag wird Akteneinsicht aber auch durch Einsichtnahme in Diensträumen gewährt, § 78 Abs. 2 Satz 2 FGO. Raum für die Erstattung von Ablichtungen/Kopien dürfte jeweils nur in besonderen Fallkonstellationen bestehen.

Wird die Prozessakte hingegen (noch) in **Papierform** geführt, bestimmt § 78 Abs. 3 Satz 1 FGO, dass die **Akteneinsicht** grundsätzlich in den Diensträumen zu erfolgen hat. Begründet wird dies mit dem Steuergeheimnis und den besonderen Risiken, die durch den Verlust finanzgerichtlicher Prozessakten drohen.[3)] Nur in eng begrenzten Ausnahmefällen hat die Rechtsprechung einen Anspruch des Bevollmächtigten auf Akteneinsicht in seinen Kanzleiräumen bejaht.[4)] Streitig ist, ob zu diesen Ausnahmen auch das durch die **Corona-Pandemie** ausgelöste Infektionsgeschehen zählt und der Bevollmächtigte „pandemiebedingt" einen Anspruch auf Zusendung der Akten in die Kanzleiräume hat.[5)] Die Entscheidung, Akteneinsicht auch außerhalb von Diensträumen zu gewähren, ist eine am Einzelfall zu beurteilende Ermessensentscheidung. Unbequemlichkeiten für den StB (z.B. Fahrt- und Zeitaufwand zum Gericht, räumliche Enge in den Diensträumen) reichen nicht aus, um von der Regel des § 78 Abs. 3 Satz 1 FGO abzuweichen. Ist der Aktenumfang überschaubar, die Wegstrecke für den StB kurz und hat das Gericht Sicherheitsvorkehrungen (Hygiene-Konzept) getroffen, ist die Versagung der Akteneinsicht in den Kanzleiräumen selbst dann nicht ermessensfehlerhaft, wenn der StB zu einer sog. **Risikogruppe** zählt.[6)] Demgegenüber erkannte der BFH einen Ausnahmefall in einem Rechtsstreit wegen Umsatzsteuer, weil die schwerbehinderte Ehefrau des Prozessbevollmächtigten, die an der Akteneinsicht teilnehmen sollte, auf einen Rollstuhl angewiesen war und wegen Medikamenteneinnahme zur Hochrisikogruppe gehörte. Dieser Umstand, eine erhöhte Inzidenz von 400 und die nicht behindertengerechten Zugangsmöglichkeiten zum Gericht rechtfertigten einen Anspruch des Prozessbevollmächtigten auf Akteneinsicht in den Kanzleiräumen. Das Gericht wies ferner darauf hin, dass beim Streitgegenstand Umsatzsteuer der unionsrechtliche Grundsatz der Wahrung der Verteidigerrechte zu beachten sei.[7)]

1) BGH v. 12.9.2019, 3 BGs 293/19, AnwBl 2022, 621 zu Kopierkosten i.H.v. 1 785,85 €; OLG Düsseldorf v. 22.9.2014, III-1 Ws 307/14, III-1 Ws 312/14: dort ging es um ein umfangreiches Strafverfahren. Der beigeordnete Pflichtverteidiger hatte dort für 376 702 Ausdrucke aus den ihm überlassenen elektronischen Datenträgern eine vorschussweise Dokumentenpauschale von 56 522,80 € netto beantragt.
2) OLG Nürnberg v. 30.5.2017, 2 Ws 98/17, AnwBl 2017, 1235.
3) BFH v. 6.9.2019, III B 38/19, HFR 2020, 147.
4) Nachweise bei Beyme, Stbg 2021, 221, 222.
5) Bejahend: FG Hamburg v. 1.2.2021, 4 K 136/20, EFG 2021, 386 mit Anm. Schoenfeld; verneinend: Niedersächsisches FG v. 14.6.2021, 5 K 24/21, EFG 2021, 1389; FG Hamburg v. 18.5.2021, 1 K 175/20, EFG 2021, 1561 bestätigt durch BFH v. 22.10.2021, IX B 38/21, BFH/NV 2022, 33.
6) So BFH v. 22.10.2021, IX B 38/21, BFH/NV 2022, 33; siehe auch BFH v. 18.3.2021, V B 29/20, BStBl II 2021, 710.
7) BFH v. 11.1.2022, XI B 89/21, HFR 2022, 550 unter Hinweis auf EuGH v. 9.11.2017, Ispas, C-298/16, HFR 2018, 183 und v. 4.6.2020, C.F., C-430/19, HFR 2020, 852.

Wird ein Dokument **eingescannt** und im Computer oder auf einem externen Datenträger gespeichert, ist (noch) zu differenzieren: Im außergerichtlichen Verfahren können die in § 17 StBVV vorgesehenen Beträge berechnet werden, während im gerichtlichen Verfahren seit der Neufassung der Nr. 7000 VV RVG durch das 2.KostRMoG zum 1.8.2013 keine Vergütung mehr anfällt. Durch das 2.KostRMoG wurde in Nr. 7000 Nr. 1 VV RVG der Begriff „Ablichtung" durch den Begriff „Kopie" ersetzt. Damit wollte der Gesetzgeber klarstellen, dass ein eingescanntes Dokument entgegen der früher h.M. keine „Ablichtung" ist und es sich auch nicht um eine Kopie i.S.d. Nr. 7000 Nr. 1 VV RVG handelt.[1] Da diese Änderung des VV RVG in § 17 Abs. 1 Satz 1 Nr. 1 StBVV noch nicht umgesetzt wurde und dort nach wie vor von „Ablichtungen" die Rede ist, gilt hier unverändert die alte Rechtslage zu Nr. 7000 Nr. 1 VV RVG. Danach werden auch beim Einscannen Ablichtungen hergestellt, weil es sich um ein Gerät zur optischen Datenerfassung handelt.[2]

Praxistipp:

Am 5.8.2025 hat das BMF einen Referentenentwurf einer Siebten Verordnung zur Änderung steuerlicher Verordnungen vorgelegt. Dort ist vorgesehen, dass die Bezeichnung „Ablichtungen" durch die RVG-Formulierung „Kopien und Ausdrucke" ersetzt wird. Sollte die Änderung umgesetzt werden, wäre klargestellt, dass Scans nicht (mehr) erfasst sind.

II. Unterrichtung von Gegnern oder Beteiligten (Satz 1 Nr. 1 Buchst. b)

Die Vorschrift ist außerhalb eines gerichtlichen Verfahrens (in gerichtlichen Verfah- 310
ren gilt über § 40 Satz 1 StBVV die Nr. 7000 Nr. 1b VV RVG) kaum von Bedeutung, da relevante Rechtsvorschriften nur für Gerichtsverfahren gelten (vgl. § 77 Abs. 1 FGO) und Behördenaufforderungen selten sind. Sie betrifft Ablichtungen für andere als den Auftraggeber, nicht jedoch für das Gericht. Umfasst werden sowohl Ablichtungen der eigenen Schriftsätze, als auch der Anlagen. Allerdings löst nur die Anfertigung von mehr als 100 Ablichtungen die Ersatzpflicht aus. Die ersten 100 Ablichtungen werden nach h.M. noch als allgemeine Geschäftskosten durch die jeweiligen Gebühren abgegolten und lösen keine Dokumentenpauschale aus.[3]

Beispiel zu Nr. 7000 Nr. 1 b) VV RVG:

Der StB legt von seinen Schriftsätzen Abschriften für den Gegner (100 Blatt) und 2 x 60 Kopien von Anlagen (für Gericht und Gegner) vor. Der StB hat Vergütungsanspruch für 50 Ablichtungen zu je 0,50 € und für 10 Ablichtungen à 0,15 €. Die 100 Kopien für den Gegner und die 60 Kopien für das Gericht werden nicht berücksichtigt.

Zu beachten ist, dass bei den Tatbeständen des § 17 Abs. 1 Satz 1 Nr. 1 b und c StBVV und der Nr. 7000 Nr. 1 b und c VV RVG immer gesondert geprüft werden muss, ob einer der Tatbestände allein erfüllt ist. Eine Addition der nach einem der beiden Tatbestände gefertigten Ablichtungen mit denen des anderen Tatbestandes ist nicht zulässig, um über die Schwelle von 100 Ablichtungen zu gelangen.[4]

Beispiel:

Der StB fertigt 90 Ablichtungen zur Zustellung an weitere Beteiligte (§ 17 Abs. 1 Satz 1 Nr. 1b StBVV) und 110 Seiten Ablichtungen zur Unterrichtung des Auftraggebers (§ 17 Abs. 1 Satz 1 Nr. 1c StBVV).

1) OLG Bamberg v. 2.4.2024, 1 W 12/24, DStR 2024, 2029 m.w.N. Müller-Rabe in Gerold/Schmidt, 26. Aufl. 2023, VV 7000 Rz. 2, 3, 15.
2) So auch Lotz in Eckert, 7. Aufl. 2023, § 17 StBVV Rz. 6; Fietkau, Anm. zu OLG Bamberg v. 2.4.2024, 1 W 12/24, DStR 2024, 2029, 2030.
3) Lotz in Eckert, 7. Aufl. 2023, § 17 StBVV Rz. 10; Volpert in Schneider/Volpert, 9. Aufl. 2021, VV 7000 Rz. 114 und 180 m.w.N.; a.A. LG Hamburg v. 7.8.2006, 8 W 130/06, MDR 2007, 244 m.w.N.
4) Lotz in Eckert, 7. Aufl. 2023, § 17 StBVV Rz. 11; Volpert in Schneider/Volpert, 9. Aufl. 2021, VV 7000 Rz. 182.

Der StB muss getrennt abrechen und darf keinesfalls die Ablichtungen addieren. Da nach § 17 Abs. 1 Satz 1 Nr. 1 b StBVV und nach § 17 Abs. 1 Satz 1 Nr. 1c StBVV jeweils die ersten 100 Ablichtungen vergütungsfrei sind, kann er lediglich 10 Ablichtungen x 0,50 € gem. § 17 Abs. 1 Satz 1 Nr. 1 c StBVV abrechnen.

Eine Besonderheit ist sowohl in außergerichtlichen als auch in gerichtlichen Verfahren zu beachten. § 17 Abs. 2 Satz 2 StBVV und Anm. Abs. 1 Satz 1 zu Nr. 7000 VV RVG sehen jeweils vor, dass die Höhe der **Dokumentenpauschale** in derselben Angelegenheit und in gerichtlichen Verfahren in demselben Rechtszug **einheitlich zu berechnen** ist. Fallen nach verschiedenen Buchstaben mehr als 50 abzurechnende Seiten an, wird die Dokumentenpauschale von 0,50 € nur bis 50 Seiten insgesamt geschuldet, nicht aber für je 50 Seiten je Buchstabe.

Beispiel:

Der StB fertigt 130 Schwarz-Weiß-Kopien nach Nr. 7000 Nr. 1 b VV RVG und 140 Schwarz-Weiß-Kopien nach Nr. 7000 Nr. 1c VV RVG.

Der StB muss zunächst getrennt abrechnen. Nach Nr. 7000 Nr. 1b VV RVG sind 30 Kopien und nach Nr. 7000 Nr. 1c VV RVG 40 Kopien zu vergüten. Wegen der Anm. Abs. 1 Satz 1 zu Nr. 7000 VV RVG muss er die Kopien addieren. Für die ersten 50 Kopien erhält er 0,50 €, für die weiteren 20 Kopien erhält er 0,15 €.

III. Unterrichtung des Auftraggebers (Satz 1 Nr. 1 Buchst. c)

311 Die Regelung betrifft Ablichtungen zur Unterrichtung des Auftraggebers. In gerichtlichen Verfahren gilt durch den Verweis in § 40 Satz 1 StBVV die Nr. 7000 Nr. 1c VV RVG. Der Vergütungsanspruch entsteht, soweit mehr als 100 Ablichtungen angefertigt werden. Für die ersten 100 Ablichtungen erhält der StB keine Vergütung.[1] Der Anspruch entsteht unabhängig davon, für wie viele Auftraggeber die Ablichtungen bestimmt sind. Innerhalb **derselben Angelegenheit** sind zur Berechnung der Dokumentenpauschale alle für die **mehreren Auftraggeber** erstellten Ablichtungen zusammenzurechnen.[2] Die Berechnung der ersten 50 auslagepflichtigen Seiten erfolgt nicht für jeden Auftraggeber gesondert, sondern für alle Auftraggeber einheitlich. Denn in derselben Angelegenheit ist es unerheblich, ob Ablichtungen für einen oder mehrere Auftraggeber gefertigt werden.

Beispiel:

Der StB hat in einem Einspruchsverfahren seiner Auftraggeber (Eheleute) 90 Schwarz-Weiß-Ablichtungen zur Unterrichtung des Ehemannes und 90 Schwarz-Weiß-Ablichtungen zur Unterrichtung der Ehefrau gefertigt, insgesamt also 180 Ablichtungen. Die ersten 100 Ablichtungen werden nicht vergütet. Für die ersten 50 auslagenpflichtigen Seiten erhält der StB von den Auftraggebern 0,50 € je Seite und für die weiteren 30 Seiten 0,15 € je Seite.

Anders liegt der Fall, wenn für jeden Auftraggeber von einer **gesonderten Angelegenheit** auszugehen ist. Dann sind die Ablichtungen für jeden gesondert zu berechnen, weil verschiedene Angelegenheiten betroffen sind.

Die **Notwendigkeit der Unterrichtung** ist gegeben, wenn es erforderlich ist, dem Mandanten gerade die übersandten Ablichtungen bekannt zu geben. Dazu gehören insbesondere Ablichtungen der eigenen Schriftsätze und der gegnerischen Schriftsätze mit Anlagen. Denn der Mandant muss über den Schriftverkehr in seiner eigenen Angelegenheit vollumfänglich informiert sein.

---

1) OLG Hamburg v. 5.5.2011, 4 W 101/11, MDR 2011, 1014 m.w.N.; Volpert in Schneider/Volpert, 9. Aufl. 2021, VV 7000 Rz. 128.

2) Volpert in Schneider/Volpert, 9. Aufl. 2021, VV 7000 Rz. 190.

IV. Sonstige Ablichtungen (Satz 1 Nr. 1 Buchst. d)

Die Vorschrift greift ein, wenn der StB auf Wunsch oder im Einverständnis seines Mandanten weitere Ablichtungen fertigt, z.B. Ablichtungen einer Einspruchsverfahrensakte an einen anderen StB des Mandanten übersendet. In gerichtlichen Verfahren gilt über den Verweis in § 40 Satz 1 StBVV die Nr. 7000 Nr. 1d VV RVG. Diese Vorschrift ist z.B. anwendbar, wenn ein weiterer StB oder Rechtsanwalt als gerichtlicher Terminsvertreter eingeschaltet ist und der StB diesem auf Wunsch seines Mandanten Abschriften seiner Schriftsätze nebst Anlagen zusendet.[1] § 17 Abs. 1 Satz 1 Nr. 1d StBVV entspricht weitgehend dem früheren § 17 Abs. 1 Nr. 3 StBGebV und gilt in den Fällen, in denen § 17 Abs. 1 Satz 1 Nr. 1 Buchst. a bis c nicht einschlägig sind. Er ist jedoch **kein Auffangtatbestand** und greift deshalb nicht bei einer Unterrichtung von Gegnern i.S.d. Nr. 1 Buchst. b, wenn weniger als 101 Ablichtungen zu fertigen sind. 312

Das **Einverständnis** des Auftraggebers kann unterstellt werden, wenn die Anfertigung von Ablichtungen zu einer sachgerechten Bearbeitung des dem StB erteilten Auftrags notwendig war. Es ist ein großzügiger Maßstab anzulegen.[2] M.E. ist § 17 Abs. 1 Satz 1 Nr. 1d StBVV auch anwendbar, wenn Rechnungen, die auf **Thermopapier** gedruckt sind, kopiert werden, um die Lesbarkeit der Rechnungen während des gesetzlichen Aufbewahrungszeitraums sicherzustellen. Zur Vermeidung von Streit empfiehlt es sich, den Auftraggeber frühzeitig zu fragen, ob er mit der Fertigung zusätzlicher Ablichtungen einverstanden ist.

V. Überlassung elektronischer Dokumente (Abs. 1 Nr. 2)

Die Regelung in § 17 Abs. 1 Satz 1 Nr. 2 StBVV ist Nr. 7000 Ziffer 2 VVRVG nachgebildet und berücksichtigt, dass Dokumente zunehmend in elektronischer Form, insbesondere per E-Mail übermittelt werden. 313

Praxistipp:

Der Referentenentwurf einer Siebten Verordnung zur Änderung steuerlicher Verordnungen v. 5.8.2025 sieht eine Angleichung des Abs. 1 Nr. 2 an Nr. 7000 Nr. 2 VV RVG vor.

Gemäß § 17 Abs. 2 Satz 1 StBVV i.V.m. Nr. 7000 Ziffer 2 VVRVG erhält der StB seit Inkrafttreten des 2. KostRMoG am 1.8.2013 je Datei nur noch 1,50 € (vorher 2,50 €) und für die in einem Arbeitsgang (per E-Mail oder auf Datenträger) überlassenen (zum Download), bereitgestellten oder in einem Arbeitsgang auf denselben Datenträger übertragenen Dokumente höchstens 5,00 €.[3] Unter einer elektronisch gespeicherten Datei ist eine Einheit zu verstehen, die unter einem Namen elektronisch abgespeichert ist. In einer **ZIP-Datei** sind mehrere komprimierte Dateien enthalten, die erst dann bearbeitet werden können, wenn sie entpackt bzw. extrahiert worden sind. Nach h.M. ist für die Berechnung der Dokumentenpauschale auf die in der ZIP-Datei enthaltenen komprimierten Dateien abzustellen.[4] Schickt der StB mehrere Dateien zusammen per E-Mail, erhält er die Pauschale – bis zur Höchstgrenze von 5,00 € – mehrfach.[5] Die Vorschrift gilt „anstelle" des Satzes 1 Nr.1d StBVV und ist nur dann anwendbar, wenn die in dieser Ziffer genannten Schreibwerke

1) Weitere Anwendungsfälle bei Volpert in Schneider/Volpert, 9. Aufl. 2021, VV 7000 Rz. 144 ff. Durch das Wort „zusätzlich" wird deutlich, dass Erstausfertigungen von Schreiben (Urdokumente) grundsätzlich den allgemeinen Geschäftskosten zuzuordnen sind und keine Dokumentenpauschale rechtfertigen. Der StB erhält deshalb für das Anfertigen seiner Schreiben an Behörden und Mandanten, für das Fertigen von Steuererklärungen und das Ausfüllen von Formularen und die von ihm hergestellten Bilanzmappen keine Dokumentenpauschale nach § 17 StBVV (→ Rz. 308; Lotz in Eckert, 7. Aufl. 2023, § 17 StBVV Rz. 2).
2) Volpert in Schneider/Volpert, 9. Aufl. 2021, VV 7000 Rz. 152.
3) Volpert in Schneider/Wolf, 8. Aufl. 2017, VV 7000 Rz. 155.
4) Volpert in Schneider/Volpert, 9. Aufl. 2021, VV 7000 Rz. 168 m.w.N.
5) Lotz in Eckert, 7. Aufl. 2023, § 17 StBVV Rz. 25.

elektronisch überlassen werden.[1] Die Vorschrift gilt also nicht bei Erstausfertigungen bzw. Urdokumenten (→ Rz. 308, → Rz. 312) und nicht bei einer elektronischen Übermittlung von Schriftsätzen an die eigene Partei oder den Gegner. In **Verfahren** nach dem RVG gilt eine wegen der Anm. Abs. 2 zu Nr. 7000 VV RVG eine **Besonderheit**, die in § 17 StBVV nicht vorgesehen ist. Danach erhält der StB die volle Dokumentenpauschale nach Nr. 7000 Nr. 1 VV RVG, wenn er Dokumente im Einverständnis mit dem Auftraggeber von der Papierform in die elektronische Form bringt und dann überträgt.

Beispiel:

Der Mandant bittet den StB, 50 Seiten Kopien aus einer Gerichtsakte nicht als Kopien, sondern in elektronischer Form zu übersenden. Der StB scannt die ihm nur in Papierform vorliegenden Dokumente ein und übersendet eine pdf-Datei per E-Mail an den Mandanten. Hierfür berechnet er nicht nur 1,50 € für die Überlassung der Datei, sondern die Dokumentenpauschale nach Nr. 7000 Nr. 1d VV RVG in Höhe von 50 x 0,50 € (25,00 €).

Die Überlassung einer **Archiv-DVD** löst grundsätzlich keine Dokumentenpauschale aus. Es handelt sich hierbei um ein Urdokument. Die vom Rechenzentrum für die Erstellung der DVD berechneten Kosten können aber im Wege des Auslagenersatzes nach § 3 Satz 2 StBVV i.V.m. §§ 670, 675 BGB weiterberechnet werden (→ § 3 StBVV Rz. 110 und § 33 StBVV Rz. 537).

VI. Übermittlung per Telefax (Satz 2)

314 Satz 2 stellt die Übermittlung per Telefax einer Ablichtung gleich. Fertigt der StB eine Ablichtung mit dem Telefaxgerät, in dem das Faxgerät als Kopierer verwendet wird, so ist dies eine Ablichtung. Faxt der StB einem anderen ein Dokument, so stellt er ebenfalls eine Ablichtung her.[2] Die unterschiedliche Behandlung zwischen einem sendenden und einem empfangenden StB ist zwar nicht nachvollziehbar, weil bei dem empfangenden StB für den Ausdruck des Telefaxes höhere Kosten entstehen. Gleichwohl ist nur die Absendung eines Telefaxes der Herstellung einer Ablichtung gleichgestellt. Bei dem empfangenden StB kann eine Dokumentenpauschale anfallen, wenn er von dem Telefax eine Ablichtung erstellt. Keine Dokumentenpauschale entsteht für den Ausdruck eines per Computer-Fax eingegangenen Schreibens.[3] In gerichtlichen Verfahren gilt die Parallelvorschrift der Anm. Abs. 1 Satz 2 Nr. 7000 VV RVG.

C. Höhe der Dokumentenpauschale (Abs. 2)

315 Die Höhe der Dokumentenpauschale richtet sich nicht mehr nach den Vorschriften des GKG, sondern nach den in Nr. 7000 Nr. 1 VV RVG bestimmten Beträgen (→ Rz. 308). Die Berechnung erfolgt einheitlich je Angelegenheit (→ Rz. 310).

1) Lang-Lengdorff in Toussaint, 55. Aufl. 2025, Teil 7 VV RVG Rz. 39 zu Nr. 7000.; Müller-Rabe in Gerold/Schmidt, 26. Aufl. 2023, VV 7000 Rz. 175.
2) Müller-Rabe in Gerold/Schmidt, 26. Aufl. 2023, Nr. 7000 VV RVG Rz. 20.
3) VG Dresden v. 21.8.2019, 12 K 2345/16.A, NJW-Spezial 2020, 637.

§ 18
Geschäftsreisen

(1) [1]Für Geschäftsreisen sind dem Steuerberater als Reisekosten die Fahrtkosten und die Übernachtungskosten zu erstatten; ferner erhält er ein Tage- und Abwesenheitsgeld. [2]Eine Geschäftsreise liegt vor, wenn das Reiseziel außerhalb der Gemeinde liegt, in der sich die Kanzlei oder die Wohnung des Steuerberaters befindet.

(2) Als Fahrtkosten sind zu erstatten:

1. bei Benutzung eines eigenen Kraftfahrzeugs zur Abgeltung der Anschaffungs-, Unterhaltungs- und Betriebskosten sowie der Abnutzung des Kraftfahrzeugs 0,42 Euro für jeden gefahrenen Kilometer zuzüglich der durch die Benutzung des Kraftfahrzeugs aus Anlaß der Geschäftsreise regelmäßig anfallenden baren Auslagen, insbesondere der Parkgebühren,

2. bei Benutzung anderer Verkehrsmittel die tatsächlichen Aufwendungen, soweit sie angemessen sind.

(3) [1]Als Tage- und Abwesenheitsgeld erhält der Steuerberater bei einer Geschäftsreise von nicht mehr als 4 Stunden 30 Euro, von mehr als 4 bis 8 Stunden 50 Euro und von mehr als 8 Stunden 80 Euro; bei Auslandsreisen kann zu diesen Beträgen ein Zuschlag von 50 Prozent berechnet werden. [2]Die Übernachtungskosten sind in Höhe der tatsächlichen Aufwendungen zu erstatten, soweit sie angemessen sind.

Inhalt

Schrifttum

Beyme, StBVV 2025 – Die Änderungen im Überblick mit Hinweisen zur praktischen Anwendung, Sonderausgabe KP 2025, 1; **Beyme,** Verbesserungen bei der StBVV ab 1.7.2020, Stbg 2020, 325; **Mayer,** Entwicklungen zur Rechtsanwaltsvergütung, NJW 2021, 1645.

A. Inhalt und Bedeutung

§ 18 StBVV ist dem früheren § 28 BRAGO nachgebildet. Die entsprechenden Auslagentatbestände für Rechtsanwälte finden sich seit dem 1.7.2004 in Vorbemerkung 7 Abs. 2 und Nr. 7003–7006 VV RVG. Durch das KostREuroUG[1)] wurden die DM-Beträge durch Euro-Beträge ersetzt. Der in § 18 StBVV vorgesehene Auslagenersatz bei Geschäftsreisen wurde insgesamt 5 mal an die für Rechtsanwälte geltenden **316**

1) Gesetz v. 27.4.2001, BGBl. I 2001, 751.

Sätze angepasst,[1)] zuletzt mit Wirkung zum 1.7.2025 durch die Fünfte Verordnung zur Änderung der Steuerberatervergütungsverordnung.[2)]

317 Wie bei §§ 16, 17 StBVV handelt es sich bei § 18 StBVV um eine „Muss-Vorschrift", d.h. Fahrtkosten, Tage- und Abwesenheitsgeld sowie Übernachtungskosten sind geltend zu machen, wenn sie tatsächlich entstanden sind (str., → § 16 StBVV Rz. 305).

§ 18 StBVV ist nur dann anwendbar, wenn der StB originäre Tätigkeiten nach § 33 StBerG erbringt und diese Tätigkeiten nach StBVV abgerechnet werden. Bei einer Abrechnung nach RVG (vgl. §§ 21 Abs. 2, 40 StBVV) sind die Nr. 7003 bis 7005 VV RVG einschlägig. Bei vereinbaren Tätigkeiten nach § 57 Abs. 3 StBerG sind die Reisekosten nach §§ 670, 675 BGB zu vergüten.

B. Geschäftsreisen (Abs. 1)

318 Durch die 3. ÄndVO[3)] wurde die bis dahin in Rechtsprechung und Literatur umstrittene Frage, wann eine **Geschäftsreise** vorliegt, eindeutig geregelt. Nach der Neufassung liegt eine Geschäftsreise vor, wenn das **Reiseziel außerhalb der Gemeinde** liegt, in der sich die Kanzlei oder die Wohnung des StB befindet. Für Geschäfte am Ort der Kanzlei oder am Wohnort des Beraters können auch dann keine Reisekosten mehr berechnet werden, wenn – z.B. wie in größeren Städten – ein nicht unerheblicher Weg zurückzulegen ist. Gerade in großen Städten kann dies zu unangemessenen Ergebnissen führen.

Beispiel:[4)]

Für die Fahrt von Berlin-Wannsee nach Potsdam (9 km) ist eine Erstattung vorgesehen, für eine Fahrt von Berlin-Wannsee nach Berlin-Marzahn (43 km) hingegen nicht.

Gleichwohl können Fahrtkosten in diesen Fällen nur geltend gemacht werden, wenn mit dem Auftraggeber eine Vereinbarung nach § 4 Abs. 1 StBVV getroffen wurde.[5)] Sachgerecht wäre ein Verzicht auf das „Außer-Gemeinde-Erfordernis".[6)]

319 Die Geschäftsreise muss erforderlich gewesen sein. Andernfalls braucht der Mandant die Geschäftsreise nicht zu vergüten, es sei denn, er hat der Reise zugestimmt oder sie sogar gewünscht. Die Frage, ob die Geschäftsreise erforderlich war, ist zu trennen von der Frage, ob die Kosten notwendig waren. Diese Frage stellt sich erst im Kostenerstattungsverfahren. Bei der Frage der Erforderlichkeit geht es nur darum, in welcher Höhe der Mandant die Kosten zu übernehmen hat. Reisekosten fallen üblicherweise an, wenn der StB einen auswärtigen Gerichtstermin wahrnimmt. Einschlägig sind dann die Nrn. 7003 ff. VV RVG.[7)] Nicht selten werden Termine durch das Gericht kurzfristig abgesagt. Damit muss der StB rechnen und Vorsorge treffen, dass ihn eine solche Absage rechtzeitig erreicht. Andernfalls kann er seine Reisekosten nicht liquidieren.[8)] Für den Fall einer **überörtlichen Berufsausübungsgesellschaft** ist geklärt, dass die Reisekosten des auswärtigen Rechtsanwalts

1) 1. ÄndVO v. 20.6.1988, BGBl. I 1988, 841, 3. ÄndVO v. 20.8.1998, BGBl. I 1998, 2369, JStG 2007 v. 13.12.2006, BGBl. I 2006, 2878 = BStBl I 2007, 28, Fünfte Verordnung zur Änderung steuerlicher Verordnungen v. 25.6.2020, BGBl. I 2020, 1495, 1498 = BStBl I 2020, 555.

2) Fünfte Verordnung zur Änderung der Steuerberatervergütungsverordnung v. 31.3.2025, BGBl. I 2025 Nr. 105 = BStBl I 2025, 1009.

3) 3. ÄndVO v. 20.8.1998, BGBl. I 1998, 2369.

4) Beyme, Stbg 2020, 325.

5) A.A. Eggesiecker, 2. Aufl. 1998, § 18 STEUGO Rz. 18.040, danach soll der StB Reisekosten nach den §§ 670, 675 BGB geltend machen können.

6) Beyme, Stbg 2020, 325.

7) Bis zum 30.6.2025 über die Verweisvorschrift des § 45 StBVV, ab dem 1.7.2025 über die Verweisvorschrift des § 40 StBVV.

8) N. Schneider in Schneider/Volpert, 9. Aufl. 2021, VV 7003–7006 Rz. 10.

für die Teilnahme an einem Verhandlungstermin grundsätzlich auch dann erstattungsfähig sind, wenn die Berufsausübungsgesellschaft am Gerichtsort einen weiteren Standort unterhält. Denn dem persönlichen Kontakt und dem Vertrauensverhältnis zwischen Mandant und Rechtsanwalt muss regelmäßig Rechnung getragen werden.[1] Diese Rechtsprechung kann auch auf Steuerberater übertragen werden. **Reisekosten** sind auch dann erstattungsfähig, wenn das Gericht die Teilnahme an der **Verhandlung per Video** gestattet hat, z.B. gem. § 91a FGO. Denn die Teilnahme per Video ist in diesen Fällen nicht verpflichtend. Es ist die freie Entscheidung des StB, ob er an der mündlichen Verhandlung persönlich teilnimmt oder ob er von der Gestattungsmöglichkeit per Videokonferenz Gebrauch macht.[2]

Unstreitig ist, dass Reisekosten für berufsangehörige **Mitarbeiter** nach § 18 StBVV, **320**
also in voller Höhe, abgerechnet werden können. Dies gilt aber auch für andere Mitarbeiter, wenn sie stellvertretend für den StB tätig werden.[3]

Die **Reisezeit** selbst ist – außer im Fall einer Vereinbarung nach § 4 StBVV[4] – auch bei Ansatz der Zeitgebühr nicht berechnungsfähig (str., → § 13 StBVV Rz. 265).

C. Fahrtkosten (Abs. 2)

I. Benutzung des eigenen Kraftfahrzeugs (Nr. 1)

Die Kosten für die Benutzung des eigenen Kraftfahrzeugs sind stets zu erstatten, **321**
auch wenn ein anderes Transportmittel vielleicht günstiger gewesen wäre. Benutzt der StB bei Geschäftsreisen ein eigenes Kraftfahrzeug, erhält er zur Abgeltung der Anschaffungs-, Unterhaltungs- und Betriebskosten sowie der Abnutzung des Kraftfahrzeugs für jeden gefahrenen Kilometer 0,42 €. Durch die Fünfte Verordnung zur Änderung steuerlicher Verordnungen[5] wurde die Kilometerpauschale von 0,30 € um 0,12 € erhöht. Zur Begründung wird auf „die Erhöhung der Kilometerpauschale für die Rechtsanwältinnen und Rechtsanwälte" verwiesen, die auch den Steuerberaterinnen und Steuerberatern zu Gute kommen soll.[6] Zur Vermeidung von Missverständnissen muss an dieser Stelle erwähnt werden, dass die Kilometerpauschale nach Nr. 7003 VV RVG für Rechtsanwälte bis zum 31.12.2020 unverändert 0,30 € betrug. Erst durch das KostRÄG 2021 ist mit Wirkung zum 1.1.2021 in Nr. 7003 VV RVG ebenfalls eine Erhöhung auf 0,42 € erfolgt. Maßgebend für die abzurechnenden Kilometer ist die tatsächlich zurückgelegte Fahrstrecke (Hin- und Rückweg). Grundsätzlich muss der StB den kürzesten Weg nehmen. Zweckmäßige Umwege, z.B. über eine Autobahn, sind zulässig, wenn dadurch ein Zeitgewinn eintritt. „**Kraftfahrzeug**" ist ein solches nach § 1 Abs. 2 StVG. Dazu zählen auch Motorräder und Mofas, nicht aber Fahrräder ohne Hilfsmotor, Pedelecs,[7] Elektro-Fahrräder,[8] Segways und E-Scooter.[9] Für die Benutzung dieser Verkehrsmittelkommt allenfalls eine Entschädigung nach § 18 Abs. 2 Nr. 2 StBVV bzw. im gerichtlichen Verfahren nach Nr. 7004 VV RVG i.V.m. der Verweisvorschrift der StBVV (bis 30.6.2025: § 45 StBVV; ab 1.7.2025: § 40 StBVV) in Betracht. **Eigenes** Kraftfahrzeug bedeutet, dass der StB Eigentümer oder Halter sein muss, also der, der es für eigene Rechnung in

1) BVerwG v. 4.7.2017, 9 KSt 4.17, AnwBl 2017, 1006; BGH v. 16.4.2008, XII ZB 214/04, NJW 2008, 2122 Rz. 13 f.
2) LG Frankenthal v. 8.9.2023, 3 O 103/21, NJW-Spezial 2023, 701 zu § 128a ZPO.
3) Berners, 6. Aufl. 2021, § 18 StBVV Rz. 4; Brummer, 10. Aufl. 2010, § 18 Anm. 9; Boelsen in Eckert, 7. Aufl. 2023, § 18 StBVV Rz. 6.
4) LG Karlsruhe v. 19.1.2021, 6 O 213/18, AGS 2021, 259.
5) Verordnung v. 25.6.2020, BGBl. I 2020, 1495, 1498 = BStBl I 2020, 555.
6) BR-Drucks. 193/20 v. 5.6.2020, S. 38.
7) OLG Karlsruhe v. 14.7.2020, 2 Rv 35 Ss 175/20, DAR 2020, 579.
8) EuGH v. 12.10.2023, C-280/22 zur Richtlinie 2009/103 EG.
9) Boelsen in Eckert, 7. Aufl. 2023, § 20 StBVV Rz. 20; Lang-Lendorff in Toussaint, 55. Aufl. 2025, RVG Teil 7 Rz. 24 zu Nr. 7300 VV RVG.

Gebrauch hat. Gehört das Fahrzeug einer Berufsausübungsgesellschaft, ist jeder Gesellschafter als Eigentümer zu behandeln.[1] Als eigenes Kraftfahrzeug gelten auch langfristig gemietete oder geleaste Fahrzeuge.[2] Bei angemieteten Fahrzeugen muss der StB hingegen konkret abrechnen. Zur eingeschränkten Erstattungsfähigkeit bei Hinzuziehung eines auswärtigen StB → Rz. 325.

Durch die 3. ÄndVO[3] wurde darüber hinaus klargestellt, dass auch **bare Auslagen**, also bestimmte Nebenkosten, die aus Anlass der Geschäftsreise anfallen, zusätzlich zu vergüten sind. Als Beispiel nennt die Verordnung **Parkgebühren**. Diese sind allerdings nicht zu erstatten, wenn das Reiseziel innerhalb der Gemeinde liegt, da dann keine Geschäftsreise vorliegt (→ Rz. 318). Die Parkgebühren sind dann wie Fahrtkosten allgemeine Geschäftskosten i.S.d. § 3 Satz 1 StBVV. Dies gilt auch für Parkgebühren, die anlässlich der Wahrnehmung mehrerer gerichtlicher Termine innerhalb der Gemeinde anfallen.[4] Denkbar sind neben der Erstattung von Parkgebühren außerhalb der Gemeinde auch Kosten für die Benutzung einer Fähre, Mautgebühren oder Kosten für eine Vignette.

II. Andere Verkehrsmittel (Nr. 2)

322 Benutzt der StB andere Verkehrsmittel (z.B. Bus, Bahn, Flugzeug, Taxi oder Mietwagen), sind die tatsächlichen Aufwendungen nur zu erstatten, soweit sie angemessen sind. Es findet also eine Wirtschaftlichkeitsprüfung statt. Die Angemessenheitserwägungen beziehen sich sowohl auf die Wahl des anderen Verkehrsmittels als auch auf die gewählte Klasse. Grundsätzlich ist der Reiseweg so zu wählen, dass er unter Berücksichtigung der Tage- und Abwesenheitsgelder (§ 18 Abs. 3 StBVV) die geringsten Kosten verursacht. Möglichkeiten zur Erlangung von Fahrpreisermäßigungen sind auszunutzen, aber nicht um jeden Preis (siehe → Rz. 323: flexible Tarife mit Umbuchungs- bzw. Stornierungsmöglichkeit sind erlaubt). Es besteht auch keine Pflicht durch **Frühbuchungen** die Bahnkosten niedriger zu halten.[5] Die Aufwendungen für eine **Bahn-Card** sind nach h.M. als allgemeine Geschäftskosten i.S.d. § 3 Satz 1 StBVV nicht erstattungsfähig, auch nicht anteilig.[6] Vereinzelt hat die Rechtsprechung Ausnahmen zugelassen, wenn sich die Kosten für den Erwerb der Bahn-Card in lang andauernden Verfahren (z.B. Strafverfahren) bereits nach wenigen Fahrten amortisieren.[7]

Praxistipp:

Grundsätzlich empfiehlt sich eine **Vergütungsvereinbarung** über die **Reisekosten**. Denn die in § 18 Abs. 2 und 3 StBVV vorgesehenen Erstattungsbeträge sind äußerst gering oder werden nur anteilig erstattet (→ Rz. 325). Im Rahmen einer solchen Vereinbarung könnte dann auch eine anteilige Umlage der Bahn-Card-Kosten oder ein höherer Kilometersatz als 0,42 € vereinbart werden. Auch Vergütungsvereinbarungen, die sich ausschließlich auf die Höhe der Reisekosten beziehen, sind zulässig.

Beispiel: Formulierungshilfe für eine Vergütungsvereinbarung:

„Bei Tätigkeiten außerhalb der Kanzlei beginnt die zu berechnende Zeit mit dem Verlassen der Kanzlei und endet mit der Rückkehr in die Kanzlei; Wartezeiten, welche die Kanzlei nicht zu vertreten hat, werden berechnet. Für Reise- und Wartezeiten wird eine Zeitentschädigung i.H.v. .... € pro Stunde vereinbart."

---

1) Müller-Rabe in Gerold/Schmidt, RVG, 26. Aufl. 2023, 7003–7006 VV Rz. 31.
2) Boelsen in Eckert, 7. Aufl. 2023, § 18 StBVV Rz. 24; N. Schneider in Schneider/Volpert, 9. Aufl. 2021, VV 7003–7006 Rz. 15.
3) 3. ÄndVO v. 20.8.1998, BGBl. I 1998, 2369.
4) Vgl. Vorbem. 7 Abs. 1 Satz 1 VV RVG und OLG Düsseldorf v. 29.10.2018, 2 Ws 531/18, AGS 2018, 499: dort waren Parkgebühren in Höhe von 262,80 € entstanden.
5) Müller-Rabe in Gerold/Schmidt, RVG, 26. Aufl. 2023, VV 7003 – 7006 Rz. 45.
6) Müller-Rabe in Gerold/Schmidt, RVG, 26. Aufl. 2023, VV 7003 – 7006 Rz. 46.
7) Mayer, NJW 2021, 1645, 1649 unter Hinweis auf OLG Celle und N. Schneider in Schneider/Volpert, 9. Aufl. 2021, VV 7003–7006 Rz. 25 m.w.N. aus der Rechtsprechung.

Praxistipp:

Wenn der für die Reise- und Wartezeitzeit vereinbarte Stundensatz von dem in dem Abrechnungsprogramm der Kanzlei hinterlegten personenbezogen Stundenverrechnungssatz abweicht (z.B., weil für Reise- und Wartezeiten nicht der volle, sondern nur der halbe Stundensatz vereinbart wird), kann es bei der späteren Erstellung der Rechnung zu Mehraufwand kommen. Dieser Mehraufwand lässt sich vermeiden, wenn vereinbart wird, dass nur die halbe Reise- und Wartezeit (allerdings mit dem vollen Stundensatz) berechnet wird.

Fahrten mit dem Bus sind immer erstattungsfähig. Bei Fahrten mit der **Bahn** sind 323
die Aufwendungen für die **erste Klasse** zum vollen Tarif erstattungsfähig.[1] Der StB ist nicht verpflichtet, bei einer Bahnfahrt **Sparpreise** in Anspruch zu nehmen, bei denen eine Zugbindung besteht. Dies gilt sowohl für die An- als auch für die Abreise zu einem Termin.[2] Bei Inanspruchnahme eines Spar-Angebots (Super-Sparpreis oder Sparpreis) bestehen keine oder nur eingeschränkte Möglichkeiten der Stornierung oder des Umbuchens, so dass sich diese Variante für die erstattungspflichtige Partei als die ungünstigere erweist, wenn ein Termin abgesagt oder aus anderen Gründen nicht wahrgenommen werden kann. Der StB darf deshalb zum **Flexpreis**-Tarif buchen. Die Benutzung eines **Taxis** (z.B. für die Anfahrt zum Bahnhof oder Flughafen und die entsprechende Rückfahrt) ist angemessen. Von einem StB kann nicht erwartet werden, dass er grundsätzlich nur mit dem Bus, der Straßenbahn oder der U-Bahn fährt. Bei der Benutzung eines **Flugzeugs** sind die Umstände des Einzelfalls sorgfältig zu prüfen. Wenn es um die Frage der Erstattungsfähigkeit der Flugreisekosten geht, stellt sich zunächst die Frage, ob die Beauftragung eines StB, der nicht am Prozessgericht niedergelassen ist und dort auch nicht wohnt überhaupt zur zweckentsprechenden Rechtsverfolgung notwendig war (§ 139 Abs. 1 FGO, § 91 Abs. 2 Satz 1, 2. Halbsatz ZPO). Wann die Benutzung eines Flugzeugs im innerdeutschen Verkehr angemessen ist, hängt von der Dringlichkeit der Reise, der Entfernung des Reiseortes und des zu erwartenden Zeitgewinns im Vergleich zu anderen Verkehrsmitteln ab.[3] Da nur die notwendigen Reisekosten erstattungsfähig sind, ist der Grundsatz der Kostengeringhaltung zu beachten. Überwiegend werden deshalb bei innerdeutschen Kurzstreckenflügen nur die Kosten der „Economy Class" als erstattungsfähig angesehen.[4] Ein Flugpreistarif in dieser Klasse mit kurzfristiger **Umbuchungsmöglichkeit** ist ebenfalls erstattungsfähig.[5] Die Ausführungen des BVerwG zur Erstattungsfähigkeit von Flexpreis-Tickets der Deutschen Bahn können auch für Flugreisen herangezogen werden (→ Rz. 323).[6] Die Benutzung eines Flugzeugs wird man im Falle einer erheblichen Zeitersparnis in aller Regel nicht beanstanden können. Allerdings rechtfertigt allein eine gewisse Zeitersparnis nicht immer die Erstattungsfähigkeit der Mehrkosten einer Flugreise gegenüber einer Bahnfahrt. Teilweise berücksichtigen die Gerichte auch das Verhältnis der Mehrkosten zu den fiktiven Kosten einer Bahnreise sowie die Angemessenheit der Kosten in Relation zur Bedeutung des Rechtsstreits.

Beispiel:

Nach einer vom FG Baden-Württemberg, Außensenate Freiburg,[7] entwickelten Faustformel, stehen die Mehrkosten einer Flugreise auch bei einer damit verbundenen Zeiter-

1) BVerwG v. 27.6.2019, 2 KSt 1.19, NJW-Spezial 2020, 59; N. Schneider in Schneider/Volpert, 9. Aufl. 2021, VV 7003–7006 Rz. 23; Müller-Rabe in Gerold/Schmidt, RVG, 26. Aufl. 2023, VV 7003–7006 Rz. 43.
2) BVerwG v. 27.6.2019, 2 KSt 1.19, NJW-Spezial 2020, 59.
3) Vgl. hierzu BGH v. 6.11.2014, I ZB 38/14, AnwBl 2015, 529; FG Baden-Württemberg, Außensenate Freiburg v. 18.1.2016, 11 KO 840/15, EFG 2016, 600 m. Anm. Stolz und die Nachweise bei Müller-Rabe in Gerold/Schmidt, RVG, 26. Aufl. 2023, VV 7003–7006 Rz. 49 ff.
4) OLG Stuttgart v. 10.3.2010, 8 W 121/10, MDR 2010, 898.
5) Müller-Rabe in Gerold/Schmidt, RVG, 26. Aufl. 2023, VV 7003 – 7006 Rz. 55 m.w.N.
6) BVerwG v. 27.6.2019, 2 KSt 1.19.
7) FG Baden-Württemberg v. 18.1.2016, 11 KO 840/15, EFG 2016, 600 m. Anm. Stolz.

sparnis von vier Stunden nicht mehr in einem angemessenen Verhältnis zu den Kosten einer Bahnreise, wenn sie bei einem Verfahren mit einem Streitwert unter 10 000 € um mehr als 100 v.H. über den (fiktiven) Kosten einer Bahnreise liegen und überdies bereits die Flugkosten schon mehr als 20 v.H. des Streitwertes betragen.

Praxistipp:

Wegen der Pflicht zur Geringhaltung der Kosten, muss der StB im Rahmen eines Kostenerstattungsverfahrens immer mit derart engherzigen Prüfungen durch die Kostenbeamten rechnen. Grundsätzlich sollte der StB deshalb seinen Mandanten auf die möglicherweise nicht vollständige Erstattung seiner Reisekosten im Fall des Obsiegens hinweisen. Im Erstattungsinteresse seines Mandanten sollte er darauf achten, dass sich seine Flugreisekosten nicht zu weit von denjenigen einer Bahnreise entfernen. Auch die Frage der Notwendigkeit der Einschaltung eines auswärtigen Bevollmächtigten sollte mit dem Mandanten erörtert werden, wenn sich die Reisekosten des auswärtigen StB zu weit von denen eines örtlichen StB entfernen. Generell empfiehlt sich in diesen Fällen, eine Vergütungsvereinbarung mit dem Mandanten über die Höhe der Reisekosten zu treffen.

D. Tage- und Abwesenheitsgeld sowie Übernachtungskosten (Abs. 3)

I. Tage- und Abwesenheitsgeld (Satz 1)

324 § 18 Abs. 3 StBVV dient dazu, die Mehrkosten, die durch die Geschäftsreise verursacht werden, auszugleichen. Durch die Fünfte Verordnung zur Änderung steuerlicher Verordnungen[1)] wurden die Tage- und Abwesenheitsgelder mit Wirkung zum 1.7.2020 an die (höheren) Tage- und Abwesenheitsgelder der Nr. 7005 VV RVG angeglichen. Diese Angleichung währte aber nur kurze Zeit. Denn durch das KostRÄG 2021 wurden zum 1.1.2021 die Tage- und Abwesenheitsgelder in Nr. 7005 VV RVG erhöht. Bei einer Abwesenheit von nicht mehr als 4 Stunden beträgt der Pauschsatz danach 30 € (zuvor: 25 €), bei einer Abwesenheit von 4–8 Stunden 50 € (zuvor: 40 €) und bei einer Abwesenheit von mehr als 8 Stunden 80 € (zuvor: 70 €). Von dieser Erhöhung profitierten StB seit dem 1.1.2021 nur, wenn sie nach RVG abrechnen mussten (§§ 21 Abs. 2, 40, 44, 45 StBVV). Erst mit Wirkung zum 1.7.2025 wurden die Tage- und Abwesenheitsgelder in § 18 Abs. 3 StBVV an die seit dem 1.1.2021 geltenden höheren Tage- und Abwesenheitsgelder der Nr. 7005 VV RVG angepasst.[2)]

Kritische Stellungnahme:

Ein Gleichlauf zwischen StBVV und RVG ist sachgerecht. Um diesen Gleichlauf künftig sicherzustellen und unnötigen Aufwand für den Verordnungsgeber zu vermeiden, hätte sich ein dynamischer Verweis in § 18 Abs. 3 StBVV auf das RVG angeboten. BStBK und DStV hatten genau dies in ihren Stellungnahmen angeregt. Warum der Verordnungsgeber diese Anregung nicht aufgegriffen hat, bleibt unverständlich.

325 Maßgebend ist die tatsächliche Reisezeit vom Verlassen der Geschäftsräume bzw. Wohnräume bis zu deren Wiederbetreten. Für Samstage, Sonntage und Feiertage gelten keine Besonderheiten. Bei der Berechnung des Abwesenheitsgeldes darf nicht allein auf die Zeitschätzung durch einen sog. Routenplaner abgestellt werden. Vielmehr ist auch zu berücksichtigen, dass der StB für die Reise einen „**Zeitpuffer**" einplanen muss. Dieser beinhaltet die Wege von der Kanzlei zum Pkw und vom Zielparkplatz zum Zielort sowie unerwartete Verzögerungen durch Staus, Umleitungen und Verkehrsunfälle (→ Rz. 326).[3)] Bei einer mehrtägigen Reise hat der StB

1) Fünfte Verordnung zur Änderung steuerlicher Verordnungen v. 25.6.2020, BGBl. I 2020, 1495, 1498 = BStBl I 2020, 555.
2) Fünfte Verordnung zur Änderung der Steuerberatervergütungsverordnung v. 31.3.2025, BGBl. I 2025 Nr. 105 = BStBl I 2025, 1009.
3) OVG Weimar v. 28.3.2018, 2 VO 581/15, NJW-Spezial 2018, 509.

Anspruch auf das Tage- und Abwesenheitsgeld auch – getrennt – für den Tag der Abreise und den der Rückreise. Zwar sollen die in Abs. 3 vorgesehenen Sätze auch eine Entschädigung für die wegen der Reise nicht mögliche Ausübung sonstiger Geschäfte sein. Da es sich gleichwohl nicht um angemessene Beträge handelt, empfiehlt sich im Einzelfall eine Vereinbarung nach § 4 Abs. 1 StBVV. Was die **Erstattungsfähigkeit** des Abwesenheitsgeldes betrifft, ist § 91 Abs. 2 Satz 1, 2. Halbsatz ZPO über §§ 139 Abs. 3, 155 FGO zu beachten. Bei **Hinzuziehung eines auswärtigen StB** sind die **Reisekosten** (Fahrtkosten, Abwesenheitsgeld) nur bis zur höchstmöglichen Entfernung innerhalb des Gerichtsbezirks erstattungsfähig (fiktive Reisekosten), wenn die Beauftragung des auswärtigen StB **nicht notwendig** i.S.d. § 91 Abs. 2 Satz 1 ZPO war.[1]

Beispiel:

Für ein Verfahren vor dem FG Hannover wird ein StB aus Düsseldorf beauftragt. War dessen Beauftragung nicht notwendig, weil sich der Kläger genauso gut durch einen ortsansässigen StB hätte vertreten lassen können, sind nicht die vollen Fahrkosten von Düsseldorf nach Hannover und auch nicht die tatsächliche Zeit der Abwesenheit erstattungsfähig, sondern nur die Fahrtkosten und das Abwesenheitsgeld vom am weitesten entfernten Ort im FG-Bezirk Hannover.

Bei der Beurteilung der Frage, ob die **Beauftragung eines auswärtigen StB notwendig** war, kommt es darauf an, ob eine verständige und wirtschaftlich vernünftig handelnde Partei die kostenauslösende Maßnahme aus der Sicht ex ante als sachdienlich ansehen durfte. Im **Einzelfall** können deshalb nicht nur die fiktiven, sondern auch die vollen **Reisekosten eines auswärtigen StB** erstattungsfähig sein, etwa um sicherzustellen, dass die Partei auf **Augenhöhe** mit der Gegenseite **prozessieren** kann (z.B. bei komplexer Rechtsmaterie oder im Falle der Spezialisierung des auswärtigen StB) oder weil der auswärtige StB mehrere **gleich gelagerte** Rechtsstreitigkeiten bei verschiedenen Gerichten führt[2] oder **ähnlich gelagerte** Sachverhalte und vergleichbare Problemstellungen vorliegen.[3] § 91 Abs. 2 Satz 1, 2. Halbsatz ZPO verlangt im Falle der notwendigen Einschaltung eines auswärtigen StB regelmäßig keine zusätzliche Prüfung, ob auch die Wahrnehmung eines Verhandlungstermins gerade durch diesen StB unbedingt erforderlich war oder auch durch einen ortsansässigen StB oder RA hätte erfolgen können.[4]

II. Übernachtungskosten (Satz 2)

Erstattet werden die tatsächlichen Aufwendungen, soweit sie angemessen sind, einschließlich der üblichen Trinkgelder, aber ohne Kosten für das Frühstück, die aus dem Tage- und Abwesenheitsgeld zu bestreiten sind. Bei „Inklusivpreisen" müssen die angemessenen Kosten des Frühstücks herausgerechnet werden. Übernachtungskosten werden erstattet, wenn dem StB eine An- und Rückreise am selben Tag nicht möglich oder nicht zumutbar ist. Als unzumutbar gilt ein Reiseantritt zur 326

1) BGH v. 14.9.2021, VIII ZB 85/20, MDR 2021, 1486 und v. 9.5.2018, I ZB 62/17, NJW 2018, 2572 zur Fallkonstellation einer ebenfalls außerhalb des Gerichtsbezirks ansässigen Partei mit. Anm. Schons in BRAK-Mitt. 2018, 263 und Schneider, NJW-Spezial 2018, 507; BGH v. 4.12.2018, VIII ZB 37/18, AnwBl 2019,109 zur Fallkonstellation einer im Gerichtsbezirk ansässigen Partei; LG München I v. 12.8.2019, 30 O 5993/17, NJW-Spezial 2019, 669; FG Köln v. 20.12.2018, 2 Ko 2385/18, EFG 2019, 555 mit Anm. Hennigfeld: keine Erstattungsfähigkeit der Reisekosten eines behinderten StB und seines Begleiters aus Brandenburg nach Köln in einer Kindergeldsache.

2) BGH v. 14.9.2021, VIII ZB 85/20, MDR 2021, 1486, 1487 m.w.N.; OLG Nürnberg v. 17.7.2020, MDR 2020, 1535.

3) BGH v. 5.7.2022, VIII ZB 33/21, AnwBl 2022, 553.

4) BGH v. 14.9.2021, VIII ZB 85/20, MDR 2021, 1486.

Unzeit vor 6 Uhr morgens und eine Reiserückkehr nach 22 Uhr abends.[1] Bei der Zumutbarkeitsprüfung ist auch das Alter des StB zu berücksichtigen. Ferner kommt es darauf an, ob der StB größere Strecken zurücklegen muss. Dann ist die Übermüdungsgefahr zu berücksichtigen.[2] Auf die reine – von einem Routenplaner ermittelte – Fahrzeit ist ein **ausreichender zeitlicher Puffer** wegen unvorhergesehener Verzögerungen wie Staus etc. und bei längeren Strecken auch Fahrpausen vorzusehen. Deshalb kann eine Anreise am Vorabend zu einem Termin um 10 Uhr am Folgetag bei einer reinen Fahrzeit von 3 Stunden und 6 Minuten gerechtfertigt sein (→ Rz. 325).[3] Insbesondere Gerichte legen auf rechtzeitiges Erscheinen wert und müssen dann auch im Kostenfestsetzungsverfahren den damit verbundenen Kostenaufwand (Hotelkosten) akzeptieren. Die Übernachtungskosten müssen sich im Rahmen des Angemessenen halten. Die Kosten für die Übernachtung in einem Luxushotel sind im Zweifel nicht erstattungsfähig, wohl aber die Übernachtungskosten in einem Vier-Sterne-Hotel.[4] Bei einer Übernachtung im Schlafwagen sind die Kosten bereits durch die Fahrtkosten ersetzt. Auch bei einer kostenfreien Übernachtung des StB bei Freunden oder Verwandten können keine Übernachtungskosten angesetzt werden.

1) N. Schneider in Schneider/Volpert, 9. Aufl. 2021, VV 7003–7006 Rz. 41 m.w.N.; a.A. Boelsen in Eckert, 7. Aufl. 2023, § 18 StBVV Rz. 39: Anreise nicht vor 7 Uhr morgens und Rückreise bis spätestens 20 Uhr abends; a.A. auch OLG Naumburg v. 8.6.2016, 12 W 36/16 (KfB), AnwBl 2016, 934; LG Hamburg v. 11.6.2019, 625 Qs 19/19, NJW-Spezial 2019, 573: keine Anreise zur Nachtzeit (vgl. § 758a Abs. 4 ZPO) in der Zeit von 21 Uhr bis 6 Uhr.
2) Müller-Rabe in Gerold/Schmidt, 26. Aufl. 2023, VV RVG 7003–7006 Rz. 74, 75.
3) OLG Naumburg v. 8.6.2016, 12 W 36/16 (KfB), AnwBl 2016, 934.
4) So auch Boelsen in Eckert, 7. Aufl. 2023, § 18 StBVV Rz. 39.

§ 19
Reisen zur Ausführung mehrerer Geschäfte

Dient eine Reise der Ausführung mehrerer Geschäfte, so sind die entstandenen Reisekosten und Abwesenheitsgelder nach dem Verhältnis der Kosten zu verteilen, die bei gesonderter Ausführung der einzelnen Geschäfte entstanden wären.

Inhalt

A. Inhalt und Bedeutung

§ 19 StBVV stimmt mit dem früheren § 29 BRAGO (ab 1.7.2004: Vorbemerkung 7 Abs. 3 Satz 1 VV RVG) überein. Er sieht eine Teilschuldnerschaft für den Fall vor, dass der StB bei einer Reise mehrere Geschäfte verbinden kann. Die dadurch ersparten Aufwendungen (nicht die anfallenden Gebühren) sollen den Auftraggebern anteilig zugute kommen. **327**

B. Anwendungsbereich

I. Aufteilungsmaßstab

Die von § 19 StBVV vorgeschriebene Verteilung der Kosten erfolgt nach dem Verhältnis der Kosten, die bei gesonderter Ausführung der einzelnen Geschäfte entstanden wären. **328**

Beispiel:

Der StB besucht auf einer Reise den Mandanten A und den Mandanten B. Zunächst sind die (fiktiven) Kosten zu ermitteln, die bei 2 separaten Reisen entstanden wären. Die Reise zu A hätte 30 €, die Reise zu B 50 € Reisekostenaufwand verursacht. Die tatsächlich angefallenen Reisekosten belaufen sich auf 60 €. Diese tatsächlich angefallenen Kosten werden nun auf A und B nach der Formel:

Fiktive Kosten Einzelreise x tatsächliche Reisekosten Gesamtreise : Summe aller fiktiven Reisekosten

auf A und B verteilt. Danach ergibt sich folgende Aufteilung:

Reise zu A: 30 × 60 : 80 = 22,50 €.

Reise zu B: 50 × 60 : 80 = 37,50 €.

Hat der StB mit einem Auftraggeber eine **Vereinbarung** über die Höhe der Reisekosten getroffen, so ist die Aufteilung nach § 19 StBVV gleichwohl vorzunehmen. Der Auftraggeber mit der Vereinbarung haftet nach der Vereinbarung, andere Auftraggeber nur nach Maßgabe des § 19 StBVV.[1] Bei Streitigkeiten mit einzelnen Auftraggebern über die richtige Aufteilung darf der StB wegen seiner Pflicht zur Verschwiegenheit grundsätzlich nur mit Zustimmung der anderen Auftraggeber deren Namen aufdecken.[2] **329**

1) Berners, 6. Aufl. 2020, § 19 StBVV Rz. 2.
2) Eggesiecker, 2. Aufl. 1998, § 19 STEUGO Rz. 19.300.

II. Gerichtliches Verfahren

330 Im Rahmen eines (finanz-)gerichtlichen Klageverfahrens gelten dieselben Aufteilungsmaßstäbe gem. Vorbemerkung 7 Abs. 3 Satz 1 VV RVG. „Mehrere Geschäfte", die zu einer Aufteilung der Kosten führen, liegen auch dann vor, wenn verschiedene Streitjahre betroffen sind, z.B. Klage gegen die ESt-Bescheide 01 und 02 erhoben wird. Die Anrechnungsvorschrift wird dann relevant, wenn der Kläger nur in einem Verfahren obsiegt.

Beispiel:

Das Gericht terminiert und verhandelt zwei Verfahren (ESt 01 und ESt 02) in einem Termin. Die Klage wegen ESt 01 wird nach einem Hinweis des Gerichts abgetrennt und sofort zurückgenommen. Die Klage wegen ESt 02 hat Erfolg.

In diesem Fall muss das wegen ESt 02 unterlegene Finanzamt nur die Hälfte der Reisekosten und Abwesenheitsgelder erstatten.[1]

Der Anwendungsbereich der Vorschrift ist auch eröffnet, wenn der StB mehrere Geschäfte an ein und demselben Ort erledigt.

Beispiel:

Der StB fährt mit dem eigenen Pkw von Berlin nach München und nimmt an einem Tag für vier verschiedene Mandanten an vier mündlichen Verhandlungen vor dem BFH teil. Im Rahmen der Kostenerstattung macht er in einem der Verfahren für die Klägerin die vollen Fahrt- und Übernachtungskosten sowie das volle Tagegeld geltend. Die Beklagte wendet ein, dass diese Kosten zu gleichen Teilen auf die vier Verfahren aufzuteilen sind.

Fahrtkosten, Tagegeld und Übernachtungskosten sind hier zu gleichen Teilen auf die vier verhandelten Verfahren aufzuteilen.[2] Zur Aufteilung sind die tatsächlichen Auslagen zunächst insgesamt für sämtliche Geschäfte zu berechnen. Dann ist für jedes Geschäft isoliert zu ermitteln, welche Auslagen ersatzfähig sind und in welcher Höhe sie angefallen wären, wenn ausschließlich diese Angelegenheit angefallen wäre. Anschließend sind diese (fiktiven) Einzelkosten zu addieren, so dass sich fiktive Gesamtkosten ergeben. Die tatsächlich angefallenen Auslagen nach Nrn. 7003 – 7006 VVRVG sind dann nach dem Verhältnis der fiktiven Einzelkosten zu den fiktiven Gesamtkosten auf das einzelne Verfahren aufzuteilen. In dem vom BFH entschiedenen Fall, der dem o.g. Beispiel zugrunde liegt, entfällt daher jeweils ein Viertel der streitigen Auslagen auf jedes der verhandelten Verfahren (zur Berechnung siehe auch → Rz. 329).

1) FG Düsseldorf v. 21.11.2011, 11 Ko 3342/11 KF, EFG 2012, 1779.
2) BFH v. 6.7.2015, X K 5/13, AnwBl 2016, 438.

§ 20
Verlegung der beruflichen Niederlassung

Ein Steuerberater, der seine berufliche Niederlassung nach einem anderen Ort verlegt, kann bei Fortführung eines ihm vorher erteilten Auftrags Reisekosten und Abwesenheitsgelder nur insoweit verlangen, als sie auch von seiner bisherigen beruflichen Niederlassung aus entstanden wären.

§ 20 StBVV entspricht dem bis zum 30.6.2004 geltenden § 30 BRAGO (ab 1.7.2004: **331**
Vorbemerkung 7 Abs. 3 Satz 2 VV RVG) und ergänzt die §§ 18 und 19 StBVV, ist aber kaum von praktischer Bedeutung. Die Vorschrift soll gewährleisten, dass der Auftraggeber im Fall einer Verlegung der beruflichen Niederlassung des StB keinen reisekostenmäßigen Nachteil erleidet. Durch die Verlegung der beruflichen Niederlassung dürfen die Reisekosten zwar niedriger, aber niemals höher werden.

§ 21
Rat, Auskunft, Erstberatung

(1) [1]Für einen mündlichen oder schriftlichen Rat oder eine Auskunft, die nicht mit einer anderen gebührenpflichtigen Tätigkeit zusammenhängt, erhält der Steuerberater eine Gebühr in Höhe von 1 Zehntel bis 10 Zehntel der vollen Gebühr nach Tabelle A (Anlage 1). [2]Beschränkt sich die Tätigkeit nach Satz 1 auf ein erstes Beratungsgespräch und ist der Auftraggeber Verbraucher, so kann der Steuerberater, der erstmals von diesem Ratsuchenden in Anspruch genommen wird, keine höhere Gebühr als 190 Euro fordern. [3]Die Gebühr ist auf eine Gebühr anzurechnen, die der Steuerberater für eine sonstige Tätigkeit erhält, die mit der Raterteilung oder Auskunft zusammenhängt.

(2) [1]Wird ein Steuerberater mit der Prüfung der Erfolgsaussicht eines Rechtsmittels beauftragt, so ist für die Vergütung das Rechtsanwaltsvergütungsgesetz sinngemäß anzuwenden. [2]Die Gebühren bestimmen sich nach Teil 2 Abschnitt 1 des Vergütungsverzeichnisses zum Rechtsanwaltsvergütungsgesetz.

Inhalt

Schrifttum

Berners, Die Honorierung für Rat, Auskunft und Erstberatung, NWB 2013, 619; **Beyme,** Abrechnung einer Tax Due Diligence, Honorargestaltung für Steuerberater, Juni 2022, 7; **Beyme,** Beratung zu einer Abfindung, Honorargestaltung für Steuerberater, November 2021, 6; **Feiter,** Gebühr für schenkungsteuerliche Beratung, KANZLEI intern 10_2017, 6; **Fleischer,** Die Datenschutzerklärung, KANZLEI intern 05/2015, 2; **Grunewald,** Rechtsberatung durch Telefon-Hotlines, ZIP 2000, 2005; **Maxl,** Urteilsanmerkung zu LG Düsseldorf, DStR 1991, 1100; **Meyer,** Die Abrechnung von Beratungsleistungen bei der Gründung einer GmbH, KP 2004, 30; **Römermann/Funke,** Anwalts-Hotlines – Ein Überblick über System und Rechtsprechung, MDR 2001, 1; **Schneider,** Anwaltsvergütung – Gebühren für Abraten einer Berufungs- oder Revisionseinlegung, MDR 2001, 1032; **Schwamberger,** Wann und wie kann eine Zeitgebühr berechnet werden? – Teil 2, KP 2016, 114; **Schwamberger,** Was darf eine Auskunft eigentlich kosten? KP 2014, 202; **Singer,** Steuerliche Beratung via telefonischer 0190-Hotlines?, DStR 2001, 594; **Tönnies,** Abrechnung von Beratungsleistungen, Stbg 1995, 458;

Tönnies, StBGebV in der Praxis: Mehr Gewinn durch „Nebengebühren", Stbg 1995, 299; **Wilk/Beyer-Petz,** Die neue Steuerberatervergütungsverordnung, DStR 2012, 2508; **Will-Brinkmann,** Mehr Gewinn durch Nebengebühren, Stbg 1995, 461.

A. Inhalt und Bedeutung

I. Norminhalt und Zweck

§ 21 StBVV ist dem früheren § 20 BRAGO nachgebildet, der ab 1.7.2004 den Nr. 2100 – 2102 VV RVG entsprach. Seit dem 1.7.2006 gilt § 34 RVG. Der Anwendungsbereich des § 21 Abs. 2 StBVV wurde durch die Fünfte Verordnung zur Änderung steuerlicher Verordnungen[1] mit Wirkung ab dem 1.7.2020 erweitert (→ Rz. 350). § 21 StBVV ist nur dann unmittelbar anwendbar, wenn der Rat oder die Auskunft einen **steuerlichen Zweck** haben (§ 1 Abs. 1 StBVV), wie z.B. bei einer Tax Due Diligence. Eine wirtschaftsberatende Tätigkeit, z.B. eine Fördermittelberatung (Baukindergeld, Sofort-Hilfe, Überbrückungshilfe etc. → Rz. 352) oder eine Existenzgründungsberatung, können nicht unmittelbar nach § 21 StBVV liquidiert werden.[2] Haben die Parteien in einem solchen Fall keine Honorarvereinbarung getroffen, wird das übliche BGB-Honorar (§§ 612 Abs. 2, 632 Abs. 2 BGB) geschuldet.[3] Als übliches Honorar kommt auch eine **analoge Anwendung** des § 21 StBVV in Betracht. In **Mischfällen,** die auch steuerberatende Tätigkeit enthalten, müssen die sog. vereinbaren Tätigkeiten separat aufgeführt und abgerechnet werden. Dies muss notfalls im Wege einer Schätzung des Gegenstandswerts oder einer Aufschlüsselung und Zuordnung des Zeitaufwands auf die unterschiedlichen Tätigkeiten erfolgen. Ist der StB auch als Rechtsanwalt zugelassen, kann er nach den günstigeren Vorschriften des RVG abrechnen (→ § 1 StBVV Rz. 91). 332

II. Zeitlicher Anwendungsbereich

§ 21 StBVV wurde wiederholt geändert. Durch die 1. ÄndVO[4] wurden die erhöhten Rahmenbeträge der BRAGO für nicht nach dem Gegenstandswert abzurechnende Beratung und Auskunftserteilung übernommen. Durch die 3. ÄndVO[5] erfolgte eine weitere Anpassung an den zuvor geänderten § 20 BRAGO: In § 21 Abs. 1 Satz 2 StBGebV wurde eine Begrenzung der Gebühr des StB bei erstmaliger Beratung (Erstberatungsgebühr) eingeführt. Der Betragsrahmen des § 21 Abs. 1 Satz 3 StBGebV wurde an die BRAGO angepasst. Schließlich wurde die Vorschrift durch das KostREuroUG[6] in § 21 Abs. 1 Satz 2 und 3 StBGebV geändert, in dem die bisherigen DM-Beträge auf Euro-Beträge umgestellt wurden. Durch das JStG 2007[7] wurde die Erstberatungsgebühr auf ein Erstberatungsgespräch mit einem Verbraucher beschränkt. Mit VO zum Erlass und zur Änderung steuerlicher Verordnungen wurde die Erstberatungsgebühr von 180 € auf 190 € angehoben und die Sonderregelung des § 21 Abs. 1 Satz 3 StBGebV (Rat und Auskunft in steuerstraf- und bußgeldrechtlichen Angelegenheiten) gestrichen.[8] Mit der Dritten Verordnung zur 333

1) Gesetz v. 25.6.2020, BGBl. I 2020, 1495, 1498 = BStBl I 2020, 555.
2) Das AG Düsseldorf v. 26.4.2001, 42 C 18777/00, bemängelte die Abrechnung nach Gegenstandswert unter Bezugnahme auf § 21 StBGebV bei einer Finanzierungsberatung und wies die Honorarklage des StB aus formellen Gründen ab.
3) OLG Celle v. 8.7.1998, 3 U 206/97, GI 2001, 129; AG Mülheim/R. v. 4.4.2000, 19 C 133/99, INF 2000, 383: Planrechnung durch einen StB für ein zu eröffnendes Sonnenstudio mit einem Zeitaufwand von 10,75 Std. und einem Stundensatz von 200 DM angemessen.
4) 1. ÄndVO v. 20.6.1988, BGBl. I 1988, 841.
5) 3. ÄndVO v. 20.8.1998, BGBl. I 1998, 2369.
6) KostREuroUG v. 27.1.2004, BGBl. I 2001, 751.
7) JStG 2007 v. 13.12.2006, BGBl. I 2006, 2878 = BStBl I 2007, 28.
8) VO zum Erlass und zur Änderung steuerlicher Verordnungen v. 11.12.2012, BGBl. I 2012, 2637 = BStBl I 2013, 2.

Änderung steuerlicher Verordnungen v. 22.7.2016, BGBl. I 2016, 1722 = BStBl I 2016, 725 wurde § 21 Abs. 2 Satz 2 StBVV gestrichen. Dies war bei der letzten StBGebV-Novelle versehentlich unterblieben. Es handelt sich um eine redaktionelle Änderung.[1] Eine weitere Anpassung des § 21 Abs. 2 StBVV erfolgte durch die Fünfte Verordnung zur Änderung steuerlicher Verordnungen v. 25.6.2020.[2] Durch das Gesetz zur Neuregelung des Berufsrechts der anwaltlichen und steuerberatenden Berufsausübungsgesellschaften sowie zur Änderung weiterer Vorschriften im Bereich der rechtsberatenden Berufe v. 7.7.2021[3] erfolgte die letzte Änderung zu § 21 StBVV mit Wirkung zum 1.8.2022. Absatz 2 Satz 1 wurde neu gefasst (→ Rz. 350).

B. Rat- bzw. Auskunftgebühr (Abs. 1 Satz 1)

I. Abgrenzung

334 Nach § 21 Abs. 1 Satz 1 StBVV erhält der StB für einen steuerlichen Rat oder eine steuerliche Auskunft eine Gebühr. Ein „**Rat**" ist eine Empfehlung, wie sich der Mandant in einer bestimmten Lage verhalten soll. Mit einer **„Auskunft"** soll der Mandant dagegen lediglich über eine bestimmte Angelegenheit informiert werden. Die Auskunft beschränkt sich auf die Beantwortung allgemeiner Fragen, z.B. welche steuerlichen Vorschriften bei der Beurteilung eines bestimmten Sachverhalts zu beachten sind. Rat und Auskunft liegen jeweils nur dann vor, wenn der StB auftragsgemäß im **Innenverhältnis** zum Mandanten berät oder informiert. Im Falle einer Vertretung gelten die speziellen Vorschriften (§§ 23 ff. StBVV). Im Anwaltsrecht stellt der BGH darauf ab, ob eine „nach außen gerichtete Tätigkeit" vorliegt oder ob es sich um eine reine Tätigkeit im Innenverhältnis zwischen RA und Mandant handelt. Letzteres sei der Fall, wenn die Tätigkeit des RA auf den Entwurf eines Testaments gerichtet sei.[4] Die vom BGH zum anwaltlichen Vergütungsrecht herangezogenen Abgrenzungskriterien können auch auf § 21 Abs. 1 StBVV übertragen werden.

335 Was die **Form** der Äußerung betrifft, unterscheidet die Vorschrift zwischen einem mündlichen und einem schriftlichen Rat oder einer Auskunft. Auch ein fernmündlicher Rat (→ § 21 StBVV Rz. 351) oder eine Online-Beratung lösen im Falle einer steuerlichen Beratung eine Gebühr nach § 21 Abs. 1 Satz 1 StBVV aus.

Praxistipp:

Von einer telefonischen Erstberatung ist grundsätzlich abzuraten. Stattdessen sollte der Ratsuchende auf die Möglichkeit einer kostenpflichtigen Beratung in der Kanzlei, möglichst verbunden mit einer Vorschusszahlung, hingewiesen werden. Dadurch werden Mandanten, die es nur auf einen schnellen und möglichst kostengünstigen Rat abgesehen haben, von vorneherein ferngehalten.

Praxistipp:

Steuerberater, die auf ihrer Homepage ein Kontaktformular vorhalten, das potentielle Mandanten zum Zwecke der elektronischen Kontaktaufnahme nutzen können, müssen den Nutzer zu Beginn des Nutzungsvorgangs über Art, Umfang und Zweck der Erhebung und Verwendung personenbezogener Daten in allgemein verständlicher Form unterrichten (§ 5 DDG). Seit dem 9.1.2016 galten aufgrund der sog. ODR-Verordnung (EU-Verordnung 524/2013) neue Informationspflichten für Anbieter von Online-Dienstleistungsverträgen.[5] Die Verordnung wurde wegen zu geringer Benutzung der Plattform zum 20.7.2025 aufgehoben. Ab dem 25.5.2018 sind zusätzlich die Informationspflichten

1) Vgl. BR-Drucks. 201/16 v. 20.4.2016, 22.
2) BGBl. I 2020, 1495, 1498 = BStBl I 2020, 555.
3) BGBl. I 2021, 2363.
4) BGH v. 22.2.2018, IX ZR 115/17, NJW 2018, 1479.
5) Verordnung (EU) 2024/3228.

nach Art. 13 DSGVO zu beachten. Ab dem 28.6.2025 muss die Homepage bei derartigen Kontaktmöglichkeiten nach dem Barrierefreiheitsstärkungsgesetz (BFSGV) und der entsprechenden Verordnung (BFSGV) zusätzlich barrierefrei sein.

Eine schriftliche Rat- oder Auskunftserteilung rechtfertigt i.d.R. den Ansatz einer höheren Gebühr. Bei der Wahl des Rahmensatzes sind ferner Vorbereitungsarbeiten, z.B. Literaturstudium, Rechercheaufwand und Aktendurchsicht zu berücksichtigen.

Das **Mandatsanbahnungsgespräch** als solches löst noch keine Gebühren nach § 21 StBVV aus (→ § 12 StBVV Rz. 247).[1] Beweisbelastet dafür, dass im Rahmen des Erstgesprächs schon eine Beratung erfolgt ist, ist der StB (→ Rz. 345 a.E.).[2] **336**

Praxistipp:

Damit der (Verbraucher-)Mandant später nicht mit dem Einwand durchdringt, die zweite Beratung sei noch die (auf 190,00 €) begrenzte Erstberatung, empfiehlt es sich, beim ersten Besuch des Mandanten in der Kanzlei zu dokumentieren, dass eine Erstberatung erfolgt ist. Zu Identifikationszwecken sollte dem Mandanten ein Mandantenaufnahmebogen ausgehändigt und dort auch der Grund des Besuchs erfragt werden. Erfahrungsgemäß tragen Mandanten dort selbst Stichworte wie „Steuerliche Beratung" o.ä. ein.

Adressat des Ratschlags oder der Auskunft ist grundsätzlich der Mandant. § 21 StBVV ist aber auch dann anwendbar, wenn der StB im Auftrag des Mandanten Dritten – z.B. der Finanzbehörde – Auskünfte erteilt.[3] **337**

An die **Auftragserteilung** sind keine überzogenen Anforderungen zu stellen. Auch konkludentes Verhalten reicht aus, z.B. die kommentarlose Übersendung eines Vertragsentwurfs, nachdem zuvor ein Gespräch zwischen StB und Mandant über eine geplante Geschäftsaufgabe geführt wurde.[4] **338**

II. Wertgebühr

§ 21 Abs. 1 Satz 1 StBVV sieht für den Regelfall eine Wertgebühr vor. Nach der amtlichen Begründung zu § 21 StBGebV kann der StB aber anstelle der Wertgebühr die **Zeitgebühr** berechnen, wenn sich ein Gegenstandswert nicht bestimmen – oder schätzen – lässt.[5] **339**

Die Bestimmung des **Gegenstandswertes** i.R.d. § 21 Abs. 1 Satz 1 StBVV, der dem Wert des Interesses nach § 10 Abs. 1 Satz 3 StBVV entspricht, bereitet in der Praxis erhebliche Schwierigkeiten. In einem Beratungsgespräch werden oftmals mehrere Steuerarten und Sachverhalte, z.B. im Fall der Gründung einer Gesellschaft oder im Falle einer schenkungssteuerlichen Beratung[6] zusammengefasst. Hier stellt sich die Frage, welche Einzeltätigkeiten bzw. Beratungskomplexe als eigenständige „**Angelegenheiten**" angesehen werden können, die jeweils eine eigene Gebühr nach § 21 StBVV auslösen.[7] **340**

Beispiel:[8]

Die vermögende und alleinstehende S beauftragt den StB, möglichst steuersparend zu ermitteln, wie sie ihr Gesamtvermögen auf ihren Sohn übertragen kann. S besitzt ein selbst genutztes Wohnhaus im Wert von ca. 500 000 € und hat im Jahr 01 für 641 000 €

---

1) OLG Düsseldorf v. 28.5.2002, 23 U 193/01, GI 2002, 219, 225; AGH NRW v. 4.5.2012, 2 AGH 32/11.
2) OLG München v. 19.9.1998, 14 U 879/97, AnwBl 1999, 228; AG Neuss v. 2.2.2005, 85 C 501/04, sj 2005, Nr. 16/17, 52.
3) Eggesiecker, 2. Aufl. 1998, § 21 STEUGO Rz. 2.255.
4) AG Langen/Niedersachsen v. 20.6.2002, 2 C 337/01.
5) Abgedruckt bei Eckert, 4. Aufl. 2003, zu § 21 StBGebV (→ § 13 StBVV Rz. 268).
6) Feiter, KANZLEI intern 10_2017, 6.
7) Vgl. Schwamberger, KP 2016, 114, 116; Tönnies, Stbg 1995, 458, 509; Meyer, KP 2004, 30.
8) Ausführliche Darstellung bei Feiter, KANZLEI intern 10_2017, 6.

eine ETW erworben, die sie seitdem verbilligt an den Sohn vermietet. Die Darlehensverbindlichkeiten im Zeitpunkt der beabsichtigten schenkungsweisen Übertragung der ETW belaufen sich auf rund 200 000 €. Der StB stellt S seine Beratungsergebnisse schriftlich zur Verfügung und gibt dort steuerliche Hinweise zum Entwurf des bereits vorliegenden Notarvertrages. Er empfiehlt eine stufenweise Übertragung, beleuchtet alle Aspekte im Hinblick auf eine Übertragung der ETW unter Nießbrauchsvorbehalt und nimmt ausführlich zu den schenkungs- und einkommensteuerrechtlichen Auswirkungen Stellung.

Im Rahmen eines einheitlichen Auftrags mit einem einheitlichen Tätigkeitsrahmen und einem inneren Zusammenhang stellt die Prüfung mehrerer steuerrechtlicher Fragestellungen i.d.R. nur eine einzige gebührenrechtliche Angelegenheit dar.[1] Eine schenkungssteuerliche Beratung hat i.d.R. verschiedene Beratungsinhalte zum Gegenstand (siehe Beispiel), gleichwohl rechtfertigt dies nicht die Abrechnung mehrerer Gebühren.[2] Ein weiteres Problem ergibt sich durch die uneinheitliche **Rechtsprechung** zur Bestimmung des Gegenstandswertes. Teilweise stellt die Rechtsprechung auf die Interessen des Mandanten, also die **steuerlichen Auswirkungen** ab. Danach soll es bei einer Beratung über **Abschreibungsmöglichkeiten** auf die vorgestellte Steuerersparnis ankommen[3] und bei einer Beratung zum Thema **Spekulationssteuer und Vorfälligkeitsentschädigung** beim Weiterverkauf einer Immobilie auf die steuerlichen Auswirkungen und nicht auf den Veräußerungspreis.[4] Diesen Entscheidungen kommt auch ein Urteil des LG Magdeburg[5] nahe, das im Falle einer **Unternehmensübertragung** nicht auf den geschätzten Gesamterlös, sondern auf den vom Berater prognostizierten Rohgewinn abstellte. Im Fall einer (betriebswirtschaftlichen) Beratung bei der **Gründung** einschließlich der Mitarbeit am Grundkonzept eines GmbH-Vertrages hat das LG Osnabrück[6] die Höhe des Stammkapitals zu Grunde gelegt. Die überwiegende Rechtsprechung hat bisher auf die wirtschaftliche Bemessungsgrundlage (Bruttoprinzip) abgestellt.[7] Bei einer gesonderten **Abfindungsberatung** außerhalb eines bestehenden Mandats (→ Rz. 341)[8] wäre danach die Abfindung und nicht die für die Abfindung drohende Steuer maßgeblich.[9] Für die Betreuung und Beratung einer **Tax Due Diligence** im Zusammenhang mit einem Unternehmensverkauf wäre der **Verkaufspreis** des Unternehmens zugrunde zu legen.[10]

Beispiele:

Bei einer steuerlichen Beratung zur Durchführung eines Bauherrenmodells sowie für die Überprüfung des Prospekts hat das LG Düsseldorf[11] den Gesamtbruttoausgangswert von 2 242 000 DM (umgerechnet 1 146 316,30 €) zu Grunde gelegt, mit der Begründung, es habe sich um eine **Konzeptberatung** gehandelt und nicht nur um eine Beratung zu Steuersparmöglichkeiten.

Das LG Mannheim[12] ließ die Schätzung eines Gegenstandswertes von 2 Mio. DM (umgerechnet 1 022 583,70 €) ebenfalls für eine Beratung zu einem **Bauherrenmodell** unbeanstandet. Das LG ging von einer Wohnfläche von mindestens 500 qm zu einem Preis zwischen 3 500 DM und 6 000 DM (umgerechnet also zwischen 1 789,52 € und 3 067,75 €) aus.

1) Mayer in Gerold/Schmidt, 26. Aufl. 2023, § 15 RVG Rz. 10.
2) Feiter, KANZLEI intern 10_2017, 6.
3) OLG Düsseldorf v. 3.7.1986, 18 U 61/86.
4) LG Wuppertal v. 25.5.2016, 3 O 299/13.
5) LG Magdeburg v. 23.10.1996, 8 O 1601/96, besprochen von Boelsen in Eckert, 7. Aufl. 2023, § 22 StBVV Rz. 14.
6) LG Osnabrück v. 27.10.1988, 4 O 305/88.
7) Ebenso Berners, 6. Aufl. 2020, § 21 StBVV Rz. 20 f.
8) Beyme, Honorargestaltung für Steuerberater, November 2021, 6, 7.
9) Beyme, Honorargestaltung für Steuerberatung, November 2021, 6.
10) Beyme, Honorargestaltung für Steuerberater, Juni 2022, 7.
11) LG Düsseldorf, 31 C 246/84, besprochen von Maxl, DStR 1991, 1100.
12) LG Mannheim v. 23.5.1985, 10 S 4/85.

Das LG Düsseldorf[1] legte den Bruttowert von 1 014 000 DM (umgerechnet 518 449,96 €) in einem Fall zu Grunde, in dem der StB beauftragt war, steuerrechtlich optimal zu prüfen und darzustellen, inwieweit die Bebauung des seinen Auftraggebern zu gleichen Teilen gehörenden **Baugrundstücks** mit 4 Eigentumswohnungen unter Berücksichtigung weiterer Umstände zu bewerkstelligen sei.

Bei einer steuerlichen Beratung im Zusammenhang mit einer **Anteilsveräußerung** legte das LG Düsseldorf[2] den Kaufpreis der Anteile i.H.v. 305 000 € zu Grunde. Die Steuerersparnis stelle keine gerechte Größe dar und berücksichtige nicht die größeren steuerlichen Risiken, die bei einem Geschäft mit einem Volumen von z.B. mehreren Millionen Euro bestünden.

Im Falle einer steuerlichen Beratung im Zusammenhang mit einer **Erbschaftsangelegenheit** ließ das LG Duisburg[3] den vom Berater angesetzten Gegenstandswert in Höhe des gesamten Erbes unbeanstandet. Das LG stellte darauf ab, dass der Berater die gesamte Erbschaftsangelegenheit prüfen musste, um ein etwaige Mehrsteuer eines Erbschaftsverkaufs zu errechnen.

Wird ein StB mit der Beratung und Erstellung eines **Gründungskonzepts** beauftragt, bestimmt sich der Gegenstandswert nicht nach dem vertraglich angesetzten Stammkapital, sondern nach dem insgesamt zur Unternehmensgründung erforderlichen Kapital.[4]

Für die steuerliche Beratung im Zusammenhang mit der **Gründung von zwei neuen GmbHs** mit einem Stammkapital von jeweils 25 000 € und der hiermit verbundenen Einbringung von zwei Einzelfirmen durch jeweils drei Gesellschafter legte das LG Essen einen Gegenstandswert von 16 666,67 € (25 000 * 2/3 = 16 666,67 €) zugrunde.[5]

Praxistipp:

Bei der Bestimmung der Gebühr ist der Grundsatz der Angemessenheit zu beachten (§ 64 Abs. 1 Satz 3 StBerG). Führt die Anwendung des Bruttoprinzips zu unangemessen hohen Gebühren, die auch nicht durch die Wahl eines niedrigeren Rahmensatzes ausgeglichen werden können, empfiehlt sich als Gegenstandswert auf die steuerlichen Auswirkungen abzustellen.[6] Andererseits macht nur das Bruttoprinzip Sinn, wenn es aufgrund von Steuerbefreiungen zu keinen steuerlichen Auswirkungen kommt, z.B. bei einer Beratung zur Erbschaftsteuer, da sonst ein Gegenstandswert von 0 € gegeben wäre.[7] Lässt sich ein Gegenstandswert nicht ermitteln oder schätzen, darf auf die Zeitgebühr ausgewichen werden. Möglich ist auch eine Vergütungsvereinbarung nach § 4 Abs. 1 StBVV.

Kritische Stellungnahme:

Die Bestimmung des Gegenstandswertes in § 21 Abs. 1 Satz 1 StBVV ist wegen der uneinheitlichen Rechtsprechung für den StB immer mit gebührenrechtlichen Unsicherheiten verbunden. Legt der StB den Bruttowert zugrunde und rechnet nur einen geringen Zehntelsatz ab, besteht das Risiko, dass ein Gericht den Gegenstandswert beanstandet und nur auf die steuerlichen Auswirkungen abstellt. Dies würde zu einer im Einzelfall erheblichen Reduzierung der Gebühr führen, da dem StB eine nachträgliche Anhebung des Zehntelsatzes – quasi als Kompensation – nicht gestattet ist (→ § 11 StBVV Rz. 229). Hier kann nur der Verordnungsgeber Abhilfe schaffen, indem er auch in § 21 Abs. 1 StBVV eine Definition des Gegenstandswertes vornimmt und möglichst auch einen Mindestgegenstandswert vorgibt.

III. Zusammenhang mit anderen gebührenpflichtigen Tätigkeiten

Rat und Auskunft rechtfertigen nur dann eine eigenständige Gebühr, wenn sie nicht mit einer anderen gebührenpflichtigen Tätigkeit zusammenhängen. Eine Vielzahl 341

1) LG Düsseldorf v. 17.11.1994, 3 O 62/93.
2) LG Düsseldorf v. 3.12.2010, 15 O 295/08.
3) LG Duisburg v. 8.5.1996, 21 (1) S 123/95.
4) AG Brake v. 3.7.2012, 3 C 279/11.
5) LG Essen v. 30.10.2024, 18 O 37/24.
6) Feiter, KANZLEI intern 10_2017, 6.
7) Beyme, Honorargestaltung für Steuerberater, November 2021, 6.

von steuerlichen Fragestellungen taucht im Zusammenhang mit der Finanz- und Lohnbuchführung oder bei Anfertigung der Steuererklärungen bzw. der Aufstellung des Jahresabschlusses auf. Wenn der StB hierfür bereits mandatiert ist, ist die Beantwortung derartiger Fragen des Mandanten grundsätzlich von der Gebühr für diese Tätigkeit abgegolten und kann nicht gesondert nach § 21 Abs. 1 Satz 1 StBVV berechnet werden.[1)]

Beispiel:

Der StB ist mit der Finanzbuchführung beauftragt. Der Mandant bittet um Auskunft zur Einordnung eines umsatzsteuerlichen Sachverhalts vor dem Hintergrund des Vorsteuerabzugs (→ § 33 StBVV Rz. 540).

Beispiel:

Der StB ist mit der Aufstellung des Jahresabschlusses beauftragt. Der Mandant bittet um eine Beratung zum Investitionsabzugsbetrag nach § 7g EStG (→ Rz. 343).

Auskunft und Rat können in den beiden Beispielsfällen allerdings gebührenerhöhend bei der Gebühr für die Finanzbuchführung und den Jahresabschluss berücksichtigt werden. Eine gesonderte Abrechnung **von Auskunft und Rat** wäre nur möglich, wenn dies im Rahmen einer Vergütungsvereinbarung nach § 4 Abs. 1 StBVV vereinbart wäre.

Praxistipp:

Wer entsprechende Beratungsleistungen gesondert abrechnen möchte, sollte mit dem Mandanten eine Vergütungsvereinbarung treffen und dort u.a. regeln, dass bestimmte Leistungen nach Zeitaufwand abgerechnet werden. Formulierungsvorschlag:

Vergütungsvereinbarung

Abweichend von der Steuerberatungsvergütungsverordnung (StBVV) wird gemäß § 4 Abs. 1 StBVV zwischen

.... (Auftraggeber)

und

.... (Auftragnehmer)

für folgende Angelegenheiten eine Abrechnung nach Zeitaufwand vereinbart:

- „Allgemeine steuerliche Beratung und Auskunftserteilung in steuerlichen Angelegenheiten aufgrund von Einzelfragen (auch im Zusammenhang mit der Finanz- und Lohnbuchführung, der Jahresabschlusserstellung, der Anfertigung von Steuererklärungen und im Rechtsbehelfsverfahren)",
- (....)

(→ siehe Muster Rz. 923).

Vor- und Nacharbeiten im Zusammenhang mit Rat und Auskunft sind wegen des Systems der Pauschgebühren (§ 12 Abs. 1 StBVV) grundsätzlich nicht gesondert abrechenbar. Ohne Vergütungsvereinbarung ist es deshalb nicht möglich, die mit dem Mandanten geführte **E-Mail-Korrespondenz** nach Zeitaufwand abzurechnen.[2)]

342 Die **Berechnung der Steuererstattung oder -nachzahlung** des Mandanten bei gleichzeitigem Auftrag zur Erstellung der Einkommensteuererklärung löste keine eigene Gebühr nach § 21 StBVV aus.[3)] Zwar ist die Berechnung der Nachzahlung/

1) Schwamberger, KP 2014, 201, 202.
2) LG Duisburg v. 9.9.2022, 10 O 204/18, GI aktuell 2022, 304: Der StB hatte unter Bezugnahme auf § 21 StBVV einen Zeitaufwand von 11,25 Std. mit 1 051,66 € berechnet.
3) Boelsen in Eckert, 7. Aufl. 2023, § 24 Abs. 1 Nr. 1 StBVV Rz. 4; Schwamberger in Meyer/Goez/Schwamberger, 11. Aufl. 2023, § 21 StBVV Rz. 3; Mittelsteiner/Scholz, 4. Aufl. 1998, § 21 StBGebV Rz. 3; Eggesiecker, 2. Aufl. 1998, § 21 STEUGO Rz. 21.350; Will-Brinkmann, Stbg 1995, 461; Brummer, 10. Aufl. 2010, § 24 StBGebV Anm. 1; a.A. Tönnies, Stbg 1995, 299 f.

Erstattung streng genommen nicht Leistungsgegenstand des § 24 Abs. 1 Nr. 1 StBVV. Angesichts der Tatsache, dass die Höhe der Steuer/Erstattung durch die EDV automatisch ermittelt wird, wird diese Ermittlung heute ganz überwiegend (sowohl von StB als auch von Mandanten) als kostenlose Serviceleitung verstanden. Auf diese Leistung sollte aus Gründen der Transparenz in der Gebührenrechnung ausdrücklich hingewiesen werden.

Beispiel:

„Anfertigung der Einkommensteuererklärung 01 inklusive Ermittlung der Steuererstattung".

Wer die Ermittlung gesondert berechnen will, sollte dies im Vorfeld gegenüber dem Mandanten kommunizieren und eine Vergütungsvereinbarung schließen.

Für Nebenarbeiten bei der Aufstellung eines Jahresabschlusses gilt nichts anderes. **343** Eine Beratung zum Investitionsabzugsbetrag **nach § 7g EStG,** die im Zusammenhang mit Tätigkeiten zur Erstellung eines Jahresabschlusses steht, ist mit der Gebühr nach § 35 Abs. 1 Nr. 1 StBVV abgegolten. Etwas anderes kann nur im Falle einer isolierten Beratung nach § 7g EStG gelten. Eine solche Beratung wäre dann über § 21 Abs. 1 Satz 1 StBVV abzurechnen. Ein Ansatz von 130,00 €/Std. ist hierfür nicht überhöht.[1]

C. Erstberatungsgebühr (Abs. 1 Satz 2)

In Angleichung an das RVG (→ Rz. 333) gilt die Begrenzung auf einen Höchstbetrag **344** von 190 € nur noch für ein erstes Beratungsgespräch mit einem **Verbraucher** i.S.d § 13 BGB. Sie gilt nicht mehr für ein erstes Beratungsgespräch mit einem Unternehmer i.S.d. § 14 BGB. Bereits durch das JStG 2007 (→ Rz. 333) wurde der Begriff „Gegenstand einer ersten Beratung" durch die Bezeichnung „**Erstberatungsgespräch**" ersetzt. Für den StB bedeutet dies eine erfreuliche Klarstellung, da dem Mandanten dadurch in vielen Fällen der Einwand genommen wird, eine Zweitberatung sei noch Erstberatung.

Beispiel:

Der StB nimmt anlässlich eines ersten persönlichen Kontakts in der Kanzlei Unterlagen des Mandanten entgegen. Er soll prüfen, ob hinsichtlich der Verkaufsabsichten mehrerer Grundstücke gewerblicher Grundstückshandel vorliegen könnte. Macht sich der StB im Anschluss an das Erstgespräch sachkundig und erteilt dem Mandanten zu einem späteren Zeitpunkt – ggf. nach umfangreichen Vorarbeiten und in einem mehrseitigen Schreiben – die gewünschte Auskunft, bestand immer die Gefahr, dass der Mandant behauptete, das erste **Informationsgespräch** in der Kanzlei sei begrifflich **noch keine Erstberatung** gewesen. Erst die spätere (schriftliche) Auskunft sei die Erstberatung, so dass der Mandant lediglich die Erstberatungsgebühr zahlen müsse.[2]

Nach dem durch das JStG 2007 geänderten und eindeutigen Wortlaut liegt eine Erstberatung i.S.d. Abs. 1 Satz 2 nur vor, wenn der StB mit dem Mandanten ein **Gespräch** führt. Dies kann auch ein Telefonat sein. Im Gegensatz zur Altregelung stellt eine **schriftliche Beratungstätigkeit** keine Erstberatung im Rechtssinne dar.[3] Es muss sich um ein erstes Beratungsgespräch handeln. Wird das erste Beratungsgespräch unterbrochen und später fortgesetzt, weil der StB sich sachkundig machen will oder weil der Mandant weitere Zusatzfragen hat, ist der Bereich der Erstberatungsgebühr verlassen. Der Begriff der Erstberatung ist eng auszulegen und auf eine pauschale, überschlägige Einstiegsberatung beschränkt. Die Kappungsgrenze soll lediglich das „Gebührenrisiko" des Mandanten für ein erstes Beratungsge-

1) LG Düsseldorf v. 19.8.2014, 1 O 497/11.
2) So OLG München v. 17.9.1998, 14 U 879/97, AnwBl 1999, 228 in einer Anwaltssache.
3) AG Dresden v. 16.3.2017, 110 C 3790/16; Boelsen in Eckert, 7. Aufl. 2023, § 21 StBVV Rz. 22.

spräch begrenzen.[1] Für den StB bedeutet diese Gebühr keine neue Einnahmequelle, da, wenn das Mandat weitergeht, die Erstberatungsgebühr nach § 21 Abs. 1 Satz 3 StBVV auf die dann entstehende weitere Gebühr anzurechnen ist.

345 Solange der StB bei der Erstberatung darauf achtet, dass er keine konkrete Auskunft bzw. keinen konkreten Rat erteilt, sondern unverbindlich bleibt und es bei einer pauschalen, überschlägigen Einstiegsberatung belässt und dies im besten Falle auch dokumentiert, besteht kein erhöhtes **Haftungsrisiko**. Verlässt er diesen Bereich und wird konkret, sollte er im Einzelfall prüfen, ob eine vorherige Haftungsbegrenzungsvereinbarung sinnvoll ist und mit dem Mandanten noch im Erstberatungsgespräch vereinbart werden sollte.

Praxistipp:

Erkennt der StB vor oder während der Beratung des Verbraucher-Mandanten, dass die Erstberatungsgebühr wegen des Arbeitsaufwands oder Haftungsrisikos keine angemessene Gebühr ist, so kann er dem Ratsuchenden eine Vergütungsvereinbarung nach § 4 Abs. 1 StBVV vorschlagen. Wünscht dieser keine Vereinbarung und endet die Beratung, schuldet der Ratsuchende maximal die Erstberatungsgebühr. Im Rahmen einer Vergütungsvereinbarung sollte ausdrücklich klargestellt werden, dass der StB nicht an die Erstberatungsgebühr des § 21 Abs. 1 Satz 2 StBVV gebunden ist.

Im Falle einer ersten **telefonischen Beratung** empfiehlt es sich, den Gesprächsinhalt aktenkundig zu machen (Aktenvermerk, Bestätigungsschreiben), da der StB bei Abrechnung des zweiten Beratungsgesprächs u.U. in Beweisnot geraten kann, wenn der Mandant eine Erstberatung behauptet.

Allerdings ist von telefonischen Erstberatungen grundsätzlich abzuraten, da der StB seinen **Identifizierungspflichten** nach § 10 f. GwG und nach § 87d Abs. 2 AO in diesen Fällen gar nicht oder nur schwer nachkommen kann.

346 In der bis zum 31.12.2006 geltenden Fassung enthielt § 21 Abs. 1 Satz 2 StBGebV die klarstellende Einschränkung „der erstmals von diesem Ratsuchenden in Anspruch genommen wird". Daraus folgte, dass die Beratung eines (langjährigen) Mandanten nie eine Erstberatung sein konnte. Durch die Neufassung der Vorschrift ist diese klarstellende Einschränkung weggefallen, ohne dass sich in der Sache etwas geändert hätte.

347 Das Erstberatungslimit gilt auch bei einem Auftrag durch mehrere Auftraggeber. Erhöhungen darf der StB wegen § 6 Abs. 1 StBVV nicht fordern.

D. Rat und Auskunft in steuerstraf- und bußgeldrechtlichen Angelegenheiten (Abs. 1 Satz 3 a.F. StBGebV)

348 Die Sonderregelung in § 21 Abs. 1 Satz 3 StBGebV a.F. für Rat und Auskunft in steuerstrafrechtlichen, bußgeldrechtlichen oder sonstigen Angelegenheiten, in denen die Gebühren nicht nach dem Gegenstandswert berechnet werden, wurde durch die VO zum Erlass und zur Änderung steuerlicher Verordnungen ersatzlos aufgehoben.[2] Dem StB stand bis dahin nur ein Gebührenrahmen von 19 € – 180 € zur Verfügung. Jetzt richtet sich die Gebühr nach § 21 Abs. 1 Satz 1 StBVV. Danach sind Rat oder Auskunft nach Gegenstandswert abzurechnen. Offen ist, welchen Gegenstandswert die Gerichte bei einer Beratung in steuerstraf- und bußgeldrechtlichen Angelegenheiten zu Grunde legen werden, da diese bislang nicht nach Gegenstandswert abgerechnet wurden. Fraglich ist, ob es überhaupt einen „Wert

1) AG Dresden v. 16.3.2017, 110 C 3790/16.

2) VO zum Erlass und zur Änderung steuerlicher Verordnungen v. 11.12.2012, BGBl. I 2012, 2637 = BStBl I 2013, 2.

des Interesses" i.S.v. § 10 Abs. 1 Satz 3 StBVV gibt. Das RVG hilft hier nicht weiter. Nach der Parallelvorschrift des § 34 Abs. 1 RVG ist der Rechtsanwalt bei Rat- und Auskunftsfällen gehalten, auf eine Gebührenvereinbarung hinzuwirken. Wird keine Vereinbarung getroffen, erhält der Rechtsanwalt Gebühren nach den Vorschriften des BGB. Da das RVG in Teil 4 (Strafsachen) und Teil 5 (Bußgeldsachen) des Vergütungsverzeichnisses für Tätigkeiten in Straf- und Bußgeldsachen generell keine Wertgebühren vorsieht, dürfte es gut vertretbar sein, einen „Wert des Interesses" zu verneinen und auf die Zeitgebühr nach § 13 StBVV auszuweichen. Eine höhere Zeitgebühr als die in § 13 Satz 2 StBVV vorgesehene Zeitgebühr wäre nur dann durchsetzbar, wenn eine Vergütungsvereinbarung nach § 4 Abs. 1 StBVV getroffen würde, was in steuerstraf- und bußgeldrechtlichen Angelegenheiten durchaus üblich ist.

E. Anrechnung der Gebühr auf andere Gebühren (Abs. 1 Satz 3)

Die Anrechnungsvorschrift des § 21 Abs. 1 Satz 3 StBVV betrifft alle Ratgebühren **349**
nach § 21 Abs. 1 StBVV. Der Unterschied zu § 21 Abs. 1 Satz 1 StBVV besteht darin, dass nach Satz 1 der Vorschrift eine Ratgebühr gar nicht erst entsteht, wenn von Anfang an ein Zusammenhang mit einer anderen gebührenpflichtigen Tätigkeit vorliegt (→ Rz. 342 f.). § 21 Abs. 1 Satz 3 StBVV regelt den Fall, dass ein solcher Zusammenhang nachträglich entsteht und nicht schon von vornherein bestanden hat.

Beispiele:

StB berät den Mandanten zu den steuerlichen Vorteilen eines Immobilienerwerbs. Später erstellt er die Einkommensteuererklärung, die auch die Einkünfte aus Vermietung und Verpachtung dieser Immobilie enthält. Weitere Beispiele: → § 22 StBVV Rz. 361, → § 30 StBVV Rz. 506 und → § 40 StBVV Rz. 647.

StB berät den Mandanten zur Bewertung des Immobilienvermögens nach Erbschaft. Später erstellt er die Feststellungserklärung (§ 24 Abs. 1 Nr. 11 StBVV).

Materielle Unterschiede können sich nur dann ergeben, wenn die bereits abgerechnete Ratgebühr die Gebühr für die Haupttätigkeit überschreitet. Dies kann vorkommen, wenn für den steuerlichen Rat eine (hohe) Wertgebühr angefallen ist, die spätere Haupttätigkeit aber nach Zeitaufwand abzurechnen ist und der Zeitaufwand gering ist (→ § 24 StBVV Rz. 418).

Beispiel:

Der StB berät den Mandanten hinsichtlich einer in Frankreich angefallenen Erbschaft und deren Auswirkung auf den deutschen Erben (Wertgebühr nach § 21 Abs. 1 Satz 1 StBVV). Anschließend unterstützt und begleitet der StB den Mandanten bei der Anzeige der Erbschaft beim zuständigen Finanzamt (Zeitgebühr analog § 24 Abs. 4 Nr. 5 StBVV bis 30.6.2025 bzw. § 24 Abs. 5 Nr. 7 StBVV ab 1.7.2025).

Praxistipp:

Wann ein Zusammenhang vorliegt, ist oft unklar. Wer mit seinem Mandanten eine Vergütungsvereinbarung nach § 4 Abs. 1 StBVV schließt, kann dort eine Klausel vorsehen, nach der die Anrechnung für die Beratung ausgeschlossen wird, so dass eine gesonderte Abrechnung möglich bleibt.

Formulierungsvorschlag Keine Anrechnung der Beratungsgebühr

„Die Beratungsgebühr im Hinblick auf den Erwerb der Immobilie ... wird entgegen § 21 Abs. 1 Satz 3 StBVV nicht auf die Gebühr für die Erstellung der Einkommensteuererklärung angerechnet."

Bsp. nach Berners, NWB 9/2013, 622.

Viele Mandanten schätzen es, wenn sie von ihrem StB **an Steuervorauszahlungs- oder andere Zahlungstermine** erinnert werden. Der StB schuldet diese Leistung aber nur, wenn sie Gegenstand des Auftrags ist. Zweckmäßig ist es, für diese Leistung eine **Pauschale** zu vereinbaren. Ist nichts vereinbart, bietet sich zur Abrechnung dieser Erinnerungen § 21 Abs. 1 Satz 1 StBVV an. Denn der StB erteilt dem Mandanten eine steuerliche Auskunft. Als Gegenstandswert kann die Höhe der Steuervorauszahlung zugrunde gelegt werden. Gleiches gilt, wenn zusätzlich zu den Zahlungserinnerungen auch eine Überprüfung der Vorauszahlungen durch den StB Gegenstand des Auftrags ist.[1] Eine Abrechnung nach Wertgebühr birgt allerdings das Risiko, dass für eine vergleichsweise unbedeutende Tätigkeit unangemessen hohe Gebühren anfallen können. Dies spricht für die Vereinbarung einer Pauschale. Stellt der StB im Anschluss an die Überprüfung von Vorauszahlungen einen Antrag auf Anpassung der Vorauszahlungen, ist die Gebühr nach § 21 Abs. 1 Satz 1 StBVV auf die Gebühr nach § 23 Abs. 1 Satz 1 Nr. 3 StBVV anzurechnen. Nur dann, wenn die Überprüfung ergibt, dass kein Antrag auf Anpassung der Vorauszahlungen zu stellen ist, kann der StB die Überprüfung gesondert nach § 21 Abs. 1 Satz 1 StBVV berechnen.

F. Prüfung der Erfolgsaussicht eines Rechtsmittels (Abs. 2)

350 Der Anwendungsbereich des § 21 Abs. 2 StBVV wurde durch die Fünfte Verordnung zur Änderung steuerlicher Verordnungen[2] ab dem 1.7.2020 erweitert. Die Vorschrift ist lex specialis zu § 21 Abs. 1 Satz 1 StBVV. Bis zum 1.7.2020 war in § 21 Abs. 2 StBVV nur der Fall geregelt, dass ein noch nicht mit der Angelegenheit befasster StB mit der Prüfung der Erfolgsaussichten eines bestimmten Rechtsmittels (Berufung oder Revision) beauftragt wurde, dem Auftraggeber von der Einlegung dieses Rechtsmittels abgeraten wurde und eine Berufung oder Revision durch den StB nicht eingelegt wurde. Für die Prüfung erhielt er eine 13/20-Gebühr nach Tabelle E. Es kam nicht darauf an, ob der Mandant dem Rat des StB folgte oder ob er entgegen dem Rat dennoch von einem anderen StB das Rechtsmittel einlegen ließ. Nicht anwendbar war § 21 Abs. 2 StBVV a.F., wenn der StB von einer Nichtzulassungsbeschwerde abriet. Hierfür konnten allerdings Gebühren nach § 21 Abs. 1 Satz 1 StBVV entstehen. Da der Anwendungsbereich der Vorschrift auf die Prüfung der Erfolgsaussichten einer **Berufung** oder **Revision** beschränkt war, konnte die **Abrategebühr** im Wesentlichen nur bei Verfahren zum BFH, zum BVerwG oder einem Oberverwaltungsgericht bzw. Verwaltungsgerichtshof anfallen. Wegen der nur eingeschränkten Bedeutung der Vorgängervorschrift wird hinsichtlich einzelner Abgrenzungsfragen auf die einschlägige Fachliteratur verwiesen.[3]

Durch die **Neufassung** der Vorschrift und den Verweis auf das RVG werden **alle gerichtlichen Rechtsmittel** erfasst. Ob der StB von der Einlegung des Rechtsmittels abrät oder nicht, ist für das Entstehen des Honoraranspruchs nicht mehr erheblich. Hinsichtlich der Gebühren wird in § 21 Abs. 2 Satz 2 StBVV auf Teil 2 Abschnitt 1 des **VV RVG** verwiesen. Bei diesem Verweis handelt es sich um eine Folgeänderung zur Aufhebung der Tabelle E. Dem StB steht jetzt für die Prüfung der Erfolgsaussicht eines Rechtsmittels eine Gebühr mit einem Rahmensatz von 0,5 – 1,0 nach der Tabelle zu § 13 RVG zu, Nr. 2100 VV RVG. Die Mittelgebühr beträgt 0,75.

Die Angleichung an das RVG wurde durch die Fünfte Verordnung zur Änderung steuerlicher Verordnungen allerdings nur unvollständig vollzogen, da der Anwen-

1) Nach LG Duisburg v. 5.11.2007, 2 O 46/05 soll die fortlaufende Überprüfung von Vorauszahlungen mit einer Zeitgebühr abgerechnet werden können.
2) Verordnung v. 25.6.2020, BGBl. I 2020, 1495, 1498 = BStBl I 2020, 555.
3) Siehe insbesondere Schneider, MDR 2001, 1032 ff.

dungsbereich des § 21 Abs. 2 StBVV auf StB beschränkt blieb, die **mit der Angelegenheit noch nicht befasst** waren. Diese Einschränkung findet sich in Nr. 2100 VV RVG nicht. Der Verordnungsgeber hatte offensichtlich übersehen, den 2. Halbsatz in § 21 Abs. 2 Satz 1 StBVV zu streichen. Mit Wirkung zum 1.8.2022 wurde § 21 Abs. 2 Satz 1 StBVV deshalb neu gefasst und das Tatbestandsmerkmal der fehlenden Vorbefassung **gestrichen**.[1)]

Obgleich der Gebührentatbestand der Nr. 2100 VV RVG nicht als Geschäfts- oder Betriebsgebühr bezeichnet ist, besteht Einigkeit, dass die Tätigkeit für **mehrere Auftraggeber** eine Erhöhung der Gebühr über Nr. 1008 VV RVG auslöst.[2)] Prüft der StB hinsichtlich desselben Gegenstands für **mehrere Auftraggeber** gemeinschaftlich, erhöht sich der Satzrahmen gem. Nr. 1008 VV RVG um 0,3 je weiteren Auftraggeber. Bei zwei Auftraggebern beträgt der Gebührenrahmen somit 0,8 bis 1,3. Die Mittelgebühr ergibt dann 1,05.[3)] Ist die Prüfung der Erfolgsaussicht eines Rechtsmittels mit der Ausarbeitung eines schriftlichen Gutachtens verbunden, beträgt die Gebühr gem. Nr. 2101 VV RVG 1,3. Nach der Anmerkung zu Nr. 2100 VV RVG ist die Gebühr für die Prüfung der Erfolgsaussicht eines Rechtsmittels auf die **Verfahrensgebühr** für das Rechtsmittelverfahren **anzurechnen**. Obwohl Nr. 2101 VV RVG eine solche Anrechnungsvorschrift für den Fall der Ausarbeitung eines schriftlichen Gutachtens nicht enthält, ist auch die feste Gebühr von 1,3 auf die Verfahrensgebühr des Rechtsmittelverfahrens anzurechnen, da Nr. 2101 VV RVG auf Nr. 2100 VV RVG verweist.[4)] Eine Anrechnung auf andere Gebühren, wie z.B. die Terminsgebühr verbietet sich, da dies dem allgemeinen Anrechnungssystem widersprechen würde.[5)]

Beispiel:

Gegen ihre gesamtschuldnerische Verurteilung in Höhe von 20 000 € durch das FG wollen die beiden Kläger Nichtzulassungsbeschwerde einlegen und lassen sich im April 2025 beraten, ob diese Aussicht auf Erfolg hat. Der beauftragte StB prüft dies und bejaht die Erfolgsaussichten. Anschließend legt er im Mai 2025 auftragsgemäß Nichtzulassungsbeschwerde ein.

Prüfung Erfolgsaussicht

1,05 Prüfungsgebühr, § 21 Abs. 2 StBVV i.V.m. Nr.2100, 1008 VV RVG (Wert: 20 000 €)	863,10 €
Postentgeltpauschale, § 21 Abs. 2 StBVV i.V.m. Nr. 7002 VV RVG	20,00 €
Zwischensumme	883,10 €
19 % Umsatzsteuer	167,89 €
Gesamt	1 050,88 €

Rechtsmittelverfahren

1,9-Verfahrensgebühr, § 45 StBVV i.V.m. Nr. 3506, 1008 VV RVG (Wert: 20 000 €)	1 561,80 €
Gem. Anm. zu Nr. 2100 VV RVG anzurechnen: 1,05 aus 20 000 €	- 863,10 €

1) Gesetz zur Neuregelung des Berufsrechts der anwaltlichen und steuerberatenden Berufsausübungsgesellschaften sowie zur Änderung weiterer Vorschriften im Bereich der rechtsberatenden Berufe v. 7.7.2021, BGBl. I 2021, 2363, 2434.

2) Schons in Hartung/Schons/Enders, RVG, 3. Aufl. 2017, Nr. 2100 VV Rz. 21 m.w.N.; N. Schneider in Schneider/Volpert, RVG, 9. Aufl. 2021, VV 2100 Rz. 36.

3) Mayer in Gerold/Schmidt, RVG, 24. Aufl. 2019, VV 2100–2103 Rz. 2 mit Übersicht der Gebühren bei mehreren Auftraggebern.

4) Mayer in Gerold/Schmidt, RVG, 26. Aufl. 2023, VV 2100 -2103 Rz. 12.

5) N. Schneider in Schneider/Volpert, RVG, 9. Aufl. 2021, VV 2100 Rz. 40.

1,9-Verfahrensgebühr, § 45 StBVV i.V.m. Nr. 3506, 1008 VV RVG (Wert: 20 000 €)	1 561,80 €
Postentgeltpauschale, § 45 StBVV i.V.m. Nr. 7002 VV RVG	20,00 €
Zwischensumme:	718,70 €
19 % Umsatzsteuer	136,55 €
Gesamt	855,25 €

Da die Gebühr nach Nr. 2100 VV RVG **in voller Höhe** auf die (höhere) Verfahrensgebühr der nächsten Instanz angerechnet wird, spielt der Gebührentatbestand der Nr. 2100 VV RVG praktisch keine Rolle, wenn dem StB ohnehin der Verfahrensauftrag für die nächste Instanz erteilt wird.

Praxistipp:

Es empfiehlt sich deshalb, auch bei der Prüfung der Erfolgsaussicht eines Rechtsmittels von der Möglichkeit einer Vergütungsvereinbarung nach § 21 Abs. 2 StBVV i.V.m. § 3a RVG Gebrauch zu machen, damit diese Prüfungstätigkeit i. E. auch honoriert wird. Denkbar ist z.B., die gesetzlich vorgeschriebene Anrechnung durch Vereinbarung auszuschließen (Formulierungsbeispiele → § 40 StBVV Rz. 661).

Ist der StB nach Prüfung der Erfolgsaussicht eines Rechtsmittels lediglich **teilweise** mit dem Rechtsmittel beauftragt, so findet analog Vorbem. 3 Abs. 4 Satz 3 VV RVG nur nach dem geringeren Wert des Rechtsmittelverfahrens eine Anrechnung statt.[1)]

Beispiel:

Rät der StB in dem o.g. Beispielsfall lediglich zu einer Nichtzulassungsbeschwerde in Höhe von 10 000 €, für die er dann den Auftrag erhält und Nichtzulassungsbeschwerde einlegt, erhält er zwar eine 1,05-Gebühr nach Nr. 2100 VV RVG nach einem Wert von 20 000 €. Gemäß Anm. zu Nr. 2100 VV RVG wird diese Gebühr aber nur nach einem Wert von **10 000 €** auf die Verfahrensgebühr angerechnet.

Eine Begrenzung der Gebührenhöhe nach Nr. 2102 VV RVG a.F., § 21 Abs. 1 Satz 2 StBVV bzw. § 34 Abs. 1 Satz 3 RVG für den Falle der **Erstberatung** ist nicht vorgesehen. **Erledigt** sich der **Auftrag vorzeitig**, bevor der StB die Erfolgsaussichten geprüft hat, findet mangels ausdrücklicher Regelung keine Reduzierung des Gebührenrahmens statt. Die vorzeitige Beendigung ist lediglich bei der Bemessung der Gebühr nach § 14 RVG zu berücksichtigen. Es ist dann eine Gebühr im unteren Bereich anzusetzen. Die Gebühr beträgt 1,3, wenn die Prüfung der Erfolgsaussicht eines Rechtsmittels mit der Ausarbeitung eines schriftlichen Gutachtens verbunden ist, Nr. 2101 VV RVG.

In 2102 VV RVG findet sich eine Regelung, die für StB nur eingeschränkte Bedeutung hat: Danach entsteht eine Gebühr von 30 € – 320 € für die Prüfung der Erfolgsaussicht eines Rechtsmittels in sozialrechtlichen Angelegenheiten, in denen im gerichtlichen Verfahren Betragsrahmengebühren entstehen (§ 3 RVG), und in Angelegenheiten für die nach den Teilen 4 – 6 Betragsrahmengebühren entstehen. In sozialgerichtlichen Verfahren, in denen StB vertretungsbefugt sind, entstehen nie Betragsrahmengebühren, so dass Nr. 2102 VV RVG insoweit für StB nicht einschlägig ist (→ § 40 StBVV Rz. 728). Einschlägig ist deshalb nur die 2. Alternative der Vorschrift mit dem Verweis auf die Teile 4 – 6 VV RVG. In Teil 4 finden sich Regelungen zum Strafverfahren, in Teil 5 Regelungen zum Bußgeldverfahren und in Teil 6 Regelungen zu sonstigen Verfahren. In Straf- und Bußgeldverfahren sind StB vertretungsbefugt und es fallen auch jeweils Betragsrahmengebühren an (→ § 40 StBVV Rz. 735 ff. und 741). Bei den in Teil 6 geregelten Verfahren sind StB zum Teil vertretungsbefugt, nämlich in berufsgerichtlichen Verfahren wegen der Verletzung einer Berufspflicht (vgl. → § 40 StBVV Rz. 740). In allen diesen Verfahren kann deshalb auch eine Gebühr nach Nr. 2102 VV RVG entstehen. Auch diese Gebühr ist auf eine

1) N. Schneider in Schneider/Volpert, RVG, 9. Aufl. 2021, VV 2100 Rz. 44.

Gebühr für das Rechtsmittelverfahren **anzurechnen**. Die Gebühr nach Nr. 2102 VV RVG erhöht sich auf eine Rahmengebühr von 50 € - 550 €, wenn die Prüfung mit der Ausarbeitung eines schriftlichen Gutachtens verbunden ist.

Nicht anwendbar ist § 21 Abs. 2 StBVV, wenn der StB von der **Einlegung eines Einspruchs oder einer Klage**, insbesondere beim FG, abrät, weil es sich nicht um Rechtsmittel handelt. Hier können allerdings Gebühren nach § 21 Abs. 1 Satz 1 StBVV entstehen.[1] Eine Gebühr fällt hingegen nicht schon dafür an, dass der StB den Mandanten lediglich über die gegen das Urteil zulässigen Rechtsmittel belehrt und ihm den Inhalt des Urteils erläutert.[2]

G. Steuerberatungs-Hotlines

Nachdem 1998 verschiedene Agenturen bundesweit ein Angebot zur Erbringung telefonischen Rechtsrats durch sog. Rechtsberatungs-Hotlines unter 0190-Telefonnummern eingeführt hatten, entbrannte in der Rechtsprechung und in der Literatur ein heftiger Streit um die Zulässigkeit solcher Hotlines.[3] Der BGH hat zunächst die Frage der Zulässigkeit von **Rechtsberatungs-Hotlines** höchstrichterlich geklärt. Weder das Rechtsberatungsgesetz noch das anwaltliche Berufs- und Gebührenrecht stehen der Erbringung telefonischer Rechtsberatung über Hotlines entgegen.[4] 351

Das LG Berlin[5] und ihm folgend des KG Berlin,[6] hatten dem Betreiber einer **Steuerberatungs-Hotline** untersagt, Steuerberatung zu einem Minutenpreis von 3,63 DM (umgerechnet 1,86 €) für den Anrufer anzubieten. Nach Auffassung des BGH[7] verstößt eine steuerliche Beratung über eine Telefon-Hotline jedoch nicht gegen die preisrechtlichen Bestimmungen des StBerG und der StBVV. Gleichwohl haben sich diese Hotlines, die sich ohnehin nur für einfache Fälle anbieten, nicht etabliert.

H. Subventionen für Beratung

Beratungsleistungen durch StB werden im Bereich der **Unternehmensberatung**, z.B. als **Existenzgründungs- und Existenzaufbauberatung**, neuerdings auch im Bereich der **Umstrukturierungs- und Sanierungsberatung**, nicht aber im Bereich der originären Tätigkeiten nach § 33 StBerG mit öffentlichen Mitteln gefördert. Die Förderung besteht in der Gewährung eines Zuschusses zu den Beratungskosten. Die Höhe variiert, je nach Förderprogramm.[8] Zum 1.1.2016 ist eine neue Richtlinie zur Förderung unternehmerischen Know-hows in Kraft getreten. Antrags- und Bewilligungsbehörde für die Förderung ist das Bundesamt für Wirtschaft und Ausfuhrkontrolle (BAFA). Die Bewilligung wird davon abhängig gemacht, dass der Berater ein **Qualitätssicherungssystem** (QM-Nachweis) eingerichtet hat. Weitere Informationen dazu finden sich im Internetangebot der BAFA.[9] Gefördert wurden auch die Kosten für StB, WP und Rechtsanwälte, die im Rahmen der vom BMWi aufgelegten **Corona-Überbrückungshilfen** anfielen. Die Beratung des StB konnte wie eine betriebswirt- 352

1) Insbesondere zur früheren Parallelvorschrift des § 20 BRAGO: Schneider, MDR 2001, 1032, 1034 m.w.N.
2) Mayer in Gerold/Schmidt, 26. Aufl. 2023, 2100–2103 VV Rz. 1.
3) Siehe hierzu z.B. Römermann/Funke, MDR 2001, 1; Grunewald, ZIP 2000, 2005; jeweils m.w.N.
4) BGH v. 26.9.2002, I ZR 44/00, NJW 2003, 819 und I ZR 102/00, MDR 2003, 357 f.
5) LG Berlin v. 14.2.2000, 97 O 188/99, DStRE 2000, 613 mit Anm. Singer, DStR 2001, 594.
6) KG Berlin v. 9.10.2001, 5 U 3550/00, DStRE 2002, 316.
7) BGH v. 30.9.2004, I ZR 89/02, NJW 2005, 1268 zur Steuerberatungs-Hotline.
8) Weitergehende Informationen finden sich z.B. auf der Homepage der Leitstelle für Gewerbefördermittel des Bundes (www.leitstelle.org) oder auf den Seiten der KfW, www.kfw-foerderboerse.de.
9) http://www.bafa.de.

schaftliche Beratung mit der üblichen Vergütung, im Zweifel den kanzleiüblichen (Stunden-)sätzen abgerechnet werden. Aufgrund der oft existentiellen Bedeutung dieser Anträge für die Antragsteller, der tatsächlichen Schwierigkeiten bei der Antragstellung (z.T. technische Probleme bei der Registrierung) und der rechtlichen Schwierigkeiten bei Prüfung der Antragsvoraussetzungen (beihilferechtlichen Vorschriften, Abgrenzung der unterschiedlichen Programme, unklare Rechtsfragen) sowie des besonderen Haftungsrisikos waren überdurchschnittliche Stundensätze gerechtfertigt.

Praxistipp:

Wo Beratung gefördert wird, empfiehlt sich grundsätzlich eine Honorarvereinbarung. Dem Mandanten sollte die Bereitschaft zu einer Honorarvereinbarung dadurch schmackhaft gemacht werden, dass auf die Förderfähigkeit der Beratung und die (mindestens teilweise) Erstattung des Honorars hingewiesen wird. Da die Beratung eine vereinbare Tätigkeit ist, sind die Formvorschriften des § 4 StBVV und des § 9a StBerG nicht zu beachten.

§ 22
Gutachten und Antrag auf verbindliche Auskunft

(1) [1]Für die Ausarbeitung eines schriftlichen Gutachtens mit eingehender Begründung erhält der Steuerberater eine Gebühr von 10/10 bis 30/10 der vollen Gebühr nach Tabelle A (Anlage 1). [2]Satz 1 gilt für einen Antrag auf verbindliche Auskunft entsprechend.

(2) Betreffen die Tätigkeiten nach Absatz 1 denselben Gegenstand, ist nur eine Tätigkeit maßgebend.

Inhalt

Schrifttum

Arconada, Was kostet die verbindliche Auskunft?, Honorargestaltung für Steuerberater, Juni 2019, 1; **Beyme,** StBVV 2025 – Die Änderungen im Überblick mit Hinweisen zur praktischen Anwendung, Sonderausgabe KP; **Beyme,** Vergütung bei vorzeitiger Beendigung eines Gutachtenauftrags, Honorargestaltung für Steuerberater, Januar 2020, 7; **Gilgan,** So vereinbaren Sie das Honorar für Gutachten rechtssicher, KP 2020, 190; **Küffner,** Das steuerliche Gutachten des Steuerberaters, DStR 1983, 486; **Meyer,** Hilfeleistungen bei der Umwandlung/Einbringung eines Unternehmens: Wie berechnet man das Honorar?, KP 2001, 21; **Mühlenstädt,** Die verbindliche Auskunft zur steuerlichen Absicherung, DB 2021, 2926; **Warttinger,** Gutachtenerstellung durch Steuerberater als Sachverständige, Honorarbrief für Steuerberater, Februar 2016, 1.

A. Inhalt und Bedeutung

Der frühere § 22 StBGebV ist dem früheren § 21 BRAGO nachgebildet, wich allerdings hinsichtlich der Qualifikation des **Gutachtens** und der Gebührenregelung von der alten BRAGO-Regelung ab. Die Vergleichbarkeit beider Regelungen ist heute nicht mehr gegeben. Nach der Nachfolgeregelung des § 34 Abs. 1 Satz 1 RVG soll der Rechtsanwalt für die Ausarbeitung eines schriftlichen Gutachtens auf eine Gebührenvereinbarung hinwirken. Ist der Auftraggeber Verbraucher, beträgt die Gebühr des RA für die Ausarbeitung eines schriftlichen Gutachtens höchstens 250 €. Mit Wirkung zum 1.7.2025 wurde der Anwendungsbereich des § 22 StBVV um einen Antrag auf verbindliche Auskunft erweitert (→ Rz. 360).[1] Außerdem wurde ein neuer Absatz 2 eingeführt, der eine **Gebührendeckelung** vorsieht, wenn dem Antrag auf verbindliche Auskunft ein Gutachten vorausgeht (→ Rz. 361). **353**

Soweit es um **Gutachten** geht, beschränkt sich der unmittelbare Anwendungsbereich des § 22 Abs. 1 Satz 1 StBVV auf steuerliche Gutachten, § 1 StBVV. Für die

1) Fünfte Verordnung zur Änderung der Steuerberatervergütungsverordnung, BGBl. I 2025 Nr. 105, S. 3 = BStBl I 2025, 1009.

Erstellung **nicht steuerlicher Gutachten** (z.B. Gutachten betriebswirtschaftlicher Art), die mit dem Beruf des StB gleichwohl vereinbar sind (§ 57 Abs. 3 Nr. 3 StBerG), ist die übliche Vergütung nach § 632 Abs. 2 BGB zu berechnen, da der Auftrag zur Ausarbeitung eines Gutachtens rechtlich als **Werkvertrag** zu klassifizieren ist.[1] Gegen eine entsprechende Anwendung des § 22 StBVV bestehen keine Bedenken.[2] Bei einer „**gemischten Beratung**" mit betriebswirtschaftlichen und steuerrechtlichen Fragenkomplexen (z.B. Rechtsformwechsel/Umwandlung) empfiehlt sich grundsätzlich eine Vergütungsvereinbarung, da nicht alle Mandanten Verständnis für zwei unterschiedliche Abrechnungsformen aufbringen werden.

Beispiel: Umfassende Beratung zur möglichen Umwandlung eines Unternehmens[3]

Betriebswirtschaftliche Beratung:

- Erläuterung der handelsrechtlichen Unterschiede der möglichen Gesellschaftsformen (Grenze zur Rechtsberatung beachten)
- Entstehende und laufende Kosten der Einrichtung und Verwaltung
- Frage der Thesaurierung von Gewinnen (Ausschüttungspolitik)
- Investitionsplanung
- Kapitalbeschaffung
- Internationale Aspekte
- Haftungsfragen etc.

Steuerliche Beratung:

- Belastungsvergleich bei den Ertragsteuern für mindestens fünf Jahre
- Möglichkeiten der steuerbegünstigten Aufdeckung stiller Reserven
- Berechnung der Steuerersparnis
- Steuerliche Auswirkungen bei Aufnahme, Ausscheiden, Wechsel von Gesellschaftern

Dies alles geht einer Umwandlung voraus. Ist die Honorarfrage im Rahmen einer **Vergütungsvereinbarung** geregelt, kommt es auf die **Abgrenzung** zwischen **betriebswirtschaftlicher und steuerlicher Beratung** ebenso wenig an, wie auf die Abgrenzung zwischen **§ 21 StBVV** (Rat und Auskunft) **und § 22 StBVV** (Gutachten). Dann gilt das Vereinbarte.

Praxistipp:

Für eine Vergütungsvereinbarung spricht darüber hinaus ganz entscheidend, dass dadurch auch der negative **Anrechnungseffekt** des **§ 21 Abs. 1 Satz 3 StBVV** ausgehebelt werden kann. Diese Anrechnungspflicht besteht immer dann, wenn die vorausgehende Beratung nicht die Anforderungen eines Gutachtens erfüllt und deshalb nur der Gebührentatbestand des § 21 StBVV und nicht der des § 22 Abs. 1 Satz 1 StBVV erfüllt ist (→ Rz. 355). Kommt es im Anschluss an die Beratung zur Umwandlung/Einbringung, fallen – je nach Konstellation – weitere Gebühren nach §§ 25, 35 StBVV an.[4] Die Gebühren für die vorausgegangene (steuerliche) Beratung nach § 21 StBVV müssen auf die Gebühren nach §§ 25, 35 StBVV angerechnet werden. Durch eine Vergütungsvereinbarung kann diese Anrechnungspflicht umgangen werden (→ § 21 StBVV Rz. 349).

354 Das Gutachten nach § 22 Abs. 1 Satz 1 StBVV ist als Gutachten für den Auftraggeber ein **Privat- oder Parteigutachten** und es ist abzugrenzen von einem Gerichtsgut-

1) OLG Düsseldorf v. 12.10.2021, 24 U 265/20, NJW-Spezial 2021, 31; Gilgan, KP 2020, 190, 191; Warttinger, Honorarbrief für Steuerberater, Februar 2016, 1; Küffner, DStR 1983, 486 f.
2) Vgl. hierzu Meyer, KP 2001, 21 ff.; Küffner, DStR 1983, 486 ff.; unzutreffend LG Magdeburg v. 23.10.1996, 8 O 1601/96, (→ Rz. 359), dass die Berechnung eines Existenzgründungsgutachtens unmittelbar nach § 22 StBGebV nicht beanstandet hat.
3) Meyer, KP 2001, 21.
4) Meyer, KP 2001, 21, 23.

achten. Erstellt der StB als Sachverständiger auf gerichtliche Anforderung ein solches Gerichtsgutachten, erfolgt die Entschädigung nach dem JVEG.[1)]

B. Gutachten (Abs. 1 Satz 1)

I. Begriff

Bei § 22 Abs. 1 Satz 1 StBVV handelt es sich um eine Spezialregelung zu § 21 StBVV. Das kommt zum einen in der Ausschließlichkeit der Schriftform („schriftliches Gutachten") und dem Zusatz der eingehenden Begründung zum Ausdruck, zum anderen beginnt der Gebührenrahmen des § 22 Abs. 1 Satz 1 StBVV dort, wo der des § 21 StBVV endet. Eine Abrechnung nach § 22 Abs. 1 Satz 1 StBVV hat gegenüber einer Abrechnung nach § 21 StBVV nicht nur den Vorteil, dass der **Rahmensatz deutlich höher** ist, sondern dass auch **keine Anrechnung** der Gebühr auf eine nachfolgende Tätigkeit erfolgt, die im Zusammenhang mit der Raterteilung steht, § 21 Abs. 1 Satz 3 StBVV. Die Abgrenzung zwischen beiden Vorschriften ist im Einzelfall, insbesondere bei einem großen Beratungskomplex, fließend. **355**

Praxistipp:

Wegen des sehr unterschiedlichen Gebührenrahmens empfiehlt es sich, frühzeitig klarzustellen, ob Gegenstand des Auftrags die Ausarbeitung eines schriftlichen Gutachtens oder eine Rat- bzw. eine Auskunftserteilung ist. Die Erhebung einer Gebühr für eine Rat- oder Auskunftserteilung und für ein Gutachten in derselben Angelegenheit ist nicht möglich, § 21 Abs. 1 Satz 1 StBVV. Handelt es sich um ein **Gutachten mit Raterteilung**, ist der mit der Raterteilung verbundene Mehraufwand bei der Gebührenhöhe des § 22 Abs. 1 Satz 1 StBVV zu berücksichtigen. Im Falle eines Gutachtenauftrags sollte das Arbeitsergebnis des StB als „Gutachten" bezeichnet sein.

Die **Abgrenzung** zwischen Gutachten einerseits und **Rat und Auskunft** andererseits wird wesentlich durch die Form, aber auch durch die Intensität der Ausarbeitung bestimmt. Außerdem ist das Gutachten zwingend schriftlich zu erstatten. Wesentliche Bestandteile eines **Gutachtens** sind nach der Rechtsprechung und Kommentarliteratur eine **356**

- Darstellung des Sachverhalts und jener Rechtsfragen, die den Gegenstand des Auftrages bilden,
- Darstellung der Rechtsprechung und des Schrifttums zu dem Gegenstand des Gutachtens,
- kritische Auseinandersetzung mit der Rechtsprechung und dem Schrifttum,
- abschließende Stellungnahme des Gutachters mit Begründung seiner Auffassung.

Fehlt eine eigene Stellungnahme, liegt kein Gutachten, sondern nur eine Auskunft vor. Eventuell verbleibende Zweifel in rechtlicher oder tatsächlicher Hinsicht sind ebenfalls darzustellen. Aus § 22 Abs. 1 Satz 1 StBVV ergibt sich, dass das Gutachten eine eingehende Begründung enthalten muss. Hierbei muss es sich nicht um eine juristische oder wissenschaftlich fundierte Begründung handeln. Auch auf den Umfang der Darstellung kommt es nicht an. Allerdings ist das Gutachten so abzufassen, dass es dem Auftraggeber möglich ist, dieses in tatsächlicher und rechtlicher Hinsicht nachzuvollziehen. Der Auftraggeber muss erkennen können, mit welchen Überlegungen der StB zu einem bestimmten Ergebnis gekommen ist. Dabei darf er sich nicht von reinen Zweckmäßigkeitserwägungen leiten lassen.[2)] Hat der StB mit der Ausarbeitung des Gutachtens **begonnen**, es aber nicht fertiggestellt, kann er

1) Boelsen in Eckert, 7. Aufl. 2023, § 22 StBVV Rz. 17 f.
2) Hartung in Hartung/Schons/Enders, 3. Aufl. 2017, § 34 RVG Rz. 479; Mayer in Gerold/Schmidt, 26. Aufl. 2023, § 34 RVG Rz. 25.

eine angemessene Gebühr unter Berücksichtigung seiner bisherigen Arbeitsleistung verlangen. Kündigt der Auftraggeber, bevor der StB das Gutachten erstellt hat, richtet sich der Vergütungsanspruch nach § 648 BGB, weil der Auftrag zur Erstellung eines Gutachtens werkvertraglichen Charakter hat.[1] Der StB kann in diesem Fall die volle Vergütung abzüglich ersparter Aufwendungen verlangen (§ 648 Satz 2 BGB). Als Kostenersparnis kommen 10–15 % der vereinbarten Vergütung in Frage (→ Grundlagen des Vergütungsrechts Rz. 27 f.).[2] Grundsätzlich empfiehlt sich eine Vereinbarung über die Bezahlung bei vorzeitiger Kündigung.

Beispiel:[3]

„Sofern Sie den Auftrag vor Fertigstellung des Gutachtens kündigen, wird die vereinbarte Vergütung fällig, abzüglich der uns infolge der Beendigung des Vertrags ersparten Aufwendungen. Die ersparten Aufwendungen werden mit 25 % der vereinbarten Vergütung festgelegt. Ein Nachweis geringerer oder höherer ersparter Aufwendungen ist nicht ausgeschlossen."

Etwas anderes gilt dann, wenn der Leistungszeitpunkt für die Fertigstellung des Gutachtens nach Sinn und Zweck des Vertrages oder nach der Interessenlage der Parteien so wesentlich ist, dass eine verspätete Leistung keine Erfüllung mehr darstellt (absolutes **Fixgeschäft**). In diesem Fall ist die **verspätete Gutachtenerstellung** für den Mandanten wertlos, so dass der Vergütungsanspruch des StB vollständig entfällt.[4] Die Vergütung wird mit Ablieferung des Gutachtens fällig, eine Abnahme nach § 640 BGB ist nicht erforderlich.[5] Berufsrechtlich sollte der StB bei der Ausarbeitung des Gutachtens die von ihm geforderte Unabhängigkeit wahren. Ein reines **Gefälligkeitsgutachten**, dessen Inhalt allen rechtlichen Erkenntnissen widerspricht und nur darauf angelegt ist, zu einem für den Mandanten günstigen Ergebnis zu kommen, ist mit der Unabhängigkeit des StB und seiner Stellung als unabhängiges Organ der Steuerrechtspflege unvereinbar.[6]

II. Gegenstandswert

357 Da ein Gegenstandswert nicht definiert ist, bestimmt dieser sich nach dem **Wert des Interesses,** § 10 Abs. 1 Satz 3 StBVV. Nach einem Urteil des BGH[7] ist der Wert zu Grunde zu legen, „auf den sich das Gutachten bezieht" und nicht ein Wert, der sich an dem Unternehmen selbst („Aktivseite der Bilanz" oder „Rohvermögen") orientiert. In der Literatur wird der Wert des Interesses demgemäß mit dem begehrten Steuerbetrag, dem steuerlichen Risiko oder den steuerlichen Auswirkungen gleichgesetzt.[8] Dass die Instanzgerichte zum Teil großzügiger sind und von höheren Gegenstandswerten ausgehen, wird aus den Rechtsprechungsbeispielen zu § 21 StBVV deutlich (→ § 21 StBVV Rz. 340). Für den Fall, dass sich ein Gegenstandswert weder bestimmen noch schätzen lässt, kann auf die Zeitgebühr ausgewichen werden (§ 13 Satz 1 Nr. 2 StBVV).

III. Angemessene Gebühr

358 Bei der **Wahl des Rahmensatzes** kommt es zunächst auf die in § 11 StBVV genannten Kriterien an. Insbesondere der Umfang von Vorarbeiten, die Notwendigkeit von

---

1) Boelsen in Eckert, 7. Aufl. 2023, § 22 StBVV Rz. 5; Mayer in Gerold/Schmidt, 26. Aufl. 2023, § 34 RVG Rz. 31.
2) Beyme, Honorargestaltung für Steuerberater, Januar 2020, 7 m.w.N.
3) Beyme, Honorargestaltung für Steuerberater, Januar 2020, 8.
4) OLG Düsseldorf v. 12.10.2021, 24 U 265/20, AnwBl 2022, 108.
5) Mayer in Gerold/Schmidt, 26. Aufl. 2023, § 34 RVG Rz. 32.
6) Hartung in Hartung/Schons/Enders, 3. Aufl. 2017, § 34 RVG Rz. 25 zum Anwaltsrecht.
7) BGH v. 29.11.1965, VII ZR 265/63, NJW 1966, 539.
8) Schwamberger in Meyer/Goez/Schwamberger, 11. Aufl. 2023, § 22 StBVV Rz. 5; Küffner, DStR 1983, 486, 488; Eggesiecker, 2. Aufl. 1998, § 22 STEUGO Rz. 22.350.

Spezialwissen und die Möglichkeit der mehrfachen Verwendung des Gutachtens für den Auftraggeber sind Kriterien, die sich bei der Wahl des angemessenen Gebührensatzes auswirken.[1)]

In der Literatur[2)] wird folgendes Raster **zur** ersten **Orientierung** empfohlen:

Einfache und kurze Gutachten:	10/10
Gutachten mit gehobenem Schwierigkeitsgrad:	15/10
Gutachten mit höherem Schwierigkeitsgrad:	20/10
Schwierige und sehr umfangreiche Gutachten:	30/10

Diese Stufeneinteilung kann allenfalls eine erste Orientierung geben, da sie die **359**
Besonderheiten des Einzelfalls zwangsläufig nicht berücksichtigen kann und die Einordnung eines Falles in die eine oder andere Stufe von subjektiven Momenten abhängt. Es soll allerdings nicht unerwähnt bleiben, dass das LG Magdeburg[3)] bei einem betriebswirtschaftlichen Gutachten ebenfalls von einer vergleichbaren Einteilung ausging. Das Gericht nahm einen gehobenen Schwierigkeitsgrad an und hielt die von dem Berater in Ansatz gebrachte 15/10 Gebühr für angemessen. Der BGH (→ Rz. 357) gibt einen weiteren Anhaltspunkt, indem er darauf hinweist, dass die Höhe der Honorare, die andere Sachverständige für ein Gutachten verlangen, nicht ganz außer Betracht zu lassen sei. Dadurch sei ersichtlich, welche Gegenleistung nach Meinung der Fachwelt der „Billigkeit" entspreche. Reicht der Gebührenrahmen des § 22 Abs. 1 Satz 1 StBVV nicht aus, ermöglicht § 4 Abs. 1 StBVV die Vereinbarung einer höheren Vergütung.

C. Antrag auf verbindliche Auskunft (Abs. 1 Satz 2)

Mit § 22 Abs. 1 Satz 2 StBVV wurde mit Wirkung zum 1.7.2025 ein neuer Gebühren- **360**
tatbestand für einen Antrag auf verbindliche Auskunft gem. § 89 Abs. 2 – 7 AO geschaffen.[4)] Der Gebührenrahmen für einen solchen Antrag beträgt ebenfalls 10/10 bis 30/10. Bis dahin konnte ein Antrag auf verbindliche Auskunft nach § 23 Satz 1 Nr. 10 StBVV abgerechnet werden, der einen deutlich geringeren Gebührenrahmen (2/10 bis 10/10) vorsieht.

Der Verordnungsgeber begründet die Neuregelung mit **Parallelen zwischen Gutachten und verbindlicher Auskunft**. Auch ein Antrag auf verbindliche Auskunft ist regelmäßig mit erheblichem Arbeitsaufwand verbunden. Neben einer umfassenden Darstellung des zum Zeitpunkt der Antragstellung noch nicht verwirklichten Sachverhalts und Darlegung des besonderen steuerlichen Interesses des Antragstellers ist v.a. eine ausführliche Begründung des eigenen Rechtsstandpunkts sowie die Formulierung konkreter Rechtsfragen erforderlich. Ein solcher Antrag ist deshalb mit Blick auf den Zeitaufwand und den Begründungsumfang mit einem schriftlichen Gutachten vergleichbar.[5)] Weiter heißt es, dass sich die bisherige Praxis teilweise damit beholfen habe, dass vor dem Antrag auf verbindliche Auskunft ein schriftliches Gutachten erstellt wurde, um den niedrigen Gebührenrahmen des § 23 Satz 1 Nr. 10 StBVV auszuhebeln. Mit der Neuregelung soll die bisherige gebührenrechtliche Diskrepanz der beiden Tätigkeiten durch eine Angleichung der Gebühren beseitigt und eine sachgerechte und transparente Vergütung sichergestellt werden.

1) Boelsen in Eckert, 7. Aufl. 2023, § 22 StBVV Rz. 11 f.; Eggesiecker, 2. Aufl. 1998, § 22 STEUGO Rz. 22.420.
2) Vgl. etwa Küffner, DStR 1983, 486, 489; Boelsen in Eckert, 7. Aufl. 2023, § 22 StBVV Rz. 12.
3) LG Magdeburg v. 23.10.1996, 8 O 1601/96; → § 21 StBVV Rz. 340.
4) Fünfte Verordnung zur Änderung der Steuerberatervergütungsverordnung, BGBl. I 2025 Nr. 105, S. 3 = BStBl I 2025, 1009.
5) Fünfte Verordnung zur Änderung der Steuerberatervergütungsverordnung v. 31.3.2025, BGBl. I 2025 Nr. 105 = BStBl I 2025, 1009, BR-Drucks. 61/25, S. 27.

Wird der **Antrag** zu einem bestimmten Sachverhalt **für mehrere Steuerpflichtige** gestellt, z.B. Feststellungsbeteiligte, erhält der StB die Gebühr nur einmal, da es sich um eine Angelegenheit handelt, § 6 Abs. 1 StBVV. Auch nach § 89 Abs. 3 Satz 2 AO ist für eine verbindliche Auskunft gegenüber mehreren Antragstellern nur eine Gebühr festzusetzen, wenn die Auskunft trotz unterschiedlicher persönlicher Verhältnisse einheitlich (inhaltsgleich) erteilt wird. Ob das nur für die in der StAuskV geregelten Fälle einer einheitlichen Auskunftserteilung gilt, oder darüber hinaus auch für andere Fälle, z.B. Umwandlungsfälle, ist bislang nicht höchstrichterlich entschieden. Die bisherigen Entscheidungen der Finanzgerichte zeigen eine deutliche Tendenz zugunsten der Antragsteller und folgen insoweit nicht der Auffassung der Finanzverwaltung, dass eine einheitliche Erteilung lediglich in den Fällen des § 1 Abs. 2 StAuskV in Betracht kommt.[1] Was die **Höhe der konkreten Gebühr** betrifft gilt: Je ausführlicher der Antrag begründet ist, desto höher ist die Gebühr, die der StB abrechnen kann.

Der **Gegenstandswert** richtet sich nach dem gestellten Antrag und den sich daraus ergebenden steuerlichen Auswirkungen. Er ist identisch mit dem Gegenstandswert für die Gebührenbemessung durch die Finanzbehörde.[2] Maßgeblich ist die Differenz zwischen dem Steuerbetrag, der aufgrund der von dem Antragsteller vorgetragenen Rechtsauffassung entstehen würde, und dem Steuerbetrag, der sich bei einer von der Finanzbehörde vertretenen entgegengesetzten Rechtsauffassung ergeben würde (Steuerdifferenzberechnung). Steuerliche Auswirkungen, die sich mittelbar ergeben können, die jedoch nicht selbst zum Gegenstand des Antrags auf verbindliche Auskunft gemacht worden sind, werden bei der Bemessung der Auskunftsgebühr nicht berücksichtigt.[3]

D. Zusammentreffen von Gutachten und verbindlicher Auskunft (Abs. 2)

361 Ebenfalls mit Wirkung zum 1.7.2025 hat der Verordnungsgeber mit dem neuen Absatz 2 sichergestellt, dass für denselben Gegenstand nicht **zunächst** ein schriftliches **Gutachten** erstellt und abgerechnet wird und auf der Grundlage dieses Gutachtens **sodann** ein **Antrag auf verbindliche Auskunft** erstellt und(erneut) abgerechnet wird.[4] Die vom Verordnungsgeber gewählte Formulierung („ist nur eine Tätigkeit maßgebend") ist ungewöhnlich. Sie kann nur so verstanden werden, dass der StB ein **Wahlrecht** hat, welche der beiden Gebühren er abrechnet. Man fragt sich, warum der Verordnungsgeber – wie in anderen Fällen der Vorbefassung auch – keine (volle) Anrechnung der zunächst entstanden Gutachtengebühr auf die nachfolgende Auskunftsgebühr vorgesehen hat.

Geht dem Antrag kein Gutachten, sondern eine **Beratung** voraus, fällt dafür zunächst eine Gebühr nach § 21 Abs. 1 Satz 1 StBVV an. Diese Gebühr ist auf die Gebühr für den **Antrag auf verbindliche Auskunft** anzurechnen, § 21 Abs. 1 Satz 3 StBVV.

In sehr komplexen Fällen kann sich eine Vergütungsvereinbarung nach § 4 Abs. 1 StBVV empfehlen.[5]

---

1) FG Münster v. 8.2.2023, 6 K 1330/20 AO, Rev. eingelegt, Az. BFH: IV R 6/23, EFG 2023, 665 mit Anm. Niestegge und m.w.N. aus der Rechtsprechung.
2) § 89 Abs. 4 Satz 1 AO; siehe dazu Mühlenstädt, DB 2021, 2926, 2929; Arconada, Honorargestaltung für Steuerberater, Juni 2019, 1, 2.
3) BFH v. 22.4.2015, IV R 13/12, BFHE 2015, 195.
4) Fünfte Verordnung zur Änderung der Steuerberatervergütungsverordnung, BGBl. I 2025 Nr. 105, S. 3 = BStBl I 2025, 1009.
5) Arconada, Honorargestaltung für Steuerberater, Juni 2019, 1, 3.

§ 23
Sonstige Einzeltätigkeiten

(1) [1]Die Gebühr beträgt für

1.	die Berichtigung einer Erklärung	2/10 bis 10/10
2.	einen Antrag auf Stundung	2/10 bis 8/10
3.	einen Antrag auf Anpassung der Vorauszahlungen	2/10 bis 8/10
4.	einen Antrag auf abweichende Steuerfestsetzung aus Billigkeitsgründen	2/10 bis 8/10
5.	einen Antrag auf Erlaß von Ansprüchen aus dem Steuerschuldverhältnis oder aus zollrechtlichen Bestimmungen	2/10 bis 8/10
6.	einen Antrag auf Erstattung (§ 37 Abs. 2 der Abgabenordnung)	2/10 bis 8/10
7.	einen Antrag auf Aufhebung oder Änderung eines Steuerbescheides oder einer Steueranmeldung	2/10 bis 10/10
8.	einen Antrag auf volle oder teilweise Rücknahme oder auf vollen oder teilweisen Widerruf eines Verwaltungsaktes	4/10 bis 10/10
9.	einen Antrag auf Wiedereinsetzung in den vorigen Stand außerhalb eines Rechtsbehelfsverfahrens	4/10 bis 10/10
10.	sonstige Anträge, soweit sie nicht in Steuererklärungen gestellt werden	2/10 bis 10/10

einer vollen Gebühr nach Tabelle A (Anlage 1). [2]Soweit Tätigkeiten nach den Nummern 1l bis 10 denselben Gegenstand betreffen, ist nur eine Tätigkeit maßgebend, und zwar die mit dem höchsten oberen Gebührenrahmen.

(2) [1]Für eine Mitteilung nach § 146a Absatz 4 der Abgabenordnung erhält der Steuerberater für das erste elektronische Aufzeichnungssystem einer Betriebsstätte 10 bis 30 Euro. [2]Für jedes weitere elektronische Aufzeichnungssystem derselben Betriebsstätte erhält der Steuerberater 5 bis 20 Euro. [3]Sofern mit der Mitteilung nach § 146a Absatz 4 der Abgabenordnung lediglich ein oder mehrere elektronische Aufzeichnungssysteme oder eine oder mehrere Betriebsstätten abgemeldet werden, so erhält der Steuerberater hierfür nur eine Gebühr nach Satz 1 unabhängig davon, wie viele elektronische Aufzeichnungssysteme oder Betriebsstätten abgemeldet werden.

Inhalt

Schrifttum

Arconada, Antrag auf Befreiung von der Belegausgabepflicht, Honorargestaltung für Steuerberater, Februar 2020, 1; **Arconada,** Was kostet eine verbindliche Auskunft?, Honorargestaltung für Steuerberater, Juni 2019, 1; **Arconada,** Berichtigung von Erklärungen profitabel abrechnen, Honorargestaltung für Steuerberater, April 2019, 1; **Beyme,** Grundsteuer-Änderungsanzeige höher abrechnen als Grundsteuererklärung?, Honorargestaltung für Steuerberater, Juni 2025, 7; **Beyme,** StBVV 2025 – Die Änderungen im Überblick mit Hinweisen zur praktischen Anwendung, Sonderausgabe KP; **Beyme,** Antrag Umstellung von Soll- auf Ist-Versteuerung abrechnen?, Honorargestaltung für Steuerberater, März 2025, 8; **Beyme,** Antrag auf Erlass eines Aufteilungsbescheids, Honorargestaltung für Steuerberater, Mai 2022, 8; **Beyme,** Rückgängigmachen eines Investitionsabzugsbetrags, Honorargestaltung für Steuerberater, März 2021, 7; **Beyme,** Antrag auf Ruhen des Verfahrens abrechnen, Honorargestaltung für Steuerberater, Dezember 2020, 8; **Beyme,** Abrechnung von Berichtigungen nach § 15a UStG, KANZLEI intern 11_2018, 6; **Beyme,** Praktische Hinweise und gebührenrechtliche Fragen im Zusammenhang mit dem MOSS-Verfahren, Stbg 2017, 259; **Beyme,** Abrechnung der steuerberatenden Tätigkeiten im Zusammenhang mit dem MOSS-Verfahren, KANZLEI intern 07_2017, 2; **Brummer,** Der Gegenstandswert nach der Steuerberatergebührenverordnung, BB 1984, 2136; **Feiter,** Abrechnung von Anträgen auf Anpassung von Vorauszahlungen, KANZLEI intern 03/2015, 7; **Nickert,** Insolvenzanfechtung: Anforderungen an Stundungsanträge für Mandanten, KANZLEI intern 08_2016, 3; **Schall,** Der Gegenstandswert bei den sonstigen Einzeltätigkeiten i.S. von § 23 der StBGebV, StB 1989, 258; **Westphal,** Die neue Abzugsteuer im Baugewerbe: Ein Tätigkeitsfeld mit Honorarpotenzial, KP 2002, 17.

A. Inhalt und Bedeutung

362 § 23 StBVV setzt für bestimmte Einzeltätigkeiten Rahmengebühren fest. In Absatz 1 handelt es sich ganz überwiegend um Anträge, die das Besteuerungsverfahren nach der AO betreffen und die nicht zu einer Steuererklärung gehören. Begrifflich ist ein **Antrag** eine Bitte oder Aufforderung an eine Finanzbehörde, in bestimmter Weise zu verfahren.[1] Absatz 2 betrifft Mitteilungen elektronischer Aufzeichnungssysteme. Er wurde mit Wirkung zum 1.7.2025 eingefügt.[2] Auch im Rahmen des § 23 StBVV gilt, dass ein Honoraranspruch nur dann entsteht, wenn ein **Auftrag** des Mandanten vorliegt, einen bestimmten Antrag zu stellen. Ähnlich wie bei der Vorschrift des § 28 StBVV kann der Berater hier schnell in Beweisnot geraten (→ § 28 StBVV Rz. 487).

363 Da in § 23 Abs. 1 StBVV keine **Gegenstandswerte** genannt sind, ist nach § 10 Abs. 1 Satz 3 StBVV der „Wert des Interesses" maßgeblich. Bei einer Änderung, Einschränkung oder Erweiterung des Antrags im Laufe des Verfahrens ist Gegenstandswert der am weitest gehende Antrag. Für den Fall, dass sich ein Gegenstandswert weder bestimmen noch schätzen lässt, ist ein Ausweichen auf die Zeitgebühr nicht zulässig (§ 13 Satz 1 Nr. 2 StBVV). Im Zweifel empfiehlt sich ein Blick in den Streitwertkatalog der Finanzgerichtsbarkeit, teilweise mit ergänzenden Hinweisen des jeweiligen Finanzgerichts veröffentlicht.[3] Möglich ist eine abweichende **Vergütungsvereinbarung**. Im Rahmen einer solchen Vereinbarung kann auch eine Zeitgebühr anstelle einer gesetzlichen Wertgebühr vereinbart werden (→ § 4 StBVV Rz. 112, → § 13 StBVV Rz. 270).

1) Mittelsteiner/Scholz, 4. Aufl. 1998, § 23 StBGebV Rz. 2.
2) Fünfte Verordnung zur Änderung der Steuerberatervergütungsverordnung v. 31.3.2025, BGBl. I 2025 Nr. 105 = BStBl I 2025, 1009.
3) Z.B. www.fg-duesseldorf.nrw.de.

B. Die einzelnen Gebührentatbestände (Abs. 1 Satz 1)

I. Berichtigung von Erklärungen (Nr. 1)

Durch das Jahressteuergesetz 2007[1] wurde der Klammerzusatz „§ 153 der Abgabenordnung" gestrichen. Damit ist klargestellt, dass die Vorschrift auch die Berichtigung von Erklärungen nach den entsprechenden gemeinschaftsrechtlichen Bestimmungen erfasst. Erklärungen sind sowohl Steuererklärungen als auch Steueranmeldungen (§ 150 Abs. 1 Satz 3 AO). Deshalb fallen auch Vorsteuerberichtigungen nach § 15a UStG unter den Anwendungsbereich der Vorschrift, da diese letztlich zu geänderten Umsatzsteuer-Voranmeldungen führen. 364

Beispiel:[2]

StB nimmt für einen Mandanten, der ein großes Vermietungsobjekt besitzt, aufgrund veränderter Nutzungsgegebenheiten umfangreiche Vorsteuerberichtigungen (Zeitaufwand 40 Std.) vor. Für das Führen der Aufzeichnungen rechnet StB regelmäßig Gebühren nach § 33 Abs. 1 StBVV ab.

Eine Abrechnung nach § 24 Abs. 1 Nr. 7 StBVV ist wegen § 33 Abs. 8 StBVV nicht möglich. Eine Abrechnung nach Zeitaufwand gemäß § 33 Abs. 7 StBVV dürfte ebenfalls ausscheiden, da die Zusatzarbeiten nur beim Satzrahmen des § 33 Abs. 1 StBVV berücksichtigt werden dürfen. Deshalb bleibt als gesonderte Abrechnungsmöglichkeit nur die Gebühr nach § 23 Abs. 1 Satz 1 Nr. 1 StBVV.[3]

Erkennt ein Stpfl. nachträglich, dass eine Erklärung unrichtig oder unvollständig ist und dadurch Steuerverkürzungen eintreten können oder eingetreten sind oder dass eine durch Verwendung von Steuerzeichen oder Steuerstemplern zu entrichtende Steuer nicht in der richtigen Höhe entrichtet worden ist, ist er nach § 153 Abs. 1 AO verpflichtet, dies unverzüglich anzuzeigen und die erforderliche Richtigstellung vorzunehmen. Wenn der Berater bei der Anzeige und der Berichtigung der Erklärung mitwirkt, entsteht die Gebühr nach § 23 Abs. 1 Satz 1 Nr. 1 StBVV. Erkannte der Stpfl. die Unrichtigkeit der Erklärung schon bei Abgabe und handelte er mit Hinterziehungsvorsatz oder leichtfertig, fällt eine Richtigstellung nicht unter § 153 AO, sondern stellt eine **Selbstanzeige** dar. Erstattet der StB für den Stpfl. in einem solchen Fall Selbstanzeige, fällt eine Gebühr nach § 30 StBVV an (zu Abgrenzungsfragen wegen des subjektiven Tatbestandes → § 30 StBVV Rz. 509). Demgegenüber ist § 23 Abs. 1 Satz 1 Nr. 1 StBVV sinngemäß über § 2 StBVV anzuwenden, wenn der Stpfl. die Unrichtigkeit der Erklärung bei Abgabe kannte, aber ohne Hinterziehungsvorsatz handelte.[4] Bei der nachträglichen Ermittlung von Kapitaleinkünften stellt sich zusätzlich die Konkurrenzfrage zu § 27 Abs. 1 StBVV. Beide Vorschriften sind vom Wortlaut her einschlägig. § 23 Abs. 1 Satz 1 Nr. 1 StBVV sieht einen Gebührenrahmen von 2/10 bis 10/10 einer vollen Gebühr nach Tabelle A vor. § 27 Abs. 1 StBVV sieht demgegenüber einen Gebührenrahmen von 1/20 bis 12/20 einer vollen Gebühr nach Tabelle A vor. Trotz des niedrigeren Gebührenrahmens kann die Abrechnung nach dieser Vorschrift für den StB vorteilhafter sein, da hier – anders als bei § 23 Abs. 1 Satz 1 Nr. 1 StBVV – ein Mindestgegenstandswert von 8 000 € vorgesehen ist. Auch kann für Vorarbeiten, die über das übliche Maß erheblich hinausgehen, eine Zeitgebühr berechnet werden, § 27 Abs. 3 StBVV. Aus diesen beiden Gründen wird sich eine Abrechnung nach § 27 Abs. 1 StBVV im Vergleich zu § 23 Abs. 1 Satz 1 Nr. 1 StBVV oftmals als vorteilhafter erweisen. Meines Erachtens hat der StB hier ein Wahlrecht, nach welcher Vorschrift er abrechnet. Zwar ließe sich argumentieren, dass § 23 Abs. 1 Satz 1 Nr. 1 StBVV bei nachträglicher Erklärung von Kapitaleinkünften die speziellere Vorschrift ist und § 27 Abs. 1 StBVV 365

1) JStG 2007 v. 13.12.2006, BGBl. I 2006, 2878 = BStBl I 2007, 28.
2) Beyme, KANZLEI intern 11_2018, 6.
3) So auch Beyme, KANZLEI intern 11_2018, 6.
4) AG Langen v. 9.1.2009, 56 C 100/08.

deshalb verdrängt wird. Dies ergibt sich aber weder aus der Gesetzesbegründung noch aus dem Wortlaut der Vorschriften. Genauso gut lässt sich argumentieren, dass § 27 Abs. 1 StBVV die sachnähere Vorschrift ist, da es keinen Unterschied machen darf, ob die Kapitaleinkünfte von vorneherein vollständig erklärt wurden, oder erst nachträglich.

Eine weitere Abgrenzungsfrage stellt sich in den Fällen, in denen ein neuer StB beauftragt wird, eine **„fiktive Steuererklärung"** zu erstellen, nachdem zuvor ein anderer StB die Steuererklärung angefertigt und beim FA abgegeben hat. Hintergrund derartiger fiktiver Berechnungen ist häufig die Prüfung und Vorbereitung von Schadensersatzansprüchen gegenüber dem Vorberater. Fraglich ist, ob die fiktive Berechnung nach § 23 Abs. 1 Satz 1 Nr. 1 StBVV oder nach dem entsprechenden Gebührentatbestand des § 24 Abs. 1 StBVV abzurechnen ist. Beides ist vertretbar. Für die Anwendung des § 24 Abs. 1 StBVV spricht, dass die Gebühr bereits mit der „Anfertigung" der Steuererklärung entsteht und auch eine fiktive Berechnung eine „Anfertigung" ist. Für die Anwendung des § 23 Abs. 1 Satz 1 Nr. 1 StBVV als dem spezielleren Gebührentatbestand spricht, dass der StB in diesen Fällen die Steuererklärung nicht erstmalig anfertigt, sondern lediglich eine bereits existente Erklärung auf Fehler überprüft und die notwendigen Feststellungen trifft, um den verursachten Steuerschaden zu ermitteln. Er wirkt also bei der Berichtigung einer Steuererklärung mit, indem er die richtige Steuerschuld ermittelt.[1)]

Eine **Grundsteuer-Änderungsanzeige** nach dem Bewertungsgesetz durch Abgabe einer neuen Erklärung kann ebenfalls nach § 23 Abs. 1 Satz 1 Nr. 1 StBVV abgerechnet werden. Gegenstandswert ist die durch die Berichtigung ausgelöste Wertdifferenz.[2)] Wird gleichzeitig der **Antrag auf fehlerbeseitigende (Wert-)Fortschreibung** im Feld „ergänzende Angaben" gestellt, entsteht keine zusätzliche Gebühr. Alternativ kann die Tätigkeit auch nach § 23 Abs. 1 Satz 1 Nr. 7 StBVV berechnet werden.

366 Streitig ist, welcher **Gegenstandswert** der Berichtigung einer Erklärung nach § 153 AO zu Grunde zu legen ist. Überwiegend wird vertreten, dass auch bei der Berichtigung einer Steuererklärung die Gegenstandswerte des § 24 Abs. 1 StBVV, also „Bruttobeträge" (z.B. Summe der positiven Einkünfte, Rohwert einer Schenkung) abzustellen sei.[3)] Nach a.A. ist der Wert des Interesses mit der durch die Berichtigung ausgelösten Steuerdifferenz gleichzusetzen, auch wenn sich diese mitunter nur schlecht ermitteln lässt.[4)] Die Vertreter des „Bruttoprinzips" argumentieren damit, dass es sich der Berichtigung nach § 153 AO um eine „Erklärung" handelt, die wie die Erklärung i.S.d. § 24 StBVV zu behandeln sei. Aus diesem Grunde sei es gerechtfertigt, die Gegenstandswerte zu Grunde zu legen, die auch der ursprünglichen Fertigung der früheren Erklärung zu Grunde lagen. Dagegen lässt sich jedoch einwenden, dass die Berichtigung nach § 153 AO in einem eigenen Gebührentatbestand mit eigenem Gegenstandswert und einem von § 24 Abs. 1 StBVV nach oben abweichenden Gebührenrahmen geregelt ist. Wenn für die Fertigung einer Einkommensteuererklärung ein Gebührenrahmen zwischen 1/10 und 6/10 nach Tabelle A vorgesehen ist, würde die Anwendung des „Bruttoprinzips" i.R.d. § 23 StBVV zu unstimmigen Ergebnissen bzw. überhöhten Gebühren führen. Dies spricht letztlich für die Annahme, dass der wesentlich höhere Rahmen des § 23 Abs. 1 Satz 1 Nr. 1 StBVV auf die regelmäßig niedrigeren Gegenstandswerte abge-

1) So LG Duisburg v. 22.2.2023, 2 O 182/19.

2) Beyme, Honorargestaltung für Steuerberater, Juni 2025, 7.

3) AG Langen v. 9.1.2009, 56 C 100/08; Arconada, Honorargestaltung für Steuerberater, April 2019, 1, 3; Boelsen in Eckert, 7. Aufl. 2023, § 23 StBVV Rz. 5; Brummer, BB 1984, 2136, 2137; wohl auch Mittelsteiner/Scholz, 4. Aufl. 1998, Einführung Rz. 72.

4) LG Duisburg v. 22.2.2023, 2 O 182/19; Schwamberger in Meyer/Goez/Schwamberger, 11. Aufl. 2023, § 23 StBVV Rz. 4; Schall, StB 1989, 258, 259; Eggesiecker, 2. Aufl. 1998, § 23 STEUGO Rz. 23.280 ff.

stimmt ist. Unstreitig ist, dass die Gebühr für jede Steuerart und jedes **Veranlagungsjahr** gesondert abgerechnet werden kann.[1)]

II. Antrag auf Stundung (Nr. 2)

Die Vorschrift erfasst nach ihrem Wortlaut ausschließlich die Fälle des § 222 AO. **367** Sie ist daher auf andere Vorschriften, in denen Zahlungsaufschub unter ähnlichen Bedingungen wie in § 222 AO gewährt wird, nicht anwendbar. Hier greift vielmehr der Auffangtatbestand des § 23 Abs. 1 Satz 1 Nr. 10 StBVV ein.[2)]

Zu Beginn der **Corona-Krise** haben viele Betroffene über ihren StB von der Möglichkeit der Beantragung einer – im Regelfall zinsfreien – Stundung von Einkommen-, Körperschaft- und Umsatzsteuer Gebrauch gemacht. Dadurch ist der sonst häufig vernachlässigte Gebührentatbestand des § 23 Abs. 1 Satz 1 Nr. 2 StBVV wieder ins Bewusstsein der StB gerückt. Die Landesfinanzbehörden hatten speziell für Steuerpflichtige, die von der Corona-Krise betroffen sind, vereinfachte Vordrucke zur Beschleunigung der Antragstellung bereitgestellt. Diese Anträge im „Massengeschäft" rechtfertigten im Regelfall nur eine Gebühr im untersten Bereich des vorgesehenen Gebührenrahmens. Gleiches gilt für Anträge auf (Anschluss-)Stundung im Rahmen eines vereinfachten Verfahrens. Stundungsanträge – ohne Ratenzahlungsvereinbarungen – die im sonst üblichen Antragsverfahren unter Erbringung der erforderlichen Nachweise, insbesondere zu den wirtschaftlichen Verhältnissen, gestellt werden, rechtfertigen hingegen eine höhere Gebühr.

Problematisch ist, dass der StB, der einen Stundungsantrag für seinen Mandanten stellt, weil dieser Steuerforderungen nicht bedienen kann, damit möglicherweise seine Kenntnis von der eingetretenen Zahlungsunfähigkeit des Mandanten dokumentiert und deswegen die Anfechtbarkeit seines Beraterhonorars befürchten muss.

Praxistipp:

Es empfiehlt sich, den Stundungsantrag unter Darstellung der wirtschaftlichen Lage des Mandanten zu stellen. Dem Antrag sollte eine nach betriebswirtschaftlichen Kriterien erstellte Liquiditätsplanung (in Fällen einer tieferen Krise auch ein Sanierungsgutachten) beigefügt werden, um aufzuzeigen, dass mit einer Ratenzahlungsvereinbarung die Zahlungsunfähigkeit beseitigt ist und dass keine Gefährdung des Steueranspruchs besteht.[3)]

In Anlehnung an die Rechtsprechung des BFH zum Streitwert im finanzgerichtlichen Verfahren wird als Gegenstandswert heute ganz überwiegend ein Wert von **368** 10 % des zu stundenden Steuerbetrags angenommen.[4)] Die von Mittelsteiner/Scholz[5)] befürwortete genaue Ermittlung des Zinsvorteils im konkreten Einzelfall setzt u.U. zeitaufwendige nähere Ermittlungen über das jeweilige Zinsniveau voraus und stößt deshalb insbesondere bei einem längeren Stundungszeitraum auf praktische Schwierigkeiten. Da in diesen Fällen ein Ausweichen auf die Zeitgebühr wegen § 13 Satz 1 Nr. 2 StBVV nicht möglich ist, sollte von vorneherein auf den o.g. Gegenstandswert abgestellt werden.

III. Anpassung von Vorauszahlungen (Nr. 3)

Eine eindeutige Rechtsgrundlage für einen Antrag auf Anpassung der Vorauszah- **369** lungen findet sich weder in der AO noch in den Einzelsteuergesetzen. Die AO

1) Arconada, Honorargestaltung für Steuerberater, April 2019, 1, 3.
2) Eggesiecker, 2. Aufl. 1998, § 23 STEUGO Rz. 23.360; a.A. Mittelsteiner/Scholz, 4. Aufl. 1998, § 23 StBGebV Rz. 10.
3) Nickert, KANZLEI intern 08_2016, 5.
4) Vgl. statt vieler Boelsen in Eckert, 7. Aufl. 2023, § 23 StBVV Rz. 13; Schwamberger in Meyer/Goez/Schwamberger, 11. Aufl. 2023, § 23 StBVV Rz. 4 m.w.N.
5) Mittelsteiner/Scholz, 4. Aufl. 1998, § 23 StBGebV Rz. 11.

erwähnt die Vorauszahlung in § 164 Abs. 1 Satz 2 AO. Danach ist die Festsetzung einer Vorauszahlung stets eine Steuerfestsetzung unter Vorbehalt der Nachprüfung. Regelungen zur Einkommensteuervorauszahlung enthält § 37 EStG. Diese Vorschrift gilt auch für Körperschaftsteuervorauszahlungen, § 31 Abs. 1 Satz 1 KStG. Demgegenüber enthält das Gewerbesteuergesetz eigene Reglungen zu Vorauszahlungen in § 19 GewStG.

Nach einhelliger Auffassung aller Kommentatoren sind Anträge auf Anpassung der Vorauszahlungen nach § 23 Abs. 1 Satz 1 Nr. 3 StBVV abzurechnen. Nur die Ermittlung des Gegenstandswertes ist umstritten. Nach einer Auffassung ist die Summe der Vorauszahlungen, die antragsgemäß angepasst werden sollen (ggf. auch für mehrere Jahre) maßgeblich.[1] Wird der Antrag für mehrere Jahre gestellt, erfolgt eine Addition der Gegenstandswerte für den gesamten Zeitraum (§ 10 Abs. 2 StBVV), mit der Folge, dass die Gebühr auch in diesen Fällen nur einmal entsteht. Dies gilt jedenfalls dann, wenn dem Tätigwerden ein einheitlicher Auftrag zugrunde lag, ein innerer Zusammenhang besteht und der Antrag für beide Jahre identisch begründet wurde, so dass von derselben "Angelegenheit" gesprochen werden kann (→ § 10 StBVV Rz. 224; → § 40 StBVV Rz. 653; → § 28 StBVV Rz. 486).[2]

Beispiel:

StB beantragt im April 01 die Anpassung der Vorauszahlungen an Einkommensteuer bis zum Ende des Jahres 02 mit einer einheitlichen Begründung. Hier bilden die Unterschiedsbeträge zwischen der bisherigen Festsetzung und der beantragten Festsetzung für insgesamt 7 Vorauszahlungsraten (10.6.01, 10.9.01, 10.12.01, 10.3.02, 10.6.02, 10.9.02, und 10.12.02) den Gegenstandswert für eine einzige Gebühr nach § 23 Abs. 1 Satz 1 Nr. 3 StBVV.

Nach anderer Auffassung ist beim Gegenstandswert an das Jahressoll bzw. den Steuer-Jahresbetrag anzuknüpfen, um den sich die Vorauszahlungen ermäßigen oder erhöhen sollen.[3] Nach dieser Auffassung wären in dem o.g. Beispiel also zwei Gebühren nach § 23 Abs. 1 Satz 1 Nr. 3 StBVV abzurechnen, wobei der Gegenstandswert jeweils der vollen Differenz zwischen dem bisher festgesetzten Betrag und dem Betrag, der antragsgemäß festgesetzt werden soll, entspricht.

Praxistipp:

Aus gebührenrechtlicher Sicht empfiehlt es sich, derartige Anträge nur für ein Jahr zu stellen, so dass sich die Streitfrage, ob eine oder mehrere Gebühren berechnet werden können, gar nicht erst stellt.

Praxistipp:

Geht es darum, pflichtwidrig festgesetzte Vorauszahlungen (Stichwort: Amtshaftung) anzugreifen, sollte immer Einspruch und kein Antrag auf Anpassung der Vorauszahlungen gestellt werden, da die Gebühren des Einspruchsverfahrens in aller Regel höher sind als die Gebühren nach § 23 Abs. 1 Satz 1 Nr. 3 StBVV (→ § 40 StBVV Rz. 657).

Die Anwendbarkeit des § 23 Abs. 1 Satz 1 Nr. 3 StBVV für alle Anträge auf Anpassung von Vorauszahlungen ist in der Literatur bislang nicht in Zweifel gezogen worden; Zweifel sind aber wegen der Regelung des § 24 Abs. 5 Nr. 4 StBVV (bis zum 30.6.2025: § 24 Abs. 4 Nr. 5 StBVV) berechtigt. Danach erhält der StB für sonstige Anträge nach dem EStG die Zeitgebühr. Diese Vorschrift erweist sich für Anträge nach dem EStG als die speziellere Vorschrift im Verhältnis zu § 23 Abs. 1 Satz 1 Nr. 3 StBVV. Fraglich ist nur, ob die Voraussetzungen dieser Vorschrift erfüllt sind. Denn das EStG sieht – wie eingangs erwähnt – in § 37 EStG keine ausdrückliche

1) AG Kempen v. 18.3.1999, 11 C 321/95, DStRE 2000, 948, 950; Boelsen in Eckert, 7. Aufl. 2023, § 23 StBVV Rz. 15 m.w.N.; Schall, StB 1989, 258, 260.

2) Feiter, KANZLEI intern 03/2015, 7.

3) Schwamberger in Meyer/Goez/Schwamberger, 11. Aufl. 2023, § 23 StBVV Rz. 4; Brummer, 10. Aufl. 2010, § 23 StBGebV Anm. 5; Feiter, KANZLEI intern 03/2015, 7.

Regelung für einen Antrag auf Anpassung der Vorauszahlungen vor. Gleichwohl ergeben sich die Voraussetzungen für Anträge auf Anpassung von Einkommensteuer- und der Körperschaftsteuer-Vorauszahlungen aus dieser Vorschrift. Deshalb dürfte es zumindest vertretbar sein, in diesen Fällen eine Zeitgebühr nach § 24 Abs. 4 Nr. 5 StBVV zu berechnen.

Aufgrund der **Corona-Krise** hatte auch dieser Gebührentatbestand an Bedeutung gewonnen. Wenn absehbar war, dass aufgrund sinkender Umsätze in dem Unternehmen des Mandanten die Gewinne durch die Corona-Krise deutlich geringer ausfallen würden, konnte ein Antrag auf Herabsetzung von Vorauszahlungen der Einkommen- und Körperschaftsteuer (inkl. Solidaritätszuschlag und Kirchensteuer) sowie Herabsetzung des Gewerbesteuermessbetrags (für Zwecke der Gewerbesteuer-Vorauszahlung) gestellt werden. Hierfür hatten die Finanzverwaltungen der Länder Vordrucke bereitgestellt. Das durch die vereinfachten Vordrucke beschleunigte Verfahren, das keine hohen Anforderungen an die Begründung des Antrags stellte, rechtfertigte im Regelfall eine Gebühr im unteren Bereich des Gebührenrahmens.

IV. Abweichende Steuerfestsetzung aus Billigkeitsgründen (Nr. 4)

Diese Vorschrift betrifft Anträge nach § 163 AO, wonach Steuern niedriger festgesetzt werden und einzelne Besteuerungsgrundlagen unberücksichtigt bleiben können, wenn die Steuererhebung nach Lage des einzelnen Falles unbillig wird. **370**

Gegenstandswert ist der Betrag, um den die Steuer antragsgemäß niedriger festgesetzt werden soll.[1] Soll durch den Antrag die Steuer nicht unmittelbar verändert werden, sondern ihre Bemessungsgrundlage, ist Gegenstandswert der geschätzte Steuer-Minderungsbetrag.[2] **371**

V. Erlassantrag (Nr. 5)

Rechtsgrundlage für einen Antrag auf Erlass von Ansprüchen aus dem Steuerschuldverhältnis ist § 227 AO. Der Gegenstandswert ist identisch mit dem Betrag, dessen Erlass aus Billigkeitsgründen beantragt wird.[3] Durch das JStG 2007[4] wurden die Worte „oder aus zollrechtlichen Bestimmungen" eingefügt. Damit ist klargestellt, dass die Vorschrift auch Ansprüche aus zollrechtlichen Bestimmungen erfasst. **372**

Das BMF-Schreiben vom 19.3.2020 enthielt keine Sonderregeln für den Erlass von Steuern aufgrund der **Corona-Krise**. Erlassanträge waren deshalb weiterhin nach den allgemeinen Grundsätzen zu behandeln.

VI. Antrag auf Erstattung (Nr. 6)

Die Vorschrift bezieht sich ausdrücklich auf Erstattungsanträge nach § 37 Abs. 2 AO. Voraussetzung dafür ist, dass eine Steuer, eine Steuervergütung, ein Haftungsbetrag oder eine steuerliche Nebenleistung ohne rechtlichen Grund gezahlt oder zurückgezahlt wurde. **373**

Beispiel:

StB stellt anlässlich der Corona-Krise für Mandanten Anträge auf Erstattung der Umsatzsteuer-Sondervorauszahlung für Dauerfristverlängerungen bei der Umsatzsteuer.

1) Eggesiecker, 2. Aufl. 1998, § 23 STEUGO Rz. 23.530; Boelsen in Eckert, 7. Aufl. 2023, § 23 StBVV Rz. 18; Schall, StB 1989, 258, 260.
2) Eggesiecker, 2. Aufl. 1998, § 23 STEUGO Rz. 23.530; Schwamberger in Meyer/Goez/Schwamberger, 11. Aufl. 2023, § 23 StBVV Rz. 4.
3) Schall, StB 1989, 258, 261.
4) JStG 2007 v. 13.12.2006, BGBl. I 2006, 2878 = BStBl I 2007, 28.

Auch Anträge auf Erstattung des Steuerabzugsbetrages bei **Bauleistungen** (§ 48c Abs. 2 EStG) können nach dieser Vorschrift abgerechnet werden.[1]

374 Der Gegenstandswert wird durch den Betrag bestimmt, dessen Erstattung beantragt wird.[2]

VII. Änderung eines Steuerbescheides (Nr. 7)

375 Die Vorschrift betrifft Anträge, die auf die Aufhebung oder Änderung von Steuerbescheiden (§ 155 AO) oder von Steueranmeldungen (§ 167 AO) gerichtet sind. Die Vorschrift wurde durch die VO zum Erlass und zur Änderung steuerlicher Verordnungen zuletzt geändert. Es wurde klargestellt, dass die Vorschrift auch für Anträge auf Änderung einer Steuermeldung gilt.[3] Anträge auf Berichtigung einer offenbaren Unrichtigkeit nach § 129 AO sind ebenfalls nach dieser Vorschrift abzurechnen. Als Änderungsvorschriften kommen insbesondere die §§ 129, 164, 165, 172, 173, 174 und 175 AO, § 35b GewStG, §§ 22 und 24 BewG und § 20 GrStG in Betracht. Auch die (zwangsweise) Rückabwicklung eines Investitionsabzugsbetrags (IAB) nach § 7 Abs. 3 EStG kann nach dieser Vorschrift abgerechnet werden.

Beispiel:

Für einen im Jahr 01 gebildeten IAB wird nicht bis zum Jahr 04 investiert. Der IAB ist rückabzuwickeln. Die Änderung der Steuererklärung 01 kann nach § 23 Abs. 1 Satz 1 Nr. 7 StBVV berechnet werden.[4] Nachträglicher Änderungsaufwand am Jahresabschluss 01 ist ebenfalls gesondert abrechenbar (→ § 35 StBVV Rz. 580).[5]

Nicht unter diese Vorschrift fallen Änderungs- und Aufhebungsanträge, die im Rechtsbehelfsverfahren gestellt werden. Für sie gilt § 40 Satz 1 StBVV. Ein Antrag auf Änderung einer Einspruchsentscheidung ist deshalb nicht gesondert nach § 23 Abs. 1 Satz 1 Nr. 7 StBVV abrechenbar, sondern von der Gebühr des § 40 Satz 1 StBVV i.V.m. Nr. 2300 VV RVG abgegolten.[6]

376 Gegenstandswert ist der durch die beantragte Aufhebung oder Änderung erstrebte Betrag der Steuerminderung.[7]

VIII. Rücknahme und Widerruf (Nr. 8)

377 Die Vorschrift erfasst die Rücknahme- und Widerrufsfälle der §§ 130, 131 AO und damit Fälle, in denen es um Rücknahme oder Widerruf von Verwaltungsakten geht, die **nicht Steuerbescheide** sind. Nach allgemeiner Meinung erfasst diese Vorschrift auch die Fälle des § 207 AO (Anträge auf Änderung verbindlicher Zusagen).[8]

378 Geht es um einen konkreten Betrag, ist Gegenstandswert der Betrag, der dem Stpfl. zu Gute käme, wenn der Antrag Erfolg hätte.[9] Das AG Kempen[10] hat im Falle eines Antrags auf Rücknahme einer Pfändungsverfügung als Gegenstandswert den Wert zu Grunde gelegt, zu dessen Beitreibung die Pfändung ausgebracht worden ist und der sich aus der Kontopfändungsverfügung des Finanzamtes ergab.

---

1) A.A. Westphal, KP 2002, 17 f., der § 24 Abs. 1 Nr. 22 StBGebV analog anwenden will.
2) Schall, StB 1989, 258, 261; Eggesiecker, 2. Aufl. 1998, § 23 STEUGO Rz. 23.600.
3) VO zum Erlass und zur Änderung steuerlicher Verordnungen v. 11.12.2012, BGBl. I 2012, 2637 = BStBl I 2013, 2.
4) Beyme, Honorargestaltung für Steuerberater, März 2021, 7.
5) Beyme empfiehlt speziell für diesen Fall eine nachträgliche Zehntelsatzerhöhung: Honorargestaltung für Steuerberater, März 2021, 7.
6) LG Düsseldorf v. 24.6.2021, 1 O 35/18.
7) Schall, StB 1989, 258, 261; Schwamberger in Meyer/Goez/Schwamberger, 11. Aufl. 2023, § 23 StBVV Rz. 4.
8) Schall, StB 1989, 258, 261; Mittelsteiner/Scholz, 4. Aufl. 1998, § 23 StBGebV Rz. 16.
9) Schall, StB 1989, 258, 261.
10) AG Kempen v. 18.3.1999, 11 C 321/95, DStRE 2000, 948, 950.

379 Da Anträge nach § 23 Abs. 1 Satz 1 Nr. 8 StBVV weder Steuerbescheide noch Steueranmeldungen betreffen, lässt sich ein Gegenstandswert oft nicht feststellen. Da ein Ausweichen auf die Zeitgebühr nach § 13 Satz 1 Nr. 2 StBVV nicht zulässig ist, empfiehlt sich in den Fällen, in denen überhaupt keine Anhaltspunkte für einen Gegenstandswert bestehen, in analoger Anwendung des § 23 Abs. 3 Satz 2 Halbsatz 2 RVG den Auffangstreitwert von 5 000 € (→ § 10 StBVV Rz. 221) zu Grunde zu legen.

IX. Wiedereinsetzung in den vorigen Stand (Nr. 9)

380 Der Wortlaut der Vorschrift macht bereits deutlich, dass es sich um einen Wiedereinsetzungsantrag **außerhalb eines Rechtsbehelfsverfahrens** handeln muss. Im Rahmen eines außergerichtlichen Rechtsbehelfsverfahrens wird ein Wiedereinsetzungsantrag durch die Geschäftsgebühr nach § 40 Satz 1 StBVV i.V.m. Nr. 2300 VV RVG, innerhalb eines finanzgerichtlichen Verfahrens durch die Verfahrensgebühr nach § 40 Satz 1 StBVV i.V.m Nr. 3200 VV RVG abgegolten. Maßgeblich für den in der Praxis selten vorkommenden Antrag auf Wiedereinsetzung in den vorigen Stand ist die Vorschrift des § 110 AO i.V.m. Sonderregelungen in den Einzelsteuergesetzen.

381 Gegenstandswert ist der Steuermehrbetrag, der vom Stpfl. zu entrichten wäre, wenn der gestellte Antrag abschlägig beschieden würde, mit anderen Worten der Betrag, der ohne den Wiedereinsetzungsantrag auf jeden Fall verloren wäre bzw. der angestrebte betragsmäßige Erfolg.[1)]

X. Sonstige Anträge (Nr. 10)

382 § 23 Abs. 1 Satz 1 Nr. 10 StBVV ist eine **Auffangvorschrift** für alle übrigen Anträge, die in Nr. 1–9 nicht genannt sind. Die Vorschrift ist nur dann anwendbar, wenn es sich um Anträge außerhalb von Steuererklärungen handelt. Anträge, die im Rahmen einer Steuererklärung gestellt werden, z.B. Anträge auf Berücksichtigung außergewöhnlicher Belastungen (§ 33 EStG), Anträge, die als Anlage zur Schenkungsteuer- (z.B. Anlage Gegenleistungen und Auflagen) oder Erbschaftsteuererklärung gestellt werden (z.B. Anlage Steuerbefreiung Familienheim, Anlage Steuerbefreiung für zu Wohnzwecken vermietete Grundstücke) sind mit der Gebühr für die Erstellung der Steuererklärung abgegolten. Auch Anträge auf **Akteneinsicht** sind nicht gesondert abrechenbar (→ § 12 StBVV Rz. 248). Gleiches gilt für Anträge im außergerichtlichen oder gerichtlichen Rechtsbehelfs- oder Vollstreckungsverfahren, z.B. einen Antrag auf Ruhen des Verfahrens.[2)] Eine gesetzliche Ausnahme gilt für den AdV-Antrag (→ Rz. 384). **Anträge nach dem EStG** sind nach der spezielleren Vorschrift des **§ 24 Abs. 5 Nr. 4 StBVV** abzurechnen (→ § 24 StBVV Rz. 439).

Kritische Stellungnahme R|H|AE:

Die Abgrenzung des Anwendungsbereichs des § 24 Abs. 5 Nr. 4 StBVV (Zeitgebühr für Anträge nach EStG) von dem des § 23 Abs. 1 Satz 1 Nr. 10 StBVV (Wertgebühr für sonstige Anträge) ist nicht überzeugend und von Zufällen abhängig. Die beiden Vorschriften sollten klarer und für den Praktiker leichter nachvollziehbar abgegrenzt werden. Dies würde auch zu mehr Gebührengerechtigkeit führen. § 24 Abs. 5 Nr. 4 StBVV sollte keine Regelung mehr zu Anträgen vorsehen, sondern auf Meldungen beschränkt und gleichzeitig auf alle Meldungen nach den Einzelsteuergesetzen und der AO erweitert werden. Mit dieser Änderung wäre gleichzeitig klargestellt, dass § 23 Abs. 1 Satz 1 Nr. 10 StBVV (Wertgebühr) sich auf alle Anträge bezieht, auch solche, die derzeit (noch) unter den Anwendungsbereich des § 24 Abs. 5 Nr. 4 StBVV (Zeitgebühr) fallen.

---

1) Boelsen in Eckert, 7. Aufl. 2023, § 23 StBVV Rz. 28; Eggesiecker, 2. Aufl. 1998, § 23 STEUGO Rz. 23.840.

2) Beyme, Honorargestaltung für Steuerberater, Dezember 2020, 8; → Rz. 375 a.E.

Anwendungsfälle des § 23 Abs. 1 Satz 1 Nr. 10 StBVV sind z.B. Anträge auf Erlass eines Aufteilungsbescheids nach §§ 268 ff. AO,[1] Anträge auf Bescheinigung über die Erfassung als Steuerpflichtiger (Unternehmer) i.S.d. § 22f Abs. 1 Satz 2 UStG (Vordruck USt 1 TJ für Online-Händler), Anträge auf verbindliche Zusagen nach § 204 AO, Anträge auf Buchführungserleichterungen gem. § 148 AO, Anträge auf Grunderwerbsteuerbefreiungen nach § 3 GrStG,[2] Anträge auf Änderung des Wirtschaftsjahres, Anträge auf Ausnahmen nach § 1a Abs. 8 StromStV, Anträge auf Optionsverschonung des Betriebsvermögens gem. § 13a Abs. 8 EStG[3] oder Anträge auf Änderung von der Soll- auf die Ist-Versteuerung.[4] Auch die Anzeige der Teilnahme am **Mini-One-Stop-Shop (MOSS)-Verfahren** oder am **One-Stop-Shop (OSS)-Verfahren** gegenüber dem BZSt kann gem. §§ 23 Abs. 1 Satz 1 Nr. 10, 2 StBVV abgerechnet werden. Die Anzeige der Teilnahme am MOSS- bzw. OSS-Verfahren nach § 18h Abs. 1 UStG bzw. § 18j Abs. 1 Satz 1 Nr. 2 Satz 1, 2. Halbsatz UStG hat die Wirkung eines Antrags, da erst durch die Anzeige die Teilnahme am MOSS-Verfahren möglich wird.

Praxistipp:

Problematisch ist die Bestimmung des Gegenstandswertes. Da ein Ausweichen auf die Zeitgebühr nicht zulässig ist (§ 13 Satz 1 Nr. 2 StBVV), sollte der Auffangstreitwert analog §§ 23 Abs. 3 Satz 2 RVG, 52 Abs. 2 GKG i.H.v. 5 000 € analog § 23 Abs. 3 Satz 2 RVG herangezogen werden.[5]

Bei Anträgen nach dem **Forschungszulagengesetz** (FZulG) ist zu differenzieren. Das Gesetz sieht ein zweistufiges Verfahren für die Gewährung der steuerlichen Forschungsförderung vor. Im ersten Schritt muss die Förderfähigkeit der Aufwendungen von einer fachkundigen Stelle bescheinigt werden. Der Antrag auf Erteilung einer solchen Bescheinigung (§ 6 FZulBV) ist nach Auffassung der Finanzverwaltung keine geschäftsmäßige Hilfeleistung in Steuersachen[6] und somit grundsätzlich eine vereinbare Tätigkeit. Allerdings kann nur der Anspruchsberechtigte selbst den Antrag stellen. StB können lediglich als „Antragsbearbeiter" mitwirken[7] und für ihre diesbezügliche Tätigkeit die übliche Vergütung i.S.d. §§ 612 Abs. 2, 632 Abs. 2 BGB verlangen. Im zweiten Schritt erfolgt der Antrag auf Förderung an das Finanzamt. Da Ziel des Antrags eine Zulage (Beihilfe) ist, liegt es nahe auch insoweit von einer vereinbaren Tätigkeit auszugehen. Nach Auffassung der Finanzverwaltung sind die Beantragung der Forschungszulage sowie die damit zusammenhängende Beratungsleistung aber eine Hilfeleistung in Steuersachen nach § 2 StBerG. Eine Vertretung durch StB ist zulässig und geboten.[8] Da die Antragstellung unabhängig von der Einkommen- oder Körperschaftsteuererklärung oder der Erklärung zur gesonderten und einheitlichen Feststellung der Einkünfte erfolgt[9] ist der Anwendungsbereich des § 23 Abs. 1 Satz 1 Nr. 10 StBVV eröffnet. Gegenstandswert ist die Höhe der Forschungszulage (§ 4 Abs. 1 FZulG i.V.m. § 3 Abs. 5 FZulG).

383 Ein Antrag auf Erteilung einer **verbindlichen Auskunft** gem. § 89 Abs. 2 – 5 AO war bei Auftragserteilung bis zum 30.6.2025 nach § 23 Satz 1 Nr. 10 StBVV abzurechnen. Seit dem 1.7.2025 ist § 22 Abs. 1 Satz 2 StBVV einschlägig.

---

1) Beyme, Honorargestaltung für Steuerberater, Mai 2022, 8. Gegenstandswert ist die aufzuteilende Steuer. Wenn der Mandant nur eine Aufteilungsberechnung wünscht, ist § 21 StBVV einschlägig.
2) Siehe hierzu Schall, StB 1989, 258, 262.
3) Wacker, Honorarbrief für Steuerberater 10/2013, 7.
4) Beyme, Honorargestaltung für Steuerberater, März 2025, 8.
5) Beyme, KANZLEI intern 07_2017, 2 und Stbg 2017, 259, 262 zum MOSS-Verfahren.
6) BMF-Schreiben v. 7.2.2023, IV C 3 – S 2020/22/10007, BStBl I 2023, 364, Rz. 229.
7) BMF-Schreiben v. 7.2.2023, IV C 3 – S 2020/22/10007, BStBl I 2023, 364, Rz. 229.
8) BMF-Schreiben v. 7.2.2023, IV C 3 – S 2020/22/10007, BStBl I 2023, 364, Rz. 203, 208.
9) BMF-Schreiben v. 7.2.2023, IV C 3 – S 2020/22/10007, BStBl I 2023, 364, Rz. 206.

Anträge auf **Aussetzung der Vollziehung** nach § 361 AO, die außerhalb eines Rechtsbehelfsverfahrens gestellt werden, lösen immer eine Gebühr nach § 23 Abs. 1 Satz 1 Nr. 10 StBVV aus. Der Gegenstandswert kann in Anlehnung die finanzgerichtliche Rechtsprechung mit mindestens 10 % des Streitwerts der Hauptsache angesetzt werden.[1] Durch eine Änderung des § 40 StBVV ab dem 1.7.2020[2] können Anträge auf Aussetzung im Rahmen eines außergerichtlichen Rechtsbehelfsverfahrens mit einer gesonderten Geschäftsgebühr nach Nr. 2300 VV RVG abgerechnet werden (→ § 40 StBVV Rz. 645). **384**

§ 23 Abs. 1 Satz 1 Nr. 10 StBVV gilt auch für einen **Antrag auf Anwendung der Kleinunternehmerregelung** nach § 19 Abs. 1 UStG. Gegenstandswert ist der steuerfreie Umsatz, mindestens 8 000 €, entsprechend § 24 Abs. 1 Nr. 8 StBVV. **385**

Unter § 23 Abs. 1 Satz 1 Nr. 10 StBVV fallen auch Anträge auf **Fristverlängerung**, wenn der Mandant die Fristverlängerung zu verantworten hat.[3] **386**

Wenn der StB den Grund für die beantragte Verlängerung der Abgabefrist ausschließlich selbst zu vertreten hat, z.B. wegen Arbeitsüberlastung oder Krankheit, fällt keine Gebühr nach § 23 Abs. 1 Satz 1 Nr. 10 StBVV an. Als Gegenstandswert kann die Höhe eines ggf. festzusetzenden Verspätungszuschlags angesetzt werden.

Ob auch der Antrag auf **Dauerfristverlängerung** für die Abgabe der Umsatzsteuervoranmeldungen (§ 46 UStDV) und der Antrag auf Sondervorauszahlungen (§ 47, 48 UStDV) nach § 23 Abs. 1 Satz 1 Nr. 10 StBVV abrechenbar sind, wurde in der Literatur unterschiedlich beurteilt. Nach der Neufassung des § 24 Abs. 1 Nr. 7 StBVV sind diese Anträge mit einer gesonderten Gebühr nach dieser Vorschrift abzurechnen (→ § 24 StBVV Rz. 411). Der frühere Meinungsstreit hat sich damit erledigt. Anträge auf Erteilung einer **Umsatzsteueridentifikationsnummer** gem. § 27a UStG sind nach § 23 Abs. 1 Satz 1 Nr. 10 StBVV abzurechnen. Da es sich im Wesentlichen um schematische Arbeiten mit einfachem Schwierigkeitsgrad handelt, hat das LG Kleve[4] lediglich eine Gebühr von 4/10 für angemessen gehalten. **387**

§ 146a Abs. 2 AO sieht die verpflichtende Belegausgabe in denjenigen Fällen vor, in denen aufzeichnungspflichtige Geschäftsvorfälle i.S.d. § 146a Abs. 1 Satz 1 AO mithilfe eines elektronischen Aufzeichnungssystems erfasst werden („Belegausgabepflicht"). Aus Gründen der Zumutbarkeit und Praktikabilität sieht das Gesetz die Möglichkeit einer Befreiung von der Belegausgabepflicht vor, § 146a Abs. 2 Satz 2 AO i.V.m. § 148 AO. Ein solcher Antrag kann nach § 23 Abs. 1 Satz 1 Nr. 10 StBVV abgerechnet werden. Problematisch ist auch hier die Bestimmung des Gegenstandswertes. Deshalb bietet sich eine analoge Anwendung des Auffangstreitwertes von 5 000 € gemäß § 23 Abs. 3 Satz 2 RVG an.[5] Die Höhe der Gebühr richtet sich im Wesentlichen nach dem Begründungsaufwand des Antrags.[6] **388**

Bei umwandlungs- und anderen gesellschaftsrechtlichen Organisationsmaßnahmen auch außerhalb des UmwG sieht das UmwStG vor, dass diese Maßnahmen zur Aufdeckung der stillen Reserven führen, weil diese Vorgänge zum Ansatz aller betroffenen Wirtschaftsgüter mit dem gemeinen Wert führen, es sei denn, dass ein **Antrag auf Ansatz mit dem Buchwert** (oder dem Zwischenwert) gestellt wird, z.B. **389**

---

1) Eggesiecker, 2. Aufl. 1998, § 23 STEUGO Rz. 23.891.
2) Fünfte Verordnung zur Änderung steuerlicher Verordnungen v. 25.6.2020, BGBl. I 2020, 1495, 1498 = BStBl I 2020, 555.
3) OLG Düsseldorf v. 2.10.1998, 13 U 241/97, GI 1999, 295; a.A. OLG Düsseldorf v. 28.5.2002, 23 U 193/01, GI 2002, 219, 226, danach sollen Fristverlängerungsanträge von der jeweiligen Gebühr abgegolten sein.
4) LG Kleve v. 13.6.2003, 1 O 114/01.
5) Beyme, KANZLEI intern 07/2017, 2; Arconada, Honorargestaltung für Steuerberater, Februar 2020, 3.
6) Siehe hierzu das Muster von Arconada, Honorargestaltung für Steuerberater, Februar 2020, 2.

§§ 3 Abs. 2 Satz 1, 11 Abs. 2 Satz 1, 13 Abs. 2 Satz 1, 20 Abs. 2 Satz 2 UmwStG. Gebührenrechtlich ist dies i.d.R. kein Problem, da solchen Aufträgen in aller Regel ein ganzes Projekt einschließlich einer Vergütungsvereinbarung zugrunde liegt. Ist dies nicht der Fall und soll ein solcher Antrag „regulär" abgerechnet werden, kommt nur § 23 Abs. 1 Satz 1 Nr. 10 StBVV in Betracht. Als Gegenstandswert sollte nicht pauschal auf den Buchwert abgestellt, sondern eine Steuerdifferenzbetrachtung angestellt werden: Differenz zwischen der Summe der gemeinen Werte und der Werte, die sich aus dem Antrag auf Buchwert- oder Zwischenwertansatz ergeben und daraus die Steuerdifferenz. Denn diese Steuerdifferenz entspricht dem eigentlichen Interesse des Mandanten, § 10 Abs. 1 Satz 3 StBVV.

C. Zusammentreffen mehrerer Tätigkeiten (Abs. 1 Satz 2)

390 Soweit Tätigkeiten nach § 23 Abs. 1 Satz 1 Nr. 1–10 StBVV denselben Gegenstand betreffen, ist nur die Tätigkeit mit dem höchsten oberen Gebührenrahmen maßgebend.[1] Schließt sich an einen Antrag nach § 23 Abs. 1 Satz 1 StBVV ein **Rechtsbehelfsverfahren** an, ist § 40 Satz 1 StBVV den Vorschriften des RVG einschlägig (insbesondere Nr. 2300 VV RVG).[2] Nach § 35 Abs. 2 RVG i.V.m. Vorbem. 2.3 Abs. 4 VV RVG ist eine Gebühr nach § 23 StBVV auf die Geschäftsgebühr des Rechtsbehelfsverfahrens anzurechnen.

D. Mitteilung von elektronischen Aufzeichnungssystemen (Abs. 2)

391 Mit Wirkung zum 1.7.2025 wurde mit dem neuen Absatz 2 ein Gebührentatbestand für die Mitteilung von elektronischen Aufzeichnungssystemen nach § 146a Abs. 4 AO geschaffen.[3] Hintergrund ist § 1 Abs. 1 Satz 1 KassenSichV i.V.m. dem BMF-Schreiben v. 28.6.2024.[4] Danach ist die Mitteilung von vor dem 1.7.2025 angeschafften elektronischen Aufzeichnungssystemen bis zum 31.7.2025 zu erstatten. Alle danach angeschafften Kassensysteme sind nach § 146a Abs. 4 AO jeweils innerhalb eines Monats nach Anschaffung anzumelden. Das Mitteilungsverfahren steht seit dem 1.1.2025 zur Verfügung.

Die Vorschrift enthält unterschiedlich hohe **Betragsrahmengebühren** (10 € bis 30 € für das erste Aufzeichnungssystem einer Betriebsstätte in **Satz 1** und 5 € bis 20 € für jedes weitere elektronische Aufzeichnungssystem **derselben** Betriebsstätte in **Satz 2)**. Die Meldung ist separat für jede Betriebsstätte über ELSTER („Sonstige Formulare") abzugeben.

Ausweislich der Begründung des Verordnungsgebers handelt es sich bei der Mitteilung um eine einfache Tätigkeit. Weiter heißt es, dass dem StB die Daten der Steuerpflichtigen sowie der Betriebsstätten regelmäßig bereits vorliegen, so dass nur wenige Daten des elektronischen Aufzeichnungssystems und der zertifizierten technischen Sicherheitseinrichtung abgefragt und ergänzt werden müssten. Die Reduzierung des Betragsrahmens für die Meldung weiterer elektronischer Aufzeichnungssystem derselben Betriebsstätte mit damit begründet, dass die Angaben zum Steuerpflichtigen und zur Betriebsstätte in diesem Fall nicht erneut eingegeben

1) Kritisch hierzu Boelsen in Eckert, 7. Aufl. 2023, § 23 StBVV Rz. 39.
2) Fünfte Verordnung zur Änderung steuerlicher Verordnungen v. 25.6.2020, BGBl. I 2020, 1495, 1498 = BStBl I 2020, 555.
3) Fünfte Verordnung zur Änderung der Steuerberatervergütungsverordnung v. 31.3.2025, BGBl. I 2025 Nr. 105 = BStBl I 2025, 1009.
4) BMF v. 28.6.2024, IV D 2-S 0316-a/19/10011:009, BStBl I 2024, 1063.

werden müssten, sondern „nur noch" die Daten des elektronischen Aufzeichnungssystems.[1] Änderungen an den Mitteilungen sollen gebührenrechtlich nach § 23 Abs. 2 Satz 1 oder 2 StBVV behandelt werden.

Kritische Stellungnahme:

Zwar mag es sich bei der Mitteilung von elektronischen Aufzeichnungssystemen um eine einfache Tätigkeit handeln. Allerdings liegen die zu übermittelnden Informationen zu den einzelnen Aufzeichnungssystemen in den Kanzleien regelmäßig nicht vollständig vor und müssen mühsam beschafft werden. Da das Herzstück der Mitteilung die Angaben zum Aufzeichnungssystem und nicht die zum Steuerpflichtigen und zur Betriebsstätte sind, ist insbesondere die Reduzierung des Betragsrahmens auf 5 € bis 20 € für jedes weitere Aufzeichnungssystem derselben Betriebsstätte unverständlich. Aber auch der Betragsrahmen für die erste Mitteilung (10 € bis 30 €) ist schon zu niedrig gewählt und wird dem Aufwand in den Kanzleien nicht gerecht.[2] Die BStBK geht davon aus, dass bereits in einfach gelagerten Fällen ein Zeitaufwand von mindestens einer halben Stunde anfällt, um die für die Meldung erforderlichen Informationen einzuholen. Bei Mandanten, die die benötigten Informationen zunächst gar nicht oder nur unvollständig übermitteln, wird der Aufwand ungleich größer. Die vorgesehenen Betragsrahmen werden diesem Aufwand in vielen Fällen deshalb nicht gerecht.

Praxistipp:

Angesichts der unzureichenden Höhe der Betragsrahmengebühren in Satz 1 und Satz 2 erweist sich der neue Gebührentatbestand als Verschlechterung gegenüber der bisherigen Rechtslage. Denn vom 1.1.2025 bis zum 30.6.2025 konnte die Mitteilung eines elektronischen Aufzeichnungssystems mit einer **Zeitgebühr** analog § 24 Abs. 4 Nr. 5 StBVV a.F. abgerechnet werden. Dies ist seit dem 1.7.2025 nur möglich, wenn eine Vergütungsvereinbarung nach § 4 Abs. 1 StBVV geschlossen wurde.

Der Fall der **Abmeldung** ist in **Satz 3** geregelt. Für alle Fälle der Abmeldung erhält der StB nur **eine Gebühr** nach Satz 1, auch wenn mehrere Aufzeichnungssysteme oder mehrere Betriebsstätten abgemeldet werden. **Korrekturmeldungen** richten sich wiederum nach Satz 1 und 2. Sie können nur abgerechnet werden, wenn die Meldung vom Mandanten zu vertreten ist, z.B. weil dieser dem StB eine falsche Seriennummer mitgeteilt hat.

1) BR-Drucks. 61/25, S. 28.
2) Beyme, KP Sonderausgabe 2025, S. 6.

§ 24
Steuererklärungen

(1) Der Steuerberater erhält für die Anfertigung

1. der Einkommensteuererklärung ohne Ermittlung der einzelnen Einkünfte — 1/10 bis 6/10

   einer vollen Gebühr nach Tabelle A (Anlage 1); Gegenstandswert ist die Summe der positiven Einkünfte, jedoch mindestens 8.000 Euro;
2. der Erklärung zur gesonderten Feststellung der Einkünfte ohne Ermittlung der Einkünfte — 1/10 bis 5/10

   einer vollen Gebühr nach Tabelle A (Anlage 1); Gegenstandswert ist die Summe der positiven Einkünfte, jedoch mindestens 8.000 Euro;
3. der Körperschaftsteuererklärung — 2/10 bis 8/10

   einer vollen Gebühr nach Tabelle A (Anlage 1); Gegenstandswert ist das Einkommen vor Berücksichtigung eines Verlustabzugs, jedoch mindestens 16.000 Euro; bei der Anfertigung einer Körperschaftsteuererklärung für eine Organgesellschaft ist das Einkommen der Organgesellschaft vor Zurechnung maßgebend; das entsprechende Einkommen ist bei der Gegenstandswertberechnung des Organträgers zu kürzen;
4. der Mindeststeuererklärung — 1/10 bis 8/10

   einer vollen Gebühr nach Tabelle A (Anlage 1); Gegenstandswert ist 1 Prozent des Mindeststeuer-Gewinns oder des Mindeststeuer-Verlusts im Sinne des § 15 des Mindeststeuergesetzes, jedoch mindestens 16 000 Euro.
5. der Erklärung zur Gewerbesteuer — 1/10 bis 6/10

   einer vollen Gebühr nach Tabelle A (Anlage 1); Gegenstandswert ist der Gewerbeertrag vor Berücksichtigung des Freibetrages und eines Gewerbeverlustes, jedoch mindestens 8.000 Euro;
6. der Gewerbesteuerzerlegungserklärung — 1/10 bis 6/10

   einer vollen Gebühr nach Tabelle A (Anlage 1); Gegenstandswert sind 10 Prozent der als Zerlegungsmaßstab erklärten Arbeitslöhne, jedoch mindestens 4.000 Euro;
7. der Umsatzsteuer-Voranmeldung sowie hierzu ergänzender Anträge und Meldungen — 1/10 bis 6/10

   einer vollen Gebühr nach Tabelle A (Anlage 1); Gegenstandswert sind 10 Prozent der Summe aus dem Gesamtbetrag der Entgelte und der Entgelte, für die der Leistungsempfänger Steuerschuldner ist, jedoch mindestens 650 Euro;
8. der Umsatzsteuererklärung für das Kalenderjahr einschließlich ergänzender Anträge und Meldungen — 1/10 bis 8/10

   einer vollen Gebühr nach Tabelle A (Anlage 1); Gegenstandswert sind 10 Prozent der Summe aus dem Gesamtbetrag der Entgelte und der Entgelte, für die der Leistungsempfänger Steuerschuldner ist, jedoch mindestens 8.000 Euro;
9. *weggefallen*
10. der Vermögensteuererklärung oder der Erklärung zur gesonderten Feststellung des Vermögens von Gemeinschaften — 1/20 bis 18/20

einer vollen Gebühr nach Tabelle A (Anlage 1); Gegenstandswert ist das Rohvermögen, jedoch bei natürlichen Personen mindestens 12.500 Euro und bei Körperschaften, Personenvereinigungen und Vermögensmassen mindestens 25.000 Euro;

11.	der Erklärung zur Feststellung nach dem Bewertungsgesetz oder dem Erbschaftsteuer- und Schenkungsteuergesetz, vorbehaltlich der Nummer 11a, einer vollen Gebühr nach Tabelle A (Anlage 1); Gegenstandswert ist der erklärte Wert, jedoch mindestens 25.000 Euro;	1/20 bis 18/20
11a.	der Erklärung zur Feststellung oder Festsetzung für Zwecke der Grundsteuer im Rahmen des ab dem Jahr 2025 anzuwendenden Grundsteuerrechts einer vollen Gebühr nach Tabelle A (Anlage 1); Gegenstandswert ist der Grundsteuerwert oder, sofern dessen Feststellung nicht vorgesehen ist, der jeweilige Grundsteuermessbetrag dividiert durch die Grundsteuermesszahl nach § 15 Absatz 1 Nummer 2 Buchstabe a des Grundsteuergesetzes, jedoch jeweils mindestens 25.000 Euro;	1/20 bis 9/20
12.	der Erbschaftsteuererklärung ohne Ermittlung der Zugewinnausgleichsforderung nach § 5 des Erbschaftsteuer- und Schenkungsteuergesetzes einer vollen Gebühr nach Tabelle A (Anlage 1); Gegenstandswert ist der Wert des Erwerbs von Todes wegen vor Abzug der Schulden und Lasten, jedoch mindestens 16.000 Euro;	2/10 bis 10/10
13.	der Schenkungsteuererklärung einer vollen Gebühr nach Tabelle A (Anlage 1); Gegenstandswert ist der Rohwert der Schenkung, jedoch mindestens 16.000 Euro;	2/10 bis 10/10
14.	der Kapitalertragsteueranmeldung sowie für jede weitere Erklärung in Zusammenhang mit Kapitalerträgen einer vollen Gebühr nach Tabelle A (Anlage 1); Gegenstandswert ist die Summe der kapitalertragsteuerpflichtigen Kapitalerträge, jedoch mindestens 4.000 Euro;	1/20 bis 6/20
15.	der Lohnsteuer-Anmeldung einer vollen Gebühr nach Tabelle A (Anlage 1); Gegenstandswert sind 20 Prozent der Arbeitslöhne einschließlich sonstiger Bezüge, jedoch mindestens 1.000 Euro;	1/20 bis 6/20
16.	von Steuererklärungen auf dem Gebiet der Einfuhr- und Ausfuhrabgaben und der Verbrauchsteuern, die als Einfuhrabgaben erhoben werden, einer vollen Gebühr nach Tabelle A (Anlage 1); Gegenstandswert ist der Betrag, der sich bei Anwendung der höchsten in Betracht kommenden Abgabensätze auf die den Gegenstand der Erklärung bildenden Waren ergibt, jedoch mindestens 1.000 Euro;	1/10 bis 3/10
17.	von Anmeldungen oder Erklärungen auf dem Gebiete der Verbrauchsteuern, die nicht als Einfuhrabgaben geschuldet werden, einer vollen Gebühr nach Tabelle A (Anlage 1); Gegenstandswert ist für eine Steueranmeldung der angemeldete Betrag und für eine Steuererklärung der festgesetzte Betrag, jedoch mindestens 1.000 Euro;	1/10 bis 3/10

18.	**von Anträgen auf Gewährung einer Verbrauchsteuervergütung oder einer einzelgesetzlich geregelten Verbrauchsteuererstattung, sofern letztere nicht in der monatlichen Steuererklärung oder Steueranmeldung geltend zu machen ist,** **einer vollen Gebühr nach Tabelle A (Anlage 1); Gegenstandswert ist die beantragte Vergütung oder Erstattung, jedoch mindestens 1.000 Euro;**	**1/10 bis 3/10**
19.	**von Anträgen auf Gewährung einer Investitionszulage** **einer vollen Gebühr nach Tabelle A (Anlage 1); Gegenstandswert ist die Bemessungsgrundlage;**	**1/10 bis 6/10**
20.	**von Anträgen auf Steuervergütung nach § 4a des Umsatzsteuergesetzes** **einer vollen Gebühr nach Tabelle A (Anlage 1); Gegenstandswert ist die beantragte Vergütung;**	**1/10 bis 6/10**
21.	**von Anträgen auf Vergütung der abziehbaren Vorsteuerbeträge** **einer vollen Gebühr nach Tabelle A (Anlage 1); Gegenstandswert ist die beantragte Vergütung, jedoch mindestens 1.300 Euro;**	**1/10 bis 6/10**
22.	**von Anträgen auf Erstattung von Kapitalertragsteuer und Vergütung der anrechenbaren Körperschaftsteuer** **einer vollen Gebühr nach Tabelle A (Anlage 1); Gegenstandswert ist die beantragte Erstattung, jedoch mindestens 1.000 Euro;**	**1/10 bis 6/10**
23.	**von Anträgen nach Abschnitt X des Einkommensteuergesetzes** **einer vollen Gebühr nach Tabelle A (Anlage 1); Gegenstandswert ist das beantragte Jahreskindergeld;**	**2/10 bis 10/10**
24.	*weggefallen*	
25.	**der Anmeldung über den Steuerabzug von Bauleistungen** **einer vollen Gebühr nach Tabelle A (Anlage 1); Gegenstandswert ist der angemeldete Steuerabzugsbetrag (§§ 48 ff. des Einkommensteuergesetzes), jedoch mindestens 1.000 Euro;**	**1/10 bis 6/10**
26.	**sonstiger Steuererklärungen** **einer vollen Gebühr nach Tabelle A (Anlage 1); Gegenstandswert ist die jeweilige Bemessungsgrundlage, jedoch mindestens 8.000 Euro.**	**1/10 bis 6/10**

(2) Entsteht im Falle des Absatzes 1 Nummer 4 zusätzlich eine Gebühr für die Anfertigung eines Mindeststeuer-Berichts derselben Unternehmensgruppe, ist die Gebühr für die Anfertigung eines Mindeststeuer-Berichts bis zur Hälfte der Gebühr für die Anfertigung der Mindeststeuererklärung auf die Gebühr für die Anfertigung der Mindeststeuererklärung anzurechnen.

(3) Für die Ermittlung der Zugewinnausgleichsforderung nach § 5 des Erbschaftsteuer- und Schenkungsteuergesetzes erhält der Steuerberater 5 Zehntel bis 15 Zehntel einer vollen Gebühr nach Tabelle A (Anlage 1); Gegenstandswert ist der ermittelte Betrag, jedoch mindestens 12.500 Euro.

(4) Für einen Antrag auf Lohnsteuer-Ermäßigung (Antrag auf Eintragung von Freibeträgen) erhält der Steuerberater 1/20 bis 4/20 einer vollen Gebühr nach Tabelle A (Anlage 1); Gegenstandswert ist der voraussichtliche Jahresarbeitslohn; er beträgt mindestens 4.500 Euro.

(5) Der Steuerberater erhält die Zeitgebühr für

1. die Anfertigung einer Mitteilung nach § 138 Absatz 2 der Abgabenordnung,

2. Arbeiten zur Feststellung des verrechenbaren Verlustes nach § 15a des Einkommensteuergesetzes;

3. die Berechnung des Begünstigungsgewinns im Sinne des § 34a Absatz 1 Satz 1 des Einkommensteuergesetzes (Begünstigung der nicht entnommenen Gewinne);

4. einen sonstigen Antrag und eine sonstige Meldung nach dem Einkommensteuergesetz,

5. die Anfertigung eines Mindeststeuer-Berichts nach den §§ 75 und 76 des Mindesteuergesetzes,

6. die Überwachung und Meldung der Lohnsumme im Sinne des § 13a Absatz 3 in Verbindung mit Absatz 7 Satz 1 der Erbschaftsteuer- und Schenkungsteuergesetzes sowie der Behaltensfrist im Sinne des § 13a Absatz 6 in Verbindung mit Absatz 7 Satz 2 des Erbschaftsteuer- und Schenkungsteuergesetzes,

7. eine Anzeige nach § 30 des Erbschaftsteuer- und Schenkungsteuergesetzes,

8. eine Meldung nach der Fahrzeuglieferungs-Meldepflichtverordnung.

Inhalt

Schrifttum

Berners, Dauerfristverlängerung und Zusammenfassende Meldung abrechnen, Honorargestaltung für Steuerberater, Mai 2019, 7; **Berners,** Konsolidieren einer Organschaft abrechenbar?, Honorargestaltung für Steuerberater, November 2018, 7; **Beyer,** Strafbarkeitsschwellen für Steuerberater bei berufstypischem Handeln, NWB 2018, 1625; **Beyer,** Strafrechtliche Risiken durch falsch geschätzte USt-Voranmeldungen, NWB 2018, 585; **Beyme,** StBVV 2025 – Die Änderungen im Überblick mit Hinweisen zur praktischen Anwendung, Sonderausgabe KP; **Beyme,** Gegenstandswert einer Gewerbesteuerzerlegungserklärung, Honorargestaltung für Steuerberater, Januar 2025, 8; **Beyme,** Abrechnung bei kleinen PV-Anlagen, Honorargestaltung für Steuerberatung, August 2023, 7; **Beyme,** Honorar für Grundsteuererklärung bei nicht ermitteltem Messbetrag, Honorargestaltung für Steuerberater, Juni 2023, 6; **Beyme,** Erhöhung des Gegenstandswerts durch ausländische Einkünfte, Honorargestaltung für Steuerberater, Juni 2022, 6; **Beyme,** Honorarfragen zur neuen Grundsteuer, Stbg 2022, 234; **Beyme,** Gegenstandswert bei Feststellungserklärung mit negativem Wert, Honorargestaltung für Steuerberater, März 2022, 8; **Beyme,** Erklärungen für die Grundsteuerreform abrechnen, Honorargestaltung für Steuerberater, November 2021, 7; **Beyme,** Antrag auf Liebhaberei bei PV-Anlagen, Honorargestaltung für Steuerberater, November 2021, 6; **Beyme,** „Anlage Gegenleistungen und Auflagen" abrechnen, Honorargestaltung für Steuerberater, August 2021, 8; **Beyme,** Feststellungserklärungen zu Einheitswerten abrechnen, Honorargestaltung für Steuerberater, März 2021, 7; **Beyme,** Körperschaftsteuer-Zerlegungserklärungen und StBVV, Honorargestaltung für Steuerberater, März 2021, 5; **Beyme,** Arbeiten im Zusammenhang mit Kontrollmitteilungen abrechnen?, Honorargestaltung für Steuerberater Juni 2020, 8; **Beyme,** Anträge auf Tarifermäßigung nach § 32c EStG abrechnen, Honorargestaltung für Steuerberater Juni 2020, 1; **Beyme,** Spielen §§ 10f und 10g EStG beim Gegenstandswert eine Rolle?, Honorargestaltung für Steuerberater April 2020, 7; **Beyme,** Gewerbesteuererklärung bei Verlusten, KANZLEI intern 08_2019, 6; **Beyme,** Erklärung zum Fremdenverkehrsbeitrag – Abrechnung und Vertretung, KANZLEI intern 02_2019, 4; **Beyme,** Abrechnung der steuerberatenden Tätigkeiten im Zusammenhang mit dem MOSS-Verfahren, KANZLEI intern 07/2017, 2; **Beyme,** Abrechnung von Anträgen auf Dauerfristverlängerung und Anmeldung der Sondervorauszahlung, Stbg 2016, 273; **Feiter,** Honorarfragen rund um die Grundsteuerreform, Honorargestaltung für Steuerberater, Mai 2022, 1; **Feiter,** Private Steuererklärungen als Serviceleistung, KANZLEI intern 06_2019, 2; **Feiter/Mäkeler,** Abrechnungsprobleme bei der Körperschaftsteuererklärung 2017 wegen verspäteter Bereitstellung der Schnittstellen, KANZLEI intern 5_2018, 3; **Feiter,** Zur Auftragserteilung und zum Honoraranspruch bei Anfertigung einer Feststellungserklärung, KANZLEI intern 10_2018, 2; **Feiter,** Gesonderte Abrechnung von EDV-Kosten, DStR 2017, 1182; **Feiter,** Welche Gebühr kann für das Ausfüllen des Fragebogens zur steuerlichen Erfassung geltend gemacht werden?, KANZLEI intern 03/2015, 5; **Feiter,** Schenkungsteuererklärungen nach Selbstanzeige, KANZLEI intern 04/2015, 7; **Feiter/Eiling,** Beratungsbefugnis und Abrechnungsmöglichkeit bei örtlichen Verbrauch- und Aufwandsteuern, Honorarbrief für Steuerberater 12/2013, 2; **Gemmer,** Wie sind steuerfreie Einnahmen bei der Ermittlung des Gegenstandswertes zu berücksichtigen?, KP 2000, 175; **Hartmann,** Abrechnung Anlage N-AUS, KANZLEI intern 07/2014, 7; **Klingmann,** Die Gebührenrechnung in Organschaftsfällen, StB 1982, 283; **Meyer,** Der Gegenstandswert für Umsatzsteuererklärungen bei der Differenzbesteuerung nach § 25a UStG, KP 2002, 120; **Meyer,** Erbschafts- und Schenkungsfälle in der Beratungspraxis: Welche Gebühren darf der Steuerberater verlangen?, KP 2001, 152; **Schneider,** Die Honorarfrage zur Grundsteuererklärung, NWB 2022, 1256; **Schwamberger,** Wann und wie kann eine Zeitgebühr berechnet werden? – Teil 1, KP 2016, 93; **Schwamberger,** Wann und wie kann die Zeitgebühr berechnet werden? – Teil 2, KP 2016, 114; **Schwamberger,** Rückfragen des Finanzamts zu Steuererklärungen: Wie kann dieser Aufwand berechnet werden? KP 2015, 6; **Starz,** Gegenstandswert der Körperschaftsteuererklärung, KANZLEI intern 12/2017, 7; **Starz,** Rechnungsstellung bei getrennter Veranlagung von Ehegatten, KANZLEI intern 04/2015, 7; **Starz,** Tätigkeiten zur Feststellung des verrechenbaren Verlusts nach § 15a EStG, KANZLEI intern 03/2015, 6; **Wacker,** Abrechnung von KiStAM-Abfragen, KANZLEI intern 04_2017, 7; **Wacker,** Gebührensatz beim 4/3-Rechner; KANZLEI intern 06_2016, 3; **Wacker,** Die elektronische Steuererklärung als Haftungs- und Gebührenfalle für den Steuerberater, DStR 2013, 2025; **Wilk/Beyer-Petz,** Die neue Steuerberatervergütungsverordnung, DStR 2012, 2508.

A. Inhalt und Bedeutung

Die Vorschrift enthält – mit Ausnahme der Absätze 2 und 5 – die Rahmensätze und **392**
die Gegenstandswerte für die wichtigsten Steuererklärungen, Anmeldungen und Anträge. Jeder Gebührentatbestand in Absatz 1 enthält eine Anweisung zur Berechnung des Gegenstandswertes. Darüber hinaus sind überwiegend (Ausnahme: § 24 Abs. 1 Nr. 19 und Nr. 23 StBVV) **Mindestgegenstandswerte** vorgesehen. Die Ergänzung durch Mindestgegenstandswerte war ausweislich der amtlichen Begründung zu § 24 StBGebV insbesondere für die Fälle erforderlich, in denen z.B. **negative Einkünfte** vorliegen oder sich durch das Zusammentreffen von positiven und negativen Teilbeträgen ein unangemessener Gesamtwert ergeben würde. Auf die durch die 1. ÄndVO und die 3. ÄndVO[1] eingetretenen Änderungen einzelner Nummern innerhalb des § 24 StBGebV wird in der nachfolgenden Kommentierung gesondert hingewiesen. Mit Wirkung zum 1.1.2002 wurden die DM-Beträge durch Euro-Beträge ersetzt.[2] Eine Reihe von Änderungen, bei denen es sich überwiegend um Anpassungen an Änderungen des materiellen Steuerrechts handelt, erfolgte durch das JStG 2007[3] und die VO zum Erlass und zur Änderung steuerlicher Verordnungen.[4] Gleichzeitig wurden mit dieser Verordnung die Mindestgegenstandswerte in § 24 Abs. 1 Nr. 1, 2, 3, 5, 7, 8, 12, 13, 14 und 21 durchschnittlich um ca. 33 % angehoben. Seit Inkrafttreten der StBGebV am 1.4.1982 waren die Mindestgegenstandswerte – mit Ausnahme der Euroumstellung – noch nie angepasst worden. Weitere redaktionelle Änderungen erfolgten durch die Dritte Verordnung zur Änderung steuerlicher Verordnungen.[5] Durch die Vierte Verordnung zur Änderung der Steuerberatervergütungsverordnung v. 10.6.2022 wurden mit Wirkung ab 18.6.2022 Abs. 1 Nr. 11 geändert und anschließend Nr. 11a als Gebührentatbestand für die Erklärung zur Feststellung oder Festsetzung für Zwecke der Grundsteuer eingefügt (→ Rz. 416). Durch die Fünfte Verordnung zur Änderung der Steuerberatervergütungsverordnung v. 31.3.2025[6] wurden mit Wirkung zum 1.7.2025 zwei neue Gebührentatbestände für die Mindeststeuererklärung (§ 24 Abs. 1 Nr. 4 StBVV) und den Mindeststeuer-Bericht (§ 24 Abs. 1 Nr. 5 StBVV) einschließlich einer Anrechnungsvorschrift in § 24 Abs. 2 StBVV sowie neue klarstellende Regelungen zur Anwendung der Zeitgebühr in § 24 Abs. 5 (bislang Abs. 4) Nr. 1, 6 und 7 StBVV geschaffen.

1) 1. ÄndVO v. 20.6.1988, BGBl. I 1988, 841; 3. ÄndVO v. 20.8.1998, BGBl. I 1998, 2369.
2) KostREuroUG v. 27.4.2001, BGBl. I 2001, 751.
3) JStG 2007 v. 13.12.2006, BGBl. I 2006, 2878 = BStBl I 2007, 28.
4) VO zum Erlass und zur Änderung steuerlicher Verordnungen v. 11.12.2012, BGBl. I 2012, 2637 = BStBl I 2013, 2.
5) BGBl. I 2016, 1722 = BStBl I 2016, 725; BR-Drucks. 201/16 v. 20.4.2016, 8, 22 f.
6) BGBl. I 2025, Nr. 105 = BStBl I 2025, 1009.

393 § 24 StBVV enthält keinen **abschließenden Katalog** von Steuererklärungen und Anträgen. Auffangtatbestände für sonstige Steuererklärungen und Anträge sind in § 24 Abs. 1 Nr. 26 und Abs. 5 Nr. 4 StBVV vorgesehen.

394 Aus § 12 Abs. 1 StBVV ergibt sich, dass für eine gesonderte Abrechnung von **Vor-, Neben- und Nacharbeiten** im Zusammenhang mit der Erklärungstätigkeit grundsätzlich kein Raum ist. Der Mehraufwand, den der StB bei der Anfertigung einer Steuererklärung hat, kann nur durch einen höheren Gebührensatz berücksichtigt werden.

Beispiel:

Der StB hat die Steuererklärung fertiggestellt. Der Mandant hat zuvor versichert, dass die von ihm vorgelegten Unterlagen und Belege vollständig sind. Anschließend legt der Mandant in erheblichem Umfang weitere Belege vor, die noch berücksichtigt werden sollen.

Hat der StB die Steuererklärung auftragsgemäß an das Finanzamt übermittelt und kommt es dann zu Beanstandungen oder Rückfragen des Finanzamtes (z.B. durch nachträgliches Anfordern von Belegen, Aufstellungen, Nachweisen etc.), kann der StB diesen Aufwand ebenfalls bei der Wahl des Gebührensatzes berücksichtigen. Hat er seine Leistungen schon abgerechnet, besteht die Möglichkeit, diese nachträglichen Arbeiten gesondert mit einer Zeitgebühr nach § 24 Abs. 5 Nr. 4 StBVV i.V.m. § 2 StBVV zu berechnen (→ § 13 StBVV Rz. 271; → § 12 StBVV Rz. 250). Im Einzelfall können auch die Gebührentatbestände des § 31 StBVV oder des § 23 StBVV erfüllt sein, z.B. im Falle der Berichtigung einer Erklärung oder eines Antrags auf Fristverlängerung (→ § 23 StBVV Rz. 365 und → § 23 StBVV Rz. 386). Der Mehraufwand, der durch die **Verpflichtung zur elektronischen Übertragung zahlreicher Steuererklärungen** bei der E-Deklaration entsteht, löst keine gesonderte Gebühr aus, sondern kann nur durch einen höheren Zehntelsatz berücksichtigt werden.[1] Allerdings kann der StB die **Gebühren**, die ihm sein **Rechenzentrum** für die **elektronische Übermittlung der Steuererklärungen** in einem konkreten Mandat in Rechnung stellt, im Wege des Auslagenersatzes nach § 3 Satz 2 StBVV i.V.m. §§ 675, 670 BGB an seinen Mandanten weiterberechnen (→ § 3 StBVV Rz. 110).[2]

Praxistipp:

Im schriftlichen Steuerberatungsvertrag, ggf. auch in der Gebührenrechnung sollte ein Hinweis auf die elektronische Übermittlung der Steuererklärungen erfolgen („einschließlich der elektronischen Übermittlung"), um den Aufwand ggü. dem Mandanten transparent zu machen.

Nimmt der StB nach vorheriger Bevollmächtigung seitens des Mandanten am ELSTER-Verfahren oder am Verfahren der **Vollmachtsdatenbank** teil, ist er verpflichtet, die von der Finanzverwaltung bereit gestellten Daten auf mögliche Abweichungen zu den ihm vom Stpfl. übermittelten Daten zu prüfen.[3] Stimmen die Daten nicht überein, muss er versuchen, die richtigen Daten zu ermitteln. Üblicherweise schließt sich Korrespondenz mit dem Finanzamt, dem Mandanten und ggf. auch dem Bescheinigungsgeber an. Dieser Mehraufwand kann im Einzelfall eine Gebührenerhöhung rechtfertigen.

Praxistipp:

Im Rahmen eines schriftlichen Steuerberatungsvertrages, ggf. auch in der Gebührenrechnung sollte ausdrücklich darauf hingewiesen werden, dass eine Prüfung der Daten erfolgt ist, um dem Mandanten diese Zusatzleistung vor Augen zu führen.

1) Wacker, DStR 2013, 2028 m.w.N.
2) Feiter, DStR 2017, 1182.
3) Feiter, KANZLEI intern 2/2014, 2 m.w.N.

Unabhängig davon kann der StB die **Abrufgebühren für die VaSt-Daten und Steuerkonto online** gemäß § 3 Satz 2 StBVV i.V.m. §§ 675, 670 BGB an seinen Mandanten weiterberechnen (→ § 3 StBVV Rz. 110).[1]

An den Nachweis der **Auftragserteilung** sind keine überzogenen Anforderungen zu stellen.[2] Wird dem StB die Aufforderung eines Finanzamtes zur Abgabe einer (Vermögen-)Steuererklärung übergeben, ist in dieser Übergabe die konkludente Beauftragung zu sehen, die angeforderte Erklärung anzufertigen (→ § 33 StBVV Rz. 551 und → § 35 StBVV Rz. 578).[3] Problematisch ist der Fall, dass zwischen StB und Mandant ein (eingeschränkter) schriftlicher Auftrag besteht, z.B. nur für die Aufstellung des Jahresabschlusses. Der StB kann hier schnell in Beweisnot dafür geraten, dass er auch mit der Anfertigung der Steuererklärungen beauftragt war, wenn dies nicht ebenfalls schriftlich fixiert wurde.[4] **395**

Der Honoraranspruch des StB wird **fällig** mit der Anfertigung der Steuererklärung. Die Übergabe der Erklärung an den Mandanten oder die elektronische Übermittlung der Steuererklärung an das Finanzamt sind für den Eintritt der Fälligkeit unerheblich (→ § 7 StBVV Rz. 174).[5] **396**

Wird der StB lediglich mit der **Überprüfung** der vom Mandanten selbst erstellten Steuererklärung beauftragt, soll auch für diese Tätigkeit die jeweilige Vorschrift des § 24 StBVV Anwendung finden, allerdings mit reduziertem Rahmensatz.[6] Demgegenüber weist Eggesiecker[7] zu Recht darauf hin, dass bei einem reinen Prüfungsauftrag kein Raum für eine Erklärungsgebühr i.S.d. § 24 StBVV ist. Zutreffender Gebührentatbestand ist deshalb § 21 StBVV. Nur dann, wenn der Berater auch bei festgestellten Fehlern Korrekturen vornehmen soll, ist Raum für eine Erklärungsgebühr nach § 24 StBVV. **397**

B. Einzelne Steuererklärungen (Abs. 1)

I. Einkommensteuererklärung (Nr. 1)

Mit dem Gesetz zum Einstieg in ein steuerliches Sofortprogramm v. 22.5.2005[8] wurde u.a. § 10 Abs. 1 Nr. 6 EStG aufgehoben. Steuerberatungskosten können seit dem 1.1.2006 nur noch abgezogen werden, wenn sie Betriebsausgaben oder Werbungskosten sind. Diese Änderung wirkt sich insbesondere auf den Gebührentatbestand des § 24 Abs. 1 Nr. 1 StBVV aus, da die **Gebühren für die Anfertigung einer Einkommensteuererklärung seitdem nicht mehr abzugsfähig** sind.[9] Dies rechtfertigt jedoch keinesfalls, die Gebühr nach § 24 Abs. 1 Nr. 1 StBVV gar nicht mehr abzurechnen oder bei der Abrechnung nur den Mindestgegenstandswert von 8 000 € zugrunde zu legen, obwohl der tatsächliche Gegenstandswert höher ist. Dass entsprechende Verstöße in der Vergangenheit zu berufs- oder sogar strafrecht- **398**

1) Feiter, DStR 2017, 1182.
2) So z.B. AG Krefeld v. 7.4.2005, 78 C 386/02, die Übergabe der Unterlagen reichte dem Gericht aus; a.A. aber AG Essen v. 28.5.2001, 13 C 172/01, StB 2002, 66, die Übergabe der Lohnsteuerkarte allein reichte dem Gericht nicht aus, um auf einen Auftrag zur Erstellung der Einkommensteuererklärung schließen zu können.
3) OLG Düsseldorf v. 1.7.1999, 13 U 161/98, GI 2001, 24.
4) So geschehen im Fall des OLG Düsseldorf v. 22.11.2011, I-23 U 205/10; ebenso AG Mettmann v. 18.6.2021, 22 C 141/17, kein Auftrag zur Erstellung von Steuererklärungen, wenn der Auftrag sich nur auf die Abschlussbilanz bezieht.
5) Ausführlich LG Duisburg v. 22.2.2023, 2 O 182/19.
6) Mittelsteiner/Scholz, 4. Aufl. 1998, § 24 StBGebV Rz. 13; Schwamberger in Meyer/Goez/Schwamberger, 11. Aufl. 2023, § 24 StBVV Rz. 6.
7) Eggesiecker, 2. Aufl. 1998, § 24 STEUGO Rz. 24.085 f.
8) BGBl. I 2005, 3682.
9) Zu den Auswirkungen dieses Gesetzes auf andere Gebührentatbestände: Schwamberger in Meyer/Goez/Schwamberger, 11. Aufl. 2023, § 24 StBVV Rz. 1a.

lichen Konsequenzen geführt haben, ist nicht dokumentiert. Da aber nicht auszuschließen ist, dass insbesondere in gravierenden Fällen oder in Wiederholungsfällen mit Sanktionen zu rechnen ist, kann nur empfohlen werden, die Gebühr zumindest mit dem untersten (1/10) oder einem noch geringeren Gebührensatz (z.B. 1/20) unter Berücksichtigung des zutreffenden Gegenstandswertes abzurechnen.

Praxistipp:

Im Rahmen einer Vergütungsvereinbarung kann versucht werden, eine Gewichtung des vereinbarten Honorars mit dem Ziel einer späteren Anerkennung als Werbungskosten durch das Finanzamt vorzunehmen. Mit einer plausiblen Aufteilung in der Vereinbarung bestehen gute Chancen, dass das Finanzamt der Aufteilung folgt.[1)]

Beispiel:

StB schließt mit dem Mandanten M eine Vergütungsvereinbarung über 5 000 € netto für die steuerliche Beratung zu einer Abfindung sowie für die Anfertigung der dazugehörigen Einkommensteuererklärung. Da Werbungskosten im Zusammenhang mit Entschädigungen eine niedrigere steuerliche Wirkung haben, als „normale" Werbungskosten, soll eine Gewichtung des Honorars zugunsten der „normalen" Werbungskosten erfolgen. StB und M nehmen in der Vergütungsvereinbarung folgende Aufteilung vor: Einkommensteuererklärung ohne Ermittlung der Einkünfte (nicht abzugsfähig) 300 €, Abfindungsberatung (beschränkt abzugsfähig) 800 € und Überschussermittlung aus nichtselbständiger Arbeit (voll abzugsfähig) 3 900 €.

Eine **Unentgeltlichkeitsvereinbarung** zwischen StB und Mandant, nach der die jährlichen Einkommensteuererklärungen als Serviceleistung neben den weiteren Gebühren für Jahresabschluss, betriebliche Steuererklärungen etc. nicht berechnet werden, ist zivilrechtlich wirksam und verstößt nicht gegen §§ 134, 138 Abs. 1 BGB, wenn eine damit ermöglichte Steuerhinterziehung jedenfalls nicht alleiniger Zweck oder Hauptzweck der Absprache ist.[2)]

Gegenstandswert ist die **Summe der positiven Einkünfte**, nicht der positiven „steuerpflichtigen" Einkünfte. Eine derartige Einschränkung auf „steuerpflichtige" Einkünfte ist dem Wortlaut nicht zu entnehmen. Deshalb sind auch die **sonstigen Einkünfte nach § 22** EStG (z.B. Renteneinkünfte) in voller Höhe und nicht nur die steuerpflichtigen Einkünfte in die Berechnung einzubeziehen. **Außerbilanzielle Zurechnungen** führen nicht zu einer Erhöhung der positiven Einkünfte.[3)]

Beispiel:

Der Mandant erzielt Einkünfte aus Gewerbebetrieb. Der Gewinn laut Bilanz, der in der Anlage G erfasst wird, beträgt 211 690 €. Hinzu kommen Zurechnungen i.H.v. 38 831 €, die ebenfalls (außerbilanziell) in der Anlage G erfasst werden, um das steuerliche Ergebnis zu ermitteln. Diese Zurechnungen bleiben bei der Gegenstandswertermittlung außer Betracht.

Teilweise wird der Begriff der „**Einkünfte**" i.S.d. § 2 Abs. 3 EStG zu Grunde gelegt und auf die positiven Einkünfte der einzelnen Einkunftsarten abgestellt.[4)] Danach bleiben solche Einkunftsarten bei der Bestimmung des Gegenstandswertes unberücksichtigt, die zu negativen Einkünften führen. Im Falle der Zusammenveranlagung von Ehegatten sind danach für jeden Ehegatten einzeln die von ihm bezogenen positiven Einkünfte aus den sieben Einkunftsarten nach § 2 Abs. 1 EStG zu ermitteln und dann zu addieren. Nach a.A.[5)] sollen positive und negative Einkünfte

1) BMF v. 21.12.2007, IV B 2 – S 2144/07/0002, BStBl I 2008, 256.
2) LG Düsseldorf v. 22.3.2019, 7 O 158/15, unter Hinweis auf BGH-Rechtsprechung; besprochen von Feiter, KANZLEI intern 06_2019, 2.
3) Boelsen in Eckert, 7. Aufl. 2023, § 24 Abs. 1 Nr. 1 StBVV Rz. 9.
4) Boelsen in Eckert, 7. Aufl. 2023, § 24 Abs. 1 Nr. 1 StBVV Rz. 14 ff., 18; Berners, 6. Aufl. 2020, § 24 StBVV Rz. 20 f.; Brummer, 10. Aufl. 2010, § 24 StBGebV Anm. 2.
5) Starz, KANZLEI intern 8/2013, 5; Schwamberger in Meyer/Goez/Schwamberger, 11. Aufl. 2023, § 24 StBVV Rz. 12; Mittelsteiner/Scholz, 4. Aufl. 1998, § 24 StBGebV Rz. 19.

innerhalb derselben Einkunftsart saldiert werden (horizontaler Verlustausgleich). Eine dritte Meinung interpretiert demgegenüber die positiven Einkünfte nicht i.S.d. Einkunftsarten nach § 2 Abs. 3 EStG, sondern unterteilt die Einkunftsarten noch einmal in verschiedene Einkunftsquellen (z.B. Haus 1–3 bei Einkünften aus Vermietung) und berücksichtigt lediglich die positiven Teilergebnisse.[1] Die unterschiedlichen Auffassungen werden sowohl für den Fall der Einzelveranlagung als auch für den Fall der Zusammenveranlagung von **Ehegatten** vertreten. Die zuletzt genannte Auffassung ist abzulehnen, da sie mit dem Wortlaut des § 24 Abs. 1 Nr. 1 StBVV nur schwer zu vereinbaren ist, der von der Summe der (positiven) Einkünfte und nicht von Einkunftsquellen spricht. Gerade der Wortlaut spricht für die zuerst genannte Auffassung, da mit Einkünften am ehesten die Summe der Einkünfte aus den Einkunftsarten (§ 2 Abs. 3 EStG) und nicht die durch Addition oder Subtraktion gebildete Summe zu verstehen ist.[2] **Denkmalausgaben**, die nach § 10f EStG und § 10g EStG wie Sonderausgaben abgezogen werden, dürfen beim Gegenstandswert deshalb nicht berücksichtigt werden.[3] Im Fall einer Zusammenveranlagung erhält der StB die Gebühr nach § 24 Abs. 1 Nr. 1 StBVV – anders als im Falle einer getrennten Veranlagung – nur einmal.

Steuerfreie Einnahmen (z.B. nach § 3 EStG) sind bei der Ermittlung des Gegenstandswertes zu berücksichtigen, soweit sie dem **Progressionsvorbehalt** nach § 32b EStG unterliegen. Auch sie erhöhen den Gegenstandswert und wirken sich nicht nur gebührenerhöhend auf den Gebührensatz aus.[4] Dies betrifft z.B. **Entgeltersatzleistungen** wie Arbeitslosengeld, Kurzarbeitergeld, Krankengeld, Mutterschaftsgeld oder Elterngeld. Aber auch Einkünfte, die nach **Doppelbesteuerungsabkommen** steuerfrei sind bzw. die in der **Anlage N-AUS** oder **R-AUS** anzugebenden ausländischen Einkünfte aus nichtselbständiger Arbeit oder ausländische Renten. Geht man davon aus, dass sich die Summe der positiven Einkünfte nicht nur auf inländische Einkünfte bezieht – denn auch dafür gibt der Wortlaut nichts her – gehört die Ermittlung **ausländischer Einkünfte** und Steuern zum Leistungsbereich des § 24 Abs. 1 Nr. 1 StBVV. Der Mehraufwand für das Ausfüllen der Anlage N-AUS wirkt sich deshalb nicht nur bei der Wahl des Zehntelsatzes aus. Die steuerfreien ausländischen Einkünfte führen vielmehr auch zu einem höheren Gegenstandswert, soweit sie dem Progressionsvorbehalt unterliegen.[5] Ansonsten gehören **steuerfreie Einnahmen** nach § 3 EStG nur zu den Einkünften, wenn sie über den steuerfreien Betrag hinausgehen.[6]

Freibeträge, wie z.B. der Altersentlastungsbetrag gemäß § 24a EStG wirken sich auf den Gegenstandswert nicht aus,[7] wohl aber Beträge, die vor der Feststellung der Summe der Einkünfte zu berücksichtigen sind, wie z.B. der Werbungskostenpauschbetrag (§ 9a EStG), der Versorgungsfreibetrag (§ 19 Abs. 2 EStG) oder Freibeträge für Veräußerungsgewinne (§§ 14, 14a, 16, 17, 18 Abs. 3 EStG). Sie mindern die Summe der positiven Einkünfte und damit den Gegenstandswert.

Wählen Ehegatten die getrennte Veranlagung, sind für jeden Ehegatten separate **399**
Einkommensteuererklärungen abzugeben. Es entstehen dann zwei Gebühren.

1) Eggesiecker, 2. Aufl. 1998, § 24 STEUGO Rz. 24.220 ff. und 24.256.
2) Boelsen in Eckert, 7. Aufl. 2020, § 24 Abs. 1 Nr. 1 StBVV Rz. 18.; Berners, 6. Aufl. 2020, § 24 StBVV Rz. 22.
3) Beyme, Honorargestaltung für Steuerberater, April 2020, 7.
4) Beyme, Honorargestaltung für Steuerberater, Juni 2022, 6; Eggesiecker, 2. Aufl. 1998, § 24 STEUGO, Rz. 24.231; Gemmer, KP 2000, 175; Boelsen in Eckert, 7. Aufl. 2023, § 24 Abs. 1 Nr. 1 StBVV Rz. 8.
5) Beyme, Honorargestaltung für Steuerberater, Juni 2022, 6; Hartmann, KANZLEI intern 07/2014, 7; Boelsen in Eckert, 7. Aufl. 2023, § 24 Abs. 1 Nr. 1 StBVV Rz. 8.
6) Z.B. im Fall des § 3 Nr. 9 oder des § 3 Nr. 26a EStG; Boelsen in Eckert, 7. Aufl. 2023, § 24 Abs. 1 Nr.1 StBVV Rz. 22; Eggesiecker, 2. Aufl. 1998, § 24 STEUGO Rz. 24.229.
7) Boelsen in Eckert, 7. Aufl. 2020, § 24 Abs. 1 Nr. 1 StBVV, Rz. 19 ff.; Berners, 6. Aufl. 2020, § 24 StBVV Rz. 28; Brummer, 10. Aufl. 2010, § 24 StBGebV Anm. 2.

Praxistipp:

Ergibt sich bei getrennter Veranlagung in der Summe eine niedrigere Steuer, die allerdings durch die zweite Gebühr nach § 24 Abs. 1 Nr. 1 StBVV kompensiert oder überkompensiert wird, sollte der StB die Ehegatten darauf hinweisen, damit diese entscheiden können, ob sie trotzdem die getrennte Veranlagung wünschen und das höhere Honorar bezahlen möchten. Andernfalls macht der StB sich ggf. schadensersatzpflichtig.[1]

Hinsichtlich des **Abgeltungsbereichs** des Gebührentatbestands ist zu beachten, dass Vor-, Neben- und Nacharbeiten im Zusammenhang mit der Erstellung einer Einkommensteuererklärung grundsätzlich nur bei der Wahl des Rahmensatzes zu berücksichtigen sind (→ § 24 StBVV Rz. 394; → § 12 StBVV Rz. 248 ff.). Mit der Gebühr nach § 24 Abs. 1 Nr. 1 StBVV ist das Ausfüllen des Mantelbogens und bestimmter Anlagen, insbesondere Kind, AUS, N-AUS (→ Rz. 398) und FW abgegolten.[2] Für die Ermittlung der einzelnen Einkünfte (Anlagen L, G, S, N, KAP, V, SO) ergeben sich zusätzliche Gebühren nach den §§ 25–27 StBVV. Dies ergibt sich unmittelbar aus dem Wortlaut des § 24 Abs. 1 Nr. 1 StBVV („ohne Ermittlung der Einkünfte"). Nach h.M. ist auch die **Berechnung der Steuererstattung bzw. -nachzahlung** mit der Erklärungsgebühr abgegolten (→ § 21 StBVV Rz. 342).

II. Erklärung zur gesonderten Feststellung der Einkünfte (Nr. 2)

400 Die Vorschrift erfasst die Fälle der gesonderten Feststellung von Besteuerungsgrundlagen nach § 180 Abs. 1 Satz 1 Nr. 2, Abs. 2 AO. Hinsichtlich der Grundsätze für die Ermittlung des **Gegenstandswerts** kann auf die Ausführungen zu § 24 Abs. 1 Nr. 1 StBVV (→ § 24 StBVV Rz. 398) verwiesen werden.

Beispiel:

Eine Personengesellschaft erzielt Einkünfte aus zwei Gewerbebetrieben und der Verpachtung zweier Grundstücke in folgender Höhe:

Gewerbebetrieb A	200 000 €
Gewerbebetrieb B	– 50 000 €
Einkünfte aus Gewerbebetrieb	200 000 €[3]
V+V Grundstück A	30 000 €
V+V Grundstück B	– 40 000 €
Einkünfte aus V+V	30 000 €
Summe der positiven Einkünfte	230 000 €.

Für die Ermittlung der Einkünfte selbst fallen gesonderte Gebühren nach §§ 25, 26, 27, 35 39 StBVV an, z.B. Gebühren nach § 25 StBVV für die Ermittlung des Veräußerungsgewinns von Anteilen an einer Kapitalgesellschaft (→ § 25 StBVV Rz. 459). Dies ergibt sich direkt aus dem Wortlaut („ohne Ermittlung der Einkünfte"). Beim Ansatz von Beteiligungseinkünften ist im Regelfall keine zusätzliche Gebühr nach § 25 StBVV gerechtfertigt (→ § 25 StBVV Rz. 451).

Die Wahl der angemessenen Gebühr wird u.a. von der Zahl der an der Gesellschaft bzw. Gemeinschaft beteiligten Personen und dem Umfang der aufzuteilenden Werte (ausländische Einkünfte, Kapitalerträge, Kapitalertragsteuer, Körperschaftsteuer, Freibeträge, Spenden etc.) abhängen. Bei der Berechnung der sog. **„Tonnagesteuererklärung" (§ 5a EStG)** ist die Erklärung der Einkünfte einschließlich der Verteilung auf die Anteilseigner gem. § 24 Abs. 1 Nr. 2 StBVV abzurechnen. Gegenstandswert ist der Hinzurechnungsbetrag. Auch die Erklärungen zur gesonderten und einheitli-

1) Starz, KANZLEI intern 04/2014, 7.
2) Hartmann, KANZLEI intern 07/2014, 7.
3) Nach der hier vertretenen Ansicht erfolgt keine Saldierung, → § 24 StBVV Rz. 398.

chen Feststellung nach § 18 AStG, nach § 10e Abs. 7 EStG (Förderung des selbst genutzten Wohnungseigentums) sind nach dieser Vorschrift abzurechnen.[1]

III. Körperschaftsteuererklärung (Nr. 3)

Gemäß § 31 Abs. 1a Satz 1 KStG ist die Körperschaftsteuererklärung nach amtlich vorgeschriebenem Datensatz durch Fernübertragung an das Finanzamt zu übermitteln. Zur Übermittlung werden **Schnittstellen** benötigt (§ 87b Abs. 2 AO). Für StB, die die Körperschaftsteuererklärung vor Bereitstellung der Schnittstelle fertig gestellt hatten stellte sich in der Vergangenheit die Frage, ob sie die Gebühr nach § 24 Abs. 1 Nr. 3 StBVV erst dann abrechnen konnten, wenn die elektronische Übermittlung erfolgt war oder auch schon zu einem früheren Zeitpunkt. Dies ist eine Frage der **Fälligkeit** der Vergütung (§ 7 StBVV). Im Ergebnis war der Honoraranspruch jedenfalls dann fällig, wenn der StB die Körperschaftsteuererklärung vorab in Papierform übermittelt hatte.[2] Geht man davon aus, dass die Anfertigung der Steuererklärung und deren Übermittlung unterschiedliche Angelegenheiten sind und die Gebühr nach § 24 StBVV bereits mit der Anfertigung der Steuererklärung ausgelöst wird, war die vorherige Abgabe der Körperschaftsteuererklärung in Papierform als Fälligkeitsvoraussetzung nicht einmal erforderlich (→ § 7 StBVV Rz. 174). Erstellt der StB für ein Unternehmen mit abweichendem Wirtschaftsjahr im Jahr 01 zum 30.6. eine Bilanz inkl. Rückstellungsberechnungen für die Körperschaft- und Gewerbesteuererklärungen, kann er diesen Aufwand entweder gebührenerhöhend im Rahmen der Gebühr für die Bilanz oder aber gesondert nach § 24 Abs.1 Nrn. 3 und 5 StBVV berechnen. Dies gilt auch dann, wenn das Mandat unterjährig endet und der StB im Jahr 02 nicht mehr mit der Übermittlung der Steuererklärungen beauftragt wird. Denn die Gebühren für die Anfertigung der Steuererklärungen sind bereits entstanden und fällig (→ § 7 StBVV Rz. 174). 401

Dem Schwierigkeitsgrad einer Körperschaftsteuererklärung entsprechend beträgt der **Mindestgegenstandswert**, der auch bei einem sehr hohen **negativen Einkommen** anzusetzen ist, 16 000 €.[3] Vertretbar ist es allerdings auch, die gesamten negativen Einkünfte zugrunde zu legen, wenn diese höher sind als der Mindestgegenstandswert von 16 000 €. Denn § 24 Abs. 1 Nr. 3 StBVV spricht anders als § 24 Abs. 1 Nr. 1 StBVV nicht von „positiven" Einkünften, sondern vom Einkommen.[4] Auch würde eine solche Betrachtung dem Haftungsrisiko des StB eher gerecht. Gemäß § 8 Abs. 2 KStG bleiben bei der Ermittlung des Einkommens Gewinne, die z.B. eine **vermögensverwaltende GmbH** aus der Veräußerung von Anteilen an anderen GmbH oder aus der Veräußerung von Aktien erzielt, außer Betracht. Auch in diesen Fällen bleibt es beim Mindestgegenstandswert. **Gegenstandswert** ist das „Einkommen" gem. § 8 Abs. 1 KStG (nicht das zu versteuernde Einkommen nach § 7 Abs. 2 KStG), vermindert um die Sonderausgaben und die außergewöhnlichen Belastungen, aber ohne dass ein Verlustabzug vorgenommen wird. Gewinne aus der Veräußerung eines Anteils an einer Körperschaft oder Personenvereinigung bleiben außer Ansatz. Das bedeutet insbesondere für vermögensverwaltende GmbH, die aus der Veräußerung von Anteilen an anderen GmbH oder aus der Veräußerung von Aktien hohe Gewinne erzielen können, dass diese Gewinne bei der Ermittlung des Einkommens i.S.v. § 8 Abs. 1 KStG außer Betracht bleiben. Dieser Umstand wirkt sich lediglich gebührenerhöhend bei der Wahl des Gebührensatzes aus. Verdeckte Gewinnausschüttungen, sonstige Ausschüttungen (z.B. der Tochter an die Mutter, die bei der Mutter steuerfrei sind) und Einkünfte von Organgesellschaften[5] gehören zum Einkommen. Die frühere Fassung für die Bestimmung des Gegenstandswerts („das

---

1) Boelsen in Eckert, 7. Aufl. 2023, § 24 Abs. 1 Nr. 2 StBVV Rz. 1.
2) Feiter, KANZLEI intern 05_2018, 3.
3) Mittelsteiner/Scholz, 4. Aufl. 1998, § 24 StBGebV Rz. 27.
4) Boelsen in Eckert, 7. Aufl. 2023, § 24 Abs.1 Nr. 3 StBVV Rz. 4.
5) Klingmann, StB 1982, 283.

Einkommen vor Berücksichtigung eines Verlustabzugs") hatte in **Organschaftsfällen** zu Unklarheiten geführt, die durch das JStG 2007[1] beseitigt wurden. Jetzt ist klargestellt, dass als Gegenstandswert bei der Organgesellschaft deren Einkommen vor Zurechnung zu Grunde zu legen ist und dass der Gegenstandswert für den Organträger entsprechend zu kürzen ist, d.h. das Einkommen der Organgesellschaft wird bei der Erstellung der Körperschaftsteuererklärung für den Organträger nicht berücksichtigt. Wenn im Falle einer Organschaft der Organträger eine **konsolidierte Umsatzsteuer-Voranmeldung** abgibt, indem der StB die Finanzbuchführung der Organgesellschaft in die Finanzbuchführung des Organträgers unter dessen Mandantennummer einspielt, gelten die Ausführungen zu → Rz. 409 entsprechend. Unklar ist, ob bei der Ermittlung des Gegenstandswerts die durch Doppelbesteuerungsabkommen steuerfrei gestellten Auslandseinkünfte, die in der **Anlage AE** zur Körperschaftsteuererklärung anzugeben sind, einzubeziehen sind[2] oder ob diese sich nur gebührenerhöhend auswirken (→ Rz. 398). Hier empfiehlt sich deshalb eine Vereinbarung nach § 4 Abs. 1 StBVV. **Erklärungen zur Überprüfung von Körperschaften, die gemeinnützigen, mildtätigen oder kirchlichen Zwecken dienen**, sind Körperschaftsteuererklärungen und nach § 24 Abs. 1 Nr. 3 StBVV abzurechnen.[3] Fraglich ist, ob die Gebühr nur einmal berechnet werden kann, wenn die Erklärung für einen **Zeitraum von drei Jahren** am Ende des dritten Jahres eingereicht wird. Hierbei handelt es sich um eine Billigkeitsregelung der Finanzverwaltung. Diese kann auch zur jährlichen Abgabe auffordern. Solange dies nicht geschieht, dürfte nur **eine** gebührenrechtliche Angelegenheit vorliegen, bei der die Gegenstandswerte der drei Jahre zu addieren sind. Für die Erstellung einer Erklärung zur Körperschaftsteuer und Gewerbesteuer von Körperschaften, die gemeinnützigen, mildtätigen oder kirchlichen Zwecken dienen (Formular Gem 1) können gesonderte Gebühren abgerechnet werden (§ 24 Abs. 1 Nr. 3 und Nr. 5 StBVV). Unerheblich ist, dass beide Erklärungen in einem Formular zusammengefasst sind. Entscheidend ist, dass es sich um zwei verschiedene Angelegenheiten handelt (zum Begriff der Angelegenheit → § 10 StBVV Rz. 223). Die im Rahmen dieser Erklärung einzureichende Vermögensaufstellung ist analog § 37 Satz 1 Nr. 1 StBVV abzurechnen. Für nicht buchführungspflichtige Körperschaften, bei denen eine gesonderte Gebühr nach § 35 StBVV nicht anfallen kann, wird man in entsprechender Anwendung der §§ 25 und 27 StBVV eine besondere Gebühr für die Ermittlung der Einkünfte berechnen können. Zwar fehlt in § 24 Abs. 1 Nr. 3 StBVV – anders als in Nr. 1 – ein Hinweis darauf, dass die Gebühr für die Körperschaftsteuererklärung nicht die Ermittlung der Einkünfte umfasst. Andererseits beinhalten die §§ 25 und 27 StBVV keine Beschränkung auf die Einkommensteuererklärung.[4] Der **Investitionsabzugsbetrag** (§ 7g EStG) hat Auswirkungen auf den Gegenstandswert. Er mindert im Jahr seiner Bildung zwar nicht den Gewinn, aber sehr wohl das Einkommen und dieses ist maßgeblicher Gegenstandswert bei der Körperschaftsteuererklärung. Wenn der Gewinn eines Jahrs komplett als Investitionsabzugsbetrag geltend gemacht wird, kann dies dazu führen, dass der Mindestgegenstandswert anzusetzen ist (→ § 25 StBVV Rz. 447 und → § 35 StBVV Rz. 591). Die Gebühr umfasst den Mantelbogen der Körperschaftsteuererklärung und die **Anlagen** (SP, A, AE, GR, ORG, WA). Hierfür kann keine gesonderte Gebühr, sondern nur ein höherer Zehntelsatz berechnet werden. Die **Körperschaftsteuer-Zerlegungserklärung** (§ 2 Abs. 1 ZerlG) ist keine Anlage zur Körperschaftsteuererklärung, sondern eine eigenständige Erklärung, für die es in § 24 StBVV keinen Gebührentatbestand gibt. In Betracht kommt deshalb eine Abrechnung nach § 24 Abs. 1 Nr. 26 StBVV (sonstige Steuererklärungen) oder

1) Gesetz v. 13.12.2006, BGBl. I 2006, 2878 = BStBl I 2007, 28.
2) Bejahend Boelsen in Eckert, 7. Aufl. 2023, § 24 Abs. 1 Nr. 3 StBVV Rz. 4; verneinend Berners, 6. Aufl. 2020, § 24 StBVV Rz. 51.
3) Schwamberger in Meyer/Goez/Schwamberger, 11. Aufl. 2023, § 24 StBVV Rz. 14 a.E.; vertretbar ist auch eine Abrechnung nach § 24 Abs. 1 Nr. 26 EStG.
4) Boelsen in Eckert, 5. Aufl. 2013, § 24 Abs. 1 Nr. 3 StBVV Rz. 1.

nach § 24 Abs.1 Nr. 6 StBVV (Gewerbesteuerzerlegungserklärung) i.V.m. § 2 StBVV. Für die sinngemäße Anwendung des § 24 Abs. 1 Nr. 6 StBVV spricht die größere Sachnähe. Über den Verweis in § 2 Abs. 1 ZerlG auf §§ 28 bis 31 und 33 GewStG sind für die Körperschaftsteuer-Zerlegungserklärung wie bei der Gewerbesteuerzerlegungserklärung die Arbeitslöhne maßgeblich. Gegenstandswert für die Körperschaftsteuer-Zerlegungserklärung sind demnach 10 % der als Zerlegungsmaßstab erklärten Arbeitslöhne, mindestens jedoch 4 000 €.[1)]

Durch die Systemumstellung der Körperschaftsteuer vom Vollanrechnungs- auf das **402** sog. Halbeinkünfteverfahren (bzw. seit 2009 das Teileinkünfteverfahren) wurde eine Änderung des § 24 Abs. 1 Nr. 4 StBGebV a.F. erforderlich. Die durch das JStG 2007[2)] neu gefasste Vorschrift ermöglichte eine eindeutige Gegenstandswertermittlung. Durch die VO zum Erlass und zur Änderung steuerlicher Verordnungen[3)] wurden in Nr. 3 die Wörter „**ohne die Erklärung zur gesonderten Feststellung** gem. §§ 27, 28, 37 und 38 des Körperschaftsteuergesetzes" gestrichen. Die Nr. 4 wurde aufgehoben. Die damalige Begründung des Gesetzgebers: Die Änderungen resultieren aus den zwischenzeitlich erfolgten Änderungen der §§ 27, 28, 37 und 38 KStG. Die Regelungen zu den Feststellungsbescheiden nach §§ 27, 28, 37 und 38 KStG a.F. waren nach § 34 Abs. 12 Satz 1 KStG und Art. 4 des Gesetzes v. 14.7.2000[4)] nur bis zum 31.12.2006 anwendbar. Die nicht mehr erforderlichen Regelungen dieser Feststellungsbescheide wurden deshalb gestrichen. Da es für die Erklärung zur gesonderten Feststellung des steuerlichen Einlagenkontos (§ 27 Abs. 2 KStG) und des durch Umwandlung von Rücklagen entstandenen Nennkapitals (§ 28 Abs. 1 Satz 3 KStG) auch künftig dauerhaft einen Anwendungsbereich gibt, ist die durch den Verordnungsgeber erfolgte Streichung nicht nachvollziehbar.[5)]

Die Streichung hätte unterbleiben sollen. Die §§ 37, 38 KStG wurden zu früh gestrichen, da der Verweis auf diese Normen noch so lange benötigt wurde, bis der VZ 2017 abgeschlossen war. Da § 24 Abs. 1 Nr. 4 StBGebV aber ersatzlos gestrichen wurde, kam eine analoge Anwendung dieser Vorschrift nicht in Betracht. Feststellungserklärungen nach den genannten Vorschriften konnten aber nach § 24 Abs. 1 Nr. 26 StBVV abgerechnet werden.[6)] Hinsichtlich des **Gegenstandswertes** konnte auf die Definition des früheren § 24 Abs. 1 Nr. 4 StBGebV zurückgegriffen werden. Danach ist Gegenstandswert die Summe des steuerlichen Einlagenkontos (§ 27 Abs. 2 Satz 1 KStG) bzw. des durch Umwandlung von Rücklagen entstandenen Nennkapitals (§ 28 Abs. 1 Satz 3 KStG), des Körperschaftsteuerguthabens (§ 37 Abs. 2 Satz 4 KStG) und des Endbetrags/fortgeschriebenen Endbetrags i.S.d. § 30 Abs. 2 Nr. 2 KStG in der Fassung des Art. 4 des Gesetzes vom 14.7.2000 (§ 38 Abs. 1 Satz 1 und 2 KStG).[7)] Abweichend von § 24 Abs. 1 Nr. 4 StBVV a.F. beläuft sich der Mindestgegenstandswert jedoch nur auf 8 000 € und nicht auf 12 000 €. Das ergibt sich ausdrücklich aus § 24 Abs. 1 Nr. 26 StBVV. Um für bestimmte Fälle eine reibungslose elektronische Abgabemöglichkeit bereitzustellen, hat die Finanzverwaltung die Struktur der früheren Papiererklärungen verändert. Die **Vordrucke KSt 1 F, KSt 1 Fa und KSt 1 F – 38** sind keine eigenständigen Erklärungsvordrucke mehr, sondern **Anlagen zur Körperschaftsteuererklärung (KSt 1)**.

1) Beyme, Honorargestaltung für Steuerberater, März 2021, 5.
2) Gesetz v. 13.12.2006, BGBl. I 2006, 2878 = BStBl I 2007, 28.
3) VO zum Erlass und zur Änderung steuerlicher Verordnungen v. 11.12.2012, BGBl. I 2012, 2637 = BStBl I 2013, 2.
4) BGBl. I 2000, 1034.
5) Boelsen in Eckert, 7. Aufl. 2023, § 24 Abs. 1 Nr. 4 StBVV Rz. 2.
6) A.A. Boelsen in Eckert, 7. Aufl. 2023, § 24 Abs. 1 Nr. 4 StBVV, Rz. 4; § 24 Abs. 1 Nr. 4 StBGebV a.F. analog; Starz hält beide Abrechnungsvarianten für vertretbar, KANZLEI intern 12/2017, 7; ebenso AG Berlin Mitte v. 10.7.2018, 5 C 406/17.
7) BGBl. I 2000, 1034.

Praxistipp:

Die Pflicht zur Abgabe einer Erklärung zur gesonderten Feststellung ergibt sich aus § 27 Abs. 2 Satz 4 KStG. Eine Gesetzesänderung hat nicht stattgefunden. Die formularmäßige Änderung führt nicht zu einer Aufhebung der Erklärungspflicht. Zwar werden die vorher auf KSt 1 F gemachten Angaben nun auf einer Anlage abgegeben. Dennoch wird eine Feststellungserklärung auf einem Mantelbogen abgegeben, da auf der ersten Seite von KSt 1 anzugeben ist, welche verschiedenen Erklärungen mit dem Formular eingereicht werden. Dies sind insbesondere die Körperschaftsteuererklärung (Erstes Kästchen) und die Erklärung zur gesonderten Feststellung des steuerlichen Einlagekontos gem. § 27 Abs. 2 KStG (Drittes Kästchen). Durch die Formularänderung ist deshalb kein anderer rechtlicher Zustand eingetreten. Eine Abrechnung nach § 24 Abs. 1 Nr. 26 StBVV ist deshalb auch für Veranlagungszeiträume nach 2015 möglich.[1] Problematisch ist, dass nicht alle **Abrechnungsprogramme** einen entsprechenden **Gebührenvorschlag** machen und der Ansatz dieser Gebühr deshalb leicht übersehen werden könnte.

IV. Mindeststeuererklärung (Nr. 4)

403 Der Gebührentatbestand wurde durch die Fünfte Verordnung zur Änderung der Steuerberatervergütungsverordnung[2] mit Wirkung zum 1.7.2025 eingefügt. Eine Abrechnung der Mindeststeuererklärung nach dem Auffangtatbestand des § 24 Abs. 1 Nr. 26 StBVV wurde aus Sicht des Verordnungsgebers der Bedeutung der Mindeststeuererklärung nicht gerecht, so dass ein eigener Gebührentatbestand geschaffen wurde.[3] Der **Gegenstandswert** beträgt ein Prozent des Mindeststeuer-Gewinns oder Mindeststeuer-Verlusts i.S.d. § 15 MinStG, mindestens jedoch 16 000 €.

Kritische Stellungnahme:

Die Bestimmung des Gegenstandswertes widerspricht der Systematik des § 24 Abs. 1 StBVV, weil die Gegenstandswerte zu Recht an der Besteuerungsgrundlage ansetzen (z.B. in Nr. 3, 5, 8, 10). Deshalb wäre es sachgerecht gewesen, als Gegenstandswert gem. § 15 MinStG auf den Mindeststeuer-Gewinn oder den Mindeststeuer-Verlust oder zumindest – wie im Fall des § 24 Abs. 1 Nr. 7 und 8 StBVV – auf einen angemessen Faktor (mindestens 20 %) abzustellen.

Diese Festlegungen beruhen insbesondere auf dem Umstand, dass die Steuerpflicht nach dem MinStG vor allem für im Inland belegene Geschäftseinheiten gilt, die zu einer Unternehmensgruppe gehören, die in den Konzernabschlüssen einer obersten Muttergesellschaft in mindestens zwei von vier dem Geschäftsjahr unmittelbar vorhergehenden Geschäftsjahren jährliche Umsatzerlöse von 750 000 000 € oder mehr ausweist, § 1 MinStG. Der Verordnungsgeber geht davon aus, dass rund 4 450 Unternehmensgruppen betroffen sind und schätzt den durchschnittlichen Mindeststeuer-Gewinn auf mittlere dreistellige Millionenbeträge. Er geht von einem zeitlichen Aufwand für die Erstellung der Erklärung von etwa 10 Stunden aus.[4]

Kritische Stellungnahme:

Worauf diese Schätzungen beruhen, ist nicht nachvollziehbar. Da aktuell noch keine Mindeststeuererklärungen eingereicht wurden, liegen keine Erfahrungswerte vor. Praxisfremd wirkt auch die pauschale und ohne Branchenbezug vorgenommene Schätzung eines Gewinns im dreistelligen Millionenbereich bei einem Umsatz von mehr als 750 000 000 €.

Wenn auch ein **Mindeststeuer-Bericht** anzufertigen ist, der gesondert mit einer **Zeitgebühr** nach § 24 Abs. 5 Nr. 5 StBVV vergütet wird, fällt die Mindeststeuererklä-

1) So auch Starz, KANZLEI intern 12/2017, 7; BStBK, Kammermitteilung 004/2018 vom 29.1.2018.
2) BGBl. I 2025 Nr. 105 = BStBl I 2025, 1009.
3) BR-Drucks. 61/25, S. 28 f.
4) BR-Drucks. 61/25 S. 29.

rung in zeitlicher Hinsicht nicht mehr erheblich ins Gewicht. Die Gebühr für die Anfertigung des Mindeststeuerberichts ist deshalb bis zur Hälfte auf die Gebühr für die Mindeststeuererklärung **anzurechnen**, § 24 Abs. 2 StBVV.

V. Gewerbesteuererklärung (Nr. 5)

Entsprechend den Regelungen des § 6 GewStG, der bis zum 31.12.1997 als Besteuerungsgrundlagen den Gewerbeertrag und das Gewerbekapital benannte, waren in der StBGebV für die Gebührenberechnung der Gewerbesteuererklärung zwei verschiedene Gebührentatbestände vorgesehen. Durch das JStG 2007[1] wurde die Nr. 5 Buchst. b gestrichen, weil es keine Erklärung zur Gewerbesteuer nach Gewerbekapital mehr gibt. **404**

Der **Gegenstandswert** ist legal definiert. Ausgangspunkt für seine Ermittlung ist der in der Gewerbesteuererklärung eingesetzte Betrag des Gewerbeertrags. Zum **Gewerbeertrag** werden der nach § 10a GewStG abgezogene Gewerbeverlust des Vorjahrs und der sich aus § 11 Abs. 1 GewStG ergebende Freibetrag sowie die Abrundung auf volle 100 € hinzugerechnet. Unklar ist, inwieweit **ausländische Gewerbeertragsanteile** und ausländisches Betriebsvermögen in den Gegenstandswert einbezogen werden können. Hier empfiehlt sich deshalb eine Vereinbarung nach § 4 Abs. 1 StBVV. Fraglich ist, welcher Gegenstandswert bei einer Erklärung zur Gewerbesteuer bei einer Organgesellschaft anzusetzen ist. Anders als in § 24 Abs. 1 Nr. 3 StBVV ist dieser Fall in § 24 Abs. 1 Nr. 5 StBVV nicht geregelt. Wünschenswert wäre eine gesetzliche Klarstellung. Bis dahin kann für die Ermittlung des Gegenstandswertes die Regelung des § 24 Abs. 1 Nr. 3 StBVV herangezogen werden (→ Rz. 401). Zur Abrechnung einer Erklärung zur Körperschaftsteuer und Gewerbesteuer von Körperschaften, die über einen wirtschaftlichen Geschäftsbetrieb verfügen und gemeinnützigen, mildtätigen oder kirchlichen Zwecken dienen (Formular Gem 1), → Rz. 401. Der **Mindestgegenstandswert** wurde durch die VO zum Erlass und zur Änderung steuerlicher Verordnungen[2] von 6 000 € auf 8 000 € angehoben. Da der Gewerbeertrag unter Berücksichtigung des § 8b Abs. 2 KStG ermittelt wird, kann trotz (hoher) Gewinne der Mindestgegenstandswert einschlägig sein (→ Rz. 401). **405**

Maßgebend für die **Wahl des Rahmensatzes** ist der Aufwand, der bei der Ermittlung der Hinzurechnungen und Kürzungen entsteht. Gewerbesteuererklärungen, die keine Zu- und Abrechnungen enthalten, sind mit einem unteren Rahmensatz angemessen honoriert.[3] **406**

Wann eine **Pflicht zur Abgabe einer Gewerbesteuererklärung** besteht, regelt § 25 GewStDV.[4] Nicht abgabepflichtig ist, wer von der Gewerbesteuer befreit ist, § 3 GewStG. Die Zusendung von Gewerbesteuererklärungsvordrucken durch das Finanzamt und deren Bearbeitung durch den StB löst noch keine Gebühr nach § 24 Abs. 1 Nr. 5 StBVV aus, wenn keiner der in § 25 Abs. 1 GewStDV genannten Tatbestände erfüllt ist.[5] Eine Verpflichtung zur unaufgeforderten Abgabe einer Gewerbesteuererklärung besteht nicht für Betreiber kleiner Photovoltaik- bzw. Solaranlagen (§ 3 Nr. 32 GewStG), bei denen der Freibetrag von 24 500 € nach § 11 Abs. 1 Nr. 1 GewStG greift. Der in der Gesetzesbegründung genannte § 149 Abs. 1 Satz 2 AO[6] gilt in diesen Fällen nur, wenn die Finanzbehörde zur Abgabe einer Erklärung **407**

1) Gesetz v. 13.12.2006, BGBl. I 2006, 2878 = BStBl I 2007, 28.
2) VO zum Erlass und zur Änderung steuerlicher Verordnungen v. 11.12.2012, BGBl. I 2012, 2637 = BStBl I 2013, 2.
3) OLG Düsseldorf v. 20.6.1996, 13 U 100/95, GI 1997, 150 f.
4) Verordnung v. 15.10.2002, BGBl. I 2002, 4180.
5) Schwamberger in Meyer/Goez/Schwamberger, 11. Aufl. 2023, § 24 StBVV Rz. 16; Boelsen in Eckert, 7. Aufl. 2023, § 24 Abs. 1 Nr. 5 StBVV Rz. 7 f.
6) BR-Drucks. 356/19, S. 151 und BR-Drucks. 356/1/19, S. 63.

auffordert. Für die Auftragserteilung ist der Steuerpflichtige darlegungs- und beweispflichtig. Aus der Auftragserteilung für die Gewinnermittlung kann nicht ohne weiteres auf einen Auftrag für die Anfertigung der Gewerbesteuererklärung geschlossen werden.[1] Erstellt der StB für einen neuen Mandanten nachträglich Gewerbesteuererklärungen für zwei Jahre, die jeweils einen Verlust ausweisen und liegt (noch) keiner der in § 25 GewStDV genannten Fälle vor, ist es gleichwohl gerechtfertigt, hierfür Gebühren zu berechnen. Sollte der Mandant die Auftragserteilung bestreiten, käme zumindest ein gesetzlicher Honoraranspruch aus Geschäftsführung ohne Auftrag (GoA) gem. §§ 677 BGB in Betracht. Denn die Anfertigung der Steuererklärungen war im Interesse des Mandanten, da er ohne Gewerbesteuererklärungen zu keiner Verlustfeststellung gem. § 10 Satz 6 GewSt und keinem entsprechenden Verlustvortrag kommen kann.[2] Erstellt der StB für ein Unternehmen mit abweichendem Wirtschaftsjahr im Jahr 01 zum 30.6. eine Bilanz inkl. Rückstellungsberechnungen für die Körperschaft- und Gewerbesteuererklärungen, kann er diesen Aufwand entweder gebührenerhöhend im Rahmen der Gebühr für die Bilanz oder aber gesondert nach § 24 Abs. 1 Nrn. 3 und 5 StBVV berechnen. Dies gilt auch dann, wenn das Mandat unterjährig endet und der StB im Jahr 02 nicht mehr mit der Übermittlung der Steuererklärungen beauftragt wird. Denn die Gebühren für die Anfertigung der Steuererklärungen sind bereits entstanden und fällig (→ § 7 StBVV Rz. 174).

VI. Gewerbesteuerzerlegungserklärung (Nr. 6)

408 Für die Anfertigung einer Gewerbesteuerzerlegungserklärung nach §§ 28 ff. GewStG erhält der StB eine gesonderte Gebühr. Die Bezugsgrößen „Arbeitslöhne" und „Betriebseinnahmen" im **Gegenstandswert** traten durch die 1. ÄndVO[3] an die Stelle des einheitlichen Steuermessbetrags, der als Bemessungsgrundlage zu einer unzureichenden Honorierung der Leistung des StB geführt hatte. Der Gegenstandswert für die Gewerbesteuerzerlegungserklärung wurde durch die VO zum Erlass und zur Änderung steuerlicher Verordnungen[4] neu definiert. Er orientiert sich jetzt nur noch an den erklärten Arbeitslöhnen. Diese Anpassung war erforderlich, da bei einer Zerlegung der Gewerbesteuer eine Erklärung von Betriebseinnahmen nicht mehr erfolgt (§ 29 GewStG). Die bisherige Fassung war deshalb nicht mehr gesetzeskonform. Da die Betriebseinnahmen nicht mehr berücksichtigt werden, erfolgt faktisch eine Verringerung des Gegenstandswertes. Besteht das gesamte Vermögen einer GmbH aus einem Grundstück und fallen mangels Beschäftigung von Arbeitnehmern keine Arbeitslöhne an, ist der **Mindestgegenstandswert** von 4 000 € zu Grunde zu legen.[5]

VII. Umsatzsteuer-Voranmeldung (Nr. 7) und Umsatzsteuererklärung für das Kalenderjahr (Nr. 8)

409 **Gegenstandswert** für die Abgabe der Umsatzsteuer-Voranmeldungen und Umsatzsteuererklärungen für das Kalenderjahr sind 10 % der Summe aus dem Gesamtbetrag der Entgelte und der Entgelte, für die der Leistungsempfänger Steuerschuldner ist. Der Mindestgegenstandswert in Nr. 7 wurde durch die VO zum Erlass und zur Änderung steuerlicher Verordnungen[6] von 500 € auf 650 € und in Nr. 8 von 6 000 € auf 8 000 € angehoben. Der Mindestgegenstandswert von 650 € gilt je Voranmel-

1) AG Remscheid v. 29.6.2016, 46 C 208/14, DStR 2017, 2191.
2) Beyme, KANZLEI intern 08_2019, 6.
3) Verordnung v. 20.6.1988, BGBl. I 1988, 841.
4) VO zum Erlass und zur Änderung steuerlicher Verordnungen v. 11.12.2012, BGBl. I 2012, 2637 = BStBl I 2013, 2.
5) Beyme, Honorargestaltung für Steuerberater, Januar 2025, 8.
6) VO zum Erlass und zur Änderung steuerlicher Verordnungen v. 11.12.2012, BGBl. I 2012, 2637 = BStBl I 2013, 2.

dung. Vierteljährliche Voranmeldungen führen nicht zu einer Verdreifachung des Mindestgegenstandswertes. Die Neudefinition des Gegenstandswerts durch das JStG 2007[1] berücksichtigt die zwischenzeitlich erfolgten Änderungen im UStG (Einführung des Reverse-Charge-Verfahrens, § 13b UStG). Es wird klargestellt, dass auch solche Umsätze, für die nach § 13b Abs. 2 UStG der Leistungsempfänger Steuerschuldner ist, bei der Berechnung des Gegenstandswerts zu berücksichtigen sind. Berücksichtigt wird nur die Summe der **steuerbaren Umsätze**. Nicht steuerbare Umsätze sowie Umsätze nach § 1 Abs. 1 Nr. 4 UStG (Einfuhrumsatzsteuer) sind nicht in den Gesamtbetrag der Entgelte einzubeziehen. Ist eine umfangreiche Prüfung erforderlich, ob steuerbare oder nicht steuerbare Umsätze vorliegen, wirkt sich dieser Umstand gebührenerhöhend aus. Bei der Differenzbesteuerung (§ 25a Abs. 3 UStG) entspricht der Umsatz – abweichend von der üblichen Regelung – dem um die Einkaufspreise verminderten Erlösbetrag.[2] Zur Bemessungsgrundlage des Gegenstandswerts gehört auch das Entgelt für den **innergemeinschaftlichen Erwerb**. Dies wird aus dem Text des ursprünglichen Referentenentwurfs zur 3. ÄndVO vom 5.8.1997[3] deutlich. Dieser sah folgende Erläuterung des Begriffs „Entgelte" vor: „einschließlich der Entgelte für Lieferungen, sonstige Leistungen und den innergemeinschaftlichen Erwerb". Die 3. ÄndVO[4] enthält diese Klarstellung nicht mehr. Es besteht jedoch Einvernehmen in der Frage, dass der innergemeinschaftliche Erwerb die Gegenstandswerte bereits seit dem 1.1.1993 erhöht. Der Begriff der „Entgelte" umfasst auch die **steuerfreien Umsätze**. Maßgeblich sind die vereinbarten Entgelte. Keine Bedenken bestehen, wenn bei der „Ist-Versteuerung" aus Vereinfachungsgründen die vereinnahmten Entgelte zu Grunde gelegt werden.[5] Auch Anzahlungen gehören zum Gesamtbetrag der Entgelte (vgl. § 13 Abs. 1 Nr. 1a Satz 4 UStG).[6] Die Abrechnung der vierteljährlichen Erklärungen nach § 18h Abs. 3 UStG im Wege des vom 1.1.2015 bis 30.6.2021 geltenden **Mini-One-Stop (MOSS)-Verfahrens** und des seit dem 1.7.2021 geltenden **One-Stop-Shop (OSS)-Verfahrens** (§ 18j Abs. 4 Satz 1 UStG) können analog § 24 Abs. 1 Nr. 8 StBVV i.V.m. § 2 StBVV abgerechnet werden.[7] Ein Antrag auf Teilnahme an diesen Verfahren ist nach § 23 Satz 1 Nr. 10 StBVV abrechenbar (→ § 23 StBVV Rz. 382).[8] Erstellt der StB für einen Unternehmer (natürliche Person) mehrere Gewinnermittlungen für mehrere Betriebe, ist gleichwohl nur eine Umsatzsteuervoranmeldung bzw. eine Umsatzsteuererklärung abzugeben (**konsolidierte USt-Voranmeldung bzw. USt-Erklärung**). Das ergibt sich aus § 2 Abs. 1 Satz 2 UStG. Danach umfasst das Unternehmen die gesamte gewerbliche oder berufliche Tätigkeit des Unternehmers. Der StB kann deshalb auch nur eine Gebühr nach § 24 Abs. 1 Nr. 7 oder 8 StBVV berechnen. Bei mehreren Betrieben kann ein höherer Zehntelsatz berechnet werden. Rechnungsadressat ist der Unternehmer. Rein technisch wird die Umsatzsteuer bei getrennten Buchführungen durch das Buchführungsprogramm konsolidiert und den unterschiedlichen Betrieben zugeordnet. Die Vergütungsrechnung des StB muss wegen der steuerlichen Abzugsfähigkeit anteilig auf die verschiedenen Betriebe aufgeteilt werden. Ist die Gebühr für die USt-Voranmeldung nicht gesondert abrechenbar, weil der StB mit der Buchführung für mehrere Betriebe beauftragt ist (§ 33 Abs. 8 StBVV), ist der Aufwand im Zusammenhang mit dem Konsolidieren

1) Gesetz v. 13.12.2006, BGBl. I 2006, 2878 = BStBl I 2007, 28.
2) Meyer, KP 2002, 120; Boelsen in Eckert, 7. Aufl. 2023, § 24 Abs. 1 Nr. 8 StBVV Rz. 12.
3) BMF v. 5.8.1997, IV A 3 – S 0804 – 6/97.
4) 3. ÄndVO v. 20.8.1998, BGBl. I 1998, 2369.
5) Schwamberger in Meyer/Goez/Schwamberger, 11. Aufl. 2023, § 24 StBVV Rz. 18; Mittelsteiner/Scholz, 4. Aufl. 1998, § 24 StBGebV Rz. 34.
6) Berners, 6. Aufl. 2020, § 24 StBVV Rz. 63; Boelsen in Eckert, 7. Aufl. 2023, § 24 Abs. 1 Nr. 8 StBVV Rz. 7.
7) Beyme, KANZLEI intern 07/2017, 2 zum MOSS-Verfahren; Boelsen in Eckert, 7. Aufl. 2023, § 24 Abs. 1 Nr. 8 StBVV Rz. 5 f.
8) Beyme, KANZLEI intern 07/2017, 2 zum MOSS-Verfahren.

der Finanzbuchführung bei der Bemessung der Buchführungsgebühr zu berücksichtigen.[1)]

410 Eine Gebühr für die Erstellung einer Umsatzsteuererklärung für das Kalenderjahr kann auch dann entstehen, wenn der **Auftraggeber von der Umsatzsteuer befreit** ist. Denn nach § 18 Abs. 3 UStG ist jeder Unternehmer zur Abgabe einer Umsatzsteuer-Jahreserklärung verpflichtet. Auch der Betrieb einer **kleinen** Photovoltaikanlage (**PV-Anlage**) ist eine unternehmerische Tätigkeit i.S.d. § 2 Abs. 1 UStG, da auch der Betrieb einer solchen Anlage bis 30 KW eine nachhaltige Tätigkeit zur Erzielung von Einnahmen ist. Die Einführung des „Nullsteuersatzes" bei der Umsatzsteuer (§ 12 Abs. 3 UStG) zum 1.1.2023 hatte deshalb keine Auswirkungen auf die Pflicht zur Abgabe einer Umsatzsteuer-Jahreserklärung.[2)] Als Gegenstandswert ist der Mindestgegenstandswert zugrunde zu legen. An die Auftragserteilung sind in diesen oder vergleichbaren Fällen keine überzogenen Anforderungen zu stellen. Unproblematisch ist der Fall, dass der Steuerpflichtige von der Finanzbehörde zur Abgabe einer Steuererklärung aufgefordert wurde (§ 18 Abs. 3 UStG, § 149 Abs. 1 Satz 2 AO) und der StB im Einverständnis mit dem Auftraggeber entsprechend tätig geworden ist. Grundsätzlich ist der Steuerpflichtige für die **Auftragserteilung** darlegungs- und beweispflichtig. Wird seitens des Mandanten die (konkludente) Beauftragung bestritten, kann der StB in Beweisnot geraten. So kann aus der Auftragserteilung für Gewinnermittlung nicht ohne weiteres auch auf die Auftragserteilung für die Anfertigung der Umsatzsteuererklärung geschlossen werden.[3)] Die Übermittlung einer „Nullerklärung" nach Eingabe der vom Auftraggeber zur Verfügung gestellten Daten in die eigene EDV des StB, ist aber bereits eine steuergestaltende Tätigkeit, die einen Honoraranspruch auslöst.[4)]

411 Durch die 3. ÄndVO wurde der **Gebührenrahmen** für die Umsatzsteuererklärung von 6/10 auf 8/10 angehoben. Die Erhöhung des Rahmensatzes soll die erhöhten Anforderungen die das Umsatzsteuer-Binnenmarktgesetz an den StB stellt, berücksichtigen. Auf die Einführung neuer, spezieller Gebührenvorschriften für Einzeltätigkeiten, die durch das Umsatzsteuer-Binnenmarktgesetz veranlasst sind, wurde im Interesse der Klarheit der Gebührennorm verzichtet. Mit dieser Gebühr waren auch diejenigen Tätigkeiten für Meldungen, die während des Kalenderjahres abzugeben sind, abgegolten, z.B. für die „Zusammenfassende Meldung". Gleiches galt für die monatlich abzugebenden statistischen Meldungen an das Statistische Bundesamt. Durch die VO zum Erlass und zur Änderung steuerlicher Verordnungen[5)] wurden in Nr. 7 die Wörter „sowie hierzu ergänzender Anträge und Meldungen" eingefügt. Die Neufassung sieht also eine zusätzliche Gebühr für ergänzende Anträge und Meldungen vor. Dazu zählt auch die **Zusammenfassende Meldung (ZM)** nach § 18a UStG, die neben der Umsatzsteuer-Voranmeldung und den Jahressteuererklärungen abzugeben ist.[6)] Ferner lösen **Dauerfristverlängerungsanträge** nach § 46 UStDV und die jährlich wiederkehrende **Anmeldung der Umsatzsteuer-Sondervorauszahlung** nach §§ 47, 48 UStDV jeweils eine Gebühr nach § 24 Abs. 1 Nr. 7 StBVV aus. Es handelt sich um zwei gesonderte Angelegenheiten, auch wenn für den Antrag auf Dauerfristverlängerung und die Anmeldung der Umsatzsteuer-Sondervorauszahlung dasselbe Formular verwendet wird.[7)] Die **Beantragung einer**

1) Berners, Honorargestaltung für Steuerberater, November 2018, 7.
2) Beyme, Honorargestaltung für Steuerberater, August 2023, 7.
3) AG Remscheid v. 29.6.2016, 46 C 208/14, DStR 2017, 2191.
4) LG Frankfurt a.M. v. 8.11.2013, 2–06 O 323/13.
5) VO zum Erlass und zur Änderung steuerlicher Verordnungen v. 11.12.2012, BGBl. I 2012, 2637 = BStBl I 2013, 2.
6) Berners, Honorargestaltung für Steuerberater, Mai 2019, 8; Boelsen in Eckert, 7. Aufl. 2023, § 24 Abs. 1 Nr. 8 StBVV Rz. 1.
7) Beyme, Stbg 2016, 273; Boelsen in Eckert, 7. Aufl. 2023, § 24 Abs. 1 Nr. 8 StBVV Rz. 1; a.A. Berners, Honorargestaltung für Steuerberatung, Mai 2019, 8: eine Angelegenheit.

Umsatzsteuer-Identifikationsnummer wird demgegenüber nach § 23 Satz 1 Nr. 10 StBVV berechnet (→ § 23 StBVV Rz. 387). Dadurch, dass der Verordnungsgeber sich in Nr. 7 des Wortes „sowie" anstelle des Wortes „ausschließlich" (siehe § 24 Abs. 1 Nr. 8 StBVV) bedient, wird die separate Abrechenbarkeit dieser Anträge und Meldungen deutlich, die sich darüber hinaus auch eindeutig aus der Verordnungsbegründung ergibt.[1] Dies gilt auch dann, wenn der StB die Buchführung erstellt. Denn nach § 33 Abs. 8 StBVV sind mit der Gebühr nach § 33 Abs. 1, 3 und 4 StBVV nur die Gebühren für die Umsatzsteuervoranmeldung, nicht aber für hierzu ergänzende Anträge und Meldungen abgegolten. Der Antrag auf **Dauerfristverlängerung** ist nicht jährlich zu wiederholen (Ziffer 18.4 Abs. 3 Satz 1 des USt-Anwendungserlasses), da die Dauerfristverlängerung so lange als gewährt gilt, bis der Unternehmer den Antrag zurück nimmt oder das Finanzamt die Fristverlängerung widerruft. Deshalb entsteht die Gebühr für die Stellung eines solchen Antrags grds. nur einmal und nicht jährlich neu.[2] Gegenstandswert sind beim erstmaligen Antrag 10 % der Summe der steuerbaren Umsätze.[3] Gegenstandswert bei der jährlich wiederkehrenden Anmeldung der Umsatzsteuer-Sondervorauszahlung ist nicht die errechnete Vorauszahlung, sondern 10 % der Summe aus dem Gesamtbetrag der Entgelte, jedoch mindestens 650 €.[4]

Bei einem Bruttoumsatz von über 51 000 € ist nicht mehr von einfachen Verhältnissen auszugehen. Das AG Hagen[5] beanstandete es deshalb nicht, dass der StB eine 2/10-Gebühr und nicht die Mindestgebühr abgerechnet hatte. Bei der Heranziehung des Mindestgegenstandswertes von 650 € und eines Gebührensatzes von 4/10 ergab sich eine Gebühr von 27,20 €. Angesichts der Verantwortung und des Arbeitsaufwandes des StB (Buchung und rechtliche Beurteilung der Geschäftsvorfälle, Übermittlung an das Finanzamt, Anschreiben an Mandanten) ist diese Gebühr nach Auffassung des AG Wennigsen gerade kostendeckend.[6]

Die Rechtsprechung zur **Gebührenhöhe** ist übersichtlich. Ein erhöhter Schwierigkeitsgrad, der eine 4/10-Gebühr für die Umsatzsteuerjahreserklärung rechtfertigt, liegt vor, wenn der StB umsatzsteuerliche Verteilungsmaßstäbe in Verbindung mit abzugsfähigen Vorsteuern bezüglich angefallener Herstellungskosten zu anderen Aufwendungen festsetzen und in die Daten des Jahresabschlusses transformieren muss, um die vereinnahmten umsatzsteuerlichen Entgelte zu ermitteln.[7] Das LG Detmold hielt eine Gebühr von 6/10 für die Umsatzsteuererklärung eines hauptberuflich tätigen Rechtsanwalts wegen des überdurchschnittlichen inhaltlichen und zeitlichen Aufwands für angemessen.[8] Zwar könnten – so das LG Detmold – nach gewissenhafter Erstellung der Einnahme-Überschuss-Rechnung die Daten in die Umsatzsteuererklärung per Knopfdruck übernommen werden. Dies setze jedoch voraus, dass bereits bei Eingabe der Daten für die Einnahme-Überschuss-Rechnung alle Daten auch in Bezug auf die Umsatzsteuererklärung korrekt gebucht seien. Im Rahmen der Buchung für die Einnahme-Überschuss-Rechnung falle daher ein höherer Aufwand an, wenn anschließend auch die Umsatzsteuererklärung erstellt wird. Aus diesem Grunde erweisen sich die 19 Std., die der StB insgesamt für die Einnahme-Überschuss-Rechnung, die Vorarbeiten und die Umsatzsteuererklärung aufgewendet hat, auch bei der Gebühr für die Umsatzsteuererklärung als gebührenerhöhender (inhaltlicher und zeitlicher) Faktor.

---

1) BR-Drucks. 603/12, 46.
2) LG Hagen v. 28.8.2013, 10 S 1/13; AG Schwelm v. 16.11.2012, 23 C 208/12.
3) Beyme, Stbg 2016, 273.
4) Beyme, Stbg 2016, 273.
5) AG Hagen v. 17.3.2008, 17 C 224/06.
6) AG Wennigsen v. 28.12.2016, 3 C 1/15.
7) AG Geldern v. 7.9.2011, 4 C 187/06.
8) LG Detmold v. 20.4.2016, 10 S 44/15, DStRE 2017, 895 besprochen von Wacker, KANZLEI intern 06_2016, 3.

Praxistipp:

Bei der Abrechnung der Gebühr sollten aus Gründen der Transparenz zusätzliche Leistungen (z.B. eine Anlage mit Erläuterungen zu Vorsteuerbeträgen nach unterschiedlichen Durchschnittssätzen und die elektronische Übermittlung an das Finanzamt) gesondert erwähnt werden.

Beispiel:

„Berichtigte Umsatzsteuererklärung nebst Erläuterungen und elektronischer Übermittlung."

412 Eine eigene Gebühr für die Erstellung der **Umsatzsteuervoranmeldungen** sieht § 33 Abs. 8 StBVV nur vor, wenn kein Zusammenhang mit einem Buchführungsauftrag besteht.[1]

VIII. Vermögensteuererklärung (Nr. 10)

413 Nachdem die Vermögensteuer wegen Verfassungswidrigkeit ab dem 1.1.1997 nicht mehr erhoben wird, ist dieser Tatbestand nur noch für „Altfälle" von Bedeutung.

Der Gebührentatbestand gilt für folgende **3 Arten von Vermögensteuererklärungen:**

- Vermögensteuererklärungen für natürliche Personen, Vereine, Stiftungen,
- Vermögensteuererklärungen für nicht natürliche Personen und Gewerbebetriebe von juristischen Personen des öffentlichen Rechts,
- Erklärungen zur gesonderten Feststellung des Vermögens, an denen mehrere beteiligt sind (Gemeinschaften), die nicht Personengesellschaften i.S.d. § 97 Abs. 1 Nr. 5 BewG sind (zur Abgrenzung von Vermögensaufstellungen für bestimmte Stpfl. und für Einheitswerte von Grundbesitz → § 24 StBVV Rz. 416).

414 **Gegenstandswert** ist das Rohvermögen. Die Ermittlung des Rohvermögens folgt dem Berechnungsschema, wie es den Vermögensteuererklärungen zu Grunde liegt und in der „Anleitung Vermögensteuererklärung" mit angegeben ist.

415 Für die Wahl des **Gebührenrahmensatzes** ist von besonderer Bedeutung, in welchem Umfang bei der Vermögensteuererklärung vorhandene Werte (z.B. Einheitswerte) übernommen oder erst besonders ermittelt bzw. entwickelt werden müssen. Für die Erstellung von Vermögensteuererklärungen zum 1.1.1993, 1.1.1994 und 1.1.1995 hat das AG Düsseldorf[2] bei einem steuerpflichtigen Vermögen zwischen 1,5 und 2,1 Mio. DM (umgerechnet also zwischen 766 937,82 und 1 073 712,90 €) die geforderten Gebühren i.H.v. 4/20 nicht beanstandet. Neben der Höhe des Vermögens wirkte es sich nach Ansicht des Gerichts auf die Schwierigkeit der Angelegenheit aus, dass die Bearbeitung im Anschluss an eine Beratung im Zusammenhang mit einer beabsichtigten Selbstanzeige erfolgt ist.

IX. Feststellungserklärungen (Nr. 11 und Nr. 11a)

416 Die ursprüngliche Regelung betreffend die Anfertigung der Vermögensaufstellung zur Ermittlung des Einheitswertes des Betriebsvermögens in § 24 Abs. 1 Nr. 9 StBGebV wurde gestrichen. Grund hierfür war die geänderte Rechtslage durch die Neuregelung des Bewertungsrechts mit Wirkung vom 1.1.2009.[3] § 24 Abs. 1 Nr. 11 StBVV (Erklärung zur gesonderten Feststellung des gemeinen Wertes nicht notierter Anteile an Kapitalgesellschaften) wurde durch die VO zum Erlass und zur Änderung

1) Zu den strafrechtlichen Risken des StB bei Abgabe geschätzter Umsatzsteuervoranmeldungen Beyer, NWB 2018, 585 und NWB 2018, 1629.

2) AG Düsseldorf v. 9.4.2001, 43 C 17803/00.

3) BGBl. I 2008, 3018.

steuerlicher Verordnungen[1] neu gefasst. Er sieht für alle Feststellungserklärungen des Bewertungsgesetzes (§ 151 BewG) oder des Erbschaft- und Schenkungsteuergesetzes, z.B. im Ertragswert-, Sachwert- oder Vergleichswertverfahren, eine Generalklausel vor. Gegenstandswert ist der **erklärte Wert**. Unabhängig davon, ob es einen oder mehrere Beteiligte gibt, ist immer auf den **Gesamtwert** und nicht nur auf den Anteil des Beteiligten abzustellen, da der Anteil eines Beteiligten erst bewertet werden kann, wenn zuvor der Gesamtwert ermittelt wurde.[2] Hierfür sprechen auch die Regelungen in § 180 Abs. 1 Nr. 3 AO und § 181 Abs. 2 Satz 1 Nr. 3 und Satz 3 AO. Danach kommt es in Fällen der gesonderten Feststellung von Besteuerungsgrundlagen auf den Wert der vermögensteuerpflichtigen Wirtschaftsgüter etc. an. Jeder Feststellungsberechtigte, dem ein Anteil an den Wirtschaftsgütern etc. zuzurechnen ist, kann eine Erklärung zur gesonderten Feststellung abgeben. Die anderen Beteiligten sind insoweit von der Erklärungspflicht befreit. Diese Sichtweise entspricht auch dem Bruttoprinzip, das sich in den Gebührentatbeständen des § 24 Abs. 1 StBVV wiederfindet. Ist eine Erbschaftsteuererklärung mit umfangreichem Grundbesitz anzufertigen, ist bei der Feststellungserklärung der Wert der Grundstücke maßgeblich (§ 151 Abs. 1 Nr. 1 i.V.m. § 138 BewG).[3] Sind **mehrere Feststellungserklärungen** anzufertigen, fällt die Gebühr nach § 24 Abs. 1 Nr. 11 StBVV mehrfach an.

Beispiel:

Im Rahmen einer Erbschaftsteuersache wird der StB u.a. beauftragt, die vom zuständigen (Belegenheits-)Finanzamt angeforderten Erklärungen zur Feststellung des Grundbesitzwertes auf den Todestag für acht Erbpachtgrundstücke abzugeben. Es handelt sich um acht unmittelbar aneinander angrenzende Grundstücke eines ehemals einheitlichen Grundstücks, die von den jeweiligen Pächtern bebaut wurden. Für jedes Grundstück muss eine eigene Erklärung (Formular BBW 1) nebst Anlagen (BBW 2, BBW 2b, BBW 2d) abgegeben werden. Es fallen insgesamt acht Gebühren an.

Beispiel:

Der StB wird mit der Erstellung einer Schenkungsteuererklärung und der erforderlichen Feststellungserklärungen beauftragt. Gegenstand der Schenkung sind Anteile an einer Kommanditgesellschaft (4 %, um den Freibetrag nicht zu überschreiten). Im Betriebsvermögen der KG sind zwei wertvolle Betriebsgrundstücke und eine wertvolle GmbH-Beteiligung erhalten. Für die Ermittlung des Wertes der Schenkung der KG-Anteile fertigt der StB vier Feststellungserklärungen an (für die KG, die beiden Grundstücke und die GmbH-Beteiligung), für die er neben der Gebühr für die Schenkungsteuererklärung vier Gebühren nach § 24 Abs. 1 Nr. 11 StBVV abrechnen kann.

Dies gilt auch dann, wenn **mehrere gleichlautende Erklärungen** abzugeben sind. Wegen der Synergieeffekte für die weiteren gleichlautenden Erklärungen kommt ein niedriger Gebührensatz, ggf. auch ein Gebührensatz unterhalb der Mindestgebühr in Betracht oder eine (ggf. nachträgliche) Vereinbarung mit dem Auftraggeber, für den gesamten Aufwand ein bestimmtes Honorar abzurechnen. Dieses Honorar darf auch niedriger sein als die gesetzlichen Mindestgebühren (§ 4a StBVV).

Beispiel:

Über eine Personengesellschaft (Auftraggeberin) werden auf zwei Stufen insgesamt 10 Schenkungen vorgenommen. Der StB bewertet die Auftraggeberin im Rahmen des Ertragswert- und Substanzwertverfahrens und zusätzlich die im Betriebsvermögen befindlichen Grundstücke. Er erstellt 10 gleichlautende Steuererklärungen, weil diese vom Finanzamt angefordert wurden. Die Bewertung der Auftraggeberin ist in allen

1) VO zum Erlass und zur Änderung steuerlicher Verordnungen v. 11.12.2012, BGBl. I 2012, 2637 = BStBl I 2013, 2.

2) Boelsen in Eckert, 7. Aufl. 2023, § 24 Abs. 1 Nr. 11 StBVV Rz. 4; a.A. Schwamberger in Meyer/Goez/Schwamberger, 11. Aufl. 2023, § 24 StBVV Rz. 20a.

3) AG Düsseldorf v. 14.8.2018, 37 C 79/18, besprochen von Feiter, KANZLEI intern 10_2018, 2.

Erklärungen identisch. Lediglich der Schenker wurde auf dem Mantelbogen unterschiedlich angegeben.

Wird **ein Grundstück** auf **zwei Erwerber** übertragen, liegt nur eine gebührenrechtliche Angelegenheit vor.

Beispiel:

Der Auftraggeber überträgt eine Immobilie im Wert von 1 Mio € jeweils zur Hälfte unentgeltlich an seinen Sohn und seine Tochter. Der StB kann eine Gebühr nach § 24 Abs. 1 Nr. 11 StBVV mit einem Gegenstandswert von 1 Mio € und nicht zwei Gebühren mit einem Gegenstandswert von jeweils 500 000 € abrechnen.

Der **Mindestgegenstandswert** beträgt 25 000 €. Wenn der Mindestgegenstandswert bei einer geringfügigen Fortschreibung (§ 222 BewG) im Verhältnis hoch ist, kann eine Unterschreitung der gesetzlichen Mindestgebühr gerechtfertigt sein.[1] Der Mindestgegenstandswert ist auch bei **negativen Gegenstandswerten** maßgeblich.

Beispiel:[2]

Der StB wird beauftragt, eine Feststellungserklärung zu Werten und Schulden einer Grundstücksgemeinschaft für die Erbschaftsteuer anzufertigen. Die Grundstückswerte betragen 2,2 Mio. €, die Schulden und Lasten betragen 2,4 Mio. Der in der Feststellungserklärung erklärte Wert von ./. 200 000 € ist nicht der maßgebliche Gegenstandswert. Maßgeblich ist hier der Mindestgegenstandswert von 25 000 €.

Geht es um Beteiligungen an geschlossenen Immobilienfonds, z.B. anlässlich des Todes eines Beteiligten, kann gerade in bei mehrstöckigen Strukturen (GbR ist an einer vermögensverwaltenden GmbH & Co.KG beteiligt), einer großen Anzahl von Gesellschaftern, für die i.d.R. mehrere Konten geführt werden (z.B. Einlagekonto, Gewinngutschriftskonto, Entnahmekonto, Darlehenskonto), bei der Bewertung der unterschiedlichen Vermögen ein erheblicher Arbeitsaufwand entstehen.[3] Andererseits handelt es sich oftmals um Objekte im Wert von mehreren Millionen Euro, so dass auch schnell sehr hohe Gebühren anfallen können und in Einzelfällen die Unterschreitung der Mindestgebühr gerechtfertigt sein kann.

In dieser Vorschrift geht auch der frühere § 24 Abs. 4 Nr. 1 StBGebV auf, der für die Anfertigung einer Erklärung zur Hauptfeststellung, Fortschreibung oder Nachfeststellung der Einheitswerte für Grundbesitz oder einer Feststellungserklärung nach § 138 des Bewertungsgesetzes eine Zeitgebühr vorsah. Diese Tätigkeiten sind jetzt mit einer Wertgebühr nach § 24 Abs. 1 Nr. 11 StBVV abzurechnen.[4] Die gegenteilige Ansicht, dass für das Ausfüllen eines Fragebogens zur Ermittlung des Einheitswerts eines Mietwohngrundstücks eine Zeitgebühr analog § 24 Abs. 1 Nr. 11 StBVV i.V.m. § 2 StBVV berechnet werden kann,[5] überzeugt nicht. Mangels Regelungslücke besteht keine rechtliche Möglichkeit eine Zeitgebühr abzurechnen.[6] Häufig wird eine Feststellungserklärung im Zusammenhang mit einer Erbschaftsteuererklärung angefertigt, z.B. wenn zum Erbe auch Grundbesitz gehört. In diesen Fällen liegt in dem **Auftrag** zur Anfertigung der Erbschaftsteuererklärung nicht schon der konkludente Auftrag, auch die Feststellungserklärung anzufertigen.[7]

1) Beyme, Honorargestaltung für Steuerberater, März 2021, 7 f.
2) Beyme, Honorargestaltung für Steuerberater, März 2022, 8.
3) KG: Immobilienvermögen der KG, sonstiges Vermögen der KG, Anteile der GbR am Vermögen der KG, wenn noch andere Kommanditisten vorhanden sind, GbR: sonstiges Vermögen der GbR, Anteil des Verstorbenen am Immobilienwert und sonstigem Vermögen der GbR.
4) AG Düsseldorf v. 14.8.2018, 37 C 79/18; Beyme, Honorargestaltung für Steuerberater, März 2021, 7 f.
5) So Schwamberger, KP 2016, 114 f.
6) So auch Beyme, Honorargestaltung für Steuerberater, März 2021, 7 f.
7) Ausführlich dazu AG Düsseldorf v. 14.8.2018, 37 C 79/18, besprochen von Feiter, KANZLEI intern 10_2018, 2.

Praxistipp:

Der StB sollte sich deshalb ausdrücklich auch mit der Anfertigung der Feststellungserklärung beauftragen lassen.

Fehlt es an einer ausdrücklichen Auftragserteilung, kann der StB, der gleichwohl die Feststellungserklärung vorbereitet, eine Gebühr analog § 24 Abs. 1 Nr. 11 StBVV berechnen.[1] Wenn der StB für die steuerliche Grundstücksbewertung im Wesentlichen auf ein Verkehrswertgutachten zurückgreifen kann, ist die **Höchstgebühr** von 18/20 nicht gerechtfertigt.[2]

Feststellungserklärungen zur Ermittlung des Grundsteuerwerts wurden mit Wirkung ab dem 18.6.2022 aus dem Anwendungsbereich der Nr. 11 herausgenommen und in einer **neuen Nr. 11a** geregelt.[3] Grund dafür war, dass sich ein Grundsteuerwert, vergleichbar dem bisherigen Einheitswert nur in den Bundesländern ermitteln lässt, die das Bundesmodell[4] oder das modifizierte Flächenmodell[5] anwenden. Einige Länder haben sich jedoch für ein wertunabhängiges Modell entschieden, dessen Rechtsgrundlage sich aus dem jeweiligen Landes-Grundsteuergesetz ergibt.[6] Diese wertunabhängigen Modelle eignen sich nicht für eine Honorarbemessung nach Nr. 11. Bei der neuen Nr. 11a handelt es sich um eine Spezialvorschrift (nur) für Erklärungen im Zusammenhang mit dem ab dem Jahr 2025 anzuwendenden Grundsteuerrecht. In allen Fällen erfolgt die Abrechnung nach Gegenstandswert. In den Ländern, in denen das Flächenmodell oder das Flächen-Lage-Modell Anwendung findet, wird ein **fiktiver Grundsteuerwert** ermittelt, indem der Grundsteuermessbetrag durch die Grundsteuermesszahl nach § 15 Abs. 1 Nr. 2a des Grundsteuergesetzes dividiert wird. Der Mindestgegenstandswert beträgt – wie in Nr. 11 – 25 000 €. 417

Kritische Stellungnahme:

Die vom Verordnungsgeber realisierte Lösung ist unter rechtlichen und tatsächlichen Gesichtspunkten problematisch. Rechtlich bedenklich ist, dass – je nach Bundesland – bei gleichem Sachverhalt wegen der unterschiedlichen Modelle unterschiedlich hohe Gegenstandswerte zustande kommen. Ein in der StBVV einmaliges Phänomen, das mit dem Grundsatz „Gleiches Honorar für gleiche Leistung" nicht in Einklang zu bringen ist. Aus systematischen und Gebührengerechtigkeitsgründen wäre eine Zeitgebühr nach dem Vorbild des früheren § 24 Abs. 4 Nr. 1 StBGebV sachgerechter gewesen. § 24 Abs. 4 Nr. 1 StBGebV sah bis zum Inkrafttreten der Verordnung zum Erlass und zur Änderung steuerlicher Verordnungen[7] für die Anfertigung einer Erklärung zur Hauptfeststellung, Fortschreibung oder Nachfeststellung der Einheitswerte für Grundbesitz oder einer Feststellungserklärung nach § 138 BewG eine Zeitgebühr vor.

Unter tatsächlichen bzw. praktischen Gesichtspunkten muss gesehen werden, dass die Berechnung der Grundsteuer und damit die Berechnung des Gegenstandswertes von ELSTER nicht unterstützt wird. Eine Abrechnung nach § 24 Abs. 1 Nr. 11a StBVV kommt deshalb nur für die Kanzleien in Betracht, in denen die „Grundsteuererklärungen" mit speziellen Fachsoftwareprogrammen angefertigt werden, die in der Lage sind, den (fiktiven) Gegenstandswert zu ermitteln. Andernfalls bieten sich verschiedene Möglichkeiten von Vergütungsvereinbarungen an.[8]

---

1) Ausführlich dazu AG Düsseldorf v. 14.8.2019, C 79/18, besprochen von Feiter, KANZLEI intern 10_2018, 2.
2) Das LG Düsseldorf hat mit Beschluss v. 24.6.2021, 1 O 35/18 7/20 als angemessen angesehen.
3) 4. VO zur Änderung der StBVV v. 17.6.2022, BGBl. I 2022, 877 = BStBl I 2022, 925.
4) Berlin, Brandenburg, Bremen, Mecklenburg-Vorpommern, Nordrhein-Westfalen, Rheinland-Pfalz, Sachsen-Anhalt, Schleswig-Holstein, Thüringen sowie mit abweichender Steuermesszahl Saarland und Sachsen.
5) Baden-Württemberg.
6) Bayern und Hessen: Flächenmodell; Hamburg und Niedersachsen: Flächen-Lage-Modell.
7) VO zum Erlass und zur Änderung steuerlicher Verordnungen v. 11.12.2012, BGBl. I 2021, 2637 = BStBl I 2013, 2.
8) Ausführlich hierzu: Feiter, Honorargestaltung für Steuerberater, Mai 2022, 1 mit Muster; Beyme, Stbg 2022, 234; Schneider, NWB 2022, 1256.

Fraglich ist, wie der Aufwand für die Ermittlung der Besteuerungsgrundlagen für von der Grundsteuer befreiten Grundbesitz abgerechnet werden kann. Gemäß § 219 Abs. 3 BewG erfolgen Feststellungen über Grundsteuerwerte nur, sofern sie für die Besteuerung von Bedeutung sind. Damit sind die in den §§ 3 bis 8 GrStG abschließend geregelten Grundsteuerbefreiungen bereits vor der Bestimmung des Feststellungsumfangs zu prüfen. Bei vollständiger Grundsteuerbefreiung ist keine Feststellung vorzunehmen und ein Negativbescheid zu erteilen. Der Gegenstandswert beträgt in diesem Fall 0 €. Anzusetzen ist der Mindestgegenstandswert von 25 000 €. Alternativ besteht die Möglichkeit, eine Vergütungsvereinbarung zu schließen.[1] Neben dem Hauptvordruck (GW 1) sind die dazugehörigen notwendigen **Anlagen** (GW 2 – 4) abzugeben. Der Hauptvordruck ist die Erklärung zur Feststellung des Grundsteuerwerts, die Anlagen sind zur Erklärung der Einzelwerte der verschiedenen Bewertungsobjekte abzugeben. Die Anlagen sind, wie bei anderen Steuererklärungen auch, nicht separat abrechenbar. Sie rechtfertigen aber einen höheren Gebührensatz.[2] Bei der Abrechnung muss der StB den erklärten (tatsächlichen) Wert zugrunde legen. Der Mindestgegenstandswert darf nur dann angesetzt werden, wenn der erklärte Wert geringer ist als 25 000 €. Bei sehr hohen Gegenstandswerten mag in Einzelfällen eine Unterschreitung der gesetzlichen Mindestgebühr gerechtfertigt sein, § 4a StBVV (→ § 64 StBerG Rz. 887 ff.).

Der **Gebührenrahmen** der neuen Nr. 11a wurde im Vergleich zu Nr. 11 **auf 1/20 bis 9/20 herabgesetzt**. Dadurch wird dem Umstand Rechnung getragen, dass die Grundsteuerwerte bzw. die fiktiven Grundsteuerwerte höher als die bisherigen Einheitswerte sein werden. Das BMF geht davon aus, dass die neuen Werte im Durchschnitt ca. das 10-fache der bisherigen Einheitswerte betragen werden.

X. Erbschaftsteuererklärung (Nr. 12)

418 Das Finanzamt kann von jedem an einem Erbfall oder einer Schenkung Beteiligten ohne Rücksicht auf dessen Steuerpflicht die Abgabe einer entsprechenden Steuererklärung verlangen, § 31 ErbStG. Dazu muss es von der Erbschaft Kenntnis erlangt haben und die Möglichkeit sehen, dass überhaupt eine Steuer anfällt. Liegen diese Voraussetzungen nicht vor und fertigt der StB gleichwohl eine entsprechende Erklärung ohne ausdrückliche Beauftragung des Erben bzw. Beschenkten an, wird er seinen diesbezüglichen Honoraranspruch kaum durchsetzen können. Daran ändern auch die Hinweise in der „Anleitung zur Erbschaftsteuererklärung" nichts, wonach die Erklärung auch dann abzugeben ist, wenn der Steuerpflichtige der Auffassung ist, dass eine Erbschaftsteuer nicht zu erheben ist. Der StB sollte seinen Mandanten aber auf die **Anzeigepflicht nach § 30 ErbStG** hinweisen und bei entsprechender Beauftragung diese Anzeige mit einer Zeitgebühr gem. § 24 Abs. 5 Nr. 7 StBVV abrechnen. Der Anzeige wird oft eine Beratung zur Erbschaftsteuer vorausgehen. In diesen Fällen stellt sich die Frage, ob die Ratgebühr nach § 21 Abs. 1 Satz 1 oder Satz 3 StBVV auf die Gebühr nach § 24 Abs. 5 Nr. 7 StBVV anzurechnen ist (→ § 21 StBVV Rz. 341 und 349). Da die Ratgebühr eine Wertgebühr ist und der Gegenstandswert in erbschaftsteuerlichen Fällen oft hoch ist, wird die Ratgebühr nach § 21 Abs. 1 Satz 1 StBVV die Zeitgebühr nach § 24 Abs. 5 Nr. 7 StBVV oft überschreiten, so dass in diesen Fällen eine Anrechnung für den StB unwirtschaftlich wäre. Am besten geht man diesem Problem durch eine Vergütungsvereinbarung nach § 4 Abs. 1 StBVV aus dem Weg (siehe hierzu Formulierungsbeispiele → § 40 StBVV Rz. 661).

Als **Gegenstandswert** für die Erbschaftsteuererklärung gilt der Erwerb von Todes wegen vor Abzug der Schulden und Lasten. Dies ist grundsätzlich der „Wert des

1) So auch Beyme, Honorargestaltung für Steuerberater, Juni 2023, 6 am Beispiel des § 4 Abs. 2 HGrStG.
2) Beyme, Honorargestaltung für Steuerberater, November 2021, 7.

gesamten Vermögensanfalls" nach § 10 Abs. 1 ErbStG. Bei ausländischem Vermögen, das im Inland nur zum Teil der Erbschaftsteuer unterliegt, ist § 10 Abs. 1 Satz 2 ErbStG zu beachten. Der Gegenstandswert kann leicht dem Erbschaftsformular entnommen werden, da dort der Gesamtwert aller Nachlassgegenstände zu summieren ist. Nachlassverbindlichkeiten, die Zugewinnausgleichsforderung nach § 5 ErbStG, steuerfreie Erwerbe nach § 13 ErbStG sowie Freibeträge nach den §§ 16 – 18 ErbStG werden nicht gekürzt. Besonderheiten ergeben sich aus § 13a ErbStG. Vermindert sich der Ansatz von Betriebsvermögen, land- und forstwirtschaftlichem Vermögen oder Anteilen an Kapitalgesellschaften, ist nur der verminderte Wert maßgeblich.[1] Durch die VO zum Erlass und zur Änderung steuerlicher Verordnungen[2] wurde der Mindestgegenstandswert von 12 500 € auf 16 000 € erhöht. Seit dem 1.1.1996 gilt für Grundbesitz die sog. **Bedarfsbewertung** (vgl. § 12 Abs. 3 ErbStG). Fallen im Rahmen einer Erbschaftsteuererklärung umfangreiche und zeitraubende Bedarfsbewertungen für mehrere Grundstücke an, empfiehlt sich eine Vereinbarung nach § 4 Abs. 1 StBVV. Die frühere Möglichkeit, für diese Arbeiten nach § 24 Abs. 4 Nr. 1 StBGebV eine Zeitgebühr zu berechnen, ist durch die VO zum Erlass und zur Änderung steuerlicher Verordnungen[3] entfallen, da § 24 Abs. 4 Satz 1 StBGebV zugunsten der Regelung des § 24 Abs. 1 Nr. 11 StBVV gestrichen wurde. Die (Wert-)Gebühr nach § 24 Abs. 1 Nr. 11 StBVV kann neben der Gebühr nach § 24 Abs. 1 Nr. 12 StBVV anfallen. Eine Zeitgebühr für die Ermittlung des Werts von Gebäuden für Zwecke der Bedarfsbewertung nach dem ErbStG analog § 24 Abs. 1 Nr. 12 StBVV i.V.m. § 13 Satz 1 Nr. 2 StBVV und § 2 StBVV kommt jedoch nicht in Betracht.[4] Wenn das Finanzamt gemäß § 138 BewG zur Abgabe einer Feststellungserklärung auffordert, kann dieser Zusatzaufwand über § 24 Abs. 1 Nr. 11 StBVV abgerechnet werden. Diese Vorschrift sollte darüber hinaus in allen Fällen herangezogen werden, in denen Arbeiten zur Bedarfsbewertung, z.B. von Grundstücken oder Eigentumswohnungen anfallen.[5] Die Ermittlung des Bedarfswerts ist jedenfalls nach § 24 Abs. 1 Nr. 11 StBVV gesondert neben der Gebühr für die Erbschaftsteuererklärung abrechenbar. Bei mehreren Auftraggebern fällt die Gebühr nur einmal an.

Beispiel:

Der StB wird von einer Erbengemeinschaft bestehend aus vier Personen beauftragt, die Erbschaftsteuererklärung (Nachlass: 1 Mio. €) eine Feststellungserklärung zu Werten und Schulden einer Grundstücksgemeinschaft für die Erbschaftsteuer anzufertigen. Die Grundstückswerte betragen 2,2 Mio. €, die Schulden und Lasten betragen 2,4 Mio. €. Es fällt nur eine Gebühr nach § 24 Abs. 1 Nr. 12 StBVV an. Die Anzahl Erben wirkt sich lediglich gebührenerhöhend aus (§ 6 StBVV Rz. 3). Der in der Feststellungserklärung erklärte Wert von ./. 200 000 € ist nicht der maßgebliche Gegenstandswert. Maßgeblich ist hier der Mindestgegenstandswert von 25 000 €.

Ein Antrag auf **Optionsverschonung des Betriebsvermögens** gem. § 13a Abs. 8 ErbStG ist nach § 23 Abs. 1 Satz 1 Nr. 10 StBVV abzurechnen (→ § 23 StBVV Rz. 382). Fällt nach Anfertigung und Abrechnung der Erbschaftsteuererklärung noch nennenswerter Aufwand im Zusammenhang mit sog. Nachlassregelungskosten an (z.B. Gerichtsgebühren für Erbscheinerteilung und Testamentseröffnung, Kosten für Nachlassverwalter, Anwalts- und Notarkosten etc.), sollte hierfür eine Zeitgebühr nach § 24 Abs. 5 Nr. 4 StBVV i.V.m. § 2 StBVV berechnet werden.

---

1) Meyer, KP 2001, 152 ff.
2) VO zum Erlass und zur Änderung steuerlicher Verordnungen v. 11.12.2012, BGBl. I 2012, 2637 = BStBl I 2013, 2.
3) VO zum Erlass und zur Änderung steuerlicher Verordnungen v. 11.12.2012, BGBl. I 2012, 2637 = BStBl I 2013, 2.
4) A.A. Schwamberger, KP 2016, 114 f.
5) So auch Schwamberger in Meyer/Goez/Schwamberger, 9. Aufl. 2019, § 24 StBVV Rz. 21.

419 Da für die Erbschaftsteuer die **Verhältnisse am Todestag maßgeblich** sind, kann es erforderlich werden, auf den Todestag Nachlassverzeichnisse, Zwischenabschlüsse und Vermögensaufstellungen zu fertigen sowie gemeine Werte zu ermitteln. Diese Tätigkeiten sind nicht durch die Erbschaftsteuererklärungsgebühr abgegolten. Für die Erstellung eines **Nachlassverzeichnisses** ist § 24 Abs. 1 Nr. 12 StBVV nicht anwendbar. Es handelt sich um eine sog. vereinbare Tätigkeit, für die die StBVV nicht gilt. Maßgeblich ist die übliche Vergütung i.S.d. §§ 612 Abs. 2, 632 BGB. Hier kommt eine analoge Anwendung des § 37 Satz 1 Nr. 1 und 2 StBVV in Betracht. Für die weiteren Tätigkeiten können Gebühren nach §§ 35 Abs. 1 Nr. 2, 24 Abs. 1 Nr. 11 StBVV anfallen. Auch die **Ermittlung des Zugewinnausgleichs** nach § 5 ErbStG ist nicht in den Gebührentatbestand mit einbezogen. Für die entsprechende Tätigkeit gilt § 24 Abs. 2 StBVV.[1] Anträge, die im Rahmen einer Erbschaftsteuererklärung gestellt werden, z.B. Anlage Steuerbefreiung Familienheim oder Anlage Steuerbefreiung für zu Wohnzwecken vermietete Grundstücke, können nicht gesondert abgerechnet werden. Dies ergibt sich unmittelbar aus § 23 Abs. 1 Satz 1 Nr. 10 StBVV. Eine fehlerhaft erstellte Erbschaftsteuererklärung (z.B. falsche Grundstückswerte) wirkt sich auf den Honoraranspruch nicht aus, solange die Erklärung nicht völlig unbrauchbar ist.[2] Steht der Gegenstandswert im Zeitpunkt der Abrechnung noch nicht endgültig fest, empfiehlt sich ein Nachforderungsvorbehalt in der Rechnung (→ Grundlagen des Vergütungsrechts Rz. 63).

Beispiel:

Der StB fertigt eine Erbschaftsteuererklärung an, in der mehrere Immobilien enthalten sind Im Zeitpunkt der Erstellung liegen für die Immobilien noch keine Einzelgutachten vor. Der erste Erbschaftsteuerbescheid geht von geschätzten Immobilienwerten aus, die der StB seiner Berechnung zugrunde legte. Durch die anschließenden Bewertungen der Bewertungsstellen kommt es zu geänderten höheren Immobilienwerten. Diese höheren Werte möchte der StB im Rahmen einer Nachliquidation zugrunde legen.

Grundsätzlich ist der Gegenstandswert eine objektive Größe, die nicht dem Ermessen des StB unterliegt. Deswegen kann – anders als bei der Bestimmung des Gebührensatzes – keine Bindungswirkung bezüglich des Gegenstandswertes eintreten. Legt der StB einen falschen Gegenstandswert zu Grunde, ist die Rechnung inhaltlich falsch. Der Mandant muss nicht zahlen, er hat ein Zurückbehaltungsrecht. Eine Rechnungsberichtigung muss deshalb – unter Berücksichtigung des Grundsatzes von Treu und Glauben – möglich sein (→ Grundlagen des Vergütungsrechts Rz. 61 f.).

XI. Schenkungsteuererklärung (Nr. 13)

420 **Gegenstandswert** der Schenkungsteuererklärung ist der Rohwert der Schenkung. Dies ist der Gesamtwert der zugewendeten Gegenstände vor Abzug des Gesamtwerts der übernommenen Verbindlichkeiten und sonstigen Gegenleistungen. Für den Sonderfall der gemischten Schenkung ist deshalb die schenkungsrechtliche Bereicherung maßgeblich. Bei der Berechnung des Gegenstandswerts sind deshalb die im Rahmen der Schenkung übernommenen Verbindlichkeiten und Gegenleistungen in Abzug zu bringen. Der Gegenstandswert kann der Schenkungsteuererklärung entnommen werden, da dort der Gesamtwert der zugewendeten Gegenstände ausgewiesen wird. Im Übrigen wird auf die Kommentierung zur Erbschaftsteuererklärung verwiesen (→ § 24 StBVV Rz. 418 f.). Durch die VO zum Erlass und zur Änderung steuerlicher Verordnungen[3] wurde der Mindestgegenstandswert von 12 000 € auf 16 000 € erhöht.

---

1) Ausführlich hierzu Meyer, KP 2001, 152 ff.
2) AG Viersen v. 18.9.2003, 31 C 239/01.
3) VO zum Erlass und zur Änderung steuerlicher Verordnungen v. 11.12.2012, BGBl. I 2012, 2637 = BStBl I 2013, 2.

Wenn Schenkungsteuererklärungen im Rahmen einer Selbstanzeige abgegeben werden, fallen neben den Gebühren nach § 30 StBVV weitere Gebühren nach § 24 Abs. 1 Nr. 13 StBVV für jede einzelne Erklärung an. Problematisch ist der Fall, wenn im Rahmen der Selbstanzeige eine Verständigung der Verfahrensbeteiligten dahingehend erfolgt, dass trotz zahlreicher Vorschenkungen nur eine Schenkungsteuererklärung abgegeben wird, in der alle Vorschenkungen berücksichtigt sind. Rein formal gesehen, fertigt der StB in einem solchen Fall nur eine Schenkungsteuererklärung an, für die er auch nur eine Gebühr nach § 24 Abs. 1 Nr. 13 StBVV berechnen kann. Der Aufwand im Zusammenhang mit der Aufbereitung der Vorschenkungen kann aber sowohl beim Gegenstandswert (es sollte der Rohwert aller Schenkungen zugrunde gelegt werden), als auch beim Zehntelsatz berücksichtigt werden. Demgegenüber wäre es problematisch, von mehreren Angelegenheiten auszugehen und mehrere Gebühren nach § 24 Abs. 1 Nr. 13 StBVV zu berechnen.[1)]

Die „Anlage Gegenleistungen und Auflagen", die u.a. abzugeben ist, wenn der Mandant Immobilien unter Vorbehaltsnießbrauch überträgt, ist nicht gesondert abrechenbar.[2)] Der Mehraufwand kann über den Zehntelsatz abgebildet werden.

XII. Kapitalertragsteueranmeldung (Nr. 14)

Die Kapitalertragsteueranmeldung (§ 45a Abs. 1 EStG und § 7 InvStG) beinhaltet die Berechnung der Steuer als zusätzliche Leistung zur eigentlichen Erklärungsfertigung. Was als Kapitalertrag anzusehen ist, ergibt sich aus § 43 EStG. Die Summe der kapitalertragsteuerpflichtigen Kapitalerträge kann unmittelbar aus der Anmeldung entnommen werden. Die bisherige Regelung zur Kapitalertragsteuererklärung wurde durch die VO zum Erlass und zur Änderung steuerlicher Verordnungen[3)] – ähnlich wie § 24 Abs. 1 Nr. 7 StBVV – um folgende Wörter ergänzt: „sowie für jede weitere Erklärung im Zusammenhang mit Kapitalerträgen". Damit soll der neuen Rechtslage der §§ 43 ff. EStG und den damit verbundenen Erklärungen Rechnung getragen werden. Gerade durch die Einführung der Abgeltungsteuer sind zusätzliche neue Berichtspflichten entstanden. Führt der StB für die steuerpflichtige Kapitalgesellschaft die jährliche **KiStAM-Abfrage** durch und gibt er für die Kapitalgesellschaft die Kapitalertragsteueranmeldung ab, rechtfertigt die KiStAM-Abfrage einen höheren Zehntelsatz nach § 24 Abs. 1 Nr. 14, 1 Halbsatz StBVV.[4)] Gibt der StB keine Kapialertragsteueranmeldung ab, kann die KiStAM-Abfrage analog § 24 Abs. 1 Nr. 14 StBVV i.V.m. §§ 2, 13 StBVV mit einer Zeitgebühr berechnet werden.[5)] 421

Bundessteuerberaterkammer und Deutscher Steuerberaterverband hatten für die sog. **Günstigerprüfung** nach § 32d Abs. 6 EStG einen gesonderten Gebührentatbestand gefordert. Danach sollte für die Durchführung der Prüfung über die Ausübung von Wahlrechten bei Tätigkeiten im Zusammenhang mit Steuererklärungen eine Zeitgebühr entstehen. Dieser Vorschlag fand im Gesetzgebungsverfahren keine Zustimmung. Im Hinblick auf die gesonderte Abrechnung der sog. Günstigerprüfung ändert sich m.E. nichts im Vergleich zur bisherigen Rechtslage. Für die Prüfung kann wie bisher eine Gebühr nach § 27 Abs. 1 StBVV geltend gemacht werden (→ § 27 StBVV Rz. 474). 422

Gegenstandswert ist die Summe der steuerpflichtigen Kapitalerträge, mindestens jedoch 4 000 €.

---

1) Feiter, KANZLEI intern 04/2015, 7.
2) Beyme, Honorargestaltung für Steuerberatung, August 2021, 8; → Rz. 419 zu Anlagen im Rahmen der Erbschaftsteuererklärung.
3) VO zum Erlass und zur Änderung steuerlicher Verordnungen v. 11.12.2012, BGBl. I 2012, 2637 = BStBl I 2013, 2.
4) Wacker, KANZLEI intern 04_2017, 8.
5) Wacker, unter Hinweis auf die entsprechende Empfehlung der BStBK, KANZLEI intern 04_ 2017, 8; zur Gebühr für Erstregistrierung zum Kirchensteuerabzugsverfahren → Rz. 439.

XIII. Lohnsteuer-Anmeldung (Nr. 15)

423 Fertigt der StB für den Arbeitgeber die Lohnsteuer-Anmeldung (§ 41a EStG), erhält er hierfür eine Gebühr nach § 24 Abs. 1 Nr. 15 StBVV, wenn er nicht auch mit der Führung der Lohnkonten beauftragt ist (§ 34 Abs. 6 StBVV). Zur Ermittlung des **Gegenstandswerts** muss der Berater die Summe der Arbeitslöhne gesondert feststellen, denn der Lohnsteuer-Anmeldung kann die Summe der Arbeitslöhne nicht entnommen werden. Maßgeblich ist die Summe der Bruttobezüge des Anmeldezeitraums (Monat, Quartal, Kalenderjahr).

XIV. Steuererklärungen auf dem Gebiet der Einfuhr- und Ausfuhrabgaben und Verbrauchsteuern (Nr. 16–18)

424 § 24 Abs. 1 Nr. 16–18 StBVV enthält die Gebührenvorschriften für die Anfertigung von Steuererklärungen auf dem Gebiet der Einfuhr- und Ausfuhrabgaben und Verbrauchsteuern. Die 3. ÄndVO[1] hat aus redaktionellen Gründen das Wort „Eingangsabgaben" durch „Einfuhrabgaben" ersetzt. Durch das JStG 2007[2] wurde der Begriff „Zölle" durch „Einfuhr- und Ausfuhrabgaben" ersetzt. Durch die VO zum Erlass und zur Änderung steuerlicher Verordnungen[3] erfolgte eine redaktionelle Änderung. Das Wort „erhoben" wurde durch „geschuldet" ersetzt. Fraglich ist, ob auch **örtliche Aufwandsteuern**, wie z.B. Vergnügungssteuern (z.B. Spielautomatensteuern) und die Kulturförderabgabe (auch Bettensteuer, City-Tax, Beherbergungsabgabe bzw. -steuer) nach § 24 Abs. 1 Nr. 17 StBVV abzurechnen sind. In der rechtswissenschaftlichen Diskussion und in der Finanzwissenschaft werden Aufwand- und Verbrauchsteuern als nah verwandte, eigenständige Steuerarten angesehen, was für eine gebührenrechtliche Gleichbehandlung sprechen könnte. Gleichwohl ist der Wortlaut des § 24 Abs. 1 Nr. 17 StBVV eindeutig auf Verbrauchsteuern beschränkt. Eine Analogie verbietet sich aber nicht nur wegen des Wortlauts, sondern insbesondere aus methodischen Gründen, weil mit § 24 Abs. 1 Nr. 26 StBVV ein Gebührentatbestand zur Verfügung steht, der unmittelbar anwendbar ist. Aus diesem Grunde sollten Steuererklärungen auf dem Gebiet der kommunalen Aufwandsteuern nach § 24 Abs. 1 Nr. 26 StBVV abgerechnet werden.[4]

XV. Anträge auf Gewährung einer Investitionszulage (Nr. 19)

425 Die Gebührenvorschrift bezieht sich auf Tätigkeiten, die sich aus dem Investitionszulagengesetz (InvZulG) ergeben. **Gegenstandswert** ist die Bemessungsgrundlage für die Investitionszulagen, also der Betrag, von welchem die Zulage berechnet wird. Bei Anträgen auf Investitionszulage hat der Verordnungsgeber auf die Festlegung eines Mindestgegenstandswerts verzichtet.

XVI. Anträge auf Steuervergütung (Nr. 20)

426 Durch das JStG 2007[5] wurde § 24 Abs. 1 Nr. 20 StBGebV neu eingefügt. Sie betrifft Steuervergütungen von Körperschaften, die ausschließlich und unmittelbar gemeinnützige, mildtätige oder kirchliche Zwecke verfolgen, bestimmte juristische Personen des öffentlichen Rechts gem. § 4a UStG sowie in- und ausländische Unternehmen, die keine umsatzsteuerlichen Leistungen in Deutschland erbringen. Gegenstandswert ist die beantragte Vergütung.

1) 3. ÄndVO v. 20.8.1998, BGBl. I 1998, 2369.
2) JStG 2007 v. 13.12.2006, BGBl. I 2006, 2878 = BStBl I 2007, 28.
3) VO zum Erlass und zur Änderung steuerlicher Verordnungen v. 11.12.2012, BGBl. I 2012, 2637 = BStBl I 2013, 2.
4) Feiter/Eiling, Honorarbrief für Steuerberater 12/2013, 2.
5) JStG 2007 v. 13.12.2006, BGBl. I 2006, 2878 = BStBl I 2007, 28.

XVII. Anträge auf Vergütung der abziehbaren Vorsteuerbeträge (Nr. 21)

Rechtsgrundlage der entsprechenden Anträge ist § 18 Abs. 9 UStG. Die 3. ÄndVO[1] hat in § 24 Abs. 1 Nr. 21 StBGebV a.F. aus redaktionellen Gründen die Worte „nicht im Erhebungsgebiet" durch die Worte „im Ausland" ersetzt. Diese Vorschrift sah bis zum Inkrafttreten der VO zum Erlass und zur Änderung steuerlicher Verordnungen[2] für die Anfertigung von Anträgen auf Vergütung der abziehbaren Vorsteuerbeträge an im Ausland ansässige Unternehmer eine Gebühr von 1/10 bis 6/10 einer vollen Gebühr nach Tabelle A vor. Anträge auf Vergütung ausländischer abziehbarer Vorsteuerbeträge an einen im Inland ansässigen Unternehmer (also der umgekehrte Fall des § 24 Abs. 1 Nr. 21 StBGebV a.F.) konnten bis dahin nicht nach dieser Vorschrift abgerechnet werden. Durch die Neufassung wurde der Anwendungsbereich der Vorschrift auch für Vorsteuervergütungsanträge, die ein inländischer Unternehmer stellt, geöffnet. Der Verordnungsgeber hat die Wörter „an im Ausland ansässige Unternehmen" gestrichen und dies mit der geänderten Rechtslage durch das JStG 2009[3] begründet. Der Mindestgegenstandswert wurde von 1 000 € auf 1 300 € angehoben. **427**

XVIII. Anträge auf Erstattung von Kapitalertragsteuer und Vergütung der anrechenbaren Körperschaftsteuer (Nr. 22)

Die Bestimmung umfasst alle Arten von Einzel- und Sammelanträgen auf Erstattung der Kapitalertragsteuer bzw. Vergütung der anrechenbaren Körperschaftsteuer nach den einschlägigen Vorschriften des EStG. **428**

XIX. Anträge auf Zahlung von Kindergeld (Nr. 23)

Durch das JStG 1996 wurde die Bearbeitung von Kindergeld den Finanzämtern übertragen. Die Kindergeldbestimmungen wurden in das EStG integriert (§§ 62 – 78 EStG). Damit sind Kindergeldangelegenheiten zu Steuerangelegenheiten geworden mit der Folge, dass seit dem 1.1.1996 eine Vertretung durch StB möglich ist. Für Anträge nach Abschn. X EStG sieht der durch die 3. ÄndVO[4] eingefügte § 24 Abs. 1 Nr. 23 StBVV deshalb eine separate Gebühr vor. **Gegenstandswert** ist das beantragte Jahreskindergeld. **429**

Legt der StB Einspruch gegen die Festsetzung des Kindergelds ein, richtet sich sein Gebührenanspruch nach § 40 Satz 1 StBVV i.Vm. Nr. 2300 VV RVG. Gemäß § 77 EStG gilt die Besonderheit, dass die Kosten des Beraters im isolierten Einspruchsverfahren ausnahmsweise, d.h. wenn dem Einspruch stattgegeben wurde, erstattungsfähig sind (→ § 40 StBVV Rz. 656).

XX. Anmeldung über den Steuerabzug bei Bauleistungen (Nr. 25)

Durch das JStG 2007[5] wurde ein Gebührentatbestand für die 2001/2002 neu eingeführte Anmeldung über den Steuerabzug bei Bauleistungen eingeführt (§ 24 Abs. 1 Nr. 25 StBGebV). **430**

XXI. Erstellung sonstiger Steuererklärungen (Nr. 26)

Der durch die VO zum Erhalt und zur Änderung steuerlicher Verordnungen[6] neu eingefügte § 24 Abs. 1 Nr. 26 StBVV sieht für die Erstellung sonstiger Steuererklä- **431**

1) 3. ÄndVO v. 20.8.1998, BGBl. I 1998, 2369.
2) VO zum Erlass und zur Änderung steuerlicher Verordnungen v. 11.12.2012, BGBl. I 2012, 2637 = BStBl I 2013, 2.
3) BGBl. I 2008, 2794 = BStBl I 2009, 74.
4) 3. ÄndVO v. 20.8.1998, BGBl. I 1998, 2369.
5) JStG 2007 v. 13.12.2006, BGBl. I 2006, 2878 = BStBl I 2007, 28.
6) VO zum Erlass und zur Änderung steuerlicher Verordnungen v. 11.12.2012, BGBl. I 2012, 2637 = BStBl I 2013, 2.

rungen, die nicht in § 24 Abs. 1 StBVV aufgeführt sind – vergleichbar § 23 Abs. 1 Satz 1 Nr. 10 StBVV – einen Auffangtatbestand vor. Der Gebührenrahmen beträgt 1/10 bis 6/10 einer vollen Gebühr nach Tabelle A.

Als Gegenstandswert ist die jeweilige Bemessungsgrundlage, jedoch mindestens 8 000 € vorgesehen. Unter diese Vorschrift können künftig Steuererklärungen und Steueranmeldungen (§ 150 Abs. 1 Satz 3 AO) subsumiert werden, für die es keinen gesonderten Gebührentatbestand gibt.

Beispiele:

- Feststellungserklärungen nach dem KStG (→ Rz. 402),
- Erklärung zur Überprüfung von rechtsfähigen Pensions-, Sterbe-, Kranken- und Unterstützungskassen (§ 5 Abs. 1 Nr. 3 KStG),
- Anmeldung von Abzugsteuern nach §§ 50, 50a EStG i.V.m. § 73e Satz 2 EStDV,
- Energiesteueranmeldung (§ 33 EnergieStG),
- Luftverkehrsteueranmeldung (§ 12 Abs. 1 LuftVStG),
- Feuerschutzsteueranmeldung (§ 8 Abs. 1 FeuerschStG),
- Anmeldung von Lotterien und Sportwetten (§ 31 RennwLottGABest),
- Anzeige zur Grunderwerbsteuer (§ 19 Abs. 5 GrEStG),
- Anzeige zur Kraftfahrzeugsteuer (§§ 3, 7 Abs. 1 KraftStDV),
- Erklärungen zu örtlichen Aufwandsteuern, wie Vergnügungssteuern und die Kulturförderabgabe (→ Rz. 424) oder Zweitwohnungsteuererklärungen.

Bis zur Einfügung des § 24 Abs. 1 Nr. 26 StBVV musste der StB bezüglich dieser Steuererklärungen und Steueranmeldungen auf § 2 StBGebV ausweichen und einen einschlägigen Gebührentatbestand in § 24 Abs. 1 StBGebV heranziehen. Durch den Auffangtatbestand wurde diese strukturelle Schwachstelle der früheren StBGebV geschlossen. Wird der StB beauftragt, eine Erklärung zum **Fremdenverkehrsbeitrag** abzugeben, ist die StBVV nicht unmittelbar anwendbar, da es sich nicht um eine Vorbehaltsaufgabe nach § 33 StBerG handelt (vgl. § 1 Abs. 1 StBVV). In Betracht kommt jedoch eine analoge Anwendung der Vorschrift.[1] Zu beachten ist, dass das amtliche Muster für Vollmachten im Besteuerungsverfahren[2] nur eine Vertretung in allen steuerlichen und sonstigen Angelegenheiten i.S.d. § 1 StBerG umfasst. Dazu gehören z.B. alle kommunalen Aufwandsteuern (Zweitwohnungsteuer, Übernachtungsteuer, Vergnügungssteuer, Hundesteuer, Pferdesteuer etc.), nicht jedoch die Vertretung in Beitragsangelegen, wie den Fremdenverkehrsbeitrag. Hierzu bedarf es einer gesonderten Vollmacht.[3]

C. Anrechnung der Gebühr für den Mindeststeuer-Bericht (Abs. 2)

432 Die Vorschrift wurde mit Wirkung zum 1.7.2025 durch die Fünfte Verordnung zur Änderung der Steuerberatervergütungsverordnung[4] eingefügt. Danach ist die Zeitgebühr für die Anfertigung eines Mindeststeuer-Berichts (§ 24 Abs. 5 Nr. 5 StBVV) bis zur Hälfte der Gebühr für die Mindeststeuererklärung (§ 24 Abs. 1 Nr. 4 StBVV) anzurechnen.

Praxistipp:

Die Anrechnung ist beschränkt auf die Abrechnung der gesetzlichen Gebühren nach § 24 Abs. 1 Nr. 4, Abs. 5 Nr. 5 StBVV. Es ist davon auszugehen, dass für den Mindest-

1) Beyme, KANZLEI intern 02_2019, 4.
2) BMF-Schreiben v. 1.8.2016, IV A 3 – S 0202/15/10001, BStBl I 2016, 662, „Vollmachtsdatenbank".
3) Beyme, KANZLEI intern 02_2019, 4 und 5.
4) BGBl. I 2025 Nr. 105 = BStBl I 2025, 1009.

steuer-Bericht und die Mindeststeuererklärung fast ausnahmslos Vergütungsvereinbarungen zum Einsatz kommen werden. Die neuen Vorschriften einschließlich der Anrechnungsvorschrift dürften deshalb weitgehend leerlaufen.

Begründet wird die Anrechnungspflicht damit, dass sich der Aufwand für die Anfertigung der Mindeststeuererklärung signifikant reduziert, wenn der StB für dieselbe Unternehmensgruppe zugleich den Mindeststeuer-Bericht anfertigt. Daher soll sich in diesen Fällen die Gebühr für die Anfertigung der Mindeststeuererklärung durch die Anrechnung der Gebühr für die Anfertigung des Mindeststeuer-Berichts auf maximal die Hälfte reduzieren.[1]

D. Ermittlung der Zugewinnausgleichsforderung nach § 5 ErbStG (Abs. 3)

Die Regelung trägt dem Umstand Rechnung, dass die Ermittlung der Zugewinnausgleichsforderung nach § 5 ErbStG nicht mit der Gebühr für die Erbschaftsteuererklärung abgegolten ist. **Gegenstandswert** ist der ermittelte Betrag der Ausgleichsforderung. Erfolgt die Ermittlung für nicht steuerliche Zwecke, z.B. für ein familiengerichtliches Verfahren, richtet sich die Vergütung nach § 612 Abs. 2 BGB bzw. § 632 Abs. 2 BGB.[2] **433**

E. Antrag auf Lohnsteuer-Ermäßigung (Abs. 4)

Die Regelung entsprach bis zum Inkrafttreten der 3. ÄndVO[3] der Nr. 2 des § 24 Abs. 3 StBGebV. Sie wurde inhaltlich nicht verändert. § 24 Abs. 3 StBGebV wurde allerdings neu gefasst, weil die bisherige Regelung des Lohnsteuerjahresausgleichs in § 24 Abs. 3 Nr. 1 StBGebV durch die 3. ÄndVO weggefallen ist. Die Fälle, in denen ein Antrag auf Lohnsteuer-Ermäßigung in Betracht kommt, ergeben sich aus § 39a Abs. 1 EStG. Ob nur einer oder mehrere Ermäßigungstatbestände erfüllt sind, ist für den Gebührenanspruch dem Grunde nach unerheblich. Dies kann aber Auswirkungen auf die Höhe der Gebühr haben. Gegenstandwert ist der Bruttobetrag des voraussichtlichen Jahresarbeitslohns. **434**

F. Besondere Zeitgebühren (Abs. 5)

Durch die Fünfte Verordnung zur Änderung der Steuerberatervergütungsverordnung[4] wurde der bisherige Absatz 4 in einen neuen Absatz 5 überführt. Diese Verschiebung ist darauf zurückzuführen, dass gleichzeitig ein neuer Absatz 2 in § 24 StBVV eingefügt wurde. Die Struktur des neuen Absatzes 5 wurde durch die Aufnahme von drei neuen Gebührentatbeständen in Nr. 1, 7 und 8 verändert. **435**

I. Mitteilung nach § 138 Abs. 2 AO (Nr. 1)

Dieser Gebührentatbestand wurde mit Wirkung zum 1.7.2025 durch die Fünfte Verordnung zur Änderung der Steuerberatervergütungsverordnung[5] eingefügt. Bis dahin konnten Anzeigen über die Erwerbstätigkeit gem. § 138 Abs. 2 AO nach dem Auffangtatbestand des § 24 Abs. 4 Nr. 5 StBVV a.F. analog (jetzt: § 24 Abs. 5 Nr. 4 StBVV) abgerechnet werden. **436**

Für das Ausfüllen von Fragebögen, z.B. zur steuerlichen Erfassung hat die Rechtsprechung zur **StBGebV** eine **mittlere Zeitgebühr** (damals: 65,00 €/Std.) für ange-

1) BR-Drucks. 61/25, S. 29.
2) Eggesiecker, 2. Aufl. 1998, § 24 STEUGO Rz. 24.846.
3) Verordnung v. 20.8.1998, BGBl. I 1998, 2369.
4) BGBl. I 2025 Nr. 105 = BStBl I 2025, 1009.
5) BGBl. I 2025 Nr. 105 = BStBl I 2025, 1009.

messen angesehen.[1] Das AG Düsseldorf hielt allerdings den vom StB angesetzten Zeitaufwand von 1,5 Std. für überzogen und billigte nur einen Zeitaufwand von 1 Std. zu. Es bleibt abzuwarten, ob die Gerichte künftig auch eine mittlere Zeitgebühr nach § 13 Satz 2 StBVV als angemessen ansehen werden. Das AG Lemgo[2] hatte den vom StB angesetzten Zeitaufwand von 3,75 Std. für das Ausfüllen des Fragebogens und die vom StB angesetzte Gebühr von 55,00 €/Std. nicht beanstandet, nachdem der Mandant diesen Ansätzen nicht entgegengetreten war. Da der StB in diesem Verfahren keinen höheren Stundensatz geltend gemacht hatte, konnte das Gericht ihm auch keinen höheren Satz zusprechen.[3] Seit dem 15.5.2017 besteht für Einzelunternehmer die Möglichkeit den Fragebogen zur steuerlichen Erfassung im ELSTEROnline-Portal elektronisch auszufüllen und authentifiziert an das zuständige Finanzamt zu übermitteln. Dadurch fallen zwar Porto und Postlaufzeit weg, auch lassen sich bei der Eingabe grundlegende Plausibilitäten prüfen, was im Einzelfall zu weniger Nachfragen des Finanzamtes führen kann. Der Zeitaufwand für das Ausfüllen des Fragebogens verringert sich dadurch aber grundsätzlich nicht, so dass das elektronische Verfahren nicht zwangsläufig weniger Gebühren für den StB bedeutet.

II. Verlustfeststellung (Nr. 2)

437 Gemäß § 24 Abs. 5 Nr. 2 StBVV erhält der StB neben der für die einheitliche Feststellung nach § 24 Abs. 1 Nr. 2 StBVV zu zahlenden Vergütung eine zusätzliche Gebühr für die nach § 15a Abs. 4 EStG vorzunehmende „gesonderte Feststellung des verrechenbaren Verlustes". Hierbei handelt es sich um die Feststellungen für Kommanditisten, die in einer Anlage zur ESt-Erklärung zu machen sind. Die Gebühr fällt deshalb nicht bei der Gesellschaft, sondern im Zusammenhang mit der Einkommensteuererklärung des/der Kommanditisten an. Die Erledigung dieser Tätigkeit erfordert ein hohes Maß an Kenntnissen der Vorschriften und der dazu ergangenen Rechtsprechung. Insbesondere hat die Tätigkeit auch Langzeitwirkung für den Mandanten. Angemessen wird deshalb in der Regel eine Gebühr zwischen Mittel- und Höchstgebühr sein.[4] In den Fällen, in denen das EStG § 15a EStG für sinngemäß anwendbar erklärt, kann über § 2 StBVV auch eine Gebühr nach § 24 Abs. 4 Nr. 2 StBVV abgerechnet werden.[5] Bei der Berechnung der sog. Tonnagesteuererklärung ist die Aufteilung des Unterschiedsbetrags gem. § 5a EStG in Analogie zu § 24 Abs. 4 Nr. 2 StBVV zu berechnen.

III. Berechnung des Begünstigungsgewinns (Nr. 3)

438 Durch die VO zum Erlass und zur Änderung steuerlicher Verordnungen[6] wurde ein neuer Gebührentatbestand für die Berechnung des Begünstigungsgewinns i.S.v. § 34a Abs. 1 Satz 1 EStG (Thesaurierungsrücklage) geschaffen. Durch das Unternehmensteuerreformgesetz[7] wurde ab dem Veranlagungszeitraum 2008 die sog. Thesaurierungsrücklage eingeführt. Die Berechnung der Begünstigungsgewinne i.S.v. § 34a Abs. 1 Satz 1 EStG konnte bisher nicht gesondert berechnet werden. Hierfür ist eine Zeitgebühr vorgesehen. Durch die Dritte Verordnung zur Änderung steuerli-

---

1) LG Düsseldorf v. 4.9.2013, 9 O 64/10; AG Herne v. 22.1.2013, 5 C 203/11; AG Düsseldorf v. 25.9.2007, 48 C 10744/03.
2) AG Lemgo v. 17.12.2014, 20 C 343/14.
3) Feiter, KANZLEI intern 03/2015, 5.
4) Starz, KANZLEI intern 03/2015, 6; Schwamberger, KP 2016, 93, 95; Berners, 5. Aufl. 2016, § 24 StBVV Rz. 136.
5) Vgl. hierzu Boelsen in Eckert, 7. Aufl. 2023, § 24 Abs. 4 StBVV Rz. 4.
6) VO zum Erlass und zur Änderung steuerlicher Verordnungen v. 11.12.2012, BGBl. I 2012, 2637 = BStBl I 2013, 2.
7) Gesetz v. 14.8.2007, BGBl. I 2007, 1912 = BStBl I 2007, 630.

cher Verordnungen wurde die frühere Nr. 12 zu Nr. 14.[1] Durch die Fünfte Verordnung zur Änderung der Steuerberatervergütungsverordnung[2] wurde die bisherige Nr. 14 zu Nr. 3.

IV. Sonstige Anträge und Meldungen nach dem EStG (Nr. 4)

Durch die VO zum Erlass und zur Änderung steuerlicher Verordnungen[3] wurden die früheren Nr. 4 sowie 6 – 12 des § 24 Abs. 4 StBGebV aufgehoben. Stattdessen wurde in § 24 Abs. 4 Nr. 5 StBVV ein Auffangtatbestand für sonstige Anträge und Meldungen nach dem EStG geschaffen. Nach dieser neuen Vorschrift konnten auch alle Tätigkeiten nach § 24 Abs. 4 Nr. 4, 6 – 12 StBGebV a.F. abgerechnet werden. Durch die Dritte Verordnung zur Änderung steuerlicher Verordnungen[4] wurden ferner die Nr. 11 (Antrag auf Stundung nach § 95 Abs. 2 EStG) und die Nr. 12 (Antrag auf Gewährung der Zulage nach Neubegründung der unbeschränkten Steuerpflicht nach § 95 Abs. 3 EStG) in der Fassung der Bekanntmachung vom 8.4.2008[5] aufgehoben. Mit dieser Aufhebung wurde der durch die Verordnung zum Erlass und zur Änderung steuerlicher Verordnungen geänderten Rechtslage Rechnung getragen, da die entsprechenden Tätigkeiten ebenfalls vom Auffangtatbestand des § 24 Abs. 4 Nr. 5 StBVV a.F. erfasst wurden.[6] Durch die Fünfte Verordnung zur Änderung der Steuerberatervergütungsverordnung[7] wurde § 24 Abs. 4 Nr. 5 zu § 24 Abs. 5 Nr. 4 StBVV. Folgende Tätigkeiten können danach abgerechnet werden: 439

- Anfertigung eines Erstattungsantrags (§ 50 Abs. 5 Satz 2 Nr. 3 EStG a.F.),
- Anfertigung einer Anmeldung nach § 50a Abs. 5 EStG, § 73e EStDV,
- Anfertigung eines Antrags auf Erteilung einer Freistellungsbescheinigung nach § 48b EStG,
- Anfertigung eines Antrags auf Altersvorsorgezulage (§ 89 EStG),
- Anfertigung eines Antrags auf Festsetzung der Zulage nach § 90 Abs. 4 EStG,
- Anfertigung eines Antrags auf Verwendung für eine eigenen Wohnzwecken dienende Wohnung im eigenen Haus (§§ 92a, 92b Abs. 1 EStG),
- Anfertigung eines Antrags auf Festsetzung des Rückzahlungsbetrags (§ 94 Abs. 2 EStG),
- Anfertigung eines Antrags auf Stundung (§ 95 Abs. 2 EStG) und
- Anfertigung eines Antrags auf Gewährung der Zulage nach Neubegründung der unbeschränkten Steuerpflicht (§ 95 Abs. 3 EStG).

Unter den Anwendungsbereich der Vorschrift fällt auch der Antrag auf Tarifbesteuerung nach § 32d Abs. 2 Nr. 3a EStG. Seit Mitte 2015 besteht die Möglichkeit, dass der Kirchensteuerabzugsverpflichtete seinen StB mit der **Erstregistrierung** beim BZSt beauftragt.[8] Anträge auf Zuteilung einer Zulassungsnummer für das **Kirchensteuerabzugsverfahren** gem. § 51a Abs. 2c EStG können seitdem nach § 24 Abs. 4 Nr. 5 StBVV a.F. bzw. § 24 Abs. 5 Nr. 4 StBVV mit einer Zeitgebühr abgerechnet

1) BGBl. I 2016, 1722 = BStBl I 2016, 725; BR-Drucks. 201/16 v. 20.4.2016, 23.
2) BGBl. I 2025 Nr. 105 = BStBl I 2025, 1009.
3) VO zum Erlass und zur Änderung steuerlicher Verordnungen v. 11.12.2012, BGBl. I 2012, 2637 = BStBl I 2013, 2.
4) BGBl. I 2016, 1722 = BStBl I 2016, 725.
5) BGBl. I 2008, 666.
6) BR-Drucks. 201/16 v. 20.4.2016, 23.
7) BGBl. I 2025 Nr. 105 = BStBl I 2025, 1009.
8) Vgl. Internetauftritt des BZSt, Rubrik „Kirchensteuer auf Abgeltungsteuer", „Informationen für Abzugsverpflichtete"/"Zugang zum Verfahren"; dort: Möglichkeit 2; eingeschränkter Verfahrenszugang.

werden.[1] Die jährlich durchzuführende **KiStAM-Abfrage** kann demgegenüber durch einen höheren Zehntelsatz berücksichtigt werden, wenn der StB für den Steuerpflichtigen die Kapitalertragsteueranmeldung abgibt, § 24 Abs. 1 Nr. 14, 1. Halbsatz StBVV.[2] Geschieht dies nicht, kann analog § 24 Abs. 1 Nr. 14 StBVV i.V.m. §§ 2, 13 StBVV[3] oder analog § 24 Abs. 5 Nr. 4 StBVV[4] eine Zeitgebühr berechnet werden.

Abgrenzungsfragen werden sich immer dann stellen, wenn neben § 24 Abs. 5 Nr. 4 StBVV auch andere Vorschriften der StBVV anwendbar sind.

Beispiel:

Ein Antrag auf Ausstellung einer **Nichtveranlagungs- (NV-)Bescheinigung** (§ 44a Abs. 2 Satz 1 Nr. 2 EStG) kann sowohl mit einer Wertgebühr nach § 24 Abs. 1 Nr. 1 StBVV,[5] als auch mit einer Zeitgebühr nach § 24 Abs. 5 Nr. 4 StBVV abgerechnet werden. Keine der beiden Vorschriften erweist sich als die speziellere. § 24 Abs. 1 Nr. 1 StBVV ist unmittelbar einschlägig, weil in dem Antragsformular Angaben zum voraussichtlich zu versteuernden Einkommen zu machen sind. Als Gegenstandswert sollte der Mindestgegenstandswert zugrunde gelegt werden. Aber auch § 24 Abs. 5 Nr. 4 Nr. StBVV ist unmittelbar einschlägig, da es sich um einen Antrag nach dem EStG handelt. Deshalb besteht in diesem Fall für den StB ein Gebührenwahlrecht.

Abgrenzungsfragen stellen sich insbesondere im Verhältnis zu § 23 Abs. 1 Satz 1 Nr. 10 StBVV, der für sonstige Anträge, soweit sie nicht in Steuererklärungen gestellt werden, eine Wertgebühr vorsieht. Diese Konkurrenzfrage lässt sich durch die Anwendung der spezielleren Vorschrift lösen. Für Anträge nach dem EStG ist dies § 24 Abs. 5 Nr. 4 StBVV.

Beispiel:

Anträge auf **Pauschalierung der Lohnsteuer** (§ 40 EStG), auf Anwendung der pauschalen Gewinnermittlung nach der **Tonnagesteuer** (§ 5a Abs. 1 Satz 1 EStG) oder auch **Anträge auf Begünstigung des nicht entnommenen Gewinns** (§ 34a EStG). Ferner einen Antrag auf Kindergeld nach § 67 EStG, einen Antrag auf Tarifermäßigung bei Einkünften aus LuF gem. § 32c EStG[6] oder einen Antrag auf Liebhaberei bei Photovoltaikanlagen bis einschließlich VZ 2021.[7]

440 **Anträge** nach anderen Gesetzen sind nach § 23 Abs. 1 Satz 1 Nr. 10 StBVV abzurechnen. Eine sinngemäße Anwendung des § 24 Abs. 5 Nr. 4 StBVV über § 2 StBVV kommt für Anträge, die ihre Rechtsgrundlage nicht im EStG haben, nicht in Betracht. Denn mit § 23 Abs. 1 Satz 1 Nr. 10 StBVV besteht eine Regelung, nach der abgerechnet werden kann. Mangels Regelungslücke besteht deshalb kein Raum für die Heranziehung des § 2 StBVV. Vielmehr sind diese Anträge nach **§ 23 Abs. 1 Satz 1 Nr. 10 StBVV** abzurechnen.

Beispiel:

Antrag auf Besteuerung nach § 1a KStG (Optionsmodell), Antrag auf Optionsverschonung des Betriebsvermögens (§ 13a Abs. 8 ErbStG), Antrag auf verbindliche Zusage (§ 204 AO), Antrag auf Aufteilung der Steuerschuld (§ 268 AO), Antrag auf Buchführungserleichterungen (§ 148 AO), Antrag auf Grunderwerbsteuerbefreiung (§ 3 GrStG).

---

1) Wacker, KANZLEI intern 04_2017, 8.
2) Wacker, KANZLEI intern 04_2017, 8.
3) Wacker unter Hinweis auf die entsprechende Empfehlung der BStBK, KANZLEI intern 04_2017, 8.
4) Boelsen in Eckert, 7. Aufl. 2023, § 24 Abs. 4 StBVV Rz. 11.
5) So Boelsen in Eckert, 7. Aufl. 2023, § 24 StBVV Rz. 14.
6) Siehe hierzu Beyme, Honorargestaltung für Steuerberater, Juni 2020, 1.
7) Siehe hierzu Beyme, Honorargestaltung für Steuerberater, November 2021, 6; ab dem VZ 2022 gilt das BMF-Schreiben vom 17.7.2023, IV C 6 – S 2121/23/10001 :001, BStBl I 2023, 1494 zur Steuerbefreiung für Photovoltaikanlagen.

§ 24 Abs. 5 Nr. 4 StBVV gilt unmittelbar für Meldungen nach dem EStG, soweit es keine speziellere Vorschrift gibt. **441**

Beispiel:

Die Meldung der Steueridentifikationsnummer an die Familienkasse beruht auf den Regelungen der §§ 62, 63 EStG und führt zur unmittelbaren Anwendung des § 24 Abs. 5 Nr. 4 StBVV.

Anders ist dies bei sonstigen **Meldungen**, die nicht im EStG, sondern in anderen Gesetzen und Verordnungen ihre Grundlage haben. Für derartige Meldungen gibt es keine einschlägige Vorschrift in der StBVV, so dass § 24 Abs. 5 Nr. 4 StBVV sinngemäß (§ 2 StBVV) herangezogen werden kann.[1)]

Praxistipp:

Für Meldungen, die ihre Rechtsgrundlage in anderen Gesetzen als dem EStG haben, bietet sich eine entsprechende Anwendung (§ 2 StBVV) des § 24 Abs. 5 Nr. 4 StBVV an.

Beispiele:

- Die bis zum 11.1.2024 abzugebende Erklärung über rückwirkende Entnahme einer PV-Anlage gem. BMF-Schreiben v. 30.11.2023 (= Erklärung zu einer umsatzsteuerlichen Entnahme),
- Nachweise der korrekten Versteuerung/Erfassung von Betriebseinnahmen aufgrund erhaltener Kontrollmitteilungen,[2)]
- Erstellen von Anträgen und Angaben bei der Ermittlung von Bedarfswerten für die Erbschaftsteuer,
- Ausfertigung von Formularen für die Ermittlung des Einheitswerts für Grundvermögen,[3)]
- Meldepflichten gegenüber dem Hauptzollamt nach der EnSTransV.
- Meldepflicht für das Aufzeichnungssystem und die Sicherheitseinrichtung gem. § 146a Abs. 4 AO,
- Mitteilung über die Zurechnung der erhaltenen bzw. eingebrachten Anteile gem. § 22 Abs. 3 UmwStG im Falle einer Einbringung in eine Kapitalgesellschaft zu Buchwerten,
- Anzeigepflichten bei grenzüberschreitenden Steuergestaltungen (DAC 6) in Sonderfällen (§ 138d Abs. 6 und § 138g Abs. 1 Satz 1 AO).

Bis zum 30.6.2025 existierte mit § 24 Abs. 4 Nr. 3 StBVV ein eigener Gebührentatbestand für die **Meldung zur steuerlichen Erfassung von Auslandsbeteiligungen**. Hintergrund des durch die 3. ÄndVO[4)] neu eingefügten § 24 Abs. 4 Nr. 3 StBGebV war, dass im Zuge der grenzüberschreitenden Betätigungen die Beteiligung an ausländischen Körperschaften, Vermögensmassen und Personenvereinigungen und an ausländischen Personengesellschaften zunimmt. Die Finanzämter fordern die entsprechenden Meldungen zur steuerlichen Erfassung dieser Auslandsbeteiligungen an. Die Tätigkeiten zur Ermittlung der entsprechenden Sachverhalte sind gebührenpflichtig. Wegen der Häufigkeit dieser Tätigkeiten sah der Verordnungsgeber die Notwendigkeit einer Konkretisierung in der StBVV. Die entsprechenden Tätigkeiten erfordern umfangreiche Erfahrungen mit Auslandsbeziehungen, damit die Darstellung und Erläuterung für das Finanzamt ordnungsgemäß erfolgen kann. Angemessen dürfte in der Regel eine Gebühr zwischen Mittel- und Höchstgebühr sein.[5)] Die Regelung ist durch die Fünfte Verordnung zur Änderung der Steuerberatervergü-

1) So auch Schwamberger, KP 2016, 93, 96.
2) Siehe hierzu Beyme, Honorargestaltung für Steuerberater, Juni 2020, 8.
3) Schwamberger, KP 2016, 93, 96.
4) Verordnung v. 20.8.1998, BGBl. I 1998, 2369.
5) Schwamberger, KP 2016, 93, 95.

tungsverordnung weggefallen.[1] Entsprechende Meldungen können nunmehr nur noch analog § 24 Abs. 5 Nr. 4 StBVV abgerechnet werden.

Geht der Meldung eine steuerliche Beratung voraus, ist die Ratgebühr nach § 21 Abs. 1 Satz 1 StBVV regelmäßig auf die Gebühr nach § 24 Abs. 5 Nr. 4 StBVV **anzurechnen** (→ § 21 StBVV Rz. 349; → Rz. 418). Dies kann insbesondere bei hohen Ratgebühren unwirtschaftlich sein, so dass es im Einzelfall klüger ist, auf die Abrechnung der Zeitgebühr zu verzichten. Alternativ kann die Anrechnung durch eine Vergütungsvereinbarung nach § 4 Abs. 1 StBVV ausgeschlossen werden (siehe Formulierungsbeispiele → § 40 StBVV Rz. 661).

Eine **analoge Anwendung** der Vorschrift kommt bei **vereinbaren Tätigkeiten** in Betracht, z.B. für die elektronische Beantragung einer sog. **A1-Bescheinigung**, mit der die Anwendung des Sozialversicherungsrechts des Heimatlandes bestätigt wird. Diese Tätigkeit kann auch nach BGB abgerechnet werden (§§ 612 Abs. 2, 632 Abs. 2 BGB). Vertretbar ist auch eine Abrechnung nach § 34 Abs. 5 StBVV.

V. Anfertigung eines Mindeststeuer-Berichts (Nr. 5)

442 Die Vorschrift wurde mit Wirkung zum 1.7.2025 durch die Fünfte Verordnung zur Änderung der Steuerberatervergütungsverordnung[2] eingefügt. Sie muss im Zusammenhang mit § 24 Abs. 1 Nr. 4 und Abs. 2 StBVV gesehen werden. Die Anfertigung des Mindeststeuer-Berichts nach den §§ 75, 76 MinStG ist mit einer Zeitgebühr zu berechnen. Dadurch soll eine aufwandsgerechte Vergütung sichergestellt werden. Mit Blick auf den im Einzelfall unterschiedlichen Umfang des Mindeststeuer-Berichts würde eine Wertgebühr nach Auffassung des Verordnungsgebers keine sachgerechte Vergütung ermöglichen.[3] Der Mindeststeuer-Bericht ist beim BZSt einzureichen. Der Verordnungsgeber geht davon aus, dass rund 450 Unternehmensgruppen einen Mindeststeuer-Bericht in Deutschland einreichen werden.[4]

VI. Überwachung und Meldung der Lohnsumme sowie der Behaltensfrist (Nr. 6)

443 Durch die VO zum Erlass und zur Änderung steuerlicher Verordnungen[5] wurde ein neuer Gebührentatbestand geschaffen für die Überwachung und Meldung der Lohnsumme sowie der Behaltensfrist i.S.v. § 13a Abs. 1 i.V.m. Abs. 6 Satz 1, Abs. 5 i.V.m. Abs. 6 Satz 2 ErbStG. Vorgesehen ist eine Zeitgebühr. Im Rahmen der Novellierung der Erbschaftssteuer[6] wurde eine Einhaltung der Lohnsumme (Lohnsummenfrist) über sieben Jahre nach § 13a Abs. 1 i.V.m. Abs. 6 Satz 1 ErbStG sowie eine Behaltensfrist nach § 14a Abs. 5 i.V.m. Abs. 6 Satz 2 ErbStG eingeführt. Die Überwachung und Meldung der Lohnsumme sowie der Behaltensfrist kann je nach Schwierigkeit des Falles arbeitsintensiv sein. Da jeder Fall anders gelagert ist, ist eine Abrechnung mit der Zeitgebühr angemessen. Durch die Dritte Verordnung zur Änderung steuerlicher Verordnungen wurde die bisherige Nr. 11 zu Nr. 13.[7] Durch die Fünfte Verordnung zur Änderung der Steuerberatervergütungsverordnung[8] wurde § 24 Abs. 4 Nr. 13 StBVV zu § 24 Abs. 5 Nr. 6 StBVV.

1) BGBl. I 2025, Nr. 105 = BStBl I 2025, 1009.
2) BGBl. I 2025 Nr. 105 = BStBl I 2025, 1009.
3) BR-Drucks. 61/25, S. 30.
4) BR-Drucks. 61/25, S. 29.
5) VO zum Erlass und zur Änderung steuerlicher Verordnungen v. 11.12.2012, BGBl. I 2012, 2637 = BStBl I 2013, 2.
6) Erbschaftsteuerreformgesetz v. 24.12.2008, BGBl. I 2008, 3018 = BStBl I 2009, 40.
7) BGBl. I 2016, 1722 = BStBl I 2016, 725; BR-Drucks. 201/16 v. 20.4.2016, 23.
8) BGBl. I 2025 Nr. 105 = BStBl I 2025, 1009.

VII. Anzeige nach § 30 ErbStG (Nr. 7)

Die Regelung wurde mit Wirkung zum 1.7.2025 durch die Fünfte Verordnung zur Änderung der Steuerberatervergütungsverordnung[1] zum Zwecke der Klarstellung geschaffen. Bis dahin konnte die Anzeige analog § 24 Abs. 4 Nr. 5 StBVV a.F. (jetzt: § 24 Abs. 5 Nr. 4 StBVV) ebenfalls mit einer Zeitgebühr berechnet werden. **444**

VIII. Meldung nach der Fahrzeuglieferungs-Meldepflichtverordnung (Nr. 8)

Die Regelung wurde mit Wirkung zum 1.7.2025 durch die Fünfte Verordnung zur Änderung der Steuerberatervergütungsverordnung[2] zum Zwecke der Klarstellung geschaffen. Bis dahin konnte die Meldung analog § 24 Abs. 4 Nr. 5 StBVV a.F. (jetzt: § 24 Abs. 5 Nr. 4 StBVV) ebenfalls mit einer Zeitgebühr berechnet werden. **445**

1) BGBl. I 2025 Nr. 105 = BStBl I 2025, 1009.
2) BGBl. I 2025 Nr. 105 = BStBl I 2025, 1009.

§ 25
Ermittlung des Überschusses der Betriebseinnahmen über die Betriebsausgaben

(1) [1]Die Gebühr für die Ermittlung des Überschusses der Betriebseinnahmen über die Betriebsausgaben bei den Einkünften aus Land- und Forstwirtschaft, Gewerbebetrieb oder selbständiger Arbeit beträgt 5 bis 30 Zehntel einer vollen Gebühr nach Tabelle B (Anlage 2). [2]Gegenstandswert ist der jeweils höhere Betrag, der sich aus der Summe der Betriebseinnahmen oder der Summe der Betriebsausgaben ergibt, jedoch mindestens 17.500 Euro.

(2) Für Vorarbeiten, die über das übliche Maß erheblich hinausgehen, erhält der Steuerberater die Zeitgebühr.

(3) Sind bei mehreren Einkünften aus derselben Einkunftsart die Überschüsse getrennt zu ermitteln, so erhält der Steuerberater die Gebühr nach Absatz 1 für jede Überschußrechnung.

(4) [1]Für die Aufstellung eines schriftlichen Erläuterungsberichts zur Ermittlung des Überschusses der Betriebseinnahmen über die Betriebsausgaben erhält der Steuerberater 2/10 bis 12/10 einer vollen Gebühr nach Tabelle B (Anlage 2). [2]Der Gegenstandswert bemisst sich nach Absatz 1 Satz 2.

Inhalt

Schrifttum

Beyme, Überleitungsrechnung bei Wechsel von Bilanzierung zur EÜR abrechnen, Honorargestaltung für Steuerberater, August 2024, 8; **Beyme,** In die Steuererklärung übernommene Beteiligungseinkünfte abrechnen, Honorargestaltung für Steuerberater, Oktober 2023, 6; **Beyme,** Veräußerungsbilanz bei 4/3-Rechner, Honorargestaltung für Steuerberater, November 2021, 7; **Beyme,** Gegenstandswert bei EÜR mit auflösendem IAB, Honorargestaltung für Steuerberater, Oktober 2021, 7; **Beyme,** StBVV – Abrechnung bei Ermittlung Veräußerungsgewinn § 17 Abs. 4 EStG, Honorargestaltung für Steuerberater, März 2021, 5; **Beyme,** Abrechnung bei Gewinnermittlung nach § 51 EStDV, AgrB 3/2019, 153 (Langfassung) und KANZLEI intern 04_2019, 7 (Kurzfassung); **Feiter,** Abrechnung der Anlage EÜR bei eigener Gewinnermittlung durch Mandanten, KANZLEI intern 01/2015, 8; **Geismann,** Wechsel der Gewinnermittlungsart, Honorarbrief für Steuerberater April 2016, 2; **Klaeren,** Abgeltungsbereich von Gebühren, KANZLEI intern 11_2016, 6; **Meyer,** Änderung der StBGebV ab 2007 – Teil 2, KP 2006, 182; **Meyer,** Gebühren für die Beratung beim Schuldzinsenabzug richtig abrechnen, KP 2000, 129; **Meyer,** Gebühren für Einnahme-Überschuss-Rechnungen, KP

1999, 92; **Meyer/Rönnig,** Beratung beim Schuldzinsenabzug nicht nur gebührenrechtlich problematisch!, KP 2001, 17; **Schwamberger,** Erstellung des Jahresabschlusses: Diese Leistungen sind als Zeitgebühr abrechenbar, KP 2017, 143; **Wacker,** Gebührenbestimmung, „Toleranzgrenze" – Rechtsprechung und Probleme der Beauftragung, KANZLEI intern 01_2017, 3; **Wacker,** Aufklärungserfordernis über Honorierung für das Führen steuerlicher Aufzeichnungen bei einem 4/3-Rechner, KANZLEI intern 08_2016, 2; **Wacker,** Gebührenansatz beim 4/3-Rechner, KANZLEI intern 06_2016, 3; **Warttinger,** Erstellung der Anlage EÜR richtig abrechnen, Honorarbrief für Steuerberater 8/2013, 8; **Weiler,** Abrechnung der Einnahme-Überschussrechnung, DStR 2006, 2229.

A. Inhalt und Bedeutung

§ 25 StBVV gilt für die sog. Gewinneinkünfte nach § 2 Abs. 1 Nr. 1–3 EStG, wenn die Ermittlung des Gewinns nach § 4 Abs. 3 EStG erfolgt. Für die Ermittlung von Einkünften aus Land- und Forstwirtschaft (§§ 13–14a EStG), Gewerbebetrieb (§§ 15–17 EStG) und selbstständiger Arbeit (§ 18 EStG) erhält der StB daher einen zusätzlichen Gebührenanspruch neben § 24 Abs. 1 Nr. 1 StBVV. § 25 Abs. 1 StBVV ist auch auf die Erstellung der Einnahmen-Ausgaben-Rechnung eines **Vereins** anzuwenden (zur Ermittlung des Gegenstandswertes → Rz. 447.). Die Vorschrift wurde zuletzt durch die Fünfte Verordnung zur Änderung steuerlicher Verordnungen geändert.[1] Der Mindestgegenstandswert und der Obersatz der Rahmengebühr wurden erhöht (→ Rz. 447 und 448). **446**

B. Überschussermittlung (Abs. 1 und Abs. 3)

I. Gegenstandswert

Durch die Fünfte Verordnung zur Änderung steuerlicher Verordnungen v. 25.6.2020 wurde der **Mindestgegenstandswert** um 5 000 € auf 17 500 € erhöht.[2] Der Mindestgegenstandswert wurde seit dem Jahr 1982 nicht verändert, wenn man die Euroumstellung im Jahr 2011 außer Betracht lässt. Durch die Anhebung soll der erhöhte Aufwand bei der Erstellung der Einnahmenüberschussrechnung berücksichtigt werden. Der **Gegenstandswert** bestimmt sich nach der **Summe der Betriebseinnahmen oder der Betriebsausgaben**, wenn diese höher sind. Typisches Beispiel für höhere Betriebsausgaben: Eine ärztliche Kostengemeinschaft, die Kosten für Praxisräume, medizinische Einrichtungen, Apparate und Personal übernimmt. Erstellt der StB für die Kostengemeinschaft eine EÜR, bemisst sich der Gegenstandswert nach der Summe der Betriebsausgaben und nicht (nur) nach dem Mindestgegenstandswert. Maßgeblich für die Bestimmung der Betriebseinnahmen oder -ausgaben ist die Definition in § 4 Abs. 3 EStG. Bei den Betriebseinnahmen werden auch steuerfreie Einnahmen, Eigenverbrauch, Leistungen an Arbeitnehmer, Sonderbetriebseinnahmen bei Personengesellschaften sowie Umsatzsteuer erfasst, nicht aber Einnahmen aus Betriebsveräußerungen. Zu den Betriebsausgaben gehören auch nichtabzugsfähige Betriebsausgaben (§ 4 Abs. 5 und 6 EStG), die AfA, Sonderbetriebsausgaben bei Personengesellschaften sowie die Vorsteuer. Durchlaufende Posten zählen hingegen nicht zu den Betriebseinnahmen oder -ausgaben (§ 4 Abs. 3 Satz 2 EStG). Der für ein Wirtschaftsgut in Anspruch genommene **Investitionsabzugsbetrag** (IAB) ist im Jahr der Bildung in Höhe von 40 % bzw. 50 % (JStG 2020) Betriebsausgabe (§ 7g Abs. 1 EStG), im Jahr der Auflösung steuerliche Einnahme (§ 7g Abs. 2 Satz 1 EStG). Zwar fließen der in Anspruch genommene und der hinzuzurechnende IAB in der Anlage EÜR nicht direkt in die Summe der Betriebsausgaben und der Betriebseinnahmen ein, sondern nur mittelbar über die „Zwischensumme" in die Ermittlung des Gewinns. Steuerlich sind sie trotzdem Betriebsausgaben bzw. Betriebseinnahmen und bei der Ermittlung des **447**

1) Gesetz v. 25.6.2020, BGBl. I 2020, 1495, 1498 = BStBl I 2020, 555.
2) BGBl. I 2020, 1495, 1498 = BStBl I 2020, 555.

Gegenstandswertes zu berücksichtigen.[1] Im Fall einer Ergänzungsschätzung bei vom StB nicht zu vertretenden mangelhaften Aufzeichnungen kommt § 25 StBVV ebenso zur Anwendung, wie im Fall einer Gewinnschätzung nach § 4 Abs. 1 oder § 5 EStG.[2] In beiden Fällen kann § 25 StBVV „sinngemäß" (§ 2 StBVV) angewendet werden. Bei der Ermittlung des Gegenstandswerts eines **Vereins** sind die „vier Säulen des Vereins" (ideeller Bereich, Vermögensverwaltung, Zweckbetrieb und wirtschaftlicher Geschäftsbetrieb) zu berücksichtigen. Nach § 25 Abs. 3 StBVV können die Überschussrechnungen für die Einkünfte aus den unterschiedlichen Säulen getrennt ermittelt werden. Deshalb können auch die Gegenstandswerte gesondert ermittelt werden (→ § 35 StBVV Rz. 583 zu bilanzierenden Vereinen).

II. Angemessenheit der Gebühr

448 Durch die Fünfte Verordnung zur Änderung steuerlicher Verordnungen v. 25.6.2020[3] wurde der Obersatz der **Rahmengebühr von 20/10 auf 30/10 erhöht**. Die Erhöhung wird zum einen mit dem Mehraufwand bei der Erstellung der Einnahmenüberschussrechnung auf einem amtlich vorgeschriebenen Vordruck und zum anderen mit dem Mehraufwand aufgrund neuer Vordrucke (Anlagen) und durch umfangreiche Abstimmungsarbeiten begründet (→ Rz. 451).[4] Ferner wird in der Gesetzesbegründung auf die durch das Bürokratieentlastungsgesetz vom 28.7.2015 erhöhten Grenzwertbeträge der Buchführungspflicht nach § 141 Abs. 1 AO mit Umsätzen von mehr als 600 000 € und Gewinn von mehr als 60 000 € hingewiesen.

Hat der **Berater** die **Buchführung** (mit Buchführung sind auch steuerliche Aufzeichnungen gemeint, da sie in § 33 StBVV gleichgestellt sind) auftragsgemäß **selbst gefertigt** und gem. § 33 StBVV abgerechnet, können Vorarbeiten (z.B. Sortierarbeiten) i.R.d. § 25 Abs. 1 StBVV nicht gebührenerhöhend berücksichtigt werden, da dieser zusätzliche Aufwand bereits durch die Gebühr nach § 33 StBVV abgegolten ist. Auch eine Abrechnung nach § 25 Abs. 2 StBVV scheidet aus.[5] Ist das **Anlagevermögen** aufwändig, weil für jeden Partner einer PartG über eine separate Kostenstelle ein eigenes Anlageverzeichnis geführt wird, kann dies durch einen höheren Zehntelsatz bei § 33 StBVV oder ggf. durch eine separate Gebühr nach § 33 StBVV (Anlagenbuchführung) berechnet werden (→ § 33 StBVV Rz. 545).

449 Hat der **Mandant** die **Buchführung selbst erstellt** (mit Buchführung sind auch steuerliche Aufzeichnungen i.S.d. § 22 UStG gemeint, da sie in § 33 StBVV gleichgestellt sind) und ist diese für den StB unbrauchbar und in wesentlichem Umfang zu korrigieren, kann sich dieser Umstand gebührenerhöhend i.R.d. § 25 Abs. 1 StBVV auswirken. Im Einzelfall kann auch eine zusätzliche Zeitgebühr nach § 25 Abs. 2 StBVV anfallen. Im Falle einer Neuerstellung der Buchführung kommt eine Gebühr nach § 33 StBVV in Betracht.[6]

Praxistipp:

Der StB muss den Auftraggeber aber auf den mangelhaften Zustand der Buchführung bzw. der steuerlichen Aufzeichnungen hinweisen, da er eines zusätzlichen (zumindest konkludenten) Auftrags bedarf, um die Buchführung bzw. die steuerlichen Aufzeichnungen in einen ordnungsgemäßen Zustand zu bringen.[7]

---

1) Beyme, Honorargestaltung für Steuerberater, Oktober 2021, 7.
2) Boelsen in Eckert, 7. Aufl. 2023, § 25 StBVV Rz. 40.
3) BGBl. I 2020, 1495, 1498 = BStBl I 2020, 555.
4) BR-Drucks. 193/1/20 v. 20.5.2020, 35.
5) AG Mönchengladbach v. 8.12.2000, 36 C 1229/98; AG Neuss v. 9.7.2004, 85/40 C 2606/02; Meyer, KP 1999, 92.
6) Berners, 6. Aufl. 2020, § 25 StBVV Rz. 20.
7) AG Dülmen v. 26.4.2016, 3 C 340/13, DStR 2017, 1848; zur eigenmächtigen Auftragserweiterung durch den StB → § 33 StBVV Rz. 534, → § 33 StBVV Rz. 551; Brandenburgisches OLG v. 13.10.1999, 1 U 10/99, DStRE 2000, 499; AG Kempen v. 18.3.1999, 11 C 321/95, DStRE 2000, 948 f.

Praxistipp:

In den Fällen, in denen dem Berater zur Erstellung der Einnahmen-Überschussrechnung keine Buchführung vorliegt, ist zu differenzieren: Reicht der Mandant dem Berater zahlreiche Belege ein, empfiehlt es sich, den Mandanten auf die nachträgliche Erstellung einer (Jahres-)Buchführung hinzuweisen, dessen (zumindest konkludentes) Einverständnis einzuholen und den Aufwand nach § 33 StBVV zu liquidieren.[1] Sind nur einige wenige Belege auszuwerten und erweist sich eine Buchführung nicht als notwendig, kann sich der zusätzliche Aufwand gebührenerhöhend i.R.d. § 25 Abs. 1 StBVV auswirken.[2]

Das AG Hagen[3] hatte einem StB eine 15/10-Gebühr nach § 25 Abs. 1 StBGebV zugebilligt, der für eine Berufsbetreuerin wegen eines vollkommen ungeordneten Belegwesens eine „Quasi-Buchführung" im Zusammenhang mit der Einnahmen-Überschussrechnung erstellt hatte. Das Gericht wies darauf hin, dass der StB den dafür aufgewendeten Zeitaufwand alternativ auch mit einer Zeitgebühr nach § 25 Abs. 2 StBVV hätte berechnen können (bei einem reduzierten Zehntelsatz nach Abs. 1).

Das LG Detmold[4] hält bei einem hauptberuflich tätigen Rechtsanwalt (oder auch Arzt) eine Gebühr von mindestens 15/10 für angemessen und billigte dem StB im konkreten Fall die Höchstgebühr von 20/10 zu, weil die Tätigkeit schwierig und der zeitliche Aufwand (19 Std.) sehr hoch war. Außerdem billigte das Gericht dem StB zusätzlich 13 Std. à 75 € für Vorarbeiten nach § 25 Abs. 2 StBVV zu, die ein qualifizierter Mitarbeiter erbracht hatte.

Das LG Düsseldorf[5] billigte einer StB, die für eine Zahnärztin eine EÜR erstellt hatte, nicht die abgerechnete Höchstgebühr von 20/10, sondern lediglich die Mittelgebühr von 12,5/10 zuzüglich 20 % Toleranzgrenze, also 15/10 zu.

Ermittelt bzw. überprüft der StB die vom Mandanten selbst berechneten abzugsfähigen/nicht abzugsfähigen **Schuldzinsen** nach § 4 Abs. 4a EStG, rechtfertigt dies in jedem Fall den Ansatz eines höheren Zehntelsatzes nach § 25 Abs. 1 StBVV. Ob die zusätzlichen Aufzeichnungspflichten nach § 4 Abs. 4a EStG zu den gesondert abrechnungsfähigen Vorarbeiten nach § 25 Abs. 2 StBVV gehören, ist sehr zweifelhaft.[6] **450**

Praxistipp:

Reicht der Gebührenrahmen nicht aus, weil die Aufzeichnungspflichten wie z.B. wie bei ärztlichen Berufsausübungsgesellschaften, sehr umfangreich sein können, empfiehlt sich eine Vergütungsvereinbarung nach § 4 Abs. 1 StBVV.

III. Ermittlung

Nach herkömmlichem Verständnis löst nicht das Ausfüllen des Formulars die Gebühr aus, sondern die Durchführung der Gewinnermittlung. Der Aufwand des StB bei einer komplexen Gewinnverteilung, z.B. in einer PartG mit vielen Partnern, ist Teil der Gewinnermittlung. Von einer Gewinnermittlung kann noch nicht gesprochen werden, wenn der StB Zahlen lediglich übernimmt, z.B. Beteiligungseinkünfte **451**

---

1) Wacker, KANZLEI intern 08_2016, 2 unter Hinweis auf AG Dülmen v. 26.4.2016, 3 C 340/13, DStR 2017, 1848.
2) Meyer, KP 1999, 92 f.
3) AG Hagen v. 17.3.2008, 17 C 224/06, besprochen von Wacker in Honorarbrief für Steuerberater Nr. 12/2011.
4) LG Detmold v. 20.4.2016, 10 S 44/15, DStRE 2017, 895, besprochen von Wacker, KANZLEI intern 06_2016, 3.
5) LG Düsseldorf v. 11.7.2016, 5 O 518/11, besprochen von Wacker, KANZLEI intern 01_2017, 3.
6) Bejahend: Meyer/Rönnig, KP 2001, 17, 19; Meyer, KP 2000, 129 f.; eher verneinend: Boelsen in Eckert, 7. Aufl. 2023, § 25 StBVV Rz. 18.

nach § 179 AO (→ Rz. 458).[1] Die Gerichte sehen dies teilweise großzügiger und bewilligen eine Gebühr auch bei bloßer Übernahme von Zahlen mit unterschiedlicher Begründung (→ Rz. 451 a.E. und → § 27 StBVV Rz. 471 ff.).

Gewerbetreibende, selbständig Tätige, Land- und Forstwirte sowie Körperschaften, Personenvereinigungen und Vermögensmassen mussten **erstmals für** das Kalenderjahr/Wirtschaftsjahr **2005** den Vordruck „Einnahmenüberschussrechnung – **Anlage EÜR**" abgeben. Vorgeschrieben ist eine Übermittlung der standardisierten Anlage EÜR nach amtlich vorgeschriebenem Datensatz durch Datenfernübertragung. Eine Ausnahme galt für Kleinunternehmen mit Betriebseinnahmen unter 17 500 € und für steuerbegünstigte Körperschaften, wenn die Einnahmen einschließlich Umsatzsteuer die Besteuerungsgrenze nicht übersteigen. Für Veranlagungszeiträume ab dem 1.1.2017 müssen allerdings auch Kleinunternehmen – abgesehen von Härtefällen – die Anlage EÜR ausfüllen und elektronisch übermitteln. Die steuerliche Gewinnermittlung umfasst das gesetzlich vorgeschriebene Ausfüllen des Formulars. Der mit dem Ausfüllen des Formulars verbundene Mehraufwand rechtfertigt allenfalls die Wahl eines höheren Zehntelsatzes, keinesfalls aber eine weitere Gebühr nach § 25 Abs. 1 StBVV oder eine zusätzliche Zeitgebühr nach § 25 Abs. 2 StBVV.[2] Spätestens durch die Anhebung des Oberwertes der Rahmengebühr von 20/10 auf 30/10 und die dazu gegebene Begründung des Gesetzgebers kann daran kein Zweifel mehr bestehen (→ Rz. 448). Wenn der Mandant selbst eine formlose Gewinnermittlung vornimmt und den StB „lediglich" damit beauftragt, die von ihm ermittelten Zahlen in die Anlage EÜR einzutragen und diese an das Finanzamt zu übermitteln, fällt gleichwohl eine Gebühr nach § 25 StBVV an, wobei die Vorarbeiten des Mandanten ggf. gebührenmindernd zu berücksichtigen sind.[3] Begründen lässt sich das Entstehen einer Gebühr in diesen Fällen auf zweierlei Weise:

1. Bereits die Eingabe von Daten in die EDV, die der Auftraggeber dem StB zu diesem Zwecke übergibt und insbesondere die standardisierte Zuordnung der Betriebseinnahmen und –ausgaben zu den Positionen der Anlage EÜR, ist eine steuergestaltende Tätigkeit, die einen Honoraranspruch auslöst.[4]
2. Die Überprüfung der übergebenen Zahlen mit einem zumindest als durchschnittlich zu bemessenden Aufwand ist bereits eine „Ermittlung" i.S.d. § 25 Abs.1 StBVV.[5]

Praxistipp:

In den Fällen, in denen dem StB nur eine formlose Gewinnermittlung vorliegt, sollte er sich beauftragen lassen, nachträglich eine (den Erfordernissen der Anlage EÜR) angepasste Buchführung zu erstellen, da dies den Aufwand für das Ausfüllen der Anlage EÜR reduziert (→ Rz. 449). Der StB kann dann auch eine Gebühr nach § 33 StBVV berechnen.

Seit dem VZ 2015 sind bei der Anlage EÜR drei neue **Formulare für Personengesellschaften** zu beachten: die Anlage ER (Ergänzungsrechnung), die Anlage SE (Sonderberechnung) und die Anlage AVSE (Anlageverzeichnis zur Anlage SE). Diese müssen von Personengesellschaften abgegeben werden, die zur Verteilung des Gewinns auf ihre einzelnen Gesellschafter eine „Erklärung zur gesonderten und einheitlichen Feststellung von Besteuerungsgrundlagen" ausfüllen müssen. Eine Anlage ER ist nur zu übermitteln, wenn tatsächlich Wertkorrekturen vorzunehmen sind. Eine Anlage SE ist nur zu übermitteln, wenn Sonderbetriebseinnahmen

1) Beyme, Honorargestaltung für Steuerberater, Oktober 2023, 6; Eggesiecker, 2. Aufl. 1998, § 24 STEUGO Rz. 24.10; Weiler, DStR 2006, 2229; Boelsen, in Eckert, 7. Aufl. 2023, § 25 StBVV Rz. 33.
2) Boelsen in Eckert, 7. Aufl. 2023, § 25 StBVV Rz. 25; Weiler, DStR 2006, 2229; Warttinger, Honorarbrief für Steuerberater 8/2013, 8; Meyer, KP 2006, 184.
3) Feiter, KANZLEI intern 01/2015, 8.
4) So LG Frankfurt a.M. v. 8.11.2013, 2–06 O 323/13 zur Abgabe einer „Nullerklärung".
5) So zu § 27 StBGebV: AG Wuppertal v. 16.7.1996, 91 C 78/94, → § 27 StBVV Rz. 474.

und/oder Sonderbetriebsausgaben angefallen sind. Die Anlage AVSE ist nur zu übermitteln, wenn tatsächlich Sonderbetriebsvermögen vorliegt. Der zusätzliche Arbeitsaufwand rechtfertigt in jedem Fall eine Erhöhung des Zehntelsatzes. Durch die Anhebung des Höchstsatzes der Rahmengebühr von 20/10 auf 30/10 wurde diesem Mehraufwand zwischenzeitlich Rechnung getragen (→ Rz. 448). Häufig liegen den Anlagen gesonderte Überschussermittlungen aus Sonderbetriebseinnahmen und-ausgaben zugrunde, die gesondert abgerechnet werden können (→ Rz. 458).[1] Von der Anhebung des Höchstsatzes profitiert der StB auch bei neuen Formularen, wie z.B. der „**Anlage Corona-Hilfen**", die von der Finanzverwaltung für die Steuererklärung 2020 herausgegeben wurde. Dieses Formular musste jeder Gewerbetreibende, Freiberufler, Land- oder Forstwirt abgeben. Die gezahlten Wirtschaftshilfen waren als steuerpflichtige Betriebseinnahmen in den Gewinn bzw. Verlust mit einzubeziehen, der in den Anlagen G, S oder L bzw. den entsprechenden Anlagen zur gesonderten Feststellungserklärung einzutragen war. Eine gesonderte Gebühr stand hierfür nicht, vielmehr war dieser Aufwand Bestandteil der Gebühr für die Gewinnermittlung und konnte durch den erhöhten Gebührenrahmen auch angemessen berücksichtigt werden. Die Angaben in der Anlage EÜR, insbesondere zu Ziffer 52 („übrige unbeschränkt abziehbare Betriebsausgaben") führen gelegentlich zu **Rückfragen** seitens des Finanzamtes. Der dadurch nachträglich anfallende Mehraufwand sollte mit einer Zeitgebühr berechnet werden. Gleiches gilt für alle sonstigen **nachträglichen Arbeiten**, die dadurch entstehen, dass das Finanzamt weitere Belege und Nachweise anfordert.[2]

Im Rahmen des DiFin-Prozesses (Digitaler Finanzbericht) können sowohl Handelsbilanzen als auch Einnahmen-Überschussrechnungen übertragen werden. Die elektronische Abschlussdatenübermittlung an eine teilnehmende Bank ist eine vereinbare Tätigkeit, für die die übliche Vergütung nach §§ 612 Abs. 2, 632 Abs. 2 BGB berechnet werden kann. Wie beim elektronischen Bundesanzeiger dürften sich auch hier Pauschalen zwischen 80 € und 250 € als üblich erweisen.

Praxistipp:

Vereinbaren Sie mit Ihrem Mandanten die elektronische Abschlussdatenübermittlung einschließlich Honorar über eine entsprechende Teilnahmeerklärung und versenden Sie künftig die von der Bank angeforderten Jahresabschlüsse oder EÜR als Digitalen Finanzbericht.

IV. Wechsel der Gewinnermittlungsart

Die besonderen Arbeiten, die beim **Wechsel** der Gewinnermittlungsart **von der Einnahmen-Überschussrechnung zur Bilanzierung** anfallen, sind nach § 25 StBVV (Rest-Überschussrechnung) und § 35 Abs. 1 Nr. 4 StBVV (Eröffnungsbilanz) abzurechnen. Die Ermittlung des Übergangsgewinns, die zum Übergangszeitpunkt durchzuführen ist, rechtfertigt nach h.M. eine zusätzliche Gebühr nach § 25 Abs. 1 StBVV.[3] Im Hinblick auf die Gewinnkorrektur in Form von Zu- und Abrechnungen kann die berichtigte Bilanzsumme beim ersten Bestandsvergleich um die jeweils höhere Summe der Hinzurechnungen oder Abrechnungen erhöht werden. **452**

Im umgekehrten und in der Praxis seltenen Falls des **Übergangs vom Bestandsvergleich zur Einnahmen-Überschussrechnung** ergibt sich zunächst eine Gebühr nach § 35 Abs. 1 Nr. 1 Buchst. a StBVV. Ab Neubeginn der Einnahmen-Überschussrechnung entstehen für die Gewinnermittlung Gebühren nach § 25 StBVV. Beim Gegenstandswert erhöhen im ersten Jahr nach dem Übergang Hinzurechnungen die Ein- **453**

1) Boelsen in Eckert, 7. Aufl. 2023, § 25 StBVV Rz. 46.
2) Klaeren, KANZLEI intern 11_2016, 6; ausführlich dazu → § 12 StBVV Rz. 250.
3) Berners, 6. Aufl. 2020, § 25 StBVV Rz. 30; Brummer, 10. Aufl. 2010, § 25 StBGebV Anm. 9; Schwamberger in Meyer/Goez/Schwamberger, 11. Aufl. 2023, § 25 StBVV Rz. 7; a.A. Geismann, Honorarbrief für Steuerberater April 2016, 2.

nahmen und Abrechnungen die Betriebsausgaben. Zusätzlich sind die Mehrarbeiten durch einen höheren Rahmensatz angemessen zu berücksichtigen.[1] Für die Erstellung der Überleitungsrechnung kann eine Gebühr nach § 35 Abs. 1 Nr. 5 StBVV analog berechnet werden.[2] Gegenstandswert ist der jeweilige Überschuss der positiven bzw. negativen Werte bei Ermittlung des Übergangsgewinns bzw. –verlustes.[3]

454 Ein Wechsel der Gewinnermittlungsart gegenüber dem Vorjahr darf nur nach vorher eingeholtem Einverständnis des Mandanten erfolgen.[4]

V. Veräußerung und Aufgabe des Betriebs

455 Bei Veräußerung von Betrieben mit Überschussrechnung fingiert die Rechtsprechung einen Übergang zum Bestandsvergleich. Die Ermittlung des Veräußerungsgewinns oder -verlustes rechtfertigt neben der „normalen" Rest-Einnahme-Überschussrechnung eine weitere Gebühr nach § 25 StBVV.[5] Hinzu kommt die Gebühr nach § 35 Abs. 1 Nr. 4 StBVV i.V.m. § 2 StBVV für die Aufstellung einer Eröffnungsbilanz[6] oder alternativ die Gebühr nach § 35 Abs. 1 Nr. 5 StBVV i.V.m. § 2 StBVV für die Aufstellung der Schlussbilanz zum Veräußerungszeitpunkt.[7] Gleichermaßen kann bei der Ermittlung des Aufgabegewinns oder -verlustes verfahren werden.

VI. Mehrere Überschussrechnungen

456 Erfolgt die Überschussermittlung getrennt für mehrere Einkunftsarten (z.B. Gewerbebetrieb, selbständige Arbeit, land- und forstwirtschaftlicher Betrieb), fällt für jede Einnahmen-Überschussrechnung eine gesonderte Gebühr an, auch wenn die StBVV in § 25 Abs. 3 StBVV nur den Fall erwähnt, dass mehrere Ermittlungen „aus derselben Einkunftsart" eine gesonderte Gebühr rechtfertigen.[8] Gleiches gilt, wenn mehrere Überschussrechnungen bei einer Einkunftsart anfallen, z.B. bei mehreren Gewerbebetrieben.

Praxistipp:

Handelt es sich um mehrere Kleingewerbe mit ähnlichem Unternehmensgegenstand (z.B. Betrieb eines Fitnessstudios und Unternehmensberatung, Coaching und Marketingmaßnahm), sollte der StB sich die Bestätigung seines Mandanten einholen, dass es sich um zwei selbständige Betriebe handelt, für die er zwei getrennte Überschussrechnungen zu erstellen hat. Im Streitfall muss andernfalls auf andere Kriterien zurückgegriffen werden (Anmeldung eines weiteren Gewerbes, Fragebogen zur steuerlichen Erfassung, Stellungnahme des zuständigen Finanzamtes etc.).

VII. Einkünfte aus Land- und Forstwirtschaft

457 § 25 StBVV erfasst lediglich die Überschussrechnung nach § 4 Abs. 3 EStG. Hiervon erfasst ist auch die vereinfachte Gewinnermittlung für kleine forstwirtschaftliche

---

1) Schwamberger in Meyer/Goez/Schwamberger, 11. Aufl. 2023, § 35 StBVV Rz. 7.
2) Beyme, Honorargestaltung für Steuerberater, August 2024, 8.
3) Schwamberger in Meyer/Goez/Schwamberger, 11. Aufl. 2023, § 35 StBVV Rz. 7.
4) LG Duisburg v. 4.8.2000, 10 O 57/98, GI 2001, 254.
5) Schwamberger in Meyer/Goez/Schwamberger, 11. Aufl. 2023, § 25 StBVV Rz. 8; Berners, 6. Aufl. 2020, § 25 StBVV Rz. 38.
6) Schwamberger in Meyer/Goez/Schwamberger, 11. Aufl. 2023, § 25 StBVV Rz. 7; Boelsen in Eckert, 7. Aufl. 2020, § 25 StBVV Rz. 43; Berners, 6. Aufl. 2020, § 25 StBVV Rz. 39.
7) Beyme, Honorargestaltung für Steuerberater, November 2021, 7.
8) Berners, 6. Aufl. 2020, § 25 StBVV Rz. 25; Mittelsteiner/Scholz, 4. Aufl. 1998, § 25 StBGebV Rz. 7; siehe auch → Rz. 457.

Betriebe nach § 51 EStDV, sofern der Mandant nur forstwirtschaftlich genutzte Flächen bis 50 ha hat.[1]

Beispiel:

Der Mandant hat ein 8 ha großes Waldgrundstück gekauft und beauftragt den StB mit der Erstellung der Gewinnermittlung für die Holznutzung.

Hat der Mandant neben den forstwirtschaftlich genutzten Flächen, für die die Gewinnermittlung nach § 51 EStDV genutzt wird, auch landwirtschaftliche Flächen, für die der Gewinn nach § 4 Abs. 3 EStG ermittelt wird, so kann eine einheitliche Abrechnung nach § 25 Abs. 1 StBVV erfolgen. Der Gegenstandswert besteht dann aus der Summe der Betriebseinnahmen oder der Betriebsausgaben aus dem landwirtschaftlichen und dem forstwirtschaftlichen Betriebsteil.[2] Was die Berücksichtigung von „Sonderbetriebseinnahmen" und „Sonderbetriebsausgaben" (Anlage FE 1 zur Erklärung zur gesonderten und einheitlichen Feststellung von Grundlagen für die Einkommensbesteuerung) betrifft, gelten die Ausführungen zu → Rz. 458 entsprechend. Bei einer Gewinnermittlung nach Durchschnittssätzen (§ 13a Abs. 3 ff. EStG) ist § 26 StBVV einschlägig, bei einer Gewinnermittlung durch Vermögensvergleich nach § 4 Abs. 1 EStG greift § 39 StBVV ein. Für Arbeiten zur Feststellung eines verrechenbaren Verlustes gem. § 15a EStG i.V.m. § 13 EStG erhält der StB eine Zeitgebühr nach § 24 Abs. 5 Nr. 2 StBVV.

VIII. Einkünfte aus Gewerbebetrieb

§ 25 StBVV ist nur dann anwendbar, wenn keine Verpflichtung zur Jahresabschlusserstellung besteht und auch nicht freiwillig Bilanzen erstellt werden. **458**

Der Ansatz von Beteiligungseinkünften nach § 179 AO rechtfertigt nach überwiegender Auffassung keine Gebühr nach § 25 Abs. 1 StBVV, da begrifflich noch nicht von einer „Ermittlung" des Überschusses der Betriebseinnahmen über die Betriebsausgaben gesprochen werden kann (→ Rz. 451).[3] Die Erklärung dieser Einkünfte ist grundsätzlich mit der Gebühr nach § 24 Abs. 1 Nr. 1 und 2 StBVV abgegolten.

Beispiel:

Der an eine Zwei-Personen-GbR gerichtete Grundlagenbescheid für 2016 über die gesonderte und einheitliche Feststellung von Besteuerungsgrundlagen enthält eine Aufteilung der Besteuerungsgrundlagen nach Bruchteilen für die beiden Gesellschafter. Die jeweiligen Einkünfte aus Gewerbebetrieb sind in dem Bescheid unter Angabe der Verteilungsquote und des zuständigen Finanzamtes für jeden Gesellschafter gesondert ausgewiesen. Die Übernahme dieser Einkünfte in die persönliche Steuererklärung des/der Gesellschafter/s ist mit der Erklärungsgebühr abgegolten und rechtfertigt keine (weitere) Gebühr nach § 25 StBVV.

Wenn ausnahmsweise die gesondert (einheitlich) festgestellten Einkünfte noch einer Ergänzung bedürfen, etwa durch den Ansatz von noch nicht berücksichtigten „Sonderbetriebseinnahmen" oder „Sonderbetriebsausgaben" (Anlage FE 1 zur Erklärung zur gesonderten und einheitlichen Feststellung von Grundlagen für die Einkommensbesteuerung), liegt eine „kleine Überschussrechnung für Teileinkünfte aus Gewerbebetrieb" vor, die eine zusätzliche Gebühr nach § 25 StBVV über § 2 StBVV rechtfertigt.[4] Man kann insoweit von „Zubringerleistungen" des einen StB zu den Abschlussarbeiten eines anderen StB sprechen (zur Frage des Auftraggebers

1) Beyme, AgrB 3/2019, 153 und KANZLEI intern 04_2019, 7.
2) Beyme, AgrB 3/2019, 153.
3) Boelsen in Eckert, 7. Aufl. 2023, § 25 StBVV Rz. 33.
4) Boelsen in Eckert, 7. Aufl. 2023, § 25 StBVV Rz. 34; Berners, 6. Aufl. 2020, § 25 StBVV Rz. 16; Mittelsteiner/Scholz, 4. Aufl. 1998, § 25 StBGebV Rz. 4; Eggesiecker, 2. Aufl. 1998, § 25 STEUGO Rz. 25.600; a.A. Schwamberger in Meyer/Goez/Schwamberger, 11. Aufl. 2023, § 25 StBVV Rz. 5, der über § 2 StBVV eine Zeitgebühr nach § 35 Abs. 3 StBVV ansetzen will.

→ § 35 StBVV Rz. 581).[1] Einkünfte aus Gewerbebetrieb sind auch solche nach **§ 16 EStG** (Veräußerung eines Betriebs oder Teilbetriebs; → Rz. 455) und **§ 17 EStG** (Gewinn oder Verlust aus der Veräußerung von Anteilen an einer Kapitalgesellschaft). Hierfür fällt eine zusätzliche Gebühr nach § 25 Abs. 1 StBVV an.[2]

IX. Einkünfte aus selbstständiger Arbeit

459 Werden für Einkünfte aus selbstständiger Arbeit Überschussrechnungen nach § 4 Abs. 3 EStG erstellt, greift § 25 StBVV ein. Was die Berücksichtigung von „Sonderbetriebseinnahmen" und Sonderbetriebsausgaben" (Anlage FE 1 zur Erklärung zur gesonderten und einheitlichen Feststellung von Grundlagen für die Einkommensbesteuerung) betrifft, gelten die Ausführungen zu → Rz. 458 entsprechend. Wird der Gewinn aus selbstständiger Arbeit hingegen nach § 4 Abs. 1 EStG ermittelt, ist § 35 StBVV einschlägig.

C. Vorarbeiten (Abs. 2)

460 Nach § 25 Abs. 2 StBVV sind Vorarbeiten, die **über das übliche Maß erheblich hinausgehen,** mit einer Zeitgebühr gesondert zu vergüten. Die Praktikabilität dieser Vorschrift wird dadurch erheblich eingeschränkt, dass die Vorarbeiten, die „üblich" sind, noch von der Gebühr nach § 25 Abs. 1 StBVV abgegolten sind und § 25 Abs. 2 StBVV nur die Vorarbeiten erfasst, die das übliche Maß „erheblich" überschreiten. Anwendbar ist die Vorschrift z.B. bei erheblicher zusätzlicher Arbeit durch Sortieren ungeordneter Belege, umfangreicher Fehlersuche oder zeitraubender Abgleichung der Einnahmen und Ausgaben bei den Geldkonten. Was die Abgrenzung zu § 25 Abs. 1 StBVV betrifft, führt das LG Detmold[3] aus, dass die Tätigkeit nach § 25 Abs. 1 StBVV erst dann beginnt, wenn ordnungsgemäße steuerliche Aufzeichnungen vorliegen. Wenn der Mandant die Buchführung oder Aufzeichnungen selbst erstellt, seien häufig Anpassungen und Korrekturen erforderlich, um die Buchführung in die für die Bearbeitung nach § 25 Abs. 1 StBVV erforderliche Form zu bringen. Im konkreten Fall (→ Rz. 449) hielt das Gericht die vom StB in Ansatz gebrachten 13 Stunden a 75 € für einen qualifizierten Mitarbeiter für angemessen.

Beispiele:

Hat der StB die laufende Buchführung nicht selbst erstellt, können Vorarbeiten zu den Gewinnermittlungen mit einem Zeitaufwand von 23 Stunden zusätzlich mit einer Zeitgebühr nach § 25 Abs. 2 StBVV abgerechnet werden (→ Rz. 449).[4]

§ 25 Abs. 2 StBVV ist nicht anwendbar, wenn der StB die Buchführung selbst erstellt hat (→ Rz. 448).

Hat der Auftraggeber die Buchführung selbst erstellt, ist diese aber für den StB unbrauchbar und bringt er die Buchführung in einen ordnungsgemäßen Zustand, rechtfertigt dies eine Zeitgebühr nach § 25 Abs. 2 StBVV nur dann, wenn ein entsprechender Zusatzauftrag des Auftraggebers vorliegt (→ Rz. 449).

Bestreitet der Auftraggeber, dass die vom StB in Ansatz gebrachten Vorarbeiten nach § 25 Abs. 2 StBVV erforderlich waren, muss der StB konkret darlegen und notfalls beweisen, welche Arbeiten tatsächlich erforderlich waren.[5]

---

1) Boelsen in Eckert, 7. Aufl. 2023, § 25 StBVV Rz. 34.

2) So ausdrücklich zu § 17 EStG: LG Wuppertal v. 25.5.2016, 3 O 299/13 und Beyme, der eine analoge bzw. singgemäße Anwendung der Vorschrift empfiehlt, Honorargestaltung für Steuerberater, März 2021, 5, 6; → Rz. 455.

3) LG Detmold v. 20.4.2016, 10 S 44/15, DStRE 2017, 895, besprochen von Wacker, KANZLEI intern 06_2016, 3.

4) LG Aschaffenburg v. 7.5.1998, 2 S 289/97, Stbg 2000, 474 f.

5) OLG Düsseldorf v. 10.12.1998, 13 U 241/97, GI 1999, 295, 299; AG Mönchengladbach v. 8.12.2000, 36 C 1229/98.

Zur Aufteilung der Schuldzinsen in einen abziehbaren und einen nicht abziehbaren Teil nach § 4 Abs. 4a EStG → Rz. 450.

Vorarbeiten betriebswirtschaftlicher Art, z.B. die Ermittlung betriebswirtschaftlicher Kennzahlen, die Ermittlung personenbezogener Umsätze oderKosten sind grundsätzlich vereinbare Tätigkeiten, für die die übliche Vergütung (§§ 612 Abs. 2, 632 Abs. 2 BGB) abgerechnet werden kann. Empfohlen wird eine Abrechnung nach Zeitaufwand.[1] Fraglich ist, wie der Aufwand im Zusammenhang mit der **Ermittlung von Kapitalkonten** für Beteiligte von Personengesellschaften abzurechnen ist. Da Kapitalkonten i.d.R. mehrere unterschiedliche Funktionen haben, die betriebswirtschaftliche (einfache Ermöglichung der Bewertung der Personengesellschaft), zivilrechtliche (Ausgleichspflicht bei Ausscheiden) und steuerliche (Darstellung im Jahresabschluss) Zwecke verfolgen, ist die Erstellung von Kapitalkonten eher eine gemischte Tätigkeit. Wenn die betriebswirtschaftlichen und zivilrechtlichen Zwecke überwiegen, kommt – je nach Fallkonstellation – eine separate Abrechnung nach BGB oder alternativ analog § 25 Abs. 2 StBVV (bei bilanzierenden Mandanten analog § 35 Abs. 3 BGB) in Betracht. M.E. ist aber schon fraglich, ob diese Tätigkeit im Rahmen eines Auftrags zur Anfertigung einer EÜR überhaupt separat abrechenbar ist oder ob sie nicht in die Gebühr nach § 25 Abs. 1 StBVV (bei bilanzierenden Mandanten § 35 Abs. 1 Nr. 1 StBVV) inkludiert ist. Eine separate Abrechnung der Kapitalkontenentwicklung kommt m.E. dann in Betracht, wenn z.B. nach Auflösung einer Berufsausübungsgemeinschaft oder im Falle einer Auseinandersetzung die Kapitalkonten für mehrere Jahre nachträglich zu ermitteln sind.

D. Aufstellung eines schriftlichen Erläuterungsberichts (Abs. 4)

Durch das Jahressteuergesetz 2007[2] wurde für die Aufstellung eines schriftlichen **461**
Erläuterungsberichts zur Ermittlung des Überschusses der Betriebseinnahmen über die Betriebsausgaben ein neuer Gebührentatbestand geschaffen, der aus § 35 Abs. 1 Nr. 6 StBVV abgeleitet wurde. Auch der Gebührenrahmen wurde übernommen. Entgegen der von Meyer[3] geäußerten Auffassung fällt die Darstellung des Überschusses mittels Anlage EÜR nicht unter den neuen § 25 Abs. 4 StBVV (→ Rz. 451). Gleiches gilt für die Beifügung von Kontennachweisen. Erforderlich sind vielmehr schriftliche Erläuterungen zu einzelnen Posten der Gewinnermittlung vergleichbar einem Erläuterungsbericht zum Jahresabschluss. Erforderlich ist auch hier ein entsprechender Auftrag durch den Mandanten.[4]

1) Schwamberger, KP 2017, 143, 147.
2) JStG 2007 v. 13.12.2006, BGBl. I 2006, 2878 = BStBl I 2007, 28.
3) Meyer, KP 2006, 184.
4) Weiler, DStR 2006, 2229 f.

§ 26
Ermittlung des Gewinns aus Land- und Forstwirtschaft nach Durchschnittsätzen

(1) [1]Die Gebühr für die Ermittlung des Gewinns nach Durchschnittsätzen beträgt 5 Zehntel bis 20 Zehntel einer vollen Gebühr nach Tabelle B (Anlage 2). [2]Gegenstandswert ist der Durchschnittssatzgewinn nach § 13a Abs. 3 Satz 1 des Einkommensteuergesetzes.

(2) Sind für mehrere land- und forstwirtschaftliche Betriebe desselben Auftraggebers die Gewinne nach Durchschnittsätzen getrennt zu ermitteln, so erhält der Steuerberater die Gebühr nach Absatz 1 für jede Gewinnermittlung.

Inhalt

Schrifttum

Beyme, Abrechnung bei Gewinnermittlung nach § 51 EStDV, AgrB 3/2019, 153; **Beyme,** Abrechnung des „neuen" § 13a EStG nach der StBVV, AgrB (Agrarbetrieb) 2017, 175.

A. Inhalt und Bedeutung

462 § 26 StBVV regelt die Ermittlung des Gewinns aus Land- und Forstwirtschaft nach Durchschnittsätzen (§ 13a EStG). Hierbei handelt es sich um die häufigste Gewinnermittlungsart bei land- und forstwirtschaftlichen Betrieben. Nach Schätzungen ermitteln etwa 65 % der land- und forstwirtschaftlichen Betriebe ihren Gewinn nach Durchschnittsätzen.[1] Auf die Ermittlung des Gewinns aus Land- und Forstwirtschaft durch Vermögensvergleich findet § 39 StBVV Anwendung, für die Gewinnermittlung durch Gegenüberstellung der Betriebseinnahmen und der Betriebsausgaben gilt § 25 StBVV (→ § 25 StBVV Rz. 457).

463 Sind für **mehrere** land- und forstwirtschaftliche **Betriebe** Gewinnermittlungen nach Durchschnittsätzen vorzunehmen, so erhält der StB für jede dieser Ermittlungen eine gesonderte Gebühr (§ 26 Abs. 2 StBVV).

464 Durch die Neufassung des § 13a EStG mit Wirkung ab dem 1.1.2015[2] wurde die Ermittlung der Sondergewinne (§ 13a Abs. 7 EStG) ausgeweitet. Dies erfordert u.a. die Erfassung der historischen Anschaffungs- und Herstellungskosten von Gewinnen aus der Veräußerung oder Entnahme von Wirtschaftsgütern des Anlagevermögens und von Tieren, soweit der Veräußerungs- oder Entnahmepreis mehr als 15 000 € beträgt.[3] Ob diese und weitere für § 13a EStG erforderliche **Vorarbeiten** gesondert abgerechnet werden können, ist umstritten. Anders als § 25 StBVV sieht § 26 StBVV keine separate Berechnung von Vorarbeiten vor. Gleichwohl wird zum Teil vertreten, dass derartige Vorarbeiten analog § 25 Abs. 2 StBVV abgerechnet werden können.[4] Diese Auffassung überzeugt nicht, da § 26 StBVV – anders als z.B. §§ 25 Abs. 2, 27 Abs. 3, 35 Abs. 3 StBVV – keine separate Berechnung von Vorarbeiten vorsieht. Wenn der Verordnungsgeber eine gesonderte Berechnung von

---

1) Amtliche Begründung zur 3. ÄndVO v. 20.8.1998, BGBl. I 1998, 2369, abgedruckt in Eckert, 4. Aufl. 2003, zu § 26 StBGebV.

2) Zollkodex-Anpassungsgesetz v. 22.12.2014, BGBl. I 2014, 2417 = BStBl I 2015, 58.

3) Beyme, AgrB 2017, 175, 176.

4) Berners, 6. Aufl. 2020, § 26 StBVV Rz. 6; Schwamberger in Meyer/Goez/Schwamberger, 11. Aufl. 2023, § 26 StBVV Rz. 5.

Vorarbeiten nach Zeitaufwand gewollt hätte, hätte er eine entsprechende Regelung von Anfang an vorgesehen oder zu einem späteren Zeitpunkt eingefügt (wie z.B. im Fall des § 27 Abs. 3 StBVV, der erst mit Wirkung zum 20.12.2012 nachträglich eingefügt wurde). § 26 StBVV regelt die Vergütung des StB für die Gewinnermittlung nach Durchschnittssätzen, inklusive der Ermittlung der Sondergewinne deshalb abschließend.[1] Der weite Gebührenrahmen von 5/10 bis 20/10 gibt in der Regel genügend Spielraum, um auch aufwändige Vorarbeiten hinreichend zu berücksichtigen.

Beispiel:

Der Mandant besitzt ein 8 ha großes Waldgrundstück, für das die pauschale Ermittlung der Gewinne aus Holznutzung nach § 51 EStDV erfolgt. Daneben besitzt er 8 ha landwirtschaftlich genutzte Flächen, für die er den Gewinn nach § 13a EStG ermittelt. Die zusätzliche Gewinnermittlung für den forstwirtschaftlichen Teil kann hier nicht gesondert nach § 25 StBVV abgerechnet werden (→ § 25 StBVV Rz. 457). Dieser Aufwand kann nur bei der Wahl des Rahmensatzes des § 26 StBVV berücksichtigt werden.[2]

Beyme weist darauf hin, dass dies zu gebührenrechtlich unbefriedigenden Ergebnissen führen kann, da es in § 26 StBVV – anders als in § 25 StBVV – keinen Mindestgegenstandswert gibt. So liegt der Gegenstandswert nach § 26 StBVV für einen land- und forstwirtschaftlichen Betrieb, der neben 8 ha forstwirtschaftlichen Flächen auch 8 ha landwirtschaftliche Flächen nutzt und keine Sondergewinne hat, weit unter dem Mindestgegenstandswert des § 25 StBVV in Höhe von 12 500 €, der im Falle einer reinen forstwirtschaftlichen Nutzung angesetzt werden könnte (siehe auch → § 25 StBVV Rz. 457).[3] Sollte der weite Gebührenrahmen nicht ausreichen, kann in besonders gelagerten Fällen eine Vergütungsvereinbarung nach § 4 Abs. 1 StBVV geschlossen werden (→ § 4 StBVV Rz. 113 ff.).

Die Finanzverwaltung sieht ab dem Feststellungszeitraum 2023 für die Gewinnermittlung nach § 13a EStG in der gesonderten und einheitlichen Feststellung folgende **neue Formulare** vor:

- Anlage SE13a zur Anlage 13a (Sonderberechnung des Gesellschafters)
- Anlage AVSE13a zur Anlage 13a (Anlageverzeichnis des Gesellschafters)
- Anlage ER13a zur Anlage 13a (Ergänzungsrechnung des Gesellschafters).

Für jeden betroffenen Gesellschafter ist jeweils eine eigene **Anlage ER13a, SE13a und/oder AVSE13a** mit der Anlage 13a der Gesamthand zu übermitteln.

Eine gesonderte Abrechnung dieses Mehraufwands sieht § 26 StBVV nicht vor. Auch hier verbietet sich aus den o.g. Gründen eine analoge Anwendung des § 25 Abs. 2 StBVV. Der Mehraufwand kann derzeit nur durch die Wahl eines höheren Gebührensatzes oder durch eine Vergütungsvereinbarung berücksichtigt werden.

Praxistipp:

Der Gebührenrahmen des § 26 StBVV (5/10 bis 20/10) entspricht dem Gebührenrahmen des § 25 StBVV bis zum Inkrafttreten der Fünften Verordnung zur Änderung steuerlicher Verordnungen am 1.7.2020 (→ § 25 StBVV Rz. 446, 448). Seitdem beträgt der Obersatz der Rahmengebühr des § 25 Abs. 1 StBVV 30/10. Begründet wurde die Anhebung des Obersatzes um 10/10 im Wesentlichen mit dem Mehraufwand, der durch neue Vordrucke (Anlagen) entstanden ist. Um den früheren Gleichklang der beiden Vorschriften wieder herzustellen, sollte der Verordnungsgeber auch hier eine Anhebung des oberen Rahmensatzes um 10/10 prüfen.

---

1) So auch Beyme, AgrB 2019, 153 und AgrB 2017, 175, 176; Boelsen in Eckert, 7. Aufl. 2023, § 26 StBVV Rz. 9.
2) Beyme, AgrB 2019, 153.
3) Beyme, AgrB 2019, 153.

465 Die Ermittlung der Besteuerungsgrundlagen für die Erklärungen nach der **Tonnagesteuer** ist nach §§ 2, 26 Abs. 1 StBVV zu berechnen. **Gegenstandswert** ist die ermittelte Bemessungsgrundlage für die Tonnagesteuer.

B. Anwendungsbereich

466 Bis zur 3. ÄndVO[1] war als Gegenstandswert nur der „Ausgangswert" nach § 13a Abs. 4 EStG a.F. anzusetzen. Nach der durch die 3. ÄndVO erfolgten Änderung des § 26 Abs. 1 Satz 2 StBGebV, war der Ausgangswert nach § 13a Abs. 4 EStG einschließlich der Summe der Sondergewinne nach § 13a Abs. 8 EStG Gegenstandswert. Ausweislich der amtlichen Begründung zur 3. ÄndVO kam den Sondergewinnen wegen verschiedener agrarpolitischer Maßnahmen, wie z.B. Zahlungen von direkten und indirekten Einkommensbeihilfen, eine besondere ertragsteuerliche Bedeutung zu, was die Einbeziehung der Summe der Sondergewinne nach § 13a Abs. 8 EStG in den Gegenstandswert rechtfertigte.

Auf Grund einer gesetzlichen Änderung des § 13a EStG durch das Steuerentlastungsgesetz 1999/2000/2002[2] **existierte** der in § 13a Abs. 4 EStG a.F. genannte **Ausgangswert** ab dem Veranlagungszeitraum 1999 **nicht mehr**. Nach einem Vorschlag des Hauptverbandes der Landwirtschaftlichen Buchstellen und Sachverständigen e.V.[3] und der Bundessteuerberaterkammer[4] sollte bis zu einer Änderung der Verordnung wie folgt verfahren werden: An die Stelle des Ausgangswerts tritt der nach § 13a Abs. 4 EStG nunmehr festzustellende Grundbetrag. An die Stelle der früher in § 13a Abs. 8 EStG a.F. geregelten Summe der Sondergewinne tritt nunmehr die Summe der in § 13a Abs. 6 EStG aufgeführten Sondergewinne sowie die Summe der Zuschläge für Sondernutzungen gem. § 13a Abs. 5 EStG und die Summe der festzustellenden vereinnahmten Miet- und Pachtzinsen gem. § 13a Abs. 3 Nr. 4 EStG. Durch das JStG 2007[5] wurde § 26 Abs. 1 Satz 2 StBGebV an den geänderten § 13a EStG angepasst. Die bisherigen Schwierigkeiten bei der Bestimmung des Gegenstandswertes wurden beseitigt. Durch den Verweis auf § 13a Abs. 3 Satz 1 EStG ist klargestellt, dass der Gegenstandswert wie folgt veranlagt wird:

Festzustellender Grundbetrag nach § 13a Abs. 4 EStG

+ Summe der Zuschläge für Sondernutzung nach § 13a Abs. 5 EStG,
+ Summe der Sondergewinne nach § 13a Abs. 6 EStG,
+ Summe der festzustellenden vereinnahmten Miet- und Pachtzinsen nach § 13a Abs. 3 Nr. 4 EStG,
+ Summe der vereinnahmten Kapitalerträge, die sich aus Kapitalanlagen und Veräußerungserlösen i.S.d. § 13a Abs. 6 Satz 1 Nr. 2 EStG ergeben.

Durch das Zollkodex-Anpassungsgesetz[6] wurde § 13a EStG mit Wirkung ab dem 1.1.2015 geändert. Die erstmalige Anwendung erfolgte im Wirtschaftsjahr 2015/2016. Im Gegensatz zu § 13a EStG blieb § 26 StBVV unverändert, ohne dass diesmal ein gebührenrechtlicher Schwebezustand eingetreten ist.[7] Der Verweis in § 26 Abs. 1 Satz 2 StBVV auf § 13a Abs. 3 Satz 1 EStG passt nach wie vor. Denn die seit der Neufassung des § 13a EStG nicht mehr abziehbaren verausgabten Pachtzinsen, Schuldzinsen und dauernde Lasten, die Betriebsausgaben sind, waren bei der Bestimmung des Gegenstandswertes schon bisher nicht zu berücksichtigen. Beyme

1) 3. ÄndVO v. 20.8.1998, BGBl. I 1998, 2369.
2) StEntlG 1999/2000/2002 v. 24.3.1999, BGBl. I 1999, 402 = BStBl I 1999, 304.
3) Siehe www.hlbs.de.
4) Kammerreport, Beihefter zu DStR 1–2/2001, 3.
5) JStG 2007 v. 13.12.2006, BGBl. I 2006, 2878 = BStBl I 2007, 28.
6) Gesetz v. 22.12.2014, BGBl. I 2014, 2417 = BStBl I 2015, 58.
7) Beyme, AgrB 2017, 175.

weist darauf hin, dass sich durch die **Neuregelung des § 13a EStG der Gegenstandswert** für § 26 StBVV **erhöht**.[1] Gewinnerhöhend nach § 13a EStG und damit gegenstandswerterhöhend wirken sich Zuschläge für die Tierhaltung ab mehr als 25 Vieheinheiten aus (§ 13a Abs. 4 EStG i.V.m. Anlage 1a zu § 13a EStG), der von 512 € auf 1 000 € gestiegene Zuschlag pro Sondernutzung (§ 13a Abs. 6 EStG), der Wegfall des Freibetrags von 1 534 € für Sondergewinne (§ 13a Abs. 6 EStG a.F.) und insbesondere die grundsätzliche Erfassung von Veräußerungs- oder Entnahmegewinnen beweglicher Wirtschaftsgüter des Anlagevermögens, soweit diese mehr als 15 000 € betragen (§ 13a Abs. 7 Nr. 1b EStG). Gerade durch diese Neuregelung kann es zu starken Schwankungen beim Durchschnittssatzgewinn i.S.v. § 13a Abs. 3 Satz 1 EStG und damit beim Gegenstandswert nach § 26 Abs. 1 StBVV kommen. Die Erhöhung des Gegenstandswertes ist wegen der gestiegenen Komplexität des neuen § 13a EStG gerechtfertigt.[2]

1) Beyme, AgrB 2017, 175 mit Berechnungsbeispiel.
2) Beyme, AgrB 2017, 175, 176.

§ 27
Ermittlung des Überschusses der Einnahmen über die Werbungskosten

(1) [1]Die Gebühr für die Ermittlung des Überschusses der Einnahmen über die Werbungskosten bei den Einkünften aus nichtselbständiger Arbeit, Kapitalvermögen, Vermietung und Verpachtung oder sonstigen Einkünften beträgt 1 Zwanzigstel bis 12 Zwanzigstel einer vollen Gebühr nach Tabelle A (Anlage 1). [2]Gegenstandswert ist der jeweils höhere Betrag, der sich aus der Summe der Einnahmen oder der Summe der Werbungskosten ergibt, jedoch mindestens 8.000 Euro.

(2) Beziehen sich die Einkünfte aus Vermietung und Verpachtung auf mehrere Grundstücke oder sonstige Wirtschaftsgüter und ist der Überschuß der Einnahmen über die Werbungskosten jeweils getrennt zu ermitteln, so erhält der Steuerberater die Gebühr nach Absatz 1 für jede Überschußrechnung.

(3) Für Vorarbeiten, die über das übliche Maß erheblich hinausgehen, erhält der Steuerberater die Zeitgebühr.

Inhalt

Schrifttum

Beyme, Abrechnungsmöglichkeiten bei VuV, KANZLEI intern 7_2018, 5; **Gemmer,** Wie sind steuerfreie Einnahmen bei der Ermittlung des Gegenstandswertes zu berücksichtigen?, KP 2000, 175; **Hartmann,** Abrechnung der Anlage N-AUS. KANZLEI intern 07/2014, 7; **Kuppe,** Einkünfte aus Kapitalvermögen – (K)Ein Beratungsfeld für Steuerberater?, NWB 19/2016, 1451; **Meyer,** Tätigkeiten des Steuerberaters bei Spekulationsgeschäften: Welche Gebühren können angesetzt werden?, KP 2002, 10; **Wilk/Beyer-Petz,** Die neue Steuerberatervergütungsverordnung, DStR 2012, 2508.

A. Inhalt und Bedeutung

467 Die Vorschrift ist eine Parallelvorschrift zu § 25 StBVV für die 4 Einkunftsarten des § 2 Abs. 1 Nr. 4–7, §§ 19–23 EStG (sog. „Überschusseinkünfte"). Die Gebühren nach § 27 StBVV fallen zusätzlich zur Erklärungsgebühr nach § 24 Abs. 1 Nr. 1 und 2 StBVV an.[1]

Gegenstandswert ist die Summe der Einnahmen oder die Summe der Werbungskosten, wenn diese höher ist. Steuerfreie Einnahmen sind ebenfalls Einnahmen.[2] Sie sind deshalb bei der Ermittlung des Gegenstandswertes zu berücksichtigen. Ein-

1) OLG Düsseldorf v. 15.5.1997, 13 U 8/96, GI 1998, 147.

2) Eggesiecker, 2. Aufl. 1998, § 27 STEUGO, Rz. 27.330; Gemmer, KP 2000, 175; Boelsen in Eckert, 7. Aufl. 2023, § 27 StBVV Rz. 14 i.V.m. § 25 StBVV Rz. 16; Schwamberger in Meyer/Goez/Schwamberger, 11. Aufl. 2023, § 27 StBVV Rz. 2.

nahmerückzahlungen mindern den Gegenstandswert. Ergibt sich der Gegenstandswert aus den Werbungskosten, sind auch nicht abzugsfähige Werbungskosten zu berücksichtigen, ebenso Abschreibungen nach §§ 7 ff. EStG und §§ 82a, b, g, i EStDV. Maßgebend sind die Einnahmen und Werbungskosten i.S.d. Einkommensteuerrechts, zu denen im Optionsfall auch die Umsatzsteuer gehört. Eine Kürzung von Freibeträgen oder Pauschalen entfällt.[1]

Der Mindestgegenstandswert von 6 000 € wurde durch die VO zum Erlass und zur Änderung steuerlicher Verordnungen auf 8 000 € angehoben.[2]

Die **Gebühr** nach § 27 StBVV kann **mehrfach** anfallen, nämlich dann, wenn der Steuerpflichtige über mehrere Einkunftsarten nebeneinander verfügt, z.B. Einkünfte aus nicht selbstständiger Arbeit, Einkünfte aus Kapitalvermögen, sonstige Einkünfte. Bei der Zusammenveranlagung von **Ehegatten** ist § 27 StBVV auf die Einkünfte jedes Ehegatten gesondert anzuwenden, so dass jede Überschussrechnung, unabhängig davon, für welchen Ehegatten sie erstellt wurde, eine gesondert honorierungsfähige Angelegenheit ist. Neben der **Sonderregelung** des **§ 27 Abs. 2 StBVV** können auch bei den **sonstigen Einkünften** (§ 2 Abs. 1 Satz 1 Nr. 7, §§ 22 ff. EStG) mehrere Gebühren nach § 27 StBVV entstehen, wenn der Steuerpflichtige über mehrere Einkunftsquellen (z.B. Renten, private Veräußerungsgeschäfte) verfügt und der StB jeweils separate Überschussrechnungen erstellt.[3] **468**

Nach der amtlichen Begründung zu § 27 StBGebV war die Berechnung einer zusätzlichen Vergütung für über das übliche Maß hinausgehende **Vorarbeiten** im Gegensatz zu Überschussrechnung für Gewinneinkünfte nach § 25 StBGebV nicht vorgesehen. Mit der VO zum Erlass und zur Änderung steuerlicher Verordnungen wurde dies mit Wirkung zum 20.12.2012 geändert und in Abs. 3 eine Zeitgebühr eingeführt (→ Rz. 481).[4] Bis dahin konnten Vorarbeiten nur bei der Wahl des Rahmensatzes angemessen berücksichtigt werden. Denkbar ist, dass **steuerliche Aufzeichnungen** oder eine Buchführung im Bereich der Vermietung und Verpachtung erforderlich sind, die mit einer Gebühr nach § 33 Abs. 1 StBVV abgerechnet werden können. Voraussetzung hierfür ist, dass die Aufzeichnungen bzw. die Buchführung steuerlichen Zwecken dienen und ein entsprechender (zumindest konkludenter) Auftrag vorliegt. **469**

Erstellt der StB auftragsgemäß einen **„schriftlichen Erläuterungsbericht"** zu einer Überschussermittlung, empfiehlt sich eine Vergütungsvereinbarung nach § 4 StBVV. Eine „sinngemäße" Anwendung des § 25 Abs. 2 StBVV oder des § 37 Satz 1 Nr. 3 StBVV gem. § 2 StBVV kommt nicht in Betracht, nachdem der Verordnungsgeber einen solchen Gebührentatbestand nicht in § 27 StBVV vorgesehen hat. **470**

B. Ermittlung des Überschusses der Einnahmen über die Werbungskosten (Abs. 1 und Abs. 2)

I. Ermittlung

Die Gebühr entsteht für die Ermittlung des Überschusses. Dies setzt grundsätzlich eine Berechnung voraus (→ § 25 StBVV Rz. 451). Der **Ansatz eines Pauschbetrages** rechtfertigt eine Gebühr nach § 27 StBVV, wenn zuvor detaillierte Ermittlungen **471**

1) Boelsen in Eckert, 7. Aufl. 2023, § 27 StBVV Rz. 10.
2) VO zum Erlass und zur Änderung steuerlicher Verordnungen v. 11.12.2012, BGBl. I 2012, 2637 = BStBl I 2013, 2.
3) Eggesiecker, 2. Aufl. 1998, § 27 STEUGO Rz. 27.237; Schwamberger in Meyer/Goez/Schwamberger, 11. Aufl. 2023, § 27 StBVV Rz. 8; Boelsen in Eckert, 7. Aufl. 2023, § 27 StBVV Rz. 11.
4) VO zum Erlass und zur Änderung steuerlicher Verordnungen v. 11.12.2012, BGBl. I 2012, 2637 = BStBl I 2013, 2.

dahingehend angestellt werden mussten, ob die tatsächlichen Aufwendungen den Pauschbetrag übersteigen.[1] Keine Ermittlung der Einkünfte ist gegeben, wenn lediglich fertige Endzahlen in die Erklärungsvordrucke übernommen werden.[2]

Beispiel:

Der Mandant hat Einkünfte aus Kapitalvermögen, die bei einer Bank im Girosammeldepot liegen. Die Bank liefert die fertigen Zahlen, die der StB in die Anlage KAP überträgt (Siehe hierzu auch die teilweise abweichenden Nachweise unter → Rz. 474).

Müssen die Ergebnisse mehrerer Bankbestätigen zusammengefasst werden, liegt wieder eine Überschussermittlung vor.[3] Wenn der StB damit beauftragt wird, Erträgnisaufstellungen ausländischer Banken auszuwerten, kann zusätzlich eine Zeitgebühr nach § 27 Abs. 3 StBVV anfallen.

Praxistipp:

Es empfiehlt sich, im Honorarprozess die Anlage(n) zur Steuererklärung vorzulegen, um die Gebühr nach § 27 StBVV zu rechtfertigen. Dies reicht den Gerichten zum Teil als Nachweis für das Entstehen der Gebühr aus.[4]

In den Fällen, in denen StB keine Ermittlung vorgenommen hat, finden sich in Gebührenrechnungen gelegentlich Hinweise wie „**Anlage N nicht berechnet**" oder die Gebührenposition „Ermittlung des Überschusses der Einnahmen über die Werbungskosten bei Einkünften aus…" wird mit einem **Satz von „0,00/20"** und einem Betrag von 0,00 € abgerechnet. Dies wird in der Praxis soweit ersichtlich von Gerichten und Steuerberaterkammern nicht beanstandet, obwohl diese Form der Abrechnung täuschungsgeeignet sein kann. Denn der Mandant könnte glauben, der StB habe eine Ermittlung vorgenommen, diese entgegenkommenderweise aber nicht berechnet. Deshalb sollten derartige Hinweise in Gebührenrechnungen besser unterbleiben.

II. Einkünfte aus nicht selbständiger Arbeit

472 **Gegenstandswert** ist regelmäßig die Summe der „Bruttoeinnahmen" vor Kürzung von Freibeträgen. Überzahlte Arbeitslöhne mindern den Gegenstandswert. Mehrere Arbeitsverhältnisse sind zu einer Überschussrechnung zusammenzufassen. Die Bruttoarbeitslöhne aus allen Arbeitsverhältnissen bilden die Bemessungsgrundlage für den Gegenstandswert. Dies gilt nicht im Fall der Zusammenveranlagung von Ehegatten, wenn beide Ehegatten Einkünfte aus nicht selbstständiger Arbeit erzielen. Der Überschuss ist für jeden Ehegatten getrennt zu ermitteln (→ Rz. 467). Entgeltersatzleistungen, wie z.B. Arbeitslosengeld oder Mutterschaftsgeld sind bei der Bemessung des Gegenstandswertes zu berücksichtigen, da § 27 StBVV nicht weiter zwischen steuerpflichtigen Einnahmen, steuerfreien Einnahmen oder Einnahmen, die dem Progressionsvorbehalt unterliegen, differenziert (→ Rz. 467). Auch steuerfreie ausländische Einkünfte, die dem Progressionsvorbehalt unterliegen, z.B. ausländische Einkünfte aus nichtselbständiger Arbeit oder ausländische Renteneinkünfte die in die Anlage N-AUS bzw. die Anlage R-AUS einzutragen sind, erhöhen den Gegenstandswert bzw. sind der Gegenstandswert für die Gebühr nach § 27 StBVV, wenn der Steuerpflichtige nur über diese ausländischen Einkünfte verfügt.[5]

1) Brummer, 10. Aufl. 2010, § 27 StBGebV Anm. 1; Boelsen in Eckert, 7. Aufl. 2023, § 27 StBVV Rz. 20.
2) Berners, 6. Aufl. 2020, § 27 StBVV Rz. 12.
3) Brummer, 10. Aufl. 2010, § 27 StBGebV Anm. 1.
4) Siehe LG Wuppertal v. 25.5.2016, 3 O 299/13.
5) A.A. Hartmann, KANZLEI intern 07_2014, 7, der nur „Bruttoeinnahmen" nach § 19 EStG berücksichtigen will.

Beispiel:

Der Steuerpflichtige verfügt neben Einkünften aus Vermietung und Verpachtung sowie Kapitalvermögen auch über ausländische Renteneinnahmen in Höhe von 68 366,00 €. Der dem Progressionsvorbehalt unterliegende Anteil beträgt 17 887,00 €. Gegenstandswert für die Gebühr nach § 27 Abs. 1 StBVV „Überschussermittlung aus sonstigen Einkünften" sind die Renteneinnahmen in voller Höhe (68 366,00 €). Der dem Progressionsvorbehalt unterliegende Anteil (17 887,00 €) erhöht den Gegenstandswert nach § 24 Abs. 1 Nr. 1 StBVV; vgl. → § 24 StBVV Rz. 398).

Der Ansatz einer Gebühr nach § 27 StBVV kann auch dann gerechtfertigt sein, wenn die **Ermittlung** der Einnahmen einfach ist und Werbungskosten nur mit dem Pauschbetrag nach § 9a EStG in Ansatz gelangen (→ Rz. 471).[1] Begrifflich ist jedenfalls dann von einer „Ermittlung" auszugehen, wenn der StB die ihm übergebenen Zahlen oder die Rechtfertigung des Ansatzes des Pauschbetrages zuvor überprüft hat (→ Rz. 471 und → Rz. 474).[2] Daran dürfte es fehlen, wenn der StB in der Anlage N nur Angaben zum Arbeitslohn (Bruttoarbeitslohn, Lohnsteuer, Solidaritätszuschlag), aber keinerlei Angaben zu den Werbungskosten macht.[3]

III. Einkünfte aus Kapitalvermögen

Maßgeblich sind die Bruttoeinnahmen aus Kapitalvermögen, § 20 EStG. Der Sparer- **473** Pauschbetrag des § 20 Abs. 9 EStG führt nicht zu einer Minderung des Gegenstandswertes. Haben beide Ehegatten im Falle der Zusammenveranlagung Einkünfte aus Kapitalvermögen, fallen zwei Gebühren nach § 27 StBVV an (→ Rz. 467). „Negative Einnahmen" führen nicht zu einer Minderung des Gegenstandswerts, sondern bilden den Gegenstandswert, wenn sie höher sind als die Bruttoeinnahmen, da sie jedenfalls den Charakter von Werbungskosten haben und auch der Aufwand gegen eine Saldierung spricht.

Unklar ist, welche Anforderungen an eine „Ermittlung" i.S.d. § 27 Abs. 1 StBVV zu **474** stellen sind (→ Rz. 471), insbesondere ob es ausreicht, wenn der StB in die Anlage KAP lediglich die vom Mandanten bzw. der Bank mitgeteilten Kapitalerträge und den Sparer-Freibetrag einträgt, die Kapitalerträge aber bereits von der Bank im Rahmen der Abgeltungssteuer erklärt und die Steuern abgeführt wurden.

Beispiele aus der Rechtsprechung:

Trägt der StB nach Aufforderung des Finanzamtes den vom Auftraggeber angegebenen Betrag von 600 DM in die Anlage KSO ein und reicht diese beim Finanzamt ein, rechtfertigt dies keine Gebühr nach § 27 StBGebV.[4]

Übernimmt der StB die ihm vom Auftraggeber übermittelten Zahlen, ist eine Gebühr nach § 27 StBGebV zumindest dann gerechtfertigt, wenn diese Zahlen vom StB mit einem zumindest als durchschnittlich zu bemessenden Aufwand überprüft wurden.[5]

Eine Gebühr nach § 27 StBGebV entsteht nicht, wenn der StB in der Anlage KSO durch Ankreuzen des Formulars zum Ausdruck bringt, dass der Auftraggeber keine Einkünfte aus Kapitalvermögen erzielt hat.[6]

Ist der Ermittlungsaufwand besonders hoch, weil z.B. Erträgnisaufstellungen ausländischer Banken ausgewertet werden müssen, kann zusätzlich eine Zeitgebühr

1) Boelsen in Eckert, 7. Aufl. 2023, § 27 StBVV Rz. 20; Eggesiecker, 2. Aufl. 1998, § 27 STEUGO Rz. 27.610; Mittelsteiner/Scholz, 4. Aufl. 1998, § 27 StBGebV Rz. 1 und 3; a. A. Schwamberger in Meyer/Goez/Schwamberger, 11. Aufl. 2023 § 27 StBVV Rz. 3: keine Gebühr nach § 27 StBVV.
2) Boelsen in Eckert, 7. Aufl. 2023, § 27 StBVV Rz. 24; Brummer, 10. Aufl. 2010, § 27 StBGebV Anm. 1.
3) So auch Beyme in Meyer/Goez/Schwamberger, 11. Aufl. 2023, § 12 StBVV Rz. 9.
4) AG Eisleben v. 9.12.1998, 21 C 203/96, DStRE 2000, 951.
5) AG Wuppertal v. 16.7.1996, 91 C 78/94.
6) LG Düsseldorf v. 22.5.1996, 23 S 362/95.

nach § 27 Abs. 3 StBVV anfallen. Seit dem VZ 2018 ist die **Anlage KAP-INV** Bestandteil der Steuererklärungsvordrucke. Diese Anlage ist für die Erklärung von Investmenterträgen vorgesehen, die nicht dem inländischen Steuerabzug unterlegen haben, z.B. im Ausland verwahrte Investmentanteile. Nach der Überarbeitung der Anlage für den VZ 2019 und die Erweiterung um eine Anleitung wird die Anlage KAP-INV als nicht praxistauglich und nicht händelbar kritisiert. Die Finanzämter bevorzugen inoffiziell die Aufnahme der Summe der Investmenterträge in die Anlage AUS, da die Anlage KAP-INV zu viele Prüfhinweise enthalte, die für die Finanzverwaltung nicht abzuarbeiten seien. In jedem Fall rechtfertigt der zusätzliche Aufwand einen höheren Gebührensatz.

475 Für eine Ermittlung reicht es nicht aus, ausländische Einkünfte in Euro umzurechnen.[1] Zwar können auch einfache Arbeiten und der Ansatz des Pauschbetrages den Ansatz einer Gebühr nach § 27 StBVV rechtfertigen (→ Rz. 471), das Ankreuzen in einem Formular allein löst nach der o.g. Rechtsprechung aber noch keinen Gebührenanspruch aus. Maßgeblich ist, ob der StB eine Tätigkeit zur Ermittlung des Überschusses der Einnahmen über die Werbungskosten entfaltet hat, wobei eine Prüfungstätigkeit bereits ausreichen kann.[2] Deshalb kann der StB nach Einführung der Abgeltungsteuer für Veranlagungszeiträume ab 2009 die Gebühr nach § 27 Abs. 1 StBVV auch dann abrechnen, wenn sich nach Durchführung der **Günstigerprüfung** gem. § 32d Abs. 6 EStG ergibt, dass die Abgeltungsteuer günstiger ist und eine Anlage KAP nicht abgegeben werden muss. Denn der Aufwand für die Prüfung wird in vielen Fällen identisch sein mit dem Fall, dass die Einbeziehung sämtlicher Kapitaleinkünfte in die Veranlagung günstiger ist, weil der Grenzsteuersatz des Mandanten unter 25 % liegt. In beiden Fällen ist vom Grundsatz her die Ermittlung und Zusammenstellung der gesamten Kapitaleinkünfte erforderlich.[3]

Praxistipp:

Aus Gründen der Transparenz empfiehlt es sich, in der Gebührenrechnung ausdrücklich auf die Günstigerprüfung hinzuweisen.

Formulierungsbeispiel:

„Ermittlung des Überschusses der Einnahmen über die Werbungskosten aus Kapitalvermögen einschließlich der Günstigerprüfung gem. § 32d Abs. 6 EStG".

Raum für die Abrechnung einer Günstigerprüfung dürfte allerdings dann nicht bestehen, wenn offensichtlich ist, dass sich die Ausübung des Veranlagungswahlrechts wegen der Höhe des zu versteuernden Einkommens nicht lohnt[4] und keine sonstigen Gründe vorliegen, Kapitaleinkünfte in der Anlage KAP gesondert zu erklären (z.B. Einkünfte aus ausländischen Konten und Wertpapierdepots). Machen Gesellschafter einer Kapitalgesellschaft von der Möglichkeit des § 32d Abs. 2 Nr. 3 EStG (Teileinkünfteverfahren) Gebrauch, kann als Gegenstandswert entweder die Bruttodividende (unter Einbeziehung des steuerfreien Teils nach § 3 Nr. 40d EStG) oder 100 % der Werbungskosten (vor Anwendung des § 3c Abs. 2 EStG) zu Grunde gelegt werden.

IV. Einkünfte aus Vermietung und Verpachtung

476 § 21 EStG bestimmt die Einkünfte aus Vermietung und Verpachtung. Gemäß § 27 Abs. 2 StBVV fällt für jedes Grundstück (oder sonstiges Wirtschaftsgut i.S.d. § 21 Abs. 1 Nr. 1 EStG, z.B. Schiffe, Erbbaurechte, Mineralgewinnungsrechte), für das

1) Brummer, 10. Aufl. 2010 § 27 StBGebV Anm. 1.
2) Ebenso Boelsen in Eckert, 7. Aufl. 2023, § 27 StBVV Rz. 24.
3) Ebenso Boelsen in Eckert, 7. Aufl. 2023, § 27 StBVV Rz. 24; Schwamberger in Meyer/Goez/Schwamberger, 11. Aufl. 2023, § 27 StBVV Rz. 4.
4) Kuppe, NWB 19/2016, 1451, 1458.

der Überschuss der Einnahmen über die Werbungskosten getrennt ermittelt wird, eine gesonderte Gebühr an.

Zu den Einnahmen zählt im Falle der Option auch vereinnahmte Umsatzsteuer. Zu erstattende Vorsteuer ist bei den Werbungskosten zu berücksichtigen.[1] Einnahmerückzahlungen führen auch hier zu einer Minderung des Gegenstandswertes. Regelmäßig ist der Gegenstandswert direkt aus der Anlage ablesbar. 477

Praxistipp:

Generell empfiehlt sich eine **Überprüfung des vom Programm vorgeschlagenen Gegenstandswertes**. Einzelne Programme legen bei der Ermittlung der Einkünfte aus Vermietung und Verpachtung nicht die Summe der Werbungskosten, sondern nur die Summe der steuerlich abziehbaren Werbungskosten zugrunde, was unzutreffend ist (→ Rz. 467) und zu erheblichen Abweichungen zu Lasten des StB führen kann.

Die Übernahme von **Beteiligungseinkünften an Grundstücksgemeinschaften** und sonstigen Vermietungs- und Verpachtungsgemeinschaften stellt begrifflich keine „Ermittlung" i.S.d. § 27 Abs. 1 StBVV dar und rechtfertigt daher auch keine gesonderte Gebühr nach § 27 StBVV. Entsprechende Tätigkeiten sind mit den Gebühren nach § 24 Abs. 1 Nr. 1 und 2 StBVV abgegolten (→ § 25 StBVV Rz. 459).[2] Dies gilt allerdings nicht für die Ermittlung von **Sonderbetriebseinnahmen** und **Sonderwerbungskosten** im Rahmen einer Beteiligung, z.B. an einer Praxis- oder Grundstücksgemeinschaft (Anlage FE 1 zur Erklärung zur gesonderten und einheitlichen Feststellung von Grundlagen für die Einkommensbesteuerung). Entsprechende Tätigkeiten stellen eine eigene Angelegenheit i.S.d. § 27 StBVV dar und sind gesondert abrechnungsfähig (→ § 25 StBVV Rz. 459).[3]

Praxistipp:

Für die Ermittlung der Einkünfte aus Vermietung und Verpachtung von **Bauherrengemeinschaften** mit vielen Beteiligten wird wegen der Kompliziertheit der Materie und des Umfangs der notwendigen Arbeiten (insbesondere in den ersten Jahren) die Vereinbarung einer höheren Vergütung nach § 4 Abs. 1 StBVV empfohlen.

Insbesondere bei größeren Vermietungsobjekten bedarf es zur Überwachung der Mieteinnahmen, der -ausgaben, der Bedienung eventueller Finanzierungen etc. regelmäßig umfangreicher Aufzeichnungen. Vermietet der Mandant z.B. mehrere Wohnungen, kann die vom StB vorgenommene monatliche Erfassung der Mieteinnahmen etc. als „Führen steuerlicher Aufzeichnungen" angesehen werden und eine Gebühr nach § 33 StBVV auslösen (→ Rz. 469).[4] Denn „Buchführungsleistungen" und das „Führen steuerlicher Aufzeichnungen" sind unabhängig von der Einkunftsart abrechenbar, sofern sie steuerlichen Zwecken dienen. Auch ein (privater) Vermieter ist Unternehmer i.S.v. § 2 UStG und insofern gemäß § 22 Abs. 1 UStG aufzeichnungspflichtig. Als Gegenstandswert kann die Summe der Mieteinnahmen oder der höheren -ausgaben zugrunde gelegt werden. Die Möglichkeit, derartige Buchführungen nach § 33 StBVV abzurechnen, ergibt sich bereits aus der amtlichen Begründung der 3. ÄndVO zu § 33 Abs. 6 StBGebV (→ § 32 StBVV Rz. 527). Ein Streitpunkt kann allerdings die Frage der Auftragserteilung werden. 478

1) Boelsen in Eckert, 7. Aufl. 2023, § 27 StBVV Rz. 29; Eggesiecker, 2. Aufl. 1998, § 27 STEUGO Rz. 27.325.

2) Schwamberger in Meyer/Goez/Schwamberger, 11. Aufl. 2023, § 27 StBVV Rz. 10; Mittelsteiner/Scholz, 4. Aufl. 1998, § 27 StBGebV Rz. 5; Boelsen in Eckert, 7. Aufl. 2023, § 27 StBVV Rz. 34; Brummer, 10. Aufl. 2010, § 27 StBGebV Anm. 1; Eggesiecker, 2. Aufl. 1998, § 27 STEUGO Rz. 27.340 und 27.720.

3) AG Kempen v. 18.3.1999, 11 C 321/95, DStRE 2000, 948 f.; Boelsen in Eckert, 7. Aufl. 2023, § 27 StBVV Rz. 35; a.A. Eggesiecker, 2. Aufl. 1998, § 27 STEUGO Rz. 27.340.

4) Beyme, KANZLEI intern 7_2018, 5; Schwamberger in Meyer/Goez/Schwamberger, 11. Aufl. 2023, § 27 StBVV Rz. 5; Boelsen in Eckert, 7. Aufl. 2023, § 27 StBVV Rz. 33; Eggesiecker, 2. Aufl. 1998, § 27 STEUGO Rz. 27.750.

Praxistipp:

Deshalb empfiehlt sich, gegenüber dem Mandanten deutlich zu machen, dass die Notwendigkeit besteht, steuerliche Aufzeichnungen zu führen und dass diese auch gesondert abgerechnet werden. In der Gebührenrechnung sollte sich – zur Vermeidung von Diskussionen – nicht die Bezeichnung „Buchführung", sondern die Bezeichnung „Führen steuerlicher Aufzeichnungen" unter Hinweis auf § 33 StBVV finden. Wenn ein erheblicher Aufwand über die Gebühr nach § 33 StBVV abgerechnet wird, sind die Gebühren nach §§ 24 Abs. 1 Nr. 1, 27 Abs. 1 StBVV niedriger anzusetzen.

Werden steuerliche Aufzeichnungen geführt, fällt im Falle einer Beauftragung zusätzlich eine Gebühr für die Anfertigung der Umsatzsteuer(jahres)erklärung gem. § 24 Abs. 1 Nr. 8 StBVV an. § 18 Abs. 3 UStG sieht für alle Unternehmer die Abgabe bzw. Übermittlung einer Umsatzsteuererklärung vor. Dies gilt auch für Unternehmer, die – wie der Vermieter – ausschließlich umsatzsteuerfreie Umsätze ausführen (vgl. Anlage UR, Zeile 43). Aufgrund des bei einer umsatzsteuerfreien Vermietung geringen Aufwands wird häufig nur die Mindestgebühr angemessen sein.[1] Raum für die gesonderte Abrechenbarkeit von Vorarbeiten besteht in diesen Fällen nicht (→ Rz. 482).

V. Sonstige Einkünfte

479 Bei den sonstigen Einkünften i.S.d. §§ 22–23 EStG sind mehrere Überschussermittlungen denkbar, die jeweils eine separate Gebühr nach § 27 StBVV rechtfertigen (→ Rz. 467). Von den sonstigen Einkünften sind in der Praxis vor allem Einnahmen aus Unterhalt, Renten und dauernde Lasten sowie private Veräußerungsgeschäfte von Bedeutung. Zu den sonstigen Einkünften einer Person, die Einkünfte aus selbständiger Tätigkeit, Gewerbebetrieb oder Land- und Forstwirtschaft erzielt, gehört im Zuge der Anfertigung der Einkommensteuererklärung 2022 auch die **Energiepreispauschale** i.H.v. 300 €. Diese ist mit einer Gebühr nach § 27 Abs. 1 StBVV unter Berücksichtigung des Mindestgegenstandswertes von 8 000 € abzurechnen. Die Mindestgebühr beträgt danach 24,25 €. Die Gebühr entsteht allerdings nur dann, wenn die Mindestanforderungen an eine „Ermittlung" erfüllt sind (→ Rz. 471). Die einmalige Auszahlung einer Direktversicherung (§ 22 Nr. 5 EStG) wirkt sich in voller Höhe auf den Gegenstandswert aus, da es nicht darauf ankommt, ob die Einnahmen steuerpflichtig sind.

480 Bei **„Leibrenten"** sind die „Einnahmen" zu Grunde zu legen und nicht die „Ertragsanteile", da § 27 Abs. 1 Satz 2 StBVV von der „Summe der Einnahmen" spricht.[2]

481 Bei den **privaten Veräußerungsgeschäften** entspricht die Summe der Einnahmen der Summe der Verkaufserlöse, bei einem Verlustgeschäft der Summe der Anschaffungskosten.[3] Für das Entstehen der Gebühr ist es unerheblich, ob ein „Veräußerungsgeschäft" nicht steuerpflichtig ist oder der Veräußerungsgewinn steuerfrei nach § 23 Abs. 3 EStG bleibt.[4] Nach Meyer[5] soll der StB für die Prüfung von Unterlagen (Anschaffungs- und Verkaufsdaten von Grundstücks- und Wertpapiergeschäften hinsichtlich der „Sperrfristen") eine Zeitgebühr gem. § 36 Abs. 1 StBVV i.V.m. § 2 StBVV verlangen können. Diese Auffassung dürfte durch den neu eingefügten Absatz 3 überholt sein (→ Rz. 481).

1) Beyme, KANZLEI intern 7_2018, 5.
2) Boelsen in Eckert, 7. Aufl. 2023, § 27 StBVV Rz. 39; Berners, 6. Aufl. 2020, § 27 StBVV Rz. 28; Brummer, 10. Aufl. 2010, § 27 StBGebV Anm. 8; a.A. Eggesiecker, 2. Aufl. 1998, § 27 STEUGO Rz. 27.850; vgl. auch Beispiel → Rz. 472.
3) Meyer, KP 2002, 10.
4) Boelsen in Eckert, 7. Aufl. 2023, § 27 StBVV Rz. 40.
5) Meyer, KP 2002, 10 f.

C. Vorarbeiten (Abs. 3)

Für Vorarbeiten, die über das übliche Maß erheblich hinausgehen, ist durch die VO zum Erlass und zur Änderung steuerlicher Verordnungen[1] nach dem Vorbild des § 25 Abs. 2 StBGebV in § 27 StBVV ein neuer Abs. 3 eingefügt worden. Für derartige Vorarbeiten kann eine gesonderte Zeitgebühr berechnet werden. Hierzu zählen ein hohes Belegaufkommen oder umfangreiche Sortierarbeiten. Soweit der StB eine gesonderte Buchhaltung erstellt oder steuerliche Aufzeichnungen führt und diese nach § 33 StBVV gesondert abrechnet (→ Rz. 478), ist grundsätzlich kein Raum mehr für § 27 Abs. 3 StBVV.[2] Anwendbar ist die Vorschrift aber auf Vorarbeiten bei der Ermittlung von Herstellungskosten eines Gebäudes im Bereich der Vermietung und Verpachtung,[3] bei der Ermittlung des Gewinns aus privaten Veräußerungsgeschäften oder für die Auswertung von Erträgnisaufstellungen ausländischer Banken. Die Praktikabilität des neuen Abs. 3 wird – wie die des § 25 Abs. 2 StBVV – dadurch eingeschränkt, dass die Vorarbeiten, die „üblich sind" mit der Gebühr nach § 27 Abs. 1 StBVV abgegolten sind. Außerdem müssen die Vorarbeiten i.S.d. Abs. 3 über das übliche Maß „erheblich" hinausgehen. Was „üblich" und was „erheblich" ist, lässt sich nicht immer eindeutig feststellen. **482**

Praxistipp:

Eine gesonderte Zeitgebühr sollte nur dann in Ansatz gebracht werden, wenn der zeitliche Ermittlungsaufwand sich von dem sog. „Durchschnittsfall" deutlich abhebt. In allen anderen Fällen empfiehlt es sich, einen höheren Zwanzigstelsatz nach § 27 Abs. 1 StBVV anzusetzen.

1) VO zum Erlass und zur Änderung steuerlicher Verordnungen v. 11.12.2012, BGBl. I 2012, 2637 = BStBl I 2013, 2.

2) Boelsen in Eckert, 7. Aufl. 2023, § 27 StBVV Rz. 16.

3) Ebenso Schwamberger in Meyer/Goez/Schwamberger, 11. Aufl. 2023, § 27 StBVV Rz. 9; Berners, 6. Aufl. 2020, § 27 StBVV Rz. 24; Neufang/Spangberg/Zepezauer, StB 2013, 35, 39; Wilk/Beyer-Petz, DStR 2012, 2508, 2511; Boelsen in Eckert, 7. Aufl. 2023, § 27 StBVV Rz. 15.

§ 28
Prüfung von Steuerbescheiden

Für die Prüfung eines Steuerbescheids erhält der Steuerberater die Zeitgebühr.

Inhalt

Schrifttum

Haak, „Elster": Verkürzte Bearbeitungszeiten durch papierlose Steuererklärungen, KP 2002, 97; **Schwamberger,** Berechnen Sie etwa auch keine Gebühren für die Bescheidprüfung?, KP 2019, 224; **Schwamberger,** Vergütung für die Prüfung von Steuerbescheiden, KP 2014, 11; **Schäfer/Eckard,** Elektronischer Bescheidabruf und -abgleich, PROFILE (StBV Westfalen-Lippe) Dezember 2014, 27; **van Meegen,** Einzelfragen zur Geschäftsgebühr nach § 41 StBGebV, Stbg 1990, 68; **Wacker,** Unzulässige Abrechnung von Höchstgebühr und E-Bilanzerstellung versus Beratungsfehler, KP 2021, 208.

A. Inhalt und Bedeutung

483 Ausweislich der amtlichen Begründung zu § 28 StBVV erhält der StB für die Prüfung von Steuerbescheiden die Zeitgebühr auch dann, wenn er die dem Steuerbescheid zu Grunde liegende Steuererklärung selbst angefertigt hat. Schließt sich an die Prüfung des Steuerbescheides ein Rechtsbehelfsverfahren an, führt dies zu einer Ermäßigung der Geschäftsgebühr für das Rechtsbehelfsverfahren, wenn der Auftrag vor dem 30.6.2020 erteilt wurde (§ 40 Abs. 2 StBVV a.F.). Bei Auftragserteilung ab dem 1.7.2020 gilt § 40 StBVV n.F., der auf das RVG verweist. Dort ist für bestimmte Fälle der Vorbefassung (§§ 23, 24, 31 StBVV) eine Anrechnung auf die Geschäftsgebühr des Rechtsbehelfsverfahrens vorgesehen, nicht jedoch für § 28 StBVV (§ 35 Abs. 2 Satz 1 StBVV).

B. Anwendungsbereich

I. Prüfung

484 Die Anfertigung der Steuererklärung durch den StB ist für das Entstehen der Prüfungsgebühr unschädlich. Eine „Mitabgeltung" wäre auch wegen des nicht vorhersehbaren Inhalts des Bescheides nicht gerechtfertigt. Die Prüfung des Steuerbescheides ist in der Regel mehr als ein reiner Zahlenvergleich der erklärten Beträge und der im Steuerbescheid festgesetzten Beträge. Vielmehr müssen daneben weitere Prüfungen vorgenommen werden, z.B. Kassenabrechnung, festgesetzte Steuervorauszahlungen, Vorläufigkeitsvermerke, Vorbehalt der Nachprüfung, Verluste und deren Auswirkungen, ggf. Wechselwirkungen zwischen mehreren Bescheiden (→ Rz. 484).[1] Fällt die Prüfung weniger umfangreich aus, entsteht gleichwohl die Gebühr, allerdings in geringerer Höhe. Von einem grundsätzlich falschen Verständnis des Willens des Verordnungsgebers geht hingegen das OLG Dresden[2] aus, das

1) Schwamberger, KP 2019, 224, 227 und 2014, 11.
2) OLG Dresden v. 29.1.2003, 12 U 0805/02, StB 2003, 149 f.

den bloßen Zahlenvergleich von Beträgen festgestellter Einkünfte als nicht ausreichend ansieht, um eine Gebühr nach § 28 StBVV[1] entstehen zu lassen. Ein solcher Zahlenvergleich sei noch keine „inhaltliche Prüfung" des Bescheides. Hiergegen ist einzuwenden, dass der Umfang der Prüfung für das Entstehen der Gebühr unerheblich ist, da die Gebühr bereits durch die auftragsgemäße Vornahme irgendeiner Tätigkeit entsteht (→ § 12 StBVV Rz. 247). Der Umfang der Prüfung kann sich allenfalls auf die Höhe der Gebühr auswirken.

Durch die Möglichkeit des elektronischen Bescheidabrufs sowie den nachfolgenden elektronischen Bescheidabgleich hat sich die Bearbeitung der Steuerbescheide, die elektronisch übertragen werden können,[2] in den Kanzleien verbessert. Aufgrund des elektronischen Bescheidabgleichs mit Gegenüberstellung der Daten aus der Steuererklärung und dem Steuerbescheid sind Übereinstimmungen oder Abweichungen direkt erkennbar und können gezielt weiterbearbeitet werden. Auch ein **vollelektronischer Datenabgleich** im Fall der Bereitstellung des Steuerbescheides zum Datenabruf (§ 122a AO) löst die Gebühr nach § 28 StBVV aus,[3] wenn ein entsprechender **Auftrag** vorliegt. Hat der Mandant dem StB Empfangsvollmacht erteilt, liegt darin in aller Regel der Auftrag zur Prüfung des Steuerbescheides (→ Rz. 487). Stellt der StB beim elektronischen Datenabgleich Abweichungen fest, sind hinsichtlich der Gebühr nach § 28 StBVV keine Akzeptanzprobleme zu erwarten. Aber auch dann, wenn der StB den Bescheid auftragsgemäß prüft und keine Abweichungen vorliegen, kann die Gebühr nach § 28 StBVV berechnet werden. Die Abrechnung der Gebühr nach § 28 StBVV ist in diesen Fällen schon deshalb gerechtfertigt, weil der StB den Inhalt der Erläuterungen auf dem (elektronisch) übermittelten Steuerbescheid prüfen und den Mandanten über das Ergebnis der Prüfung unterrichten muss. Diese Prüfung und der Aufwand, der in der Kanzlei durch die Weiterleitung des Steuerbescheides an den Mandanten und die Archivierung im EDV-System entsteht, soll mit der Gebühr abgegolten werden. Wenn der Mandant dem StB den Steuerbescheid in Papierform nicht zur Prüfung, sondern mangels Abweichungen lediglich zur Kenntnis und Vervollständigung der Handakte vorlegt, kann die Gebühr nach § 28 StBVV nicht abgerechnet werden. **485**

II. Steuerbescheide

§ 28 StBVV gilt seinem Wortlaut nach für alle Steuerbescheide nach Maßgabe der AO (§§ 155 ff. AO). Die Vorschrift gilt aber auch für andere Verwaltungsakte gem. § 118 AO, wie etwa Bescheide über die Festsetzung von Verspätungszuschlägen (§ 152 AO),[4] Haftungs- und Duldungsbescheide (§ 191 AO), „verbindliche Zusagen"(§ 204 AO) oder Zinsbescheide (§ 239 AO),[5] nicht jedoch Bescheide über die Auferlegung von Vollstreckungskosten oder sonstige im Rahmen des Vollstreckungsverfahrens erlassene Verfügungen oder Anordnungen von Prüfungsmaßnahmen (z.B. § 196 AO).[6] Auch bei der Prüfung der Kassenabrechnung handelt es sich nicht um die Prüfung eines Steuerbescheids. Diese Prüfung gehört inhaltlich zur Prüfung des Grundbescheides.[7] **486**

Werden **mehrere Steuerbescheide** in unmittelbarem zeitlichen Zusammenhang geprüft, so erhält der StB für die Prüfung jedes einzelnen Bescheids eine gesonderte

1) Zum Zeitpunkt des Urteils § 28 StBGebV.
2) Siehe hierzu Schäfer/Eckard, PROFILE Dezember 2014, 27.
3) Schäfer/Eckard, PROFILE Dezember 2014, 27; Haak, KP 2002, 97 f.
4) FG Düsseldorf v. 4.1.2013, 4 Ko 3125/12 KF, EFG 2013, 399 m.w.N.
5) FG Nürnberg v. 14.10.1986, VI 159/86, EFG 1987, 43; Boelsen in Eckert, 7. Aufl. 2023, § 28 StBVV Rz. 5 ff.; Eggesiecker, 2. Aufl. 1998, § 28 STEUGO Rz. 28.100 ff.; Mittelsteiner/Scholz, 4. Aufl. 1998, § 28 StBGebV Rz. 1; a.A. van Meegen, Stbg 1990, 68, 70.
6) FG Berlin-Brandenburg v. 20.5.2008, 9 KO 3/07, EFG 2008, 1490 = DStR 2008, 1943 m. Anm. Wolf; Schwamberger, KP 2014, 11, 14.
7) Boelsen in Eckert, 7. Aufl. 2023, § 28 StBVV Rz. 12.

Gebühr nach § 28 StBVV, da jeder Bescheid eine eigene Angelegenheit ist.[1] Dies gilt auch für Grundlagen- **und Folgebescheide**, die „rechtlich zusammengehören", wie etwa Gewerbesteuermessbescheid und Zerlegungsbescheid oder Gewerbesteuermessbescheid und Gewerbesteuerbescheid oder Zerlegungsbescheid und Gewerbesteuerbescheid.[2]

Beispiel:

Nach einer Betriebsprüfung für die Jahre 01–03 beauftragt der Mandant den StB mit der Prüfung von drei geänderten ESt-Bescheiden, drei geänderten USt-Bescheiden, drei geänderten Gewerbesteuermessbescheiden und drei geänderten Gewerbesteuerbescheiden.

Der StB kann insgesamt 12 Gebühren nach § 28 StBVV berechnen. Die Prüfung eines jeden Bescheids ist eine gesonderte Angelegenheit, die nicht mehr Teil der Betriebsprüfung ist und deshalb nicht von der Gebühr nach § 29 StBVV umfasst wird.

Eine Ausnahme gilt für **formularmäßig zusammengefasste Bescheide**, wie z.B. den Einkommensteuerbescheid, der im Regelfall auch den Bescheid über den Solidaritätszuschlag, die Kirchensteuer, die Zinsen oder den Verspätungszuschlag enthält.[3] Die Gebühr nach § 28 StBVV entsteht nur einmal. Gleiches gilt, wenn der StB **einen Steuerbescheid** jeweils 6 Minuten an zwei unterschiedlichen Tagen prüft, da dann nur eine Angelegenheit vorliegt (→ § 13 StBVV Rz. 272).

Damit gleichzusetzen ist der Fall, dass in einem **Vorauszahlungsbescheid** für zwei Veranlagungszeiträume jeweils dieselbe Vorauszahlung festgesetzt wird und der Festsetzung keine differenzierten Erwägungen zugrunde liegen.[4] Auch dann entsteht die Gebühr nach § 28 StBVV nur einmal.

III. Auftragserteilung

487 An den **Nachweis des Auftrags** zur Prüfung eines Steuerbescheids sind keine überzogenen Anforderungen zu stellen. Die Beauftragung des StB zur Erstellung der Steuererklärung und die dem StB erteilte Empfangsvollmacht zur Entgegennahme des Steuerbescheides reichen aus, um auf den stillschweigenden Auftrag zur Prüfung des Steuerbescheids schließen zu können.[5] Die dem StB erteilte Empfangsvollmacht macht deutlich, dass dieser die Interessen der Auftraggeber gegenüber den Finanzbehörden umfassend wahrnehmen soll. Dazu gehört auch die Prüfung der Steuerbescheide auf ihre inhaltliche Richtigkeit. In der kommentarlosen Übermittlung von Steuerbescheiden kann bereits der Auftrag zur Prüfung der Bescheide und ggf. der Einspruchseinlegung gesehen werden.[6] Nach LG Düsseldorf[7] hat der Mandant die Nichtbeauftragung darzulegen, wenn der StB ein Schreiben betreffend die Prüfung des Umsatzsteuerbescheides mit den entsprechenden „Abhakungen" vorlegt.

---

1) AG Mönchengladbach-Rheydt v. 20.9.2018, 11 C 382/16.
2) Schwamberger, KP 2014, 11, 12; Eggesiecker, 2. Aufl. 1998, § 28 STEUGO Rz. 28.360; a.A. Brummer, 10. Aufl. 2010, § 28 StBGebV Anm. 4.
3) OLG Düsseldorf v. 10.11.2010, I-18 U 56/10; a.A. Boelsen in Eckert, 7. Aufl. 2023, § 28 StBVV Rz. 11; Schwamberger, KP 2019, 224, 226, Berners, 6. Aufl. 2020, § 28 StBVV Rz. 7, der § 28 StBVV analog anwenden will.
4) OLG Düsseldorf v. 10.11.2010, I-18 U 56/10; zum Begriff der Angelegenheit bei Anträgen auf Anpassung von Vorauszahlungen → § 23 StBVV Rz. 369.
5) LG Münster v. 13.1.2021, 110 O 10/20, DStRE 2022, 702 besprochen von Beyme, Stbg 2022, 237 und Wacker, KP 2021, 208, 209; AG Düsseldorf v. 27.4.2017, 47 C 17868/14; AG Krefeld v. 7.4.2005, 78 C 386/02; AG Mönchengladbach-Rheydt v. 16.4.1999, 10 C 221/97; i.E. auch van Meegen, Stbg 1990, 68 f.; a.A. LG Wuppertal v. 20.1.2022, 9 S 137/19 unter Hinweis auf AG Eisleben v. 9.12.1998, 21 C 203/96, DStRE 2000, 951.
6) AG Iserlohn v. 9.12.2009, 42 C 496/06; Schwamberger, KP 2014, 11.
7) LG Düsseldorf v. 19.8.2014, 1 O 497/11.

Praxistipp:

Auch wenn die Gerichte regelmäßig keine überzogenen Anforderungen an den Nachweis der Erteilung eines Auftrags stellen, kann ein mögliches Prozessrisiko letztlich nur durch einen schriftlichen Vertrag, aus dem sich der genaue Auftragsumfang ergibt, ausgeschlossen werden. Lässt sich der StB keine **Empfangsvollmacht** erteilen, ist dies nur ein Indiz dafür, dass er vertraglich nicht zur Prüfung des/der Steuerbescheide/s verpflichtet ist. Gleichwohl kann sich bei Abweichungen des elektronisch übermittelten Steuerbescheides eine Hinweispflicht ergeben (→ Rz. 485).

IV. Gebührenrahmen

Die Wahl des Rahmensatzes bestimmt sich nach den Kriterien des § 11 StBVV. Hat **488**
der StB die Steuererklärung selbst gefertigt und ergibt sich daraus ein verringerter Prüfungsaufwand, muss dies bei der Wahl der Gebühr berücksichtigt werden. Grundsätzlich handelt es sich bei der Prüfung von Steuerbescheiden um eine qualifizierte Tätigkeit, die haftungsgeneigt ist, da Fehler bei der Überprüfung schnell zu Regressen und sogar zum Verlust des Mandats führen können. Schwamberger hält deshalb eine Gebühr im Bereich von 50,00 bis 60,00 € je angefangene halbe Stunde für angemessen.[1)] Das LG Mainz[2)] hatte dem StB die von ihm in Rechnung gestellte Mittelgebühr zubilligt, weil die Prüfung von Steuerbescheiden eine „wichtige und verantwortungsvolle Tätigkeit" sei, die eine ähnliche Sorgfalt und geistige Leistung erfordere wie die ursprüngliche Erarbeitung der entsprechenden Steuererklärungen. Das AG Neuss[3)] hatte sogar die von dem Berater in Ansatz gebrachte Höchstgebühr nicht beanstandet. Letztlich ist es wie immer eine **Frage des Einzelfalls**, welche Gebühr angemessen ist. Wenn Steuerbescheide unter dem Vorbehalt der Nachprüfung ergehen oder aus den unterschiedlichsten Gründen für vorläufig nach § 165 AO erklärt werden, rechtfertigt auch dies eine höhere Zeitgebühr, da der Prüfungsaufwand höher ist. Allerdings muss der StB den höheren Prüfungsaufwand konkret und substantiiert darlegen. Die pauschale Behauptung oder die pauschale Bezugnahme auf andere Gerichtsentscheidungen reicht nicht aus.[4)] Diskussionen um die angemessene Gebühr können durch eine Vergütungsvereinbarung vermieden werden. Neben einer vereinbarten Zeitgebühr sind in der Praxis auch Pauschalen/Festpreise üblich.

V. Durchsetzbarkeit

Durchsetzungsprobleme entstehen dann, wenn der StB **Gebühren** nach § 28 StBVV **489**
jahrelang nicht in Ansatz gebracht hat und erst im Zuge der Beendigung des Mandatsverhältnisses – insbesondere im Falle einer Kündigung des Mandats durch den Mandanten – die Prüfungsgebühren für die zurückliegenden Jahre erstmals in Ansatz bringt. Eine Nachberechnung würde sich hier als eine illoyale Verspätung der Rechtsausübung (§ 242 BGB) erweisen, die der Durchsetzbarkeit eines solchen Honoraranspruchs entgegensteht.[5)]

1) Schwamberger, KP 2019, 224, 228 und 2014, 11, 13. Hinweis: Seit dem 1.7.2025 sieht § 13 Satz 2 StBVV nur noch einen Viertelstundentakt vor.
2) LG Mainz v. 29.5.1984, 1 O 269/83.
3) AG Neuss v. 15.5.1998, 31 C 257/96, INF 1998, 544.
4) AG Mönchengladbach-Rheydt v. 20.9.2018, 11 C 382/16.
5) AG Düsseldorf v. 2.7.1996, 26 C 1020/96; LG Detmold v. 23.10.1991, 2 S 175/90 (zu § 29 StBGebV).

§ 29
Teilnahme an Prüfungen und Nachschauen

Der Steuerberater erhält

1. **für die Teilnahme an einer Prüfung, insbesondere an einer Außenprüfung, einer Zollprüfung oder einer Nachschau einschließlich der Schlussbesprechung und der Prüfung des Prüfungsberichts, für die Teilnahme an einer Ermittlung der Besteuerungsgrundlagen (§ 208 der Abgabenordnung) oder für die Teilnahme an einer Maßnahme der Steueraufsicht (§§ 209 bis 217 der Abgabenordnung) die Zeitgebühr;**
2. **für schriftliche Einwendungen gegen den Prüfungsbericht 5 Zehntel bis 10 Zehntel einer vollen Gebühr nach Tabelle A (Anlage 1).**

Inhalt

Schrifttum

Beyme, Schriftliche Einwendungen gegen vorläufige Prüfungsfeststellungen abrechnen, Honorargestaltung für Steuerberater, Mai 2025, 7; **Beyme,** Auslegung von (mündlichen) Honorarvereinbarungen nach dem Empfängerhorizont, KP 2018, 204; **Goez,** Überschreiten der Mittelgebühr aus triftigem Grund, KP 2022, 53; **Meyer,** Die Mitwirkung des Steuerberaters bei Betriebsprüfungen durch Sozialversicherungsträger, KP 2001, 167; **Spatschek/ Talaska,** RVG oder StBGebV im steuerstrafrechtlichen Mandat?, PStR 2007, 183; **Speck,** Erlebnisbericht zur Kassennachschau, Kammermitteilungen Sachsen-Anhalt 3/2018, 14; **Wacker,** Abrechnung nach Zeitgebühr –Inhalt einer Stundenaufstellung, KANZLEI intern 09_2017, 2.

A. Inhalt und Bedeutung

490 Gegenstand dieser Vorschrift sind die Tätigkeiten im Rahmen einer Außen- oder Zollprüfung (§ 193 AO), einer Prüfung zur Ermittlung der Besteuerungsgrundlagen (§ 208 AO), einer Maßnahme der Steueraufsicht (§§ 209 - 217 AO) und Nachschauen (→ Rz. 491). Der Anwendungsbereich umfasst nicht nur die Zeit der Anwesenheit bei der Prüfung, sondern auch den Zeitaufwand für die Vorbereitung auf die Prüfungsteilnahme und für sonstige **Mitwirkungshandlungen** des Berufsangehörigen oder seiner Mitarbeiter (amtliche Begründung zu § 29 StBGebV). Zur Vorbereitung der Prüfung zählt etwa das Ausfüllen von Fragebögen der Finanzverwaltung zum vorgelagerten EDV-System/Kassensystem oder zum Buchführungs-/ERP-System. Die Steuerpflichtigen selbst sind mit dem Ausfüllen dieser Fragebögen regelmäßig überfordert, so dass diese in aller Regel an den StB weitergeleitet werden. Keine abrechnungsfähige Mitwirkung liegt vor, wenn der StB dem Prüfer lediglich einen Raum zur Verfügung stellt, in dem der Prüfer tätig werden kann. Die Zeiten, die der Prüfer dort (allein) verbringt, rechtfertigen noch keine Gebühr. Erforderlich sind

Mitwirkungshandlungen des StB oder seiner Mitarbeiter im Sinne eines produktiven Arbeitsaufwandes (→ § 13 StBVV Rz. 289). Nehmen außer dem StB zusätzlich **Mitarbeiter** an der **Schlussbesprechung** teil, ist streitig, ob die Zeitgebühr ohne Einverständnis des Mandanten für die weitere(n) Person(en) abgerechnet werden kann.[1] Grundsätzlich ist die Frage der Teilnahme von Mitarbeitern an Besprechungsterminen mit dem Mandanten eine **Organisationsentscheidung des StB**. Wenn die Teilnahme eines Sachbearbeiters an einer Besprechung für den Mandanten von Vorteil sein kann, weil so Fragestellungen des Mandanten zügig beantwortet werden können, ohne dass der StB noch einmal Rücksprache halten muss, sind m.E. auch die Mitarbeiterstunden abrechenbar. Ob immer alle Stunden abrechenbar sind, ist eine Frage des Einzelfalls. Das AG Borken[2] hatte im konkreten Fall eine Kürzung der Mitarbeiterstunden um die Hälfte vorgenommen. Im Zweifel empfiehlt sich eine Vereinbarung mit dem Mandanten. Dann kann es keinen Streit über die Möglichkeit der „doppelten" Abrechnung geben (→ § 1 StBVV Rz. 94).

§ 29 StBVV ist nur auf **steuerliche Prüfungen** anzuwenden. Prüfungen, bei denen es sich um eine mit dem Beruf **vereinbare Tätigkeit** nach § 57 Abs. 3 StBerG handelt, fallen nicht unter § 29 StBVV. Für sie gelten die §§ 612 Abs. 2 und 632 Abs. 2 BGB. Wegen der Vergleichbarkeit der Tätigkeiten kann § 29 Nr. 1 StBVV i.V.m. § 13 Satz 2 StBVV auch analog angewendet werden. Dies gilt z.B. für **Prüfungen durch die Sozialversicherungsträger**.[3] **491**

Praxistipp:

Die Teilnahme an einer sozialversicherungsrechtlichen Prüfung sollte nicht unter Hinweis auf § 29 Nr. 1 StBVV, sondern unter Hinweis auf § 612 Abs. 2 BGB bzw. § 632 Abs. 2 BGB oder aber analog § 29 Nr. 1 StBVV abgerechnet. Andernfalls ist die Honorarforderung – auch vor Gericht – nicht durchsetzbar.[4]

Nachschauen, wie die Kassen-Nachschau nach § 146b AO und die Umsatzsteuer-Nachschau nach § 27b Abs. 3 UStG sind keine Außenprüfung i.S.d. § 193 AO, sondern ein eigenständiges Verfahren zur zeitnahen Aufklärung steuererheblicher Sachverhalte u.a. im Zusammenhang mit der ordnungsgemäßen Erfassung von Geschäftsvorfällen mittels elektronischer Aufzeichnungssysteme bzw. zur Sicherstellung einer gleichmäßigen Festsetzung und Erhebung der Umsatzsteuer. Gleichwohl handelt es sich auch hierbei um Prüfungen i.S.d. § 29 StBVV. Dies hat der Verordnungsgeber durch die Fünfte Verordnung zur Änderung steuerlicher Verordnungen v. 25.6.2020[5] durch eine Ergänzung der Überschrift und des Wortlauts des § 29 Nr. 1 StBVV klargestellt. Für alle Vorbereitungs-, Unterstützungs- und sonstigen Leistungen des StB im Rahmen von Nachschauen[6] kann der StB deshalb eine Zeitgebühr nach § 29 Nr. 1 StBVV abrechnen. Nachschauen, wie Kassen-Nachschau und Umsatzsteuer-Nachschau können ohne vorherige Prüfungsanordnung in eine Außenprüfung oder Maßnahmen der Steuerfahndung übergehen, §§ 27b Abs. 3 UStG, 146b Abs. 3 AO. Dann ist § 29 Nr. 1 StBVV ebenfalls unmittelbar anwendbar.

Problematisch ist der Begriff der **„Angelegenheit"** (→ § 10 StBVV Rz. 223) i.R.d. § 29 **492**
Nr. 1 StBVV. Nach einem Urteil des OLG Düsseldorf[7] erfasst der Auftrag „Bei-

---

1) Verneinend Schwamberger in Meyer/Goez/Schwamberger, 11. Aufl. 2023, § 29 StBVV Rz. 7; Berners, 6. Aufl. 2020, § 29 StBVV Rz. 12; Mittelsteiner/Scholz, 4. Aufl. 1998, § 29 StBGebV Rz. 2; a.A. AG Borken v. 11.7.2017, 12 C 158/14, besprochen von Wacker, KANZLEI intern 09_2017, 2.
2) AG Borken v. 11.7.2017, 12 C 158/14, besprochen von Wacker, KANZLEI intern 09_2017, 2.
3) OLG Düsseldorf v. 10.2.2000, 13 U 147/99, teilweise veröffentlicht in GI 2000, 248; LG Düsseldorf v. 19.8.2014, 1 O 497/11; Meyer, KP 2001, 167, 168; Mittelsteiner/Scholz, 4. Aufl. 1998,, § 1 StBGebV Rz. 6; a.A. Eggesiecker, 2. Aufl. 1998, § 29 STEUGO Rz. 29.630.
4) So geschehen im Fall des LG Düsseldorf v. 19.8.2014, 1 O 497/11.
5) BGBl. I 2020, 1495, 1498 = BStBl I 2020, 555.
6) Siehe hierzu Speck, Kammermitteilungen 3/2018 Sachsen-Anhalt, 14.
7) OLG Düsseldorf v. 31.10.1991, 13 U 100/91, GI 1992, 44.

standsleistung bei einer Betriebsprüfung" mehrere selbstständige Angelegenheiten, z.B. die Teilnahme an der Schlussbesprechung, die Prüfung des Betriebsprüfungsberichts und Einwendungen gegen den Betriebsprüfungsbericht. Danach würde also mit der Erledigung jeder einzelnen „Angelegenheit" Fälligkeit (§ 7 StBVV) des auf sie entfallenden Honoraranspruchs eintreten. Lägen zwischen den einzelnen Angelegenheiten erhebliche Zeitabstände, könnte dies nachteilige Auswirkungen auf die Verjährung haben, da mit der Beendigung jeder einzelnen Angelegenheit die Verjährungsfrist zu laufen beginnt (→ § 7 StBVV Rz. 171). Nach diesseitiger Auffassung sollte insoweit nicht von selbstständigen Angelegenheiten, sondern von unselbstständigen Einzeltätigkeiten im Rahmen einer einzigen Angelegenheit (Betriebsprüfung) ausgegangen werden, so dass die Fälligkeit nicht schon mit der Erledigung jeder Einzeltätigkeit, sondern für alle Einzeltätigkeiten erst mit Erledigung der letzten Einzeltätigkeit im Rahmen der Betriebsprüfung eintritt.[1] Die Prüfung der Änderungsbescheide im Anschluss an eine Außenprüfung ist gebührenrechtlich eine neue Angelegenheit, die mit einer Zeitgebühr nach § 28 StBVV abgerechnet werden muss. Der entsprechende Zeitaufwand ist deshalb nicht bei der Angelegenheit „Betriebsprüfung" zu erfassen und nicht nach § 29 Nr. 1 StBVV abzurechnen.

Praxistipp:

Eine Betriebsprüfung kann sich über Monate, ggf. auch Jahre hinziehen. In diesen Fällen empfiehlt es sich, mit der Rechnung nicht so lange zu warten, bis der Prüfungsbericht vorliegt, sondern abschnittsweise Vorschussrechnungen für die bereits erbrachten Leistungen in Rechnung zu stellen. Diese Möglichkeit eröffnet § 8 StBVV. Danach kann der StB von seinem Auftraggeber auch für die bereits **entstandenen** Gebühren und Auslagen einen angemessenen Vorschuss fordern.

B. Anwendungsbereich

I. Teilnahme an einer Prüfung, Ermittlung der Besteuerungsgrundlage oder Maßnahme der Steueraufsicht (Nr. 1)

493 Der StB erhält die Zeitgebühr für die Teilnahme an einer allgemeinen Außenprüfung nach § 1 Abs. 1 BPO und für die Teilnahme an besonderen Außenprüfungen nach § 1 Abs. 2 BPO (z.B. Lohnsteuer-Außenprüfung, Kapitalertragsteuerprüfung, Umsatzsteuer-Sonderprüfung, Außenprüfung für Zölle und Verbrauchsteuern). Auch für die Teilnahme an ähnlichen Prüfungen außerhalb eines Rechtsbehelfsverfahrens, die nicht in der AO erwähnt sind, ist § 29 Nr. 1 StBVV einschlägig. Dazu gehören z.B. Liquiditätsprüfungen, Augenscheineinnahmen bei der Einheitsbewertung eines Grundstücks und betriebsnahe Veranlagungen (abgekürzte Außenprüfungen).[2] Durch das JStG 2007[3] wurde unter Hinweis auf Art. 78 Zollkodex, der die Rechtsgrundlage für die Mehrzahl der Prüfungen durch die Zollverwaltung darstellt, klargestellt, dass ebenso eine Zollprüfung unter den Anwendungsbereich dieser Vorschrift fällt.

494 Die Vorschrift erfasst sämtliche Tätigkeiten, die das Prüfungsgeschäft fördern, angefangen mit der Vorbereitung, Besprechung mit dem Finanzamt über die Durchführung und Terminierung der Prüfung, Prüfung der Prüfungsanordnung, Antrag auf Verlegung der Prüfung, Teilnahme an Zwischenbesprechungen und der Schlussbesprechung, Entgegennahme von Hinweisen zur straf- und bußgeldrechtlichen Wür-

1) In diesem Sinne auch LG Duisburg v. 24.3.2016, 4 O 88/13: Verjährungsbeginn nicht vor Bekanntgabe des Prüfungsberichts und Boelsen in Eckert, 7. Aufl. 2023, § 29 StBVV Rz. 9.
2) Eggesiecker, 2. Aufl. 1998, § 29 STEUGO Rz. 29.140; Schwamberger in Meyer/Goez/Schwamberger, 11. Aufl. 2023, § 29 StBVV Rz. 1; a.A. für betriebsnahe Veranlagungen: Mittelsteiner/Scholz, 4. Aufl. 1998, § 29 StBGebV Rz. 2.
3) JStG 2007 v. 13.12.2006, BGBl. I 2006, 2878 = BStBl I 2007, 28.

digung, Prüfung des Prüfungsberichts und mündliche Stellungnahmen zur Prüfung und zum Prüfungsbericht (für schriftliche Einwendungen gegen den Prüfungsbericht greift § 29 Nr. 2 StBVV). Auch die Beratung des Mandanten über die Auswirkungen der Prüfung fällt noch unter den Anwendungsbereich der Vorschrift, nicht aber deren Umsetzung (z.B. Berechnung nachzuzahlender Sozialversicherungsbeiträge im Anschluss an eine Lohnsteueraußenprüfung).[1] Nicht anwendbar ist die Vorschrift aber in den Fällen, in denen nur abstrakt die Gefahr einer Außenprüfung besteht. Deshalb eignet sich die Vorschrift nicht, um umfangreiche Berichtigungsarbeiten an fehlerhaften Steuererklärungen mit der Zeitgebühr und unter Hinweis auf eine zu erwartende Außenprüfung zu berechnen. Entsprechende Berichtigungsarbeiten können nur nach § 23 Absatz 1 Satz 1 Nr. 1 StBVV oder nach einer zuvor vereinbarten (Zeit-)Gebühr berechnet werden.[2] Die Berechnung einer Besprechungsgebühr nach § 31 StBVV scheidet aus, solange die Prüfung noch nicht abgeschlossen ist. Ergehen aufgrund einer Außenprüfung geänderte Steuerbescheide, ist deren Prüfung eine gesonderte Angelegenheit, die mit einer Zeitgebühr nach § 28 StBVV abzurechnen ist.

Praxistipp:

Häufig werden diese Prüfungen in der Zeiterfassung für die Angelegenheit „Betriebsprüfung" aufgelistet und später mit der Zeitgebühr nach § 29 Nr. 1 StBVV abgerechnet. Auch wenn es im Ergebnis keinen Unterschied macht, ob für die Prüfung der Bescheide eine Zeitgebühr nach § 28 StBVV oder nach § 29 Nr. 1 StBVV berechnet wird, könnte diese Vorgehensweise im Rahmen eines Honorarprozesses als formeller Fehler beanstandet werden. Deshalb sollten die Zeiten für die Prüfung der geänderten Bescheide gesondert erfasst und nach § 28 StBVV abgerechnet werden.

Nach diesseitiger Auffassung ist die **Reisezeit** für die An- und Rückfahrt zur Prüfung nicht gesondert vergütungsfähig, so dass der Berater vorbehaltlich einer anderweitigen Vereinbarung mit dem Mandanten lediglich Reisekosten nach § 18 StBVV berechnen kann (→ § 13 StBVV Rz. 265). Die Bereitstellung einer angeforderten CD oder DVD gegenüber dem Betriebsprüfer kann nach Zeitaufwand abgerechnet werden. Zur Mitwirkung des StB bei der Ermittlung der Besteuerungsgrundlagen (→ Rz. 499).

II. Schriftliche Einwendungen gegen den Prüfungsbericht (Nr. 2)

Erhebt der Berater im Anschluss an eine Außenprüfung schriftliche Einwendungen **495** gegen den Prüfungsbericht, erhält er hierfür eine Wertgebühr. Gegenstandswert ist der Wert des Interesses i.S.d. § 10 Abs. 1 Satz 3 StBVV, der strittige Steuerbetrag. Nach § 10 Abs. 2 StBVV erfolgt eine Gegenstandswertaddition, wenn sich aus dem Betriebsprüfungsbericht unterschiedliche Mehrsteuern ergeben, z.B. Umsatzsteuer, Einkommensteuer und Gewerbesteuer. Hier entspricht der Gesamtbetrag der jeweiligen Mehrsteuern dem Wert des Interesses.[3]

§ 29 Nr. 2 StBVV betrifft nur Einwendungen gegen den Prüfungsbericht. Wird der **496** Bericht zusammen mit dem Bescheid zugestellt und werden Einwendungen im Verfahren gegen den Bescheid, also im außergerichtlichen Rechtsbehelfsverfahren geltend gemacht, ist nur § 40 StBVV einschlägig. Hat der StB Einwendungen gegen **vorläufige Prüfungsfeststellungen** erhoben, die vom Betriebsprüfer akzeptiert werden, ist streitig, ob dieser Fall ebenfalls unter den Anwendungsbereich des § 29 Nr. 2 StBVV fällt. Für eine analoge Anwendung der Vorschrift spricht der vergleichbare Sachverhalt. Wert des Interesses wäre dann der aus den vorläufigen Prüfungs-

1) Nach OLG Düsseldorf v. 9.11.2002, 23 U 258/01, GI 2003, 39, kann hierfür eine Zeitgebühr nach § 34 Abs. 5 StBGebV berechnet werden.
2) AG Hannover v. 16.11.2012, 514 C 1281/12 mit Anm. Goez, KP 2013, 155.
3) Eggesiecker, 2. Aufl. 1998, § 10 STEUGO Rz. 10.930.

feststellungen resultierende höhere Steuerbetrag.[1] Gegen eine Analogie spricht der klare Wortlaut des § 29 Nr. 2 StBVV, der von einem „Prüfungsbericht" spricht. Für Einwendungen gegen einen vorläufigen Prüfungsbericht kann und muss § 29 Nr. 1 StBVV herangezogen werden. Mangels Regelungslücke verbietet sich eine analoge Anwendung des § 29 Nr. 2 StBVV.[2]

497 Ein Antrag des StB auf eine **verbindliche Zusage** nach §§ 204 ff. AO ist nach § 23 Abs. 1 Satz 1 Nr. 10 StBVV abzurechnen (→ § 23 StBVV Rz. 382).[3]

C. Angemessenheit der Gebühr

498 Die Interessenwahrnehmung des Mandanten bei einer Außenprüfung oder im Rahmen der Steuerfahndung (§ 208 Abs. 1 Satz 1 Nr. 2 AO) wird durchgehend als eine der für das Mandatsverhältnis bedeutsamsten Tätigkeiten des StB angesehen. Gerade die Teilnahme des StB an einer Außenprüfung kann wegen der Bedeutung der Angelegenheit und der Schwierigkeit der beruflichen Tätigkeit (§ 11 StBVV) den Ansatz der Höchstgebühr rechtfertigen. Es kommt aber immer auf die Umstände des Einzelfalls an. Der Umfang der Tätigkeit wirkt sich bei der Zeitgebühr nur auf die Anzahl der Stunden aus, ist aber grundsätzlich kein gebührenerhöhender Faktor. Bei umfangreichen Tätigkeiten empfiehlt sich eine Vergütungsvereinbarung nach § 4 Abs. 1 StBVV.

Beispiele:

Das LG Dortmund[4] hielt den vom StB abgerechneten Stundensatz von 140 € für die Teilnahme an einer Außenprüfung für angemessen. Der vom Gericht beauftragte Sachverständige hatte diesen Stundensatz als angemessen bezeichnet. Gerade bei einer Betriebsprüfung sei die persönliche Anwesenheit des StB und die Begleitung des Prüfers wegen sensibler Fragen sinnvoll und gerechtfertigt.

Das LG Düsseldorf[5] hielt wegen des gehobenen Schwierigkeitsgrads einen Stundensatz von 78 € bei einer achtstündigen Teilnahme an einer Außenprüfung für angemessen.

Das LG Duisburg[6] hatte einem StB für die Teilnahme an einer Umsatzsteuersonderprüfung die Höchstgebühr von damals 140 DM (umgerechnet 71,58 €) pro Stunde zugebilligt, nachdem der Sachverständige festgestellt hatte, dass die Leistungen vom StB selbst und nicht von Mitarbeitern erbracht wurden und die Tätigkeiten besonders umfangreich waren. Es habe häufig Rückfragen gegeben, auch haben die Unterlagen mehrfach überarbeitet werden müssen.

In einem anderen Fall ging das LG Duisburg[7] von einem angemessenen Stundensatz i.H.v. 80 € für den StB und von 65 € für die Mitarbeiter aus. Es handelte sich um eine Prüfung mit erhöhtem Schwierigkeitsgrad. Insgesamt hatte der Kläger 105,5 Std. abgerechnet (→ § 13 StBVV Rz. 275).

Das AG Duisburg[8] hatte einem StB den Höchstsatz von 92 € und den Mitarbeitern einen Stundensatz von 60 € zugesprochen.

Als schwierige Betriebsprüfung, die den Höchstsatz von 92 € rechtfertigte, sah das LG Bielefeld[9] die Klärung von Gehaltsfragen des geschäftsführenden GmbH-Gesellschaf-

1) So Beyme, Honorargestaltung für Steuerberater, Mai 2025, 7, 8.
2) Boelsen in Eckert, 7.Aufl. 2023, § 29 StBVV Rz. 10.
3) Ebenso Eggesiecker, 2. Aufl. 1998, § 29 STEUGO Rz. 29.430; Schwamberger in Meyer/Goez/Schwamberger, 11. Aufl. 2023, § 29 StBVV Rz. 1; Boelsen in Eckert, 7. Aufl. 2023, § 29 StBVV Rz. 6.
4) LG Dortmund v. 12.3.2020, 7 O 619/17, besprochen von Goez, KP 2022, 53.
5) LG Düsseldorf v. 19.12.2008, 22 S 394/07.
6) LG Duisburg v. 8.2.2001, 8 O 359/99.
7) LG Duisburg v. 5.11.2007, 2 O 46/05.
8) AG Duisburg v. 14.1.2010, 2 C 5245/08.
9) LG Bielefeld v. 23.12.2009, 2 O 289/06.

ters und Fragen der verdeckten Gewinnausschüttung A an und das AG Iserlohn[1] steuerliche Gestaltungsfragen (Einbringung von Betriebsvermögen in eine neu zu gründende GbR).

Das LG Traunstein[2] hatte einem StB ebenfalls für die Teilnahme an einer Außenprüfung die damals geltende Höchstgebühr von 120 DM (umgerechnet 61,36 €) pro Stunde zugebilligt, weil es bei der Prüfung Probleme wegen beträchtlicher Nachforderungen gegeben habe, bei denen eine Reihe von schwierigen Fragen aufgetaucht seien.

Praxistipp:

Wird im Rahmen eines Honorarprozesses die Anzahl der abgerechneten Stunden für die Teilnahme an der Betriebsprüfung oder die Angemessenheit des Stundensatzes bestritten, kann es hilfreich sein, den Betriebsprüfer als neutralen Zeugen für Umfang und Schwierigkeit der Tätigkeit zu benennen. Zur Beweislast bei der Geltendmachung von Zeitgebühren → § 13 StBVV Rz. 275 ff.

D. Abgrenzung zum Steuerstraf- und -ordnungswidrigkeitenverfahren; Besprechungsgebühr

Auf Grund einer Außen-, Zollprüfung, auf Grund einer Steuer- oder Zollfahndung **499**
oder durch Nachschauen können Steuerstraf- und -ordnungswidrigkeiten aufgedeckt werden. Kommt es daraufhin zu einem Steuerstraf- bzw. -ordnungswidrigkeitenverfahren, sind über § 40 Satz 1 StBVV die entsprechenden Vorschriften des RVG einschlägig. Zitiert der StB gleichwohl in seiner Gebührenrechnung § 29 Nr. 1 StBVV, ist sein Gebührenanspruch nicht durchsetzbar.[3] Der StB sollte durch sorgfältige Aufzeichnungen sicherstellen, dass auch später noch eindeutig festgestellt werden kann, welche konkreten Tätigkeiten entfaltet wurden und ob diese gemäß § 29 Nr. 1 StBVV mit einer Zeitgebühr abgerechnet werden dürfen oder ob es sich schon um Tätigkeiten handelt, die der Abwehr strafrechtlicher Vorwürfe dienen und nach RVG abzurechnen sind.[4]

Beispiel:

Geht der Vorwurf der Steuerfahndung dahin, dass beide Eheleute gemeinschaftlich gehandelt haben, und führt der Steuerberater in einer Stellungnahme aus, dass kein gemeinschaftliches Handeln vorlag, ist dies eine Vertretung im Steuerstrafverfahren, weil es um die Abwehr strafrechtlicher Vorwürfe geht.

Die Aufgabe der Steuerfahndung umfasst auch die Ermittlung der Besteuerungsgrundlagen, wenn es um die Erforschung von Steuerstraftaten und Steuerordnungswidrigkeiten geht, § 208 Abs. 1 Nr. 2 AO. Der StB, der im Auftrag seines Mandanten an der **Ermittlung der Besteuerungsgrundlagen** durch die Steuerfahndung mitwirkt, erhält hierfür gem. § 29 Nr. 1 StBVV die Zeitgebühr. Es wird häufig übersehen, dass die StBVV für diese Tätigkeit eine gesonderte Zeitgebühr vorsieht. Besteht nur eine mündliche **Honorarvereinbarung** und ist unklar, für welche Tätigkeiten diese Vereinbarung gelten soll, ist auf den Empfängerhorizont, also die Sicht des Mandanten abzustellen.

Beispiel:

Ein StB wurde u.a. 9 Std. in einem Steuerstrafverfahren tätig. Hierfür rechnete er einen Stundensatz von 140 € netto gem. § 29 Nr. 1 StBVV i.V.m. § 13 Satz 2 StBVV ab, der auch unstreitig angemessen war. Allerdings bestand eine ältere (mündliche) Honorarvereinbarung mit einem Stundensatz von 45 € netto, der grds. für alle Tätigkeiten gelten sollte, die nicht nach Gegenstandswert abgerechnet werden. Über die Teilnahme an Betriebsprüfungen und Steuerfahndungsprüfungen war nichts Ausdrückliches verein-

---

1) AG Iserlohn v. 9.12.2009, 42 C 496/06.
2) LG Traunstein v. 23.6.1986, 3 O 1163/85.
3) OLG Düsseldorf v. 15.11.1990, 18 U 100/90.
4) OLG Düsseldorf v. 10.6.2003, 23 U 68/02, DStRE 2003, 1419.

bart. Die mündliche Vereinbarung war aus Mandantensicht so auszulegen, dass für die Tätigkeit nach § 29 Nr. 1 StBVV ebenfalls nur der Stundensatz von 45 € abgerechnet werden durfte.[1]

Praxistipp:

Die Rechtsfolge einer formunwirksamen (z.B. mündlichen) Vergütungsvereinbarung ergibt sich seit dem 1.7.2025 unmittelbar aus § 4b RVG.

Fraglich ist, ob der StB neben der Gebühr nach § 29 StBVV auch eine **Besprechungsgebühr nach § 31 StBVV** abrechnen kann. Dies wird in der Literatur vereinzelt bejaht,[2] verbietet sich aber aus den unter → § 31 StBVV Rz. 520 aufgeführten Gründen. Neben der Zeitgebühr für die Teilnahme an einer Betriebsprüfung kann der StB keine zusätzliche Besprechungsgebühr für Gespräche mit dem Prüfer berechnen. Die Teilnahme an der Prüfung deckt alle unmittelbar damit zusammenhängenden Tätigkeiten ab.[3] Es handelt sich gebührenrechtlich um eine und nicht um zwei Angelegenheiten. Anders mag der Fall zu beurteilen sein, wenn der mit der Teilnahme an der Betriebsprüfung beauftragte StB auf Wunsch des Mandanten den Vorberater hinzuzieht und diese Besprechungen i.S.d. § 31 StBVV mit dem Prüfer führt. In einem solchen Fall wäre eine Abrechnung nach § 31 StBVV durch den Vorberater m.E. vertretbar.

1) LG Dortmund v. 12.1.2018, 17 S 133/17; Beyme, KP 2018, 204.
2) Spatscheck/Talaska, PStR 2007, 183.
3) Berners, 6. Aufl. 2020, § 29 StBVV Rz. 16.

§ 30
Selbstanzeige

(1) Für die Tätigkeit im Verfahren der Selbstanzeige (§§ 371 und 378 Absatz 3 der Abgabenordnung) einschließlich der Ermittlungen zur Berichtigung, Ergänzung oder Nachholung der Angaben erhält der Steuerberater 10/10 bis 30/10 einer vollen Gebühr nach Tabelle A (Anlage 1).

(2) Der Gegenstandswert bestimmt sich nach der Summe der berichtigten, ergänzten und nachgeholten Angaben, er beträgt jedoch mindestens 8.000 Euro.

Inhalt

Schrifttum

Arconada, AWV – Selbstanzeigen richtig abrechnen, Honorargestaltung für Steuerberater, August 2023, 3; **Arconada,** Selbstanzeigen korrekt abrechnen, Honorargestaltung für Steuerberater, August 2020, 4; **Berners,** Bildet eine Einkunftsart jeweils einen Gegenstandswert nach § 30 StBVV?, NWB 2017, 3669; **Berners,** Die Abrechnung der Selbstanzeige, NWB 27/2014, 2035; **Bertrand,** Steuerbarkeit von Gewinnen aus der Veräußerung von Kryptowährungen – Strafrechtlicher Handlungsbedarf für noch nicht erklärte Einkünfte, Stbg 2023, 267; **Beyme,** Gegenstandswert einer Selbstanzeige im Zusammenhang mit der Bauabzugsteuer, Honorargestaltung für Steuerberater, März 2025, 7; **Bilsdorfer,** Beratungsempfehlungen für Steuerberater zur Selbstanzeige des Mandanten (Teil I), INF 1998, 330; (Teil II) INF 1998, 362; **Brodski,** Steuerberaterhaftung: Pflichten des Steuerberaters im Selbstanzeigemandat, DB 2017, 2793; **Dikmen/Wollweber,** Selbstanzeige und Honorar – Die gesetzlichen Gebühren nicht nur als Notlösung, Stbg 2011, 29; **Feiter,** Selbstanzeige trotz strafrechtlicher Verjährung?, KANZLEI intern 05/2014, 5; **Feiter,** Selbstanzeigeberatung: So rechnen Sie Ihre Tätigkeiten richtig ab, GBStB 2014, 98; **Gemmer,** Zweifelsfragen bei Abrechnung einer Selbstanzeige, KP 2001, 44; **Guntermann,** Misslungene Selbstanzeigeberatung, SteuerConsultant 9/2013, 14; **Guntermann,** Beraterhaftung für verhängte Geld- und Freiheitsstrafen bei verunglückter Selbstanzeige, Stbg 2013, 420; **Maxl/Feiter,** Die Steuerberatergebührenverordnung, NWB Fach 30, 1169; **Meyer,** Der „richtige" Gegenstandswert bei der Gebührenabrechnung für eine Selbstanzeige, KP 2001, 185; **Reichling,** Selbstanzeige und Verbandsgeldbuße im Steuerstrafrecht, NJW 2013, 2233; **Schepers,** Abrechenbarkeit der Selbstanzeige bei Ehegatten, KANZLEI intern 05/2015, 8; **Schrick,** Wie rechne ich eine Selbstanzeige richtig ab?, KANZLEI intern 05_2017, 7; **Schwamberger,** Vergütungen bei Selbstanzeige, KP 2014, 26; **Simon/Vogelberg,** Steuerstrafrecht, Stuttgart 2000; **Ueberfeldt/Keller,** Honorar des Steuerberaters bei Selbstanzeige, DStR 2011, 92; **Wilk/Beyer-Petz,** Die neue Steuerberatervergütungsverordnung, DStR 2012, 2508; **Wollweber/Ruske** Honorarstreit in Selbstanzeigemandaten: Ist Ihre Vergütung gerichtsfest?, Stbg 2016, 402.

A. Inhalt und Bedeutung

Auf Grund der intensiven und gezielten Fahndungsmaßnahmen der Finanzverwaltung war dieser Gebührentatbestand bis zum 31.12.2014 von erheblicher praktischer Relevanz. Mit Inkrafttreten des Gesetzes zur Änderung der Abgabenordnung und des Einführungsgesetzes zur Abgabenordnung,[1] das mit Wirkung zum 1.1.2015 **500**

1) Gesetz v. 22.12.2014, BGBl. I 2014, 2415 = BStBl I 2015, 55.

zu erheblichen Verschärfungen bei der Selbstanzeige geführt hatte, war ein Rückgang von Selbstanzeigen festzustellen. Als problematisch erwies sich insbesondere die Ausdehnung des Berichtigungszeitraums auf 10 Jahre (§ 371 Abs. 1 Satz 2 AO). Dadurch stößt eine vollständige Nacherklärung auf praktische Grenzen.

Praxistipp:

Je nach Ermittlungsaufwand empfiehlt sich eine Vergütungsvereinbarung nach § 4 Abs. 1 StBVV, verbunden mit einer Mindesthonorarklausel für den Fall, dass die gesetzliche Vergütung nach § 30 StBVV höher ist als die vereinbarte Vergütung.[1]

B. Anwendungsbereich (Abs. 1)

501 § 30 StBVV bezieht sich auf die strafbefreiende Selbstanzeige nach § 371 AO für Tatbestände der Steuerhinterziehung nach § 370 AO und auf die bußgeldbefreiende Selbstanzeige nach § 378 Abs. 3 AO für Tatbestände leichtfertiger Steuerverkürzung nach § 378 Abs. 1 AO. Hierzu zählt auch die seit September 2013 mögliche Selbstanzeige bei Verstößen gegen Meldepflichten nach dem **Außenwirtschaftsrecht**.[2] Nicht anwendbar ist § 30 StBVV auf die Fälle der §§ 372, 373, 374, 379 bis 382 AO. Berichtigungen nach § 153 AO fallen ebenfalls nicht unter diese Vorschrift. Für diese gilt § 23 Abs. 1 Satz 1 Nr. 1 StBVV (→ Rz. 509; → § 23 StBVV Rz. 365).

502 Aus **§ 10 Abs. 2 Halbsatz 2 StBVV** folgt, dass bei der Gebührenrechnung eine **Einzelberechnung** vorzunehmen ist. Bei laufend veranlagten Steuern ist daher jede Steuer **für jeden** Besteuerungszeitraum ein gesonderter Gegenstand. Dies ist deshalb gerechtfertigt, weil der StB für jeden Veranlagungszeitraum (z.B. Kalenderjahr) und für jede **Steuerart** (z.B. Ertragsteuer, Umsatzsteuer, Erbschaftsteuer) gesondert ermitteln muss, welche Besteuerungsgrundlagen zu ergänzen und zu berichtigen sind und wie hoch die sich ergebende Mehrsteuer ist. Ist eine Teilselbstanzeige möglich, wie bei der UStVA und der LStVA (vgl. § 371 Abs. 2a AO), ist bezüglich des Besteuerungszeitraums nicht auf das Kalenderjahr, sondern auf den jeweiligen Voranmeldungszeitraum abzustellen. Nach h.M. fällt die Gebühr nach § 30 StBVV für jede Steuerart an, nicht aber für jede Einkunftsart im Sinne von § 2 Abs. 1 Satz 1 EStG[3] gesondert an.[4]

Beispiel:

Der Steuerpflichtige S war Eigentümer einer vermieteten Wohnung in Florida/USA und Inhaber eines Bankkontos in den USA. Die daraus erzielten Miet- und Kapitaleinkünfte hatte er von 2013 bis 2023 in seinen Steuererklärungen nicht angegeben. S beauftragt den StB mit der Abgabe einer Selbstanzeige.

Nach h.M. kann die Gebühr nach § 30 StBVV für jedes Veranlagungsjahr nur einmal und nicht zweimal (für zwei Einkunftsarten) in Rechnung gestellt werden.

Praxistipp:

Wer für jede Einkunftsart[5] eine Gebühr nach § 30 StBVV abrechnen möchte, sollte sicherheitshalber eine Vergütungsvereinbarung nach § 4 Abs. 1 StBVV schließen.

Dass eine Abrechnung nach Steuerart und nicht nach Einkunftsart erfolgen muss, wird mit dem Begriff der Angelegenheit im gebührenrechtlichen Sinne begründet

---

1) Siehe hierzu das Muster Vergütungsvereinbarung Zeitgebühr (außergerichtliche Tätigkeit) in → Rz. 923.

2) Ausführlich Arconada, Honorargestaltung für Steuerberater, August 2023, 3.

3) Z.B. Einkünfte aus Vermietung, aus selbständiger Arbeit und aus Kapitalvermögen.

4) LG Stuttgart v. 11.7.2016, 27 O 338/15, AnwBl 2016, 772; Wollweber/Ruske, Stbg 2016, 402, 410; Schwamberger, KP 2014, 26, 29; Boelsen in Eckert, 7. Aufl. 2023, § 30 StBVV Rz. 12; Arconada, Honorargestaltung für Steuerberater, August 2020, 4, 5; a.A. Feiter, GBStB 2014, 98; Berners, NWB 2017, 3669; Berners damals noch zweifelnd in NWB 2014, 2035 f.

5) Hier Miet- und Kapitaleinkünfte.

(§ 12 Abs. 2 StBVV). Der Begriff der Angelegenheit ist von einem einheitlichen Lebenssachverhalt geprägt. Wird der StB mit der Erstellung einer steuerlichen Selbstanzeige beauftragt, bildet die begangene Straftat den maßgeblichen Lebenssachverhalt. Jede Tathandlung, für die die Selbstanzeige gefertigt wird, stellt mithin einen einheitlichen Lebenssachverhalt dar. Nach der Rechtsprechung des BGH betrifft die Tathandlung einer Steuerhinterziehung jeweils verschiedene Steuerarten und Besteuerungszeiträume, nicht aber einzelne Einkunftsarten.[1] Das LG Stuttgart[2] weist in diesem Zusammenhang auf folgendes hin: Der Steuerpflichtige muss bei der Abgabe der Selbstanzeige wegen Hinterziehung von Einkommensteuer alle Einkunftsarten berücksichtigen, damit die Selbstanzeige eine strafbefreiende Wirkung erzielt. Eine Nichtberücksichtigung einzelner Einkunftsarten würde dem Zweck des Auftrags, die strafbefreiende Wirkung zu erzielen, zuwiderlaufen. Dieser vom Gegenstand des Mandats abgesteckte Rahmen führe zwingend zu der Betrachtung, dass die verschiedenen Einkunftsarten der Einkommensteuer gebührenrechtlich nicht als jeweils eigene Angelegenheiten angesehen werden können. Die gegenteilige Auffassung von Berners[3] überzeugt demgegenüber nicht. Er findet es systemwidrig, dass bei der Anfertigung der Steuererklärungen die Einkunftsarten nach § 27 StBVV gesondert abgerechnet werden können, bei der Selbstanzeige aber nicht. Da es bei der Bestimmung der Anzahl der Gebühren aber maßgeblich auf den Begriff der „Angelegenheit" ankommt, den die Rechtsprechung bei der Selbstanzeige im o.g. Sinne zutreffend beschrieben hat, überzeugt dieses Argument nicht. Gebührenrechtlich besteht wegen des hohen Gebührenrahmens von 10/10 bis 30/10 auch keine Notwendigkeit, jede Einkunftsart im Rahmen des § 30 StBVV gesondert abzurechnen. Im Gegenteil: diese Form der Abrechnung würde in vielen Fällen dazu führen, dass die Gebühren des StB deutlich höher wären als die nacherklärten Einkünfte. Dies kann – je nach Fallkonstellation – Hinweispflichten des StB unter dem Gesichtspunkt von Treu und Glauben (§ 242 BGB) auslösen. Belehrt er den Mandanten pflichtwidrig nicht über die voraussichtliche Höhe der Gebühren, kann dies zu Schadensersatzansprüchen des Mandanten und zum Verlust des Vergütungsanspruchs führen.[4]

Wird die **Selbstanzeige für mehrere Personen** (Eheleute, Gesellschafter etc.) angefertigt, entsteht für jeden Auftraggeber eine gesonderte Gebühr nach § 30 StBVV. § 6 Abs. 1 StBVV steht dem nicht entgegen. Selbstanzeigen in gleich gelagerten Fällen mehrerer Personen sind immer mehrere Angelegenheiten, da die strafbefreiende Wirkung höchstpersönlicher Natur ist.[5]

Wird die Selbstanzeige für ein Unternehmen abgegeben, um neben der Straffreiheit der Leitungspersonen (§§ 34, 35 AO) auch eine sog. Verbandsgeldbuße zu vermeiden, müssen sämtliche Leitungspersonen i.S.d. § 30 OWiG, deren Straftat oder Ordnungswidrigkeit sich das Unternehmen zurechnen lassen muss, in die Selbstanzeige einbezogen werden. Bei einer unüberschaubaren Zahl von Beteiligten kann dies im Wege der verdeckten Stellvertretung erfolgen.[6] Sofern für alle an der Steuerhinterziehung beteiligten Leitungspersonen des Unternehmens aufgrund einer Selbstanzeige der persönliche Strafaufhebungsgrund eingreift, scheidet die Verhängung einer Verbandsgeldbuße aus (§ 30 Abs. 4 Satz 3 OWiG).[7] In diesen Fällen ist Rechnungsadressat m.E. auch das Unternehmen, das wegen der Regelung des § 30 Abs. 4 Satz 3 OWiG von der Selbstanzeige profitiert.

1) BGH v. 28.10.2004, 5 StR 276/04, HFR 2005, 266.
2) LG Stuttgart v. 11.7.2016, 27 O 338/15, AnwBl 2016, 772.
3) Berners, NWB 2017, 3369, 3371.
4) LG Stuttgart v. 11.7.2016, 27 O 338/15, AnwBl 2016, 772; Schrick, KANZLEI intern 05_2017, 7.
5) Schepers, KANZLEI intern 05/2015, 8; Dikmen/Wollweber, Stbg 2011, 29 f.; Beyme in Meyer/Goez/Schwamberger, 11. Aufl. 2023, § 6 StBVV Rz. 11.
6) Guntermann, SteuerConsultant 9/2013, 14, 17.
7) Reichling, NJW 2013, 2233 f.

503 Mit der Gebühr für die Selbstanzeige sind die Ermittlungen des StB zur **Berichtigung, Ergänzung und Nachholung** der Angaben, z.B. der erstmals erklärten Einkünfte aus Kapitalvermögen abgegolten.

Beispiel:

Der Stpfl. hat ein Aktiendepot in der Schweiz. Steuerpflichtige Veräußerungsgewinne und Zinserträge dieses Depots wurden über einen Zeitraum von mehreren Jahren nicht erklärt. Die Ermittlung des „richtigen" zu versteuernden Einkommens durch „Zurechnungen" zu den bisher erklärten veranlagten Einkünften aus Kapitalvermögen und die Errechnung der Mehrsteuern ist mit der Gebühr nach § 30 StBVV abgegolten. Dies gilt unabhängig davon, wie umfangreich die Dokumentation der Kontobewegungen ist.

Die amtliche Begründung zu § 30 StBGebV[1] sieht vor, dass der StB zusätzliche Gebühren erhält, wenn die Selbstanzeige die **(erstmalige) Anfertigung** einer Buchführung, eines Jahresabschlusses, einer Überschussrechnung oder einer Steuererklärung bedingt.[2] Gleiches gilt, wenn die Arbeiten des StB einer Neuerstellung gleichzusetzen sind.

Beispiel:

Der Stpfl. hat einen auf Grund einer Schenkung erlangten Geldbetrag auf einem Schweizer Konto angelegt und die Gewinne über mehrere Jahre nicht versteuert. Neben der Gebühr für die Selbstanzeige entsteht hier auch eine Gebühr für die Anfertigung der Schenkungsteuererklärung nach § 24 Abs. 1 Nr. 13 StBVV.

Soweit bisher bereits Einkünfte aus Kapitalvermögen erklärt wurden, fällt keine weitere Gebühr nach § 27 StBVV an. Die Ermittlung des „richtigen" zu versteuernden Einkommens ist von der Gebühr nach § 30 StBVV umfasst.[3] Nur für den Fall, dass bislang überhaupt keine Einkünfte aus Kapitalvermögen erklärt wurden, fällt neben der Gebühr nach § 30 StBVV auch eine Gebühr nach § 27 Abs. 1 StBVV und ggf. auch nach § 27 Abs. 3 StBVV an.[4]

504 Für die **Entstehung** der Gebühr ist es unerheblich, ob die Selbstanzeige strafbefreiende Wirkung (vgl. § 371 Abs. 2 AO) hat oder nicht.[5] Der Gebührentatbestand stellt lediglich darauf ab, dass Tätigkeiten im Verfahren der Selbstanzeige entfaltet wurden. Allerdings kann der Mandant vom StB ggf. Schadenersatz verlangen, wenn dieser pflichtwidrig und schuldhaft keine ordnungsgemäße, d.h. keine vollständige oder rechtzeitige Selbstanzeige erstattet und bei pflichtgemäßem Rat und ordnungsgemäßer Selbstanzeige die Bestrafung abzuwenden gewesen wäre, z.B. durch eine mehrstufige Selbstanzeige.[6] Der Schaden entspricht der Höhe der gegen den Mandanten verhängten Geldstrafe[7] bzw. der Geldauflage bei Einstellung des Strafverfahrens gegen Zahlung einer Geldauflage.[8] Bei einer Freiheitsstrafe kommen Ersatz für Verdienstausfall und Schmerzensgeldansprüche in Betracht.[9] Auch die Kosten eines Strafverteidigers sind grundsätzlich ein ersatzfähiger Schaden.[10] Die Gebühr entsteht auch dann, wenn die Selbstanzeige nicht abgegeben wird, weil der Mandant nach Fertigstellung keine Abgabe mehr wünscht.[11] Die Gebühr entsteht jedoch

1) Abgedruckt in Eckert, 4. Aufl. 2003, § 30 StBGebV.
2) Ausführlich hierzu Schwamberger, KP 2014, 26 f. mit Beispielen.
3) Schepers, KANZLEI intern 05/2015, 8; a.A. Berners, NWB 27/2014, 2036 f., der für die teilweise Nacherklärung der Kapitaleinkünfte neben der Gebühr nach § 30 StBVV auch eine Gebühr nach § 27 StBVV für abrechenbar hält.
4) Berners, NWB 27/2014, 2036.
5) A.A. Schwamberger, KP 2014, 26, 29.
6) Brodski, DB 2017, 2793; Wollweber, DStR 2017, 1408.
7) OLG Nürnberg v. 24.2.2017, 5 U 1687/16, DStR 2017, 1406 mit Anm. Wollweber; LG Saarbrücken v. 23.1.2012, 9 O 251/10, GI aktuell 2012, 56.
8) OLG Hamburg v. 28.3.2025, 5 U 17/24, n.rkr., DStR 2025 1431 mit kritischen Anm. Stoll; OLG Frankfurt/M. v. 1.6.2017, 17 U 151/16, DB 2017, 2595.
9) Guntermann, Stbg 2013, 420.
10) OLG Nürnberg v. 24.2.2017, 5 U 1687/16, DStR 2017, 1406 mit Anm. Wollweber.
11) Feiter, GStB 2014, 98, 100.

nicht für das Jahr der laufenden Veranlagung, wenn der Mandant die Steuererklärung noch nicht abgegeben hat und die Veranlagungsarbeiten in dem betreffenden Finanzamtsbezirk allgemein (zu etwa 95 %) noch nicht abgeschlossen sind, da bis zu diesem Zeitpunkt noch keine Tatvollendung vorliegt und für eine versuchte Tat i.d.R. keine ausreichenden Feststellungen vorliegen dürften.[1]

C. Gegenstandswert (Abs. 2)

Der Gegenstandswert war in § 30 StBGebV nicht definiert. Erst durch die VO zum Erlass und zur Änderung steuerlicher Verordnungen[2] findet sich erstmals eine Legaldefinition. Danach bestimmt sich der Gegenstandswert nach der Summe der berichtigten, ergänzten oder nachgeholten Angaben. Dies sind die **nachgemeldeten Einnahmen**, und zwar getrennt nach Kalenderjahr und Steuerart. Die bereits erklärten Einnahmen sind bei der Bemessung des Gegenstandswertes nicht zu berücksichtigen.[3] Denn die Selbstanzeige ist begrifflich eine **„Nacherklärung“**.[4] Wenn Schenkungen nacherklärt werden sollen, muss m.E. der Freibetrag abgezogen werden. **505**

Beispiel:

Der StB wird beauftragt, im Rahmen einer Selbstanzeige Schenkungen i.H.v. 460 000 € zu erklären. Der Freibetrag beträgt 400 000 €. Der Gegenstandswert für die Selbstanzeige beträgt 60 000 €.

Bei einer Selbstanzeige wegen nicht einbehaltener Bauabzugsteuer entspricht der Gegenstandswert nicht den Baukosten, sondern der nicht abgeführten Bauabzugsteuer.[5]

Auf den Gegenstandswert wirkt es sich nicht aus, wenn Anlagen (KAP, AUS, SO) abgegeben werden. Der Mehraufwand kann nur beim Zehntelsatz berücksichtigt werden. Der Gegenstandswert beträgt mindestens 8 000 €. Dieser Gegenstandswert gilt z.B. dann, wenn der Stpfl. in einem Jahr Verluste oder nur einen geringen Gewinn unter 8 000 € hatte, egal wie aufwendig die nachträgliche Ermittlung der Gewinne und Verluste war. Deshalb empfiehlt sich in diesen Fällen eine Vergütungsvereinbarung nach § 4 StBVV (→ Rz. 500). Mit der Legaldefinition des Gegenstandswertes hat der Verordnungsgeber einen jahrelangen Streit über die Bestimmung des Gegenstandswertes entschieden. Ausgangspunkt war der „Wert des Interesses“ für den Mandanten (§ 10 Abs. 1 Satz 3 StBVV). Dies war nach h.M.[6] der sich auf Grund der Selbstanzeige ergebende Mehrbetrag, die **nachzuzahlende Steuer**. Nach einer Gegenmeinung[7] sollte die Summe der nachgemeldeten Einkünfte maßgeblich sein, weil der steuerliche Schwerpunkt in der Mitteilung weiterer zu versteuernder Einkünfte liege. Eine dritte Meinung wollte dem Mehrbetrag, also der nachzuzahlenden Steuer den geschätzten Betrag der sonst verwirkten

---

1) Simon/Vogelberg, 6. Kap. Rz. 2.3.2.
2) VO zum Erlass und zur Änderung steuerlicher Verordnungen v. 11.12.2012, BGBl. I 2012, 2637 = BStBl I 2013, 2.
3) Arconada, Honorargestaltung für Steuerberater, August 2020, 4; a.A. Berners, NWB 27/2014, 2036 f.
4) Schwamberger, KP 2014, 26.
5) Beyme, Honorargestaltung für Steuerberater, März 2025, 7.
6) Eggesiecker, 2. Aufl. 1998, § 30 STEUGO Rz. 30.555; Mittelsteiner/Scholz/Keller, 5. Aufl. 2002, § 30 StBGebV Rz. 3; Schwamberger in Meyer/Goez/Schwamberger, 6. Aufl. 2010, § 30 StBGebV Rz. 3; Maxl/Feiter, NWB Fach 30, 1169, 1175; Bilsdorfer, INF 1998, 362, 367; Gemmer, KP 2001, 44 f.; offen gelassen von OLG Düsseldorf v. 23.3.2004, 23 U 66/03, GI 2004, 182, 184.
7) OLG Frankfurt/M. v. 6.6.2003, 24 U 41/02; Crusen in Eckert, 4. Aufl. 2003, § 30 StBGebV Rz. 6; Dikmen/Wollweber, Stbg 2011, 29 f.; Ueberfeldt/Keller, DStR 2011, 92 f.

Geldstrafe oder des Bußgeldes hinzuaddieren und dies als Gegenstandswert zu Grunde legen.[1]

D. Abgrenzung zu anderen gebührenpflichtigen Tätigkeiten

506 Tätigkeiten im Rahmen einer Selbstanzeige ist i.d.R. eine **Beratung** des Mandanten vorausgegangen. Hierfür sieht § 21 Abs. 1 Satz 1 StBVV eine Gebühr vor, die aber auf die Gebühr für die Selbstanzeige anzurechnen ist, wenn der Berater einen entsprechenden Auftrag erhält (§ 21 Abs. 1 Satz 3 StBVV). Entscheidet sich der Mandant nach erfolgter Beratung gegen die Abgabe der Selbstanzeige und beendet das Mandat kann der StB nur die Gebühr nach § 21 Abs. 1 Satz 1 StBVV (im Zweifel eine Zeitgebühr) berechnen, es sei denn, er hat zuvor eine Vergütungsvereinbarung nach § 4 Abs. 1 StBVV getroffen.

507 Mit der zum 1.1.2015 in Kraft getretenen Neuregelung des § 371 AO,[2] ist die Selbstanzeige tatbestandlich nicht mehr auf alle unverjährten Steuerstraftaten beschränkt. Vielmehr ist für alle Steuerstraftaten ein Berichtigungszeitraum von mindestens zehn Kalenderjahren vorgesehen ist (§ 371 Abs. 1 Satz 2 AO). Das bedeutet, dass die Gebühr nach § 30 StBVV für den gesamten Zeitraum, der zu einer vollständigen Nacherklärung gehört, abgerechnet werden kann.

508 Wird nach der Abgabe einer Selbstanzeige von der Finanzverwaltung ein **Straf- oder Bußgeldverfahren** eröffnet und wird der Berater in diesem Verfahren tätig, erhält er zusätzliche Gebühren nach den Vorschriften des RVG.[3] Wird zunächst ein steuerstrafrechtliches Ermittlungsverfahren eingeleitet und der StB sodann vom Mandanten mit der Verteidigung beauftragt, kann er für die Veranlagungszeiträume, auf die sich das Ermittlungsverfahren erstreckt, neben den RVG-Gebühren grundsätzlich keine weiteren Gebühren nach § 30 StBVV verlangen.[4]

509 Die Gebühr nach § 30 StBVV muss von der Gebühr nach § 23 Abs. 1 Satz 1 Nr. 1 StBVV (Berichtigung einer Erklärung) abgegrenzt werden. Nur dann, wenn der Stpfl. mit **Hinterziehungsvorsatz oder leichtfertig** handelte, ist § 30 StBVV einschlägig.[5] Ob und ggf. ab welchem Zeitpunkt der Stpfl. mit Vorsatz oder leichtfertig handelte, wird der StB – auch bei einer Befragung seines Mandanten – nicht immer verlässlich feststellen können. Er befindet sich in einem Dilemma, weil der subjektive Tatbestand für die Wahl des richtigen Gebührentatbestandes entscheidend ist. Bei der Vorgehensweise gegenüber seinem Mandanten muss der StB ferner berücksichtigen, dass er sich schadensersatzpflichtig machen kann, wenn er keine vollständige und rechtzeitige Selbstanzeige erstattet (→ Rz. 504). Gibt es – wie in der Praxis häufig – verschiedene Vorgehensweisen, um ein Ziel zu erreichen,[6] hat sich der StB regelmäßig am **Prinzip des sichersten Weges** auszurichten.[7] Dazu hat er dem Mandanten den relativ sichersten und ungefährlichsten Weg zu dem angestrebten Rechtsschutzziel aufzuzeigen und die für den Erfolg notwendigen Schritte

1) Siehe hierzu Meyer, KP 2001, 185 f. m.w.N. und Ueberfeldt/Keller, DStR 2011, 92, 94.
2) Gesetz zur Änderung der Abgabenordnung und des Einführungsgesetzes zur Abgabenordnung v. 22.12.2014, BGBl. I 2014, 2415 = BStBl I 2015, 55.
3) Siehe zu diesen Gebühren auch Arconada, Honorargestaltung für Steuerberater, August 2023, 3, 5 und Berners, NWB 27/2014, 2036, 2040.
4) LG Duisburg v. 19.9.2003, 7 S 238/02, Stbg 2004, 237.
5) Schwamberger, KP 2014, 26; Berners, NWB 27/2014, 2036, 2038.
6) Je nach Fallkonstellation ist auch eine Berichtigung nach § 153 AO in Betracht zu ziehen, die nach § 23 Abs. 1 Satz 1 Nr. 1 StBVV abzurechnen wäre.
7) OLG Koblenz v. 8.8.2005, 12 U 267/04; Schmalz-Brüggemann in Henssler/Gehrlein/Holzinger, Handbuch der Beraterhaftung, 1. Aufl. 2018, Kap. 4 Rz. 43.

vorzuschlagen, damit der Mandant eine sachgerechte Entscheidung treffen kann.[1) Sowohl aus Mandanten- als auch aus Beratersicht dürfte in den aufgezeigten Zweifelsfällen nur die Abgabe einer Selbstanzeige der sicherste Weg sein. Der Mandant erfüllt dadurch nachträglich seine Steuerpflichten und ihm bleibt im besten Fall ein Strafverfahren erspart, der StB vermeidet bzw. minimiert sein eigens Haftungsrisiko (→ Rz. 504).

Praxistipp:

Vom StB kann nicht verlangt werden, dass er eine bestimmte Empfehlung ausspricht. Er muss lediglich die unterschiedlichen Wege und die jeweils damit verbundenen Risiken und Chancen aufzeigen. Die Entscheidung selbst obliegt dem Mandanten.[2)] Sowohl der Inhalt des „Aufklärungsgesprächs" als auch die Entscheidung des Mandanten sollten in Form eines Aktenvermerks dokumentiert werden.

Demgegenüber ist § 23 Abs. 1 Satz 1 Nr. 1 StBVV anzuwenden, wenn der Stpfl. die Unrichtigkeit der Erklärung bei Abgabe kannte, aber **ohne Hinterziehungsvorsatz** und auch **nicht leichtfertig** handelte und dies für den StB auch erkennbar ist.[3)]

Beispiel:

Der StB erhält den Auftrag, für Eheleute die Anlagen KAP 01 – 04 nachträglich zu erstellen. Die Mandanten waren der irrigen Auffassung, dass auf Grund ihrer Freistellungsaufträge keine Kapitalertragsteuer zu zahlen war. Der Aufwand des StB für die Beschaffung der Bankunterlagen und die anschließende Neuberechnung der Steuern betrug rund zwei Stunden.

Hier dürfte § 30 StBVV mangels Hinterziehungsvorsatzes und mangels Leichtfertigkeit nicht einschlägig sein. Der StB hat hier die Wahl zwischen § 23 Abs. 1 Satz 1 Nr. 1 StBVV und § 27 StBVV, die vom Wortlaut beide passen. Welche Vorschrift für den StB vorteilhafter ist, hängt von den Umständen des Einzelfalls ab. § 23 Abs. 1 Satz 1 Nr. 1 StBVV hat den höheren Gebührenrahmen, kennt aber – anders als § 27 StBVV – keinen Mindestgegenstandswert. Auch können Vorarbeiten, die über das übliche Maß erheblich hinausgehen nur im Falle des § 27 StBVV mit einer Zeitgebühr gesondert berechnet werden.

Gewinne aus der Veräußerung von verschiedenen **Kryptowährungen** unterliegen 510
als private Veräußerungsgewinne der Besteuerung. Mit seiner Entscheidung vom 14.2.2023 hat der BFH eine gewisse Rechtssicherheit geschaffen.[4)] Für die Vorjahre sprechen gute Gründe gegen die Verwirklichung des objektiven und subjektiven Tatbestands des § 370 AO. Gleichwohl ermitteln die Finanzbehörden und versenden **Aufforderungsschreiben**, Überschüsse und/oder Verluste aus privaten Veräußerungsgeschäften aus dem Handel mit Kryptowährungen mitzuteilen. Gestützt werden diese Auskunftsersuchen auf **§ 208 Abs. 1 Nr. 3 AO**. Solche „Goldene-Brücke-Schreiben" stehen einer strafbefreienden Selbstanzeige nicht entgegen, da es sich hierbei weder um eine „Prüfungsanordnung nach § 196 AO" i.S.d. § 371 Abs. 2 Satz 1 Nr. 1a AO, noch um eine Tatentdeckung i.S.d. § 371 Abs. 2 Nr. 2 AO, sondern lediglich um sog. Vorfeldermittlungen handelt.[5)]

1) BGH v. 19.3.2009, IX ZR 214/07; Borgmann/Jungk/Grams, Anwaltshaftung, 4. Aufl. 2005, § 21 Rz. 131.
2) OLG Düsseldorf v. 8.7.2005, I-23 U 17/05.
3) AG Langen v. 9.1.2009, 56 C 100/08.
4) BFH v. 14.2.2023, IX R 3/22, BStBl II 2023, 571.
5) Bertrand, Stbg 2023, 267, 271.

§ 31
Besprechungen

(1) Für Besprechungen mit Behörden oder mit Dritten in abgaberechtlichen Sachen erhält der Steuerberater 5/10 bis 10/10 einer vollen Gebühr nach Tabelle A (Anlage 1).

(2) [1]Die Besprechungsgebühr entsteht, wenn der Steuerberater an einer Besprechung über tatsächliche oder rechtliche Fragen mitwirkt, die von der Behörde angeordnet ist oder im Einverständnis mit dem Auftraggeber mit der Behörde oder mit einem Dritten geführt wird. [2]Der Steuerberater erhält diese Gebühr nicht für die Beantwortung einer mündlichen oder fernmündlichen Nachfrage der Behörde.

Inhalt

Schrifttum

Arconada, Besprechungen – häufiger als gedacht!, Honorargestaltung für Steuerberater, Januar 2021, 3; **Lahmann,** Die Besprechungsgebühr nach § 31 StBGebV – die verkannte Gebühr?, DStR 2008, 2337; **Meyer,** Die Besprechungsgebühr nach § 31 StBGebV: „Verschenken" Sie keine Gebühren!, KP 2002, 57; **Wolf,** Die Änderungen der Steuerberatergebührenverordnung durch das Jahressteuergesetz 2007, DStR 2007, 44.

A. Inhalt und Bedeutung

511 § 31 StBVV regelt den Vergütungsanspruch für Besprechungen mit Behörden oder Dritten, die der StB für seinen Auftraggeber führt. Durch das JStG 2007[1)] wurde ein neuer Abs. 2 eingeführt, in dem der Begriff „Besprechung" näher erläutert wird. Im Wesentlichen wird der Regelungsinhalt des früheren § 42 Abs. 2 StBGebV übernommen, der durch das JStG 2007 im Ganzen aufgehoben wurde. Anders als § 42 Abs. 2 StBGebV a.F. wird in § 31 Abs. 2 StBVV klargestellt, dass für die Beantwortung von mündlichen oder fernmündlichen Nachfragen der Behörde keine Besprechungsgebühr entsteht.

Abweichende Vereinbarungen, insbesondere eine Vereinbarung nach § 4 Abs. 1 StBVV, sind möglich.

B. Anwendungsbereich

512 Die Gebühr entsteht, wenn der StB eine Besprechung mit Behörden oder Dritten in abgabenrechtlichen Sachen führt. Durch den neuen Abs. 2 wird der Anwendungsbereich weiter konkretisiert. Es muss sich um eine Besprechung über „tatsächliche oder rechtliche Fragen" handeln, die von der Behörde „angeordnet" oder „im Einverständnis mit dem Auftraggeber" geführt wird.

1) Gesetz v. 13.12.2006, BGBl. I 2006, 2878 = BStBl I 2007, 28.

I. Besprechung über tatsächliche und rechtliche Fragen

Der frühere § 42 Abs. 2 Satz 2 StBGebV stellte klar, dass eine Besprechung noch nicht gegeben war, wenn der StB lediglich mündlich oder fernmündlich, etwa nach dem Stand der Sache, fragt. Erforderlich war also ein Gespräch, das über eine bloße Sachstandsnachfrage hinaus ging und bei dem die Voraussetzungen des § 42 Abs. 2 Satz 1 StBGebV vorlagen.[1] Daran hat sich nichts geändert. Nach § 31 Abs. 2 Satz 2 StBVV soll der StB die Gebühr aber auch für die Beantwortung einer mündlichen oder fernmündlichen Nachfrage der Behörde nicht mehr erhalten. Dies wurde in § 42 Abs. 2 Satz 2 StBGebV a.F. nicht vertreten. Von daher erweist sich der neue § 31 Abs. 2 Satz 2 StBVV als eine **Verschlechterung gegenüber der** früheren **Rechtslage**.[2] Dies ist bedauerlich, da nicht einzusehen ist, dass mündliche oder fernmündliche Nachfragen der Behörde keine Gebühren mehr auslösen sollen. Die Regelung verkennt, dass Anordnungen der Behörde zum persönlichen Erscheinen i.S.d. § 31 Abs. 2 Satz 1 StBVV in der Praxis die Ausnahme sind. Fernmündliche Rücksprachen sind dagegen üblich und oft zeitintensiv und sie unterscheiden sich kaum von Besprechungen vor Ort. Es ist deshalb nicht einzusehen, dem StB dafür jede Gebühr zu verweigern, insbesondere dann nicht, wenn er die Rückfrage nicht selbst verschuldet hat. Die mündliche oder fernmündliche Nachfrage der Behörde kann jedoch dann eine Besprechungsgebühr auslösen, wenn sich daraus eine Besprechung, also eine Erörterung der Sach- und Rechtslage, anschließt.[3] In der Literatur wird teilweise vertreten, dass die Besprechungsgebühr auch bei **schriftlicher Beantwortung** von Rückfragen des Finanzamts entsteht, wenn die Beantwortung inhaltlich eine Erörterung von Sachverhalts- und/oder Rechtsfragen darstellt.[4] Mit dem Wortlaut der Regelung (Besprechungen) ist diese Auslegung aber nicht vereinbar.[5] Sie verkennt auch das gescheiterte Bemühen der Bundessteuerberaterkammer und des Deutschen Steuerberaterverbands im Rahmen des Jahressteuergesetzes 2007 eine Klarstellung in § 31 StBGebV vorzunehmen, wonach die Besprechungsgebühr auch im schriftlichen Verfahren entstehen sollte. Gleichwohl wird in der Literatur aus der Regelung des § 31 Abs. 2 Satz 2 StBVV abgeleitet, dass der StB immer dann eine Besprechungsgebühr berechnen kann, wenn die Behörde eine **schriftliche Nachfrage** stellt, unabhängig davon, ob der StB diese mündlich oder schriftlich beantwortet.[6] 513

Die **Dauer der Besprechung** ist für das Entstehen der Besprechungsgebühr unerheblich. Die Länge der Verhandlungen kann sich aber auf die Höhe der Gebühr auswirken. Eine Besprechung über tatsächliche und rechtliche Fragen liegt auch dann vor, wenn eine Besprechung über Verfahrensfragen erfolgt. 514

Beispiel:

Der StB bespricht mit dem Beamten des Finanzamts die Erfolgsaussichten eines Antrags auf Wiedereinsetzung nach § 110 AO.

Ist der Gesprächspartner jedoch nicht bereit oder in der Lage, mit dem Berater ein sachbezogenes Gespräch zu führen, entsteht keine Besprechungsgebühr.

1) FG Bremen v. 2.3.2000, 298273 Ko 2, EFG 2000, 513 f.; Hessisches FG v. 2.3.1998, 12 Ko 5220/97, EFG 1998, 1025.
2) So Wolf, DStR 2007, 44, 47; Hartmann, INF 2007, 77, 79.
3) Berners, 6. Aufl. 2020, § 31 StBVV Rz. 6 ff.; Lahmann, DStR 2008, 2337, 2339.
4) Meyer, KP 2002, 57, 58; Berners, 6. Aufl. 2020, § 31 StBVV Rz. 11; Lahmann, DStR 2008, 2337, 2339, unter Heranziehung des § 2 StBGebV.
5) So auch BGH v. 21.10.2009, IV ZB 27/09, NJW 2010, 381, zur „Besprechung" bei der Terminsgebühr.
6) Berners, 6. Aufl. 2020, § 31 StBVV Rz. 11; für eine sinngemäße Anwendung über § 2 StBVV: Schwamberger in Meyer/Goez/Schwamberger, 11. Aufl. 2023, § 31 StBVV Rz. 2.

Beispiel:

Der StB ruft den Sachbearbeiter des Finanzamts an. Dieser erklärt, er sei nicht bereit, mit dem Berater zu sprechen.

An welchem Ort die Besprechung stattfindet, ist unerheblich.

II. Anordnung oder Einverständnis des Mandanten

515 Die Besprechung muss entweder von einer **Behörde** angeordnet oder im Einverständnis des Auftraggebers mit einer Behörde oder einem Dritten geführt werden.

516 Behörde ist jede Stelle, die Aufgaben der öffentlichen Verwaltung wahrnimmt (§ 6 Abs. 1 AO), insbesondere die Finanzämter, die Oberfinanzdirektionen, die Landesfinanzbehörden, das Bundesfinanzministerium sowie kommunale Dienststellen, die für die Ausstellung steuerlich bedeutsamer Bescheinigungen oder Urkunden zuständig sind.

Für Verhandlungen mit **Gerichten** gilt § 31 StBVV nicht.

517 Als **„Dritter"** ist jeder anzusehen, der nicht Auftraggeber oder sein Bevollmächtigter ist bzw. in dessen „Lager"[1] steht und der nicht unter die Behördendefinition fällt, z.B. Kreditinstitute, Versicherungsgesellschaften, sonstige Unternehmen und deren Berater, auch Angehörige des Auftraggebers, wenn diese nicht selbst Auftraggeber sind.

Beispiel:

A und B wollen eine Gesellschaft gründen. A beauftragt den StB mit der Prüfung des Entwurfs des Gesellschaftsvertrags in steuerlicher Hinsicht und bittet ihn, den Vertrag mit B zu besprechen. Da B nicht Auftraggeber ist, ist er Dritter, so dass hier eine Besprechungsgebühr nach § 31 StBVV in Betracht kommt.

Beispiel:

K ist Käufer eines Grundstücks und beauftragt den StB, mit dem Verkäufer V die Umsatzsteuer nachzuverhandeln. V ist Dritter, so dass auch hier eine Besprechungsgebühr nach § 31 StBVV in Betracht kommt.

Führt der StB mit einem **weiteren StB**, den der Mandant beauftragt hat, eine Besprechung, ist dieser Informationsaustausch so zu behandeln, als wenn der Mandant selbst beteiligt gewesen wäre. Denn der andere StB ist in diesem Fall nicht Dritter.[2] Ebenso wenig sind **Mitarbeiter** des Mandanten Dritte.[3]

518 Die **Anordnung** durch die Behörde kann förmlich erfolgen, etwa durch die Bestimmung eines Termins mit Vorladung zu diesem Termin oder aber formlos, z.B. durch einen fernmündlichen Anruf. Keine Anordnung liegt vor, wenn der StB von sich aus den Kontakt zur Behörde herstellt.

519 Ohne eine Anordnung entsteht die Besprechungsgebühr nur dann, wenn die Besprechung im **Einverständnis mit dem Auftraggeber** erfolgt, damit der StB allein aus eigenem Antrieb keine den Gebührentatbestand auslösende Besprechung führt. Das Einverständnis kann erzielt werden durch ausdrückliche oder stillschweigende, vorherige oder nachträgliche Billigung des Auftraggebers. Es kann sich auch aus den Umständen ergeben. Bei einer allgemeinen Bevollmächtigung kann es sogar vermutet werden, es sei denn, aus dem Verhalten des Mandanten können gegenteilige Schlüsse gezogen werden.[4] **Vorsicht** ist geboten, wenn das Einverständnis des Auftraggebers nicht ohne Weiteres unterstellt werden kann, weil eine Besprechung

1) OLG Düsseldorf v. 6.7.2001, 24 U 153/00, GI 2001, 276 f.; AG Düsseldorf v. 23.5.2002, 50 C 11933/01, AnwBl 2003, 57; Meyer, KP 2002, 57.
2) OLG Düsseldorf v. 23.3.2004, 23 U 66/03, GI 2004, 182, 185.
3) OLG Düsseldorf v. 23.3.2004, 23 U 66/03, GI 2004, 182, 185.
4) Eggesiecker, 2. Aufl. 1998, § 31 STEUGO Rz. 31.370.

zur sachgemäßen Erledigung des Verfahrens nicht erforderlich ist oder die Besprechungsgebühr außergewöhnlich hoch ist. Hier kann sich aus § 242 BGB eine Rechtspflicht des Beraters zur Aufklärung, z.B. über die Höhe der voraussichtlichen Gebühren, ergeben. In Zweifelsfällen sollte das Einverständnis des Auftraggebers deshalb ausdrücklich eingeholt werden.

III. Abgabenrechtliche Sache

Gegenstand der Besprechung muss eine abgabenrechtliche Sache sein. **Abgabenangelegenheiten** sind alle mit der Verwaltung der Abgaben einschließlich der Abgabenvergütungen oder sonst mit der Anwendung der abgabenrechtlichen Vorschriften durch die Finanzbehörden zusammenhängenden Angelegenheiten einschließlich der Maßnahmen der Bundesfinanzbehörden zur Beachtung der Verbote und Beschränkungen für den Warenverkehr über die Grenze. Den Abgabenangelegenheiten stehen die Angelegenheiten der Verwaltung der Finanzmonopole gleich (§§ 347 Abs. 2 AO, 33 Abs. 2 FGO). § 31 StBVV ist deshalb nicht anwendbar auf Besprechungen ohne **steuerlichen Bezug**, z.B. mit Banken in Kreditangelegenheiten des Auftraggebers ohne steuerlichen Bezug oder Teilnahme an Gesellschafterversammlungen von Beteiligungsunternehmen zur Ausübung des Stimmrechts.[1] Geht es allerdings im Rahmen von Kreditverhandlungen oder Gesellschafterversammlungen auch um steuerliche Belange greift § 31 StBVV ein.[2] Demgegenüber kann § 31 StBVV m.E. bei **Besprechungen in straf- und bußgeldrechtlichen Angelegenheiten** nicht herangezogen werden. Zum Straf- und Bußgeldverfahren finden sich zwar ausführliche Regelungen in der AO (§§ 369 ff., 377 ff., 385 ff. AO). Dies bedeutet aber nicht, dass es sich um eine abgabenrechtliche Sache handelt. Abgaben sind Leistungen, die dem einzelnen durch das öffentliche Recht auferlegt werden und deren Empfänger der Staat oder ein sonstiger Träger öffentlicher Gewalt ist, insbesondere sind Abgaben also Steuern und Zölle, aber auch Gebühren und Beiträge. Deshalb beschränkt die amtliche Begründung den Anwendungsbereich der Vorschrift auf das dem Rechtsbehelfsverfahren vorgelagerte **allgemeine Verwaltungsverfahren**. Das Verwaltungsverfahren ist in § 9 VwVfG definiert: Danach ist Verwaltungsverfahren i.S.d VwVfG *„die nach außen wirkende Tätigkeit der Behörden, die auf die Prüfung der Voraussetzungen, die Vorbereitung und den Erlass eines Verwaltungsaktes oder auf den Abschluss eines öffentlich-rechtlichen Vertrages gerichtet ist; es schließt den Erlass eines Verwaltungsaktes oder den Abschluss eines öffentlich-rechtlichen Vertrages ein"*. Hierzu zählt das Straf- und Bußgeldverfahren m.E. nicht, da es keine abgabenrechtlichen, sondern andere Zwecke (staatliche Sanktionierung durch Strafe bzw. Ahndung durch Bußgeld) verfolgt. Dass die dort gewonnenen Erkenntnisse im Rahmen des Besteuerungsverfahrens verwertet werden dürfen (§ 393 Abs. 3 AO) ändert daran nichts, da das Straf- und Bußgeldverfahren eine andere Zielrichtung verfolgen, die nicht auf den Erlass eines Verwaltungsaktes oder eines öffentlich-rechtlichen Vertrags gerichtet ist. Demgegenüber hat das OLG Düsseldorf die Vorschrift auch auf Besprechungen mit den Beamten der Steuerfahndung nach Einleitung eines strafrechtlichen Ermittlungsverfahrens wegen Steuerhinterziehung angewendet.[3] 520

C. Gegenstandswert und Gebühr

Gegenstandswert ist der Wert des Interesses i.S.d. § 10 Abs. 1 Satz 3 StBVV, also der **strittige Steuerbetrag**. In „derselben Angelegenheit" entsteht die Gebühr nur einmal, auch wenn mehrere Besprechungen geführt wurden (§ 12 Abs. 1 und 2 StBVV). Hat die Besprechung mehrere Gegenstände zum Inhalt, z.B. ein Problem 521

1) Arconada, Honorargestaltung für Steuerberater, Januar 2021, 3, 4.
2) Eggesiecker, 2. Aufl. 1998, § 31 STEUGO Rz. 31.400 ff.
3) OLG Düsseldorf v. 23.3.2004, 23 U 66/03, GI 2004, 182, 184.

aus der Umsatzsteuer sowie die Frage der Stundung von Einkommensteuer, liegen 2 selbstständige gebührenrechtliche Angelegenheiten vor, die 2 Besprechungsgebühren nach § 31 StBVV auslösen.[1] Gegenstandswert bei einer vGA (siehe Beispiel in → Rz. 520) sind die steuerlichen Auswirkungen bei der Körperschaft-, Gewerbe- und Kapitalertragsteuer.

522 Im Rahmen einer **Betriebsprüfung** fällt grds. keine zusätzliche Besprechungsgebühr an (→ § 29 StBVV Rz. 499). Etwas anderes gilt dann, wenn ein externer StB zu einer laufenden Betriebsprüfung hinzugezogen wird.

Beispiel:

Der Vorberater wird im Rahmen einer laufenden Groß-BP von dem früheren Mandanten und dessen neuem StB beauftragt, diverse Fragen des Betriebsprüfers zu einer vGA mit einem Volumen von 6 Mio. € zu beantworten. Es kommt zu einer Besprechung zwischen Vorberater und Betriebsprüfer, in der die Fragen im Sinne des Mandanten geklärt werden können (→ Rz. 521, zur Bemessung des Gegenstandswertes).

Schließt sich an die Besprechung später ein **Rechtsbehelfsverfahren** an, erfolgt für Rechtsbehelfsaufträge bis zum 30.6.2020 eine Deckelung der Gebühren nach § 40 Abs. 6 StBVV a.F. Für Rechtsbehelfsaufträge ab dem 1.7.2020 ist gemäß § 40 Satz 1 StBVV i.V.m. § 35 Abs. 2 Satz 1, Vorbem. 2.3 Abs. 4 VV RVG eine Anrechnung der Gebühr nach § 31 StBVV auf die Geschäftsgebühr für das Rechtsbehelfsverfahren nach Nr. 2300 VV RVG vorzunehmen. Hat das **Finanzamt** zu eingereichten Jahresabschlüssen oder Steuererklärungen **Rückfragen**, und wird die Sach- und Rechtslage telefonisch mit dem Sachbearbeiter erörtert, ist dies grundsätzlich mit der Gebühr nach § 24 StBVV abgegolten. Teilweise wird vertreten, dass der StB jedenfalls dann eine Gebühr nach § 31 StBVV berechnen kann, wenn er die Steuererklärung mit berufsüblicher Sorgfalt erstellt hat und die Rückfragen nicht auf einer unzulänglich erstellten Erklärung beruhen (siehe auch → § 12 StBVV Rz. 252).[2] M.E. sollte in diesen Fällen eine Zeitgebühr analog § 24 Abs. 5 Nr. 4 StBVV abgerechnet werden.

523 Sind keine genügenden Anhaltspunkte für eine Schätzung des Gegenstandswerts vorhanden, darf der StB auf die **Zeitgebühr** ausweichen (§ 13 Satz 1 Nr. 2 StBVV).[3]

1) Boelsen in Eckert, 7. Aufl. 2023, § 31 StBVV Rz. 23; Eggesiecker, 2. Aufl. 1998, § 31 STEUGO Rz. 31.240; a.A. Mittelsteiner/Scholz, 4. Aufl. 1998, § 31 StBGebV Rz. 11, die von einer gebührenrechtlichen Angelegenheit ausgehen und eine Addition der Gegenstandswerte nach § 10 Abs. 2 StBGebV befürworten.

2) Lahmann, DStR 2008, 2337, 2340.

3) Boelsen in Eckert, 7. Aufl. 2023, § 31 StBVV Rz. 25; Meyer, KP 2002, 57 f.

§ 32
Einrichtung einer Buchführung

Für die Hilfeleistung bei der Einrichtung einer Buchführung im Sinne der §§ 33 und 34 erhält der Steuerberater die Zeitgebühr.

Inhalt

Schrifttum

Meyer, Welche Tätigkeiten im Bereich der Buchführung können gesondert abgerechnet werden? KP 2009, 135; **Meyer,** Buchführung (§§ 32, 33 StBGebV): Die Ermittlung der angemessenen Gebühr für Buchführungsarbeiten, Stbg 1998, 427; **Pfadler,** Das ist bei der Umstellung der Kanzleisoftware von Simba auf DATEV zu berücksichtigen, KP 2017, 6; **Schwamberger,** Finanzbuchführung: Grundsätze und zusätzliche abzurechnende Leistungen nach Zeitgebühr, KP 2017, 14; **Wacker,** Mehrfachberechnung nach § 34 Abs. 2 StBVV/Buchführungsgebühr bei wenigen Buchungen, KANZLEI intern 01_2019, 2.

A. Anwendungsbereich

Für die **erstmalige Einrichtung** einer Buchführung – nicht jedoch für nachfolgende Buchungsjahre[1] – erhält der StB die Zeitgebühr (§ 13 StBVV). Will er mehr als eine (angefangene) viertel Stunde (bis 30.6.2025: angefangene halbe Stunde) abrechnen, ist er für den weitergehenden Zeitaufwand beweispflichtig.[2] Insbesondere im Fall von Firmenneugründungen können folgende Einzeltätigkeiten im Bereich der Finanzbuchführung anfallen: **524**

- Beratung bei der Wahl des Buchführungssystems, insbesondere welche steuerlichen Besonderheiten zu berücksichtigen sind
- Aufstellung eines betriebsindividuellen Kontenplanes,
- Erfassung der Eröffnungsdaten im Sachkontenbereich und den Verzeichnissen,
- Anweisung für oder Durchführung der Eröffnungsbuchungen aus einer Eröffnungsbilanz,
- Darstellung und Erläuterung der allgemeinen Buchführungspflichten nach Steuer- und Handelsrecht,
- Beratung über die Vorgaben oder Einrichtung von digitalen Voraussetzungen für die Lieferung des Buchführungsmaterials an den StB,
- Beratung zur ordnungsgemäßen Führung von Kassenbüchern und Voraussetzungen für den Einsatz elektronischer Registrierkassen,
- Erfassung aller Stammdaten, die für die Erledigung der Finanzbuchführung erforderlich sind,
- Einrichtung von Kontokorrentkonten mit entsprechenden Stammdaten,
- Einrichtung von Inventar- und anderen Verzeichnissen,
- Erfassung der Eröffnungsdaten im Sachkontenbereich und in den Verzeichnissen.[3]

---

1) OLG Düsseldorf v. 28.5.2002, 23 U 193/01, GI 2002, 219, 223.
2) AG Dortmund v. 19.12.2018, 420 C 5827/12; besprochen von Wacker, KANZLEI intern 01_2019, 2.
3) Schwamberger, KP 2017, 14.

Mit **Unternehmen Online** bietet DATEV eine Plattform für den Beleg-, Daten- und Dokumentenaustausch zwischen StB und Unternehmen an. Die **Einrichtung** von DATEV Unternehmen Online für Neumandanten rechtfertigt ebenso eine Gebühr nach § 32 StBVV, wie die **Umstellung** auf DATEV Unternehmen Online bei Bestandsmandanten.[1] Bei einer Umstellung sollte die Vorschrift „sinngemäß" angewendet werden (→ Rz. 526). Da unbedarfte Mandanten bereits Probleme mit dem korrekten Scannen haben können, empfiehlt es sich, die Einrichtung beim Mandanten persönlich oder durch qualifizierte Mitarbeiter vorzunehmen[2] und frühzeitig anzukündigen, dass es sich hierbei, aber auch bei sonstiger technischer Unterstützung, um eine kostenpflichtige Leistung handelt (→ § 33 StBVV Rz. 540).

525 Da § 32 StBGebV a.F. nicht festlegte, welcher Art die Buchführung sein musste, war streitig, ob die Vorschrift auch für die **Einrichtung einer Lohnbuchführung** einschlägig war. Durch die Novellierung der StBVV im Jahr 2012[3] hat der Verordnungsgeber klargestellt, dass auch die Lohnbuchführung unter § 32 StBVV fällt. Hierbei können folgende Einzeltätigkeiten anfallen:

- Erfassung der Stammdaten des Arbeitnehmers,
- Erfassung der Lohnarten,
- Erfassung der Krankenkassen der Arbeitnehmer des Auftraggebers,
- Erfassung der Merkmale für die Abführung der Lohnsteuer,
- Erfassung der Merkmale für die Berufsgenossenschaft,
- Erfassung sonstiger Merkmale.

Auch die Einrichtung von **Kurzarbeitergeld** kann mit einer Zeitgebühr nach § 32 StBVV abgerechnet werden.

526 Wird eine vorhandene **Buchführung** später **umgestellt** und fallen ähnliche Arbeiten wie bei der erstmaligen Einrichtung der Buchführung an, entstehen in sinngemäßer Anwendung des § 2 StBVV ebenfalls Gebühren nach § 32 StBVV.[4] Auch der Zeitaufwand des Beraters, der durch die Umstellung der Mandantenbuchführung auf ein neues EDV-System anfällt,[5] ist nach dieser Vorschrift abzurechnen.[6]

Für die Einrichtung einer Buchführung für **land- und forstwirtschaftliche Betriebe** ist § 39 Abs. 4 StBVV einschlägig.

B. Art der Buchführung

527 Über die Art der Buchführung sagt § 32 StBVV nichts. Da der Anwendungsbereich der StBVV gem. § 1 StBVV aber auf die originären Berufstätigkeiten i.S.v. § 33 StBerG beschränkt ist, erfasst die Vorschrift Buchführungen, die für **steuerliche Zwecke** eingerichtet werden. Soweit in der Literatur teilweise die Auffassung vertreten wird, dass eine Buchführung i.S.d. §§ 32 ff. StBVV begrifflich erst dann vorliege, wenn ein Bestandsvergleich nach § 4 Abs. 1 EStG gewährleistet sei und die Erstellung von Überschussrechnungen nach § 4 Abs. 3 EStG aus dem Anwendungsbereich der §§ 32 ff. StBVV herausfalle[7] kann dem nicht gefolgt werden. Zuzustimmen

1) LG Köln v. 26.1.2023, 2 O 133/21: im konkreten Fall schätzte das Gericht den Zeitaufwand auf eine Stunde.
2) Pfadler, KP 2017, 6, 8.
3) VO zum Erlass und zur Änderung steuerlicher Verordnungen v. 11.12.2012, BGBl. I 2012, 2637 = BStBl I 2013, 2.
4) Eggesiecker, 2. Aufl. 1998, § 32 STEUGO Rz. 32.210; Meyer, Stbg 1998, 427, 429.
5) Pfadler, KP 2017, 6.
6) OLG Saarbrücken v. 23.4.1997, 1 U 759/96, INF 1998, 703.
7) Mittelsteiner/Scholz, 4. Aufl. 1998., § 32 StBGebV Rz. 1.

ist der Gegenauffassung,[1] wonach **alle Buchführungsleistungen,** gleich welcher Einkunftsart, zum Geltungsbereich der §§ 32 ff. StBVV zählen, sofern sie steuerlichen Zwecken dienen. Hinzuweisen ist in diesem Zusammenhang auf die amtliche Begründung im Rahmen der 3. ÄndVO[2] zu § 33 Abs. 6 StBGebV,[3] wo es heißt: „Buchführungen werden nicht nur als typische Finanzbuchhaltung, sondern auch zu anderen Zwecken und Gelegenheiten gefertigt, so zum Beispiel die Anlagenbuchführung (→ § 33 StBVV Rz. 545) und die Buchführung im Bereich der Vermietung und Verpachtung." Nach heute einhelliger Auffassung ist es für den Anwendungsbereich der §§ 32 ff. StBVV auch nicht entscheidend, ob eine gesetzliche Buchführungspflicht besteht oder ob freiwillig Bücher geführt werden, solange die Buchführung steuerlichen Zwecken dient.[4] In den Fällen, in denen formalrechtlich keine fortlaufende Buchführung erforderlich ist (z.B. bei Überschussrechnern nach § 4 Abs. 3 EStG), sondern nur eine Aufzeichnungspflicht besteht, sind die §§ 32 ff. StBVV ebenfalls anwendbar. Das ergab sich schon immer aus der Überschrift des 5. Abschnitts der StBGebV/StBVV. Der Verordnungsgeber hat dies durch die VO zum Erlass und zur Änderung steuerlicher Verordnungen[5] in § 33 Abs. 1, 3, 4, 5 und 7 StBVV ausdrücklich klargestellt, indem diese Absätze um das „Führen steuerlicher Aufzeichnungen" ergänzt wurden. Ist der StB mit der Erstellung einer Einnahme-Überschuss-Rechnung beauftragt, benötigt er zumindest einen konkludenten Auftrag des Mandanten, wenn er zur Vorbereitung der Einnahme-Überschuss-Rechnung steuerliche Aufzeichnungen oder eine Buchführung erstellt. Nur dann, wenn der Mandant über die rechtliche Lage aufgeklärt wurde und dies wünscht, entsteht auch ein Honoraranspruch gemäß § 33 StBVV. Da der StB im Streitfall beweispflichtig ist, empfiehlt es sich, die Auftragserteilung in irgendeiner Form zu dokumentieren.

Nach der Rechtsprechung ist ein StB grundsätzlich verpflichtet, einen Kleingewerbetreibenden, der nicht gesetzlich verpflichtet ist, Bücher zu führen und zu bilanzieren, auf diesen Umstand hinzuweisen, wenn der Mandant ihn beauftragt, die Buchführung zu übernehmen und Abschlüsse zu erstellen.[6] Je nach Fallkonstellation kann die unterlassene Belehrung zum (teilweisen) Verlust des Vergütungsanspruchs führen.[7] Die **unterlassene Belehrung** allein genügt jedoch nicht, um **Rückzahlungsansprüche** wegen angeblich zu viel gezahlten Honorars für die Erstellung von Bilanzen (anstelle von Einnahmenüberschussrechnungen) durchzusetzen. Hat bereits der Vorberater für den Mandanten stets Bilanzen erstellt, besteht für den neuen Berater grundsätzlich keine Veranlassung zu einer Belehrung. Gleiches gilt für die einmalige Unterschreitung der Gewinngrenze, wenn nicht zu erwarten ist, dass die Gewinngrenze auch in den Folgejahren unterschritten wird.[8] **Bereicherungsansprüche** nach § 812 Abs. 1 Satz 1 Alt. 1 BGB werden regelmäßig daran scheitern,

---

1) OLG Düsseldorf v. 20.10.1997, 13 U 32/97, GI 1999, 66; Boelsen in Eckert, 6. Aufl. 2017, §§ 32–33 StBVV Rz. 1; Eggesiecker, 2. Aufl. 1998, § 32 STEUGO Rz. 33.085; Meyer, KP 2009, 136.

2) Dritte Verordnung zur Änderung der Steuerberatergebührenverordnung (3. ÄndVO) v. 20.8.1998, BGBl. I 1998, 2369.

3) Abgedruckt in Eckert, 4. Aufl. 2003, zu § 33 StBGebV.

4) Vgl. etwa Mittelsteiner/Scholz, 4. Aufl. 1998, § 33 StBGebV Rz. 1.

5) VO zum Erlass und zur Änderung steuerlicher Verordnungen v. 11.12.2012, BGBl. I 2012, 2637 = BStBl I 2013, 2.

6) LG Krefeld v. 10.1.1997, 1 S 115/96, DStRE 1999, 199; OLG Düsseldorf v. 28.6.1990, 18 U 68/90, GI 1991, 19; AG Dülmen v. 26.4.2016, 3 C 340/13, DStR 2017, 1848; AG Duisburg-Hamborn v. 30.9.1997, 7 C 698/96, Stbg 1998, 360; OLG Dresden v. 29.1.2003, 12 U 0805/02, StB 2003, 149; → § 25 StBVV Rz. 449 m.w.N.

7) LG Krefeld v. 10.01.1997, 1 S 115/96, DStRE 1999, 199.

8) So zu beiden Fallkonstellationen Hinweisbeschluss des OLG Düsseldorf v. 9.4.2020, I-23 U 98/19 in der Berufungssache LG Wuppertal v. 5.6.2019, 3 O 245/18. Das OLG geht dort auch auf weitere Besonderheiten und Fallkonstellationen ein, wie Unterschreitungen aufgrund von Rückstellungen bei einem Bilanzierer.

dass der Mandant, der nachträglich die Auftragserteilung für die Erstellung von Bilanzen bestreitet, das Honorar in Kenntnis einer Nichtschuld geleistet hat und es deshalb nicht zurückfordern kann, § 814 BGB.[1] **Schadensersatzansprüche** wegen der unterlassenen Aufklärung über die fehlende Bilanzierungspflicht nach §§ 661, 675, 280 BGB sind nur dann durchsetzbar, wenn der Mandant den ihm angeblich entstandenen Schaden durch einen **Gesamtvermögensvergleich** substantiiert darlegt. Dazu muss er einen rechnerischen Vergleich der durch die fehlende Belehrung bewirkten Vermögenslage – d.h. der Entrichtung der Honorare für die Erstellung der Bilanzen etc. – mit derjenigen Vermögenslage vornehmen, die bei zutreffender Beratung eingetreten wäre. Es reicht nicht aus, lediglich darauf hinzuweisen, dass das alternativ für die Erstellung von Einnahmenüberschussrechnungen angefallene Honorar geringer ausgefallen wäre.[2]

528 Die **Hinweispflicht** hat nach Inkrafttreten des BilMoG[3] zusätzliche Bedeutung erlangt. Dieses Gesetz nimmt bestimmte Kaufleute von den **Buchführungs- und Bilanzierungspflichten** aus, nämlich Einzelkaufleute, die an den Abschlussstichtagen von zwei aufeinanderfolgenden Geschäftsjahren bestimmte Schwellenwerte nicht übersteigen. Sie werden von der Verpflichtung zur Buchführung und zur Erstellung eines Inventars befreit.

Praxistipp:

Im Hinblick darauf, dass möglicherweise einige Mandanten aus der Buchführungs- und Bilanzierungspflicht herausfallen können bzw. sich ständig im Grenzbereich der Schwellenwerte bewegen, sollte der Auftrag zur Buchführung und Bilanzierung nach Belehrung des Mandanten schriftlich oder in Textform bestätigt werden (siehe Muster Steuerberatungsvertrag in → Rz. 916).[4]

529 Aus der o.g. weiten Definition des Buchführungsbegriffs folgt, dass alle **Sonderbuchführungen,** die steuerlichen Zwecken dienen, von den §§ 32 ff. StBVV erfasst werden. Neben der o.g. Anlagenbuchführung und der Buchführung im Bereich der Vermietung und Verpachtung zählen hierzu auch andere Sonderbuchführungen für andere Einkunftsarten sowie für die Ermittlung von Bilanzwerten (z.B. Vorräte, teilfertige Arbeiten).

530 Außerhalb des Anwendungsbereichs der §§ 32 ff. StBVV liegen die Einrichtung von Kostenstellenrechnungen, von Branchenvergleichen, von Statistiken und Planungsabrechnungen, von individuellen BWA oder Plan-BWA und die Einrichtung sonstiger individueller Auswertungen ohne steuerliche Zwecke. Diese Sonderleistungen mit betriebswirtschaftlichem Hintergrund sind als vereinbare Tätigkeiten gem. §§ 612 Abs. 2, 632 Abs. 2 BGB oder analog § 32 StBVV i.V.m. § 13 Satz 1 Nr.1, Satz 2 StBVV abzurechnen (→ § 33 StBVV Rz. 541 und 542).

1) LG Wuppertal v. 5.6.2019, 3 O 245/18.
2) Hinweisbeschluss des OLG Düsseldorf v. 9.4.2020, I-23 U 98/19 und LG Wuppertal v. 5.6.2019, 3 O 245/18; siehe hierzu auch → Grundlagen des Vergütungsrechts Rz. 52.
3) Gesetz v. 25.5.2009, BGBl. I 2009, 1102 = BStBl I 2009, 650.
4) BilMoG, Achtung: Übergangsregelungen: Stbg 2009, 333 f.

§ 33
Buchführung

(1) Für die Buchführung oder das Führen steuerlicher Aufzeichnungen einschließlich des Kontierens der Belege beträgt die Monatsgebühr	**2/10 bis 12/10**
einer vollen Gebühr nach Tabelle C (Anlage 3).	
(2) Für das Kontieren der Belege beträgt die Monatsgebühr	**1/10 bis 6/10**
einer vollen Gebühr nach Tabelle C (Anlage 3).	
(3) Für die Buchführung oder das Führen steuerlicher Aufzeichnungen nach vom Auftraggeber kontierten Belegen oder erstellten Kontierungsunterlagen beträgt die Monatsgebühr	**1/10 bis 6/10**
einer vollen Gebühr nach Tabelle C (Anlage 3).	
(4) Für die Buchführung oder das Führen steuerlicher Aufzeichnungen nach vom Auftraggeber erstellten Eingaben für die Datenverarbeitung und mit beim Auftraggeber eingesetzten Datenverarbeitungsprogrammen des Steuerberaters erhält der Steuerberater neben der Vergütung für die Datenverarbeitung und für den Einsatz der Datenverarbeitungsprogramme eine Monatsgebühr von	**1/20 bis 10/20**
einer vollen Gebühr nach Tabelle C (Anlage 3).	
(5) Für die laufende Überwachung der Buchführung oder der steuerlichen Aufzeichnungen des Auftraggebers beträgt die Monatsgebühr	**1/10 bis 6/10**
einer vollen Gebühr nach Tabelle C (Anlage 3).	

(6) Gegenstandswert ist der jeweils höhere Betrag, der sich

1. **in den Fällen der Gewinnermittlung nach § 4 Absatz 1, auch in Verbindung mit § 5 Absatz 1, des Einkommensteuergesetzes aus der Summe des Aufwands oder aus dem Jahresumsatz ergibt, wobei Jahresumsatz die Summe der Umsatzerlöse zuzüglich sonstiger betrieblicher Erträge, sonstiger Zinsen und vergleichbarer Erträge ist,**
2. **in den Fällen der Gewinnermittlung nach § 4 Absatz 3 des Einkommensteuergesetzes aus der Summe der Betriebseinnahmen oder der Summe der Betriebsausgaben ergibt, oder**
3. **in den Fällen der Überschussermittlung nach § 2 Absatz 2 Nummer 2 des Einkommensteuergesetzes aus der Summe der Einnahmen oder der Summe der Werbungskosten ergibt.**

(7) Für die Hilfeleistung bei sonstigen Tätigkeiten im Zusammenhang mit der Buchführung oder dem Führen steuerlicher Aufzeichnungen erhält der Steuerberater die Zeitgebühr.

(8) Mit der Gebühr nach den Absätzen 1, 3 und 4 sind die Gebühren für die Umsatzsteuervoranmeldung (§ 24 Abs. 1 Nr. 7) abgegolten.

Inhalt

Schrifttum

Bellinger, Das Kassengesetz 2016 aus der Sicht der Steuerberatung, DB 2019, 1292; **Berners,** Abrechenbarkeit einer Anlagenbuchführung, Honorargestaltung für Steuerberater, Januar 2018, 1; **Beyer,** Strafbarkeitsschwellen für Steuerberater bei berufstypischem Handeln, NWB 2018, 1625; **Beyer,** Strafrechtliche Risiken durch falsch geschätzte USt-Voranmeldungen, NWB 2018, 585; **Beyme,** Paypal als Steuerberater-Alptraum – Abrechnung der Buchführung oberhalb der Mittelgebühr angemessen, Honorargestaltung für Steuerberater Juli 2024, 7; **Beyme,** Nachträgliche Anpassung des Gegenstandswertes, KANZLEI intern 08_2019, 7; **Beyme,** Rechnungskorrektur für (weit) zurückliegende Jahre aufgrund Feststellungen der Betriebsprüfung, KANZLEI intern 09_2019, 6; **Beyme,** Vergütung für eine Archiv-DVD bei Mandatsende, KP 2018, 215; **Beyme,** Gegenstandswert § 33 StBVV bei Einnahme-Überschussrechnern: Umsatzsteuer berücksichtigen, Stbg 2016, 323; **Brete,** Das Märchen von der Verfahrensdokumentation, DStR 2019, 258 mit Replik von Hruschka, DStR 2019, 260; **Bruns,** Honoraranspruch für Jahresabschlusserstellung bei Kündigung durch den Mandanten, Stbg 2011, 467; **Feiter,** Abrechnungsfragen zur Verfahrensdokumentation, KANZLEI intern 08_2019, 3; **Feiter,** Buchführung: Gegenstandswert verhandelbar?, KANZLEI intern 05_2017, 2; **Feiter,** Vergütungsrecht: Gesonderte Abrechnung von EDV-Kosten, DStR 2017, 1182; **Feiter,** Gebühren für geschätzte Umsatzsteuervoranmeldungen, KANZLEI intern 11_2016, 3; **Franz,** Die E-Rechnung verändert das Geschäftsfeld der Finanzbuchführung (endlich!), KP 2024, 139; **Geismann,** EDV-Kosten korrekt abrechnen, Honorargestaltung für Steuerberater, Oktober 2017, 4; **Gilgan,** Anforderungen an eine Vorschussrechnung, KP 2015, 194; **Goez,** Die gültige Honorarvereinbarung außerhalb von § 4 oder § 14 StBVV, KP 2017, 193; **Hempe,** Digitalisierung und Vernetzung – absehbare Auswirkungen auf die Steuerberatung, DStR 2017, 805; **Hesse,** Fibu-Honorare in Zeiten von Digitalisierung und Automatisierung, Honorargestaltung für Steuerberater, Dezember 2024, 1; **Heßler,** Keine Buchhaltung ohne KI, Verbands-Magazin Mecklenburg-Vorpommern 03/2019, 24; **Ketteler,** So digitalisieren Sie Ihre Mandanten mithilfe der E-Rechnung, KP 2024, 146; **Knep,** Digitales Belegmanagement und automatisierte Rechnungsverarbeitung am Beispiel Unides, KP 2018, 60; **Klaeren,** Kosten der Digitalisierung, KANZLEI intern 03_2019, 4; **Klaeren,** Honorarvereinbarung unter Berücksichtigung von Buchungszeilen, KANZLEI intern 10/2015, 8; **Klose,** Umsatzsteuer und Rumpfgeschäftsjahr bei der Bestimmung des Gegenstandswertes nach § 33 Abs. 6 StBVV, DStR 2015, 1526; **Korn/Strahl,** Freiberufliche Tätigkeit im Steuerrecht, NWB Nr. 23 v. 6.6.2005, Fach 3, S. 13417; **Lang,** E-Rechnungen und ihre Herausforderungen für Steuerkanzleien, LSWB-Magazin 6/2023, 30; **Loll,** Die GoBD – Tauglicher Beurteilungsmaßstab für die Ordnungsmäßigkeit der Buchführung?, NWB 30/2015, 2242; **Mattheisen,** Unser Weg zum digitalen Belegwesen, KP 2019, 193; **Mehnert,** KI in der Steuerberatung, DStR 2025, 922; **Meyer,** Buchführung (§§ 32, 33 StBGebV): Die Ermittlung der angemessenen Gebühr für Buchführungsarbeiten, Stbg 1998, 427; **Meyer,** Gegenstandswert bei der Anlagenbuchführung ermitteln, KP 1999, 91; **Meyer,** Rahmenvergütung bei nachträglicher Jahresbuchführung: Erhält der Steuerberater nur eine Monatsgebühr?, KP 2001, 4; **Meyer,** Risiken des Steuerberaters bei der Abrechnung von Buchführungsarbeiten nach § 33 Abs. 4 StBGebV, KP 2001, 59; **Meyer,** Gegenstandswert für die Buchführung bei Umwandlung im laufenden Kalenderjahr, KP 2003, 37; **Mock/Görgen,** Neues Problemfeld Mandantenwechsel und eingescannte Belege, StBK Rheinland-Pfalz, KAMMERINFO 5/2015, 9; **Schwamberger,** Finanzbuchführung: Grundsätze und zusätzliche abzurechnende Leistungen nach Zeitgebühr, KP 2017, 14; **Schwamberger,** Anlagenbuchführung richtig abrechnen: Verschenken Sie keine Gebühren!, KP 2003, 84; **Starz,** Buchführung: Gegenstandswert (Jahresumsatz) bei Einnahmen-Überschussrechnung, KANZLEI intern 03_2017, 2; **Starz,** Prüfung von FA-Mahnungen und Umbuchungsmitteilungen, KANZLEI intern 04/2016, 5; **Stemmer,** Die Kanzlei der Zukunft – hier: vereinbare Tätigkeiten, NWB 22/2015, 1648; **Tönnies,** StBGebV in der Praxis: Buchführung/§ 33 StBGebV, Stbg 1995, 200; **Tönnies,** Abgrenzung der Anlagenbuchführung zu den Abschlußarbeiten, KP 1997, 6; **tom Suden,** Weiterberechnung von EDV-Kosten des Steuerberaters an seine Mandanten, DSWR 1999, 142; **Wacker,** Abweichung von der StBVV – (Finanz-)Buchführung je (DATEV-)Buchungszeile, KANZLEI intern 06/2015, 2; **Wacker,** Gebührenbestimmung, „Toleranzgrenze" – Rechtsprechung und Probleme der Beauftragung, KANZLEI intern 01_2017, 3; **Westphal,** Können dem Mandanten Kosten für die Nutzung der EDV in Rechnung gestellt werden?, KP 2005, 133; **Wilk/Beyer-Petz,** Die neue Steuerberatervergütungsverordnung, DStR 2012, 2508.

A. Inhalt und Bedeutung

Für die laufenden Buchführungsarbeiten inklusive der laufenden Überwachung der Buchführung des Auftraggebers sieht § 33 StBVV in den Abs. 1 – 5 monatliche Wertgebühren nach der Tabelle C vor. Für die Hilfeleistung bei sonstigen Tätigkeiten im Zusammenhang mit der Buchführung ist in § 33 Abs. 7 StBVV zusätzlich eine Zeitgebühr vorgesehen. Für die Lohnbuchführung und Buchführungsarbeiten im Bereich der land- und forstwirtschaftlichen Betriebe existieren spezielle Vorschriften (§§ 34, 39 Abs. 2 StBVV). Mit Wirkung zum 1.7.2025 wurde der Gegenstandswert in Abs. 6 neu definiert.[1] Die Abs. 1, 3, 4, 5 und 7 hat der Verordnungsgeber mit Wirkung zum 20.12.2012 um das Führen steuerlicher Aufzeichnungen ergänzt.[2] Hierbei handelt es sich aber nur um eine redaktionelle Klarstellung. Aus der Überschrift des 5. Abschnitts der StBGebV ergab sich schon immer, dass die §§ 32 ff. StBGebV auf die Hilfeleistung bei der Erfüllung steuerlicher Aufzeichnungspflichten anwendbar waren. Die StBVV geht davon aus, dass bei der Erstellung von Buchführungen Kontierungsarbeiten vom StB oder vom Mandanten erbracht werden müssen. Diese Vorstellung ist durch die IT weitgehend überholt, weil z.B. Ausgangs- und Eingangsrechnungen von den Programmen automatisch erfasst werden können. Nichts desto trotz müssen die Tätigkeiten im Bereich der Buchführung unter die einzelnen Vorschriften des § 33 StBVV subsumiert werden. Die einzelnen Tatbestände sind unabhängig davon anwendbar, ob in der Kanzlei oder direkt beim Mandanten gebucht wird (z.B., wenn Mitarbeiter der Kanzlei in den Betrieb des Mandanten entsendet werden), ob mechanisch oder elektronisch gebucht wird. Einzelne Tatbestände des § 33 StBVV sind auf selbst buchende Mandanten zugeschnitten. Abweichend von der gesetzlichen Vergütung kann auch ein Buchführungshonorar vereinbart werden, z.B. eine Pauschale, ein fester Zehntelsatz,[3] ein Zeithonorar oder eine Abrechnung nach Buchungszeilen. Bei automatisierter Rechnungsverarbeitung sind im Bereich der gewerblichen Anbieter monatliche Pauschalen, zumeist gestaffelt nach Anzahl der Belege oder Anzahl der Buchungen üblich (→ Rz. 536). 531

B. Einzelne Buchführungstätigkeiten (Abs. 1 – 5 und Abs. 7)

I. Buchführung einschließlich Kontieren der Belege (Abs. 1)

Erfasst werden mechanische und IT-gestützte Buchführungssysteme. Im Fall einer umfassenden Buchführung nach § 33 Abs. 1 StBVV erledigt der StB für den Man- 532

1) Fünfte Verordnung zur Änderung der Steuerberatervergütungsverordnung v. 31.3.2025, BGBl. I 2025 Nr. 105 = BStBl I 2025, 1009.

2) VO zum Erlass und zur Änderung steuerlicher Verordnungen v. 11.12.2012, BGBl. I 2012, 2637 = BStBl I 2013, 2.

3) LG Duisburg v. 4.8.2000, 10 O 57/98, GI 2001, 254.

danten die kompletten Buchführungsarbeiten, d.h., er erhält bei händischer Bearbeitung zunächst die (vorsortierten) Belege unkontiert zur Verbuchung und nimmt die Kontierung und Verbuchung vor. Bei elektronischer Buchführung stellt der Mandant dem StB die zuvor von ihm digitalisierten Belege zeitnah bereit, z.B. mittels des DATEV-Programms Unternehmen online. Der StB greift in der Cloud auf die Daten zu und bucht die digitalen Belege. Arbeitsteilige Mischformen sind denkbar, z.B. dass der StB für den Mandanten die Belege scannt. Im Falle der Arbeitsteilung, z.B. durch Vorerfassung, sind § 33 Abs. 3 und 4 StBVV einschlägig (→ Rz. 535). Die Abrechnung für diese Tätigkeiten folgt den gleichen Spielregeln, wie die Papierbuchführung. Bei konsequenter Anwendung der digitalen Möglichkeiten verbleiben den Mitarbeitern des StB im Wesentlichen Prüfungs- und Kontrollarbeiten, Abstimmungsarbeiten der Personen- und Finanzkonten sowie Zuordnung von Beträgen, die das System nicht automatisch übernommen hat (→ Rz. 535). Die Vorschrift erfasst sämtliche Buchführungsarten, also auch Sonderbuchführungen, soweit sie für die erforderlichen Zwecke einsatzfähig sind, d.h. v.a. den Grundsätzen ordnungsmäßiger Buchführung entsprechen (→ § 32 StBVV Rz. 527).[1] Abgrenzungsfragen zu § 33 Abs. 3 StBVV können sich ergeben, wenn der Mandant nur einen Teil der Buchungssätze selbst kontiert und dies auch noch fehlerhaft und der StB die fehlende Kontierung vornimmt und Fehler berichtigt. Nach der Rechtsprechung des BGH dürfte auch in diesem Fall nur § 33 Abs. 3 StBVV mit dem geringeren Gebührenrahmen einschlägig sein (→ § 33 StBVV Rz. 534). Das Fehlen eines Kontierungsvermerks auf einem eingescannten Papierbeleg oder einem digitalen Beleg führt nicht zwingend zu einem formellen Mangel der Buchführung. Bei elektronischen Belegen können die Angaben zur Kontierung, zum Ordnungskriterium der Ablage und zum Buchungsdatum auf dem Beleg durch Verknüpfung mit entsprechenden Datensätzen erfolgen.[2] Die früheren GoBS und GDPdU und die neuen GoBD binden streng genommen nur die Verwaltung. Als „norminterpretierende Verwaltungsanweisungen" sind sie für die Gerichte nicht bindend.[3] Umstritten ist, ob es insbesondere für die in den GoBD geforderte Verfahrensdokumentation eine Rechtsgrundlage im Gesetz gibt (§§ 145 ff. AO, insbesondere § 147 Abs. 1 Nr. 1 AO, § 257 Abs. 1 HGB).[4] Bereits in der Vergangenheit haben Zivilgerichte die elektronische Buchführung von StB nicht deshalb beanstandet, weil auf den Kontoauszügen und den darauf befindlichen Buchungen Vermerke darüber fehlten, auf welche Buchung in den Sachkonten sich die Buchung auf den Kontoauszügen bezog. Der StB konnte seinen Honoraranspruch gleichwohl unter Hinweis auf § 33 Abs. 1 StBVV vor Gericht durchsetzen.[5] Eine Kontierung ist ferner dann nicht notwendig, wenn die Nachprüfbarkeit der Geschäftsvorfälle im Fall einer kleineren, überschaubaren Papierbuchführung durch andere organisatorische Maßnahmen sichergestellt ist.[6] Von der Gebühr umfasst ist der **Sortieraufwand** und auch der **Scanaufwand** (→ Rz. 541) sowie **steuerliche Bewertungen**, die im Rahmen der Buchführung anzu-

1) Mittelsteiner/Scholz, 4. Aufl. 1998, § 33 StBGebV Rz. 10 m.w.N.
2) BMF-Schreiben v. 28.11.2019, V A 4-S 0316/19/10003:001, BStBl I 2019, 1269 zu den GoBD; dazu neues BMF-Schreiben v. 14.7.2025, IV D 2-S 0316/00128/005/088, BStBl I 2025, 1502; BayLfSt v. 20.1.2017, S 0316.1.1–5/3 St42, DStR 2017, 547 zu Kontierungsvermerk auf elektronisch erstellten und versandten Eingangsrechnungen; FG Münster v. 29.3.2017, 7 K 3675/13 E G U zur Manipulationsanfälligkeit eines PC-gestützten Kassensystems und zu Hinzuschätzungen.
3) Loll, NWB 30/2015, 2242.
4) Verneinend Bellinger, DB 2019, 1292, 1294 und Brete, DStR 2019, 258 mit Replik von Hruschka, DStR 2019, 260.
5) LG Münster v. 24.9.2009, O 12 O 471/07, rkr.; AG Mönchengladbach-Rheydt v. 4.10.2011, 15 C 27/09; AG Schwelm v. 17.6.2021, 25 C 190/19, Stbg 2023, 276 mit Anm. Beyme; AG Düsseldorf v. 28.3.2025, 233 C 348/23.
6) Vgl. AG Düsseldorf v. 28.3.2025, 233 C 348/23 unter Hinweis auf BMF-Schreiben v. 28.11.2019, V A 4-S 0316/19/10003:001, BStBl I 2019, 1269 zu den GoBD, dazu neues BMF-Schreiben 14.7.2025, IV D 2-S 0316/00128/005/088, BStBl I 2025, 1502.

stellen sind, wie z.B. umsatzsteuerliche Wertungen hinsichtlich der Vorsteuerabzüge (→ Rz. 540).[1] In diesen Fällen ist aber ein höherer Zehntelsatz gerechtfertigt.

II. Kontieren der Belege (Abs. 2)

Dem StB obliegt hier nur das Kontieren der Belege. Die Buchführung wird durch den Auftraggeber, der möglicherweise selbst an ein Datenverarbeitungssystem außer Haus angeschlossen ist, vorgenommen. Die Gebühr für die Umsatzsteuervoranmeldung kann zusätzlich berechnet werden, § 33 Abs. 8 StBVV. 533

III. Buchführung nach vom Auftraggeber kontierten Belegen oder erstellten Kontierungsunterlagen (Abs. 3)

Der Berater erhält hier vom Auftraggeber die kontierten Unterlagen und erstellt daraus die fertige Buchführung. Die Vorschrift erfasst sowohl die herkömmlichen Buchführungsverfahren als auch die Buchführung unter IT-Einsatz. Zur Weiterberechnung von Datenverarbeitungskosten siehe → Rz. 537. Die Gebühr umfasst auch die Überwachung, Berichtigung oder Ergänzung des vereinbarungsgemäß vom Auftraggeber übernommenen Buchführungsteils, weil mit ihr grundsätzlich alle Vor-, Neben- und Nacharbeiten abgegolten sind, die sich für den StB daraus ergeben, dass der Auftraggeber vertragsgemäß einen Teil der Buchführung selbst erledigt (zur Abgrenzung zu § 33 Abs. 1 StBVV → Rz. 532). Eine Vergütung, die über das in § 33 Abs. 3 StBVV festgelegte Entgelt hinausgeht, kann nur über eine Vergütungsvereinbarung nach § 4 Abs. 1 StBVV erreicht werden[2] und nicht durch eine einseitige Ausweitung des Mandates durch den StB, indem dieser Überwachungs- und Berichtigungsarbeiten zusätzlich mit einer Zeitgebühr nach § 33 Abs. 5 oder 7 StBVV berechnet oder gar den Höchstsatz von 6/10 ohne Vergütungsvereinbarung überschreitet.[3] Lediglich für den Fall, dass die Buchführungsarbeiten des Auftraggebers so fehlerhaft oder unvollständig ist, dass der StB sie gleichsam neu vornehmen muss, um seine eigene Auftragsarbeit ordnungsgemäß erledigen zu können, soll dieser Mehraufwand nach Auffassung des BGH keine unselbständige Vor-, Neben- oder Nacharbeit zur geschuldeten Vertragsleistung sein, sondern eine eigenständige weitere Angelegenheit, die eine gesonderte Gebühr nach § 33 Abs. 1 StBVV oder § 33 Abs. 7 StBVV auslösen kann, vorausgesetzt, die Erneuerung des Buchführungsteils erfolgt mit Zustimmung des Auftraggebers (→ Rz. 551 → und § 12 StBVV Rz. 249 ff. und → § 25 StBVV Rz. 448).[4] Da die Überwachungs- und Berichtigungsarbeiten im Einzelfall aufwändiger sein können als in den Fällen, in denen der StB die Buchführung in vollem Umfang erstellt, empfiehlt sich in diesen Fällen eine Vergütungsvereinbarung nach § 4 Abs. 1 StBVV. 534

IV. Buchführung nach vom Auftraggeber erstellten Datenträgern oder anderen Eingabemitteln für die Datenverarbeitung (Abs. 4)

Im Unterschied zu § 33 Abs. 3 StBVV bezieht sich § 33 Abs. 4 StBVV **ausschließlich** auf den **IT-Bereich**. Der Verordnungsgeber wollte mit der Neufassung des Abs. 4 der Weiterentwicklung der Datenverarbeitung Rechnung tragen, die es ermöglicht, dass Teile der anfallenden Buchführungs- und IT-Aufgaben unmittelbar vom Auftraggeber ausgeführt werden, z.B. mit **DATEV Unternehmen online**.[5] Nach dieser Vorschrift erhält der StB die vom Mandanten eingegebenen Daten zur weiteren 535

1) LG Kleve v. 13.6.2003, 1 O 114/01.
2) BGH v. 19.10.1995, IX ZR 20/95, WPK-Mitt. 1996, 124, 126.
3) AG Essen-Steele v. 31.10.2007, 8 C 331/06.
4) BGH v. 19.10.1995, IX ZR 20/95, WPK-Mitt. 1996, 124, 126 f.; ebenso OLG Düsseldorf v. 3.5.2002, 23 U 152/01, GI 2003, 7, 11.
5) Zur Umstellung auf Unternehmen online siehe den Erfahrungsbericht von Mattheisen, KP 2019, 193.

Verarbeitung **oder** der Mandant erfasst und bearbeitet die Belege selbst, jeweils mit der vom StB überlassenen Software. Der StB bleibt neben der Überlassung der Software i.d.R. beauftragt, die Buchführung einzurichten, Fehler zu klären, ergänzende Arbeiten vorzunehmen und den Auftraggeber in allen Fragen, die sich aus diesem Leistungsbereich ergeben, zu beraten (einschließlich der programmseitigen Unterstützung). Bei dieser Form der Arbeitsteilung stellt sich die Frage der **Gewerblichkeit** nicht (→ Rz. 537). Die Anwendbarkeit des richtigen Gebührentatbestandes hängt von der Art der Arbeitsteilung zwischen StB und Mandant ab. Die reine Übermittlung digitaler Belege an den StB (z.B. Bearbeitungsform „Standard" in DATEV Unternehmen online) fällt nicht unter § 33 Abs. 4 StBVV, sondern unter § 33 Abs. 1 StBVV. Werden die **Belege** beim Mandanten hingegen schon **vorerfasst** und mit Buchungs- und Zahlungsinformationen zum StB übermittelt und bucht dieser bzw. seine Mitarbeiter aufgrund von Buchungsvorschlägen (z.B. Bearbeitungsform „Erweitert" in DATEV Unternehmen online), ist m.E. der Anwendungsbereich des § 33 Abs. 4 StBVV eröffnet.[1] § 33 Abs. 4 StBVV ist hier „lex specialis" im Verhältnis zu § 33 Abs. 3 StBVV. In diesen und ähnlichen Fällen, in denen die Mandanten zum Teil selbst buchen und in denen ein digitales Belegmanagement im Einsatz ist, werden die Kanzleimitarbeiter (bei einem funktionierenden Miteinander) entlastet. Sie müssen sich nicht länger mit der Erfassung der Rechnungskerndaten auseinandersetzen, sondern können sich auf die anspruchsvollere Kontrolle der Kontierung bzw. nachgelagerte Buchungs- und Auswertungsvorgänge sowie sonstige Beratungs- und Unterstützungsleistungen konzentrieren.[2] Diese Tätigkeiten sind gerade in der Einarbeitungsphase nicht zu unterschätzen. Der Mandant bzw. seine Mitarbeiter müssen im Umgang mit dem Programm geschult und anfangs besonders überwacht werden. Häufig kommt es zu Rückfragen des Mandanten hinsichtlich einzelner Programmfunktionen und zu Fehlerbeseitigungen und „Nachschulungen" durch den StB und seine Mitarbeiter. Ob dieser Aufwand mit einer gesonderten Zeitgebühr nach § 33 Abs. 7 StBVV abgerechnet werden kann, ist bislang durch die Rechtsprechung nicht geklärt. Deshalb empfiehlt sich – wie im Fall des § 33 Abs. 3 StBVV – in zeitaufwändigen Fällen eine Vergütungsvereinbarung nach § 4 Abs. 1 StBVV zu treffen, zumal der Gebührenrahmen des § 33 Abs. 4 StBVV mit 1/20 – 10/20 sehr niedrig ist. Bei weitgehend automatisierter Rechnungsverarbeitung wird seitens der Mandantschaft wegen der durch die Automatisierung eingetretenen Zeitersparnis vielfach nach **alternativen Honorarmodellen** gefragt. Abweichend von der gesetzlichen Regelung können z.B. gestaffelte monatliche **Pauschalen**, deren Höhe sich an der Anzahl der Belege oder an der Anzahl der Buchungen orientiert, vereinbart werden, wenn die Kanzlei über eine entsprechende Preismatrix verfügt. Alternativ kann auch eine Abrechnung nach **Anzahl der Belege** oder **Anzahl der Buchungen** zu einem festen „Stückpreis" gemäß § 4 Abs. 1 StBVV vereinbart werden.

536 Nach der Sonderregelung des § 33 Abs. 4 StBVV steht dem StB zusätzlich zu der Gebühr nach Abs. 4 die „Vergütung für die Datenverarbeitung bzw. den Einsatz der Datenverarbeitungsprogramme" zu. Dies sind entweder die anteiligen eigenen Kosten des StB oder die ihm von dritter Seite (Rechenzentrum) in Rechnung gestellten Kosten (→ Rz. 537).[3]

537 Die StBVV sieht eine „Vergütung für die Datenverarbeitung" nur in den Fällen des § 33 Abs. 4 StBVV und der Parallelvorschriften der §§ 34 Abs. 4, 39 Abs. 2 Nr. 3

1) So auch Boelsen in Eckert, 7. Aufl. 2023, § 33 StBVV Rz. 31.
2) Knep, KP 2018, 60.
3) Boelsen in Eckert, 7. Aufl. 2023, § 33 StBVV Rz. 34 f.; Berners, 6. Aufl. 2020, § 33 StBVV Rz. 71 f.; a.A. Mittelsteiner/Scholz, 4. Aufl. 1998, § 33 StBGebV Rz. 13, Eggesiecker, 2. Aufl. 1998, § 33 STEUGO Rz. 33.300 und Brummer, StBGebV, 10. Aufl. 2010, § 33 Anm. 6 a.E., die auch eine Weiterbelastung mit einem Zuschlag für zulässig halten.

StBVV vor, und zwar zusätzlich zur gesetzlichen Wertgebühr.[1] Nach früher h.M. handelte es sich bei diesen Vorschriften um abschließende Regelungen. Deshalb sei eine isolierte Berechnung von Rechenzentrumsgebühren (z.B. **Speicher- und Übermittlungsgebühren**, aber auch **Archivierungskosten** oder Kosten für die Herstellung einer **Archiv-CD/DVD**) darüber hinaus nur möglich, wenn dies in Form einer Vergütungsvereinbarung nach § 4 Abs. 1 StBVV mit dem Mandanten geregelt ist.[2]

Praxistipp:

Die Aufbewahrungspflicht der Daten, Belegbilder etc. ist Sache des Mandanten. Dies sollte bereits bei Abschluss des Mandatsvertrages klargestellt werden. Gleichwohl wird der den StB wechselnde Mandant auch ohne vorherige Klarstellung/Vereinbarung in aller Regel bereit sein, die Kosten für eine Archiv-CD/DVD zu übernehmen. Ist dies nicht der Fall, muss der Vorberater jedenfalls nicht auf eigene Kosten für eine Archivierung der Daten sorgen. Er kann dem Mandanten z.B. eine Datensicherung per E-Mail übermitteln.

Nach a.A. konnten dem Mandanten laufende und einmalige **mandatsbezogene EDV-Kosten** als besondere Geschäftskosten nach §§ 675, 670 BGB auch ohne ausdrückliche Vergütungsvereinbarung weiterberechnet werden, weil es sich eben bei den §§ 33 Abs. 4, 34 Abs. 4, 39 Abs. 2 Nr. 3 StBVV nicht um abschließende Sondervorschriften handelt. Dazu gehören neben Speicher- und Übermittlungsgebühren auch die Kosten für eine Archiv-DVD oder die Kosten für die Nutzung der Software DATEV Unternehmen Online (→ § 3 StBVV Rz. 110).[3] Der Meinungsstreit hat sich durch die Neufassung des § 3 Satz 2 StBVV[4] zum 1.7.2025 erledigt. Nunmehr ist klargestellt, dass diese Kosten weiterberechnet werden können (→ Kommentierung zu § 3 StBVV).

Praxistipp:

Wenn der StB dem Mandanten Software überlässt, sollte er darauf achten, dass Vertragsgegenstand nicht nur die reine Softwareüberlassung ist, sondern dass es sich bei der Überlassung der Programme um eine untergeordnete Hilfestellung im Rahmen des Buchführungsmandates handelt,[5] die einer einführenden und auch begleitenden ständigen Beratung durch den StB bedarf. Fehlt es an einer solchen Vereinbarung, sollten die Software-Kosten nicht gesondert abgerechnet, sondern im Einverständnis mit dem Mandanten ggf. als Überwachungsgebühr (§ 33 Abs. 5 StBVV), Ratgebühr (§ 21 Abs. 1 Satz 1 StBVV) oder sonstige Hilfeleistung (§ 33 Abs. 7 StBVV) ausgewiesen werden. Andernfalls besteht die – allerdings geringe – Gefahr, dass die entsprechenden Einkünfte des Beraters als gewerblich angesehen werden. Gleiches gilt bei einer Software-Überlassung mit Gewinnaufschlag (→ Rz. 537). Dies wäre mit dem Beruf unvereinbar (§ 57 Abs. 4 Nr. 1 StBerG)[6] und hätte bei Sozietäten auf Grund der sog. Infektionstheorie die bekannten negativen Auswirkungen, dass die gesamten Einkünfte als solche aus Gewerbebetrieb angesehen werden könnten.[7]

---

1) Vorschriften zuletzt geändert durch 3. ÄndVO v. 20.8.1998, BGBl. I 1998, 2369.

2) OLG Düsseldorf v. 16.6.1994, 13 U 207/93, GI 1995, 32; OLG Düsseldorf v. 25.4.1996, 13 U 81/95, GI 1996, 269; LG Düsseldorf v. 12.2.2003, 12a O 15/00; LG Zweibrücken v. 8.12.1996, 2 O 177/85; Klaeren, KANZLEI intern 03_2019, 4; Boelsen in Eckert, 7. Aufl. 2023, § 33 StBVV Rz. 35; Brummer, 10. Aufl. 2010, § 33 StBGebV Anm. 6; Westphal, KP 2005, 133.

3) LG Köln v. 26.1.2023, 2 O 133/21; LG Wuppertal v. 16.10.2013, 3 O 239/13 und v. 30.10.1998, 10 S 227/97; ausführlich Feiter, DStR 2017, 1182; Beyme in Meyer/Goez/Schwamberger, 11. Aufl. 2023, § 3 StBVV Rz. 2 ff.; Geismann, Honorargestaltung für Steuerberater, Oktober 2017, 4, 5 f.; Beyme, KP 2018, 215; Suden, DSWR 1999, 142 f.

4) Fünfte Verordnung zur Änderung der Steuerberatervergütungsverordnung v. 31.3.2025, BGBl. I 2025 Nr. 105 = BStBl I 2025, 1009.

5) Weitergehend: WPK, die bereits das Bestehen eines Mandatsverhältnisses ausreichen lässt, WPK-Magazin 4/2004, 53.

6) KG Berlin v. 12.11.2003, 24 U 373/02, DStR 2004, 1103; unberührt bleibt davon aber die zivilrechtliche Wirksamkeit des Vertrages über die Überlassung der Buchführungssoftware.

7) Meyer, Stbg 1998, 427 f.; Meyer, KP 2001, 59 f.; nach BFH v. 11.8.1999, XI R 12/98, BFH/NV 2000, 130, ist ein Anteil von 1,25 %, nach BFH v. 8.3.2004, IV B 212/03, BFH/NV 2004, 954, ein Anteil von 2,81 % der gewerblichen Tätigkeit an der gesamten Tätigkeit allerdings noch unschädlich, siehe hierzu Korn/Strahl, NWB Fach 3, 13417, 13423.

538 DATEV-Mitglieder können die Abwicklung des Software-Einsatzes der Genossenschaft übertragen. Vertragspartner der DATEV wird dann der Mandant mit der Folge, dass die DATEV ihre Vergütung direkt mit dem Mandanten abrechnet.[1]

V. Laufende Überwachung der Buchführung (Abs. 5)

539 Der Anwendungsbereich des § 33 Abs. 5 StBVV setzt voraus, dass der Berater Buchführungsarbeiten des Mandanten, nicht hingegen seine eigenen Buchführungsarbeiten, überwacht. Das Leistungsbild der Vorschrift besteht in der Überwachung der vom Mandanten **vollständig** erstellten Buchführung auf ihre Ordnungsmäßigkeit. Fehler oder Unregelmäßigkeiten muss der StB dem Mandanten mitteilen, damit dieser selbst die erforderlichen Korrekturen vornehmen kann. Die Überwachungsgebühr ist nicht neben einer anderen Gebühr nach § 33 Abs. 1 – 4 StBVV abrechenbar, es sei denn, dass dies ausdrücklich zwischen den Parteien vereinbart worden ist.[2]

Praxistipp:

Zur Sicherung des Honoraranspruchs und zur Beschränkung der Haftung des StB empfiehlt es sich, den genauen Umfang der Überwachungstätigkeit schriftlich oder in Textform festzulegen.

VI. Sonstige Tätigkeiten im Zusammenhang mit der Buchführung (Abs. 7)

540 Für die Hilfeleistung bei sonstigen Tätigkeiten im Zusammenhang mit der Buchführung erhält der StB die Zeitgebühr. Der Anwendungsbereich dieser Vorschrift darf nicht überspannt werden. So dürfen keine Tätigkeiten abgerechnet werden, die bereits durch die Gebühren der jeweiligen Grundtatbestände abgegolten sind, z.B. das **Sortieren** ungeordneter Belege,[3] der **Scanaufwand**, den der Berater für den Mandanten übernimmt (→ Rz. 541), der Mehraufwand bei der **Belegverarbeitung** oder das Weiterleiten von **Mahnungen und Vollstreckungsankündigungen** an den Mandanten.[4] Generell wird man sagen müssen, dass **Vor-, Neben und Nacharbeiten** nur bei der Wahl des Rahmensatzes der jeweiligen Grundtatbestände des § 33 Abs. 1 – 5 StBVV berücksichtigt werden können.[5] Gleiches gilt für umfangreiche **Abstimmungsarbeiten,** Berichtigungsbuchungen **und vorbereitende Abschlussbuchungen**, wenn der Berater sowohl die Bücher führt als auch den Abschluss erstellt (siehe auch → § 35 StBVV Rz. 578 m.w.N.).[6] Führt diese Buchungen dagegen ein den Abschluss erstellender StB aus, der nicht mit der Erledigung der Buchführungsarbeiten beauftragt war, so ist § 33 Abs. 7 StBVV anwendbar. Die **Prüfung der Eingangsrechnungen** ist der eigentlichen Buchführungstätigkeit zuzurechnen, unabhängig davon, ob der Mandant die Belege in Papierform oder elektronisch übermittelt. In diesen Fällen ist der StB allerdings nur bei entsprechender ausdrücklicher Auftragserteilung verpflichtet, die Eingangsrechnungen daraufhin zu überprüfen, ob sie den Rechnungsanforderungen nach § 14 Abs. 4 UStG genügen. Der gesonderte Ansatz einer Zeitgebühr nach § 33 Abs. 7 StBVV kommt hier nicht in

1) Vgl. Stbg 2005, 195.
2) BGH v. 19.10.1995, IX ZR 20/95, WPK-Mitt. 1996, 124, 126; Boelsen in Eckert, 7. Aufl. 2023, § 33 StBVV Rz. 37.
3) OLG Hamm v. 23.1.1987, 25 U 262/86, GI 1987, 112; OLG Düsseldorf v. 16.6.1994, 13 U 207/93, GI 1995, 32; LG Duisburg v. 8.5.1996, 21 (1) S 123/95; Klaeren, KANZLEI intern 03_2019, 4, 5; Boelsen in Eckert, 7. Aufl. 2023, § 33 StBVV Rz. 16.
4) Starz, KANZLEI intern 04/2016, 6.
5) Einschränkend für den Fall des § 33 Abs. 3 StBGebV aber BGH v. 19.10.1995, IX ZR 20/95, WPK-Mitt. 1996, 124, 126; OLG Frankfurt/M. v. 21.7.1997, 14 U 15/97, Stbg 1997, 513.
6) OLG Düsseldorf v. 10.3.1988, 18 U 174/87, GI 1988, 83; LG Duisburg v. 2.10.2015, 7 S 21/15; LG Essen v. 5.1.2000, 44 O 156/98; LG Bielefeld v. 17.10.1991, 21 O 461/89; AG Mettmann v. 18.6.2021, 22 C 141/17.

Betracht.[1] **Umsatzsteuerliche Wertungen** hinsichtlich der Vorsteuerabzüge sind im Wesentlichen mit der Wertgebühr des § 33 Abs. 1 StBVV abgegolten und lösen ebenfalls keine zusätzliche Zeitgebühr aus.[2] Gleiches gilt für die **Klärung steuerlicher Fragen** im Zusammenhang mit der Buchführung (z.B. private Pkw-Nutzung, anzuwendender USt-Satz, Reisekosten, Bewirtungen etc.) Sie rechtfertigen aber einen **höheren Zehntelsatz**. Aufgrund des **One-Stop-Shop (OSS)-Verfahrens** können umfangreiche Sonderarbeiten anfallen, wenn z.B. für bis zu 26 Exportländer die Angaben zu den Umsätzen und die Umsatzsteuersätze überprüft werden müssen. Ob diese Arbeiten mit einer Zeitgebühr nach § 33 Abs. 7 StBVV berechnet werden können, ist zweifelhaft. Ein höherer Zehntelsatz ist aber auch hier gerechtfertigt. Ziel sollte sein, dem Mandanten bewusst zu machen, dass eine steuerliche Beratung nicht selbstverständlicher Teil der Buchführung ist. Immer dann, wenn Sachverhalte zu prüfen sind, die nicht in jedem Mandat vorkommen (OSS-Verfahren) oder der Mandant eine Entscheidung treffen muss (Kauf oder Finanzierung, Privat- oder Betriebsvermögen, Fahrtenbuch oder 1%-Regelung), muss ihm klar sein, dass dies im Ergebnis zu einer höheren Buchführungsgebühr führen muss. Schließlich geht der StB mit jeder Beratung ein besonderes Haftungsrisiko ein, dass sich gebührenerhöhend auswirkt (§ 11 StBVV). Eine gesonderte Ratgebühr kann in diesen Fällen immer dann abgerechnet werden, wenn dies ausdrücklich im Rahmen einer Vergütungsvereinbarung nach § 4 Abs. 1 StBVV vereinbart wurde.

§ 33 Abs. 7 StBVV bezieht sich auf Sonderarbeiten im Zusammenhang mit der Buch- **541**
führung. Ohne Buchführung sind die von § 33 Abs. 7 StBVV erfassten Tätigkeiten nicht denkbar. Sie sind deshalb Bestandteil der **Angelegenheit** „Buchführung".[3] Die Auslagenpauschale nach § 16 StBVV kann deshalb für Sonderarbeiten nach § 33 Abs. 7 StBVV nicht zusätzlich abgerechnet werden. Nach § 33 Abs. 7 StBVV können z.B. periodische Meldungen an Behörden, die Ermittlung der Bemessungsgrundlage für umsatzabhängige Provisionen, die **Mithilfe bei der Führung des Kassenbuchs**[4] abgerechnet werden. Auch Beratungsleistungen des StB im Zusammenhang mit dem Kassengesetz und den **GoBD**, z.B. zu **Verfahrensdokumentationen**, können mit einer Zeitgebühr nach § 33 Abs. 7 StBVV berechnet werden.[5] Bei der Mitwirkung des StB an der Erstellung einer Verfahrensdokumentation handelt es sich um eine „Hilfeleistung bei der Erfüllung von Buchführungspflichten" i.S.d. § 33 StBerG und gleichzeitig um eine wirtschaftsberatende Tätigkeit nach § 57 Abs. 3 Nr. 3 StBerG (Organisationsberatung Rechnungswesen), also um eine originäre und keinesfalls gewerbliche Tätigkeit. Da es sich auch um eine Tätigkeit nach § 33 StBerG handelt, ist der Anwendungsbereich der StBVV über § 1 Abs. 1 Satz 1 StBVV eröffnet. Die Abrechnung erfolgt deshalb nach § 33 Abs. 7 StBVV.[6] Angemessen dürfte eine Zeitgebühr oberhalb der Mittelgebühr sein, da die Verfahrensdokumentation vor dem Hintergrund künftiger steuerlicher Betriebsprüfungen für den Mandanten von besonderer Bedeutung und für den StB eine anspruchsvolle und schwierige Tätigkeit ist. Daran ändert auch der **Einsatz von KI** nichts, der sich allerdings auf den Umfang der Tätigkeit und damit auf die abzurechnende Zeit auswirkt. Als übliche Vergütung i.S.v. § 632 Abs. 2 BGB für die Erstellung einer Verfahrensdokumentation sah das LG Kleve einen **Stundensatz zwischen 120 - 150 €** bei einem Gesamtzeitaufwand von 25–30 Stunden oder alternativ eine **Pau-**

1) A.A. Brummer, StBGebV, 10. Aufl. 2010, § 33 Anm. 8.
2) LG Kleve v. 13.6.2003, 1 O 114/01.
3) So OLG Düsseldorf v. 20.1.1994, 13 U 102/93, GI 1995, 12.
4) OLG Düsseldorf v. 20.1.1994, 13 U 102/93, GI 1995, 11; OLG Düsseldorf v. 13.6.1996, 13 U 68/95, GI 1997, 250.
5) A.A. Schwamberger in Meyer/Goez/Schwamberger, StBVV, 11. Aufl. 2023, E III Rz. 44a, der von einer vereinbaren Tätigkeit ausgeht und einen Stundensatz von 200 € - 500 € für angemessen hält; dagegen: Feiter, KANZLEI intern 08_2019, 3.
6) Ausführlich Feiter, KANZLEI intern 08_2019, 3.

schale von 2 500 - 3 000 € an.[1] Im konkreten Fall hatte ein gewerbliches Unternehmen eine Verfahrensdokumentation für eine Apotheke erstellt. Die vom LG Kleve als ortsüblich und angemessen angesehenen Stundensätze bzw. Pauschalen sind auch für StB eine wichtige Orientierungshilfe für den Fall, dass der StB mit seinem Mandanten keine Honorarvereinbarung geschlossen hat oder der StB diesbezüglich beweisfällig bleibt (z.B., weil die Vereinbarung mündlich geschlossen wurde und der Mandant den Inhalt der Vereinbarung bestreitet).

Praxistipp:

Die Unterstützung von Mandanten bei der Erstellung einer Verfahrensdokumentation erlangt wegen „Tax Compliance" zunehmende Bedeutung.[2] Die Mandanten sollten sensibilisiert und aufgefordert werden zu prüfen, ob ihr Kassensystem noch den aktuellen Anforderungen entspricht und einer Außenprüfung standhält. Gleichzeitig sollte den Mandanten eine individuelle Datenanalyse angeboten und frühzeitig deutlich gemacht werden, dass individuelle Schulungen durch eigene Kanzleimitarbeiter oder Dritte kostenpflichtig sind. Ein vorläufiger Projektplan mit ungefährer Zeiteinschätzung schafft Transparenz und fördert die Akzeptanz bei den Mandanten. Die einmaligen Kosten für die Erstellung einer Verfahrensdokumentation können den Mandanten als „kleineres Übel" im Vergleich zu einer Steuernachzahlung in Folge von Beanstandungen im Rahmen einer Betriebsprüfung vermittelt werden.

Leistungen für die Betriebsabrechnung in den Bereichen **Kostenarten-, Kostenstellen- oder Kostenträgerrechnung** sind streng genommen **vereinbare Tätigkeiten**, die nach BGB oder zumindest sinngemäß über § 2 StBVV i.V.m. § 33 Abs. 7, 13 Satz 1 Nr.1, Satz 2 StBVV abzurechnen sind.[3] Gleiches gilt für **betriebswirtschaftliche** Auswertungen **(BWA), Plan-BWA, Branchenvergleiche, Steuer-IKS oder Controlling-Reporte**. Hat der StB für den Mandanten eine Kostenrechnung implementiert, wird durch das Buchen auf die Kostenstellen zeitgleich die Finanzbuchhaltung und die Kostenrechnung erstellt. Für eine Abrechnung nach Zeitaufwand bleibt dann kaum Raum (→ Rz. 542). Wenn nichts vereinbart ist, sollte diese Zusatzleistung beim Gebührensatz berücksichtigt werden. Entgegen OLG Frankfurt/M.[4] wird man die **Klärung von Buchführungsbelegen** nicht unter § 33 Abs. 7 StBVV fassen können.[5] Die individuelle Beratung und Unterstützung selbst buchender Mandanten bei der Umstellung auf die **E-Bilanz** konnte ebenfalls nach § 33 Abs. 7 StBVV berechnet werden (→ § 35 StBVV Rz. 582 m.w.N.). Auch Unterstützungsleistungen bei der **Rechnungsschreibung** (z.B. bei ausländischen Mandanten), bei der die Einführung/Umstellung auf **E-Rechnungen**[6] beim **„ersetzenden Scannen"** (RESISCAN) können nach § 33 Abs. 7 StBVV berechnet werden.[7] Das eigentliche **Scannen** der Belege durch den StB bzw. ein von ihm beauftragtes Unternehmen ist hingegen eher dem Sortieren der Belege (→ Rz. 540) vergleichbar und rechtfertigt keine zusätzliche Gebühr nach § 33 Abs. 7 StBVV.[8] Im Zweifel handelt es sich hierbei um eine Tätigkeit, die beim Gebührenrahmen der Grundgebühr berücksichtigt werden muss und nicht um eine separat abrechenbare Tätigkeit.

Praxistipp:

Gerade das **Scannen** in der eigenen Kanzlei ist aufwändig und bindet Personal. Hier empfiehlt sich eine Vergütungsvereinbarung nach § 4 Abs. 1 StBVV. Auch wenn der Mandant selbst scannt, in der Kanzlei dadurch aber erhebliche Nacharbeiten anfallen

1) LG Kleve v. 17.9.2021, 3 O 144/19.
2) Zur Vorgehensweise siehe Feiter, KANZLEI intern 08_2019, 3.
3) So auch Berners, 6. Aufl. 2020, § 33 StBVV Rz. 36.
4) OLG Frankfurt/M. v. 15.2.1993, 22 U 183/91, GI 1994, 123.
5) Mittelsteiner/Scholz, 4. Aufl. 1998, § 33 StBGebV Rz. 16; a.A. Schwamberger in Meyer/Goez/Schwamberger, 11. Aufl. 2023, § 33 StBVV Rz. 17; Klaeren, KANZLEI intern 03_2019, 5.
6) Lang, LSWB-Magazin 6/2023, 30; Franz, KP 2024, 139; Ketteler, KP 2024, 146.
7) Schwamberger, KP 2017, 14, 18; siehe hierzu Stemmer, NWB 22/2015, 1648.
8) Boelsen in Eckert, 7. Aufl. 2023, § 33 StBVV Rz. 16; Mock/Görgen, StBK-Rheinland Pfalz, KAMMERINFO 5/2015, 9.

(z.B., weil Belege doppelt oder gar nicht gescannt wurden, weil die Auflösung des Scanners beim Mandanten zu niedrig ist, weil mehrere Belege als eine Datei gescannt wurden etc.), sollte eine Vergütungsvereinbarung in Erwägung gezogen oder – noch besser – über eine Verbesserung der Prozesse nachgedacht werden.[1)]

Ob § 33 Abs. 7 StBVV auch bei **Offener-Posten-Buchführung** anwendbar ist, war streitig. Teilweise wurde vertreten, dass diese Tätigkeit nach BGB abzurechnen ist, da sie in erster Linie betriebswirtschaftlichen Zwecken dienen.[2)] Da die Offene-Posten-Buchführung neben dem Mahnwesen, dem Zahlungsverkehr und der Fälligkeitsübersicht, aber auch steuerliche Funktionen hat (Kontokorrent), ist der Anwendungsbereich des § 33 StBVV, und damit der des § 33 Abs. 7 StBVV eröffnet. Der Mehraufwand, der häufig durch Belegnachreichungen und unvollständige Angaben des Mandanten und entsprechende Nachbuchungen durch den StB entsteht, kann mit einem höheren Zehntelsatz nach § 33 Abs. 1 StBVV berechnet werden (→ § 11 StBVV Rz. 245).[3)] Durch die Weiterentwicklung der Buchführungssysteme ist eine gesonderte Erfassung der Daten für die Offene-Posten-Buchführung neben der Finanzbuchführung heute weitgehend überflüssig geworden. Die Programme trennen nicht mehr zwischen Finanzbuchführung und Offener-Posten-Buchführung. Die Daten werden nur einmal erfasst und stehen dann in allen Anwendungen in Echtzeit zur Verfügung. Zur Frage nach einer der separaten Honorierung → Rz. 541. 542

Wird die Zeitgebühr nach § 33 Abs. 7 StBVV geltend gemacht, verlangt die Rechtsprechung, dass die Gebührenrechnung eindeutig erkennen lässt, dass die zu Grunde liegende Tätigkeit nicht schon durch die Gebühr nach § 33 Abs. 1 StBVV abgegolten ist.[4)] Unzulässig wäre es, auf die Gebühr nach § 33 Abs. 7 StBVV zu verzichten und stattdessen einen höheren Zehntelsatz beim Grundtatbestand abzurechnen.[5)] Diese teilweise schwierigen Abgrenzungsfragen können durch eine Vergütungsvereinbarung vermieden werden. 543

Praxistipp:

Abgerechnete Zeiten sollten mit den in der Zeiterfassung aufgeführten Zeiten unbedingt deckungsgleich sein.

Beispiel:

In der Gebührenrechnung werden 80 Std. à 60 € für das Einrichten der Buchführung (§ 32 StBVV) abgerechnet. In der Zeiterfassung sind unter dem Stichwort „Auftrag: 32/2023 Sonderl. FIBU" allerdings nur 20 Std. erfasst.

Der StB kommt bei derartigen Widersprüchen in Erklärungs- und Beweisnot. Wenn der Mandant in einer solchen Situation die Bezahlung der Rechnung verweigert, ist dies nur verständlich.

Gemäß § 90 Abs. 3 AO unterliegen Steuerpflichtige bei Geschäftsbeziehungen mit nahestehenden Personen i.S.d. § 1 Abs. 2 AStG bestimmten Dokumentationspflichten, die durch die Gewinnabgrenzungsaufzeichnungsverordnung konkretisiert werden. Bei diesen Aufzeichnungspflichten nach der AO handelt es sich um eine Hilfeleistung in steuerlichen Angelegenheiten, für die die StBVV keinen Gebührentatbestand vorsieht. Deshalb empfiehlt sich für die Erstellung sog. **Verrechnungspreisdokumentationen** eine Vergütungsvereinbarung nach § 4 Abs. 1 StBVV. Vertretbar dürfte auch eine entsprechende Anwendung (§ 2 StBVV) des § 33 Abs. 7 StBVV sein. Zwar handelt es sich bei der Verrechnungspreisdokumentation nicht 544

1) Siehe hierzu den Erfahrungsbericht von Mattheisen, KP 2019, 193.
2) Brummer, StBGebV, 10. Aufl. 2010, § 33 StBGebV Anm. 3.
3) AG Moers v. 7.3.2008, 563 C 478/05; LG Osnabrück v. 6.2.2007, 4 O 113/05, DStR 2007, 739; Berners, 6. Aufl. 2020, § 33 StBVV Rz. 37, 40; Schwamberger in Meyer/Goez/Schwamberger, 11. Aufl. 2023, § 33 StBVV Rz. 2; Schwamberger, KP 2017, 14; 15.
4) OLG Köln v. 26.8.1994, 19 U 246/93, GI 1995, 78; OLG Celle v. 10.8.1994, 3 U 249/93, OLGR Celle 1994, 307; OLG Düsseldorf v. 20.1.1994, 13 U 102/93, GI 1995, 11.
5) AG Essen-Steele v. 31.10.2007, 8 C 331/06, zu § 33 Abs. 3 StBGebV.

um eine Buchführung im engeren Sinne; es handelt sich aber um eine Aufzeichnungspflicht und damit um eine sonstige Tätigkeit im weiteren Zusammenhang mit der Buchführung (siehe auch die Überschrift des 5. Abschnitts der StBVV „Aufzeichnungspflichten").

C. Einzelfragen

I. Anlagenbuchführung

545 § 33 StBVV erfasst sämtliche Buchführungsarbeiten, die in irgendeiner Weise steuerlichen Zwecken dienen (→ § 32 StBVV Rz. 527). Die amtliche Begründung zur 3. ÄndVO vom 20.8.1998[1] stellt klar, dass auch die Anlagenbuchführung eine Form der **Sonderbuchführung** ist, die von § 33 StBGebV erfasst wird (→ § 32 StBVV Rz. 527). Was alles zum Anlagenvermögen zählt, ergibt sich aus § 266 Abs. 2 HGB. Eine Anlagenbuchführung liegt vor, wenn **laufend und systematisch** die Zu- und Abgänge, die Abschreibungen, die Um- und Zubuchungen erfasst und dokumentiert werden. Auch wenn im laufenden Jahr Zu- und Abgänge sowie Umbuchungen und Abschreibungen im Anlagevermögen vorgenommen werden, liegt nicht automatisch eine gesondert berechnungsfähige Anlagenbuchführung vor, wenn dies nur zur Vorbereitung des Jahresabschlusses erfolgt (→ § 35 StBVV Rz. 603). Neben der **zeitnahen und laufenden Erfassung** (Anlegen einer Kennnummer, Führen einer Anlagenverzeichnisnummer, gesonderte Zuordnung der Nebenkosten) muss ein **betriebswirtschaftlicher Sinn** dieser Erfassungen und der entsprechende **Auftrag** des Mandanten hinzukommen.[2] Die Anlagenbuchführung muss also bezwecken, dem Mandanten die betriebswirtschaftlichen Daten zu liefern, die ihm z.B. ein aktives **Anlagenmanagement** (Notwendigkeit von Ersatzinvestitionen, Finanzierungen, kurzfristige Erfolgsrechnungen etc.) ermöglichen. Je größer und unübersichtlicher das Anlagevermögen ist, desto eher kommt eine gesonderte Gebühr für die Anlagenbuchführung in Betracht. Bei kleineren und mittleren Betrieben mit einem Anlagenvermögen in überschaubarer Größe sollte der StB sich einen schriftlichen Auftrag erteilen lassen, wenn der Mandant zusätzliche Auswertungen im Sinne einer Anlagenbuchführung wünscht.[3] Ohne schriftlichen Auftrag gehen die Gerichte bei geringem **Umfang des Anlagevermögens** davon aus, dass die Anlagenbuchführung Teil der Finanzbuchführung und nicht geeignet ist, dem Mandanten unterjährig entscheidungserhebliche Informationen zu liefern.[4] Für eine zusätzliche Gebühr muss der Umfang des Anlagevermögens derart hoch sein, dass für eine ordnungsgemäße Finanzbuchführung eine darüber hinaus gehende Anlagenbuchführung erforderlich ist. Bei einer „kleinen GmbH" mit einem **Anlagevermögen unter 200 000 €** dürfte dies z.B. nicht der Fall sein. Soweit die Frage nach einer separaten Abrechnung der Anlagenbuchführung in Rechtsprechung und Literatur überhaupt erörtert wird, wird durchgehend die Auffassung vertreten, dass nach § 33 Abs. 1 StBVV abzurechnen ist.[5] Gegenstandswert ist nicht der sog. Bruttozugangswert,[6] sondern die Summe der Abschreibungsbeträge, weil die Anlagenbuchführung im Wesentlichen

---

1) 3. ÄndVO v. 20.8.1998, BGBl. I 1998, 2369.
2) BGH v. 19.10.1995, IX ZR 20/95, WPK-Mitt. 1996, 124, 127; OLG Düsseldorf v. 21.2.2017, I-23 U 151/15; LG Düsseldorf v. 11.7.2016, 5 O 518/11; Wacker, KANZLEI intern 01_2017, 3.
3) OLG Düsseldorf v. 21.2.2017, I-23 U 151/15; Schwamberger, KP 2014, 99, 101.
4) So LG Krefeld v. 5.4.2023, 12 O 29/22; AG Düsseldorf v. 23.11.2015, 231 C 1266/14; AG Duisburg v. 13.12.2000, 35 C 646/98.
5) OLG Düsseldorf v. 21.2.2017, I-23 U 151/15 und v. 17.6.2008, I 23 U 163/07; LG Hagen v. 28.8.2013, 10 S 1/13; LG Kleve v. 13.6.2003, 1 O 114/01; AG Schwelm v. 16.11.2012, 23 C 208/12; Gilgan, NWB 52/2013, 4146; Tönnies, Stbg 1995, 200, 202; Tönnies, KP 1997, 6; Meyer, KP 1999, 91; Eggesiecker, 2. Aufl. 1998, § 33 STEUGO Rz. 33.565; Berners, 6. Aufl. 2020, § 33 StBVV Rz. 47.; a.A. Brummer, StBGebV, 10. Aufl. 2010, § 33 Anm. 8: § 33 Abs. 7 StBGebV.
6) LG Kleve v. 13.6.2003, 1 O 114/01.

der Ermittlung der Abschreibungen dient.[1] Streitig ist, ob Anlagenabgänge bei Veräußerungen zusätzlich zu berücksichtigen sind.[2] Abzurechnen sind Monatsgebühren, und zwar auch dann, wenn die Anlagenbuchführung nicht monatlich, sondern jährlich gefertigt wird (→ Rz. 546).

Praxistipp:

Wer eine gesonderte Gebühr für die Anlagenbuchführung abrechnen möchte, sollte sich einen gesonderten Auftrag erteilen lassen.[3] **Ohne ausdrücklichen Auftrag ist die Anlagenbuchführung mit der der Gebühr für die Finanzbuchführung abgegolten.**[4] Der Auftrag zur Erstellung der Finanzbuchführung oder des Jahresabschlusses reichen nicht aus.[5] In diesem Zusammenhang ist darauf hinzuweisen, dass neben der Anlagenbuchführung nach handelsrechtlichen Vorschriften auch eine Anlagenbuchführung nach Steuerrecht notwendig werden kann, insbesondere wenn neben dem handelsrechtlichen Jahresabschluss noch eine Steuerbilanz erstellt werden muss. Fraglich ist, ob in diesen Fällen von zwei separat abrechenbaren Anlagenbuchführungen ausgegangen werden kann. Wenn man unter einer Anlagenbuchführung die fortlaufend aktualisierte Aufstellung bestimmter Angaben zum Anlagevermögen versteht, die für handelsrechtliche und steuerrechtliche Zwecke Verwendung findet, führt dies noch nicht zu zwei eigenständigen Buchführungen.[6] Zumindest muss sich in diesen Fällen aus dem Auftrag ergeben, dass **zwei Anlagenbuchführungen** anzufertigen (und abzurechnen) sind.[7] Wird nur eine Anlagenbuchführung vereinbart, kann auch nur eine Gebühr für die Anlagenbuchführung abgerechnet werden.[8]

II. Gegenstandswert (Abs. 6)

Die Vorschrift wurde durch die Fünfte Verordnung zur Änderung der Steuerberater- 546
vergütungsverordnung v. 31.3.2025 mit Wirkung zum 1.7.2025 neu gefasst.[9] Die bisherige Regelung zum Gegenstandswert, die auf den Jahresumsatz oder die Summe des Aufwands abstellte, führte in der Praxis immer wieder zu Abgrenzungsschwierigkeiten, da insbesondere der Begriff des Jahresumsatzes nicht eindeutig definiert war. Vor diesem Hintergrund wird beim Gegenstandswert nunmehr differenziert zwischen Gewinnermittlung nach §§ 4 Abs. 1, 5 Abs. 1 EStG (Nr. 1), Gewinnermittlung nach § 4 Abs. 3 EStG (Nr. 2) und Überschussermittlung nach § 2 Abs. 2 Nr. 2 EStG (Nr. 3).

Beim Betriebsvermögensvergleich nach §§ 4 Abs. 1, 5 Abs. 1 EStG wurde hinsichtlich des Jahresumsatzes teilweise vertreten, dass der Begriff im Wesentlichen mit dem Begriff der betrieblichen Jahresleistung i.S.d. § 35 Abs. 2 Satz 3 StBVV deckungsgleich sei, der sich an § 275 Abs. 2 HGB orientiert.[10] Offen blieb, welche weiteren Positionen aus § 275 Abs. 2 HBG neben den Umsatzerlösen (§ 275 Abs. 2 Nr. 1 HGB) zum Jahresumsatz gehören sollten. **Bestandsveränderungen und akti-**

1) OLG Düsseldorf v. 21.2.2017, I-23 U 151/15.
2) Bejahend: Eggesiecker, 2. Aufl. 1998, § 33 STEUGO Rz. 33.570; Schwamberger, KP 2014, 99, 103 und KP 2003, 84, 86; Berners, 6. Aufl. 2020, § 33 StBVV Rz. 41; verneinend: OLG Düsseldorf v. 21.2.2017, I-23 U 151/15 unter Hinweis darauf, dass sich die Anlagenbuchführung hierauf ebenso wenig bezieht wie auf Zugänge.
3) Siehe OLG Düsseldorf v. 21.2.2017, I-23 U 151/15.
4) OLG Düsseldorf v. 28.5.2002, 23 U 193/01, GI 2002, 219; 224; LG Krefeld v. 5.4.2023, 12 O 29/22 unter Hinweis darauf, dass durch die Buchungen innerhalb der Finanzbuchhaltung automatisch die Zugänge zum Anlagenvermögen ermittelt werden und lediglich Abschreibungen und Abgänge durch (wenige) Buchungen im Rahmen der Abschlusserstellung zu erfassen sind.
5) LG Duisburg v. 31.1.2025, 1 O 148/22, DStR 2025, 797; AG Schwelm v. 17.6.2021, 25 C 190/19, DStRE 2022, 767; a.A. Gilgan, NWB 52/2013, 4146.
6) So jedenfalls OLG Düsseldorf v. 21.2.2017, I-23 U 151/15.
7) Berners, Honorargestaltung für Steuerberater, Januar 2018, 1, 2.
8) OLG Düsseldorf v. 21.2.2017, I-23 U 151/15; Goez, KP 2017, 193.
9) BGBl. I 2025 Nr. 105 = BStBl I 2025, 1009.
10) Boelsen in Eckert, 7. Aufl. 2023, § 33 StBVV Rz. 48.

vierte Eigenleistungen waren danach jedenfalls nicht Teil des Umsatzes.[1] Nach a.A. wurde auf den Kontenumsatz des laufenden Jahres abgestellt, d.h. die Summe auf den Soll- und Habenseiten der Konten.[2] Teilweise wurden unter Kontoumsatz aber auch nur die Umsatzerlöse i.S.d. § 275 Abs. 2 Nr. 1 HGB verstanden.[3] In der Praxis (so auch im Programm DATEV Kanzlei-Rechnungswesen) wurden regelmäßig die Umsatzerlöse zuzüglich der sonstigen betrieblichen Erträge (§ 275 Abs. 2 Nr. 4 HGB) zuzüglich Zinsen und vergleichbarer Erträge (§ 275 Abs. 2 Nr. 11 HGB) als Jahresumsatz zugrunde gelegt. Darauf stellt nunmehr auch § 33 Abs. 6 Nr. 1 StBVV ab. Nach dieser Definition fallen auch Zuschüsse wie **staatliche Wirtschaftshilfen** (z.B. **Überbrückungshilfen** I – III, November- und Dezemberhilfen) unter den Begriff des „Jahresumsatzes".

Im Falle einer gerichtlichen Überprüfung des Gegenstandswertes wurden die unterschiedlichen Ansätze in der Regel nicht problematisiert. Es reichte den Gerichten, wenn der Sachverständige zu dem Ergebnis kam, dass der zugrunde gelegte **Gegenstandswert vertretbar** war.[4] Im **Honorarprozess** ist der vom StB in der Berechnung zugrunde gelegte Gegenstandswert als zugestanden anzusehen, wenn der Mandant den Gegenstandswert trotz gerichtlichen Hinweises nicht substantiiert bestreitet.[5]

Durchlaufende Posten, z.B. vereinnahmte Fremdgelder eines Rechtsanwalts oder vereinnahmte Reisepreise eines Reisebüros, gehören grundsätzlich nicht zum Umsatz, können aber zu einer Erhöhung des Rahmensatzes führen. Bei Reisebüros sind nur die Provisionen, die von dem Reiseveranstalter an das Reisebüro gezahlt werden, Umsatz. Gleiches gilt für Tankstellenpächter oder Versicherungsagenturen. Auch **Kurzarbeitergeld** ist aus Sicht des Arbeitgebers lediglich ein durchlaufender Posten, da der Arbeitgeber als Treuhänder lediglich für die Zahlungsabwicklung zuständig ist. Er tritt in Vorleistung und muss nachträglich eine Erstattung bei der Agentur für Arbeit beantragen.[6] Fallen durchlaufende Posten in hohem Maße an, empfiehlt sich eine besondere Vereinbarung nach § 4 Abs. 1 StBVV.[7] **Anzahlungen** werden überwiegend wie durchlaufende Posten behandelt[8] und erhöhen den Gegenstandswert nicht bereits im Zeitpunkt der Anzahlung (1. Buchung), sondern im Zeitpunkt der Umbuchung von Anzahlungsverbindlichkeiten an Erlöse (2. Buchung). Diese Betrachtungsweise kann in Einzelfällen zu unbefriedigenden Ergebnissen führen.

Beispiel:

Ein Konzertveranstalter und Künstlervermittler hat aus Kartenvorverkäufen für verschiedene im Jahr 02 stattfindende Tourneen seiner Künstler im Jahr 01 bereits Anzahlungen in Höhe von 10 Mio. € erhalten. Setzt man den Begriff des Jahresumsatzes mit den Umsatzerlösen und den sonstigen betrieblichen Erträgen gleich, wären die Anzahlungen beim Gegenstandswert für die Buchführung im Jahr 01 nicht zu berücksichtigen. Sie würden sich allerdings beim Gegenstandswert für den Jahresabschluss und die Umsatzsteuererklärung auswirken. Geht man hingegen mit der o.g. Rechtsprechung[9] und mit Boelsen davon aus, dass auch jeder andere vertretbare Umsatzbegriff herangezogen

1) Boelsen in Eckert, 7. Aufl. 2023, § 33 StBVV Rz. 49.
2) Eggesiecker, 2. Aufl. 1998, § 33 STEUGO Rz. 33.692 ff.; § 33 StBVV Rz. 4; Berners, 6. Aufl. 2020, § 33 StBVV Rz. 17.
3) Schwamberger in Meyer/Goez/Schwamberger, 11. Aufl. 2023, § 33 StBVV Rz. 4.
4) Z.B. AG Düsseldorf v. 27.4.2017, 47 C 17868/14.
5) LG Kleve v. 26.4.2023, 6 O 64/21, dem Mandanten muss sein eigener Jahresumsatz bekannt sein.
6) IDW, Zweifelsfragen zu den Auswirkungen der Ausbreitung des Coronavirus auf die Rechnungslegung und deren Prüfung, Teil 3, 4. Update, Feb. 2021.
7) Meyer, Stbg 1998, 427.
8) Boelsen in Eckert, 7. Aufl. 2023, § 33 StBVV Rz. 52.
9) AG Düsseldorf v. 27.4.2017, 47 C 17868/14.

werden kann und legt die „Summe der steuerbaren Umsätze" zugrunde, könnten die Anzahlungen bereits im Jahr 01 berücksichtigt werden.

Bei der Einnahmen-Überschussrechnung nach § 4 Abs. 3 EStG bestimmt sich der Gegenstandswert aus der höheren Summe der Betriebseinnahmen oder der Betriebsausgaben. Damit ist auch die Frage der Berücksichtigung der **Umsatzsteuer** geklärt. Denn während die Umsatzsteuer bei einem bilanzierenden Mandanten unstreitig nicht zum Jahresumsatz gehört, gingen die Meinungen bei Einnahmen-Überschussrechnern auseinander. Teilweise wurde die Meinung vertreten, die Umsatzsteuer sei ökonomisch ein durchlaufender Posten bzw. wie ein durchlaufender Posten zu behandeln und der Begriff des Jahresumsatzes müsse für Bilanzierende und Einnahmen-Überschussrechner gleich verstanden werden, so dass die Umsatzsteuer den Gegenstandswert nicht erhöht.[1] Dagegen wurde eingewendet, dass sich diese Auffassung weder mit dem Grundsatz der Jahresabschnittsbesteuerung noch mit dem Charakter der Umsatzsteuer als Kalenderjahressteuer (vgl. § 18 Abs. 3 UStG) vereinbaren lässt.[2] Auch war kein zwingender Grund für eine Gleichbehandlung beider Fälle erkennbar. Überwiegend wurde deshalb angenommen, dass bei einem Einnahmen-Überschussrechner die Umsatzsteuer mit zum Jahresumsatz zählt.[3] Dementsprechend gehören bei einem Einnahmen-Überschussrechner gezahlte **Vorsteuern** zum Aufwand. **547**

§ 33 Abs. 6 Nr. 3 StBVV erfasst die Fälle der sonstigen Überschussermittlungen nach § 2 Abs. 2 Nr. 2 EStG, also z.B. die Vermietung und Verpachtung. Gegenstandswert ist der höhere Betrag der sich aus der Summe der Einnahmen oder der Werbungskosten ergibt. Dass in der Verordnungsbegründung als Gegenstandswert auf den „Überschuss der Einnahmen über die Werbungskosten" abgestellt wird, ist vor dem Hintergrund es Verordnungswortlauts nicht nachvollziehbar und kann nur mit einem Versehen des Verordnungsgebers erklärt werden.[4]

Bucht der **StB nur einige Monate** aus einem vollen Geschäftsjahr, z.B. weil er im Laufe des Wirtschaftsjahres die Buchführung eines bestehenden Unternehmens übernimmt, ist Bemessungsgrundlage gleichwohl der Jahresumsatz und nicht nur der Umsatz der gebuchten Monate.[5] Wenn nicht in jedem Monat Buchungen anfallen, kann der StB nur für die Monate eine Gebühr berechnen, in denen auch gebucht wurde. Bemessungsgrundlage ist auch hier der Jahresumsatz oder die Summe des Aufwandes. **548**

Beispiel:

Der StB betreut einen Immobilienfonds und erstellt auftragsgemäß für jede einzelne Immobilie eine Finanzbuchführung. Nach dem Verkauf einer Immobilie Ende des Jahres 01, werden in den Folgejahren 02 und 03 mangels Umsatzes nur nachlaufende Kosten gebucht. Im Jahr 02 wurde in vier Monaten, im Jahr 03 nur noch in einem Monat gebucht.

Der Gegenstandswert richtet sich für die Jahre 02 und 03 nach § 33 Abs. 6 StBVV (Summe des Aufwandes). Für das Jahr 02 kann der StB vier (Monats-)Gebühren und für das Jahr 03 eine (Monats-)Gebühr nach § 33 StBVV berechnen.

1) Schwamberger in Meyer/Goez/Schwamberger, 11. Aufl. 2023, § 33 StBVV Rz. 4; Klose, DStR 2015, 1526.
2) Beyme, Stbg 2016, 323.
3) Beyme Stbg 2016, 323; Berners, 6. Aufl. 2020, § 33 StBVV Rz. 18; Starz, KANZLEI intern 03_2017, 2 und in Honorarbrief für Steuerberater 11/2011, 4; Boelsen in Eckert, 7. Aufl. 2023, § 33 StBVV Rz. 53; a.A. allerdings zur Rechtslage vor Neufassung des § 33 Abs. 6 StBGebV: OLG Düsseldorf v. 10.12.1998, 13 U 241/97, GI 1999, 295, 297; Tönnies, Stbg 1995, 200 f.
4) BR-Drucks. 61/25, S. 31.
5) LG Düsseldorf v. 3.4.2003, 1 O 279/99; Boelsen in Eckert, 7. Aufl. 2023, § 33 StBVV Rz. 54; Eggesiecker, 2. Aufl. 1998, § 33 STEUGO Rz. 33.800; Mittelsteiner/Scholz, 4. Aufl. 1998, § 33 StBGebV Rz. 23; Tönnies, Stbg 1995, 200, 202.

Sind dem Berater die tatsächlichen Jahresdaten nicht bekannt, etwa weil das Mandat im Laufe eines Jahres gekündigt wurde, kann er zunächst entweder auf den Vorjahresumsatz zurückgreifen, solange der Auftraggeber nicht vorträgt, welche Abweichungen sich ergeben haben[1)] oder durch einfache lineare Hochrechnung des Umsatzes des laufenden Jahres eine **Schätzung** des Jahresumsatzes vornehmen.[2)] Liegen Anhaltspunkte dafür vor, dass die tatsächlichen Jahresdaten von der Hochrechnung nennenswert abweichen, ist dies im Rahmen der Schätzung zu berücksichtigen. Dabei darf nicht verkannt werden, dass eine inhaltlich richtige Berechnung i.S.d. § 9 StBVV nur dann vorliegt, wenn der zutreffende Gegenstandswert (tatsächlicher Jahresumsatz des laufenden Jahres) angegeben wird (Nachweise zu der uneinheitlichen Rechtsprechung → § 9 StBVV Rz. 199). Der (frühere) Mandant könnte also im Folgejahr, wenn der tatsächliche Jahresumsatz des Vorjahres feststeht, eine berichtigte Berechnung verlangen. Hat der StB den Jahresumsatz zu hoch geschätzt, hat der (frühere) Mandant also eventuell einen Rückforderungsanspruch. Es empfiehlt sich deshalb, mit dem Mandanten einen wechselseitigen Verzicht auf Ansprüche aus dem Mandatsverhältnis zu vereinbaren oder die Gebührenrechnung mit einem Nachforderungsvorbehalt zu versehen.

Formulierungsbeispiel Nachforderungsvorbehalt

Muster: Nachforderungsvorbehalt

„Die Gebühr für die Finanzbuchführung für das Jahr .... wird wegen des noch nicht feststehenden Jahresumsatzes nur vorläufig festgesetzt. Bei Abweichungen des geschätzten Gegenstandswertes von mehr als .... € erfolgt auf der Basis des tatsächlichen Jahresumsatzes eine Neuberechnung, wobei keine Bindung an den vorläufig bestimmten Zehntelsatz besteht."

Ist dem StB eine Endabrechnung des Buchführungshonorars für ein Kalenderjahr mangels Kenntnis des Jahresumsatzes nicht möglich, weil der (frühere) Mandant dem StB nicht alle erforderlichen Informationen überlässt (z.B. nur Gewinn- und Verlustrechnung ohne Bilanz), kann er einen **Sicherheitszuschlag** vornehmen, wenn er diesen begründet (z.B. mit noch nicht abgerechneten Werken und unentgeltlichen Leistungen). Dem beweispflichtigen StB kommen insoweit Beweiserleichterungen zugute, wenn der (frühere) Mandant die Aussagen des StB nur konkludent in Abrede stellt und ihn trotz anderweitiger Ankündigung nicht von der Schweigepflicht entbindet.[3)]

Praxistipp:

Wenn das Mandat unterjährig endet und das **Buchführungshonorar vorschussweise gezahlt** wurde, ist eine **Vereinbarung** mit dem Mandanten **über das bisher fällig gewordene Buchführungshonorar empfehlenswert**. Dadurch kann das Mandat endgültig abgeschlossen werden, ohne dass später noch Rechnungskorrekturen wegen Schwankungen beim Jahresumsatz vorgenommen werden müssen.

Formulierungsvorschlag: „Das für das laufende Jahr vorschussweise geltend gemachte Honorar für die Finanzbuchführung wird wegen der Beendigung des Mandatsverhältnisses zum .... und wegen der beiderseits gewünschten endgültigen Abwicklung des Mandatsverhältnisses als Pauschale behandelt. Nachberechnungen des Honorars für die Finanzbuchführung für das laufende Jahr sind beiderseits unerwünscht".

Aus Vereinfachungsgründen wird in der Praxis oft auf die Vereinnahmung von monatlichen Vorschüssen mit späterer Schlussrechnung im Folgejahr verzichtet. Stattdessen werden Vorjahres- oder sogar Vor-Vorjahresumsätze bei der monatli-

1) OLG Düsseldorf v. 3.7.1986, 18 U 61/86, GI 1986, 100.
2) LG Köln v. 29.5.2001, 16 O 434/94; Eggesiecker, 2. Aufl. 1998, § 33 STEUGO Rz. 33.815.
3) AG Essen v. 8.3.2017, 20 C 225/16; der StB hatte einen Sicherheitszuschlag von 71 500 € vorgenommen und diesen auch begründet.

chen Abrechnung der Buchführung zugrunde gelegt, ohne dass später noch eine Schlussrechnung erfolgt. Dies macht die Berechnung inhaltlich falsch (zu den diesbezüglichen Auswirkungen → § 9 StBVV Rz. 199). Allerdings kann diese Form der Abrechnung mit dem Mandanten wirksam vereinbart werden. Dazu muss nur eine Vergütungsvereinbarung nach § 4 Abs. 1 StBVV geschlossen werden.

Formulierungsbeispiel:

Vergütungsvereinbarung nach § 4 Abs. 1 StBVV

Abweichend von der Steuerberatervergütungsverordnung (StBVV) wird zwischen

....(Mandant)

und

.... (StB)

für die Finanzbuchführung ab dem Wirtschaftsjahr ... eine monatliche Gebühr i.H.v. .../10 Tabelle C auf Basis des Jahresumsatzes des jeweiligen Vorjahres vereinbart. Der Mandant verzichtet auf eine Schlussrechnung unter Berücksichtigung des Jahresumsatzes des laufenden Jahres.

Liegt nur ein verkürztes (Rumpf-)**Wirtschaftsjahr** vor, ist streitig, ob der Umsatz auf den (fiktiven) Jahresumsatz hochzurechnen ist oder nicht.[1] Die Befürworter weisen insbesondere darauf hin, dass nur eine Hochrechnung zu angemessenen Ergebnissen führt. Denn wenn ein Betrieb z.B. am 1.12. eines Kalenderjahres eröffnet, stünde der StB sich bei der Bemessung der Gebühr erheblich schlechter (nur ein Monatsumsatz als Gegenstandswert), als wenn der Betrieb am 1.1.des Folgejahres eröffnet (Jahresumsatz als Gegenstandswert). Nur durch eine Hochrechnung könne dieses eher zufällige Ergebnis vermieden werden.[2] Da der Aufwand des StB in beiden Fällen gleich hoch ist, sind diese Überlegungen unter Gebührengerechtigkeitsgesichtspunkten sicherlich überzeugend. Für eine Hochrechnung auf einen 12-monatigen Jahresumsatz gibt der (geänderte) Wortlaut des § 33 Abs. 6 StBVV jedoch nichts her. Der hochgerechnete Jahresumsatz wäre reine Fiktion. Gleiches gilt für den Fall der **Betriebseinstellung** oder **Unternehmensumwandlung**. Um hier gebührenrechtliche Nachteile zu vermeiden, bedarf es lediglich einer Vergütungsvereinbarung nach § 4 Abs. 1 StBVV. 549

III. Umsatzsteuervoranmeldungen (Abs. 8)

Bei umfassender Buchführung nach dem § 33 Abs. 1, 3 und 4 StBVV sind die Gebühren für die Umsatzsteuervoranmeldungen (§ 24 Abs. 1 Nr. 7 StBVV) abgegolten. In den Fällen des § 33 Abs. 2, 5 und 7 StBVV kann dagegen für die Anfertigung der Umsatzsteuervoranmeldung eine gesonderte Gebühr nach § 24 Abs. 1 Nr. 7 StBVV abgerechnet werden. Eine gesonderte Gebühr nach § 24 Abs. 1 Nr. 7 StBVV kann auch **bei geschätzten Umsatzsteuervoranmeldungen** berechnet werden, also wenn die Umsatzsteuervoranmeldung auf Basis der von dem Mandanten mitgeteilten Zahlen erstellt wird und die Buchführungsunterlagen dem StB noch nicht vorliegen.[3] Daneben sind auch Anträge auf Dauerfristverlängerung und die Anmeldung 550

1) Verneinend: LG Duisburg v. 4.8.2000, 10 O 57/98, GI 2001, 254; LG Berlin v. 18.6.1993, 85 O 6/93, NJW-RR 1993, 1464; Boelsen in Eckert, 7. Aufl. 2023, § 33 StBVV Rz. 55; Mittelsteiner/Scholz, 4. Aufl. 1998, § 33 StBGebV Rz. 23; bejahend: Klose, DStR 2015, 1526; Schwamberger in Meyer/Goez/Schwamberger, 11. Aufl. 2023, § 33 StBVV Rz. 6; Berners, 6. Aufl. 2020, § 33 StBVV Rz. 26; Brummer, 10. Aufl. 2010, § 33 StBGebV Anm. 9; Eggesiecker, 2. Aufl. 1998, § 33 STEUGO Rz. 33.845; Tönnies, Stbg 1995, 200 f.; Meyer, Stbg 1998, 427; Meyer, KP 2003, 37 f.

2) Klose, DStR 2015, 1526 m.w.N.

3) LG Düsseldorf v. 3.12.2010, 15 O 295/08; Schwamberger in Meyer/Goez/Schwamberger, 11. Aufl. 2023, § 33 StBVV Rz. 18; a.A. AG Detmold v. 14.10.2016, 7 C 108/15 (n.rkr.) mit abl. Anm. Feiter, KANZLEI intern 11_2016, 3; zum strafrechtlichen Risiko bei geschätzten Umsatzsteuervoranmeldungen siehe Beyer, NWB 2018, 585 ff. und NWB 2018, 1625 ff.

der Sondervorauszahlung separat abrechenbar (→ § 24 StBVV Rz. 411). Mit der E-Rechnung und dem zunehmenden Einsatz von KI werden die Umsatzsteuervoranmeldungen und die Umsatzsteuererklärungen als Dienstleistung von StB sehr wahrscheinlich an Relevanz verlieren.[1]

IV. Auftrag

551 In aller Regel besteht über die Frage, ob dem StB überhaupt ein Auftrag erteilt wurde, kein Streit. Bestreitet der Auftraggeber aber das Zustandekommen eines Steuerberatungsvertrages, stellen die Gerichte auch bei fehlenden schriftlichen Vereinbarungen regelmäßig keine überzogenen Anforderungen an die Darlegungs- und Beweislast des Beraters. Ist es unstreitig, dass dem Berater Buchhaltungsunterlagen übergeben oder übersandt wurden, kann darin bereits eine **konkludente Beauftragung** gesehen werden.[2] Der StB darf allerdings **nicht** den vereinbarten **Inhalt** eines Mandates **ohne Zustimmung des Auftraggebers ausdehnen.** So kann der gem. § 33 Abs. 3 StBVV beauftragte StB sich keine zusätzliche Gebühr dadurch verschaffen, dass er von sich aus den vereinbarungsgemäß vom Auftraggeber übernommenen Buchführungsteil überwacht, berichtigt oder ergänzt. Ein zusätzlicher Gebührenanspruch kann weder auf § 33 Abs. 5 StBVV noch auf § 33 Abs. 7 StBVV gestützt werden (→ Rz. 534 a.E.).

Praxistipp:

In der Praxis ist deshalb darauf zu achten, dass der Mandant darüber informiert wird, wenn der von ihm erbrachte Buchführungsteil mangelhaft oder unvollständig ist. Der Berater sollte eine neue Bearbeitung nicht ohne Zustimmung des Mandanten vornehmen.

Die Qualität der Buchführung ist abhängig von der Mitwirkung des Mandanten. Eine Pflichtverletzung des StB bei der Buchführung kommt nur in Betracht, wenn ihm bei der Verarbeitung der Informationen und Belege ein Fehler unterlaufen ist. Hierfür ist der Mandant darlegungs- und beweispflichtig.[3]

V. Monats- oder Jahresgebühr

552 Die StBVV sieht in § 33 Abs. 1–4 StBVV für die Buchführungstätigkeit nur Wertgebühren vor. Da der Jahresumsatz regelmäßig erst nach Ablauf des Wirtschaftsjahres feststeht, vereinbaren die Parteien üblicherweise monatliche oder vierteljährliche **Vorschusszahlungen** gem. § 8 StBVV. Nach Ablauf des Jahres und endgültiger Feststellung des Gegenstandswertes erteilt der Berater dann eine Schlussrechnung unter Berücksichtigung der gezahlten Vorschüsse, § 9 Abs. 2 Satz 1 StBVV. Möglich ist auch die Vereinbarung einer monatlichen Buchführungspauschale. Anders als Vorschusszahlungen haben **Pauschalen** bereits Entgeltcharakter, so dass für die Erteilung einer Schlussrechnung am Ende des Wirtschaftsjahres kein Raum mehr ist.[4] Ist eine Pauschale für die Finanzbuchführung vereinbart, und eine gesonderte Berechnung von sonstigen Hilfeleistungen im Sinne des § 33 Abs. 7 StBVV nicht vorgesehen, umfasst die Pauschale im Zweifel auch alle sonstigen Nebenleistungen. Bei der Vereinbarung ist deshalb besonderer Wert auf den Leistungsumfang zu legen (siehe Muster Vergütungsvereinbarung (Pauschale für steuerliche Registrierung, Fibu, Lohn und Stundensätze → Rz. 920).

Praxistipp:

Ist tatsächlich keine Pauschale vereinbart, sollte der Berater darauf achten, dass er in den monatlichen oder vierteljährlichen Rechnungen keinesfalls den Begriff „Pauschale"

1) Franz, KP 2024, 139, 142.
2) OLG Düsseldorf v. 1.7.1999, 13 U 161/98, GI 2001, 24 f.; LG Düsseldorf v. 23.3.2009, 9 O 137/07 zur konkludenten Beauftragung bei Steuererklärungen und Buchführungsarbeiten.
3) OLG Hamm v. 17.9.2021, I-25 U 58/20, DStR 2022, 117 mit Anm. Hömig/Matz/Lotz.
4) LG Essen v. 19.6.2015, 15 S 88/15.

oder „Rechnung" verwendet, sondern „**Vorschüsse**" geltend macht. Andernfalls besteht die Gefahr, dass er sich an den Pauschalen oder den abgerechneten Beträgen festhalten lassen muss und später keine Schlussrechnung mehr erstellen kann (→ § 8 StBVV Rz. 177). Vorschüsse sollten zeitnah abgerechnet werden. Werden Vorschüsse über mehrere Jahre vereinnahmt, ohne dass die einzelnen Jahre endgültig abgerechnet werden, kann ebenfalls eine Bindung eintreten.

Die Berechnung von sonstigen Nebenleistungen mit einer Zeitgebühr nach § 33 Abs. 7 StBVV ist auch dann nicht möglich, wenn eine Abrechnung nach **Buchungszeilen** vereinbart wurde, sinnvoll z.B. bei vielen durchlaufenden Posten oder vielen kleinteiligen Umsätzen, wie häufig im Bereich des E-Commerce (→ Rz. 922, Muster Vergütungsvereinbarung (Buchungszeilen)). Das vereinbarte Entgelt je Buchungszeile ist dann abschließend.[1] Gleiches gilt im Fall einer Vergütungsvereinbarung nach Anzahl der Belege (→ Rz. 535). Nur dann, wenn sich aus der Vereinbarung eindeutig ergibt, dass bestimmte Leistungen zusätzlich berechnet werden dürfen, ist eine Zeitgebühr nach § 33 Abs. 7 StBVV gerechtfertigt.[2]

Wenn der StB bei der Kalkulierung der monatlichen Vorschüsse einen **geschätzten Gegenstandswert** (Jahresumsatz) zugrunde legt, tritt diesbezüglich grundsätzlich **keine Bindung** ein. Denn der Gegenstandswert ist nicht Ergebnis der Ermessensausübung des StB nach § 11 StBVV.[3]

Beispiel:

Der StB macht einem Mandanten folgendes Angebot: „Aufgrund der mir zur Verfügung gestellten Informationen müssen Sie mit folgenden monatlichen Kosten rechnen: Finanzbuchhaltung 7/10 408,00 € …" Das Mandat bestand von 2008 bis 10/2012. Der StB rechnete monatlich nur eine 6,5/10-Gebühr ab. Nach Kündigung des Mandats durch den Mandanten erteilte der StB für die Jahre 2011 und 2012 „Endabrechnungen" unter Berücksichtigung der tatsächlichen (höheren) Jahresumsätze und eines Zehntelsatzes von 6,5. Die bislang gezahlten Gebühren rechnete er als Vorschuss gegen. Der Mandant verweigerte die Zahlung, da es sich bei den bislang erteilten Rechnungen nicht um Vorschussrechnungen, sondern um endgültige Rechnungen gehandelt habe.[4]

Eine Bindung des StB an den zunächst zugrunde gelegten, geschätzten Jahresumsatz tritt nicht ein. Denn der Gegenstandswert richtet sich nach dem tatsächlichen Jahresumsatz und nicht nach einer vorläufigen Schätzung.[5] Die Bindungswirkung bezieht sich allein auf den abgerechneten Zehntelsatz. Und diesbezüglich hatte der StB in den Endabrechnungen nicht mehr abgerechnet als in den Vorschussrechnungen. Wird im Rahmen einer **Betriebsprüfung** festgestellt, dass der Mandant nicht alle Einnahmen erklärt hat, kann der StB eine **Rechnungskorrektur** vornehmen und den zu niedrigen Gegenstandswert der Buchführung nachträglich korrigieren. Der Anspruch verjährt erst in 10 Jahren ab Entstehung (vgl. § 852 BGB).[6]

Praxistipp:

Aus Gründen äußerster Vorsicht, sollte die Angabe eines Gegenstandswertes in einer Vorschussrechnung gleichwohl unterbleiben, zumindest sollte kenntlich gemacht werden, dass es sich nur um einen vorläufigen bzw. geschätzten Gegenstandswert handelt.

Wird nicht zwischen den Begriffen „Pauschale" und „Vorschuss" unterschieden, **553**
kommt es oft zu Rechtsstreitigkeiten, in denen dann die Umstände des Einzelfalls,

1) LG Essen v. 11.1.2007, 18 O 382/06; Wacker, KANZLEI intern 06/2015, 2.
2) Zu den Anforderungen an eine solche Vereinbarung Klaeren, KANZLEI intern 10/2015, 8 und Muster Vergütungsvereinbarung (Pauschale für steuerliche Registrierung, Fibu, Lohn und Stundensätze).
3) LG Essen v. 19.6.2015, 15 S 88/15; AG Duisburg-Ruhrort v. 21.6.2019, 8 C 253/19; Gilgan, KP 2015, 194 f.
4) LG Essen v. 19.6.2015, 15 S 88/15.
5) LG Essen v. 19.6.2015, 15 S 88/15; Gilgan, KP 2015, 194 f.
6) Ausführlich Beyme, KANZLEI intern 08_2019, 7 und KANZLEI intern 09_2019, 6.

bei langjährigen Mandaten insbesondere die bisherige Abrechnungspraxis beleuchtet werden.[1)]

Praxistipp zur Abrechnung von Buchführungsarbeiten:

Buchführungsarbeiten sollten

- entweder nach **Vereinbarung** (z.B. Pauschale, Buchungszeilen) **oder**
- als **Vorschuss** (ohne Angabe eines Zehntelsatzes) abgerechnet werden
- Vorschüsse sollten jährlich abgerechnet werden, sobald der Jahresumsatz feststeht.

554 Die Frage, ob der StB bei einer nachträglich in einem Zuge erstellten **Jahresbuchführung** oder im Falle einer **Vierteljahresbuchführung** gleichwohl 12 Monatsgebühren nach § 33 StBVV abrechnen darf, hat der BGH[2)] zu Gunsten der Berater entschieden. Zwar liege im Falle einer im Nachhinein auf einmal zu erstellenden Jahresbuchführung nur eine einheitliche Angelegenheit vor, im Falle einer nachträglich in vierteljährlichen Abschnitten zu erstellenden Buchführung lägen 4 selbstständige Angelegenheiten vor, jedoch ergebe sich aus § 33 Abs. 1 StBVV, dass die nachträgliche Jahresbuchführung mit 12 Monatsgebühren und die Jahresbuchführung in vierteljährlichen Abschnitten mit 3 Monatsgebühren zu vergüten seien.

Praxistipp:[3)]

Die monatlichen Buchführungsgebühren sind mit den Worten „**Multiplikator**: 12 x 385,70 €" unter formellen Gesichtspunkten (§ 9 Abs. 2 StBVV) hinreichend bestimmt, wenn diese Gebührenposition in der Spalte „**Zeitraum 2020**" ausgewiesen ist. Auch für einen juristischen Laien wird hinreichend klar, dass 12 Monatsgebühren abgerechnet werden, wenn er den Rechnungstext und den Wortlaut des § 33 Abs. 1 StBVV liest.

Für die Berechnung des **Auslagenersatzes** gilt **bei monatlicher Buchführung**, dass jeder einzelne Buchungsmonat eine selbstständige gebührenrechtliche Angelegenheit ist, mit der Folge, dass die Auslagenpauschale nach § 16 StBVV für jeden einzelnen Monat geltend gemacht werden kann.[4)] Für die Beurteilung der gebührenrechtlichen Angelegenheit kommt es auf den **Voranmeldungszeitraum** an. Bei einer Quartalsbuchführung ist Angelegenheit das jeweilige Quartal, so dass hier vier Auslagenpauschalen anfallen.[5)]

555 Richtet sich der Auftrag auf die fortlaufende (monatliche) Buchführung für das gesamte Kalenderjahr, geht die h.M. davon aus, dass die **Fälligkeit der Honoraransprüche** des StB erst mit Abschluss der Arbeiten im folgenden Kalenderjahr eintritt. Der Honoraranspruch, der sich an den Jahresumsätzen orientiert, könne denklogisch immer erst im Folgejahr ermittelt werden. Dies habe insbesondere Auswirkungen auf die **Verjährungsfrist,** die gem. § 199 BGB frühestens zum Schluss des folgenden Kalenderjahres zu laufen beginne.[6)] Nach a.A. wird die Vergütung von Buchführungsarbeiten nicht deswegen erst im Folgejahr fällig, weil sie sich nach dem Jahresumsatz richtet. Gegenstandswert ist zwar der Jahresumsatz, es handelt

1) Vgl. hierzu LG Detmold v. 13.8.1999, 1 O 184/99, Stbg 2000, 70; AG Duisburg-Hamborn v. 30.9.1997, 7 C 698/96, Stbg 1998, 360; OLG Köln v. 22.4.1993, 1 U 63/92, NJW-RR 1993, 1073.
2) BGH v. 6.7.2000, IX ZR 210/99, DStRE 2000, 1061.
3) Beispiel nach LG Duisburg v. 31.1.2025, 1 O 148/22, DStR 2025, 797.
4) OLG Düsseldorf v. 20.2.1992, 13 U 134/91, GI 1993, 151; OLG Düsseldorf v. 20.1.1994, 13 U 102/93, GI 1995, 11; Boelsen in Eckert, 7. Aufl. 2023, § 33 StBVV Rz. 72; Mittelsteiner/Scholz, 4. Aufl. 1998, § 33 StBGebV Rz. 7.
5) So auch Boelsen in Eckert, 7. Aufl. 2023, § 33 StBVV Rz. 71 f.; Meyer, KP 2001, 4 f.
6) OLG Düsseldorf v. 19.10.2007, I 23 U 53/07; OLG Karlsruhe v. 27.4.1990, 10 U 298/89, BB 1990, 1672; OLG Köln v. 14.5.1986, 6 U 189/85, GI 1987, 9; OLG Düsseldorf v. 18.7.1996, 13 U 132/95, GI 1997, 299; OLG Hamm v. 11.12.1998, 25 U 75/98, GI 2000, 225 f.; LG Essen v. 19.6.2015, 15 S 88/15; LG Detmold v. 13.8.1999, 1 O 184/99, Stbg 2000, 70; Boelsen in Eckert, 7. Aufl. 2023, § 33 StBVV Rz. 75.

es sich aber um eine Monatsgebühr, die mit der Erledigung der monatlichen Buchführungsarbeiten (i.d.R.) im Folgemonat fällig wird, weil dann die Angelegenheit beendigt ist.[1] Diese Auffassung überzeugt, da nur sie mit dem Wortlaut des § 7 StBVV (Beendigung der Angelegenheit) in Einklang steht. Sie deckt sich auch mit der umsatzsteuerlichen Betrachtungsweise (→ § 15 StBVV Rz. 298).

VI. Gebührenhöhe

Wird nach den gesetzlichen Gebühren abgerechnet, bestimmt sich die jeweils ange- **556**
messene monatliche Gebühr nach § 11 StBVV. Die Wahl des Rahmensatzes einer Buchführungsgebühr hängt u.a. von der Kontenzahl, insbesondere der Kontokorrentkonten, der Zahl der Buchungen, dem Verhältnis von Wiederholungsbuchungen für gleichartige Geschäftsvorgänge zu Einzelbuchungen, dem Schwierigkeitsgrad der Kontierung sowie dem Zustand der Aufzeichnungen und Belege des Auftraggebers ab.[2] Muss in einer Fremdwährung gebucht werden oder sind Belege in einer Fremdsprache und ohne Übersetzung zu buchen, ist ein höherer Zehntelsatz gerechtfertigt. Gleiches gilt bei umfangreicher E-Mail-Korrespondenz mit dem Mandanten (insbesondere in fremder Sprache), bei sonstigen Erschwernissen, z.B. weil Einzelrechnungen durchgehend in zwei bis drei Teilzahlungen beglichen werden, weil der Mandant die Belege erst kurz vor dem 10. des Folgemonats zur Verfügung stellt, weil die Belege unsortiert sind, weil Belege nicht den gesetzlichen Vorgaben entsprechend verbuchungsfähig sind oder weil eine Factoring-Gesellschaft eingeschaltet ist. Die Übernahme einer nicht vollständig korrekten Buchführung des Vorberaters rechtfertigt wegen des erhöhten Haftungsrisikos ebenfalls einen höheren Zehntelsatz[3] und bei Offener-Posten-Buchführung (→ Rz. 542). Entgegen der Entscheidung des OLG Köln[4] kann auch für Buchführungsarbeiten, die zwar im Allgemeinen keine Tätigkeit mit höherem oder hohem Schwierigkeitsgrad darstellen, im Einzelfall die Höchstgebühr gerechtfertigt sein. Bei 25 – 30 Buchungen monatlich kann eine Gebühr von wenigstens 6/10 angemessen sein.[5] Selbst bei 15 bis 20 Zahlungseingängen kann eine Gebühr von 6/10 gerechtfertigt sein.[6] Bei jährlich 783 (und monatlich durchschnittlich 62) Buchungen, davon 100 monatlich wiederkehrenden Buchungen (Automatische Verbuchung), 79 Eröffnungs-Bilanzbuchungen und 41 Abschlussbuchungen kann auch nur ein Gebührensatz von 3/10 angemessen sein.[7] Bei Bezahlvorgängen über ein Paypal-Konto müssen wegen der von Paypal veranschlagten Gebühren bei einer Zahlung zwei Buchungen vorgenommen werden. Ferner wird bei Paypal immer nur eine Vorgangs- und keine Rechnungsnummer genannt. Deshalb dürfte eine Gebühr oberhalb der Mittelgebühr angemessen und üblich sein, jedenfalls dann, wenn keine technischen Lösungen zur besseren Anbindung an betriebliche Paypal-Konten genutzt werden.[8] Reduziert sich der Buchungsaufwand durch Sammelbuchungen nach Vorgabe vom Mandanten erstellter Aufstellungen, rechtfertigt dies ebenfalls einen niedrigeren Zehntelsatz.[9] Andererseits ist nur die Mindestgebühr gerechtfertigt, wenn es sich um eine einfache Buchführung mit geringem Buchführungsanfall handelt (z.B. Aufzeichnungen einer monatlich einmal anfallenden Mieteinnahme und regelmäßig

1) OLG Dresden v. 29.1.2003, 12 U 0805/02, StB 2003, 149 f.; Goez in Meyer/Goez/Schwamberger, 11. Aufl. 2023, E I StBVV Rz. 56.
2) OLG Düsseldorf v. 20.2.1992, 13 U 134/91, GI 1993, 151; OLG Düsseldorf v. 16.6.1994, 13 U 207/93, GI 1995, 32; Mittelsteiner/Scholz, 4. Aufl. 1998, § 33 StBGebV Rz. 8.
3) AG Moers v. 25.1.2012, 561 C 462/10.
4) OLG Köln v. 26.8.1994, 19 U 246/93, GI 1995, 78.
5) AG Landshut v. 24.5.1985, 1 C 1138/83.
6) AG Dortmund v. 19.12.2018, 420 C 5827/12; Wacker, KANZLEI intern 01_2019, 2.
7) LG Krefeld v. 5.4.2023, 12 O 29/22.
8) AG Soest v. 2.11.2021, 13 C 117/20: im konkreten Fall 9/10; Beyme, Honorargestaltung für Steuerberater Juli 2024, 7, 8.
9) LG Düsseldorf v. 7.9.2023, 1 O 289/17: im konkreten Fall 4/10.

wiederkehrende Kosten).[1] Die zunehmenden **Automatisierungs- und Digitalisierungsprozesse (E-Rechnung)** sowie der **Einsatz von KI** im Bereich der Finanzbuchführung[2] führen zu Effizienzgewinnen, die sich auf das Gebührenvolumen auswirken können. Gerade die Einführung der E-Rechnung wird bis 2028 erhebliche Auswirkungen auf den Zeitaufwand haben. Denn ein digitales Belegmanagement und automatisierte Rechnungsverarbeitung führen im Vergleich zur klassischen Buchführung auf Dauer zu erheblichen Zeitersparnissen in den Unternehmen und den Kanzleien. Das Sortieren, Scannen oder Erfassen von Rechnungs- und Kontoinformationen fällt bei durchgängig digitalen Prozessen weg und führt in den Kanzleien zu Zeitersparnissen und Kostensenkungen bei der Belegverarbeitung. Allerdings treten anspruchsvollere nachgelagerte Kontroll-, Beratungs- und Unterstützungsvorgänge hinzu (→ Rz. 535). Diese Prozesse müssen aber zunächst aufgebaut werden. Darin steckt ein neuer Beratungsumsatz für den StB.[3] Betrachtet man diese Veränderungen vor dem Hintergrund der Kriterien des § 11 StBVV, wird zumindest der Gebührenbestimmungsfaktor „Umfang" der Tätigkeit aufgrund der eintretenden Zeitersparnisse in naher Zukunft weniger Gewicht haben als heute. Die Durchsetzung des Buchführungshonorars nach den gesetzlichen Vorschriften dürfte mit zunehmender Automatisierung schwieriger werden. Preisdruck wird insbesondere durch die Preismodelle gewerblicher Anbieter erzeugt. StB werden sich deshalb auch mit alternativen Honorarmodellen beschäftigen müssen (→ Rz. 535).

Praxistipp:

1. Auch den Mandanten wird nicht verborgen bleiben, dass Automatisierungsprozesse langfristig zu Einsparungen in den Kanzleien führen. Sie werden entweder verlangen, die Gebühren zu senken oder zusätzliche Leistungen einfordern. StB sollten hier proaktiv reagieren und Geschäftsprozesse umgestalten bzw. neue Geschäftsprozesse erschließen, z.B. Zahlungsverkehr und Mahnwesen, Controlling, Kosten- und Leistungsrechnung, Anbindung an Vorsysteme des Mandanten, Verfahrensdokumentationen etc.[4]
2. StB sollten ihre Honorarstrategie an die aktuellen Entwicklungen anpassen. Mit einem **wertbasierten Honoraransatz** gehen Verbesserungen bei der Produktivität nicht einseitig zu Lasten der Kanzlei.[5]

1) AG Warendorf v. 12.2.2007, 5 C 406/66.
2) Mehnert, DStR 2025, 922.
3) Franz, KP 2024, 139, 142; Ketteler, KP 2024, 146, 148.
4) Heßler, Verbands-Magazin Mecklenburg-Vorpommern 03/2019, 24.
5) Hesse, Honorargestaltung für Steuerberater, Dezember 2024, 1, 2.

§ 34
Lohnbuchführung

(1) Für die erstmalige Einrichtung von Lohnkonten und die Aufnahme der Stammdaten erhält der Steuerberater eine Gebühr von 6 bis 19 Euro je Arbeitnehmer.

(2) Für die Führung von Lohnkonten und die Anfertigung der Lohnabrechnung erhält der Steuerberater eine Gebühr von 6 bis 30 Euro je Arbeitnehmer und Abrechnungszeitraum.

(3) Für die Führung von Lohnkonten und die Anfertigung der Lohnabrechnung nach vom Auftraggeber erstellten Buchungsunterlagen erhält der Steuerberater eine Gebühr von 2,50 bis 9,50 Euro je Arbeitnehmer und Abrechnungszeitraum.

(4) Für die Führung von Lohnkonten und die Anfertigung der Lohnabrechnung nach vom Auftraggeber erstellten Eingaben für die Datenverarbeitung und mit beim Auftraggeber eingesetzten Datenverarbeitungsprogrammen des Steuerberaters erhält der Steuerberater neben der Vergütung für die Datenverarbeitung und für den Einsatz der Datenverarbeitungsprogramme eine Gebühr von 1,20 bis 4,20 Euro je Arbeitnehmer und Abrechnungszeitraum.

(5) Für die Hilfeleistung bei sonstigen Tätigkeiten im Zusammenhang mit dem Lohnsteuerabzug und der Lohnbuchführung erhält der Steuerberater die Zeitgebühr.

(6) Mit der Gebühr nach den Absätzen 2 bis 4 sind die Gebühren für die Lohnsteueranmeldung (§ 24 Abs. 1 Nr. 15) abgegolten.

Inhalt

Schrifttum

Beyme, Den Abruf der elektronischen Arbeitsunfähigkeitsbescheinigung (eAU) nach StBVV abrechnen, KP 2023, 56; **Beyme,** Abrechnung vierteljährliche Verdiensterhebung, KANZLEI intern 11_2019, 6; **Feiter,** Abrechnung von Lohnbuchführungsarbeiten und die Teilnahme an Betriebsprüfungen, Honorargestaltung für Steuerberater, November 2020, 1; **Feiter,** Vergütungsrecht: Gesonderte Abrechnung von EDV-Kosten, DStR 2017, 1182; **Hölscheid/König,** Haftungsgefahren des Steuerberaters in Zeiten der Corona-Krise, Sonderausgabe „Haftungsfallen in der Krisenberatung", KP 2020, 1; **Hölscheid,** Haftungsrisiken des Steuerberaters beim Mindestlohn, NWB 22/2015, 1642; **Keegan,** Sozialversicherungsrechtliche Beratung durch Steuerberater, Stbg 2001, 462; **Leibner/Brete/Koobs,** Sozial(versicherungs)rechtliche Beratung als Gegenstand des Steuerberatungsvertrags, NWB 30/2023, 2115; **Meyer,** Neue Fälligkeiten der Sozialabgaben: Sozialversicherungsbeträge ab 2006 – Gebühren für den Mehraufwand, KP 2006, 2; **Meyer,** Die Mitwirkung des Steuerberaters bei Betriebsprüfungen durch Sozialversicherungsträger, KP 2001, 167; **Pallas/Gercke,** Die Haftung des Steuerberaters im Hinblick auf sozialversicherungsrechtliche Hinweis- und Aufklärungspflichten, Stbg 2012, 557; **Schirmer,** Zeitaufschreibung bringt Vorteile, DATEV magazin 11/19, 34; **Schneidenbach,** Mindestlohn: Grenzen zulässiger Rechtsdienstleistungen des Steuerberaters, KANZLEI intern 02/2015, 5; **Schröder,** Anmerkung zu OLG Koblenz, Hinweisbeschluss v. 13.5.2016, 3 U 167/16, DStR 2017, 279; **Sperling,** Die Künstlersozialabgabe – ein hohes Haftungsrisiko für Steuerberater, NWB 2019, 1315; **Wacker,** Schadensersatzpflicht bei Verletzung einer Nebenpflicht im Rahmen der Lohnbuchhaltung, KP 2021, 16; **Wacker,** Mehrfachberechnung nach § 34 Abs. 2 StBVV/Buchführungsgebühr bei wenigen Buchungen, KANZLEI intern 01_2019, 2; **Wacker,** Keine grundsätzliche Beratungspflicht in sozialversicherungsrechtlichen Angelegenheiten, KANZLEI intern 1_2018, 4; **Wilk/Beyer-Petz,** Die neue Steuerberatervergütungsverordnung, DStR 2012, 2508.

A. Inhalt und Bedeutung

557 Für die Lohnbuchführung sind je nach Art der Tätigkeit eine Betragsrahmengebühr oder die Zeitgebühr vorgesehen. Durch die 3. ÄndVO[1] wurden die seit Inkrafttreten der StBGebV (1.4.1982) unveränderten Rahmensätze wegen der zwischenzeitlich eingetretenen Kostensteigerungen maßvoll angehoben. Daneben wurde Abs. 4 der technischen Entwicklung in der Datenverarbeitung analog zu § 33 Abs. 4 StBGebV angepasst. Durch das KostREuroUG erfolgte eine Umstellung der Gebühren von DM auf Euro. Durch die VO zum Erlass und zur Änderung steuerlicher Verordnungen[2] wurden die Rahmengebühren für die Lohnbuchführung seit mehr als 14 Jahren deutlich – durchschnittlich um 78 % – angepasst. Durch die Fünfte Verordnung zur Änderung steuerlicher Verordnungen,[3] wurde der Obersatz des § 34 Abs. 1 StBVV um 2 € auf 18 € und der Obersatz des § 34 Abs. 2 StBVV um 3 € auf 28 € erhöht. Dadurch sollen die seit der letzten Änderung gestiegenen Kosten berücksichtigt werden. Mit Wirkung zum 1.7.2025 wurden die Betragsrahmen für die Lohnbuchführung um rund 9 % angehoben.[4] Die Gebühren wurden wie folgt angehoben:

§ 34 StBVV	Ab 1.7.2025	Bis 30.6.2025
Abs. 1	6 € – 19 €	5 € – 18 €
Abs. 2	6 € – 30 €	5 € – 28 €
Abs. 3	2,50 € – 9,50 €	2 € – 9 €
Abs. 4	1,20 € – 4,20 €	1 € – 4 €

Zur Berechnung des **Auslagensatzes** → § 10 StBVV Rz. 223.

I. Gebührenhöhe

558 Maßgebend für die Wahl des Rahmensatzes sind folgende beispielhaft genannte Gesichtspunkte:

1) Verordnung v. 20.8.1998, BGBl. I 1998, 2369.
2) VO zum Erlass und zur Änderung steuerlicher Verordnungen v. 11.12.2012, BGBl. I 2012, 2637 = BStBl I 2013, 2.
3) Verordnung v. 25.6.2020, BGBl. I 2020, 1495, 1498 = BStBl I 2020, 555.
4) Fünfte Verordnung zur Änderung der Steuerberatervergütungsverordnung v. 31.3.2025, BGBl. I 2025 Nr. 105 = BStBl I 2025, 1009.

- Zahlung fester, sich langfristig verändernder oder stets wechselnder Vergütung (Zeit- oder Akkordlohn),
- Erforderlichkeit von Sonderberechnungen, z.B. bei „sonstigen Bezügen" oder komplizierten Lohnvereinbarungen,
- Berücksichtigung von Besonderheiten der Branche, wie Schlechtwetter- oder Wintergeld.[1]

Häufig schwankende Löhne – wie etwa in der Bauwirtschaft – rechtfertigen eher eine Gebühr im oberen Rahmenbereich als relativ konstante Gehälter von Angestellten. Tätigkeiten im Rahmen der **Lohnbuchführung,** die gem. § 34 Abs. 2 StBVV abgerechnet werden, können nach der Rechtsprechung des OLG Düsseldorf[2] nur nach der Mittelgebühr berechnet werden, solange ein Überschreiten nicht begründet wird. Für Lohnabrechnungen im Bereich der Gastronomie[3] versagte das LG Düsseldorf[4] dem StB die Höchstgebühr und billigte diesem nur die Mittelgebühr zu. Bei den **sonstigen Hilfeleistungen**, die gem. § 34 Abs. 5 StBVV nach Zeitgebühr berechnet werden, ist unklar, ob jede Sonderleistung mit einer angefangenen viertel Stunde als eigene gebührenrechtliche **Angelegenheit** abgerechnet werden kann oder ob alle Sonderleistungen minutengenau abgerechnet werden müssen (→ Rz. 569) und ob bestimmte Leitungen überhaupt gesondert abgerechnet werden können (→ Rz. 565). Außerdem gehen Teile der älteren Rechtsprechung[5] – zu Unrecht – davon aus, dass es sich um Leistungen mit geringem **Schwierigkeitsgrad** handelt, die regelmäßig nur den Mindestsatz der Zeitgebühr rechtfertigen. Nach a.A. können sonstige Hilfeleistungen wie z.B. An- und Abmeldungen sowie Bescheinigungen mit einer Gebühr oberhalb der Mittelgebühr abgerechnet werden, wenn sie von einer qualifizierten Fachkraft erledigt werden.[6] Angesichts der kontinuierlich zunehmenden Komplexität und des gestiegenen Schwierigkeitsgrads des Lohnsteuerrechts ist die ältere Rechtsprechung des OLG Düsseldorf zur Angemessenheit der (Mindest-)gebühr m.E. überholt. Zur Vermeidung von Diskussionen über die Angemessenheit der Gebühr ist eine Vergütungsvereinbarung zu empfehlen.

Praxistipp:

Bei einer Abrechnung nach § 34 StBVV ist zwischen der eigentlichen Lohnbuchführungsgebühr und den Hilfeleistungen bei sonstigen Tätigkeiten (§ 34 Abs. 5 StBVV) zu unterscheiden. Die Leistungen sind in der Rechnung getrennt aufzuführen.

Der StB kann deshalb die Höchstgebühr nach § 34 Abs. 2 StBVV nicht damit rechtfertigen, dass darin auch Hilfeleistungen nach § 34 Abs. 5 StBVV enthalten sind, die er nicht gesondert abgerechnet hat, die er aber gesondert hätte abrechnen können.[7]

Beispiel:[8]

Der StB hatte die damalige Höchstgebühr von 15 € pro Lohnabrechnung gem. § 34 Abs. 2 StBVV berechnet. Der gerichtlich bestellte Sachverständige hielt nur eine Gebühr von 11 € pro Lohnabrechnung für angemessen. Der StB trug vor, dass er diverse Hilfeleistungen i.S.d. § 34 Abs. 5 StBVV erledigt habe, die er nicht gesondert berechnet hatte.

1) OLG Düsseldorf v. 25.4.1996, 13 U 81/95, GI 1996, 269.
2) OLG Düsseldorf v. 10.2.2000, 13 U 147/99, im nicht veröffentlichten Teil der in Stbg 2001, 467 auszugsweise veröffentlichten Entscheidungsgründe.
3) Kleines italienisches Restaurant mit Stundenlöhnen und Sonn-, Feiertags- und Nachtzuschlägen.
4) LG Düsseldorf v. 18.12.2009, 22 S 336/08.
5) Z.B. OLG Düsseldorf v. 21.4.1994, 13 U 101/93; OLG Düsseldorf v. 10.2.2000, 13 U 147/99, Stbg 2001, 467.
6) AG Soest v. 2.11.2021, 13 C 117/20: 63,50 € bzw. 61,50 € statt Mittelgebühr i.H.v. 50,00 €.
7) AG Essen-Steele v. 31.10.2007, 8 C 331/06.
8) AG Essen-Steele v. 31.10.2007, 8 C 331/06.

Dies rechtfertigte nach Auffassung des Gerichts aber keine höhere Gebühr als die vom Sachverständigen ermittelte angemessene Gebühr von 11 € pro Lohnabrechnung.

II. Lohnbuchführungsmandat und Sozialversicherungsrecht

559 Bei der Bearbeitung des Lohnbuchführungsmandates wird der StB zwangsläufig mit sozialversicherungsrechtlichen Fragestellungen konfrontiert (→ Rz. 569 f.). Dies ist insofern problematisch, als das Sozialversicherungsrecht ein eigenständiges Rechtsgebiet ist, das nicht zum Bereich der Hilfeleistung in Steuersachen gehört. Grundsätzlich gilt, dass der StB zu einer Beratung in sozialversicherungsrechtlichen Fragen weder berechtigt noch verpflichtet ist.[1] Zumeist geht es um die Scheinselbständigkeit von sog. freien Mitarbeitern sowie die Sozialversicherungspflicht von (nicht beherrschenden) Gesellschafter-Geschäftsführern.[2] Welche **Pflichten** sich **aus dem Lohnbuchführungsmandat** für den StB ergeben, wird in der Rechtsprechung nicht einheitlich gesehen. Überwiegend wird vertreten, dass der StB **keine sozialversicherungsrechtliche Beratung** schuldet.[3] Die Grenzen der Beratungspflicht des StB ergeben sich grundsätzlich aus dem ihm erteilten Auftrag. Ist der Auftrag auf die Finanzbuchführung, die Jahresabschlüsse und die Steuererklärungen beschränkt, schuldet der StB keine weitergehende Beratung in Fragen der Rentenversicherungspflicht und kann für die Nacherhebung von Rentenbeiträgen durch die Deutsche Rentenversicherung nicht schadensersatzpflichtig gemacht werden.[4] Dies gilt auch dann, wenn der StB zusätzlich die Lohnabrechnung und Lohnbuchführung schuldet. Denn der StB muss nur die veröffentlichte Rechtsprechung des BFH, nicht aber die veröffentlichte Rechtsprechung des BSG und der Sozialgerichte kennen.[5]

Demgegenüber gehen andere Gerichte[6] davon aus, dass die vorzunehmende **Prüfung der Beitragspflicht** und die Berechnung der abzuführenden Beiträge vom Lohnbuchführungsmandat umfasst sind.

Streitig und eine **Frage des Einzelfalls** ist es, ob/wann das Lohnbuchführungsmandat den StB verpflichtet, den Mandanten wenigstens auf eine mögliche Sozialversicherungspflicht **hinzuweisen** bzw. an einen anwaltlichen Berater oder den Sozialversicherungsträger zu verweisen. Dazu müssen **konkrete Anhaltspunkte** vorliegen.[7] Wenn der StB im Zusammenhang mit der Berechnung der Höhe der

---

1) BGH v. 8.2.2024, IX ZR 137/22, ZIP 2024, 681 und v. 12.4.2004, IX ZR 246/02, NJW-RR 2004, 1358; bestätigt von BGH v. 6.6.2019, IX ZR 115/18, DStR 2019, 2102 mit Anm. Waclawik; ebenso BSG v. 5.3.2014, B 12 R 7/12 R, Stbg 2014, 234.

2) Siehe die komprimierte Darstellung von Leibner/Brete/Koobs, NWB 30/2023, 2115.

3) BGH v. 8.2.2024, IX ZR 137/22, ZIP 2024, 681; OLG Hamm v. 8.4.2022, 25 U 42/20, Stbg 2022, 435; OLG Düsseldorf, Hinweisbeschluss v. 9.7.2020, I-23 U 70/20, DStR 2020, 2695; OLG Köln v. 6.8.2018, 16 U 162/17, DStR 2018, 2658; OLG Koblenz v. 13.5.2016, 3 U 167/16, DStR 2017, 279 mit zust. Anm. Schröder; OLG Düsseldorf v. 21.8.2003, 23 U 222/01; LG Braunschweig v. 16.11.2021, 5 O 2603/20, GI aktuell 2022, 60; LG Hamburg v. 16.12.2020, 314 O 131/20, GI aktuell 2021, 139; LG Münster v. 25.7.2018, 110 O 68/17, GI aktuell 2018, 187.

4) LG Bielefeld v. 5.11.2011, 19 O 58/11; Wacker, KANZLEI intern 01_2018, 4.

5) OLG Düsseldorf, Hinweisbeschluss v. 9.7.2020, I-23 U 70/20, DStR 2020, 2695; LG Hamburg v. 16.12.2020, 314/131/20, GI aktuell 2021, 139 zur sozialrechtlichen Einordnung eines GmbH-Geschäftsführers, der 40 % der Anteile (keine Sperrminorität) in der Familiengesellschaft hielt.

6) OLG Koblenz v. 9.6.2022, 2 U 530/21, GI aktuell 2022, 277; OLG Celle v. 13.10.1999, 3 U 326/98, DStRE 2001, 838; vgl. auch LG Kleve v. 6.7.2001, 1 O 688/00, GI 2001, 279; Keegan, Stbg 2001, 462; Meyer, KP 2001, 167.

7) Verneint von LG Hamburg v. 16.12.2020, 314 O 131/20, GI aktuell 2021, 139 im Falle eines Geschäftsführers einer Familien-GmbH ohne Sperrminorität bei Übernahme des Mandates vom Vorberater und beanstandungsloser Rentenversicherungsprüfung in der Vergangenheit; bejaht von OLG Koblenz v. 9.6.2022, 2 U 530/21, GI aktuell 2022, 277, unter Hinweis auf den „gängigen Problemkreis“ , dass der dem StB übersandte Gesellschaftsvertrag keine Sperrminorität vorsah; weitere Nachweise bei Leibner/Brete/Koobs, NWB 30/2023, 2115, 2118.

abzuführenden Sozialversicherungsbeiträge auf Schwierigkeiten rechtlicher oder tatsächlicher Art stößt oder für den sich die Rechtslage als unklar darstellt, muss er den Auftraggeber an einen Anwalt verweisen oder die Beitragspflicht beim Sozialversicherungsträger selbst prüfen lassen.[1] Eine Hinweispflicht wird man jedenfalls dann erwarten müssen, wenn der StB nicht nur die Lohnbuchführung, sondern auch die Beratung in Angelegenheiten der Sozialversicherung übernommen hat. Ist dies nicht der Fall und behauptet der Mandant dies zur Durchsetzung möglicher Schadensersatzansprüche auch nicht, kann der StB versuchen, sich darauf zurückziehen, dass er nicht einmal einen solchen Hinweis schuldete.[2] Nach dem OLG Hamm besteht sogar eine Kontrollpflicht des StB, ob die Einzugsstelle ihrer Pflicht zur Einleitung eines Statusfeststellungsverfahrens nachgekommen ist, wenn er (der StB) eine Meldung nach § 28a Abs. 3 Satz 2 Nr. 1 Buchst. e SGB IV abgegeben hat.[3]

Praxistipp:

Um haftungsrechtliche Risiken zu minimieren, empfiehlt es sich, gegenüber dem Mandanten klarzustellen, dass die Prüfung der Beitragspflicht und die Berechnung der abzuführenden Beiträge nur auf der Grundlage der von ihm gegebenen Informationen zum einschlägigen Tarifrecht erfolgt ist. In Zweifelsfällen sollte der Mandant informiert und selbst um Klärung gebeten werden, z.B. durch ein Anfrageverfahren nach § 7a SGB IV an die Deutsche Rentenversicherung Bund (**Statusfeststellungsverfahren**), die Durchführung eines **sozialversicherungsrechtlichen Prüfverfahrens** nach § 28h Abs. 2 SGB IV durch die Krankenkassen als Einzugsstellen[4] oder durch einen Rechtsanwalt.

Keine Hinweispflicht besteht, wenn der Mandant in der Angelegenheit bereits **anwaltlich beraten** wurde oder dem Mandanten die **Problematik** der Sozialversicherungspflicht bereits **bekannt** ist, er hierzu aber eine feste (unzutreffende) Meinung hat[5] oder der Mandant dem StB eine verbindliche **Vorgabe/Weisung** erteilt, aus der sich ergibt, dass er die Richtigkeit der statusrechtlichen Einordnung übernimmt. Der StB muss sich nicht danach erkundigen, bei wem der Mandant sich fachkundigen Rat eingeholt hat. Die Statusfrage kann auch dann als geklärt angesehen werden, wenn ein anwaltliches Votum oder der Bescheid eines Sozialversicherungsträgers vorliegt.[6]

Praxistipp:

Entscheidungen früherer Betriebsprüfungen der Rentenversicherer genügen nur dann, wenn der Mandant bestätigt, dass sich an den rechtlichen Verhältnissen der Geschäftsführer nichts geändert hat und die Statusfrage Gegenstand der DRV-Prüfung war. Die

---

1) So BGH v. 6.6.2019, IX ZR 115/18, DStR 2019, 2102 mit Anm. Waclawik zur Beurteilung der Sozialversicherungspflicht von GmbH-Geschäftsführern; BGH v. 23.9.2004, IX ZR 148/03, DStR 2004, 1979; OLG Schleswig v. 30.11.2018, 17 U 20/18, MDR 2019, 320 zu unklarem Rentenbezug eines Beschäftigten; OLG Düsseldorf v. 9.7.2002, 23 U 222/01, GI 2003, 66; LG Münster v. 5.7.2020, 110 O 16/19, besprochen von Wacker, KP 2021, 16 zu geschäftsführendem Minderheitsgesellschaft einer GmbH; LG Krefeld v. 8.8.2018, 2 O 307/17 bei nachträglich eingetretener gesetzlicher Krankenversicherungspflicht; OLG Köln v. 6.8.2018, 16 U 162/17, GI aktuell 2018, 175 bei einem positiv erkannten Sachverhalt, den der StB nicht klären kann; LG Münster v. 25.7.2018, 110 O 68/17, GI aktuell 2018, 187 für den Fall tatsächlicher Unklarheiten oder sozialversicherungsrechtlicher Schwierigkeiten; LSG Berlin-Brandenburg v. 26.4.2013, L 1 KR 5/11, DStR 2014, 767; OLG Brandenburg v. 7.11.2006, 6 U 23/06, DB 2007, 1459, es ging um den Geschäftsführer einer Familien-GmbH; OLG Düsseldorf v. 31.8.2007, I-23 U 18/07, DB 2007, 2363; BGH v. 25.9.2008, IX ZR 222/06, DStR 2008, 1404; Pallas/Gercke, Stbg 2012, 557 ff.; a.A. OLG Köln v. 22.4.2004, 8 U 77/03.

2) Schröder, DStR 2017, 279, 280.

3) OLG Hamm v. 8.4.2022, 25 U 42/20, Stbg 2022, 435.

4) Siehe hierzu BGH v. 8.2.2024, IX ZR 137/22, ZIP 2024, 681; Leibner/Brete/Koobs, NWB 30/2023, 2115, 2119.

5) LG Berlin v. 27.9.2022, 103a O 1/21, Stbg 2023, 314 mit Anm. Beyme.

6) BGH v. 8.2.2024, IX ZR 137/22, ZIP 2024, 681.

Reichweite des Vertrauensschutzes in das Ergebnis einer früheren DRV-Prüfung wird mit dem Zeitablauf geringer.[1]

Nach Auffassung des LSG Sachsen ist ein StB, der mit der Lohnbuchführung eines Baubetriebs beauftragt ist, im **Widerspruchsverfahren wegen Saison-Kurzarbeitergeld** nach § 101 SGB III auch dann nicht als Verfahrensbevollmächtigter des Arbeitgebers vertretungsbefugt, wenn nur Berechnungsfragen für das Saison-Kurzarbeitergeld im Streit stehen.[2] Die Tätigkeit im Widerspruchsverfahren sei in diesem Fall keine zulässige Nebentätigkeit zur Lohnbuchführung nach § 5 Abs. 1 RDG, sondern eine Rechtsdienstleistung nach § 2 Abs. 1 RDG. Denn die Tätigkeit im Widerspruchsverfahren verlange eine „besondere" Prüfung der Rechtslage im Sinne eines juristischen Subsumtionsvorgangs. Diese Betrachtungsweise deckt sich mit einer Weisung der Bundesagentur für Arbeit und der Verwaltungspraxis der Arbeitsagenturen. Bezüglich des Antragsverfahrens führt das LSG Sachsen aus, dass es sich hierbei schwerpunktmäßig um eine im außerrechtlichen Bereich liegende technische Leistung und somit um eine bloße Rechtsanwendung handelt, die nicht als Rechtsdienstleistung i.S.v. § 2 Abs. 1 RDG zu qualifizieren ist.[3] Speziell in der **Corona-Krise** waren es StB, die für ihre Mandanten Anträge auf Kurzarbeitergeld gestellt haben und die von den Arbeitsagenturen im Antragsverfahren als Bevollmächtigte auch bundesweit akzeptiert wurden. Zulässig ist neben der Einrichtung des Kurzarbeitergeldes (→ § 32 StBVV Rz. 525) in jedem Fall die Berechnung des Kurzarbeitergeldes einschließlich Sozialversicherungsabgaben als Schwerpunkt des Kurzarbeitergeld-Verfahrens. M.E. sind auch die Beratung des Mandanten (→ Rz. 572), das Ausfüllen des Antragsformulars und die anschließende Antragstellung zulässig.[4] Gleiches gilt für die Verlängerungsanzeige auf maximal bis zu 24 Monate, längstens aber bis zum 31.12.2021 und die Mitwirkung bei der abschließenden Kurzarbeitergeldprüfung (sog. Abschlussprüfung; zur Abrechnung der Mitwirkung siehe → Rz. 571). Wenn der StB nicht mit der Lohnbuchführung des Mandanten beauftragt ist, für diesen aber gleichwohl einen Antrag auf Kurzarbeitergeld stellt, liegt eine vereinbare Tätigkeit vor. Denn die Zulässigkeit des Antrags ist nicht davon abhängig, ob der StB mit der Lohnbuchführung beauftragt ist oder nicht.[5] Nach Ansicht der BStBK ist auch das Ausfüllen der Anträge auf Entschädigungen nach dem **Infektionsschutzgesetz** eine zulässige Rechtsdienstleistung.[6] Insoweit sind allerdings Zweifel angebracht, da die rechtlichen Vorfragen zu den Voraussetzungen der Entschädigungsleistungen nach dem Infektionsschutzgesetz nicht in unmittelbarem Zusammenhang mit der Lohnbuchführung oder der sonstigen steuerlichen Beratungsleistungen stehen.[7] Der StB war deshalb gut beraten, die betroffenen Mandanten an einen Rechtsanwalt oder einen einschlägigen Berufsverband (z.B. DEHOGA) zu verweisen. Wenn man die Beratung und Antragstellung gleichwohl für eine zulässige Rechtsdienstleistung hält, handelt es sich um eine Tätigkeit, die nicht unter den sachlichen Anwendungsbereich der StBVV fällt. Der Mandant schuldet deshalb die übliche Vergütung nach BGB, §§ 612 Abs. 2, 632 Abs. 2 BGB. Es bietet sich eine Abrechnung nach Gegenstandswert (Höhe des Ent-

---

1) BGH v. 8.2.2024, IX ZR 137/22, ZIP 2024, 681.

2) LSG Sachsen v. 7.1.2021, L 3 AL 176/17, DStR 2021, 1447 mit Anm. Beyer-Petz und unter Bezugnahme auf BSG v. 14.11.2013, B 9 SB 5/12 R; a.A. Vorinstanz SG Chemnitz v. 26.10.2017, S 26 AL 331/16, DStR 2018, 590 mit Anm. Beyer-Petz.

3) LSG Sachsen v. 7.1.2021, L 3 AL 176/17, Rz. 43 der Entscheidungsgründe.

4) So auch Ziffer 55 des FAQ-Katalogs der BStBK mit den wichtigsten Fragen zur Corona-Krise, Stand: 3.4.2020; LSG Sachsen v. 7.1.2021, L 3 AL 176/17, Rz. 43 der Entscheidungsgründe; a.A. Hölscheid/König, KP Sonderausgabe, 2020, 1.

5) So auch LSG Sachsen v. 7.1.2021, 3 AL 176/17, Rz. 43 der Entscheidungsgründe; zur Abrechnung des Antrags siehe → Rz. 571.

6) Ziffer 55 des FAQ-Katalogs der BStBK mit den wichtigsten Fragen zur Corona-Krise, Stand: 3.4.2020.

7) Hölscheid/König, Sonderausgabe KP 2020, 1, 6; Boelsen in Eckert, 7. Aufl. 2023, § 34 StBVV Rz. 8.

schädigungsbetrages) und eine analoge Anwendung des § 23 Abs. 1 Satz 1 Nr. 10 StBVV an. Die Beratung und Beantragung von Kurzarbeitergeld und Entschädigungen nach dem Infektionsschutzgesetz fallen bei einzelnen Versicherern (z.B. HDI) unter den Standard-Deckungsschutz der **Berufshaftpflichtversicherung**.[1)]

Im Falle der Nacherhebung von Sozialversicherungsbeiträgen im Anschluss an eine Betriebsprüfung wird der StB oftmals auf Schadensersatz in Anspruch genommen. Hier stellt sich für den Berater zunächst die Frage, ob er überhaupt eine entsprechende Beratung schuldete (→ Rz. 559). Wenn im Einzelfall eine Beratungspflicht bestehen sollte, ist zu prüfen, ob die nachzuentrichtenden Sozialversicherungsbeiträge ein kausaler Schaden sind. Dies wird in den Fällen der unerkannten Sozialversicherungspflicht häufig der Fall sein. Ist den Beteiligten aber von Anfang an klar, dass Sozialversicherungsbeiträge anfallen und es nur um die Umsetzung eines praktizierten Modells geht, liegt kein kausaler Schaden vor.[2)] Im Schadensfall ist ferner zu berücksichtigen, dass die persönliche Steuerbelastung des Mandanten durch die höhere Beitragslast gemindert wird.[3)] Der Geschädigte muss den Schaden schlüssig darlegen. Dazu gehört ein Gesamtvermögensvergleich von dem Zeitpunkt an, in dem der StB erstmals auf die Sozialversicherungspflicht hätte hinweisen müssen.[4)] Wenn eine **Hinweispflicht** besteht, die der StB missachtet und der Schaden schlüssig dargelegt wird, besteht die **Gefahr**, dass er für **etwaige Nacherhebungen** der Rentenversicherungsträger **haftet**. **560**

Ein Lohnbuchführungsmandat verpflichtet den StB nicht zur Beratung über die Gestaltung des Arbeitsvertrages und die Höhe des Arbeitsentgelts oder über tarifliche Regelungen.[5)] Auch eine Pflicht des StB, die Richtigkeit der vom Auftraggeber gegebenen Informationen – z.B. zu den tarifvertraglichen Entgeltbestimmungen – zu überprüfen oder tarifvertragliche Sonderregelungen zu prüfen, geht zu weit.[6)] **561**

Bei Fragen zum Mindestlohn sind die Grenzen zur unerlaubten Rechtsdienstleistung fließend. Grundsätzlich gehört die Beratung zu arbeitsrechtlichen Fragen, die sich aus dem Mindestlohngesetz ergeben, nicht zur Hilfeleistung in Steuersachen.[7)] Allerdings dürfen StB eine Bescheinigung über die Einhaltung der Vorschriften des Mindestlohngesetzes ausstellen, da es sich hierbei um eine zulässige Nebenleistung (§ 5 Abs. 1 RDG) zur Lohnbuchführung handelt. Zur Vermeidung von Haftungsrisiken sollte der StB sich aber so gut wie möglich absichern[8)] und nicht mehr bescheinigen, als er tatsächlich geprüft hat.

Die Bundessteuerberaterkammer empfiehlt, die Bescheinigung wie folgt zu fassen:

> **Beispiel:**
>
> Bei Erstellung der Lohnbuchführung durch den StB selbst:
>
> „Hiermit bescheinigen wir, dass im Rahmen der auf der Grundlage der von uns erstellten Lohnbuchführung und der vom Mandanten erteilten Erklärungen und Nachweise

1) Ziffer 56 des FAQ-Katalogs der BStBK mit den wichtigsten Fragen zur Corona-Krise, Stand: 1.4.2020.
2) OLG Koblenz v. 13.5.2016, 3 U 167/16, DStR 2017, 279 mit. zust. Anm. Schröder: die Abrechnungen erfolgten einerseits als Gleitzonenfall zur jeweiligen Krankenkasse und andererseits als geringfügig Beschäftigte zur Minijob-Zentrale. Die Betriebsprüfung bejahte ein einheitliches Beschäftigungsverhältnis.
3) Schröder, DStR 2017, 279, 280.
4) Ausführlich dazu: OLG Düsseldorf, Hinweisbeschluss v. 9.7.2020, I-23 U 70/20, DStR 2020, 2695, 2696 und LG Hamburg v. 16.12.2020, 314 O 131/20, GI aktuell 2021, 139, 142; Leibner/Brete/Koobs, NWB 30/2023, 2115, 2122 f.
5) LG Bonn v. 19.6.2015, 15 O 444/14, Stbg 2016, 38 zur Nichtausnutzung der Steuerfreiheit von Nacht-, Sonn- und Feiertagszuschlägen.
6) LG Stuttgart v. 17.2.2017, 27 O 423/15 zur Frage, ob ein Arbeitgeber Beträge an Sozialkassen des Baugewerbes (SOKA-Bau) zu zahlen hat; OLG Düsseldorf v. 31.8.2007, I-23 U 18/07, DB 2007, 2363; LG Bonn v. 1.10.2002, 15 O 228/02, GI 2004, 99; Pallas/Gercke, Stbg 2012, 557 ff.
7) Hölscheid, NWB 22/2015, 1642; Schneidenbach, KANZLEI intern 02/2015, 5.
8) Hölscheid, NWB 22/2015, 1642.

durchgeführten Prüfung in dem Zeitraum vom … bis … keine Verstöße gegen die Vorschriften des Mindestlohngesetzes festgestellt wurden."

Bei Erstellung der Lohnbuchführung durch den Mandanten oder andere Dritte:

„Hiermit bescheinigen wir, dass im Rahmen der auf der Grundlage der von uns vorgelegten Abrechnungen der Löhne und Gehälter und der vom Mandanten erteilten Erklärungen und Nachweise durchgeführten Prüfung in dem Zeitraum vom … bis … keine Verstöße gegen die Vorschriften des Mindestlohngesetzes festgestellt wurden."

Bei einem Lohnbuchführungsmandat sind die **Arbeitnehmer** des Mandanten in der Regel nicht in den **Schutzbereich des Steuerberatungsmandats** einbezogen.[1]

562 Nach § 13 Abs. 6 Satz 2 SGB X ist gesetzlich klargestellt, dass StB Widersprüche gegen Bescheide der Rentenversicherungsträger in Angelegenheiten der §§ 28h und 28p SGB IV einlegen dürfen. Bis zu dieser gesetzlichen Klarstellung wurden StB auf Grund einer Erklärung der BfA aber ohnehin nicht zurückgewiesen.[2]

B. Erstmalige Einrichtung von Lohnkonten und die Aufnahme der Stammdaten (Abs. 1)

563 Die Tätigkeiten nach § 34 Abs. 2–4 StBVV werden mit einer Betragsrahmengebühr pro Arbeitnehmer und Abrechnungszeitraum vergütet. Als Abrechnungszeitraum gilt der Zeitraum, für den tatsächlich regelmäßig abgerechnet wird (Woche, Monat). Die StBVV macht keinen Unterschied zwischen manueller, maschineller und elektronischer Lohnbuchführung.

564 Nur die erstmalige Einrichtung von Lohnkonten und erstmalige Stammdatenaufnahme fällt unter den Tatbestand des § 34 Abs. 1 StBVV, nicht also die Änderung von Stammdaten oder die Übernahme von Stammdaten in ein neues Kalenderjahr. Laufende Änderungen der Stammdaten werden mit den Gebühren nach § 34 Abs. 2–4 StBVV abgegolten. Die Gebühr nach § 34 Abs. 1 StBVV fällt aber auch dann an, wenn einzelne Lohnkonten für neu eingestellte Arbeitnehmer eingerichtet werden. M.E. kann § 34 Abs. 1 StBVV zumindest sinngemäß (§ 2 StBVV) für das Einrichten der **Kurzarbeitergeld-Stammdaten** angewendet werden. Im Falle der erstmaligen Einrichtung einer Lohnbuchführung kann gem. § 32 StBVV eine Zeitgebühr berechnet werden. Soweit die Erfassung der Stammdaten bereits über § 32 StBVV berechnet wurde (→ § 32 StBVV Rz. 524 f.), kommt eine weitere Abrechnung dieser Stammdaten nach § 34 Abs. 1 StBVV nicht in Betracht. § 34 Abs. 1 StBVV greift dann nur noch bei neuen Arbeitnehmern, deren Stammdaten erstmals erfasst werden.

C. Lohnbuchführung durch den Steuerberater (Abs. 2)

565 Hierbei handelt es sich um den häufigsten Anwendungsfall des § 34 StBVV. Der StB erhält die Gebühr je Arbeitnehmer und Abrechnungszeitraum. Maßgeblich ist die Anzahl der **tatsächlichen Arbeitnehmer** und nicht die Anzahl der dem StB mitgeteilten Arbeitnehmer.[3] Wenn der Mandant es versäumt, dem StB das Ausscheiden von Mitarbeitern mitzuteilen, folgt aus diesem Unterlassen nicht die Richtigkeit der Lohnabrechnung für diese ausgeschiedenen Mitarbeiter. Der StB kann die unterlassene Mitwirkung des Mandanten aber zum Anlass nehmen, einen Schadensersatzanspruch gegen den Mandanten geltend zu machen, wobei der Schaden nicht notwendigerweise mit dem Honoraranspruch aus § 34 Abs. 2 StBVV gleichzusetzen

1) OLG Frankfurt a.M. v. 14.9.2017, 8 U 240/16, GI aktuell 2018, 83 = DStR 2018, 495.
2) BfA-Arbeitgeber-Info v. 13.1.1999, BfA-Mitteilungen Nr. 1/99, 19 f.
3) LG Düsseldorf v. 7.9.2023, 1 O 289/17.

ist.[1] Anders als in § 34 Abs. 3 und 4 StBVV obliegt im Fall des § 34 Abs. 2 StBVV die komplette Lohnbuchführung dem StB. Die **„Führung der Lohnkonten" umfasst** die eigentliche Führung und den Abschluss des Lohnkontos, die Zusammenstellung der für den Lohnsteuerabzug relevanten Lohnteile, die Lohnsteueranmeldung, die regelmäßig anfallenden Nachweise für die Sozialversicherungsträger und die Abführung der Lohnsteuer an das Finanzamt sowie die Abführung der Beiträge an die Sozialversicherungsträger. **Einmaliger Mehraufwand**, wie z.B. die Berücksichtigung der Energiepreispauschale i.H.v. 300 € in der Lohnabrechnung September 2022 rechtfertigt für diesen Monat eine höhere Gebühr nach § 34 Abs. 2 StBVV. Die Führung eines Aushilfslohnkontos bzw. Lohnkontos für geringfügig Beschäftigte fällt ebenfalls unter Abs. 2.

Beispiel:

Der StB hat für die Reinigungskraft eines Mandanten einen Dauerbeitragsnachweis bei der Bundesknappschaft eingerichtet. Obwohl keine monatlichen Lohnabrechnungen und Meldungen erforderlich sind, kann er monatliche Gebühren nach § 34 Abs. 2 StBVV berechnen. Wegen der vereinfachten Führung eines solchen Lohnkontos sowie des Dauerbeitragsnachweises an Stelle von monatlichen Einzelnachweisen ist aber ein niedrigerer Rahmensatz zu berechnen.[2]

Mehraufwand bei häufig schwankenden Löhnen sowie sonstige Veränderungen der Arbeitnehmerverhältnisse wirken sich gebührenerhöhend aus, rechtfertigen grundsätzlich aber keine Zeitgebühr nach § 34 Abs. 5 StBVV.[3] Bei erheblichem Mehraufwand, z.B. im Zusammenhang mit der Berechnung von Kurzarbeitergeld empfiehlt sich eine Vergütungsvereinbarung gemäß § 4 Abs. 1 StBVV.

Kein Führen eines Lohnkontos liegt vor, wenn das Lohnkonto, z.B. wegen Elternzeit des Mitarbeiters, in der EDV lediglich **aufrechterhalten** wird. Hier kann der StB aber die ihm vom Rechenzentrum berechneten (Speicher-)Kosten als besondere Geschäftskosten gem. § 3 Satz 2 StBVV i.V.m. §§ 675, 670 BGB 1:1 an den Mandanten weiterberechnen. Auch die Meldungen bei Beginn und Ende der Elternzeit sowie ggf. ausgestellte Bescheinigungen können gesondert weiterberechnet werden, und zwar mit einer Zeitgebühr nach § 34 Abs. 5 StBVV.

Berichtigungen und Änderungen, die durch das Verschulden des Auftraggebers anfallen, können entweder mit einer gesonderten Gebühr nach § 34 Abs. 2 (bzw. Abs. 3–4) StBVV[4] oder mit einer Zeitgebühr nach § 34 Abs. 5 StBVV i.V.m. § 13 Satz 1 Nr. 1 StBVV berechnet werden (→ Rz. 569).

Die Erstellung der (elektronischen) **Lohnsteuerbescheinigung** ist demgegenüber 566
nach § 38 Abs. 2 StBVV abzurechnen.[5]

D. Teilbuchführung (Abs. 3)

§ 34 Abs. 3 StBVV ist mit § 33 Abs. 3 StBVV vergleichbar. Der Auftraggeber erledigt 567
einen Teil der Buchführungsarbeiten selbst. Der StB fertigt auf Grund dieses Materials die Lohnbuchführung. Erfolgt die Arbeitsteilung über eine Cloud-Plattform oder

1) LG Düsseldorf v. 7.9.2023, 1 O 289/17 zum Entschädigungsanspruch aus § 642 Abs. 1 BGB bei der Anwendung von Werkvertragsrecht.
2) Boelsen in Eckert, 7. Aufl. 2023, § 34 StBVV Rz. 22; Gemmer, Honorarbrief für Steuerberater, 8/2014, 7.
3) LG München I v. 29.11.2012, 4 O 25878/09, DStR 2013, 486.
4) AG Dortmund v. 19.12.2018, 420 C 5827/12, besprochen von Wacker, KANZLEI intern 01_2019, 2; Boelsen in Eckert, 7. Aufl. 2023, § 34 StBVV Rz. 24.
5) Vgl. amtliche Begründung zu § 38 StBGebV, abgedruckt bei Eckert, 4. Aufl. 2003, § 38 StBGebV Anm. 4; wie hier: Boelsen in Eckert, 7. Aufl. 2023, § 34 StBVV Rz. 20; Berners, 6. Aufl. 2020, § 34 StBVV Rz. 26; a.A. Mittelsteiner/Scholz, 4. Aufl. 1998, § 34 StBGebV Rz. 4, und Schwamberger in Meyer/Goez/Schwamberger, 11. Aufl. 2023, § 34 StBVV Rz. 9, die § 34 Abs. 5 StBVV anwenden wollen.

über eine App, ist die speziellere Vorschrift des § 34 Abs. 4 StBVV einschlägig. Die Lohnsteueranmeldung ist mit der Gebühr abgegolten, d.h. es kann nicht zusätzlich nach § 24 Abs. 1 Nr. 15 StBVV liquidiert werden (§ 34 Abs. 6 StBVV).

E. Lohnbuchführung über EDV (Abs. 4)

568 § 34 Abs. 4 StBVV ist mit § 33 Abs. 4 StBVV vergleichbar. Auch hier erledigt der Auftraggeber einen Teil der Arbeiten selbst. Der StB stellt die hierfür benötigte Software bereit, z.B. eine Cloud-Plattform oder eine App-Applikation. Bei der Nutzung von Plattformlösungen erfasst (und ändert) der Auftraggeber die Lohndaten (Stamm- und Bewegungsdaten) selbst und stellt diese über die Cloud ein. Dadurch reduziert sich der Aufwand in der Kanzlei des StB. Dieser prüft die **vorerfassten Lohndaten**, liest die Daten ein, führt die Lohnabrechnung durch, stellt Auswertungen wie Lohnjournal, Personalkostenübersicht, etc. zur Verfügung, stellt Lohnzahlungen auf digitalem Weg bereit, unterstützt den Auftraggeber bei speziellen Fragen, klärt Fehler und erledigt sonstige Tätigkeiten aus diesem Bereich. Der Zeitaufwand für den Druck, den postalischen Versand und die Archivierung von Lohnabrechnungen und Nachweisen für die Sozialversicherungsträger entfällt, weil diese Nachweise zum elektronischen Abruf bereit gestellt und im System archiviert werden. Die Lohnsteueranmeldung ist mit der Gebühr abgegolten (§ 34 Abs. 6 StBVV).

Zusätzlich steht dem StB die „Vergütung für die Datenverarbeitung und für den Einsatz der Datenverarbeitungsprogramme" zu (→ § 33 StBVV Rz. 537). Gebühren, die das Rechenzentrum dem StB im Bereich der Lohnbuchführung (monatlich) in Rechnung stellt, kann der StB gem. § 3 Satz 2 StBVV i.V.m. §§ 675, 670 BGB 1:1 an seine Mandanten weiterberechnen, wenn es sich um mandatsbezogene EDV-Kosten handelt, die (durch die Mandanten-Nummer) einzelnen Mandanten direkt zugeordnet werden können (z.B. Übermittlungsgebühren).

F. Sonstige Tätigkeiten im Zusammenhang mit der Lohnbuchführung (Abs. 5)

569 Für die Hilfeleistung im Zusammenhang mit dem Lohnsteuerabzug und der Lohnbuchführung sieht die StBVV eine Zeitgebühr vor. Unstreitig ist, dass die **Anwendung lohnsteuerrechtlicher Vorschriften** unter den Anwendungsbereich der Vorschrift fällt. Die **Anwendung sozialversicherungsrechtlicher Vorschriften** wird in der Praxis ebenfalls ganz überwiegend nach § 34 Abs. 5 StBVV berechnet (zur Höhe der Zeitgebühr → Rz. 558; zur Abgrenzung von vereinbaren Tätigkeiten → Rz. 571), so dass zu den sonstigen Tätigkeiten nach § 34 Abs. 5 StBVV nach allgemeiner Auffassung u.a. folgende Zusatzleistungen gehören:

- Überwachung einer Lohnbuchführung, die der Mandant vollständig selbst führt,
- Erstellen der Buchungsunterlagen für den Mandanten, damit dieser selbst die weiteren Tätigkeiten ausführen kann,
- An- und Abmeldung von Beschäftigten bei Sozialversicherungen sowie die Berechnung der finanziellen Folgen im Hinblick auf eventuelle Nachzahlungen von Versicherungsbeiträgen,[1]
- Sofortmeldungen neuer Arbeitnehmer an die Deutsche Rentenversicherung,
- Änderungsmeldungen, Unterbrechungsmeldungen, Meldungen in Insolvenzfällen,

1) LG Stuttgart v. 17.2.2017, 27 O 423/15; OLG Düsseldorf v. 19.11.2002, 23 U 258/01, GI 2003, 39 f.

- Nachweise für die Rentenversicherungsträger zu Beginn und am Ende des Dienstverhältnisses,
- Ermittlung des Zuschusses zum Mutterschaftsgeld,
- Ermittlung von Sonderzuschlägen,
- Anfertigung der Meldung für die Schwerbehindertenabgabe,
- Berechnung von Tariflöhnen, Urlaubsgeldern, Tantiemen,
- Berechnung des Arbeitslohns sowie Netto-Brutto-Hochrechnungen,
- Mehrarbeit durch Lohnsteuerpauschalierung,[1)]
- Nettolohnvereinbarungen: Ermittlung der erforderlichen Werte,
- Anträge an Behörden, z.B. auf Gewährung von Lohnzuschüssen, Mutterschaftsgeld, Erziehungsgeld, Arbeitslosengeld, Entgeltfortzahlung, Kurzarbeitergeld, Schlechtwettergeld,
- Erstattungsanträge nach dem Aufwendungsausgleichsgesetz (AAG) für Arbeitgeberaufwendungen bei Arbeitsunfähigkeit (U1) und Mutterschaft (U2), sowie Entgeltersatzleistungen,
- Nachweise für die Berufsgenossenschaft,[2)]
- Prüfung des Berufsgenossenschaftsbescheids,
- Anrufungsauskunft nach § 42e EStG,
- Erstellung von Lohnartenlisten, Kostenstellenlisten, Kostenträgerlisten,
- Meldungen an Berufsverbände über Lohnwerte,
- Meldungen für die Schwerbehindertenausgleichsabgabe,
- Bearbeitung von Unfallmeldungen an Berufsgenossenschaft,
- Meldungen aufgrund ELENA-Verfahrensgesetz und ELENA-DV, wie z.B. Fragebogen ELENA zur Kündigung,[3)]
- Berichtigungen und Änderungen, die durch Verschulden des Auftraggebers anfallen,[4)]
- Erstellen der Überweisungsträger,
- Überweisungen für vermögenswirksame Leistungen,
- Bearbeitung von Lohnpfändungen,
- Nacherhebung von Lohnsteuer für abgelaufene Kalenderjahre,
- Ausfüllen von Fragebögen der Krankenkassen und des Arbeitsamtes und das Ausstellen von Verdienstbescheinigungen in diesem Zusammenhang,[5)]
- Bescheinigungen für Agentur für Arbeit, Kindergeldkasse, Banken und Ämter,
- Statistiken, z.B. für das Statistische Landesamt,[6)]
- Simulation von Lohnerhöhungen,
- Umstellung wegen elektronischer Übermittlung der Lohnnachweise zur gesetzlichen Unfallversicherung an die Berufsgenossenschaften und Unfallkassen.

---

1) Durch die Einführung der E-Bilanz zum 1.1.2013 müssen die pauschal besteuerten Bezüge der geringfügig Beschäftigten neu aufgeschlüsselt werden.
2) LG Stuttgart v. 17.2.2017, 27 O 423/15.
3) Berners, 5. Aufl. 2016, § 34 StBVV Rz. 38; Boelsen in Eckert, 7 Aufl. 2023, § 34 StBVV Rz. 42.
4) LG München I v. 29.11.2012, 4 O 25878/09, DStR 2013, 486; str., a.A: § 34 Abs. 2 – 4 StBVV, siehe → Rz. 565.
5) OLG Düsseldorf v. 21.4.1994, 13 U 102/93, GI 1994, 351.
6) Beyme, KANZLEI intern 11_2019, 6.

Nicht gesondert abrechenbar sind **Fortbildungskosten**, z.B. die Kosten für die Teilnahme von Mitarbeitern an Seminaren/Webinaren zu aktuellen Fachthemen oder zur Programmtechnik.

Praxistipp:

Um Sonderleistungen nach § 34 Abs. 5 StBVV konsequent abrechnen zu können, müssen die Lohnsachbearbeiter diese zuvor in der Zeiterfassung vollständig und aussagekräftig dokumentieren.[1] Basisleistungen und separat abrechenbare Sonderleistungen sollten getrennt erfasst werden. Dies alles muss der StB den Lohnsachbearbeitern im Vorfeld kommunizieren. Zur Effizienzsteigerung im Lohnbuchführungsmandat sollten bestimmte Tätigkeiten in geeigneten Fällen auf den Mandanten übertragen werden (z.B. Sofortmeldungen im Bereich der Gastronomie).

Fraglich ist, ob der StB **mehrere Sonderleistungen** nach § 34 Abs. 5 StBVV jeweils getrennt mit einer angefangenen viertel Stunde abrechnen kann oder ob er die angefallenen Zeiten addieren und minutengenau abrechnen muss.

Beispiel:

Der StB erledigt die monatliche Lohnbuchführung für 20 Mitarbeiter seines Mandanten. Jeden Monat fallen diverse Sonderleistungen an, wie z.B. Ausfüllen von Fragebögen der Krankenkasse und des Arbeitsamtes, Ausstellen von Verdienstbescheinigungen, Beantragung von A1-Bescheinigungen oder Mutterschaftsgeld, An- und Abmeldung von Mitarbeitern etc.

Wenn jede dieser Sonderleistungen eine eigene gebührenrechtliche **Angelegenheit** wäre, könnte der StB für jede dieser Sonderleistungen eine angefangene viertel Stunde abrechnen.[2] Geht man hingegen davon aus, dass Buchführung und Sonderleistungen keine verschiedenen Angelegenheiten sind,[3] wären die Zeiten aller Sonderleistungen innerhalb des Lohnabrechnungszeitraums – wie bei der Teilnahme an einer Betriebsprüfung – minutengenau abzurechnen. Für diese Sichtweise spricht m.E., dass **Sonderleistungen** ohne Buchführung (Basisleistungen) nicht denkbar und deshalb Bestandteil der Angelegenheit „Buchführung" sind. Ein zusätzliches Praxisproblem ist die Frage, welche Tätigkeiten im Bereich der Lohnbuchführung gebührenrechtlich überhaupt als Sonderleistungen erfasst und abgerechnet werden können. Der Abruf einer **elektronischen Arbeitsunfähigkeitsbescheinigung (eAU)** beispielsweise ist mit minimalem Zeitaufwand verbunden. Ob dieser Abruf ein Honorar von mindestens 16,50 € (bis zum 30.6.2025 sogar von mindestens 30 €) wert ist (vgl. § 13 Satz 2 StBVV), wird der eine oder andere Mandant bezweifeln. Andererseits obliegt der eAU-Abruf dem Arbeitgeber. Will dieser sich seiner gesetzlichen Pflicht entledigen und wünscht er den eAU-Abruf durch die Kanzlei, muss diese von der Kanzlei erbrachte Sonderleistung auch separat honoriert werden. Beyme schlägt vor, nicht auf den einzelnen Abruf, sondern auf die Summe der Abrufe pro Abrechnungszeitraum (z.B. Monat) abzustellen oder eine pauschale Gebühr pro Abruf (z.B. 10 €) zu vereinbaren.[4]

Praxistipp:

Wer wegen der widersprüchlichen Rechtsprechung und der zum Teil unklaren Rechtslage kein Risiko eingehen will, sollte mit dem Mandanten für den gesamten Bereich der Lohnbuchführung (Basis- und Sonderleistungen) eine Vergütungsvereinbarung über einen anderen Abrechnungsmodus schließen (z.B. monatliche Pauschale für Basisleistungen, Festpreise für genau definierte Sonderleistungen oder eine Abrechnung nach Zeit mit Zeittaktklausel).

---

1) Schirmer, DATEV magazin 11/19, 33.
2) In diesem Sinne wohl OLG Düsseldorf v. 21.4.1994, 13 U 101/93, GI 1994, 355: für das Ausfüllen von zwei Fragebögen und das Ausstellen einer Verdienstbescheinigung.
3) So OLG Düsseldorf v. 20.1.1994, 13 U 102, 93, GI 1995, 12 zu § 33 Abs. 7 StBVV.
4) Beyme, KP 2023, 56.

Am 1.1.2006 ist das sog. **Beitragsentlastungsgesetz**[1] mit neuen Fälligkeitsterminen für Sozialversicherungsbeiträge in Kraft getreten. Die Neuregelung führt insbesondere bei schwankenden Arbeitsentgelten zu einem Mehraufwand für den StB, da Doppelmeldungen und Doppelberechnungen erforderlich werden. Entgegen der Auffassung von Meyer[2] wird der StB hierfür jedoch keine zusätzliche Zeitgebühr berechnen können, da mit der Zeitgebühr nur solche Tätigkeiten abgegolten werden sollen, die nicht üblicherweise mit der Führung von Lohnkonten und der Lohnabrechnung verbunden sind und über das normale Ausmaß dieser Tätigkeit bei der Lohnbuchführung hinausgehen. **570**

Praxistipp:

Gegebenenfalls empfiehlt sich eine Vereinbarung nach § 4 Abs. 1 StBVV.

Es darf nicht verkannt werden, dass gerade im Bereich der sonstigen Tätigkeiten die Verbindung zwischen **Steuerrecht und Sozialversicherungsrecht** besonders eng ist. Streng genommen müssten die zulässigen Tätigkeiten aus dem Bereich des Sozialversicherungsrechts als sog. **„vereinbare Tätigkeiten"** nach den BGB-Vorschriften abgerechnet werden, da die StBVV nicht einschlägig ist (§ 1 Abs. 1 StBVV). Hierzu zählen neben einzeln unter → Rz. 569 aufgeführten Tätigkeiten z.B. auch die Beantragung einer **A1-Bescheinigung**[3] oder die Beratung bei Fragen der **betrieblichen Altersvorsorge** oder Entgeltmeldungen zur **Künstlersozialkasse**.[4] In der Praxis ist es allerdings üblich, diese Tätigkeiten oder sonstige vereinbare Tätigkeiten, wie z.B. statistische Meldungen[5] mit einer Zeitgebühr nach § 34 Abs. 5 StBVV abzurechnen. Soweit ersichtlich, hat es die Rechtsprechung bis zur Entscheidung des LG Stade[6] ebenfalls nicht beanstandet, wenn vereinbare Tätigkeiten aus dem Bereich des Lohnbuchführungsmandates nach §§ 34 Abs. 5, 13 Satz 1 Nr. 1, Satz 2 StBVV berechnet wurden. Nach der Entscheidung des LG Stade (→ § 9 StBVV Rz. 198) ist Vorsicht geboten. Wenn es im Rahmen eines Honorarrechtsstreits einmal auf eine eindeutige Trennung ankommen sollte, empfiehlt sich eine nachträgliche Überprüfung und ggf. Korrektur der Berechnung mit getrennter Aufstellung der lohnsteuerrechtlichen und sozialversicherungsrechtlichen Tätigkeiten unter Bezugnahme auf § 34 Abs. 5 StBVV bzw. § 34 Abs. 5 StBVV analog (Alternativ: §§ 612 Abs. 2, 632 Abs. 2 BGB). **571**

Praxistipp:

Empfehlenswert ist es, die vorgenannten und vergleichbare Tätigkeiten nach §§ 34 Abs. 5, 13 Satz 1 Nr. 1, Satz 2 StBVV analog abzurechnen, wenn der StB auch mit der Lohnbuchführung beauftragt ist. Ist der StB nicht mit der Lohnbuchführung beauftragt, sondern beantragt er für den Mandanten **Kurzarbeitergeld** (bspw. anlässlich der Corona-Krise), empfiehlt sich hingegen aus den unter → Rz. 569 genannten Gründen eher eine Abrechnung nach BGB, §§ 612 Abs. 2, 632 Abs. 2 BGB.

Berät der StB den Arbeitgeber oder auf dessen Veranlassung und Kosten Arbeitnehmer des Auftraggebers zulässigerweise (→ Rz. 559 f.) zum **Kurzarbeitergeld**, über Möglichkeiten der **Gehaltsumwandlung/-optimierung** etc. oder **über Fragen der Sozialversicherungspflicht,** die noch zum Bereich der Lohnsteuerabrechnung gezählt werden können, erweist sich die Vorschrift des § 34 Abs. 5 StBVV als Spezi- **572**

---

1) Gesetz zur Änderung des Vierten und Sechsten Buches SGB und anderer Gesetze v. 3.8.2005, BGBl. I 2005, 2269.
2) Meyer, KP 2006, 2, 3; ihm folgend Schwamberger in Meyer/Goez/Schwamberger, 11. Aufl. 2023, § 34 StBVV Rz. 4a.
3) Vertretbar dürfte auch eine sinngemäße Anwendung des § 24 Abs. 5 Nr. 4 StBVV sein.
4) Zu Haftungsrisiken in diesem Bereich und zu den Grenzen des RDG: Sperling, NWB 2019, 1315.
5) Beyme, KANZLEI intern 11_2019, 6.
6) LG Stade v. 12.2.2020, 2 O 180/19, besprochen von Feiter, Honorargestaltung für Steuerberater, November 2020, 1.

alvorschrift zu § 21 Abs. 1 StBVV.[1] Entsprechende Beratungsleistungen können deshalb nach Zeitaufwand abgerechnet werden.

G. Lohnsteueranmeldung (Abs. 6)

573 § 34 Abs. 6 StBVV ist vergleichbar mit § 33 Abs. 8 StBVV. In den Fällen des § 34 Abs. 2–4 StBVV ist die Gebühr für die Lohnsteueranmeldung nach § 24 Abs. 1 Nr. 15 StBVV mit abgegolten.

1) Schwamberger in Meyer/Goez/Schwamberger, 11. Aufl. 2023, § 34 StBVV Rz. 11; einschränkend: Boelsen in Eckert, 7. Aufl. 2023, § 34 StBVV Rz. 2: § 34 Abs. 5 StBVV ist nur bei Beratung des Arbeitgebers lex specialis.

§ 35
Abschlußarbeiten

(1) Die Gebühr beträgt für

1.	a)	die Aufstellung eines Jahresabschlusses (Bilanz und Gewinn- und Verlustrechnung)	10/10 bis 40/10
	b)	die Erstellung eines Anhangs	2/10 bis 12/10
	c)	*weggefallen*	
2.		die Aufstellung eines Zwischenabschlusses oder eines vorläufigen Abschlusses (Bilanz und Gewinn- und Verlustrechnung)	10/10 bis 40/10
3.	a)	die Ableitung des steuerlichen Ergebnisses aus dem Handelsbilanzergebnis	2/10 bis 10/10
	b)	die Entwicklung einer Steuerbilanz aus der Handelsbilanz	5/10 bis 12/10
4.	die Aufstellung einer Eröffnungsbilanz		5/10 bis 12/10
5.	die Aufstellung einer Auseinandersetzungsbilanz		5/10 bis 20/10
6.	den schriftlichen Erläuterungsbericht zu Tätigkeiten nach den Nummern 1 bis 5		2/10 bis 12/10
7.	a)	die beratende Mitwirkung bei der Aufstellung eines Jahresabschlusses (Bilanz und Gewinn- und Verlustrechnung)	2/10 bis 10/10
	b)	die beratende Mitwirkung bei der Erstellung eines Anhangs	2/10 bis 4/10
	c)	die beratende Mitwirkung bei der Erstellung eines Lageberichts	2/10 bis 4/10
8.	*weggefallen*		

einer vollen Gebühr nach Tabelle B (Anlage 2).

(2) [1]Gegenstandswert ist

1. In den Fällen des Absatzes 1 Nummer 1 bis 3 und 7 das Mittel zwischen der berichtigten Bilanzsumme und der betrieblichen Jahresleistung;
2. in den Fällen des Absatzes 1 Nr. 4 und 5 die berichtigte Bilanzsumme;
3. in den Fällen des Absatzes 1 Nr. 6 der Gegenstandswert, der für die dem Erläuterungsbericht zugrunde liegenden Abschlußarbeiten maßgeblich ist.

[2]Die berichtigte Bilanzsumme ergibt sich aus der Summe der Posten der Aktivseite der Bilanz zuzüglich Privatentnahmen und offener Ausschüttungen, abzüglich Privateinlagen, Kapitalerhöhungen durch Einlagen und Wertberichtigungen. [3]Die betriebliche Jahresleistung umfaßt Umsatzerlöse, sonstige betriebliche Erträge, Erträge aus Beteiligungen, Erträge aus anderen Wertpapieren und Ausleihungen des Finanzanlagevermögens, sonstige Zinsen und ähnliche Erträge, Veränderungen des Bestands an fertigen und unfertigen Erzeugnissen, andere aktivierte Eigenleistungen sowie außerordentliche Erträge. [4]Ist der betriebliche Jahresaufwand höher als die betriebliche Jahresleistung, so ist dieser der Berechnung des Gegenstandswerts zugrunde zu legen. [5] Betrieblicher Jahresaufwand ist die Summe der Betriebsausgaben einschließlich der Abschreibungen. [6]Bei der Berechnung des Gegenstandswerts ist eine negative berichtigte Bilanzsumme als positiver Wert anzusetzen. [7]Übersteigen die betriebliche Jahresleistung oder der höhere betriebliche Jahresaufwand das 5fache der berichtigten Bilanzsumme, so bleibt der übersteigende Betrag bei der Ermittlung des Gegenstandswerts außer Ansatz. [8]Der Gegenstandswert besteht nur aus der berichtigten Bilanzsumme, wenn die betriebliche Jahresleistung geringer als 3.000 Euro ist. [9]Der Gegenstandswert

besteht nur aus der betrieblichen Jahresleistung, wenn die berichtigte Bilanzsumme geringer als 3.000 Euro ist.

(3) Für die Anfertigung oder Berichtigung von Inventurunterlagen und für sonstige Abschlußvorarbeiten bis zur abgestimmten Saldenbilanz erhält der Steuerberater die Zeitgebühr.

Inhalt

Schrifttum

Berners, Abrechnung des § 7g EStG-Verzeichnisses, Honorarbrief für Steuerberater 12/2014, 7; **Beyme,** Berichtigung nach einer Betriebsprüfung, Honorargestaltung für Steuerberater, März 2023, 8; **Beyme,** Abrechnung bzw. Anrechnung Zwischenabschluss und Jahresabschluss, Honorargestaltung für Steuerberater, Januar 2022, 7; **Beyme,** Veräußerungsbilanz bei 4/3-Rechner, Honorargestaltung für Steuerberater, November 2021, 7; **Beyme,** Auswirkungen handelsrechtlicher Wahlrechte auf die Jahresabschluss-Vergütung nach StBVV, Honorargestaltung für Steuerberater, September 2021, 6; **Beyme,** Erstellung einer E-Bilanz abrechnen, Honorargestaltung für Steuerberater, März 2021, 6; **Beyme,** Jede Bilanz eine Gebühr?, cyan (Magazin des Steuerberaterverbandes Niedersachsen/Sachsen-Anhalt) 2/2019, 20; **Beyme,** Gebühren Tierhaltungskooperation und Sonderbilanzen, KANZLEI intern 2_2018, 6; **Braun,** Aufstellen von Jahresabschlüssen mittelständischer Unternehmen mit oder ohne Prüfung bzw. Plausibilisierung?, DStR 2003, 998; **Bruns,** Honoraranspruch für Jahresabschlusserstellung bei Kündigung durch den Mandanten, Stbg 2011, 467; **Feiter,** Gesonderte Abrechnung von EDV-Kosten, DStR 2017, 1182; **Gemmer,** Die zur Offenlegung nach §§ 325 ff. HGB bestimmten Jahresabschlüsse richtig abrechnen, KP 2001, 45; **Gemmer,** Kontennachweis und Anlagenspiegel sind nicht als schriftlicher Erläuterungsbericht zu qualifizieren, KP 2000, 143; **Gläser/Danner,** Steuerberatervergütung für Leistungen im Zusammenhang mit der E-Bilanz, DStR 2014, 2198; **Hirschberger/Lenz,** Gebührenrechtliche Konsequenzen durch die Umstellung auf das BilMoG, KP 2011, 129; **Klaeren,** Abrechnung nach Mandatskündigung, KANZLEI intern 11_2016, 5; **Küting/Eichenlaub,** Verabschiedung des MicroBilG – Der „vereinfachte“ Jahresabschluss für Kleinstkapitalgesellschaften, DStR 2012, 2615; **Look,** Offenlegung nach EHUG-Auftragsübernahme durch den Steuerberater, DStR

2007, 2231; **Mayer,** Entwicklungen zur Rechtsanwaltsvergütung 2014, NJW 2015, 1647; **Reiche,** Abgrenzung zwischen Finanzbuchhaltung und Jahresabschlusserstellung und gebührenrechtliche Konsequenzen, Stbg 1997, 277; **Schäperclaus/Hülshoff,** E-Bilanz für Mitunternehmerschaften: Übermittlung von Sonder- und Ergänzungsbilanzen, DB 2014, 2601; **Schmidt,** Zusätzliche Übermittlungspflichten nach § 5b Abs. 1 EStG, NWB 2025, 970; **Schwamberger,** Erstellung des Jahresabschlusses: Diese Leistungen sind als Zeitgebühr abrechenbar, KP 2017, 143; **Schwamberger,** Honorare rund um die E-Bilanz: Mehraufwand bei der Abschlusserstellung will vergütet werden, KP 2013, 9; **Schwamberger,** Steuerberatungsgebühren im Zusammenhang mit BilMoG, KP 2011, Sonderausgabe Mai, 33; **Schwamberger,** Welches Honorar ist für den erhöhten Arbeitsaufwand beim Übergang auf BilMoG angemessen?, KP 2010, 170; **Schwamberger,** Jahresabschlusserstellung nach Basel II: Gebührenpotenzial nicht unterschätzen!, KP 2002, 157; **Starz,** Auswirkungen des BilMoG auf Ihr Bilanzhonorar, Honorarbrief für Steuerberater, Nr. 8/2010, 1; **Ueberfeldt,** Abrechnung einer Insolvenzeröffnungsbilanz, KANZLEI intern 01/2016, 6; **Wacker,** Die Berücksichtigung von Beratungsleistungen zur Steuerbegünstigung des Betriebsaufgabegewinns, KANZLEI intern 11/2015, 2; **Weiler,** Honorar für Steuerbilanzen, DStR 2011, 380; **Weiler,** Gebühren für Plausibilitätsbeurteilungen, DStR 2006, 1153; **Wendland,** Honorar für zur Veröffentlichung bestimmten Jahresabschluß, Der Honorar-Brief für Steuerberater, 2001, 7; **Wilk,** Auf der Suche nach der Honorarformel – Vergütung E-Bilanz, DATEV magazin 11/2014, 28; **Wilk/Beyer-Petz,** Die neue Steuerberatervergütungsverordnung, DStR 2012, 2508; **Wolff,** Jahresabschluss mit Plausibilitätsbeurteilungen – Checkliste zur Optimierung Ihrer Arbeitsabläufe, KP 2006, 188.

A. Inhalt und Bedeutung

§ 35 StBGebV wurde sowohl durch die 1. ÄndVO,[1] durch die 3. ÄndVO[2] und durch die VO zum Erlass und zur Änderung steuerlicher Verordnungen[3] in mehrfacher Hinsicht geändert. Auf die Einzelheiten wird in der nachfolgenden Kommentierung eingegangen. Bei Abschlussarbeiten für land- und forstwirtschaftliche Betriebe gilt § 39 Abs. 3 StBVV. § 35 StBVV ist nur dann unmittelbar anwendbar, wenn der Abschluss auch für **steuerliche Zwecke** von Bedeutung ist. Ein nur für eine Kreditwürdigkeitsprüfung durch eine Bank erstellter Abschluss, ein Abschluss, der für den Verkauf des Unternehmens erstellt wird oder ein zur Offenlegung bestimmter „verkürzter Jahresabschluss" können nicht unmittelbar nach § 35 StBVV abgerechnet werden (→ Rz. 575, → Rz. 577). In diesen Fällen wird die übliche Vergütung nach dem BGB geschuldet (§§ 612, 632 BGB). Gleiches gilt für Quartals- oder sonstige regelmäßige Abschlussbesprechungen, da es sich um eine vereinbare betriebswirtschaftliche Tätigkeit handelt.[4] **574**

Durch das **EHUG**[5] sind Kapitalgesellschaften und Personengesellschaften, bei denen keine natürliche Person als Vollhafter auftritt, seit 1.1.2007 verpflichtet, ihren Jahresabschluss elektronisch an das Unternehmensregister zu übermitteln. Zum 1.8.2022 erfolgte die Umsetzung der europäischen Digitalisierungsrichtlinie (EU) 2019/1151 (DiRuG) in deutsches Recht. Mit Inkrafttreten der Änderung aus der Umsetzung der DiRuG sind Unternehmensberichte und Rechnungslegungsunterlagen nicht mehr beim Bundesanzeiger, sondern vielmehr beim Unternehmensregister elektronisch einzureichen. Zuvor muss ein elektronisches Identifizierungsverfahren auf der Publikations-Plattform durchgeführt werden. Die Offenlegung erfolgt über die gemeinsame Publikations-Plattform von Bundesanzeiger und Unternehmensregister. An den Vorschriften für die Offenlegung von Jahresabschlüssen gem. **575**

1) 1. ÄndVO v. 20.6.1988, BGBl. I 1988, 841.
2) 3. ÄndVO v. 20.8.1998, BGBl. I 1998, 2369.
3) VO zum Erlass und zur Änderung steuerlicher Verordnungen v. 11.12.2012, BGBl. I 2012, 2637 = BStBl I 2013, 2.
4) OLG Frankfurt v. 5.10.2018, 8 U 2013/17, Stbg 2018, 521 zur Angemessenheit eines Stundensatzes von 100 € für Quartalsbesprechungen.
5) Gesetz über elektronische Handelsregister und Genossenschaftsregister sowie das Unternehmensregister v. 10.11.2006, BGBl. I 2006, 2553.

§ 325 HGB hat sich dadurch im Wesentlichen nichts geändert. Die Einhaltung der Offenlegungspflichten wird vom Betreiber des Bundesanzeigers überwacht. Bei Verstößen gegen die Offenlegungspflichten informiert der Betreiber des Bundesanzeigers wie bisher das Bundesamt für Justiz mit Sitz in Bonn, das dann Ordnungsgeldverfahren einleiten kann. Ein solches Verfahren kann gegen die Gesellschaft selbst oder die Mitglieder des vertretungsberechtigten Organs geführt werden (§ 335 Abs. 1 Satz 1 und 2 HGB). Das Ordnungsgeld kann i.H.v. 2 500 € bis 25 000 € festgesetzt werden (§ 335 Abs. 1 Satz 5 HGB). Durch das Gesetz zur Änderung des HGB[1] wurde die Möglichkeit geschaffen, das Ordnungsgeld unter den in § 335 Abs. 4 HGB genannten Voraussetzungen auf bis zu 500 € herabzusetzen. Für Tätigkeiten, die in Zusammenhang mit den Offenlegungspflichten nach EHUG anfallen, findet die StBVV grundsätzlich keine Anwendung. Der Honoraranspruch für die Ableitung der verkürzten **Bilanz zur Offenlegung beim Bundesanzeiger bzw. dem Unternehmensregister** und deren **Einreichung** ergibt sich aus §§ 612 Abs. 2, 632 Abs. 2 BGB. Danach ist die übliche Vergütung anzusetzen. Vielfach werden hierfür pauschale Beträge zwischen **80 € und 250 €** abgerechnet. Im Fall einer kleinen Kapitalgesellschaft mit geringem Geschäftsbetrieb hielt das LG Dortmund eine Gebühr von 150 € für überzogen und billigte dem StB lediglich **100 €** zu.[2] In diesem Sinne entschied auch das OLG Karlsruhe,[3] das die angemessene Gebühr im Falle einer Komplementär-GmbH je Einreichung auf **100 €** netto schätzte.[4]

576 Vertretbar ist auch eine analoge Anwendung des § 35 Abs. 1 Nr. 3b StBVV mit einem Gebührenrahmen von 5/10 bis 12/10. In der Literatur[5] wird daneben auch ein Ausweichen auf § 35 Abs. 1 Nr. 1 Buchst. a, Nr. 4 und Nr. 8 StBVV für vertretbar gehalten (§ 35 Abs. 1 Nr. 8 StBGebV wurde allerdings mit Wirkung zum 20.12.2012 gestrichen). Alternativ kann die übliche Vergütung nach §§ 612 Abs. 2, 632 Abs. 2 BGB auch nach Zeitaufwand und einem angemessenen Stundensatz ermittelt werden. Dabei sollte sich der StB an dem Gebührenrahmen des § 13 Satz 2 StBVV orientieren. Wenn dieser überschritten werden soll, empfiehlt sich eine Vereinbarung mit dem Mandanten. Da es im Bereich der vereinbaren Tätigkeiten **keine Zitierpflicht** gibt, stellt es auch keinen formellen Rechnungsfehler dar, wenn der StB in der Rechnung keine der vorgenannten Vorschriften zitiert. Dies verkennt das AG Kleve, das dem StB die von ihm berechneten 45 € mangels Angabe eines Gebührentatbestandes in der Rechnung verweigerte.[6] Wegen derartiger Unwägbarkeiten vor Gericht empfiehlt sich in der Rechnung eine Bezugnahme auf ein der o.g. Vorschriften.

577 Die **Veröffentlichungsentgelte**, die der Bundesanzeiger bzw. das Unternehmensregister in Rechnung stellt, kann der StB von seinem Mandanten als Aufwendungsersatz gem. §§ 3 Satz 2 StBVV, 675, 670 BGB verlangen, wenn er diese verauslagt hat (→ § 3 StBVV Rz. 110).[7] Die Gebühren richten sich für Übermittlungen ab dem 1.8.2022 nach dem Gesetz über Kosten in Angelegenheiten der Justizverwaltung (Justizverwaltungskostengesetz – JVKostG). Gleichermaßen kann der StB dem Mandanten die Gebühren seines Rechenzentrums (z.B. sog. „DATEV-Kosten"), die für die Übermittlung in Rechnung gestellt werden, weiter belasten (→ § 3 StBVV Rz. 110).[8] Durch das MicroBilG[9] können Kleinstkapitalgesellschaften ihre Offenle-

1) Gesetz v. 4.10.2013, BGBl. I 2013, 3746.
2) LG Dortmund v. 20.5.2020, 7 O 185/15, DStR 2021, 2215.
3) OLG Karlsruhe v. 31.8.2022, 15 U 110/21, DStR 2023, 2525.
4) OLG Karlsruhe v. 31.8.2022, 15 U 110/21/21, DStR 2023, 2525, 2527.
5) Gemmer, KP 2001, 45; Wendland, Honorar-Brief für Steuerberater, 2001, 7.
6) AG Kleve v. 3.12.2019, 3 C 188/18.
7) Boelsen in Eckert, 7. Aufl. 2023, § 35 StBVV Rz. 117; Look, DStR 2007, 2231 f.
8) Feiter, DStR 2017, 1182.
9) Kleinstkapitalgesellschaften-Bilanzrechtsänderungsgesetz v. 27.12.2012, BGBl. I 2012, 2751.

gungspflichten nach § 325 HGB auch durch Hinterlegung der Bilanz beim Bundesanzeiger erfüllen.[1] Gebührenrechtlich ergeben sich daraus keine Besonderheiten.

Praxistipp:

Der Berater sollte sich den Auftrag, den Jahresabschluss elektronisch an den Bundesanzeiger zu übermitteln, ausdrücklich erteilen lassen und dies vorsorglich auch dokumentieren. Möglich ist eine entsprechende Regelung im Steuerberatungsvertrag oder eine gesonderte Vereinbarung, z.B. die „Vereinbarung über die Teilnahme am Verfahren der DATEV eG zur Einreichung von Jahresabschlussdaten beim Betreiber des Elektronischen Bundesanzeigers nach dem Gesetz über elektronische Handelsregister und Genossenschaftsregister sowie Unternehmensregister (EHUG)". Gleichzeitig empfiehlt sich zur eigenen Entlastung ein Hinweis auf mögliche Bußgelder. § 87d Abs. 3 AO enthält keine Vorgabe, zu welchem Zeitpunkt die Zustimmung des Auftraggebers einzuholen ist. Aus haftungsrechtlichen Gründen sollte die Zustimmung aber möglichst vor der Datenübermittlung eingeholt werden.[2]

Ein gesonderter Auftrag kann auch dann sinnvoll sein, wenn der Auftraggeber freiwillig bilanziert (→ § 32 StBVV Rz. 527; vgl. das Muster zu einem Steuerberatungsvertrag in → Rz. 916).

An die **Auftragserteilung** sind keine überzogenen Anforderungen zu stellen. Ein StB, der für seinen Mandanten seit Jahren die Buchführung erledigt und den Jahresabschluss erstellt, muss nicht jedes Mal ausdrücklich neu beauftragt werden. Die Auftragserteilung erfolgt i.d.R. **konkludent**.[3] Das gilt in einem Dauermandat auch dann, wenn der StB jährlich schriftliche Auftragsbestätigungen einholt. Diese haben nur deklaratorische Bedeutung. Bestätigt der Mandant den Auftrag in einem Jahr nicht, darf der StB bis zur Kündigung durch den Mandanten gleichwohl von einem fortbestehenden Auftrag ausgehen.[4] Andererseits darf der StB, der mit der monatlichen Buchführung beauftragt ist, daraus noch nicht auf die Erteilung eines Auftrags für den Jahresabschluss und die Steuererklärungen schließen.[5] Wegen der einzelnen Tatbestände des § 35 Abs. 1 StBVV empfiehlt sich eine detaillierte Auftragserteilung (auch im Hinblick auf Fragen der Plausibilitätsbeurteilung oder der Offenlegung). Dies gilt gleichermaßen für Kleinstkapitalgesellschaften, die durch das MicroBilG[6] vielfache Wahlrechte erhalten haben, z.B. im Hinblick auf die Erstellung eines Anhangs oder der Offenlegung im Bundesanzeiger. Hat der StB Buchführungsleistungen erbracht und (vorbereitende) **Abschlussbuchungen** vorgenommen und kündigt der Auftraggeber dann das Mandat, mit der Folge, dass der Jahresabschluss nicht mehr erstellt wird, rechtfertigen die (vorbereitenden) Abschlussbuchungen noch keine Gebühr nach § 35 Abs. 1 Nr. 1a StBVV.[7] Generell gilt: auch für angefangene Abschlussarbeiten kann der StB die volle Gebühr geltend machen (§ 12 Abs. 4 StBVV). Der Grad der Fertigstellung sollte in der Rechnung dargestellt werden.[8] **578**

1) Küting/Eichenlaub, DStR 2012, 2615 ff.
2) Schwarz/Pahlke, § 87d AO Rz. 9 (September 2018).
3) LG Düsseldorf v. 9.9.2010, 8 O 233/08; AG Duisburg-Ruhrort v. 4.8.2000, 8 C 301/99, INF 2002, 96.
4) AG Wuppertal v. 15.6.2015, 32 C 93/14.
5) AG Oberhausen v. 27.11.2001, 35 C 379/01, DStRE 2002, 471; AG Wesel v. 6.9.2004, 27 C 100/04.
6) Kleinstkapitalgesellschaften-Bilanzrechtsänderungsgesetz v. 27.12.2012, BGBl. I 2012, 2751.
7) LG Duisburg v. 2.10.2015, 7 S 21/15; siehe die Nachweise zu § 33 StBVV Rz. 10; a.A. LG Gießen v. 4.5.2011, 1 S 253/10, mit zustimmenden Anmerkungen von Bruns, Stbg 2011, 467; LG Saarbrücken v. 14.9.2011, 9 O 416/09.
8) Klaren, KANZLEI intern 11_2016, 5.

Beispiel:

Bezeichnung (§, Abs., Nr.)	**Wert**	**Satz**	**Betrag**
Aufstellung Jahresabschluss 2023 (§ 35 Abs. 1 Nr. 1a StBVV)	7 647 332 €	20/10	5 966,00 €
Fertigstellung in 2024 zu 70 %=			4 176,20 €

Um diese Gebühr durchzusetzen, bedarf es im Bestreitensfalle allerdings eines substantiierten und nachvollziehbaren Sachvortrages zu dem bereits erbrachten Teil der Gesamtleistung. Dieser Sachvortrag muss aus einem qualitativen und einem zeitlichen Moment bestehen. Fehlt es daran, darf das Gericht von seiner Schätzungsbefugnis nach § 287 ZPO keinen Gebrauch machen. Der Honoraranspruch geht dann ins Leere.[1] Im Falle eines nur angefangenen Jahresabschlusses wird der StB in der Regel keine Gebühren für die Erstellung eines (angefangenen) Anhangs, der **Körperschaftsteuer-, Gewerbesteuer- und Umsatzsteuererklärung** berechnen können, da diese erst dann abschließend bearbeitet werden können, wenn der Jahresabschluss fertiggestellt ist. Auch wenn bestimmte Tätigkeiten im Rahmen der Abschlusserstellung für die Umsatzsteuererklärung von Relevanz sind (Durchsicht der Konten, ob die Anforderungen des § 22 UStG erfüllt sind, Prüfung der Kostenkonten auf korrekten Vorsteuerabzug etc.), bedeutet dies nicht, dass die Gebühr für die Umsatzsteuererklärung bereits entstanden ist und der StB mit der Umsatzsteuererklärung begonnen hätte. Erst wenn der Jahresabschluss steht, werden die Umsätze aus den Umsatzsteuervoranmeldungen im Rahmen der Umsatzsteuerverprobung mit den Werten aus dem Jahresabschluss verglichen. Dies ist m.E. der Zeitpunkt, in dem auch die Gebühr für die Umsatzsteuererklärung entsteht.

579 Die **Wahl des Gebührensatzes** richtet sich nach den allgemeinen Kriterien des § 11 StBVV, z.B. der Rechtsform und der Art des Unternehmens, dem Umfang des Geschäftsbetriebs, der Zahl der Niederlassungen (ggf. auch im Ausland), dem Rechnungswesen, dem Umfang des Anlagevermögens, der Höhe der Vorräte und Bewertungsprobleme, der Zahl der Debitoren und Kreditoren, dem Schwierigkeitsgrad der Wertermittlung oder einzelner Bilanzpositionen. Bei der Aufstellung eines Jahresabschlusses für einen Einmann-Handwerksbetrieb handelt es sich um einen „Durchschnittsfall", der die Mittelgebühr rechtfertigt.[2] Prüfungshandlungen/Plausibilitätsbeurteilungen wirken sich gebührenerhöhend aus (→ Rz. 584). Kommt es zu einem Honorarrechtsstreit, beauftragen die Gerichte üblicherweise einen Sachverständigen/Gutachter mit der Prüfung der Angemessenheit und folgen i.d.R. dessen Einschätzung.[3] Ermittelt bzw. überprüft der StB die vom Mandanten selbst berechneten abzugsfähigen/nicht abzugsfähigen **Schuldzinsen** nach § 4 Abs. 4a EStG, rechtfertigt dies den Ansatz eines höheren Zehntelsatzes i.R.d. § 35 Abs. 1 Nr. 3 StBVV. Es handelt sich hierbei typischerweise um Arbeiten, die dazu dienen, vom Handelsbilanzergebnis zum steuerlichen Ergebnis überzuleiten, weil die Zinsen in der Handelsbilanz in vollem Umfang als Betriebsausgaben abzugsfähig sind.[4] Durch die **Automatisierung** der Finanzbuchführung und die dadurch erreichte Qualität verringern sich die Routinearbeiten der Jahresabschlusserstellung, wie z.B. Abstimmungs-, Abgrenzungs-, Plausibilisierungs- und Nachweistätigkeiten, was sich gebührenmindernd beim Umfang der Tätigkeit (§ 11 StBVV) auswirkt.

580 **Bilanzänderungen oder -berichtigungen**, die der StB nicht zu vertreten hat, rechtfertigen grundsätzlich die Wahl eines höheren Zehntelsatzes. Ein Honoraranspruch entsteht aber nur bei einer vorherigen Auftragserteilung (→ § 33 StBVV Rz. 551).[5]

1) Mayer, NJW 2015, 1647 f.
2) AG Düsseldorf v. 28.3.2025, 233 C 348/23.
3) AG Mettmann v. 18.6.2021, 22 C 141/17: Höchstgebühr für Jahresabschluss angemessen.
4) Boelsen in Eckert, 7. Aufl. 2023, § 35 StBVV Rz. 59; a.A. Schwamberger, KP 2017, 143, 145: Zeitgebühr nach § 35 Abs. 3 StBVV.
5) AG Löbau v. 14.10.1999, 2 C 36/98.

Umfangreiche Berichtigungen bis hin zu einer Neuerstellung des Jahresabschlusses, die der StB nicht zu vertreten hat und die nach Rechnungserteilung erforderlich werden, z.B. weil Tatbestände oder Wertansätze unzutreffend waren, können sinngemäß (§ 2 StBVV) mit einer weiteren Gebühr nach § 35 Abs. 1 StBVV abgerechnet werden.[1] Gleiches gilt, wenn der Vorberater durch eigens pflichtwidriges Verhalten eine Neuerstellung des Jahresabschlusses durch einen anderen StB zu verantworten hat[2] oder wenn eine Handels- oder Steuerbilanz durch Aufstellung einer „neuen Bilanz" an das Ergebnis einer Betriebsprüfung oder in Folge eines rechtskräftigen Urteils angepasst werden muss.[3]

Beispiel:

Nachdem durch rechtskräftiges Urteil entschieden wurde, dass ein notarieller Kaufvertrag aus dem Jahr 2018 über ein Betriebsgrundstück der Grundbesitz GmbH & Co. KG unwirksam war, müssen sämtliche Jahresabschlüsse der Grundbesitz GmbH & Co. KG sowie der Komplementär-GmbH seit dem Jahr 2018 korrigiert werden. Hierfür fallen jeweils weitere Gebühren nach § 35 StBVV an.

Bei „kleineren" Korrekturen wird im ersten Schritt eine Abrechnung nach Zeitgebühr gem. § 35 Abs. 1 StBVV i.V.m. § 13 Satz 1 Nr. 2, Satz 2 StBVV empfohlen (→ § 12 StBVV Rz. 250).[4]

Zu den Gebühren bei Wechsel der Gewinnermittlungsart → § 25 StBVV Rz. 452.

Auch **Ergänzungs- und Sonderbilanzen** sind grundsätzlich gesondert zu vergüten. **581**
Unter Sonderbilanzen im weitesten Sinne sind solche Bilanzen zu verstehen, die nicht Hauptbilanz für das jeweilige Unternehmen sind. Häufig geht es um „steuerliche Ergänzungsbilanzen" von Gesellschaftern einer Personengesellschaft. In diesen Fällen stellt sich zunächst die Frage, wer **Auftraggeber** ist und gegenüber wem diese Sonderbilanz abgerechnet werden kann. Zwar ist die Sonderbilanz für jeden Mitunternehmer zu erstellen. Gleichwohl trifft die Verpflichtung zur Aufstellung einer Sonderbilanz nicht den einzelnen Gesellschafter, sondern obliegt der Personengesellschaft/Mitunternehmerschaft.[5] Da die Sonderbilanz der Ermittlung des steuerlichen Gesamtergebnisses der Mitunternehmerschaft dient und es sich folglich um eine betriebliche Verpflichtung der **Gesellschaft** handelt, ist diese im Zweifel auch Auftraggeber und Rechnungsadressat, zumal die Steuerberatungskosten für die Gesellschaft abzugsfähige Betriebsausgaben sind.[6] Da es sich bei dieser Art Sonderbilanz nicht um eine Handelsbilanz (→ Rz. 583),[7] sondern naturgemäß um eine originäre Steuerbilanz handelt, sollte § 35 Abs. 1 Nr. 1 StBVV sinngemäß über § 2 StBVV angewendet werden. Einschlägig ist entweder § 35 Abs. 1 Nr. 1 Buchst. a StBVV (z.B. bei gesonderter Gewinn- und Verlustrechnung oder bei eigenen Sonderjahresabschlüssen der Gesellschafter) oder § 25 StBVV bzw. § 35 Abs. 1 Nr. 4 StBVV, wenn nur Sonderbetriebsausgaben und Sonderbetriebseinnahmen festgestellt werden oder keine Gewinn- und Verlustrechnung erstellt wird.[8] Häufig wird

---

1) Schwamberger, KP 2017, 143, 146; Boelsen in Eckert, 7. Aufl. 2023, § 35 StBVV Rz. 102.
2) LG Duisburg v. 9.9.2022, 10 O 204/18, GI aktuell 2022, 304: der Vorberater hatte fehlerhafte Rückstellungen von Prozesskosten i.H.v. 450 000 € statt 44 000 € gebildet. Das Gericht hielt den angesetzten Gebührensatz für die Neuerstellung des Jahresabschlusses durch einen anderen StB für angemessen, weil dieser unterhalb der Mittelgebühr lag.
3) Boelsen in Eckert, 7. Aufl. 2023, § 35 StBVV Rz. 104; Beyme, Honorargestaltung für Steuerberater, März 2023, 8.
4) Brummer, 10. Aufl. 2010, § 35 StBGebV Anm. 19; a.A. Schwamberger, KP 2017, 143, 147: Zeitgebühr nach § 35 Abs. 3 StBVV i.V.m. § 2 StBVV.
5) BFH v. 23.10.1990, VIII R 142/85, BStBl II 1991, 401.
6) BFH v. 28.5.2015, VIII B 40/14; Beyme, KANZLEI intern 2_2018, 6.
7) Nach Schwamberger in Meyer/Goez/Schwamberger, 11. Aufl. 2023, § 35 StBVV Rz. 4 sind Ergänzungs- und Sonderbilanzen auch zur Handelsbilanz zu erstellen.
8) AG Mettmann v. 18.6.2021, 22 C 141/17; Schwamberger in Meyer/Goez/Schwamberger, 11. Aufl. 2023, § 35 StBVV Rz. 4.

ein Rahmensatz im unteren Bereich angemessen sein. Auf Wunsch von Banken oder Gesellschaften werden gelegentlich freiwillige **Konzernabschlüsse** (konsolidierte Abschlüsse) erstellt, bei denen nicht alle gesetzlichen Pflichten der §§ 290 ff. HGB beachtet werden. In der Regel werden diese handelsrechtlichen Jahresabschlüsse nicht für steuerliche Zwecke erstellt, weil das Ergebnis der Bilanz und der Gewinn- und Verlustrechnung nicht für die Berechnung von Steuern erforderlich ist.[1] Es liegt also eine vereinbare Tätigkeit vor, die nicht unter den Anwendungsbereich der StBVV fällt. Entsprechendes gilt für die Aufstellung des Konzernjahresabschlusses nach **IFRS**. Der Konzernabschluss tritt als besonderer Abschluss neben die Abschlüsse der selbständig tätigen Unternehmen des Konzerns. Abgerechnet werden kann über § 2 StBVV entweder eine Gebühr nach § 35 StBVV[2] oder als übliche Vergütung i.S.d. §§ 612 Abs. 2, 632 Abs. 2 BGB eine Zeitgebühr oder eine Pauschale.[3] Letzteres dürfte in Fällen mit minimalem Konsolidierungsbedarf und geringfügiger Tätigkeit sachgerechter sein.

Praxistipp:

Generell gilt: Unabhängig davon, ob die Tätigkeit für steuerliche Zwecke erfolgt oder anderen Zwecken dient, ist es naheliegend die übliche Vergütung i.S.d. § 612 Abs. 2 BGB an den Sätzen der StBVV zu orientieren, wenn die StBVV für diese Art von Leistung einen Gebührentatbestand vorsieht.[4]

Gelegentlich werden StB vom Insolvenzverwalter gebeten, eine sog. **Insolvenzeröffnungsbilanz** zu erstellen. Hierbei handelt es sich um eine bilanzartige Vermögensübersicht i.S.d. § 153 InsO, die nicht steuerlichen Zwecken, sondern allein der Feststellung des Wertes der Insolvenzmasse dient. Es handelt sich also um eine vereinbare Tätigkeit, die nicht unter den Anwendungsbereich der StBVV fällt. Empfehlenswert ist eine Vereinbarung mit dem Insolvenzverwalter über die Art und Höhe der Vergütung. Andernfalls empfiehlt sich eine sinngemäße Anwendung (§ 2 StBVV) des § 37 Nr. 1 StBVV.[5] Die Erstellung eines Zwischenabschlusses zur Vorbereitung von Verhandlungen mit einer **Bank** ist ebenfalls eine vereinbare Tätigkeit, die nicht nach § 35 Abs. 1 Nr. 2 StBVV abgerechnet werden kann.[6] Wenn diese Form der Abrechnung nicht ausdrücklich vereinbart wurde, sollte der StB in der Rechnung darauf hinweisen, dass er die Vorschrift lediglich analog anwendet.[7] Die für die E-Bilanz vorliegenden Daten im XBRL-Format werden auch für Kreditentscheidungen der Banken genutzt, was zu einer Beschleunigung des Kreditprozesses führt. Die Übertragung der Jahresabschlüsse in Papierform entfällt. Das zunächst unter der Bezeichnung ELBA (Elektronische Bilanzabgabe) im Rahmen der Kreditvergabe an Unternehmen firmierende Projekt wurde zwischenzeitlich in **DiFin** (Digitaler Finanzbericht) umbenannt und dient ebenfalls keinen steuerlichen Zwecken. Es handelt sich auch hier um eine vereinbare Tätigkeit. Der Aufwand ist vergleichbar mit der Aufbereitung und Übermittlung der verkürzten Bilanz an den Bundesanzeiger bzw. das Unternehmensregister, so dass auch hier eine Vergütung zwischen **80 € und 250 €** üblich sein dürfte (→ Rz. 575). Die Kosten für die **DiFin-Übermittlung** belaufen sich je nach Softwarehersteller auf ca. 6,00 € bis 8,00 €, wobei die Rückübermittlung hierbei bereits enthalten sind. Diese Kosten kann der StB seinem Mandanten gemäß §§ 3 Satz 2 StBVV, 675, 670 BGB in Rechnung stellen (→ Rz. 576). Seit Mai 2017 existiert auch eine **finale Haftungsfreistellungserklärung**

1) Ausführlich, auch zu Ausnahmefällen: Schwamberger in Meyer/Goez/Schwamberger, 11. Aufl. 2023, § 35 StBVV Rz. 16.
2) Boelsen in Eckert, 7. Aufl. 2023, § 35 StBVV Rz. 47 und 107.
3) Schwamberger in Meyer/Goez/Schwamberger, 11. Aufl. 2023, E III Rz. 18.
4) LG Bielefeld v. 29.3.2017, 3 O 44/12.
5) Ueberfeldt, KANZLEI intern 01/2016, 6.
6) OLG Düsseldorf v. 9.7.2020, I-12 U 55/19, ZIP 2020, 2294, 2297 f.
7) Beyme, Honorargestaltung für Steuerberater, Januar 2022, 7, 8: „Abrechnung nach § 612 Abs. 2 BGB bzw. § 632 Abs. 2 BGB i.V.m. § 35 Abs. 1 Nr. 2 StBVV analog".

der Banken und Sparkassen gegenüber den am DiFin-Prozess beteiligten StB. Durch diese Haftungsfreistellungserklärung haben die Finanzinstitute klargestellt, dass u.a. StB ihnen gegenüber nicht für fahrlässig (einschließlich grob fahrlässig) verursachte Schäden haften, die ausschließlich aus der Besonderheit der elektronischen Abschlussübermittlung entstehen. Der Prozess sieht vor, dass eine einmalige Abgabe der Haftungsfreistellungserklärung des Finanzinstituts gegenüber allen potenziell sendenden StB ausreicht. Die Abgabe einer gesonderten Haftungsfreistellungserklärung des einzelnen Finanzinstituts gegenüber jedem sendenden StB ist nicht vorgesehen.[1)]

Einen eigenen Gebührentatbestand für die **Erstellung** einer **E-Bilanz** gibt es nicht, **582**
obwohl die entsprechende Aufbereitung der Daten – insbesondere bei selbst buchenden Mandanten – von Anfang an aufwändig war und für Wirtschaftsjahre nach dem 31.12.2014 noch aufwändiger geworden ist. Seitdem nämlich müssen Personengesellschaften Sonder- und Ergänzungsbilanzen als eigenen Datensatz und eine Kapitalkontenentwicklung in strukturierter Form übermitteln.[2)] Hinzu kommt unverändert der Aufwand des Beraters bei Beanstandungen und Rückfragen der Finanzverwaltung. Tatsächlich werden nicht wenige E-Bilanzen mit äußerst geringem Dateninhalt übermittelt (nur sog. „Muss-Felder"). Obwohl diese E-Bilanzen den gesetzlichen Anforderungen genügen, führen sie regelmäßig zu Rückfragen, weil ohne vollständige Kontennachweise zur Bilanz und zur GuV und ohne Anlagespiegel eine Veranlagung nicht erfolgen kann. Der Umfang des zu übersenden Datensatzes der E-Bilanz wurde durch das JStG 2024[3)] noch einmal erweitert. Danach sind Kontennachweise erstmals für Wirtschaftsjahre elektronisch zu übermitteln, die nach dem 31.12.2024 beginnen. Anlagenspiegel, Anlagenverzeichnis und sofern vorhanden, der Anhang, der Lagebericht und Prüfungsbericht, das Verzeichnis nach § 5 Abs. 1 Satz 2 EStG und ein Verzeichnis der Anlagegüter nach § 5a Abs. 4 EStG sind erstmals für Wirtschaftsjahre elektronisch zu übermitteln, die nach dem 31.12.2027 beginnen, vgl. § 5b EStG. Dies führt zu einem deutlich höheren Bürokratie- und Arbeitsaufwand, der die Steuerpflichtigen und die StB erheblich belasten wird.[4)]

Teilweise wird vertreten, dass für die Erstellung der E-Bilanz keine zusätzliche Gebühr nach § 35 StBVV, sondern allenfalls ein höherer Zehntelsatz im Rahmen des § 35 Abs. 1 Nr. 1 Buchst. a StBVV berechnet werden kann.[5)] Überwiegend wird allerdings vertreten, dass die Erstellung der E-Bilanz von den Gebührentatbeständen des § 35 Abs. 1 Nr. 3 Buchst. a oder b StBVV erfasst wird.[6)] Da die E-Bilanz eine standardisierte Aufbereitung der Inhalte der Bilanz und Gewinn- und Verlustrechnung ist, handelt es sich nicht um ein eigenständiges Rechnungslegungswerk, sondern entweder um eine Handelsbilanz mit Überleitungsrechnung oder um eine Steuerbilanz. Entscheidend für die Abrechnung ist, was als E-Bilanz übermittelt wird: die Handelsbilanz mit Überleitungsrechnung (§ 5b Abs. 1 Satz 2 EStG) oder die Steuerbilanz (§ 5b Abs. 1 Satz 3 EStG). Damit ist der Anwendungsbereich des § 35 Abs. 1 Nr. 3 StBVV eröffnet. Bei einer Übermittlung der Handelsbilanz mit

1) Weitere Informationen, Mustervordrucke und eine Übersicht der am Verfahren teilnehmenden Kreditinstitute und IT-Dienstleister/Softwareanbieter sind unter www.digitaler-finanzbericht.de zu finden.

2) Schäperclaus/Hülshoff, DB 2014, 2601.

3) JStG 2024 v. 2.12.2024, BGBl. I 2024 Nr. 387 = BStBl I 2024, 1484.

4) Schmidt, NWB 2025, 970.

5) Schwamberger, KP 2013, 9 ff.; Schwamberger in Meyer/Goez/Schwamberger, 11. Aufl. 2023, § 35 StBVV Rz. 2a.

6) AG Düsseldorf v. 28.3.2025, 233 C 348/23; Gläser/Danner, DStR 2014, 2198, 2200; Berners, 6. Aufl. 2020, § 35 StBVV Rz. 32; Wilk, DATEV magazin 11/2014, 28, 29; Wilk/Beyer-Petz, DStR 2012, 2508, 2512; Boelsen in Eckert, 7. Aufl. 2023, § 35 StBVV Rz. 58; Feiter, KANZLEI intern 04/2014, 2 und 05/2014, 2; Schwamberger, KP 2017, 143, 146; Beyme, Honorargestaltung für Steuerberater, März 2021, 6.

Überleitungsrechnung erfolgt die Abrechnung nach § 35 Abs. 1 Nr. 3a StBVV, bei einer Übermittlung der Steuerbilanz ist § 35 Abs. 1 Nr. 3b StBVV einschlägig. Da die Erstellung der E-Bilanz gegenüber dem gängigen Jahresabschluss weitere Tätigkeiten erforderlich macht (z.B. Bildung und Einordnung von Taxonomien), rechtfertigt dieser Mehraufwand einen höheren Zehntelsatz bei der Gebühr nach § 35 Abs. 1 Nr. 3a oder b StBVV.[1] Der Mehraufwand im Zusammenhang mit der Umstellung der Buchführung, insbesondere bei selbst buchenden Mandanten, konnte demgegenüber i.R.d. § 33 StBVV oder auch i.R.d. § 35 Abs. 3 StBVV (→ § 33 StBVV Rz. 540) berücksichtigt werden.

Für die **elektronische Übermittlung** der **E-Bilanz** gibt es keinen eigenen Gebührentatbestand. Allerdings wird regelmäßig Auslagenersatz nach § 16 StBVV anfallen,[2] weil der StB verpflichtet ist, dem Mandanten die E-Bilanz im Vorfeld zwecks Freigabe zukommen zu lassen und er nach Übermittlung der Daten an die Finanzverwaltung dem Mandanten diese E-Bilanz übermitteln muss (§ 87d Abs. 3 AO). Nach der neusten Rechtsprechung löst bereits der Versand einer einzigen E-Mail die Auslagenpauschale nach § 16 StBVV aus (→ § 16 StBVV Rz. 303). Darüber hinaus kann der StB die ihm von seinem Rechenzentrum berechneten Gebühren für die Übermittlung der E-Bilanz – wie auch alle sonstigen Gebühren, die mandatsbezogen anfallen – seinem Mandanten gem. §§ 3 Satz 2 StBVV, 670, 675 BGB in Rechnung stellen (→ § 3 StBVV Rz. 110).

B. Einzelne Gebührentatbestände (Abs. 1)

I. Aufstellung eines Jahresabschlusses (Nr. 1 Buchst. a)

583 § 35 Abs. 1 Nr. 1 Buchst. a StBVV **erfasst** die **Aufstellung einer Bilanz und einer Gewinn- und Verlustrechnung**, die die Grundlage für die Ermittlung des Gewinns und der Einkünfte aus Gewerbebetrieb und selbständiger Arbeit bilden, unabhängig davon, ob auf Grund gesetzlicher Vorschriften eine Pflicht zur Gewinnermittlung nach **Handels- und Steuerrecht** besteht oder ob die **Bilanzierung freiwillig** erfolgt. Da die Erstellung des steuerlichen Jahresabschlusses allein den steuerberatenden Berufen) vorbehalten ist, gilt dies auch für die Erstellung des handelsrechtlichen Jahresabschlusses (§§ 242 ff. HGB). Denn die den steuerlichen Berufsträgern vorbehaltene unbeschränkte Hilfeleistung in Steuersachen (§ 1 Abs. 2 Nr. 2 StBerG) umfasst grds. auch die Hilfeleistung bei der Aufstellung solcher Abschlüsse, die für die Besteuerung von Bedeutung sind. Da die **Handelsbilanz** für die nach dem EStG zu erstellende Steuerbilanz maßgeblich ist, ist auch die Erstellung des handelsrechtlichen Jahresabschlusses eine **Vorbehaltsaufgabe**.

Praxistipp:

In § 33 Satz 2 StBerG wurde dies zwischenzeitlich klargestellt. Die Wörter „Aufstellung von Steuerbilanzen" wurden durch die Formulierung des § 1 Abs. 2 Nr. 2 StBerG „Aufstellung von Abschlüssen, die für die Besteuerung von Bedeutung sind" ersetzt.

Ist eine nicht zur Hilfeleistung in Steuersachen befugte Person damit befasst, führt dies zur Unwirksamkeit des gesamten Vertragsverhältnisses.[3] Die „Aufstellung des Jahresabschlusses" beginnt nach der abgestimmten Saldenbilanz der Finanzbuchführung, den addierten ordnungsgemäßen Inventurunterlagen, dem ergänzten Anlagenverzeichnis und der Vorlage prüfungsfähiger Unterlagen zu allen wichtigen Vorgängen.[4] Zu den eigentlichen Jahresabschlussarbeiten gehören z.B. die Beachtung der Form- und Gliederungsvorschriften, die Wahl der Bewertungs-, Ansatz-

---

1) Gläser/Danner, DStR 2014, 2198, 2200.
2) Gläser/Danner, DStR 2014, 2198, 2200.
3) LG Hamburg v. 5.5.2017, 418 HKO 39/15, Stbg 2018, 84.
4) Brummer, 10. Aufl. 2010, § 35 StBGebV Anm. 5.

und Gliederungswahlrechte und die Beratung und Entscheidung über den Ansatz einer Ansparabschreibung,[1] die Ermittlung und Berechnung der steuerlichen Rückstellungen für die Gewerbe- und Körperschaftsteuer.

Ergänzungs- und Sonderbilanzen, die mit einer Gewinn- und Verlustrechnung zu erstellen sind, sind „sinngemäß" (§ 2 StBVV) nach dieser Vorschrift abzurechnen (→ Rz. 581). § 35 Abs. 1 Nr. 1 Buchst. a StBVV ist auch auf bilanzierende **Vereine** anzuwenden. Anders als im Fall der Erstellung einer Einnahmen-Ausgaben-Rechnung für einen Verein, spielen die vier Säulen des Vereins hier keine Rolle, da nur ein Abschluss erstellt wird (→ § 25 StBVV Rz. 447). Unter Beachtung von § 11 StBVV kann ein ggf. erforderlicher Mehraufwand über den Rahmensatz berücksichtigt werden.

Durch die 1. ÄndVO vom 20.6.1988[2] wurde der obere Gebührenrahmen um 6/10 **584**
auf 36/10 angehoben, durch die 3. ÄndVO[3] erfolgte eine weitere Anhebung auf 40/10, um den gestiegenen Anforderungen und den gestiegenen Schwierigkeitsgrad bei der Bilanzerstellung, z.B. bei Auslandsaktivitäten oder im Konzernverbund, Rechnung zu tragen. Eine (teilweise) Anrechnung der Gebühr für die Aufstellung eines Zwischenabschlusses auf die Gebühr für den späteren Jahresabschluss ist nicht vorgesehen. Allerdings wirkt sich ein geringerer Aufwand bei der Aufstellung des Jahresabschlusses auf die Höhe der Gebühr für den Jahresabschluss aus.[4]

Die erhöhten Anforderungen bei den Rechnungslegungsvorschriften durch das Bilanzrichtliniengesetz,[5] das Gesetz zur Kontrolle und Transparenz im Unternehmensbereich,[6] das Kapitalgesellschaften- und Co-Richtlinie-Gesetz, § 18 KWG[7] und Baseler Ausschuss für Bankenaufsicht, Internationale Konvergenz der Kapitalmessung und Eigenkapitalanforderung (Basel II)[8] führen dazu, dass bei der Erstellung von Jahresabschlüssen[9] nicht nur steigende Ansprüche an die Sorgfalt bei der Erstellung, sondern auch an die Vornahme von Prüfungshandlungen und an die Dokumentation der vorgenommenen Tätigkeiten gestellt werden. Der StB muss darauf achten, dass er für die **Erstellung eines Jahresabschlusses mit Plausibilitätsprüfung oder mit umfangreichen Prüfungshandlungen** ausdrücklich beauftragt wird. Er sollte keinesfalls eigenmächtig tätig werden. Andernfalls besteht die Gefahr, dass er den mit der Abschlusserstellung verbundenen Mehraufwand nicht separat abrechnen kann (→ § 33 StBVV Rz. 551).

Wie dieser Mehraufwand abzurechnen ist, ist streitig. In der Literatur[10] wird teil- **585**
weise davon ausgegangen, dass es sich bei Plausibilitätsbeurteilungen und umfassenden Prüfungshandlungen um betriebswirtschaftliche Tätigkeiten handelt und deshalb der sachliche Anwendungsbereich der StBVV (§ 1 Abs. 1 StBVV) nicht eröffnet ist. Als übliche Vergütung i.S.d. §§ 612 Abs. 2, 632 Abs. 2 BGB wird eine Zeitgebühr zwischen 100 und 250 €/Std. angesehen.[11] Nach anderer Ansicht sollen diese Tätigkeiten nach § 36 Abs. 2 Nr. 1 StBVV abgerechnet werden.[12] Demgegen-

1) Boelsen in Eckert, 7. Aufl. 2023, § 35 StBVV Rz. 37 ff.; zur Beratung in Sachen Ansparabschreibung → § 13 StBVV Rz. 273.
2) 1. ÄndVO v. 20.6.1988, BGBl. I 1988, 841.
3) 3. ÄndVO v. 20.8.1998, BGBl. I 1998, 2369.
4) Beyme, Honorargestaltung für Steuerberater, Januar 2022, 7, 8.
5) BiRiLiG v. 19.12.1985, BGBl. I 1985, 2355.
6) KonTraG v. 27.4.1998, BGBl. I 1998, 786.
7) Kreditwesengesetz (KWG) v. 9.9.1998, BGBl. I 1998, 2776.
8) www.bundesbank.de.
9) S. Schreiben der BStBK zu den Grundsätzen für die Erstellung von Jahresabschlüssen durch Steuerberater, Beihefter zu DStR 50/2001; DStR 2004, 64 und www.bstbk.de zur neuen Verlautbarung v. 12./13.4.2010, Beihefter zu DStR 16/2010 nebst FAQ's.
10) Schwamberger, KP 2002, 157, 159; Schwamberger in Meyer/Goez/Schwamberger, 11. Aufl. 2023, § 35 StBVV Rz. 3b; wohl auch Braun, DStR 2003, 998.
11) Schwamberger, KP 2002, 157, 159.
12) Berners, 6. Aufl. 2020, § 35 StBVV Rz. 37.

über differenzierten die BStBK und die h.M. in der Literatur danach, ob bei der Auftragserteilung steuerliche oder außersteuerliche Zwecke im Vordergrund stehen.[1] Erteilt der Mandant dem StB uneingeschränkt den Auftrag, einen Jahresabschluss mit Plausibilitätsbeurteilung bzw. umfassenden Prüfungshandlungen i.S.d. Verlautbarung der BStBK zu erstellen, soll sich die Abrechnung der vorzunehmenden Prüfungshandlungen nach § 36 Abs. 1 StBVV (Zeitgebühr) richten. Wird der StB damit beauftragt, einen vom Auftraggeber selbst oder einem anderen Berufsangehörigen erstellten Jahresabschluss einer Plausibilitätsbeurteilung zu unterziehen, soll § 36 Abs. 2 Nr. 1 StBVV entsprechende Anwendung finden. Stehen bei der Auftragserteilung außersteuerliche Zwecke im Vordergrund, z.B. wenn dem StB für Zwecke des Ratings nachträglich der Auftrag erteilt wird, einen bereits erstellten Jahresabschluss auf Plausibilität zu beurteilen, sind auch nach Auffassung der BStBK die §§ 612 Abs. 2, 632 Abs. 2 BGB einschlägig. Dieser Differenzierung zwischen steuerlichen und nicht steuerlichen Zwecken ist der Vorzug zu geben. Spätestens seit der Änderung des § 36 Abs. 1 StBVV im Rahmen des Jahressteuergesetzes 2007[2] (→ § 36 StBVV Rz. 608) ist klargestellt, dass Plausibilitätsbeurteilungen und Prüfungshandlungen, die steuerlichen Zwecken dienen, direkt unter § 36 Abs. 1 StBVV fallen.

Praxistipp:

Empfehlenswert ist eine Vergütungsvereinbarung nach § 4 Abs. 1 StBVV. Diese kann z.B. so gestaltet sein, dass neben den gesetzlichen Gebühren für die Aufstellung des Jahresabschlusses, die Erstellung eines Anhangs, die Erstellung eines schriftlichen Erläuterungsberichts und eventueller Abschlussvorarbeiten eine Zeitgebühr für die Durchführung von Prüfungshandlungen/Plausibilitätsbeurteilungen vereinbart wird.

II. Erstellung eines Anhangs (Nr. 1 Buchst. b)

586 Das am 1.1.1986 in Kraft getretene Bilanzrichtliniengesetz[3] sieht vor, dass Kapitalgesellschaften ihren Jahresabschluss um einen Anhang erweitern müssen und einen Lagebericht aufzustellen haben. Durch die 1. ÄndVO[4] wurden deshalb die Gebührentatbestände des Abs. 1 Nr. 1 Buchst. b und c sowie Nr. 7 Buchst. b und c in die Vorschrift des § 35 StBGebV aufgenommen.

Praxistipp:

Bei freiwilliger Erstellung eines Anhangs sollte der Berater den Auftragsumfang möglichst absichern (→ Rz. 575). Dies gilt besonders nach Inkrafttreten des Kleinstkapitalgesellschaften-Bilanzrechtsänderungsgesetz.[5] Nach der Neufassung des § 264 Abs. 1 Satz 5 HGB wird Kleinstkapitalgesellschaften das Wahlrecht eingeräumt, auf die Erstellung eines Anhangs zu verzichten.

Danach muss kein Anhang mehr erstellt werden, wenn **Angaben** zu Haftungsverhältnissen i.S.d. §§ 251, 268 Abs. 7 HGB, Vorschüssen/Krediten an Mitglieder der Verwaltungs-, Geschäftsführungs- oder Aufsichtsorgane i.S.d. § 285 Nr. 9 c HGB und Transaktionen eigener Aktien i.S.d. § 160 Abs. 1 Satz 1 Nr. 2 AktG **unter der Bilanz** ausgewiesen werden. Mangels Erstellung eines Anhangs entsteht die Gebühr nach § 35 Abs. 1 Nr. 1b StBVV nicht. Da die eigentlichen Abschlussarbeiten umfangreicher werden, kann dafür ein höherer Gebührensatz berechnet werden. Vorgeschlagen wird auch, die Angaben unter der Bilanz in sinngemäßer Anwendung von § 2 StBVV i.V.m. § 35 Abs. 1 Nr. 1b StBVV mit einer Gebühr im unteren Bereich der Rahmengebühr abzurechnen.[6]

1) Weiler, DStR 2006, 1153 ff.; Weiler, DStR 2011, 380 f.; Wolff, KP 2006, 188, 191; Boelsen in Eckert, 7. Aufl. 2023, § 35 StBVV Rz. 10; 112 f.
2) JStG 2007 v. 13.12.2006, BGBl. I 2006, 2878 = BStBl I 2007, 28.
3) BiRiLiG v. 19.12.1985, BGBl. I 1985, 2355.
4) 1. ÄndVO v. 20.6.1988, BGBl. I 1988, 841.
5) MicroBilG v. 27.12.2012, BGBl. I 2012, 2751.
6) Boelsen in Eckert, 7. Aufl. 2023, § 35 StBVV Rz. 53.

Die Höhe der Gebühr für den Anhang hat sich nach der Mindestgebühr zu richten, wenn der Anhang nur Standardangaben enthält,[1] oder wenn nur der Vorjahrestext kopiert und die Jahreszahl ausgetauscht werden muss.[2] Für einen sog. Offenlegungsanhang ist die StBVV nicht unmittelbar anwendbar (→ Rz. 577).

III. Erstellung eines Lageberichts (Nr. 1 Buchst. c a.F.)

Die Erstellung eines Lageberichts gehört zum **Aufgabenbereich der Unternehmensführung.** Der entsprechende Gebührentatbestand in § 35 Abs. 1 Nr. 1 Buchst. c StBGebV wurde durch die VO zum Erlass und zur Änderung steuerlicher Verordnungen[3] mit Wirkung zum 20.12.2012 aufgehoben, weil die Aufstellung des Lageberichts den gesetzlichen Vertretern der Kapitalgesellschaft (§§ 264 Abs. 1, 289 HGB) obliegt. Die komplette Erstellung des Lageberichts durch den Steuerberater ohne die Mitwirkung des zur Aufstellung des Lageberichts Verpflichteten ist unzulässig. Der Lagebericht enthält eine wirtschaftliche Gesamtbeurteilung durch die geschäftsführenden Organe hinsichtlich Vergangenheit und Zukunft des Unternehmens. Diese höchstpersönliche Einschätzung des Unternehmens kann auch aus Haftungsgründen nicht durch den Steuerberater übernommen werden. Er kann lediglich in begrenztem Umfang bei der Aufstellung des Lageberichts mitwirken. Diese beratende Mitwirkung ist in § 35 Abs. 1 Nr. 7 Buchst. c StBVV gesondert geregelt. **587**

IV. Zwischenabschluss oder vorläufiger Abschluss (Nr. 2)

Zwischenabschlüsse und vorläufige Abschlüsse i.S.d. Vorschrift müssen steuerlichen Zwecken dienen. Werden Zwischenabschlüsse oder vorläufige Abschlüsse für nicht steuerliche Zwecke (z.B. Kreditprüfungszwecke, Verkauf eines Unternehmens) erstellt, fällt das übliche BGB-Honorar an (→ Rz. 574 f.). Es liegt nahe, die Regelung des § 35 Abs. 1 Nr. 2 StBVV bei außersteuerlichen Zwecken zu vereinbaren oder analog anzuwenden (→ Rz. 581).[4] Durch die VO zum Erlass und zur Änderung steuerlicher Verordnungen v. 11.12.2012 wurde der Gebührenrahmen mit Wirkung zum 20.12.2012 von 5/10 bis 12/10 auf 10/10 bis 40/10 angehoben. Bei der Aufstellung eines Zwischenabschlusses oder eines vorläufigen Abschlusses sind im Wesentlichen dieselben Arbeiten vorzunehmen wie bei einem Jahresabschluss. Die Anhebung ist gerechtfertigt, da Zwischenabschlüsse vermehrt zur Vorlage an Banken, die Finanzierungszusagen hiervon abhängig machen, oder im Rahmen von Kaufverhandlungen bezüglich Übernahmen, Gesellschafterwechsel etc. gefordert werden. Solche Zwischenabschlüsse sind häufig aufwendiger und streitanfälliger als der eigentliche Jahresabschluss. Aufwand und Haftungsrisiko rechtfertigen deshalb eine gebührenrechtliche Gleichstellung mit der Aufstellung eines Jahresabschlusses. Die Aufstellung eines Zwischenabschlusses und eines Jahresabschlusses sind jeweils selbständige gebührenrechtliche Angelegenheiten. Eine (teilweise) Anrechnung der Gebühr für die Aufstellung des Zwischenabschlusses auf die Gebühr für den späteren Jahresabschluss ist nicht vorgesehen. Allerdings wirkt sich ein geringerer Aufwand bei der Aufstellung des Jahresabschlusses auf die Höhe der Gebühr aus.[5] **588**

V. Ableitung des steuerlichen Ergebnisses und Entwicklung einer Steuerbilanz aus der Handelsbilanz (Nr. 3)

Wenn die Notwendigkeit besteht, neben dem handelsrechtlichen Jahresabschluss eine Steuerbilanz zu erstellen, sind die Gebührentatbestände des § 35 Abs. 1 Nr. 1 **589**

1) LG Köln v. 29.5.2001, 16 O 434/94.
2) LG Dortmund v. 20.5.2020, 7 O 185/15, DStR 2021, 2215.
3) VO zum Erlass und zur Änderung steuerlicher Verordnungen v. 11.12.2012, BGBl. I 2012, 2637 = BStBl I 2013, 2.
4) Beyme, Honorargestaltung für Steuerberater, Januar 2022, 7.
5) Beyme, Honorargestaltung für Steuerberater, Januar 2022, 7 f.

Buchst. a StBVV und des § 35 Abs. 1 Nr. 3 StBVV nebeneinander anwendbar. Die in Nr. 1 Buchst. a verwandten handelsrechtlichen Begriffe „Jahresabschluss", „Bilanz" sowie „Gewinn- und Verlustrechnung" lassen erkennen, dass Nr. 1 Buchst. a nicht auch die Vergütung für die Steuerbilanz beinhaltet. Auf Grund des nicht unerheblichen Arbeitsaufwands, den die Bewertungsvorschriften des EStG bei der Erstellung der Steuerbilanz zur Ermittlung des steuerlichen Ergebnisses erfordern, ist eine zusätzliche Gebühr nach § 35 Abs. 1 Nr. 3 StBVV auch gerechtfertigt. Dieser Aufwand hat durch das BilMoG[1] noch einmal erheblich zugenommen, da die Umstellungsarbeiten auf die neuen Rechnungslegungsgrundsätze im Einzelfall einen erheblichen Umfang annehmen können und aufgrund immer häufigerer Durchbrechungen des Maßgeblichkeitsprinzips das steuerliche Ergebnis oft vom handelsrechtlichen Gewinn abweicht. Auch das verpflichtende Kontenmapping, das durch das JStG 2024 eingeführt wurde,[2] führt im Vergleich zum handelsrechtlichen Jahresabschluss zu einer deutlich größeren Übermittlungstiefe der steuerlichen E-Bilanz.[3]

Praxistipp:

Ist bei der Auftragserteilung keine klare Abgrenzung zwischen Handelsbilanz und Steuerbilanz erfolgt und erstellt der Auftraggeber nicht ausnahmsweise selbst und in eigenständiger Verantwortung einen handelsrechtlichen Jahresabschluss, den er zur Ableitung der steuerlichen Bemessungsgrundlagen und Erfüllung der Deklarationspflichten dem Berater zur Verfügung stellt, so ist der Auftrag, „eine Bilanz zu erstellen" nicht eindeutig. Es ist deshalb zu empfehlen, bei Auftragsannahme den Auftragsgegenstand nachweisbar festzulegen und insbesondere die Art der steuerlichen Bemessungsgrundlagen gem. § 60 Abs. 2 EStDV mit dem Auftraggeber unter Darstellung der Vor- und Nachteile der beiden dort genannten Alternativen zu erörtern und zum Gegenstand des Auftrags zu machen (→ Rz. 577).

Andererseits stellt sich die Frage, ob bereits jede Ableitung des steuerlichen Ergebnisses vom Handelsbilanzergebnis eine gesonderte Gebühr auslöst. Die Frage ist zu bejahen, da der Gebührentatbestand auch in diesen Fällen erfüllt ist. Allerdings wird bei **einfachen Überleitungen**, bei denen praktisch keine Korrekturen durchzuführen sind (z.B. nur Korrektur des Gewerbesteueraufwands oder von Bewirtungsaufwendungen) nur die Mindestgebühr[4] oder eine Gebühr im unteren Bereich angemessen sein.

590 Durch das JStG 2007[5] wurde klargestellt, dass die Ableitung des steuerlichen Ergebnisses aus dem Handelsbilanzergebnis und die Entwicklung einer Steuerbilanz aus der Handelsbilanz gesonderte Gebührentatbestände mit unterschiedlichen Gebührenrahmen sind. Die Aufspaltung der bisherigen Nr. 3 in zwei separate Tatbestände trägt dem Umstand Rechnung, dass in zahlreichen Fällen die Maßgeblichkeit der Handelsbilanz für die Steuerbilanz nicht mehr gegeben ist. Unter Überleitungsrechnung sind alle Arbeiten zu subsumieren, die außerhalb der handelsrechtlichen Gewinnermittlung zur Bestimmung des steuerlichen Ergebnisses durchgeführt werden.[6] Oft wird zur Anfertigung der Steuererklärungen keine zusätzliche Bilanz erstellt; vielmehr werden die Beträge „außerbilanziell" berechnet und dargestellt. Hierfür bietet § 35 Abs. 1 Nr. 3a StBVV einen angemessenen Gebührenrahmen. Nach der Modernisierung des Bilanzrechts durch das BilMoG[7] wird eine Überleitungsrechnung in vielen Fällen nicht mehr ausreichen. Um eine Nachverfolgung der Bestandskonten zu ermöglichen, ist ein gesonderter (mindestens konkludenter)

1) Bilanzrechtsmodernisierungsgesetz v. 25.5.2009, BGBl. I 2009, 1102 = BStBl I 2009, 650.
2) JStG 2024 v. 2.12.2024, BGBl. I 2024 Nr. 387 = BStBl I 2024, 1484.
3) Schmidt, NWB 2025, 970, 974.
4) Beyme, cyan 2/2019, 20; ggf. auch eine niedrigere als die Mindestgebühr.
5) Gesetz v. 13.12.2006, BGBl. I 2006, 2878 = BStBl I 2007, 28.
6) Hirschberger/Lenz, KP 2011, 129, 131.
7) Gesetz v. 25.5.2009, BGBl. I 2009, 1102 = BStBl I 2009, 650.

Auftrag für die Erstellung einer Steuerbilanz wichtig, zumal es dadurch zwangsläufig zu Gebührenerhöhungen beim Auftraggeber kommt. Bei der Bestimmung des Zehntelsatzes für die Steuerbilanz ist aber zu berücksichtigen, dass einige wesentliche Arbeiten bei der Erstellung des handelsrechtlichen Jahresabschlusses angefallen sind, die nach § 35 Abs. 1 Nr. 1a StBVV abzurechnen sind. Hinsichtlich der Berechnung des zusätzlichen Aufwandes, insbesondere bei der Erstellung des Jahresabschlusses im Jahr der Umstellung, wurde empfohlen, neben der Gebühr nach § 35 Abs. 1 Nr. 1a StBVV auch eine Gebühr nach § 35 Abs. 1 Nr. 3 StBVV abzurechnen.[1] Nach a.A. sollte der zusätzliche Arbeitsaufwand mit einer Zeitgebühr nach § 35 Abs. 3 StBVV berechnet werden können.[2]

Zur Gebühr für die Erstellung und Übermittlung der **E-Bilanz** → Rz. 582.

Tätigkeiten im Zusammenhang mit der Bildung oder Auflösung eines **Investitionsabzugsbetrags** nach § 7g EStG können im Rahmen des § 35 Abs. 1 Nr. 1 StBVV berücksichtigt werden.[3] Wird nur eine Beratung vorgenommen, ist § 21 Abs. 1 Satz 1 StBVV einschlägig (→ § 21 StBVV Rz. 343). Zu den Auswirkungen auf den Gegenstandswert bei der Körperschaftsteuererklärung (→ § 24 StBVV Rz. 401) und der Gewinnermittlung (→ § 25 StBVV Rz. 447). 591

VI. Erstellung einer Eröffnungsbilanz (Nr. 4)

§ 35 Abs. 1 Nr. 4 StBVV betrifft Eröffnungsbilanzen, die **steuerlichen Zwecken** dienen (→ Rz. 574 f.). Der Gebührentatbestand kann nicht nur bei der Eröffnung eines Betriebs, sondern auch beim Unternehmenskauf und beim Wechsel der Gewinnermittlungsart von § 4 Abs. 3 EStG auf § 4 Abs. 1 EStG Bedeutung erlangen (→ Rz. 580 a.E.; (→ § 25 StBVV Rz. 455). Muss eine Bilanz erstellt werden, in der die Vermögensgegenstände und Schulden in der juristischen Sekunde vor der Veräußerung aufgelistet werden, kann für eine derartige Übergangsbilanz eine Gebühr analog § 35 Abs. 1 Nr. 4 StBVV berechnet werden.[4] Da es sich um eine grds. anspruchsvolle Tätigkeit handelt, ist eine Berechnung im Bereich der Höchstgebühr gerechtfertigt, solange der „eng gestrickte" Gebührenrahmen vom Verordnungsgeber nicht erhöht wird. Der Höchstsatz kann insbesondere dann gerechtfertigt sein, wenn der StB auch den Übergangsgewinn ermittelt hat.[5] Ergänzungs- und Sonderbilanzen ohne Gewinn- und Verlustrechnung können ebenfalls nach dieser Vorschrift abgerechnet werden (→ Rz. 581). 592

VII. Erstellung einer Auseinandersetzungsbilanz (Nr. 5)

Der Rahmensatz für die Auseinandersetzungsbilanz ist im Vergleich zur Eröffnungsbilanz deutlich höher, weil der entstehende Gewinn oder Verlust ermittelt und auf die Beteiligten verteilt werden muss. Wegen dieser punktuellen Ergebnisermittlung kann dieser Gebührentatbestand auf eine Reihe von Abschlüssen analog angewendet werden, die nicht ausdrücklich in § 35 StBVV genannt werden, aber eine vergleichbar punktuelle Ergebnisermittlung erfordern, z.B. Aufgabe-, Veräußerungs-, Schluss-, Umwandlungs-, Liquidations- und Fusionsbilanzen.[6] Zieht sich der Zeitraum für die Aufstellung einer solchen Bilanz über mehrere Jahre hin, z.B. bei einer Liquidationsbilanz, führt dies nicht zu einer Vervielfältigung des Gegen- 593

1) Weiler, DStR 2011, 380, 382.
2) Schwamberger, KP 2010, 170; Hirschberger/Lenz, KP 2011, 129, 131; a.A. Starz, Honorarbrief für Steuerberater 8/2010: nur Erhöhung des Zehntelsatzes.
3) A.A. Berners, Honorarbrief für Steuerberater 12/2014, 7: § 35 Abs. 3 StBVV i.V.m. § 2 StBVV.
4) LG Bielefeld v. 29.3.2017, 3 O 44/12 zur Veräußerung einer ärztlichen Gemeinschaftspraxis; Boelsen in Eckert, 7. Aufl. 2023, § 25 StBVV Rz. 43.
5) LG Bielefeld v. 29.3.2017, 3 O 44/12.
6) Beyme, Honorargestaltung für Steuerberater, November 2021, 7 zur Schlussbilanz bei 4/3-Rechner.

standswertes für jedes Jahr. Entsprechende Vorarbeiten können aber mit der Zeitgebühr nach § 35 Abs. 3 StBVV berechnet werden.[1] Bei Betriebsaufgabe oder Veräußerung sind zwei Abschlüsse erforderlich: Der normale Abschluss nach § 35 Abs. 1 Nr. 1a StBVV dient der Ermittlung des „laufenden Gewinns". Durch die Auseinandersetzungs- oder Veräußerungsbilanz nach § 35 Abs. 1 Nr. 5 StBVV wird der Aufgabe-/Veräußerungsgewinn ermittelt und, wenn kein Einzelunternehmen vorliegt, an die Gesellschafter verteilt.[2]

VIII. Schriftlicher Erläuterungsbericht (Nr. 6)

594 Der **Anwendungsbereich** dieser Vorschrift erstreckt sich in erster Linie auf Einzelunternehmen, Personengesellschaften und kleine Kapitalgesellschaften. Bei mittleren und großen Kapitalgesellschaften entspricht der schriftliche Erläuterungsbericht inhaltlich in etwa dem Anhang, für dessen Erstellung eine Gebühr nach § 35 Abs. 1 Nr. 1 Buchst. b StBVV entsteht.[3] Aufgabe des schriftlichen Erläuterungsberichts ist es, die Bilanzposten und die Gewinn- und Verlustrechnung näher darzustellen. Die bloße Beifügung eines Kontennachweises und eines Anlagenspiegels rechtfertigt noch keine Gebühr nach § 35 Abs. 1 Nr. 6 StBVV.[4] Der Bericht muss mindestens **durch zusätzliche Erläuterungen näheren Einblick in die Jahresabschlusspositionen** geben.[5] Hinsichtlich des Inhalts der Erläuterungen ist zu beachten, dass diese nicht hinter den Anforderungen zurückbleiben sollten, die sich aus der „Verlautbarung der BStBK zu den Grundsätzen für die Erstellung von Jahresabschlüssen" für den Erstellungsbericht ergeben (→ Rz. 584 m.w.N.).

Grundsätzlich gilt die Verlautbarung für die Erstellung des handelsrechtlichen Jahresabschlusses durch den StB. Sie regelt die Anforderungen an die Jahresabschlusserstellung und erläutert den Verantwortungsbereich des StB. Die Verlautbarung gilt sinngemäß bei der Erstellung der steuerlichen Gewinnermittlung gem. § 4 Abs. 1 EStG.

Erstellt der StB für seinen Mandanten eine Handelsbilanz und eine Steuerbilanz so sollte mit dem Mandanten vorab vereinbart werden, wie die Berichterstattung zu erfolgen hat. Ein Erstellungsbericht auch zur Steuerbilanz kann im Einzelfall sinnvoll sein, wenn wesentliche Posten des Jahresabschusses zu erläutern sind. Abweichungen zur Handelsbilanz können so nachvollzogen und Rückfragen des Finanzamtes vermieden werden.[6]

Praxistipp:

Entgegen OLG Düsseldorf[7] kommt es nicht darauf an, ob der Auftrag für die Erstellung des Erläuterungsberichts schriftlich erfolgt. Allerdings sollte die Auftragserteilung in irgendeiner Form dokumentiert werden, da ein solcher Erläuterungsbericht gesetzlich nicht vorgeschrieben ist. Der StB ist deshalb im Bestreitensfall für die Auftragserteilung darlegungs- und beweispflichtig.[8] Wenn die Erstellung eines Erläuterungsberichts aus Sicht des StB sinnvoll ist,[9] sollte der StB den Erläuterungsbericht nicht eigenmächtig,

1) So auch Brummer, 10. Aufl. 2010, § 35 StBGebV Anm. 10.
2) LG Bielefeld v. 27.3.2017, 3 O 44/12: hier war die Veräußerungsbilanz fälschlicherweise als Liquidationsbilanz bezeichnet, was aus Sicht des Gerichts unerheblich war; denn tatsächlich hatte der StB den Veräußerungsgewinn ermittelt, der in der Entwicklung des Kapitalkontos dokumentiert war.
3) So auch LG Düsseldorf v. 4.9.2013, 9 O 64/10.
4) Berners, 6. Aufl. 2020, § 35 StBVV Rz. 44.
5) Eggesiecker, 2. Aufl. 1998, § 35 STEUGO Rz. 35.550; Gemmer, KP 2000, 143.
6) Siehe Fragen und Antworten zur „Verlautbarung der BStBK zu den Grundsätzen für die Erstellung von Jahresabschlüssen", www.bstbk.de/de/themen/rechnungslegung.
7) OLG Düsseldorf v. 7.1.1993, 13 U 83/92, Stbg 1994, 73.
8) OLG Frankfurt v. 5.10.2018, 8 U 203/17, Stbg 2018, 521.
9) Z.B. zur Vorlage bei einem Kreditinstitut; siehe auch Schreiben der Bundessteuerberaterkammer zu den Grundsätzen für die Erstellung von Jahresabschlüssen durch Steuerberater, Beihefter zu DStR 50/2001 = www.bstbk.de/Downloads/Fachinfos sowie DStR 2004, 64.

sondern erst nach Rücksprache mit dem Mandanten und anschließender Auftragserteilung erstellen.

Erstellt der StB über **mehrere Jahre** hinweg einen **Erläuterungsbericht** und akzeptiert der Mandant dies ohne Widerspruch, bedarf es nach OLG Düsseldorf[1] keines schriftlichen Auftrags. Nach LG Dortmund[2] kann ein Auftrag für die Position „Schriftlicher Erläuterungsbericht" hingegen nicht aus einer in früheren Jahren vorbehaltlos geleisteten Rechnungsbezahlung für die Zukunft hergeleitet werden. Es wäre unbillig, wenn sich ein StB darauf berufen könnte, dass der Mandant in der Vergangenheit immer gezahlt habe, weil der Mandant in der Regel Laie sei und nicht wissen müsse, wann ein schriftlicher Erläuterungsbericht gesetzlich vorgeschrieben ist und wann nicht. Nach einer Entscheidung des LG Köln[3] ist lediglich die Mindestgebühr gerechtfertigt, wenn der Erläuterungsbericht zur Bilanz Informationen enthält, deren Zusammenstellung nur eines geringen Aufwands bedurfte.

IX. Beratende Mitwirkung (Nr. 7)

§ 35 Abs. 1 Nr. 7 StBVV betrifft den Fall, dass sich die Tätigkeiten des StB bei der **595**
Abschlusserstellung, der Erstellung eines Anhangs oder eines Lageberichts auf eine beratende Mitwirkung beschränken. Die Erweiterung des Gebührentatbestands um die unter Buchst. b und c genannten Leistungspositionen erfolgte – analog zu Abs. 1 Nr. 1 Buchst. b und c – durch die 1. ÄndVO (→ Rz. 586). Es handelt sich um eine Spezialvorschrift zu § 21 StBVV (Rat und Auskunft). Von praktischer Bedeutung dürfte weniger die beratende Mitwirkung des Beraters bei der Aufstellung eines Jahresabschlusses als vielmehr die beratende Mitwirkung bei der Aufstellung eines Anhangs oder Lageberichts sein. Da es im Allgemeinen um die Klärung schwieriger Abschlussfragen gehen dürfte, wird die Gebühr häufig oberhalb der Mittelgebühr anzusiedeln sein.

X. Zusammenstellung eines Abschlusses aus übergebenen Endzahlen (Nr. 8 a.F.)

§ 35 Abs. 1 Nr. 8 StBGebV regelte die Zusammenstellung eines Jahresabschlusses **596**
(Bilanz und Gewinn- und Verlustrechnung) aus übergebenen Endzahlen (ohne Vornahme von Prüfungshandlungen). Die Vorschrift hatte in der Praxis keine Bedeutung und wurde durch die VO zum Erlass und zur Änderung steuerlicher Verordnungen[4] mit Wirkung zum 20.12.2012 aufgehoben. Diesen Gebührentatbestand hätte es gar nicht geben dürfen, weil sich schon aus haftungsrechtlichen Gründen die Zusammenstellung eines Jahresabschlusses ohne Vornahme von Prüfungshandlungen verbietet.

C. Ermittlung des Gegenstandswerts (Abs. 2)

Für die **verschiedenen Gebührentatbestände** aus § 35 Abs. 1 StBVV sieht § 35 **597**
Abs. 2 StBVV **unterschiedliche Gegenstandswerte** vor. Wird eine Gewinn- und Verlustrechnung aufgestellt, dann ist Gegenstandswert das Mittel zwischen der berichtigten Bilanzsumme und der betrieblichen Jahresleistung. Dies gilt auch dann, wenn erhaltene Anzahlungen nicht passiviert, sondern vom Bestand für unfertige Leistungen auf der Aktivseite offen abgesetzt werden. Der Verringerung des Gegenstandswerts kann in diesen Fällen nur durch eine Vergütungsvereinbarung nach § 4 Abs. 1 StBVV entgegengewirkt werden.

1) OLG Düsseldorf v. 27.2.1997, 13 U 23/96.
2) LG Dortmund v. 25.8.2022, 1 O 52/11.
3) LG Köln v. 29.5.2001, 16 O 434/94.
4) VO zum Erlass und zur Änderung steuerlicher Verordnungen v. 11.12.2012, BGBl. I 2012, 2637 = BStBl I 2013, 2.

Beispiel:[1]

Der StB empfiehlt seinem Mandanten, einem Bauunternehmer, den nach § 268 Abs. 5 Satz 2 HGB möglichen aktivischen Ausweis der für „in Ausführung befindliche Bauaufträge" erhaltenen und von diesen offen abzusetzenden „erhaltenen Anzahlungen". Dadurch ergibt sich eine deutliche geringere Bilanzsumme und damit ein deutlich niedriger Gegenstandswert. Die Empfehlung des StB an seinen Mandanten, das faktische Wahlrecht auszuüben, wirkt sich deshalb nachteilig auf seinen gesetzlichen Honoraranspruch aus. Dieser Effekt lässt sich nur durch eine Vergütungsvereinbarung nach § 4 Abs. 1 StBVV vermeiden.

Liegt keine betriebliche Jahresleistung vor, weil keine Gewinn- und Verlustrechnung aufgestellt wird, dient die berichtigte Bilanzsumme als Gegenstandswert (Aufstellung einer Eröffnungs- oder Auseinandersetzungsbilanz), § 35 Abs. 2 Satz 8 StBVV. Ein Mittelwert zwischen der berichtigten Bilanzsumme und der nicht vorhandenen betrieblichen Jahresleistung, die mit 0,00 € angesetzt werden könnte, wird nicht gebildet.[2] Unbefriedigende Ergebnisse können z.B. entstehen, wenn eine Eröffnungsbilanz für eine UG (haftungsbeschränkt) mit einem geringen Stammkapital aufgestellt wird. Hier hilft nur eine Vergütungsvereinbarung nach § 4 Abs. 1 StBVV. Aber auch dann, wenn der Gegenstandswert nach § 35 Abs. 2 Satz 1 Nr. 1 StBVV aus dem Mittel zwischen der berichtigten Bilanzsumme und der betrieblichen Jahresleistung bestimmt wird, kann es in Einzelfällen zu unbefriedigenden Ergebnissen kommen, z.B., wenn die betriebliche Jahresleistung oder die berichtigte Bilanzsumme stark voneinander abweichen und eine von beiden knapp über 3 000 € liegt.[3] Da in diesen Fällen ein angemessener Ausgleich durch den Rahmensatz nicht immer möglich ist, empfiehlt sich die Vereinbarung einer höheren Gebühr nach § 4 Abs. 1 StBVV. Die Gegenstandswerte zwischen Handels- und Steuerbilanz sind unterschiedlich, da die handelsrechtliche und steuerrechtliche Gewinnermittlung auseinanderfallen. Die Handelsbilanzwerte müssen um die steuerlich abweichenden Werte korrigiert werden. Gemäß § 35 Abs. 2 Satz 1 Nr. 1 StBVV sind eine entsprechend berichtigte Bilanzsumme und eine berichtigte betriebliche Jahresleistung zu Grunde zu legen.[4]

I. Historische Entwicklung

598 Durch die 1. ÄndVO (→ Rz. 574, → Rz. 586) wurde der Begriff „wirtschaftlicher Umsatz", der in der Praxis zu Auslegungsschwierigkeiten geführt hatte, durch den Begriff „betriebliche Jahresleistung" ersetzt und näher erläutert. Der bei der Definition der berichtigten Bilanzsumme verwendete Begriff „Aktivwerte der Bilanz" wurde durch den Begriff „Posten der Aktivseite der Bilanz" ersetzt, um klarzustellen, dass auf der Aktivseite ausgewiesene negative Kapitalkonten oder nicht durch Eigenkapital gedeckte Fehlbeträge von Kapitalgesellschaften nicht zu einer Minderung der berichtigten Bilanzsumme führen. Neu eingefügt wurde § 35 Abs. 2 Satz 4 StBGebV, wonach zur Ermittlung der gebührenrechtlichen Bemessungsgrundlage ein negativer Wert wie ein positiver Wert zu behandeln ist. § 35 Abs. 2 Satz 6 StBGebV stellt(e) klar, dass in den Fällen, in denen eine betriebliche Jahresleistung nicht vorhanden ist oder weniger als 3 000 € (bis 31.12.2001: 6 000 DM) beträgt (z.B. bei Geschäftseröffnung), allein die berichtigte Bilanzsumme den Gegenstandswert bestimmt.

599 Durch die 3. ÄndVO (→ Rz. 574) wurde eine weitere Lücke bei der Bestimmung des Gegenstandswerts geschlossen. In dem Fall, dass die berichtigte Bilanzsumme geringer als 3 000 € (bis 31.12.2001: 6 000 DM) ist (z.B., wenn die Aktivseite der

1) Beyme, Honorargestaltung für Steuerberater, September 2021, 6.
2) Boelsen in Eckert, 7. Aufl. 2023, § 35 StBVV Rz. 89; a.A. LG Bielefeld v. 27.3.2017, 3 O 44/12.
3) Eggesiecker, 2. Aufl. 1998, § 35 STEUGO Rz. 35.920 ff. mit Berechnungsbeispielen.
4) Weiler, DStR 2011, 380, 382; Schwamberger, KP 2011, 33, 38 mit Berechnungsbeispiel.

Bilanz auf Grund von Privateinlagen oder Kapitalerhöhungen zu mindern ist), besteht der Gegenstandswert nur aus der betrieblichen Jahresleistung (§ 35 Abs. 2 Satz 9 StBVV). Die wichtigste Änderung ist, dass für den Fall, dass der betriebliche Jahresaufwand höher als die betriebliche Jahresleistung ist, dieser bei der Berechnung des Gegenstandswerts gem. § 35 Abs. 2 Satz 4 StBVV zu Grunde zu legen ist. Außerdem wurde die Definition der betrieblichen Jahresleistung dem § 275 HGB angepasst (→ Rz. 601).

II. Berichtigte Bilanzsumme

Die berichtigte Bilanzsumme ergibt sich aus der Summe der Posten der Aktivwerte **600** der Bilanz zuzüglich Privatentnahmen und offener Ausschüttungen, abzüglich Privateinlagen, Kapitalerhöhungen und Einlagen durch Wertberichtigungen (§ 35 Abs. 2 Satz 2 StBVV). Ein negatives Eigenkapital führt nicht zu einer Minderung des Gegenstandswertes. Die Korrekturposten sind so gewählt, dass Bilanzen von Kapitalgesellschaften, Personengesellschaften und freiberuflich Tätigen gebührenrechtlich gleichbehandelt werden.

III. Betriebliche Jahresleistung

Die betriebliche Jahresleistung setzt sich zusammen aus den **Erlösen und Erträgen, 601 die nach § 275 Abs. 2 HGB gesondert auszuweisen** sind. Es ist praktisch die Umsatzleistung, wie sie sich aus dem Jahresabschluss ergibt (zu durchlaufenden Posten → § 33 StBVV Rz. 546). Durch die 3. ÄndVO (→ Rz. 574) wurden in § 35 Abs. 2 Satz 3 StBVV auch die Veränderungen des Bestands an fertigen und unfertigen Erzeugnissen und andere aktivierte Eigenleistungen bei der „betrieblichen Jahresleistung" berücksichtigt. Durch die Anlehnung des Verordnungsgebers in der amtlichen Begründung zur 3. ÄndVO an § 275 HGB wird ferner klargestellt, dass sich die betriebliche Jahresleistung immer nach der zu Grunde liegenden Gewinn- und Verlustrechnung bestimmt, unabhängig davon, ob es sich ein vom Kalenderjahr abweichendes Wirtschaftsjahr oder um ein Rumpfwirtschaftsjahr handelt. Der so ermittelte Betrag darf nicht höher sein, als das 5-fache der berichtigten Bilanzsumme, sonst ist er vor der Mittelung auf diesen Betrag zu reduzieren (§ 35 Abs. 2 Satz 7 StBVV).

IV. Betrieblicher Jahresaufwand

Seit Inkrafttreten der 3. ÄndVO (→ Rz. 574) kann der betriebliche Jahresaufwand als **602** Gegenstandswert zu Grunde gelegt werden, wenn er höher ist als die betriebliche Jahresleistung. Die 3. ÄndVO definiert den Begriff „betrieblicher Jahresaufwand" als die Summe der Betriebsausgaben einschließlich der Abschreibungen (§ 35 Abs. 2 Satz 5 StBVV). Da die Abschreibungen zu den Betriebsausgaben gehören, liegt hier eine sprachliche Ungenauigkeit vor. Abschreibungen werden deshalb nicht zweimal berücksichtigt.[1] Zum betrieblichen Jahresaufwand gehören auch der sonstige betriebliche Aufwand, Zinsen und ähnliche Aufwendungen und Steuern vom Einkommen und vom Ertrag.

D. Abschlussvorarbeiten (Abs. 3)

§ 35 Abs. 3 StBVV sieht für die Anfertigung oder Berichtigung von Inventurunterla- **603** gen und für sonstige Abschlussvorarbeiten (nicht: Neben-, Rahmen- oder Nacharbeiten; → § 12 StBVV Rz. 249 ff.)[2] bis zur abgestimmten Saldenbilanz eine **Zeitgebühr** vor. Hierzu gehören insbesondere die Arbeiten, die normalerweise der Auftraggeber wegen der ihm von § 240 HGB auferlegten Verpflichtung zur Errichtung

1) Boelsen in Eckert, 7. Aufl. 2023, § 35 StBVV Rz. 94.
2) A.A. Boelsen in Eckert, 7. Aufl. 2023, § 35 StBVV Rz. 28 ff.

eines Inventars vergibt, z.B. die Mitwirkung bei der Inventuraufnahme und die rechnerische Berichtigung der Inventurunterlagen. Insbesondere in den Fällen, in denen der **StB die Buchführung nicht selbst erledigt**, sondern nur den Jahresabschluss erstellt, gehören zu den Vorarbeiten auch die Erstellung der Summenbilanz aus den Konten, die Erstellung von Kreditoren- und Debitorenlisten, die Abstimmung der Debitoren- und Kreditorenkonten, zeitraubende Klärungen von Abstimmungsdifferenzen im Bereich der Summenbilanz, des Kontokorrents, der Geldkonten, Ermittlung von Pensionsrückstellungen, Anpassungsbuchungen, Ermittlung der Herstellungskosten von Anlagegütern, Ermittlung des Waren- oder Materialbestands, Ermittlung der teilfertigen Leistungen, Ermittlung von Teilabschreibungen auf Anlagevermögen, Bewertung des Umlaufvermögens, Ermittlung und Bewertung von Rückstellungen, Ermittlung der Entnahme- bzw. Ausschüttungsfähigkeit bei Kapitalgesellschaften sowie Kapitalgesellschaften & Co. etc. Im Zusammenhang mit der Einführung der **E-Bilanz** kam es regelmäßig zu einem erheblichen Mehraufwand bei der Beratung selbst buchender Mandanten, der grds. nach § 33 StBVV abgerechnet werden konnte (→ Rz. 582 und → § 33 StBVV Rz. 537 ff.). Wurden die Regeln der E-Bilanz bei Selbstbuchern nicht umgesetzt und der StB später mit der Aufstellung eines Jahresabschlusses beauftragt, konnte der entstehende Mehraufwand nach § 35 Abs. 3 StBVV abgerechnet werden.[1)] Zum Teil wird auch die erstmalige Erstellung eines **Anlagenverzeichnisses**, nicht aber die Fortentwicklung, die mit der Hauptgebühr abgegolten ist, unter den Anwendungsbereich des § 35 Abs. 3 StBVV gefasst.[2)] M.E. kommt eine separate Abrechnung nach § 35 Abs. 3 StBVV nur dann in Frage, wenn der StB nicht mit der Buchführung beauftragt ist, da diese Tätigkeit grundsätzlich nach § 33 StBVV abzurechnen ist (→ Rz. 604).[3)] Der StB hat kein Wahlrecht dahingehend, den Höchstbetrag für die Erstellung einer Bilanz abzurechnen und Kosten für Abschlussvorarbeiten nicht anzusetzen. Bei umfangreichen Abstimmungs- und Vervollständigungsarbeiten muss nach § 35 Abs. 3 StBVV abgerechnet werden.[4)] Der StB braucht hierfür keinen separaten **Auftrag**. Der Auftrag für die Abschlusserstellung umfasst auch die Abschlussvorarbeiten. Nur in Ausnahmefällen, z.B. wenn die vom Mandanten selbst erstellte Buchführung unbrauchbar ist, sollte der Berater nicht ohne vorherige Rücksprache mit dem Mandanten tätig werden (Rechtsprechungsnachweise → § 33 StBVV Rz. 551). Die steuerliche Beratung im Zusammenhang mit der Aufgabe eines Betriebs (steuerbegünstigter Aufgabegewinn) kann nicht gesondert nach § 35 Abs. 3 StBVV berechnet werden.[5)] Der Aufgabegewinn ist mittels einer Aufgabebilanz entsprechend § 35 Abs. 1 Nr. 5 StBVV abzurechnen. Die Beratung über den steuerbegünstigten Aufgabegewinn wirkt sich gebührenerhöhend bei der Abrechnung der (Einkommen-)Steuererklärung aus.[6)]

604 Hat der **StB die Buchführung selbst erstellt**, können Vorarbeiten betreffend die Buchführung (z.B. Abstimmung der Konten, Verprobung, Kontokorrent) grundsätzlich nicht nach § 35 Abs. 3 StBVV berechnet werden, weil die Buchführungsarbeiten erst mit der abgestimmten Saldenbilanz enden. Erschwernisse der laufenden Buchführung können in diesen Fällen nur durch eine Erhöhung des Zehntelsatzes nach § 33 StBVV berücksichtigt werden.[7)] Werden wesentliche Teile der anfallenden

1) Ebenso Schwamberger, KP 2013, 9 ff.; Wilk DATEV magazin 11/2014, 28, 29.
2) Boelsen in Eckert, 7. Aufl. 2023, § 35 StBVV Rz. 29; Schwamberger in Meyer/Goez/Schwamberger, 11. Aufl. 2023, § 35 StBVV Rz. 21; a.A. OLG Düsseldorf v. 28.5.2002, 23 U 193/01, GI 2002, 224; Berners, Honorarbrief für Steuerberater 12/2014, 8; Eggesiecker, 2. Aufl. 1998, § 35 STEUGO Rz. 35.720, die eine separate Abrechnung ablehnen; zur Anlagenbuchführung → § 33 StBVV Rz. 545.
3) Brummer, 10. Aufl. 2010, § 35 StBGebV Anm. 17.
4) OLG Düsseldorf v. 1.7.1999, 123 U 161/98, GI 2001, 24 f.
5) AG Bochum v. 8.7.2015, 42 C 98/14, DStR 2016, 832.
6) Wacker, KANZLEI intern 11/2015, 2.
7) OLG Düsseldorf v. 28.5.2002, 23 U 193/01, GI 2002, 219, 224 m.w.N.; LG Bielefeld v. 17.10.1991, 21 O 461/89; AG Duisburg-Hamborn v. 30.9.1997, 7 C 698/96, Stbg 1998, 360; Reiche, Stbg 1997, 277, 279; a.A. OLG Köln v. 9.3.1988, 2 U 67/87, StB 1988, 425 f.

Buchführungs- und EDV-Aufgaben unmittelbar vom Auftraggeber erledigt (insbesondere im Fall des § 33 Abs. 4 StBVV), dürfte § 35 Abs. 3 StBVV hingegen anwendbar sein.

Beispiel:

Der StB erstellt für einen selbst buchenden Mandanten den JA für das Geschäftsjahr 2020. Der Datenimport war aufgrund der USt-Senkung im Jahr 2020 sehr zeitintensiv (80 Stunden), denn die beiden Softwarehersteller des StB und des Mandanten hatten sich unterschiedliche Wege überlegt, wie diese USt-Senkung umzusetzen ist.

Ob ein komplexer Datenimport als „Abschlussvorarbeiten" i.S.d. § 35 Abs. 3 StBVV verstanden werden kann, ist fraglich. Gleichwohl ist dieser Aufwand abrechenbar, entweder durch einen höheren Zehntelsatz im Rahmen der Jahresabschlussgebühr oder analog § 35 Abs. 3 StBVV. Auch im Rahmen der Buchführung ist anerkannt, dass derartige Vorarbeiten gemäß § 32 StBVV mit einer Zeitgebühr berechnet werden können (→ § 32 StBVV Rz. 524; vgl. auch → § 12 StBVV Rz. 253).

§ 36
Steuerliches Revisionswesen

(1) Der Steuerberater erhält für die Prüfung einer Buchführung, einzelner Konten, einzelner Posten des Jahresabschlusses, eines Inventars, einer Überschussrechnung oder von Bescheinigungen für steuerliche Zwecke und für die Berichterstattung hierüber die Zeitgebühr.

(2) Der Steuerberater erhält

1. für die Prüfung einer Bilanz, einer Gewinn- und Verlustrechnung, eines Anhangs, eines Lageberichts oder einer sonstigen Vermögensrechnung für steuerliche Zwecke 2/10 bis 10/10 einer vollen Gebühr nach Tabelle B (Anlage 2) sowie die Zeitgebühr; der Gegenstandswert bemisst sich nach § 35 Absatz 2;

2. für die Berichterstattung über eine Tätigkeit nach Nummer 1 die Zeitgebühr.

Inhalt

Schrifttum

Feiter, Nachbesserungskosten – Wie sind Überprüfungs- und Korrekturarbeiten abzurechnen?, KANZLEI intern 07/2015, 3; **Wacker,** Zahlungsverweigerung wegen angeblicher Schlechtleistung, KANZLEI intern 01_2019, 4; **Weiler,** Gebühren für Plausibilitätsbeurteilungen, DStR 2006, 1153. **Wilk/Beyer-Petz,** Die neue Steuerberatervergütungsverordnung, DStR 2012, 2508.

A. Inhalt und Bedeutung

605 Beim steuerlichen Revisionswesen wird zwischen zwei verschiedenen Revisionsbereichen unterschieden, nämlich der Prüfung einer Buchführung, einzelner Konten, einzelner Posten des Jahresabschlusses, eines Inventars, einer Überschussrechnung oder von Bescheinigungen für steuerliche Zwecke oder der Berichterstattung hierüber (§ 36 Abs. 1 StBVV) und der Prüfung von Bilanzen, Gewinn- und Verlustrechnungen, Anhängen, Lageberichten und Vermögensrechnungen (§ 36 Abs. 2 StBVV). In allen Fällen muss die Prüfung aber **steuerlichen Zwecken** dienen. Ein steuerlicher Nebenzweck reicht aus. Es genügt also, wenn der Prüfungsgegenstand in einem Zusammenhang mit einem nachfolgenden steuerlichen Zweck steht.[1] Ohne einen steuerlichen Zweck kann begrifflich nicht von einem steuerlichen Revisionswesen gesprochen werden. Die Gebühren für sonstige Prüfungen und Revisionen für andere Zwecke[2] oder die Überprüfung eines Unternehmens zur Vorlage bei einer Ausländerbehörde wegen Verlängerung eines Aufenthaltstitels bemessen sich nach den §§ 612 Abs. 2, 632 Abs. 2 BGB. Es handelt sich um sog. vereinbare Tätig-

1) Boelsen in Eckert, 7. Aufl. 2023, § 36 StBVV Rz. 2; Eggesiecker, 2. Aufl. 1998, § 36 STEUGO Rz. 36.660.

2) Z.B. Sonderprüfungen nach §§ 142 ff. AktG, Prüfungen nach § 34c Abs. 1 Nr. 1 und 1a GewO i.V.m. § 16 Abs. 3 Satz 2 MaBV (MaBV v. 20.6.1974, BGBl. I 1974, 1314), nach § 24 Abs. 4 FinVermV, Untreueprüfungen, Prüfungen zur Erlangung eines Kredits oder Prüfungen der Insolvenzreife.

keiten. In aller Regel dürfte **Werkvertragsrecht** anwendbar sein.[1] Auch die Ausstellung einer Vollständigkeitserklärung nach § 11 VerpackG[2] ist eine Prüfbescheinigung, die keinen steuerlichen Zwecken dient. Denn Zweck des VerpackG ist die Vermeidung und Verringerung von Abfällen. Auch die Prüfung und Bestätigung einer Meldung der Hersteller von Einwegkunststoffprodukten zum Umweltbundesamt ist für StB, die nach § 27 VerpackG registriert sind, eine vereinbare Tätigkeit.[3] Geschuldet wird auch hier die „übliche Vergütung" i.S.d. §§ 612 Abs. 2, 632 Abs. 2 BGB. Wegen der Vergleichbarkeit der Tätigkeiten dürfte die in § 36 StBVV vorgesehene Gebühr auch Maßstab für das übliche BGB-Honorar sein. Fraglich ist, ob § 36 StBVV auch dann einschlägig ist, wenn ein Steuerberater die Arbeiten eines anderen Steuerberaters auf Fehlerhaftigkeit prüft.

Beispiel:

Steuerberater S prüft auftragsgemäß die vom Vorberater aufgestellten Jahresabschlüsse 04 und 05 zweier Apotheken sowie die diesen Jahresabschlüssen zugrunde liegende Buchführung. Für die Prüfung rechnet er 146 Std. à 92,00 € unter Bezugnahme auf § 36 Abs. 1 und 2 StBVV ab. Für die Aufstellung von berichtigten Jahresabschlüssen und die Anfertigung berichtigter Steuererklärungen berechnet er weitere Gebühren nach §§ 24, 35 StBVV.[4]

Da die Prüfung der Arbeiten des Vorberaters keinen steuerlichen Zwecken dient, sondern der Feststellung, ob zivilrechtliche Schadensersatzansprüche gegen den Vorberater bestehen, ist § 36 StBVV nicht einschlägig. Die Prüfung der Arbeiten des Vorberaters hätte deshalb entweder nach §§ 612 Abs. 2, 632 Abs. 2 BGB oder analog § 36 Abs. 1 bzw. Abs. 2 StBGebV erfolgen müssen. Die eigentlichen Korrekturarbeiten wiederum dienen steuerlichen Zwecken, da die berichtigten Jahresabschlüsse und Steuererklärungen beim Finanzamt eingereicht werden sollen. Gleichwohl ist § 36 StBVV für diese Arbeiten nicht einschlägig. Hier greifen vielmehr die §§ 24, 35 StBVV.

Bei sog. freiwilligen Prüfungen hat die Wirtschaftsprüferkammer für das Jahr 2015 Stundensätze zwischen 148,00 € und 186,00 € ermittelt.[5]

Praxistipp:

Da die Ermittlung dieser Stundensätze bereits längere Zeit zurückliegt (aktuelle Stundensätze sind nicht bekannt) und die Stundensätze auch oberhalb des in § 13 Satz 2 StBVV vorgesehenen Gebührenrahmens liegen, sollte bei der Abrechnung kein Hinweis auf eine analoge Anwendung der §§ 36 Abs. 1, 13 Satz 2 StBVV erfolgen, sondern besser auf die §§ 612 Abs. 2, 632 Abs. 2 BGB.

Bezweifelt der Auftraggeber – anders als der Vorberater – dass dessen Arbeiten **606**
ordnungsgemäß sind und ist er selbst nicht in der Lage, die Ordnungsmäßigkeit der Arbeiten des Vorberaters zu prüfen, können die Kosten eines mit der **Prüfung und Berichtigung** beauftragten weiteren StB grundsätzlich im Wege des **Schadensersatzes** auf den Vorberater abgewälzt werden (→ Rz. 605; ausführlich → Grundlagen des Vergütungsrechts Rz. 82 ff.).

Im Einzelfall kann die Beauftragung eines neuen StB gegen die **Schadensminderungspflicht** des Auftraggebers verstoßen. Hat z.B. der Vorberater die Herausgabe **607**

1) BGH v. 14.6.2012, IX ZR 145/11, NJW 2012, 3165 m.w.N. zur Prüfung der Insolvenzreife eines Unternehmens und BGH v. 1.2.2000, X ZR 198/97, DStR 2000, 480 zur Prüfung eines Jahresabschlusses durch einen StB/WP.

2) Die Regelung gilt seit dem 1.1.2019 und hat den bis zum 31.12.2018 geltenden § 10 VerpackV abgelöst.

3) Das Einwegkunststofffondsgesetz ist am 16.5.2023 in Kraft getreten und sieht in § 11 Abs. 1 eine jährliche Meldung bis zum 15. Mai vor.

4) Sachverhalt nach LG Kleve v. 22.4.2015, 1 O 89/11, DStR 2015, 2200; ausführliche Urteilsbesprechung von Feiter in KANZLEI intern 07/2015, 3.

5) www.wpk.de, als Suchbegriff „Honorarumfrage" eingeben.

der in seinem Besitz befindlichen Buchführungsunterlagen gegen Sicherheitsleistung (Hinterlegung des streitigen Honorars) angeboten und beauftragt der Mandant gleichwohl einen anderen StB mit der Neuerstellung der Buchführung, kann ein Verstoß gegen die Schadensminderungspflicht vorliegen, mit der Folge, dass das Honorar des neuen Beraters nicht mit Erfolg vom Vorberater verlangt werden kann.[1] Nur dann, wenn die Weigerung des Vorberaters zur Herausgabe von Unterlagen oder Daten gegen den Grundsatz von Treu und Glauben (§ 242 BGB) verstößt, (z.B., weil seine Forderung bereits weitgehend bezahlt ist oder ihm kein Zurückbehaltungsrecht zusteht) verstößt der Mandant nicht gegen die Schadensminderungspflicht, wenn er einen anderen StB mit der Neuerstellung der Buchführung beauftragt. **Der Vorberater muss dann das angemessene Honorar des neuen Beraters im Wege des Schadensersatzes zahlen** (→ Grundlagen des Vergütungsrechts Rz. 83). Ersatzfähig sind grundsätzlich nur die (angemessenen) **gesetzlichen Gebühren** nach der StBVV, wenn diese ordnungsgemäß spezifiziert (§ 9 StBVV) berechnet wurden (siehe Beispiel unter → Rz. 605; ausführlich→ Grundlagen des Vergütungsrechts Rz. 83).

Beispiel:[2]

Wegen gravierender Fehler hatte der Mandant seinem bisherigen StB gekündigt und einen neuen StB beauftragt. Kurz nach der Kündigung wurde eine BP für die Jahre 06 bis 08 anberaumt. Der neue StB musste einen erheblichen Aufwand betreiben, um sich mit der Angelegenheit vertraut zu machen. Für die Teilnahme an der BP rechnete er 98 Zeitstunden à 60 € gem. §§ 29, 13 StBVV, insgesamt 5 880 €, ab. Zur Zahlung dieser Steuerberatungskosten – abzüglich 500 € – wurde der Vorberater im Wege des Schadensersatzes verurteilt. Die Kürzung um 500 € erfolgte, weil Kosten in dieser Größenordnung für die Begleitung bei der BP ohnehin angefallen wären.

In besonders gelagerten Fällen kann ausnahmsweise auch ein höheres **vereinbartes Honorar** im Wege des Schadensersatzes vom Vorberater verlangt werden, soweit dies im konkreten Fall angemessen und erforderlich ist, z.B. wenn die Beauftragung eines Spezialisten nötig ist, der höhere Stundensätze verlangt (→ Grundlagen des Vergütungsrechts Rz. 83).

608 In § 36 Abs. 1 StBGebV wurden durch das Jahressteuergesetz 2007[3] die Begriffe „einzelner Posten des Jahresabschlusses, eines Inventars" und „Bescheinigungen für steuerliche Zwecke" eingefügt.

Die Änderung dient der Klarstellung, dass die nach dem Bilanzrichtliniengesetz, dem Gesetz zur Kontrolle und Transparenz im Unternehmensbereich oder dem Kapitalgesellschaften- und Co-Richtlinie-Gesetz erforderlichen **Plausibilitätsüberprüfungen** und andere **Prüfungshandlungen,** die im Rahmen der Jahresabschlusserstellung durchgeführt werden, nach § 36 Abs. 1 StBVV abzurechnen sind. Da nach dem Maßgeblichkeitsprinzip die Handelsbilanz Grundlage für die Steuerbilanz ist, erfolgen die Prüfungshandlungen im Regelfall für steuerliche Zwecke, so dass sich die Abrechnung dieser Tätigkeiten nach der StBVV richtet (→ § 35 StBVV Rz. 584 f.).

Die Änderung trägt auch dem Umstand Rechnung, dass bislang in der StBGebV die Prüfung der Jahresbescheinigungen nach § 24c EStG daraufhin, ob die darin enthaltenen Angaben zutreffend sind, nicht geregelt war. Ebenso wie die Erstellung der **Jahresbescheinigung** dient auch deren Überprüfung steuerlichen Zwecken. Durch die neue Formulierung ist sichergestellt, dass auch für die Prüfung solcher Bescheinigungen, die in Zukunft durch den Gesetzgeber neu eingeführt werden, ein entsprechender Gebührentatbestand zur Verfügung steht.

609 Der prüfende StB darf **bei** der **Anfertigung des „Prüfungsgegenstands" nicht mitgewirkt** haben, der „Prüfungsgegenstand" muss also vom Mandanten selbst oder von

1) LG Duisburg v. 5.11.2007, 2 O 46/05.
2) LG Paderborn v. 17.2.2016, 3 O 174/13.
3) JStG 2007 v. 13.12.2006, BGBl. I 2006, 2878 = BStBl I 2007, 28.

einem anderen Berufsangehörigen erarbeitet worden sein.[1] Hat der Mandant die Buchführung selbst erstellt und ist der StB nur mit der Abschlusserstellung beauftragt, schuldet er ohne **ausdrücklichen Auftrag** keine Überprüfung der vom Mandanten erstellten Buchführung. Er hat lediglich eine Hinweispflicht gegenüber dem Mandanten bei erkennbaren Unstimmigkeiten und Unklarheiten.[2] Unschädlich ist es, wenn der StB, der die Bücher geführt und einen Teil des Inventars mit erstellt hat, einen Jahresabschluss mit Plausibilitätsbeurteilung oder umfassenden Prüfungshandlungen aufstellt.[3] Eine Prüfungsgebühr fällt in diesem Fall aber nicht an. Verstöße gegen gesetzlich nicht ausdrücklich geregelte Mitwirkungsverbote, die Ausfluss der Berufspflicht zur unabhängigen Berufsausübung sind (§ 57 Abs. 1 StBerG), haben auf die zivilrechtliche Wirksamkeit des Vertrags und damit auf den Honoraranspruch des StB keine Auswirkungen.[4]

Die Vereinbarung einer abweichenden Vergütung nach § 4 Abs. 1 StBVV ist mög- **610**
lich.

B. Anwendungsbereich (Abs. 1)

Soweit der StB zur Durchführung **„gesetzlicher Prüfungen"** befugt ist,[5] findet § 36 **611**
StBVV Anwendung. Gleiches gilt für die Vornahme von Plausibilitätsbeurteilungen und Prüfungshandlungen im Rahmen der Erstellung von Jahresabschlüssen zu steuerlichen Zwecken (→ § 35 StBVV Rz. 584 f.) und für die Prüfung der Jahresbescheinigungen nach § 24c EStG (→ Rz. 608). Hauptanwendungsfälle sind aber die **„freiwilligen Prüfungen"**.[6] § 36 Abs. 1 StBVV ist von § 33 Abs. 5 StBVV (laufende Überwachung der Buchführung) wie folgt abzugrenzen: § 36 Abs. 1 StBVV betrifft einen Einzelauftrag für die Prüfung eines abgegrenzten Zeitraums, während § 33 Abs. 5 StBVV i.d.R. bei einem Dauerauftrag für zunächst unbegrenzte Zeit einschlägig ist.[7]

Eine über § 2 StBVV **analoge Anwendung** des § 36 StBVV wird in der Literatur[8] **612**
für die **„Prüfung einer Kostenrechnung"**, die auch steuerlich bedeutsam ist, bejaht. Für den Bereich der **land- und forstwirtschaftlichen Betriebe** ist die Anwendbarkeit des § 36 StBVV durch § 39 Abs. 1 StBVV ausdrücklich ausgeschlossen. Die Prüfung eines Abschlusses für steuerliche Zwecke ist dort in § 39 Abs. 3 Nr. 5 StBVV geregelt. Die Prüfung einer Buchführung ist dort nicht vorgesehen. Da ein Rückgriff auf § 36 StBVV aus systematischen Gründen nicht zulässig ist, kommt über § 2 StBVV eine **sinngemäße Anwendung** des § 39 Abs. 2 Satz 1 Nr. 4 StBVV in Betracht.[9]

Ist die Revisionstätigkeit des StB als selbstständige Nebenleistung anzusehen – etwa **613**
dann, wenn der Berater mit der Abschlusserstellung beauftragt wird und die vom Auftraggeber erstellte Buchführung prüft –, kommt § 36 Abs. 1 StBVV noch nicht

1) Eggesiecker, 2. Aufl. 1998, § 36 STEUGO Rz. 36.600; Boelsen in Eckert, 7. Aufl. 2023, § 36 StBVV Rz. 17.
2) LG Münster v. 5.9.2018, 110, O 27/17; besprochen von Wacker, KANZLEI intern 01_2019, 4.
3) Siehe Beschluss der Bundeskammerversammlung v. 17./18.11.2003, DStR 2004, 64.
4) BGH v. 3.6.2004, X ZR 104/03, WPK-Magazin 3/2004, 42 f.
5) Hierzu zählen nicht die Pflichtprüfungen nach §§ 316 ff. HGB, wohl aber Sonder- und Gründungsprüfungen nach aktienrechtlichen Vorschriften, z.B. §§ 33, 52, 183 AktG.
6) Finanzbuchführung, Lohnbuchführung, Anlagenbuchführung, Lagerbuchführung, Sonderbuchführung, Teilbuchführung, einzelne Konten, Überschussrechnungen, Jahresabschlüsse bzw. Prüfungen aus dem Leistungsbereich des § 35 Abs. 1 StBVV.
7) Brummer, 10. Aufl. 2010, § 36 Anm.
8) Eggesiecker, 2. Aufl. 1998, § 36 STEUGO Rz. 36.300; Boelsen in Eckert, 7. Aufl. 2023, § 36 StBVV Rz. 9.
9) Eggesiecker, 2. Aufl. 1998, § 36 STEUGO Rz. 36.400; Boelsen in Eckert, 7. Aufl. 2023, § 36 StBVV Rz. 13.

zur Anwendung.[1] Nur dann, wenn der Mandant eine Prüfung bzw. Plausibilitätsbeurteilung der wesentlichen Vermögens- und Schuldpositionen wünscht und der Berater auftragsgemäß eine Überprüfung der Buchführung vornimmt, entsteht eine Gebühr nach § 36 StBVV.

C. Gegenstandswert und Gebühren (Abs. 2)

614 Für Prüfungen einschließlich der Berichterstattung nach § 36 Abs. 1 StBVV ist eine Zeitgebühr vorgesehen.

615 § 36 Abs. 2 StBVV wurde durch die 3. ÄndVO[2] neu gefasst, um eine Anpassung an die übliche Vergütung, wie sie für Wirtschaftsprüferleistungen erfolgt, vorzunehmen. Neben die Zeitgebühr für die Prüfung einer Bilanz, einer Gewinn- und Verlustrechnung, eines Anhangs, eines Lageberichts oder einer sonstigen Vermögensrechnung für steuerliche Zwecke nach § 36 Abs. 2 Nr. 1 StBGebV tritt eine Wertgebühr von 2/10 bis 10/10 einer vollen Gebühr nach Tabelle B. In § 36 Abs. 2 Nr. 2 StBVV wurde auf die bisherige Wertgebühr verzichtet, da für die Berichterstattung üblicherweise die Zeitgebühr zum Ansatz kommt. Die Neufassung des § 36 Abs. 2 Nr. 2 StBGebV a.F. war allerdings insofern missverständlich, als der dortige Satz 2 von einem Gegenstandswert sprach, den es bei einer Zeitgebühr nicht geben kann. Dieses Redaktionsversehen hat der Verordnungsgeber mit der Verordnung zum Erlass und zur Änderung steuerlicher Verordnungen[3] beseitigt. Die Regelung zum Gegenstandswert, der sich nach § 35 Abs. 2 StBVV bemisst, findet sich jetzt nicht mehr in § 36 Abs. 2 Nr. 2 StBVV, sondern in § 36 Abs. 2 Nr. 1 StBVV. Da der Verweis auf § 35 Abs. 2 StBVV für die Prüfung sonstiger Vermögensrechnungen missglückt ist, weil es bei einem Vermögens- oder Finanzstatus keine berichtigte Bilanzsumme gibt, wird man insoweit auf den Gegenstandswert des § 37 Satz 2 StBVV, also die Summe der Vermögenswerte, ausweichen müssen.[4]

616 Bei der Bestimmung des **Rahmensatzes** der Wert- und Zeitgebühr für die Prüfungstätigkeit sind neben den in § 11 StBVV genannten Kriterien folgende Umstände von Bedeutung:

- Struktur des Unternehmens,
- Schwierigkeit des Prüfungsgegenstands,
- Notwendigkeit von Spezialkenntnissen,
- Prüfungsbedingungen (Beschaffenheit der Prüfungsunterlagen),
- Verantwortung und Haftungsrisiken.

Speziell für Prüfungsberichte sind folgende Umstände von Bedeutung:

- Umfang und Detaillierung des Berichts,
- Schwierigkeit der Darstellung der Prüfungsergebnisse,
- Art der Prüfungsbescheinigung bzw. des Bestätigungsvermerks,
- Verantwortung und Haftungsrisiken.

---

1) Eggesiecker, 2. Aufl. 1998, § 36 STEUGO Rz. 36.460 f.; a.A. Mittelsteiner/Scholz, 4. Aufl. 1998, § 36 StBGebV Rz. 10, für den Fall, dass die Prüfungstätigkeit „eine gewisse Intensität erreicht"; a.A. Weiler, DStR 2006, 1153 f.

2) 3. ÄndVO v. 20.8.1998, BGBl. I 1998, 2369.

3) VO zum Erlass und zur Änderung steuerlicher Verordnungen v. 11.12.2012, BGBl. I 2012, 2637 = BStBl I 2013, 2.

4) Eggesiecker, 2. Aufl. 1998, § 36 STEUGO Rz. 36.860 f.; Mittelsteiner/Scholz, 4. Aufl. 1998, § 36 StBGebV Rz. 13.

§ 37
Vermögensstatus, Finanzstatus für steuerliche Zwecke

[1]Die Gebühr beträgt für

1.	**die Erstellung eines Vermögensstatus oder Finanzstatus**	**5/10 bis 15/10**
2.	**die Erstellung eines Vermögensstatus oder Finanzstatus aus übergebenen Endzahlen (ohne Vornahme von Prüfungsarbeiten)**	**2/10 bis 6/10**
3.	**den schriftlichen Erläuterungsbericht zu den Tätigkeiten nach Nummer 1**	**1/10 bis 6/10**

einer vollen Gebühr nach Tabelle B (Anlage 2). [2] Gegenstandswert ist für die Erstellung eines Vermögensstatus die Summe der Vermögenswerte, für die Erstellung eines Finanzstatus die Summe der Finanzwerte.

Inhalt

A. Inhalt und Bedeutung

Der Leistungskatalog des § 37 StBVV gilt nur **für steuerliche Zwecke** (→ § 36 StBVV Rz. 605). Die Verordnungsbegründung weist beispielhaft darauf hin, dass ein Vermögens- oder Finanzstatus im Zusammenhang mit einem Stundungsantrag oder einer Teilzahlungsbewilligung erforderlich werden kann. In Fällen größerer Steuernachzahlungen können daneben auch Anträge auf Erlass oder abweichende Steuerfestsetzung aus Billigkeitsgründen, die gebührenmäßig von § 23 Abs. 1 Satz 1 Nr. 4 und 5 StBVV erfasst werden, im Einzelfall von der Vorlage eines Vermögens- oder Finanzstatus abhängig gemacht werden. Auch im Vollstreckungsverfahren (vgl. etwa §§ 258, 284 AO) kommt die Vorlage eines entsprechenden Status im Einzelfall in Betracht. Die Gebühr des § 37 StBVV tritt in diesen Fällen neben die entsprechende Gebühr nach §§ 23 bzw. 40 Satz 1 StBVV. Wird ein Status für nicht-steuerliche Zwecke erstellt, z.B. zur Vorbereitung eines Firmenverkaufs oder als Unterlage für einen Kreditantrag, richtet sich die Vergütung nach den §§ 612 Abs. 2, 632 Abs. 2 BGB. Geschuldet wird dann die „übliche Vergütung" die wegen der Vergleichbarkeit der Tätigkeiten aus § 37 StBVV abgeleitet werden kann.[1] **617**

B. Anwendungsbereich (Satz 1)

Ein Vermögensstatus ist eine geordnete Aufstellung der Vermögenswerte und Schulden auf einen bestimmten Stichtag. Werden diese nach ihrer Fälligkeit geordnet, liegt ein Finanz- oder Liquiditätsstatus vor.[2] **618**

Für die **Erstellung** erhält der Berater die in § 37 Satz 1 Nr. 1 und 2 StBVV vorgesehenen Gebühren. Wird zusätzlich noch ein Erläuterungsbericht gefertigt, fällt eine weitere Gebühr nach § 37 Satz 1 Nr. 3 StBVV an. Zwar ist diese zusätzliche Gebühr

1) AG Coesfeld v. 9.9.2009, 6 C 135/08; Schwamberger in Meyer/Goez/Schwamberger, 11. Aufl. 2023, § 37 StBVV Rz. 1.
2) Eggesiecker, 2. Aufl. 1998, § 37 STEUGO Rz. 37.055; Brummer, 10. Aufl. 2010, § 37 StBGebV Anm. 2.

nur für den Fall der umfassenden Erstellung eines Vermögensstatus oder Finanzstatus einschließlich Prüfungshandlungen vorgesehen.[1] Nicht ausgeschlossen ist aber, dass der Berater auch einen **Erläuterungsbericht** anfertigt, obwohl er die Endzahlen des Mandanten ungeprüft übernommen hat. Für diesen Fall ist eine entsprechende Anwendung des § 37 Satz 1 Nr. 3 StBVV gem. § 2 StBVV sachgerecht.[2]

C. Gegenstandswert und Gebühr (Satz 2)

619 Als Gegenstandswert wird in § 37 Satz 2 StBVV die Summe der Vermögenswerte bzw. die Summe der Finanzwerte genannt. Gemeint sind damit die **„positiven Vermögenswerte" bzw. bei der Summe der Finanzwerte die „positiven Ansätze"**.[3] Verbindlichkeiten sind nicht abzuziehen.[4] Da in § 37 StBVV kein „Wahlgegenstandswert" wie in den §§ 25 und 27 StBVV vorgesehen ist, ist es unerheblich, ob die „Schulden" bzw. die „negativen Ansätze" die positiven Werte übersteigen.[5]

620 Bei der **Wahl der angemessenen Gebühr** ist zu berücksichtigen, dass die Erstellung eines Finanzstatus wegen der Fälligkeitsermittlungen aufwendiger ist als die Erstellung eines Vermögensstatus und deshalb im Allgemeinen eine Ausschöpfung des Gebührenrahmens nur bei der Erstellung eines Finanzstatus in Betracht kommt. Im Übrigen gelten auch hier die allgemeinen Kriterien des § 11 StBVV, wobei regelmäßig die „Bedeutung der Angelegenheit" im Vordergrund stehen dürfte, jedenfalls dann, wenn es um die Existenz des Auftraggebers geht.

1) § 37 Satz 1 Nr. 3 StBVV verweist lediglich auf die vorangehende Nr. 1 und nicht auf die vorangehende Nr. 2.
2) Eggesiecker, 2. Aufl. 1998, § 37 STEUGO Rz. 37.070, 37.260; Brummer, 10. Aufl. 2010, § 37 StBGebV Anm. 3.
3) Boelsen in Eckert, 7. Aufl. 2023, § 37 StBVV Rz. 5; Eggesiecker, 2. Aufl. 1998, § 37 STEUGO Rz. 37.350 ff.
4) Brummer, 10. Aufl. 2010, § 37 StBGebV Anm. 5.
5) Boelsen in Eckert, 7. Aufl. 2023, § 37 StBVV Rz. 11.

§ 38
Erteilung von Bescheinigungen

(1) [1]Der Steuerberater erhält für die Erteilung einer Bescheinigung über die Beachtung steuerrechtlicher Vorschriften in Vermögensübersichten und Erfolgsrechnungen 1 Zehntel bis 6 Zehntel einer vollen Gebühr nach Tabelle B (Anlage 2). [2]Der Gegenstandswert bemißt sich nach § 35 Abs. 2.

(2) Der Steuerberater erhält für die Mitwirkung an der Erteilung von Steuerbescheinigungen die Zeitgebühr.

Inhalt

A. Inhalt und Bedeutung

621 Bis zur 1. ÄndVO[1)] erhielt der StB sowohl für die Erteilung der Bescheinigung als auch für die bloße Mitwirkung daran lediglich die Zeitgebühr. Die amtliche Begründung der 1. ÄndVO rechtfertigt die Einführung einer **Wertgebühr** für Leistungen nach § 38 Abs. 1 StBGebV damit, dass Bescheinigungen über die Beachtung steuerrechtlicher Vorschriften in Vermögensübersichten und Erfolgsrechnungen wegen ihrer erheblichen Auswirkungen finanzieller und haftungsrechtlicher Art im Wirtschaftsleben von großer Bedeutung sind.

622 Die Gebühr nach § 38 StBVV erhält der StB für die Bescheinigung selbst, d.h. die rechtsverbindliche Aussage, dass alle steuerrechtlichen Vorschriften in einer Vermögensübersicht oder einer Erfolgsrechnung beachtet sind. Dies bedingt, dass die Vermögensaufstellung oder Erfolgsrechnung vom Mandanten selbst oder einem Dritten (z.B. einem anderen StB) gefertigt wurde.[2)] Bei der **Erteilung** einer Bescheinigung nach § 38 Abs. 1 StBVV handelt es sich um ein „**steuerrechtliches Testat**" für Vermögensübersichten und Erfolgsrechnungen. Bescheinigungen über nicht steuerliche Angelegenheiten, z.B. die Bescheinigung über das Ergebnis einer Plausibilitätsbeurteilung, die außersteuerlichen Zwecken dient, die Bestätigung über eine Prüfung nach § 34c Abs. 1 Nr. 1 und 1a GewO i.V.m. § 16 Abs. 3 Satz 2 MaBV,[3)] die Bescheinigung eines in Insolvenzsachen erfahrenen StB zu den Erfolgsaussichten einer Sanierung nach § 270b InsO, eine Bestätigung, dass sozialversicherungsrechtliche Abgaben abgeführt werden oder ein Bestätigungsvermerk zu einem Rechenschaftsbericht nach § 3 Abs. 2 WählTranspG NRW, fallen unter die §§ 612 Abs. 2, 632 Abs. 2 BGB. Dies gilt auch für eine Bescheinigung nach dem Mindestlohngesetz (s. Muster → § 34 StBVV Rz. 561). Geschuldet wird hier die „übliche Vergütung" die entsprechend § 38 StBVV bestimmt werden kann.[4)] In der Praxis werden Bescheinigungen für arbeits- und sozialversicherungsrechtliche Zwecke i.d.R. nach § 34 Abs. 5 StBVV mit einer Zeitgebühr – oder abweichend mit einer Pauschale – abgerechnet (→ § 34 StBVV Rz. 569 ff.).

1) 1. ÄndVO v. 20.6.1988, BGBl. I 1988, 841.
2) Boelsen in Eckert, 7. Aufl. 2023, § 38 StBVV Rz. 8.
3) MaBV v. 20.6.1974, BGBl. I 1974, 1314.
4) Boelsen in Eckert, 7. Aufl. 2023, § 38 StBVV Rz. 9.

623 Obwohl die Erteilung von Bescheinigungen über die Beachtung steuerrechtlicher Vorschriften in Vermögensübersichten und Erfolgsrechnungen in § 57 Abs. 3 Nr. 3 StBerG als vereinbare Tätigkeit erwähnt ist, handelt es sich hierbei um eine originäre Tätigkeit nach § 33 StBerG. Der Gebührentatbestand des § 38 Abs. 1 StBVV hat daher zutreffender Weise in die Gebührenverordnung Eingang gefunden.

B. Erteilung einer Bescheinigung (Abs. 1 Satz 1)

624 Die Zahl der Fälle, in denen § 38 StBVV **eigenständige Bedeutung** erlangt, sind **relativ gering,** da Abschluss- und Bestätigungsvermerke, die Bestandteil der in §§ 35 und 36 StBVV genannten Leistungen sind, mit den Gebühren dieser Vorschriften abgegolten werden und damit keinem gesonderten gebührenrechtlichen Ansatz zugänglich sind.[1)]

Hauptanwendungsfälle sind Bescheinigungen für Behörden, Kreditinstitute oder Erwerber eines Betriebs, die Aufschluss über die Beachtung steuerrechtlicher Vorschriften in Vermögensübersichten und Erfolgsrechnungen geben. Hierzu gehören auch Bescheinigungen im Zusammenhang mit der Erstellung eines Jahresabschlusses mit Plausibilitätsbeurteilung und umfassenden Prüfungshandlungen, wenn diese steuerlichen Zwecken dienen.

625 Nach der amtlichen Begründung steht dem Berater die Gebühr nach § 38 StBGebV auch dann zu, wenn er die der Bescheinigung zu Grunde liegenden Unterlagen erstellt oder geprüft und hierfür Gebühren erhalten hat. Voraussetzung dafür ist aber, dass die Bescheinigungserteilung nicht nur Teil- oder Nebenleistung einer anderen Tätigkeit (→ Rz. 624), sondern eine **eigenständige gebührenrechtliche Angelegenheit** ist. Dies ist etwa dann der Fall, wenn der Mandant den Berater nach einer Bilanzerstellung beauftragt, die Beachtung steuerrechtlicher Vorschriften noch einmal besonders kritisch zu überprüfen und hierüber eine Bescheinigung zu erstellen.[2)] Auch dann, wenn der Auftraggeber eine Bescheinigung nach § 38 StBVV wünscht, zuvor aber noch die Vermögensübersicht oder die Erfolgsrechnung erstellt werden muss, liegen 2 vergütungsfähige Angelegenheiten vor.

C. Gegenstandswert und Gebühr (Abs. 1 Satz 2)

626 Nach § 38 Abs. 1 Satz 2 StBVV bemisst sich der Gegenstandswert nach § 35 Abs. 2 StBVV. Bei Bescheinigungen im Zusammenhang mit Abschlüssen wird damit der Gegenstandswert aus dem **Wert des Bescheinigungsobjekts** abgeleitet. Betrifft die Bescheinigung jedoch eine sonstige Vermögensrechnung, z.B. einen Vermögens- oder Finanzstatus, ist auf den Gegenstandswert des § 37 StBVV zurückzugreifen (→ § 37 StBVV Rz. 619 und → § 36 StBVV Rz. 615). Betrifft die Bescheinigung nicht die gesamte Vermögensübersicht oder Erfolgsrechnung, sind nur die betroffenen Gegenstände zu erfassen. Eggesiecker[3)] führt als Beispielsfall die Ermittlung des Teilwerts von Pensionsrückstellungen nach § 6a EStG bzw. § 104 BewG a.F. an.

627 Bei der Wahl der angemessenen Gebühr findet das in § 11 StBVV genannte Kriterium der **„Bedeutung der Angelegenheit"** besondere Beachtung, da ein steuerrechtliches Testat regelmäßig eine für den Auftraggeber bedeutsame Aussage trifft, die oft auch Grundlage für weitreichende Entscheidungen der Adressaten ist. Auch das **Haftungsrisiko**, der Aufwand bei der Ermittlung der steuerlich relevanten Sach-

1) Boelsen in Eckert, 7. Aufl. 2023, § 38 StBVV Rz. 4 ff.; Schwamberger in Meyer/Goez/Schwamberger, 11. Aufl. 2023, § 38 StBVV Rz. 3; Eggesiecker, 2. Aufl. 1998, § 38 STEUGO Rz. 38.050, Brummer, 10. Aufl. 2010, § 38 StBGebV Anm. 2.
2) Eggesiecker, 2. Aufl. 1998, § 38 STEUGO Rz. 38.100.
3) Eggesiecker, § 38 STEUGO Rz. 38.250 und Rz. 38.440.

verhalte und die Schwierigkeit der zu beachtenden steuerrechtlichen Probleme wirken sich bei der Gebührenbemessung aus.[1)]

D. Mitwirkung an der Erteilung von Steuerbescheinigungen (Abs. 2)

Nach § 38 Abs. 2 StBVV erhält der StB für die Mitwirkung an der Erteilung von Steuerbescheinigungen die Zeitgebühr. Die amtliche Begründung führt beispielhaft die Kapitalertragsteuerbescheinigung nach § 45a EStG und die Ausschüttungsbescheinigung nach § 44 KStG sowie die (elektronische) Lohnsteuerbescheinigung nach § 41b Abs. 1 EStG (→ § 34 StBVV Rz. 565 a.E.) an. Anders als im Fall des Abs. 1 handelt es sich bei der Mitwirkung nicht um ein „Testat", sondern um eine Hilfeleistung des StB bis hin zur Ausfertigung der Bescheinigung. **628**

1) Boelsen in Eckert, 7. Aufl.2023, § 38 StBVV Rz. 13.

§ 39
Buchführungs- und Abschlußarbeiten für land- und forstwirtschaftliche Betriebe

(1) Für Angelegenheiten, die sich auf land- und forstwirtschaftliche Betriebe beziehen, gelten abweichend von den §§ 32, 33, 35 und 36 die Absätze 2 bis 7.

(2) [1]Die Gebühr beträgt für

1.	**laufende Buchführungsarbeiten oder für das Führen steuerlicher Aufzeichnungen einschließlich Kontieren der Belege jährlich**	**3/10 bis 20/10**
2.	**die Buchführung oder für das Führen steuerlicher Aufzeichnungen nach vom Auftraggeber kontierten Belegen oder erstellten Kontierungsunterlagen jährlich**	**3/20 bis 20/20**
3.	**die Buchführung oder für das Führen steuerlicher Aufzeichnungen nach vom Auftraggeber erstellten Datenträgern oder anderen Eingabemitteln für die Datenverarbeitung neben der Vergütung für die Datenverarbeitung und für den Einsatz der Datenverarbeitungsprogramme jährlich**	**1/20 bis 16/20**
4.	**die laufende Überwachung der Buchführung oder für das Führen steuerlicher Aufzeichnungen jährlich**	**1/10 bis 6/10**

einer vollen Gebühr nach Tabelle D (Anlage 4). [2]Die volle Gebühr ist die Summe der Gebühren nach Tabelle D Teil a und Tabelle D Teil b.

(3) [1]Die Gebühr beträgt für

1.	**die Abschlußvorarbeiten**	**1/10 bis 5/10**
2.	**die Aufstellung eines Abschlusses**	**3/10 bis 10/10**
3.	**die Entwicklung eines steuerlichen Abschlusses aus dem betriebswirtschaftlichen Abschluß oder aus der Handelsbilanz oder die Ableitung des steuerlichen Ergebnisses vom Ergebnis des betriebswirtschaftlichen Abschlusses oder der Handelsbilanz**	**3/20 bis 10/20**
4.	**die beratende Mitwirkung bei der Erstellung eines Abschlusses**	**1/20 bis 10/20**
5.	**die Prüfung eines Abschlusses für steuerliche Zwecke**	**1/10 bis 8/10**
6.	**den schriftlichen Erläuterungsbericht zum Abschluß**	**1/10 bis 8/10**

einer vollen Gebühr nach Tabelle D (Anlage 4). [2]Die volle Gebühr ist die Summe der Gebühren nach Tabelle D Teil a und Tabelle D Teil b.

(4) Die Gebühr beträgt für

1.	**die Hilfeleistung bei der Einrichtung einer Buchführung oder dem Führen steuerlicher Aufzeichnungen**	**1/10 bis 6/10**
2.	**die Erfassung der Anfangswerte bei Buchführungsbeginn**	**3/10 bis 15/10**

einer vollen Gebühr nach Tabelle D Teil a (Anlage 4).

(5) [1]Gegenstandswert ist für die Anwendung der Tabelle D Teil a die Betriebsfläche. [2]Gegenstandswert für die Anwendung der Tabelle D Teil b ist der Jahresumsatz zuzüglich der Privateinlagen, mindestens jedoch die Höhe der Aufwendungen zuzüglich der Privatentnahmen. [3]Im Falle des Absatzes 3 vermindert sich der 100.000 Euro übersteigende Betrag auf die Hälfte.

(6) Bei der Errechnung der Betriebsfläche (Absatz 5) ist

1. **bei einem Jahresumsatz bis zu 1 000 Euro je Hektar** — **das Einfache,**
2. **bei einem Jahresumsatz über 1 000 Euro je Hektar** — **das Vielfache das sich aus dem durch 1 000 geteilten Betrag des Jahresumsatzes je Hektar ergibt,**
3. **bei forstwirtschaftlich genutzten Flächen** — **die Hälfte,**
4. **bei Flächen mit bewirtschafteten Teichen** — **die Hälfte,**
5. **bei durch Verpachtung genutzten Flächen** — **ein Viertel**

der tatsächlich genutzten Flächen anzusetzen.

(7) Mit der Gebühr nach Absatz 2 Nr. 1, 2 und 3 ist die Gebühr für die Umsatzsteuervoranmeldungen (§ 24 Abs. 1 Nr. 7) abgegolten.

Inhalt

Schrifttum

Berners, Tätigkeiten für land- und forstwirtschaftliche Betriebe abrechnen?, Honorargestaltung für Steuerberater, Januar 2019, 7; **Beyme,** Führen steuerlicher Aufzeichnungen für land- und forstwirtschaftliche Betriebe – wie abrechnen?, KANZLEI intern 02_2019, 2; **Beyme,** Gebührenabrechnung bei einer Landwirtschafts-GmbH, KANZLEI intern 10_2018, 5; **Beyme,** Gebühren für Tierhaltungskooperation und Sonderbilanzen, KANZLEI intern 2_ 2018, 6; **Wacker,** Bei Mandanten, die nicht mitarbeiten, darf mehr als die Mittelgebühr verlangt werden, KP 2023, 35.

A. Buchführung und Abschlüsse land- und forstwirtschaftlicher Betriebe (Abs. 1)

Die Besonderheiten der Buchführung und Abschlüsse **land- und forstwirtschaftlicher Betriebe** machen es erforderlich, die gebührenrechtlichen Vorschriften abweichend von den Bestimmungen für Gewerbetreibende, freie Berufe und sonstige Steuerpflichtige **„tätigkeitsbezogen"** zu regeln. § 39 Abs. 1 StBVV ordnet an, dass die Sondervorschriften abweichend von den §§ 32, 33, 35 und 36 StBVV auf den Bereich der **Buchführung** und der **Abschlussarbeiten** anwendbar sind. Klar ist, dass darunter Betriebe mit Einkünften nach § 13 EStG fallen. Auch auf eine reine **Landwirtschafts-GmbH** (gleiches gilt für die eG oder AG) findet die Vorschrift des § 39 StBVV Anwendung. Dass § 8 Abs. 2 KStG alle Einkünfte als solche aus Gewerbebetrieb behandelt, ist für die gebührenrechtliche Einordnung unerheblich. Maßgeblich ist, dass die Tätigkeit dem Grunde nach eine landwirtschaftliche ist.[1] Abgrenzungs- **629**

1) Beyme, KANZLEI intern 10_2018, 5.

fragen ergeben sich dann, wenn die Landwirtschafts-GmbH nicht ausschließlich land- und forstwirtschaftliche Leistungen erbringt, sondern auch gewerbliche Leistungen.

Beispiel:

Eine Landwirtschafts-GmbH ist überwiegend landwirtschaftlich tätig (Ackerbau), erzielt aber auch „originär" gewerbliche Einkünfte (Stromerzeugung Biogasanlage und Fuhrleistungen).

Beyme zeigt unter Heranziehung ertragsteuerlicher Kriterien verschiedene Lösungsansätze auf.[1)] Bei organisatorisch verselbständigten Betriebsteilen (Teilbetrieb) könnte der Teilbetrieb „Landwirtschaft" nach § 39 StBVV und die sonstigen Tätigkeiten nach §§ 33, 35 StBVV abgerechnet werden (R 8.3 KStR). Es müssten dann (intern) 2 Buchführungen und 2 (Teilbetriebs-)Abschlüsse erstellt werden, die zu einem einheitlichen Jahresabschluss zusammengeführt (konsolidiert) werden. Denkbar wäre auch eine Anknüpfung an R 15.5 Abs. 11 EStR, wonach Umsätze aus nicht landwirtschaftlichen Tätigkeiten, die insgesamt nicht mehr als ein Drittel des Gesamtumsatzes und nicht mehr als 51 500 € im Wirtschaftsjahr betragen, typisierend noch den Einkünften aus Land- und Forstwirtschaft zugerechnet werden. Bei Landwirtschafts-GmbHs mit untergeordneten Umsätzen aus landwirtschaftlicher Tätigkeit käme umgekehrt die ausschließliche Anwendung der §§ 33, 35 StBVV in Betracht. Ist keine eindeutige Zuordnung möglich, weil weder die originär landwirtschaftlichen noch die gewerblichen Umsätze der GmbH ein eindeutiges Gepräge geben, empfiehlt sich eine Vergütungsvereinbarung nach § 4 StBVV.[2)]

Die Sondervorschriften des § 39 StBVV gelten auch für Betriebe, deren Betriebsgrundstücke zwar einkommensteuerlich als gewerblich behandelt werden, die aber ansonsten einen Betrieb der Land- und Forstwirtschaft bilden würden.[3)] **Tierhaltungskooperationen** i.S.v. § 51a Abs. 1 BewG gelten bewertungsrechtlich als landwirtschaftlicher Betrieb (§ 34 Abs. 6a BewG) und erzielen Einkünfte aus Land- und Forstwirtschaft, § 13 Abs. 1 Satz 5 EStG. Die Gebühren für Buchführungs- und Abschlussarbeiten sind deshalb nach § 39 StBVV abzurechnen. Eine landwirtschaftliche Tierhaltungskooperation liegt auch vor, wenn sie ohne regelmäßig landwirtschaftlich genutzte Flächen betrieben wird, § 51a Abs. 2 BewG (z.B. Verpachtung von landwirtschaftlichen Betriebsgebäuden an eine Tierhaltungskooperation in der Rechtsform der KG). In diesem Fall beträgt die Betriebsfläche i.S.v. § 39 Abs. 5 StBVV für die Anwendung der Tabelle D Teil a „0 Hektar".[4)] Eine Betriebsfläche von „0 Hektar" fällt in die erste Gebührenstufe „bis 40 Hektar". Die volle Gebühr von 10/10 würde danach 348 € betragen.[5)]

Für alle sonstigen Leistungen außerhalb der Buchführung und des Jahresabschlusses gelten die allgemeinen Gebührenvorschriften. Die Sonderregelungen zur Buchführung und zum Abschluss folgen im Prinzip den Vorschriften der §§ 32, 33, 35 und 36 StBVV, wenngleich § 39 StBVV nicht alle Fallgruppen der vorgenannten allgemeinen Vorschriften übernimmt.[6)]

630 Durch die 3. ÄndVO[7)] wurde in § 39 Abs. 2 Nr. 3 StBGebV – wie bei den allgemeinen Vorschriften der §§ 33 Abs. 4, 34 Abs. 4 StBGebV – klargestellt, dass die Vergü-

1) Beyme, KANZLEI intern 10_2018, 5 f.
2) Beyme, KANZLEI intern 10_2018, 6.
3) Boelsen in Eckert, 7. Aufl. 2023, § 39 StBVV Rz. 13; Berners, 6. Aufl. 2020, § 39 StBVV Rz. 4; a.A. Eggesiecker, 2. Aufl. 1998, § 39 STEUGO Rz. 39.110, 39.130.
4) Beyme, KANZLEI intern 2_2018, 6.
5) Bis zur Erhöhung der Gebühren durch die Fünfte Verordnung zur Änderung steuerlicher Verordnungen v. 25.6.2020 (BGBl. I 2020, 1495, 1498 = BStBl I 2020, 555) betrug die Gebühr 311 €; Beyme, KANZLEI intern 2_2018, 6 m.w.N.
6) Zur analogen Anwendung des § 39 StBGebV: Eggesiecker, 2. Aufl. 1998, § 39 STEUGO Rz. 39.020 und Rz. 39.150.
7) 3. ÄndVO v. 20.8.1998, BGBl. I 1998, 2369.

tung sich nicht nur auf das Entgelt für die Datenverarbeitung beschränkt, sondern auch für den Einsatz der Datenverarbeitungsprogramme liquidiert werden kann. Durch das KostREuroUG[1)] wurden die in § 39 Abs. 5 Satz 3 und Abs. 6 Nr. 1 und 2 StBGebV genannten DM-Beträge auf Euro-Beträge umgestellt.

Abweichende **Vergütungsvereinbarungen** nach § 4 Abs. 1StBVV sind möglich. **631**

B. Gebühren für Buchführungstätigkeiten (Abs. 2, Abs. 4 Nr. 1 und Abs. 7)

Der Aufbau des **§ 39 Abs. 2 StBVV** lehnt sich an den des § 33 StBVV an, d.h. es **632** wird nach dem Grad der Beteiligung des Mandanten an der Erstellung der Buchführungsunterlagen und nach dem Niveau der EDV-gerechten Aufbereitung differenziert. Hiernach richten sich auch die Gebührenrahmen, die in § 39 Abs. 2 Nr. 1–3 StBVV höher sind als in den **Parallelvorschriften des § 33 Abs. 1, 3 und 4 StBVV.** In § 39 Abs. 2 StBVV fehlt eine dem § 33 Abs. 2 StBVV entsprechende Vorschrift für die alleinige Belegkontierung ohne die Übernahme der laufenden Buchführungsarbeiten. Da dieser Gebührentatbestand bei landwirtschaftlichen Betrieben kaum vorkommen dürfte, wird man in den wenigen Ausnahmefällen die angemessene Gebühr aus dem Gebührenrahmen des § 39 Abs. 2 Nr. 1 StBVV nach Maßgabe des § 2 StBVV ermitteln können.[2)] In § 39 Abs. 2 StBVV fehlt ferner ein Gebührentatbestand für die Hilfeleistung bei sonstigen Tätigkeiten im Zusammenhang mit der Buchführung (§ 33 Abs. 7 StBVV). Da nicht von einer planwidrigen Regelungslücke innerhalb des § 39 Abs. 2 StBVV ausgegangen werden kann, verbietet sich eine Analogie. Sonstigen Hilfeleistungen ist deshalb durch die Wahl eines höheren Gebührensatzes i.R.d. § 39 Abs. 2 StBVV oder durch die Vereinbarung einer höheren Vergütung nach § 4 Abs. 1 StBVV Rechnung zu tragen. Reicht der Mandant Belege nicht zeitnah und ungeordnet ein, rechtfertigt dies – auch ohne Vereinbarung – eine Gebühr oberhalb der Mittelgebühr.[3)] Ein wesentlicher Unterschied im Vergleich zu § 33 StBVV ist der, dass § 39 Abs. 2 StBVV **Jahresgebühren** vorsieht. Angelegenheit im gebührenrechtlichen Sinne ist hier das Wirtschaftsjahr. Dies hat zur Folge, dass Auslagenersatz nach **§ 16 StBVV** nicht monatlich, sondern nur einmal im Jahr anfällt.

Praxistipp:

Bucht der StB nur einige (z.B. 5) Monate, nicht aber das gesamte Wirtschaftsjahr, bietet sich eine Abrechnung analog des Fertigstellungsgrades bei Abschlussarbeiten an (also 5/12 → § 35 StBVV Rz. 578).

Durch die Fünfte Verordnung zur Änderung steuerlicher Verordnungen v. 25.6.2020[4)] hat der Verordnungsgeber klargestellt, dass auch das Führen steuerlicher Aufzeichnungen bei Land- und Forstwirten, die ihren Gewinn nach § 4 Abs. 3 EStG ermitteln, nach § 39 StBVV abzurechnen ist. Dazu wurde der Wortlaut des § 39 Abs. 2 Nr. 1, 2, 3, 4 und Abs. 4 Nr. 1 StBVV entsprechend ergänzt. Gleichzeitig wurde damit ein Meinungsstreit in der Literatur beigelegt. Weil in § 39 Abs. 2 StBVV – anders als in § 33 Abs. 1, 3 ,4 und 7 StBVV – nicht zwischen Buchführung und steuerlichen Aufzeichnungen differenziert wurde, schloss Berners daraus, dass bei einem nicht buchführungspflichtigen LuF-Betrieb („4/3-Rechner") das Führen von steuerlichen Aufzeichnungen nach § 33 StBVV abzurechnen ist.[5)] Nach a.A. war § 39 Abs. 2 StBVV auch in diesen Fällen die speziellere Regelung. Dies erschloss sich bei einer historischen Betrachtung beider Vorschriften. Die Differen-

1) KostREuroUG v. 27.4.2001, BGBl. I 2011, 751.
2) Boelsen in Eckert, 7. Aufl. 2023, § 39 StBVV Rz. 16.
3) LG Stade v. 17.6.2021, 61 C 736/19, besprochen von Wacker, KP 2023, 35.
4) BGBl. I 2020, 1495, 1498 = BStBl I 2020, 555.
5) Berners, Honorargestaltung für Steuerberater, Januar 2019, 7.

zierung zwischen Buchführung und Führen steuerlicher Aufzeichnungen in § 33 StBVV wurde erst durch die Verordnung zum Erlass und zur Änderung steuerlicher Verordnungen v. 11.12.2012[1] aufgenommen. Es handelte sich um eine redaktionelle Klarstellung, denn aus der Überschrift des Fünften Abschnitts der StBVV ergab sich schon immer, dass § 33 StBVV auch für Hilfeleistung bei der Erfüllung steuerlicher Aufzeichnungen gilt. Wenn man vor diesem Hintergrund die Regelung des § 39 Abs. 1 StBVV betrachtete („…gelten abweichend von den §§ 32, 33, 35…".) ergab sich daraus ein Vorrang des § 39 StBVV für alle von § 33 StBVV erfassten Fälle (Buchführung und steuerliche Aufzeichnungen). Daran haben die o.g. redaktionellen Klarstellungen nichts geändert, da es sich eben nur um redaktionelle Änderungen handelte.[2] Durch die erfreuliche Klarstellung des Verordnungsgeber in § 39 Abs. 2 Nr. 1, 2, 3, 4 und 4 StBVV ist dieser Streit nun obsolet.

633 Für die Einrichtung einer Buchführung existiert mit **§ 39 Abs. 4 Nr. 1 StBVV** ein gesonderter Gebührentatbestand, dessen „Tätigkeitsbereich" dem des § 32 StBVV entspricht. Abweichend von § 32 StBVV sieht § 39 Abs. 4 Nr. 1 StBVV jedoch keine Zeit-, sondern eine Wertgebühr vor.

634 Die Vorschrift des **§ 39 Abs. 7 StBVV,** wonach mit der Gebühr nach Abs. 2 Nr. 1, Abs. 2 und Abs. 3 die Gebühr für die Umsatzsteuervoranmeldungen abgegolten ist, entspricht § 33 Abs. 8 StBVV.

C. Gebühren für Abschlüsse (Abs. 3 und Abs. 4 Nr. 2)

635 Wird der Gewinn land- und forstwirtschaftlicher Betriebe nicht nach Durchschnittsätzen (§ 13a EStG) oder durch Überschussermittlung (§ 4 Abs. 3 EStG), sondern mit Hilfe von Jahresabschlüssen ermittelt, sind nicht die §§ 26 oder 25 StBVV, sondern ist § 39 Abs. 3 StBVV anwendbar. Der Aufbau dieser Vorschrift orientiert sich im Wesentlichen an § 35 Abs. 1 StBVV. Einige Besonderheiten sind jedoch hervorzuheben. So sieht **§ 39 Abs. 3 Nr. 1 StBVV** für **Abschlussvorarbeiten** (z.B. Tätigkeiten betreffend Inventurunterlagen) – anders als § 35 Abs. 3 StBVV – keine Zeit-, sondern eine Wertgebühr vor. Diese kann auch dann gesondert berechnet werden, wenn der StB mit der Buchführung beauftragt war.[3] Wird ein verpachtender Betrieb in der Rechtsform der GbR geführt, sind **Sonderbilanzen** von GbR-Gesellschaftern im Zweifel der Personengesellschaft in Rechnung zu stellen. Die Aufzeichnungs- und Buchführungspflichten für das steuerliche Sonderbetriebsvermögen einer Personengesellschaft obliegen nicht dem einzelnen Gesellschafter, sondern der Personengesellschaft.[4] Deshalb trifft die Pflicht zur Aufstellung einer Sonderbilanz die Personengesellschaft, für die die entsprechenden Steuerberatungskosten auch abzugsfähige Betriebsausgaben sind.[5] Die Personengesellschaft ist deshalb im Zweifel Auftraggeber, wenn zwischen den Beteiligten nichts Gegenteiliges vereinbart ist.[6]

636 § 39 **Abs. 3 Nr. 2 StBVV,** der nicht von der Aufstellung eines Jahresabschlusses, sondern allgemein von **der Aufstellung eines Abschlusses** spricht, deckt nicht nur § 35 Abs. 1 Nr. 1 StBVV, sondern auch § 35 Abs. 1 Nr. 2 StBVV (Aufstellung eines Zwischenabschlusses) und § 35 Abs. 1 Nr. 5 StBVV (Aufstellung einer Auseinandersetzungsbilanz) ab. Der Gebührenrahmen des § 39 Abs. 3 Nr. 2 StBVV ist allerdings niedriger als der des § 35 Abs. 1 Nr. 1, 2 und 5 StBVV.

637 Die Vorschrift des § 39 **Abs. 3 Nr. 3 StBVV** entspricht § 35 Abs. 1 Nr. 3 StBVV. Betroffen sind Fälle, in denen ein zunächst unter nicht steuerlichen Gesichtspunkten

1) BGBl. I 2012, 2637 = BStBl I 2013, 2.
2) Beyme, KANZLEI intern 02_2019, 2.
3) LG Stade v. 17.6.2021, 61 C 736/19, besprochen von Wacker, KP 2023, 35.
4) BFH v. 23.10.1990, VIII R 142/85, BStBl II 1991, 401.
5) BFH v. 28.5.2015, VIII B 40/14, BFH/NV 2015, 1565.
6) Beyme, KANZLEI intern 2_2018, 6.

aufgestellter **Abschluss unter Berücksichtigung der Besteuerungsvorschrift modifiziert** wird. Der Gebührenrahmen ist niedriger als im Fall des § 35 Abs. 1 Nr. 3 StBVV.

Auch der Gebührenrahmen für die **beratende Mitwirkung bei der Erstellung eines Abschlusses (§ 39 Abs. 3 Nr. 4 StBVV)** ist niedriger als im Fall des § 35 Abs. 1 Nr. 7 StBVV. Wie § 39 Abs. 3 Nr. 2 StBVV ist auch diese Vorschrift allgemein auf die Mitwirkung bei der Erstellung beliebiger Abschlüsse (auch Zwischenabschlüsse und Auseinandersetzungsbilanzen) anwendbar. **638**

§ 39 Abs. 3 Nr. 5 StBVV regelt die **Prüfung eines Abschlusses für steuerliche Zwecke.** Damit ist nur ein Anwendungsfall des § 36 Abs. 2 Nr. 1 StBVV erfasst. Für die Prüfung einer sonstigen Vermögensrechnung (Vermögens- oder Finanzstatus), die ebenfalls in § 36 Abs. 2 Nr. 1 StBVV genannt sind, ist § 39 Abs. 3 Nr. 5 StBVV aber analog anwendbar. Demgegenüber erhält der StB für die Berichterstattung über eine Abschlussprüfung im Gegensatz zu § 36 Abs. 2 Nr. 2 StBVV i.R.d. § 39 StBVV keine zusätzliche Gebühr. Diese Tätigkeit ist vielmehr mit der Gebühr nach § 39 Abs. 3 Nr. 5 StBVV abgegolten. Nicht geregelt ist in § 39 Abs. 3 StBVV auch der Fall des § 36 Abs. 1 StBVV (Prüfung einer Buchführung, einzelner Konten oder einer Überschussrechnung für steuerliche Zwecke und Berichterstattung). Hier wird allgemein eine sinngemäße Anwendung des § 39 Abs. 2 Nr. 4 StBVV befürwortet.[1] **639**

§ 39 **Abs. 3 Nr. 6 StBVV** (schriftlicher Erläuterungsbericht) entspricht der Regelung in § 35 Abs. 1 Nr. 6 StBVV, sieht allerdings einen niedrigeren Gebührenrahmen vor. **640**

§ 39 Abs. 4 Nr. 2 StBVV sieht eine besondere Gebühr für die **Erfassung der Anfangswerte** vor. Dieser Gebührentatbestand betrifft nicht nur die bloße Übernahme der Eröffnungsbilanzwerte in eine Buchführung, sondern deckt auch die Tätigkeiten ab, die der Aufstellung einer Eröffnungsbilanz gleichkommen.[2] Insoweit besteht eine Vergleichbarkeit mit § 35 Abs. 1 Nr. 4 StBVV. **641**

D. Gegenstandswert und Angemessenheit der Gebühr (Abs. 5 und Abs. 6)

Für die Wertgebührenermittlung bei land- und forstwirtschaftlichen Betrieben ist die **landwirtschaftliche Tabelle D** anzuwenden, die in ihrem **Teil a die Betriebsfläche** und in ihrem **Teil b** den **Jahresumsatz** berücksichtigt. Außer bei den Tätigkeiten nach § 39 Abs. 4 StBVV wird die gesamte Wertgebühr durch Additionen von Teilwertgebühren der beiden Untertabellen a und b ermittelt, und zwar auch dann, wenn der Auftraggeber durch vorgeordnete Belege gute Vorarbeiten geleistet hat.[3] Wenn die maßgeblichen Verkehrszahlen 100 000 € nicht übersteigen, stimmen die vollen Wertgebühren für Buchführungsarbeiten und Abschlussarbeiten überein. Bei darüber hinausgehenden Verkehrszahlen sind die vollen Wertgebühren für Buchführungsarbeiten höher (§ 39 Abs. 5 Satz 3 StBVV). **642**

I. Gebühren nach der Betriebsfläche (Tabelle D Teil a)

Bei einem **Jahresumsatz bis zu 1 000 € je Hektar** kommt es ausschließlich auf die in dem Wirtschaftsjahr, für das die Buchführung und der Abschluss erstellt werden, tatsächlich genutzte Betriebsfläche an (§ 39 Abs. 6 Nr. 1 StBVV). Die Nutzung kann auch durch Verpachtung erfolgt sein. Auch zugepachtete Flächen gehören zu den **643**

1) Brummer, 10. Aufl. 2010, § 39 StBGebV Anm. 3; Eggesiecker, 2. Aufl. 1998, § 36 STEUGO Rz. 36.400.
2) Eggesiecker, 2. Aufl. 1998, § 39 STEUGO Rz. 39.440; a.A. Brummer, 10. Aufl. 2010, § 39 StBGebV Anm. 4.
3) OLG Düsseldorf v. 6.5.1993, 13 U 86/91, GI 1994, 16.

tatsächlich genutzten Flächen. Bei nicht bewirtschafteten Flächen kommt es darauf an, ob der Land-/Forstwirt für die Nichtbewirtschaftung oder die Grundstücksüberlassung ein Entgelt erhält. Dann ist die Fläche wie eine verpachtete Fläche zu behandeln.[1] Bei einem Jahresumsatz **über 1 000 €** je Hektar genügt die Ermittlung der fiktiven Betriebsfläche. Dazu wird der Jahresumsatz durch 1 000 € geteilt (§ 39 Abs. 6 Nr. 2 StBVV).

Beispiel:

180 000 € (Umsatz)	:	120 (Hektar)	=	1 500 €/ha		
1 500 €	:	1 000	=	Vervielfältiger	=	1,50
Betriebsfläche			=	120 ha × 1,50	=	180 ha

Für forstwirtschaftlich genutzte Flächen und Flächen mit bewirtschafteten Teichen sowie verpachtete Flächen gelten die **Sonderregelungen in § 39 Abs. 6 Nr. 3–5 StBVV.** Der Gegenstand „Betriebsfläche" ist hier eine statische Größe, die in den beiden ersten Fällen zur Hälfte und im letzten Fall zu einem Viertel der tatsächlich genutzten Fläche anzusetzen ist.

II. Gebühren nach dem Jahresumsatz (Tabelle D Teil b)

644 Gegenstandswert für die Anwendung der Tabelle D Teil b ist der „bereinigte" Jahresumsatz (§ 39 Abs. 5 Satz 2 StBVV). Hierzu gehören die Erlöse aus der gewöhnlichen betrieblichen Tätigkeit, nicht außerordentliche Erträge, z.B. aus der Verpachtung und Veräußerung von Grundstücken.[2] Ausweislich des Gesetzeswortlauts sind Privateinlagen hinzuzurechnen. Ist die Höhe der Aufwendungen höher als der Jahresumsatz sind die Aufwendungen zugrunde zu legen. § 39 Abs. 5 Satz 3 StBVV sieht im Falle von Abschlussarbeiten eine Halbierung des Gegenstandswerts vor, soweit er über den Betrag von 100 000 € hinausgeht. Diese Regelung betrifft nur die Ermittlung des Jahresumsatzes als Gegenstandswert für die Anwendung der Tabelle D Teil b. Mit dieser Begrenzung soll dem Umstand Rechnung getragen werden, dass der erzielte Jahresumsatz für Umfang und Schwierigkeit der Tätigkeit des StB bei Abschlussarbeiten nicht die gleiche Bedeutung hat wie der nach der Betriebsfläche berechnete Gegenstandswert. Mit der Halbierung des Gegenstandswertes sollen unangemessen hohe Gebühren vermieden werden.[3]

Beispiel:

Jahresumsatz zuzüglich Privateinlagen	380 000 €
= Gegenstandswert für Tabelle D Teil b	
Grundwert	100 000 €
(380 000 ./. 100 000) / 2 =	140 000 €
	240 000 €

Praxistipp:

Im Zuge der Fünften Verordnung zur Änderung der Steuerberatervergütungsverordnung[4] wurde der Gegenstandswert in § 33 Abs. 6 StBVV mit Wirkung zum 1.7.2025 neu definiert. Diese Neudefinition wurde allerdings nicht für den Gegenstandswert in § 39 Abs. 5 Satz 2 StBVV übernommen. Möglicherweise wurde dies nur übersehen und wird bei nächster Gelegenheit nachgeholt (siehe auch → Rz. 632 „steuerliche Aufzeichnungen"). Bis dahin stellt sich die Frage, wie der Gegenstandswert (Jahresumsatz) zu definieren ist. Bei Bilanzierern wird man sich an der Definition in § 33 Abs. 6 Nr. 1 StBVV orientieren können. Bei Einnahmeüberschussrechnern sollte m.E. nicht auf den Jahres-

1) Boelsen in Eckert, 7. Aufl. 2023, § 39 StBVV Rz. 57.
2) Boelsen in Eckert, 7. Aufl. 2023, § 39 StBVV Rz. 65.
3) Boelsen in Eckert, 7. Aufl. 2023, § 39 StBVV Rz. 69.
4) BGBl. I 2025 Nr. 105 = BStBl I 2025, 1009.

umsatz ohne Umsatzsteuer, sondern auf die Betriebseinnahmen mit Umsatzsteuer und damit auf die neue Definition in § 33 Abs. 6 Nr. 2 StBVV abgestellt werden.

§ 40
Anwendung des Rechtsanwaltsvergütungsgesetzes

[1]Die Vorschriften des Rechtsanwaltsvergütungsgesetzes finden auf die Vergütung von Steuerberatern für die Vertretung in außergerichtlichen Rechtsbehelfsverfahren vor den Verwaltungsbehörden, in Verwaltungsvollstreckungsverfahren, in Verfahren vor den Gerichten der Finanzgerichtsbarkeit, der Sozialgerichtsbarkeit und der Verwaltungsgerichtsbarkeit, in Strafverfahren, in berufsgerichtlichen Verfahren, in Bußgeldverfahren und in Gnadensachen sinngemäße Anwendung. [2]Dies gilt auch für die Vergütung des im Wege der Prozesskostenhilfe beigeordneten Steuerberaters.

Inhalt

Schrifttum

Anders, Die Sicherung des Kostenerstattungsanspruchs durch Abtretung, NWB 19/2017, 1464; **Becker,** Erstattung von Umsatzsteuer bei Vorsteuerabzugsberechtigung, Honorargestaltung für Steuerberater, April 2023, 7; **Becker,** Umsatzsteuerbeträge im Kostenfestsetzungsverfahren, Honorargestaltung für Steuerberater Dezember 2019, 4; **Becker,** Terminsgebühr bei Entscheidung durch Gerichtsbescheid, Honorargestaltung für Steuerberater, April 2018, 1 ff.; **Becker,** Keine Kostenfestsetzung aufgrund einer fiktiven Berechnung, Honorarbrief für Steuerberater 8/2013, 1; **Berners,** Auswirkungen der Änderung der StBVV, Honorargestaltung für Steuerberater, September 2020, 1; **Berners,** Erledigungsgebühr als besondere Tätigkeitsgebühr, Honorargestaltung für Steuerberatung November 2018, 1; **Bertrand/Gravenhorst,** Terminsgebühr bei übereinstimmenden Erledigungserklärungen außerhalb eines Gerichtstermins, Stbg 2023, 311; **Beyme,** Welcher Streitwert ist bei Einsprüchen gegen Grundsteuerwertbescheide anzusetzen?, KP 2022, 218; **Beyme,** Streitwert bei Einsprüchen gegen Grundsteuerwertbescheide, Stbg 2022, 353; **Beyme,** Einspruch gegen Feststellungsbescheid GbR, Honorargestaltung für Steuerberater, April 2022, 7; **Beyme,** Widerspruch gegen einen Corona-Hilfsprogramm-Bescheid, Honorargestaltung für Steuerberater, April 2022, 6; **Beyme,** Klage gegen eine Einspruchsentscheidung, die mehrere Einsprüche zusammenfasst, KP 2019, 71; **Beyme,** Kostenerstattung Familienkasse, KANZLEI intern 06_2019, 6; **Beyme,** Anhebung des Streitwerts um „offensichtlich absehbare zukünftige Auswirkungen, Stbg 2017, 90; **Burhoff,** RVG Professionell Sonderausgabe 2020; **Draf,** Terminsgebühr im Finanzprozess auch für nicht rechtskräftig gewordenen und daher nicht als Urteil wirkenden Gerichtsbeschluss, DStR 2018, 544; **Draf,** Endlich: Kein Tricksen mehr bei der Terminsgebühr nach einem Gerichtsbescheid, KANZLEI intern 3_2018, 4 **Feiter,** Zeitnah abrechnen und Honoraransprüche nicht verjähren lassen, KANZLEI intern 05_2019, 2; **Feiter,** Amtspflichtverletzung durch fehlerhafte Vorauszahlungsbescheide?, KANZLEI intern 12/2015, 2; **Feiter,** Nochmals: BGH und Toleranzgrenze von 20 %, Honorarbrief für Steuerberater 09/2012, 3; **Feiter,** Finanzamt muss Gebühren des Steuerberaters für das Einspruchsverfahren erstatten, KANZLEI intern 07/2014, 3; **Feiter,** Amtshaftung: Gebühren für die Prüfung des Änderungsbescheides? KANZEI intern 06/2014, 6; **Gläser,** Steuerberatervergütung und Gerichtsgebühren im Finanzprozess nach dem Zweiten Kostenrechtsmodernisierungsgesetz, DStR 2014, 717; **Goez,** Aufklärungspflichten des Steuerberaters bei Haftung des Finanzamts für Steuerberatungskosten, INF 2006, 718; **Gruber** Neuregelung der Verzinsung im Kostenfestsetzungsverfahren, StB 2002, 185; **Gruber,** Streitwert und Kostenentscheidung des Klageverfahrens auch Grundlage der Kostenfestsetzung des Vorverfahrens, StB 2001, 345; **Henningfeld,** Kostenfestsetzung nach Beraterwechsel, EFG 2013, 810; **Höhl,** Auswirkungen des EuGH-Urteils zur HOAI auf die Preisregulierung bei Rechtsanwälten und Steuerberatern, Jahrbuch des Kammer- und Berufsrechts (Hrsg. Kluth) 2019, 157; **Hollatz,** Kosten und Kostenerstattung im Finanzrechtsstreit, NWB, Fach 2, 7591, 7601; **Jost,** Die Anrechnung der Geschäftsgebühr im finanzgerichtlichen Verfahren, KP 2019, 12; **Jost,** Terminsgebühr in finanzgerichtlichen Verfahren, KP 2015, 102; **Jost,** Abrechnung eines finanzgerichtlichen Vorverfahrens, KP

2013, 121; **Jost** Änderungen des Streitwerts in einem finanzgerichtlichen Verfahren, KP 2012, 147; **Just,** Die Erhebung der Vorfälligkeitsgebühr bei den Finanzgerichten- Die Änderung des GKG zum 16.7.2014; DStR 2014, 2481; **Jost,** Erfolgreicher Einspruch: Die Erledigungsgebühr als Belohnung für ein vermiedenes Gerichtsverfahren?, KP 2001, 92; **Klaeren,** Abtretung von Amtshaftungsansprüchen durch Mandanten, KANZLEI intern 01/2015, 3; **Meyer/Rönnig,** Vorsicht vor Verjährung von Gebühren im Einspruchs- und Klageverfahren, KP 2002, 55; **Offermann-Burckart,** Beratungshilfe: Was muss, das muss? – ein Leitfaden für die Praxis, Die Pflichten von Anwalt und Anwältin – und wann Beratungshilfe abgelehnt werden darf, AnwBl 2021, 406; **Olgemüller,** Rechtsbehelfsempfehlung Verfahrensgebühr, Stbg 2012, 312; **Pohl,** HOAI-Mindest- und Höchstgebühren unionsrechtswidrig – und das RVG?, BRAK-Mitt. 2019, 234 **Raab,** Keine Terminsgebühr für einseitige Besprechung einer Partei mit dem Gericht, DStR 2015, 1943; **Rummel,** Zivilprozessreform – Die Ausgestaltung der Rechtsmittel im Wertfestsetzungsverfahren nach neuem Recht, MDR 2002, 623; **Schall,** Zur Bemessung der Gebühr, StB 1994, 195; **Schneider,** Das neue Gebührenrecht für Rechtsanwälte 2021; **Schneider,** Die Vergütungsvereinbarung des beigeordneten Anwalts, NJW 2021, 3286; **Schneider,** Die „gesetzliche Vergütung" als Mindesthonorar, NJW-Spezial 2020, 411; **Schneider,** Vergütung für die Abwehr einer drohenden Zwangsvollstreckung, NJW-Spezial 2020, 283; **Schneider,** Festsetzung der Umsatzsteuer, NJW-Spezial 2019, 475; **Schneider,** Wem stehen die festgesetzten Zinsen aus der Anwaltsvergütung zu?, NJW-Spezial 2014, 219; **Schons,** Vergütungsvereinbarung: Wer, wann, wie, warum – wer es nicht macht, bleibt dumm?, AnwBl Online 2020, 372; **Stützel,** Das geänderte Ordnungsgeldverfahren bei Verletzung von Offenlegungspflichten, DB 2013, 2345; **Szymborski,** Beratungshilfe im Steuerrecht – Änderungen des Beratungshilfegsetzes durch den Regierungsentwurf vom 15.8.2012, DStR 2012, 1984; **Weitze-Scholl/Jendrzok,** Zur Erstattung einer Terminsgebühr allein aus Anlass von Telefongesprächen des Rechtsanwalts mit dem Berichterstatter, DStR 2022, 1072; **Zenke/Brandenburg,** Kosten des finanzgerichtlichen Prozesses, Heidelberg 1997; **Zenke,** Prozesskostenhilfe im finanzgerichtlichen Verfahren, Anspruchsvoraussetzungen und Verfahren, StB 2006, 302.

A. Inhalt und Bedeutung

645 Durch die Fünfte Verordnung zur Änderung der Steuerberatervergütungsverordnung[1)] wurde § 40 StBVV mit dem Ziel der Schaffung einer übersichtlicheren Struktur neu gefasst. Der neue § 40 Satz 1 StBVV übernimmt den Regelungsgehalt der bisherigen §§ 40, 44 und 45 StBVV, der neue § 40 Satz 2 StBVV übernimmt den Regelungsgehalt des bisherigen § 46 StBVV. Der neue § 40 StBVV vereinigt damit vier Vorschriften, die auf das RVG verwiesen haben. Er führt damit zu einer weiteren Verschlankung der StBVV und zu mehr Übersichtlichkeit. Warum der Verordnungsgeber nicht auch die einzig verbleibende weitere Verweisvorschrift des § 21 Abs. 2 StBVV in den neuen § 40 StBVV aufgenommen hat, erschließt sich nicht. Der **Verweis** auf die Vorschriften des RVG bezieht sich auf **alle Vorschriften des RVG**. Relevant sind in erster Linie die Vorschriften des Vergütungsverzeichnisses. Anwendbar sind aber auch die allgemeinen Vorschriften des RVG. Dazu gehören insbesondere die §§ 3a – 10 und §§ 13 – 15 RVG. Im **außergerichtlichen und gerichtlichen Rechtsbehelfsverfahren** sind folgende **Besonderheiten** zu beachten:

- StB können einen **Mindestgegenstandswert** von 1 500 € zugrunde legen, wenn der tatsächliche Gegenstandswert des Rechtsbehelfsverfahrens niedriger ist als 1 500 €, § 40 Satz 1 StBVV i.V.m. 23 Abs. 1 Satz 3 RVG,
- **Anträge auf Aussetzung der Vollziehung** sind im außergerichtlichen Rechtsbehelfsverfahren mit einer Geschäftsgebühr nach Nr. 2300 VV RVG und im finanzgerichtlichen Verfahren mit Verfahrensgebühr nach Nr. 3200 VV RVG abrechenbar,

1) Fünfte Verordnung zur Änderung der Steuerberatervergütungsverordnung v. 31.3.2025, BGBl. I 2025 Nr. 105 = BStBl I 2025, 1009.

- Die **Erledigungsgebühr** beträgt im außergerichtlichen Rechtsbehelfsverfahren 1,5 (Nr. 1002 VV RVG) und im finanzgerichtlichen Verfahren 1,0 (Nr. 1003 VV RVG, str.)
- Im Falle der Vorbefassung erfolgt unter bestimmten Voraussetzungen eine **Anrechnung** der Gebühr im Verwaltungsverfahren auf die Geschäftsgebühr im Einspruchsverfahren (→ Rz. 661 ff.) und eine Anrechnung der Geschäftsgebühr des Einspruchsverfahrens auf die Verfahrensgebühr im Klageverfahren (→ Rz. 682).
- Im Falle einer **vereinbarten Vergütung** sind die §§ 3a, 4, 4a und 4b RVG und nicht die Regelungen der §§ 4, 4a, 4b StBVV anwendbar. Relevant wird die Unterscheidung u.a. bei möglichen Rückforderungsansprüchen des Mandanten im Falle einer fehlerhaften Vergütungsvereinbarung, da es eine dem § 4 Abs. 1 Satz 4 StBVV entsprechende Regelung im RVG nicht gibt.
- Die Regelungen zur **Berechnung der Vergütung** richten sich nach § 10 RVG und nicht nach § 9 StBVV.

Die RVG-Gebühren wurden durch das **KostBRÄG 2025** mit Wirkung zum 1.6.2025 angepasst.[1)]

B. Vertretung vor den Verwaltungsbehörden (Satz 1)

I. Anwendungsbereich

Der **Wortlaut** des § 40 Satz 1 StBVV wurde zum 1.7.2025 klarstellend auf **„außergerichtliche Rechtsbehelfsverfahren"** beschränkt.[2)] Bis dahin fand sich sowohl in der Überschrift des § 40 StBVV, als auch im Normtext die weitergehende Formulierung „Verfahren vor den Verwaltungsbehörden". Diese war zum 1.7.2020 eingefügt worden.[3)] Der bis dahin geltende § 40 StBVV bezog sich wiederum nur auf die „Vertretung in Rechtsbehelfsverfahren vor Verwaltungsbehörden". Die vermeintliche Erweiterung des Anwendungsbereichs auf alle „Verfahren vor den Verwaltungsbehörden" zum 1.7.2020 ließ keinen klaren Willen des Verordnungsgebers erkennen, auch andere Verfahren als nur „Rechtsbehelfsverfahren" erfassen zu wollen. Dies veranlasste den Verordnungsgeber nunmehr zu der mit Wirkung zum 1.7.2025 erfolgten Klarstellung durch Rückkehr zur alten Regelung, die schon bis zum 1.7.2020 galt.[4)] Trotz des wieder eingeschränkten Wortlauts kann die Vorschrift sinngemäß (§ 2 StBVV) bzw. analog auf sonstige **Verfahren vor Verwaltungsbehörden** angewendet werden, die **keine außergerichtlichen Rechtsbehelfsverfahren** sind. 646

Beispiel:

Im Rahmen einer Anhörung zu einem Haftungsbescheid gibt der StB eine schriftliche Stellungnahme ab.

Der StB wird hier nicht in einem außergerichtlichen Rechtsbehelfsverfahren, aber in einem Verwaltungsverfahren vor einer Verwaltungsbehörde tätig und kann deshalb eine Geschäftsgebühr nach § 40 Satz 1 StBVV i.V.m. § 2 StBVV i.V.m. Nr. 2300 VV RVG abrechnen.

---

1) Gesetz zur Neuregelung der Vormünder- und Betreuervergütung und zur Entlastung von Betreuungsgerichten und Betreuern sowie zur Änderung des Rechtsanwaltsvergütungsgesetzes und des Justizkostenrechts (Kosten- und Betreuervergütungsrechtsänderungsgesetz 2025 — KostBRÄG 2025) v. 7.4.2025, BGBl. I 2025 Nr. 109.
2) Fünfte Verordnung zur Änderung der Steuerberatervergütungsverordnung v. 31.3.2025, BGBl. I 2025 Nr. 105 = BStBl I 2025, 1009.
3) Fünfte Verordnung zur Änderung steuerlicher Verordnungen v. 25.6.2020, BGBl. I 2020, 1495 = BStBl I 2020, 555.
4) BR-Drucks. 61/25, S. 32.

Außergerichtliche Rechtsbehelfsverfahren sind in erster Linie das **Einspruchsverfahren** nach §§ 348 ff. AO sowie das **Widerspruchsverfahren** nach §§ 68 ff. VwGO.[1] Auf Widerspruchsverfahren gegen Bescheide der Bewilligungsbehörde in Corona-Hilfsprogrammen (vgl. § 67 Abs. 2 Satz 2 Nr. 3a VwGO) und im Bereich der §§ 28h und 28p SGB IV, in denen StB gem. § 13 Abs. 6 Satz 2 SGB X vertretungsbefugt sind, ist § 40 Satz 1 StBVV nicht unmittelbar anwendbar.[2] Der sachliche Anwendungsbereich der StBVV (§ 1 Abs. 1 StBVV) ist auf Tätigkeiten nach § 33 StBerG beschränkt, zu denen das Fördermittelrecht rund um die staatlichen Hilfsprogramme zur Abmilderung der Folgen der COVID-19-Pandemie ebenso wenig wie das Sozialversicherungsrecht gehören. Gemäß § 2 StBVV dürfte aber auch hier eine sinngemäße Anwendung des § 40 Satz 1 StBVV vertretbar sein (auch → § 29 StBVV Rz. 491).[3] Alternativ käme als „übliche Vergütung" nach §§ 612 Abs. 2, 632 Abs. 2 BGB die sinngemäße Anwendung der Vorschriften des RVG in Betracht (vgl. § 3 RVG und Nr. 2300 VV RVG). Voraussetzung für die Anwendbarkeit des § 40 Satz 1 StBVV ist, dass das Rechtsbehelfsverfahren schon begonnen hat und noch nicht beendet ist. § 40 Satz 1 StBVV kann entsprechend auf nicht-förmliche Rechtsbehelfe, wie Gegenvorstellung oder Dienstaufsichtsbeschwerde, angewendet werden.

647 Die **Geschäftsgebühr** richtet sich nach Nr. 2300 VV RVG. Sie beträgt 0,5 – 2,5 und **entsteht**, wenn ein Auftrag zur Vertretung im Rechtsbehelfsverfahren erteilt worden ist und der StB mit der Erledigung der Angelegenheit, etwa durch Einholen der erforderlichen Sachinformation, begonnen hat. Sie entfällt nicht, wenn sich die Angelegenheit vor Einlegung des Rechtsbehelfs erledigt, z.B. weil der Mandant den Auftrag zurückzieht.[4] Auch dann, wenn der zunächst mit der Einlegung eines Rechtsbehelfs beauftragte StB dem Mandanten von der Führung eines Rechtsbehelfsverfahrens abrät, hat er bereits die Geschäftsgebühr verdient. Die Geschäftsgebühr entsteht auch dann, wenn der Mandant die Auftragserteilung bestreitet, die Einlegung des Einspruchs aber in seinem mutmaßlichen Interesse liegt, weil er so von Steuernachzahlungen verschont bleibt. Der Vergütungsanspruch ergibt sich dann aus dem Institut der Geschäftsführung ohne Auftrag, §§ 683 Satz 1, 670 BGB.[5] Keine Geschäftsgebühr nach § 40 Satz 1 StBVV i.V.m. Nr. 2300 VV RVG, sondern eine Ratgebühr nach § 21 Abs. 1 StBVV fällt an, wenn der Auftrag dahin geht, über die Erfolgsaussichten eines Rechtsbehelfs zu informieren. Kommt es sodann zur Einlegung eines Rechtsbehelfs, ist die Ratgebühr gem. § 21 Abs. 1 Satz 3 StBVV anzurechnen.

648 § 40 Satz 1 StBVV spricht von **Vergütung**. Dies ist der Oberbegriff für Gebühren und Auslagen (§ 1 Abs. 1 Satz 1 StBVV). Anders als die frühere Regelung, die nur von „Gebühren" sprach, ist mit dieser Formulierung klargestellt, dass StB im außergerichtlichen Rechtsbehelfsverfahren auch Auslagenersatz geltend machen können. Dieser richtet sich nach Nr. 7000 ff. VV RVG.

649 Die Gebühren im Rechtsbehelfsverfahren sind **Wertgebühren**. Allerdings sind abweichende Vereinbarungen unter den Voraussetzungen der §§ 3a, 4 und 4a RVG möglich, z.B. eine **Abrechnung nach Zeitaufwand** oder ein **Erfolgshonorar** gem. § 4a RVG.

II. Gegenstandswert

650 § 40 StBVV enthält keine Regelung zum Gegenstandswert. Der Verweis auf die Vorschriften des RVG erstreckt sich deshalb auch auf die Regelungen zum Gegen-

1) Betreffend öffentlich-rechtliche Streitigkeiten über Abgabenangelegenheiten, die der Verwaltungsgerichtsbarkeit übertragen sind, wie z.B. Angelegenheiten der Grund-, Gewerbe- oder Grunderwerbsteuer, § 1 Abs. 1 Nr. 2 StBerG, § 3 Abs. 2 AO.
2) So aber die Begründung des VO-Gebers zu § 45 StBVV, BR-Drucks. 603/12, 50.
3) So auch Beyme, Honorargestaltung für Steuerberater, April 2022, 7.
4) Jost in Meyer/Goez/Schwamberger, 11. Aufl. 2023, § 40 StBVV Rz. 4.
5) AG Düsseldorf v. 23.5.2013, 39 C 4247/12.

standswert. Spezielle Regelungen für das Rechtsbehelfsverfahren finden sich dort nicht. Deshalb ist die allgemeine Wertvorschrift des § 23 RVG maßgeblich. Nach § 23 Abs. 1 Satz 1 und 3 RVG bestimmt sich der Gegenstandswert nach den für die Gerichtsgebühren geltenden Vorschriften, insbesondere §§ 39 ff., 52 GKG. Da weder in § 40 StBVV, noch im RVG ein Gegenstandswert bestimmt ist, entspricht der Gegenstandswert der Bedeutung der Sache für den Auftraggeber, § 52 Abs. 1 GKG. i.d.R. dem **Steuerbetrag**, um den in einem Verfahren unmittelbar gestritten wird.[1] Maßgeblich ist das unmittelbare finanzielle Interesse des Auftraggebers; Folgewirkungen auf andere Steuerarten und Zuschläge wie Solidaritätszuschlag, Kirchensteuer und Zinsen bleiben nach h.M.- außer Betracht (Nachweise → § 10 StBVV Rz. 219). Allerdings hat das FG Baden-Württemberg[2] für ein finanzgerichtliches **Klageverfahren** entschieden, dass diese Nebenforderungen seit Inkrafttreten des 2. KostRMoG am 1.8.2013 zu berücksichtigen sind. Begründet wird dies mit der Neuregelung des § 52 Abs. 3 Satz 2 GKG, nach der „offensichtlich absehbare Auswirkungen auf künftige Geldleistungen oder auf noch zu erlassende, auf derartige Geldleistungen bezogene Verwaltungsakte" streitwerterhöhend zu berücksichtigen sind. Festsetzungen der Kirchensteuer, des Solidaritätszuschlags und der Zinsen sind solche offensichtlich absehbaren Folgen einer geänderten Einkommensteuerfestsetzung, da sie zwingende Folge des geänderten Bescheides sind.[3] Nach der gegenteiligen Auffassung des FG Hamburg erhöhen sog. „Folgesteuern" den Streitwert im Klageverfahren hingegen nicht, jedenfalls dann nicht, wenn sich die Auswirkungen auf „Folgesteuern" desselben Streitjahres ergeben.[4] Folgt man in dieser streitigen Frage dem FG Baden-Württemberg, ist nur fraglich, ob die Überlegungen des Gerichts auch auf das **außergerichtliche Rechtsbehelfsverfahren** nach § 40 Satz 1 StBVV übertragen werden können. Diese Frage musste das FG Baden-Württemberg nicht entscheiden, da für das Vorverfahren kein Kostenerstattungsantrag gestellt worden war. Da kein Grund ersichtlich ist, für das Vorverfahren einen anderen Maßstab anzulegen, als für das Klageverfahren, wäre es nur konsequent, hier gleichermaßen zu argumentieren.[5] Die Bestimmung des Gegenstandswerts ist unproblematisch bei Anträgen hinsichtlich eines auf eine Geldleistung gerichteten Verwaltungsakts. Wird z.B. die Änderung einer Steuerfestsetzung beantragt, so bildet der Differenzbetrag zwischen ursprünglicher und beantragter Steuerfestsetzung den Gegenstandswert. Bestehen überhaupt keine Anhaltspunkte für einen Gegenstandswert, kann in analoger Anwendung des § 23 Abs. 3 Satz 2 RVG der Auffangstreitwert zu Grunde gelegt werden,[6] der nach Auffassung des BFH auch dann Anwendung findet, wenn sich die Klage gegen einen Einkommensteuerbescheid richtet, der auf 0 € lautet.[7] In den Fällen, in denen die Bedeutung der Rechtsache jedoch erkennbar unter oder über dem Auffangstreitwert liegt, sollte der StB einen niedrigeren oder höheren Wert nach billigem Ermessen entsprechend § 23 Abs. 3 Satz 2 RVG zu Grunde legen. Ein **Mindestgegenstandswert** ist für das außergerichtliche Rechtsbehelfsverfahren nicht ausdrücklich vorgesehen. Im finanzgerichtlichen Klageverfahren beträgt der Mindeststreitwert **1 500 €** (§ 52 Abs. 4 Nr.1 GKG). Diesen Mindestgegenstandswert können StB wegen des Verweises auf die RVG-Vorschriften auch für das außergerichtliche Rechtsbehelfsverfahren zugrunde legen, da § 23 Abs. 1 Satz 3 RVG dies ausdrücklich vorsieht. Bei einem Streit um einen **Feststellungsbescheid** wird nicht unmittelbar um einen Steuerbetrag gestritten. Bei

1) Amtliche Begründung zu § 40 StBGebV; abgedruckt in Eckert, 4. Aufl. 2003 zu § 40 StBGebV; siehe auch Streitwertkatalog der Finanzgerichtsbarkeit.
2) FG Baden-Württemberg v. 25.1.2016, 1 KO 2611/15, Stbg 2017, 90 mit Anm. Beyme.
3) Ebenso Beyme, Stbg 2017, 92.
4) FG Hamburg v. 22.3.2017, 5 K 137/16, EFG 2017, 944.
5) So jedenfalls Beyme, Stbg 2017, 92.
6) Beyme in Meyer/Goez/Schwamberger, 11. Aufl. 2023, § 10 StBVV Rz. 20; Mittelsteiner/Scholz, 4. Aufl. 1998, Vor §§ 40–43 StBGebV Rz. 14.
7) BFH v. 11.10.1985, III R 71/85, BFH/NV 1986, 159.

der gesonderten und einheitlichen Gewinnfeststellung bemisst sich der Streitwert nach der typisierten einkommensteuerlichen Bedeutung für die Gesellschafter, die grundsätzlich mit 25 % des streitigen Gewinns oder Verlusts zu berechnen ist.[1]

Beispiel:

StB legt gegen einen Feststellungsbescheid für eine GbR (2 Personen) Einspruch ein, da Betriebsausgaben i.H.v. 4 800 € fälschlicherweise nicht berücksichtigt wurden.

25 % des streitigen Gewinns oder Verlusts von 4 800 € sind 1 200 €, so dass in diesem Beispiel der Mindestgegenstandswert von 1 500 € zu Grunde gelegt werden kann.[2] Bei Einsprüchen gegen **Grundsteuerwertbescheide** vor Festlegung der neuen Hebesätze und damit vor Bekanntgabe der konkreten Grundsteuer empfiehlt sich eine Orientierung an der zur bisherigen Einheitsbewertung ergangenen Rechtsprechung.[3] Danach kann ein Gegenstandswert zwischen 6 % und 10 % des streitigen Grundsteuerwerts zugrunde gelegt werden. Diese Vorgehensweise kommt in den Bundesländern mit Bundesmodell[4] und modifiziertem Bundesmodell[5] in Betracht. In den anderen Bundesländern mit ihren abweichenden Ländermodellen kann dieser Prozentsatz unter Bezugnahme auf den fiktiven Grundsteuerwert (siehe § 24 Abs. 1 Nr. 11a StBVV) zugrunde gelegt werden. Wird der Einspruch ausschließlich mit der möglichen Verfassungswidrigkeit der neuen Grundsteuer begründet, kann der Auffangstreitwert von 5 000 € (§ 40 Satz 1 StBVV i.V.m. § 23 Abs. 1 Satz 3 RVG i.V.m. § 52 Abs. 2 GKG) herangezogen werden.

651 **Schließt sich an das außergerichtliche Rechtsbehelfsverfahren ein Klageverfahren an**, dann wird der Gegenstandswert für das außergerichtliche Rechtsbehelfsverfahren durch den Streitwert im Klageverfahren begrenzt (→ Rz. 694).

Die **Verjährung** des Gebührenanspruchs für die Vertretung im Einspruchsverfahren nach § 40 Satz 1 StBVV beginnt mit der Beendigung dieses Verfahrens, i.d.R. dem Erlass des Einspruchsbescheides. Vertritt der StB den Mandanten im anschließenden Klageverfahren vor dem FG und ggf. dem BFH, wird die Verjährung des Vergütungsanspruchs aus § 40 Satz 1 StBVV dadurch nicht gehemmt.[6] Einspruchs- und Klageverfahren sind unterschiedliche Angelegenheiten. Bei einem Klageverfahren ist zudem zwischen den Rechtszügen zu unterscheiden. Gemäß § 40 Satz 1 StBVV i.V.m. § 8 Abs. 1 Satz 2, 2. Alt. RVG wird die Vergütung fällig, wenn der **Rechtszug beendet** ist, also durch eine gerichtliche Entscheidung, die die Instanz abschließt. Es gilt die regelmäßige Verjährungsfrist von drei Jahren, die mit dem Schluss des Jahres beginnt, §§ 195, 199 Abs. 1 BGB.

Praxistipp:

StB sollte ihre Tätigkeit im Einspruchs- und Klageverfahren spätestens nach Beendigung des Einspruchsverfahrens für das Einspruchsverfahren und nach Beendigung des FG-Verfahrens für das FG-Verfahren abrechnen und nicht den endgültigen Ausgang des Verfahrens vor dem BFH abwarten. Je nach Länge des Verfahrens könnten die Honoraransprüche aus dem Einspruchsverfahren und dem FG-Verfahren dann bereits verjährt sein.[7]

Wird zusammen mit dem Auftrag zur Einlegung eines Einspruchs bereits Klageauftrag erteilt, handelt es sich um einen bedingten Klageauftrag. Die Gebühren für

1) Streitwert-ABC, Feiter/Zenke, StBVV, 3. Aufl. 2020, Rz. 972.
2) Beyme, Honorargestaltung für Steuerberater, April 2022, 7.
3) Beyme, Stbg 2022, 353, 354 und KP 2022, 218, 219.
4) Berlin, Brandenburg, Bremen, Mecklenburg-Vorpommern, Nordrhein-Westfalen, Rheinland-Pfalz, Sachsen-Anhalt, Schleswig-Holstein, Thüringen.
5) Saarland, Sachsen.
6) OLG Nürnberg v. 15.10.1999, 6 U 1383/99, Stbg 2001, 687 mit Anm. Späth; LG Essen v. 24.4.2019, 18 O 317/18; Feiter, KANZLEI intern 05_2019, 2; Meyer/Rönnig, KP 2002, 55.
7) Siehe LG Essen v. 24.4.2019, 18 O 317/18, besprochen von Feiter, KANZLEI intern 05_2019, 2.

das Klageverfahren richten sich in diesem Fall nach dem späteren Zeitpunkt der unbedingten Beauftragung (→ § 41 StBVV Rz. 780).

III. Angelegenheit

Das Rechtsbehelfsverfahren ist grundsätzlich eine eigenständige gebührenrechtliche Angelegenheit. **Abgrenzungsschwierigkeiten** entstehen aber dann, wenn **mehrere Einsprüche** geführt werden oder sich die Verwaltungsbehörde nach Durchführung eines Klageverfahrens erneut mit der Sache befassen muss. 652

1. Mehrere Einspruchsverfahren

Wird über **mehrere getrennt eingelegte Einsprüche** in einer oder in mehreren Einspruchsentscheidungen entschieden, entstehen nur dann mehrere Geschäftsgebühren nach der Zahl der Einsprüche zu deren Einzelgegenstandswerten, wenn auch gebührenrechtlich mehrere **Angelegenheiten** vorliegen. 653

Wird ein **einheitliches Einspruchsverfahren** gegen mehrere Steuerbescheide geführt, liegt i.d.R. nur eine Angelegenheit im gebührenrechtlichen Sinne mit mehreren Gegenständen vor, die nach § 10 Abs. 2 StBVV zusammenzurechnen sind. 654

Zur Frage der **Gebührenhöhe** bei mehreren einheitlich geführten Einspruchsverfahren → Rz. 660.

2. Erneutes Einspruchsverfahren in derselben Sache

In den Fällen, in denen das Finanzamt über den Einspruch zum zweiten Mal entscheiden muss, weil das FG den Bescheid über den Rechtsbehelf aufgehoben und die Sache an die Finanzbehörde zurück verwiesen hat, entsteht die Geschäftsgebühr nach § 40 Satz 1 StBVV i.V.m. Nr. 2300 VV RVG erneut, weil ein **neuer Rechtszug** vorliegt (→ Rz. 651). Gleiches gilt, wenn auf einen Einspruch hin unter Aufhebung der bisherigen Steuerbescheide neue Festsetzungen ergehen und gegen diese wiederum Einspruch eingelegt wird. Denn insoweit liegt eine neue Angelegenheit vor, die eine weitere Geschäftsgebühr auslöst.[1] 655

IV. Keine isolierte Kostenerstattung

Im gesamten außergerichtlichen Rechtsbehelfsverfahren gilt der Grundsatz, dass der Mandant die Kosten seines StB selbst tragen muss, und zwar auch dann, wenn seinem Einspruch vollumfänglich stattgegeben wurde. Dies ist verfassungsrechtlich nicht zu beanstanden.[2] Allerdings gibt es **3 Ausnahmen:** 656

- die Erstattung bei nachfolgendem Gerichtsverfahren, wenn das Gericht die Hinzuziehung eines Bevollmächtigten für das Vorverfahren für notwendig erklärt (→ Rz. 663, → Rz. 679),
- die Erstattung bei erfolgreichem Einspruch gegen die Kindergeldfestsetzung gem. § 77 EStG,[3] bei erfolgreichem Einspruch gegen die Aufhebung der Kindergeldfestsetzung, bei erfolgreichem Untätigkeitseinspruch[4] und bei Einspruch gegen den Abrechnungsbescheid über Kindergeld,[5]
- die Erstattung im Falle einer Amtspflichtverletzung auf Seiten der Finanzverwaltung (z.B. nach § 839 BGB i.V.m. Art. 34 GG).

---

1) OLG Schleswig v. 19.4.2012, 11 U 63/11, MDR 2012, 1259.
2) BFH v. 23.7.1996, 7 B 42/96, BStBl II 1996, 501.
3) S. hierzu FG Düsseldorf v. 7.8.2003, 18 K 10888/03 Kg, EFG 2003, 1802; Beyme, KANZLEI intern 06_2019, 6 zur Kostenerstattung in eigener Sache.
4) FG Köln v. 21.11.2012, 14 K 1020/21, EFG 2013, 713 m.w.N.
5) FG Münster v. 21.8.2014, 11 K 2070/13 Kg, EFG 2014, 1994.

657 Im Falle einer schuldhaften **Amtspflichtverletzung** nach § 839 BGB i.V.m. Art. 34 GG (es genügt einfache Fahrlässigkeit des Amtsträgers), z.B. durch unrechtmäßige Ermittlungen der Steuerfahndung[1] durch die Festsetzung unzutreffender Besteuerungsgrundlagen, durch die Nichtgewährung rechtlichen Gehörs oder bei Verstößen gegen den Untersuchungsgrundsatz (§ 88 AO) oder die Pflicht zur Anhörung Beteiligter (§ 91 AO) vor Erlass eines Bescheides,[2] kann der Stpfl. die Kosten, die ihm durch die Beauftragung eines StB im Rahmen des außergerichtlichen Rechtsbehelfsverfahrens entstehen, als Schaden gegenüber der Gebietskörperschaft, in deren Dienst der handelnde Beamte steht, geltend machen.[3] Die Finanzverwaltung kann sich nicht damit exkulpieren, dass es sich beim Besteuerungsverfahren um ein Massenverfahren handelt.[4]

Beispiel:

Nachdem der Steuerpflichtige durch seinen StB am 1.9.2008 dem Finanzamt Veräußerungserlöse aus Aktien vom 1.2.2008 i.H.v. 139 100 490,00 € mitgeteilt hatte, erließ das Finanzamt am 20.10.2008 einen Vorauszahlungsbescheid für 2009 über insgesamt 30 772 489,00 €. Der StB legte fristwahrend Einspruch ein und begründete diesen später damit, dass der Steuerpflichtige für das Jahr 2009 keine weiteren Aktienverkäufe plane. Daraufhin änderte das Finanzamt den Vorauszahlungsbescheid am 13.3.3009 auf Null Euro.

Das OLG Celle[5] bejahte eine Amtspflichtverletzung, weil das Finanzamt nicht ohne weiteres davon ausgehen durfte, dass im Jahr 2009 weitere Aktienverkäufe in ähnlicher Höhe anfallen würden. Es liege ein Verstoß gegen den Untersuchungsgrundsatz nach § 88 AO und die Pflicht zur Anhörung Beteiligter nach § 91 AO vor. Beide Bestimmungen legen der Finanzbehörde Amtspflichten im Interesse des Steuerpflichtigen auf, deren Verletzung zu einem Amtshaftungsanspruch führt.

Die Einschaltung eines StB und die Einlegung eines Einspruchs durch den StB ist unter dem Gesichtspunkt der „**Waffengleichheit**" grundsätzlich erforderlich und die angemessene und nachvollziehbare Reaktion auf einen fehlerhaften Steuerbescheid.[6] Schließlich steht auf der Gegenseite die mit vielfältigen Vollstreckungsbefugnissen ausgestattete Steuerbehörde.[7] Der Steuerpflichtige verstößt deshalb nicht gegen seine Schadensminderungspflicht, wenn er es unterlässt in „Eigenregie" tätig zu werden, z.B. durch einen Anruf beim Finanzamt. In der Rechtsprechung ist darüber hinaus anerkannt, dass auch ein schlichter Änderungsantrag keine zumutbare Alternative zum Einspruch ist. Dies gilt auch dann, wenn der Steuerbescheid evident fehlerhaft ist und der Einspruch leicht begründet werden kann. Denn ein Änderungsantrag ist im Vergleich zum Einspruch weniger rechtsschutzintensiv. Nur der Einspruch garantiert größtmögliche Rechtssicherheit, zumal er – anders als der Änderungsantrag – mit einem Antrag auf Aussetzung der Vollziehung verbunden werden kann.[8] In den Fällen, in denen der Bescheid offensichtlich fehlerhaft ist,

1) OLG Frankfurt a.M. v. 8.2.2018, 1 U 112/17; Gehm, SIS Steuerberater-Brief Nr. 2018/07, 1.
2) Weitere Nachweise aus der umfangreichen Rechtsprechung bei Gehm, SIS Steuerberater-Brief Nr. 2018/07, 5.
3) Ausführlich: Gehm, SIS Steuerberater-Brief Nr. 2018/07, 3 und 5; OLG Düsseldorf v. 10.11.2015, I-18 U 56/10; OLG Celle v. 23.8.2012, 16 U 8/12; LG Essen v. 24.4.2014, 4 O 20/14, besprochen von Feiter in KANZLEI intern 07/2014, 3; LG Duisburg v. 21.8.2015, 10 O 89/15; LG Bochum v. 18.9.2015, I-5 O 118/15; Kilian/Schwerdtfeger, DStR 2006, 1773.
4) Gehm, SIS Steuerberater-Brief Nr. 2018/07, 1 m.w.N.
5) OLG Celle v. 23.8.2012, 16 U 8/12
6) Kilian/Schwerdtfeger, DStR 2006, 1773, 1775.
7) OLG Celle v. 23.8.2012, 16 U 8/12.
8) OLG Düsseldorf v. 10.11.2010, I-18 U 56/10; OLG Celle v. 23.8.2012, 16 U 8/12; LG Duisburg v. 21.8.2015, 10 O 89/15 jeweils zu fehlerhaften Vorauszahlungsbescheiden; Kilian/Schwerdtfeger, DStR 2006, 1173, 1775.

wird in aller Regel nur die Mindestgebühr nach § 40 Abs. 2 StBVV (3/10) angemessen sein[1] oder eine Gebühr, die zwischen Mindestgebühr und Mittelgebühr liegt.[2]

Beispiel:[3]

Der StB legt auftragsgemäß Einspruch gegen die (fehlerhaften) Vorauszahlungsbescheide über KSt für die Jahre 2008 und 2009 sowie über den Gewerbesteuermessbetrag für die Jahre 2007 und 2008 ein. Ursache der Fehlerhaftigkeit war die unzutreffende Berücksichtigung eines einmaligen Veräußerungserlöses in Höhe von ca. 7,3 Mio. € im Jahr 2006. Dem Einspruch wurde stattgegeben und die Vorauszahlungen und die Gewerbesteuermessbeträge auf 0,00 € festgesetzt.

Das Gericht hielt hier Gebühren in Höhe von 3/10 bzw. 5/10 für angemessen, weil die Begründung des Einspruchs (fehlerhafte Berücksichtigung des Veräußerungserlöses aus dem Jahr 2006) auf der Hand lag und deshalb weder umfangreiche noch schwierige Ausführungen erforderlich waren.

Nach Ansicht des OLG Brandenburg[4] soll der StB bei einem drohenden Missverhältnis zwischen wirtschaftlichem Nutzen seiner Tätigkeit und den dadurch anfallenden Gebühren, verpflichtet sein, den Mandanten auf die Höhe der Kosten und seine Inanspruchnahme hinzuweisen. Im Ergebnis soll sich dadurch der Amtshaftungsanspruch auf eine Ratgebühr nach § 21 Abs. 1 Satz 1 StBVV (Mindestgebühr von 1/10) für das Abraten von der Durchführung eines Einspruchsverfahrens reduzieren. Dieser Ansatz, der ausnahmslos mit den außergewöhnlichen Umständen des zugrundeliegenden Sachverhaltes zu erklären ist, hat sich in der Rechtsprechung nicht durchgesetzt und ist mit den hierzu vorgetragenen Argumenten auch abzulehnen.[5]

Da der Steuerpflichtige so zu stellen ist, als hätte sich der Amtsträger pflichtgemäß verhalten, ist nicht nur die **Gebühr nach § 40 StBVV**, sondern auch die **Gebühr nach § 28 StBVV** für die Prüfung des Änderungsbescheides (nicht des Erstbescheides) als Schaden zu ersetzen (Feiter, KANZLEI intern 06/2014, 6). Unter der Geltung des RBerG galt die Empfehlung, dass der StB, der nicht zugleich auch Rechtsanwalt ist, sich diesen Anspruch von seinem Auftraggeber weder abtreten lassen noch als „Inkassostelle" des Mandanten fungieren sollte, da dies bereits als unerlaubte Rechtsberatung angesehen wurde.[6] Nach Inkrafttreten des Rechtsdienstleistungsgesetzes (RDG) am 1.7.2008 dürfte es vertretbar sein, von einer **zulässigen Nebenleistung i.S.d. § 5 Abs. 1 Rechtsdienstleistungsgesetz** auszugehen, da der StB den Fehler des Finanzamts im Rahmen seiner Hauptleistung, der Steuerberatung, festgestellt hat.[7] Jedenfalls ist es gut begründbar, dass der StB die Schadenersatzforderung so lange geltend machen darf, als das Finanzamt nur die Höhe seiner Gebühren beanstandet/hinterfragt, den Anspruch aber nicht schon dem Grunde nach wegen Fehlens der Voraussetzungen des § 839 BGB zurückweist.

Praxistipp:

Nicht alle Finanzämter akzeptieren die Geltendmachung von Amtspflichtverletzungsansprüchen durch StB und können auch durch gute Argumente nicht davon überzeugt werden, dass es sich um eine zulässige Nebenleistung nach § 5 Abs. 1 RDG handelt. Da

1) LG Duisburg v. 21.8.2015, 10 O 89/15.
2) OLG Celle v. 23.8.2012, 16 U 8/12: 6/10-Gebühr; OLG Düsseldorf v. 10.11.2010, I-18 U 56/10: 3/10 und 5/10-Gebühren.
3) Sachverhalt nach OLG Düsseldorf v. 10.11.2010, I-18 U 56/10.
4) OLG Brandenburg v. 23.2.2006, 2 U 1/05, GI 2006, 82.
5) OLG Düsseldorf v. 10.11.2010, I-18 U 56/10; OLG Celle v. 23.8.2012, 16 U 8/12; Kilian/Schwerdtfeger, DStR 2006, 1773; Goez INF 2006, 718.
6) OLG Nürnberg v. 18.12.1996, 4 U 3322/06, Stbg 1997, 260.
7) So jedenfalls Gehm, SIS Steuerberater-Brief Nr. 2018/07, 2; Klaeren, KANZLEI intern 01/2015, 3; Nieland, Stbg 2009, 127, 129; offen gelassen von LG Bochum v. 18.9.2015, I-5 O 118/15.

die Rechtslage bislang nicht höchstrichterlich geklärt ist, sollte die Geltendmachung des Anspruchs in einem solchen Fall dem Mandanten überlassen werden.

Von einer zulässigen Nebentätigkeit i.S.d. § 5 Abs. 1 RDG kann allerdings nur die Rede sein, wenn der StB den Amtshaftungsanspruch (außergerichtlich) für einen von ihm im Einspruchsverfahren vertretenen Mandanten (Rechtsdienstleistung als Annextätigkeit) geltend macht.[1] Ein Verstoß gegen das RDG liegt auch dann nicht vor, wenn der Mandant dem StB seinen Schadensersatzanspruch abtritt und der StB den Anspruch im eigenen Namen und auf eigene Kosten geltend macht.[2]

Praxistipp:

Dieses Durchsetzungsrisiko sollte der StB aber nicht ohne Not übernehmen, zumal das Finanzamt auch mit fälligen Forderungen gegenüber dem Steuerpflichtigen die Aufrechnung erklären kann.

Wenn das Finanzamt den Amtshaftungsanspruch dem Grunde nach anerkennt, ist häufig die **Höhe der Gebühren** Streitthema. I.d.R. wird die **Geschäftsgebühr** unter Hinweis darauf **gekürzt**, dass angeblich nur ein Schreiben einfacher Art vorlag. Maßgeblich ist hingegen, ob sich der Auftrag des StB auf ein Schreiben einfacher Art **beschränkte** (FG Münster v. 26.6.2024, 4 Ko 1086/24 KFB, EFG 2024, 1781). Derartige Kürzungen der Gebührenhöhe sollten nicht ohne weiteres akzeptiert werden.

Für die Geltendmachung des Anspruchs kann der StB die übliche Vergütung verlangen, da die erlaubte Rechtsdienstleistung[3] eine vereinbare Tätigkeit ist. In Betracht kommt insbesondere eine analoge Anwendung der Geschäftsgebühr nach Nr. 2300 VV RVG. Danach entsteht für das Betreiben des Geschäfts eine Gebühr von 0,5 – 2,5 nach der Tabelle zu § 13 RVG. Eine Gebühr von mehr als 1,3 kann allerdings nur gefordert werden, wenn die Tätigkeit umfangreich oder schwierig war. Der Gegenstandswert ist identisch mit dem geltend gemachten Schaden. Wie alle **Rechtsverfolgungskosten** sind diese Kosten aber nur dann ersatzfähig, wenn die Einschaltung eines StB zweckmäßig und erforderlich war. Bei einfach gelagerten Fällen ist dies nur ausnahmsweise der Fall, wenn der Steuerpflichtige geschäftlich unerfahren ist oder die Schadensregulierung verzögert wird.[4]

V. Geschäftsgebühr (§ 40 Satz 1 StBVV i.V.m. Nr. 2300 VV RVG)

658 Im außergerichtlichen Rechtsbehelfsverfahren erhält der StB eine Geschäftsgebühr nach Nr. 2300 VV RVG in Höhe von 0,5 bis 2,5. Die Mittelgebühr liegt damit rechnerisch bei 1,5. Allerdings ist in Nr. 2300 VV RVG eine sog. **Schwellengebühr** von 1,3 vorgesehen. Hierbei handelt es sich um eine **Regelgebühr,** die in **durchschnittlichen Fällen** angesetzt werden darf.[5] Nach Nr. 2300 Satz 2 VV RVG darf der StB eine höhere Gebühr als 1,3 nur dann fordern, wenn die **Tätigkeit umfangreich oder schwierig** war. Bereits die Erfüllung eines dieser Kriterien reicht, um die Gebühr von 1,3 überschreiten zu dürfen. Fallen hingegen andere Gebührenbestimmungsfaktoren überdurchschnittlich ins Gewicht (z.B. die Bedeutung der Angelegenheit), darf die Gebühr von 1,3 nicht überschritten werden. Die Rspr. zur **Toleranzgrenze** (→ § 11 StBVV Rz. 241) ist auf die Schwellengebühr nicht übertragbar, da es sich bei der vorgesehenen (Schwellen-)Gebühr von 1,3 um eine absolute Kappungsgrenze handelt. Eine Erhöhung der Geschäftsgebühr über diese Gebühr hinaus steht nicht

1) Klaeren, KANZLEI intern 01/2015, 3.
2) Klaeren, KANZLEI intern 01/2015, 3.
3) Klaeren, KANZLEI intern 01/2015, 3; Nieland, Stbg 2009, 127, 129.
4) BGH v. 6.10.2010, VIII ZR 271/09 zu RA-Kosten; LG Bochum v. 18.9.2015, I-5 O 118/15 zu StB-Kosten.
5) BGH v. 31.10.2006, VI ZR 261/05, AnwBl 2007, 154, zu Nr. 2400 VV RVG a.F. (jetzt Nr. 2300 VV RVG).

im Ermessen des StB. Wenn die Tätigkeit also weder umfangreich noch schwierig ist, steht dem StB keine Toleranzgrenze zu.[1)]

Die jeweils angemessene Gebühr im außergerichtlichen Rechtsbehelfsverfahren bestimmt der StB **nach billigem Ermessen** (§ 40 Satz 1 StBVV i.V.m. § 14 RVG). Auf die Kommentierung der Parallelvorschrift des § 11 StBVV wird verwiesen. Erledigt sich ein Fall erst im Rechtsbehelfsverfahren, spricht dies auf den ersten Blick für eine besondere „Schwierigkeit" i.S.d. Vorschrift. Ob eine Besprechung oder Beweisaufnahme durchgeführt wurde, ist für den Gebührentatbestand selbst unerheblich. Allerdings sind Besprechungen oder Beweisaufnahmen als Kriterium für die Bestimmung der Gebührenhöhe heranzuziehen. Eine zusätzliche Besprechungsgebühr nach § 31 StBVV fällt im Einspruchsverfahren nicht an. Ein Überschreiten der Mittelgebühr ist von den Finanzgerichten in folgenden Fällen zugebilligt worden: 659

- wenn besondere Kenntnisse in Randgebieten des Steuerrechts erforderlich waren,
- wenn umfangreiche Rechtsprechung und Literatur studiert werden mussten,
- wenn tiefe Kenntnisse des Verfassungsrechts erforderlich waren, Gesetzgebungsmaterialien und schwierige europarechtliche Fragestellungen geprüft und an der bisherigen Judikatur gemessen werden mussten,[2)]
- bei erheblichem Arbeitsaufwand im Tatsächlichen, z.B. Übersetzungsarbeiten, Erstellung von Vergleichsberechnungen oder Listen auf Verlangen des Finanzamts, umfangreiche Einspruchsbegründung (16 - 19 Stunden) gegen Haftungsbescheid,[3)]
- bei besonderer wirtschaftlicher Bedeutung des Falles (hoher Gegenstandswert) oder Bedeutung der Entscheidung für Folgejahre durch faktische Bindung, z.B. bei einem Sachverhalt mit Dauerwirkung wie etwa einer Abschreibung,
- bei günstigen Einkommens- und Vermögensverhältnissen des Auftraggebers.[4)] Wegen der o.g. „Schwellengebühr" reichen diese beiden Kriterien allein heute nicht mehr aus. Die Tätigkeit muss auch umfangreich oder schwierig gewesen sein.

Umgekehrt musste der Berater schon immer damit rechnen, dass die Gerichte bei minimalem Aufwand eine höhere Geschäftsgebühr auf den untersten Rahmensatz zurückführen, z.B. wenn in Schätzungsfällen ohne Begründung Einspruch eingelegt wurde oder sich die Einspruchsbegründung auf einen Satz beschränkte.[5)] Dies gilt auch für den Fall, dass der Einspruch ohne Prüfung des Bescheids allein zur Fristwahrung eingelegt wurde.[6)] In diesem Sinne regelt Nr. 2301 VV RVG ausdrücklich,

1) BGH v. 5.2.2013, VI ZR 195/12, AnwBl 2013, 295 und BGH v. 11.7.2012, VIII ZR 323/11, NJW 2012, 2813 zu Nr. 2300 VVRVG; der IV. und VI. Zivilsenat halten an ihrer gegenteiligen Auffassung nicht mehr fest, s. BGH v. 13.1.2011, IX ZR 110/10, MDR 2011, 454 und v. 8.5.2012, VI ZR 273/11, BRAK-Mitt 2012, 190; zur Toleranzgrenze bei Schwellengebühren siehe Feiter, Honorarbrief für Steuerberater, 09/2012, 3; Toussaint, 55. Aufl. 2025, § 14 RVG Rz. 76.

2) FG Hamburg v. 25.1.2018, 4 K 85/17, EFG 2018, 686; FG Hamburg v. 22.1.2018, 4 K 84/17, EFG 2018, 683: es wurde jeweils die Höchstgebühr zugebilligt.

3) AG Dülmen v. 6.2.2018, 3 C 33/17: wegen der schwierigen und anspruchsvollen Materie wurde die Höchstgebühr zugebilligt.

4) Vgl. die Nachweise bei Schall, StB 1994, 195; FG Köln v. 15.10.2001, 10 Ko 3092/01, EFG 2002, 115 f.

5) So FG Bremen v. 4.11.1996, 2 96 103 Ko 2, EFG 1997, 376; Hessisches FG v. 4.9.1990, 12 Ko 2889/90, StEd 1991, 170; FG Düsseldorf v. 7.7.1992, 4 Ko 2/92 KF.

6) Gegen das Entstehen einer Gebühr überhaupt OLG Düsseldorf v. 25.3.1993, 13 U 134/92, GI 1993, 419, unter Hinweis darauf, dass der StB nicht mit dem Ziel tätig geworden sei, die Verwaltungsbehörde zur Änderung eines für den Mandanten ungünstigen Verwaltungsaktes zu bewegen.

dass sich die **Geschäftsgebühr** auf **0,3** reduziert, wenn sich der **Auftrag** auf ein **Schreiben einfacher Art beschränkt**. Ein solches Schreiben liegt vor, wenn dieses weder schwierige rechtliche Ausführungen noch größere sachliche Auseinandersetzungen enthält. Ob dieser Tatbestand erfüllt ist, richtet sich nicht nach dem äußeren Erscheinungsbild des Schreibens, sondern nach dem zu Grunde liegenden Auftrag.[1)]

Beispiel:

Der Mandant bezieht 12 unterschiedliche Renten. Im Steuerbescheid werden die Renten 1 – 7 einzeln dargestellt, die Renten 8 – 12 (aus programmtechnischen Gründen) hingegen zusammengefasst. Der ursprüngliche ESt-Bescheid (veranlagt wie erklärt) wird später von Amts wegen geändert und es werden höhere Renteneinkünfte angesetzt. Wenn der StB (ggf. mehrfach) vergeblich mit dem Sachbearbeiter des Finanzamtes telefoniert, um die Abweichungen im geänderten ESt-Bescheid aufzuklären, eigene umfangreiche Recherchearbeiten anstellt und anschließend auf Empfehlung des Sachbearbeiters mit einem einseitigen Schreiben Einspruch einlegt, dem später stattgegeben wird, **beschränkt** sich der Auftrag **nicht** auf ein Schreiben einfacher Art, weil der StB zuvor (ggf. mehrfach) mit dem Sachbearbeiter telefoniert und die Abweichungen durch eigene Recherche aufgeklärt hat.

Der Umstand, dass der StB im Einspruchsverfahren **lediglich** auf seine umfangreiche Stellungnahme in der vorausgegangenen Betriebsprüfung **verweist**, soll ebenfalls nicht zu einer reduzierten Geschäftsgebühr nach Nr. 2301 VV RVG führen.[2)]

660 Seit einer Entscheidung des FG Bremen[3)] müssen StB bei der Kostenfestsetzung immer damit rechnen, dass bei **mehreren einheitlich geführten Einspruchsverfahren** (→ Rz. 653) der Ansatz der Mittelgebühr oder einer ggf. angemessenen höheren Gebühr nur für ein einziges Einspruchsverfahren, nämlich für das mit dem höchsten Einzelgegenstandswert, akzeptiert wird und für die parallelen Einspruchsverfahren wegen des geringeren Aufwandes eine niedrigere, u.U. die Mindestgebühr angesetzt wird. Begründet wird dies mit der erheblichen Reduzierung des zeitlichen Aufwands in den **Parallelverfahren** und den dadurch eingetretenen Synergieeffekten. Dies kann bei einem überdurchschnittlichen Rechtsfall dazu führen, dass statt der Höchstgebühr für die weiteren Einspruchsverfahren nur noch die Mittelgebühr zugebilligt wird (kritisch dazu → § 11 StBVV Rz. 232 und 233).[4)] Dem gegenüber hat das FG Köln[5)] die Frage offengelassen, ob bei mehreren Angelegenheiten, die einen nur nach Zeitabschnitten unterteilten Dauersachverhalt betreffen, eine Gebührenreduzierung vorzunehmen wäre. Das FG Köln hat es jedenfalls nicht als unbillig angesehen, dass der Berater für jedes Einspruchsverfahren eine 10/10-Gebühr (die damalige Höchstgebühr) abgerechnet hatte, weil – anders als in den Fällen des FG Bremen und des FG Hamburg – selbständigen Angelegenheiten mit **unterschiedliche Lebenssachverhalten** zu Grunde lagen. Der StB musste die Sach- und Rechtslage für jede einzelne Angelegenheit gesondert prüfen und unterlag deshalb auch einem gesonderten Haftungsrisiko. M.E. ist eine Gebührenreduzierung in Parallelverfahren nicht automatisch vorzunehmen. Vielmehr kommt es auf die Umstände des Einzelfalls an (vgl. § 11 StBVV). In vielen Fällen wird man – trotz der Synergieeffekte durch die Zeitersparnis – mit der Schwierigkeit der Tätigkeit, der Bedeutung der Angelegenheit für den Auftraggeber und den weiteren Gebührenbestimmungsfaktoren des § 11 StBVV gegen eine Reduzierung der Gebühr argumentieren kön-

1) BGH v. 26.2.2013, XI ZR 345/10, NJW-Spezial 2013, 316.
2) FG Münster v. 26.6.2024, 4 Ko 1086/24 KFB, EFG 2024, 1781. Im konkreten Fall blieb die vom StB berechnete 2,0-Geschäftsgebühr nach Nr. 2300 VV RVG wegen der umfangreichen und schwierigen Tätigkeit unbeanstandet. Siehe hierzu aber → § 11 StBVV Rz. 232.
3) S. auch FG Bremen v. 15.11.1993, 2 93 077 E 2, EFG 1994, 313 ebenso FG Münster v. 7.11.2002, 15 Ko 424/02 KFB, EFG 2003, 345.
4) So FG Hamburg v. 25.1.2018, 4 K 85/17, EFG 2018, 686 unter Hinweis auf die o.g. Entscheidung des FG Bremen und BGH v. 26.2.2013, XI ZR 345/10, NWJ-Spezial 2024, 603.
5) FG Köln v. 23.3.2000, 10 Ko 1701/99, EFG 2000, 1275.

nen (→ § 11 StBVV Rz. 232 und 233). Die gegenteilige Ansicht würde im Übrigen dazu führen, dass ein StB, der mehrere Mandanten mit dem gleichen Problem vertritt, eine Gebührenreduzierung hinnehmen müsste, obwohl die von ihm erbrachte Leistung aus Sicht der Mandanten in allen Fällen gleich wertvoll ist (Bedeutung der Angelegenheit). Keine Gebührenminderung muss der StB auch dann hinnehmen, wenn er mit denselben Argumenten die Einsprüche gegen einen **Grundlagen- und Feststellungsbescheid** begründet.[1)]

VI. Anrechnung (§ 40 Satz 1 StBVV i.V.m. § 35 Abs. 2 RVG)

Wenn der StB mit der Angelegenheit bereits im Besteuerungsverfahren befasst war und eine Gebühr nach **§§ 23, 24 oder 31 StBVV** verdient hat, muss er sich die Hälfte dieser Gebühr, bei mehreren Gebühren deren Summe, höchstens jedoch einen Satz von 0,75 (da die §§ 23, 24 und 31 StBVV nur Bruchteilsgebühren kennen, ist von einem 7,5/10-Satz auszugehen) auf die Geschäftsgebühr für das Einspruchsverfahren anrechnen lassen, § 35 Abs. 2 RVG i.V.m. Vorbem. 2.3 Abs. 4 Satz 1 VV RVG. Ergänzend schreibt § 35 Abs. 2 Satz 2 RVG vor, dass bei der Ermittlung des Höchstbetrages des anzurechnenden Teils dieser Gebühr(en) der Gegenstandswert derjenigen Gebühr zugrunde zu legen ist, **auf** die angerechnet wird. Das ist der (geringere) Gegenstandswert des Einspruchsverfahrens. Maßgeblich ist aber nicht die für das Einspruchsverfahren einschlägige RVG-Tabelle, sondern die Tabelle A zur StBVV. 661

Praxistipp:

Die **Anrechnungsregelung** kann in einer **Vergütungsvereinbarung** durch eine entsprechende klare und **transparente Regelung** außer Kraft gesetzt werden.[2)]

Beispiel 1:

„Es gelten die gesetzlichen Gebühren. Eine Anrechnung der Gebühren nach §§ 23, 24, 31 StBVV auf die Geschäftsgebühr nach § 40 Satz 1 StBVV i.V.m. Nr. 2300 VV RVG, wie sie in § 35 Abs. 2 RVG, Vorbem. 2 Abs. 4 VV RVG vorgesehen ist, wird einvernehmlich ausgeschlossen, mit der Folge, dass der Auftraggeber sowohl die Gebühren nach § 23, 24, 31 StBVV, als auch die Geschäftsgebühr nach § 40 Satz 1 StBVV i.V.m. Nr. 2300 VV RVG in voller Höhe schuldet."

Beispiel 2:

„Für die Tätigkeit im Besteuerungsverfahren wird eine Abrechnung nach Zeitaufwand wie folgt vereinbart: ......"

In Beispiel 1 verbleibt ein Restrisiko, ob diese Formulierung hinreichend transparent ist und einer gerichtlichen Überprüfung standhält. Für (noch) mehr Transparenz würde eine ergänzende Regelung sorgen, in der die (voraussichtliche) Höhe der Gebühren aufgeführt ist. Unproblematisch ist hingegen die Vereinbarung einer Zeitgebühr in Beispiel 2, durch die eine Anrechnung umgangen werden kann.

Beispiel (Anrechnung einer Gebühr):

StB fertigt für den Mandanten auftragsgemäß die Einkommensteuererklärung (Gegenstandswert: 110 000 €). Gegen den Steuerbescheid über 4 000 € legt StB am 01.05.2025 auftragsgemäß Einspruch ein. 662

Besteuerungsverfahren:

1/10 Gebühr gem. § 24 Abs. 1 Nr. 1 StBVV (Wert: 110 000 €)	159,30 €
3/20 Gebühr gem. § 27 Abs. 1 StBVV	238,95 €
½ Std. gem. §§ 28, 13 Satz 1 Nr. 1 StBVV	50,00 €
Auslagenersatz gem. § 16 StBVV	20,00 €

1) FG Sachsen-Anhalt v. 4.1.2011, 5 Ko 1294/10, EFG 2011, 901.
2) Schons, AnwBl Online 2020, 372, 374 m.w.N.

Zwischensumme	468,25 €
Umsatzsteuer gem. § 15 StBVV	88,96 €
Summe:	557,21 €
Einspruchsverfahren:	
1,5 Geschäftsgebühr gem. § 40 Satz 1 StBVV i.V.m. Nr. 2300 VV RVG (Wert: 4 000 €)	417,00 €
Gem. § 35 Abs. 2 RVG i.V.m. Vorbem. 2.3 Abs. 4 Satz 1 VV RVG anzurechnen: die Hälfte der Gebühr nach § 24 Abs. 1 Nr. 1 StBVV (= 1/20) aus dem Gegenstandswert des Einspruchsverfahrens (= 4 000 €) nach Tab. A	- 14,40 €
Auslagenersatz gem. § 40 Satz 1 StBVV i.Vm. Nr. 7002 VV RVG	20,00 €
Zwischensumme	422,60 €
Umsatzsteuer gem. § 40 Satz 1 StBVV i.V.m. Nr. 7008 VV RVG	80,30 €
Gesamt:	502,89 €

Beispiel (Anrechnung mehrerer Gebühren)

663 StB fertigt für den Mandanten die Körperschaftsteuererklärung (Gegenstandswert: 120 000 €) und führt nach Abgabe der Erklärung auf Wunsch des Mandanten eine Besprechung mit dem Finanzamt. Anschließend ergeht ein Steuerbescheid, gegen den StB am 01.05.2025 auftragsgemäß Einspruch einlegt, weil die Steuerforderung nach Auffassung des Mandanten um 4 000 € zu hoch angesetzt ist.

Besteuerungsverfahren:	
5/10 Gebühr gem. § 24 Abs. 1 Nr. 3 StBVV (Wert: 120 000 €)	841,50 €
7,5/10 Gebühr gem. § 31 StBVV (Wert: 120 000 €)	1 262,25 €
½ Std. gem. §§ 28, 13 Satz 1 Nr. 1 StBVV	50,00 €
Auslagenersatz gem. § 16 StBVV	20,00 €
Zwischensumme	2 173,75 €
Umsatzsteuer gem. § 15 StBVV	413,01 €
Summe:	2 586,76 €
Einspruchsverfahren:	
1,5 Geschäftsgebühr gem. § 40 Satz 1 StBVV i.V.m. Nr. 2300 VV RVG (Wert: 4 000 €)	417,00 €
gem. § 35 Abs. 2 RVG i.V.m. Vorbem. 2.3 Abs. 4 Satz 1 VV RVG anzurechnen: die Hälfte der Gebühren nach §§ 24 Abs. 1 Nr. 3, 31 StBVV (= 6,25/10) aus dem Gegenstandswert des Einspruchsverfahrens (= 4 000 €) nach Tab. A	- 180,00 €
Auslagenersatz gem. § 40 Satz 1 StBVV i.V.m. Nr. 7002 VV RVG	20,00 €
Zwischensumme	257,00 €
Umsatzsteuer gem. § 40 Satz 1 StBVV i.V.m. Nr. 7008 VV RVG	48,83 €
Gesamt:	305,83 €

VII. Mehrere Auftraggeber (§ 40 Satz 1 StBVV i.V.m. Nr. 1008 VV RVG)

664 Bei Tätigkeiten für **mehrere Auftraggeber in derselben Angelegenheit** (→ § 6 StBVV Rz. 165) erhöht sich im Rechtsbehelfsverfahren die Geschäftsgebühr für jede weitere Person um 0,3 oder 30 % (§ 40 Satz 1 StBVV i.V.m. Nr. 1008 VV RVG). Mehrere Erhöhungen dürfen einen Gebührensatz von 2,0 nicht übersteigen (Nr. 1008 Abs. 3 Satz 1 VV RVG).

665 Erforderlich ist, dass der StB für **verschiedene Auftraggeber gleichzeitig** tätig geworden ist. Hauptanwendungsfall ist der Einspruch gegen einen an zusammen veranlagte **Eheleute** ergangenen Einkommensteuerbescheid (zur Frage, unter welchen Voraussetzungen ein Auftragsverhältnis mit beiden Eheleuten angenommen werden kann → § 6 StBVV Rz. 165).[1] Auch bei einem einheitlichen und gesonderten

1) Schall, StB 1994, 242 f. m.w.N.

Feststellungsbescheid für eine **Grundstücksgemeinschaft** und bei einer **Erbengemeinschaft**, liegt eine Mehrheit von Auftraggebern vor.[1] Das gilt auch dann, wenn der StB für den oder die Erben ein Verfahren fortführt, für das ihn der Erblasser beauftragt hat. Erblasser und Erbe sind dann mehrere Auftraggeber. Stirbt der Auftraggeber des StB während des Verfahrens und wird er von einem einzelnen **Erben** beerbt, tritt auch damit eine Auftraggebermehrheit ein, so dass sich die Geschäftsgebühr gem. Nr. 1008 um 0,3 erhöht.[2] Dass der StB die Auftraggeber sukzessive und nicht gleichzeitig vertritt, ist unerheblich.[3]

Bei der **einheitlichen Gewinnfeststellung** ist zu beachten, dass es für die Beteiligten um verschiedene Beträge und damit um verschiedene Gegenstände und Gegenstandswerte geht, die als Summe der subjektiven steuerlichen Auswirkungen für die Beteiligten bereits nach § 10 Abs. 2 StBVV addiert sind. Der StB erhält hier keine Erhöhungsgebühr. Zwar vertritt er im Einspruchsverfahren verschiedene Auftraggeber in derselben Angelegenheit. Diese sind aber nicht gemeinschaftlich mit demselben Betrag beteiligt. Dem Mehr an Arbeit und Aufwand für die verschiedenen Auftraggeber wird bereits durch die Zusammenrechnung der Werte Genüge getan. Eine Doppelberücksichtigung durch Kumulation von Wertaddition und Erhöhungsgebühr ist nach der Rechtsprechung ausgeschlossen.[4]

Bei der **BGB-Gesellschaft** kam es bis zum Inkrafttreten des MoPeG (Gesetz zur Modernisierung des Gesellschaftsrechts) am 1.1.2024 darauf an, ob eine Außengesellschaft vorlag, die durch Teilnahme am Rechtsverkehr eigene Rechte und Pflichten begründete.[5] Seit dem 1.1.2024 ist die Rechtsfähigkeit der Außengesellschaft in § 705 Abs. 2 BGB geregelt. Macht nur die BGB-Gesellschaft einen Anspruch geltend, der ihr durch die Teilnahme am Rechtsverkehr entstanden ist (Aktivprozess), scheidet eine Erhöhung der Geschäftsgebühr aus. Regelmäßig wird nur die Gesellschaft Auftraggeber sein. Nur dann, wenn auch die einzelnen Gesellschafter den StB mit der Durchführung des Rechtsbehelfsverfahrens beauftragt haben, etwa weil sich die Steuerbescheide auch gegen sie persönlich richten, hat der StB so viele Auftraggeber, wie Gesellschafter ihn beauftragt haben.[6] Den Mehrvertretungszuschlag erhält der StB auch im Passivprozess, wenn er von den in Anspruch genommenen Gesellschaftern beauftragt wurde.[7] Wer Auftraggeber ist, sollte aus Haftungs- und Honorardurchsetzungsgründen möglichst schriftlich festgehalten werden. Ansonsten bedarf es einer Würdigung aller Umstände, wobei sich z.B. aus einer vorhandenen Vollmachtsurkunde Anhaltspunkte ergeben können. Nachdem der BGH der **Wohnungseigentümergemeinschaft** Teilrechtsfähigkeit zugesprochen hatte,[8] erfolgte durch das Gesetz zur Änderung des Wohnungseigentumsgesetzes und anderer Gesetze[9] mit Wirkung ab dem 1.7.2017 eine gesetzliche Klarstellung, dass auch die Gemeinschaft der Wohnungseigentümer selbst Rechte erwerben und

1) BGH v. 16.3.2004, VIII ZB 114/03, MDR 2004, 905 (zur Erbengemeinschaft); Enders in Eckert, 6. Aufl. 2017 § 40 StBVV Rz.76 m.w.N.
2) OLG Frankfurt a.M. v. 20.2.2025, 18 W 178/24, NJW-Spezial 2025, 220.
3) LG Karlsruhe v. 1.4.2019, 3 O 28/13, NJW-Spezial 2019, 445 zu Nr. 1008 VV RVG m.w.N.
4) FG Hamburg v. 19.11.2015, 3 KO 226/15, AGS 2016, 468 m.w.N.; FG Köln v. 7.8.2012, 10 KO 783/11, EFG 2012, 2237; FG Düsseldorf v. 12.5.2010, 15 Ko 4622/09 KF, EFG 2011, 271; Thüringer FG v. 25.1.2000, II 6/99, Ko, EFG 2000, 651.
5) BGH v. 29.1.2001, II ZR 331/00, NJW 2001, 1056; BGH v. 18.2.2002, II ZR 331/60, NJW 2002, 1207.
6) OLG Hamburg v. 12.4.2001, 8 W 76/01, MDR 2001, 773; Enders in Eckert, 6. Aufl. 2017, § 40 StBVV Rz. 77 ff.; Eggesiecker, 2. Aufl. 1998, § 41 STEUGO Rz. 41.680.
7) OLG Stuttgart v. 27.3.2006, 8 W 129/06, MDR 2006, 1135; OLG Koblenz v. 9.4.2002, 14 W 183/02, MDR 2002, 721; OLG Zweibrücken v. 3.11.2003, 1 W 52/03, NJW 2004, 522; OLG Schleswig v. 7.4.2003, 9 W 37/03, MDR 2003, 1202; OLG Schleswig v. 7.4.2003, 9 W 37/03, MDR 2003, 1202.
8) BGH v. 2.6.2005, V ZB 32/05, DStR 2005, 1283.
9) BGBl. I 2007, 370.

Pflichten eingehen und vor Gericht klagen und verklagt werden kann (§ 10 Abs. 6 Satz 1 und 5 WEG). Soweit die Wohnungseigentümergemeinschaft am Rechtsverkehr teilnimmt, kann der StB die Erhöhungsgebühr insbesondere bei Rechtsgeschäften und Rechtshandlungen im Außenverhältnis grundsätzlich nicht mehr geltend machen.[1] Allerdings hat der BGH einem Rechtsanwalt den Mehrvertretungszuschlag im Falle der Vertretung der „übrigen Wohnungseigentümer" in einem Beschlussanfechtungsprozess zugebilligt, da es sich hierbei nicht um einen Verbands- sondern einen Individualprozess handelte.[2]

666 Nr. 1008 Abs. 3 Satz 1 VV RVG enthält die **Begrenzung mehrerer Erhöhungen**. Danach dürfen mehrere Erhöhungen den Betrag von 2,0, nicht übersteigen. Mit anderen Worten: unabhängig davon, wie hoch die Ausgangsgebühr ist, beträgt die maximale Erhöhung auf die Ausgangsgebühr für mehrere Auftraggeber 2,0.[3]

Beispiel:

StB vertritt im Einspruchsverfahren die Erbengemeinschaft bestehend aus A, B und C, die vom Finanzamt als Erben in Anspruch genommen worden sind. A wurde mit 50 000 €, B mit 40 000 € und C mit 20 000 € herangezogen. Der Gegenstandswert beläuft sich auf 110 000 € da A, B und C Gesamtschuldner sind. Legt man die Mittelgebühr nach RVG zugrunde, ist wie folgt abzurechnen:

2,1 Geschäftsgebühr nach § 40 Satz 1 StBVV i.V.m. Nr. 2300 VV RVG i.V.m. Nr. 1008 VV RVG

Erläuterung: Diese 2,1,-Gebühr ermittelt sich wie folgt:

1,5 Geschäftsgebühr nach § 40 Satz 1 StBVV i.V.m. Nr. 2300 VV RVG

0,3 Erhöhungsgebühr für weiteren Erben B nach § 40 Satz 1 StBVV i.V.m. Nr. 1008 VV RVG

0,3 Erhöhungsgebühr für weiteren Erben C nach § 40 Satz 1 StBVV i.V.m. Nr. 1008 VV RVG.

Die Summe der Erhöhungsgebühren von 0,6 überschreitet nicht den zulässigen Höchstsatz von 2,0 einer vollen Gebühr nach RVG-Tabelle.

VIII. Aussetzung der Vollziehung (§ 40 Satz 1 StBVV i.V.m. Nr. 2300 VV RVG)

667 Nach § 17 Nr. 1a RVG sind das Einspruchsverfahren und das Aussetzungsverfahren unterschiedliche Angelegenheiten die jeweils separate Gebühren nach Nr. 2300 VV RVG auslösen.[4] Der Antrag auf Aussetzung der Vollziehung löst somit eine zusätzliche Geschäftsgebühr nach § 40 Satz 1 StBVV i.V.m. Nr. 2300 VV RVG aus.

IX. Erledigungsgebühr (§ 40 Satz 1 StBVV i.V.m. Nr. 1002 VV RVG)

668 Als weitere Gebühr im außergerichtlichen Rechtsbehelfsverfahren kann der StB die Erledigungsgebühr verdienen, § 40 Satz 1 StBVV i.V.m. Nr. 1002 VV RVG. Sie entsteht nur im außergerichtlichen Rechtsbehelfsverfahren, nicht auch im Änderungsverfahren (§ 172 AO), d.h., Änderungen des Bescheids nach erfolglos durchgeführtem Einspruchsverfahren lösen keine Erledigungsgebühr, ggf. aber Gebühren nach § 23 StBVV oder § 31 StBVV aus. Sie unterscheidet sich von den übrigen Gebühren dadurch, dass es sich nicht um eine Rahmengebühr, sondern um eine feste 1,5

1) Hartung/Schons/Enders, RVG, 3. Aufl. 2017, Nr. 1008 VV Rz. 48 ff.; Müller-Rabe in Gerold/Schmidt, RVG, 26. Aufl. 2023, Nr. 1008 VV Rz. 134 ff.; anders noch OLG Frankfurt/M. v. 28.12.2004, 18 W 249/04, AnwBl 2005, 366.
2) BGH v. 15.9.2011, V ZB 39/11, NJW 2011, 3723.
3) Müller-Rabe in Gerold/Schmidt, RVG, 26. Aufl. 2023, VV 1008 Rz. 239 ff.
4) OLG Brandenburg v. 23.3.2009, 1 U 28/08, GI 2009, 118, 120; Mayer in Gerold/Schmidt, RVG, 26. Aufl. 2023, Anhang IV Rz. 33.

Gebühr handelt (§ 40 Satz 1 StBVV i.V.m. Nr. 1002 VV RVG). Ihre Entstehung setzt voraus, dass sich der Rechtsstreit ganz oder teilweise nach Aufhebung oder Änderung des mit dem Rechtsbehelf angefochtenen Verwaltungsaktes erledigt und der StB bei der Erledigung **mitgewirkt** hat. Hierbei muss es sich um eine besondere, qualifizierte Mitwirkung handeln, die über das normale Betreiben des Geschäfts, das mit der Geschäftsgebühr abgegolten wird, hinausgeht. Bei der Erledigungsgebühr handelt es sich nicht um eine reine Erfolgs- sondern um eine **Tätigkeitsgebühr**[1] bzw. eine Tätigkeits- und Erfolgsgebühr.[2]

Eine solche **Mitwirkung** liegt **nicht schon dann** vor, **wenn**

- die Einspruchsbegründung so gut gelungen ist, dass das Finanzamt von sich aus nachgibt,[3]
- geschätzte Steuerbescheide im außergerichtlichen Rechtsbehelfsverfahren angefochten und die ausstehenden Steuererklärungen nachgereicht werden,
- der Berater nach Einspruchserhebung durch Vorlage der im Besitz des Mandanten befindlichen Rechnungen erstmals Werbungskosten nachweist,[4]
- sich der StB im Schrifttum zum streitigen Problemkomplex geäußert hat oder erfolgreich eine Revision in einem Parallelverfahren geführt hat,[5]
- der StB in einem Parallelverfahren erfolgreich Verhandlungen im Rahmen einer Betriebsprüfung oder einem Rechtsbehelfsverfahren geführt hat,[6]
- eine Änderung der tatsächlichen Verhältnisse mit Auswirkungen auf den Verwaltungsakt vorliegt,[7]
- die Mitwirkung des StB für die Erledigung nicht ursächlich war, z.B. wenn das FA den Steuerbescheid aufgrund einer zwischenzeitlich ergangenen EuGH-Entscheidung aufhebt,[8]
- das Ergebnis einer Beweisaufnahme das Finanzamt ohne Weiteres zur Änderung des streitigen Bescheids veranlasst,[9]
- der StB keinen eigenen Verständigungsvorschlag unterbreitet, sondern lediglich eine Erledigungserklärung abgibt, nachdem sich das Finanzamt unter dem Eindruck des nachteiligen Beweisergebnisses auf Vorschlag des Gerichts bereit erklärt, die angefochtenen Bescheide antragsgemäß zu ändern,[10]
- der StB mehrfach mit der zuständigen Bearbeiterin telefoniert, die Sach- und Rechtslage erörtert und Unterlagen nochmals übermittelt.[11]

Demgegenüber können folgende Mitwirkungshandlungen **die Erledigungsgebühr** auslösen:

- das konkrete Verfahren erledigt sich auf Grund eines Musterprozesses, auf den der StB hinweist,[12]

---

1) FG Köln v. 29.5.2018, 2 Ko 3253/17, EFG 2018, 1582 und v. 8.12.2008, 10 Ko 1355/08, EFG 2009, 515 f. m.w.N.; FG Münster v. 16.12.2009, 8 Ko 3497/09 KFB, EFG 2010, 592 f., str.
2) FG Hamburg v. 23.1.2015, 3 KO 298/14, EFG 2015, 845 m.w.N.
3) FG Niedersachsen v. 17.12.1988, XI 7/87 Ko, EFG 1988, 388; FG Berlin v. 13.9.1988, VII 40/88, EFG 1989, 202 f.; Jost, KP 2001, 92 f.
4) FG Hessen v. 29.11.1999, 12 Ko 1950/99, EFG 2000, 236.
5) FG Köln v. 4.1.2001, 10 Ko 6724/00, EFG 2001, 711; FG Düsseldorf v. 29.1.2001, 14 Ko 472/01 KF, EFG 2001, 595 f.
6) FG Köln v. 12.9.2002, 10 Ko 2335/02, EFG 2003, 124.
7) Mittelsteiner/Scholz, 4. Aufl. 1998, § 40 StBGebV Rz. 8.
8) FG Hamburg v. 23.1.2015, 3 KO 298/14, EFG 2015, 845.
9) FG Hamburg v. 23.11.2005, V 213/02, EFG 2006, 370.
10) FG Köln v. 13.3.2008, 10 Ko 3867/07, EFG 2008, 1235.
11) OLG Brandenburg v. 23.3.2009, 1 U 28/08, GI 2009, 118, 120.
12) Mittelsteiner/Scholz, 4. Aufl. 1998, § 40 StBGebV Rz. 10.

- der Berater interveniert bei der OFD oder dem FinMin; deren Stellungnahmen führen dazu, dass die angefochtenen Bescheide geändert werden,[1)]
- der StB wirkt dergestalt auf den Mandanten ein, dass dieser den Rechtsbehelf zurücknimmt oder das Begehren wesentlich (mehr als 10 %) einschränkt.[2)] Nach der neueren Rechtsprechung des FG Köln zur Erledigungsgebühr im Klageverfahren ist die Einschränkung des Klagebegehrens um mehr als 10 % aber nur ein **Indiz** für das Entstehen der Erledigungsgebühr und kein Automatismus.[3)] Den StB trifft deshalb die volle Darlegungs- und Beweislast für die Ursächlichkeit seiner Mitwirkung,
- der StB bewegt das Finanzamt (z.B. durch den Hinweis auf eine neue einschlägige Gerichtsentscheidung) zum Einlenken,[4)]
- der StB trägt durch eigene Recherchen zur Sachverhaltsaufklärung bei,[5)]
- der StB überzeugt den Mandanten, einer sog. „tatsächlichen Verständigung" zuzustimmen,[6)]
- Unterbreiten eines Erledigungsvorschlags,[7)]
- der StB legt eine eidesstattliche Versicherung des von ihm benannten Zeugen vor, was zur Aufhebung des angefochtenen Bescheides durch das FA führt.[8)]

669 Der **Gegenstandswert** der Erledigungsgebühr richtet sich nach dem (ursprünglichen) Gegenstandswert, wenn das Rechtsbehelfsverfahren insgesamt erledigt wird, und zwar auch dann, wenn der Mandant sich mit einem Teilabhilfebescheid zufriedengibt.

Beispiel:

Gegenstand des Rechtsbehelfsverfahrens ist ein Steuerbetrag i.H.v. 3 000 €. Durch die Mitwirkung des StB ändert das Finanzamt den Bescheid zu Gunsten des Mandanten ab, der nur noch 1 000 € zu zahlen hat und zu einer Erledigung des Rechtsbehelfsverfahrens führt. Gegenstandswert für die Erledigungsgebühr ist hier ein Betrag von 3 000 €.

Wird das Rechtsbehelfsverfahren dagegen nur teilweise erledigt, richtet sich der Gegenstandswert für die Erledigungsgebühr nur nach dem erledigten Teil.[9)]

C. Vertretung in Verwaltungsvollstreckungsverfahren (Satz 1)

670 § 44 StBVV stellte bis zum 30.6.2025 klar, dass Tätigkeiten im Verwaltungsvollstreckungsverfahren selbständige Angelegenheiten sind, die eigene Gebühren nach den Vorschriften des RVG auslösen. Mit Wirkung zum 1.7.2025 wurde die Vorschrift gestrichen. Der Regelungsgehalt des § 44 StBVV a.F. geht in der neuen zentralen

1) FG Köln v. 29.11.1999, 10 Ko 2645/99, StB 2000, 226; FG Köln v. 28.6.2007, 10 Ko 715/07, EFG 2007, 1474; differenzierend FG Baden-Württemberg v. 4.1.2000, 2 Ko 12/99, EFG 2000, 398; hierzu Feiter, INF 2001, 117 f.

2) FG Düsseldorf v. 12.11.1993, 4 Ko 12/93 KF, EFG 1994, 318; FG Köln v. 30.9.2014, 10 Ko 2686/14; EFG 2014, 2170; FG Köln v. 8.12.2008, 10 Ko 1355/08, EFG 2009, 515; FG Köln v. 28.6.2007, 10 Ko 715/07, EFG 2007, 1474; FG Köln v. 28.6.2004, 10 KO 1603/04, EFG 2004, 1642.

3) FG Köln v. 18.5.2016, 10 Ko 182/16; FG Köln v. 29.5.2018, 2 Ko 3253/17, EFG 2018, 1582 mit Anm. Hennigfeld und Berners, Honorargestaltung für Steuerberater, November 2018, 1.

4) FG Saarland v. 2.9.1982, II 145/82, EFG 1983, 253 und FG Saarland v. 14.11.2005, 2 S 335/05, EFG 2006, 926.

5) FG Baden-Württemberg v. 27.10.2003, 4 Ko 3/03, EFG 2004, 144.

6) FG Münster v. 8.3.2004, 1 Ko 5693/03 KFB, EFG 2004, 1254.

7) FG Köln v. 28.6.2007, 10 Ko 715/07, EFG 2007, 1474.

8) FG Bremen v. 10.8.1990, II 3/90 Ko, EFG 1990, 596.

9) Eggesiecker, 2. Aufl. 1998, § 40 STEUGO Rz. 40.840.

Verweisvorschrift des § 40 Satz 1 StBVV auf, der nunmehr auch für Tätigkeiten im Verwaltungsvollstreckungsverfahren auf die Vorschriften des RVG verweist.[1] Durch das JStG 2007[2] wurde der frühere § 44 Abs. 1 StBGebV zuvor dergestalt geändert, dass die Vorschriften des RVG auf die Vergütung des StB im Verwaltungsvollstreckungsverfahren sinngemäß anwendbar sind. § 44 StBVV a.F. bzw. § 40 Satz 1 StBVV verweist auf alle Vorschriften des RVG einschließlich des Vergütungsverzeichnisses. Einschlägig sind insbesondere die Nr. 3309 ff. RVG. Grundsätzlich erhält der StB im Verfahren der Zwangsvollstreckung in das bewegliche Vermögen eine 0,3-Verfahrensgebühr (Nr. 3309 VV RVG). Bei Teilnahmen an gerichtlichen Terminen oder Terminen zur Abgabe der eidesstattlichen Versicherung kann eine 0,3-Terminsgebühr hinzukommen (Nr. 3310 VV RVG). Bei mehreren Auftraggebern erhöht sich die Verfahrensgebühr um jeweils 0,3, so dass bei zwei Auftraggebern die Verfahrensgebühr 0,6 beträgt (Nr. 1008 VV RVG). Mehrere Erhöhungen dürfen den Betrag von 2,0 nicht übersteigen (Nr. 1008 Abs. 3 VV RVG). Dass der Gesetzgeber im Verwaltungsvollstreckungsverfahren „nur" eine 0,3-Gebühr vorgesehen hat, liegt daran, dass in diesen Verfahren keine **Nachprüfung** in der Sache, sondern **nur hinsichtlich der Vollstreckungsmaßnahmen** erfolgt und deshalb davon ausgegangen werden kann, dass i.d.R. Umfang der Tätigkeit und Mühewaltung des StB geringer sind als in den Verfahren, in denen der der Vollstreckung zu Grunde liegende Verwaltungsakt auf seine Rechtmäßigkeit überprüft wird. Bei der Zwangsvollstreckung in das unbewegliche Vermögen erhält der StB eine Verfahrensgebühr (Nr. 3311 VV RVG) i.H.v. 0,4, ggf. eine Terminsgebühr (Nr. 3312 VV RVG) in gleicher Höhe und eine Erhöhungsgebühr bei mehreren Auftraggebern von 0,3 gem. Nr. 1008 VV RVG.

Zum Verwaltungsvollstreckungsverfahren gehören insbesondere die aus den §§ 249 – 346 AO und speziellen landesrechtlichen Vorschriften für die Realsteuern sich ergebenden Verfahren, z.B. ein Antrag auf einstweilige Einstellung der Vollstreckung nach § 258 AO, ein Antrag auf Aufteilung einer Gesamtschuld nach §§ 268–280 AO, Maßnahmen gegen Androhung und Festsetzung von Zwangsgeld nach §§ 329, 332 AO oder Ordnungsgeld nach § 335 HGB (→ Rz. 676). Die Zwangsvollstreckung bildet grundsätzlich gegenüber dem Hauptprozess eine besondere Angelegenheit, so dass der Verfahrensbevollmächtigte des Hauptverfahrens zusätzlich eine Gebühr nach § 40 Satz 1 StBVV i.V.m. den Vorschriften des RVG verlangen kann (§ 19 Abs. 1 Satz 2 RVG). Davon zu unterscheiden ist die Frage, ob eine Vollstreckungstätigkeit mit anderen Vollstreckungstätigkeiten eine Einheit bildet oder ob besondere Angelegenheiten vorliegen. **671**

§ 18 Nr. 3 RVG definiert den Begriff der Angelegenheit für das Zwangsvollstreckungsverfahren in bürgerlichen Rechtsstreitigkeiten. Danach gilt jede Vollstreckungsmaßnahme zusammen mit den durch diese vorbereiteten weiteren Vollstreckungshandlungen bis zur Befriedigung des Gläubigers als eine Angelegenheit. Welche Tätigkeiten als besondere Angelegenheiten gelten, ergibt sich aus § 18 Nr. 6–22 RVG. Demgegenüber stellen § 19 Abs. 1 Nr. 9, 12, 15 und Abs. 2 RVG klar, welche Vorbereitungshandlungen und Nebentätigkeiten im Rahmen der Zwangsvollstreckung keine besonderen Angelegenheiten sind. Die dort vorgenommenen Abgrenzungen können auch hier bei der Bestimmung des Begriffs der Angelegenheit hilfreich sein. **672**

Beispiel:

Die Finanzverwaltung betreibt gegen einen mittellosen Steuerpflichtigen die Zwangsvollstreckung aus einem Steuerbescheid. Der StB stellt einen Antrag auf Vollstreckungsaufschub (§ 258 AO), unterstützt den Steuerpflichtigen bei der Abgabe der Vermögens-

1) Fünfte Verordnung zur Änderung der Steuerberatervergütungsverordnung v. 31.3.2025, BGBl. I 2025 Nr. 105 = BStBl I 2025, 1009.
2) JStG 2007 v. 13.12.2006, BGBl. I 2006, 2878 = BStBl I 2007, 28.

auskunft (§ 284 Abs. 1 - 3 AO) und begleitet ihn zum Termin zur Abgabe der Vermögensauskunft (§ 284 Abs. 6 und 7 AO).

In diesem Beispiel können drei Gebühren berechnet werden:

- 0,3-Verfahrensgebühr nach § 40 Satz 1 StBVV i.V.m. Nr. 3309 VV RVG für den Antrag auf Vollstreckungsaufschub,
- 0,3-Verfahrensgebühr nach § 40 Satz 1 StBVV i.V.m. Nr. 3309 VV RVG für die Mitwirkung an der Vermögensauskunft,[1]
- 0,3-Terminsgebühr nach § 40 Satz 1 StBVV i.V.m. Nr. 3310 VV RVG für die Teilnahme am Termin.

Praxistipp:

Allerdings ist in diesen Fällen stets zu prüfen, ob der Mandant Anspruch auf **Beratungshilfe** hat. Dann kann der StB nämlich nicht die o.g. Gebühren, sondern nur die für Beratungshilfe vorgesehenen geringeren Gebühren nach RVG abrechnen.[2]

Praxistipp:

Besonders zu beachten ist, dass das Verwaltungsvollstreckungsverfahren sehr komplex sein kann, aber dennoch als eine einzige Angelegenheit (→ § 10 StBVV Rz. 223) verstanden werden kann. Im Einzelfall kann sich deshalb eine Vergütungsvereinbarung empfehlen. Lediglich eigenständige Teilkomplexe (wie in dem Beispiel oben) gelten als separate Angelegenheiten, mit der Folge, dass die RVG-Gebühren, die über § 40 Satz 1 StBVV berechnet werden können, mehrfach entstehen.

673 Verbindet die Finanzbehörde mit einem belastenden Verwaltungsakt zugleich die Androhung eines Zwangsmittels und legt der StB dagegen Einspruch ein, fällt neben der Gebühr nach § 40 Satz 1 StBVV für das Einspruchsverfahren eine weitere Gebühr nach § 40 Satz 1 StBVV an, da das Verfahren gleichzeitig die Grundverfügung und die Vollstreckung betrifft.

674 Der **Gegenstandswert** bestimmt sich bei einer Vollstreckung wegen Geldforderungen nach der Höhe der zu vollstreckenden Forderung einschließlich der Nebenforderungen (vgl. auch § 25 Abs. 1 RVG).[3] Der Gegenstandswert im Verfahren über die Erteilung einer Vermögensauskunft ist begrenzt auf höchstens 2 000 € (§ 25 Abs. 1 Nr. 4, 2. Halbsatz RVG). Zur Bestimmung weiterer Gegenstandswerte in Vollstreckungsverfahren, die keine Geldforderungen betreffen, wird auf § 25 Abs. 1 RVG verwiesen, der entsprechende Gegenstandswerte für das Zwangsvollstreckungsverfahren in bürgerlichen Rechtsstreitigkeiten definiert.

675 Die Tätigkeit des StB im Verwaltungsvollstreckungsverfahren ist abzugrenzen von Tätigkeiten gegenüber sonstigen (privaten) Gläubigern des Mandanten, die eine Geschäftsgebühr nach Nr. 2300 VV RVG mit einem Gebührenrahmen von 0,5 – 2,5 auslösen. Die Abgrenzung ist fließend und im Detail umstritten. Nr. 3309 VV RVG soll greifen, wenn es sich um eine Maßnahme im laufenden Vollstreckungsverfahren handelt bzw. wenn der der StB sich gegen die Art und Weise der Zwangsvollstreckung wendet. Nr. 2300 VV RVG soll greifen, wenn materiell-rechtliche Einwendungen geltend gemacht werden.[4] Führt der StB **Verhandlungen** über den (Teil-)**Verzicht auf Vollstreckungsmaßnahmen** im Zusammenhang mit einer Sanierungs- und Insolvenzberatung des Mandanten oder Maßnahmen zur Erzielung einer **Stundungs- oder Ratenzahlungsvereinbarung**, ist im Anwaltsgebührenrecht

1) Str., siehe Feiter, KANZLEI intern 09/2014, 5.
2) Feiter, KANZLEI intern 09/2014, 5.
3) BFH v. 13.10.1970, VII B 44/70, BStBl II 1970, 25.
4) Müller-Rabe in Gerold/Schmidt, RVG, 26. Aufl. 2023, 3309 VV Rz. 18 m.w.N.; Schneider, NJW-Spezial 2020, 283.

umstritten, ob der RA nach Nr. 3309 oder nach Nr. 2300 VV RVG abrechnen kann.[1] Denn der RA soll dadurch einen materiell-rechtlichen Einwand schaffen, nämlich einen Verzichtsvertrag oder eine Stundungsabrede. M.E. ist eine derartige Tätigkeit eines StB eine vereinbare Tätigkeit i.S.d. § 57 Abs. 3 StBerG,[2] für die die übliche Vergütung nach §§ 612 Abs. 2, 632 Abs. 2 BGB anfällt. Als übliche Vergütung bietet sich in diesen Fällen eine analoge Anwendung der Nr. 2300 VV RVG an. Jedenfalls handelt es sich bei diesen Tätigkeiten nicht um eine Vorbehaltsaufgabe. Denn die Bitte um Schuldenerlass oder Stundung ist noch keine Hilfeleistung in Steuersachen, selbst wenn es sich bei dem Gläubiger um eine Finanzbehörde handelt.[3] StB sind auch befugt, eine **Bescheinigung nach § 850k Abs. 5 Satz 2 ZPO** auszustellen (P-Konto), da sie „geeignete Personen" i.S.d § 305 Abs. 1 Nr. 1 InsO sind.[4] Diese außergerichtliche Tätigkeit zielt darauf ab, dem Schuldner zustehende Schutzrechte durchzusetzen. Wird der StB insoweit tätig, soll diese Tätigkeit bereits zur Zwangsvollstreckung zählen und nur eine 0,3-Verfahrensgebühr nach Nr. 3309 VV RVG auslösen.[5]

Die Gebühr des StB für die Vertretung in einem durch das Bundesamt für Justiz **676**
nach § 335 Abs. 1 Satz 1 HGB eingeleiteten Ordnungsgeldverfahren wegen des pflichtwidrigen Unterlassens der rechtzeitigen **Offenlegung des Jahresabschlusses**, richtet sich nicht nach Nr. 5100 ff. VV RVG. Legt der StB **Einspruch** gegen die Androhung des Ordnungsgeldes ein, ist über § 40 Satz 1 StBVV eine Verfahrensgebühr i.H.v. 0,3 nach Nr. 3309 VV RVG abzurechnen. Bei einem Gegenstandswert von 2 500 € sind dies seit dem 1.7.2025 70,65 €. Wird das Ordnungsgeld festgesetzt und legt der StB hiergegen **Beschwerde** ein, erhält er nach Auffassung des OLG Köln[6] eine weitere Verfahrensgebühr i.H.v. 0,5 analog § 40 Satz 1 StBVV i.V.m. Nr. 3500 VV RVG, also weitere 117,75 €.

Praxistipp:

Die Anwendung der Nr. 3500 VV RVG durch das OLG Köln ist zweifelhaft. Bei der Beschwerde nach § 335a HGB handelt es sich um eine Beschwerde, mit der die Entscheidung einer Behörde (des Bundesamtes für Justiz) und nicht eines Gerichtes angefochten wird. Eine Beschwerde im gebührenrechtlichen Sinn erfordert aber die Anfechtung einer gerichtlichen Entscheidung, an der es hier fehlt. Statt der (0,5) Verfahrensgebühr nach Nr. 3500 VV RVG sollte deshalb eine (1,6) Verfahrensgebühr nach § 40 Satz 1 StBVV i.V.m. Nr. 3100 VV RVG berechnet werden, mithin 376,80 €.[7]

Hilft das Bundesamt der Justiz der Beschwerde nicht ab, gibt es die Beschwerde an das für seinen Sitz zuständige LG Bonn ab. Wird ein Termin anberaumt, kann eine 0,5 Terminsgebühr nach Nr. 3513 VV RVG i.V.m. § 40 Satz 1 StBVV hinzukommen.[8]

1) Für Nr. 2300 VV RVG: OLG Celle v. 3.9.2008, 3 U 70/08, AGS 2009, 63; Schneider, NJW-Spezial 2020, 283, 284; Volpert in Schneider/Wolf (Hrsg.), RVG, 9. Aufl. 2021, VV 3309 Rz. 37 ff.; für Nr. 3309 VV RVG: OLG Düsseldorf, AGS 2002, 53 (noch zu § 68 Abs. 1 Nr. 1 BRAGO), zitiert von Müller-Rabe in Gerold/Schmidt, RVG, 26. Aufl. 2023, 3309 VV Rz. 21; Toussaint, 55. Aufl. 2025, RVG VV Teil 3 zu Nr. 3309 „Ratenzahlung"; Schons in Hartung/Schons/Enders, RVG, 3. Aufl. 2017, Vorb. 3.3.3–3310 VV Rz. 10: Nr. 3309 VV RVG.

2) Feiter, KANZLEI intern 2_2018, 4, 6.

3) OLG Frankfurt a.M. v. 8.12.2016, 6 U 51/16, DStR 2017, 464.

4) Graf-Schlicker, 4. Aufl. 2014, § 305 InsO Rz. 10; siehe hierzu auch die Verlautbarung des Bundesarbeitskreises Insolvenzgerichte e.V. zu § 305 Abs. 1 Nr. 1 InsO und zum Erfordernis der persönlichen Beratung, www.bak-inso.de; eine Musterbescheinigung kann bei der Arbeitsgemeinschaft Schuldnerberatung der Verbände (AG SBV) bezogen werden.

5) Schneider, NJW-Spezial 2020, 283; Feiter, KANZLEI intern 2_2018, 4, 6.

6) OLG Köln v. 19.12.2014, 2 Wx 349/14, NJW-Spezial 2015, 380.

7) Ebenso Beyme, KANZLEI intern 11_2018, 5.

8) A.A. Berners, NWB 9/2010, 690, 692, der sowohl das Einspruchs- als auch das Beschwerdeverfahren als eine einzige gebührenrechtliche Angelegenheit ansieht und nur eine Verfahrensgebühr nach Nr. 3309 VV RVG, ggf. eine Terminsgebühr nach Nr. 3310 VV RVG annimmt.

Der Gegenstandswert entspricht dem angedrohten bzw. festgesetzten Ordnungsgeld.[1] Durch das Gesetz zur Änderung des HGB[2] wurde für nach dem 31.12.2013 eingeleitete Ordnungsgeldverfahren die Möglichkeit der Rechtsbeschwerde eingeführt, wenn das LG Bonn sie zugelassen hat. Über die Rechtsbeschwerde entscheidet das OLG Köln. Es besteht Anwaltszwang. Gebühren des StB können in diesem Verfahren deshalb nicht entstehen.[3]

Praxistipp:

Im Hinblick auf die äußerst niedrigen Gebühren ist eine Vergütungsvereinbarung sinnvoll.

D. Vertretung vor den Gerichten der Finanzgerichtsbarkeit (Satz 1)

I. Inhalt und Bedeutung

677 Um Doppelregelungen und Wettbewerbsprobleme auszuschalten, verwies § 45 StBVV bis zum 30.6.2025 für bestimmte Verfahren, z.B. die vor der Finanz-, Sozial-, Verwaltungs- und Berufsgerichtsbarkeit auf die für Rechtsanwälte geltenden Vorschriften des RVG. Durch die Fünfte Verordnung zur Änderung der Steuerberatervergütungsverordnung wurde die Vorschrift mit Wirkung zum 1.7.2025 gestrichen und deren Regelungsinhalt in § 40 Satz 1 StBVV übernommen.[4] Gleichwohl bleibt die Vorschrift für Aufträge, die vor dem 1.7.2025 erteilt wurden, weiter anwendbar (§ 60 RVG). Der Verweis auf das RVG betrifft nicht nur für die eigentlichen Gebührentatbestände, die sich im Vergütungsverzeichnis des RVG finden. Verwiesen wird vielmehr auf „die Vorschriften" des RVG und damit auf alle Vorschriften des RVG, auch die allgemeinen Vorschriften.[5]

Beispiel:

Trifft der StB mit seinem Mandanten eine Vergütungsvereinbarung über die Durchführung eines finanzgerichtlichen Verfahrens, muss diese Vereinbarung den Anforderungen des § 3a RVG und nicht den Anforderungen des § 4 StBVV genügen. § 3a RVG findet in diesem Fall über § 45 StBVV (für Aufträge vor dem 1.7.2025) bzw. § 40 Satz 1 StBVV (für Aufträge ab dem 1.7.2025) Anwendung.

Beispiel:

Rechnet der StB gegenüber seinem Mandanten die Mitwirkung an einem finanzgerichtlichen Verfahren nicht nach Vergütungsvereinbarung, sondern nach den gesetzlichen Vorschriften ab, ist bei der Berechnung § 10 RVG und nicht § 9 StBVV zu beachten. § 10 RVG findet in diesem Fall über § 45 StBVV (für Aufträge vor dem 1.7.2025) bzw. § 40 Satz 1 StBVV (für Aufträge ab dem 1.7.2025) Anwendung.

Praxistipp:

Beweispflichtig für einen **Klageauftrag** ist der StB. Die Auftragserteilung sollte dokumentiert und eine Vollmacht eingeholt werden. Aus der Zahlung eines Gerichtskostenvorschusses des Mandanten an das FG kann noch nicht auf einen Klageauftrag oder eine Vollmacht geschlossen werden. Eine solche Zahlung ist ein neutraler Vorgang, dem kein weiterer Erklärungsinhalt zukommt.[6]

---

1) LG Bonn v. 23.3.2011, 35 T 1620/10, DStR 2011, 780.
2) Gesetz v. 4.10.2013, BGBl. I 2013, 3746 ff.
3) Zum neuen Verfahren siehe Stützel, DB 2013, 2345.
4) Fünfte Verordnung zur Änderung der Steuerberatervergütungsverordnung v. 31.3.2025, BGBl. I 2025 Nr. 105 = BStBl I 2025, 1009.
5) Ausführlich dazu Feiter, KANZLEI intern 10/2015, 6.
6) AG Mettmann v. 18.6.2021, 22 C 141/17.

Zur **Historie** des § 45 StBVV: Die Vorschrift wurde zuletzt durch die Verordnung zum Erlass und zur Änderung steuerlicher Verordnungen[1] geändert. § 45 StBVV wurde durch einen Hinweis auf die Vergütung des StB vor den Gerichten der Sozialgerichtsbarkeit erweitert. Davor war § 45 StBGebV durch Art. 4 Abs. 60 des am 1.7.2004 in Kraft getretenen Kostenrechtsmodernisierungsgesetz[2] geändert worden. Der Verweis auf die Vorschriften der BRAGO wurde durch den Verweis auf das die BRAGO ablösende RVG ersetzt. Durch das 2. Kostenrechtsmodernisierungsgesetz[3] hatten die Gebühren des RVG zum 1.8.2013 erhebliche Veränderungen erfahren. Für StB wirkte sich insbesondere die Erhöhung der Gebühren nach der Tabelle zu § 13 RVG aus. Aber auch die Einführung eines Anrechnungssystems für die Gebühren in verwaltungs- und sozialrechtlichen Verfahren und die Anhebung der Betragsrahmengebühren in Strafsachen waren für StB von Bedeutung. Mit Wirkung zum 1.1.2021 trat das Kostenrechtsänderungsgesetz 2021[4] in Kraft, das u.a. eine lineare Gebührenerhöhung (Anlage 2 zu § 13 Abs. 1 Satz 3 RVG) um ca. 10 % vorsah. Ferner wurden auch die Betragsrahmengebühren und die Wertgebühren in Straf- und Bußgeldsachen um ca. 10 % angehoben. Eine weitere Gebührenanpassung erfolgte durch das KostBRÄG 2025. Mit Wirkung zum 1.6.2025 wurden die Wertgebühren um ca. 6 % und die sonstigen Gebühren um ca. 9 % angehoben.[5]

Die aus der **BRAGO** bekannten Gebühren für das finanzgerichtliche Klageverfahren waren die Prozess-, Verhandlungs-, Beweis- und Erörterungsgebühr (§ 31 Abs. 1 BRAGO). Es handelte sich jeweils um volle 10/10 Gebühren nach der Tabelle zu § 11 Abs. 1 BRAGO. Da die Verhandlungs- und Erörterungsgebühr, die denselben Gegenstand betrafen, gem. § 31 Abs. 2 BRAGO aufeinander angerechnet wurden, konnte der StB im günstigsten Fall 3 Gebühren von insgesamt 30/10 verdienen. **678**

Durch das **RVG**, das die früheren Bruchteilsgebühren (z.B. 10/10) durch Dezimalgebühren (z.B. 1,0) ersetzt, wurde die Beweisgebühr abgeschafft. Es gibt nur noch 2 Gebühren, nämlich die Verfahrensgebühr, die an die Stelle der Prozessgebühr getreten ist und die Terminsgebühr, die an die Stelle der o.g. weiteren Gebühren getreten ist. In Abkehr vom früheren Recht (§ 114 Abs. 1 BRAGO) erhält der StB in Verfahren vor den Finanzgerichten die für Rechtsmittelverfahren **erhöhten Gebühren**, nämlich statt einer 1,3 Verfahrensgebühr (dies ist die Gebühr für Verfahren im ersten Rechtszug, Nr. 3100 VV RVG), eine 1,6 Verfahrensgebühr (Nr. 3200 VV RVG) und eine 1,2 Terminsgebühr (Nr. 3202 VV RVG). Der Gesetzgeber begründet diese Erhöhung damit, dass das FG seiner Struktur nach ein Obergericht ist, da es die erste und gleichzeitig letzte Tatsacheninstanz ist. Dies rechtfertige auch die gebührenrechtliche Gleichstellung mit anwaltlichen Tätigkeiten vor den Berufungsgerichten. Die Gebühren bemessen sich nach der Tabelle zu § 13 Abs. 1 RVG. Die durch das RVG erfolgte Umstellung führt also, soweit keine Beweisaufnahme erfolgt, zu einer deutlichen Gebührenerhöhung. Statt 20/10 erhält der StB Gebühren i.H.v. 2,8. In Verfahren mit Beweisaufnahme tritt nach dem RVG eine geringfügige Gebührenminderung von 0,2 ein. Bei den Gebühren in (Finanz-)gerichtlichen Verfahren handelt es sich um **verbindliche Mindestgebühren**. Die damit einhergehende Beschränkung der Dienstleistungs- und Niederlassungsfreiheit ist durch zwingende Gründe des Allgemeininteresses, nämlich die vom Gesetzgeber verfolgten Ziele des Verbraucherschutzes in Gestalt der Gewährleistung einer hohen Qualität der Rechts- **679**

1) VO zum Erlass und zur Änderung steuerlicher Verordnungen v. 11.12.2012, BGBl. I 2012, 2637 = BStBl I 2013, 2.
2) KostRMoG v. 5.5.2004, BGBl. I 2004, 718 = BStBl I 2004, 486.
3) Zweites Gesetz zur Modernisierung des Kostenrechts (2. Kostenrechtsmodernisierungsgesetz – 2. KostRMoG) v. 23.7.2013, BGBl. I 2013, 2586.
4) KostRÄG 2021 v. 21.12.2020, BGBl. I 2020, 3229.
5) KostBRÄG 2025 v. 7.4.2025, BGBl. I 2025 Nr. 109.

dienstleistungen, der Gewährleistung des Zugangs zum Recht und der Funktionsfähigkeit der Rechtspflege, gerechtfertigt und mit Unionsrecht vereinbar.[1]

Praxistipp:

Um die gesetzlichen (Mindest-)gebühren im Fall einer abweichenden Vergütungsvereinbarung nach Zeitaufwand nicht unfreiwillig zu unterschreiten, empfiehlt sich, eine **Mindesthonorarklausel** in die Vergütungsvereinbarung aufzunehmen.[2] Darin sollte geregelt sein, dass der Auftraggeber unabhängig vom tatsächlichen Zeitaufwand „mindestens" die gesetzlichen Gebühren schuldet.

Die Entscheidung des EuGH zu den Mindestgebühren nach der HOAI[3] widerspricht dem nicht, da es sich bei den Gebühren nach der HOAI um außergerichtliche Gebühren handelt.

Die Vergütung des StB wird fällig, wenn der Rechtszug beendet ist, § 8 Abs. 1 Satz 2, 2. Alt. RVG. Dieser endet entweder durch gerichtliche Entscheidung, die die Instanz abschließt, oder durch eine anderweitige Instanz beendende Prozesshandlung. Insofern ist zwischen den Rechtszügen zu unterscheiden. Die **Verjährung** des Honoraranspruchs des StB beginnt für jeden Rechtszug gesondert (siehe Beispiel → § 7 StBVV Rz. 170).

II. Verfahrens- und Terminsgebühr des RVG

1. Verfahrensgebühr (Nr. 3200 VV RVG)

680 Die Verfahrensgebühr nach Nr. 3200 VV RVG beträgt 1,6 nach der Tabelle zu § 13 Abs. 1 RVG. Sie entsteht für das Betreiben des Geschäfts einschließlich der Information (Vorbemerkung 3 Abs. 2 VV RVG). Dazu gehören auch die Akteneinsicht und der Antrag auf Akteneinsicht. Es handelt sich hierbei um Vorbereitungsmaßnahmen, die nicht gesondert abrechenbar sind.[4] Bei vorzeitiger Beendigung des Auftrags reduziert sich die Verfahrensgebühr auf 1,1. Wann eine vorzeitige Beendigung vorliegt, ergibt sich aus Nr. 3201 VV RVG. Werden 2 Verfahrensteile voneinander abgetrennt, entstehen dadurch mehrere selbständige Verfahren mit mehreren Streitwerten und mehreren Verfahrensgebühren.[5] Bei **mehreren Auftragsgebern** erhöht sich die Verfahrensgebühr gem. Nr. 1008 VV RVG um 0,3 je Person. Die **Erhöhungsgebühr** ist Teil der Verfahrensgebühr und deshalb nicht als eigene Gebühr auszuweisen. Sie entsteht auch bei der Klage von zusammenveranlagten Eheleuten, wenn sich die Klage nur gegen die Festsetzung von Einkünften eines Ehegatten richtet,[6] oder bei der Vertretung einer Erbengemeinschaft[7] oder bei Eintritt eines Erben (→ Rz. 665).[8] Keine Erhöhungsgebühr entsteht, wenn der StB gegen einen einheitlichen Gewinnfeststellungsbescheid Klage erhebt. Zwar handelt es sich auch hier um die Vertretung verschiedener Auftraggeber in derselben Angelegenheit. Dem Mehr an Arbeit und Aufwand wird aber bereits durch die Zusammenrechnung der Werte Genüge getan. Eine weitere Erhöhungsgebühr kommt deshalb nach der Rechtsprechung nicht in Betracht (→ Rz. 665).

681 In der Literatur zu § 40 StBVV a.F.[9] wurde überwiegend die Auffassung vertreten, dass keine **Anrechnung der außergerichtlichen Geschäftsgebühr** nach § 40 StBVV

1) Pohl, BRAK-Mitt. 2019, 234; a.A. Höhl, S. 157, 170 ff., 176 f.: Verstoß gegen die in Art. 15 DLRL garantierte Niederlassungs- und die in Art. 16 DLRL garantierte Dienstleistungsfreiheit.
2) Schneider, NJW-Spezial 2020, 411.
3) EuGH v. 4.7.2019, C-377/17.
4) Mayer in Gerold/Schmidt, 26. Aufl. 2023, § 15 RVG Rz. 32.
5) Jost, KP 2012, 147 f.
6) FG Köln v. 5.7.2010, 10 Ko 4058/09, EFG 2010, 1638.
7) LG Karlsruhe v. 1.4.2019, 3 O 28/13, NJW-Spezial 2019, 445 m.w.N.
8) OLG Frankfurt a.M. v. 20.2.2025, 18 W 178/24, NJW-Spezial 2025, 220.
9) Enders in Eckert, 6. Aufl. 2017, § 40 StBVV Rz. 106 ff.; Berners, 5. Aufl. 2016, § 45 StBVV Rz. 31; Feiter KP 2007, 176 ebenso FG Düsseldorf v. 24.10.2007, 6 K 4630/05 K, U, zu § 41 StBGebV a.F.

a.F. auf die finanzgerichtliche Verfahrensgebühr nach Nr. 3200 VV RVG erfolgt. Demgegenüber nahmen die Finanzgerichte und Teile der Literatur eine Anrechnung vor.[1] Durch die Fünfte VO zur Änderung steuerlicher Verordnungen hat sich dieser **Meinungsstreit erledigt**, da sich die Gebühren des StB im Einspruchsverfahren nach § 40 StBVV n.F. ebenfalls nur noch nach den Bestimmungen des RVG richten (→ Rz. 645). Der frühere Meinungsstreit betrifft deshalb nur noch Fälle, in denen der StB vor Inkrafttreten des § 40 StBVV n.F. (1.7.2020) mit dem Einspruch beauftragt wurde, § 47a StBVV a.F.

Geht man mit den Finanzgerichten auch in Altfällen (Auftragserteilung für das Einspruchsverfahren vor dem 1.7.2020; → Rz. 645) von einer Anrechnungspflicht aus, sind bei der Abrechnung gegenüber dem Auftraggeber folgende Regeln zu beachten: **682**

Nach § 15a Abs. 1 RVG entstehen Geschäfts- und Verfahrensgebühr unabhängig und ungekürzt. Insgesamt kann der Steuerberater allerdings nicht mehr verlangen als den um die Anrechnung gekürzten Gesamtbetrag.

Beispiel:

11,5/10 (Mittelgebühr nach § 40 Abs. 2 StBVV a.F.) + 1,6 (Verfahrensgebühr nach Nr. 3200 VV RVG) – 5,75/10 (die Hälfte der Geschäftsgebühr nach § 40 Abs. 2 StBVV a.F.) = 21,75/10 bzw. 2,17.

Fordert der Steuerberater die Geschäftsgebühr nach § 40 Abs. 2 StBVV a.F. in voller Höhe (11,5/10) ein, dann darf er von der Verfahrensgebühr lediglich noch 1,02 verlangen. Fordert er die Verfahrensgebühr in voller Höhe (1,6) dann kann die Geschäftsgebühr nur i.H.v. 5,75/10 verlangen. Am Gesamtergebnis ändert sich dadurch (vermeintlich) nichts. Aber:

Praxistipp:

Da die Tabelle zu § 13 RVG höhere Gebühren als die frühere Tabelle E zur StBVV ausweist, stehen Steuerberater sich in Altfällen günstiger, wenn sie die Verfahrensgebühr in voller Höhe fordern.

Erfolgt die **Auftragserteilung für das Einspruchsverfahren nach dem 1.7.2020** richtet sich die Anrechnung nach Vorbem. 3 Abs. 4 VV RVG. Angerechnet wird die ungekürzte Gebühr des Einspruchsverfahrens. War der StB schon vor dem Einspruchsverfahren mit der Angelegenheit befasst, erfolgt u. U. eine „doppelte" Anrechnung (→ Rz. 661 ff. zur Anrechnung der Gebühren nach §§ 23, 24, 31 StBVV auf die Gebühr im Einspruchsverfahren).

Beispiel:

Der StB fertigt für den Mandanten die Erbschaftsteuererklärung (Gegenstandswert: 150 000 €). Es ergeht ein Erbschaftsteuerbescheid über 4 000 €. Der Mandant beauftragt den StB am 8.8.2023 gegen den Steuerbescheid vollumfänglich Einspruch einzulegen. Nach abschlägigem Bescheid beauftragt der Mandant den StB am 3.2.2024 Klage zu erheben. Anschließend kommt es zu einem Klageverfahren mit mündlicher Verhandlung, das im Jahr 2024 durch Urteil endet.

Steuererklärung

1) FG Berlin-Brandenburg v. 8.8.2023, 8 KO 8028/23, DStR 2024, 454 mit zust. Anm. Fietkau; FG Berlin-Brandenburg v. 24.1.2019, 11 K 11061/17; FG Köln v. 26.2.2007, 10 Ko 1308/06, EFG 2007, 953; FG Köln v. 6.5.2010, 10 Ko 3486/09, EFG 2010, 1641; FG Münster v. 10.7.2012, 11 Ko 3705/11 KFB, EFG 2012, 1962; FG Düsseldorf v. 10.7.2012, 11 Ko 3705/11 KFB, EFG 2012, 1962 (offen gelassen für den Fall des § 40 Abs. 3 StBGebV FG Düsseldorf v. 19.4.2011, 13 Ko 2627/09 KF; Niedersächsisches FG v. 28.2.2011, 16 Ko 7/10; Jost, KP 2019, 12), obwohl die Vorbemerkung 3 Abs. 4 VV RVG eine Anrechnung der außergerichtlichen Geschäftsgebühr auf die gerichtliche Verfahrensgebühr nur für Rechtsanwälte und nicht für StB vorsah, die ihre Gebühren für das Vorverfahren nach § 40 StBVV a.F. und nicht nach den Nr. 2300 VV RVG abrechnen.

6/10-Gebühr, § 24 Abs. 1 Nr. 12 StBVV (Wert: 150 000 €)	998,40 €
Auslagenpauschale, § 16 StBVV	20,00 €
19 % Umsatzsteuer, § 15 StBVV	193,49 €
Gesamt	**1 211,89 €**
Einspruchsverfahren	
1,5-Geschäftsgebühr, § 40 StBVV i.V.m. Nr. 2300 VV RVG (Wert: 4 000 €)	378,00 €
gem. Vorbem. 2.3. Abs. 4 VV RVG, § 35 Abs. 2 RVG anzurechnen, 3/10 aus 4 000 €	- 77,10 €
Auslagenpauschale, § 40 StBVV i.V.m. Nr. 7002 VV RVG	20,00 €
16 % Umsatzsteuer, § 40 StBVV i.V.m. Nr. 7008 VV RVG	51,34 €
Gesamt	**372,24 €**
Gerichtliches Verfahren	
1,6-Verfahrensgebühr, § 45 StBVV i.V.m. Nr. 3200 VV RVG (Wert: 4 000 €)	444,80 €
Gem. Vorbem. 3 Abs. 4 VV RVG anzurechnen, 0,75 aus 4 000 €	-189,00 €
1,2- Terminsgebühr, § 45 StBVV i.V.m. Nr. 3202 VV RVG (Wert: 4 000 €)	333,60 €
Auslagenpauschale, § 45 StBVV i.V.m. Nr. 7002 VV RVG	20,00 €
19 % Umsatzsteuer, § 45 StBVV i.V.m. Nr. 7008 VV RVG	115,78 €
Gesamt	**725,18 €**

Nach h.M. ist bei der Geschäftsgebühr auch ein **Mehrvertretungszuschlag** nach § 40 StBVV i.V.m. Nr. 1008 VV RVG zu berücksichtigen.[1)]

Beispiel:

Gegenstandswert: 26 000 €, 2 Auftraggeber, Auftragserteilung 2024

1,3 Geschäftsgebühr gem. § 40 StBVV i.V.m. Nr. 2300 VV RVG	1 241,50 €
0,3 für weiteren Auftraggeber gem. § 40 StBVV i.V.m. Nr. 1008 VV RVG	286,50 €
	1 528,00 €
Anrechnung	
– Mit weiterem Auftraggeber: 1/2 von 1 528,00 € (max. 0,75):	716,25 €
– ohne weiteren Auftraggeber: 1/2 von 1 241,50 € (max. 0,75):	620,75 €

Die gerichtliche Verfahrensgebühr (1,6 nach Nr. 3200 VV RVG) beträgt 1 528,00 €. Hinzu kommt die 0,3 Erhöhungsgebühr i.H.v. 286, 50 €. Nach h.M. ist auf diese gerichtliche Verfahrensgebühr also ein Betrag von 716,25 € anzurechnen.

Problematisch war lange Zeit die Anrechnung mehrerer Geschäftsgebühren, wenn außergerichtlich **mehrere Einspruchs- oder Widerspruchsverfahren** geführt wurden, die später zu einem einheitlichen gerichtlichen Verfahren verbunden werden. Nach einer Entscheidung des BGH sollte in diesen Fällen jede einzelne Geschäftsgebühr hälftig auf die Verfahrensgebühr anzurechnen sein.[2)] Dies konnte zur Folge haben, dass von der Verfahrensgebühr nichts blieb. Demgegenüber hat das OVG Nordrhein-Westfalen in einem Fall mit drei außergerichtlichen Widerspruchsverfahren und einem späteren einheitlichen Gerichtsverfahren die Anrechnung auf eine 0,75-Gebühr aus dem Wert des gerichtlichen Verfahrens beschränkt.[3)] Im Falle eines verwaltungsgerichtlichen Verfahrens konnte die Anrechnung deshalb unter Bezugnahme auf diese Entscheidung erfolgen. Da es auch im Steuerrecht nicht unge-

1) Müller-Rabe in Gerold/Schmidt, RVG, 26. Aufl. 2023, Nr. 1008 VV Rz. 283; a.A. Jost, 7. Aufl. 2024 Rubrik 4, Rz. 46 ff.; Jost, KP 2019, 12 und KP 2013, 121, 125.

2) BGH v. 28.2.2017, I ZB 55/16, AnwBl 2017, 558.

3) OVG Nordrhein-Westfalen v. 17.7.2017, 19 E 614/16; siehe hierzu die Besprechung von Schneider, AnwBl 2018, 36 mit einer Gegenüberstellung von Berechnungsbeispielen nach BGH und OVG und Beyme, KP 2019, 71.

wöhnlich ist, dass **mehrere Einspruchsverfahren** in ein einheitliches Klageverfahren münden, ist die Frage auch für finanzgerichtliche Verfahren von Relevanz. Der Gesetzgeber hat die Streitfrage im Rahmen des KostRÄG 2021[1] mit einem neuen § 15a Abs. 2 Satz 2 RVG im Sinne des OVG Nordrhein-Westfalen entschieden und sichergestellt, dass einem StB für das gerichtliche Verfahren zumindest ein Teil der gerichtlichen Verfahrensgebühr verbleibt.[2]

Beispiel:

Nach einer Betriebsprüfung für die Jahre 2019 bis 2021 erlässt das Finanzamt (FA) geänderte Bescheide mit folgenden Mehrsteuern:

VZ 2019	8 000 €
VZ 2020	13 000 €
VZ 2021	10 000 €

Gegen die drei Bescheide legt der StB drei separate Einsprüche mit z.T. unterschiedlicher Begründung ein, da das FA in den jeweiligen VZ z.T. unterschiedliche Sachverhalte aufgegriffen hat. Das FA fasst die drei Einsprüche zusammen und weist sie in einer gemeinsamen Einspruchsentscheidung zurück. Gegen diese Entscheidung reicht der StB am 5.2.2024 Klage beim FG ein.

Einspruchsverfahren:

Im Einspruchsverfahren sind 3 Gebühren nach § 40 StBVV i.V.m. Nr. 2300 VV RVG entstanden. Es wird unterstellt, dass die Begründung des Einspruchs für den VZ 2019 aufwändiger war und deshalb für diesen Einspruch eine höhere Gebühr zur Abrechnung kommt.

Einspruch VZ 2019, Wert: 8 000 €, 1,5 Geschäftsgebühr nach § 40 StBVV i.V.m. Nr. 2300 VV RVG	684,00 €
Einspruch VZ 2020, Wert: 13 000 €, 1,3 Geschäftsgebühr nach § 40 StBVV i.V.m. Nr. 2300 VV RVG	785,20 €
Einspruch VZ 2021, Wert: 10 000 €, 1,3, Geschäftsgebühr nach § 40 StBVV i.V.m. Nr. 2300 VV RVG	725,40 €
Auslagenersatz gem. § 40 StBVV i.V.m.Nr. 7002 VV RVG	60,00 €
Zwischensumme	2 254,60 €
16 % Umsatzsteuer	360,73 €
Gesamt	2 615,33 €

Klageverfahren:

Gesamtstreitwert 31 000 €, 1,6 Verfahrensgebühr nach § 45 StBVV i.V.m. Nr. 3200 VV RVG	1 657,60 €
Anrechnung gem. Vorbem. 3 Abs. 4 VV RVG	
0,75 aus 8 000 €	- 342,00 €
0,65 aus 13 000 €	- 392,60 €
0,65 aus 10 000 €	- 362,70 €
Gemäß § 15a Abs. 2 Satz 2 RVG werden tatsächlich nur angerechnet: 0,75 aus dem Gesamtwert von 31 000 €	-703,50 €
Auslagenersatz gem. § 45 StBVV i.V.m Nr. 7002 VV RVG	20,00 €

1) KostRÄG 2021 v. 21.12.2020, BGBl. I 2020, 3229.
2) Berechnungsbeispiele bei Beyme, Stbg 2021, 299 und Schneider, Das neue Gebührenrecht für Rechtsanwälte 2021, § 2 Rz. 43 ff.

Zwischensumme	974,10 €
19 % Umsatzsteuer	185,07 €
Gesamt	1 159,17 €

683 Keine Anrechnung erfolgt, wenn es zwischen Vorverfahren und Klageverfahren zu einem berechtigten **Wechsel des bevollmächtigten Steuerberaters** kommt.[1] Ein berechtigter Wechsel liegt nicht vor, wenn verschiedene Anwälte/StB einer Sozietät tätig werden oder wenn jeweils dieselbe Person auftritt, sei es als Vertreter der einen oder anderen mandatierten Gesellschaft oder sei es als selbst mandatierter Prozessbevollmächtigter.[2] Ein berechtigter Wechsel liegt hingegen vor, wenn der StB im Einspruchsverfahren für eine Sozietät und gerichtlich nach Auflösung der Sozietät als Einzel-StB tätig wird.[3] Auch im Falle einer **Vergütungsvereinbarung für das außergerichtliche Verfahren** erfolgt nach der Rechtsprechung des BGH keine Anrechnung der halben fiktiven Geschäftsgebühr (§ 40 StBVV) auf die gerichtliche Verfahrensgebühr.[4] Denn die Anrechnung wird in VV Vorbem. 3 Abs. 4 ausdrücklich auf „eine Geschäftsgebühr nach Teil 2" beschränkt. Im Falle einer Vergütungsvereinbarung entsteht aber keine Geschäftsgebühr nach Teil 2.

Praxistipp:

Die Anrechnung kann durch Vergütungsvereinbarung ausgeschlossen werden (→ Rz. 661 mit Formulierungsbeispielen). Wer mit seinem Mandanten für das Einspruchsverfahren eine Pauschalvergütung oder Stundensätze vereinbart hat, muss die fiktive Geschäftsgebühr nach § 40 StBVV nicht auf die gerichtliche Verfahrensgebühr anrechnen, selbst wenn der StB für das anschließende Klageverfahren nur die gesetzlichen Gebühren und nicht nach Vergütungsvereinbarung abrechnet. Generell empfiehlt sich allerdings, auch für das gerichtliche Verfahren eine Vergütungsvereinbarung.

Eine vereinbarte Vergütung ist niemals erstattungsfähig. Obsiegt der Mandant, muss das Finanzamt deshalb die vereinbarte Vergütung nur bis zur Höhe der fiktiven gesetzlichen Gebühren erstatten. Den Differenzbetrag muss der StB bei seinem Mandanten einfordern.[5]

Einen weiteren Fall der Anrechnung regelt Vorbemerkung 3 Abs. 6 VV RVG, nämlich den der **Zurückverweisung**. Soweit eine Sache an ein untergeordnetes Gericht zurückverwiesen wird, das bereits mit der Sache befasst war, ist die vor diesem Gericht bereits entstandene Verfahrensgebühr des ersten Rechtszugs auf die Verfahrensgebühr für das erneute Verfahren, das ein neuer Rechtszug ist (§ 21 Abs. 1 RVG), anzurechnen. Hintergrund der Regelung ist, dass sich der Prozessbevollmächtigte nach einer Zurückverweisung nicht erneut in die Sache einarbeiten muss, so dass keine Rechtfertigung für den Ansatz von zwei vollen Verfahrensgebühren besteht. Ist der frühere Auftrag aber seit mehr als zwei Kalenderjahren erledigt, gilt gemäß § 15 Abs. 5 Satz 2 RVG die weitere Tätigkeit als neue Angelegenheit und die Anrechnung entfällt. Der BGH hat dementsprechend eine Anrechnung unter Hinweis auf den Rechtsgedanken des § 15 Abs. 5 Satz 2 RVG (entspricht § 12 Abs. 5 Satz 2 StBVV) in einer Zivilrechtssache verneint.[6] Das FG Köln[7] geht in diesen

1) FG Köln v. 6.2.2019, 2 Ko 3002/18 und FG Köln v. 7.8.2012, 10 Ko 2683/11, EFG 2012, 2240; Beyme, KP 2019, 111; Henningfeld, EFG 2013, 813; Becker, Honorarbrief für Steuerberater 8/2013, 1.

2) FG Hamburg v. 19.11.2015, 3 KO 226/15, AGS 2016, 468.

3) FG Köln v. 6.2.2019, 2 Ko 3002/18 unter Hinweis auf BGH v. 21.7.2016, IX ZR 57/15; Beyme KP 2019, 111.

4) BGH v. 18.9.2009, VIII ZB 17/09, AnwBl 2009, 878; BGH v. 16.10.2014, III ZB 13/14, ABS 2015, 147 zum Anwaltsrecht; Müller-Rabe in Gerold/Schmidt, RVG, 26. Aufl. 2023, Vorbem. 3 VV Rz. 286 und § 15a RVG Rz. 75 ff. m.w.N.; a.A. die Rechtsprechung der Verwaltungsgerichte: Anrechnung der fiktiven Geschäftsgebühr, siehe → Rz. 698.

5) FG Berlin-Brandenburg v. 8.8.2023, 8 KO 8028/23, DStR 2024, 454 mit Anm. Fietkau.

6) BGH v. 11.8.2010, XII ZB 60/09, MDR 2010, 1218; bejahend allerdings Gläser, DStR 2014, 717, 718.

7) FG Köln v. 7.8.2012, 10 Ko 783/11, EFG 2012, 2237 und FG Köln v. 1.2.2019, 2 Ko 32/19, EFG 2019, 816, besprochen von Becker, Honorargestaltung für Steuerberater Dezember 2019, 5.

Fällen gleichwohl von einer Anrechnung aus, wenn der Prozessbevollmächtigte zwischen erstem und zweitem Rechtszug auch mit der Revision befasst war, weil eine neue Einarbeitung nicht erforderlich war und nicht honoriert werden müsse.[1]

Praxistipp:

Im Kostenfestsetzungsverfahren sollte eine Kürzung der Verfahrensgebühr im zweiten Rechtszug vor dem FG nicht akzeptiert werden, wenn zwischen Erledigung des ersten und Beauftragung für den zweiten Rechtszug zwei Kalenderjahre liegen.[2]

Während § 15a Abs. 1 RVG regelt, wie mit dem Auftraggeber abzurechnen ist, regelt § 15a Abs. 2 RVG die Kostenerstattung, also die Frage inwieweit sich ein Dritter auf die Anrechnung berufen kann. Nach dieser Regelung kommt die **Anrechnung einer nicht zu erstattenden Gebühr** dem Auftraggeber und nicht dem Erstattungsschuldner zugute. Gleichwohl wirkt sich diese Regelung nicht zugunsten des Auftraggebers aus, wenn dieser im finanzgerichtlichen Verfahren obsiegt, weil sowohl die Gebühren des Einspruchsverfahrens als auch die Gebühren des Klageverfahrens erstattungsfähig sind. Der Erstattungsschuldner kann sich also im Kostenfestsetzungsverfahren auf die Anrechnung berufen. Demgegenüber wirkt sich die Regelung des § 15a Abs. 2 RVG in verwaltungs- und sozialrechtlichen Verfahren zugunsten des Auftraggebers (und nicht des Erstattungsschuldners) aus, da in diesen Verfahren zunächst einmal Gebühren entstehen, die nicht erstattungsfähig sind, nämlich die Gebühren des Verwaltungsverfahrens. Erstattungsfähig sind nur die Gebühren des sich anschließenden Widerspruchsverfahrens. Durch die Regelung des § 15a Abs. 2 RVG ist sichergestellt, dass der Erstattungsschuldner die vollen Gebühren des Widerspruchsverfahrens übernehmen muss, während dem Auftraggeber die Anrechnungsbestimmung der Vorbem. 2.3 Abs. 4 VVRVG zu Gute kommt (siehe Beispiel → Rz. 730).[3]

2. Terminsgebühr (Nr. 3202 VV RVG)

Die Terminsgebühr nach Nr. 3202 VV RVG beträgt 1,2. Sie entsteht sowohl für die **684**
Wahrnehmung von gerichtlichen Terminen als auch für die Wahrnehmung von außergerichtlichen Terminen und Besprechungen, wenn nichts anders bestimmt ist. Ausgenommen von Verkündungsterminen lösen alle gerichtlichen Termine eine Terminsgebühr aus. Die Gebühr für außergerichtliche Termine und Besprechungen entsteht für die Wahrnehmung eines von einem gerichtlich bestellten Sachverständigen anberaumten Termins und die Mitwirkung an Besprechungen, die auf die Vermeidung oder Erledigung des Verfahrens gerichtet sind; dies gilt nicht für Besprechungen mit dem Auftraggeber (Vorbemerkung 3 Abs. 3 VV RVG). Die Terminsgebühr entsteht in derselben Angelegenheit nur einmal, unabhängig davon, wie viele Termine vor Gericht stattgefunden haben. Sobald sie einmal entstanden ist, kann sie weder entfallen, noch sich ihre Berechnungsgrundlage ändern.[4] Findet eine Besprechung statt, bei der mehrere Klageverfahren erörtert werden, entsteht die Terminsgebühr für jedes dieser Verfahren.[5] Der Gesetzgeber wollte mit der Einführung der Terminsgebühr das ernsthafte Bemühen des Prozessbevollmächtigten um einen Abschluss des Verfahrens auch ohne Beteiligung des Gerichts honorieren und damit zugleich die außergerichtliche Streitbeilegung fördern. An das Merkmal einer Besprechung sind deshalb keine besonderen Anforderungen zu stellen. Der Austausch mündlicher Erklärungen, auch telefonisch, reicht aus. Die zu einer Ter-

1) A.A. wohl FG Baden-Württemberg v. 10.3.2011, 11 Ko 5287/08, EFG 2012, 2235. Zwischen erstem und zweitem Rechtszug lagen allerdings keine zwei Kalenderjahre.
2) Olgemüller, Rechtsbehelfsempfehlungen, Stbg 2012, 312.
3) SG Dresden v. 8.12.2015, S 38 AS 6152/14, NJW-Spezial 2016, 59.
4) Jost, KP 2015, 104; ; OLG Frankfurt v. 5.2.2020, 18 W 132/19: volle Terminsgebühr bei teilweiser Klagerücknahme im Termin → Rz. 654.
5) Sächsisches FG v. 3.12.2013, 8 Ko 1296/13; Jost KP 2015, 104.

minsgebühr führende Besprechung setzt als mündlicher Austausch von Erklärungen aber die Bereitschaft der Gegenseite voraus, überhaupt in Überlegungen mit dem Ziel einer einvernehmlichen Beendigung des Verfahrens einzutreten. Es reicht, dass sich der zuständige Gesprächspartner an einer außergerichtlichen Erledigung interessiert zeigt. Dies ist z.B. auch dann der Fall, wenn er die Vorschläge nur zur Kenntnis nimmt, aber eine Prüfung zusagt. Allerdings muss die Unterredung einen ausreichenden Bezug zum jeweiligen Rechtsstreit aufweisen. Ein lediglich allgemeines Gespräch über die grundsätzliche Bereitschaft zu einer außergerichtlichen Einigung genügt nicht, eine Terminsgebühr entstehen zu lassen.[1] Gespräche über Verfahrensabsprachen, mit deren Befolgung eine Beendigung des Verfahrens nicht verbunden ist, lösen ebenfalls keine Terminsgebühr aus, z.B. Gespräche über Ruhen des Verfahrens.[2] Eine auf die Klageerledigung gerichtete Besprechung mit der Gegenseite löst auch dann die Terminsgebühr aus, wenn bereits ein gerichtlicher Einigungsvorschlag vorlag, aber die Frage der Kostenverteilung streitig geblieben ist und diese Anlass für die Besprechung mit der Gegenseite ist.[3] Die konkreten Umstände die eine Terminsgebühr rechtfertigen, hat der StB substantiiert darzulegen und notfalls zu beweisen.

Praxistipp:

Der Nachweis einer Besprechung kann am besten durch Vorlage von Gesprächsvermerken geführt werden. Diese sollten möglichst zeitnah unter Angabe der wesentlichen Gesprächsinhalte, der Gesprächsbeteiligten, des Gesprächsdatums und der Gesprächsdauer angefertigt werden.

Gegenstandswert für die Berechnung der Terminsgebühr ist grundsätzlich der Streitwert, § 23 Abs. 1 Satz 1 RVG, § 3 Abs. 1 GKG. **Nach Eröffnung eines Insolvenzverfahrens** ist die Sonderregelung der §§ 185 Satz 3, 182 InsO zu beachten. Danach richtet sich der Streitwert einer Klage auf Feststellung einer bestrittenen Forderung nach dem Betrag, welcher bei Verteilung der Insolvenzmasse für die Forderung zu erwarten ist. Maßgeblich ist der Entstehungszeitpunkt der Gebühr.

Beispiel:[4]

In einem Verfahren vor dem FG stritten die Beteiligten über die Rechtmäßigkeit von Hinzuschätzungen durch das FA nach einer Betriebsprüfung. Das Verfahren wurde durch die Insolvenz des ursprünglichen Klägers unterbrochen. Das FA meldete die aus der Betriebsprüfung resultierenden Forderungen in voller Höhe zur Insolvenztabelle an. Insgesamt waren Insolvenzforderungen in Höhe von 178 463,11 € angemeldet, die vom Insolvenzverwalter bestritten wurden. Nachdem das Verfahren vom Insolvenzverwalter aufgenommen worden war, kam es zu einem Telefonat zwischen dem Berichterstatter des Senats und dem Prozessbevollmächtigten des Insolvenzverwalters, in dem es um die Erledigung des Rechtsstreits ging. Wegen dieses Telefonats setzte der Prozessbevollmächtigte später eine Terminsgebühr basierend auf dem Gegenstandswert von 178 463,11 € an. Das FG legte als Streitwert hingegen die Insolvenzquote zugrunde, die nach Schätzung der Kostenbeamtin beim FG bei 2 % (= 3 569,26 €) lag.

685 Ein Anspruch auf eine Terminsgebühr besteht dagegen nicht, wenn es in den Telefonaten und dem E-Mail-Verkehr ausschließlich um die rechtliche Umsetzung einer Entscheidung des BVerfG auf den Streitfall geht.

Beispiel:[5]

Das Hauptsachverfahren ruhte bis zur Entscheidung des BVerfG in einem Normenkontrollverfahren. Noch am Tag der Entscheidung nahm der Prozessbevollmächtigte telefo-

1) Zu allem FG Niedersachsen v. 29.5.2012, 9 KO 1/12, EFG 2012, 2153 m.w.N.
2) BGH v. 6.3.2014, VII ZB 40/13, MDR 2014, 627.
3) FG Hamburg v. 19.4.2013, 3 KO 13/13, EFG 2013, 1522; OVG Münster v. 17.7.2014, 8 E 376/14, NJW 2014, 3323.
4) FG Düsseldorf v. 14.1.2020, 11 Ko 186/19 KF, DStR 2020, 614.
5) FG Hamburg v. 12.1.2018, 4 K 100/17, EFG 2018, 679.

nisch Kontakt mit dem FA auf, um zu besprechen, welche Schritte im Hinblick auf eine möglichst schnelle Erledigung des ruhenden Verfahrens zu ergreifen seien. Nachdem das FA die angefochtene Steueranmeldung aufgehoben hatte, erklärten die Beteiligten den Rechtsstreit für erledigt.

Hier haben die Beteiligten nicht über die Erledigung des Rechtsstreits **verhandelt**. Den entscheidenden Anstoß für die Erledigung des Verfahrens gab allein die Entscheidung des BVerfG.[1] Ein Anspruch auf eine Terminsgebühr besteht auch dann nicht, wenn bei Beginn des Gesprächs bereits eine Einigung zwischen den Parteien erzielt worden war und sich das Gespräch in der bloßen Übermittlung der bereits zuvor erzielten Einigung und damit einer reinen Sachinformation beschränkt[2] oder wenn der StB den Vorschlag der Gegenseite von vornherein mit den Worten ablehnt, dies komme für seinen Mandanten nicht in Betracht. Denn dann fehlt es schon an der Bereitschaft, überhaupt in Überlegungen mit dem Ziel einer einvernehmlichen Beendigung des Verfahrens einzutreten.[3]

Praxistipp:

Der Vorschlag des Finanzamtes oder des Gerichts sollte nicht von vornherein ohne Rücksprache mit dem Mandanten abgelehnt werden. Stattdessen sollte der StB erklären, den Vorschlag prüfen und mit dem Mandanten besprechen zu wollen.

Umstritten ist, ob eine Terminsgebühr auch dann entsteht, wenn die Parteien nur mittelbar über das Gericht kommunizieren, ohne dass ein unmittelbarer Kommunikationsaustausch zwischen den Parteien zustande kommt.

Beispiel:

Der Berichterstatter telefoniert abwechselnd mit den Parteien, um dadurch eine Einigung herbeizuführen.

Die Neufassung der Vorbem. 3 Abs. 3 VV RVG durch das 2. KostRMoG hat leider nicht zu einer eindeutigen Klärung beigetragen.[4] Nach h.M. muss die **Gegenseite unmittelbar an der Besprechung beteiligt** sein.[5] Begründet wird dies mit dem (nach wie vor nicht ganz eindeutigen) Wortlaut und dem Sinn und Zweck der Vorschrift. Danach muss der Gesprächspartner in der Lage sein, über den Streitstoff zu verfügen, was bei einem Richter nicht der Fall ist. Nach a.A. reicht es aus, wenn die **Besprechung mittelbar über das Gericht** erfolgt.[6] Auch diese Auffassung beruft sich auf den Wortlaut der Vorbem. 3 Abs. 3 Satz 3 Nr. 2 VV RVG, die Systematik, die Entstehungsgeschichte sowie Sinn und Zweck der Norm, zieht daraus allerdings andere Schlüsse als die h.M.[7] und bejaht den Ansatz der Terminsgebühr auch dann,

1) FG Hamburg v. 12.1.2018, 4 K 100/17, EFG 2018, 679.
2) BGH v. 9.5.2017, VIII ZB 55/16, MDR 2017, 852.
3) OLG Brandenburg v. 23.5.2014, 6 W 31/14, MDR 2014, 1476.
4) Ausführlich Raab, DStR 2015, 1943.
5) OLG Bamberg v. 18.1.2024, 2 WF 177/23, DStR 2024, 839 mit Anm. Ueberfeldt; Hessisches FG v. 19.1.2022, 6 Ko 1615/21, EFG 2022, 359 mit Anm. Berninghaus und DStR 2022, 1070 mit Anm. Weitze-Scholl/Jendrzok; FG Köln v. 12.8.2020, 2 Ko 1600/20, EFG 2022, 358 mit Anm. Hennigfeld; FG Baden-Württemberg v. 4.12.2014, 8KO 2155/14, DStR 2015, 1943 m. Anm. Raab; FG Sachsen-Anhalt v. 17.12.2013, 4 Ko 1272/13, EFG 2014, 1143; FG Köln v. 2.9.2013, 10 Ko 2594/13, EFG 2013, 2042 m.w.N.; Thüringer FG v. 29.5.2012, 9 KO 1/12 m.w.N.; FG Münster v. 10.9.2012, 4 KO 2422/12, EFG 2012, 2239; OVG NRW v. 3.2.2014, 6 E 1209/12, BeckRS 2014, 46998; OVG Bremen v. 24.4.2015, 1 S 250/14, NJW-Spezial 2015, 507; LSG Essen v. 26.1.2015, L 2 AS 2237–2240/14 B, AnwBl 2015, 350; Jost, KP 2015, 102, 103; Onderka/N. Schneider in Schneider/Wolf, RVG, 8. Aufl. 2017, VV Vorb. 3 Rz. 158.
6) FG Düsseldorf v. 14.1.2020, 11 Ko 186/19 KF, DStR 2020, 614 mit zust. Anm. Weitze-Scholl/Meyer im Hagen; FG Berlin-Brandenburg v. 5.4.2011, 13 KO 13326/10, EFG 2011, 1551; SG Kassel v. 19.11.2013, S 10 SF 229/12 E, BeckRS 2013, 73964; OLG Düsseldorf v. 1.3.2011, I-10 W 163/10; Ueberfeldt, Anm. zu OLG Bamberg v. 18.1.2024, 2 WF 177/23, DStR 2024, 839, 840; Bertrand/Gravenhorst, Stbg 2023, 311, 312.
7) Überzeugend insbesondere FG Düsseldorf v. 14.1.2020, 11 Ko 186/19 KF, DStR 2020, 614 mit zust. Anm. Weitze-Scholl/Meyer im Hagen.

wenn der Berichterstatter selbst einen Einigungsvorschlag unterbreitet, dem die Beteiligten folgen, ohne dass zwischen ihnen eine Besprechung zur Erledigung des Rechtsstreits stattgefunden hat.[1] Eine Vereinheitlichung der divergierenden Rechtsprechung durch den BFH ist nicht möglich, da Beschlüsse im Erinnerungsverfahren unanfechtbar sind und keine Beschwerdemöglichkeit zum BFH besteht, § 128 Abs. 4 Satz 1 FGO.

Praxistipp:

Im Kostenfestsetzungsantrag sollten die Festsetzung der Terminsgebühr auch dann beantragt werden, wenn kein Verhandlungstermin, aber ein Telefonat mit dem Berichterstatter/Vorsitzenden über die mögliche Erledigung des Verfahrens geführt worden ist. Sollte der Urkundsbeamte die Terminsgebühr nicht bewilligen, sollte im Erinnerungsverfahren unter Hinweis auf die Entscheidung des FG Düsseldorf eine gerichtliche Überprüfung herbeigeführt werden.

Angesichts der divergierenden Rechtsprechung zum Ansatz der Terminsgebühr sollte der StB sich nicht damit zufriedengeben, dass der Berichterstatter oder der Vorsitzende als Mittler zwischen StB/Mandant und dem Finanzamt fungiert. Der StB sollte selbst das unmittelbare Gespräch mit dem Finanzamt suchen, Einzelheiten aus dem Richtergespräch darlegen und darauf aufbauend ein Gespräch mit dem Ziel der Erledigung führen.

Um die Terminsgebühr später ganz sicher abrechnen zu können, kann der StB auf einen Erörterungstermin hinwirken, der mit Einverständnis der Beteiligten als Telefonkonferenz- oder Videokonferenzschaltung mit mehr als zwei Teilnehmern durchgeführt werden kann.[2]

Eine Terminsgebühr kann auch dann nicht mehr anfallen, wenn bereits eine **Abhilfezusage des Finanzamtes** vorliegt. Denn in diesem Fall kann eine Besprechung des StB mit dem Finanzamt nicht mehr auf eine Erledigung gerichtet sein.[3] Nach zutreffender Ansicht kommt es nicht darauf an, dass der StB mit einer entscheidungsbefugten Person (z.B. Sachgebietsleiter Rechtsbehelfsstelle oder Vorsteher) telefoniert hat. Die Gebühr entsteht auch dann, wenn das Gespräch mit einem zuständigen und gesprächsbereiten Sachbearbeiter geführt wird.[4] Dass der Gesetzgeber nur erfolgreiche außergerichtliche Verhandlungen honorieren wollte, ist dem Wortlaut und der Entstehungsgeschichte der Vorschrift nicht zu entnehmen.[5] Auf die Form der Besprechung kommt es nicht an. Die Teilnahme an einer Videokonferenz (vgl. § 91a FGO) oder einer telefonischen Besprechung, die zur Erledigung des Verfahrens führt, reichen aus.[6] Einer Telefonkonferenz unter gleichzeitiger Beteiligung von Kläger und Beklagtem gleichzusetzen ist der Fall, dass der Berichterstatter seinen Vergleichsvorschlag nacheinander mit Kläger und Beklagtem erörtert, ohne dass diese unmittelbar miteinander gesprochen haben.[7] Die Terminsgebühr entsteht nicht durch den Austausch anwaltlicher E-Mails.[8] E-Mails ersetzen die Schriftform, aber nicht das Gespräch bzw. die Besprechung. Wird der Inhalt einer

1) FG Düsseldorf v. 14.1.2020, 11 Ko 186/19 KF, DStR 2020, 614 mit zust. Anm. Weitze-Scholl/Meyer im Hagen; a.A. FG Münster v. 10.9.2012, 4 KO 2422/12, EFG 2012, 2239; Thüringer FG v. 16.5.2011, 4 Ko 772/10, EFG 2011, 1549.
2) Berninghaus, Anm. zu Hess. FG v. 19.1.2022, 6 Ko 1615/21, EFG 2022, 359, 362; ebenso Weitze-Scholl/Jendrzok, DStR 2022, 1072.
3) FG Hamburg v. 19.4.2013, 3 KO 13/13, EFG 2013, 1522.
4) So Niedersächsisches FG v. 8.6.2009, 11 KO 8/09, EFG 2009, 1412 m.w.N.; FG Berlin-Brandenburg v. 5.4.2011, 13 Ko 13326/10, EFG 2011, 1551; FG Köln v. 7.8.2012, 10 KO 3640/11, EFG 2012, 2158.
5) BGH v. 27.2.2007, XI ZB 38/05, NJW 2007, 2858; OLG Naumburg v. 19.12.2006, 6 W 78/06, AnwBl 2007, 725.
6) FG Saarland v. 14.11.2005, 2 S 335/05, EFG 2006, 926; OLG Koblenz v. 29.4.2005, 14 W 257/05, NJW 2005, 2162.
7) FG Berlin-Brandenburg v. 5.4.2011, 13 Ko 13326/10, EFG 2011, 1551.
8) BGH v. 21.10.2009, IV ZB 27/09, AnwBl 2010, 142.

die Terminsgebühr auslösenden Erledigungsbesprechung, von dem anderen Gesprächsteilnehmer bestritten, muss der Anspruchsteller seine Sachdarstellung beweisen.[1] Keine Terminsgebühr entsteht, wenn das Finanzamt sofort nach der Klagebegründung im schriftlichen Verfahren dem Klagebegehren abhilft[2] oder wenn das Finanzgericht nach beiderseitigen Erledigungserklärungen aufgrund teilweiser oder vollständiger außergerichtlicher Stattgabe des Klagebegehrens nur noch über die Kosten entscheidet.[3]

Die **gleichzeitige Terminierung von Verfahren** bedeutet nicht deren stillschweigende Verbindung. Erfolgt die Verbindung in der Verhandlung nach Aufruf aller zu verbindenden Verfahren, erhält der StB getrennt für jede Verhandlung in jedem Verfahren die entsprechenden Gebühren, also die Verfahrens- und Terminsgebühr.[4] Erfolgt die Verbindung der Verfahren bevor in den jeweiligen Verfahren eine Terminsgebühr entstanden ist, entsteht nur eine Terminsgebühr. **686**

Beispiel:

StB erhebt für A und B getrennt Klage wegen einer einheitlichen und gesonderten Gewinnfeststellung (Streitwert: 1 400,00 €). Bevor es zu einer mündlichen Verhandlung kommt, verbindet das Gericht die Verfahren. In der mündlichen Verhandlung kann StB sich mit seinen Anträgen durchsetzen. Die Kosten des Verfahrens werden der Beklagten auferlegt.

Folgende Gebühren sind entstanden und können im Wege der Kostenerstattung gegenüber der Beklagten geltend gemacht werden:

- 1,6 Verfahrensgebühr A (Mindeststreitwert: 1 500,00 €)
- 1,6 Verfahrensgebühr B (Mindeststreitwert: 1 500,00 €)
- 1,2 Terminsgebühr (Streitwert: 2 800,00 €)
- zuzüglich Auslagenersatz und Umsatzsteuer.

Ist bis zur Verbindung zweier Verfahren bereits in einem Verfahren eine Terminsgebühr entstanden und findet nach der Verbindung eine weitere mündliche Verhandlung statt, entsteht eine weitere „Teil"-Terminsgebühr unter Berücksichtigung des „restlichen" Streitwertes.[5]

Ist eine Terminsgebühr bereits entstanden, z.B. weil ein Erörterungstermin stattgefunden hat (vgl. Vorbem. 3 Abs. 3 VV RVG (der gerichtliche Termin beginnt, wenn die Sache aufgerufen wird)), und wird die Klage dann **teilweise zurückgenommen**, wird die Terminsgebühr dennoch aus dem vollen Streitwert ermittelt. Das Gericht wertet die Klageeinschränkung für den Kläger als verloren und ermittelt für die Kostenentscheidung eine entsprechende Quote.[6]

Werden Verfahrensteile nach Entstehung der Terminsgebühr voneinander abgetrennt, ist die entstandene Terminsgebühr im Verhältnis der Streitwerte aufzuteilen.[7]

1) OLG Koblenz v. 8.6.2005, 14 W 366/05, NJW 2005, 2162; OLG Naumburg v. 19.12.2006, 6 W 78/06, AnwBl 2007, 725.
2) FG Brandenburg v. 14.8.2006, 1 KO 817/06, EFG 2006, 1786.
3) Jost, KP 2015, 132 m.w.N.
4) FG Düsseldorf v. 11.5.2012, 11 Ko 3244/11 KF, EFG 2012, 1779 m.w.N.; FG Sachsen-Anhalt v. 26.7.2010, 5 Ko 805/10, EFG 2011, 375; Niedersächsisches FG v. 20.5.2009, 6 Ko 3/09, EFG 2010, 442 m.w.N.; LG Hanau v. 25.7.2005, 3 Qs 80/05, besprochen von Zenke, StB 2006, 68; Jost, KP 2012, 147, 149 mit Beispiel; a.A. Niedersächsisches FG v. 29.10.2007, 16 Ko 6/07, EFG 2008, 242 m.w.N.; Jost, KP 2015, 104: danach sind die Gegenstandswerte der verhandelten Sachen für die Höhe der Terminsgebühr und ggf. Erledigungsgebühr zusammenzurechnen.
5) Jost, KP 2015, 105.
6) OLG Frankfurt v. 5.2.2020, 18 W 132/19; Jost, Vergütungs- und Kostenrecht im FG- und BFH-Verfahren, 4. Aufl. 2014, 185.
7) Jost, KP 2015, 104; Jost, Vergütungs- und Kostenrecht im FG- und BFH-Verfahren, 4. Aufl. 2014, 184.

687 Die Terminsgebühr entsteht auch dann, wenn in einem Verfahren, für das **mündliche Verhandlung vorgeschrieben** ist, im Einverständnis der Parteien oder Beteiligten ohne mündliche Verhandlung entschieden wird.[1] Sie entsteht auch dann, wenn gem. §§ 79a Abs. 2, 90a oder 94a FGO durch den Einzelrichter oder den Senat **ohne mündliche Verhandlung durch Gerichtsbescheid** entschieden wird (Nr. 3202 Anm. 2 VV RVG). In der Praxis kommt es bisweilen vor, dass die Finanzbehörde gegen den Gerichtsbescheid mündliche Verhandlung beantragt und den Kläger in der Folge klaglos stellt, nur um die Terminsgebühr zu sparen.[2] Ob diese Vorgehensweise tatsächlich dazu führt, dass der StB keine Terminsgebühr abrechnen kann, ist umstritten. Nach Auffassung des FG Köln[3] gilt der Gerichtsbescheid in diesen Fällen als nicht ergangen und wirkt nicht als Urteil. Es fehle an einer „Entscheidung" durch Gerichtsbescheid, so dass der StB keine Terminsgebühr verlangen kann. Demgegenüber hat das FG Saarland dem Berater in einer vergleichbaren Situation die Terminsgebühr zugesprochen.[4] Das Gericht begründet seine Auffassung ausführlich und überzeugend mit dem Wortlaut, der Systematik und dem Zweck der Norm. Gerade die Ausführungen des Gerichts zu Sinn und Zweck des Kostenrechts bei Erlass von Gerichtsbescheiden sind überzeugend. Ein Gerichtsbescheid soll der Beschleunigung des Verfahrens dienen. Den Beteiligten soll dadurch kein Nachteil entstehen. Deshalb solle niemand (hier: die Finanzverwaltung) allein aus Kostengründen (Sparen der Terminsgebühr) gehalten sein, die Rechtskraft eines inhaltlich akzeptierten Bescheides zu verhindern und dadurch das Verfahren verzögern.[5]

Praxistipp:

Bis zu einer abschließenden (höchstrichterlichen) Klärung der umstrittenen Frage sollte der StB die Terminsgebühr im Rahmen des Kostenfestsetzungsverfahrens in jedem Falle geltend machen und sich zur Begründung auf die Entscheidung des FG Saarland berufen.

Die Terminsgebühr fiel bis zum Inkrafttreten des Gesetzes zur Änderung des Justizkosten- und Rechtsanwaltsvergütungsrechts und zur Änderung des Gesetzes zur Abmilderung der Folgen der COVID-19-Pandemie im Zivil-, Insolvenz- und Strafverfahrensrecht[6] in anderen Fällen als den o.g. Fällen nur an, wenn für das betreffende Verfahren eine mündliche Verhandlung oder Erörterung vorgeschrieben war oder eine solche ausnahmsweise anberaumt wurde.[7] Im Fall einer Kostenentscheidung nach übereinstimmender Hauptsacheerledigung gem. § 138 FGO fiel deshalb nur dann eine Terminsgebühr an, wenn ausnahmsweise eine mündliche Verhandlung stattgefunden hat[8] oder im Falle einer vorangegangenen und auf die Erledigung gerichteten Besprechung des StB mit einem Beklagtenvertreter (Vorbemerkung 3 Abs. 3 VV RVG).[9] Durch das o.g. Gesetz wurde der Anwendungsbereich der fiktiven Terminsgebühr erheblich erweitert. Nach dem neu aufgenommenen Gebührentatbestand des Abs. 1 Nr. 1 Halbsatz 2 der Anmerkung zu Nr. 3104 VV RVG entsteht eine **fiktive Terminsgebühr** bereits dann, wenn die Erledigung eines Rechtsstreits i.S.d. Nr. 1002 VV RVG eintritt. Das Entstehen der Terminsgebühr

1) Anmerkung Nr. 3202 Abs. 1 bzw. 3210 i.V.m. Anmerkung Nr. 3104 Abs. 1 Nr. 1 VVRVG; vgl. Schleswig-Holsteinisches FG v. 14.4.2008, 5 Ko 16/08, EFG 2008, 1150; FG Sachsen-Anhalt v. 12.11.2007, 4 KO 1391/07, EFG 2008, 641.

2) Draf, KANZLEI intern 3_2018, 4 Becker, Honorargestaltung für Steuerberater, April 2018, 1 ff.

3) FG Köln v. 9.2.2009, 10 KO 2120/08, EFG 2009, 978.

4) FG Saarland v. 16.10.2017, 1 KO 1229/17, DStR 2018, 543.

5) Zustimmend Draf, DStR 2018, 544 und KANZLEI intern 3_2018, 4; zuvor schon Jost, KP 2012, 146; ausführlich Jost, 7. Aufl. 2024, Rubrik 4 Rz. 131 ff.

6) KostRÄG 2021 v. 21.12.2020, BGBl. I 2020, 3229.

7) VGH Mannheim v. 31.10.2006, 3 S 1748/05, NJW 2007, 860.

8) BGH v. 25.9.2007, VI ZB 53/06, MDR 2007, 1454, zu § 91a ZPO.

9) Hessisches FG v. 22.4.2008, 12 Ko 3799/06, EFG 2008, 1152, mit zustimmender Anm. Hollatz; Bertrand/Gravenhorst, Stbg 2023, 311, 313.

hängt also davon ab, ob der StB in einer besonderen Weise an der **Erledigung des Rechtsstreits** mitgewirkt und eine **Erledigungsgebühr** nach Nr. 1002 VV RVG verdient hat.[1] Erledigt sich der Rechtsstreit ohne besondere Mitwirkung des StB, entsteht auch keine Terminsgebühr.[2] Im Fall der schlichten Hauptsacheerledigung ohne mündliche Verhandlung gem. § 138 FGO entsteht keine Terminsgebühr. Das Entstehen der Terminsgebühr kann insbesondere nicht mit einem Verweis auf Nr. 3202 Abs. 1 VV RVG i.V.m. Nr. 2104 Abs. 1 Nr. 3 VV RVG begründet werden, da dieser Verweis nur für sozialgerichtliche Verfahren gilt.[3] Voraussetzung für das Anfallen der fiktiven Terminsgebühr ist also, dass bei einer Entscheidung über den Gegenstand, hinsichtlich dessen eine Erledigung eingetreten ist, eine **mündliche Verhandlung** erforderlich gewesen wäre. Erfolgt die Erledigung in einem Verfahrensstadium, in dem das Gericht auch ohne mündliche Verhandlung hätte entscheiden können, fällt keine Terminsgebühr an.

Eine **Reduzierung der Gebühr** auf 0,5 erfolgt gem. Nr. 3203 i.V.m. Nr. 3105 VV RVG **688**
u.a. dann, wenn lediglich ein Antrag zur Prozess- und Sachleitung gestellt wird.

III. Erledigungsgebühr

Erledigt sich eine Sache ganz oder teilweise durch Änderung des mit dem Rechtsbe- **689**
helf angefochtenen Verwaltungsaktes, so erhält der StB, der bei der Erledigung mitgewirkt hat, eine Erledigungsgebühr, deren Höhe lange Zeit umstritten war. Da die Erledigung im Verfahren vor dem FG der Erledigung in einem Berufungs- oder Revisionsverfahren gleichzusetzen ist, wurde und wird teilweise noch vertreten, dass eine 1,3-Gebühr nach Nr. 1004 VV RVG anfällt.[4] Teilweise wurde auch die Auffassung vertreten, dass eine Erledigungsgebühr in Höhe des **1,5**-fachen der Gebühr entsteht.[5] In jüngster Zeit setzt sich hingegen immer mehr die Auffassung durch, dass nur eine 1,0-fache Gebühr nach Nr. 1003 VV RVG entsteht. Begründet wird dies mit einer Änderung der Nr. 1004 VV RVG durch Art. 47 Nr. 19d des FGG-Reformgesetzes vom 17.12.2008.[6] Seinerzeit wurde eine Anmerkung eingefügt, dass die Erhöhung der Erledigungsgebühr (von 1,0 auf 1,3) in den dort näher bezeichneten Beschwerde- und Rechtsbeschwerdeverfahren gelte. Aus der Nichterwähnung des finanzgerichtlichen Verfahrens schließen die Finanzgerichte deshalb zunehmend, dass die Erledigungsgebühr im finanzgerichtlichen Verfahren lediglich 1,0 beträgt.[7] Mit dem 2. KostRMoG[8] ist Nr. 1004 VV RVG erneut geändert werden. Der Gesetzgeber hat auch diesmal keine Veranlassung gesehen, die erstinstanzlichen finanzgerichtlichen Verfahren mit einzubeziehen. Damit dürfte sich der frühere Meinungsstreit zu Gunsten der neueren Rechtsprechung (1,0-Gebühr) erledigt haben.

1) FG Köln v. 6.3.2024, 2 Ko 335/24, EFG 2024, 1055 mit Anm. Hennigfeld; Jost 7. Aufl. 2024, Rubrik 4 Rz. 124 ff.
2) FG Münster v. 30.3.2022, 15 Ko 158/22, DStRE 2022, 1532 und EFG 2022, 871 mit Anm. Sternberg; Reckin, NJW 2021, 3642, 3644; a.A. Bertrand/Gravenhorst, Stbg 2023, 311, 313 f.: bloße Erledigung reicht, Mitwirkung des StB nicht erforderlich.
3) Hennigfeld, Anm. zu FG Köln v. 6.3.2024, 2 Ko 335/24, EFG 2024, 1055, 1057.
4) So die Begründung des Gesetzgebers, BT-Drucks. 15/1971, 213; FG Baden-Württemberg v. 14.12.2006, 8 KO 11/06; FG Köln v. 13.3.2008, 10 KO 3739/07, EFG 2008, 1234; FG Rheinland-Pfalz v. 10.12.2007, 6 Ko 2195/07, EFG 2008, 409; Jost, 7. Aufl. 2024, Rubrik 4 Rz. 240.
5) So FG Saarland v. 14.11.2005, 2 S 335/05, EFG 2006, 926; FG Hamburg v. 11.7.2012, 3 KO 49/12, EFG 2012, 2157.
6) FGG-Reformgesetzes v. 17.12.2008, BGBl. I 2008, 2586 ff.
7) Sächsisches FG v. 13.10.2014, 8 Ko 1091/14; FG Köln v. 20.6.2011, 10 Ko 1662/11, EFG 2011, 1832; FG Köln v. 11.7.2012, 10 KO 930, 12, EFG 2012, 2236; FG Münster v. 7.6.2010, 9 Ko 647/10 KFB, EFG 2010, 2021; Hessisches FG v. 10.8.2011, 10 KO 690/11, EFG 2012, 547; FG München v. 14.12.2010, 4 E 1512/10, EFG 2011, 833; FG Saarland v. 15.6.2012, 2 KO 1089/12, EFG 2012, 1880; ebenso Enders in Eckert, 7. Aufl. 2023, RVG Rz. 245.
8) Zweites Gesetz zur Modernisierung des Kostenrechts (2. Kostenrechtsmodernisierungsgesetz – 2. KostRMoG) v. 23.7.2013, BGBl. I 2013, 2586.

690 Erste Voraussetzung für das Entstehen der Gebühr ist, dass sich die **Rechtssache durch (Kausalität!) Zurücknahme oder Änderung des angefochtenen Verwaltungsaktes ganz oder teilweise erledigt**.

Beispiel:

Im finanzgerichtlichen Urteil wird der angefochtene Verwaltungsakt aufgehoben. Das beklagte Finanzamt legt gegen die Entscheidung Revision ein, die es später aber wieder zurücknimmt.

In diesem Fall erfolgt die Aufhebung des angefochtenen Verwaltungsakts nicht durch die Beklagte, sondern durch die mit Rücknahme der Revision rechtskräftig gewordene FG-Entscheidung.[1] An der erforderlichen Kausalität fehlt es auch dann, wenn sich das (ruhende) Hauptsacheverfahren durch eine Entscheidung des Bundesverfassungsgerichts erledigt, mit der ein Steuergesetz für mit dem Grundgesetz unvereinbar und nichtig erklärt wird.[2] Ebenso wenig reicht es aus, wenn der StB außerhalb des Rechtsstreits liegende Streitpunkte löst, z.B. die Aufhebung der Vorbehalte der Nachprüfung und des Verspätungszuschlags herbeiführt, dies aber nicht Gegenstand der Klage ist.[3]

691 Zweite Voraussetzung für das Entstehen der Gebühr ist, dass der Bevollmächtigte bei der Erledigung **mitgewirkt** hat (→ Rz. 668). Ein typischer Fall für eine solche Mitwirkung ist die Einwirkung des StB auf den Mandanten, der daraufhin das Klagebegehren um mindestens 10 v.H. einschränkt. Nach der neueren Rechtsprechung des FG Köln ist die **Einschränkung des Klagebegehrens um mehr als 10 %** aber nur noch ein Indiz für das Entstehen der Erledigungsgebühr und kein Automatismus (weitere Nachweise → Rz. 668).[4] Der StB bleibt nach dieser Rechtsprechung also darlegungs- und beweispflichtig.

Praxistipp:

Zum Nachweis der Erledigungsgebühr sollte der StB seine konkrete Mitwirkung und seine Erledigungsvorschläge in der mündlichen Verhandlung protokollieren lassen. Er sollte einen entsprechenden Antrag stellen und mündlich vortragen, was zu protokollieren ist.

Nach FG Köln reicht auch eine autonome Einschränkung des Klagebegehrens durch den StB ohne vorherige Rücksprache mit dem Mandanten.[5] Auch die **Vorlage neuer**, bisher nicht bekannter **Beweismittel** (z.B. ärztliche Befundberichte im Rahmen einer Kindergeldstreitigkeit) kann eine besondere Mitwirkungshandlung sein, die eine Erledigungsgebühr auslöst.[6]

An einer Mitwirkung fehlt es hingegen, wenn lediglich die Ausführungen des Berichterstatters im Rahmen eines Erörterungstermins das Finanzamt zur Rücknahme oder Änderung des Bescheids veranlassen,[7] wenn der StB lediglich einen Vorschlag des Berichterstatters an seinen Mandanten weitergibt, der zur Beilegung des Rechtsstreits führt[8] oder wenn der StB wegen eines beim BFH anhängigen Musterverfahrens einen Antrag auf Ruhen des Verfahrens stellt und sich das FG-Verfahren nach Abschluss des BFH-Verfahrens tatsächlich erledigt.[9] Auch der

---

1) Vgl. auch Niedersächsisches FG v. 9.12.1996, VIII 34/96 Ko, EFG 1997, 373: keine Erledigungsgebühr, wenn der Streit nach Erledigung des Klageverfahrens vor dem Finanzamt fortgeführt wird.
2) FG Hamburg v. 12.1.2018, 4 K 100/17, EFG 2018, 679.
3) FG Münster v. 1.2.2021, 15 Ko 3586/20, besprochen von Goez, KP 2021, 135.
4) FG Köln v. 29.5.2018, 2 Ko 3253/17, EFG 2018, 1582 mit Anm. Hennigfeld; Berners, Honorargestaltung für Steuerberater November 2018, 1.
5) FG Köln v. 30.9.2014, 10 Ko 2686/14, EFG 2014, 2170 mit kritischer Anm. Hennigfeld.
6) FG Köln v. 6.3.2024, 2 Ko 335/24, EFG 2024, 1055 mit Anm. Hennigfeld.
7) FG Münster v. 16.12.2009, 8 Ko 3497/09 KFG, EFG 2010, 592.
8) FG Berlin-Brandenburg v. 5.4.2011, 13 Ko 13326/10, EFG 2011, 1551.
9) FG Köln v. 16.6.2011, 10 Ko 933/11, EFG 2012, 175.

schlichte Hinweis des StB auf eine der Finanzverwaltung nicht bekannte BFH-Entscheidung, der zum sofortigen Erlass eines Abhilfebescheides führt, stellt nach Ansicht des FG Köln noch keine besondere Mitwirkung dar.[1]

Nach Erledigung des Rechtsstreits in der Hauptsache bestimmt sich der **Streitwert** nach dem Kosteninteresse.

Praxistipp:

Wenn der StB die gütliche Erledigung des Rechtsstreits aktiv fördert, sollte dies auch in den Prozessakten seinen Niederschlag finden. Dies kann im Schriftsatz erfolgen, mit dem der Rechtsstreit für erledigt erklärt wird, z.B. durch einen Hinweis auf ein Mandantengespräch, aus dem sich ergibt, dass der Mandant im Interesse einer zügigen Beendigung des Verfahrens sein ursprüngliches Klagebegehren reduziert und auf eine Beweisaufnahme verzichtet.

Erledigt sich das Klageverfahren im Termin, sollte der StB darauf achten, dass sein Bemühen im Protokoll erwähnt wird. Um später im Kostenfestsetzungsverfahren keine Probleme zu bekommen, sollte z.B. protokolliert sein, dass der StB Unterbrechung der mündlichen Verhandlung beantragt, um sich mit seinem Mandanten zu beraten. Kommt es anschließend zu einer Erledigung, sollte er die Motive des Mandanten zusätzlich zu Protokoll geben.

IV. Vergleichsgebühr/Einigungsgebühr/Beweisgebühr

Da über Steuerforderungen als öffentlich-rechtliche Ansprüche grundsätzlich nicht vertraglich verfügt werden kann, ist die Vorschrift der Nr. 1000 VV RVG (Einigungsgebühr) im Steuerprozess nur ausnahmsweise anwendbar (vgl. Anm. 4 zu Nr. 1000 VV RVG). Völlig ausgeschlossen ist sie aber nicht. In Betracht kommt die Einigungsgebühr (i.H.v. 1,5) bei öffentlich-rechtlichen Rechtsverhältnissen, wenn das Gesetz ausnahmsweise einen Vertragsabschluss zulässt, z.B. bei einer Einigung über Sicherungen für eine Steuerforderung zur Beseitigung einer Arrestanordnung, nicht aber bei der Verständigung der Frage auf welchen Prozentsatz vom Umsatz der Gewinn zu schätzen ist.[2] Grundsätzlich kommt in finanzgerichtlichen Verfahren anstelle der Einigungsgebühr die Erledigungsgebühr gem. Nr. 1003 VV RVG (i.H.v. 1,0) in Betracht. 692

Praxistipp:

Wird im Rahmen der Kostenfestsetzung fälschlicherweise eine Einigungsgebühr und keine Erledigungsgebühr geltend gemacht, kann es sein, dass der Urkundsbeamte der Geschäftsstelle gleichwohl eine Erledigungsgebühr festsetzt.[3] Genauso gut kann es vorkommen, dass weder die geltend gemachte Einigungsgebühr noch die nicht geltend gemachte Erledigungsgebühr festgesetzt wird. Umso wichtiger ist es, von vorneherein die korrekte Gebühr geltend zu machen.

In besonders umfangreichen Beweisaufnahmen mit mindestens drei Terminen, in denen Sachverständige oder Zeugen vernommen werden, entsteht eine 0,3 Beweisgebühr gem. Nr. 1010 VV RVG.

V. Kosten des Vorverfahrens

Zu den Kosten i.S.d. § 139 Abs. 1 FGO gehören auch die zur zweckentsprechenden Rechtsverfolgung notwendigen Aufwendungen der Beteiligten einschließlich der Kosten des Vorverfahrens, nicht aber die Gebühr für die Prüfung des Steuerbeschei- 693

1) FG Köln v. 4.9.2018, 2 Ko 2139/18, EFG 2018, 1909.
2) FG Düsseldorf v. 9.7.1987, V/XII Ko 1/87; Müller-Rabe in Gerold/Schmidt, RVG, 26. Aufl. 2023, Nr. 1000 VV RVG Rz. 63, 75; N. Schneider in Schneider/Volpert, RVG, 9. Aufl. 2021, Nr. 1000 VV RVG Rz. 137 ff.
3) Siehe Niedersächsisches FG v. 8.6.2009, 11 KO 8/09, EFG 2009, 1412.

des nach § 28 StBVV.[1] Nach § 139 Abs. 3 Satz 3 FGO sind die Gebühren und Auslagen erstattungsfähig, soweit ein Vorverfahren geschwebt hat und wenn das Gericht die Zuziehung eines Bevollmächtigten für das Vorverfahren für notwendig erklärt. Als **Vorverfahren** i.S.d. § 139 Abs. 3 Satz 3 FGO kommt nur das durch einen außergerichtlichen Rechtsbehelf eingeleitete Verwaltungsverfahren in Betracht, das dem Rechtsstreit vorausgeht und der Nachprüfung des Verwaltungsaktes dient (Einspruchsverfahren nach § 40 Satz 1 StBVV). Deshalb ist ein bloßer auf § 164 Abs. 2 AO gestützter Änderungsantrag kein Vorverfahren i.S.d. Vorschrift.[2] Die Kosten eines solchen Verfahrens sind nicht erstattungsfähig. Unschädlich ist es, wenn der Steuerpflichtige selbst den Einspruch einlegt und den StB erst im Laufe des Einspruchsverfahrens hinzuzieht.[3] Die Geschäftsgebühr für das Vorverfahren wird auch dann erstattet, wenn der Bevollmächtigte nicht nach außen erkennbar aufgetreten ist.[4]

Eine Zusatzgebühr für die Vertretung eines **Beigeladenen** ist nur erstattungsfähig, wenn das Gericht die außergerichtlichen Kosten des Beigeladenen als erstattungsfähig ansieht.[5] Der entsprechende Antrag ist erst im Kostenfestsetzungsverfahren zu stellen. Der Urkundsbeamte legt dem Gericht im Rahmen des Kostenfestsetzungsverfahrens den Antrag zur Entscheidung vor.

694 Der **Gegenstandswert** für das außergerichtliche Vorverfahren ist bei einem sich anschließenden Klageverfahren **durch den Streitwert des Klageverfahrens begrenzt**.[6] Erledigt sich also der Einspruch teilweise im außergerichtlichen Rechtsbehelfsverfahren, führt das nicht nur zu einer Reduzierung des Streitwertes im anschließenden Klageverfahren. Auch der Gegenstandswert für das außergerichtliche Rechtsbehelfsverfahren reduziert sich im gleichen Maße, wenn der klagende Mandant nach gewonnenem Prozess Kostenfestsetzung beantragt. Der StB muss sich also wegen seines weitergehenden Gebührenanspruchs aus dem außergerichtlichen Rechtsbehelfsverfahren unmittelbar an seinen Mandanten halten.

Beispiel:

A und B beauftragen am 13.9.2024 einen StB, ihre Interessen in einem Einspruchsverfahren zu vertreten. Dieser beantragt eine Minderung der Steuerschuld um 27 000 €. In der Einspruchsentscheidung mindert das Finanzamt die Steuerschuld auf 4 000 €. Das anschließende Klageverfahren wird am 25.6.2025 durch Urteil zu Gunsten der Mandanten entschieden. Die Kosten des Verfahrens werden der Beklagten auferlegt. Die Hinzuziehung des Bevollmächtigten zum Vorverfahren wird für notwendig erklärt. Für das Einspruchsverfahren soll eine 1,6-Gebühr als angemessen unterstellt werden.

In einem sich dem **Klageverfahren** anschließenden Kostenfestsetzungsverfahren wären – ausgehend von einem **Streitwert** i.H.v. **4 000 €** – erstattungsfähig:

Einspruchsverfahren:

1,6-Geschäftsgebühr nach § 40 StBVV i.V.m. Nr. 2300 VV RVG	444,80 €
Auslagenpauschale gem. § 16 StBVV	20,00 €
19 % Umsatzsteuer gem. § 15 StBVV	88,31 €
Gesamt	553,11 €

Klageverfahren:

---

1) FG Köln v. 20.12.2018, 2 Ko 2385/18, EFG 2019, 555; Hessisches FG v. 31.1.2013, 1 KO 2202/11, EFG 2013, 644.
2) FG Düsseldorf v. 5.3.2014, 6 Ko 307/14, EFG 2014, 863 m.w.N.
3) FG Sachsen-Anhalt v. 4.1.2011, 5 KO 1294/10, EFG 2011, 901.
4) BFH v. 9.3.1976, VII B 24/74 unter Aufgabe seiner bisherigen Rechtsprechung; FG Köln v. 22.2.2024, 2 Ko 2202/23, EFG 2024, 1037 mit Anm. Hennigfeld.
5) FG Berlin-Brandenburg v. 8.8.2023, 8 KO 8028/23, DStR 2024, 454 mit Anm. Fietkau; München v. 14.10.2008, 2 K 2258/04, EFG 2009, 207.
6) FG Rheinland-Pfalz v. 20.3.1998, 4 Ko 1346/98, StB 1998, 283 f. m.w.N. zur entsprechenden BFH-Rechtsprechung; vgl. auch Gruber, StB 2001, 345.

1,9 Verfahrensgebühr gem. § 45 StBVV i.V.m. Nr. 3200, 1008 VV RVG	528,20 €
Anzurechnen nach Vorbem. 3 Abs. 4 Satz 1 VV RVG 0,75	– 208,50 €
1,2 Terminsgebühr gem. § 45 StBVV i.V.m. Nr. 3202 VV RVG	333,60 €
Auslagenpauschale gem. § 45 StBVV i.V.m. Nr. 7002 VV RVG	20,00 €
19 % Umsatzsteuer gem. § 45 StBVV i.V.m. Nr. 7008 VV RVG	127,92 €
Gesamt	801,22 €

Gegenüber seinen beiden Mandanten kann der Steuerberater die Kosten des Einspruchsverfahrens nach dem Gegenstandswert von 27 000 € mit einer Gebühr von 1,6 nach § 40 StBVV i.V.m. Nr. 2300 VV RVG berechnen, was einer Gebühr von 1 528,00 € entspricht. Die erstattungsfähigen Gebühren (444,80 €) sind anzurechnen.

Hat sich dagegen im Verlaufe des Klageverfahrens der Streitwert erhöht, so richten sich die für das Vorverfahren zu erstattenden Gebühren nicht nach dem erhöhten Klagestreitwert.

Beispiel:

Der Kläger begehrt im Vorverfahren weitere Betriebsausgaben mit einer steuerlichen Auswirkung von 1 000 €. Während des Klageverfahrens erweitert er seinen Antrag um zusätzliche Aufwendungen nach § 33a EStG mit einer steuerlichen Auswirkung von weiteren 500 €. Mit Urteil wird dem gesamten Begehren des Klägers insoweit teilweise stattgegeben, also die beantragten Betriebsausgaben in voller Höhe anerkannt werden, die Aufwendungen nach § 33a EStG dagegen nicht.

Bei der Kostenentscheidung geht der Senat von einem Gesamtstreitwert des Klageverfahrens von 1 500 € aus und verteilt die Kosten entsprechend dem Obsiegen und Unterliegen der Beteiligten zu 2/3 auf den Beklagten und zu 1/3 auf den Kläger. Dies bedeutet für die Erstattung der Kosten des Vorverfahrens, dass – ausgehend von einem Streitwert von 1 000 € – lediglich 2/3 dieser Kosten erstattet werden, obwohl der Kläger mit seinem Einspruchsbegehren letztlich voll obsiegt hat. Konsequent und richtig wäre es in diesen Fällen, wie bei der Streitwerteinschränkung im Klageverfahren voll auf die gerichtliche Kostenentscheidung und den hier zu Grunde liegenden Streitwert abzustellen.

Die Frage der **Notwendigkeit der Kosten des Vorverfahrens** führt wegen der Kom- **695**
pliziertheit des Steuerrechts nur selten zu Abgrenzungsschwierigkeiten. Voraussetzung ist allerdings, dass der Streitgegenstand sowohl im Rechtsbehelfsverfahren als auch im Klageverfahren derselbe war.[1)] Darüber hinaus muss der StB die Kosten des Vorverfahrens tatsächlich in Rechnung gestellt haben.[2)] Streitig ist, ob auch dann eine Erstattungsfähigkeit angenommen werden kann, wenn der vom StB eingelegte **Einspruch nicht begründet** wurde. Einige Finanzgerichte stellen entscheidend auf die objektive Schwierigkeit der Sach- und Rechtslage und die subjektiven steuerrechtlichen Kenntnisse des Klägers ab. Andere Finanzgerichte weisen demgegenüber darauf hin, dass sich die Schwierigkeit der steuerlichen Fragen ohne eine Begründung des Einspruchs unter Berücksichtigung der Besonderheiten des konkreten Falles nicht beurteilen lasse. Deswegen liege eine notwendige Hinzuziehung bei einem unbegründeten Einspruch, den jedermann einlegen könne, nicht vor.[3)] Eine vermittelnde Auffassung will den Streitwert für das Vorverfahren auf den Regelstreitwert nach § 52 Abs. 2 GKG begrenzen.[4)]

Die Notwendigkeit der Hinzuziehung eines Bevollmächtigten zum Vorverfahren ist **696**
zu bejahen, wenn ein StB, Wirtschaftsprüfer oder Rechtsanwalt zusammen mit seiner **Ehefrau** zur Einkommensteuer veranlagt wurde und die Kenntnisse und Fähig-

1) Zenke/Brandenburg, 1997, 28 ff.
2) Schleswig-Holsteinisches FG v. 20.8.2008, 5 KO 15/08, EFG 2008, 1745.
3) Siehe hierzu Feiter, INF 1996, 23, 25 m.w.N.
4) FG Hamburg v. 26.2.2008, 3 K 142/06 (2), EFG 2008, 1312.

keiten der Ehefrau in Bezug auf das Steuerrecht die Hinzuziehung eines Bevollmächtigten rechtfertigen, nicht aber, wenn der Berufsangehörige nur sich selbst vertreten hat.[1)]

Praxistipp:

Die Kosten des Vorverfahrens für den Ehegatten sind erstattungsfähig, wenn der StB schon im Einspruchsverfahren eine Vollmacht vorlegt und das Einspruchsverfahren auf dem Briefbogen der Kanzlei führt.[2)]

697 Bei einem **Beraterwechsel** zwischen Vor- und Klageverfahren verlangen einige Finanzgerichte, dass im Kostenfestsetzungsverfahren die Gebührenrechnung des früheren Beraters vorgelegt wird, da nur solche Kosten erstattungsfähig sind, die tatsächlich entstanden sind.[3)] Da grundsätzlich davon auszugehen ist, dass ein Bevollmächtigter, der nicht auch für das Klageverfahren beauftragt wird, seine ihm zustehenden Gebühren in jedem Fall geltend macht, ist ein solcher Nachweis, ohne dass außergewöhnliche Umstände vorliegen, nicht gerechtfertigt. Mit überzeugenden Gründen hat das FG Köln deshalb entschieden, dass Kosten des Beraters im Vorverfahren auch ohne Vorlage einer Rechnung erstattungsfähig sind.[4)] Gleichwohl sollte die Rechnung des früheren Beraters vorgelegt werden, wenn dies vom Urkundsbeamten gefordert wird.

VI. Auslagen und Umsatzsteuer

698 Das **RVG** regelt die Auslagen und die Umsatzsteuer in **Teil 7 des Vergütungsverzeichnisses**. Auf die Kommentierung der Parallelvorschriften der §§ 15 bis 20 StBVV wird verwiesen. Der StB erhält die Dokumentenpauschale, wenn er mehr als 100 Kopien anfertigt (Nr. 7000 Ziff. 1b und c VV RVG). Das Scannen fällt nicht unter den Anwendungsbereich der Vorschrift. Für die ersten 50 abzurechnenden Seiten fällt je Seite 0,50 € an, für jede weitere Seite nur noch 0,15 €. Für die ersten 50 abzurechnenden Seiten in Farbe fällt je Seite 1 € an, für jede weitere abzurechnende Seite 0,30 €. Die Pauschale für Post- und Telekommunikationsdienstleistungen beträgt 20 %, höchstens jedoch 20 € (Nr. 7002 VV RVG). Die Fahrtkosten für eine Geschäftsreise mit dem eigenen Kraftfahrzeug wurden mit Wirkung zum 1.1.2021 durch das KostRÄG 2021[5)] von 0,30 € auf 0,42 € je Kilometer angehoben (Nr. 7003 VV RVG). Die Tage- und Abwesenheitsgelder wurden ebenfalls durch das KostRÄG 2021 geringfügig erhöht (Nr. 7005 VV RVG Staffelung von 30 €, 50 € und 80 €). Kosten für die Anschaffung einer BahnCard 25 bzw. BahnCard 50 sind als allgemeine Geschäftskosten nicht anteilig erstattungsfähig. Das gilt aus Gründen der Kostentransparenz und Praktikabilität des Kostenfestsetzungsverfahrens auch für die anteilige Übernahme der Kosten für eine BahnCard 100.[6)] Ausnahmsweise können die Kosten für den Erwerb einer BahnCard 50 in lang andauernden (Straf-)Verfahren notwendige Auslagen darstellen, wenn sich der Erwerb der BahnCard 50 bereits nach wenigen Fahrten des Verteidigers amortisiert.[7)] Ist der StB zum Vorsteuerabzug berechtigt, darf er Reisekosten, in denen Umsatzsteuer enthalten ist, zunächst nur in Höhe der Netto-Beträge in seine Rechnung einstellen. Erst danach ist dann einheitlich nach Nr. 7008 VV RVG Umsatzsteuer zu berechnen.[8)]

---

1) BFH v. 21.7.1977, IV B 3/73, BStBl II 1977, 767.
2) Jost, 7. Aufl. 2024, Rubrik 3 Rz. 136.
3) FG Bremen v. 14.8.1998, 2 98 106 Ko 2, EFG 1998, 1535; Schleswig-Holsteinisches FG v. 20.8.2008, 5 Ko 15/08, EFG 2008, 1754; FG Sachsen-Anhalt v. 26.11.2012, 5 KO 1120/12, EFG 2013, 810 mit Anm. Henningfeld.
4) FG Köln v. 28.4.2011, 10 Ko 410/10, 10 Ko 411/10, EFG 2011, 2020.
5) KostRÄG 2021 v. 21.12.2020, BGBl. I 2020, 3229.
6) OVG Münster v. 24.2.2006, 2E 1123/05, NJW 2006, 1897.
7) Mayer unter Hinweis auf OLG Celle, 4 StE 1/17, 4 StE 1/17 – 2 StE 13/17 – 3, AGS 2021, 109 = NJW 2021, 1645, 1649.
8) BGH v. 17.4.2012, IV ZB 46/11, AGS 2012, 268 ff.

Hervorzuheben ist, dass im **Kostenfestsetzungsverfahren** (→ Rz. 704 ff.) die **Erstattungsfähigkeit** und damit die „Notwendigkeit" der **Auslagen** vom Festsetzungsbeamten geprüft wird. Gemäß § 155 FGO, § 104 Abs. 2 ZPO reicht grundsätzlich die **Glaubhaftmachung**, also die Versicherung des StB, dass Auslagen in entsprechender Höhe entstanden sind. Bei erheblicher Überschreitung der Auslagenpauschale ist allerdings eine Auflistung der einzelnen Positionen erforderlich.[1] Höchstrichterlich geklärt ist mittlerweile die früher umstrittene Frage, ob dem StB für **fotokopierte Anlagen zu einem Schriftsatz** besondere Schreibgebühren zustehen.[2] Für die Erstattungsfähigkeit von Kopierkosten ist kein engherziger Maßstab anzulegen, da dem Bevollmächtigten ein eigener Beurteilungsspielraum und Ermessen für die Entscheidung einzuräumen ist, welche Schriftstücke abzulichten sind.[3] **699**

Nach § 40 Satz 1 StBVV i.V.m. Nr. 7008 VV hat der StB Anspruch auf Ersatz der auf seine Vergütung entfallenden **Umsatzsteuer**. Sie ist nur zu berücksichtigen, wenn der Erstattungsberechtigte die Erklärung abgibt, dass er die Beträge nicht als Vorsteuer abziehen kann, § 155 FGO, § 104 Abs. 2 Satz 3 ZPO.[4] Grundsätzlich reicht diese Erklärung. Sie muss nicht glaubhaft gemacht werden oder sonst irgendwie bekräftigt werden. Nur bei feststehender offensichtlicher Unrichtigkeit – bloße Zweifel genügen nicht – darf die Festsetzung entfallen.[5] Trägt der Erstattungsberechtigte vor, es bestehe teilweise eine Berechtigung zum Vorsteuerabzug ohne eine Aufteilung vorzunehmen, ist die Umsatzsteuer nicht erstattungsfähig. Ein Erstattungsanspruch setzt voraus, dass der obsiegende Beteiligte die Umsatzsteuer zweifelsfrei nicht als Vorsteuer absetzen kann.[6] Die Unrichtigkeit der Erklärung folgt nicht bereits aus dem Umstand, dass dem Antragsteller eine Umsatzsteuer-Identifikationsnummer erteilt worden ist. Der diesbezügliche Einwand im Kostenfestsetzungsverfahren durch die gegnerische Partei ist unerheblich. Denn jeder Unternehmer kann eine Umsatzsteuer-Identifikationsnummer beantragen, aber nicht jeder Unternehmer ist auch vorsteuerabzugsberechtigt. Die Klärung dieser Frage findet im Kostenfestsetzungsverfahren nicht statt.[7] Wird im Kostenfestsetzungsverfahren irrtümlich die Erklärung abgegeben, dass der Erstattungsberechtigte zum Vorsteuerabzug berechtigt ist, kann später noch eine **Nachfestsetzung der Umsatzsteuer** geltend gemacht werden.[8] Gegen eine Festsetzung von Umsatzsteuer, die aufgrund einer unrichtigen Erklärung vorgenommen wurde, kann die erstattungspflichtige Partei **Vollstreckungsabwehrklage** (§ 767 ZPO) **oder Bereicherungsklage** (§ 812 BGB) erheben.[9] Erstattungsfähig ist grundsätzlich auch **ausländische Umsatzsteuer**, da sich in Nr. 7008 VV RVG keine Einschränkung auf „deutsche" Umsatzsteuer **700**

1) So FG Bremen v. 20.9.1999, 2 98 300 Ko 2, EFG 1999, 1250 bei achtfacher Überschreitung der Pauschale.
2) Bejahend: BGH v. 5.12.2002, I ZB 25/02, AnwBl 2003, 241; zuvor schon OLG Koblenz v. 6.3.2001, 14 W 109/01, DB 2001, 921; OLG Brandenburg v. 3.8.1995, 8 W 63/95, AnwBl 1996, 172; verneinend z.B. OLG Karlsruhe v. 23.5.2000, 8 W 236/2000, MDR 2000, 1398.
3) VG Lüneburg v. 2.12.2004, 1 B 53/04, NJW 2005, 697, 698; einschränkend OLG München v. 13.10.2009, 34 Wx 093/09, MDR 2010, 114, für den Fall, dass der Rechtsanwalt sich eigenen Sachvortrag durch die Bezugnahme auf die anliegenden Ablichtungen erspart.
4) Zur Anwendbarkeit dieses Grundsatzes im PKH-Verfahren s. BGH v. 12.6.2006, II ZB 21/05, MDR 2007, 303.
5) OLG Brandenburg v. 16.5.2022, 6 W 28/22, NJW-Spezial 2022, 764; OLG Brandenburg v. 12.2.2019, 6 W 16/19, NJW-Spezial 2019, 508; OLG Düsseldorf v. 15.9.2016, I-10 W 250/16, NJW-Spezial 2017, 189; OLG Hamburg v. 22.8.2000, 8 W 184/00, MDR 2000, 1396.
6) FG Hamburg v. 19.11.2015, 3 KO 226/15, AGS 2016, 468; FG Münster v. 16.12.2009, 8 Ko 3497/09, EFG 2010, 592.
7) OLG Düsseldorf v. 15.9.2016, I-10 W 250/16, NJW-Spezial 2017, 189.
8) OLG Stuttgart v. 6.3.2009, 8 W 82/09, MDR 2009, 1136; Schneider, NJW-Spezial 2019, 475, 476.
9) OLG Brandenburg v. 16.5.2022, 6 W 28/22, NJW-Spezial 2022, 764; OLG Brandenburg v. 12.2.2019, 6 W 16/19, NJW-Spezial 2019, 507; Schneider, NJW-Spezial 2019, 475, 476.

findet.[1)] Reisekosten (z.B. Taxi, Bahn, Flug, Übernachtung) eines vorsteuerabzugsberechtigten StB dürfen dem Mandanten nur in Höhe der angefallenen Nettobeträge in Rechnung gestellt werden. Nur diese sind auch erstattungsfähig, anderenfalls wäre der vorsteuerabzugsberechtigte StB in Höhe der Umsatzsteuer bereichert.[2)] Der „**in eigener Sache**" tätig gewordene StB kann nur in außerbetrieblichen (z.B. Einkommensteuer), nicht aber in betrieblich veranlassten Angelegenheiten die Erstattung der Umsatzsteuer verlangen.[3)] Klagt er gemeinsam mit seiner Ehefrau gegen die Festsetzung von Einkünften, die nur seine selbständige Tätigkeit betreffen und ist die Ehefrau nicht vorsteuerabzugsberechtigt, ist bei der Kostenfestsetzung im Regelfall die Umsatzsteuer hinsichtlich der Erstattungsfähigkeit nach Köpfen aufzuteilen.[4)] Nach der Rechtsprechung des BFH ist der unternehmerische vom außerunternehmerischen Bereich generell danach abzugrenzen, ob die Aufwendungen auf die Ermittlung des Gewinns entfallen (dann betrieblich veranlasst) oder für die Erstellung der Steuererklärung in Rechnung gestellt werden.[5)] Bei der Kostenfestsetzung nach § 155 FGO, § 126 Abs. 1 ZPO kann der **beigeordnete StB** von der unterlegenen Partei nicht die Erstattung von Umsatzsteuer auf die Honorarforderung fordern. Für die bedürftige vorsteuerabzugsberechtigte Partei ist die vom StB in Rechnung gestellte Umsatzsteuer ein durchlaufender Posten.[6)]

VII. Aussetzung der Vollziehung und einstweilige Anordnung (§§ 69 Abs. 3, 114 Abs. 1 FGO)

701 Anders als im Einspruchsverfahren nach altem Recht (§ 40 Abs. 7 StBVV a.F.) erhält der Steuerberater im gerichtlichen Verfahren für einen Antrag auf Aussetzung der Vollziehung eine zusätzliche Verfahrensgebühr und ggf. eine Terminsgebühr nach Nr. 3202 VV RVG. Denn das Hauptsachenverfahren und das Verfahren nach § 69 Abs. 3, § 114 FGO sind verschiedene Angelegenheiten (§ 17 Nr. 4c RVG). Durch ein vorgerichtliches Telefonat mit dem Ziel der Vermeidung eines gerichtlichen Verfahrens kann der StB also auch im AdV-Verfahren eine Terminsgebühr verdienen.[7)]

702 In der Rechtsprechung der Finanzgerichte war **umstritten**, ob der Steuerberater auch im Verfahren des vorläufigen Rechtsschutzes vor dem Finanzgericht eine **Verfahrensgebühr** nach Nr. 3200 VV RVG i.H.v. 1,6 oder nur i.H.v. 1,3 nach Nr. 3100 VV RVG beanspruchen kann.[8)] Die unterschiedlichen Auffassungen resultierten aus der Vorbem. 3.2 Abs. 2 Satz 2 des VV RVG. Dort war bis zum Inkrafttreten des

---

1) FG Köln v. 6.2.2019, 2 Ko 3002/18, EFG 2019, 819 mit Anm. Hennigfeld; Becker, Honorargestaltung für Steuerberater Dezember 2019, 4, 5. Offen geblieben ist in dem Verfahren vor dem FG Köln die Frage, ob ggf. auch eine höhere ausländische Umsatzsteuer als 19 % erstattungsfähig ist, da im Streitfall nur 19 % geltend gemacht wurden.

2) BGH v. 17.4.2012, VI ZB 46/11, MDR 2012, 810.

3) BFH v. 28.2.1980, VR 138/72, BStBl II, 309; OLG München v. 18.11.2002, 11 W 2487/02, MDR 2003, 177; zur Bemessungsgrundlage vgl. FG Niedersachsen v. 20.9.1985, III 3/85 Ko, EFG 1985, 629.

4) FG Köln v. 5.7.2010, 10 Ko 4058/09, EFG 2010, 1638.

5) Dann nicht betrieblich veranlasst, so dass die Umsatzsteuer erstattungsfähig ist: BFH v. 13.7.1994, XI R 55/93, BStBl II 1994, 907; BFH v. 8.9.2010, XI R 31/08, BStBl II 2011, 197; ebenso FG Düsseldorf v. 17.10.2022, 11 Ko 1819/22 KF, EFG 2023, 213 mit Anm. Lambertz; Becker, Honorargestaltung für Steuerberater, April 2023, 7.

6) BGH v. 12.6.2006, II ZB 21/05, MDR 2007, 303; FG Köln v. 6.5.2010, 10 Ko 4314/08, EFG 2010, 1640.

7) Niedersächsisches FG v. 18.1.2010, 7 KO 5/08, EFG 2010, 752; FG Berlin-Brandenburg v. 5.4.2011, 13 Ko 13326/10, EFG 2011, 1551; FG Hamburg v. 11.7.2012, 3 KO 49/12, EFG 2012, 2157.

8) Für 1,6: FG Köln v. 27.6.2011, 10 Ko 1553/11, EFG 2011, 2108; Niedersächsisches FG v. 18.1.2010, 7 KO 10/09, EFG 2010, 749; FG Düsseldorf v. 24.10.2008, 6 Ko 768/08 KF, EFG 2009, 217; Sächsisches FG v. 27.3.2006, 3 Ko 243/06, EFG 2006, 1103; a.A. Niedersächsisches FG v. 27.4.2005, 6 Ko 3/05, DStRE 2005, 1366; FG Brandenburg v. 30.5.2006, 1 KO 541/06, EFG 2006, 1704.

2. KostRMoG (1.8.2013) geregelt, dass sich die Gebühren im Verfahren vor den Gerichten der Verwaltungs- und Sozialgerichtsbarkeit auf Anordnung oder Wiederherstellung der aufschiebenden Wirkung, auf Aussetzung oder Aufhebung der Vollziehung oder Anordnung der sofortigen Vollziehung eines Verwaltungsaktes und im Verfahren auf Erlass einer einstweiligen Anordnung nach Abschnitt 1 bestimmen, der lediglich eine Verfahrensgebühr i.H.v. 1,3 vorsieht (Nr. 3100 VV RVG).

Praxistipp:

Da die frühere Vorbemerkung schon nicht auf Verfahren vor den Gerichten der Finanzgerichtsbarkeit verwies, war es schon immer gut vertretbar unter Berufung auf das Sächsische FG auch im Aussetzungsverfahren eine 1,6 Verfahrensgebühr nach Nr. 3200 VV RVG zu berechnen. Nach Streichung der Wörter „vor den Gerichten der Verwaltungs- und Sozialgerichtsbarkeit" durch das 2. KostRMoG dürfte sich der Streit zu Gunsten der 1,6 Verfahrensgebühr erledigt haben.

Nach der neueren FG-Rechtsprechung und entgegen der früheren BFH-Rechtsprechung kann im AdV-Verfahren auch eine Erledigungsgebühr entstehen, z.B. bei tatsächlicher Verständigung im Rahmen eines Erörterungstermins.[1)]

Der Aussetzungsantrag beim Finanzamt ist Zulässigkeitsvoraussetzung für einen an das FG gerichteten Aussetzungsantrag (§ 69 Abs. 4 FGO). Gleichwohl sind die Kosten für den Antrag beim Finanzamt im Falle des Obsiegens vor dem FG nicht erstattungsfähig, da das Antragsverfahren vor dem Finanzamt über die AdV nach § 361 AO kein Vorverfahren i.S.d. § 44 FGO und § 139 Abs. 3 Satz 3 FGO zum Aussetzungsverfahren vor dem FG nach § 69 FGO ist.[2)] Der **Gebührenstreitwert** beträgt nach der Rechtsprechung des BFH regelmäßig 10 % des Streitwerts der Hauptsache.[3)] Der **Mindeststreitwert** von 1 500 € gilt hier nicht,[4)] d.h. ist der tatsächliche Streitwert (nach h.M. 10 % des Streitwerts der Hauptsache) geringer als 1 500 €, kann der StB nicht den höheren Mindeststreitwert zu Grunde legen. **703**

Beispiel:

Der StB beantragt für den Mandanten Aussetzung der Vollziehung eines Kfz-Steuerbescheids i.H.v. 538 €. Bei der Gebührenberechnung ist nicht von einem Streitwert von 53,80 € (10 %), sondern von 150 € auszugehen, da im Hauptsachverfahren der Mindeststreitwert von 1 500 € zur Anwendung gelangt.[5)] Praktische Auswirkungen hat dies nicht, da die Tabelle zu § 13 RVG bei einem Gegenstandswert bis 500 € eine einheitliche Gebühr vorsieht (für Aufträge ab dem 1.6.2025: 51,50 €). Entscheidend ist, dass der StB jedenfalls nicht den Mindeststreitwert von 1 500 € ansetzen kann, wenn es um seine Gebühren im AdV-Verfahren geht.

Eine **Anrechnung** der Geschäftsgebühr des Einspruchsverfahrens nach Vorbem. 3 Abs. 4 VV RVG findet nicht statt, wenn dem gerichtlichen Verfahren auf Aussetzung der Vollziehung kein entsprechender Antrag im Einspruchsverfahren vorausgegangen ist (Fall des § 69 Abs. 4 Satz 2 Nr. 2 FGO, drohende Vollstreckung).

---

1) Ausführlich FG Hamburg v. 14.2.2011, 3 KO 197/10, EFG 2011, 1468 m.w.N.; FG Berlin-Brandenburg v. 5.4.2011, 13 Ko 13326/10, EFG 2011, 1551; a.A. z.B. BFH v. 6.6.1968, VII B 105/67, BStBl II 1968, 771.

2) BFH v. 1.8.1986, V B 79/84, BFH NV 1988, 355; Beyme, Honorargestaltung für Steuerberater, Dezember 2023, 8.

3) BFH v. 26.4.2001, V S 24/00, INF 2001, 543; FG Köln v. 16.11.2002, 10 Ko 6021/01, EFG 2002, 224; a.A. FG Hamburg v. 31.10.2007, IV 169/05, EFG 2008, 488; FG Düsseldorf v. 25.5.2005, 11 V 5884/03 A(E), EFG 2005, 1285; FG Düsseldorf v. 14.11.2011, 11 V 1531/11 A, EFG 2011, 266 mit ausführlicher Begründung; Thüringer FG v. 1.9.2000, II 691/00 Ko, EFG 2001, 106; FG Berlin v. 10.12.1998, 2 B 2507/98, EFG 1999, 312: 25 % des Werts der Hauptsache; vgl. auch Jost, KP 2001, 97 ff.

4) BFH v. 14.12.2007, IX E 17/07, BStBl II 2008, 199.

5) FG Hamburg v. 16.1.2008, 4 K 235/07, EFG 2008, 1070.

Beispiel:

Der Steuerberater legt am 3.5.2025 Einspruch gegen den Steuerbescheid über 8 000 € ein und beantragt nach § 69 Abs. 3 i.V.m. § 69 Abs. 4 Satz 2 Nr. 2 FGO beim Finanzgericht zugleich Aussetzung der Vollziehung, ohne zuvor den Antrag nach § 69 Abs. 2 FGO bei der Finanzbehörde gestellt zu haben.

1. Einspruchsverfahren (Wert: 8 000 €)

1,3 Geschäftsgebühr, § 40 StBVV i.V.m Nr. 2300 VV RVG	592,80 €
Postentgeltpauschale, § 40 StBVV i.V.m. Nr. 7002 VV RVG	20,00 €
Zwischensumme	612,80 €
19 % Umsatzsteuer, § 15 StBVV	116,43 €
Gesamt	**729,23 €**

2. Gerichtliches Verfahren auf Aussetzung der Vollziehung (Wert: 800 €)

1,6 Verfahrensgebühr, § 45 StBVV i.V.m. Nr. 3200 VV RVG	140,80 €
Postentgeltpauschale, § 45 StBVV i.V.m. Nr. 7002 VV RVG	20,00 €
Zwischensumme	160,80 €
19 % Umsatzsteuer, § 45 StBVV i.V.m. Nr. 7009 VV RVG	30,43 €
Gesamt	**190,61 €**

Ist hingegen ein behördliches Aussetzungsverfahren vorausgegangen, wird die Geschäftsgebühr nach § 40 StBVV gem. Vorbem. 3 Abs. 4 VV RVG auf die gerichtliche Verfahrensgebühr nach h.M. angerechnet (→ Rz. 681 f.).

Gegen die Entscheidung über die Aussetzung der Vollziehung und über einstweilige Anordnungen steht den Beteiligten die Beschwerde zu, wenn sie in der Entscheidung zugelassen wurde, § 128 Abs. 3 FGO. Hierfür finden die Gebührenvorschriften über die Revision (Nr. 3206 ff. VV RVG) Anwendung. Dies ergibt sich aus der Vorbem. 3.2.2 Ziffer 3.[1)]

VIII. Kostenfestsetzungsverfahren

1. Kostenfestsetzung nur auf Antrag

704 Die zu erstattenden Aufwendungen der an einem Finanzrechtsstreit Beteiligten werden auf Antrag von dem Urkundsbeamten des Gerichts des ersten Rechtszugs festgesetzt (§ 149 Abs. 1 FGO), wobei die Aufwendungen der Finanzbehörden nicht zu erstatten sind (§ 139 Abs. 2 FGO).

Ein Kostenfestsetzungsverfahren kann aus 2 Gründen eingeleitet werden:

- zur Festsetzung der zu erstattenden Kosten des (zumindest teilweise) obsiegenden Klägers nach § 139 FGO;
- zur Festsetzung der Vergütung des Prozessbevollmächtigten gegenüber seinem Mandanten nach § 11 RVG (→ Rz. 723 ff.).

2. Grundlagen des Kostenfestsetzungsbeschlusses

705 Voraussetzung für eine Kostenfestsetzung ist das Vorliegen eines Kostentitels, der in der gerichtlichen Entscheidung (Urteil oder Beschluss) über die Kosten des Verfahrens zu sehen ist (sog. **Kostengrundentscheidung**). Voraussetzung für die Festsetzung der Kosten ist, dass die gerichtliche Entscheidung entweder **rechtskräftig** ist oder aber das Urteil hinsichtlich der Kosten für **vorläufig vollstreckbar** erklärt wurde (§ 155 FGO i.V.m. § 708 Nr. 10 ZPO).

706 Der **Antrag auf Kostenfestsetzung** ist **als elektronisches Dokument** zu übermitteln (z.B. per beSt; § 52d Satz 2 FGO i.V.m. § 52a Abs. 4 Satz 1 Nr. 2 FGO). Dass § 52d

1) Feiter, Honorargestaltung für Steuerberater, Februar 2021, 7, 8.

Satz 1 FGO von einem schriftlich einzureichenden Antrag spricht, steht dem nicht entgegen.[1] Eine Abschrift der Kostenrechnung für den Beklagten ist beizufügen (§ 155 FGO i.V.m. § 103 Abs. 2 ZPO).

Der Urkundsbeamte überprüft sodann, ob die Kosten **tatsächlich** entstanden sind. **707**
Die Zweckmäßigkeit und Notwendigkeit der Kostenfestsetzung wird nicht geprüft. Zur Glaubhaftmachung der Kosten eines Terminsvertreters ist zwingend dessen Kostenrechnung vorzulegen.[2]

Eine Entscheidung ergeht durch **Beschluss**. Eine (teilweise) ablehnende Entschei- **708**
dung muss mit einer **Begründung** versehen sein.[3]

Grundlage für die Berechnung aller in Frage kommenden Gebühren des Beraters **709**
im gerichtlichen Verfahren, die erstattungsfähigen Gebühren im außergerichtlichen Vorverfahren sowie für die Festsetzung der Gerichtskosten (§ 63 Abs. 2 GKG) ist der **Gebührenstreitwert** nach § 52 GKG. Für Klagen, die bis zum 31.7.2013 anhängig wurden, war klar, dass **Nebenforderungen** wie Zinsen, Solidaritätszuschlag und Kirchensteuer bei der Streitwertberechnung nicht zu berücksichtigen sind (→ § 10 StBVV Rz. 225).[4] Eine Ausnahme galt nur für den Fall, dass die Nebenforderungen gesondert angefochten wurden. Dann war als Streitwert der Wert der Nebenforderung maßgeblich, § 43 Abs. 2 GKG. Durch das am 1.8.2013 in Kraft getretene 2. KostRMoG wirken sich „offensichtlich absehbare Auswirkungen auf künftige Geldleistungen oder auf noch zu erlassende, auf derartige Geldleistungen bezogene Verwaltungsakte" streitwerterhöhend aus (vgl. § 52 Abs. 3 Satz 2 GKG). Umstritten ist, ob offensichtlich absehbare Folgen einer geänderten Einkommensteuerfestsetzung auch die Festsetzungen zur Kirchensteuer, zum Solidaritätszuschlag und zu den Zinsen sind.[5] Für zahlreiche Fallgestaltungen hat die Rechtsprechung Streitwerte festgesetzt (Streitwertkatalog für die Finanzgerichtsbarkeit).[6] Bietet der Sach- und Streitstand keine genügenden Anhaltspunkte, so ist der **Auffang-Streitwert** von 5 000 € anzunehmen (§ 52 Abs. 2 GKG).[7] Das gilt auch dann, wenn der Steuerbescheid auf 0 € lautet.[8] Der **Mindeststreitwert** beträgt 1 500 € (§ 52 Abs. 4 Nr. 1 GKG; zur Bedeutung des Mindeststreitwerts für das außergerichtliche Rechtsbehelfsverfahren → Rz. 650).

Praxistipp:

Die bei Eingang einer finanzgerichtlichen Klage fällig werdende gerichtliche Verfahrensgebühr wird für alle Klageverfahren, die nach dem 15.7.2014 anhängig gemacht worden sind, nicht mehr – wie bisher – nach dem Mindeststreitwert von 1 500 €, sondern vorrangig nach dem tatsächlichen Streitwert berechnet.[9]

Ausgenommen von dem Mindeststreitwert sind aus sozialpolitischen Erwägungen „Verfahren in Kindergeldangelegenheiten". Hierzu zählen die „klassischen" Kin-

1) OLG Frankfurt v. 16.1.2024, 18 W 120/23, MDR 2024, 596 zu § 130d Satz 1 ZPO.
2) KG Berlin v. 7.6.2018, 25 WF 17/18, NJW-Spezial 2018, 540.
3) OLG Hamburg v. 19.6.2002, 8 W 123/02, MDR 2002, 1274; FG Bremen v. 13.11.1995, 2 95 176 E 2, 2 95 178 E 2, EFG 1996, 150 m.w.N.
4) Beyme, Stbg 2017, 91 m.w.N.
5) Siehe Rz. 6; Bejahend: FG Baden-Württemberg v. 25.1.2016, 1 KO 2611/15, Stbg 2017, 90; Beyme, Stbg 2017, 92; Just, DStR 2014, 2481, 2483; verneinend: FG Hamburg v. 22.3.2017, 5 K 137/16, EFG 2017, 944; Becker, Honorargestaltung für Steuerberater Dezember 2017, 2 und April 2018, 7; zur Bedeutung für das außergerichtliche Rechtsbehelfsverfahren siehe → § 40 StBVV Rz. 650.
6) Überblick bei Jost, 7. Auflage 2024, Rubrik 2 Rz. 1 ff; Hollatz, NWB, Fach 2, 7591, 7593 ff.
7) Jost, 7. Aufl. 2024, Rubrik 2, Rz. 1; Jost, INF 2005, 917, 920, unter Hinweis auf Niedersächsisches FG v. 9.6.2005, 11 Ko 19/05, EFG 2005, 1804.
8) FG Köln v. 19.11.2007, 10 Ko 257/07 und 10 Ko 258/07, EFG 2008, 332 m.w.N.
9) § 52 Abs. 5 GKG, neu eingefügt durch Art. 7 Nr. 7b des Gesetzes zur Durchführung der Verordnung (EU) Nr. 1215/2012 sowie zur Änderung sonstiger Vorschriften v. 8.7.2014, BGBl I 2014, 890; Just, DStR 2014, 2481.

dergeldfälle, in denen um die Festsetzung bzw. die Rückforderung gestritten wird, nach FG Münster aber auch Fälle, in denen der Kindergeldberechtigte ausschließlich eine Erstattung seiner Kosten des Einspruchsverfahrens nach § 77 EStG geltend macht.[1] In diesen Verfahren ist auch die Annahme eines geringeren Streitwertes zulässig.

710 Das Prozessgericht setzt im finanzgerichtlichen Verfahren den Streitwert nur dann fest, wenn ein Beteiligter dies beantragt oder das Gericht es für angemessen erachtet (§ 63 Abs. 2 GKG).[2] Im Regelfall stellen die Beteiligten keinen Antrag auf gerichtliche Streitwertfestsetzung. Ein solcher Antrag setzt ein **Rechtsschutzbedürfnis** voraus, das regelmäßig nur dann vorliegt, wenn sich die Höhe des Streitwerts nicht unmittelbar aus dem Klageantrag ermitteln lässt und auch im Übrigen keine feste und einheitliche Rechtsprechung zu der aufgeworfenen Streitwertfrage besteht.[3] Regelmäßig wird der von den Kostenbeamten berechnete Wert im Kostenansatzverfahren (Erstellung einer Gerichtskostenberechnung mit Feststellung der Kostenschuldner) der sog. Kostenrechnung und im Kostenfestsetzungsverfahren dem Beschluss über die erstattungsfähigen Kosten zu Grunde gelegt.[4]

711 Der StB kann die Wertfestsetzung aus eigenem Recht beantragen (§ 40 Satz 1 StBVV i.V.m. § 32 Abs. 2 Satz 1 RVG). Er kann sie damit auch dann erreichen, wenn das Gericht oder die Parteien an einer solchen Festsetzung nicht interessiert sind, weil z.B. die Parteien persönliche Gerichtsgebührenfreiheit genießen (§ 2 GKG). Die Festsetzung erfolgt nur auf Antrag. Der Antrag ist erst zulässig, wenn die Vergütung fällig ist (§§ 8, 33 Abs. 2 Satz 1 RVG).

3. Umfang der Kostenerstattung

712 Maßgeblich für den Umfang der zu erstattenden Kosten ist die Kostenentscheidung der letzten gerichtlichen Entscheidung. Wird die Revision auf Nichtzulassungsbeschwerde zugelassen, sind Kosten des Zulassungsverfahrens nach dem Ergebnis des Revisionsverfahrens zu erstatten.[5] Erstattet werden nur die Aufwendungen des konkreten Verfahrens. Da das Hauptsacheverfahren und das Verfahren wegen vorläufigen Rechtsschutzes nach § 69 Abs. 3 FGO verschiedene selbständige Verfahren sind, erstreckt sich die Kostenentscheidung im Hauptsachverfahren nicht auf die Kosten, die im Verfahren wegen vorläufigen Rechtsschutzes entstanden sind.[6] Erstattungsfähig sind neben den **Gerichtskosten** (Gebühren und Auslagen) die zur zweckentsprechenden Rechtsverfolgung oder Rechtsverteidigung **notwendigen Aufwendungen** der Beteiligten einschließlich der **Kosten des Vorverfahrens** (§ 139 Abs. 1 FGO; → Rz. 693 ff.). Nach der Rspr. des BGH muss der Rechtspfleger die Gebühren des Vorverfahrens in der beantragten Höhe festsetzen, wenn der Erstattungspflichtige der Gebührenbestimmung nicht widerspricht (→ § 11 StBVV Rz. 244).[7] Ob die Finanzgerichte dieser Auffassung folgen werden, bleibt abzuwarten.

Praxistipp:

Trägt das FA im Kostenfestsetzungsverfahren keine Einwände gegen die Höhe der abgerechneten Geschäftsgebühr nach § 40 Satz 1 StBVV i.V.m. Nr. 2300 VV RVG vor und

---

1) FG Münster v. 23.12.2013, 4 Ko 4071/13, EFG 2014, 586.
2) Rummel, MDR 2002, 623.
3) BFH v. 26.1.1998, VII B 180/96, BFH/NV 1998, 879.
4) Hollatz, NWB, Fach 2, 7591, 7598 ff. (auch zu den Möglichkeiten der Änderung eines Streitwertbeschlusses).
5) BFH v. 6.2.1991, II R 36/87, BStBl II 1991, 367.
6) FG Hamburg v. 12.1.2018, 4 K 100/17, EFG 2018, 679 mit Anm. Schoenfeld; Becker, Honorargestaltung für Steuerberater Oktober 2018, 7.
7) BGH v. 20.1.2011, V ZB 216/10, ASR 2011, 211 in einer Zivilsache.

setzt der Urkundsbeamte gleichwohl eine niedrigere Geschäftsgebühr fest, sollten Sie Erinnerung einlegen und sich auf die vorgenannte Entscheidung des BGH berufen.

Die erstattungsfähigen eigenen Aufwendungen des Klägers setzen sich zusammen aus seinen persönlichen Auslagen, die in unmittelbarem Zusammenhang mit dem Prozess aufgewendet wurden, z.B. Reisekosten,[1] Verdienstausfall, ggf. Kosten eines Privatgutachtens,[2] Telekommunikationsgebühren, Kosten einer Informationsreise zum Prozessbevollmächtigten, den gesetzlichen Gebühren (insbesondere Verfahrens- und Terminsgebühr) und den Auslagen (→ Rz. 698 ff.) des Prozessbevollmächtigten, die nach **§ 139 Abs. 3 Satz 1 FGO** stets erstattungsfähig sind. Keine erstattungsfähigen Aufwendungen sind Kosten einer Sicherheitsleistung zur Abwendung der Vollziehung eines streitbefangenen Steuerverwaltungsakts, z.B. **Bürgschafts-** oder **Avalprovisionen,** die dem Steuerpflichtigen von seiner Bank für die Übernahme einer Bürgschaft gegenüber dem Finanzamt in Rechnung gestellt werden.[3] Im Hinblick auf die alle Beteiligten treffende **Schadensminderungspflicht** sind Kosten, die durch überflüssige oder zwecklose Maßnahmen verursacht wurden, nicht notwendig und damit nicht erstattungsfähig.[4] Wenn die erstattungsberechtigte Partei den Rechtsstreit ausnahmsweise selbst geführt hat und den StB oder RA lediglich mit der Kostenfestsetzung beauftragt, ist streitig, ob die im Rahmen des Kostenfestsetzungsverfahrens entstandenen Kosten des StB bzw. RA erstattungsfähig sind.[5] Haben StB und Mandant für das Vorverfahren oder das Klageverfahren eine **Vergütungsvereinbarung** nach § 40 Satz 1 StBVV i.V.m. § 3a RVG geschlossen, muss der StB einen eventuell die gesetzlichen Gebühren überschießenden Betrag von seinem Mandanten einfordern, da dieser Differenzbetrag nicht erstattungsfähig ist. Seit dem 1.7.2008 muss der StB seinen Mandanten auf die fehlende Erstattungsfähigkeit der vereinbarten Gebühr für das **Klageverfahren** hinweisen, § 40 Satz 1 StBVV i.V.m. § 3a Abs. 1 Satz 3 RVG.

Die **Kosten mehrerer Bevollmächtigter** sind grundsätzlich nur insoweit zu erstatten, **713**
als sie die Kosten eines Bevollmächtigten nicht übersteigen oder als in der Person des Bevollmächtigten ein Wechsel eintreten musste (§§ 139 Abs. 3 Satz 2, 155 FGO, § 91 Abs. 2 Satz 2 ZPO). Der Wechsel des StB darf deshalb nicht auf Umständen beruhen, die für den ersten Bevollmächtigten oder den Mandanten selbst in irgendeiner Weise vorhersehbar oder zurechenbar verschuldet waren. Ist der Mandant beispielsweise der Meinung, der neue Bevollmächtigte sei für die Interessenvertretung besser geeignet, rechtfertigt dies keine Kostenerstattung für zwei Bevollmächtigte.[6] Gleiches gilt für einen besonders schwierigen Fall.[7] Ausnahmsweise können Krankheit oder Tod des bisherigen Bevollmächtigten oder Mandatsniederlegung wegen Einstellung der beruflichen Tätigkeit aus achtenswerten Gründen[8] die Hinzuziehung eines weiteren Bevollmächtigten rechtfertigen. Spätestens mit dem Tod

1) Zur Erstattung von Reisekosten einer überörtlichen Sozietät siehe OLG Nürnberg v. 12.6.2006, 5 W 998/06, MDR 2007, 56; OLG Brandenburg v. 8.6.2006, 6 W 147/05, MDR 2007, 245.
2) Vgl. hierzu Gruber, StB 1998, 445, 448 ff.
3) Str., FG Münster v. 10.7.2012, 11 Ko 3705/11 KFB, EFG 2012, 1962 und FG Köln v. 24.7.2012, 10 KO 1883/12, EFG 2012, 2234 mit Anm. Lemaire; FG Hamburg v. 13.3.2012, 3 KO 220/11, EFG 2012, 1374; a.A. FG Baden-Württemberg v. 24.1.2007, 3 KO 7/03, EFG 2007, 783 und FG Baden-Württemberg v. 19.3.2011, 11 KO 5287/08.
4) FG Düsseldorf v. 14.10.2009, 3 KO 439/09 KF, EFG 2010, 161; keine Erstattungsfähigkeit der Mehrgebühren, die dadurch ausgelöst werden, dass der StB in einer Angelegenheit mehrere Einsprüche einlegt und hierfür mehrere Geschäftsgebühren berechnet; FG Köln v. 15.10.2001, 10 Ko 3092/01, EFG 2002, 115 f.
5) Siehe hierzu AG Lahr v. 3.5.2022, 2 C 114/21, NJW-Spezial 2022, 413 mit Praxishinweis.
6) FG Köln v. 8.12.2008, 10 KO 3591/08, EFG 2009, 428.
7) FG Köln v. 8.5.2000, 10 KO 3040/97, EFG 2000, 965.
8) BGH v. 12.9.2012, IV ZB 3/12, MDR 2012, 1376: Aufgabe der Anwaltstätigkeit, um eigene Mutter zu pflegen; FG Brandenburg v. 12.7.2016, 15 K 1236/13: Tod des bisherigen Bevollmächtigten.

des bisherigen Bevollmächtigten sind die Aufwendungen für den aktuell beauftragten StB als notwendig anzusehen.[1] Kosten für einen weiteren Bevollmächtigten sind ausnahmsweise auch dann zu erstatten, wenn der zunächst Beauftragte die Zulassung als Rechtsanwalt oder die Bestellung als Steuerberater verliert.[2] Auch dann sind bei gerichtlichem Obsiegen die Kosten für beide Bevollmächtigte zu erstatten. Zur Frage der Anrechnung der Geschäftsgebühr nach § 40 StBVV auf die gerichtliche Verfahrensgebühr im Falle des Beraterwechsels siehe → Rz. 683 f.

714 Ein **in eigener Sache** tätig gewordener StB kann ebenfalls Kostenersatz (Gebühren und Auslagen) verlangen (§ 155 FGO, § 91 Abs. 2 Satz 3 ZPO). Zu den Auslagen gehören auch Reisekosten für die Selbstvertretung vor einem auswärtigen Gericht, einschließlich der Tage- und Abwesenheitsgelder.[3] Es besteht allerdings kein Anspruch auf einen fiktiven höheren Stundensatz, auf Ersatz für die eigene Arbeitsleistung, entgangene Einkünfte oder ersparte Bevollmächtigten-Kosten.[4] Der Streitwert darf nicht unter dem Mindestbetrag von 1 500 € angenommen werden (§ 23 Abs. 1 Satz 1 RVG i.V.m. § 52 Abs. 4 GKG).[5] Eine Erstattung der Vorverfahrenskosten scheidet aber aus, da die tatsächliche Möglichkeit verneint wird, sich selbst hinzuziehen zu können und es insoweit an einer „Zuziehung" i.S.d. § 139 Abs. 3 Satz 3 FGO fehlt.[6] Soweit der StB im Vorverfahren zugleich den Ehegatten vertritt, kann seine Hinzuziehung aber als notwendig anerkannt werden (→ Rz. 700).[7]

715 Zur Erstattungsfähigkeit der Kosten eines **StB/Rechtsanwalts** → § 1 StBVV Rz. 91.

4. Verfahrensfragen

716 Derjenige, den der vollstreckbare Titel als Gläubiger ausweist, ist berechtigt, einen **Kostenfestsetzungsantrag** im eigenen Namen zu stellen (§ 155 FGO i.V.m. § 103 Abs. 1 ZPO). Die Einschaltung eines Prozessbevollmächtigten ist – auch vor dem BFH – nicht erforderlich. Auf Grund der **Vollmacht**, die den Prozessbevollmächtigten für die Vertretung im gerichtlichen Verfahren ausweist, ist er jedoch berechtigt, **im Namen seines Mandanten** einen solchen Antrag zu stellen. Er kann diesen Antrag mit dem weitergehenden Antrag, die Kosten auf sein Konto direkt zu überweisen, verbinden, wenn er nach § 155 FGO i.V.m. § 81 Halbsatz 4 ZPO über die Prozessvollmacht ermächtigt ist, die zu erstattenden Kosten vom Gegner in Empfang zu nehmen. **Materiell-rechtliche Einwände** gegen den Kostenerstattungsanspruch (z.B. der Erfüllungseinwand) werden im Kostenfestsetzungsverfahren grundsätzlich nicht geprüft. Ausnahme: Die Einwände sind ihren tatsächlichen Voraussetzungen nach unstreitig und deren Berücksichtigung bedarf keiner weiteren Prüfung.[8] Die während des Festsetzungsverfahrens erfolgte Zahlung unter Vorbehalt ist kein unstreitiger und offensichtlich begründeter Erfüllungseinwand. Dieser Erfüllungseinwand ist deshalb im Kostenfestsetzungsverfahren nicht zu berücksichtigen.[9]

Praxistipp:

Urkundsbeamte neigen dazu, materiell-rechtliche Einwände vorschnell mit der Begründung abzutun, diese würden im Kostenfestsetzungsverfahren nicht geprüft. Der

---

1) FG Brandenburg v. 12.7.2016, 15 K 1236/13; Beyme, KANZLEI intern 03_2017, 3.
2) FG Berlin-Brandenburg v. 8.8.2023, 8 KO 8028/23, DStR 2024, 454 mit Anm. Fietkau.
3) FG Hamburg v. 9.5.2016, 3 KO 123/16, EFG 2016, 1280.
4) FG Hamburg v. 13.7.2017, 3 KO 73/17.
5) Niedersächsisches FG v. 9.6.2005, 11 Ko 19/05, EFG 2005, 1804; Jost, 2005, 58; Jost, INF 2005, 917, 920.
6) FG Hamburg v. 13.7.2017, 3 KO 73/17; Niedersächsisches FG v. 14.2.2008, 7 Ko 3/07, EFG 2008, 1218 m.w.N.
7) BFH v. 13.7.2006, IV E 1/006, BFH NV 2006, 1874.
8) BGH v. 14.5.2014, XII ZB 548/11, NJW-spezial 2014, 412; KG Berlin, NJW-Spezial 2020, 316.
9) VG Frankfurt (Oder) v. 8.4.2022, VG 7 KE 27/20, NJW-Spezial 2022 413 unter Hinweis auf BGH-Rechtsprechung.

Antragsgegner (das unterlegene Finanzamt) kann aber bei materiell-rechtlichen Einwänden, die unstreitig bleiben, auf die BGH-Rechtsprechung hinweisen. Umso wichtiger ist, derartige Einwände zu bestreiten, wenn sie nicht als zugestanden gelten sollen, § 155 FGO i.V.m. § 138 Abs. 3 ZPO.[1]

Hat der Mandant dem StB seinen **Kostenerstattungsanspruch abgetreten**, kann die Finanzbehörde auch gegenüber dem neuen Gläubiger, also dem StB, mit fälligen Ansprüchen gegen den Steuerpflichtigen aufrechnen (§§ 226 Abs. 1 AO, 406 BGB). Um die Aufrechnung zu vermeiden, sollte die Abtretung erfolgen, bevor die Aufrechnungslage eintritt. Dann fehlt es an der Gegenseitigkeit der Forderungen (§ 387 BGB). Problematisch ist die Gutglaubensvorschrift des § 407 BGB. Es muss deshalb sichergestellt werden, dass das Finanzamt sich nicht auf fehlende Kenntnis von der Abtretung berufen kann.

Praxistipp:

Um die frühzeitige (antizipierte) Abtretung und deren Anzeige gegenüber dem Finanzamt zu gewährleisten, sollte die Abtretung des Kostenerstattungsanspruchs in die Prozessvollmacht mit aufgenommen werden. Der Mandant sollte die Vollmacht und die Abtretung unterzeichnen. Die Vollmacht sollte dann als Anlage der Klageschrift beigefügt werden.[2]

Bei Erlass des Kostenfestsetzungsbeschlusses ist auf Antrag auszusprechen, dass die festgesetzten Kosten von der Anbringung des Gesuchs ab mit fünf Prozentpunkten über dem Basiszinssatz zu **verzinsen** sind (§ 155 FGO i.V.m. § 104 Abs. 1 Satz 2 ZPO).[3] Die festzusetzenden Kosten eines Verfahrens sind nicht bereits mit dem Tag des Eingangs des Kostenfestsetzungsantrags bei Gericht zu verzinsen, sondern erst ab dem darauffolgenden Tag.[4] Der Zinsanspruch steht nach dem Gesetz der erstattungsberechtigten Partei und nicht dem StB zu. Hat der Mandant keine Steuerberatungskosten vorgelegt, weil der StB auf eine unmittelbare Abrechnung gegenüber dem Mandanten verzichtet und hat der StB seinen Vergütungsanspruch aus der Kostenerstattung durch Verrechnung befriedigt, ist dem Mandanten kein Zinsschaden entstanden.[5] **717**

Den **Urkundsbeamten** trifft eine **Prüfungspflicht** dahingehend, ob die Zuziehung eines Bevollmächtigten tatsächlich vorlag. Von dieser Prüfungspflicht wird er durch den Beschluss des Gerichts, dass eine Zuziehung notwendig war, nicht entbunden (→ Rz. 661, → Rz. 663). **718**

Der Kostenfestsetzungsbeschluss ist **Vollstreckungstitel** nach § 155 FGO i.V.m. § 794 Abs. 1 Nr. 2 ZPO. Er wird dem Antragsgegner von Amts wegen zugestellt; dem Antragsteller nur dann, wenn sein Gesuch ganz oder teilweise zurückgewiesen wurde (§ 155 FGO i.V.m. § 104 Abs. 1 Satz 4 ZPO). Mit der Zwangsvollstreckung aus dem Kostenfestsetzungsbeschluss darf frühestens zwei Wochen nach Zustellung desselben begonnen werden (§ 798 ZPO); anders im Fall des § 795a ZPO. **719**

Gegen die ablehnende Entscheidung des Urkundsbeamten kann der StB für seinen Mandanten innerhalb von zwei Wochen **Erinnerung** einlegen (§ 149 Abs. 2 – 4 FGO).[6] Will der Urkundsbeamte der Erinnerung nicht abhelfen, legt er diese dem zuständigen Senat zur Entscheidung vor, und zwar auch dann, wenn der Berichterstatter die Kostengrundentscheidung getroffen hat.[7] Das Gericht kann anordnen, **720**

1) Siehe Praxishinweis zu KG Berlin v. 20.1.2020, 19 W 158/19, NJW-Spezial 2020, 316, 317.
2) Anders, NWB 19/2017, 1464.
3) Siehe hierzu Gruber, StB 2002, 185.
4) LG Hamburg v. 29.11.2019, 628 Qs 37/19, NJW-Spezial 2020, 317.
5) Schneider, NJW-spezial 2014, 219.
6) Schneider, NJW-Spezial 2019, 475 zu Fallkonstellationen betreffen die Entscheidung über die Umsatzsteuer.
7) FG Sachsen-Anhalt v. 26.7.2010, 5 KO 805/10, EFG 2011, 375 m.w.N.; a.A. FG Münster v. 7.6.2010, 9 Ko 647/10 KFG, Berichterstatter, EFG 2010, 2021; s. § 79a Abs. 1 Nr. 5 FGO.

dass die Vollziehung einstweilen auszusetzen ist (§ 149 Abs. 3 FGO).[1] Die Entscheidung des Gerichts, die durch Beschluss ergeht, ist unanfechtbar. Die Kosten des erfolgreichen Erinnerungsverfahrens sind von der Gegenseite zu tragen.[2]

Praxistipp:

Bevor der Antrag auf Kostenfestsetzung gestellt wird, empfiehlt sich ein Abgleich mit der nachfolgenden **Checkliste „Häufige Fehler im Kostenfestsetzungsantrag"** (siehe hierzu auch Jost, 7. Aufl. 2024, Rubrik 4 Rz. 293.

- Der Antrag, die Notwendigkeit der Hinzuziehung des Bevollmächtigten zum Vorverfahren festzustellen, wird vergessen (→ Rz. 693).
- Der Streitwert des Einspruchsverfahrens wird auch im Klageverfahren zugrunde gelegt, obwohl der Einspruch nur teilweise ins Klageverfahren übergeht (→ Rz. 694).
- Der Antrag auf Verzinsung wird vergessen (→ Rz. 717).
- Die Erklärung zum Vorsteuerabzug wird vergessen (→ Rz. 700).
- Die Erhöhungsgebühr bei mehreren Auftraggebern (Eheleute) wird übersehen (→ Rz. 680).
- Es wird nur eine 1,3-Verfahrensgebühr nach Nr. 3100 VV RVG beantragt und keine 1,6-Verfahrensgebühr nach Nr. 3200 VV RVG (Typischer Fehler von Rechtsanwälten; → Rz. 679).
- Es wird übersehen, dass für einen AdV-Antrag gesonderte Gebühren anfallen (→ Rz. 701).
- Bei einem Beraterwechsel zwischen Einspruchs- und Klageverfahren sollte die Kostenrechnung des früheren Beraters vorgelegt werden (→ Rz. 697).
- Die Terminsgebühr wird schnell übersehen, wenn es keine mündliche Verhandlung gab (→ Rz. 684 ff.).
- Bei Streitwerten unter 1.500 € wird im Klageverfahren der (niedrigere) tatsächliche Streitwert und nicht der Mindeststreitwert angesetzt (→ Rz. 709).
- Die Auswirkungen einer Verfahrenstrennung bzw. Verfahrensverbindung werden nicht berücksichtigt (→ Rz. 686).
- Die Erledigungsgebühr wird mit dem falschen Satz abgerechnet (→ Rz. 689).
- Anstelle einer Erledigungsgebühr wird eine Einigungsgebühr abgerechnet (→ Rz. 692).
- Die Anrechnung der Geschäftsgebühr aus dem Vorverfahren auf die Verfahrensgebühr des gerichtlichen Verfahrens wird vergessen oder falsch vorgenommen oder es erfolgt eine Anrechnung, obwohl keine Anrechnung erfolgen muss (→ Rz. 681 ff.).
- Es wird nicht klar und eindeutig auf die maßgebliche Fassung der StBVV bzw. des RVG im Zeitpunkt der Auftragserteilung abgestellt (→ § 41 StBVV Rz. 780).
- Es wird der falsche USt-Satz zugrunde gelegt.

Praxistipp:

Vergisst der StB im Kostenfestsetzungsantrag die Geltendmachung einer Gebühr (z.B. Termins- oder Erledigungsgebühr), ist er durch den Kostenfestsetzungsbeschluss nicht beschwert. Eine Erinnerung wäre unzulässig. Der StB muss einen zweiten Kostenfestsetzungsantrag stellen und eine **Nachfestsetzung** der vergessenen Gebühr beantragen.[3] Gleiches gilt, wenn der StB vergisst, das Vorverfahren abzurechnen, den Antrag auf Verzinsung zu stellen oder die erstattungsberechtigte Partei versehentlich die Umsatzsteuerbeträge nicht geltend macht.[4]

721 Die Gebühren für das Erinnerungsverfahren sind in § 40 Satz 1 StBVV i.V.m. Nr. 3500, 3513 VV RVG geregelt. Der StB erhält nach dem RVG eine Verfahrens-

1) Hollatz, NWB, Fach 2, 7591, 7601.
2) AG Siegburg v. 28.2.2020, 104 C 83/18, NJW-Spezial 2020, 221.
3) Meinhard, RVG professionell v. 13.8.2018, 1.
4) Zu diesen und weiteren Fällen der Nachfestsetzung siehe Jost, 5. Aufl. 2016, S. 221.

und ggf. eine Terminsgebühr i.H.v. jeweils 0,5. Im Erinnerungsverfahren gilt das Verbot der reformatio in peius, d.h., der angefochtene Kostenfestsetzungsbeschluss darf im Ergebnis nicht zum Nachteil des Erinnerungsführers geändert werden.[1)]

Der Kostenerstattungsanspruch der obsiegenden Partei **verjährt** grundsätzlich nach drei Jahren (§ 195 BGB), z.B. im Fall der Klagerücknahme. Wird das Verfahren allerdings mit einer rechtskräftigen Entscheidung abgeschlossen, verjährt der Kostenerstattungsanspruch erst in 30 Jahren, § 197 Abs. 1 Nr. 3 BGB.[2)] Dass die Kostengrundentscheidung keine Bezifferung des Kostenerstattungsanspruchs enthält, sondern diese lediglich dem Grunde nach regelt, ist insoweit unerheblich.[3)] Die Frage der Verjährungsfrist stellt sich in der Praxis gelegentlich dann, wenn im Zuge des Kostenfestsetzungsantrags (versehentlich) nicht alle Gebühren geltend gemacht wurden und die übersehenen Gebühren später (vor Ablauf der Verjährungsfrist) mit einem gesonderten Antrag geltend gemacht werden müssen oder wenn es um Zinsen geht, die in dem Kostenfestsetzungsbeschluss tituliert sind und zu verjähren drohen. Im Kostenfestsetzungsverfahren darf der materiell-rechtliche Einwand der Verjährung grundsätzlich nicht geprüft werden. Die Frage der Verjährung ist vielmehr im Erkenntnisverfahren – also im Wege der Vollstreckungsgegenklage – zu klären.[4)] Der drohenden Verjährung eines durch Kostenfestsetzungsbeschluss rechtskräftig titulierten Kostenerstattungsanspruchs kann nur durch Erhebung einer Feststellungsklage begegnet werden; eine erneute Festsetzung ist nicht zulässig.[5)] 722

IX. Vergütungsfestsetzung gegen die eigene Partei (§ 40 Satz 1 StBVV i.V.m. § 11 RVG)

Nach § 40 Satz 1 StBVV i.V.m. § 11 RVG kann der in einem gerichtlichen Verfahren tätige Berater seine Gebühren und Auslagen gegenüber der eigenen Partei gerichtlich festsetzen lassen und sich so rasch und kostenfrei einen vollstreckbaren Titel gegen seinen eigenen Mandaten verschaffen. Gleiches gilt, wenn das Mandat im Laufe des Prozesses endet und der StB einen Honoraranspruch besitzt. Das Verfahren ist unabhängig vom Kostenfestsetzungsverfahren. Denn hier geht es nicht um einen Erstattungsanspruch des Mandanten gegen das Finanzamt auf Grund einer Kostenentscheidung im gerichtlichen Verfahren, sondern um den Vergütungsanspruch des bevollmächtigten StB gegenüber seinem eigenen Mandanten. Der Anwendungsbereich des § 11 RVG beschränkt sich allerdings nicht darauf, dass der StB die Kostenfestsetzung gegen die einstmals von ihm vertretene Partei betreiben kann. Der Weg über § 11 RVG steht auch dem Mandanten offen. Dieser muss den Antrag auf Feststellung dahingehend richten, dass dem StB die von ihm berechnete Vergütung ganz oder teilweise nicht zusteht.[6)] 723

Der von einer GbR beauftrage StB kann seine Gebühren nach § 11 RVG nur dann gegen einen Gesellschafter festsetzen lassen, wenn dieser neben der Gesellschaft auch selbst Auftraggeber des StB war (→ Rz. 665).[7)] Auch verauslagte Gerichtskosten können nach § 11 RVG festgesetzt werden.[8)] Ist Auftragnehmerin eine GbR,

1) BFH v. 16.12.1969, VII 45/68, BStBl II 1970, 251; FG Sachsen-Anhalt v. 1.8.2014, 5 Ko 803/14, EFG 2014, 1989 und v. 12.6.2013, 5 Ko 314/13, EFG 2013, 1700; FG Bremen v. 13.11.1995, 2 95 176 E 2, 2 95 178 E 2, EFG 1996, 150; FG Köln v. 16.11.2001, 10 Ko 6021/01, EFG 2002, 224.
2) BGH v. 23.3.2006, V ZB 189/05, MDR 2006, 1316; OLG Koblenz v. 7.3.2006, 14 W 130/06, MDR 2006, 1078.
3) VG Würzburg v. 24.9.2020, W 2 M 20.30941, NJW-Spezial 2020, 700.
4) OLG Frankfurt v. 17.5.2004, 14 W 51/04 zum Einwand der Verwirkung; Praxishinweis NJW-Spezial 2020, 700, 701 zu VG Würzburg v. 24.9.2020, W 2 M 20.30941, AGS 2020, 594.
5) OLG Stuttgart v. 8.2.2018, 8 W 45/18, NJW 2018, 1554.
6) OLG Köln v. 15.6.2015, 17 W 330/14, AnwBl 2016, 855.
7) BGH v. 14.9.2004, VI ZB 61/03, DStR 2005, 531.
8) BGH v. 16.7.2003, XII ZB 193/02, MDR 2003, 1201.

kann nur diese die Festsetzung der Vergütung gegen den Mandanten betreiben, auch wenn es sich bei der GbR um eine Scheinsozietät handelt.[1] Solange das Verfahren nach § 11 RVG betrieben werden kann, fehlt einer (Honorar-)Klage oder einem Mahnbescheid das **Rechtsschutzbedürfnis** (siehe aber auch → Rz. 691).[2] Für das Verfahren gelten dieselben Vorschriften wie für die Kostenfestsetzung gegenüber dem Gegner. Der Vergütungsanspruch muss **fällig** und durchsetzbar sein (§§ 8, 10 RVG). Spätestens mit dem Antrag muss eine Kostenberechnung nach § 10 RVG eingereicht werden. Kommt es in dem Verfahren zur Festsetzung der Vergütung zu einer unangemessenen **Verzögerung**, steht dem StB eine **Entschädigung** zu. Bei der Bemessung der Entschädigung ist als Grundsatz von einem Betrag in Höhe von 100 € pro Verzögerungsmonat auszugehen.[3]

724 § 11 RVG greift nur, wenn die **gesetzliche Vergütung** festgesetzt werden soll, also nicht für Rahmengebühren und infolgedessen nicht für die Kosten des außergerichtlichen Vorverfahrens, es sei denn, der StB rechnet hierfür endgültig und verbindlich nur die Mindestgebühren ab[4] oder der Auftraggeber hat der Höhe der Gebühren ausdrücklich zugestimmt. Macht der StB im Vergütungsfestsetzungsverfahren die Mindestgebühr nach § 40 StBVV geltend, kann er später gegenüber dem Mandanten keine höhere Gebühr mehr geltend machen. Er verzichtet dadurch auf die spätere Geltendmachung höherer Gebühren.[5] Im Vergütungsfestsetzungsverfahren sind – anders als im Kostenfestsetzungsverfahren – die **Kosten des außergerichtlichen Vorverfahrens** unabhängig davon erstattungsfähig, ob die Hinzuziehung eines Bevollmächtigten gem. § 139 Abs. 3 Satz 3 FGO für notwendig erklärt wurde oder nicht. Ein entsprechender Antrag ist also im Rahmen des Vergütungsfestsetzungsantrags nicht erforderlich.[6] Die Vorschriften sind ferner nicht anwendbar bei einem vereinbarten Honorar, bei Tätigkeiten als Partei kraft Amtes oder als gesetzlicher Vertreter, da sich die Vergütung in diesen Fällen nicht nach den Bestimmungen des RVG richtet und es auch an einem „Auftraggeber“ mangelt.

Nach § 11 Abs. 5 RVG ist die Festsetzung dann abzulehnen, wenn der Antragsgegner **Einwendungen oder Einreden** erhebt, die nicht im Gebührenrecht ihren Grund haben, es sei denn, die Einwendung ist offensichtlich aus der Luft gegriffen.[7] Dies betrifft etwa die Einrede der Verjährung, es sei denn die Verjährungseinrede ist offenkundig unbegründet und deshalb rechtsmissbräuchlich erhoben worden,[8] die Aufrechnung mit anderen Ansprüchen,[9] das Bestreiten der Auftragserteilung,[10] es sei denn die Auftragserteilung ergibt sich zweifelsfrei aus den aktenkundigen Schreiben des Mandanten,[11] die Behauptung eines Gefälligkeitsverhältnisses,[12] die Behauptung der Schlechtleistung,[13] es sei denn der Einwand ist offensichtlich aus der Luft gegriffen oder gänzlich haltlos und unverständlich[14] oder die Rüge fehlender Aufklärung darüber, dass im PKH-Verfahren StB-Kosten entstehen.[15] Demge-

1) OLG Brandenburg v. 6.1.2009, 6 W 186/08, MDR 2009, 1254.
2) FG Bremen v. 12.2.1999, 2 98 255 Ko 2, EFG 1999, 380.
3) OLG Zweibrücken v. 26.1.2017, 6 SchH 1/16 EntV, AnwBl 2017, 559.
4) OLG Koblenz v. 15.6.2000, 1 SWF 336/00, AnwBl 2001, 440 zu § 19 BRAGO. § 11 Abs. 8 Satz 1 RVG regelt diesen Fall – anders als § 19 BRAGO – ausdrücklich.
5) BGH v. 4.7.2013, IX ZR 306/12, AnwBl 2013, 665.
6) VGH Kassel v. 9.7.2010, 5 E 1048/10, NJW 2010, 3466 zum verwaltungsgerichtlichen Verfahren.
7) OLG Naumburg v. 7.4.2008, 8 WF 59/08, MDR 2008, 1367 f.
8) LAG Berlin v. 27.10.2003, 17 Ta (Kost) 6095/03, MDR 2004, 297.
9) OLG Frankfurt a.M. v. 7.6.2017, 18 W 85/17, NJW-Spezial 2017, 635.
10) OLG Brandenburg v. 12.3.2003, 9 WF 39/03, MDR 2003, 1202.
11) OLG Koblenz v. 9.8.2004, 14 W 511/04, AnwBl 2005, 76.
12) OLG Jena v. 15.4.2024, 1 W 118/24, MDR 2024, 1011.
13) Schleswig-Holsteinisches FG v. 13.12.2006, 1 Ko 278/06, EFG 2007, 384.
14) OLG Düsseldorf v. 30.8.2007, I 24 W 73/07, GI Aktuell, März 2008.
15) OLG Koblenz v. 22.12.2005, 14 W 816/05, MDR 2006, 595.

genüber kann über den Einwand, dem StB sei keine Prozessvollmacht erteilt worden, auch im Kostenfestsetzungsverfahren entschieden werden.[1)]

Voraussetzung für alle Einwendungen oder Einreden materiell-rechtlicher Art ist mehr als die formelhafte Behauptung, dem Mandanten stünden materiell-rechtliche Gegenansprüche zu.[2)] Zur gebotenen Substantiierung gehört es, dass die Einwendungen konkrete oder tatsächliche Umstände erkennen lassen, aus denen der Einwand hergeleitet wird.[3)]

Praxistipp:

Sind die Einwendungen des Mandanten offensichtlich unbegründet oder völlig aus der Luft gegriffen, sollte der StB auf einer Vergütungsfestsetzung bestehen und sich nicht auf den Klageweg verweisen lassen.

Erhebt der Mandant bereits vor Einleitung eines Vergütungsfestsetzungsverfahrens nicht gebührenrechtliche Einwendungen, kann der StB direkt den Klageweg beschreiten und muss nicht zuvor einen Antrag nach § 11 RVG stellen.[4)] Der Einwand der Nichtigkeit des Steuerberatungsvertrages hat hingegen unmittelbare Auswirkungen für die im Kostenfestsetzungsverfahren beachtliche Frage, ob der obsiegenden Partei außergerichtliche Kosten entstanden sind, zu deren Erstattung die unterliegende Partei verpflichtet sein kann.[5)] Wertfragen sind im Vergütungsfestsetzungsverfahren nicht zu klären. Einwendungen gegen den vom StB für die Berechnung seiner Gebühren angesetzten Gegenstandswert führen zur Aussetzung des Verfahrens bis über den Gegenstandswert im gesonderten Verfahren nach § 33 RVG rechtskräftig entschieden worden ist.[6)]

Nur bei substantiierten Einwendungen materiell-rechtlicher Art muss der StB den mühsameren Klageweg beschreiten. Die bloße Entgegennahme von Ratenzahlungen des Auftraggebers steht der Kostenfestsetzung nach § 11 RVG nicht entgegen, solange keine Ratenzahlungs- oder Stundungsvereinbarung getroffen wurde.[7)] Gegen eine nach § 11 RVG erfolgte Festsetzung der Vergütung kann Erinnerung eingelegt werden (§ 149 Abs. 2 FGO). Das Erinnerungsverfahren ist auszusetzen, wenn mit der Erinnerung auch der Gegenstandswert bestritten wird.[8)] Aus § 11 Abs. 4 RVG folgt, dass das Verfahren bezüglich des Gegenstandwertes Vorrang hat. **725**

X. Revisionsverfahren und Nichtzulassungsbeschwerde

Nach dem **RVG** entsteht für die Vertretung im Revisionsverfahren vor dem BFH eine Verfahrensgebühr gem. Nr. 3206 VV RVG i.H.v. 1,6 – bei vorzeitiger Beendigung des Auftrags eine geminderte Verfahrensgebühr gem. Nr. 3207 VV RVG i.H.v. 1,1 sowie ggf. eine Terminsgebühr gem. Nr. 3210 VV RVG i.H.v. 1,5. Ferner kann eine Erledigungsgebühr gem. Nr. 1004 VV RVG i.H.v. 1,3 entstehen. Im Verfahren der Nichtzulassungsbeschwerde entsteht gem. Nr. 3506 VV RVG ebenfalls eine 1,6 Verfahrensgebühr, die auf die Verfahrensgebühr für ein späteres Revisionsverfahren angerechnet wird (Anm. zu Nr. 3506 VV RVG). Bei vorzeitiger Beendigung des Auf- **726**

1) OLG Saarbrücken v. 12.3.2009, 9 WF 33/09, MDR 2009, 1135; a.A. VGH München v. 14.2.2022, 10 C 22.272, NJW-Spezial 2022, 379 zum Bestreiten der Vollmachtserteilung.
2) FG Köln v. 14.4.2010, 10 Ko 329/10, EFG 2010, 1249; FG Sachsen-Anhalt v. 21.3.2013, 5 KO 121/13, EFG 2013, 1608.
3) VG Augsburg v. 30.11.2022, Au 8 M 22.1346, NJW-Spezial 2023, 188.
4) LG Essen v. 24.4.2019, 18 O 317/18, Stbg 2020, 426; besprochen von Feiter, KANZLEI intern 05_2019, 2.
5) OLG Celle v. 21.8.2023, 2 W 107723, NJW 2023, 3102; OLG Celle v. 19.1.2017, 2 W 12/17, MDR 2017, 368 m.w.N.
6) OLG Hamm v. 31.5.2021, 6 WF 126/21, NJW-Spezial 2021, 413: im Kostenfestsetzungsverfahren richtet sich die Aussetzung nach § 148 ZPO.
7) OLG Koblenz v. 20.2.2004, 14 W 126/04, MDR 2004, 1083.
8) FG Sachsen-Anhalt v. 21.3.2013, 5 KO 121/13, EFG 2013, 1608.

trags beträgt die Verfahrensgebühr gem. Nr. 3507 VV RVG nur 1,1. Kündigt der StB nach Einlegung einer Nichtzulassungsbeschwerde das Mandat, weil er dem Rechtsmittel aufgrund einer inhaltlich zutreffenden Begutachtung keine Erfolgsaussichten beimisst und darum die vom Mandanten gewünschte Begründung und Durchführung der Nichtzulassungsbeschwerde ablehnt, verliert er seinen Vergütungsanspruch nicht. Die Nichtbefolgung eines solchen zutreffenden Rates zur Rücknahme eines Rechtsmittels stellt ein vertragswidriges Verhalten des Mandanten dar (vgl. § 628 Abs. 1 Satz 2 BGB), das keine Auswirkungen auf den Vergütungsanspruch hat.[1] Die Terminsgebühr beläuft sich gem. Nr. 3516 VV RVG auf 1,2.

727 Der Antrag auf Kostenfestsetzung ist regelmäßig an den Urkundsbeamten des Gerichts des ersten Rechtszuges zu richten (§ 149 Abs. 1 FGO). Der **Urkundsbeamte des BFH** ist in den folgenden Fällen **zuständig**:

- bei Anträgen auf Aussetzung, die gem. § 69 Abs. 3 Satz 1 FGO beim BFH gestellt werden, und
- bei Anträgen auf Erlass einer einstweiligen Anordnung gem. § 114 FGO, sofern diese beim BFH gestellt werden.

E. Vertretung vor den Gerichten der Sozialgerichtsbarkeit (Satz 1)

728 Seit dem 1.7.2008 sind StB und StBv auch vor den Sozial- und Landessozialgerichten in Verfahren nach §§ 28h und 28p SGB IV vertretungsbefugt (§ 73 Abs. 2 Satz 2 Nr. 4 SGG). Mit der VO zum Erlass und zur Änderung steuerlicher Verordnungen[2] hat der Verordnungsgeber mit Wirkung zum 20.12.2012 § 45 StBVV um einen Hinweis auf die Gebühren in Verfahren vor der Sozialgerichtsbarkeit ergänzt. Es handelt sich um eine Klarstellung. Schon bis zum Inkrafttreten dieser Änderungen wurde § 45 StBGebV über § 2 StBGebV sinngemäß angewandt. Mit Wirkung zum 1.7.2025 wurde der Regelungsgehalt des § 45 StBVV in § 40 Satz 1 StBVV überführt.[3]

In Verfahren vor den Gerichten der Sozialgerichtsbarkeit entstehen grds. Betragsrahmengebühren nach § 3 Abs. 1 Satz 1 RVG. In den Verfahren, in denen Steuerberater vor den Sozialgerichten auftreten dürfen (§§ 28h und 28p SGB IV), ist jedoch § 3 Abs. 1 Satz 2 RVG, der eine Abrechnung nach Gegenstandswert vorsieht. Die aus sich heraus kaum verständliche Regelung erschließt sich erst durch Heranziehung der §§ 1 Abs. 2 Nr. 3 GKG, 197a Abs. 1 Satz 1, 1. Halbsatz SGG. Danach entstehen keine Betragsrahmengebühren, sondern werden die Gebühren nach Gegenstandswert berechnet, wenn weder Kläger noch Beklagter zu den in § 183 SGG genannten Personen gehören. Dies trifft auf die Verfahren nach §§ 28h und 28p SGB IV zu.[4] Im Verfahren vor dem Sozial- bzw. Landessozialgericht erhält der StB deshalb dieselben Gebühren wie im Verfahren vor dem Verwaltungs- bzw. Oberverwaltungsgericht. Der StB kann deshalb im Verfahren vor dem **Sozialgericht** eine **Verfahrensgebühr** nach Nr. 3100 VV RVG i.H.v. 1,3 und eine **Terminsgebühr** nach Nr. 3104 VV RVG i.H.v. 1,2 abrechnen, ggf. auch eine Erledigungsgebühr nach Nr. 1003 VV RVG i.H.v. 1,0. Im Verfahren vor dem **Landessozialgericht** beträgt die **Verfahrensgebühr** nach Nr. 3200 VV RVG 1,6 und die **Terminsgebühr** nach Nr. 3202 VV RVG 1,2.

---

1) BGH v. 16.2.2017, IX ZR 165/16, DB 2017, 1258 zum Anwaltsrecht.

2) VO zum Erlass und zur Änderung steuerlicher Verordnungen v. 11.12.2012, BGBl. I 2012, 2637 = BStBl I 2013, 2.

3) Fünfte Verordnung zur Änderung der Steuerberatervergütungsverordnung v. 31.3.2025, BGBl. I 2025 Nr. 105 = BStBl I 2025, 1009.

4) Ausführlich Feiter, DStR 2015, 2686.

Im vorgelagerten **Widerspruchsverfahren** (§ 13 Abs. 6 Satz 2 SGB X) kann der StB die Vergütung gem. § 40 Satz 1 StBVV i.V.m. Nr. 2300 VV RVG aus einem Gebührenrahmen von 0,5 – 2,5 nach Tabelle zu § 13 RVG berechnen. **729**

Durch das 2. KostRMoG[1] wurden zum 1.8.2013 die Gebührenermäßigungstatbestände in sozialrechtlichen (und verwaltungsrechtlichen) Verfahren durch ein **Anrechnungsmodell** ersetzt (Vorbem. 2.3. Abs. 4 und Vorbem. 3 Abs. 4 Satz 1 VV RVG). **730**

Wenn ein StB oder RA nicht erst im Widerspruchsverfahren, sondern schon im vorangegangen Verwaltungsverfahren tätig geworden ist, erfolgt gem. Vorbem. 2.3 Abs. 4 Satz 1 VV RVG eine Anrechnung der hälftigen Geschäftsgebühr des Verwaltungsverfahrens (höchstens 0,75) auf die Geschäftsgebühr des Widerspruchsverfahrens. Diese Anrechnungsbestimmung gilt aber zunächst nur im Verhältnis zwischen Auftraggeber und StB, § 15a Abs. 1 RVG. Die Anrechnung im Rahmen der Kostenerstattung regelt dagegen § 15a Abs. 3 RVG (bis 31.12.2020: § 15a Abs. 2 RVG). Danach kommt die Anrechnung der nicht zu erstattenden Gebühr des Verwaltungsverfahrens grundsätzlich dem Auftraggeber und nicht dem Erstattungsschuldner zugute.[2] Im späteren Klageverfahren erfolgt dann die gleiche Anrechnung der Geschäftsgebühr des Widerspruchsverfahrens auf die Verfahrensgebühr des gerichtlichen Verfahrens.[3]

Wenn der Steuerberater nicht erst im Widerspruchsverfahren tätig wird, sondern bereits zuvor im Verwaltungsverfahren tätig geworden ist, sind die Vorschriften der StBVV nicht einschlägig (keine Tätigkeit nach § 33 StBVV, vgl. § 1 Abs. 1 StBVV). Da Rechtsanwälte hier eine Geschäftsgebühr nach Nr. 2300 VV RVG abrechnen würden und es sich bei den Tätigkeiten für Steuerberater um eine erlaubte Rechtsdienstleistung handelt, könnten auch Steuerberater eine sinngemäße Anwendung der Nr. 2300 VV RVG vornehmen. Der Gebührenrahmen ist identisch mit dem nach § 40 Satz 1 StBVV i.V.m. Nr. 2300 VV RVG. Vorteilhafter dürfte aber eine entsprechende Anwendung des § 29 Nr. 1 StBVV sein, der eine Zeitgebühr vorsieht. Denn das **RVG kennt keine Zeitgebühr** und **sieht deshalb auch keine Anrechnung der Zeitgebühr des Verwaltungsverfahrens auf das spätere Widerspruchsverfahren vor**.

Beispiel:

Der Steuerberater wird am 1.2.2024 beauftragt an einer Prüfung der Träger der Rentenversicherung nach § 28p SGB IV teilzunehmen. Die Teilnahme an der Prüfung beträgt 8 Stunden. Gegen den Bescheid des Trägers der Rentenversicherung legt der Steuerberater am 10.10.2024 Widerspruch ein. Dem Widerspruch wird abgeholfen. Es soll von einem Gegenstandswert i.H.v. 6 000 € ausgegangen werden. Abgerechnet werden sollen lediglich Mittelgebühren.

Lösung:

Variante 1: Abrechnung nach Wertgebühren

Verwaltungsverfahren:

1,5 Geschäftsgebühr, § 40 StBVV i.V.m. Nr. 2300 VV RVG (analog)	585,00 €
Postentgeltpauschale, § 40 StBVV i.V.m. Nr. 7002 VV RVG	20,00 €
Zwischensumme	605,00 €
19 % Umsatzsteuer, § 40 StBVV i.V.m. Nr. 7008 VV RVG	114,95 €
Gesamt	**719,95 €**

1) 2. KostRMoG v. 23.7.2013, BGBl. I 2013, 2586.
2) SG Dresden v. 8.12.2015, S 38 AS 6152/14, NJW-Spezial 2016, 59; siehe Beispiel unten.
3) Schneider, Fälle und Lösungen zum RVG, 5. Aufl. 2019, § 31 RVG Rz. 265.

Widerspruchsverfahren:

1,5 Geschäftsgebühr, § 40 StBVV i.V.m. Nr. 2300 VVRVG	585,00 €
anzurechnen gem. Vorbem. 2.3. Abs. 4 Satz 1 VV RVG 0,75	– 292,50 €
Postentgeltpauschale, § 40 StBVV i.V.m. Nr. 7002 VV RVG	20,00 €
Zwischensumme	312,50 €
19 % Umsatzsteuer, § 40 StBVV i.V.m. Nr. 7008 VV RVG	59,37 €
Gesamt	**371,87 €**

Von der Behörde zu erstatten ist bei erfolgreichem Widerspruchsverfahren unter Berücksichtigung des § 15a Abs. 3 RVG (bis 31.12.2020: § 15a Abs. 2 RVG) die volle Geschäftsgebühr zuzüglich Auslagenersatz und Umsatzsteuer, also der Gesamtbetrag von 719,95 €. Die Anrechnungsbestimmung der Vorbem. 2.3 Abs. 4 VVRVG kommt der Behörde nicht zu Gute. Sie gilt nur im Verhältnis zwischen StB und Auftraggeber. Nicht erstattungsfähig ist die Gebühr des vorangegangenen Verwaltungsverfahrens. Diese kann der Steuerberater – allerdings gemindert um den Anrechnungsbetrag (vgl. § 15a Abs. 1 RVG) – von seinem Auftraggeber fordern. Insoweit kommt dem Auftraggeber die o.g. Anrechnungsbestimmung zu Gute.

Variante 2: Abrechnung nach Zeitgebühren

Verwaltungsverfahren:

Teilnahme an Prüfung, § 29 Nr. 1 StBVV analog i.V.m. § 13 Satz 1 Nr. 1, Satz 2 StBVV

8 Stunden à 105 €	840,00 €
Postentgeltpauschale, § 40 StBVV i.V.m. Nr. 7002 VV RVG	20,00 €
Zwischensumme	860,00 €
19 % Umsatzsteuer, § 40 StBVV i.V.m. Nr. 7008 VV RVG	163,40 €
Gesamt	**1 023,40 €**

Widerspruchsverfahren:

1,5 Geschäftsgebühr, § 40 StBVV i.V.m. Nr. 2300 VVRVG	585,00 €
Postentgeltpauschale, § 40 StBVV i.V.m. Nr. 7002 VV RVG	20,00 €
Zwischensumme	605,00 €
19 % Umsatzsteuer, § 40 StBVV i.V.m. Nr. 7008 VV RVG	114,95 €
Gesamt	**719,95 €**

Da § 15a Abs. 3 RVG (bis 31.12.2020: § 15a Abs. 2 RVG) nicht greift, weil eine Anrechnung bei Zeitgebühren nicht vorgesehen ist, sind die Gebühren des Widerspruchsverfahrens i.H.v. 719,95 € zu erstatten. Den Betrag von 1 023,40 € kann der Steuerberater ungekürzt von seinem Auftraggeber fordern, da § 15a Abs. 1 RVG ebenfalls nicht eingreift.

Abwandlung:

In dem o. g. Beispiel wird der Widerspruch zurückgewiesen. Der Steuerberater erhebt am 2.2.2025 Klage zum Sozialgericht und obsiegt in I. Instanz.

Im Klageverfahren sind folgende Gebühren angefallen:

1,3 Verfahrensgebühr nach § 45 StBVV i.V.m. Nr. 3100 VV RVG	507,00 €
gem. Vorbem. 3 Abs. 4 Satz 1 VV RVG anzurechnen 0,75	– 292,50 €
1,2 Terminsgebühr nach § 45 StBVV i.V.m. Nr. 3104 VV RVG	468,00 €
Postentgeltpauschale, § 45 StBVV i.V.m. Nr. 7002 VV RVG	20,00 €
Zwischensumme	702,50 €
19 % Umsatzsteuer, § 45 StBVV i.V.m. Nr. 7008 VV RVG	133,47 €
Gesamt	**835,97 €**

In den Fällen, in denen mehrere Geschäftsgebühren (im Verwaltungsverfahren und im Widerspruchsverfahren) entstanden sind, ist für die Anrechnung auf die gerichtliche Verfahrensgebühr nur die zuletzt entstandene Gebühr maßgebend. Es erfolgt also keine doppelte Anrechnung (Vorbem. 3 Abs. 4 Satz 3 VV RVG). Die in dem o.g. Ausgangsfall vorgenommene Anrechnung der 0,75- Geschäftsgebühr gem. Nr. 2300 VV RVG gem. Vorbem. 2.3 Abs. 4 Satz 1 VV RVG ist deshalb auf das Widerspruchsverfahren beschränkt. Eine weitere Anrechnung dieser Geschäftsgebühr auf die Verfahrensgebühr im Klageverfahren erfolgt nicht.

Durch das 2. KostRMoG ist mit Wirkung zum 1.8.2013 für Verfahren im Sozialrecht und Verwaltungsrecht in Nr. 3104 Anm. Abs. 1 Nr. 2 VVRVG eine weitere Neuerung eingeführt worden. Bei Erlass eines **Gerichtsbescheids** wird der Anwendungsbereich der Terminsgebühr eingeschränkt. Sie fällt nur noch dann an, wenn der Steuerberater im Verfahren eine mündliche Verhandlung erzwingen kann. Dies wiederum ist nur dann der Fall, wenn gegen die Entscheidung kein Rechtsmittel gegeben ist, also bei Entscheidungen des Verwaltungsgerichts oder des Sozialgerichts, die nicht kraft Gesetzes berufungsfähig sind und bei denen die Berufung auch nicht zugelassen wurde (§ 84 Abs. 1 VwGO, § 105 Abs. 1 Satz 1 SGG). Umstritten ist, ob dem StB eine fiktive Terminsgebühr zusteht, wenn seine Partei durch Gerichtsbescheid vollständig obsiegt hat. Insoweit kann auf die Ausführungen zum verwaltungsgerichtlichen Verfahren verwiesen werden (→ Rz. 698), da es in beiden Verfahren um den Anwendungsbereich der Nr. 3104 Anm. Abs. 1 Nr. 2 VVRVG geht. **731**

F. Vertretung vor den Gerichten der Verwaltungsgerichtsbarkeit (Satz 1)

Bis zur Entscheidung des BVerwG vom 20.1.2016[1] entsprach es allgemeiner Rechtsauffassung, dass StB vor den **Verwaltungs- und Oberverwaltungsgerichten** nur in Steuer- und Monopolsachen als Prozessbevollmächtigte auftreten durften.[2] Typische Beispiele hierfür sind Streitigkeiten über Grundsteuern, Grunderwerbsteuern oder örtliche Verbrauch- und Aufwandsteuern.[3] Mit dem o.g. Urteil hat das BVerwG eine Vertretungsbefugnis des StB in allen Abgabenangelegenheiten bejaht und dies im Wesentlichen mit dem Wortlaut des § 67 Abs. 1 Satz 2 Nr. 3, Abs. 4 VwGO begründet. Damit ist jetzt klargestellt, dass StB ihre Mandanten auch in Streitigkeiten über kommunale Gebühren und Beiträge vertreten dürfen, und zwar gerichtlich vor dem Verwaltungs- und Oberverwaltungsgericht und vorgerichtlich. Dem Verfahren vor dem BFH lag ein Streit über einen Fremdenverkehrsbeitrag zugrunde. Eine Vertretung vor dem **Bundesverwaltungsgericht** ist hingegen unzulässig. An der Verfassungsmäßigkeit des § 67 Abs. 4 Satz 1 und 2 VwGO bestehen keine Bedenken.[4] **732**

Seit dem 3.7.2021 sind StB ferner vor den Verwaltungsgerichten und Oberverwaltungsgerichten „in Angelegenheiten finanzieller Hilfeleistungen im Rahmen staatlicher Hilfsprogramme zur Abmilderung der Folgen der **COVID-19-Pandemie**, wenn und soweit diese Hilfsprogramme eine Einbeziehung der Genannten als **prüfende Dritte** vorsehen" vertretungsbefugt, § 67 Abs. 2 Satz 2 Nr. 3a VwGO.[5] Voraussetzung für die Anwendbarkeit der Vorschrift ist also, dass das jeweilige staatliche Hilfsprogramm im Antragsverfahren eine Einbeziehung von StB als prüfende Dritte ausdrücklich vorsieht. In der Gesetzesbegründung wird es als sinnvoll angesehen, das Vorwissen des prüfenden Dritten auch in einem verwaltungsgerichtlichen Verfahren zu nutzen und den Antragsteller von der zusätzlichen Beauftragung eines Rechtsanwalts zu befreien. Klargestellt wird ferner, dass der prüfende Dritte auch **733**

---

1) BVerwG v. 20.1.2016, 10 C 17.14, DStR 2016, 1493 mit Anm. Beyer-Petz.
2) Siehe z.B. OVG Nordrhein-Westfalen v. 1.9.2005, 14 E 650/04; Hessischer VGH v. 21.5.2013, 5 A 875/13, DStR 2013, 1500; Feiter, KP 2006, 28.
3) Zu letzteren siehe Feiter/Eiling, Honorarbrief für Steuerberater 12/2013, 2.
4) BVerwG v. 14.8.2019, 9 B 24.19, DStRK 2019, 316.
5) Gesetz zur Modernisierung des notariellen Berufsrechts und zur Änderung weiterer Vorschriften, BGBl. I 2021, 2154, 2185.

dann vor der Verwaltungsgerichtsbarkeit vertretungsbefugt ist, wenn er bei der Antragstellung noch nicht beteiligt war.[1] Für StB besteht keine Vertretungsbefugnis vor der Verwaltungsgerichtsbarkeit in Angelegenheiten der **Corona-Soforthilfe**. Denn hierbei handelte es sich um ein staatliches Hilfsprogramm, das die Beteiligung eines prüfenden Dritten gerade nicht vorsah.[2]

734 Vor dem Verwaltungsgericht erhält der StB nur eine 1,3 Verfahrensgebühr (§ 40 Satz 1 StBVV i.V.m. Nr. 3100 VV RVG) und eine 1,2 Terminsgebühr (§ 40 Satz 1 StBVV i.V.m. Nr. 3104 VV RVG) und ggf. eine Erledigungsgebühr (§ 40 Satz 1 StBVV i.V.m. Nr. 1003 VV RVG). Umstritten ist, ob die fiktive Terminsgebühr nach Anm. Abs. 1 Nr. 2 zu Nr. 3104 VVRVG auch dann anfällt, wenn eine Partei durch **Gerichtsbescheid** vollständig obsiegt hat. Die Rechtsprechung hat die Terminsgebühr vielfach mit nicht überzeugenden Gründen abgelehnt.[3] Dabei wird die Auffassung vertreten, die Anm. Abs. 1 Nr. 2 zu Nr. 3104 VVRVG erfasse nur den Fall des § 84 Abs. 2 Nr. 5 VwGO, nicht aber den Fall des § 84 Abs. 2 Nr. 2 VwGO. DAV und BRAK haben angeregt, die Vorschrift dahingehend zu ändern, dass im Fall eines Gerichtsbescheids die Terminsgebühr auch anfällt, wenn „eine der Parteien" den Antrag auf mündliche Verhandlung stellen kann.[4] Danach könnte also auch der StB die fiktive Terminsgebühr abrechnen, dessen Partei durch Gerichtsbescheid nicht beschwert ist, weil sie vollständig obsiegt hat. Diesen Vorschlag hat der Gesetzgeber im Rahmen des KostRÄG 2021[5] nicht aufgegriffen.

Im Verfahren über die Beschwerde gegen die Nichtzulassung der Berufung entsteht eine 1,6 Verfahrensgebühr (§ 40 Satz 1 StBVV i.V.m. Nr. 3504 VV RVG) und ggf. eine 1,2 Terminsgebühr (§ 40 Satz 1 StBVV i.V.m. Nr. 3516 VV RVG). Im Berufungsverfahren vor dem Oberverwaltungsgericht fallen ebenfalls eine 1,6 Verfahrens- und eine 1,2 Terminsgebühr an (§ 40 Satz 1 StBVV i.V.m. Nr. 3200 und 3202 VV RVG). Durch das 2. KostRMoG[6] wurden die früheren Gebührenermäßigungstatbestände durch ein **Anrechnungsmodell** ersetzt (Vorbem. 2.3 Abs. 4 und 3 Abs. 4 Satz 1 VV RVG). Dies bedeutet, dass der StB, der nicht erst im Widerspruchsverfahren nach §§ 68 ff. VwGO, sondern schon im vorausgegangenen Verwaltungsverfahren tätig geworden ist, sich diese Ausgangsgebühr auf die Geschäftsgebühr des Widerspruchsverfahrens zur Hälfte (höchstens 0,75) anrechnen lassen muss. Maßgeblicher Gebührentatbestand für das Widerspruchsverfahren ist § 40 Satz 1 StBVV. Maßgeblicher Gebührentatbestand für das Verwaltungsverfahren ist Nr. 2300 VV RVG analog. Hat der Kläger für das Widerspruchsverfahren anstelle der gesetzlich vorgesehenen Geschäftsgebühr mit seinem StB eine Vergütung vereinbart, wird die fiktive gesetzliche Geschäftsgebühr nach den allgemeinen Grundsätzen auf die gerichtliche Verfahrensgebühr angerechnet.[7]

G. Vertretung in Strafverfahren (Satz 1)

735 Nach § 392 Abs. 1 Halbsatz 1 AO ist eine Alleinverteidigung durch einen StB oder Steuerbevollmächtigten möglich, solange die Finanzbehörde das Steuerstrafverfah-

1) BT-Drucks. 19/30503, 25.
2) VG Augsburg v. 28.5.2024, Au 8 K 24.555, DStR 2024, 2343 mit Anm. Ingenfeld.
3) VG Regensburg v. 27.6.2017, RO 9 M 16.929; VG Potsdam v. 31.1.2017, VG 11 KE 3/17; VG Schleswig-Holstein v. 13.11.2015, 12 A 30/15 und v. 28.10.2016, 9 A 55/16; a.A. aber VG Augsburg v. 29.3.2019, Au 4 M 19.30226, NJW-Spezial 2019, 349; VG Oldenburg v. 27.7.2017, 1 E 5687/17, NJW-Spezial 2017, 637 mit Darstellung des Meinungsstands.
4) Siehe Vorschläge zur regelmäßigen Anpassung, strukturellen Änderung und Ergänzung und Klarstellung des RVG – Gemeinsamer Katalog von DAV und BRAK (März 2018), S. 22 ff., abrufbar auf den Homepages von DAV und BRAK.
5) KostRÄG 2021 v. 21.12.2020, BGBl. I 2020, 3229.
6) 2. KostRMoG v. 23.7.2013, BGBl. I 2013, 2586.
7) So die verwaltungsgerichtliche Rechtsprechung: VG Leipzig v. 5.1.2023, 6 K 741/18, NJW-Spezial 2023, 189 m.w.N.; zur abweichenden zivilrechtlichen Rechtsprechung siehe → Rz. 651.

ren selbständig führt. § 392 Abs. 1 Halbsatz 2 AO regelt den Fall einer gemeinschaftlichen Verteidigung mit einem Rechtsanwalt. Hier können gebührenrechtliche Sonderprobleme entstehen, da die Kosten für mehrere Verteidiger nur insoweit notwendig und deshalb zu erstatten sind, als sie die Kosten eines Rechtsanwalts nicht übersteigen.[1] Die Gebühren des StB richten sich in beiden Fällen nach Teil 4 VV RVG. Das RVG regelt die Vertretung im Bußgeldverfahren in Teil 5 VV RVG.

Die gebührenrechtlichen Regelungen für die Vertretung in Strafsachen finden sich in Teil 4 VV RVG. Nach der Begründung des Gesetzgebers bei Einführung des RVG sollten die Vorschriften dem Wahlverteidiger im Vergleich zur BRAGO Mehreinnahmen in einer Größenordnung von bis zu 30 % bescheren. Die **Betragsrahmengebühren** wurden mit Wirkung zum 1.8.2013 um ca. 19 % erhöht.[2] Eine weitere Erhöhung um ca. 10 % ist mit Wirkung zum 1.1.2021 durch das KostRÄG 2021[3] erfolgt. Mit Wirkung zum 1.6.2025 wurden die Betragsrahmengebühren durch das KostBRÄG 2025 erneut um ca. 9 % angehoben.[4] Da im Bereich des Strafrechts ganz überwiegend Vergütungsvereinbarungen geschlossen werden, sind diese Erhöhungen für die Praxis weniger relevant. **736**

Das strafrechtliche Ermittlungsverfahren und das nachfolgende gerichtliche Verfahren sind verschiedene Angelegenheiten, § 17 Nr. 10 RVG. Der Wahlverteidiger erhält seit dem 1.6.2025 im **Ermittlungsverfahren** eine **Grundgebühr** zwischen 48 € und 432 € (Nr. 4100 VV RVG) für die erstmalige Einarbeitung in den Rechtsfall. Eine wegen derselben Tat oder Handlung bereits entstandene Grundgebühr im Bußgeldverfahren ist anzurechnen (Anm. 2 zu Nr. 4100 VV RVG). Dabei ist die Gebühr nach Nr. 4100 VV RVG so zu bestimmen, als sei der StB zuvor nicht tätig gewesen (§ 14 Abs. 2 RVG).[5] Daneben erhält der StB eine **Verfahrensgebühr** zwischen 48 € und 348 € (Nr. 4104 VV RVG) für das Betreiben des Geschäfts. Für die Teilnahme an Terminen außerhalb der Hauptverhandlung, z.B. bei Vernehmungen durch die Staatsanwaltschaft oder eine andere Strafverfolgungsbehörde, fällt zusätzlich eine **Terminsgebühr** zwischen 48 € und 360 € an (Nr. 4102 VV RVG). Eine **zusätzliche Gebühr** zwischen 48 € und 348 € entsteht dann, wenn die Durchführung einer Hauptverhandlung durch die Mitwirkung des Steuerberaters entbehrlich und das Strafverfahren eingestellt wird (Nr. 4141 VV RVG). Damit ist klargestellt, dass die Gebühr mit Einstellung des Strafverfahrens anfällt, unabhängig davon, ob die Tat als solche in einem anderen Verfahren, nämlich einem Bußgeldverfahren weiterverfolgt wird.[6] Diese zusätzliche Gebühr entsteht auch im Strafbefehlsverfahren, wenn die Durchführung einer Hauptverhandlung durch die Mitwirkung des Steuerberaters entbehrlich wird.[7] **737**

Im erstinstanzlichen **gerichtlichen Verfahren** entsteht eine weitere **Verfahrensgebühr** (Nr. 4106, 4112, 4118 VV RVG). Die Höhe dieser Gebühr ist – wie bisher – nach der Zuständigkeit des Gerichts gestaffelt. Im Verfahren vor dem Amtsgericht ist seit dem 1.6.2025[8] ein Rahmen von 48 € - 348 € vorgesehen. Wird durch die Mitwirkung des StB eine Hauptverhandlung entbehrlich, fällt eine zusätzliche Verfahrensgebühr in gleicher Höhe an (Nr. 4141 VV RVG). Kommt es zu einem Hauptverhandlungstermin, erhält der Verteidiger für jeden Verhandlungstag eine **Terminsgebühr** (Nr. 4108, 4114, 4120 VV RVG), deren Höhe sich ebenfalls nach der Zuständigkeit des Gerichts richtet. Sie beträgt im Verfahren vor dem Amtsgericht 84 € - 576 €. Die zeitliche Dauer der Hauptverhandlung in Strafsachen ist für die Bemessung der **738**

1) Bilsdorfer/Weyand, 1993, 66 f.
2) 2. KostRMoG v. 23.7.2013, BGBl. I 2013, 2586.
3) KostRÄG 2021 v. 21.12.2020, BGBl. I 2020, 3229.
4) KostBRÄG 2025 v. 7.4.2025, BGBl. I 2025 Nr. 109.
5) Burhoff, RVG professionell, Sonderausgabe 2020, 6.
6) Schneider, NJW 2013, 3768, 3769.
7) AG Berlin-Tiergarten v. 1.9.2015, (271 Cs) 234 Js 217/13 (167/13), NJW-Spezial 2015, 733.
8) KostBRÄG 2025 v. 7.4.2025, BGBl. I 2025 Nr. 109.

Terminsgebühr von erheblicher Bedeutung.[1] Nach Vorbem. 4 Abs. 3 Satz 2 VV RVG erhält der Verteidiger auch dann eine Terminsgebühr, wenn er zum Termin erscheint, der Termin aber nicht stattfindet und der Verteidiger von der Aufhebung des Termins keine Kenntnis hatte und auch keine Kenntnis haben musste. Ob die Terminsgebühr auch dann entsteht, wenn der Verteidiger nicht körperlich im Gerichtsgebäude erscheint, sondern von dem „**geplatzten Termin**" auf dem Weg zum Gerichtsgebäude erfährt und deshalb davon absieht, das Gerichtsgebäude aufzusuchen, wird ganz überwiegend verneint.[2] Die h.M. orientiert sich strikt am Gesetzeswortlaut der Vorbem. 4 Abs. 3 Satz 2 VV RVG. Dies widerspricht Sinn und Zweck der gesetzlichen Regelung, den nutzlosen Aufwand des Verteidigers zu honorieren.

Praxistipp:

Aus vergütungstaktischen Gesichtspunkten ist Verteidigern folgendes zu empfehlen, wenn sie von der Terminabsage nach Reiseantritt erfahren: Um sich die Terminsgebühr für den „geplatzten Termin" zu sichern, sollten sie die Reise fortsetzen und im (leeren) Gerichtssaal erscheinen.

Wartezeiten und Unterbrechungen an einem Hauptverhandlungstag werden grundsätzlich als Teilnahme berücksichtigt (Vorbem. 4.1. Abs. 3).[3] Relevant wird diese Regelung, wenn Längenzuschläge auf die Terminsgebühr wegen der Dauer der Verhandlung vorgesehen sind (z.B. Nr. 4110, 4111 VV RVG).

Eine Ausnahme gilt für Wartezeiten und Unterbrechungen, die der StB zu vertreten hat.

Beispiel:[4]

Auf Antrag des StB wird die Sitzung unterbrochen, weil eine Besprechung mit dem Mandanten erforderlich ist. Hierbei handelt es sich um einen Vorbereitungsaufwand für den (fortzusetzenden) Termin, der bereits über die Grund-Terminsgebühr abgegolten wird.

Eine weitere Ausnahme gilt für Unterbrechungen von mehr als einer Stunde soweit diese unter Angabe einer konkreten Dauer der Unterbrechung oder eines Zeitpunkts der Fortsetzung der Hauptverhandlung angeordnet wurden.

Beispiel:[5]

Das Gericht unterbricht die von 9:00 Uhr bis 14:35 Uhr dauernde Hauptverhandlung für eine Mittagspause, die 75 Minuten dauert. Der StB war die ganze Zeit anwesend.

739 Nach § 42 RVG kann der Wahlverteidiger in **Verfahren, die insgesamt oder teilweise besonders umfangreich oder schwierig waren**, auf Antrag eine **Pauschgebühr** für das ganze Verfahren oder einzelne Verfahrensabschnitte geltend machen. Die Vorschrift greift nur in Fällen unzumutbarer Unterbezahlung. Der entsprechende Antrag ist erst dann zulässig, wenn die Kostengrundentscheidung rechtskräftig geworden ist. Zuständig ist das OLG, zu dessen Bezirk das Gericht des ersten Rechtszugs gehört. Die vom OLG festzustellende Pauschgebühr darf aber das Doppelte der Höchstbeträge nach Teil 4 VV RVG nicht übersteigen, § 42 Abs. 1 Satz 4 RVG. Die Entscheidung des OLG ist kein Vollstreckungstitel. Wie sich aus § 42 Abs. 4 RVG ergibt, gelten die allgemeinen Regeln (Kostenfestsetzungsverfahren oder Vergütungsprozess). Dieses Verfahren erlaubt es, den erhöhten Arbeitsaufwand des Verteidigers angemessen zu berücksichtigen, auch wenn keine Vergü-

1) OLG Oldenburg v. 12.2.2021, 1 Ws 41/21, AGS 2021, 272.
2) Z.B. OLG Naumburg v. 12.8.2020, 1 Ws [s] 154/20; erstmals bejahend: LG Magdeburg v. 15.4.2020, 21 Ks 5/19, NJW-Spezial 2020, 443 m.w.N.
3) Eingefügt durch KostRÄG 2021 v. 21.12.2020, BGBl. I 2020, 3229.
4) Burhoff, RVG professionell, Sonderausgabe 2020, 6, 8.
5) Schneider, Das neue Gebührenrecht für Rechtsanwälte 2021, § 2 Rz. 389.

tungsvereinbarung geschlossen wurde. Darüber hinaus ist die zumindest teilweise Erstattung vereinbarter höherer Honorare möglich.

Praxistipp:

Auch wenn diese Vorschrift dem Wahlverteidiger eine gewisse Sicherheit angemessener Honorierung gibt, empfiehlt es sich, mit dem Mandanten vor Beginn der Tätigkeit eine Vergütungsvereinbarung zu schließen, da der Umfang der Tätigkeit – insbesondere im Ermittlungsverfahren – bei Mandatsannahme nur schwer abschätzbar ist.

Ist die Kanzlei des StB Gegenstand einer **Durchsuchung** durch die Staatsanwaltschaft oder Steuerfahndung und wird der StB hierbei in seiner Funktion als Zeuge in Anspruch genommen, kann er gegenüber der Behörde einen Anspruch auf **Verdienstausfallentschädigung** geltend machen.[1] Die Höhe der Verdienstausfallentschädigung beträgt höchstens 25,00 € für jede Stunde, §§ 23 Abs. 2 Satz 1, 22 Satz 1, 19 Abs. 1 Satz 1 Nr. 6 JVEG.

H. Vertretung in berufsgerichtlichen Verfahren (Satz 1)

Die Gebühren für berufsgerichtliche Verfahren sind in Teil 6 des Vergütungsver- **740**
zeichnisses Abschnitt 2 RVG geregelt. Berufsgerichtliche Verfahren sind nur Verfahren wegen der Verletzung einer Berufspflicht, die vor den Kammern für Steuerberater- und Steuerbevollmächtigtensachen beim LG und den Senaten für Steuerberater- und Steuerbevollmächtigtensachen beim OLG oder beim BGH verhandelt werden (§§ 95 ff. StBerG). Verfahren mit berufsrechtlichem Bezug, die in die Zuständigkeit der Finanzgerichtsbarkeit (z.B. Widerrufsverfahren) oder der Verwaltungsgerichtsbarkeit (z.B. Beitragsangelegenheiten) fallen, sind keine berufsgerichtlichen Verfahren in diesem Sinne.

Die Gebührentatbestände sind ähnlich aufgebaut wie die Gebühren in Strafsachen. Für einen Wahlanwalt sind Betragsrahmengebühren und für einen gerichtlich bestellten oder beigeordneten Rechtsanwalt sind feste Gebühren vorgesehen. Die Gebühren wurden zuletzt durch das KostBRÄG 2025[2] zum 1.6.2025 erhöht. Die Grundgebühr für die erstmalige Einarbeitung in die Rechtssache beträgt für einen Wahlanwalt 48 € – 420 € (Nr. 6200 VV RVG). Die Terminsgebühr für die Teilnahme an außergerichtlichen Terminen beträgt pro Tag 48 € - 444 € (Nr. 6201 VV RVG). Die Verfahrensgebühr in außergerichtlichen Verfahren beträgt 48 € - 348 € (Nr. 6202 VV RVG). In gerichtlichen Verfahren des ersten Rechtszugs beträgt die Verfahrensgebühr 60 € - 384 € (Nr. 6203 VV RVG) und die Terminsgebühr 96 € - 671 € (Nr. 6204 VV RVG). Die Gebühren des zweiten und dritten Rechtszugs richten sich nach Nr. 6207 – 6210 VV RVG und nach Nr. 6211 – 6215 VV RVG. Die zusätzliche Gebühr in Form einer weiteren Verfahrensgebühr ist in Nr. 6216 VV RVG geregelt. Sie kann z.B. entstehen, wenn eine gerichtliche Entscheidung mit Zustimmung der Beteiligten ohne mündliche Verhandlung ergeht.

I. Vertretung in Bußgeldverfahren (Satz 1)

Nach § 392 Abs. 1 Halbsatz 1 AO i.V.m. § 410 Abs. 1 Nr. 3 AO ist eine Alleinverteidi- **741**
gung durch einen StB oder Steuerbevollmächtigten möglich, solange die Finanzbehörde das Steuerstrafverfahren selbständig führt.

Die Gebühren wurden zuletzt mit Wirkung zum 1.6.2026 durch das KostBRÄG 2025[3] um ca. 9 % erhöht. Der Wahlverteidiger erhält seitdem eine **Grundgebühr**

1) LG Koblenz v. 11.2.2003, 4 Qs 94/02, PStR 2003, 267; Weber in Toussaint, 55. Aufl. 2025, § 23 JVEG Rz. 4; Feiter KANZLEI intern 04/2015, 8.
2) KostBRÄG 2025 v. 7.4.2025, BGBl. I 2025 Nr. 109.
3) KostBRÄG 2025 v. 7.4.2025, BGBl. I 2025 Nr. 109.

i.H.v. 36 € bis 204 € für die erstmalige Einarbeitung in den Rechtsfall (Nr. 5100 Abs. 1 VV RVG). Der Umfang der Akte zum Zeitpunkt der ersten Akteneinsicht ist ein wesentliches Indiz für den Aufwand bei der erstmaligen Einarbeitung in den Rechtsfall. Ein Aktenumfang von zwölf Seiten ist als sehr gering einzustufen und führt zu einer die Mittelgebühr unterschreitenden Grundgebühr.[1] Bei der Bestimmung der angemessenen Gebühr gelten die Kriterien des § 14 RVG, der dem § 11 StBVV weitgehend entspricht. Die weiteren Gebühren im **außergerichtlichen Verfahren** richten sich nach Nr. 5101 ff. VV RVG. Sie sind von der Höhe des Bußgelds abhängig. Die Gebühren für die **gerichtliche Verteidigung** sind in Nr. 5107 ff. VV RVG geregelt. Neben einer **Verfahrensgebühr** von 24 € bis 132 € (Nr. 5107 VV RVG) bei Geldbußen von weniger als 80 € und einer Verfahrensgebühr von 36 € bis 348 € bei einer Geldbuße von 80 € bis 5 000 € (Nr. 5109 VV RVG) kann noch eine **Terminsgebühr** i.H.v. 24 € bis 288 € (Nr. 5108 VV RVG) bzw. eine Terminsgebühr i.H.v. 48 € bis 564 € (Nr. 5110 VV RVG) anfallen. Dabei ist die Terminsdauer ein objektiver Maßstab für die Bemessung der Terminsgebühr. Ein nur wenige Minuten dauernder Hauptverhandlungstermin ist als deutlich unterdurchschnittlich anzusehen.[2]

J. Vertretung in Gnadensachen (Satz 1)

742 Für die Vertretung in einer Gnadensache erhält der StB eine Verfahrensgebühr nach Nr. 4303 VV RVG. Es handelt sich um eine Betragsrahmengebühr, die zum 1.6.2025 durch das KostBRÄG 2025[3] erhöht wurde. Sie beträgt 36 € - 360 €. Der StB erhält die Gebühr auch dann, wenn er den Mandanten zuvor als Verteidiger vertreten hat.

K. Vergütung bei Prozesskostenhilfe (Satz 2)

743 Mit Wirkung zum 1.7.2025 wurde § 46 StBVV gestrichen und der Regelungsgehalt in die Verweisvorschrift des § 40 Satz 2 StBVV überführt.[4] Davor wurde § 46 StBVV zuletzt durch Art. 4 Abs. 60 des Kostenrechtsmodernisierungsgesetzes geändert.[5] Als Prozessbevollmächtigte im Finanzgerichtsverfahren können Rechtsanwälte (§ 121 ZPO i.V.m. § 142 Abs. 1 FGO) und StB beigeordnet werden (§ 142 Abs. 2 FGO). Im Verfahren vor den Verwaltungsgerichten gibt es eine solche Einschränkung nicht (§ 166 VwGO). Der BGH[6] hat entschieden, dass die Beschränkung der Beiordnungsmöglichkeit auf Rechtsanwälte als Einzelpersonen verfassungswidrig ist und Rechtsanwaltsgesellschaften, Partnerschaftsgesellschaften und Sozietäten in ihrer Berufsausübungsfreiheit (Art. 12 Abs. 1 GG) einschränkt. Über den Wortlaut der o.g. Regelungen hinaus kann der bedürftigen Partei deshalb auch eine Berufsausübungsgesellschaft beigeordnet werden, wenn der für die Gesellschaft handelnde Vertreter zur Steuer- oder Rechtsberatung befugt ist. Das BVerfG[7] hat festgestellt, dass es mit dem Gleichheitsgrundsatz unvereinbar ist, dass nach § 2 Abs. 2 BerHG das Steuerrecht nicht zu den beratungshilfefähigen Angelegenheiten zählt. Darauf hat der Gesetzgeber mit dem Gesetz zur Änderung der Prozesskostenhilfe- und Beratungshilferechts[8] reagiert. Seit dem 1.1.2014 gehört auch das Steuerrecht zu den beratungshilfefähigen Angelegenheiten und StB und Steuerbevollmächtigte sind zur Beratungshilfe befugt (→ Rz. 772 ff.).

1) LG Düsseldorf v. 12.5.2017, 61 Qs 5/17, RVGreport 2017, 373.
2) LG Düsseldorf v. 12.5.2017, 61 Qs 5/17, RVGreport 2017, 373.
3) KostBRÄG 2025 v. 7.4.2025, BGBl. I 2025 Nr. 109.
4) Fünfte Verordnung zur Änderung der Steuerberatervergütungsverordnung v. 31.3.2025, BGBl. I 2025 Nr. 105 = BStBl I 2025, 1009.
5) KostRMoG v. 5.5.2004, BGBl. I 2004, 718.
6) BGH v. 17.9.2008, IV ZR 343/07, AnwBl 2009, 74.
7) BVerfG v. 14.10.2008, 1 BvR 2310/06, NJW 2009, 209.
8) BR-Drucks. 516/12 v. 31.8.2012.

Die berufsrechtliche Pflicht zur Übernahme einer Prozessvertretung im Fall der gerichtlichen Beiordnung regelt § 65 StBerG. Die berufsrechtliche Pflicht zur Übernahme der (außergerichtlichen) Beratungshilfe ist in § 65a StBerG geregelt. Nimmt ein angestellter StB für die Berufsausübungsgesellschaft ein Prozesskostenhilfe-Mandat an, muss er für die Beiordnung der Berufsausübungsgesellschaft sorgen (Gleichlauf von Mandat und Beiordnung).[1] Die Prozesskostenhilfe bezieht sich nur auf das gerichtliche Verfahren, nicht auch auf das außergerichtliche Vorverfahren. Hier kommt ggf. Beratungshilfe in Betracht. Für das Verfahren auf Bewilligung der Prozesskostenhilfe gibt es keine Prozesskostenhilfe. Gerichtskosten werden im Unterliegensfall (Ablehnung der Bewilligung der Prozesskostenhilfe) auch nicht erhoben, da das GKG hierfür keine Gebühren vorsieht. 744

I. Anspruchsvoraussetzungen und allgemeine Grundlagen

Einen Anspruch auf Prozesskostenhilfe hat nach dem Gesetz, wer einen Prozess führen muss und die dafür erforderlichen Kosten nicht aufbringen kann (subjektive Voraussetzung) **und** nach Einschätzung des Gerichts nicht nur geringe Aussichten hat, den Prozess zu gewinnen (objektive Voraussetzung). 745

Ein Anspruch auf Beratungshilfe besteht, wenn dem Rechtsuchenden keine andere Möglichkeit (z.B. Finanzämter, Familienkassen, Schuldner- oder Verbraucherzentralen) für eine Hilfe zur Verfügung stehen. Die Gewährung der Beratungshilfe setzt weiter voraus, dass die Wahrnehmung der Rechte nicht mutwillig ist (§§ 1 Abs. 1 Nr. 3 und Abs. 3 BerHG). Die Beratungshilfe wird (nur) für die **Wahrnehmung von Rechten** – nicht für die Mitwirkung bei der Erfüllung steuerlicher Plichten – außerhalb eines gerichtlichen Verfahrens und im obligatorischen Güteverfahren nach § 15a des Gesetzes betreffend die Einführung der Zivilprozessordnung gewährt.[2]

Typische Anwendungsfälle sind:

- die Beratung und Vertretung in Kindergeldsachen[3]
- die Tätigkeit im Schuldenbereinigungsverfahren (Nr. 2502, 2504–2507 VV RVG)
- die Abwehr von Steueransprüchen und Zwangsvollstreckungen der Finanzverwaltung.[4]

Antragsberechtigt sind: 746

- Natürliche Personen
- In Ausnahmefällen inländische juristische Personen (rechtsfähige Vereine, AG, GmbH, Genossenschaften)
- Parteifähige Personenvereinigungen (OHG, KG, nicht rechtsfähige Vereine)
- Partei kraft Amtes (Testamentsvollstrecker, Nachlass- und Insolvenzverwalter)
- Ausländische juristische Personen hingegen sind ausdrücklich ausgeschlossen (§ 1 Abs. 2 BerHG i.V.m. § 116 ZPO).

Wer zur Prozessführung/Beratung finanzielle Hilfe braucht, soll sie bekommen. Der Rechtsuchende muss bedürftig sein. Dabei gilt für den Fall der Beratungshilfe, dass eine Hilfsbedürftigkeit nur dann anzunehmen ist, wenn der Rechtsuchende auch in einem späteren gerichtlichen Verfahren Prozesskostenhilfe **ohne** die Anordnung 747

1) BGH v. 15.7.2010, IX ZR 227/09, AnwBl 2010, 716.
2) Szymborski, DStR 2012, 1984.
3) Feiter, KANZLEI intern 08/2014, 2 mit Berechnungsbeispiel.
4) Feiter, KANZLEI intern 09/2014, 5 mit Berechnungsbeispiel.

von Ratenzahlungen erhalten würde (§ 1 Abs. 2 BerHG).[1] Die Anforderungen sind damit deutlich höher als die Anforderungen an die Gewährung von Prozesskostenhilfe (hier besteht darüber hinaus die Möglichkeit der Gewährung der Prozesskostenhilfe gegen Ratenzahlung). Das gilt selbstverständlich nicht für aussichtslose Prozesse. Und es dürfen keine anderen zumutbaren Hilfsmöglichkeiten bestehen.

748 So soll derjenige, der einen Prozess führen will bzw. eine Beratung in Anspruch nehmen möchte, zunächst einmal auf sein Vermögen zurückgreifen, soweit ihm dies zumutbar erscheint. Ob Vermögen, insbesondere Ersparnisse, einzusetzen sind, entscheidet das Gericht. Über den Antrag auf Prozesskostenhilfe in einem gerichtlichen Verfahren entscheidet das prozessführende Gericht (in der Regel das Finanzgericht). Über den Antrag auf Beratungshilfe entscheidet das Amtsgericht, in dessen Bezirk der Rechtsuchende seinen allgemeinen Gerichtstand hat (§ 4 Abs. 1 BerHG). Der Antrag kann mündlich oder schriftlich gestellt werden (§ 4 Abs. 2 BerHG). Der amtliche Vordruck kann auf der Homepage der Landesjustizverwaltung (z.B. www.justiz.nrw.de; siehe auch Anhang 1) heruntergeladen werden. Liegen die Voraussetzungen für die Gewährung von Beratungshilfe vor, stellt das zuständige Amtsgericht, sofern es nicht selber die Beratung vornimmt, einen Berechtigungsschein für Beratungshilfe durch einen Bevollmächtigten, der im Übrigen frei gewählt werden kann, aus.

Diese Entscheidung, wie auch alle anderen gerichtlichen Entscheidungen, können wegen der in Art. 97 GG garantierten Unabhängigkeit der Richter nur in dem nach der jeweiligen Prozessordnung vorgesehenen Rechtsmittelverfahren geprüft werden.

749 In bestimmten Fällen besteht kein Anspruch auf Gewährung von Prozesskosten- bzw. Beratungshilfe. So zum Beispiel, wenn eine Rechtsschutzversicherung oder eine andere Stelle (z.B. Gewerkschaften unterstützen die Führung eines Musterprozesses) die Kosten übernehmen. Weiter kann sie dann nicht gewährt werden, wenn der Ehegatte oder bei einem unverheirateten Kind die Eltern oder ein Elternteil auf Grund gesetzlicher Vorschriften (Unterhaltspflicht) für die Kosten aufkommen müssen und entsprechendes Vermögen vorhanden ist.

750 Ein Rechtsstreit vor einem Gericht kostet Geld. Wer eine Klage erheben will, muss für das Verfahren im Fall des Unterliegens in der Regel Gerichtskosten zahlen. Schreibt das Gesetz eine anwaltliche Vertretung vor oder ist aus sonstigen Gründen (auf Grund der Kompliziertheit des Steuerrechts regelmäßig in Prozessen vor den Finanzgerichten) anwaltliche Vertretung notwendig, kommen die Kosten für diese hinzu.

751 Nach § 142 Abs. 1 FGO gelten die Vorschriften über die Prozesskostenhilfe im finanzgerichtlichen Verfahren sinngemäß. Es kann neben Rechtsanwälten danach auch ein Steuerberater, Steuerbevollmächtigter, Wirtschaftsprüfer oder vereidigte Buchprüfer beigeordnet werden.

752 Die Partei muss ihre persönlichen und wirtschaftlichen Verhältnisse unmittelbar gegenüber dem Gericht erklären. Ihr wird damit der oft als peinlich empfundene Gang zum Sozialamt o.ä. Behörden erspart. Ein entsprechender Vordruck kann kostenlos bei den Gerichten bezogen werden.[2]

753 Die Prozesskostenhilfe will Parteien, die nach ihren persönlichen und wirtschaftlichen Verhältnissen die Kosten der Prozessführung nicht, nur zum Teil oder nur in Raten aufbringen können, die Prozessführung ermöglichen. Damit korrespondiert eine nebenvertragliche **Hinweispflicht des StB**, wenn dieser Kenntnis von den

1) Feiter, KANZLEI intern 07/2014, 2 mit Berechnungsbeispiel.
2) Siehe auch Bonner Handbuch der Steuerberatung, Anhang zu § 65 StBerG oder Internet: http://www.justiz.de/formulare/zwi_bund/zp1a.pdf.

ungünstigen finanziellen Verhältnissen des Mandanten hat.[1] Die Verletzung dieser Pflicht kann zu **Schadensersatzansprüchen** des Mandanten führen.

Die gesetzlichen Voraussetzungen – insbesondere Bedürftigkeit des Antragstellers, Erfolgsaussichten einer Klage – ergeben sich aus den §§ 114 ff. ZPO, die über § 142 Abs. 1 FGO bzw. § 166 VwGO anwendbar sind.[2] Bezüglich des Antragsverfahrens ist darauf zu achten, dass die Erklärung über die persönlichen und wirtschaftlichen Verhältnisse zwingend auf einem amtlichen Vordruck abzugeben ist. Der Antrag ist für jedes selbstständige Verfahren und für jede Instanz getrennt zu stellen (§§ 119, 127 ZPO). Prozesskostenhilfe kann grundsätzlich nur für die Zeit nach Vorlage des vollständigen Antrags einschließlich der Erklärung und aller notwendigen Belege bewilligt werden. Eine nachträgliche und damit rückwirkende Bewilligung ist nicht möglich.[3] Ablehnende Beschlüsse im finanzgerichtlichen Verfahren der Prozesskostenhilfe können seit dem 1.1.2001 nicht mehr mit der Beschwerde angefochten werden (§ 128 Abs. 2 FGO). Sie sind aber mit einer Begründung zu versehen (§ 113 Abs. 2 Satz 2 FGO). Wird der bisher beigeordnete Bevollmächtigte entpflichtet, steht dem neu beigeordneten Bevollmächtigten grundsätzlich die volle gesetzliche Vergütung zu.[4] **754**

Praxistipp:

1. Da bereits dann Gerichtskosten anfallen, wenn neben dem Antrag auf Prozesskostenhilfe zusätzlich sofort Klage erhoben wird und später nach Ablehnung des Antrags die Klage zurückgenommen wird, sollte zunächst nur Prozesskostenhilfe beantragt werden. Nach Gewährung der Prozesskostenhilfe kann innerhalb von zwei Wochen nach Erhalt des Gerichtsbeschlusses die Klage nachgeholt und Wiedereinsetzung in den vorigen Stand wegen Versäumung der Klagefrist beantragt werden.[5]
2. Aus Gründen äußerster Vorsicht sollte dem PKH-Antrag kein „Entwurf" der Klage oder Rechtsmittelschrift beigefügt werden, sondern nur eine rechtlich angereicherte „Geschichtserzählung". Andernfalls besteht die Gefahr, dass das Gericht im Falle eines Wiedereinsetzungsantrags davon ausgeht, dass die Mittellosigkeit des Antragstellers nicht kausal war für die Fristversäumnis. Nach einer Entscheidung des BGH[6] gibt der Rechtsanwalt/StB in einem solchen Fall zu erkennen, dass er bereit war, die Klage/das Rechtsmittel auch ohne Bewilligung von PKH zu begründen.

II. Vergütung und Kosten des finanzgerichtlichen Prozesses

Im gerichtlichen Verfahren können im Zuge der Prozessführung folgende Kosten entstehen: **755**

- Rechtsanwalts-/Steuerberater-/Wirtschaftsprüferkosten (siehe RVG)
- Gerichtskosten (GKG)
- Gerichtsvollzieherkosten (GVKostG).

Da das Rechtsbehelfsverfahren vor den Steuerbehörden kostenfrei ist, erstreckt sich die Gewährung der Prozesskostenhilfe entsprechend nur auf das finanzgerichtliche Verfahren. **756**

Prozesskostenhilfe kommt in Betracht u.a. für Klageverfahren vor dem Finanzgericht, Aussetzungsverfahren, Verfahren über die einstweilige Anordnung, Beweissicherungsverfahren, Beschwerdeverfahren und entsprechende Rechtsmittelverfahren vor dem BFH. **757**

1) OLG Düsseldorf v. 28.2.2023, 24 U 335/20, MDR 2023, 667 zum Anwaltsrecht.
2) Zu Einzelheiten s. Jost, INF 1995, 394, 523; Friedrich, NJW 1995, 394.
3) Zenke, StB 2006, 302, 305.
4) OLG Celle v. 7.11.2007, 18 WF 250/07, NJW 2008, 2511.
5) Sächsisches FG v. 29.9.2008, 3 Ko 1632/08.
6) BGH v. 6.5.2008, VI ZB 16/07, AnwBl 2008, 639.

758 Für das Verfahren auf Bewilligung der Prozesskostenhilfe ist dagegen die Prozesskostenhilfe nicht erforderlich, weil das Prozesskostenhilfe-Bewilligungsverfahren kosten- und erstattungsfrei ist (§ 118 Abs. 1 ZPO) und nicht zum streitentscheidenden Teil des Verfahrens gehört.

759 Die Vergütung in PKH-Sachen bemisst sich sowohl für Rechtsanwälte, als auch für StB, StBv, WP und vereidigte Buchprüfer nach dem RVG (vgl. § 142 Abs. 2 FGO). Die Prozesskostenhilfe-Gebühren sind in einer eigenen Gebührentabelle (§ 49 RVG) geregelt. Bei verlorenem Prozess richtet sich der Vergütungsanspruch gegen die Staatskasse (§§ 45 ff. RVG), im Fall des Obsiegens gegen den Prozessgegner. Dem im Wege der PKH beigeordneten StB steht gegenüber der Landeskasse auch ein Anspruch auf Festsetzung von Auslagenersatz und Umsatzsteuer zu. Umsatzsteuer ist auch dann festzusetzen, wenn die bedürftige Partei zum Vorsteuerabzug berechtigt ist. Die Vorsteuerabzugsberechtigung der bedürftigen Partei wirkt sich nach h.M. auf die Höhe der PKH-Vergütung nicht aus, denn hierbei handelt es sich nicht um einen Erstattungsanspruch, sondern um einen echten Vergütungsanspruch.[1)]

760 Bei den Gebühren nach dem § 49 RVG handelt es sich – ab einem Gegenstandswert von mehr als 4 000 € – um **geminderte Gebühren**. So beträgt eine Gebühr bei einem Gegenstandswert bis 5 000 € seit dem 1.6.2025[2)] 319 € statt 349 € Regelgebühr (Tabelle zu § 13 RVG). Ab einem Streitwert von über 80 000 € gilt eine Festgebühr von 786 €. Eine **Vereinbarung** über eine **höhere** als die gesetzliche Vergütung zwischen beigeordnetem StB und Mandant ist nichtig, § 40 Satz 1 StBVV i.V.m. § 3a Abs. 3 RVG. Jede andere Vergütungsvereinbarung ist wirksam, auch die Vereinbarung der gesetzlichen Gebühren.[3)] Aufgrund der **Sperrwirkung** des § 122 Abs. 1 Nr. 3 ZPO ist die Differenz zwischen PKH-Vergütung und gesetzlicher Vergütung aber für die Dauer der Beiordnung nicht durchsetzbar.[4)] Nur dann, wenn diese Sperrwirkung entfällt (z.B. bei nachträglicher Aufhebung der bewilligten PKH), kann der StB die gesetzlichen Gebühren fordern.

Praxistipp:

Die Forderungssperre nach § 122 Abs. 1 Nr. 3 ZPO setzt erst mit dem Beschluss über die PKH-Bewilligung und die Beiordnung des StB durch das Gericht ein. Macht der StB im Anschluss daran die wirksam vereinbarten gesetzlichen Gebühren und Auslagen geltend, liegt sowohl ein Verstoß gegen § 122 Abs. 1 Nr. 3 ZPO, als auch ein Verstoß gegen § 352 StGB (Gebührenüberhebung) vor. Beide Verstöße können wettbewerbsrechtlich abgemahnt werden.[5)] Es empfiehlt sich daher, frühzeitig einen angemessenen Vorschuss zu fordern und mit dem Mandanten zu vereinbaren, dass der Vorschuss im Falle der Beiordnung nicht zurückzuzahlen ist. Der StB kann so sicherstellen, dass er die „normale" gesetzliche Vergütung erhält. Erfolgt die Vorschusszahlung lediglich in Höhe der Differenz, kann der StB gegenüber der Staatskasse die volle PKH-Vergütung geltend machen.[6)]

Ist der StB im Zeitpunkt der Vereinbarung der gesetzlichen Gebühren bereits beigeordnet, sollte er den Mandanten darauf hinweisen, dass er zur ordnungsgemäßen Vertretung auch ohne Abschluss einer Vereinbarung über die gesetzlichen Gebühren verpflichtet ist (§ 65 StBerG).[7)] Aus der Beschränkung auf das Verfahren über die Prozesskostenhilfe zählt nach § 16 Nr. 2 RVG zum Rechtszug und wird mit dem

1) OLG München v. 11.8.2016, 11 W 1281/16, NJW-Spezial 2016, 699, 700 m.w.N.
2) KostBRÄG 2025 v. 7.4.2025, BStBl. I 2025 Nr. 109.
3) Schneider, NJW 2021, 3286.
4) Str.; Mayer in Gerold/Schmidt, 25. Aufl. 2021, § 3a RVG Rz. 42; Schneider, NJW 2021, 3286 m.w.N.
5) LG Cottbus v. 12.5.2021, 1 O 56/21, AnwBl Online 2021, 766 in einer Anwaltssache.
6) Reckin, Anm. zu LG Cottbus v. 12.5.2021, 1 O 56/21, AnwBl Online, 766, 768.
7) Siehe Praxishinweis zu BGH v. 13.12.2018, IX ZR 216/17, NJW-Spezial 2019, 315 zur Belehrungspflicht eines Pflichtverteidigers und den Auswirkungen auf PKH- und Beratungshilfemandate.

Verfahren, für das Prozesskostenhilfe beantragt wird, als eine Angelegenheit gesehen. Hat der Bevollmächtigte nur einen Auftrag für das PKH-Antragsverfahren, erhält er eine 1,0-Verfahrensgebühr nach Nr. 3335 VV RVG und ggf. (bei Anordnung mündlicher Verhandlung durch das Gericht) eine Terminsgebühr i.H.v. 1,2 nach Vorbemerkung 3.3.6. VV RVG i.V.m. Nr. 3104 VV RVG. Wird er anschließend im Hauptsacheverfahren tätig, erhält er die übliche Verfahrensgebühr nach Nr. 3200 VV RVG i.H.v. 1,6 und ggf. die Terminsgebühr nach Nr. 3302 VV RVG von 1,2. Umstritten ist die Frage der Anrechnung einer vorgerichtlichen Geschäftsgebühr auf die aus der Staatskasse zu zahlenden Verfahrensgebühr. Da bei Werten bis 4 000 € die PKH-Vergütung und die Vergütung eines Wahlanwalts bzw. eines Wahlsteuerberaters identisch sind, sind Zahlungen auf die Geschäftsgebühr stets in voller Höhe auf die Vergütungsansprüche gegenüber der Staatskasse anzurechnen.[1)]

Da das Bewilligungs- und das Hauptsacheverfahren eine Angelegenheit sind, gehen die Gebühren des PKH-Antragsverfahrens in den Gebühren des späteren Hauptsacheverfahrens auf. Gegenüber der **Staatskasse** hat der beigeordnete StB auch dann einen Anspruch auf Festsetzung der **Umsatzsteuer**, wenn die von ihm vertretene Partei zum Vorsteuerabzug berechtigt ist.[2)] Von diesem Vergütungsanspruch des beigeordneten StB gegenüber der Staatskasse ist der **Fall des übergegangenen Kostenerstattungsanspruchs** des Mandanten zu unterscheiden. Bei der Kostenfestsetzung nach § 126 Abs. 1 ZPO kann der beigeordnete Bevollmächtigte von der unterlegenen Partei **nicht** die Erstattung von **Umsatzsteuer** auf die Honorarforderung fordern. Für die arme, zum Vorsteuerabzug berechtigte Partei ist die ihr vom Bevollmächtigten in Rechnung gestellte Umsatzsteuer ein durchlaufender Posten. Wie bei einer nicht bedürftigen vorsteuerabzugsberechtigten Partei muss der Bevollmächtigte die Umsatzsteuer gegenüber seinem Mandanten geltend machen und darf nicht die Gegenseite damit belasten.[3)] **761**

III. Geltendmachung der Vergütung

Wurden die Prozesskosten dem verurteilten Gegner auferlegt, ist der beigeordnete Bevollmächtigte berechtigt, seine Gebühren und Auslagen im eigenen Namen beizutreiben, also zu vollstrecken. Er kann einen Kostenfestsetzungsantrag nach § 126 ZPO stellen. **762**

Auf Grund des Festsetzungsbeschlusses kann nach § 794 Abs. 1 Nr. 2 ZPO die Zwangsvollstreckung erfolgen. Diese Vorgehensweise hat den Vorteil, dass das beklagte Finanzamt nicht mit Steuerschulden des Klägers/Antragstellers aufrechnen kann, weil dieser nicht Beteiligter des Verfahrens nach § 126 ZPO ist. Die in diesem Verfahren zu erstattenden Gebühren sind mit denjenigen nach § 149 FGO identisch, d.h. der Bevollmächtigte muss sich nicht mit den geminderten Gebühren nach § 49 RVG zufriedengeben. Allerdings kann der Bevollmächtigte in diesem Verfahren nur seine eigenen Gebühren und Auslagen geltend machen, nicht die dem Kläger/Antragsteller ansonsten zu erstattenden Aufwendungen (z.B. Verdienstausfall, Reisekosten). Diese müssten in einem weiteren Kostenfestsetzungsantrag nach § 149 FGO gegenüber dem Beklagten geltend gemacht werden. **763**

Zum Teil wurde in der Rechtsprechung die Auffassung vertreten, dass ein Kostenfestsetzungsantrag nach § 149 FGO in Bezug auf die Gebühren und Auslagen des Bevollmächtigten ausscheidet, wenn der bedürftigen Partei Prozesskostenhilfe bewilligt wurde. **764**

---

1) Siehe hierzu und zu weiteren Fallkonstellationen Schneider, RVG professionell, Sonderausgabe 2020, 21 mit Berechnungsbeispielen.
2) OLG Frankfurt a.M. v. 21.12.2017, 18 W 188/17, NJW-Spezial 2018, 187 m.w.N.
3) BGH v. 12.6.2006, Z B 21/05, MDR 2007, 303; FG Köln v. 6.5.2010, 10 Ko 4314/08, EFG 2010, 1640.

Begründung: Durch die Prozesskostenhilfe-Bewilligung wird ja gerade festgestellt, dass dem Kläger keine Aufwendungen entstehen. Würde man die Möglichkeit eines Antrags auf Kostenfestsetzung nach § 149 FGO bejahen, könnte das Finanzamt mit Steuerschulden des Klägers aufrechnen. Dieser müsste dann seinem Bevollmächtigten die Gebühren bezahlen. Dadurch würde die o.g. Regelung des § 122 Abs. 1 Nr. 3 ZPO unterlaufen.

765 Dieser Auffassung hat der BGH[1] eine Absage erteilt. Danach hat die bedürftige Partei auch dann einen durchsetzbaren Kostenerstattungsanspruch gegen die unterlegene Partei, wenn ihr zahlungsfreie Prozesskostenhilfe bewilligt wurde.

766 Der Anspruch auf Zahlung der gesetzlichen Gebühren ergibt sich aus z.B. dem Steuerberatungsvertrag. Der Bevollmächtigte kann diesen Anspruch lediglich nicht geltend machen (§ 122 Abs. 1 Nr. 3 ZPO). Da aber ein Vergütungsanspruch des Bevollmächtigten gegen die bedürftige Partei besteht, kann diese die Kosten im eigenen Namen festsetzen lassen. Der Kostenerstattungsanspruch des Klägers und das Beitreibungsrecht des Bevollmächtigten stehen also selbstständig nebeneinander.

767 Wurden die Kosten des Verfahrens dem Kläger/Antragsteller auferlegt, muss der Bevollmächtigte einen Vergütungsantrag gem. § 55 RVG stellen. Er erhält – ab einem Gegenstandswert von mehr als 4 000 € – lediglich die o.g. geringeren Gebühren nach § 49 RVG. Ein Antrag nach § 126 ZPO scheidet aus.

768 Bei teilweise gewonnenem Prozess kann der Bevollmächtigte zwei Anträge auf Erstattung der Kosten stellen: einen Antrag auf Kostenfestsetzung nach § 126 ZPO und einen Antrag nach § 55 RVG.

IV. Rechtsmittel

769 Entscheidungen im finanzgerichtlichen Prozess über die Ablehnung der Gewährung von Prozesskostenhilfe oder die Aufhebung von bewilligter Prozesskostenhilfe sind unanfechtbar (vgl. § 142 Abs. 2 FGO). Es sei aber darauf hingewiesen, dass jederzeit ein erneuter Antrag auf Prozesskostenhilfe gestellt werden kann, wenn sich ggf. die persönlichen Voraussetzungen o.ä. geändert haben. Dies gilt solange der Rechtsstreit im Hauptverfahren anhängig ist.

770 Bei Zurückweisungen des Antrags auf Beratungshilfe oder Aufhebung über die Bewilligung der Beratungshilfe (§ 6a BerHG) steht dem Rechtsuchenden die unbefristete Erinnerung zu (§ 7 Abs. 1 BerHG).

771 Besteht zwischen dem Bevollmächtigten und dem Gericht Streit über die Höhe der festzusetzenden Vergütung so kann der Bevollmächtigte ohne eine vorgesehene Frist Erinnerung einlegen (vgl. § 56 Abs. 1 Satz 1 und Abs. 2 Satz 1 RVG). Gegen die Entscheidung des Gerichts des 1. Rechtszuges ist die Beschwerde innerhalb einer Frist von 2 Wochen **und** einer Beschwerdesumme, die über 200 € liegen muss, gegeben (vgl. § 56 Abs. 2 Satz 1 i.V.m. § 33 Abs. 3 – 8 RVG).

V. Exkurs: Gebühren für Beratungshilfe

772 Nach § 65a StBerG sind StB und StBv verpflichtet, die in dem Beratungshilfegesetz vorgesehene Beratungshilfe zu übernehmen (zu den Voraussetzungen siehe § 65a StBerG). Im Verfahren der Beratungshilfe richtet sich die Vergütung nach den für die Beratungshilfe geltenden Vorschriften des RVG, § 8 Abs. 1 Satz 1 BerHG. Hier kommen in erster Linie die §§ 44 ff. RVG und die Nr. 2500 bis 2508 VV in Betracht. Die dort vorgesehene Begrenzung des Vergütungsanspruchs ist verfassungsrecht-

1) BGH v. 9.7.2009, VII ZB 56/08, NJW 2009, 2962.

lich noch gerechtfertigt und kein unzumutbares Sonderopfer für den StB.[1] In Abkehr von der früheren Regelung des § 8 Abs. 1 Satz 1 BerHG sind in Beratungshilfefällen jetzt auch **Vergütungsvereinbarungen** einschließlich Erfolgshonorarvereinbarungen zulässig, z.B. bei Mandatsannahme. Trifft der StB bei Mandatsannahme eine Vergütungsvereinbarung und beantragt wegen der Eilbedürftigkeit der Angelegenheit erst nachträglich Beratungshilfe, ist der Mandant aber nur dann zur Zahlung des vereinbarten Honorars verpflichtet, wenn die Beratungshilfe nicht bewilligt oder später aufgehoben wird.[2]

Beispiel:

Der StB berät einen bedürftigen Arbeitslosen über Fördermöglichkeiten im Fall einer Existenzgründung. Er vereinbart bei Mandatsannahme ein Erfolgshonorar für den Fall, dass das Gründungsvorhaben gefördert wird und stellt nachträglich einen Antrag auf Beratungshilfe. Das Erfolgshonorar kann er nur beanspruchen, wenn keine Beratungshilfe bewilligt wird und der Erfolg tatsächlich eintritt.

Der Schutz des Rechtsuchenden ist also dadurch gewährleistet, dass der StB seinen Vergütungsanspruch nicht durchsetzen kann, wenn und solange Beratungshilfe bewilligt ist.[3] Denn nach § 8 Abs. 2 Satz 1 BerHG bewirkt die Bewilligung von Beratungshilfe, dass die Beratungsperson gegen den Rechtsuchenden keinen Anspruch auf Vergütung mit Ausnahme der Beratungshilfegebühr nach § 44 Satz 2 RVG geltend machen kann.

Praxistipp:

Wegen der neu eingeführten Aufhebung der Beratungshilfe nach § 6a BerHG kann eine Vergütungsvereinbarung nunmehr nicht nur in Fällen nachträglicher Antragstellung, sondern auch bei bereits bewilligter Beratungshilfe sinnvoll sein.[4] Ist der StB im Zeitpunkt der Vergütungsvereinbarung bereits beigeordnet, sollte er den Mandanten zusätzlich darauf hinweisen, dass er auch ohne Abschluss einer Vergütungsvereinbarung zur ordnungsgemäßen Vertretung verpflichtet ist.[5]

Wenn keine Vergütungsvereinbarung geschlossen und Beratungshilfe nicht bewilligt wird, kann der StB von dem Rechtsuchenden die gesetzliche Vergütung jedenfalls dann verlangen, wenn er bei Mandatsannahme darauf hingewiesen hat. Umgekehrt steht dem Mandanten gegen seinem StB gem. §§ 675, 670, 280 Abs. 1 BGB ein **Schadensersatzanspruch** zu, wenn der StB „bei begründetem Anlass" nicht auf die Möglichkeit der Beratungshilfe hingewiesen hat. Der Schaden besteht in Höhe des gezahlten Honorars abzüglich der Beratungshilfegebühr i.H.v. 15 €.[6] Weiß der StB, dass der Mandant Anspruch auf Beratungshilfe hat und rechnet gleichwohl die gesetzlichen Gebühren ab, kann sogar ein Fall der **Gebührenüberhebung** nach § 352 StGB vorliegen.[7] Der StB kann auch auf jedwedes Honorar verzichten (Tätigkeit pro bono), § 4 Abs. 1 Satz 3 RVG. Der erstattungspflichtige Gegner soll von diesem Verzicht allerdings nicht profitieren, § 4 Abs. 1 Satz 3 RVG i.V.m. § 9 BerHG. Im Falle eines Steuerberaterwechsels kann der zweite StB keine Beratungshilfe berechnen, auch dann nicht, wenn der Mandant den ersten StB selbst bezahlt hat. Die Beratungshilfe ist nicht dazu gedacht, Zweitmeinungen einzuholen oder eine

---

1) Offermann-Burckart, AnwBl 2021, 406, 407 unter Hinweis auf BVerfG v. 22.7.2017, 1 BvR 1955/17 zur gesetzlich vorgesehenen und gedeckelten Vergütung eines Zeugenbeistands.
2) Mayer in Gerold/Schmidt, RVG, 26. Aufl. 2023, § 3a RVG Rz. 44 und Rz. 44a mit Muster.
3) BT-Drucks. 17/11472, 26.
4) BT-Drucks. 17/11472, 43.
5) § 65a StBerG; Siehe Praxishinweis zu BGH v. 13.12.2018, IX ZR 216/17, NJW-Spezial 2019, 315 zur Belehrungspflicht eines Pflichtverteidigers und den Auswirkungen auf PKH- und Beratungshilfemandate.
6) AG Brandenburg an der Havel v. 28.3.2022, 31 C 117/21, AnwBl 2022, 429 in einer Anwaltssache.
7) Praxishinweis zu AG Brandenburg an der Havel v. 28.3.2022, 31 C 117/21, GI aktuell Oktober 2023, 288 und NJW-Spezial 2022, 415 m.w.N.

Beratung in gleicher Sache fortzusetzen. Dies gilt auch dann, wenn die Staatskasse keine Beratungshilfekosten für den ersten StB gezahlt hat.[1)]

773 Der Bevollmächtigte kann vom Rechtssuchenden eine Beratungshilfegebühr i.H.v. 15 € verlangen (Nr. 2500 VV RVG). Es handelt sich um eine Bruttogebühr. Sie umfasst nach der Anm. Satz 1 zu Nr. 2500 VV RVG die Auslagen und die Umsatzsteuer. Die Gebühr wird von jedem Mandanten geschuldet, der den Auftrag erteilt hat. Eine Erhöhungsgebühr für mehrere Mandanten ist nicht vorgesehen.

774 **Alle weiteren Gebühren** sind mit der Staatskasse des jeweiligen Amtsgerichts abzurechnen. Eine Abrechnung gegenüber dem Mandanten ist nicht zulässig (§ 44 Satz 1 RVG). Für die Abrechnung gegenüber der Staatskasse besteht Formularzwang (siehe z.B. www.justiz.nrw.de.).

775 Folgende Gebühren sind möglich:

- Beratungsgebühr
  Nach Nr. 2501 VV RVG beträgt die Gebühr 42,00 €.
- Geschäftsgebühr
  nach Nr. 2503 VV RVG beträgt die Gebühr 102,00 €.
- Einigungs- oder Erledigungsgebühr
  Die Gebühr kann entstehen, wenn der Bevollmächtigte an einer Einigung i.S.v. Nr. 1000 VV RVG oder an einer Erledigung i.S.v. Nr. 1002 VV RVG mitgewirkt hat (Nr. 2508 VV RVG). Die Gebühr beträgt 180,00 €.

Die vorgenannten Gebühren wurden mit Wirkung zum 1.6.2025 durch das KostBRÄG 2025 erhöht.[2)] Eine Erhöhung der Beratungsgebühr bei mehreren Auftraggebern kommt nach h.M. nicht in Betracht, weil Nr. 1008 VV RVG eine Erhöhung nur für Verfahrens- und Geschäftsgebühren vorsieht. Bei der Beratungsgebühr handelt es sich jedoch nicht um eine solche Gebühr.[3)] In Straf- und Ordnungswidrigkeitenangelegenheiten kann lediglich für die Beratung, nicht aber für die Vertretung Beratungshilfe gewährt werden, § 2 Abs. 2 Satz 2 BerHG. Da auch im Rahmen der Beratung Auslagen anfallen können, z.B. durch das Anfordern von Akten oder durch schriftliche Beratungskorrespondenz mit dem Mandanten, sind in diesen Fällen auch die Post- und Telekommunikationsdienstleistungen (pauschal oder konkret), die Aktenversendungspauschale (§ 40 Satz 1 StBVV i.V.m. Vorbem. 7 Abs. 1 Satz 2 VVRVG i.V.m. §§ 670, 675 BGB) und anteilige Umsatzsteuer festzusetzen.[4)]

776 Nach der Anm. Abs. 2 zu Nr. 2501 VV RVG ist die Beratungsgebühr in voller Höhe auf die Geschäftsgebühr anzurechnen. Die Geschäftsgebühr ist auf eine mögliche Verfahrensgebühr in einem gerichtlichen bzw. behördlichen Verfahren zur Hälfte anzurechnen (Anm. Abs. 2 zu Nr. 2503 VV RVG).[5)] Eine Einschränkung dahingehend, dass die Geschäftsgebühr zunächst nur auf die Differenz zwischen der Vergütung nach § 49 RVG und der Gebühr eines Wahlanwalts bzw. -steuerberaters anzurechnen ist, ergibt sich aus dem Gesetz nicht und wird von der h.M. abgelehnt.[6)]

777 Sowohl die Beratungsgebühr als auch die Geschäftsgebühr erhöhen sich nach Nr. 1008 VV RVG um 30 % für jeden weiteren Auftraggeber.

778 Bezieht sich die Tätigkeit des StB auf das Ziel einer außergerichtlichen Einigung mit den Gläubigern über die **Schuldenbereinigung** auf der Grundlage eines Plans

1) AG Winsen v. 3.1.2017, 18 II 210/16, 18 II 518/16.
2) KostBRÄG 2025 v. 7.4.2025, BGBl. I 2025 Nr. 109.
3) OLG Frankfurt v. 15.2.2018, 20 W 166/17, NJW-Spezial 2018, 316 m.w.N.
4) AG Riesa v. 16.8.2017, 2 UR II 345/16, NJW-Spezial 2018, 29; AG Germersheim v. 2.3.2017, 1 UR II 461/16, NJW-Spezial 2017, 381.
5) Feiter, KANZLEI intern 08/2014, 1 mit Berechnungsbeispiel.
6) OLG Dresden v. 30.11.2016, 20 WF 1122/16, MDR 2017, 488 m.w.N.

(§ 305 Abs. 1 Nr. 1 InsO), erhält er höhere Gebühren nach Nrn. 2502 und 2504 ff. VV RVG. Die Einigungs- und Erledigungsgebühr (Nr. 2508 Abs. 2 VV RVG) bleiben hingegen unverändert. Die Gebühren wurden zuletzt mit Wirkung zum 1.6.2025 durch das KostBRÄG 2025 erhöht.[1]

Die Vergütung für eine **Beratung** beträgt seitdem 84,00 €, Nr. 2502 VV RVG. Die Höhe der **Geschäftsgebühr** ist gestaffelt nach der Zahl der Gläubiger. Die Geschäftsgebühr entsteht z.B., wenn der StB Kontakt zu den Gläubigern aufnimmt mit dem Ziel der Schuldenbereinigung. Hierfür sind folgende gestaffelte Gebühren vorgesehen:

Bis zu 5 Gläubiger	324,00 €
6 – 10 Gläubiger	486,00 €
11 – 15 Gläubiger	647,00 €
Mehr als 15 Gläubiger	810,00 €.

Die Gebühr nach Nr. 2504 VV RVG fällt auch schon bei nur **einem Gläubiger** an.[2] Wenn **Ehegatten** die Gewährung von Beratungshilfe jeweils für die Durchführung eines Schuldenbereinigungsverfahrens beantragen, liegen zwei gebührenrechtliche Angelegenheiten vor, so dass der StB die o.g. Gebühren zweimal erhält. Für die Entstehung der Gebühr ist es nicht erforderlich, dass ein schriftlicher Schuldenbereinigungsplan, der auch schon die Gläubiger erkennen lässt, vollständig erstellt ist. Voraussetzung für das Entstehen der Gebühr ist lediglich eine Tätigkeit des StB, die dieses Ziel verfolgt. Streitig ist, welche Anforderungen an die Tätigkeit des StB zu stellen sind, ob es für das Entstehen der Gebühr bereits ausreicht, den Gläubigern einen starren **Nullplan** mit dem Erklärungsgehalt des Schuldners „Ich zahle jetzt und auch später nichts" zu übermitteln.[3] M.E. ist auch in diesen Fällen eine Gebühr gerechtfertigt, da die zielgerichtete Tätigkeit des StB ausreicht für das Entstehen der Gebühr ist. Die Zweckrichtung der Mühewaltung des StB darf nicht von den finanziellen Verhältnissen des Mandanten abhängen, die im Bereich der Beratungshilfe bei Verbraucherinsolvenzverfahren naturgemäß sehr beengt ist. Es wäre im Ergebnis unerträglich und von Zufällen abhängig, ob der StB den Gläubigern einen starren, flexiblen oder Fest-Nullplan anbieten kann. Da es der in Nr. 2504, Nr. 2506 VV RVG angeführten gesetzlichen Bestimmung des § 305 Abs. 1 Nr. 4 InsO („Schuldenbereinigungsplan") an einem erfolgs- oder quotenbezogenen Tatbestandselement fehlt, wäre es sachfremd, den Vergütungsanspruch des StB davon abhängig zu machen.[4]

1) KostBRÄG 2025 v. 7.4.2025, BGBl. I 2025 Nr. 109.
2) Str., Nachweise bei Fölsch/Volpert in Schneider/Volpert, RVG, 9. Aufl. 2021, VV 2504–2507 Rz. 10.
3) Bejahend OLG Nürnberg v. 21.11.2016, 8 Wx 698/16, MDR 2017, 308 m.w.N.; verneinend Fölsch/Volpert in Schneider/Volpert, RVG, 9. Aufl. 2021, VV 2504–2507 Rz. 8 m.w.N.
4) OLG Nürnberg v. 21.11.2016, 8 Wx 698/16, MDR 2017, 308 m.w.N.

§ 41
Berechnung der Vergütung bei Änderungen dieser Verordnung

[1]Die Vergütung ist nach bisherigem Recht zu berechnen, wenn der Auftrag zur Erledigung der Angelegenheit vor dem Inkrafttreten einer Änderung der Verordnung erteilt worden ist. [2]Hat der Steuerberater mit dem Auftraggeber in Textform eine Vereinbarung über auszuführende Tätigkeiten mit einer Geltungsdauer von mindestens einem Jahr getroffen und tritt während der Geltungsdauer dieser Vereinbarung eine Änderung dieser Verordnung in Kraft, so ist die Vergütung abweichend von Satz 1 nur bis zum Ablauf des Jahres, in dem die Änderung der Verordnung in Kraft getreten ist, nach bisherigem Recht zu berechnen. [3]Die Sätze 1 und 2 gelten auch, wenn Vorschriften geändert werden, auf die diese Verordnung verweist.

Inhalt

Schrifttum

Beyme, Anwendungszeitpunkt der „neuen" StBVV bei land- und forstwirtschaftlichen Betrieben, Honorargestaltung für Steuerberater, Juli 2025, 7; **Beyme,** Verbesserungen bei der StBVV ab 1.7.2020, Stbg 2020, 325; **Beyme/Michel,** Die Steuerberatervergütungsverordnung 2025: Überblick über die Änderungen und ihre Auswirkungen auf die Abrechnungspraxis in den Kanzleien, Stbg 2025, 189; **Cremers,** Formerleichterungen bei Anwaltsrechnungen, NJW 2024, 3497; **Glückselig,** Die Novellierung der Steuerberatervergütungsverordnung, DStR 2020, 1531; **Schneider,** Welches Recht gilt: Die unbedingte Auftragserteilung ist entscheidend, RVG professionell, Sonderausgabe 2020, 10.

A. Inhalt und Bedeutung

779 Bei § 41 StBVV handelt es sich um eine **allgemeine Übergangsvorschrift**, die für alle künftigen Änderungen der Verordnung gilt. Durch die Fünfte Verordnung zur Änderung der Steuerberatervergütungsverordnung wurde mit Wirkung zum 1.7.2025 die bisherige Übergangsvorschrift des § 47a StBVV – mit Änderungen des Satzes 2 – in den neuen § 41 StBVV überführt. Gleichzeitig wurde zur Verdeutlichung des Inhalts die Überschrift neu gefasst.[1)] Ebenfalls durch die Fünfte Verordnung zur Änderung der Steuerberatervergütungsverordnung[2)] wurden mit Wirkung zum 1.7.2025 die Wertgebühren der Tabellen A bis D um ca. 6 %, die Betragsrahmengebühren nach § 34 StBVV um ca. 9 %, die Zeitgebühr nach § 13 Satz 2 StBVV um ca. 9 % und die Tage- und Abwesenheitsgelder nach § 18 Abs. 3 StBVV angehoben. Davor wurden die Gebühren und der Auslagenersatz zuletzt durch die Fünfte Verordnung zur Änderung steuerlicher Verordnungen v. 25.6.2020[3)] mit Wirkung zum 1.7.2020 geändert. Unter anderem wurden die vollen Gebühren der Tabelle A bis D um ca. 12 % angehoben. Mit § 24 Abs. 1 Nr. 11a StBVV wurde schließlich zum 18.6.2022 ein neuer Gebührentatbestand eingeführt (→ § 24 StBVV Rz. 417).

1) BGBl. I 2025 Nr. 105 = BStBl I 2025, 1009.
2) BGBl. I 2025 Nr. 105 = BStBl I 2025, 1009.
3) BGBl. I 2020, 1495, 1498 = BStBl I 2020, 555.

Der Anwendungsbereich der Übergangsvorschrift ist auf Änderungen der „**Vergütung**" beschränkt. Damit sind nur Änderungen der Gebühren und des Auslagenersatzes gemeint (vgl. § 1 Abs. 1 Satz 1 StBVV) und keine Änderungen von Verfahrens- oder sonstigen Vorschriften, wie z.B. § 9 Abs. 1 Satz 1 StBVV (→ § 9 StBVV Rz. 188 a.E. „Praxistipp").[1]

B. Zeitpunkt der Auftragserteilung (Satz 1)

Nach § 41 Satz 1 StBVV gilt das bisherige Recht noch für Angelegenheiten, mit deren Erledigung der StB vor Inkrafttreten einer Änderung der Verordnung beauftragt worden ist. Maßgeblich ist – entgegen des Wortlauts der Vorschrift – nicht der Zeitpunkt der **Auftragserteilung**, sondern der Zeitpunkt der **Auftragsannahme**, da erst dadurch ein Auftragsverhältnis zustande kommt.[2] Wird der StB nach Inkrafttreten der Änderung beauftragt, gilt für diesen Auftrag bereits das neue Recht. Um den Anwendungsbereich des § 41 Satz 1 StBVV bestimmen zu können, muss auch § 41 Satz 2 StBVV herangezogen werden. Dieser stellt klar, dass sich Änderungen der StBVV auf Vereinbarungen in Textform und mit einer Geltungsdauer von mindestens einem Jahr erst nach Ablauf des Jahres auswirken, in dem die Änderung in Kraft getreten ist. Der Verordnungsgeber geht davon aus, dass **§ 41 Satz 2 StBVV** nur einschlägig ist, wenn „eine **Abrechnung nach der StBVV** vorgesehen" ist und nicht wenn eine Vergütungsvereinbarung (z.B. über eine Pauschale oder eine Stundensatzhonorierung) besteht.[3] Daraus folgt, dass **§ 41 Satz 1 StBVV** für alle anderen Fälle gilt, insbesondere für **mündliche Vereinbarungen** und **Vereinbarungen in Textform mit Abrechnung nach StBVV und einer Geltungsdauer unter einem Jahr**.[4] In diesen Fällen kann der StB unmittelbar nach der Änderung der StBVV und entsprechender Beauftragung die neuen Vorschriften anwenden und muss nicht bis zum Ablauf des Jahres warten. Durch die Fünfte Verordnung zur Änderung der Steuerberatervergütungsverordnung wurde das Wort **„schriftlich"** durch das Wort **„Textform"** ersetzt.[5] 780

In der Literatur wird die Auffassung vertreten, dass die Regelung des § 41 Satz 2 StBVV „erst recht" für mündliche Vereinbarungen gelten muss und hier eine planwidrige Regelungslücke vorliegt.[6] Beyme[7] spricht zu Recht von einem **paradoxen Ergebnis**, wenn StB, die schriftliche Aufträge bzw. Vereinbarungen in Textform für den gesamten VZ vereinbaren, die Verbesserungen der StBVV für bestehende Mandate erst ab dem 1.1. des Folgejahres nutzen können, wohingegen StB, die es mit der Auftragsdokumentation „locker" nehmen und ohne solche Vereinbarungen arbeiten, zu einem früheren Zeitpunkt von Gebührenanpassungen profitieren (→ siehe Beispiel Rz. 787). 781

Der nach § 41 Satz 1 StBVV maßgebliche „**Auftrag zur Erledigung der Angelegenheit**" stellt den Beginn des Leistungszeitpunktes dar. Liegt der Beginn der Leistung in einer konkreten gebührenrechtlichen **Angelegenheit nach Inkrafttreten einer Änderungsverordnung, gelten die neuen Vergütungsvorschriften**.[8]

Beispiel:

Der StB ist seit dem Jahr 2021 mit der Erledigung aller steuerlichen Angelegenheiten seines Mandanten, u.a. auch der monatlichen **Finanzbuchbuchführung** für dessen

1) Cremers, NJW 2024, 3497, 3499 zur Parallelvorschrift des § 60 Abs. 1 Satz 1 RVG.
2) Mayer in Gerold/Schmidt, RVG, 26. Aufl. 2923, § 60 RVG Rz. 4 m.w.N.
3) BR-Drucks. 61/25, S. 33.
4) Warttinger in Eckert, 7. Aufl. 2023, § 47a StBVV Rz. 4.
5) BGBl. I 2025 Nr. 105 = BStBl I 2025, 1009.
6) Eggesiecker, 2. Aufl. 1998, § 47a STEUGO Rz. 47a.080 und 47a.565.
7) Beyme, Stbg 2020, 325, 330.
8) Ebenso Beyme/Michel, Stbg 2025, 189, 197; Glückselig, DStR 2020, 1531, 1535 unter Bezugnahme auf die gleich lautende Auffassung der BStBK.

Gewerbebetrieb beauftragt. Die Buchführungsgebühren werden vorschussweise unter Zugrundelegung der Mittelgebühr (7/10 Tab. C) berechnet. Es besteht nur ein **mündlicher Steuerberatungsvertrag**. Der Mandant übergibt dem StB die Belege stets im Folgemonat. Wenn der Mandant dem StB die Belege für die Juni-Buchführung 2025 im Juli 2025 übergibt, kann der StB die Juni-Buchführung bereits mit den höheren Gebühren abrechnen. Denn die Fünfte Verordnung zur Änderung der Steuerberatervergütungsverordnung mit den höheren Gebührensätzen auch der Buchführungstabelle C ist am 1.7.2025 in Kraft getreten (→ Rz. 779). Die Übergabe der Belege im Juli 2025 ist die konkludente Auftragserteilung für die gebührenrechtliche „Angelegenheit" Juni-Buchführung 2025.

Praxistipp:

Handelt es sich bei dem Mandanten um einen **land- und forstwirtschaftlichen Betrieb** mit landwirtschaftlichem Regelwirtschaftsjahr, d.h. vom 1.7.2024 bis zum 30.6.2025 gilt die monatliche Betrachtungsweise nicht, da die Buchführungsgebühr nach § 39 Abs. 2 StBVV eine Jahresgebühr ist und die „Angelegenheit" im gebührenrechtlichen Sinne das Wirtschaftsjahr ist. Nur dann, wenn für das Wirtschaftsjahr 2024/2025 nicht unterjährig gebucht wurde und erst nach dem 30.6.2025 nachträglich eine Jahresbuchführung erstellt wird, kann der StB für das abgelaufene Wirtschaftsjahr die neuen Gebühren abrechnen. Gleiches gilt selbstverständlich auch für das zum 1.7.2025 beginnende Wirtschaftsjahr.[1]

Nicht immer ist der exakte Zeitpunkt der Auftragserteilung eindeutig bestimmbar. Gerade im Rahmen eines Dauermandats ist es unüblich, dass der Mandant wiederkehrende Leistungen immer wieder neu beauftragt. Das betrifft insbesondere **Jahresabschlussarbeiten** und die jährlichen betrieblichen und privaten **Steuererklärungen**. Hier ist es zweckmäßig auf den Beginn der Arbeiten abzustellen, da darin die konkludente Auftragsannahme gesehen werden kann (→ Rz. 780).

782 **Ungereimtheiten** zwischen § 41 Satz 1 StBVV und § 41 Satz 2 StBVV können nur durch eine Änderung des Gesetzes beseitigt werden (→ Rz. 787). Im Anwendungsbereich des § 41 Satz 1 StBVV kommt es jedenfalls allein auf den Zeitpunkt der (konkludenten) Auftragserteilung für die konkrete gebührenrechtliche Angelegenheit an.[2] Daraus folgt, dass der StB nach Inkrafttreten einer Änderung der StBVV sehr schnell nach den neuen Gebühren abrechnen kann. Dies wird auch durch das o.g. Beispiel deutlich. Er sollte dies jedoch nicht vorschnell tun, da er sich sonst dem Verdacht der **Gebührenüberhebung** (§ 352 StGB) aussetzen kann. Rechnet der StB zu früh nach den neuen und im Zweifel höheren Gebühren ab, muss er zudem eine korrigierte Rechnung erstellen und zu viel vereinnahmte Gebühren erstatten.

Praxistipp:

Werden wie in dem o.g. Beispiel im Jahr 2025 monatliche Vorschüsse für die Finanzbuchführung vereinnahmt, muss bei der **Schlussrechnung** im Jahr 2026 hinsichtlich der Anwendung des alten und des neuen Rechts **differenziert** werden. Die Monate 1–5/2025 müssen nach den alten Gebühren und nur die Monate 6–12/2025 dürfen nach den neuen Gebühren berechnet werden. Rechnet der StB alle 12 Monate nach den neuen Gebühren ab, liegt ebenfalls ein Fall der **Gebührenüberhebung** vor.

783 Nicht immer führt eine Änderung der StBVV zu einer Gebührenerhöhung. Durch die Vierte Verordnung zur Änderung der StBVV v. 10.6.2022[3] trat mit Wirkung zum 18.6.2022 für die Anfertigung von **Grundsteuerfeststellungserklärungen** der neue § 24 Abs. 1 Nr. 11a StBVV in Kraft. Der Gebührenrahmen wurde im Vergleich zu der bis dahin einschlägigen Vorschrift des § 24 Abs. 1 Nr. 11 StBVV von 1/20 bis 18/20 (Mittelgebühr 9,5/20) auf 1/20 bis 9/20 (Mittelgebühr 5/20) reduziert. Dies führte zu der Frage, wie Aufträge abzurechnen waren, die vor dem 18.6.2022 erteilt wurden. Nach dem klaren Wortlaut des § 47a Satz 1 StBVV a.F. musste die Abrechnung

1) Beyme, Honorargestaltung für Steuerberater, Juli 2025, 7.
2) OLG Düsseldorf v. 29.8.2017, I-23 U 153/16 und v. 19.8.1993, 13 U 273/92, GI 1994, 133.
3) BGBl. I 2022, 877 = BStBl I 2022, 925.

nach altem Recht erfolgen. Dies war für StB in den Fällen von Vorteil, in denen das sog. Bundesmodell gilt, weil dort ein Grundsteuerwert ermittelt werden kann und der StB von dem höheren Gebührenrahmen des § 24 Abs. 1 Nr. 11 StBVV profitiert. Nachteilig ist eine Auftragserteilung vor dem 18.6.2022 hingegen in den Fällen, in denen ein Grundsteuerwert nicht ermittelt werden kann, da dann der Mindestgegenstandswert des § 24 Abs. 1 Nr. 11 StBVV (8 000 €) und nicht der neu definierte fiktive Grundsteuerwert des § 24 Abs. 1 Nr. 11a StBVV maßgeblich ist. In der Abrechnungspraxis der Kanzleien spielte diese Differenzierung keine Rolle. Entweder rechneten die Berater nach einem von der StBVV abweichenden vereinbarten Honorar ab oder sie wendeten die neue, spezielle Abrechnungsvorschrift des § 24 Abs. 1 Nr. 11a StBVV unabhängig vom Zeitpunkt der Auftragserteilung an. Dass hier Konfliktpotential schlummert, war nicht zu erwarten und hat sich bislang auch nicht bestätigt.

Geht es um die Gebühren, die nach RVG abzurechnen sind (§§ 21 Abs. 2, 40 StBVV), z.B. den Auftrag für ein **Einspruchs- oder Klageverfahren**, ist **§ 60 RVG** einschlägig. Nach § 60 Abs. 1 Satz 1 RVG kommt es ebenfalls auf den Zeitpunkt des unbedingten Auftrags zur Erledigung derselben Angelegenheit an. Wird dieser noch vor Inkrafttreten einer Änderung des RVG erteilt, und zieht sich das Einspruchs- oder Klageverfahren über einen langen Zeitraum hin, kann es sein, dass der StB auch Jahre später noch nach altem Recht abrechnen muss. § 60 Abs. 1 RVG wurde durch das KostRÄG 2021[1] zum 30.12.2020[2] geändert. Aufgegeben wurde die bisherige Sonderregelung für Rechtsmittelverfahren. Darüber stellt die Neufassung sicher, dass sich für den Anwalt die Wahl- und die Pflichtanwaltsgebühren immer nach demselben Recht richten und dass allein darauf abzustellen ist, wann der unbedingte Auftrag zur Erledigung derselben Angelegenheit erteilt worden ist.[3] Die Gebühren des RVG wurden zuletzt durch das KostBRÄG 2025 mit Wirkung zum 1.6.2025 geändert.[4] **784**

Abweichend von der gesetzlichen Regelung können StB und Mandant die Anwendbarkeit neuen Rechts auch für alte Aufträge vereinbaren. Eine solche **Vereinbarung** bedarf zu ihrer Wirksamkeit jedoch den Formerfordernissen des § 4 Abs. 1 StBVV bzw. § 3a RVG, wenn man unterstellt, dass die Änderungen der Verordnung zu einer höheren Vergütung führen.[5] **785**

C. Vereinbarungen mit Jahresmindestdauer (Satz 2)

Liegt eine Vereinbarung in Textform mit einer Geltungsdauer von mindestens 1 Jahr vor und ist in dieser Vereinbarung eine Abrechnung nach der StBVV vorgesehen (→ Rz. 780), muss der StB noch bis zum Ablauf des Jahres, in dem die Änderung der Verordnung in Kraft getreten ist, nach der alten StBVV abrechnen. In der bis zum 30.6.2025 geltenden Vorgängerregelung des § 47a Satz 2 StBVV waren von dieser Regelung auch Pauschalvergütungsvereinbarungen nach § 14 StBVV a.F. erfasst. Die Einbeziehung von **Pauschalvergütungen** in den Anwendungsbereich des § 47a Satz 2 StBVV a.F. war nicht verständlich. Sie stand auch in Widerspruch zu § 1 Abs. 1 Satz 2 StBVV, der im Jahr 2016 zur Abwendung des von der Europäischen Kommission eingeleiteten Vertragsverletzungsverfahrens durch die Dritte Verordnung zur Änderung steuerlicher Verordnungen[6] eingefügt wurde. Danach gilt die StBVV für die Höhe der Vergütung nur, wenn nichts anderes vereinbart ist. Nach **786**

1) BGBl. I 2020, 3229.
2) Vgl. Art. 13 Abs. 1 des KostRÄG 2021.
3) Schneider, RVG professionell Sonderausgabe 2020, 10; Schneider, Das neue Gebührenrecht für Rechtsanwälte 2021, § 3 Rz. 7 ff.
4) KostBRÄG v. 7.4.2025, BGBl. I 2025 Nr. 109.
5) Eggesiecker, 2. Aufl. 1998, § 47a STEUGO Rz. 47a.130.
6) BGBl. I 2016, 1722 = BStBl I 2016, 725.

dem Willen des Verordnungsgebers soll die Autonomie der Vertragspartner Vorrang haben und die StBVV nur noch subsidiär Anwendung finden. Damit vertrug sich § 47a Satz 2 StBVV a.F. nicht. Denn im Falle einer Pauschalvereinbarung haben die Parteien etwas anderes vereinbart und sich bewusst von den Vorschriften der StBVV (und deren Änderungen) unabhängig gemacht. Der Anwendungsbereich des Satzes 2 wurde deshalb durch die Fünfte Verordnung zur Änderung der Steuerberatervergütungsverordnung mit Wirkung zum 1.7.2025 geändert und die Bezugnahme auf die Pauschalvergütung nach § 14 StBVV gestrichen.[1] Der Verordnungsgeber begründet dies zum einen damit, dass die Vorschrift des § 14 StBVV gestrichen wurde und zum anderen damit, dass sich der Anwendungsbereich der Norm nicht vollständig erschließt und zu der unzutreffenden Annahme verleiten könnte, dass in einer Vergütungsvereinbarung nach § 4 StBVV keine abweichenden Regelungen getroffen werden könnten.[2]

Praxistipp:

Nicht vollständig klar ist, ob nach der Streichung der Pauschalvergütungsregelung in § 47a Satz 2 StBVV a.F. bestehende Pauschalvergütungsvereinbarungen ab dem 1.1.2026 unwirksam werden, wenn sie nicht den Anforderungen des § 4 Abs. 1 StBVV bzw. des § 40 StBVV i.V.m. § 3a RVG genügen. Diese Vorschriften gelten nach der Streichung des § 14 StBVV seit dem 1.7.2025 auch für Pauschalvergütungsvereinbarungen. M.E. spricht für die **Fortgeltung von Pauschalvergütungsvereinbarungen über den 31.12.2025** hinaus, dass die Neufassung des § 41 Satz 2 StBVV sich nicht zur Unwirksamkeit von bestehenden Pauschalvergütungsvereinbarungen äußert. Auch der Grundsatz der Vertragsfreiheit und Überlegungen zum Bestandsschutz sprechen für eine Fortgeltung.[3] **Vorsorglich** ist gleichwohl zu empfehlen, bestehende **Pauschalvergütungsvereinbarungen vor dem 1.1.2026 zu erneuern** und an die Vorgaben des geänderten § 4 Abs. 1 StBVV bzw. § 40 StBVV i.V.m. § 3a RVG anzupassen.

787 Die Regelung des § 41 Satz 2 StBVV erweist sich aber auch für den verbleibenden Anwendungsfall von **Vereinbarungen in Textform mit einer Geltungsdauer von mindestens 1 Jahr** als verunglückt (→ Rz. 780), wie nachfolgendes Beispiel zeigt.

Beispiel:

StB und Mandant schließen am 1.3.2025 einen umfassenden Steuerberatungsvertrag in Textform und vereinbaren hinsichtlich der Vergütung die Anwendbarkeit der StBVV. Der Vertrag sieht eine Laufzeit von einem Jahr vor. Er verlängert sich um ein weiteres Jahr, wenn er nicht innerhalb einer Frist von drei Monaten vor Ablauf der vereinbarten Vertragslaufzeit gekündigt wird.

Nach § 41 Satz 2 StBVV dürfte der StB die seit dem 1.7.2025 geltenden höheren Gebühren nicht abrechnen, obwohl er eine Abrechnung nach den gesetzlichen Vorschriften der StBVV vereinbart hat. Er wird damit aus nicht nachvollziehbaren Gründen schlechter gestellt als ein StB, der eine gleichlautende mündliche Vereinbarung oder gar keine Vereinbarung mit dem Mandanten getroffen hat (→ Rz. 780). Ein schutzwürdiges Interesse des Mandanten, in dem Beispielsfall bis zum Ablauf des Jahres 2025 nur die niedrigeren Gebühren zahlen zu müssen, besteht aber nicht. Denn die Vereinbarung sieht ja gerade eine Abrechnung nach den gesetzlichen Vorschriften der StBVV vor.

Kritische Stellungnahme:

Diese Ungereimtheiten hat der Verordnungsgeber durch die Streichung der Regelung über Pauschalvergütungsvereinbarungen in § 47a Satz 2 StBVV a.F. nur für diesen einen Anwendungsfall beseitigt. Dass der Verordnungsgeber nicht den gesamten Satz 2 gestrichen hat, liegt daran, dass er selbst von einem falschen Verständnis des Satzes 1 und 2 ausgeht. Aus der Verordnungsbegründung ergibt sich eindeutig, dass für den Verordnungsgeber die Berechnung der Vergütung nach bisherigem Recht der Regelfall ist (Satz 1). Nur bei längerfristigen Vereinbarungen (Satz 2) bestehe ausnahmsweise ein

1) BGBl. I 2025 Nr. 105 = BStBl I 2025, 1009.
2) BR-Drucks. 61/25, S. 33.
3) So auch Beyme/Michel, Stbg 2025, 189, 197.

geringerer Vertrauensschutz der Mandanten, dass die Vergütung nach der StBVV unverändert bleibt. Deswegen sei es gerechtfertigt, dass diese nach Ablauf des Jahres angepasst wird.[1] Der Verordnungsgeber verkennt an dieser Stelle, dass die Vergütung auch bei Anwendbarkeit des Satzes 1 keinesfalls „unverändert" bleibt, sondern zeitnah angepasst werden kann (→ Rz. 780, 786 und Beispiel Rz. 781).

D. Änderung von Vorschriften (Satz 3)

Ausweislich der amtlichen Begründung zur 1. ÄndVO[2] soll § 47a Satz 3 StBGebV a.F. sicherstellen, dass die Übergangsvorschrift auch dann anwendbar ist, wenn eine Vorschrift geändert wird, auf die die StBGebV verweist. Da für den Bereich der Vergütung nach RVG (§§ 21, 40 StBVV) die Übergangsvorschrift des § 60 RVG einschlägig ist und § 41 Satz 3 StBVV ohnehin nur für Honorarabrechnungsvorschriften, nicht aber z.B. für Verweisungen auf die Abgabenordnung, das Einkommensteuergesetz, das Körperschaftsteuergesetz oder das Umsatzsteuergesetz anwendbar ist,[3] ist der einzige in Betracht kommende Anwendungsfall § 17 Abs. 2 StBVV, der wegen der Höhe der Schreibauslagen auf das GKG verweist. Da aber kein vernünftiger Grund ersichtlich ist, dass minimale Änderungen der Schreibauslagen nach dem GKG Auswirkungen auf das zwischen StB und Mandant bestehende Auftragsverhältnis haben sollen und Änderungen in diesem Bereich in der Vergangenheit ohnehin ignoriert wurden, ist der Forderung von Eggesiecker[4] nach Eliminierung dieser Vorschrift beizutreten. **788**

1) BR-Drucks. 61/25 S. 33.
2) 1. ÄndVO v. 20.6.1988, BGBl. I 1988, 841.
3) Eggesiecker, 2. Aufl. 1998, § 47a STEUGO Rz. 47a.210 ff.
4) Eggesiecker, 2. Aufl. 1998, § 47a STEUGO Rz. 47a.275.

C. Kommentierung Steuerberatungsgesetz (Auszug) und Vereinbare Tätigkeiten

§ 9a
Erfolgshonorar

(1) [1]Vereinbarungen, durch die eine Vergütung für eine Hilfeleistung in Steuersachen oder ihre Höhe vom Ausgang der Sache oder vom Erfolg der Tätigkeit abhängig gemacht wird oder nach denen der Steuerberater oder Steuerbevollmächtigte einen Teil der zu erzielenden Steuerermäßigung, Steuerersparnis oder Steuervergütung als Honorar erhält (Erfolgshonorar), sind unzulässig, soweit nachfolgend nichts anderes bestimmt ist. [2]Vereinbarungen, durch die der Steuerberater oder Steuerbevollmächtigte sich verpflichtet, Gerichtskosten, Verwaltungskosten oder Kosten anderer Beteiligter zu tragen, sind unzulässig.

(2) [1]Ein Erfolgshonorar darf nur für den Einzelfall und nur dann vereinbart werden, wenn der Auftraggeber bei verständiger Betrachtung ohne die Vereinbarung eines Erfolgshonorars von der Rechtsverfolgung abgehalten würde. [2]Dabei darf für den Fall des Misserfolgs vereinbart werden, dass keine oder eine geringere als die gesetzliche Vergütung zu zahlen ist, wenn für den Erfolgsfall ein angemessener Zuschlag auf die gesetzliche Vergütung vereinbart wird.

(3) [1]Die Vereinbarung bedarf der Textform. [2]Sie muss als Vergütungsvereinbarung oder in vergleichbarer Weise bezeichnet werden, von anderen Vereinbarungen deutlich abgesetzt sein und darf nicht in der Vollmacht enthalten sein. [3]Die Vereinbarung muss enthalten:

1. **die voraussichtliche gesetzliche Vergütung und gegebenenfalls die erfolgsunabhängige vertragliche Vergütung, zu der der Steuerberater oder Steuerbevollmächtigte bereit wäre, den Auftrag zu übernehmen, sowie**
2. **die Angabe, welche Vergütung bei Eintritt welcher Bedingungen verdient sein soll.**

(4) [1]In der Vereinbarung sind außerdem die wesentlichen Gründe anzugeben, die für die Bemessung des Erfolgshonorars bestimmend sind. [2]Ferner ist ein Hinweis aufzunehmen, dass die Vereinbarung keinen Einfluss auf die gegebenenfalls vom Auftraggeber zu zahlenden Gerichtskosten, Verwaltungskosten und die von ihm zu erstattenden Kosten anderer Beteiligter hat.

(5) [1]Aus einer Vergütungsvereinbarung, die nicht den Anforderungen der Absätze 2 und 3 entspricht, kann der Steuerberater oder Steuerbevollmächtigte keine höhere als die gesetzliche Vergütung fordern. [2]Die Vorschriften des bürgerlichen Rechts über die ungerechtfertigte Bereicherung bleiben unberührt.

Inhalt

Schrifttum

Becker, Was verbirgt sich hinter dem Legal-Tech-Gesetz?, Honorargestaltung für Steuerberater, Februar 2023, 6; **Berners,** Das neue Erfolgshonorar, NWB Nr. 37 v. 8.9.2008, Fach 30, 1805; **Dibbelt,** Aktuelles zum Berufsrecht, Bonner Handbuch der Steuerberatung (BHStB), 156. Erg.-Lfg./Juni 2021; **Feiter/Schlander,** Lockerungen beim Erfolgshonorardurch das sog. Legal-Tech-Gesetz, DStR 2021, 1725; **Feiter,** Legal Tech als Türöffner für Lockerungen beim Erfolgshonorar, Stbg 2021, 297; **Feiter,** Legal Tech – ein Thema auch für Steuerberater, Magazin I/2020, 20, Steuerberaterverband Düsseldorf; **Fries,** De minimis curat mercator: Legal Tech wird Gesetz, NJW 2021, 2537; **Kilian,** Verbrauchergerechte Angebote im Rechtsdienstleistungsmarkt, AnwBl Online 2021, 102; **Kilian,** Anwaltliche Erfolgshonorare in Zeiten von Legal Tech, AnwBl 2020, 157; **Lotz,** Das Erfolgshonorar des Steuerberaters (§ 9a StBerG), StB 2010, 361; **Mayer,** Das „neue" Erfolgshonorar – was die Praxis jetzt wissen muss, AnwBl Online 2021, 246; **Mayer,** Die Vereinbarung eines Erfolgshonorars nach § 4a RVG n.F., AnwBl 2008, 473; **Offermann-Burckart,** Beratungshilfe: Was muss, das muss? Ein Leitfaden für die Praxis, AnwBl 2021, 406; **Ring,** Vereinbarung eines Erfolgshonorars, Anmerkung zu AGH NRW v. 6.12.2019, 2 AGH 3/19, DStR 2020, 1070; **Römermann,** BRAO- und RDG-Reformen 2021 im Praxischeck: wie groß werden sie?, AnwBl Online 2020, 588; **Römermann/von der Meden,** Unzureichende Belehrung über Gebühren: Strafbarkeit des Anwalts wegen Betrugs?, AnwBl 2014, 1000; **Schneider,** Die neuen Regeln zur Vergütungsvereinbarung, AG Spezial 10/21, 440; **Schons,** The never ending story: Das anwaltliche Erfolgshonorar, AnwBl 2023, 289; **Schons,** Wohl und Wehe des Erfolgshonorars in Deutschland, AnwBl 2017, 966; **Wolf,** Die zulässige Vereinbarung von Erfolgshonoraren, KP 2008, 141; **Zimmermann,** Vereinbarung von Erfolgshonoraren – Ein strafrechtliches Risiko?, NWB 5/2015, 284.

A. Inhalt und Bedeutung

Mit Beschluss vom 12.12.2006[1] hat das BVerfG das ausnahmslose Verbot des anwaltlichen Erfolgshonorars für verfassungswidrig erklärt und verlangt, dass der Gesetzgeber Ausnahmen für den Fall zulässt, dass der RA mit der Vereinbarung einer erfolgsbasierten Vergütung besonderen Umständen in der Person des Auftraggebers Rechnung trägt, die diesen sonst davon abhielten, seine Rechte zu verfolgen. Das Gericht hatte eine Frist zum Erlass einer verfassungsgemäßen Neuregelung bis zum 30.6.2008 gesetzt. Mit dem Gesetz zur Neuregelung des Verbots der Vereinbarung von Erfolgshonoraren[2] hat der Gesetzgeber mit Wirkung zum 1.7.2008 Erfolgshonorare für RAe, StB und WP unter engen Voraussetzungen zugelassen. Für StB wurde § 9a neu in das StBerG aufgenommen. Die Regelung ist im Wesentlichen identisch mit den Regelungen für RAe und WP, die sich in § 4a RVG und in § 55a WPO finden. Bei dem Verbot der Vereinbarung eines Erfolgshonorars handelt es sich um eine **Marktverhaltensregel**. Verstöße gegen das Verbot können deshalb von Mitbewerbern abgemahnt werden.[3] **789**

Praxistipp:

Immer dann, wenn die StBVV auf die Vorschriften des RVG verweist (§§ 21 Abs. 2, 40 StBVV), ist davon auch die Regelung des § 4a RVG zum anwaltlichen Erfolgshonorar umfasst. Will der StB also für ein Einspruchs- oder Klageverfahren ein Erfolgshonorar vereinbaren, muss er nicht § 9a StBerG, sondern § 4a RVG beachten.[4]

Verstöße gegen die Formvorschriften des § 9a Abs. 3 Satz 1 und 2 StBerG **oder die Voraussetzungen einer Erfolgshonorarvereinbarung** in § 9a Abs. 2 und Abs. 3 Satz 3 StBerG **führen nicht zur Nichtigkeit der Vereinbarung**, sondern lösen nur die Rechtsfolge des § 9a Abs. 5 StBerG aus (→ Rz. 814 ff.). **Schutzgut** des nunmehr eingeschränkten Verbots des Erfolgshonorars ist nicht nur der Schutz der Rechtsuchenden vor Übervorteilung durch überhöhte Vergütungssätze. Die Vorschrift soll vielmehr auch die anwaltliche Unabhängigkeit und den Grundsatz der prozessualen Waffengleichheit bewahren.[5] Weil es also nicht nur um den Schutz der Rechtsuchenden vor Übervorteilung, sondern auch um die berufliche Unabhängigkeit geht, führen ein vorheriges **Einverständnis** oder eine nachträgliche „Genehmigung" und Bestätigung der Vereinbarung durch den Mandanten nicht zur Heilung eines Verstoßes gegen die strengen gesetzlichen Vorgaben.[6]

Der BGH betont in seiner **„wenigermiete.de"**-Entscheidung die besondere Rolle des Rechtsanwalts als „Organ der Rechtspflege" und begründet mit dieser Organformel die gesetzlichen Beschränkungen anwaltlicher Erfolgshonorarvereinbarungen, die für registrierte Inkassodienstleister nicht gelten.[7] Auch StB sind gesetzliche Organe der Steuerrechtspflege (§ 32 Abs. 2 Satz 1 StBerG). Da die Regelungen zum Erfolgshonorar weitgehend identisch sind, sind die Ausführungen des BGH gleichermaßen für StB von Relevanz, auch wenn diese – anders als Rechtsanwälte –

1) BVerfG v. 12.12.2006, 1 BvR 2576/04, DStR 2007, 874 = BVerfGE 117, 163.
2) Gesetz zur Neuregelung des Verbots der Vereinbarung von Erfolgshonoraren v. 12.6.2008, BGBl. I 2008, 1000.
3) BGH v. 6.6.2019, I ZR 67/18, AnwBl 2019, 558 zur Ausdehnung des Verbots auf Versicherungsberater.
4) Warttinger in Eckert, 7. Aufl. 2023, Vor § 1 StBVV Rz. 27; Feiter, Stbg 2021, 297 f.; Feiter/Schlander, DStR 2021, 1725, 1727; Becker, Honorargestaltung für Steuerberater, Februar 2023, 6, 8; Goez, S. 54; Dibbelt, BHStB, 156. Erg-Lfg./Juni 2021, S. 5.
5) AGH NRW v. 6.12.2019, 2 AGH 3/19 zum Anwaltsrecht; der Realitätsgehalt der Schutzzwecke wird in der Literatur zunehmend in Frage gestellt (siehe z.B. Römermann, AnwBl Online 2020, 588, 610 ff.; Fries, NJW 2021, 2537, 2539).
6) AGH NRW v. 6.12.2019, 2 AGH 3/19.
7) BGH v. 27.11.2019, VIII ZR 285/18, BGHZ 224, 89; kritisch dazu Kilian, AnwBl 2020, 157, 158; Offermann-Burckart, AnwBl 2021, 406, 413.

nicht mit registrierten Inkassodienstleistern auf demselben Rechtsdienstleistungsmarkt konkurrieren.

I. Lockerungen beim Erfolgshonorar durch das sog. „Legal-Tech-Gesetz"

790 Durch die BGH-Entscheidung „wenigermiete.de" entbrannte in der Anwaltschaft schnell eine Diskussion, ob die unterschiedlichen Regelungen für registrierte Inkassodienstleister einerseits und Rechtsanwälte andererseits inkohärent sind.[1] Die Reaktion des Gesetzgebers ließ nicht lange auf sich warten. Mit dem am 1.10.2021 in Kraft getretenen sog. „**Legal-Tech-Gesetz**"[2] will der Gesetzgeber u.a. mehr Chancengleichheit zwischen Inkassounternehmen und Rechtsanwälten schaffen. Dazu werden den Inkassounternehmen zusätzliche Informationspflichten auferlegt, während Rechtsanwälten die Vereinbarung von Erfolgshonoraren erleichtert wird. Daneben lockert der Gesetzgeber die strengen Regeln des Erfolgshonorars im Bagatellbereich für Geldforderungen von höchstens 2 000 €. Die bestehenden Inkohärenzen im Rechtsdienstleistungsmarkt werden durch diese kosmetischen Änderungen allerdings nicht vollständig beseitigt. Gefordert wird eine „echte Reform".[3] In der Beschlussempfehlung und dem Bericht des Ausschusses für Recht und Verbraucherschutz des Deutschen Bundestages v. 9.6.2021[4] findet sich ein **Prüfauftrag** für die (neue) Bundesregierung. Diese soll prüfen, ob die Kohärenz zwischen den berufsrechtlichen Anforderungen an die Anwaltschaft einerseits und andere Rechtsdienstleister andererseits, **weitere Anpassungen** erforderlich macht (z.B. Verschwiegenheitspflichten, Übernahme des Kostenrisikos). Nach Ablauf von drei Jahren sollen die Möglichkeiten für weitere moderate Öffnungen bei den Erfolgshonoraren evaluiert werden. Durch die vorgezogenen Neuwahlen und die Konstituierung des neuen, 21. Bundestages am 25.3.2025 wurde die vom BMJ durchgeführte **Evaluierung** in der 20. Legislaturperiode nicht mehr abgeschlossen. Allerdings hat die BRAK in ihrer Stellungnahme Nr. 2 von Januar 2025 (www.brak.de) mitgeteilt, dass kein Bedarf für eine Erweiterung der bestehenden gesetzlichen Regelungen besteht. Dem war eine Umfrage unter 2 963 Rechtsanwältinnen und Rechtsanwälten vorausgegangen. Es bleibt abzuwarten, welche Schlüsse das BMJ und der 21. Deutsche Bundestag aus den Stellungnahmen, u.a. der BRAK, ziehen werden.

Das „Legal-Tech-Gesetz" sieht im Anwaltsrecht (lediglich) folgende Erleichterungen bei der Vereinbarung von Erfolgshonoraren vor:

1. Geldforderungen von höchstens 2 000 € (§ 4a Abs. 1 Satz 1 Nr. 1 RVG)

791 Wenn sich der Auftrag auf eine Geldforderung von höchstens 2 000 € bezieht, dürfen Erfolgshonorare gerichtlich und außergerichtlich generell – und nicht nur im Einzelfall – vereinbart werden. Der Anwendungsbereich der Vorschrift ist nicht auf Forderungen beschränkt, die im Zivilprozess durchzusetzen sind. Auch die Verteidigung gegen die Geltendmachung unberechtigter Forderungen, z.B. die Abwehr von Steuerforderungen, wird von dieser Regelung erfasst. Den Wert von 2 000 € begründet der Gesetzgeber mit dem „rationalen Desinteresse" an der Rechtsverfolgung. Bei niedrigen Streitwerten scheinen Rechtsuchende wegen des Kostenrisikos vor der Inanspruchnahme von Rechtsdienstleistungen zurückzuscheuen. Um ihnen den Zugang zum Recht zu erleichtern, soll in diesen Fällen das Erfolgshonorar freigegeben werden. Der „Grenzwert" von 2 000 € ist im Gesetzgebungsverfahren von ver-

1) Kilian, AnwBl 2020, 157 und Ring, DStR 2020, 1070, 1072.
2) Gesetz zur Förderung verbrauchergerechter Angebote im Rechtsdienstleistungsmarkt v. 10.8.2021, BGBl. I 2021, 3415.
3) Henssler, AnwBl Online 2021, 180; Fries, NJW 2021, 2537; Offermann-Burckart, AnwBl 2021, 406, 413; Kilian, AnwBl Online 2021, 102.
4) BT-Drucks. 19/30495, 7.

schieden Seiten kritisiert worden.[1] Auch dieser Grenzwert ist Gegenstand der Beschlussempfehlung des Ausschusses für Recht und Verbraucherschutz des Deutschen Bundestages und soll ebenfalls in drei Jahren einer Überprüfung unterzogen werden. Im Rahmen der vom BMJ durchgeführten Evaluierung des Legal-Tech-Gesetzes hat die BRAK in ihrer Stellungnahme Nr. 2 aus Januar 2025 mitgeteilt, dass es keinen Anlass gebe, die Grenze zu erweitern (→ Rz. 790).

2. Inkassodienstleistung (§ 4a Abs. 1 Satz 1 Nr. 2 RVG)

Bei außergerichtlichen Inkassodienstleistungen dürfen Rechtsanwälte generell – und nicht nur im Einzelfall – Erfolgshonorare vereinbaren. Der Begriff des Inkassos wird in § 2 Abs. 2 Satz 1 RDG neu definiert, weiter als früher, aber enger als vom BGH in der „wenigermiete.de"-Entscheidung.[2] Nur für diese Fallgruppe ist Rechtsanwälten durch das „Legal-Tech-Gesetz" auch die Übernahme des Kostenrisikos gestattet (§ 49b Abs. 2 Satz 2 BRAO). **792**

3. Generalisierende verständige Betrachtung (§ 4a Abs. 1 Satz 1 Nr. 3 RVG)

Der Gesetzgeber hat das Kriterium der wirtschaftlichen Verhältnisse gestrichen. Bislang war erforderlich, dass der Mandant ohne die Vereinbarung eines Erfolgshonorars bei verständiger Betrachtung aufgrund seiner wirtschaftlichen Verhältnisse von der Rechtsverfolgung abgehalten wird. Die Neuregelung gibt die Anbindung der Zulässigkeitsvoraussetzungen an die wirtschaftlichen Verhältnisse des Auftraggebers auf und ersetzt diese durch eine generalisierende Betrachtung, wobei Maßstab ist, ob der rational denkende Rechtsuchende ohne die Vereinbarung eines Erfolgshonorars von der Rechtsverfolgung abgehalten würde.[3] **793**

II. Auswirkungen auf Steuerberater

1. Generalisierende verständige Betrachtung (§ 9a Abs. 2 Satz 1 StBerG)

Anders als in der Parallelvorschrift des § 4a RVG wurde in § 9a StBerG lediglich eine einzige Änderung vorgenommen. Wie in § 4a Abs. 1 Satz 1 Nr. 3 RVG wurden in § 9a Abs. 2 Satz 1 StBerG die Worte „aufgrund seiner wirtschaftlichen Verhältnisse" gestrichen. Damit ist eine hohe Hürde und ein Unsicherheitsfaktor beseitigt worden. Jetzt kommt es nur noch auf das Kriterium der verständigen Betrachtung an (→ Rz. 800 ff.). **794**

2. Geldforderungen von höchstens 2 000 €

Eine Öffnung für Geldforderung von höchstens 2 000 €, wie in § 4a Abs. 1 Satz 1 Nr. 1 RVG, findet sich in § 9a StBerG nicht. Gleichwohl profitieren auch StB von dieser Regelung im RVG, da die StBVV in einigen Vorschriften auf das RVG und damit auch auf die Regelung des § 4a Abs. 1 Satz 1 Nr. 1 RVG verweist (→ Rz. 789 Praxistipp).[4] Von praktischer Relevanz ist insbesondere § 40 StBVV, wenn es darum geht, in einem Einspruchs- oder Klageverfahren eine Forderung des Finanzamtes von höchstens 2 000 € abzuwehren. In diesen Fällen können StB ein Erfolgshonorar nunmehr unter den gleichen Voraussetzungen vereinbaren, wie Rechtsanwälte. **795**

B. Begriff des Erfolgshonorars (Abs. 1 Satz 1)

Legaldefiniert ist der Begriff des Erfolgshonorars in § 9a Abs. 1 Satz 1 StBerG. **796**
Danach sind unter Erfolgshonorar Vereinbarungen zu verstehen, durch die eine Ver-

1) Römermann, AnwBl Online 2020, 588, 608; Kilian, AnwBl Online 2021, 102, 106.
2) BGH v. 27.11.2019, VIII ZR 285/18, BGHZ 224, 89.
3) Mayer, AnwBl Online 2021, 246, 248.
4) Ausführlich dazu Feiter/Schlander, DStR 2021, 1725, 1727.

gütung oder ihre Höhe vom Ausgang der Sache oder vom Erfolg der Tätigkeit abhängig gemacht wird oder nach denen der StB einen Teil der zu erzielenden Steuerermäßigung, Steuerersparnis oder Steuervergütung als Honorar erhält. Die Legaldefinition verzichtet auf den Begriff der „quota litis" (Erfolgsbeteiligung). Der Gesetzgeber hat das klassische Erfolgshonorar (sog. palmarium) mit der Erfolgsbeteiligung (sog. quota litis) gleichgesetzt. Aus verfassungsrechtlicher Sicht bestand kein Grund, zwischen beiden Formen zu unterscheiden. Unter den Begriff des Erfolgshonorars fallen auch vereinbarte Vergütungen für einen bestimmten Zwischenerfolg, z.B. dass einem Antrag auf Aussetzung der Vollziehung stattgegeben und die Zwangsvollstreckung für einen bestimmten Zeitraum verhindert wird. Streitig ist, ob die Tätigkeit des StB für den vertraglich definierten Erfolg **ursächlich** sein muss.[1] M.E. ergibt sich aus dem Charakter des Erfolgshonorars als Leistungsanreiz, dass die Tätigkeit des StB für den Erfolgseintritt ursächlich (zumindest mitursächlich) gewesen sein muss. Darlegungs- und beweispflichtig dafür ist der StB.[2]

797 Ausweislich des Gesetzeswortlauts bezieht sich § 9a Abs. 1 Satz 1 StBerG ausdrücklich nur auf die Hilfeleistung in Steuersachen (§ 1 StBerG). **Vereinbare Tätigkeiten** (§ 57 Abs. 3 StBerG) fallen deshalb nicht unter den Anwendungsbereich der Vorschrift.[3] StB unterliegen bei der Vereinbarung von Erfolgshonoraren im Bereich der vereinbaren Tätigkeiten deshalb keinerlei Einschränkungen.

Beispiele:

- Der StB wird mit der Vorbereitung und Durchführung der Veräußerung sämtlicher Geschäftsanteile einer Unternehmensgruppe beauftragt und vereinbart neben einem Stundenhonorar ein flexibles Erfolgshonorar, das von der Höhe des Transaktionswertes abhängig ist.[4]
- Der StB erstellt für einen Hartz-IV-Empfänger einen Businessplan und vereinbart für den Fall, dass das neue Unternehmen innerhalb eines Jahres eine bestimmte Umsatzgrenze überschreitet, ein Erfolgshonorar. Für den Fall, dass diese Grenze nicht überschritten wird, soll kein Honorar anfallen.
- Der auf Ärzte spezialisierte StB entwickelt ein Abrechnungstool für Ärzte mit einem intelligenten Gebührenrechner und vereinbart mit den Ärzten ein Erfolgshonorar, das sich an dem höheren Honoraraufkommen der Ärzte orientiert.

Eine solche Vereinbarung unterliegt nicht den strengen Anforderungen des § 9a StBerG und könnte sogar mündlich wirksam geschlossen werden. Alternativ könnte der StB auch eine **Beteiligung am Unternehmen** vereinbaren. Gerade **Start-up-Unternehmen** verfügen oft nicht über ausreichende Liquidität, um den StB angemessen zu bezahlen. Diese Form der Vergütung ist keine unzulässige Gewährung eines Erfolgshonorars und deshalb sogar im Bereich der Vorbehaltsaufgaben (Buchführung, Jahresabschluss, Steuererklärungen etc.) möglich, ohne dass ein Konflikt mit § 9a StBerG bestehen würde.[5] Unpraktikabel wird die Vereinbarung eines Erfolgshonorars in „Mischfällen" (Vorbehaltsaufgabe und vereinbare Tätigkeit).

Beispiel (Nettolohnoptimierung):

StB berät Mandant zur Nettolohnoptimierung. Die Beratung soll wie folgt erfolgsabhängig vergütet werden: 30 % der im ersten Jahr ersparten Kosten zur Lohnsteuer und Sozialversicherung.

---

1) Verneinend Winkler in Hinne/Klees/Müllerschön/Winkler/Zastrow, 5. Aufl. 2022, § 1 Rz. 232; bejahend OLG Düsseldorf v. 17.9.2019, I-24 U 211/18, DStR 2020, 135 mit Anm. Juretzek.
2) OLG Düsseldorf v. 17.9.2019, I-24 U 211/18, DStR 2020, 135 zu den Schwierigkeiten der Berechnung der erfolgsabhängigen Vergütung bei Kündigung des Mandats vor Erfolgseintritt.
3) Lotz, StB 2010, 361 f.
4) OLG Düsseldorf v. 17.9.2019, I-24 U 211/18, DStR 2020, 135 mit Anm. Juretzek.
5) So die 68. Tagung der Gebührenreferenten der Rechtsanwaltskammern, Kammermitteilungen der RAK Düsseldorf Nr. 3 v. 30.9.2014, 245 f.

Die lohnsteuerrechtliche Beratung des Mandanten ist eine Vorbehaltsaufgabe.[1] Bezüglich der ersparten Kosten bei der Lohnsteuer verbietet sich deshalb eine Erfolgshonorarvereinbarung. Ein Erfolgshonorar könnte lediglich bezüglich der Ersparnisse bei den Sozialversicherungsbeiträgen vereinbart werden.

Speziell in Beratungshilfesachen ist seit dem 1.1.2014 die Vereinbarung eines Erfolgshonorars unter erleichterten Voraussetzungen zulässig (§ 4a Abs. 1 Satz 3 RVG).[2]

Ist der Steuerberatungsvertrag ausnahmsweise als Werkvertrag und nicht als Dienstvertrag anzusehen (→ Grundlagen des Vergütungsrechts Rz. 21 ff.), weil ein bestimmter Erfolg geschuldet wird, kann nicht von einem Erfolgshonorar gesprochen werden, so dass § 9a StBerG in diesen Fällen nicht einschlägig ist.[3] Ebenso wenig liegt ein Erfolgshonorar vor, wenn der Mandant nach Erledigung der Sache freiwillig ein zusätzliches Honorar zahlt[4] oder wenn StB und Mandant zu Beginn des Mandatsverhältnisses in einer schriftlichen Zusatzvereinbarung beschließen, dass im Erfolgsfall noch einmal über eine weitere Vergütung gesprochen werden soll.[5] **798**

C. Verbot der Übernahme von Nebenkosten (Abs. 1 Satz 2)

Die Regelung verbietet es dem StB, eine Vereinbarung abzuschließen, durch die er sich verpflichtet, Gerichtskosten, Verwaltungskosten oder Kosten anderer Beteiligter zu tragen. Der StB soll nicht die Rolle eines Prozessfinanzierers übernehmen. Dieses Verbot sollte im Anwaltsrecht durch das „Legal-Tech-Gesetz" (→ Rz. 790) für die in § 4a Abs. 1 Satz 1 Nr. 1 und 2 RVG geregelten Fallgruppen (Geldforderungen von höchstens 2 000 € und Inkassodienstleistungen) beseitigt werden. Auf Empfehlung des Ausschusses für Recht und Verbraucherschutz des Deutschen Bundestages wurde allerdings nur für die Fallgruppe der Inkassodienstleistungen (§ 4a Abs. 1 Satz 1 Nr. 2 RVG) eine Ausnahme zugelassen (Vgl. § 49b Abs. 2 Satz 2 BRAO). Die Möglichkeit der Prozessfinanzierung besteht deshalb nicht – wie noch im Regierungsentwurf vorgesehen – für erfolgsabhängige Vereinbarungen nach § 4a Abs. 1 Satz 1 Nr. 1 RVG. Ob es hier demnächst zu weiteren Lockerungen kommen wird, bleibt abzuwarten. Die Übernahme des Prozess- bzw. Verfahrenskostenrisikos hat der Rechtsausschuss des Deutschen Bundestages jedenfalls als eine weitere Option im Falle einer moderaten Öffnung bei den Erfolgshonoraren identifiziert (→ Rz. 790).[6] **799**

D. Einzelfall; Ermöglichen der Rechtsverfolgung (Abs. 2 Satz 1)

Der StB darf ein Erfolgshonorar im Anwendungsbereich des § 9a StBerG und des § 4a RVG (→ Rz. 789) grds. nur im Einzelfall vereinbaren. Ausnahme: Im Anwendungsbereich des RVG kann der StB bei Geldforderungen von höchstens 2 000 € generell ein Erfolgshonorar vereinbaren (→ Rz. 789, 791 und 794). Der Einzelfall ist sowohl mandantenbezogen als auch steuerberaterbezogen zu verstehen. Weder ist **800**

---

1) Raab in Kuhls. u.a., StBerG, 4. Aufl. 2020, § 6 Rz. 29, 31.
2) Gesetz zur Änderung des Prozesskostenhilfe- und Beratungshilferechts v. 31.8.2013, BGBl. I 2013, 3533; siehe hierzu Schons, AnwBl 2017, 966.
3) Schons in Hartung/Schons/Enders, 3. Aufl. 2017, § 4a RVG Rz. 33; Winkler in Hinne/Klees/Müllerschön/Winkler/Zastrow, 5. Aufl. 2022, § 1 Rz. 228.
4) Goez in Kuhls u.a., 4. Aufl. 2020, § 9a StBerG, Rz. 11.
5) LG Koblenz v. 18.12.2024, 15 O 97/24, DStR 2025, 1543 mit Anm. Trosin.
6) Feiter/Schlander, DStR 2021, 1725 f.

es zulässig, dass der StB generell nur auf Erfolgshonorarbasis für seine Mandanten tätig wird, noch ist es erlaubt, mit einem Mandanten eine Absprache dahingehend zu treffen, dass alle oder bestimmte Aufträge nur auf Basis eines Erfolgshonorars übernommen werden.[1] Im Anwaltsrecht sind umfangreiche Arzthaftungssachen typische Fälle, in den Erfolgshonorare wirksam vereinbart werden können.[2] Typische Fälle, in denen StB ein Erfolgshonorar vereinbaren können, sind die Durchführung eines Rechtsbehelfsverfahrens, eines Gerichtsverfahrens, eine erfolgsabhängige Beratung oder die Geltendmachung von Erstattungsansprüchen, z.B. die Erstattung von Umsatzsteuer. Ob ein Verstoß gegen die Einzelfallbezogenheit vorliegt, wenn der StB in einer Vielzahl gleich gelagerter Fälle ein Erfolgshonorar vereinbart (z.B. für Anträge auf Erstattung von Umsatzsteuer für mehrere gleich gelagerte Mandate), ist nicht geklärt.[3] Wegen dieser Einschränkung ist die Werbung eines StB mit der generellen Bereitschaft, Erfolgshonorare zu vereinbaren, problematisch.[4] Ebenso problematisch ist die bloße Übernahme eines Mustervertrags. Jeder Mustervertrag bedarf der individuellen Ergänzung.[5]

801 Ein Erfolgshonorar darf weiter nur dann vereinbart werden, wenn der Mandant **bei verständiger Betrachtung** ohne die Vereinbarung eines Erfolgshonorars von der Rechtsverfolgung abgehalten würde. Die Einschränkung „aufgrund seiner wirtschaftlichen Verhältnisse“ wurde durch das sog. Legal-Tech-Gesetz in § 9a Abs. 2 Satz 1 StBerG und in § 4a Abs. 1 Satz 1 RVG a.F. zum 1.10.2021 gestrichen (→ Rz. 793 und 794).

Damit hat der Gesetzgeber einen Paradigmenwechsel vollzogen, weil er sich nicht mehr darauf beschränkt, eine Öffnung des Verbots von Erfolgshonorarvereinbarungen nur in dem vom BVerfG geforderten Maß Gesetz werden zu lassen.[6] Durch die Neuregelung soll die sich an der wirtschaftlichen Situation der Rechtsuchenden orientierte Betrachtung des Einzelfalls zugunsten einer generalisierenden Betrachtung aufgegeben werden. Entscheidend ist nun, ob rational denkende Rechtsuchende ohne Vereinbarung eines Erfolgshonorars von der Rechtsverfolgung abgehalten würden.[7] Der Vergleich, ob eine Person wirtschaftlich besser gestellt ist, als eine andere Person erscheint dem Gesetzgeber nicht mehr angebracht, insbesondere dann nicht, wenn alle anderen Aspekte des Falles gleich liegen und die Vereinbarung eines Erfolgshonorars sachgerecht wäre. Für die vom Gesetzgeber gewollte generalisierende Betrachtung dürfte eine allgemeine Plausibilitätsprüfung dahingehend genügen, ob der Mandant ohne die Vereinbarung eines Erfolgshonorars von der Rechtsverfolgung abgehalten würde.[8]

Schon bislang galt, dass es bei der „verständigen Betrachtung“ auf die konkret betroffene rechtsuchende Person in ihrer individuellen Lebenssituation ankommt.[9] Eindeutig erfasst waren Mandanten, deren wirtschaftliche Situation eher schlecht ist. In den Fällen, in denen ein Anspruch auf **Beratungs- oder Prozesskostenhilfe** besteht, ist unklar, ob für die Anwendbarkeit des § 9a StBerG noch Raum ist. Im RVG ist dieser Fall in § 4a Abs. 1 Satz 3 RVG eindeutig geregelt. Danach darf auch in solchen Mandaten ein Erfolgshonorar vereinbart werden. Erklärtes Ziel des Gesetzgebers war es, Rechtsanwälten für eine Leistung, die zu einem erheblichen

1) Mayer in Gerold/Schmidt, 26. Aufl. 2023, § 4a RVG Rz. 8, 79.
2) OLG Dresden v. 1.3.2022, 4 W 3/22, NJW 2022, 1622.
3) Eher bejahend: Winkler in Hinne/Klees/Müllerschön/Winkler/Zastrow, 5. Aufl. 2022, § 1 Rz. 241.
4) Zum Meinungsstand siehe Kilian, AnwBl 2020, 157 f.
5) Siehe auch die Muster in Gerold/Schmidt, 26. Aufl. 2023, § 4a RVG Rz. 76 ff.; Hinne in Hinne/Klees/Müllerschön/Winkler/Zastrow, 5. Aufl. 2022, § 1 Rz. 480 ff.
6) Mayer, AnwBl Online 2021, 246, 248.
7) BT-Drucks. 19/27673, 37.
8) Mayer, AnwBl Online 2021, 246, 248.
9) Kilian, AnwBl 2020, 157 m.w.N.

Vermögenszuwachs beim Mandanten führt, eine angemessene Vergütung zukommen zu lassen. Gleichzeitig setzt die Regelung Anreize, auch Mandate nicht bemittelter Rechtsuchender mit dem gebotenen Aufwand zu betreuen.[1] Anders als in § 4a Abs. 1 Satz 3 RVG enthält § 9a StBerG keine Regelung, nach der für die diesbezügliche Beurteilung die Möglichkeit, Beratungs- und Prozesskostenhilfe in Anspruch zu nehmen, außer Betracht bleibt. M.E. sollten beide Vorschriften nach den zum 1.10.2021 erfolgten Änderungen und dem Verzicht auf das Merkmal der wirtschaftlichen Verhältnisse (→ Rz. 793 und 794) gleichbehandelt werden. Danach bestünde auch im Anwendungsbereich des § 9a StBerG die Möglichkeit, ein Erfolgshonorar zu vereinbaren, wenn der Mandant Anspruch auf Beratungs- oder Prozesskostenhilfe hat. Fraglich ist, ob bei „verständiger Betrachtung" ein Erfolgshonorar nicht vereinbart werden darf, wenn eine **Rechtsschutzversicherung** eintritt.[2]

Praxistipp:

Aus Gründen äußerster Vorsicht empfiehlt sich eine Rückfrage beim Mandanten, dass keine Deckungszusage einer Rechtsschutzversicherung vorliegt.

Nicht erforderlich ist es, vor der Vereinbarung eines Erfolgshonorars eine Anfrage bei einem gewerblichen Prozessfinanzierer zu stellen.[3]

Unklar ist auch, wie die **Risikobereitschaft des Mandanten** bei der Frage der „verständigen Betrachtung" einzustufen ist, insbesondere ob noch Fälle erfasst sind, in denen sich der Mandant einem hohen finanziellen Risiko aussetzt, das er kaum schultern kann.[4] Überwiegend wird es als ausreichend angesehen, wenn aus Sicht des Mandanten eine erfolgsbasierte Vergütung unter Berücksichtigung der finanziellen Risiken und der Erfolgswahrscheinlichkeit sinnvoll ist.[5]

Ist Klage bereits erhoben und ist der Gerichtskostenvorschuss und ggf. ein weiterer Vorschuss für die Einholung eines Sachverständigengutachtens bezahlt, spricht dies auf den ersten Blick dafür, dass die Klage unabhängig von der Erfolgshonorarvereinbarung erhoben werden sollte, so dass der Mandant ohne die Vereinbarung gerade nicht von der Rechtsverfolgung abgehalten worden wäre.[6] Allerdings ist unter „Rechtsverfolgung" nicht ausschließlich die „Klageerhebung" zu verstehen. Auch während eines laufenden Rechtsstreits kann ein Mandant ohne eine Erfolgshonorarvereinbarung von der „Rechtsverfolgung" abgehalten werden, z.B. wenn ihm die weitere Fortführung des Mandats aufgrund einer wesentlichen Veränderung seiner persönlichen und – nach altem Recht – auch seiner wirtschaftlichen Verhältnisse nicht möglich ist, wenn er also ohne Erfolgshonorarvereinbarung nachträglich von seiner Interessenwahrnehmung Abstand nehmen müsste oder wenn weitere, bei Klageerhebung nicht absehbare Kosten, etwa für ein Sachverständigengutachten anfallen. Es wäre unnötige Förmelei, wenn er zunächst das Mandat niederlegen müsste, um dann die Neuerteilung des Mandats von einer erfolgsorientierten Vergütungsvereinbarung abhängig zu machen.[7]

Rückblick: Das Merkmal der wirtschaftlichen Verhältnisse war in der bis zum 30.9.2021 gültigen alten Fassung des § 9a Abs. 2 Satz 1 StBerG (→ Rz. 793 und 794) objektiv formuliert, es wurde deshalb nicht auf die Erklärung des Auftraggebers **802**

1) OLG Dresden v. 1.3.2022, 4 W 3/22, NJW 2022, 1627, 1628.
2) So Berners, NWB Fach 30, 1805, 1808.
3) Berners, NWB Fach 30, 1805, 1808; a.A. Winkler in Hinne/Klees/Müllerschön/Winkler/Zastrow, 5. Aufl. 2022, § 1 Rz. 246.
4) Berners, NWB Fach 30, 1805, 1807.
5) Schons in Hartung/Schons/Enders, 3. Aufl. 2017, § 4a RVG Rz. 44; Lotz, StB 2010, 361 f.; Mayer in Gerold/Schmidt, 26. Aufl. 2023, § 4a RVG Rz. 80.
6) AnwG Köln v. 13.11.2018, 2 AnwG 21/15, 2 AnwG 60/17, 2 AnwG 20/17, AnwBl 2019, 43 mit Anm. der Redaktion.
7) AGH NRW v. 6.12.2019, 2 AGH 3/19.

oder seine subjektive Überzeugung abgestellt. Zu Recht hatte deshalb das LG Berlin[1] folgenden formularmäßigen Hinweis beanstandet: „Der Auftraggeber weist darauf hin, dass er nicht damit rechnet, Prozesskostenhilfe zu erhalten." Nach altem Recht musste der StB im Zweifel nachhaken und den Auftraggeber zumindest darüber befragen, wie sich seine wirtschaftlichen Verhältnisse darstellten.

803 Angesichts der Regelungen zur Prozesskostenhilfe sind in Steuersachen eher Fälle denkbar, in denen der Mandant nicht bedürftig ist, er aber befürchten muss, im Falle des Prozessverlustes sein Vermögen im Wesentlichen zu verlieren. Praxisrelevant sind auch Fälle von juristischen Personen und Personenvereinigungen, die grundsätzlich keinen Anspruch auf Prozesskostenhilfe haben (§ 116 Abs. 1 Nr. 2 ZPO).

E. Angemessenheit des Erfolgszuschlags (Abs. 2 Satz 2)

804 Die Vereinbarung eines geringeren oder keines Honorars für den Fall des Misserfolgs ist nur dann zulässig, wenn für den Erfolgsfall ein „angemessener Zuschlag" auf die gesetzliche Vergütung festgelegt wird. Die Regelung entspricht § 4a Abs. 2 RVG, der nur für Inkassodienstleistungen (zu denen StB nicht befugt sind) eine Ausnahme vorsieht. Welcher Zuschlag angemessen ist, ist aus Sicht von StB und Mandant zum Zeitpunkt des Vertragsschlusses zu beurteilen.[2] Der Zuschlag muss umso größer sein, je geringer die Erfolgsaussichten sind und je weiter für den Misserfolgsfall die gesetzliche Vergütung unterschritten werden soll.[3] Ist das übernommene Risiko gering, ist, wenn überhaupt, allenfalls ein sehr geringer Zuschlag zur gewöhnlichen Vergütung des StB zulässig.[4] Die Nichtbeachtung dieser Vorgaben führt nicht zur Nichtigkeit der Vereinbarung, sondern löst nur die Rechtsfolge des Absatzes 5 aus.

F. Formerfordernisse (Abs. 3 Satz 1 und 2) und Wirksamkeitsvoraussetzungen (Abs. 3 Satz 3 und Abs. 4)

I. Textform (Abs. 3 Satz 1)

805 Die Vereinbarung eines Erfolgshonorars bedarf – wie in § 4 Abs. 1 Satz 1 StBVV – der Textform. Dies bedeutet, dass eine lesbare, dauerhafte, unterschriftslos gültige Erklärung vorliegt, bei der der Abschluss der Erklärung durch Nachbildung der Namensunterschrift oder anders erkennbar wird, § 126b BGB. Im Unterschied zur Schriftform sind auch Vereinbarungen per Telefax oder E-Mail möglich. Formvorschriften bei Honorarvereinbarungen (egal ob Schrift- oder Textform) sind unionsrechtlich unbedenklich.[5]

II. Bezeichnung als Vergütungsvereinbarung oder in vergleichbarer Weise (Abs. 3 Satz 2)

806 Die Vereinbarung muss als „Vergütungsvereinbarung" bezeichnet werden. Eine ähnliche Bezeichnung, z.B. „Honorarvereinbarung" oder „Erfolgshonorarvereinba-

1) LG Berlin v. 2.12.2010, 10 O 238/10, AnwBl 2011, 150.
2) Wolf, KP 2008, 141.
3) BT-Drucks. 16/8384/11; ausführliche Berechnungsbeispiele finden sich bei Mayer in Gerold/Schmidt, 26. Aufl. 2023, § 4a RVG, Rz. 97 ff.
4) Kilian, AnwBl 2020, 157, 158.
5) BGH v. 2.6.2022, VII ZR 12/21, NJW 2022, 3230, 3232 zu § 7 Abs. 5 HOAI.

rung", genügt ebenfalls. Es gilt nichts anderes als im Fall des § 4 Abs. 1 Satz 2 StBVV.

Praxistipp:

Die Erfolgshonorarvereinbarung sollte möglichst immer als „Vergütungsvereinbarung" bezeichnet werden.

III. Deutlich abgesetzt von anderen Vereinbarungen (Abs. 3 Satz 2)

Hier gilt nichts anderes als im Fall des § 4 Abs. 1 Satz 2 StBVV. **807**

IV. Nicht in der Vollmacht enthalten (Abs. 3 Satz 2)

Auch dieses Merkmal findet sich in § 4 Abs. 1 Satz 2 StBVV, so dass auf die dortigen Ausführungen verwiesen werden kann. **808**

V. Angabe der erfolgsunabhängigen Vergütung (Abs. 3 Satz 3 Nr. 1)

Die Erfolgshonorarvereinbarung muss die voraussichtliche gesetzliche Vergütung enthalten. Für eine Tätigkeit des StB im Einspruchs- oder Klageverfahren ist § 4a RVG und nicht § 9 StBerG einschlägig (→ Rz. 789). In diesen Fällen ergibt sich diese Verpflichtung aus der Parallelvorschrift des § 4a Abs. 3 Nr. 4 RVG. Der StB muss wegen des Verweises auf das RVG in § 40 Satz 1 StBVV deshalb die einschlägigen Gebührenvorschriften des RVG unter Berücksichtigung des zutreffenden Gegenstandswertes/Streitwertes zitieren (insbesondere Nr. 2300 und Nr. 3200 VV RVG). **809**

Praxistipp:

Diese Verpflichtung besteht (nur) dann nicht, wenn sich der Auftrag auf eine Geldforderung von höchstens 2 000 € bezieht (vgl. § 4a Abs. 3 Nr. 4 RVG).

Bei Rahmengebühren, wie sie im außergerichtlichen Rechtsbehelfsverfahren vorgesehen sind (vgl. § 40 Satz 1 StBVV i.V.m. Nr. 2300 VV RVG), müsste der StB sich auch hinsichtlich der genauen Gebühr festlegen. Wäre der StB nicht bereit, zu den gesetzlichen Gebühren tätig zu werden, sondern nur zu einem vereinbarten höheren Honorar, müsste er zusätzlich zu der voraussichtlichen gesetzlichen Vergütung die erfolgsunabhängige vertragliche Vergütung in die Vereinbarung aufnehmen. Bei der Vereinbarung von Stundensätzen ist allerdings problematisch, dass der Zeitaufwand im Vorfeld nicht bestimmbar ist. Es dürfte deshalb ausreichen, wenn neben der voraussichtlichen gesetzlichen Vergütung das Stundenhonorar in die Vereinbarung aufgenommen wird.[1] Gleichwohl birgt diese Vorgehensweise Risiken, die nur dadurch umgangen werden können, dass in der Erfolgshonorarvereinbarung die Feststellung getroffen wird, dass der StB nicht bereit ist, das Mandat zu einer erfolgsunabhängigen vertraglichen Vergütung zu übernehmen.[2] Der BGH leitet aus der Parallelvorschrift des § 4a Abs. 2 Nr. 1 RVG a.F. (jetzt § 4a Abs. 3 Nr. 4 RVG) eine Garantenstellung des RA ab, der vor Abschluss der Erfolgshonorarvereinbarung seinen Mandanten über die voraussichtliche gesetzliche Vergütung aufzuklären hat.[3] Im konkreten Fall, dem allerdings ein außergewöhnlicher Sachverhalt zugrunde lag, bejahte der BGH eine Betrugsstrafbarkeit des Anwalts durch die unterlassene Mitteilung über die voraussichtlichen gesetzlichen Gebühren. Der Anwalt hatte für seinen Mandanten in einer Erbschaftsangelegenheit 500 000 € erstritten und vereinbarungsgemäß 80 000 € aus dem erstrittenen Vermögen entnommen. Das gesetzliche Honorar hätte etwa 4 000 € betragen. Dass der BGH (erstmals) aus einer vergütungsrechtlichen Norm eine strafbewehrte Aufklärungspflicht

1) Lotz, StB 2010, 361 f.
2) Schons in Hartung/Schons/Enders, 3. Aufl. 2017, § 4a RVG Rz. 73.
3) BGH v. 25.9.2014, 4 StR 586/13, AnwBl 2014, 1000; besprochen von Römermann/von der Meden, AnwBl 2014, 1000 und Zimmermann, NWB 5/2015, 284.

herleitet und eine ganze Berufsgruppe der Gefahr strafrechtlicher Verfolgung aussetzt, ist bedenklich. Die Aufklärungspflicht nach § 9a Abs. 3 Satz 3 Nr. 1 StBerG bzw. § 4a Abs. 3 Nr. 4 RVG ist vor diesem Hintergrund unbedingt ernst zu nehmen.

VI. Bestimmung der Höhe und des Eintritts der Bedingung (Abs. 3 Satz 3 Nr. 2)

810 Die Vorschrift entspricht § 4a Abs. 3 Nr. 1 RVG. Der „Erfolgsfall" muss in der Vereinbarung definiert sein. Dieses Merkmal ist besonders streitanfällig, so dass auf möglichst genaue Formulierungen zu achten ist. Da häufig Teilerfolge erzielt werden (z.B. Aussetzung der Vollziehung), sollte in der Vereinbarung auch klargestellt werden, ob bzw. in welcher Höhe das Erfolgshonorar in einem solchen Fall fällig wird (ggf. sind Abschläge zu machen). Empfehlenswert ist eine Regelung, dass die Vergütung bereits mit einer die Instanz abschließenden Entscheidung einer Behörde oder eines Gerichts fällig wird.

Praxistipp:

In der Vereinbarung sollte klargestellt werden, dass die Beitreibung des Anspruchs nicht mehr zu dem vom StB geschuldeten Erfolg gehört.

811 Ferner sollten eventuelle Zinsansprüche nicht in die Bedingung des Erfolgshonorars aufgenommen werden, da hinsichtlich des Zinsbeginns oder der Zinshöhe oft mit Abschlägen durch die Gerichte zu rechnen ist. Klargestellt werden sollte auch, ob die Kostenerstattung durch die Gegenseite angerechnet wird oder ob der von der Gegenseite beizutreibende Kostenerstattungsbetrag zusätzlich dem StB verbleibt.[1]

VII. Gründe für die Bemessung des Erfolgshonorars (Abs. 4 Satz 1)

812 Die Vorschrift entspricht § 4a Abs. 3 Nr. 3 RVG. In die Vereinbarung sind außerdem die wesentlichen Gründe aufzunehmen, die für die Bemessung des Erfolgshonorars bestimmend sind. Die „Geschäftsgrundlage" für die Erfolgshonorarvereinbarung soll in einem kurzen Passus dargestellt werden.[2] Es sollten alle tatsächlichen Umstände in der Vereinbarung aufgeführt werden, die für die Höhe des Erfolgshonorars bedeutend sind, z.B. das Prozessrisiko, der voraussichtliche Arbeitsaufwand, die voraussichtliche Verfahrensdauer sowie die Liquiditäts- und Vermögenssituation des Mandanten.

VIII. Hinweis auf Kostenerstattungspflicht (Abs. 4 Satz 2)

813 Schließlich ist ein Hinweis aufzunehmen, dass die Vereinbarung keinen Einfluss auf die ggf. vom Auftraggeber zu zahlenden Gerichtskosten, Verwaltungskosten und die von ihm zu erstattenden Kosten anderer Beteiligter hat. Sogenannte „Nebenkosten" sind immer Sache des Mandanten. In § 49b Abs. 2 Satz 2 BRAO wurde dieser auch im Anwaltsrecht geltende Grundsatz durch das sog- Legal-Tech-Gesetz mit Wirkung zum 1.10.2021 für die Fallgruppe der Inkassodienstleistungen durchbrochen (→ Rz. 799). Da StB nicht zu Inkassodienstleistungen befugt sind, sind sie von dieser Ausnahmeregelung nicht betroffen. Für StB, die Erfolgshonorare nach RVG vereinbaren (→ Rz. 789) gilt deshalb weiterhin die Parallelvorschrift des § 4a Abs. 3 Nr. 2 RVG.

G. Rechtsfolgen bei Verstößen (Abs. 5)

814 Aus einer Vereinbarung, die entweder den tatsächlichen Voraussetzungen einer Erfolgshonorarvereinbarung nach § 9a Abs. 2 und 3 Satz 3 StBerG oder den Form-

1) Winkler in Hinne/Klees/Müllerschön/Winkler/Zastrow, 5. Aufl. 2022, § 1 Rz. 255.
2) Wolf, KP, 2008, 141, 143; Winkler in Hinne/Klees/Müllerschön/Winkler/Zastrow, 5. Aufl. 2022, § 1 Rz. 282.

vorschriften des § 9a Abs. 3 Satz 1 und 2 StBerG nicht entspricht, kann der StB keine höhere als die gesetzliche Vergütung fordern, § 9a Abs. 5 StBerG. Die Vorschrift entspricht § 4b StBVV und § 4b RVG. Ist die gesetzliche Vergütung niedriger als die vereinbarte Vergütung, würde der StB den Erfolgszuschlag also nicht erhalten, sondern lediglich die gesetzliche Vergütung. Allerdings kann er diese nur dann fordern, wenn er sie gegenüber dem Auftraggeber hilfsweise auch in Rechnung stellt. Ist die gesetzliche Vergütung höher als die vereinbarte Vergütung, kann er nur die vereinbarte Vergütung fordern.[1] Da der BGH auch entschieden hat, dass ein Verstoß gegen die Formvorschriften des § 3a Abs. 1 Satz 1 und 2 RVG nicht dazu führt, dass die Vereinbarung unwirksam ist, ergibt sich der Honoraranspruch aus der Vereinbarung und nicht aus dem Gesetz (→ siehe auch die Kommentierung zu § 4b StBVV).

Zu beachten ist, dass die Regelung des § 9a Abs. 5 StBerG abschließend ist und nicht für § 9a Abs. 4 StBerG gilt.[2] Verstöße gegen § 9 Abs. 4 StBerG führen nicht zu einer „Sanktion" nach § 9a Abs. 5 StBerG, können aber zivilrechtliche Schadensersatzansprüche des Auftraggebers nach sich ziehen, die dieser allerdings darlegen und beweisen muss.[3]

Nicht eindeutig geregelt ist der **Misserfolgsfall**. Grundsätzlich besteht bei einer feh- **815**
lerhaften erfolgsbasierten Vergütungsvereinbarung im Misserfolgsfall ein Anspruch des StB auf die gesetzliche Vergütung, da der Geschäftsbesorgungsvertrag von der Nichtigkeit einer Honorarabrede unberührt und Rechtsgrund für die vom StB erbrachten Leistungen bleibt. Gleichwohl wird in der Literatur darauf hingewiesen, dass gem. § 242 BGB im Misserfolgsfall regelmäßig eine Bindung an die Vereinbarung besteht und der StB deshalb nichts oder die für den Misserfolgsfall vereinbarte geringere Vergütung erhält.[4] Das OLG Düsseldorf zeigt einen sachgerechten Weg auch für den Fall des Misserfolgs auf.[5] Da die fehlerhafte Vergütungsvereinbarung nicht zur Unwirksamkeit des gesamten Geschäftsbesorgungsvertrages führt, bleibt der Anspruch auf die gesetzliche Vergütung grundsätzlich bestehen. Nach dem Grundsatz von Treu und Glauben (§ 242 BGB) ist die gesetzliche, erfolgsunabhängige Vergütung nur dann zu versagen, wenn der RA bei seinem – regelmäßig rechtsunkundigen – Auftraggeber das Vertrauen begründet hat, eine Anwaltsvergütung nur im Erfolgsfall zahlen zu müssen. Von maßgeblicher Bedeutung sei in diesem Zusammenhang, ob sich der Mandant auf eine entsprechende Honorarregelung eingelassen oder ob er, wenn er die Unwirksamkeit der Abrede eines erfolgsabhängigen Honorars gekannt hätte, den RA nicht beauftragt hätte. Diese Überlegungen gelten auch für Erfolgshonorarvereinbarungen von StB nach § 9a StBerG und nach § 4a RVG (→ Rz. 789).

Praxistipp:

Wer im Misserfolgsfall nicht leer ausgehen will, sollte in der Erfolgshonorarvereinbarung ausdrücklich regeln, dass (auch) im Misserfolgsfall eine bestimmte Vergütung (z.B. die gesetzliche Mindestgebühr, ein konkreter Festbetrag o.Ä.) zu zahlen ist. Die gesetzliche Vergütung kann der StB in diesen Fällen nur fordern, wenn er sie (hilfsweise) in Rechnung stellt. Vorsorglich sollte deshalb eine ordnungsgemäß spezifizierte Rechnung (§ 9 StBVV) erstellt werden.

1) BGH v. 5.6.2014, IX ZR 137/12, AnwBl 2014, 758 = DStR 2014, 2529 zu § 4b RVG.
2) So auch N. Schneider in Schneider/Wolf, 9. Aufl. 2021, § 4b RVG Rz. 4 zur Parallelvorschrift des § 4b RVG.
3) N. Schneider in Schneider/Wolf, 9. Aufl. 2021, § 4b RVG Rz. 2; Schneider in AG Spezial 10/21, 440, 443.
4) Teubel in Hinne/Klees/Müllerschön/Teubel/Winkler, 3. Aufl. 2015, § 1 Rz. 122; a.A., Mayer, AnwBl 2008, 473, 477; Goez in Kuhls u.a., 4. Aufl. 2020, § 9a StBerG, Rz. 26: Anspruch auf die gesetzliche Vergütung.
5) OLG Düsseldorf v. 27.2.2012, I-24 U 170/11, RVG report 2012, 255.

816 In den Fällen, in denen der Mandant das Erfolgshonorar bereits bezahlt hat, kann er dieses – soweit es den gesetzlichen Honoraranspruch des StB übersteigt – nach den Grundsätzen der ungerechtfertigten Bereicherung zurückverlangen, § 9a Abs. 5 Satz 2 StBerG. Eine Regelung, wonach ein Rückforderungsanspruch auch im Fall einer fehlerhaften Vereinbarung ausgeschlossen ist, wenn der Auftraggeber freiwillig und ohne Vorbehalt geleistet hat (§ 4 Abs. 1 Satz 4 StBVV) ist in § 9a Abs. 5 StBerG nicht vorgesehen. Anstelle dieses Rückforderungsausschlusses findet § 814 BGB Anwendung. Im Falle einer fehlerhaften Vereinbarung kann der Auftraggeber somit das geleistete Honorar dann nicht zurückfordern, wenn er z.B. gewusst hat, dass der StB aufgrund der Fehlerhaftigkeit der Vereinbarung keine höhere als die gesetzliche Vergütung fordern kann.[1]

817 Verstöße gegen die Hinweispflichten nach § 9a Abs. 4 StBerG bzw. § 4a Abs. 3 Nr. 2 und 3 RVG führen nicht zur Nichtigkeit der Vereinbarung, sondern lösen allenfalls Schadenersatzansprüche aus.[2] Als Schaden kommt die im Erfolgsfall zu zahlende Vergütung in Betracht, so dass der Mandant im Falle eines Verstoßes gegen § 9a Abs. 4 Satz 1 StBerG die Freistellung von dieser Pflicht verlangen kann.

1) Mayer, AnwBl 2008, 473, 477.
2) Lotz, StB 2010, 361, 364; Berners, NWB, Fach 30, 1805, 1810; Mayer, AnwBl 2008, 473, 477.

§ 57
Vereinbare Tätigkeiten[1)]

(...)

(3) Mit dem Beruf eines Steuerberaters oder eines Steuerbevollmächtigten sind insbesondere vereinbar

...

2. eine freiberufliche Tätigkeit, die die Wahrnehmung fremder Interessen einschließlich der Beratung zum Gegenstand hat;

3. eine wirtschaftsberatende, gutachtliche oder treuhänderische Tätigkeit sowie die Erteilung von Bescheinigungen über die Beachtung steuerrechtlicher Vorschriften in Vermögensübersichten und Erfolgsrechnungen;

(....)

§ 15 BOStB Vereinbare Tätigkeiten

[1]Zu den mit dem Beruf eines Steuerberaters vereinbaren Tätigkeiten im Sinne von § 57 Abs. 3 Nr. 2 und 3 StBerG gehören insbesondere

1. die freiberufliche Unternehmensberatung im Sinne von § 1 PartGG,
2. die Tätigkeit der Mediation,
3. die Verwaltung fremden Vermögens,
4. das Halten von Gesellschaftsanteilen für Dritte,
5. die Wahrnehmung von Gesellschafterrechten,
6. die Tätigkeit als Beirat und Aufsichtsrat,
7. die Tätigkeit als Schiedsgutachter und Schiedsrichter,
8. die Wahrnehmung des Amts als Testamentsvollstrecker, Nachlasspfleger, Nachlassverwalter, Vormund, Betreuer, Pfleger, Beistand,
9. die Tätigkeit als Insolvenzverwalter, Zwangsverwalter, Sachwalter, Restrukturierungsbeauftragter, Sanierungsmoderator, Liquidator, Notgeschäftsführer aufgrund gerichtlicher Bestellung, Mitglied in Gläubigerausschüssen,
10. die Tätigkeit als Hausverwalter und Wohnimmobilienverwalter.

[2]Erlaubnisvorschriften in anderen Gesetzen sind zu beachten.

Inhalt

1) Die amtliche Paragraphenbezeichnung lautet „Allgemeine Berufspflichten". Zum besseren Verständnis im Einkling mit der verwendeten Begrifflichkeit wird § 57 StBerG unter der Bezeichnung „Vereinbare Tätigkeiten" geführt.

Schrifttum

Becker, Berufsbetreuung: Anspruch auf Aufwendungsersatz für Erstellung einer Einkommensteuererklärung, Honorargestaltung für Steuerberater, März 2024, 3; **Bengel/Reimann,** Handbuch der Testamentsvollstreckung, 6. Aufl. 2017; **Beyme,** Baukindergeld und Steuerberater, KANZLEI intern 9/2018, 2; **Beyme,** Tätigkeit als Liquidator einer GmbH, KANZLEI intern 3/2018, 7; **Blersch,** Die Änderung der Insolvenzrechtlichen Vergütungsverordnung, ZIP 2004, 2311; **Dodegge,** Die Entwicklung des Betreuungsrechts bis Juli 2021, NJW 2021, 2695; **Drasdo,** Rechte und Pflichten des Zwangsverwalters, NJW 2025, 1701; **Drasdo,** Rechte und Pflichten des Zwangsverwalters, NJW 2024, 1782; **Drasdo,** Rechte und Pflichten des Zwangsverwalters, NJW 2022, 1788; **Drasdo,** Honorarvereinbarung in Wohnungseigentumssachen, NJW-Spezial 2018, 417; **Feiter,** Der Steuerberater als Versicherungsberater nach § 34d Abs. 2 GewO, KANZLEI intern 7/2018, 3; **Feiter,** Der Steuerberater als Wohnimmobilienverwalter, KANZLEI intern 1/2018, 5; **Gemmer,** Aufwendungsersatz und allgemeine Vergütungsregelungen bei der Testamentsvollstreckung, KP 2000, 138; **Graeber,** Vergütungsbestimmung durch Vereinbarung zwischen einem Insolvenzverwalter und den weiteren Beteiligten eines Insolvenzverfahrens, ZIP 2013, 916; **Haarmeyer/Wutzke/Förster,** Insolvenzrechtliche Vergütung (InsVV), Kommentar, 4. Aufl. 2007; **Heinke,** Umsatzsteuerfreiheit für Berufsbetreuer, NWB 31/2013, 2456; **Heßler,** Der Steuerberater als Informationssicherheitsbeauftragter, Stbg 2018, 70; **Meier/Terhaag,** Steuerberater als Testamentsvollstrecker des Mandanten – wertvoll in mehrfacher Hinsicht, Stbg 2024, 272; **Nerlich/Römermann,** Insolvenzordnung, Kommentar, München, Loseblatt; **Pfefferle/Renz,** Berufsbetreuerleistungen – Ende einer never-ending-story, NWB 52/2013, 4119; **Reimann,** Die Berechnung der Testamentsvollstreckervergütung nach den neueren Tabellen, DStR 2002, 2008; **Schepers,** Der Steuerberater als externer Geldwäschebeauftragter, KANZLEI intern 12/2018, 2; **Schepers,** Der Steuerberater als externer Datenschutzbeauftragter – ein zulässiges neues Betätigungsfeld für Steuerberater, KANZLEI intern 6/2018, 5; **Schwamberger,** Mediation für Steuerberater: Ein neues Geschäftsfeld mit Honorarpotential, KP 2004, 78; **Schwamberger,** Jahresabschlusserstellung nach Basel II: Gebührenpotenzial nicht unterschätzen!, KP 2002, 157; **Stapper/Schädlich,** Zweite Stufe der Insolvenzrechtsreform verabschiedet – Änderungen im Verbraucherinsolvenz- und Restschuldbefreiungsverfahren, NWB 2013, 2005; **Volpert,** Anwaltsvergütung für die Tätigkeit al Betreuer, NJW 2013, 1287; **Volpert,** Anwaltsvergütung für die Tätigkeit als Pfleger, NJW 2013, 1659; **Volpert,** Anwaltsvergütung für die Tätigkeit als Verfahrenspfleger und Verfahrensbeistand, NJW 2013, 2491; **Wälzholz,** Testamentsvollstreckung durch Steuerberater, NWB 27/2013, 2168; **Zabel,** Synoptische Gegenüberstellung des bisherigen IDW S 6 v. 20.8.2012 und des neuen IDW S 6 v. 16.5.2018, Beilage zu ZIP 44/2018; **Zenker,** Hebegebühr, Anderkontokosten und Zinsabschlag, NJW 2003, 3459; **Zimmer,** Die Vergütung der Mitglieder des Gläubigerausschusses, ZIP 2013, 1309.

A. Vergütung für vereinbare Tätigkeiten

Die Vergütung für vereinbare Tätigkeiten nach § 57 Abs. 3 Nr. 2 und 3 StBerG, § 15 BOStB, die grundsätzlich nicht nach der StBVV abrechenbar sind, richtet sich entweder **nach speziellen Vorschriften** (z.B. für Insolvenzverwalter, Zwangsverwalter, Betreuer) oder nach freier Vereinbarung (z.B. bei betriebswirtschaftlicher Beratung). Die formellen Anforderungen, die bei Vergütungsvereinbarungen nach § 4 StBVV, § 9a StBerG bzw. § 40 StBVV i.V.m. § 3a RVG zu beachten sind, gelten hier nicht. Die Parteien können **formfrei** Stunden-, Tages-, Auftrags-, Festpreis- oder Erfolgshonorare vereinbaren. Es findet nur eine **Inhaltskontrolle** statt (insbesondere nach § 307 BGB). **818**

Gibt es keine speziellen Vorschriften und wurde auch keine Vereinbarung getroffen, richtet sich das **Honorar** nach der **Üblichkeit und Billigkeit** i.S.d. §§ 612 Abs. 2 bzw. 632 Abs. 2, 315, 316 BGB. Danach ist die übliche Vergütung als vereinbart anzusehen. Wird nach Zeitaufwand abgerechnet, ist der StB nicht an die Zeitgebühr des § 13 Satz 2 StBVV gebunden.

Der Katalog des § 57 StBerG enthält in Abs. 3 noch weitere vereinbare Tätigkeiten, z.B. in Nr. 1 die Tätigkeit als Wirtschaftsprüfer. Da diese aber bezüglich der Vergütung eigenen Regelungen unterliegen, die nicht klärungsbedürftig sind, wird auf diese Tätigkeiten nicht weiter eingegangen. Man muss in diesem Zusammenhang sehen, dass es nicht für jede vereinbare Tätigkeit „übliche Vergütungen" gibt. Viele Tätigkeiten lassen sich unter dem Oberbegriff „Wirtschafts- und Unternehmensberatung" zusammenfassen. Die Ausführungen zu diesem Kapitel gelten im Grunde für alle vereinbaren Tätigkeiten, für die es keine Sonderregelungen gibt. **819**

B. Gesetzliche Vergütungstatbestände

I. Betreuer, Verfahrenspfleger

Zum 1.1.2023 ist die Reform des Vormundschafts- und Betreuungsrechts in Kraft getreten. Hierfür sind die Regelungen der §§ 1773 ff. BGB angepasst und grundlegend neu geordnet worden.[1] Neu ist im Betreuungsorganisationsgesetz (BtOG) ein Registrierungsverfahren für Berufsbetreuer geschaffen worden, §§ 19 ff. BtOG. Die Anforderungen an die ehrenamtlichen und beruflichen Betreuer sind in den §§ 19 ff. BtOG niedergelegt. Ein beruflicher Betreuer nach § 19 Abs. 2 BtOG soll nur dann zum Betreuer bestellt werden, wenn keine geeignete Person für die ehrenamtliche Führung der Betreuung zur Verfügung steht. Im Betreuungsregister werden nur solche beruflichen Betreuer registriert, die persönlich geeignet, zuverlässig und sachkundig sind und die eine eigenständige **Berufshaftpflichtversicherung**[2] mit einer Mindestversicherung von 250 000 € für jeden Versicherungsfall und von 1 Mio. € für alle Versicherungsfälle eines Jahres abgeschlossen haben (§ 23 BtOG). Hinsichtlich der Vergütung und des Aufwendungsersatzes des Betreuers sind seit dem 1.1.2023 (für den ehrenamtlichen Betreuer) die §§ 1875 ff. BGB und (für den beruflichen Betreuer) die Regelungen des Vormünder- und Betreuungsvergütungsgesetzes (VBVG) zu beachten. Ein beruflicher Betreuer, der selbständig rechtliche Betreuungen führt, kann vom Betreuten Vergütung und Aufwendungsersatz nach Maßgabe der §§ 8 – 12, 15 und 16 VBVG verlangen. Berufliche Betreuer erhalten gem. §§ 8 und 9 VBVG **monatliche Fallpauschalen**. Zum Zwecke des Inflationsausgleichs wurde mit dem Gesetz zur Regelung einer **Inflationsausgleichs-Sonderzahlung** für berufliche Betreuer, Betreuungsvereine und ehrenamtliche Betreuer und zur Ände- **820**

1) Siehe hierzu die Hinweise der BStBK für die Tätigkeit des Steuerberaters als Vormund, Pfleger oder Betreuer im Berufsrechtlichen Handbuch, II. Nr. 5.1.17, Stand: 4./5.7.2023; www.bstbk.de.

2) Keine mitversicherte Tätigkeit im Rahmen der allgemeinen Berufshaftpflichtversicherung.

rung des BtOG v. 22.12.2023[1] mit Wirkung zum 1.1.2024 als vorübergehende Zwischenlösung eine monatliche Sonderzahlung an berufliche Betreuer pro laufende Betreuung eingeführt, die zum 31.12.2025 ausläuft.[2]

Praxistipp:

Ab dem **1.1.2026** wird das **VBVG** erneut **umfassend reformiert** und zur Entlastung der Amtsgerichte und der Betreuer **vereinfacht**.[3] An den Fallpauschalen in §§ 8, 9 VBVG wird festgehalten. Statt 60 einzelner Vergütungstatbestände soll es künftig nur noch 16 monatliche Fallpauschalen geben. Für die Unterscheidung der Höhe der Fallpauschalen nach der Dauer der Betreuung sind nur noch zwei statt bisher fünf unterschiedliche Zeiträume vorgesehen (§ 9 Abs. 2 Satz 1 VBVG). Die Differenzierung nach der Wohnform wird deutlich vereinfacht (§ 9 Abs. 3 VBVG). Die Höhe der Betreuervergütung wird entsprechend der Inflation seit 2022 angepasst und es wird eine Sondervergütung für Tätigkeiten außerhalb der Geschäftszeiten (§ 16 VBVG) sowie eine Ausfallentschädigung für kurzfristige Absagen (§ 17 VBVG) geschaffen. Mit dem Ziel der Verschlankung des Verfahrens zur Festsetzung der Betreuervergütung wird die Dauervergütungsfestsetzung als Regelform vorgesehen. § 19 VBVG enthält eine Übergangsregelung für Leistungen, die vor dem 1.1.2026 erbracht wurden.

821 Mit Wirkung zum 1.7.2013 ist gem. Art. 31 Abs. 4 Amtshilferichtlinie-Umsetzungsgesetz die Umsatzsteuerbefreiung für Berufsbetreuer in Kraft getreten (vgl. § 4 Nr. 16k UStG) mit der Folge, dass sich für Berufsbetreuer die Umsatzsteuerbefreiung für deren Leistungen direkt aus dem Unionsrecht ergibt.[4] Weiter umsatzsteuerpflichtig bleibt der Ersatz für berufsbezogene Dienste, also Tätigkeiten, die ein als Berufsbetreuer bestellter Steuerberater nach der StBVV liquidieren kann (→ Rz. 822).

822 Als erstattungsfähige Aufwendungen gelten auch solche Dienste, die zum Beruf des Betreuers gehören (§ 1877 Abs. 3 BGB). Für einen als Betreuer eingesetzten StB bedeutet dies, dass ihm für solche spezifischen Berufsleistungen, für die ein Nicht-StB üblicherweise einen Berufsangehörigen heranziehen würde, ein auf der Grundlage der StBVV bzw. des RVG oder sonstiger gesonderter Abrechnungsmöglichkeiten zu berechnender Ersatzanspruch zusteht.[5] StB als Berufsbetreuer müssen Schriftsätze an das Gericht per beSt einreichen.[6]

823 Ansprüche auf Vergütung und Aufwendungsersatz erlöschen, wenn sie nicht binnen 15 Monaten nach ihrer Entstehung beim zuständigen Betreuungsgericht geltend gemacht werden, § 16 Abs. 3 VBVG. Diese Ausschlussfrist beginnt nicht schon mit der Entstehung, sondern erst mit der Fälligkeit der Vergütung i.S.d. § 7 StBVV.[7] Die Frist gilt auch für Ansprüche auf Vergütung spezifischer berufsmäßiger Leistungen nach der StBVV (→ Rz. 822).[8]

---

1) BGBl. I 2023 Nr. 391.
2) Siehe hierzu BT-Drucks. 20/14525.
3) KostBRÄG 2025 v. 7.4.2025, BGBl. I 2025 Nr. 109.
4) BFH v. 25.4.2013, V R 7/11, BStBl II 2013, 976. Zu den Möglichkeiten, Ansprüche auf Umsatzsteuerrückzahlung für offene Veranlagungen durchzusetzen siehe Heinke, NWB 31/2013, 2456 und Pfefferle/Renz, NWB 52/2013, 4119.
5) BGH v. 30.11.2022, XII ZB 311/22, NJW 2023, 785: kein gesonderter Honoraranspruch des nicht anwaltlichen Berufsbetreuers für die Vorbereitung eines Eigeninsolvenzantrags des Betreuten; BGH v. 14.12.2022, XII ZB 342/22, MDR 2023, 394 zum RA; BGH v. 19.7.2023, XII ZB 115/23, DStR 2023, 2806 mit Anm. Scarragi-Kreitmeier und Becker, Honorargestaltung für Steuerberater, März 2024, 3: keine Gebühr nach StBVV für einfache ESt-Erklärung; Volpert, NJW 2013, 1287, 1289 f.
6) BGH v. 31.5.2023, XII ZB 428/22, AnwBl 2023, 623 zum beA.
7) Str.; vgl. BGH v. 1.2.2023, XII ZB 104/22, MDR 2023, 664 zum anwaltlichen Verfahrenspfleger nach altem Recht, § 1835 Abs. 1 Satz 3 BGB a.F.; BGH v. 13.3.2013, XII ZB 26/12, MDR 2013, 745 zur alten Rechtslage.
8) BGH v. 1.2.2023, XII ZB 104/22, AnwBl 2023, 304 zum anwaltlichen Verfahrenspfleger; OLG Frankfurt/M. v. 3.9.2003, 20 W 125/03, NJW 2003, 3642.

Ein voll geschäftsfähiger Betreuter kann mit dem Betreuer auch eine **Honorarvereinbarung** abschließen, wenn dieser allein auf Grund einer **Vorsorgevollmacht** tätig wird und nicht durch Ernennung des Gerichts. Die Tätigkeit des StB als Vorsorgebevollmächtigter zählt zu den vereinbaren Tätigkeiten nach § 57 Abs. 3 Nr. 2 StBerG. StB haben allerdings die Grenzen des RDG zu beachten. Rechtsdienstleistungen im Zusammenhang mit einer Geschäftsbesorgung dürfen nur als Nebenleistung i.S.v. § 5 Abs. 1 RDG erbracht werden.[1] Zu beachten ist auch, dass nicht alle Haftpflichtversicherer ein Tätigwerden auf Grund einer Vorsorgevollmacht mitversichert haben. In Betreuungssachen ist der Betroffene ohne Rücksicht auf seine Geschäftsfähigkeit verfahrensfähig, § 275 FamFG. 824

Wenn es zur Wahrnehmung der Interessen des Betroffenen erforderlich ist, bestellt das Gericht einen **Verfahrenspfleger**, § 276 FamFG. Wird die Verfahrenspflegschaft unentgeltlich geführt, hat der Verfahrenspfleger Anspruch auf Ersatz seiner Aufwendungen, § 277 Abs. 1 FamFG. Wird die Verfahrenspflegschaft ausnahmsweise berufsmäßig geführt, richten sich Vergütung und Aufwendungsersatz nach § 2 Abs. 2 Satz 1 und §§ 3 – 5 VBVG, § 277 Abs. 2 FamFG. Spezifische berufsmäßige Tätigkeiten (→ Rz. 822) sind zusätzlich abrechenbar.[2]

Umsatzsteuer wird zusätzlich erstattet, § 277 Abs. 2 Satz 2 FamFG i.V.m., § 3 Abs. 1 Satz 3 VBVG.

II. Ehrenamtlicher Richter

Durch das KostRMoG[3] wurden die Regelungen des ZSEG und des EhrRiEG durch das JVEG[4] neu zusammengefasst. Das Gesetz ist anwendbar auf ehrenamtliche Richter bei den ordentlichen Gerichten, den Gerichten für Arbeitssachen, den Gerichten der Verwaltungs-, der Finanz- und der Sozialgerichtsbarkeit und für StB, die als ehrenamtliche Richter in berufsgerichtlichen Verfahren nach dem StBerG tätig werden.[5] 825

Abschnitt 4 JVEG regelt in §§ 15 bis 18 JVEG die Entschädigung von ehrenamtlichen Richtern. Als Entschädigung sind Fahrtkostenersatz, Entschädigung für Aufwand, Ersatz für sonstige Aufwendungen, Entschädigung für Zeitversäumnis (7 €/Std. gem. § 16 JVEG), Entschädigung für Nachteile bei der Haushaltsführung sowie Entschädigung für Verdienstausfall vorgesehen. Sofern die Entschädigung nach Stundensätzen bemessen ist, werden auch Reise- und Wartezeiten berücksichtigt (§ 15 Abs. 2 JVEG). Die Entschädigungssätze für den Verdienstausfall (§ 18 JVEG) sind zuletzt mit Wirkung zum 1.1.2021[6] erhöht worden und betragen grundsätzlich 29 €/Std. brutto. Bei einem selbständig tätigen StB ist die Umsatzsteuer darin enthalten. Die zusätzliche Entschädigung für Verdienstausfall muss – anders als die Entschädigung für Zeitversäumnis – voll versteuert werden. Nur in umfangreichen Verfahren mit zahlreichen Heranziehungen sind Stundensätze bis zu 55 € und 73 € vorgesehen. Insbesondere in berufsgerichtlichen Verfahren, bei denen die Richterbank auch mit StB besetzt sein muss, werden diese erhöhten Stundensätze nur in ganz seltenen Ausnahmefällen jemals zum Tragen kommen. 826

---

1) Vgl. die BStBK-Hinweise für die Tätigkeit des Steuerberaters als Vormund, Pfleger oder Betreuer im Berufsrechtlichen Handbuch, II. Nr. 5.2.17, (Stand: 4./5.7.2023; www.bstbk.de).
2) BGH v. 8.1.2025, XII ZB 477/22, NJW 2025, 1573; BGH v. 29.4.2014, XII ZB 444/13, MDR 2014, 1475; v. 27.6.2012, XII ZB 685/11, NJW 2012, 3307 zur alten Rechtslage; Dodegge, NJW 2021, 2695, 2701 m.w.N.
3) Gesetz v. 5.5.2004, BGBl. I 2004, 718.
4) Gesetz v. 5.5.2004, BGBl. I 2004, 776.
5) Art. 1 Abs. 1 Nr. 2 JVEG i.V.m. Art. 4 Abs. 59 KostRMoG.
6) KostRÄG 2021 v. 29.12.2020, BGBl. I 2020, 3229.

III. Insolvenzverwalter, vorläufiger Insolvenzverwalter, Treuhänder, Sachwalter

827 Juristische Personen sind von der Bestellung zum Insolvenzverwalter ausgeschlossen, § 56 Abs. 1 Satz 1 InsO. Dies verstößt weder gegen das Grundrecht der Berufsfreiheit, noch gegen den Grundsatz auf Gleichbehandlung.[1] Der Vergütungsanspruch des Insolvenzverwalters richtet sich nach §§ 63 bis 65 InsO und den Vorschriften der InsVV. Die entsprechenden Regelungen gelten gem. § 21 Abs. 2 Nr. 1 InsO und § 10 InsVV auch für die Vergütung des vorläufigen Insolvenzverwalters. Im Allgemeinen wird der Anspruch des Insolvenzverwalters nach Erledigung der zu vergütenden Tätigkeit **fällig**. Er hat grundsätzlich keinen Anspruch auf Vergütungsfestsetzung für einzelne Zeitabschnitte eines Insolvenzverfahrens. Vereinbarungen über eine von den gesetzlichen Regelungen abweichende Fälligkeit der Vergütung können nicht Inhalt eines Insolvenzplans sein.[2] Die Vergütung wird gem. § 64 InsO vom Insolvenzgericht festgesetzt, d.h. der Insolvenzverwalter muss seinen Vergütungsanspruch im hierfür vorgesehenen insolvenzrechtlichen Festsetzungsverfahren verfolgen. Die Entscheidung des Gerichts kann der Verwalter mit der sofortigen Beschwerde anfechten, sofern der Wert des Beschwerdegegenstands 200 € übersteigt (§ 64 Abs. 3 Satz 2 InsO i.V.m. § 567 Abs. 2 ZPO). Der Insolvenzverwalter hat zur Abwehr unberechtigter Vergütungsforderungen die Beschwerdebefugnis bei der Festsetzung der Vergütung des vorläufigen Insolvenzverwalters, eines früheren abgewählten oder entlassenen Insolvenzverwalters oder eines Sonderinsolvenzverwalters.[3] **Vergütungsvereinbarungen**, die der Insolvenzverwalter mit den Schuldnern, Gläubigern oder Dritten unmittelbar zu seinen eigenen Gunsten trifft, sind gem. § 134 BGB nichtig.[4] Wurde das Insolvenzverfahren wegen Zurücknahme des Insolvenzantrags nicht eröffnet, musste der vorläufige Insolvenzverwalter seinen materiell-rechtlichen Vergütungsanspruch analog §§ 1835, 1836, 1915, 1987, 2221 BGB gegen den Schuldner auf dem ordentlichen Rechtsweg verfolgen. Eine Festsetzung der Vergütung durch das Insolvenzgericht war nicht möglich.[5] Durch das am 1.3.2012 in Kraft getretene ESUG[6] wurde dies geändert. Mit der Regelung des § 26a InsO hat der Gesetzgeber eine gesetzliche Grundlage für eine Vergütungsentscheidung im Insolvenzeröffnungsverfahren geschaffen.

Praxistipp:

Steuerberater, die als vorläufige Insolvenzverwalter betroffen sind, sollten versuchen, sich mit dem Schuldner hinsichtlich der Vergütung zu einigen. Da der materiell-rechtliche Vergütungsanspruch besteht, dürfte die Einigungsbereitschaft des Schuldners regelmäßig hoch sein.

828 Solange die Vergütung des Insolvenzverwalters nicht bestandskräftig festgesetzt ist, gilt die regelmäßige Verjährungsfrist. Durch die Stellung des Vergütungsantrags wird die Verjährung des Anspruchs analog §§ 204, 209 BGB, § 17 KostO, § 2 Abs. 3 JVEG gehemmt.[7] Die Verjährung des Vergütungsanspruchs des vorläufigen Insolvenzverwalters ist entsprechend dem Rechtsgedanken des § 8 Abs. 2 Satz 1 RVG bis zum Abschluss des eröffneten Insolvenzverfahrens gehemmt.[8]

1) BVerfG v. 12.1.2016, 1 BvR 3102/13, ZIP 2016, 321 mit Anm. Flöther, EWiR 5/2016, 145.
2) BGH v. 11.11.2021, IX ZB 19/20, ZIP 2022, 135.
3) BGH v. 27.9.2012, IX ZB 276/11, MDR 2012, 1373.
4) Nerlich/Römermann, § 63 InsO Rz. 8; differenzierend Graeber, Vergütungsbestimmung durch Vereinbarung zwischen einem Insolvenzverwalter und den weiteren Beteiligten eines Insolvenzverfahrens, ZIP 2013, 916: Bei einstimmiger Entscheidung aller Beteiligten im Planverfahren sollen Vereinbarungen zulässig sein.
5) BGH v. 3.12.2009, IV ZB 280/08, ZIP 2010, 89.
6) Gesetz zur weiteren Erleichterung der Sanierung von Unternehmen v. 7.12.2011, BGBl. I 2011, 2582.
7) BGH v. 29.3.2007, IX ZB 153/06, ZInsO 2007, 539.
8) BGH v. 22.9.2010, IX ZB 195/09, ZIP 2010, 2160, mit Anm. Blersch in EWiR 2011, 25.

1. Insolvenzverwalter

Der **Regelsatz** des Insolvenzverwalters errechnet sich gemäß einer degressiv gestalteten Tabelle (§ 2 InsVV), die vom Wert der Insolvenzmasse (§ 1 InsVV), auf die sich die Schlussrechnung des Verwalters bezieht, ausgeht. Bei der Berechnung der Insolvenzmasse werden Massegegenstände, die mit Pfandrechten oder anderen Absonderungsrechten belastet sind, nur insoweit berücksichtigt, als sich bei der Verwertung ein Überschuss ergibt. Beträge, die der StB für den Einsatz besonderer Sachkunde nach § 5 InsVV erhält, z.B. für die Erstellung der Steuererklärungen und des Jahresabschlusses, werden abgezogen (§ 1 Abs. 2 Nr. 4a InsVV). Verfassungsrechtliche Bedenken gegen diese Regelung bestehen nicht.[1] Wie die Masse zu bestimmen ist, regelt § 1 Abs. 2 InsVV. Massegegenstände, die mit Absonderungsrechten belastet sind, werden berücksichtigt, wenn sie durch den Verwalter verwertet werden, § 1 Abs. 2 Nr. 1 InsVV. Trotz der seit 1999 eingetretenen Geldentwertung sah der BGH einen Inflationszuschlag auf die Regelsätze noch nicht als gerechtfertigt an.[2] Die Regelsätze wurden durch das SanInsFOG[3] mit Wirkung zum 1.1.2021 angehoben. Nach § 2 Abs. 1 InsVV erhält der Insolvenzverwalter i.d.R. 829

– von den ersten 35 000 € der Insolvenzmasse	40 %,
– von dem Mehrbetrag bis zu 70 000 €	26 %,
– von dem Mehrbetrag bis zu 350 000 €	7,5 %,
– von dem Mehrbetrag bis zu 700 000 €	3,3 %,
– von dem Mehrbetrag bis zu 35 Mio. €	2,2 %,
– von dem Mehrbetrag bis zu 70 Mio. €	1,1 %,
– von dem Mehrbetrag bis zu 350 Mio. €	0,5 %
– von dem Mehrbetrag bis zu 700 Mio. €	0,4 %
– von dem darüber hinausgehenden Betrag	0,2 %.

Massezuflüsse zwischen Schlusstermin und dem Vollzug der Schlussverteilung erhöhen die Berechnungsgrundlage der Vergütung des Insolvenzverwalters.[4] Führt der vorläufige Insolvenzverwalter den Betrieb des Schuldners fort, ist auch der Berechnung der Vergütung des Insolvenzverwalters nur der daraus erzielte Überschuss zugrunde zu legen; im Eröffnungsverfahren begründete, aber bis zur Eröffnung des Insolvenzverfahrens nicht beglichene Masseverbindlichkeiten sind regelmäßig vom Wert der Insolvenzmasse abzusetzen.[5]

Die Regelsätze des § 2 InsVV sind nur auf ein in jeder Hinsicht durchschnittliches Insolvenzverfahren anzuwenden. In allen anderen Fällen ist den Besonderheiten des Verfahrens durch prozentuale **Zu- und/oder Abschläge** Rechnung zu tragen (§ 63 Abs. 1 Satz 3 InsVV). § 3 Abs. 1 InsVV nennt einige Beispielsfälle, in denen Zuschläge vorzunehmen sind, das Insolvenzgericht also keinen Ermessensspielraum hat. Eine den Regelsatz übersteigende Vergütung ist danach insbesondere anzusetzen, 830

- wenn die Bearbeitung von Aus- und Absonderungsrechten einen erheblichen Teil der Tätigkeit des Insolvenzverwalters ausgemacht hat, ohne dass ein entsprechender Mehrbetrag nach § 1 Abs. 2 Nr. 1 InsVV angefallen ist, vgl. § 3 Abs. 1a InsVV. Ein entsprechender Zuschlag ist aber nicht allein deswegen gerechtfertigt, weil die Höhe der Fremdrechte oder die Anzahl der Berechtigten eine bestimmte Quote erreichen. Er kommt vielmehr nur dann in Betracht, wenn

1) BGH v. 12.9.2019, IX ZB 2/19, ZIP 2019, 2021; BGH v. 29.9.2011, IX ZB 112/09, ZIP 2011, 2117.
2) BGH v. 4.12.2014, IX ZB 60/13, ZIP 2015, 138.
3) SanInsFoG v. 22.12.2020, BGBl. I 2020, 3256.
4) BGH v. 19.12.2013, IX ZB 9/12, MDR 2014, 300.
5) BGH v. 2.3.2017, IX ZB 90/15, ZIP 2017, 979 m. Anm. Keller, EWiR 2017, 375.

die Bearbeitung den Insolvenzverwalter stärker als in entsprechenden Insolvenzverfahren allgemein üblichen Verfahren in Anspruch genommen hat, vgl. BGH v. 24.7.2003, IX ZB 607/02, ZIP 2003, 1757.

- wenn der Verwalter das Unternehmen fortgeführt oder Häuser verwaltet hat und die Masse nicht entsprechend größer geworden ist, die Masse groß war und die Regelvergütung der Degression der Regelsätze keine angemessene Gegenleistung dafür darstellt, dass der Verwalter mit erheblichem Arbeitsaufwand die Masse vermehrt oder zusätzliche Masse festgestellt hat,
- wenn arbeitsrechtliche Fragen, z.B. in Bezug auf das Insolvenzgeld, den Kündigungsschutz oder einen Sozialplan, den Verwalter erheblich in Anspruch genommen haben oder der Verwalter einen Insolvenzplan ausgearbeitet hat,
- wenn ein vom Schuldner vorgelegter Insolvenzplan durch den Verwalter mit erheblichem Mehraufwand überarbeitet werden muss,[1]
- bei langer Verfahrensdauer,
- wenn der Schuldner sich seinen Mitwirkungspflichten entzieht oder bisherige Organe des Schuldners ausgeschieden sind und für Informationen nicht mehr zur Verfügung stehen,[2]
- bei Tätigwerden des Insolvenzverwalters im Ausland,
- bei besonders hoher Gläubigerzahl,
- wenn besonders umfangreiche Außenstände des Gemeinschuldners beigetrieben werden mussten, bei komplexem Debitorenmanagement/erschwertem Forderungseinzug aufgrund komplexer Rechtsbeziehungen/erheblichem Arbeitsaufwand durch Betreuung und Quantität der Gläubigergemeinschaft,[3]
- bei Sozialplanverhandlungen schwieriger und umfangreicher Art,
- bei Betriebsveräußerungen komplizierter Art,
- bei einer Vielzahl von Rechtsstreitigkeiten,
- bei zeitintensivem Einsatz von Mitarbeitern des Verwalters, die besonders berücksichtigt werden[4] oder
- bei stiller Zwangsverwaltung.[5]

Überträgt der Insolvenzverwalter eine ihm obliegende Aufgabe, die ein Verwalter ohne volljuristische Ausbildung nicht lösen kann, einem Rechtsanwalt und entnimmt er die dadurch entstehenden Auslagen der Insolvenzmasse, ist bei der Entscheidung über einen beantragten Zuschlag zu berücksichtigen, dass dem Verwalter im Umfang der Delegation kein Mehraufwand entstanden ist.[6] Ein Zurückbleiben hinter dem Regelsatz ist insbesondere dann gerechtfertigt, wenn ein vorläufiger Insolvenzverwalter tätig war und dadurch dem nachfolgenden Verwalter erhebliche Arbeit erspart worden ist[7] oder wenn die Abwicklung nur kurz und unkompliziert war (§ 3 Abs. 2 InsVV).[8] Ein Abschlag ist hingegen nicht hinzunehmen, wenn der Insolvenzverwalter im Insolvenzeröffnungsverfahren nur als „**isolierter Sachverständiger**" bestellt war.[9] Die Vergütung des Insolvenzverwalters kann nicht mit der

1) BGH v. 22.2.2007, IX ZB 106/06, ZIP 2006, 784.
2) BGH v. 29.4.2021, IX ZB 58/19, 1284, 1285.
3) BGH v. 29.4.2021, IX ZB 58/19, 1284, 1285.
4) Eine alphabetische Übersicht findet sich bei Haarmeyer/Wutzke/Förster, § 3 InsVV Rz. 18 ff.
5) BGH v. 14.7.2016, IX ZB 31/14, ZIP 2016, 1543.
6) BGH v. 12.9.2019, IX ZB 1/17, AnwBl 2019, 689.
7) BGH v. 7.10.2021, IX ZB 42/20, ZIP 2022, 88.
8) BGH v. 11.5.2006, IX ZB 249/04, ZIP 2006, 1204.
9) BGH v. 18.6.2009, IX ZB 97/08, ZIP 2009, 1630.

Begründung gekürzt werden, seine Vergütung als vorläufiger Insolvenzverwalter sei zu hoch festgesetzt worden.[1]

§ 2 Abs. 2 InsVV sah bis zum 7.10.2004 eine **Mindestvergütung** von 500 € vor, die von großen Teilen der Rechtsprechung in masselosen Regelinsolvenzverfahren als verfassungswidrig angesehen wurde mit der Folge, dass – je nach Gerichtsbezirk – unterschiedliche Anhebungen der Regelvergütung erfolgten.[2] Mit dem Beschluss vom 15.1.2004[3] hat der BGH jedoch entschieden, dass die Beschränkung der Mindestvergütung in masselosen Regelinsolvenzverfahren auf 500 € bis zum 31.12.2003 nicht zu beanstanden sei, da der Verordnungsgeber das Recht hatte, die Auskömmlichkeit der Sätze für einen angemessenen Prognosezeitraum zu „erproben". Erst mit Ablauf des Jahres 2003 seien die Mindestvergütungssätze verfassungswidrig geworden, da sie den Anforderungen an eine angemessene Vergütung i.S.d. Art. 12 Abs. 1 GG nicht mehr entsprächen. Nach der Entscheidung des BGH hatte der Verordnungsgeber bis zum 1.10.2004 Zeit, eine verfassungskonforme Neuregelung mit Rückwirkung zum 1.1.2004 zu treffen. 831

Am 7.10.2004 ist die Verordnung zur Änderung der Insolvenzrechtlichen Vergütungsverordnung in Kraft getreten.[4] Die **Mindestregelvergütung** in § 2 Abs. 2 InsVV betrug bis zum 31.12.2020 (bei nicht mehr als zehn Gläubigern) 1 000 € und im Falle eines **Verbraucherinsolvenzverfahrens** 800 €, § 13 InsVV. Die Mindestregelvergütung war verfassungsgemäß.[5] Durch das SanInsFoG[6] wurde die Mindestvergütung zum 1.1.2021 auf 1 400 € und die in Verbraucherinsolvenzverfahren auf 1 120 € angehoben. Bei höheren Gläubigerzahlen ist eine linear-degressiv steigende Staffelvergütung vorgesehen.[7] Die Mindestvergütung von 1 400 € bzw. 1 120 € im Verbraucherinsolvenzverfahren kann unter den Voraussetzungen des § 3 Abs. 2 InsVV im Wege des Abschlags gekürzt werden, wenn der qualitative und quantitative Zuschnitt des Verfahrens erheblich hinter den Kriterien eines durchschnittlichen massearmen Verfahrens zurückbleibt und der Regelsatz der Mindestvergütung unangemessen hoch wäre.[8] Auch in diesen Fällen darf aber die frühere Mindestvergütung für einen Treuhänder i.H.v. 600 € (§ 13 InsVV a.F.) nicht unterschritten werden.[9]

Ist der Insolvenzverwalter StB, so stehen ihm für Tätigkeiten, die ein nicht als StB bestellter Verwalter üblicherweise einem StB übertragen hätte, auch Gebühren nach Maßgabe der **StBVV** zu (§ 5 Abs. 2 InsVV). Er kann die Gebühren und Auslagen aus der Masse entnehmen, da es sich um Masseverbindlichkeiten und nicht um Kosten des Insolvenzverfahrens handelt.[10] Diese fallen nicht in die Berechnungsgrundlage nach § 1 InsVV (siehe § 1 Abs. 2 Nr. 4a InsO). Danach werden Beträge, die der Insolvenzverwalter nach § 5 InsO erhalten hat, abgezogen. Dies gilt allerdings nicht, wenn die Sozietät, der der Insolvenzverwalter angehört, die Vergütung für besondere Sachkunde erhält, auch wenn der Insolvenzverwalter daran mittelbar partizipiert.[11](Einkommen-)Steuererklärungen, die im Verhältnis zur Größe des Ver- 832

1) BGH v. 10.10.2013, IX ZB 38/11, ZIP 2013, 2164.
2) Statt vieler: AG Hamburg v. 19.5.2003, 67c IN 458/02, ZIP 2003, 2084 (Anhebung auf 1 200 €); AG Göttingen v. 6.5.2003, 74 IN 264/02, ZIP 2003, 918 und AG Potsdam v. 4.10.2003, 35 IN 78/02, ZIP 2003, 770 (Anhebung auf jeweils 2 000 €).
3) BGH v. 15.1.2004, IX ZB 96/03, ZIP 2004, 417 = MDR 2004, 655, mit Anm. Hartung.
4) VO v. 4.10.2004, BGBl. I 2004, 2569.
5) BGH v. 13.3.2008, IX ZB 63/05, ZIP 2008, 976.
6) SanInsFoG v. 22.12.2020, BGBl. I 2020, 3256.
7) Kritisch hierzu Blersch, ZIP 2004, 2312 ff.
8) BGH v. 12.3.2020, IX ZB 33/18, NZI 2020, 521 zur Kürzung der Mindestvergütung im Verbraucherinsolvenzverfahren.
9) BGH v. 14.12.2017, IX ZB 101/15, ZIP 2018, 333.
10) BGH v. 29.9.2022, IX ZA 10/22, DStR 2023, 237.
11) BGH v. 5.7.2007, IX ZB 305/04, ZIP 2007, 1958.

fahrens wenige und einfach zu erstellende (Einkommen-)Steuererklärungen sind, sind mit der Regelvergütung abgegolten, sofern keine Rechtsmittel eingelegt werden müssen.[1)]

833 Allgemeine Geschäftskosten sind mit der Vergütung abgegolten (§ 4 Abs. 1 InsVV). **Besondere Geschäftskosten**, die dem Verwalter im Einzelfall, z.B. durch Reisen oder die Beauftragung eines StB[2)] entstehen, sind als Auslagen gesondert zu erstatten (§ 4 Abs. 2 InsVV). Nach altem Recht konnte der Insolvenzverwalter die Kosten einer angemessenen zusätzlichen Versicherung verlangen (§ 4 Abs. 3 InsVV a.F.). Durch die Neufassung der Vorschrift zum 1.1.2021 durch das SanInsFoG[3)] sind die Kosten für die Haftpflichtversicherung grundsätzlich von der o.g. Vergütung abgegolten. Der Insolvenzverwalter kann auch einen Pauschsatz i.H.v. 15 % im ersten, danach für jedes angefangene weitere Jahr einen Pauschsatz i.H.v. 10 % der Regelvergütung, höchstens jedoch 350 € je angefangenem Monat der Dauer der Tätigkeit, geltend machen, wobei der Pauschsatz 30 % der Regelvergütung nicht übersteigen darf (§ 8 Abs. 3 InsVV).[4)] Hat das Insolvenzgericht den Insolvenzverwalter gem. § 8 Abs. 3 InsO beauftragt, die Zustellungen durchzuführen, kann er die Zustellungskosten neben der Auslagenpauschale geltend machen.[5)] Die Regelmindestvergütung bestimmt sich nach § 2 Abs. 2 Satz 1 bis 3 InsVV.[6)] Zusätzlich zur Vergütung und zur Erstattung der Auslagen wird ein Betrag in Höhe der vom Insolvenzverwalter zu zahlenden **Umsatzsteuer** festgesetzt (§ 7 InsVV).

834 Der Insolvenzverwalter kann der Masse einen **Vorschuss** auf die Vergütung und die Auslagen entnehmen, wenn das Insolvenzgericht zustimmt. Die Zustimmung soll erteilt werden, wenn das Insolvenzverfahren länger als sechs Monate dauert oder wenn besonders hohe Auslagen erforderlich werden (§ 9 InsVV). Der Anspruch auf Rückgewähr eines der Masse entnommenen, letztlich aber nicht verdienten Vorschusses beginnt grundsätzlich erst mit dem Vergütungsfestsetzungsbeschluss des Insolvenzgerichts zu laufen, aus dem sich die Überzahlung ergibt.[7)] Die früher weit verbreitete Praxis, eine **Regelung zur Insolvenzverwaltervergütung in den Insolvenzplan** aufzunehmen, hält der BGH für unzulässig.[8)]

Für eine Nachtragsverteilung erhält der Insolvenzverwalter ebenso eine gesonderte Vergütung wie für die Überwachung der Erfüllung eines Insolvenzplans (§ 6 InsVV).

§ 63 Abs. 2 InsO gewährt dem Insolvenzverwalter für seine Vergütung und seine Auslagen einen Anspruch gegen die **Staatskasse**, soweit im Fall der Stundung der Kosten des Verfahrens nach § 4a InsO die Insolvenzmasse dafür nicht ausreicht.[9)] Der Anspruch ist der Höhe nach beschränkt auf den Betrag, der aus der Insolvenzmasse nicht zu erlangen ist. Es handelt sich um einen Sekundäranspruch, der erst dann geltend gemacht werden kann, wenn feststeht, dass die Insolvenzmasse nicht ausreicht.[10)]

---

1) BGH v.14.11.2013, IX ZB 161/11, ZIP 2013, 2413.
2) BGH v. 22.7.2004, IX ZB 161/03, ZIP 2004, 1717.
3) SanInsFoG v. 22.12.2020, BGBl. I 2020, 3256.
4) Kritisch zu dieser seit dem 7.10.2004 geltenden Regelung Blersch, ZIP 2004, 2315.
5) BGH v. 21.12.2006, IX ZB 129/05, ZIP 2007, 440.
6) AG Wuppertal v. 1.12.2005, 145 IN 205/04, ZIP 2006, 147.
7) BGH v. 29.6.2023, IX ZR 152/22, WM 2023, 1512.
8) BGH v. 11.11.2021, IX ZB 19/20, ZIP 2022, 135; BGH v. 16.2.2017, IX ZB 103/15, ZIP 2017, 482 m. Anm. Madaus, EWiR 2017, 179; a.A. noch LG München I v.2.8.2013, 14 T 16050/13, ZIP 2013, 2273.
9) Auch die Kosten für die Beauftragung eines StB sind als Auslagen der Staatskasse zu ersetzen, wenn der Insolvenzverwalter von der Finanzverwaltung die Aufforderung erhalten hat, steuerliche Tätigkeiten zu erbringen, und der Fiskus von der Massenunzulänglichkeit weiß: BGH v. 22.7.2004, IX ZB 161/03, ZIP 2004, 1717.
10) Nerlich/Römermann, § 63 InsO Rz. 44.

Die Vergütung eines **Sonderinsolvenzverwalters** ist grundsätzlich in entsprechender Anwendung der Bestimmungen über die Vergütung des Insolvenzverwalters festzusetzen.[1] 835

2. Vorläufiger Insolvenzverwalter

Durch das Gesetz zur Verkürzung des Restschuldbefreiungsverfahrens und zur Stärkung der Gläubigerrechte[2] ist die Vergütung des vorläufigen Insolvenzverwalters neu geregelt worden.[3] Sie gilt für Insolvenzverfahren, die ab dem 19.7.2013 beantragt werden.[4] Für die Vergütung des vorläufigen Insolvenzverwalters gelten gem. § 10 InsVV die §§ 1 bis 9 InsVV entsprechend, soweit in den §§ 11 bis 13 InsVV nichts anderes bestimmt ist.[5] Der vorläufige Insolvenzverwalter profitiert damit auch von den Anpassungen durch das SanInsFoG zum 1.1.02021.[6] 836

Gemäß § 63 Abs. 3 Satz 1 InsO wird die Tätigkeit des vorläufigen Insolvenzverwalters **besonders vergütet**. Das gilt auch dann, wenn der vorläufige Insolvenzverwalter später als Insolvenzverwalter im eröffneten Verfahren bestellt wird. Eine Anrechnung erfolgt nicht. Die Vergütung beträgt i.d.R. 25 % der Vergütung nach § 2 Abs. 1 InsVV, bezogen auf das Vermögen, auf das sich die Tätigkeit im Eröffnungsverfahren erstreckt (§ 63 Abs. 3 Satz 2 InsO). Weitere Einzelheiten regelt § 11 InsVV. Gemäß § 11 Abs. 4 InsVV erhält der **vorläufige Insolvenzverwalter** eine zusätzliche Vergütung nach dem JVEG, wenn das Insolvenzgericht ihn als **Sachverständigen** beauftragt hat, gutachterlich zu prüfen, ob ein Eröffnungsgrund vorliegt und welche Aussichten für eine Fortsetzung des Unternehmens des Schuldners bestehen. Wie die Vergütung in diesen Fällen zu erfolgen hatte, war lange Zeit umstritten.[7] Durch das KostRÄG 2021[8] hat der Gesetzgeber diesen Streit beigelegt. Der Sachverständige, der gleichzeitig vorläufiger Insolvenzverwalter oder vorläufiger Sachwalter ist, erhält ein Honorar von 95 € die Stunde (§ 9 Abs. 4 Satz 2 JVEG), während der „**isolierte Sachverständige**" ein Honorar von 120 € je Stunde erhält (§ 9 Abs. 4 Satz 1 JVEG).

Berechnungsgrundlage des Vergütungsanspruchs ist das vom vorläufigen Insolvenzverwalter gesicherte und verwaltete Vermögen, wie es sich am Ende der vorläufigen Insolvenzverwaltung darstellt (zeitraumbezogene Betrachtung). In das Vermögen sind mit Aus- und Absonderungsrechten belastete Gegenstände einzubeziehen, soweit der vorläufige Insolvenzverwalter sich mit diesen in erheblichem Umfang befasst hat.[9]

Gemäß § 11 Abs. 3 InsVV sind Art, Dauer und Umfang der Tätigkeit bei der Festsetzung der Vergütung zu berücksichtigen. Der von Rechtsprechung und Literatur vorgenommenen Differenzierung zwischen einem vorläufigen Insolvenzverwalter ohne Verwaltungs- und Verfügungsbefugnis (sog. schwacher vorläufiger Insolvenzverwalter) und einem vorläufigen Insolvenzverwalter mit Verwaltungs- und Verfügungsbefugnis (sog. starker vorläufiger Insolvenzverwalter) bei der Festsetzung der Regelvergütung hat der BGH eine Absage erteilt. Danach ist beim vorläufigen Insolvenzverwalter stets ein Vergütungssatz von 25 % **der Staffelvergütung gem. § 2** 837

1) BGH v. 26.3.2015, IX ZB 62/13, NJW-RR 2015, 730; LG Münster v. 14.3.2018, 5 T 448/17, ZIP 2018, 938; LG Braunschweig v. 23.12.2011, 6 T 728/11, 6 T 729/11, ZIP 2012, 838.
2) BT-Drucks. 17/13535 und BR-Drucks. 280/13.
3) Zum Hintergrund s. Stapper/Schädlich, NWB 2013, 2005, 2015.
4) BGH v. 14.7.2016, IX ZB 46/14, ZIP 2016, 1601.
5) BGH v. 17.10.2019, IX ZB 5/18, ZIP 2019, 2489; BGH v. 12.9.2019, IX ZB 28/18, MDR 2019, 1343.
6) SanInsFoG v. 22.12.2020, BGBl. I 2020, 3256.
7) Siehe hierzu Feiter, StBVV-Kommentar, 3. Aufl. 2020, Rz. 852 m.w.N.
8) KostRÄG 2021 v. 21.12.2020, BGBl. I 2020, 3229.
9) BGH v. 12.9.2019, IX ZB 28/18, ZIP 2019, 1969; Haarmeyer/Wutzke/Förster, § 11 InsVV Rz. 53 ff.

InsVV als **Ausgangssatz** angemessen.[1] Von diesem sind je nach Art, Dauer und Umfang der Tätigkeit gem. §§ 10, 3 InsVV prozentuale **Zu- und Abschläge** vorzunehmen.[2] Die Bemessung von Zu- und Abschlägen ist vom Tatrichter so vorzunehmen, dass dem vorläufigen Insolvenzverwalter eine angemessene Vergütung gewährt wird. Entscheidend ist der Arbeitsaufwand. Eine Vergleichsrechnung anhand der Anzahl der aufgewendeten Stunden des Verwalters und seiner Mitarbeiter hat nicht stattzufinden. Der Ansatz von Stundensätzen ist der InsVV fremd (Ausnahme: § 17 InsVV) und widerspricht dem in § 63 InsO angelegten Honorierungssystem der InsVV.[3] Der Tatrichter kann einen Mehraufwand für arbeitsrechtliche Sonderaufgaben und Insolvenzgeldvorfinanzierung im Rahmen des Zuschlags für die Unternehmensfortführung berücksichtigen.[4]

Belasten **erschwerende Umstände** den vorläufigen Insolvenzverwalter in gleicher Weise wie den endgültigen Insolvenzverwalter (z.B. bei Betriebsfortführung, Vermietung und Verwaltung von Immobilien, erhebliche Befassung mit dem Vermögensgegenstand), sind die deswegen zu gewährenden Zuschläge zum Regelsatz der Vergütung grundsätzlich für Beide mit dem gleichen Hundertsatz zu bemessen.[5]

Die **Auslagenpauschale** nach §§ 10, 8 Abs. 3 InsVV bemisst sich für den vorläufigen Insolvenzverwalter nach seiner Regelvergütung.

Eine staatliche Ausfallhaftung für die Vergütung des vorläufigen Insolvenzverwalters bei Abweisung des Eigenantrags mangels Masse außerhalb der oben genannten Stundungsfälle kommt nicht in Betracht.[6] Die verzögerte Bearbeitung eines Antrags auf Festsetzung der Vergütung des vorläufigen Insolvenzverwalters durch das Insolvenzgericht rechtfertigt weder eine Verzinsung des Vergütungsanspruchs, noch die Festsetzung eines Zuschlags zur Regelvergütung, noch ohne Weiteres die Erstattung von „Vorfinanzierungsauslagen".[7]

3. Treuhänder

838 Die Vergütung des Treuhänders nach § 293 InsO richtet sich nach §§ 14 bis 16 InsVV. Die Vergütung wurde zuletzt durch das SanInsFoG[8] zum 1.1.2021 angepasst.

4. Sachwalter, vorläufiger Sachwalter

839 Maßgebliche Vorschrift für die Vergütung des Sachwalters ist § 12 InsVV. Danach erhält der Sachwalter i.d.R. 60 % der für den Insolvenzverwalter bestimmten Vergütung. Für den **vorläufigen Sachwalter** enthält die InsVV keine Regelung. Deshalb war lange streitig, welche Regelungen der InsO und der InsVV analog heranzuziehen sind. Durch das SanInsFoG[9] wurde mit Wirkung zum 1.1.2021 ein neuer § 12a InsVV eingefügt. Danach wird die Tätigkeit des vorläufigen Sachwalters besonders vergütet. Er erhält i.d.R. 25 % der Vergütung des Sachwalters bezogen auf das Vermögen, auf das sich seine Tätigkeit während des Eröffnungsverfahrens erstreckt.

1) BGH v. 24.6.2003, IX ZB 453/02, ZIP 2003, 1759; v. 17.7.2003, IX ZB 10/03, ZIP 2003, 1612; v. 18.9.2003, IX ZB 56/03, ZIP 2003, 2081 zur alten Rechtslage.
2) BGH v. 18.12.2003, IX ZB 50/03, MDR 2004, 656; eine alphabetische Übersicht findet sich bei Haarmeyer/Wutzke/Förster, § 11 InsVV Rz. 71 ff.
3) BGH v. 7.10.2021, IX ZB 4/20, ZIP 2021, 2346 und BGH v. 1.3.2007, IX ZB 278/05, ZInsO 2007, 370.
4) BGH v. 12.9.2019, IX ZB 65/18, ZIP 2019, 2018.
5) BGH v. 10.6.2021, IX ZB 51/19, ZIP 2021, 1555; BGH v.2.3.2017, IX ZB 90/15, ZIP 2017, 979; BGH v. 4.11.2004, IX ZB 52/04, ZIP 2004, 2448.
6) BGH v. 22.1.2004, IX ZB 123/03, ZIP 2004, 571.
7) BGH v. 4.12.2003, IX ZB 48/03, ZIP 2004, 574.
8) SansInsFoG v. 22.12.2020, BGBl. I 2020, 3256.
9) SanInsFoG v. 22.12.2020, BGBl. I 2020, 3256.

Die Auslagenpauschale des vorläufigen Sachwalters bemisst sich nach § 12 Abs. 3 InsVV.

5. Mitglied im Gläubigerausschuss

Die Vergütung der Mitglieder des Gläubigerausschusses richtet sich einheitlich nach § 17 Abs. 1 InsVV.[1] Sie wurde zuletzt durch das SanInsFoG[2] zum 1.1.2021 angepasst und beträgt regelmäßig zwischen **50 € und 300 € pro Stunde** (zuvor 35 € und 95 € pro Stunde). Maßgeblich sind der Umfang der Tätigkeit und die berufliche Qualifikation.[3] Eine Differenzierung nach Art der Tätigkeit (z.B. Reise oder Wahrnehmung eines Termins) findet im Gesetz keine rechtliche Grundlage. Der Zeitverlust für das Gläubigerausschussmitglied ist in beiden Fällen gleich hoch.[4] Der **Höchstsatz** kann bei außerordentlichem Umfang oder bei außergewöhnlichen Schwierigkeiten im Verfahren sowie bei besonderer Tätigkeit, besonderen Haftungsrisiken, besonderen Leistungen oder Qualifikationen des Gläubigerausschussmitglieds **überschritten** werden.[5] Das Recht zur Überschreitung der normativ genannten Höchstgrenze wird daraus abgeleitet, dass die Norm von einer „regelmäßigen" Vergütungshöhe spricht. Daran hat sich durch die Erhöhung der Stundensätze nichts geändert. Das LG Hamburg sah die vom AG Hamburg festgesetzte Vergütungshöhe von **200 € pro Stunde** (damaliger Regel-Höchstsatz 95 €) als angemessen an.[6] Nach LG Darmstadt kommen bei Ausschussmitgliedern mit hoher beruflicher Stellung, Sachkunde und Qualifikation sowie bei umfangreichen, komplexen Verfahren Stundensätze von bis zu 300 € oder sogar **500 €** in Betracht.[7] Die Vergütung der Mitglieder eines mit der Überwachung der Planerfüllung betrauten Gläubigerausschusses kann Gegenstand einer nach Aufhebung des Insolvenzverfahrens geschlossenen Vereinbarung zwischen dem Schuldner und den Ausschussmitgliedern sein.[8] **840**

Die Vergütung der Mitglieder des **vorläufigen** Gläubigerausschusses (§ 22a InsO) beträgt **einmalig 500 €** (statt 300 €), § 17 Abs. 2 InsVV. Ein Vergütungsanspruch für Tätigkeiten vor der Bestellung zum vorläufigen Mitglied des Gläubigerausschusses besteht nicht.[9]

6. Restrukturierungsbeauftragter

Durch das am 1.1.2021 in Kraft getretene Sanierungs- und Insolvenzrechtsfortentwicklungsgesetz[10] und das darin enthaltene Gesetz über den Stabilisierungs- und Restrukturierungsrahmen (StaRuG) hat der Gesetzgeber ein neues außerordentliches Sanierungsverfahren etabliert. Das Verfahren soll präventiv der Insolvenz vorbeugen. Kernelement des StaRuG ist das neue Instrument des Restrukturierungsplans, der mit und ohne gerichtliche Beteiligung zustande kommen kann und Eingriffe in Gläubigerrechte ermöglicht, ohne dass es der Einleitung eines Insolvenzverfahrens bedarf. Im Restrukturierungsverfahren bestellt das zuständige Restrukturierungsgericht unter gewissen Voraussetzungen einen Restrukturie- **841**

---

1) Zimmer, ZIP 2013, 1309.
2) SanInsFoG v. 22.12.2020, BGBl. I 2020, 3256.
3) BGH v. 14.1.2021, IX ZB 71/18, ZIP 2021, 420 mit Anm. Mock, EWiR 2021, 145.
4) LG Darmstadt v. 22.2.2022, 5 T 175/21, ZIP 2022, 1987, 1989.
5) LG Köln v. 13.2.2015, 13 T 196/14, ZIP 2015, 1450 zum früheren Höchstsatz von 95 €.
6) LG Hamburg v. 3.8.2018, 326 T 41/17, 326 T 43/17, ZIP 2018, 2330 m.w.N., besprochen von Zimmer, EWiR 2019, 119.
7) LG Darmstadt v. 22.2.2022, 5 T 175/21, ZIP 2022, 1987.
8) BGH v. 6.5.2021, IX ZR 57/20, ZIP 2021, 1282: vereinbart waren 300 € pro Stunde bei einem Mindestzeittakt von je angefangenen 6 Minuten.
9) BGH v. 14.1.2021, IX ZB 94/18, ZIP 2021, 581; LG Darmstadt v. 2.2.2022, 5 T 175/21, ZIP 2022, 1987, 1989.
10) SanInsFoG v. 22.12.2020, BGBl. I 2021, 3256.

rungsbeauftragten. Gemäß § 74a StaRuG kann zum Restrukturierungsbeauftragten auch ein für den jeweiligen Einzelfall geeigneter, in Restrukturierungs- und Insolvenzsachen erfahrener Steuerberater, Wirtschaftsprüfer oder Rechtsanwalt bestellt werden. Das Gesetz enthält in den §§ 80 ff. StaRuG ausführliche Vergütungsregelungen. Unmittelbare Zahlungen an den Restrukturierungsbeauftragten erfolgen nur aus der Staatskasse. Die Regelvergütung bemisst sich auf der Grundlage angemessener Stundensätze. Bei der Bemessung ist zu differenzieren, ob der Restrukturierungsbeauftragte selbst oder ein qualifizierter Mitarbeiter tätig geworden ist. Qualifizierte Mitarbeiter sind solche, die über besondere rechtliche oder betriebswirtschaftliche Kenntnisse verfügen und die diese Kenntnisse aufgrund einer entsprechenden Ausbildung nachweislich besitzen. Bei der Höhe der Stundensätze spielen auch die Unternehmensgröße sowie Art und Umfang der wirtschaftlichen Schwierigkeiten des Schuldners eine Rolle. Der Regelstundensatz für den Restrukturierungsbeauftragten beläuft sich auf 350 €, der für den qualifizierten Mitarbeiter auf 200 € (§ 81 Abs. 3 StaRuG). In besonderen Fällen können die Höchstbeträge des § 81 StaRuG überschritten werden (§ 83 StaRuG). Möglich ist auch eine Vereinbarung über die Vergütung mit sämtlichen Auslagenschuldnern (§ 83 Abs. 2 StaRuG). Der Auslagenersatz richtet sich nach den Vorschriften des JVEG (§ 81 Abs. 7 StaRuG). Das Verfahren über die Festsetzung der Vergütung ist in § 82 StaRuG geregelt.

7. Sanierungsmoderator

842 Ebenfalls durch das SanInsFoG[1] wurde zum 1.1.2021 der Sanierungsmoderator in §§ 95 ff. StaRuG eingeführt. In einem vertraulich geführten Verfahren kann sich der Schuldner durch einen gerichtlich bestellten Sanierungsmoderator unterstützen lassen. Dieser vermittelt zwischen Schuldner und Gläubigern (§ 96 Abs. 1 StaRuG). Es handelt sich um ein für den Schuldner freiwilliges Verfahren. Für die Tätigkeit als Sanierungsmoderator kommen ebenfalls Steuerberater in Betracht. Die Vergütung bemisst sich nach dem Zeit- und Sachaufwand der mit der Moderation verbundenen Aufgaben. Im Übrigen gelten die vergütungsrechtlichen Vorschriften für den Restrukturierungsbeauftragten (§§ 80 bis 83 StaRuG), auf die § 98 StaRuG verweist.

IV. Sachverständiger

843 Durch das KostRMoG[2] wurden das ZSEG und das EhrRiEG in das JVEG zusammengeführt.[3] Das Entschädigungsprinzip des ZSEG wurde durch ein Vergütungsmodell für Sachverständige abgelöst. In einer Anlage 1 zu § 9 Abs. 1 JVEG wurden die am häufigsten in Anspruch genommenen Leistungen der Sachverständigen 13 verschiedenen Honorargruppenmit festen Stundensätzen zugeordnet. Durch das KostRÄG 2021[4] wurde die Zuordnung zu Honorargruppen mit Wirkung zum 1.1.2021 aufgegeben. Die Stundensätze für die Sachverständigenhonorare ergeben sich seitdem unmittelbar aus der **Anlage 1 zu § 9 JVEG**. Die für StB maßgeblichen Sachgebiete finden sich unter der Nr. 6. Die **Stundensätze** wurden durch das KostBRÄG 2025[5] mit Wirkung zum 1.6.2025 erhöht und betragen jetzt:

6.1 Unternehmensbewertung, Betriebsunterbrechungs- und -verlagerungsschäden	147 €
6.2 Besteuerung	120 €

1) SanInsGFoG v. 22.12.2020, BGBl. I 2020, 3256.
2) Gesetz v. 5.5.2004, BGBl. I 2004, 718 = BStBl I 2004, 486.
3) Gesetz v. 5.5.2004, BGBl. I 2004, 776.
4) BGBl. I 2020, 3229.
5) BGBl. I 2025 Nr. 109.

6.3. Rechnungswesen	114 €
6.4. Honorarabrechnungen von Steuerberatern	114 €

Für besondere Leistungen steht dem Sachverständigen ein Zuschlag von 20 % zu, nämlich wenn die Leistung zu mindestens 80 % zwischen 23 und 6 Uhr oder an Sonn- und Feiertagen erbracht wurde (§ 10 Abs. 1 Satz 2 JVEG). Dem Sachverständigen steht eine Entschädigung nur für die **erforderliche**, nicht für die tatsächlich aufgewendete Zeit zu. Der Zeitaufwand für die **Vorprüfung** des Sachverständigen, ob er das beauftragte Gutachten erstellen kann, ist grundsätzlich nicht gesondert vergütungsfähig. Dieser Aufwand wird regelmäßig teilweise auch der späteren Gutachtenerstellung dienen.[1] Nur dann, wenn es nicht zur Gutachtenerstellung kommt, kann ein außergewöhnlich hoher Vorprüfungsaufwand ausnahmsweise berechnet werden.[2] Überflüssige Tätigkeiten, wie die Wiedergabe des Akteninhalts sind nicht vergütungspflichtig.[3] Diese Rechtsprechung wurde durch das 2. KostRMoG mit einem neuen § 8a JVEG in das Gesetz umgesetzt.[4] Dort ist jetzt geregelt, dass der Gutachter eine Vergütung nur insoweit erhält, als dass das Gutachten auch verwertbar ist. Nach § 8a Abs. 2 Satz 2 JVEG gilt die Leistung als verwertbar, wenn das Gericht sie berücksichtigt. Abzustellen ist auf einen durchschnittlich schnell arbeitenden Sachverständigen.[5] Problematisch ist der **Nachweis** der abgerechneten **Stunden**. Die Praxis begnügt sich beim Nachweis der erforderlichen Zeit zumeist mit den halbwegs stimmigen Angaben des Sachverständigen, ohne dazu stets eine Glaubhaftmachung zu fordern. Nach der Rechtsprechung des BGH dürfen die Gerichte i.d.R. von der Richtigkeit der Angaben des Sachverständigen ausgehen.[6] Nach einem Erlass des Justizministeriums NRW v. 30.10.2016 (Az.: 5600-Z.307/JVEG) erfordert die korrekte Anwendung des § 8 Abs. 2 JVEG hingegen, dass der Sachverständige in seiner Abrechnung die einzelnen erbrachten Leistungen jeweils **minutengenau** angibt. Schätzungen sind danach unzulässig. Für eine Pflicht zur minutengenauen Erfassung spricht auch die Rundungsregelung in § 8 Abs. 2 Satz 2 JVEG.[7]

§ 1 Abs. 1 Satz 2 JVEG stellt klar, dass die Vergütung **nur** nach diesem Gesetz gewährt wird, seine Bestimmungen demnach allein maßgeblich sind. Deshalb kann eine mit der Einholung eines Sachverständigengutachtens beauftragte Steuerberaterkammer dem Gericht hierfür keine Gebühren nach Maßgabe einer Gebührenordnung in Rechnung stellen. Die Ermächtigung zur Gebührenerhebung wird in diesen Fällen durch die Vorschriften über Sachverständigengutachten im Zivilprozess (§§ 402 ff. ZPO) und die insoweit durch § 413 ZPO in Bezug genommenen Vorschriften des JVEG als vorrangiges Bundesrecht verdrängt.[8] **844**

Neben dem Honorar für die Leistung als Sachverständiger erhält der StB Fahrtkostenersatz, eine Entschädigung für Aufwand sowie Ersatz für sonstige und besondere Aufwendungen nach Maßgabe der §§ 5 ff. JVEG. § 5 Abs. 2 Nr. 2 JVEG sieht einen Fahrtkostenersatz bei Benutzung eines eigenen oder unentgeltlich zur Nutzung überlassenen Kraftfahrzeugs von 0,42 € je Kilometer vor. Für die Wahrnehmung von auswärtigen Terminen erhält der Sachverständige ein Tagegeld, das sich nach § 4 Abs. 5 Nr. 5 Satz 2 EStG richtet (§ 6 Abs. 1 JVEG). Der Sachverständige hat keinen **845**

1) OLG Düsseldorf v. 15.7.2010, I-10 W 55/10.
2) OLG Düsseldorf v. 15.7.2010, I-10 W 55/10; OLG Düsseldorf v. 1.7.2004, I-10 W 63/04 und I-10 W 47/04.
3) KG Berlin v. 26.1.2010, 19 AR 2/09, MDR 2010, 719.
4) 2. KostRMoG v. 23.7.2013, BGBl. I 2013, 2586.
5) BGH v. 16.12.2003, X ZR 206/98, MDR 2004, 776.
6) Nachweise bei Toussaint, Kostengesetze, 55. Aufl. 2025, § 8 JVEG Rz. 23 f.
7) Toussaint, Kostengesetze, 55. Aufl. 2025, § 8 JVEG Rz. 36.
8) BVerwG v. 15.11.2017, 10 C 4.16, BVerwGE 160, 327; zuvor schon OVG Berlin-Brandenburg v. 6.11.2014, 12 B 2.14.

Anspruch auf Ersatz der tatsächlichen Aufwendungen, sondern nur in Höhe des erforderlichen Aufwands.[1]

846 Die Frist zur Geltendmachung des Vergütungs- und Entschädigungsanspruchs beträgt einheitlich 3 Monate (§ 2 JVEG). Für die Sachverständigen ergibt sich insoweit eine Verschärfung, als die noch unter dem früheren ZSEG übliche individuelle Fristsetzung und die Belehrung über die Folgen des Fristversäumnisses entfallen. Unter Angabe von Gründen kann allerdings eine Fristverlängerung beantragt werden. Wegen der Einzelheiten wird auf die gesetzliche Regelung verwiesen.

847 Gemäß § 3 JVEG kann ein **Vorschuss** beantragt werden, wenn bereits Aufwendungen entstanden sind oder voraussichtlich entstehen werden, bzw. die bereits erbrachten Leistungen einen Teilvergütungsanspruch i.H.v. 1 000 € übersteigen. Durch das KostRÄG 2021[2] wurde die Angabe „2 000 €" durch „1 000 €" ersetzt. Durch § 8a Abs. 4 JVEG wird der Sachverständige, der nicht rechtzeitig nach § 407a Abs. 3 Satz 2 ZPO darauf hinweist, dass der angeforderte Auslagenvorschuss die Höhe des Vergütungsanspruchs erheblich übersteigt, auf den Auslagenvorschuss verwiesen.[3] Nach der Gesetzesbegründung liegt Erheblichkeit bei einer um 20 % übersteigenden Vergütung vor.[4]

Praxistipp:

Weisen Sie das Gericht frühzeitig darauf hin, wenn der Auslagenvorschuss unzureichend ist.

Gibt der Sachverständige rechtzeitig den Hinweis auf die zu erwartende Überschreitung des bezahlten Auslagenvorschusses, so darf er, solange er keine gegenteilige Anweisung erhält, mit der Begutachtung fortfahren, ohne befürchten zu müssen, für diese Tätigkeiten später nur eine Vergütung bis zur Grenze des § 8a Abs. 4 JVEG zu erhalten.[5] Ein Verstoß gegen die Mitteilungspflicht nach § 407a Abs. 3 Satz 2 ZPO führte nur dann zu einer Beschränkung des Vergütungsanspruchs, wenn durch die rechtzeitige Mitteilung die Entschädigung des Sachverständigen niedriger ausgefallen, also die Rücknahme oder Einschränkung des Gutachtenauftrags erfolgt wäre.[6] Daran fehlte es in der Regel, wenn die vom Sachverständigen durchgeführten Arbeiten zwingend erforderlich waren, um die Beweisfrage zu klären. Diese ältere Rspr. dürfte durch den neuen § 8a Abs. 4 JVEG überholt sein.[7]

848 In der Praxis erfolgt die Vergütung bei StB i.d.R. nach den Stundensätzen des JVEG. Bei WP/vBP wird hingegen in 42,9 % der Fälle auf der Grundlage einer abweichenden **Honorarvereinbarung** gem. § 13 JVEG abgerechnet. Das Mittel der hierfür im Regelfall vereinbarten Stundensätze betrug bei der letzten durchgeführten Honorarumfrage der WPK im unteren Bereich 136 €, im oberen Bereich 175 €.[8] Die Möglichkeit einer gesonderten Vereinbarung steht auch StB offen. Zwei Erklärungsarten sind zu unterscheiden: Wenn beide Parteien des Rechtsstreits einverstanden sind, kann jede höhere Vergütung wirksam vereinbart werden. Die Erklärung nur einer Partei genügt, soweit sie sich auf den Stundensatz nach § 9 JVEG bezieht und das Gericht zustimmt. Unschädlich ist es, wenn das Einverständnis der Partei und die Zustimmung des Gerichts erst nach Heranziehung des Sachverständigen erfolgt sind und ein ausreichender Betrag für die Vergütung an die Staatskasse gezahlt

1) OLG Koblenz v. 13.3.2017, 14 W 122/17, MDR 2017, 730.
2) BGBl. I 2020, 3229.
3) OLG Hamm v. 24.7.2014, 24 U 220/12, RVG-report 2015, 237 unter Hinweis auf den eindeutigen Wortlaut und die eindeutige Gesetzesbegründung zu § 8a Abs. 4 JVEG.
4) 2. KostRMoG v. 23.7.2013, BGBl. I 2013, 2586.
5) OLG Stuttgart v. 11.8.2017, 8 W 262/17, MDR 2017, 1392.
6) OLG Schleswig-Holstein v. 6.8.2001, 15 WF 81/01, SlHA 2002, 194; LG Itzehoe v. 27.8.2007, 4 O 31/04.
7) Siehe z.B. OLG Hamm v. 24.7.2014, 24 U 220/12, RVG-report 2015, 237.
8) Honorarumfrage 2015: www.wpk.de; als Suchbegriff „Honorarumfrage" eingeben.

ist.[1] Diese Zustimmung soll allerdings nur erteilt werden, wenn das Doppelte des nach § 9 JVEG zulässigen Honorars nicht überschritten wird, § 13 Abs. 2 Satz 2 JVEG. Das weitere Erfordernis, dass sich keine geeignete Person findet, die Tätigkeit zu dem gesetzlich bestimmten Honorar zu erledigen, ist durch das KostRÄG 2021 weggefallen.[2]

Praxistipp:

Weisen Sie das Gericht von Anfang an darauf hin, welchen (höheren) Stundensatz (zuzüglich USt) Sie Ihrer späteren Berechnung zugrunde legen werden. Das Gericht hat dann die Möglichkeit, die Zustimmung einer oder beider Parteien einzuholen, wenn dies aus Sicht des Gerichts erforderlich ist.

V. Vormund

Zum 1.1.2023 ist die Reform des Vormundschafts- und Betreuungsrechts in Kraft **849** getreten. Hierfür sind die Regelungen der §§ 1773 ff. BGB angepasst und grundlegend neu geordnet worden.[3] Das Gesetz geht vom Grundsatz der Unentgeltlichkeit aus, § 1808 BGB). Das Familiengericht kann dem ehrenamtlichen Vormund jedoch eine angemessene Vergütung bewilligen. Stellt das Gericht fest, dass der Vormund die Vormundschaft **berufsmäßig** führt, hat es ihm eine **Vergütung** nach den Vorschriften des VBVG zu bewilligen, § 1808 Abs. 3 BGB i.V.m. § 1 Abs. 3 VBVG. Berufsmäßigkeit liegt im Regelfall vor, wenn der Vormund mehr als 10 Vormundschaften führt oder die für die Führung der Vormundschaft erforderliche Zeit 20 Wochenstunden nicht unterschreitet, § 1 Abs. 1 VBVG. § 3 Abs. 1 VBVG sieht – je nach Qualifikation des Vormunds – unterschiedlich hohe Stundensätze vor.

Praxistipp:

Die seit 2019 unverändert gebliebenen Stundensätze werden durch das KostBRÄG 2025[4] mit Wirkung zum 1.1.2026 angepasst. Für StB ist dann der höchste Stundensatz von 44 € maßgeblich. Zur Übergangsvorschrift des § 19 VBVG siehe → Rz. 820.

Der StB als Berufsvormund kann berufsspezifische Leistungen (→ Rz. 822) gesondert erstattet bekommen, § 1877 Abs. 3 BGB i.V.m. § 4 Abs. 2 Satz 2 VBVG. Eine auf die Vergütung anfallende Umsatzsteuer wird zusätzlich ersetzt, § 3 Abs. 1 Satz 3 VBVG.

VI. Zwangsverwalter

Der Vergütungsanspruch des Zwangsverwalters folgt aus §§ 152a, 153 Abs. 1 ZVG. **850** Die Höhe der Vergütung des Zwangsverwalters bemisst sich seit dem 1.1.2004 nach der Zwangsverwalterverordnung (ZwVwV).[5] Die Honorierung des Zwangsverwalters wurde mit Wirkung zum 4.4.2024 an die geänderten wirtschaftlichen Verhältnisse angepasst.[6] Die Neuregelungen gelten für alle Zwangsverwaltungsverfahren, die nach dem 31.12.2023 angeordnet wurden.[7] Die Vergütung ist erfolgsunabhängig. Bezahlt wird eine Dienstleistung. Die Angemessenheit der Vergütung (§ 17 ZwVwV) hängt also nicht vom wirtschaftlichen Erfolg der Tätigkeit ab.[8] Der Zwangsverwalter darf seine Vergütung der Masse entnehmen. Reicht diese zur Deckung seines Anspruchs auf Vergütung und Auslagenersatz nicht aus, darf er

1) BGH v. 28.5.2013, XZR 137/09, MDR 2013, 942.
2) BGBl. I 2020, 3229.
3) Siehe hierzu die Hinweise der BStBK für die Tätigkeit des Steuerberaters als Vormund, Pfleger oder Betreuer im Berufsrechtlichen Handbuch, II. Nr. 5.1.17, Stand: 04./05.07.2023; www.bstbk.de.
4) BGBl. I 2025 Nr. 109.
5) Verordnung v. 19.12.2003, BGBl. I 2003, 2804 ff.
6) Verordnung zur Änderung der Zwangsverwalterverordnung v. 22.3.2024, BGBl. I 2024 Nr. 110.
7) Drasdo, NJW 2025, 1701.
8) Drosde, NJW 2022, 1788, 1789 m.w.N.

den betreibenden Gläubiger in Anspruch nehmen. Wirtschaftlich gesehen geht die Vergütung des Zwangsverwalters somit zu Lasten des betreibenden Gläubigers.[1] Der Zwangsverwalter kann sich durch das Vollstreckungsgericht die Zahlung eines Vorschusses festsetzen lassen. Die Entnahme von Vorschüssen ohne einen entsprechenden Festsetzungsbeschluss kann zur Entlassung des Zwangsverwalters führen.[2]

851 Das Vergütungssystem der ZwVwV sieht für jedes Objekt gesondert eine Vergütung vor. Die seit dem 1.1.2004 geltenden Regelungen zur Vergütung und zum Auslagenersatz des Zwangsverwalters in §§ 17 ff. ZwVwV weisen deutliche Parallelen zur Insolvenzrechtlichen Vergütungsverordnung (InsVV) auf. Im Einzelnen sind dies:

- § 17 ZwVwV verdeutlicht, dass der Zwangsverwalter Anspruch auf eine **angemessene Vergütung** für seine gesamte Geschäftsführung sowie auf Erstattung seiner **Auslagen** hat. Zusätzlich hierzu kann er die Festsetzung der **Umsatzsteuer** verlangen (§ 17 Abs. 2 ZwVwV).
- Gemäß § 17 Abs. 3 ZwVwV, der sich an § 5 InsVV anlehnt, wird klargestellt, dass ein Verwalter mit **besonderer Sachkunde als StB oder RA,** die er zu Gunsten der Zwangsverwaltung einbringt, eine besondere Vergütung, z.B. nach **StBVV oder RVG**, verlangen kann.[3] Diese bedarf der Festsetzung durch das Vollstreckungsgericht (§ 22 ZwVwV).[4]
- Die zentrale Vorschrift findet sich in § 18 ZwVwV (**Regelvergütung**). § 18 Abs. 1 ZwVwV sieht anstelle der bisherigen Staffelvergütung einen **festen Regelsatz** vor. Bei der Zwangsverwaltung von Grundstücken, die durch Vermieten oder Verpachten genutzt werden, ist ein **Vergütungsmittelwert von 10 %** des für den Zeitraum der Verwaltung an Mieten oder Pachten eingezogenen Bruttobetrags vorgesehen. Voraussetzung ist, dass geschuldete Mieten tatsächlich an den Zwangsverwalter geleistet werden, sonst gilt § 18 Abs. 1 Satz 2, § 19 Abs. 2 ZwVwV.[5]
- Gemäß § 18 Abs. 1 Satz 2 ZwVwV erhält der Zwangsverwalter für vertraglich geschuldete, nicht eingezogene Mieten eine zusätzliche Vergütung von 20 % dessen, was er nach § 18 Abs. 1 Satz 1 ZwVwV im Fall des Einzugs erhalten hätte. Dies entspricht rechnerisch 2 % der vertraglich geschuldeten Miete.[6] Der Vergütungsmittelwert von 10 % kann bis auf 5 % vermindert oder bis auf 20 % angehoben werden, wenn sich im Einzelfall ein **Missverhältnis** zwischen der Tätigkeit des Verwalters und der Vergütung nach § 18 Abs. 1 ZwVwV ergibt, § 18 Abs. 2 ZwVwV.
- Steht dem Verwalter eine Vergütung nach § 18 ZwVwV nicht zu (vgl. § 19 Abs. 1 ZwVwV), z.B. bei Totalleerstand oder bei Fortführung des Gewerbebetriebs auf dem beschlagnahmten Grundstück[7] oder ist die nach § 18 Abs. 1 und 2 ZwVwV berechnete Vergütung offensichtlich unangemessen (vgl. § 19 Abs. 2 ZwVwV), kann der Zwangsverwalter nach **Stundensätzen** abrechnen. § 19 Abs. 2 ZwVwV soll damit besondere Ausnahmefälle auffangen. Denkbar ist etwa, dass v.a. in den Fällen ganz überwiegenden **Leerstands** eines Objekts einem erheblichen Verwaltungsaufwand nur geringe Mieteinnahmen gegenüberstehen oder dass unter erheblichem Verwaltungsaufwand nur ein ganz geringer Teil der Mieten/Pachten eingezogen werden kann.[8] § 19 Abs. 2 ZwVwV greift allerdings nur

1) BGH v. 17.6.2004, IX ZR 218/03, ZIP 2004, 1521.
2) Drasdo, NJW 2024, 1882, 1783 mw.N.
3) Drasdo, NJW 2022, 1788, 1789 m.w.N.
4) BGH v. 2.7.2009, VzB 122/08, MDR 2009, 1247 m.w.N.
5) BGH v. 26.4.2012, V ZB 155/11, MDR 2012, 938.
6) BR-Drucks. 842/03, 16 v. 6.11.2003.
7) BGH v. 11.1.2023, V ZB 23/22, MDR 2023, 390.
8) BGH v. 5.11.2004, IXa ZB 202/03, ZIP 2005, 1569 zur ZwVerwVO.

in Fällen offensichtlicher Diskrepanz, d.h. der vom Verwalter nachzuweisende Stundenaufwand i.V.m. dem ermittelten Stundensatz muss eine Vergütung ergeben, die erheblich über der nach § 18 ZwVwV errechneten Vergütung liegt.[1] Dem Zwangsverwalter von vermieteten Grundstücken steht für denselben Abrechnungszeitraum entweder die Regelvergütung oder die Zeitaufwandsvergütung zu. Die Festsetzung sowohl der einen als auch der anderen Vergütung ist ausgeschlossen.[2] § 19 Abs. 2 ZwVwV begründet ein Recht, aber keine Pflicht des Zwangsverwalters, nach Zeitaufwand abzurechnen.[3]

Die **Höhe der Stundensätze** ergibt sich aus § 19 Abs. 1 ZwVwV. Für jede Stunde, die der Zwangsverwalter oder einer seiner Mitarbeiter aufgewendet hat, beträgt die Vergütung 50 € bis 250 €. Der Stundensatz ist für den jeweiligen Abrechnungszeitraum einheitlich zu berechnen. § 21 ZwVwV (**Auslagen**) lehnt sich eng an § 4 InsVV an. Danach sind mit der Vergütung die allgemeinen Geschäftskosten abgegolten. Auslagen können entweder im Einzelfall nachgewiesen oder über die Pauschale des § 21 Abs. 2 Satz 2 ZwVwV erstattet werden. Diese beträgt 50 €. Auch die Kosten einer Haftpflichtversicherung sind als Auslagen zu erstatten, wenn die Verwaltung mit einem besonderen Haftungsrisiko verbunden ist (§ 21 Abs. 3 ZwVwV). Muss der Zwangsverwalter dem Schuldner **Auskunft über gespeicherte Daten** nach Art. 15 Abs. 1 DSGVO erteilen, kann er im Fall einer Abrechnung nach Stundensätzen (§ 19 ZwVwV) diesen Zeitaufwand nicht berechnen, da die Auskunft gem. Art. 12 Abs. 5 Satz 1 DSGVO unentgeltlich erteilt werden muss.[4] 852

C. Übliche Vergütung in sonstigen Fällen

I. Liquidator

Die Tätigkeit als Liquidator ist eine vereinbare Tätigkeit, § 15 Satz 1 Nr. 9 BOStB. Obwohl es keine ausdrückliche gesetzliche Regelung gibt, entspricht es allgemeiner Meinung, dass dem Liquidator eine Vergütung und Erstattung von Auslagen zuzugestehen ist. Die Höhe der Vergütung kann in entsprechender Anwendung der InsVV bestimmt werden.[5] Führt die Heranziehung des § 2 Abs. 1 InsVV zu einer unangemessen hohen Vergütung (z.B. bei einer wirtschaftlich inaktiven Kleinstkapitalgesellschaft), kann im Einzelfall auf § 2 Abs. 2 InsVV ausgewichen werden, der bei weniger als zehn Gläubigern eine Mindestvergütung von 1 400 € vorsieht. Diese Mindestvergütung steht dem Liquidator nach der BGH-Rechtsprechung auf jeden Fall zu. Je nach Anzahl der Gläubiger könnte man diesen Wert auch verdoppeln oder verdreifachen. Die Vergütung als Liquidator erfasst nicht die steuerberatende Tätigkeit (Buchführung, Jahresabschluss, Deklaration). 853

Der gerichtlich bestellte Abwickler einer Aktiengesellschaft hat nach § 265 Abs. 4 AktG Anspruch auf eine angemessene Vergütung und Auslagenersatz. Bei der Bemessung der Höhe der Vergütung kann in entsprechender Anwendung auf die Regelungen der §§ 85 Abs. 3, 87 Abs. 1 AktG zurückgegriffen werden.[6]

II. Wirtschaftsmediator

Die Wirtschaftsmediation hat sich als neues Geschäftsfeld für StB bislang nicht durchgesetzt. In der Rechtsprechung und Literatur zum Anwaltsgebührenrecht war 854

1) BR-Drucks. 842/03, 17 v. 6.11.2003.
2) BGH v. 4.6.2009, V ZB 2/09, MDR 2009, 1067.
3) BGH v. 27.5.2021, V ZB 152/18, MDR 2021, 1091.
4) BGH v. 15.7.2021, V ZB 53/20, MDR 2021, 1355.
5) BGH v. 25.7.2005, II ZR 199/03, DStR 2005, 1782: zum GmbH-Liquidator unter Hinweis auf die Vergleichbarkeit der Tätigkeit des Liquidators mit der des Konkursverwalters; OLG Hamburg v. 2.6.1972, 11 U 141/71, MDR 1973, 54; Beyme, KANZLEI intern 3/2018, 7.
6) BGH v. 13.6.1996, III ZR 113/95, NJW 1996, 2499.

früher umstritten, welche Vergütung der Rechtsanwalt als Mediator erhält. Teilweise wurde § 20 BRAGO, teilweise § 118 BRAGO angewandt.

Das RVG bestimmt in § 34, dass dem Rechtsanwalt empfohlen wird, auf eine **Gebührenvereinbarung** hinzuwirken. Wird eine solche nicht getroffen, ist angeordnet, dass sich die Vergütung des Rechtsanwalts nach den Vorschriften des BGB richtet, also nach §§ 612 Abs. 2, 632 Abs. 2 BGB. Die Höhe der Vergütung soll der Rechtsanwalt anhand der Kriterien des § 14 RVG bestimmen. Auch StB, die als Wirtschaftsmediatoren tätig werden wollen, sollten auf eine Gebührenvereinbarung hinwirken. Auf Grund der hohen Qualifikation, die der Mediator erwerben muss, dem hohen persönlichen Engagement und einer verantwortlichen und aufwendigen Tätigkeit wird eine Honorierung auf Stundenbasis empfohlen, wobei Stundensätze von 150 bis 300 € üblich sein sollen,[1] dies je nach Anzahl der Beteiligten und Komplexität des Sachverhalts. Wer die **Ausbildung zum zertifizierten Mediator** abgeschlossen hat und sich regelmäßig **fortbildet**, darf sich als „zertifiziert" bezeichnen, vgl. § 2 ff. ZMediatAusbV (zertifizierte-Mediatoren-Ausbildungsverordnung). Je höher die Expertise und je umfangreicher die berufliche Erfahrung des Mediators ist, desto höhere Stundensätze sind angemessen.

III. Nachlasspfleger, Nachlassverwalter

855 Die Pflegschaft wird zur Führung für besondere einzelne Angelegenheiten und damit nur für einen begrenzten Teil von Geschäften des Pfleglings angeordnet. Das BGB regelt verschiedene Formen der Pflegschaft, u.a. die Nachlasspflegschaft, § 1960 ff. BGB. Diese wird zur Sicherung des Erbes vom Nachlassgericht angeordnet. Wenn eine Nachlasspflegschaft zur Zwecke der Befriedigung der Nachlassgläubiger angeordnet wird, spricht man von einer Nachlassverwaltung, § 1975 BGB. Da der Nachlassverwalter amtlich bestelltes Organ ist, gibt es keine vertraglichen Beziehungen zwischen ihm und dem/den Erben oder Nachlassgläubigern.

856 Dem Grunde nach ist die Pflegschaft unentgeltlich zu führen. Für den Berufspfleger regelt § 1888 BGB, dass sich Vergütung und Aufwendungsersatz nach den §§ 1 bis 6 VBVG richten. Durch das KostBRÄG 2025[2] werden die seit 2019 unveränderten Stundensätze für berufsmäßige Vormünder (§ 3 VBVG) zum 1.1.2026 erhöht (→ Rz. 849). Diese Stundensätze gelten kraft Verweisungen auch für Nachlasspfleger. Ratsam ist es, im Einzelfall zu prüfen, ob die Übernahme dieser Tätigkeiten wirtschaftlich sinnvoll und der Zeitaufwand mit den Fallpauschalen zu decken ist.

Praxistipp:

Vor Aufnahme der Tätigkeit sollte der StB mit dem zuständigen Gericht die Eingruppierung für Vergütungszwecke abstimmen.

Die Umsatzsteuer ist zusätzlich zu ersetzen, § 3 Abs.1 Satz 3 VBVG.

Im Falle der Vorsorgevollmacht richten sich Vergütung und Aufwendungsersatz nach der getroffenen Vereinbarung. Nach § 1987 BGB hat der Nachlassverwalter Anspruch auf eine angemessene Vergütung. Diese wird vom Nachlassgericht nach billigem Ermessen unter Berücksichtigung des entstandenen Zeitaufwands berechnet und festgesetzt.[3]

IV. Prüfer

857 Mit Blick auf die von der BStBK herausgegebene Verlautbarung zu den Grundsätzen für die Erstellung von Jahresabschlüssen durch StB[4] stellt sich die Frage, wie

1) Schwamberger, KP 2004, 78 f.
2) BGBl. I 2025 Nr. 109.
3) Weidlich in Grüneberg, 84. Aufl. 2025, § 1987 BGB Rz. 2.
4) Beschluss der Bundeskammerversammlung der BStBK v. 17./18.11.2003, DStR 2001, Beihefter zu Heft 50 = DStR 2004, 64 und Beschluss der Bundeskammerversammlung der BStBK v. 12./13.4.2010, DStR 2010, Beihefter zu Heft 16.

Plausibilitätsbeurteilungen und **umfassende Prüfungshandlungen** im Rahmen der Jahresabschlussstellung abgerechnet werden können. Hier ist zunächst abzugrenzen, ob die StBVV Anwendung findet oder eine Abrechnung nach den Vorschriften des BGB erfolgen muss. Maßgeblich ist der konkret erteilte Auftrag. Erteilt der Mandant dem StB uneingeschränkt den Auftrag, einen Jahresabschluss mit Plausibilitätsbeurteilung bzw. umfassenden Prüfungshandlungen i.S.d. Verlautbarung der BStBK zu erstellen, richtet sich die Abrechnung der vorzunehmenden Prüfungshandlungen nach der StBVV. Da nach dem Maßgeblichkeitsprinzip die Handelsbilanz Grundlage für die steuerliche Gewinnermittlung ist (§ 5 Abs. 1 Satz 1 Halbsatz 1 EStG), wirkt sich die durch die Prüfungshandlungen erhöhte Verlässlichkeit und die damit verbundene Verbesserung der Qualität der Handelsbilanz auch auf die Steuerbilanz aus, auch wenn nach Inkrafttreten des BilMoG vermehrt Abweichungen zwischen Handels- und Steuerbilanz auftreten. Aus diesem Grunde handelt es sich bei den Plausibilitätsbeurteilungen bzw. umfassenden Prüfungshandlungen um Tätigkeiten, die für **steuerliche Zwecke** erfolgen.

Stehen bei der Auftragserteilung dagegen **außersteuerliche Zwecke** im Vordergrund, richtet sich die Abrechnung nach den §§ 612 Abs. 2, 632 Abs. 2 BGB. Dies gilt insbesondere dann, wenn dem StB für Zwecke des **Ratings** oder zur Erfüllung der Anforderungen des **§ 18 KWG** nachträglich der Auftrag erteilt wird, einen bereits erstellten Jahresabschluss auf Plausibilität zu beurteilen. **858**

Das Gleiche ist der Fall, wenn die Vornahme einer Plausibilitätsbeurteilung zu dem Zweck in Auftrag gegeben wird, den Jahresabschluss einem anderen Gesellschafter vorzulegen. Soweit keine Vereinbarung über die Höhe der Vergütung getroffen wird, gilt nach §§ 612 Abs. 2, 632 Abs. 2 BGB in diesem Fall die übliche Vergütung als vereinbart. Zur Bestimmung der Höhe der üblichen Vergütung kann bezüglich der Prüfungshandlungen § 36 StBVV und hinsichtlich der zu beurteilenden Bescheinigung § 38 StBVV entsprechend herangezogen werden, wobei eine Zeitgebühr entsprechend § 13 Satz 2 StBVV immer angemessen wäre. In der älteren Literatur wurden Stundensätze zwischen 100 € und 250 € als angemessen angesehen.[1)]

Zu den Prüfungstätigkeiten gehören auch **alle freiwilligen Prüfungen**, insbesondere die Abschlussprüfungen nicht prüfungspflichtiger Unternehmen, die nicht steuerlichen Zwecken dienen. Hierunter fällt beispielsweise auch die Gründungsprüfung nach § 33 AktG, die Sonderprüfung nach § 142 AktG und die Prüfung von Sacheinlagen nach § 183 Abs. 3 AktG. Auch für die Prüfung nach § 24 Abs. 4 FinVermV und Sanierungsbescheinigungen nach § 270b InsO gilt die StBVV nicht. Zu den Mindestanforderungen für die Erstellung und Beurteilung von Sanierungskonzepten siehe IDW Standard: Anforderungen an Sanierungskonzepte.[2)] Nachdem durch das Gesetz zur Umsetzung von Vorschlägen zu Bürokratieabbau und Deregulierung aus den Regionen vom 21.6.2005.[3)] § 16 Abs. 1 Satz 1 MaBV dahingehend geändert worden ist, dass die jährliche Prüfungspflicht in Bezug auf Immobilienmakler und Darlehensvermittler entfällt, beschränkt sich die Durchführung von MaBV-Prüfungen für StB auf Fälle der außerordentlichen Prüfung nach § 16 Abs. 2 Satz 1 i.V.m. Abs. 3 Satz 2 MaBV. Daneben sind StB befugt, die sog. Negativerklärung gem. § 16 Abs. 1 Satz 2 MaBV abzugeben.[4)] Wenn man berücksichtigt, dass der durchschnittliche **Stundensatz** eines Wirtschaftsprüfers als Praxisinhaber, Geschäftsführer oder Partner im Jahr 2015 im unteren Bereich im Mittel bei 148 € und im oberen Bereich im Mittel bei 186 € lag,[5)] dürfte der angemessene Stundensatz eines StB für die Vornahme freiwilliger Prüfungen heute mindestens ebenfalls in diesem Bereich anzusiedeln sein. **859**

1) Schwamberger, KP 2002, 157, 159.
2) IDW S 6; Zabel, Beilage zu ZIP 44/2018.
3) Gesetz v. 21.6.2005, BGBl. I 2005, 1666.
4) WPK-Magazin 2008, 42.
5) www.wpk.de; als Suchbegriff „Honorarumfrage" eingeben.

V. Schiedsrichter

860 Ein StB, der als Schiedsrichter tätig wird, erhält Vergütungen nach dem abgeschlossenen Schiedsrichtervertrag. Bei institutionellen Schiedsgerichten bestehen teilweise Schiedsgerichtsordnungen mit festen Honoraren. Üblicherweise sehen diese nach dem Streitwert gestaffelte Vergütungen für den Vorsitzenden und die Beisitzer vor.[1] Ist nichts geregelt, empfiehlt sich die entsprechende Anwendung des § 36 RVG. Danach erhält der Rechtsanwalt im schiedsrichterlichen Verfahren und Verfahren vor dem Schiedsgericht die gleichen Gebühren wie in einem gerichtlichen Verfahren (Teil 3 Abschn. 1 und 2 VV RVG). Im Regelfall fällt also eine Verfahrensgebühr i.H.v. 1,3 (Nr. 3100 VV RVG), und eine Terminsgebühr i.H.v. 1,2 (Nr. 3104 VV RVG) an. Zusätzlich kann gerade in diesen Verfahren auch eine Einigungs- oder Erledigungsgebühr entstehen (Nr. 1000 ff. VV RVG).

VI. Testamentsvollstrecker

861 Die gesetzlichen Vorgaben für die Vergütung des Testamentsvollstreckers sind rudimentär. § 2221 BGB ordnet lediglich an, dass der Testamentsvollstrecker für die Führung seines Amts eine angemessene Vergütung verlangen kann, sofern nicht der Erblasser etwas anderes bestimmt hat. Danach gilt also der Grundsatz des Vorrangs und der **Maßgeblichkeit des Erblasserwillens**. Die Festsetzung der Vergütung ist Teil der Testamentsvollstreckungsanordnung und bedarf daher der Form der letztwilligen Verfügung. Der Erblasser kann die Vergütung auch indirekt bestimmen, indem er ihre Festsetzung nach §§ 2156 und 315 ff. BGB einem Dritten überlässt.

862 Dem Erblasser nahe stehende Personen – hierzu kann auch der StB gehören – sollten diesem empfehlen, die Vergütung für die Testamentsvollstreckung selbst festzusetzen. Die **Festlegung des Erblassers** gilt stets als angemessen.[2] Denkbar ist ein jährlicher Pauschalbetrag oder ein bestimmter Prozentsatz der Einnahmen (etwa, wenn es um die Verwaltung von Hausbesitz geht) oder ein Stundenhonorar. Empfehlenswert ist auch eine Regelung dazu, ob berufsmäßige Dienste, z.B. als StB oder Rechtsanwalt, zusätzlich nach den jeweiligen Gebührenordnungen abgerechnet werden dürfen. Anzuraten ist darüber hinaus eine Erklärung dazu, ob Umsatzsteuer inbegriffen ist und für Aufwendungen gesonderter Ersatz verlangt werden kann. Bestimmungen dazu, wer Schuldner der Vergütung ist, was im Innenverhältnis der Miterben gelten soll, wann Fälligkeit der Vergütung eintritt sowie Regelungen zu Teilzahlungen, sind im Hinblick auf eine reibungslose Testamentsvollstreckung ebenfalls zu empfehlen.

863 Hat der Erblasser selbst keine Vergütungsregelung getroffen, kann der Testamentsvollstrecker auch **mit** allen **Erben eine Vereinbarung** über die Höhe der Vergütung (als Nachlassverbindlichkeit, d.h. nicht als Privatverbindlichkeit der Erben) **treffen**. Auch hier sind Klarstellungen zum Auslagenersatz, zur Umsatzsteuer, zur Fälligkeit und zur Vereinbarung von Teilzahlungen zweckmäßig, da die Erben grds. Schuldner der Vergütung sind. Eine Vereinbarung mit den Erben ist sogar dann wirksam, wenn sie den Anordnungen des Erblassers widerspricht.

Praxistipp:

Streit über die angemessene Vergütung mit den Erben kann nur durch eindeutige **Bestimmungen des Erblassers** oder **spätere Vereinbarung mit den Erben** vermieden werden. Hat der Erblasser selbst keine ausreichende Vorsorge getroffen, sollte der StB vor Übernahme des Amts in jedem Fall dafür Sorge tragen, dass sich die Erben ausdrücklich und aus Beweissicherungsgründen schriftlich mit einer bestimmten Abrech-

1) Warttinger in Eckert, 7. Aufl. 2023, VereinbT 2.2.33.
2) Meier/Terhaag, Stbg 2024, 272, 274.

nungsmethode (z.B. Anwendbarkeit der Vergütungsempfehlungen 2025 des Deutschen Notarvereins) einverstanden erklären.

Liegt keine Bestimmung zur Höhe der Testamentsvollstreckervergütung durch den Erblasser oder einem von ihm benannten Dritten vor und hat der Testamentsvollstrecker auch mit den Erben keine diesbezügliche Vereinbarung getroffen, gilt der Grundsatz der angemessenen Vergütung (§ 2221 BGB). Bei der Bemessung der „angemessenen Vergütung" wurde in der Vergangenheit am häufigsten der Beschluss des Vereins für das Notariat in Rheinpreußen aus dem Jahre 1925 zu Grunde gelegt. Insbesondere der BGH hat die dort niedergelegten Richtsätze als von der Praxis angenommen und in der Rechtsprechung als geeignete Grundlage für die Berechnung einer angemessenen Vergütung im Einzelfall bezeichnet.[1] Diese Tabelle sowie die in der Folgezeit entwickelten weiteren Tabellen[2] gehen jeweils vom **Bruttonachlasswert** ohne Abzug von Verbindlichkeiten zum Zeitpunkt des Todesfalls aus und sehen als Vergütung des Testamentsvollstreckers bestimmte Prozentsätze vor. Nicht abzustellen ist auf den Nettonachlass nach Abzug aller Verbindlichkeiten, auch wenn dieser niedriger ist als die Vergütung des Testamentsvollstreckers. Gerade die Schuldenregulierung kann zeitlich und inhaltlich aufwendig sein, so dass der Bruttonachlass die zutreffende Bezugsgröße für die Vergütungsberechnung ist (→ Rz. 865 zu den Vergütungsempfehlungen 2025).[3] Die jeweils vorgesehene Grundvergütung soll nur für normale Verhältnisse und eine glatte Abwicklung gelten. Von einem solchen Normalfall kann nur dann gesprochen werden, wenn der Nachlass einfach zusammengesetzt ist, die Abwicklung leicht vorgenommen werden kann, etwa wenn der Nachlass nur aus Bargeld und Wertpapieren besteht und die Konstituierung durch bloßes Einholen von Kontoauszügen etc. erfolgt und die Abwicklung entsprechend einfach ist, z.B. durch Aufteilen des Bankkontos auf mehrere Erben oder Übergabe von Wertpapieren an Vermächtnisnehmer. Folgt dagegen eine längere Verwaltungstätigkeit, z.B. beim Vorhandensein von Minderjährigen, oder verursacht die Verwaltung eine besonders umfangreiche und zeitraubende Tätigkeit, so kann eine höhere Gebühr angemessen sein. **864**

Der **Deutsche Notarverein** hat im **Jahr 2000** wegen der fehlenden Klarheit speziell der Alten Rheinischen Tabelle eine **Vergütungsempfehlung** veröffentlicht, die insbesondere typisierende und praktisch handhabbare Vorschläge zur Bemessung der Fälle enthält, die über „normale Verhältnisse und glatte Abwicklung" hinausgehen.[4] Diese Tabelle hat sich in der Praxis weitgehend durchgesetzt.[5] Sie hat gegenüber älteren Tabellen den Vorteil, dass – nach dem Vorbild der InsVV – zahlreiche Zweifelsfragen ausdrücklich geregelt sind und diese Tabelle deshalb weniger konfliktanfällig ist. Die neuen Ansätze betreffen v.a. die Höhe der Grundvergütung und ein System von Zu- und Abschlägen. Der Deutsche Notarverein hat die Tabelle im Jahr 2025 überabeitet und an die wirtschaftliche Entwicklung angepasst (www.dnotv.de). Die **Vergütungsempfehlungen 2025** stellen eine Fortentwicklung der Vergütungsempfehlungen aus dem Jahre 2020 dar. Sie zielen in erster Linie auf Testamentsvollstreckungen im Bereich eines sog. bürgerlichen Nachlasses ab. Für Großnachlässe empfiehlt sich stets eine individuelle Regelung durch den Erblasser. Der Deutsche Notarverein schlägt vor, die neuen Vergütungsempfehlungen grundsätzlich für Erbfälle ab dem 1.1.2025 anzuwenden. Die Höhe des Vergütungsgrundbetrags bei einer reinen Abwicklungsvollstreckung beträgt bei einem Wert (Verkehrswert) des Nachlasses i.S.d. § 2311 Abs. 1 BGB (Bruttonachlasswert) **865**

1) BGH v. 26.6.1967, III ZR 95/65, NJW 1967, 2400.

2) Neben der Alten Rheinischen Tabelle sind zu nennen die Möhring'sche Tabelle, die „Berliner-Praxis" Tabelle, die Eckelskemper'sche Tabelle und die Empfehlungen des Deutschen Notarvereins (sog. Neue Rheinische Tabelle); s. hierzu Reimann, DStR 2002, 2008 f. und Wälzholz, NWB 27/2013, 2168, 2174.

3) LG Köln v. 26.3.2006, 18 O 140/05, GI 2007, 163.

4) Deutscher Notarverein, Notar 2000, 2 ff. = ZEV 2000, 181.

5) LG Köln v. 26.3.2006, 18 O 140/05, GI 2007, 163.

– bis 350 000 €	5,00 %,
– bis 700 000 €	4,00 %,
– bis 3,5 Mio. €	3,00 %,
– bis 7 Mio. €	2,00 %,
bis 35 Mio. €	1,50 %,
bis 70 Mio. €	1,25 %
bis 350 Mio. €	1,00 %
bis 700 Mio. €	0,75 %

mindestens aber den höchsten Betrag der Vorstufe.

Beispiel:

Bei einem Nachlass von 380 000 € beträgt der Grundbetrag nicht 15 200 € (= 4,00 % aus 380 000 €), sondern 17 500 € (= 5,00 % aus 350 000 €).

Übersteigt die Bemessungsgrundlage 700 Mio. €, erhält der Testamentsvollstrecker von dem über 700 Mio. € hinausgehenden Betrag zusätzlich 0,2 %. Zur Bemessungsgrundlage heißt es in den neuen Vergütungsempfehlungen, dass **Verbindlichkeiten** nur dann vom Bruttowert des Nachlasses abzuziehen sind, soweit der Testamentsvollstrecker nicht mit diesen befasst ist (Siehe auch → Rz. 864).

Zuschläge zum Vergütungsgrundbetrag i.H.v. **1/10 bis 10/10** sehen die Vergütungsempfehlungen 2025 bei Abwicklungsvollstreckungen vor, und zwar pro Zuschlagsfall. Zuschläge sind vorgesehen bei **nachlassbezogenen Erschwernissen**[1] und bei **personenbezogenen Erschwernissen** (Beteiligung nicht voll Geschäftsfähiger, Vielzahl von Beteiligten, zerstrittene Erben, Vermächtnisnehmer und/oder Pflichtteilsberechtigte, Auslandsbezug). Ein Zurückbleiben hinter dem Vergütungsgrundbetrag kann in Form von **Abschlägen** i.H.v. **1/10 bis 3/10** gerechtfertigt sein. Auch hier ist zwischen **nachlassbezogenen Umständen** (besonders gut geordneter Nachlass, Vorbefassung des Testamentsvollstreckers) und **personenbezogenen Umständen** (Erfüllung von Vermächtnissen oder Auflagen zu seinen Gunsten, Testamentsvollstrecker reduziert mit den Beteiligten einvernehmlich seine Aufgaben, vorzeitige Beendigung der Testamentsvollstreckung vor Konstituierung) zu unterscheiden.

Praxistipp:

Die Zusammenstellung von Vermögen und Schulden des Erblassers aus dem eigenen Datenbestand des StB ist ein großer Vorteil des StB gegenüber Mitbewerbern. Dies kann bei gleicher Abrechnung zu einem deutlich höheren Deckungsbeitrag führen.[2] Andererseits muss der StB wegen der „Vorbefassung" mit Abschlägen bei der Vergütung rechnen.

Wegen der Einzelheiten zu den Zu- und Abschlägen wird auf die Ausführungen in den Vergütungsempfehlungen 2025 verwiesen. Die Gesamtvergütung soll i.d.R. das Dreifache des Vergütungsgrundbetrags nicht überschreiten und 5/10 des Vergütungsgrundbetrages nicht unterschreiten.

Einen gesonderten Zuschlag – ohne Begrenzung auf das Dreifache des Vergütungsgrundbetrages – sehen die Vergütungsempfehlungen 2025 des Deutschen Notarvereins darüber hinaus für den Fall der **Dauertestamentsvollstreckung** (§ 2209 BGB) und der **länger dauernden Abwicklungsvollstreckung** vor. Bei einer reinen **Verwaltungsvollstreckung** (§ 2209 Satz 1 Alt. 1 BGB) ohne Konstituierungsmaßnahmen beschränkt sich die Vergütung auf den Zuschlag gemäß Abschnitt C. und ggf. D.

1) Aufwendige Konstituierung, besondere Maßnahmen bei der Verteilung des Nachlasses, komplexe Nachlasszusammensetzung, aufwendige oder schwierige Gestaltungsaufgaben, mit Rechtsproblemen belasteter Nachlass, Steuerangelegenheiten, die über die Abgabe der Erbschaftsteuererklärung hinausgehen, Befassung mit Vermögen außerhalb des Nachlasses.
2) Meier/Terhaag, Stbg 2024, 272, 275.

der Vergütungsempfehlungen 2025 des Deutschen Notarvereins. Wenn eine (ältere) Tabelle für den Fall der Dauertestamentsvollstreckung eine höhere Grundvergütung vorsah, wurden von der Rechtsprechung nur geringe Zuschläge angenommen.[1] In der Literatur wurde eine zusätzliche jährliche Vergütung von 0,33 bis 0,5 % des Bruttonachlasswertes oder ein Jahresbetrag der laufenden Einkünfte von 2 bis 4 % befürwortet.[2] Die neuen Vergütungsempfehlungen 2025 enthalten darüber hinaus ergänzende Empfehlungen für **Testamentsvollstreckungen über Unternehmen und Beteiligungen** und bei **Vorhandensein mehrerer Testamentsvollstrecker**.

Anders als die o.g. älteren Tabellen sah die Neue Rheinische Tabelle nach dem Vorbild des § 5 InsVV erstmals eine **gesonderte Vergütung für Berufsdienste**, z.B. von Rechtsanwälten, StB, Wirtschaftsprüfern, Banken, Maklern und Vermögensverwaltern, vor. Daran halten die Vergütungsempfehlungen 2025 des Deutschen Notarvereins fest (G.). Ist der StB zum Testamentsvollstrecker ernannt, kann er, wenn ein Laie in der konkreten Angelegenheit einen StB beauftragen würde, seine Berufsdienste nach Maßgabe der **StBVV** gesondert abrechnen. Fehlt es an einer eindeutigen Regelung durch den Erblasser, besteht allerdings die Gefahr, dass die Erben dem Vergütungsanspruch des StB entgegenhalten, dass die steuerberatenden Leistungen mit der Vergütung als Testamentsvollstrecker abgegolten seien.[3] **866**

Die Vergütungsempfehlungen 2025 sehen neben der gesonderten Vergütung von Berufsdiensten auch – nach dem Vorbild des § 4 InsVV – einen Anspruch des Testamentsvollstreckers auf **Auslagenersatz** wie im Auftragsrecht vor (F.). Lediglich die allgemeinen Geschäftskosten sind mit der Vergütung des Testamentsvollstreckers abgegolten.

Ebenfalls nach dem Vorbild des § 7 InsVV findet sich in den Vergütungsempfehlungen 2025 unter H. der Hinweis, dass eine etwa anfallende **Umsatzsteuer** in der Vergütung nicht enthalten ist. Der Testamentsvollstrecker kann die Umsatzsteuer also zusätzlich zu seiner Vergütung verlangen. Fehlt es an einer unmittelbaren oder mittelbaren Regelung der Umsatzsteuer, ist der Testamentsvollstrecker nicht berechtigt, die von ihm zu entrichtende Umsatzsteuer auf die Erben abzuwälzen.[4]

VII. Treuhänder

Spezielle Vergütungsregelungen existieren nur für den Treuhänder im vereinfachten Insolvenz- und Restschuldbefreiungsverfahren (→ Rz. 838). Eine besondere Form der Treuhandtätigkeit ist die Tätigkeit als Praxistreuhänder gem. § 71 StBerG. **867**

Allgemein üblich ist es, Treuhandtätigkeiten nach einem **Prozentsatz des Werts des Treuguts** zu berechnen, wobei für die Angemessenheit des Prozentsatzes der für die Treuhandtätigkeit erforderliche Zeitaufwand, der Schwierigkeitsgrad der Angelegenheit und die Verantwortung des Treuhänders von entscheidender Bedeutung sind. Für die Verwaltung eines **Anderkontos** kann eine Vergütung verlangt werden, deren Höhe sich an Nr. 1009 VV RVG orientiert.[5] Danach entsteht bei Beträgen **868**

- bis einschließlich 2 500 € eine Gebühr von 1 %,
- von einem Mehrbetrag bis einschließlich 10 000 € eine Gebühr von 0,5 %,
- von einem Mehrbetrag über 10 000 € eine Gebühr von 0,25 %.

---

1) LG Köln v. 26.3.2006, 18 O 140/05, GI 2007, 163.
2) Wälzholz, NWB 27/2013, 2168, 2175.
3) S. hierzu Gemmer, KP 2000, 138; für eine separate Abrechnungsmöglichkeit, auch ohne ausdrückliche Regelung durch den Erblasser; Warttinger in Eckert, 7. Aufl. 2023, VereinbT 2.2.37 Rz. 18.
4) Gemmer, KP 2000, 138, 139.
5) Zenker, NJW 2003, 3459.

869 Für die Verwaltung eines **Wertpapierdepots** ist die Vergütung angemessen, die Banken ihrerseits für die Depotverwaltung fordern. Je nach Kreditinstitut sind hier unterschiedliche Gebührenrahmen in einer Größenordnung von etwa 0,5 bis 2 ‰ p.a. vom Depotwert vorgesehen.

Für die Verwahrung eines **Sparbuchs**, die weniger aufwendig ist als die Verwaltung eines Wertpapierdepots, hat das LG Kleve[1] die angemessene Vergütung des StB mit 1 ‰ p.a. des jeweiligen Guthabenbestands geschätzt.

Für die **Verwahrung von Geldbeträgen und der Entgegennahme von Wertpapieren und Kostbarkeiten zur Verwahrung** kann auch auf § 124 GNotKG zurückgegriffen werden. Die dort vorgesehenen Gebühren decken sich mit den in Nr. 1009 VV RVG vorgesehenen Gebühren.

VIII. Unternehmens- und Wirtschaftsberatung

870 Die Vergütung des StB als Wirtschafts- oder Unternehmensberater, z.B. bei Existenzgründungen, Unternehmensanalysen, Stresstests, Unternehmensbewertungen, Unternehmensnachfolge, beim Rating, bei der Vermögensberatung, der Fördermittelberatung (z.B. im Bereich der Soforthilfe oder Überbrückungshilfe) oder bei der Krisenberatung (Sanierung und Insolvenz) ist weder durch Gesetz noch durch Verordnung geregelt. Dies gilt auch für Betätigungsfelder als externer **Datenschutzbeauftragter,**[2] externer **Geldwäschebeauftragter,**[3] **Informationssicherheitsbeauftragter,**[4] **Versicherungsberater**[5] oder **Honorar-Finanzanlagenberater.**[6] Es empfiehlt sich deshalb der Abschluss einer Honorarvereinbarung. Weit verbreitet ist eine Abrechnung nach **Zeitgebühr bzw. Tagessatz**.

871 Wegen der großen Bandbreite des Beratungsspektrums, aber auch wegen der unterschiedlichen Kanzleistrukturen variieren die **kanzleiüblichen Stundensätze** erheblich. **Vereinbarte** Stundensätze von **480 €** für Partner[7] und **500 €, 625 € und 710 €** für Partner einer international ausgerichteten Großkanzlei[8] wurden von der Rechtsprechung noch nicht als unangemessen beanstandet. Diese Stundensätze eignen sich aber nicht als Vergleichsmaßstab für die sog. „übliche Vergütung" i.S.d. §§ 612 Abs. 2, 632 Abs.2 BGB. Wenn hier **keine Vereinbarung** mit dem Mandanten getroffen wurde, kommt es bei der Bestimmung der üblichen Vergütung nicht auf individuelle Kanzleistrukturen, sondern auf die allgemeinen Gebührenbestimmungsfaktoren an, die z.B. in § 11 StBVV genannt sind (insbesondere Bedeutung der Angelegenheit, Umfang und Schwierigkeit der Tätigkeit). Auch der Gebührenrahmen der Zeitgebühr (§ 13 Satz 2 StBVV) kann bei der Abrechnung von Stundensätzen als Maßstab herangezogen werden. Solange der höchste Gebührensatz nicht überschritten wird, kann ohne weiteres noch von einer „üblichen Vergütung" die Rede sein. Aber auch dann, wenn der höchste Gebührensatz überschritten wird, bedeutet dies nicht automatisch, dass der Stundensatz unüblich und unangemessen ist.

Praxistipp:

Bei einer beabsichtigten Abrechnung nach Zeitaufwand empfiehlt sich eine Vereinbarung über den Stundensatz, wenn ein höherer Stundensatz als der in § 13 Satz 2 StBVV abgerechnet werden soll.

---

1) LG Kleve v. 11.1.2001, 2 O 25/00, INF 2001, 255 f.
2) Schepers, KANZLEI intern 6/2018, 5; zur Frage der Gewerblichkeit nach EStG: BFH v. 14.1.2020, VIII R 27/17, BStBl II 2020, 222.
3) Schepers, KANZLEI intern 12/2018, 2.
4) Heßler, Stbg 2018, 70.
5) Feiter, KANZLEI intern 7/2018, 3.
6) VG Darmstadt v. 13.11.2019, 3 K 1101/15.DA, das fälschlicherweise von einer (genehmigungsfähigen) gewerblichen Tätigkeit ausging.
7) OLG Karlsruhe v. 11.1.2023, 3 U 46/21.
8) OLG Düsseldorf v. 23.11.2021, I-24 U 355/20, AnwBl Online 2022, 206.

Die nachfolgend geschilderten Einzelfälle liegen zum Teil bereits länger zurück. Sie können deshalb nur eine Orientierungshilfe sein. Allgemeingültige und über den Einzelfall hinausgehende Feststellungen enthalten diese Entscheidungen nicht. Das AG Coesfeld[1] hatte darüber zu entscheiden, ob ein Stundensatz von 90 € bei einem Zeitaufwand von 36 ¾ Stunden für die Erstellung einer Selbstauskunft des Stpfl., die **Erstellung eines Liquiditätsplans** einschließlich **Abweichungsanalyse** für die Hausbank und unterstützende Kreditberatung (Begleitberatung) angemessen war und hat dies bejaht. Das AG Mülheim/R[2] hatte keine Bedenken, dem StB für die auftragsgemäße Erstellung einer Planrechnung für eine **Existenzgründung** (Eröffnung eines Sonnenstudios) einen Stundensatz von 200 DM bei einem Zeitaufwand von 10,5 Stunden zuzusprechen. Das AG Dorsten[3] ging bei einer Existenzgründungsberatung von einem üblichen Stundensatz von 100 bis 300 € aus und hatte deshalb keine Bedenken, die vom StB berechneten 93,75 € als angemessen anzusehen. Für eine 30-minütige **Erstberatung eines Architekten** durch einen Rechtsanwalt wurde sogar eine Vergütung i.H.v. 250 € nicht beanstandet.[4] Als übliche Vergütung für die Erstellung einer **Verfahrensdokumentation** für eine Apotheke wurde ein Stundensatz zwischen 120 € bis 150 € als angemessen angesehen.[5] Der durchschnittliche Stundensatz eines Rechtsanwalts betrug im Jahr 2005 180 €[6] und im Jahr 2009 182 €.[7] Im Jahr 2015 wurden bei Rechtsanwälten Stundensätze von 150 € bis 200 €,[8] aber auch Stundensätze von 250 € bis 300 € als üblich angesehen.[9] Die von der Wirtschaftsprüferkammer im Jahr 2015 ermittelten Stundensätze für WP/vBP als Praxisinhaber, Sozius, gesetzlicher Vertreter oder Partner lagen zwischen 148 € und 186 € (www.wpk.de; als Suchbegriff „Honorarumfrage" eingeben). Da betriebswirtschaftliche Beratungen oftmals komplex sind und nicht alle zu erbringenden Leistungen vom Berater selbst, sondern häufig auch von Mitarbeitern erbracht werden, sollte bei der Festsetzung der Vergütung zwischen Berater- und Mitarbeiterstunden unterschieden werden. Um die Berechnung für den Mandanten möglichst transparent zu machen, sollte im Rahmen einer schriftlichen Vereinbarung oder eines Bestätigungsschreibens auf die eigenen hausinternen Honorarsätze ausdrücklich Bezug genommen werden. Einen Mustervertrag für sog. Betriebswirtschaftliche Beratung bietet der DWS-Verlag in Berlin an.

Die durchschnittlichen **Tagessätze** variieren ganz erheblich nach Hierarchie-Level. Der durchschnittliche Tagessatz für einen Junior-Consultant betrug im Jahr 2022 1 350 €, für einen Projektleiter auf Manager-Ebene wurden im Schnitt 1 950 € angesetzt. Auf der Hierarchiestufe Geschäftsleitung/Partner sogar durchschnittlich 2 550 €. Einen guten Überblick über die üblichen **Honorare im Consulting** gibt die Internetseite des Bundesverbandes Deutscher Unternehmensberatungen, auf der die jeweils aktuelle Honorarstudie veröffentlicht ist.

Praxistipp:

Bei der Abrechnung nach Tagessätzen ist unbedingt zu beachten, dass genau festgelegt wird, wie viele Stunden ein Arbeitstag haben soll, ob An- und Abfahrtszeit zusätzlich berechnet werden, ob und wie Reisekosten abgerechnet werden und welche sonstigen Nebenkosten ggf. geltend gemacht werden können. Ferner sollte eine ausdrückliche

1) AG Coesfeld v. 9.9.2009, 6 C 135/08.
2) AG Mülheim/Ruhr v. 4.4.2000, 19 C 133/99, Information StW 2000, 383.
3) AG Dorsten v. 8.1.2009, 21 C 110/08.
4) AG Brühl v. 29.10.2008, 23 C 171/08, AnwBl 2008, 887.
5) LG Kleve v. 17.9.2021, 3 O 144/19; besprochen von Feiter, Honorargestaltung für Steuerberater, November 2022, 1.
6) OLG Hamm v. 16.6.2009, 28 U 1/09, GI 2010, 52, 56 unter Verweis auf eine empirische Untersuchung.
7) Hommerich/Kilian, Vergütungsbarometer 2009, 71.
8) AG Siegburg v. 4.9.2015, 105 C 34/15 mit Anm. Schons, KammerMitteilungen RAK Düsseldorf 4/2015, 413.
9) OLG Hamm v. 7.7.2015, 28 U 189/13, AnwBl 2016, 175.

Vereinbarung zur Umsatzsteuer erfolgen. Beratungen von kleineren und mittleren Unternehmen werden z.T. mit **Zuschüssen** gefördert (z.B. durch das BMF), die zu einer Verbilligung der Beratungsleistung für den Mandanten führen können (→ § 21 StBVV Rz. 352).

Demgegenüber wird für eher **mechanische Tätigkeiten**, wie das **Ausfüllen von Fragebögen** der Krankenkasse und der Arbeitsagentur und das Ausstellen von **Verdienstbescheinigungen** der Mindestsatz der Zeitgebühr gem. § 13 StBVV als angemessen angesehen.[1] Für das Ausfüllen eines vierseitigen Fragebogens des Finanzamts zur Gründung einer Kapitalgesellschaft beanstandete das AG Düsseldorf,[2] dass der StB hierfür 1,5 Std. à 75 € berechnet hatte und bewilligte lediglich 1 Std. à 65 € (Mittelgebühr). Für **Meldungen gegenüber der BaFin und der Bundesbank**[3] kann jede Form der üblichen Vergütung abgerechnet werden. Wird nichts vereinbart, bietet sich eine Abrechnung nach Zeitaufwand an (vgl. § 24 Abs. 5 Nr. 4 StBVV).

Selbstverständlich kann die übliche Vergütung auch nach **Gegenstandswert** ermittelt werden. Zu denken ist an typische Tätigkeiten, die eine Regelung in der StBVV erfahren haben und deren analoge Anwendung sich wegen der Vergleichbarkeit der Tätigkeit anbietet.[4] Für **Fördermittelberatungen** (z.B. bezüglich der **Corona-Hilfen**) kommen mehrere Abrechnungsmöglichkeiten in Betracht. So kann nach Zeitaufwand, einem bestimmten Prozentsatz des Fördermittelbetrags oder nach Gegenstandswert (z.B. analog § 23 Satz 1 Nr. 10 StBVV) abgerechnet werden.[5] Ein Stundensatz von 120 € für Leistungen im Zusammenhang mit der Corona-Neustarthilfe wurde nicht beanstandet.[6]

IX. Vermögensverwalter, Grundstücksverwalter, Wohnimmobilienverwalter, Hausverwalter

872 Die Tätigkeit als Hausverwalter und Wohnimmobilienverwalter ist mit dem Beruf des StB vereinbar, § 15 Satz 1 Nr. 10 BOStB. § 34c GewO steht dem nicht entgegen.[7] Gewerbliche **Vermögensverwalter** verlangen häufig eine feste Managementgebühr, die in einem Prozentsatz des verwalteten Vermögens besteht und sich zwischen 1 % und 3 % bewegt.[8] Entscheidend für die Höhe der Vergütung ist das Maß der aufgewandten Arbeit, der Umfang der Verantwortung, die Schwierigkeiten, die etwa erforderliche besondere Kenntnis und Erfahrung sowie die sich im Erfolg auswirkende Geschicklichkeit bei der Ausübung der Vermögensverwaltung.[9] Empfehlenswert ist in jedem Fall eine Vereinbarung mit dem Auftraggeber. Üblich sind auch pauschale Festhonorare und erfolgsabhängige Honorare.

873 Sind Gegenstand der Verwaltung ein **Grundstück** oder mehrere Grundstücke, können die Vergütungssätze des Zwangsverwalters entsprechend herangezogen werden (→ Rz. 850).

---

1) OLG Düsseldorf v. 21.4.1994, 13 U 101/93, Gl 1994, 351.
2) AG Düsseldorf v. 25.9.2007, 48 C 10774/03; ebenso LG Düsseldorf v. 4.9.2013, 9 O 64/10.
3) Z.B. IFR-Meldung, KW-Meldung, K4-Meldung, AWV- Meldung.
4) Z.B. die analoge Anwendung der Regelungen des § 35 StBVV auf Jahresabschlüsse, die keinen steuerlichen Zwecken dienen, die analoge Anwendung des § 29 StBVV auf eine nicht steuerliche, z.B. eine sozialversicherungsrechtliche Prüfung oder die analoge Anwendung des § 21 Abs. 1 Satz 1 StBVV auf einen Rat oder eine Auskunft, die nicht steuerlicher Natur sind.
5) Beyme, KANZLEI intern 9/2018, 2.
6) AG Düsseldorf v. 28.3.2025, 233 C 348/23.
7) Feiter, KANZLEI intern 1/2018, 5.
8) OFD Düsseldorf v. 28.10.2004, S 2210 A-St 212, EStG-Kartei NRW, § 20 EStG, Fach 4, Nr. 801; Farkas-Richling, NWB, Fach 30, 1694.
9) BGH v. 22.12.1966, VII ZR 195/64, NJW 1967, 876.

Für die Vergütung des Wohnimmobilienverwalters bzw. des Verwalters nach dem Wohnungseigentumsgesetz (WEG) gibt es keine gesonderten Regelungen, so dass sich bereits bei der Übernahme des Verwalteramts eine Vereinbarung über die Höhe in schriftlicher Form empfiehlt.[1] Je Wohneinheit sollen Beträge von monatlich 15 € bis 40 € und für Garagen 2 € bis 4 € zuzüglich Umsatzsteuer üblich sein.[2] Weitere Hinweise zu den angemessenen Vergütungssätzen bietet das Branchenbarometer des Verbands der Immobilienverwalter Deutschland e.V. (VDIV) unter www.vdiv.de. **874**

Die Vergütungssätze des Branchenbarometers des VDIV (www.vdiv.de) können auch für StB als **Hausverwalter** herangezogen werden. Als angemessen werden 1,5 % der Jahresrohmiete angesehen.[3] Denkbar ist auch eine Orientierung an den Sätzen gewerbsmäßiger Hausverwalter, die ganz unterschiedlich abrechnen, meist einen Prozentsatz der Bruttomiete berechnen.[4] **875**

1) Drasdo, NJW-Spezial 2018, 417.
2) Warttinger in Eckert, 7. Aufl. 2023, VereinbT 2.2.44 Rz. 1 – 5.
3) Goez in Kuhls u.a., § 64 StBerG Rz. 43.
4) Bengel/Reimann, Kap. 10, Rz. 22.

§ 64
Gebührenordnung

(1) [1]Steuerberater, Steuerbevollmächtigte und Berufsausübungsgesellschaften sind an eine Gebührenordnung gebunden, die das Bundesministerium der Finanzen durch Rechtsverordnung mit Zustimmung des Bundesrates erläßt. [2]Das Bundesministerium der Finanzen hat vorher die Bundessteuerberaterkammer zu hören. [3]Die Höhe der Gebühren darf den Rahmen des Angemessenen nicht übersteigen und hat sich nach

1. Zeitaufwand,

2. Wert des Objekts und

3. Art der Aufgabe

zu richten.

(2) [1]Die Abtretung von Gebührenforderungen oder die Übertragung ihrer Einziehung an Personen und Vereinigungen im Sinne des § 3 Satz 1 ist auch ohne Zustimmung des Mandanten zulässig. [2]Im Übrigen sind Abtretung oder Übertragung nur zulässig, wenn eine ausdrückliche Einwilligung des Mandanten in Textform vorliegt oder die Forderung rechtskräftig festgestellt ist. [3]Vor der Einwilligung ist der Mandant über die Informationspflicht des Steuerberaters oder Steuerbevollmächtigten gegenüber dem neuen Gläubiger oder Einziehungsermächtigten aufzuklären. [4]Der neue Gläubiger oder Einziehungsermächtigte ist in gleicher Weise zur Verschwiegenheit verpflichtet wie der beauftragte Steuerberater oder Steuerbevollmächtigte.

Inhalt

Schrifttum

Arconada, Gebührenüberhebung! Eine alte Strafnorm wird zur neuen Gefahr, Honorargestaltung für Steuerberater Januar 2023, 1; **Blattner,** Formularvertragliche Vereinbarungen im Anwaltsvertrag, AnwBl 2012, 237; **Burhoff,** Der Kostenanschlag im Werkvertragsrecht, NWB Fach 19, 3227; **Deckenbrock,** Law Clinics als Rechtsdienstleister, AnwBl 2017, 937; **Eggesiecker,** Anpassungsbedarf bei der Steuerberatergebührenverordnung, StB 2004, 393; **Feiter,** Die Entwicklung des Gebührenrechts, in Festschrift „Im Dienste des Berufsstandes", 75 Jahre Steuerberaterverband Köln, 2022; **Feiter,** „Bei Unzufriedenheit Geld zurück" – Werbung mit Zufriedenheitsgarantie, KANZLEI intern 1/2019, 6; **Feiter,** Werbung mit Rabatten zulässig?, KANZLEI intern 02/2014, 7; **Feiter,** Plädoyer für eine Reform des § 40 StBVV, Stbg 2013, 466; **Feiter,** Werbung mit kostenloser (Erst-)Beratung ist erlaubt – wenn man das richtige Thema wählt!, KP 2010, 103; **Feiter,** Preiswerbung durch Steuerberater – Zulässiger

Baustein des Kanzleimarketings, KP 2006, 4; **Feiter,** Anmerkung zu LG Duisburg vom 19.9.2003, 7 S 238/02, Stbg 2004, 237; **Feiter,** Anmerkung zu AG Duisburg-Hamborn vom 30.9.1997,7 C 698/96, Stbg 1998, 360; **Feiter,** Der Grundsatz von Treu und Glauben im Steuerberatergebührenrecht, INF 1996, 566; **Fitzke,** Gebühren-Ordnung für die wirtschaftsprüfenden sowie wirtschafts- und steuerberatenden Berufe, Essen, 9. Aufl. 1954; **Fries,** Die verfassungs- und unionsrechtlichen Anforderungen an die Rechtfertigung von gesetzlichen Preisregulierungen, in Kluth (Hrsg.), Jahrbuch des Kammer- und Berufsrechts 2016, 211; **Gilgan,** Globalabtretung von Honoraransprüchen an Kreditinstitute unzulässig, Stbg 2020, 184; **Gilgan,** Auswirkungen der Forderungsabtretung auf das Zurückbehaltungsrecht, KP 2019, 162; **Glückselig,** Mindest- und Höchstsätze der HOAI verstoßen gegen Europarecht, DStR 2019, 1996; **Graf von Westphalen,** Gesetzliches Mindesthonorar für Anwälte als unzulässige Wettbewerbsbeschränkung, ZIP 5/2024 R5 (Besprechung von EuGH v 25.1.2024 – C-438/22); **Günther/Grupe,** Zulässigkeit studentischer Beratung in „Tax Law Clinics" nur noch eine Frage der Zeit?, NWB 2023, 1664; **Günther/Grupe,** Tax Law Clinic: unzulässige Steuerberatung durch Studierende?, NWB 2019, 2954; **Härting,** Kreditkartenzahlung – Kehrtwende in der BGH-Rechtsprechung, MDR 2002, 913; **Hartmann,** Beweislast bei Vergütungsvereinbarungen, KANZLEI intern 2/2017, 3; **Hellwig,** Anwaltliches Berufsrecht und Europa, AnwBl 2011, 77; **Henssler/Prütting,** BRAO, München, 6. Aufl. 2024; **Höhl,** Auswirkungen des EuGH-Urteils zur HOAI auf die Preisregulierung bei Rechtsanwälten und Steuerberatern, in: Kluth (Hrsg.), Jahrbuch des Kammer- und Berufsrechts 2019, 157; **Hund,** Anmerkung zu EuGH vom 19.2.2002 – C-35/99, DStR 2002, 652; **Kilian,** Klage auf Feststellung der Zulässigkeit einer „Tax Law Clinic", Anmerkung zu FG Niedersachsen v. 25.7.2019 – 6 K 298/18, DStR 2020, 406; **Klaeren,** Sind Sondernachlässe zulässig?, KANZLEI intern 1/2019, 7; **Klaeren,** Abtretung von Forderungen, KANZLEI intern 9_2018, 8; **Langen,** Abschied von der HOAI? Neue Rechtsprechung des EuGH und die Konsequenzen, BRAK Magazin 2020, 18; **Lutje,** Bestimmung der angemessenen Gebühr nach § 11 StBGebV, KP 8/1997, 1; **Maxl/Feiter,** Vertragsfreiheit oder Bindung an die Steuerberatergebührenverordnung insbesondere bei der Vereinbarung von Zeithonoraren, INF 1995, 438; **Mittelsteiner/Gilgan/Späth,** Berufsordnung der Steuerberater, Kommentar, Köln 2002; **Möckershoff/Böttcher,** Der lange Weg zum Einheitsberuf, in Festschrift „Im Dienste des Berufsstandes", 75 Jahre Steuerberaterverband Köln, 2022; **Möller,** Die aktuellen Entwicklungen im Lauterkeitsrecht, NJW 2023, 3405; **Pestke,** Mindest- und Höchstgebühren der HOAI verletzen Europarecht, Stbg 2019, 366; **Pohl,** HOAI-Mindest- und Höchstgebühren unionsrechtswidrig – und das RVG?, BRAK-Mitteilungen 2019, 234; **Remmertz,** Aktuelle Entwicklungen im RDG – In dubio pro libertate, BRAK-Mitt. 2018, 235; **Remmertz,** Ist der existierende Rechtsrahmen für Law Clinics ausreichend?, AnwBl 2017, 946; **Ring,** Anwaltliches Werberecht, Baden-Baden, 2. Aufl. 2018; **Römermann,** Steuerberater Handbuch Neue Beratungsfelder, Bonn 2005; **Römermann/Beckmann,** Berufsrechtliche Zulässigkeit von Kostenvoranschlägen und Beauty Contests durch Rechtsanwälte, Steuerberater und Wirtschaftsprüfer, INF 2000, 375; **Sagawe,** Rechtsanwaltsvergütung und EU-Gemeinschaftsrecht, ZRP 2002, 281; **Simon,** Einwilligung des Mandanten in die Abtretung von Gebührenforderungen, NWB 2018, 3562; **Singer,** Höchstgebühren für Rechtsanwälte im italienischen Recht unionsrechtskonform, DStR 2011, 1339, Anm. zu EuGH v. 29.3.2011, C-565/08; **Ueberfeldt,** Neue Möglichkeiten des Forderungsmanagements für Steuerberater, DStR 2008, 121; **Wolf,** Die Änderungen in der Steuerberatergebührenverordnung durch das Jahressteuergesetz 2007, DStR 2007, 44.

A. Inhalt und Bedeutung

I. Norminhalt und Zweck

Seit Inkrafttreten des StBerG[1] am 1.11.1964 gibt es im StBerG den **zwingenden Gesetzesbefehl zum Erlass einer Gebührenordnung**, der zunächst in § 28 StBerG enthalten war und seit dem 3. StBÄndG[2] in § 64 StBerG verortet ist. Gleichwohl ist die **Steuerberatergebührenverordnung (StBGebV)** erst am **1.4.1982** in Kraft getreten.[3] In der Zeit von 1948 bis 1970 nahm die von Fitzke[4] herausgegebene Gebüh- **876**

1) Steuerberatungsgesetz v. 16.8.1961, BGBl. I 1961, 1301.
2) Drittes Gesetz zur Änderung des Steuerberatungsgesetzes v. 24.6.1975, BGBl. I 1975, 1509.
3) Steuerberatergebührenverordnung v. 17.12.1981, BGBl. I 1981, 1442 = BStBl I 1982, 269.
4) Fitzke, 1954.

ren-Ordnung für die wirtschaftsprüfenden sowie wirtschafts- und steuerberatenden Berufe („Essener Gebührenordnung" oder „**AllGO**") in der Gebührenpraxis fast aller Berufsangehörigen eine überragende Rolle ein. Anders als die heutige StBVV enthielt sie auch einen umfangreichen Katalog von Vergütungstatbeständen für vereinbare Tätigkeiten. Nachdem der BGH[1] solche Gebührenregelungen als „private Gebührenordnung" angesehen hatte, wurde in der Folgezeit vom Bundeskartellamt die Weiterverbreitung der AllGO als ordnungswidrige Preisempfehlung beanstandet. Die AllGO und sonstige privatrechtliche Gebührenregelungen wurden aber bis zum Inkrafttreten der StBGebV bei der Festsetzung der üblichen Vergütung zu Grunde gelegt.[2]

877 Die **Vorschrift des § 64 Abs. 1 StBerG bindet** die Angehörigen der steuerberatenden Berufe (StB, StBv und Berufsausübungsgesellschaften) **an eine Gebührenordnung**, die als Rechtsverordnung durch das Bundesfinanzministerium mit Zustimmung des Bundesrats und nach Anhörung der Bundessteuerberaterkammer erlassen wurde. Auch Änderungsverordnungen müssen diesen Weg durchlaufen. § 64 Abs. 1 und 2 StBerG wurde bislang noch nicht an die Terminologie der neuen StBVV angepasst. Materiell-rechtlich regelt § 64 Abs. 1 StBerG, dass die Höhe der Gebühren den Rahmen des Angemessenen nicht übersteigen darf und sich nach Zeitaufwand, Wert des Objekts und Art der Aufgabe zu richten hat (→ § 11 StBVV Rz. 228 ff.).

878 Da vor Erlass der StBGebV die „Gebührensituation weitgehend unüberschaubar" war, hat der Verordnungsgeber mit Schaffung einer Gebührenverordnung das Ziel verfolgt, „sowohl im Interesse der Auftraggeber als auch im Interesse der Steuerberater angemessene Gebühren festzusetzen und durch Schaffung klarer Verhältnisse Auseinandersetzungen vermeiden zu helfen.".[3] Hierzu ist u.a. die generelle Abrechnungspraxis nach Zeitaufwand wegen der für den Auftraggeber fehlenden Transparenz durch § 13 StBGebV eingeschränkt worden. Der Vorteil für den StB liegt in der Stärkung der beruflichen Unabhängigkeit.[4]

II. Die Novellierungen der StBVV

879 Die StBGebV wurde erstmals zum 1.7.1988 angepasst.[5] Es wurden Änderungen der BRAGO nachvollzogen, die am 1.7.1987 in Kraft getreten waren. Daneben kam es wegen der erhöhten Anforderungen, die das Bilanzrichtlinien-Gesetz[6] an die Abschlusserstellung mit sich brachte, zu Verbesserungen beim Jahresabschlusshonorar. So wurde die Tabelle A der StBGebV mit der Tabelle zu § 11 BRAGO über die bisherige Grenze von 200 000 DM hinaus bis zu 400 000 DM parallelisiert.

Am 30.6.1991 trat die Zweite Verordnung zur Änderung der StBGebV in Kraft.[7] Sie sah lediglich eine Anhebung der Zeitgebühr von 25 bis 70 DM auf 30 bis 77,50 DM je angefangene halbe Stunde vor.

Die dritte Novellierung der StBGebV[8] verzögerte sich immer wieder und ließ bis zum 28.8.1998 auf sich warten.[9] Die wichtigsten Änderungen betrafen die Anhe-

1) BGH v. 29.9.1969, VII ZR 108/67, NJW 1970, 699.
2) Zu weiteren Einzelheiten s. Feiter, Festschrift „Im Dienste des Berufsstandes", S. 259 ff.; Möckershoff/Böttcher, Festschrift „Im Dienste des Berufsstandes", S. 34; Winkler in Eckert, 4. Aufl. 2003, Vor § 1 StBGebV Anm. 1.1.1 ff.
3) Amtliche Begründung zur StBGebV, abgedruckt bei Winkler in Eckert, 4. Aufl. 2003, Vor § 1 StBGebV Anm. 1.4.
4) Niedersächsisches OVG v. 27.9.1991, VIII L3/89, StB 1992, 374, wonach die Gebührenverordnung im Interesse des Ansehens des Berufsstands ein angemessenes Verhältnis von Leistung und Entgelt sicherstelle.
5) 1. ÄndVO v. 20.6.1988, BGBl. I 1988, 841.
6) BiRiLiG v. 19.12.1985, BGBl. I 1985, 2355.
7) 2. ÄndVO v. 21.6.1991, BGBl. I 1991, 1370.
8) 3. ÄndVO v. 20.8.1998, BGBl. I 1998, 2369.
9) Zu den Hintergründen Eckert/Böttcher, 2. Aufl. 1989, Vor § 1 StBGebV 1.1.6.

bung der den Wertgebühren zu Grunde liegenden Tabellen. Sie betrugen bei den Tabellen B, C und D etwa 5 %. Die Tabelle E wurde an die bereits im Jahr 1994 angepasste BRAGO-Tabelle angeglichen. Die Tabelle A entsprach nunmehr bis zu einem Gegenstandswert von 600 000 DM den geänderten Werten der BRAGO-Tabelle. Die Werte wurden um etwa 18,5 % angehoben. Diese Anpassungen waren wegen der eingetretenen Kostenentwicklung überfällig. Daneben wurden auch die Betragsrahmengebühren für Rat und Auskunft in steuerstrafrechtlichen Angelegenheiten (§ 21 Abs. 1 Satz 3 StBGebV a.F.) und im Bereich der Lohnbuchführung (§ 34 StBGebV) angehoben. Neu aufgenommen wurde – nach dem Vorbild der BRAGO – die sog. Erstberatungsgebühr in § 21 Abs. 1 Satz 2 StBGebV und die Erledigungsgebühr in § 40 Abs. 2 StBGebV. Daneben gab es u.a. Anhebungen bei den Gebührensätzen in § 24 Abs. 1 Nr. 8 StBGebV und in § 35 Abs. 1 Nr. 1a StBGebV.

Nach diesen ersten Reformen ist die StBGebV mit dem KostREuroUG, zum vierten Mal geändert und zum 1.1.2002 von DM **auf Euro umgestellt** worden. Diese Umstellung ist in der Mehrzahl der Fälle – wie auch in den Gebührenordnungen anderer freier Berufe – im Verhältnis 2 DM : 1 € erfolgt. Daraus ergab sich im Durchschnitt ein Umsatzrückgang von 2,2 %. Da sich auf Grund dieser Umstellung aber auch eine Verschiebung der Gegenstandswertstufen ergab, waren – je nach Gegenstandswert und Tabelle – nicht nur Rückgänge, sondern auch Honorarsteigerungen festzustellen. Nach den Berechnungen der Bundessteuerberaterkammer und der Bundesrechtsanwaltskammer blieb das Gesamtgebührenaufkommen unter Berücksichtigung dieses Effekts im Durchschnitt gleich Dem gegenüber kommt eine Untersuchung von Eggesiecker bei den Wertgebühren zu einer Gebührenminderung von 2,17 %, Eggesiecker, StB 2004, 393 f.[1]

Eine weitere wesentliche Änderung der StBGebV erfolgte durch Art. 4 Abs. 60 KostRMoG.[2] In den §§ 45 und 46 StBGebV wurde der Verweis auf die Vorschriften der **BRAGO durch** einen Verweis auf die Vorschriften des **RVG ersetzt**. 880

Mit dem Jahressteuergesetz 2007[3] wurde die StBGebV an mehreren Stellen geändert, insbesondere weil zu Gunsten einer Vereinheitlichung der Gebührenordnungen Anpassungen an das RVG erforderlich waren.[4] Andere Anpassungen waren auf Grund materiell-rechtlicher Änderungen erforderlich (z.B. §§ 23, 24 StBGebV).[5] Gebührenerhöhungen waren mit diesen Änderungen nicht verbunden.

Durch das Gesetz zur Änderung von Vorschriften über die Tätigkeiten des Steuerberaters (8. StBÄndG) v. 8.4.2008[6] wurde in § 40 Abs. 8 StBGebV eine redaktionelle Änderung vorgenommen. 881

Durch die VO zum Erlass und zur Änderung steuerlicher Verordnungen[7] ist die StBGebV mit Wirkung zum 20.12.2012 in **Steuerberatervergütungsverordnung (StBVV)** umbenannt worden. Darüber hinaus erfolgten insbesondere punktuelle Anpassungen einzelner Gebührentatbestände, eine lineare Erhöhung der Tabellenwerte der Tabellen A bis E um ca. 5 %, eine Erhöhung der Zeitgebühr und Erhöhungen der Betragsrahmengebühren im Bereich der Lohnbuchführung. Zudem wurden die Mindestgegenstandswerte erhöht, bei denen sich eine Anpassung als notwendig erwiesen hat. Mit diesen Änderungen sollte der wirtschaftlichen Entwicklung in den Steuerberaterpraxen angemessen Rechnung getragen werden. Die Gebührenerhö-

1) Gesetz zur Umstellung des Kostenrechts und der Steuerberatergebührenverordnung auf Euro (KostREuroUG v. 27.4.2001, BGBl. I 2001, 751).
2) Gesetz zur Modernisierung des Kostenrechts (KostRMoG) v. 5.5.2004, BGBl. I 2004, 718, 845 = BStBl I 2004, 486.
3) JStG 2007 v. 13.12.2006, BGBl. I 2006, 2878 = BStBl I 2007, 28.
4) Siehe z.B. §§ 4, 9, 11, 16 bis 18, 21, 40 StBGebV.
5) Wolf, DStR 2007, 44.
6) Gesetz v. 8.4.2008, BGBl. I 2008, 666 = BStBl I 2008, 544.
7) VO v. 11.12.2012, BGBl. I 2012, 2637 = BStBl I 2013, 2.

hung betrug insgesamt 15,975 %. Sie errechnet sich aus der Summe der Erhöhung der Gebühren in den einzelnen Tätigkeitsgebieten unter Berücksichtigung des jeweiligen Anteils am Gesamtumsatz der StB. Durch weitere geringfügige Änderungen wurden aus Gründen der Vereinfachung und der Rechtsklarheit insbesondere die in der Praxis auftretenden Auslegungsstreitigkeiten behoben. Um nicht auf jede Entwicklung im Steuerrecht mit einer Änderung der StBVV reagieren zu müssen, wurden hinreichend konkretisierte Auffangtatbestände eingeführt (§ 24 Abs. 1 Nr. 11, Nr. 26, Abs. 4 Nr. 5 StBVV).

Das Zweite Kostenrechtsmodernisierungsgesetz[1] hatte mit Wirkung zum 1.8.2013 durch Änderungen des RVG auch Auswirkungen auf die Vergütung der Steuerberater.[2] Aufgrund des Verweises in § 45 StBVV auf die Vorschriften des RVG profitieren Steuerberater im Anwendungsbereich des § 45 StBVV von der Erhöhung der Gegenstandswerte der Tabelle zu § 13 RVG. Allerdings waren die Tabellen A und E nun nicht mehr deckungsgleich mit der RVG-Tabelle, was insbesondere im außergerichtlichen Rechtsbehelfsverfahren zu gebührenrechtlichen Ungerechtigkeiten führte (kein gleiches Honorar für gleiche Leistung). Diese Ungleichbehandlung wurde erst im Jahr 2020 durch die Fünfte Verordnung zur Änderung steuerlicher Verordnungen beseitigt.[3]

Durch die Dritte VO zur Änderung steuerlicher Verordnungen vom 18.7.2016[4] reagierte der Verordnungsgeber mit punktuellen Änderungen insbesondere in §§ 1, 3 und 4 StBVV auf ein von der EU-Kommission eingeleitetes Vertragsverletzungsverfahren wegen „verbindlicher Mindestpreise" in der StBVV. Seit Inkrafttreten der Änderungen wird das Vertragsverletzungsverfahren nicht mehr weiterverfolgt. Durch die punktuellen Änderungen wurde die StBVV „durchlässiger" gemacht und klargestellt, dass die in der StBVV vorgesehenen Gebühren unverbindlich sind. In § 1 Abs. 1 StBVV wurden Klarstellungen zum persönlichen und räumlichen Anwendungsbereich und zur Subsidiarität der StBVV vorgenommen. Die Regelung über die Mindestgebühr wurde aufgehoben. In § 4 Abs. 3 StBVV wurde erstmals eine Regelung zur Vereinbarung einer niedrigeren als der gesetzlichen Vergütung eingefügt. § 4 Abs. 4 StBVV sieht eine einmalige Informationspflicht des Steuerberaters vor, seinen Auftraggeber in Textform darauf hinzuweisen, dass eine höhere oder niedrigere als die gesetzliche Vergütung vereinbart werden kann (jetzt § 4 Abs. 3 StBVV).

Durch die Vierte VO zur Änderung steuerlicher Verordnungen vom 12.7.2017[5] wurde das Schriftformerfordernis in § 14 Abs. 1 Satz 2 StBVV durch ein Textformerfordernis ersetzt. Daneben gab es einige rein redaktionelle Änderungen.

Durch die Fünfte VO zur Änderung steuerlicher Verordnungen vom 29.6.2020[6] wurden die Gebühren der Tabellen A bis D um ca. 12 % angehoben. Die Tabelle E wurde abgeschafft. Daneben wurden die oberen Gebührenrahmensätze in §§ 13 Satz 2 StBVV, 25 Abs. 1, 34 Abs. 1 und 2 StBVV angehoben und Angleichungen an das RVG vorgenommen (§§ 18 Abs. 2 und 3, 21 Abs. 2, 40 StBVV). Der Mindestgegenstandswert in § 25 Abs. 1 Satz 2 StBVV wurde erhöht. In § 9 Abs. 1 StBVV wurde das Schriftformerfordernis gelockert und klargestellt, dass Berechnungen auch in Textform erfolgen können. Ferner sind einige redaktionelle Änderungen erfolgt (§§ 29, 39, 44).

1) 2. KostRMoG v. 23.7.2021, BGBl. I 2013, 2586.
2) Feiter, Stbg 2013, 466.
3) 5. ÄndVO v. 29.6.2000, BGBl. I 2020, 1495 = BStBl I 2020, 555.
4) BGBl. I 2016, 1722.
5) BGBl. I 2017, 2360, 2362.
6) BGBl. I 2020, 1495, 1498 = BStBl I 2020, 555.

Das Kostenrechtsänderungsgesetz 2021[1] hat zum 1.1.2021 für eine lineare Erhöhung der Rechtsanwaltsgebühren um ca. 10 % gesorgt. Von dieser Erhöhung profitieren auch Steuerberater, wenn sie aufgrund der Verweisvorschriften in der StBVV nach RVG abrechnen (§ 21 Abs. 2, 40, 44, 45 StBVV). Auch die Erhöhungen der Fahrtkostenpauschale (Nr. 7003 VV RVG) sowie der Tage- und Abwesenheitsgelder (Nr. 7005 VV RVG) kommen Steuerberatern in diesen Fällen zu Gute.

Am 1.10.2021 trat das sog. „Legal-Tech-Gesetz"[2] mit Lockerungen beim anwaltlichen Erfolgshonorar in Kraft, von denen teilweise auch Steuerberater profitieren. Überall dort, wo die StBVV auf das RVG verweist können Steuerberater bei Streitigkeiten über Geldforderungen bis 2 000 €, z.B., wenn es um die Abwehr von Steuerforderungen bis 2 000 € geht, unter erleichterten Voraussetzungen ein Erfolgshonorar vereinbaren, § 4a Abs. 1 Satz 1 Nr. 1 RVG (ausführlich dazu → § 9a StBerG Rz. 789 ff.).

Durch die Vierte Verordnung zur Änderung steuerlicher Verordnungen[3] wurde in § 24 Abs. 1 Nr. 11a StBVV ein eigener Gebührentatbestand für Erklärungen zur Feststellung der Grundsteuerwerte geschaffen und diese Erklärungen aus dem Anwendungsbereich des § 24 Abs. 1 Nr. 11 StBVV herausgenommen.

Durch das Gesetz zur Neuregelung des Berufsrechts der anwaltlichen und steuerberatenden Berufsausübungsgesellschaften sowie zur Änderung weiterer Vorschriften im Bereich der rechtsberatenden Berufe[4] wurden mit Wirkung zum 1.8.2022 einige begriffliche Anpassungen an das StBerG und Klarstellungen zu einigen Änderungen der Fünften Verordnung zur Änderung steuerlicher Verordnungen aus dem Jahr 2020 vorgenommen, die redaktionellen Charakter haben.

Durch die Fünfte Verordnung zur Änderung der Steuerberatervergütungsverordnung wurden mit Wirkung zum 1.7.2025 die Wertgebühren um ca. 6 % und die Zeitgebühr sowie die Betragsrahmengebühren in § 34 StBVV um ca. 9 % erhöht. Daneben wurden neue Gebührentatbestände eingeführt (z.B. in § 24 StBVV für die Mindeststeuererklärung und in § 23 Abs. 2 StBVV für die Mitteilung elektronischer Aufzeichnungssysteme) und die Regelungen zur Vergütungsvereinbarung an die Vorschriften des RVG angeglichen.[5]

III. Verfassungsrechtliche Bedenken

Verfassungsrechtliche Bedenken gegen die Bestimmtheit der Ermächtigungsgrundlage des § 64 StBerG bestehen nicht.[6] **882**

Die StBVV ist mit dem Vertrag über die Arbeitsweise der Europäischen Union (AUEV), insbesondere dem Verbot wettbewerbsbeschränkender Vereinbarungen (Kartellverbot) i.S.d. Art. 101 AUEV, vereinbar, weil es sich um eine staatliche Verordnung[7] handelt und weil sie keine verbindlichen Mindest- oder Höchstgebühren festlegt, sondern Abweichungen (Gebührenunter- und -überschreitungen) in § 4

1) KostRÄG 2021 v. 21.12.2020, BGBl. I 2020, 3229.
2) Gesetz zur Förderung verbrauchergerechter Angebote im Rechtsdienstleistungsmarkt v. 10.8.2021, BGBl. I 2021, 3145.
3) 4. ÄndVO v.10.6.2022, BGBl. I 2022, 877 = BStBl I 2022, 925.
4) Gesetz v. 7.7.2021, BGBl. I 2021, 2363, 2434.
5) Fünfte Verordnung zur Änderung der Steuerberatervergütungsverordnung v. 31.3.2025, BGBl. I 2025 Nr. 105 = BStBl I 2025, 1009.
6) Goez in Kuhls u.a., 4. Aufl. 2020, § 64 StBerG Rz. 7 m.w.N.
7) EuGH v. 8.12.2016, C 532/15 und C 538/15, AnwBl 2017, 207 zur spanischen Rechtsanwaltsgebührenordnung.

StBVV ausdrücklich zulässt.[1] Etwas anderes gilt nur für den Bereich der gerichtlichen Tätigkeit, da hier zum Teil feste Gebührensätze vorgeschrieben sind. Aber auch dies ist verfassungs- und europarechtlich unbedenklich, wenn die Begrenzung der Vergütung und die Festlegung fester Gebühren für bestimmte gerichtliche Verfahren durch gewichtige Gemeinwohlziele wie den Verbraucherschutz (hier: den Schutz der Rechtssuchenden), die Gewährleistung einer funktionsfähigen (Steuer-)Rechtspflege, in der StB als Organ der Steuerrechtspflege eine wichtige Rolle spielen, und das Erfordernis der prozessualen Waffengleichheit (soweit es um gerichtlichen Rechtsschutz geht), gerechtfertigt ist.[2] Diese Ziele wären zum einen gefährdet, wenn sich durch Nichtregulierung am freien Markt eine so hohe Vergütung herausbilden würde, dass Rechtssuchende auf die Beauftragung eines StB verzichten würden. Diese Ziele wären aber zum anderen auch gefährdet, wenn sich eine so niedrige Vergütung herausbilden würde, dass ein ruinöser und qualitätsschädigender Wettbewerb zu befürchten wäre.[3]

883 **Vergütungsregelungen** und hierauf gründende Entscheidungen, die auf die Einnahmen, welche durch eine berufliche Tätigkeit erzielt werden können, und damit auf die Existenzerhaltung von nicht unerheblichem Einfluss sind, greifen in **die Freiheit der Berufsausübung** (Art. 12 Abs. 1 GG) ein.[4] Dies erklärt das von der EU-Kommission am 18.6.2015 gegen Deutschland eingeleitete **Vertragsverletzungsverfahren** u.a. wegen **„verbindlicher Mindestpreise“** nach der StBVV und der HOAI. Der Verordnungsgeber hat darauf mit der **Dritten Verordnung zur Änderung steuerlicher Verordnungen**[5] reagiert, die in Art. 8 Änderungen der StBVV vorsieht. Seit Inkrafttreten diesen Änderungen wird das Vertragsverletzungsverfahren wegen „verbindlicher Mindestpreise“ nach der StBVV nicht mehr weiterverfolgt. Im Wesentlichen wurden die §§ 1, 3 und 4 StBVV geändert und die StBVV insgesamt „durchlässiger“ gestaltet. In § 1 Abs. 1 StBVV wurden Klarstellungen zum persönlichen und räumlichen Anwendungsbereich und zur Subsidiarität der StBVV vorgenommen. Die frühere Regelung über die Mindestgebühr in § 3 Abs. 1 a.F. StBVV wurde aufgehoben. In § 4 Abs. 3 StBVV (jetzt § 4a StBVV) findet sich erstmals eine Regelung zur Vereinbarung einer niedrigeren als der gesetzlichen Vergütung. Gleichwohl besteht vor dem Hintergrund der Berufsausübungsfreiheit (Art. 12 Abs. 1 GG.) punktuell weiterer Anpassungsbedarf.

Hinsichtlich der Mindestgebühren nach der **HOAI** hielt die Bundesregierung, unterstützt durch die betroffenen Berufsorganisationen, an den bestehenden Regelungen fest. Die EU-Kommission hatte deshalb beschlossen, das Vertragsverletzungsverfahren insoweit fortzuführen und Klage vor dem EuGH zu erheben. Der EuGH[6] hat entschieden, dass die verbindlichen Mindest- und Höchstsätze für Planungsleistungen von Architekten und Ingenieuren gegen die EU-Dienstleistungsrichtlinie verstoßen, nach der in einem freien europäischen Binnenmarkt Wettbewerb grundsätzlich auch über den Preis möglich sein soll. Der Argumentation Deutschlands, ein fester Preisrahmen der HOAI sei unerlässlich für die Bauqualität und den Verbraucherschutz, folgten die Richter nicht. Der EuGH kam zu dem Schluss, dass die deut-

1) Siehe hierzu: EuGH v. 25.1.2024, C-438/22 mit Anm. Graf von Westphalen, ZIP 5/2024 R5 und EuGH v. 23.11.2017, C 427/16 und 428/16, AnwBl 2018, 169 (zu anwaltlichen Mindestgebühren des „Obersten Rats der Anwaltschaft“ in Bulgarien, einer Unternehmensvereinigung i.S.d. Art. 101 AEUV); v. 5.2.2006, Cipolla/Meloni, C-94/04, C 202/04, Slg. 2006, I-1142 ff, Rz. 58 ff., 65 ff. zu Mindestgebühren; Sagawe, ZRP 2002, 281, 286, unter Hinweis auf die Arduino-Entscheidung des EuGH v. 19.2.2002, C-35/99, DStR 2002, 598 m. Anm. Hund; Singer, DStR 2011, 1339, unter Hinweis auf EuGH v. 29.3.2011, C-565/08 zu Höchstgebühren; a.A. Hellwig, AnwBl 2011, 77 f.

2) Fries, S. 211, 214 m.w.N.

3) Fries, S. 211, 214, 216 m.w.N.

4) BVerfG v. 12.8.2002, 1 BvR 328/02, BVerfGE 101, 331, 347.

5) VO v. 18.7.2016, BGBl. I 2016, 1722.

6) EuGH v. 4.7.2019, C-377/17, Stbg 2019, 366.

schen Regelungen **inkohärent** seien, weil neben Architekten und Ingenieuren noch andere nicht reglementierte Dienstleister Planungsleistungen erbringen und diese Dienstleister ebenfalls an die Mindestpreise der HOAI gebunden sind. Vor diesem besonderen Hintergrund seien die Mindestpreise nicht geeignet, im Interesse des Verbraucherschutzes eine hohe Qualität der Planungsleistungen sicherzustellen. Bezüglich der Höchstpreise habe Deutschland nicht ausreichend begründet, weshalb die von der Kommission als weniger einschneidend vorgeschlagene Maßnahme, Kundenpreisorientierungen für die verschiedenen von der HOAI genannten Kategorien von Leistungen zur Verfügung zu stellen, nicht ausreichen würden.

Unmittelbare **Auswirkungen auf die StBVV** hat das Urteil nicht.[1] Ein wesentlicher Unterschied zwischen HOAI und StBVV liegt darin, dass der persönliche Anwendungsbereich der StBVV auf StB, StBv und Berufsausübungsgesellschaften beschränkt ist (§ 1 StBVV) und die StBVV nicht für weniger qualifizierte Dienstleister, wie z.B. Bilanzbuchhalter etc., gilt. Hinzu kommt, dass die gesetzlichen Gebühren der StBVV in außergerichtlichen Angelegenheiten sowohl über- als auch unterschritten werden dürfen (§ 4 Abs. 1, 4a StBVV) und es gerade keine verbindlichen Mindest- und Höchstsätze gibt. **Verbindliche Mindestgebühren** gibt es nur für die Vertretung **in gerichtlichen Verfahren**. Diese genügen den Anforderungen des Art. 15 der – allgemeinen – Dienstleistungsrichtlinie 2006/123/EG (Nichtdiskriminierung) ohne weiteres. Die vom Gesetzgeber verfolgten Ziele des Verbraucherschutzes in Gestalt der Gewährleistung einer hohen Qualität der Rechtsdienstleistungen, der Gewährung des Zugangs zum Recht und der Funktionsfähigkeit der Rechtspflege sind zwingende Gründe des Allgemeininteresses i.S.d. Art. 15 Abs. 2 Buchst. b.[2]

Erfreulich ist auch, dass der EuGH in der Urteilsbegründung einen grundsätzlichen Zusammenhang zwischen verbindlichen Honorarsätzen und Planungsqualität anerkennt. Dies hatten sowohl die EU-Kommission als auch der Generalanwalt stets bestritten. Im Gegensatz zur Argumentation der EU-Kommission und des Generalanwalts geht der EuGH in Fortführung der früheren „Cipolla"-Rechtsprechung[3] davon aus, „... dass nicht von vornherein ausgeschlossen werden kann, dass die Festsetzung eines Mindestpreises hilft, in einem Kontext, wie in dem eines Marktes, der durch eine ausgesprochen große Anzahl von Dienstleistungserbringern gekennzeichnet ist, einen Konkurrenzkampf zu vermeiden, der zu Billigangeboten führen könnte, was das Risiko eines Verfalls der Qualität von Dienstleistungen zur Folge hätte" (→ Rz. 78 der Urteilsbegründung.). Und weiter: „Daraus folgt, dass die Existenz von Mindestsätzen für die Planungsleistungen im Hinblick auf die Beschaffenheit des deutschen Marktes grundsätzlich dazu beitragen kann, eine hohe Qualität der Planungsleistungen zu gewährleisten und folglich dazu, die von der Bundesrepublik Deutschland angestrebten Ziele zu erreichen" (→ Rz. 88 der Urteilsbegründung).

B. Gebührenvereinbarungen (Abs. 1)

I. Grundsatz der Vertragsfreiheit

§ 64 Abs. 1 Satz 1 StBerG regelt die Verbindlichkeit der StBVV. Diese gilt nicht im Falle einer Vereinbarung über das Honorar, § 1 Abs. 1 Satz 2 StBVV. Die früher umstrittene Frage, ob wegen des Grundsatzes der Vertragsfreiheit auch Gebührenvereinbarungen außerhalb des Anwendungsbereichs der §§ 4, 14 StBVV a.F. zivil- **884**

1) Glückselig, DStR 2019, 1996; Pestke, Stbg 2019, 366.
2) Pohl, BRAK-Mitteilungen 2019, 234 f.; a.A. Höhl, 157, 170 ff: Verstoß gegen die durch Art. 15 DLRL garantierte Niederlassungsfreiheit und die durch Art. 16 DLRL garantierte Dienstleistungsfreiheit.
3) EuGH v. 5.12.2006, C-94/04, Stbg 2007, 36.

rechtlich wirksam vereinbart werden können,[1] ist durch die höchstrichterliche Rechtsprechung geklärt. Unter Bezugnahme auf die amtliche Begründung zur StBGebV,[2] wonach **Abweichungen (Gebührenüber- und -unterschreitungen) zivil- und preisrechtlich nicht ausgeschlossen** sind, hat der BGH erstmals mit Urteil vom 21.3.1996[3] entschieden, dass die StBGebV die Vereinbarung einer anderen Vergütung **zivilrechtlich** nicht ausschließt. Im konkreten Fall ging es um die mündliche Vereinbarung eines pauschalen Stundenhonorars von 35 DM (umgerechnet 17,90 €) mit dem die niedrigste Zeitgebühr nach § 13 Satz 2 StBGebV a.F. um 30 % unterschritten wurde. Der BGH war der Auffassung, dass nicht schon jede Unterschreitung des vorgesehenen Rahmens zur zivilrechtlichen Unwirksamkeit (§§ 134, 138 Abs. 1 BGB) führe. Er wies allerdings darauf hin, dass die Vereinbarung einer niedrigeren Vergütung **berufswidrig** sein könne (→ Rz. 887 f.). Zwischenzeitlich liegen weitere Entscheidungen des BGH vor, in denen der Grundsatz der Vertragsfreiheit nochmals betont wurde. In allen Fällen ging es um die Vereinbarung einer **Zeitgebühr an Stelle** einer gesetzlichen Wertgebühr (im Einzelnen → § 13 StBVV Rz. 270). Bei der Vereinbarung einer Zeitgebühr anstelle einer Wertgebühr besteht aber immer das Risiko, dass der StB für den abgerechneten Zeitaufwand beweispflichtig ist.

Beispiel:

StB und Mandant vereinbaren abweichend von § 33 Abs. 1 StBVV mündlich eine Zeitgebühr von 45 €/Stunde für die Finanzbuchführung. Nachdem der StB den Nachweis über die Höhe des Stundenaufwands nicht führen konnte und auch der gerichtlich bestellte Sachverständige zu einer nachträglichen Ermittlung nicht in der Lage war, versagte das AG Düsseldorf[4] dem StB jedweden Vergütungsanspruch. Zu Lasten des StB sei davon auszugehen, dass die mündliche Vereinbarung für den Mandanten vorteilhafter war, so dass der StB nur nach Stundenaufwand habe abrechnen können, den er aber in der behaupteten Höhe nicht habe nachweisen können.

885 Diese Argumentation führt zu einer nicht nachvollziehbaren Überdehnung des Schutzes des Mandanten, der für die Leistung des StB letztlich nichts bezahlen müsste und deshalb ungerechtfertigt bereichert wäre. Sachgerecht wäre es – wie im Fall einer unwirksamen Vergütungsvereinbarung nach § 4 Abs. 1 StBVV – dem StB die gesetzliche Vergütung zu gewähren.

Praxistipp:

Diskussionen über den Zeitaufwand entgeht der StB auch dadurch, dass er bei Wertgebühren einen bestimmten Zehntelsatz vereinbart, z.B. eine Abrechnung auf Basis der Mittelgebühr. Werden Stundensätze vereinbart, sollte dies in Textform erfolgen. Die Anforderungen des § 4 Abs. 1 StBVV sollten beachtet werden. Die Vereinbarung sollte eine **Mindesthonorarklausel** (→ § 4 StBVV Rz. 133) und eine **fingierte Zustimmungsklausel/Anerkennungsklausel** enthalten (→ § 4 StBVV Rz. 135).

886 Aus dem Grundsatz der Vertragsfreiheit folgt ferner, dass StB auch **Kostenvoranschläge**[5] abgeben dürfen. Gegenüber Unternehmer-Mandanten und nicht schutzwürdigen Verbraucher-Mandanten besteht sogar eine entsprechende Verpflichtung gem. § 4 Abs. 1 DL-InfoV.[6] Hat der StB es mit einem schutzwürdigen Letztverbraucher-Mandanten zu tun, versteht sich der Voranschlag als Endpreis (einschließlich Umsatzsteuer; § 1 Abs. 1 PAngV).[7] In aller Regel wird ein Kostenvoranschlag nicht verbindlich sein, weil der StB sich nicht festlegen will. Häufig wird es so sein, dass der StB einem neuen Mandanten die voraussichtliche Höhe der Gebühren nennt.

1) Siehe hierzu Maxl/Feiter, INF 1995, 438, 439 m.w.N.
2) Abgedruckt bei Winkler in Eckert, 4. Aufl. 2003, StBGebV, Vor § 1 StBGebV Anm. 1.4.
3) BGH v. 21.3.1996, IX ZR 240/95, HFR 1997, 30.
4) AG Düsseldorf v. 25.9.2007, 48 C 10074/03.
5) S. hierzu Burhoff, NWB Fach 19, 3227.
6) VO über Informationspflichten für Dienstleistungserbringer v. 12.3.2010, BGBl. I 2010, 267.
7) Preisangabenverordnung v. 18.10.2002, BGBl. I 2002, 4198.

Die Nennung einer solchen „Hausnummer“ ist noch keine rechtsverbindliche Vereinbarung. Behauptet der Mandant, mit dem StB mündlich ein rechtsverbindliches Pauschalhonorar vereinbart zu haben, ist er dafür beweispflichtig.[1] Zur wettbewerbs- und berufsrechtlichen Seite ist festzustellen, dass ausweislich der amtlichen Begründung zu § 57a StBerG[2] das Interesse der Steuerbürger insbesondere dahin geht zu erfahren, wo und wie sie für ihre Steuerfragen einen Fachmann finden und was die Beratungsleistung kostet. Infolgedessen wird „Preiswerbung“ längst für zulässig erachtet, so dass gegen Kostenvoranschläge nur dann Bedenken bestehen, wenn der StB die wettbewerbs- und berufsrechtlich zulässigen Grenzen ausnahmsweise überschreitet (→ Rz. 887 ff.).[3]

II. Gebührenunterschreitung

Aus dem Grundsatz der Vertragsfreiheit folgt, dass eine Gebührenunterschreitung bzw. ein Verzicht[4] auf Gebühren (z.B. die unentgeltliche Anfertigung der Einkommensteuererklärung in einem umfassenden Mandat) nur in **Ausnahmefällen** (§ 134, 138 Abs. 1 BGB) zivilrechtlich unwirksam ist.[5] Abweichungen von den vorgesehenen Gebühren, mit denen der StB sich Wettbewerbsvorteile gegenüber anderen Berufsangehörigen verschafft, können im Einzelfall z.B. nach §§ 3a, 5a Abs. 2 und 4UWG[6] **wettbewerbswidrig** und/oder **berufswidrig** sein.[7] Bei der wettbewerbs- und berufsrechtlichen Bewertung kommt es auf die Umstände des Einzelfalls an, z.B. darauf, ob die unentgeltlich erbrachte Leistung im Verhältnis zum gesamten Umsatzvolumen im konkreten Mandat geringfügig ist. Auch das persönliche Verhältnis zum Mandanten kann eine Rolle spielen.[8] Im Einzelfall können ein „Lockvogelangebot“ des StB – z.B. mit einer Gebührenunterschreitung oder einem Verzicht auf Gebühren etwa in Form von **Beratungsgutscheinen**, einem **Rabatt**,[9] einer kostenlosen steuerlichen Erstberatung, einer „**Geld-zurück- bzw. Zufriedenheitsgarantie**“[10] oder einer „Rückruf- und Termingarantie“ (Verstoß gegen das Verbot berufswidriger Werbung, §§ 57 Abs. 1, 57a StBerG) wettbewerbs- und/oder berufswidrig 887

1) OLG Frankfurt/M. v. 3.1.2017, 4 U 117/15, DStR 2017, 2839; Hartmann, KANZLEI intern 2/2017, 3.
2) BT-Drucks. 12/6753.
3) So auch Römermann/Beckmann, INF 2000, 375; Feiter, KP 2006, 4 ff., 20 ff.
4) S. hierzu etwa OLG Saarbrücken v. 13.3.2002, 1 U 702/01 – 161, MDR 2002, 1006 zur HOAI und → Grundlagen des Vergütungsrechts Rz. 65.
5) OLG München v. 24.10.2018, 20 U 63/17; LG Wuppertal v. 25.5.2016, 3 O 299/13; weitere Nachweise → Grundlagen des Vergütungsrechts Rz. 63; bei der Frage, ob eine Gebührenunterschreitung vorliegt, kommt es auf die Sicht „ex ante“ an, OLG München v. 22.3.2002, 21 U 2386/01, NJW 2002, 3641.
6) Vgl. etwa LG Halle v. 21.3.1997, 11 O 24/97, BRAK–Mitt 1998, 99; LG Kleve v. 10.12.1999, 8 O 116/99, AnwBl 2000, 259; Feiter, KANZLEI intern 1/2019, 6.
7) Verstoß gegen die Pflicht zur gewissenhaften Berufsausübung in Form der Berechnung einer unangemessenen Vergütung, §§ 57 Abs. 1, 64 Abs. 1 Satz 3 StBerG, § 9 Abs. 1 Satz 2 BOStB.
8) Zu beiden Kriterien s. OLG München v. 24.10.2018, 20 U 63/17.
9) OLG München v. 8.7.2009, 2 StO 1/08, zum Angebot eines StB, 20 % Rabatt im ersten Jahr der Mandantschaft zu gewähren. Zur Unzulässigkeit von Rabatten beim Internetschnäppchendienst Groupon siehe Honorarbrief für Steuerberater 4/2012, 4; zur Unzulässigkeit eines Rabattes von 10 % auf die ESt-Erklärung bei Vorlage einer Werbeanzeige siehe Feiter, KANZLEI intern 2/2014, 7; kritisch zu Rabatten auch Klaeren, KANZLEI intern 1/2019, 7, und Winkler in Hinne/Klees/Müllerschön/Winkler/Zastrow, 5. Aufl. 2022, Rz. 103; zur Bindung an einen einmal gewährten Rabatt: → Grundlagen des Vergütungsrechts Rz. 57 ff., 63, 65 m.w.N.
10) Nach Art. 2 Nr. 14 RL 2011/83/EU ist der Begriff „gewerbliche Garantie“ dahin auszulegen, dass der Hersteller allein aufgrund der erklärten Unzufriedenheit des Verbrauchers die Ware zurücknehmen oder den Kaufpreis erstatten muss und im Vorfeld über die Bedingungen der Zufriedenheitsgarantie gem. § 479 Abs. 1 Satz 2 BGB informieren muss: EuGH v. 28.9.2023, C-133/22, besprochen von Möller, NJW 2023, 3405.

sein.[1] Allerdings gilt diese Einschränkung nur im Bereich der sog. **Vorbehaltsaufgaben**. Denn nur insoweit gilt die StBVV (§§ 64 Abs. 1 StBerG, 1 Abs. 1 StBVV). Im Bereich der sog. **vereinbaren Tätigkeiten** gilt die StBVV nicht. Deshalb ist z.B. die Werbung eines StB mit einer **kostenlosen** Beratung über die Möglichkeiten der Gewinnmaximierung zulässig.[2] Im Bereich der vereinbaren Tätigkeiten ist auch die Werbung mit einer „Geld-zurück-Garantie" wettbewerbsrechtlich grundsätzlich nicht zu beanstanden, selbst wenn für die Geltendmachung des Anspruchs keine „echte" inhaltliche Voraussetzung gefordert wird, sondern es für die Inanspruchnahme der Garantie ausreicht, dass der Mandant persönlich unzufrieden ist.[3] Grundsätzlich zulässig ist auch die Werbung mit einem kostenlosen Kennenlerngespräch.[4] Bei **Pauschalangeboten** ist im Bereich der Vorbehaltsaufgaben danach zu differenzieren, ob sie sich auf einen konkreten Einzelfall oder auf eine unbestimmte Vielzahl von Fällen beziehen. Ist Letzteres der Fall, muss – etwa durch eine **Gebührenstaffelung** – sichergestellt werden, dass die Vergütung des StB in einem angemessenen Verhältnis zu Leistung, Verantwortung und Haftungsrisiko steht.[5] Anstelle einer Gebührenstaffelung kann die Angemessenheit der Pauschale auch durch eine **Deckelung** sichergestellt werden.[6] Gegen die Einräumung von Skonto als zusätzlichem Zahlungsanreiz bestehen keine Bedenken, wenn durch die Skontogewährung die angemessene Vergütung nicht unterschritten wird. An eine **mündliche Honorarzusage** auch in Form einer **Unentgeltlichkeitsvereinbarung**[7] ist der StB gebunden. Erklärt er gegenüber dem Mandanten, auf die Gebühren des Rechtsbehelfsverfahrens zu verzichten, ist es ihm verwehrt, diese später in Rechnung zu stellen.[8]

888 Darüber hinaus ergab sich die Berufswidrigkeit einer Unterschreitung der angemessenen Vergütung bis zum 31.3.2005 unmittelbar aus § 45 Abs. 4 Satz 1 BOStB. Der Hinweis auf die „angemessene" Vergütung in § 64 Abs. 1 Satz 3 StBerG und die amtliche Begründung zur StBGebV machen deutlich, dass es dem Berufsrecht nicht um ein Unterbieten der Mindestgebühr geht. Dies ergibt sich aus § 4a StBVV. Eine den untersten Rahmen der StBVV unterschreitende Vergütung kann angemessen sein, wenn die Vergütung auf der einen und die Leistung, die Verantwortung sowie das Haftungsrisiko auf der anderen Seite in einem vernünftigen Verhältnis zueinanderstehen und damit kein (Wettbewerbs-)Verhalten vorliegt, welches unter das

---

1) So LG Köln v. 18.5.2011, 171 StL 3/11, Stbg 2012, 136; Feiter, KANZLEI intern 1/2019, 6; Thüringer OLG v. 12.2.2003, 2 U 547/02, DStRE 2003, 700, zu einem Geschenk (Flasche Champagner und zwei Gläser) mit einem Beratungsgutschein über 350 DM für die Vermittlung eines Mandanten; OLG Celle v. 31.1.2002, 13 U 132/01, NJW 2002, 1210, zu einem Glückwunschschreiben eines Rechtsanwalts mit Honorargutschrift über 50 DM für Konfirmanden; LG Düsseldorf v. 3.12.1999, 45 StL 12/97, INF 2000, 382, zur Internet-Werbung eines StB mit einer dreistündigen kostenlosen Erstberatung; LG Düsseldorf, 21.7.2000, 45 StL 10/00, zum öffentlichen Auslegen von Gutscheinen für eine kostenlose steuerliche und betriebswirtschaftliche Erstberatung; LG Freiburg v. 11.4.2005, StL 2/05, NJW-RR, 2005, 924, zur Werbung eines StB, wonach dem Mandanten keine Kosten entstehen, falls diese die Steuererstattung übersteigen.

2) BGH v. 29.7.2009, I ZR 77/07, HFR 2010, 662; ausführlich Feiter, KP 2010, 203.

3) BGH v. 11.3.2009, I ZR 194/06, GRUR-RR 2007, 156; OLG Frankfurt/M. v. 19.10.2006,6 U 73/06, GRUR-RR 2007, 156.

4) AGH NRW v. 4.5.2012, 2 AGH 32/11.

5) BGH v. 9.6.2008, AnwSt (R) 5/05, m.w.N. zum Anwaltsrecht, BRAK-Mitt. 2008, 221 (Ls); OLG Nürnberg v. 21.10.2014, 3 U 954/14, DStR 2015, 783, zur Werbung eines RA mit Festpreis von 45 € brutto für Prüfung von Steuerbescheiden; OLG Köln v. 18.11.2005,6 U 149/05, NJW 2006, 923.

6) Z.B. durch eine Klarstellung, dass die Pauschale einen Zeitaufwand bis zu einer bestimmten Stundenzahl abdeckt und der darüber hinausgehende Zeitaufwand gesondert berechnet wird.

7) S. hierzu etwa OLG Saarbrücken v. 13.3.2002, 1 U 702/01 – 161, MDR 2002, 1006 zur HOAI und → Grundlagen des Vergütungsrechts Rz. 63, 65.

8) LG Zweibrücken v. 12.1.2015, 1 O 218/14, KP 2015, 79 m. Anm. Feiter.

gesetzliche Verbot der berufswidrigen Werbung fällt.[1] Dies hat zur Folge, dass insbesondere die **Fälle mit sehr hohem Gegenstandswert** befriedigend gelöst werden, in denen sich nach der StBVV auch bei Anwendung des untersten Rahmensatzes exorbitant hohe Gebühren ergeben würden, z.B. bei einer wenig arbeitsintensiven Schenkungsteuererklärung mit sehr hohem Gegenstandswert oder der Finanzbuchführung eines Bauunternehmens mit hohem Jahresumsatz aber wenig Buchungen. Dieses Verständnis einer **flexiblen** (und nicht starren) **Mindestpreisregelung**[2] bedeutet andererseits, dass eine Gebühr, die sich noch innerhalb des Gebührenrahmens bewegt, aber unangemessen niedrig ist, bereits berufswidrig sein kann. In der Praxis ziehen diese Fälle aber keine berufsrechtlichen Maßnahmen nach sich, da die Steuerberaterkammer die „angemessene" Gebühr innerhalb des Gebührenrahmens nicht feststellen kann. Nur dann, wenn ausnahmsweise ein zivilrechtliches oder wettbewerbsrechtliches Verfahren mit entsprechender Beweisaufnahme (Sachverständigengutachten) voraus gegangen ist, könnte zusätzlich eine berufsrechtliche Maßnahme verhängt werden.

Nach dem bis zum 31.3.2005 geltenden § 45 Abs. 4 Satz 2 BOStB war eine Gebüh- 889
renunterschreitung ausnahmsweise – bei **Vorliegen besonderer Umstände** – nicht berufswidrig. Als Beispiel nannte die Vorschrift die **Bedürftigkeit des Auftraggebers**. Der in § 45 Abs. 4 Satz 2 BOStB a.F. gilt auch heute noch. Er ist Bestandteil einer gewissenhaften Berufsausübung i.S.v. § 57 Abs. 1 StBerG. Die Streichung der Vorschrift diente allein einer Verschlankung der Berufsordnung. Nach der Rechtsprechung des BGH zum Architektenrecht rechtfertigt eine in Teilbereichen **günstige Kostenstruktur** des Büros nicht die Unterschreitung der Mindestsätze,[3] wohl aber enge Beziehungen rechtlicher, wirtschaftlicher, sozialer oder persönlicher Art.[4] Damit dürfte insbesondere bei einer Vertretung von Verwandten, Freunden und eheähnlichen Verhältnissen eine Gebührenunterschreitung bzw. ein Verzicht auf Gebühren zulässig sein.[5] In vielen Fällen wird ein **Gefälligkeitsverhältnis** vorliegen, aus dem keine vertraglichen Vergütungsansprüche (und keine Regressansprüche im Falle einer Falschberatung) abgeleitet werden können.[6] In der Literatur werden noch die Fälle höherer Gewalt, schwerer Erkrankung, oder des Vermögensverfalls des Auftraggebers als Ausnahmetatbestände genannt.[7] Im Fall des § 45 Abs. 4 Satz 2 BOStB a.F. galt die Einschränkung, dass die Ermäßigung oder der Verzicht nur als Folge eines solchen Ereignisses **im Nachhinein** möglich waren. Deshalb ist es nicht zu beanstanden, wenn StB einem durch die **Corona-Krise** betroffenen Mandanten durch eine Ermäßigung oder einen Verzicht auf Gebühren entgegenkommen. Das enge Verständnis von einer nur nachträglichen Gebührenermäßigung ist durch die Rechtsprechung zu „Unentgeltlichkeitsvereinbarungen" mittlerweile überholt.[8] Eine dem früheren § 45 Abs. 4 Satz 2 BOStB vergleichbare Regelung für

1) Vgl. BGH v. 30.9.2004, I ZR 89/02, NJW 2005, 1268 (Steuerberatungs-Hotline); § 4 Abs. 3 StBVV.
2) A.A. noch Römermann/Beckmann, INF 2000, 375 und Mittelsteiner/Gilgan/Späth, § 45 BOStB Rz. 44, die von einer starren Mindestpreisregelung ausgingen und deshalb schon jede Unterschreitung der Mindestgebühr als berufswidrig ansehen. Nach der Aufhebung des § 45 Abs. 4 Satz 1 und 2 BOStB, und nach Änderungen der StBVV, insbesondere in § 4 Abs. 3 StBVV, durch das von der EU-Kommission eingeleitete Vertragsverletzungsverfahren (→ Rz. 883) ist diese Auffassung nicht mehr haltbar.
3) BGH v. 27.10.2011, VII ZR 163/10, NJW 2012, 848 f.
4) BGH v. 21.8.1997, XII R 13/96, MDR 1997, 1118; v. 15.4.1999, XII ZR 309/98, MDR 1999, 929; v. 27.10.2011, III ZR 163/10, NJW 2012, 848; OLG München v. 24.10.2018,20 U 2963/17, DStR 2019, 583.
5) So ausdrücklich die Gesetzesbegründung zu § 49b Abs. 1 Satz 2 BRAO, BT-Drucks. 12/4993 v. 19.5.1993, 31; auch Mittelsteiner/Scholz, Einführung StBGebV Rz. 51.
6) LG Bielefeld v. 13.3.2013, 21 S 1786/12, KANZLEI intern 10/2013, 4.
7) Mittelsteiner/Scholz, Einführung StBGebV Rz. 47.
8) Siehe hierzu etwa OLG Saarbrücken v. 13.3.2002, 1 U 702/01 – 161, MDR 2002, 1006 zur HOAI und → Grundlagen des Vergütungsrechts Rz. 64.

den Fall des nachträglichen Erlasses enthält § 49b Abs. 1 Satz 2 BRAO. Hierzu hat der BGH[1] entschieden, dass der Grundsatz der Verhältnismäßigkeit beim Verbot der Gebührenunterschreitung wegen dieser Regelung gewahrt bleibt. Eine Sonderregelung für eine unentgeltliche Beratung und Vertretung (Tätigkeit **pro bono**) ist durch das Gesetz zur Änderung des Prozesskostenhilfe- und Beratungshilferechts in § 4 Abs. 1 RVG für den Bereich der Beratungshilfe eingeführt worden.[2] Die Vorschrift ist über § 40 StBVV auch auf StB anwendbar, die Beratungshilfe nach den Vorschriften des Beratungshilfegesetzes erbringen. Anders als Rechtsanwälte, die für eine außergerichtliche Beratung keine gesetzliche Gebühr mehr kennen (§ 34 Abs. 1 RVG), dürfen StB steuerlichen Rat wegen der Vorschrift des § 21 StBVV darüber hinaus aber grundsätzlich nicht unentgeltlich erteilen. Zwar kann darin eine zivilrechtlich wirksame Preisabsprache liegen, wettbewerbs- und berufsrechtlich kann eine solche Absprache aber zu beanstanden sein. In der Anwaltschaft wurde zunächst intensiv darüber diskutiert, ob bzw. unter welchen Voraussetzungen unentgeltliche Rechtsdienstleistungen durch sog. **Law Clinics** (**studentische Rechtsberatung** an Universitäten mit juristischen Fakultäten) erbracht werden dürfen.[3] In der Regel handelt es sich um Vereine zur Förderung der Rechtswissenschaft. Im Rahmen der Law Clinics sollen Studenten der Rechtswissenschaft unter der Aufsicht eines Rechtsanwalts an unentgeltlichen Rechtsdienstleistungen (Beratungen) mitwirken. Adressatenkreis sind zumeist Studenten der jeweiligen Universität. Derartige Hilfsangebote für Rechtsuchende sind in Deutschland mittlerweile etabliert und ihre Zulässigkeit wegen des Erlaubnistatbestandes des § 6 RDG (unentgeltliche Rechtsdienstleistungen) anerkannt.[4] Ob sich die Argumente für die Zulässigkeit derartiger Law Clinics auf eine studentische Rechtsberatung auf dem Gebiet des Steuerrechts (**Tax Law Clinic**) übertragen lassen, war lange streitig.[5] Nachdem der BGH die Versagung der Eintragung eines neu gegründeten Vereins in das Vereinsregister mit dem Vereinszweck „Förderung der Berufsbildung, einschließlich der Studentenhilfe im Sinne des § 52 Abs. 2 Nr. 7 AO" sowie „die Errichtung und der Betrieb einer Tax Law Clinic" bestätigt hatte,[6] schien der Streit vorerst (die Betroffenen hatten noch eine Verfassungsbeschwerde angekündigt) entschieden zu sein. Allerdings sah das BMF legislativen Handlungsbedarf und hat am 12.5.2023 einen Referentenentwurf für ein Gesetz zur Neuregelung beschränkter und unentgeltlicher geschäftsmäßiger Hilfeleistung in Steuersachen sowie zur Änderung weiterer Vorschriften im Bereich der steuerberatenden Berufe vorgelegt, in dem u.a. auch die Zulässigkeit von Tax Law Clinics (§ 6 Abs. 2 StBerG-E) vorgesehen ist.[7] Über diesen Gesetzentwurf hat der Bundestag in der 20. Legislaturperiode nicht mehr abgestimmt. Das BMF hat allerdings zum 7.8.2025 mit dem Referentenentwurf eines Neunten Gesetzes zur Änderung des Steuerberatungsgesetzes einen erneuten Anlauf zu einer entsprechenden Gesetzesänderung genommen.

III. Gebührenüberhebung

890 Nach **§ 352 Abs. 1 StGB** kann sich ein Amtsträger, Anwalt oder sonstiger Rechtsbeistand wegen einer Gebührenüberhebung strafbar machen. In der Literatur wird überwiegend angenommen, dass auch ein StB als „sonstiger Rechtsbeistand" Täter

1) BGH v. 9.6.2008, AnwSt(R) 5/05, BRAK-Mitt. 2008, 221 (Ls).
2) Gesetz zur Änderung des Prozesskostenhilfe- und Beratungshilferechts v. 31.8.2013, BGBl. I 2013, 3533.
3) Siehe z.B. Remmertz, BRAK-Mitt. 2018, 235, 236 und AnwBl 2017, 946; Deckenbrock, AnwBl 2017, 937.
4) Kilian, DStR 2020, 406, 407.
5) Unzulässig: Deckenbrock, AnwBl 2017, 937, 943 m.w.N.; vgl. auch FG Niedersachsen v. 25.7.2019, 6 K 298/18, DStR 2020, 406 mit Anm. Kilian und EFG 2020, 222 mit Anm. Hennigfeld; zulässig: Günther/Grupe, NWB 2019, 2954 und wohl auch Kilian, DStR 2020, 406, 408.
6) BGH v. 28.3.2023, II ZB 11/22, ZIP 2023, 1179.
7) Ausführlich hierzu Günther/Grupe, NWB 2023, 1664.

einer Gebührenüberhebung i.S. dieser Vorschrift sein kann.[1] Dass eine Gebührenüberhebung gleichzeitig eine Berufspflichtverletzung ist, regelte bis zum 31.3.2005 ausdrücklich § 45 Abs. 4 Satz 3 BOStB. Durch die Aufhebung dieser Vorschrift hat sich daran nichts geändert. Gebührenüberhebungen sind als Verstoß gegen die Pflicht zur gewissenhaften Berufsausübung nach wie vor berufswidrig (§ 57 Abs. 1 StBerG). § 352 StGB ist eine Marktverhaltensregelung i.S.d. § 3a UWG.[2] Ein Verstoß gegen das Verbot der Gebührenüberhebung kann deshalb auch wettbewerbsrechtliche Unterlassungsansprüche zur Folge haben.

Die berufswidrige Handlung besteht in der **Erhebung von Vergütungen, die der Auftraggeber überhaupt nicht oder nur in geringerem Umfang schuldet**. Rechnet der StB nach den gesetzlichen Vorschriften ab und liegt die geltend gemachte über der angemessenen gesetzlichen Gebühr, aber noch innerhalb des Gebührenrahmens, liegt eine unzulässige Gebührenüberhebung vor. Da der StB aber auch vorsätzlich handeln muss, d.h. in dem Bewusstsein, dass übermäßige Gebühren erhoben werden, bedarf es regelmäßig weiterer Feststellungen zur subjektiven Seite. Lediglich dann, wenn der StB ohne eine Vereinbarung die gesetzlichen Höchstgebühren überschreitet, liegt der Verdacht einer Gebührenüberhebung nahe. Eine Berufspflichtverletzung liegt auch dann vor, wenn der StB seiner Gebührenabrechnung das Zehnfache des korrekterweise anzusetzenden Gegenstandswerts zu Grunde legt.[3] Eine objektive Gebührenüberhebung kann schnell in ein Strafverfahren gegen den StB münden, auch wenn dieser vielleicht nur aus Unkenntnis zu hoch abgerechnet hat. **891**

Beispiel:

Der StB rechnet die laufenden Buchführungsarbeiten für einen landwirtschaftlichen Betrieb in Unkenntnis der gesetzlichen Vorschrift mit Monatsgebühren und nicht mit einer Jahresgebühr ab (§ 39 Abs. 2 Nr. 1 StBVV).

Praxistipp:

Das Risiko, mit derartigen (Straf-)Verfahren überzogen zu werden, kann durch eine Strafrechtsschutzversicherung versichert werden.

Eine Gebührenüberhebung kann ferner begehen, wer sich unzulässigerweise, d.h. außerhalb des Anwendungsbereichs des § 9a StBerG, ein **Erfolgshonorar** oder eine **Erfolgsbeteiligung** versprechen lässt, wenn dieses Honorar oder diese Beteiligung über die gesetzlich geregelten Gebühren oder die vereinbarten Gebühren hinausgeht.[4] Macht der StB hingegen ein Vergütungsverlangen klageweise geltend, das auf einer formunwirksamen Honorarvereinbarung beruht, stellt dies noch keine Gebührenüberhebung dar.[5] Nur derjenige „erhebt" Gebühren i.S.v. § 352 StGB, der nach den gesetzlichen Bestimmungen abrechnet. Denn § 352 StGB schützt das Vertrauen des Mandanten, dass der Berater seine Befugnis, nach den gesetzlichen Vorschriften abrechnen zu dürfen, nicht missbraucht. Anders liegt der Fall, wenn der StB im Wege der Prozesskostenhilfe beigeordnet ist und gegenüber dem Mandanten abrechnet. Der StB hat in diesem Fall lediglich einen gesetzlichen Honoraranspruch gegen die Staatskasse. Gegenüber der von ihm vertretenen Partei darf er keine weitere Honorarforderung geltend machen. Deshalb ist das Fordern eines von der Vergütungsordnung ausgeschlossenen Honoraranspruchs bereits eine Gebüh- **892**

1) Arconada, Honorargestaltung für Steuerberater, Januar 2023, 1, 2; Voßen-MacCormaic, MüKoStGB, 4. Aufl. 2022, § 352 StGB Rz. 8; Goltz in WPO-Komm., 3. Aufl. 2018, § 55 Rz. 63; Warttinger in Eckert, 7. Aufl. 2023, Vor § 1 StBVV Rz. 162 m.w.N.; Goez in Kuhls u.a., 4. Aufl. 2020, § 64 StBerG Rz. 46 m.w.N.
2) LG Cottbus v. 12.5.2021, 1 O 56/21, AnwBl Online 2021, 766 m.w.N.
3) LG Freiburg v. 29.6.2011, StL 4/11, DStRE 2012, 1040.
4) BayObLG v. 11.5.1989, Rreg. 5 St 5/89, NJW 1989, 2901 m.w.N.
5) BGH v. 6.9.2006, 5 StR 64/06, NJW 2006, 3219; OLG Braunschweig v. 28.6.2004, 1 Ss (S) 1/04 (17), NJW 2004, 2606, zum Anwaltsrecht.

renüberhebung i.S.d. § 352 StGB.[1] Gleiches gilt, wenn der Mandant Anspruch auf Beratungshilfe hat und der StB in Kenntnis dieses Umstandes gleichwohl eine Erstberatungsgebühr nach § 21 Abs. 1 Satz 2 StBVV abrechnet.[2]

893 Zur Vereinbarung einer Vergütung → § 4 StBVV Rz. 112 ff.

C. Abtretung von Gebührenforderungen (Abs. 2)

894 § 64 Abs. 2 StBerG legt die Voraussetzungen fest, unter denen die Abtretung einer Gebührenforderung zulässig ist. Die Vorschrift dient dem **Schutz der Verschwiegenheitspflicht** der StB.[3] Die Vorschrift wurde durch das 8. StBÄndG[4] liberalisiert und an die bereits zuvor durch die 7. WPO-Novelle[5] und das Gesetz zur Neuregelung des Rechtsberatungsrechts[6] liberalisierten § 55a Abs. 3 WPO, § 49b Abs. 4 BRAO angepasst. Ziel der Überarbeitung des § 64 Abs. 2 StBerG war es, StB die Möglichkeiten der Abtretung zu erleichtern und es ihnen insbesondere zu ermöglichen, ihre Honorare über Verrechnungsstellen abzuwickeln. Unter den vom Gesetz verwendeten Begriff „Gebührenforderung" fallen nicht nur endgültige Forderungen, sondern auch vorläufige Vorschussforderungen. Gründe für eine Auslegung oder teleologische Reduktion der Norm dahingehend, dass Vorschussansprüche nicht erfasst sein sollen, sind nicht ersichtlich. Dem Gesetzgeber ging es bei der Überarbeitung der Vorschrift letztlich auch darum, StB eine Verbesserung der Liquiditätslage zu ermöglichen. Diese wiederum gewährleistet die Einhaltung der Berufspflichten gemäß § 57 Abs. 1 und 2 StBerG, da StB wirtschaftlich unabhängig sein müssen und in eigenen finanziellen Angelegenheiten korrekt und sorgfältig zu verfahren haben müssen dient.[7]

895 Seit der BGH[8] das Kreditkartengeschäft als abstraktes Schuldversprechen ansieht, bestehen keine Bedenken mehr gegen die Entgegennahme von Honorarzahlungen per Kreditkarte.[9] Zu beachten ist, dass der StB bei Rahmengebühren nur eine selbst berechnete Honorarforderung abtreten darf und die Bestimmung der Rahmengebühr nach § 11 StBVV nicht dem Abtretungsempfänger überlassen darf.[10]

I. Abtretung an Personen und Vereinigungen nach § 3 Satz 1 StBerG (§ 64 Abs. 2 Satz 1 StBerG)

896 Bis zur Entscheidung des BGH vom 1.3.2007[11] war umstritten, ob die Abtretung von Gebührenforderungen unter StB auch ohne Zustimmung des Auftraggebers wirksam ist. Unter Hinweis auf Inhalt und Entstehungsgeschichte der Parallelvorschrift des § 49b Abs. 4 BRAO a.F. hatte der BGH die Wirksamkeit der Abtretung einer Anwaltsgebührenforderung an einen anderen Rechtsanwalt auch ohne Zustimmung des Mandanten bejaht. Nach der Neufassung des § 64 Abs. 2 Satz 1 StBerG ist die Abtretung von Gebührenforderungen oder die Übertragung ihrer Einziehung an StB vorbehaltlos gestattet, also auch ohne Einwilligung des Mandanten. Aus § 64

1) LG Cottbus v. 12.5.2021, 1 O 56/21, AnwBl Online 2022, 766 mit Anm. Reckin.
2) AG Brandenburg v. 28.3.2022, 31 C 117/21, NJW-Spezial 2022, 415, Praxishinweis.
3) Koslowski, 8. Aufl. 2022, § 64 StBerG Rz. 9.
4) Achte Gesetz zur Änderung des Steuerberatungsgesetzes (8. StBÄndG) v. 8.4.2008, BGBl. I 2008, 666 = BStBl I 2008, 544.
5) Berufsaufsichtsreformgesetz v. 3.9.2007, BGBl. I 2007, 2178.
6) Gesetz zur Neuregelung des Rechtsberatungsrechts v. 12.12.2007, BGBl. I 2007, 2840.
7) LG Düsseldorf v. 19.4.2023, 045 StL 21/22 und 045 StL 22/22 m.w.N.; zu den berufsrechtlichen Grenzen der Abtretung von Vorschussforderungen → § 8 StBVV Rz. 178.
8) BGH v. 16.4.2002, XI ZR 375/00, MDR 2002, 958.
9) Härting, MDR 2002, 913, 915.
10) BGH v. 4.12.2008, IX ZR 219/07, NJW Spezial 2009, 189, zu § 14 RVG; Rz. 918 a.E. (→ Rz. 901 a.E.).
11) BGH v. 1.3.2007, IX ZR 189/05, NJW 2007, 1196.

Abs. 2 Satz 1 StBerG kann nicht abgeleitet werden, dass StB das gewerbliche Inkasso von Honorarforderungen erlaubt ist, auch nicht durch eine Steuerberatungsgesellschaft.[1] Die Vorschrift ist insbesondere kein spezialgesetzlicher Erlaubnistatbestand, der das Verbot der gewerblichen Tätigkeit einschränkt.[2] Kauft eine Steuerberatungsgesellschaft gewerblich Honorarforderungen von Steuerberatern auf und lässt sie sich diese Forderungen abtreten, führt das für StB geltende (berufsrechtliche) Verbot der gewerblichen Tätigkeit aber nicht zur (zivilrechtlichen) Unwirksamkeit des Kaufvertrages und der Abtretung.[3] Demgegenüber dürfen Rechtsanwälte das gewerbliche Inkasso in Form einer Rechtsanwaltsgesellschaft betreiben (→ Rz. 897).

Bis zum 31.7.2022 fand sich in Satz 1 noch der klarstellende Hinweis, dass für die Abtretung oder Übertragung an Berufsausübungsgemeinschaften i.S.d. § 56 StBerG a.F. die gleichen Grundsätze gelten. Der frühere § 56 StBerG wurde mit Wirkung zum 1.8.2022 aufgehoben[4] und geht in § 3 Nr. 2 und 3 StBerG auf. In allen Fällen des neuen Satzes 1 unterliegen die neuen Gläubiger oder Einziehungsermächtigten strengen Regelungen zur Verschwiegenheit. Vertrauensschutzinteressen des Mandanten wird damit Rechnung getragen. Weitergehende Schutzinteressen des Mandanten können im Einzelfall durch Vereinbarung eines Abtretungsverbots berücksichtigt werden. Mittlerweile gibt es Verrechnungsstellen, die als **Rechtsanwaltsgesellschaften** zugelassen sind und die gewerbsmäßig Steuerberaterhonorare einziehen.[5] 897

Praxistipp:

Die Abtretung einer Honorarforderung oder die Übertragung zur Einziehung an eine solche Verrechnungsstelle ist auch ohne Zustimmung des Mandanten (stilles Inkasso) möglich.[6] Beim echten Factoring verkauft der StB die Forderung an die Verrechnungsstelle. Er kann sich in diesem Fall nicht mehr auf sein Zurückbehaltungsrecht berufen. Anders ist es beim unechten Factoring, hier bleibt das Bonitätsrisiko beim StB. Er kann sich weiterhin auf sein Zurückbehaltungsrecht berufen (→ § 9 StBVV Rz. 208).[7]

II. Abtretung an sonstige Dritte (§ 64 Abs. 2 Satz 2 bis 4 StBerG)

Die Regelung über die Abtretung von Gebührenforderungen an Dritte lief wegen der strengen Voraussetzungen bis zum Inkrafttreten des 8. StBÄndG (→ Rz. 894) praktisch leer.[8] Die frühere Fassung unterband insbesondere das Bedürfnis nach Einschaltung eines Inkassobüros oder einer Verrechnungsstelle. Allerdings hat der BGH[9] nach Inkrafttreten des 8. StBÄndG zur alten Rechtslage bei Rechtsanwälten entschieden, dass Vergütungsansprüche mit wirksamer Zustimmung des Schuldners auch an Nichtanwälte abgetreten werden konnten. Da die Entscheidung auf StB übertragbar ist, müssen auch Vergütungsansprüche von StB, die vor Inkrafttreten des 8. StBÄndG am 12.4.2008 mit Zustimmung des Schuldners an Dritte abgetreten worden sind, als wirksam und berufsrechtskonform angesehen werden. 898

Nach Satz 2 **genügt die Einwilligung des Mandanten in Textform**, um dem StB eine Forderungsabtretung oder die Übertragung ihrer Einziehung zu gestatten. Bis zum 899

1) BGH v. 28.1.2014, VII R 26/10, DStR 2014, 1129.
2) BVerfG v. 13.1.2014, 1 BvR 2884/13, HFR 2014, 365; BVerwG v. 26.9.2012, 8 C 26/11, HFR 2013, 365.
3) BGH v. 25.9.2014, IX ZR 25/14, Stbg 2015, 37.
4) Gesetz zur Neuregelung des Berufsrechts der anwaltlichen und steuerberatenden Berufsausübungsgesellschaften sowie zur Änderung weiterer Vorschriften im Bereich der rechtsberatenden Berufe (StBuAnwBRNG/RBerBÄndG) v. 7.7.2021, BGBl. I 2021, 2363.
5) Gilgan, Stbg 2020, 184.
6) LG Arnsberg v. 8.12.2020, I-1 O 45/19, DStRE 2022, 1406.
7) Gilgan, KP 2019, 162.
8) Ueberfeldt, DStR 2008, 121.
9) BGH v. 24.4.2008, IX ZR 53/07, BRAK-Mitt. 2008, 175.

Inkrafttreten des Bürokratieentlastungsgesetzes IV[1] musste die Einwilligung schriftlich erteilt werden. Die elektronische Form gem. § 126a BGB oder die Textform gem. § 126b BGB genügten nicht. Der Schutzzweck der Regelung, die Verschwiegenheitspflicht abzusichern, erfordert keine weiteren Einschränkungen. Weil der Mandant den StB von der Pflicht zur Verschwiegenheit entbinden kann, ist es konsequent, ihm die Entscheidung zu überlassen, ob sein StB Gebührenforderungen auch an Dritte abtreten darf. Die Regelung ermöglicht es insbesondere, dass StB das Inkasso ihrer Honorare mit Zustimmung des Mandanten auf Verrechnungsstellen übertragen. Die Abtretung kann im Rahmen eines Factorings auch als Finanzierungsinstrument genutzt werden. Unzulässig ist allerdings eine Globalabtretung von Honorarforderungen an ein Kreditinstitut – z.B. zur Absicherung eines Darlehens – ohne Zustimmung der Mandanten.[2] Die Beauftragung eines Inkassounternehmens ohne Zustimmung des Mandanten ist eine unerlaubte Handlung i.S.v. § 823 Abs. 2 BGB, die Schadensersatzansprüche auslösen oder zu sonstigen Rechtsnachteilen führen kann. **Ausnahme**: Die Verrechnungsstelle ist als Berufsausübungsgesellschaft nach der BRAO anerkannt (→ Rz. 897).

Beispiel:[3]

Der StB hatte ohne Zustimmung des Mandanten ein Inkassounternehmen mit der Durchsetzung seiner Honorarforderung beauftragt. Der Mandant hatte sich gegen die Inanspruchnahme verteidigt und zu diesem Zweck einen RA eingeschaltet. Dieser hatte für seine Tätigkeit 654,80 € berechnet, die der Mandant dem StB als Schadensersatz in Rechnung stellte. Gegenüber dieser Forderung erklärte der StB die Aufrechnung mit seiner Honorarforderung.

Das AG Mülheim a.d.R. verurteilte den StB zur Zahlung und versagte ihm die Aufrechnung, weil die Schadensersatzforderung des Mandanten aus einer vorsätzlich begangenen unerlaubten Handlung des StB resultierte und deshalb ein Aufrechnungsverbot bestand, § 393 BGB.

Die Abtretung eines Vergütungsanspruchs ohne Zustimmung, z.B. an eine Verrechnungsstelle, ist dann erlaubt, wenn der StB nicht „als StB“, sondern in anderer Funktion (z.B. „als Betreuer“) gehandelt hat. Die Informationen hat er in diesem Fall unabhängig von der spezifischen Berufsausübung als StB erlangt.[4] Dies bedeutet aber nicht, dass die Zustimmung bei den sog. **vereinbaren Tätigkeiten** generell entbehrlich ist. Der Anwendungsbereich des § 64 Abs. 2 StBerG muss nach dessen Sinn und Zweck, der darin besteht, die Verschwiegenheitspflicht abzusichern, auf solche vereinbaren Tätigkeiten beschränkt bleiben, die eine hinreichende Nähe zum Berufsbild des StB aufweisen, bzw. bei denen Mandanteninteressen und die Pflicht zur Verschwiegenheit überhaupt betroffen sein können (fremdnützige Tätigkeiten wie z.B. betriebswirtschaftliche Beratung und treuhänderische Tätigkeiten). Für diese Auslegung spricht insbesondere die Regelung des § 51 Abs. 1 Satz 1 DVStB, nach der sich die Versicherungspflicht nicht auf alle vereinbaren Tätigkeiten, sondern nur auf solche nach § 57 Abs. 3 Nr. 2 und 3 StBerG erstreckt. Hierbei handelt es sich um eine allgemeine Wertentscheidung des Gesetzgebers, die im Rahmen der Auslegung herangezogen werden kann. Im Übrigen hat auch der BGH[5] entschieden, dass die Berufspflichten „bereichsspezifisch“ ausgelegt werden müssen. Entscheidend ist, inwieweit die vereinbare Tätigkeit das Berufsbild mitprägt. Demnach findet § 64 Abs. 2 StBerG zwar auf Vergütungsforderungen aus betriebswirtschaftlicher Tätigkeit Anwendung, nicht aber auf Forderungen aus schriftstellerischer Tätigkeit oder mit der Berufsausübung nicht zusammenhängenden zivilrechtlichen Forderungen (z.B. Mietforderungen).

---

1) BEG IV v. 29.10.2024, BGBl. I 2024, Nr. 323 = BStBl I 2024, 1421, Art. 32.
2) Klaeren, KANZLEI intern 9_2018, 8; Gilgan, Stbg 2020, 184.
3) Sachverhalt nach AG Mülheim v. 21.6.2012, 27 C 498/10.
4) BGH v. 19.6.2013, XII 357/11, DStR 2014, 671 mit abl. Anm. Beyer-Petz.
5) BGH v. 12.10.2004, WpSt R 1/04, DStR 2005, 213.

Alternativ – neben der Einwilligung durch den Mandanten – genügt es nach dem neuen § 64 Abs. 2 Satz 2 StBerG für die Abtretung oder Übertragung aber auch, dass die **Gebührenforderung rechtskräftig festgestellt** worden ist. Weil der Zessionar oder Einziehungsermächtigte in diesem Fall auf schützenswerte Informationen nicht mehr angewiesen ist, um die Forderung geltend zu machen, überwiegt das Interesse des StB, seine Forderung zu realisieren. Das weitere, im früheren Recht noch enthaltene Erfordernis eines fruchtlosen Vollstreckungsversuchs findet sich in der Neufassung der Vorschrift nicht mehr. 900

Der neue § 64 Abs. 2 Satz 3 StBerG sieht vor, dass der **Mandant** vor der Erklärung der Einwilligung **aufzuklären** ist. Er muss darüber unterrichtet werden, dass der beauftragte StB gesetzlich (§ 402 BGB) bzw. vertraglich verpflichtet ist, dem neuen Gläubiger oder dem Einziehungsermächtigten die Informationen zu erteilen und Unterlagen auszuhändigen, die dieser benötigt, um die Forderung geltend zu machen. Eine Möglichkeit besteht darin, den Mandanten eine entsprechende Erklärung unterzeichnen zu lassen, dass er umfangreich über die Abtretung der Gebührenforderung des StB an den Dritten, der – im Interesse höchstmöglicher **Transparenz** möglichst genau benannt werden sollte – belehrt wurde und der Abtretung zustimmt. StB, die mit ihren Mandanten schriftliche Verträge abschließen, sollten eine entsprechende Regelung im Vertrag vorsehen. 901

Formulierungsbeispiel:

Sollte der Auftraggeber mit der Zahlung seiner Gebühren und/oder Auslagen in Verzug geraten, erteilt er dem Steuerberater schon heute sein Einverständnis dazu, sich zur Durchsetzung der Forderung der Hilfe Dritter, insbesondere des Inkassounternehmens … oder der Verrechnungsstelle … zu bedienen und die Forderung abzutreten oder zur Einziehung zu übertragen. Der Steuerberater ist in einem solchen Fall gesetzlich (§ 402 BGB) bzw. vertraglich verpflichtet, dem neuen Gläubiger oder dem Einziehungsermächtigten die Informationen zu erteilen und Unterlagen auszuhändigen, die dieser benötigt, um die Forderung geltend zu machen, insbesondere Namen, Anschrift, Geburtsdatum, Rechnungsbetrag und Leistungsdokumentation.

Ungeklärt ist, ob der beauftragte Dienstleister (Verrechnungsstelle/Inkassobüro) namentlich benannt werden muss oder ob es ausreicht, wenn der Mandant lediglich allgemein darauf hingewiesen wird, dass eine Verrechnungsstelle bzw. ein Inkassobüro hinzugezogen wird. Soweit die Frage überhaupt problematisiert wird, scheint die Auffassung vorzuherrschen, dass eine Information über die Identität der Person erforderlich ist.[1] Es empfiehlt sich deshalb, den Vertragspartner namentlich zu benennen.

Unterbleibt die Aufklärung oder ist sie falsch bzw. unvollständig, ist die Abtretung gleichwohl wirksam, da die Aufklärung lediglich ein berufsrechtliches Zulässigkeitserfordernis, aber keine zivilrechtliche Wirksamkeitsvoraussetzung ist. Mit dem o.g. Formulierungsbeispiel dürften auch die **datenschutzrechtlichen Informationspflichten** nach Art. 13 Abs. 1 DSGVO beachtet sein. Weitere datenschutzrechtliche Informationspflichten, die über die Aufklärung nach § 64 Abs. 2 Satz 3 StBerG hinausgehen, insbesondere solche aus Art. 13 Abs. 2 DSGVO, sind zusätzlich zu beachten. Diese Informationen müssen aber nicht mit der o.g. Zustimmungserklärung gegeben werden. Sie können im Rahmen eines datenschutzrechtlichen Informationsblattes oder mit den AGB erteilt werden. Ferner muss der StB den Dienstleister sorgfältig auswählen (§ 62a Abs. 2 Satz 1 StBerG) und mit dem Dienstleister einen Vertrag in Textform schließen, der den Anforderungen des § 62a Abs. 3 StBerG genügt.

Zwar wird vereinzelt die Auffassung vertreten, dass eine Regelung im Steuerberatungsvertrag nicht ausreicht, wenn es sich dabei um **Allgemeine Auftragsbedingun-**

1) Gola, DS-GVO, 2. Aufl. 2018, Art. 7 Rz. 34; Goltz in WPO-Komm., 3. Aufl. 2018, § 55 Rz. 59.

gen handelt (zur Abgrenzung → Grundlagen des Vergütungsrechts Rz. 20).[1] Weder aus dem Gesetz noch aus der Gesetzesbegründung lässt sich aber eine derartige Einschränkung ableiten. Auch dem BGH reichte eine formularmäßig erteilte Einverständniserklärung im Fall der Abtretung einer ärztlichen Honorarforderung aus.[2]

Allerdings kann eine entsprechende Klausel im Steuerberatungsvertrag/in AGB unwirksam sein, wenn sie „versteckt" und deshalb für den Mandanten „überraschend" i.S.v. § 305c BGB ist.

Beispiel:[3]

StB und Mandant hatten bei Begründung des Mandatsverhältnisses die Geltung von AGB vereinbart. Unter Ziffer 9 der AGB fand sich als letzter Absatz unter der Überschrift „Verschwiegenheitspflicht" eine Einwilligung zur Abtretung inklusive Aufklärung des Mandanten.

Nach Ansicht des AG Dortmund musste der Mandant diese Regelung in diesem Zusammenhang nicht erwarten. Die Regelung war deshalb unwirksam.

Praxistipp:

Zur Vermeidung dieses Überraschungseffektes sollte immer eine transparente Regelung in den Steuerberatungsvertrag oder die AGB aufgenommen werden (Siehe das Muster eines Steuerberatungsvertrags, → Rz. 916).

Bei der Abtretung von Vergütungsansprüchen darf der StB das Billigkeitsermessen bei der Bestimmung des Rahmensatzes nicht ohne Einverständnis des Mandanten an den Dritten delegieren. Denn das Leistungsbestimmungsrecht nach § 11 StBVV gehört in seiner Ausübung zum Entstehungstatbestand des Vergütungsanspruchs.[4] Ob der Mandant auf das Leistungsbestimmungsrecht verzichten kann, hat der BGH offengelassen.

902 § 64 Abs. 2 Satz 4 StBerG stellt sicher, dass bei der Abtretung von Gebührenforderungen die Verschwiegenheitspflicht von StB/StBv ihren Mandanten gegenüber gewahrt bleibt, indem er diese Geheimhaltungspflichten auch allen neuen Gläubigern und Einziehungsermächtigten auferlegt.[5] Der StB ist berufsrechtlich verpflichtet, den neuen Gläubiger oder Einziehungsermächtigten darauf hinzuweisen (§ 5 Abs. 6 BOStB).

1) Blattner, AnwBl 2012, 237, 240; a.A. Kilian in Henssler/Prütting, BRAO, 6. Aufl. 2024, § 43b Rz. 221.
2) BGH v. 10.10.2013, III ZR 325/12, NJW 2014, 141.
3) Sachverhalt nach AG Dortmund v. 30.10.2018, 425 C 9862/17, Stbg 2018, 520; besprochen von Simon, NWB 2018, 3562, und Brey, DStR 2019, 183.
4) BGH v. 4.12.2008, IX ZR 219/07, DStR 2009, 1283, zum Anwaltsrecht.
5) BT-Drucks. 15/7077, 34.

§ 65a
Pflicht zur Übernahme der Beratungshilfe

[1]Steuerberater und Steuerbevollmächtigte sind verpflichtet, die in dem Beratungshilfegesetz vorgesehene Beratungshilfe zu übernehmen. [2]Sie können die Beratungshilfe im Einzelfall aus wichtigem Grund ablehnen.

Inhalt

Schrifttum

Feiter, Das neue Beratungshilfegesetz und die Gebühren des Steuerberaters (Teil 1), KANZLEI intern 7/2014, 2 und (Teil 2), KANZLEI intern 8/2014, 2; **Lissner,** Neue Tätigkeitsfelder für den Steuerberater – die Beratungshilfe, StB 2013, 160; **Lissner,** Beratungshilfe für Wirtschaftsprüfer, Buchprüfer, Rentenberater sowie auf dem Gebiet des Steuerrechts, StB 2013, 402; **Mock,** Antrag auf Vergütung der Beratungshilfe ist neu geregelt, RVG professionell 02/2023, 19; **Offermann-Burckart,** Beratungshilfe: Was muss, das muss? – ein Leitfaden für die Praxis, AnwBl 2021, 406; **Schneider,** Die Vergütungsvereinbarung des beigeordneten Anwalts, NJW 2021, 3286; **Szymboski,** Beratungshilfe im Steuerrecht, DStR 2012, 1984; **Teubel,** Das neue Prozesskostenhilfe- und Beratungshilferecht, BRAK-Mitt. 2013, 151; **Timme,** „Entschärfte" Änderungen im Prozesskosten- und Beratungshilferecht, NJW 2013, 3057; **Weber,** Der Regierungsentwurf zum Beratungshilfegesetz – Die wichtigsten Änderungen für den Steuerberater, NWB 2013, 308.

A. Anwendungsbereich

Die Vorschrift wurde für Bürgerinnen und Bürger mit geringem Einkommen (Beratungshilfegesetz) in das StBerG eingefügt. Sie ist mit Wirkung vom 1.1.2014 in Kraft getreten und soll Bürgerinnen und Bürgern mit geringem Einkommen bzw. Vermögen die Möglichkeit verschaffen, auch außerhalb eines gerichtlichen Verfahrens in steuerrechtlichen Angelegenheiten fachliche Unterstützung zu erlangen. **903**

Hintergrund der Regelung ist ein Beschluss des BVerfG[1)] aus dem Jahre 2008. Das Gericht hatte seinerzeit entschieden, dass § 2 Abs. 2 BerHG a.F. gegen Art. 3 Abs. 1 GG verstößt, weil die Vorschrift eine Gewährung von Beratungshilfe in steuerlichen Angelegenheiten nicht vorsieht. Gleichzeitig hatte das Gericht angeordnet, dass für die Übergangszeit bis zu einer gesetzlichen Neuregelung Beratungshilfe auch in Angelegenheiten des Steuerrechts gewährt werden muss, solange die übrigen gesetzlichen Voraussetzungen hierfür vorliegen. Eine Beratungshilfe durch StB war jedoch nicht möglich, da diese dem Personenkreis des § 3 Abs. 1 BerHG a.F. angehörten. Mit dem Gesetz zur Änderung des Prozesskostenhilfe- und Beratungshilfegesetzes[2)] ist dieser Zustand mit Wirkung zum 1.1.2014 beseitigt worden.

Die Neuregelungen sehen vor,

1) BVerfG v. 14.10.2008, 1 BvR 2310/06, BVerfGE 122, 39.
2) BT-Drucks. 17/11472.

- dass auch StB und StBv zur Beratungshilfe befugt sind (§ 3 Abs. 1 Nr. 1 BerHG),
- dass für StB und StBv eine Pflicht zur Übernahme der Beratungshilfe besteht (§ 65a StBerG),
- dass sich die Vergütung in Fällen der Beratungshilfe nach den für die Beratungshilfe geltenden Vorschriften des RVG richtet (§ 8 Abs. 1 Satz 1 BerHG; → Rz. 772 ff.).

Mit Wirkung zum 1.8.2021 wurden die Vorschriften des BerHG in eine sprachlich neutrale Form gebracht, ohne dass dies mit inhaltlichen Änderungen verbunden wäre.[1] Das Gesetz spricht nicht mehr von **dem** Rechtsuchenden, sondern von Rechtsuchenden.

904 Berufsausübungsgesellschaften sind weder in § 65a StBerG, noch in § 3 BerHG genannt. Gleichwohl gilt § 65a StBerG sinngemäß auch für diese Gesellschaften, wenn der für die Gesellschaft handelnde Berufsangehörige zur Steuer- oder Rechtsberatung befugt ist.[2]

Die Befugnis zur Erteilung von Beratungshilfe durch StB und StBv richtet sich nach dem Umfang ihrer Rechtsberatungsbefugnis (amtliche Begründung zu § 3 BerHG). Die Beratungshilfe besteht in Beratung und, soweit erforderlich, in Vertretung, § 2 Abs. 1 BerHG. Lediglich in Angelegenheiten des Strafrechts und des Ordnungswidrigkeitenrechts wird nur Beratung gewährt (§ 2 Abs. 2 BerHG). Ungeachtet dessen können im Rahmen der Beratungshilfe in strafrechtlichen Angelegenheiten dennoch Postentgelte anfallen, die wahlweise konkret (Nr. 7001 VV RVG) oder pauschal (Nr. 7002 VV RVG) berechnet werden dürfen. Wenn der StB zum Zwecke der Akteneinsicht eine Akte angefordert hat, kann er die entsprechenden Kosten als Auslagen nach Vorbem. 7 Abs. 1 Satz 2 VV RVG i.V.m. §§ 670, 675 BGB abrechnen.[3]

Beratungshilfe wird nur für die **Wahrnehmung von Rechten** und **nicht** für die **Erfüllung steuerlicher Pflichten** gewährt. Deshalb ist die Erstellung der Buchführung weder Beratung noch Vertretung. Gleiches gilt für die Aufstellung des Jahresabschlusses, der Einnahmen-Überschussrechnung und der Anfertigung von Steuererklärungen.[4] Typische Anwendungsfälle der Beratungshilfe für StB sind

- die Beratung und außergerichtliche Vertretung in Kindergeldsachen,
- die Tätigkeit im Schuldenbereinigungsverfahren,
- die Abwehr von Steueransprüchen und Vollstreckungsmaßnahmen der Finanzverwaltung.

Beispiel:

Die Finanzverwaltung betreibt gegen einen mittellosen Steuerpflichtigen die Zwangsvollstreckung aus einem Steuerbescheid. Der StB stellt einen Antrag auf Vollstreckungsaufschub und unterstützt den Steuerpflichtigen bei der Abgabe der Vermögensauskunft (zu den Gebühren siehe → Rz. 670 ff.).

Die Beratungshilfe deckt nur die außergerichtlichen Kosten (→ Rz. 743 ff.) und nicht die Kosten für ein Gerichtsverfahren ab. Insoweit kommt ggf. Prozesskostenhilfe in Betracht.

1) BGBl. I 2021, 2154, 2181.
2) Siehe BGH v. 17.9.2008, IV ZR 343/07, HFR 2009, 314, zur Verfassungswidrigkeit der Beschränkung der Beiordnungsmöglichkeit auf Rechtsanwälte als Einzelpersonen; Schwärzer, in Feuerich/Weyland, BRAO, 9. Aufl. 2016, § 49a BRAO Rz. 6.
3) AG Germersheim v. 2.3.2017, 1 UR II 461/16, NJW-Spezial 2017, 381 m.w.N.; AG Riesa v. 16.8.2017, 2 UR II 345/16, NJW-Spezial 2017, 29 m.w.N.
4) Szymborski, DStR 2012, 1984; Weber, NWB 2013, 305.

B. Voraussetzungen der Beratungshilfe

Beratungshilfe, Hilfe für die Wahrnehmung von Rechten außerhalb eines gerichtlichen Verfahrens, können Rechtsuchende in Anspruch nehmen, die die erforderlichen Mittel nach ihren persönlichen und wirtschaftlichen Verhältnissen nicht aufbringen können, also hilfsbedürftig sind, über keine anderweitig zumutbaren Hilfsmöglichkeiten verfügen und deren Rechtsverfolgung nicht mutwillig ist (§ 1 BerHG). Der Grundsatz des Vorrangs der Selbstvertretung ist zu beachten (§ 2 Abs. 1 Satz 2 BerHG). 905

Der Rechtsuchende darf die erforderlichen Mittel nach seinen persönlichen und wirtschaftlichen Verhältnissen nicht aufbringen können (§ 1 Abs. 1 Nr. 1 BerHG). Dabei gilt der Grundsatz, dass eine Hilfsbedürftigkeit nur dann anzunehmen ist, wenn der Rechtsuchende (fiktiv) auch in einem späteren gerichtlichen Verfahren Prozesskostenhilfe ohne die Anordnung von Ratenzahlung erhalten würde (§ 1 Abs. 2 BerHG). Ratenfreie Prozesskostenhilfe wird nur gewährt, wenn von dem einzusetzenden Einkommen der Partei (nicht der Familie) Monatsraten von weniger als 10,– € gezahlt werden müssten und kein verwertbares Vermögen vorhanden ist. Nach § 115 Abs. 2 ZPO werden von dem einzusetzenden Einkommen Monatsraten in Höhe der Hälfte des einzusetzenden Einkommens festgesetzt. 906

Beispiel:

Mandant M lebt in Bremen und verfügt über ein Nettoeinkommen von 2 900,00 €. Er ist verheiratet und hat zwei schulpflichtige Kinder im Alter von 15 und 17 Jahren. Seine Ehefrau arbeitet nicht. Die Wohnkosten betragen 955,00 €. M hat Anspruch auf Beratungshilfe, da sein einzusetzendes Einkommen 8,00 € beträgt und die festzusetzende Monatsrate 4,00 € (also weniger als 10,00 €) beträgt.

2 900,00 €

– 619,00 € Unterhaltsfreibetrag Ehefrau

– 282,00 € Erwerbstätigenfreibetrag

– 518,00 € Kinderfreibetrag Kind 1

– 518,00 € Kinderfreibetrag Kind 2

– 955,00 € Wohnkosten

8,00 € einzusetzendes Einkommen

Die in dem Beispiel zugrunde gelegten Freibeträge gelten im Bund (mit Ausnahmen in bestimmten Landkreisen und München) seit dem 1.1.2025. Sie werden jährlich angepasst und in der Bekanntmachung zu § 115 ZPO (Prozesskostenhilfebekanntmachung – PKHB) im BGBl. veröffentlicht.

Antragsberechtigt sind grundsätzlich nur natürliche Personen. Inländische juristische Personen, parteifähige Personenvereinigungen und Parteien kraft Amtes sind nur unter den engen Voraussetzungen des § 116 ZPO antragsberechtigt. Ausländische juristische Personen sind ausdrücklich ausgeschlossen (§ 1 Abs. 2 BerHG i.V.m. § 116 ZPO).

Dem Rechtsuchenden darf keine andere zumutbare Hilfsmöglichkeit zur Verfügung stehen (§ 1 Abs. 1 Nr. 2 BerHG). Zu den anderen Möglichkeiten zählen u.a. Finanzämter, Familienkassen, Schuldner- und Verbraucherberatungsstellen. Zumindest für eine Erstberatung sind diese Möglichkeiten zunächst in Anspruch zu nehmen.[1] Generell gilt, dass Erstanträge grundsätzlich unter Ausnutzung des behördlichen Beratungsangebots zu stellen sind und hierfür keine Beratungshilfe gewährt wird. 907

1) BVerfG v. 20.12.2012, 1 BvR 2695/11, NJW 2012, 2722.

908 Die Gewährung der Beratungshilfe setzt weiter voraus, dass die Wahrnehmung der Rechte nicht mutwillig ist (§ 1 Abs. 1 Nr. 3 BerHG). Mutwilligkeit liegt vor, wenn Beratungshilfe in Anspruch genommen wird, obwohl ein Rechtsuchender, der keine Beratungshilfe beansprucht, bei verständiger Würdigung aller Umstände der Rechtsangelegenheit davon absehen würde, sich auf eigene Kosten rechtlich beraten oder vertreten zu lassen (§ 1 Abs. 3 BerHG). Bei der Beurteilung der Mutwilligkeit sind die individuellen Kenntnisse und Fähigkeiten des Antragstellers sowie seine besondere wirtschaftliche Lage zu berücksichtigen. Anzustellen ist ein Vergleich zwischen dem bedürftigen Rechtsuchenden und einem verständigen „Selbstzahler". Hierbei ist ein individueller Maßstab anzulegen.

Beispiel:

Wenn der Rechtsuchende mit dem Gegner nur eine Ratenzahlungsvereinbarung treffen möchte, wird professioneller Rechtsrat hierzu nicht geboten sein.

909 § 2 Abs. 1 BerHG a.F. regelte, dass Beratungshilfe in Beratung und, soweit erforderlich, in Vertretung bestand. Wann eine Vertretung erforderlich ist, regelt der neue § 2 Abs. 1 Satz 2 BerHG. Danach ist eine Vertretung erforderlich, wenn der Rechtsuchende nach der Beratung angesichts des Umfangs, der Schwierigkeit und der Bedeutung der Rechtsangelegenheit für ihn seine Rechte nicht selbst wahrnehmen kann. Wie bei der Mutwilligkeit ist auf die individuelle Möglichkeit der Selbstvertretung des konkreten Antragstellers abzustellen.

C. Bewilligungsverfahren

910 Anders als im Verfahren der gerichtlichen Prozesskostenhilfe entsteht die Verpflichtung zur Gewährung der Beratungshilfe nicht durch staatliche oder gerichtliche Beiordnung, sondern folgt unmittelbar aus dem Gesetz. Auch ein vom Rechtsuchenden nach § 6 BerHG einzuholender und dem Berater vorzulegender Berechtigungsschein verpflichtet als solcher den StB nicht zur Gewährung von Beratungshilfe, sondern ist lediglich ein Nachweis dafür, dass der Betroffene beratungshilfeberechtigt (bedürftig) ist.

911 Gleichwohl ist der Berechtigungsschein notwendige Voraussetzung für die Gewährung von Beratungshilfe. Diesen Berechtigungsschein stellt der Rechtspfleger des zuständigen Amtsgerichts (§ 4 Abs. 1 Satz 1 BerHG) auf mündlichen oder schriftlichen Antrag (§ 4 Abs. 2 BerHG) und nach Prüfung der persönlichen und wirtschaftlichen Verhältnisse des Rechtsuchenden aus. Vordrucke für einen Antrag auf Beratungshilfe finden sich auf zahlreichen Internetseiten, z.B. auf der Homepage der Justiz des Landes NRW unter www.justiz.nrw.de. Wenn sich der Rechtsuchende wegen Beratungshilfe unmittelbar an einen StB wendet, kann der Antrag auf Bewilligung von Beratungshilfe nachträglich gestellt werden.[1] Allerdings muss der Antrag binnen vier Wochen nach Beginn der Beratungshilfe an das Amtsgericht gelangt sein (§ 6 Abs. 2 Satz 2 BerHG). Darauf hat der Beratungshilfe gewährende StB zu achten.

Praxistipp:

Seit dem 1.3.2023 gibt es ein neues, verbindliches Formular für den Antrag auf Vergütung von Beratungshilfe (Anlage 2 der Beratungshilfeformularverordnung (BerHFV) zu § 1 Nr. 2 BerHG). Das Formular ist im Online-Archiv des BGBl. veröffentlicht (BGBl. I 2022, 2412). Das neue Formular soll **Rechtsanwälten** die elektronische Abrechnung der Beratungshilfe vereinfachen. Diese müssen den Berechtigungsschein nicht mehr im Original beifügen. Es reicht die anwaltliche Versicherung, dass das Original des Berechtigungsscheins vorgelegen hat. Alle anderen zur Beratungshilfe berechtigten Personen i.S.d. § 3 Abs. 1 Satz 2 BerHG, zu denen auch **Steuerberater** gehören, müssen das Original des Berechtigungsscheins bei schriftlicher Antragstellung beifügen oder es bei elekt-

1) Teubel, BRAK-Mitt. 2013, 151; Linssen, StB 2013, 402.

ronischer Antragstellung gesondert übersenden. Dies ergibt sich unmittelbar aus dem Formular.[1)]

Erscheint der Rechtsuchende ohne Berechtigungsschein beim StB, macht aber von vorneherein die Erteilung von Beratungshilfe geltend, kann der StB verlangen, dass der Rechtsuchende seine persönlichen und wirtschaftlichen Verhältnisse belegt und weitere Erklärungen gem. § 4 Abs. 6 BerHG abgibt.

Praxistipp:

Der StB sollte den Rechtsuchenden darauf hinweisen, dass im Falle der Ablehnung von Beratungshilfe naturgemäß die gesetzlichen Gebühren anfallen. Denn Beratungshilfe ohne Vorliegen eines Berechtigungsscheins erbringt der StB auf eigenes Risiko.

Bei Zurückweisung des Antrags oder Aufhebung eines Beschlusses über die Bewilligung der Beratungshilfe (§ 6a BerHG), steht dem Rechtsuchenden die (unbefristete) Erinnerung zu (§ 7 Abs. 1 BerHG). Neu ist, dass die Staatskasse ebenfalls die Möglichkeit der Erinnerung gegen Entscheidungen des Amtsgerichts, einen Berechtigungsschein für Beratungshilfe auszustellen, hat. Hier ist eine Frist von drei Monaten vorgesehen (§ 7 Abs. 2 BerHG). **912**

D. Ablehnung der Mitwirkung aus wichtigem Grund

Grundsätzlich ist der Steuerberater nach Satz 1 der Vorschrift verpflichtet, die Beratungshilfe zu übernehmen. **913**

Nach Satz 2 der Vorschrift können jedoch StB im Einzelfall aus wichtigem Grund die Beratungshilfe ablehnen. Ein wichtiger Grund kann in der Person des StB selbst oder in der Person oder dem Verhalten des Mandanten liegen. Was wichtige Gründe sind, erschließt sich aus dem Gesetzestext nicht. Konkretisierungen wie in § 16a Abs. 3 BORA finden sich in der BOStB nicht. Allerdings spricht nichts dagegen, die dort aufgeführten Beispielsfälle auf StB zu übertragen. Unstreitig dürfte sein, dass wichtige Gründe immer die sind, in denen das StBerG von einer unvereinbaren oder berufswidrigen Tätigkeit ausgeht, z.B. bei Vorliegen einer Interessenkollision, bei gewerblicher Tätigkeit oder allgemein bei einer mit dem Beruf unvereinbaren Tätigkeit. Ferner kommen Krankheit, Aussichtslosigkeit des vom Rechtsuchenden vorgetragenen Begehrens, Gewissensnot, ein schwerwiegend gestörtes Vertrauensverhältnis oder fehlende Mitwirkung des Mandanten bei der Mandatsbearbeitung als wichtige Gründe in Betracht.[2)] Auch die berufliche Überlastung kann ein wichtiger Grund sein. Es genügt, wenn der StB die Belastung „in Umrissen" darstellt.[3)] Darüber hinaus könnte ein Ablehnungsgrund sein, dass der Steuerberater zu einem Rechtsgebiet beauftragt werden soll, mit dem er wenig oder gar nicht vertraut ist (z.B. Kindergeld). Allerdings wird dies im Anwaltsrecht nicht als wichtiger Grund angesehen. Denn ein wichtiges Argument für die Betrauung der Rechtsanwälte mit der Beratungshilfe war, dass der Rechtsuchende bei allen Rechtsanwälten eine juristische Beratung von hoher Qualität erwarten könne. Dies gilt auch im Steuerberatungsrecht. Es darf allerdings nicht verkannt werden, dass die fortschreitende Spezialisierung nicht nur im Anwaltsberuf, sondern auch Steuerberaterberuf nicht mehr zu leugnen ist. Hinzu kommt eine Haftungsrechtsprechung des BGH, die an die Kenntnisse eines StB höchste Anforderungen stellt. Sieht ein StB sich nicht in der Lage, seine Kenntnisse „aufzurüsten", bleibt ihm deshalb schon unter Haftungsgesichtspunkten nichts anderes übrig, als das Mandat abzulehnen.[4)] Die hohen Haftungs-Anforderungen rechtfertigt der BGH mit dem Recht des Anwalts (gleiches gilt **914**

1) Siehe hierzu Mock, RVG professionell 02/2023, 19.
2) Ausführlich zu den wichtigen Gründen: Offermann-Burckart, AnwBl 2021, 406, 408 ff.
3) Offermann-Burckart, AnwBl 2021, 406, 410.
4) Offermann-Burckart, AnwBl 2021, 406, 409 f. zum Anwaltsrecht.

für den StB), einen Auftrag abzulehnen, wenn er ihn sich nicht zutraut.[1] Es wäre unter haftungsrechtlichen Gesichtspunkten also nicht ausreichend, wenn der StB, den Rechtsuchenden im Einzelfall nur darauf hinweisen dürfte, dass er wegen langer Spezialisierung auf ein bestimmtes Gebiet unterdurchschnittliche Kenntnisse und Erfahrungen auf dem Gebiet hat, zu dem er befragt werden soll und es im Übrigen der Entscheidung des Rechtsuchenden obliegt, ob er einen anderen StB beauftragt.[2]

E. Sorgfaltspflichten des StB

915 Der StB muss in Beratungshilfemandaten dieselbe Sorgfalt aufwenden, wie in allen anderen Angelegenheiten auch. Diese Verpflichtung besteht unabhängig davon, ob das Honorar kostendeckend ist, oder nicht. Die im Verhältnis zu den Regelgebühren niedrigere Vergütung des StB erfolgt aus der Staatskasse (→ Rz. 769 ff.). Eine Vergütungsvereinbarung bis zur Höhe der gesetzlichen Vergütung ist zulässig und für den StB durchsetzbar.[3]

Der StB muss den Rechtsuchenden auf die Möglichkeit der Beratungshilfe hinweisen, wenn für ihn aus den Umständen erkennbar ist, dass dieser zu dem anspruchsberechtigten Personenkreis gehören könnte. Andernfalls kann er sich schadensersatzpflichtig machen.[4] Dies bedeutet, dass der StB das gesetzliche Honorar für seine Tätigkeit nicht geltend machen kann. Denn der Rechtsuchende hätte bei pflichtgemäßer Aufklärung Beratungshilfe in Anspruch nehmen können. Die Kosten für die Beratungshilfe wären aus der Staatskasse entrichtet worden. Der Rechtsuchende hätte also – abgesehen von der Beratungshilfegebühr i.H.v. 15,– € – keinerlei eigene Kosten aufwenden müssen. Sein Schaden ist deshalb der vom StB geforderte Rechnungsbetrag.[5] Sind keine Anhaltspunkte für die Bedürftigkeit für den Steuerberater erkennbar, muss der Mandant jedoch selbst auf seine finanzielle Situation aufmerksam machen. Auf die zu § 49a BRAO ergangene Rechtsprechung kann verwiesen werden.

1) BGH v. 9.1.2020, IX ZR 61/19, NJW 2020, 1139.
2) Offermann-Burckart, AnwBl 2021, 406, 410; a.A. Schwärzer in Feuerich/Weyland, 9. Aufl. 2016, § 49a BRAO Rz. 14.
3) Schneider, NJW 2021, 3286.
4) Schwärzer in Feuerich/Weyland, 9. Aufl. 2016, § 49a BRAO Rz. 22 m.w.N.
5) Koslowski, 8 Aufl. 2022, § 65a StBerG Rz. 6; Schwärzer in Feuerich/Weyand, 9. Aufl. 2016, § 49a BRAO Rz. 24.

D. Vertrags- und Antragsmuster mit Erläuterungen

I. Steuerberatungsvertrag

Steuerberatungsvertrag
Steuerberater **916**

....
(Auftragnehmer)

und

....
(Auftraggeber)

treffen folgende Vereinbarungen:

§ 1 Auftragsumfang

Der Auftragnehmer wird mit der Durchführung folgender im Einzelnen angekreuzter Tätigkeiten sowie aller damit im Zusammenhang stehenden Nebentätigkeiten beauftragt:

Jahresabschlussarbeiten *(ggf. ab ....)*

- ☐ Vorarbeiten zum Jahresabschluss (§ 35 Abs. 3 StBVV, z.B. Mitwirkung bei der Inventur)
- ☐ Aufstellung des Jahresabschlusses mit GuV (§ 35 Abs. 1 Nr. 1a StBVV)
- ☐ Aufstellung eines Zwischenabschlusses mit GuV (§ 35 Abs. 1 Nr. 2 StBVV)

  Alternativ für Kleinstkapitalgesellschaften:

  - ☐ Aufstellung eines Jahresabschlusses/Zwischenabschlusses mit verkürzter GuV
- ☐ Besprechen des Jahresabschlusses
- ☐ Erstellung des Anhangs (§ 35 Abs. 1 Nr. 1b StBVV)

  Alternativ für Kleinstkapitalgesellschaften:

  - ☐ Auf die Erstellung eines Anhangs wird verzichtet
- ☐ Beratende Mitwirkung bei der Erstellung des Lageberichts (§ 35 Abs. 1 Nr. 7c StBVV)
- ☐ Durchführung der Plausibilitätsbeurteilung (§§ 612, 632 BGB, § 36 StBVV)
- ☐ Durchführung umfassender Prüfungshandlungen (§§ 612, 632 BGB, § 36 StBVV)
- ☐ Ableitung des steuerlichen Ergebnisses (§ 35 Abs. 1 Nr. 3a StBVV)
- ☐ Ableitung der Steuerbilanz aus der Handelsbilanz (§ 35 Abs. 1 Nr. 3b StBVV)
- ☐ Übermittlung der E-Bilanz an das Finanzamt
- ☐ Schriftlicher Erläuterungsbericht (§ 35 Abs. 1 Nr. 6 StBVV)
- ☐ Erstellung und Übermittlung der Offenlegungsbilanz (§§ 612, 632 BGB)

  Alternativ für Kleinstkapitalgesellschaften:

  - ☐ Hinterlegung der Bilanz
- ☐ Der Auftraggeber erklärt nach zuvor erfolgter Belehrung, dass er auch im Falle der Befreiung von der handelsrechtlichen Bilanzierungspflicht freiwillig bilanzieren möchte.
- ☐ Der Auftraggeber ist keine Kleinstkapitalgesellschaft i.S.d. § 267a HGB. Für den Fall, dass die Voraussetzungen des § 267a HGB eintreten, erklärt der Auftraggeber schon jetzt, dass dies keine Auswirkungen auf den Auftragsumfang hat.

☐ Aufstellung einer Eröffnungsbilanz (§ 35 Abs. 1 Nr. 4 StBVV)

☐ Aufstellung einer Auseinandersetzungsbilanz (§ 35 Abs. 1 Nr. 5 StBVV)

  ☐ mit Plausibilitätsbeurteilung (§§ 612, 632 BGB, § 36 StBVV)

  ☐ mit umfassenden Prüfungshandlungen (§§ 612, 632 BGB, § 36 StBVV)

☐ Überschussermittlung der Betriebseinnahmen über die Betriebsausgaben (§ 25 Abs. 1 StBVV)

☐ Anlage EÜR und elektronische Übermittlung

☐ Vorarbeiten zur Überschussermittlung (§ 25 Abs. 2 StBVV)

☐ Bericht zur Überschussermittlung (§ 25 Abs. 4 StBVV)

☐ Besprechen der Überschussermittlung

Steuererklärungen (§§ 24, 27 StBVV)

☐ Sämtliche privaten Steuererklärungen und -anmeldungen (*ggf.: ab VZ .... , ggf. aufschlüsseln, z.B. Einkommensteuererklärung, Kapitalertragsteueranmeldung, Erklärung zur einheitlichen und gesonderten Gewinnfeststellung)*

☐ Sämtliche *(ggf. aufschlüsseln)* betrieblichen Steuererklärungen (*ggf.: ab VZ ....*)

☐ Elektronische Übermittlung der Steuererklärungen und -anmeldungen an das Finanzamt

☐ Vorarbeiten zur Überschussermittlung (§ 27 Abs. 3 StBVV)

☐ Sämtliche *(ggf. aufschlüsseln)* Überschussermittlungen (§ 27 StBVV)

☐ Besprechung der Steuererklärungen und -anmeldungen

☐ **Prüfung von Bescheiden** (§ 28 StBVV)

☐ **Teilnahme an Betriebsprüfungen** der Finanzverwaltung (§ 29 StBVV) und der Sozialversicherungsträger

☐ Mitwirkung bei **Nachschauen** (§ 29 StBVV)

☐ **Anträge und Meldungen** (§§ 23 Abs. 1, 24 Abs. 5 Nr. 4 StBVV)

☐ **Vertretung im Einspruchs- und Vollstreckungsverfahren** (§ 40 StBVV, *ggf. nach gesonderter Beauftragung*)

☐ **Vertretung in gerichtlichen Verfahren**, insbesondere vor dem Finanzgericht (§ 40 StBVV) nach gesonderter Beauftragung

☐ Allgemeine steuerliche Beratung in laufenden Angelegenheiten

☐ Laufende Überprüfung von Vorauszahlungen

☐ Überwachung und Ankündigung der Steuerzahlungstermine

☐ Sonstige steuerliche Beratung (§ 21 Abs. 1 StBVV)

☐ Erstellung von Stellungnahmen zu steuerrechtlichen Einzelfragen

☐ Steuerliche Gestaltungsberatung

☐ **Einrichtung der Buchführung** (§ 32 StBVV)

☐ **Erstellen der Finanz- und Lohnbuchführung** inkl. USt-Voranmeldungen, aber ohne arbeits- und sozialversicherungsrechtliche Beratung (§§ 33, 34 StBVV) *ab ....

☐ *Ggf.: Der Auftraggeber wurde darüber belehrt, dass er nicht nach handelsrechtlichen Vorschriften zur Führung von Büchern verpflichtet ist, wohl aber zur Führung steuerlicher Aufzeichnungen.**

☐ Sonstige Tätigkeiten: z.B. Monats- und Quartalsbesprechungen, Anlagenbuchführung, Verfahrensdokumentation etc.

Alternativ: Darüber hinaus kann der Auftragnehmer mit der Durchführung weiterer Tätigkeiten beauftragt werden.

**Ggf.: Hinsichtlich der Erstellung und Vergütung der Finanzbuchführung und der Lohnbuchführung haben der Auftraggeber und der Auftragnehmer eine gesonderte Vergütungsvereinbarung getroffen.*

§ 2 Vertragsdauer

Der Vertrag gilt ab dem .... für unbestimmte Zeit. Er kann von beiden Vertragsparteien jederzeit gekündigt werden. Die Kündigung muss in Textform erfolgen.

§ 3 Vergütung

(1) Soweit nichts anderes vereinbart wurde, bemisst sich die Vergütung des Auftragnehmers für seine Berufstätigkeit nach § 33 StBerG nach der Steuerberatervergütungsverordnung (StBVV) in der jeweils gültigen Fassung.

(2) Tätigkeiten, die nicht zu den Vorbehaltsaufgaben eines Steuerberaters nach § 33 StBerG gehören, werden mit einem Stundensatz in Höhe von .... € zzgl. Auslagenersatz und Umsatzsteuer vergütet.

(3) Die Vereinbarung einer höheren als der gesetzlichen Vergütung in Textform oder einer niedrigeren Vergütung ist möglich (§ 4 Abs. 3 StBVV).

§ 4 Haftung, Gewährleistung, Nachbesserung

(1) Der Auftragnehmer haftet für eigenes sowie Verschulden seiner Erfüllungsgehilfen.

(2) Die Haftung des Auftragnehmers und seiner Erfüllungsgehilfen für einen Schaden, der aus einer oder mehreren Pflichtverletzungen anlässlich der Erfüllung eines Auftrags resultiert, wird auf .... € (in Worten: .... €) begrenzt. Die Haftungsbegrenzung bezieht sich allein auf Fahrlässigkeit. Die Haftung für Vorsatz bleibt unberührt. Von der Haftungsbegrenzung ausgenommen sind Ansprüche, die nicht auf den zwischen den Parteien bestehenden Vertragsverhältnissen beruhen, sowie Ansprüche aus der Verletzung des Lebens, des Körpers oder der Gesundheit. Die Haftungsbegrenzung gilt auch gegenüber Dritten, soweit diese in den Schutzbereich des Auftragsverhältnisses einbezogen sind; § 334 BGB wird insoweit abbedungen.

(3) Die Haftungsbeschränkung gilt rückwirkend von Beginn des Mandatsverhältnisses an. Sie gilt ferner auch für den Fall, dass sich der Umfang des in § 1 übernommenen Auftrags durch künftige Aufträge erweitert.

(4) Der Auftraggeber hat gegen den Auftragnehmer einen Anspruch auf Beseitigung etwaiger Mängel. Er hat dem Auftragnehmer innerhalb einer angemessenen Frist Gelegenheit zur Nachbesserung zu geben.

§ 5 Datenschutz und Verschwiegenheitspflicht
Informationen zur Datenverarbeitung

(1) Der Auftragnehmer unterrichtet den Auftraggeber gemäß Art. 13, 14 DSGVO über die Verarbeitung seiner personenbezogenen Daten in einem gesonderten Informationsschreiben als **Anlage** zu diesem Steuerberatungsvertrag *(ggf.: Hinweis auf Veröffentlichung des Schreibens auf der Kanzlei-Website).*

Hinzuziehung Dritter

(2) Der Auftragnehmer ist berechtigt, zur Ausführung des Auftrags Mitarbeiter und unter den Voraussetzungen des § 62a StBerG auch externe Dienstleister (insbesondere Daten verarbeitende Unternehmen) heranzuziehen. Die Beteiligung fachkundiger Dritter zur Mandatsbearbeitung (z.B. andere Steuerberater, Wirtschaftsprüfer oder Rechtsanwälte) bedarf der Einwilligung und des Auftrags des Auftraggebers. Der Auftragnehmer ist nicht berechtigt und verpflichtet, diese Dritten ohne Auftrag hinzuzuziehen.

Zertifizierungsaudit

(3) *Ggf.:* Eine Verschwiegenheitspflicht besteht nicht, soweit dies zur Durchführung eines Zertifizierungsaudits in der Kanzlei des Auftragnehmers erforderlich ist und die insoweit tätigen Personen ihrerseits über ihre Verschwiegenheitspflicht belehrt worden sind. Der Auftraggeber erklärt sich damit einverstanden, dass durch den Zertifizierer/Auditor Einsicht in seine Handakte genommen wird.

Abtretung von Vergütungsforderungen/Übertragung zur Einziehung

(4) *Ggf.:* Sollte der Auftraggeber mit der Zahlung seiner Vergütung in Verzug geraten, erteilt er dem Auftragnehmer sein Einverständnis dazu, sich zur Durchsetzung der Forderung der Hilfe Dritter, insbesondere des Inkassounternehmens . ... (wenn bekannt, namentlich bezeichnen) oder der Verrechnungsstelle .... *(wenn bekannt, namentlich bezeichnen)* zu bedienen und an diesen Dritten die Forderung abzutreten oder zur Einziehung zu übertragen. Der Auftragnehmer ist in diesem Fall gesetzlich (§ 402 BGB) bzw. vertraglich verpflichtet, dem neuen Gläubiger oder dem Einziehungsermächtigten die Information zu erteilen und Unterlagen auszuhändigen, die dieser benötigt, um die Forderung geltend zu machen.

Elektronische Kommunikation

(5) *Ggf.:* Wird im Rahmen der elektronischen Kommunikation zwischen Auftraggeber und Auftragnehmer oder sonstigen Dritten (z.B. Kreditinstituten) die Übermittlung von Daten nicht durch eine geeignete Verschlüsselung geschützt, besteht die grundsätzliche Gefahr, dass Daten von Dritten abgefangen und gelesen werden können.

In Kenntnis dieser Gefahr wünscht der Auftraggeber gleichwohl die elektronische Korrespondenz mit dem Auftragnehmer und die gegenseitige Übermittlung von Daten, die keinen Drittbezug (z.B. Lohndaten) haben, per E-Mail

☐ ohne weitere Sicherungsmaßnahmen

☐ passwortgeschützt

☐ unter Einsatz einer Transportverschlüsselung

☐ unter Einsatz einer Ende-zu-Ende-Verschlüsselung

an folgende E-Mail-Adresse: ....

☐ Dies gilt auch für die elektronische Übermittlung der **Rechnung des Auftragnehmers** an folgende E-Mailadresse: ....

Der Auftragnehmer darf **sensible Daten** (z.B. Jahresabschlüsse, Steuererklärungen, betriebswirtschaftliche Auswertungen) an den Auftraggeber und an Dritte, mit denen der Auftraggeber in Geschäftsbeziehung steht (z.B. Kreditinstitute)

☐ unter Einsatz einer Transportverschlüsselung

☐ unter Einsatz einer Ende-zu-Ende-Verschlüsselung

☐ unter Einsatz einer Cloud-Plattform

☐ unverschlüsselt

versenden oder von diesen empfangen, wenn die Übermittlung oder der Empfang vom Auftrag umfasst ist.

Sind **sensible Daten Dritter** betroffen (z.B. Daten von Mitarbeitern, *ggf. Daten des Ehepartners*), erfolgt kein unverschlüsselter Versand. Die Daten werden dem Auftraggeber wie folgt zur Verfügung gestellt:

☐ unter Einsatz einer Transportverschlüsselung

☐ unter Einsatz einer Ende-zu-Ende-Verschlüsselung

☐ unter Einsatz einer Cloud-Plattform

☐ auf dem Postweg

Alternativ: Sind **sensible Daten Dritter** (z.B. Daten von Mitarbeitern, *ggf. Daten des Ehepartners*) betroffen, ist vom Auftraggeber sicherzustellen, dass eine Einwilligung des/der Dritten vorliegt, die den Anforderungen des § 26 Abs. 2 BDSG genügt.

Der Auftraggeber wünscht darüber hinaus auch Korrespondenz per

☐ SMS

☐ Messenger-Dienst *(bitte benennen)*

☐ Telefax

☐ Beim Einsatz von Standardsoftware wie **Outlook, Word, Excel, Teams** etc. von **Microsoft 365** mit entsprechender **Cloud-Anbindung** werden ggf. die Regeln des US-Cloud-Act angewendet. Es kann damit nicht ausgeschlossen werden, dass diese Daten auf Grund von behördlichen Anordnungen in den USA offengelegt werden müssen. Microsoft sichert den europäischen Staaten jedoch höchstmöglichen Schutz zu und verweigert auf Grund des europäischen Datenschutzrechts grundsätzlich den staatlichen Zugriff. In allen Fällen wird ein gerichtliches Verfahren zugesichert. Damit sind die derzeit höchstmöglichen Sicherheitsaspekte bei Nutzung dieser Software gegeben. Der Einsatz dieser Standardsoftware ist Grundvoraussetzung des Mandatsverhältnisses. Der Auftraggeber erklärt hierzu sein ausdrückliches **Einverständnis**, das er jederzeit widerrufen kann. In diesem Fall endet das Auftragsverhältnis mit sofortiger Wirkung.

Auftraggeber als Referenz

(6) *Ggf.*: Der Auftragnehmer ist berechtigt, die Firma und das Logo des Auftraggebers gegenüber Dritten als Referenz zu verwenden. Der Auftraggeber entbindet den Auftragnehmer insoweit von der Verpflichtung zur Wahrung der Verschwiegenheit, auch über die Beendigung des Mandatsverhältnisses hinaus.

Widerrufsrecht

(7) Der Auftraggeber kann die Einwilligung nach § 5 Abs. 2, 3, 4 und 5 jederzeit widerrufen.

§ 6 Mitwirkungspflichten

Der Auftraggeber ist zur Mitwirkung verpflichtet. Er hat dem Auftragnehmer die für die Ausführung des Auftrags erforderlichen Unterlagen und Daten unaufgefordert und so rechtzeitig zu übergeben, dass dem Auftragnehmer eine angemessene Bearbeitungszeit zur Verfügung steht.

§ 7 Sonstiges

(1) Erfüllungsort und Gerichtsstand ist der Ort der beruflichen Niederlassung des Auftragnehmers.

(2) Für den Auftrag, seine Ausführung und die sich hieraus ergebenden Ansprüche gilt nur deutsches Recht.

(3) *Ggf.*: Sollten einzelne Bestimmungen dieses Vertrages unwirksam sein oder werden, berührt dies die Wirksamkeit der übrigen Bestimmungen nicht. Die unwirksame Bestimmung ist durch eine gültige zu ersetzen, die dem angestrebten Ziel möglichst nahekommt.

(4) *Ggf.*: Zur Sicherung aller bestehenden und künftig entstehenden Ansprüche des Auftragnehmers aus diesem Vertrag übernimmt der Geschäftsführer .... (Name einsetzen) die persönliche und selbstschuldnerische Bürgschaft unter Verzicht auf die Einrede der Anfechtbarkeit und der Vorausklage.

(5) Änderungen und Ergänzungen dieses Vertrages bedürfen der Textform. Mündliche Nebenabreden sind unwirksam.

....
Ort, Datum

....	....
(Auftraggeber)	(Auftragnehmer)

917 **Anmerkungen zum Steuerberatungsvertrag:**

Bei dem vorliegenden Steuerberatungsvertrag handelt es sich um eine Art Rahmenvertrag mit Dienstleistungscharakter, da dem StB (Auftragnehmer) in § 1 des Vertrages durch Ankreuzen der entsprechenden Felder allgemein die Wahrnehmung der steuerlichen Interessen des Auftraggebers übertragen wird. Der Leistungskatalog in § 1 ist beispielhaft und sollte einzelfallbezogen angepasst werden.

Kernstück des Vertrages ist die Regelung in § 1 zum Auftragsumfang. Auf diesen Teil des Vertrages ist besondere Sorgfalt zu legen, da mit seiner Hilfe im **Haftungsfall** ggf. der Nachweis geführt werden kann, welche Aufgaben gerade nicht übernommen wurden. Gleichzeitig wird durch eine möglichst detaillierte Regelung zum Auftragsumfang die Reichweite der Honorarforderungen und die Rechtfertigung für die Datenverarbeitung nach DSGVO festgelegt. Das vorliegende Muster ist ggf. individuell um weitere Leistungen, wie z.B. Anlagenbuchführung, Mitwirkung bei der Kassenbuchführung etc., zu ergänzen. Streitanfällig ist in der Praxis gelegentlich die Frage, ob ein nicht bilanzierungspflichtiger Auftraggeber tatsächlich die Erstellung einer Bilanz in Auftrag gegeben hat (→ Grundlagen des Gebührenrechts Rz. 52; → § 32 StBVV Rz. 527). Dies wird in den seltensten Fällen schriftlich festgehalten. Deshalb findet sich im Anschluss an die Aufzählung der einzelnen Jahresabschlussarbeiten eine Regelung, wonach der Auftraggeber erklärt, dass er auch im Falle der Befreiung von der handelsrechtlichen Bilanzierungspflicht freiwillig bilanzieren möchte. Wenn der StB auch für zurückliegende Jahre tätig werden soll, z.B. Jahresabschlüsse und Steuererklärungen der letzten drei Jahre erstellen soll, sollte dies im Steuerberatungsvertrag ausdrücklich festgehalten werden, z.B. „Aufstellung der Jahresabschlüsse ab …".

Bei den Steuererklärungen wurde von einer Aufzählung der einzelnen Erklärungen abgesehen. Stattdessen finden sich zwei Felder zum Ankreuzen für die privaten und die betrieblichen Steuererklärungen. Um sicherzugehen, dass bei der Beauftragung von Eheleuten beide Eheleute Auftraggeber für die privaten Steuererklärungen sind, könnte die Beauftragung der privaten Steuererklärungen auch i.R. eines separaten Steuerberatungsvertrages erfolgen. Möglich wäre es auch, in der Kopfzeile, in der die Vertragspartner genannt werden und in der Unterschriftenzeile, in der die Vertragspartner nochmals aufgeführt sind, einen Zusatz aufzunehmen, dass für den Teil der privaten Steuererklärungen auch der andere Ehegatte Auftraggeber ist.

Für **gerichtliche Rechtsbehelfsverfahren** ist eine gesonderte Auftragserteilung vorgesehen. Eine allumfängliche Beauftragung für außergerichtliche und gerichtliche Tätigkeiten ist vor dem Hintergrund des § 307 Abs. 2 Nr. 1 BGB problematisch, wenn bei Beauftragung noch nicht erkennbar ist, ob es überhaupt zu einem gerichtlichen Verfahren kommen kann. Der Mandant würde andernfalls in seiner Entscheidungsfreiheit, später einen anderen StB oder RA mit der Durchführung dieser Verfahren zu beauftragen, eingeschränkt.[1] Die spätere Beauftragung für das Klageverfahren sollte dokumentiert werden, z.B. i.R. einer gesonderten Vergütungsvereinbarung für das gerichtliche Verfahren.

Da viele Berater für die Lohn- und Finanzbuchführung mit ihren Auftraggebern monatliche Pauschalen vereinbaren, sieht der Mustervertrag optional die Möglichkeit vor, dass dieser Auftragsteil separat geregelt wird. Siehe hierzu die weiteren Muster zu § 4 StBVV.

Der Vertrag ist als Dienstvertrag konzipiert. Das jederzeitige Kündigungsrecht für beide Seiten entspricht der gesetzlichen Regelung des § 627 BGB. Die Vereinbarung einer bestimmten Kündigungsfrist i.R. dieses Vertrages wäre unwirksam, da von der gesetzlichen Regelung des § 627 BGB in allgemeinen Auftragsbedingungen (und hierzu zählt der vorliegende Mustervertrag) nicht abgewichen werden kann. Dies wäre nur i.R. einer individuellen Zusatzvereinbarung möglich. Die gesetzliche Regelung des § 627 BGB kann ansonsten nur dadurch umgangen werden, dass für einen bestimmten Teil der vertraglich übernommenen Leistungen ein separater Steuerberatungsvertrag geschlossen wird und für diese Leistungen „feste Bezüge" vereinbart werden. Dies wäre der Fall, wenn z.B. die Lohn- und Finanzbuchführung in einem separaten Vertrag geregelt und hierfür eine feste Pauschale vereinbart würde. Ferner ist § 627 BGB nicht einschlägig, wenn der Steuerberatungsvertrag im Einzelfall nicht als Dienstvertrag, sondern als Werkvertrag anzusehen ist. In diesem Fall gilt § 648 BGB. Danach kann der StB bei vorzeitiger Kündigung durch den Mandanten die volle vereinbarte Vergütung abzüglich ersparter Aufwendungen verlangen.

§ 3 regelt zunächst, dass **für die Vorbehaltsaufgaben die StBVV gilt**, soweit nichts anderes vereinbart ist. Darüber hinaus ist vorgesehen, dass sämtliche vereinbaren Tätigkeiten mit einem bestimmten Stundensatz zuzüglich Auslagenersatz und USt vergütet werden. Eine solche Vergütungsvereinbarung kann auch in einen Steuerberatungsvertrag integriert werden, da hierfür keine Formvorschriften gelten. Schließlich berücksichtigt § 3 Abs. 3 die Informationspflicht nach § 4 Abs. 3 StBVV.

In § 4 finden sich wichtige Regelungen zur **Haftungsbegrenzung**. Entsprechend den üblichen AGB ist die Haftung auf alle Fälle der Fahrlässigkeit (auch grobe) beschränkt. Streitig ist, ob dies wirksam vereinbart werden kann oder ob nur eine Haftungsbeschränkung für Fälle der einfachen Fahrlässigkeit wirksam ist.[2] Letztlich muss jeder Berater für sich selbst entscheiden, wie er die Haftung begrenzen möchte. Wenn Auftragnehmerin eine Berufsausübungsgesellschaft ist, an der mindestens ein RA beteiligt ist, kann die Haftung nur auf **einfache** Fahrlässigkeit beschränkt werden, § 52 Abs. 1 Satz 1 Nr. 2 BRAO.

Um die Haftung in AGB der Höhe nach wirksam zu begrenzen, muss der vierfache Betrag der gesetzlichen Mindestversicherungssumme versichert sein, § 67a Abs. 1 Satz 1 Nr. 2 StBerG. Da die gesetzliche Mindestversicherungssumme variiert, kann nur im Einzelfall entschieden werden, welcher Betrag in § 4 Abs. 2 des o.g. Musters einzutragen ist. Bei einer Einzelkanzlei beträgt die Mindestversicherungssumme 250 000,00 €, § 52 Abs. 1 DVStB. Deshalb muss in § 4 Abs. 2 mindestens der vierfa-

1) So jedenfalls LG Köln v. 24.1.2018, 26 O 453/16, AnwBl 2018, 170.
2) So LG Hamburg v. 12.6.2013, 309 O 425/08, GWR 2013, 341zur Parallelvorschrift für WP; a.A. Kilian, ZIP 2016, 608; Reinhart/Schütze, ZIP 2015, 1006.

che Betrag i.H.v. 1 Mio. € eingetragen werden und selbstverständlich muss der StB über eine Mindestversicherungssumme von 1 Mio. € verfügen, § 67a Abs. 1 Nr. 2 StBerG. Für Berufsausübungsgesellschaften (BAG) gelten höhere Mindestversicherungssummen.[1] Deshalb kann in diesen Fällen die Haftung in § 4 Abs. 2 nur beschränkt werden, wenn die BAG in vierfacher Höhe der gesetzlichen Mindestversicherungssumme versichert ist und die Haftung entsprechend beschränkt wird. Die Haftung wird begrenzt auf Ansprüche aus einem oder mehreren bestehenden Auftragsverhältnissen. Damit werden u.a. vorvertragliche und deliktische Ansprüche ausgenommen. Die Klausel orientiert sich insoweit eng am Gesetzeswortlaut des § 67a Abs. 1 Satz 1 StBerG, der von einem „bestehenden Vertragsverhältnis" spricht. Aus dieser Formulierung wird teilweise abgeleitet, dass eine weitergehende Klausel, die „alle" Schäden, z.B. auch deliktische Schäden, abdeckt, unwirksam ist.[2]

§ 4 Abs. 2 sieht eine Haftungsbeschränkung auch gegenüber Dritten, z.B. Banken, vor. Diese Regelung hat im Falle eines Vertrages mit Schutzwirkung zu Gunsten Dritter nur deklaratorische Bedeutung, da die Haftung des StB gegenüber Dritten nicht weiter gehen kann als gegenüber dem eigenen Mandanten. Kommt zwischen dem Dritten und dem StB allerdings ein Auskunftsvertrag zustande oder besteht die Gefahr, dass ein solcher Auskunftsvertrag zustande kommen könnte, sollte der Berater zuvor die schriftliche Erklärung des Dritten einholen, dass die Haftungsbeschränkung auch im Verhältnis Steuerberater-Dritter gilt (vgl. hierzu das Muster III. Rz. 919 zur Haftungsbegrenzung bei Auskunftsvertrag).

§ 4 Abs. 3 regelt, dass die Haftungsbegrenzung auch rückwirkend gilt. Dies betrifft die Fälle, in denen der Berater mit bereits bestehenden (ggf. langjährigen) Mandaten einen schriftlichen Steuerberatungsvertrag schließt. Ferner wird durch § 4 Abs. 3 Satz 2 sichergestellt, dass die Haftungsbeschränkung auch dann gilt, wenn sich der Auftragsumfang ändert. Eine solche „Rahmenvereinbarung" ist zulässig.[3] Zwar sieht § 6 Abs. 3 für diesen Fall vor, dass Änderungen und Ergänzungen des Vertrages der Textform bedürfen. Sollte dies allerdings einmal übersehen worden sein, wäre durch § 4 Abs. 3 Satz 2 sichergestellt, dass gleichwohl die Haftungsbeschränkung gilt.

§ 4 Abs. 4 enthält eine Regelung zum Nachbesserungsrecht. Nach dem LG Münster soll eine diesbezügliche Regelung in AGB wirksam sein.[4] Allerdings dürfte diese Entscheidung im Widerspruch zur BGH-Rechtsprechung stehen,[5] so dass die Wirksamkeit der Klausel zweifelhaft ist.[6]

§ 5 enthält verschiedene Regelungen zum **Datenschutz und zur Befreiung des StB von der Verschwiegenheitspflicht unter Berücksichtigung** des § 62a StBerG und der DSGVO, die in Art. 7 Bedingungen für die Einwilligung vorgibt. Die Regelungen sind auf die individuellen Bedürfnisse anzupassen. Es wurden bewusst Zwischenüberschriften gewählt, damit die jeweiligen Klauseln nicht als überraschend i.S.d. § 305c BGB unwirksam sind.[7] Abs. 1 verweist auf ein gesondertes Informationsschreiben als Anlage zum Vertrag (s. Muster II. Rz. 918). Zu Abs. 2: Zur Beauftragung externer Dienstleister (z.B. Rechenzentrum) benötigt der StB keine Einwilligung des Mandanten. Er muss bei der Beauftragung aber die Anforderungen des

1) 1 Mio. € bei rechtsformbedingter Haftungsbeschränkung und 500 000 € bei nicht rechtsformbedingter Haftungsbeschränkung, § 55f Abs. 3 und 4 StBerG.
2) LG Stuttgart v. 2.3.2022, 27 O 299/17, Stbg 2023, 195 m. Anm. Beyme.
3) OLG Düsseldorf v. 21.4.2009, I-24 U 27/08, OLGR Düsseldorf 2009, 782.
4) LG Münster v. 4.12.2013, 110, O 31/13.
5) BGH v. 11.5.2006, IX ZR 63/05, DStR 2006, 1247.
6) Janetzko, DStR 2015, 2875.
7) So AG Dortmund v. 30.10.2018, 425 C 9862/17, Stbg 2018, 520; s. hierzu auch Simon, NWB 2018, 3562.

§ 62a StBerG beachten. Will der StB einen freien Mitarbeiter für die Mandatsbearbeitung hinzuziehen, muss er die Einwilligung des Mandanten einholen, § 62a Abs. 5 StBerG. Abs. 3 regelt die Befreiung von der Verschwiegenheitspflicht für den Fall der Durchführung eines Zertifizierungsaudits. Hintergrund der Regelung des Abs. 4 ist die Vorschrift des § 64 Abs. 2 StBerG. Danach ist die Abtretung von Gebührenforderungen oder die Übertragung ihrer Einziehung an Inkassounternehmen oder Verrechnungsstellen nur zulässig, wenn der Mandant zuvor ausdrücklich seine schriftliche Einwilligung erklärt hat oder die Forderung rechtskräftig festgestellt ist. Die schriftliche Einwilligung kann der Mandant bereits zum Zeitpunkt des Abschlusses des Steuerberatungsvertrages erklären. Die Regelung des § 5 Abs. 4 ermöglicht dem StB später die Einschaltung von Inkassounternehmen oder Verrechnungsstellen, wenn der Mandant in Zahlungsrückstand gerät. Eine Zustimmung ist nicht erforderlich, wenn ein anderer StB, ein WP oder ein RA oder eine von diesen gebildete BAG beauftragt werden soll (z.B. eine anwaltliche Verrechnungsstelle, die als RA-Gesellschaft zugelassen ist). Abs. 5 enthält Regelungen zur Befreiung von der Verschwiegenheitspflicht in Bezug auf die Korrespondenz zwischen StB und Mandant sowie StB und Dritten per E-Mail. Ferner ist eine Regelung enthalten, die dem StB die elektronische Übermittlung seiner eigenen Gebührenrechnungen per E-Mail (sog. pdf-Rechnung) ermöglicht. Hierzu muss der Mandant lediglich erklären, dass er auf das Schriftformerfordernis verzichtet. In Abs. 6 findet sich eine Regelung, die es dem StB ermöglicht, bestimmte Mandanten als Referenz zu benennen, z.B. i.R. einer öffentlichen Ausschreibung, auf die er sich bewerben möchte, oder zu Werbezecken auf seiner Homepage.

Die Mitwirkungspflicht des Mandanten in § 6 soll es dem StB erleichtern, den Mandanten, der seinen Pflichten nicht nachkommt, in Annahmeverzug zu versetzen und so das vereinbarte Honorar (auch ohne Leistung) zu fordern.[1]

In § 7 Abs. 3 wurde nur optional eine **salvatorische Klausel** aufgenommen, weil eine solche Klausel in AGB keinen Sinn ergibt. Bereits nach dem Gesetz berührt die Unwirksamkeit einer Klausel nicht die Wirksamkeit des Restes (§ 306 Abs. 1 BGB). Die in § 7 Abs. 3 Satz 1 gewünschte Rechtsfolge tritt also ohnehin ein. Die weitere Regelung in § 7 Abs. 3 Satz 2, nach der die unwirksame Klausel durch eine wirksame Klausel ersetzt wird, ist grundsätzlich wegen Intransparenz unwirksam. Sie führt im Ergebnis auch zu einer unzulässigen geltungserhaltenden Reduktion.[2]

Die in § 7 Abs. 4 vorgeschlagene Bürgschaftsregelung bietet sich insbesondere an, wenn der Auftraggeber eine juristische Person, z.B. eine GmbH oder UG (haftungsbeschränkt) ist.

II. Erfüllung der Informationspflichten bei Mandatsbeginn

Am 25.5.2018 ist die Datenschutzgrundverordnung in Kraft getreten. Das nachfol- **918**
gende Muster ist als einfaches Muster zur Erfüllung der Informationspflichten, die sich bei Mandatsbeginn aus Art. 13, 14 DSGVO ergeben, konzipiert. Der StB schuldet die Information bereits bei Erhebung der Daten. Es empfiehlt sich, diese Information auf der eigenen Kanzlei-Website einzustellen und dem Mandanten bei Begründung des Mandatsverhältnisses *(ggf. als Anlage zum schriftlichen Steuerberatungsvertrag oder den Allgemeinen Auftragsbedingungen)* auszuhändigen.

1) Siehe OLG Koblenz v. 1.12.2005, 6 U 951/04, OLGR Koblenz 2006, 318.
2) Pfeiffer in Wolf/Lindacher/Pfeiffer, 6. Aufl. 2013, § 307 BGB Rz. 264; Niebling, MDR 2018, 633, 634 und 639.

Informationspflichten bei Mandatsbeginn

1. Informationspflichten gem. Art. 13 Abs. 1 DSGVO

a) Identität des Verantwortlichen

Diese Datenschutz-Information gilt für die Datenverarbeitung durch:

Verantwortlicher: Steuerberater XY, ... *Straße*, ... *Ort*, Deutschland, E-Mail: .... @XYSteuerrecht.de, Telefon +49 (0) ...., Fax: +49 (0) ....

b) Ggf.: Kontaktdaten des Datenschutzbeauftragten

Der/die betriebliche Datenschutzbeauftragte von XY ist unter der o.g. Anschrift, zu Händen Herrn Mustermann, bzw. unter .... @xysteuerrecht.de erreichbar.

c) Verarbeitungszwecke und Rechtsgrundlage

Die Verarbeitungszwecke Ihrer personenbezogenen Daten ergeben sich aus der erteilten **Einwilligung**. Diese kann jederzeit mit Wirkung für die Zukunft widerrufen werden. Dies gilt auch für Einwilligungen, die vor dem 25.5.2018 erteilt worden sind. Rechtsgrundlage ist Art. 6 Abs. 1a) DSGVO.

Die Verarbeitungszecke erfolgen zur **Erfüllung vertraglicher Pflichten**, die sich aus dem Steuerberatungsvertrag ergeben oder zur Durchführung vorvertraglicher Maßnahmen. Rechtsgrundlage ist Art. 6 Abs. 1b) DSGVO.

Die Verarbeitungszwecke ergeben sich aus **gesetzlichen Bestimmungen** oder liegen im öffentlichen Interesse. Rechtsgrundlage ist Art. 6 Abs. 1c) DSGVO.

d) Berechtigtes Interesse

Die Verarbeitungszwecke können sich aus der Wahrung unserer eigenen berechtigten Interessen ergeben. Es kann erforderlich sein, die von Ihnen überlassenen Daten über die eigentliche Erfüllung des Vertrages hinaus zu verarbeiten. Als berechtigtes Interesse kommen insbesondere die Geltendmachung rechtlicher Ansprüche, die Abwehr von Schadensersatzansprüchen und die Verhinderung von Straftaten in Betracht. Rechtsgrundlage ist Art. 6 Abs. 1f) DSGVO.

e) Empfänger

Innerhalb der Kanzlei erhalten diejenigen Mitarbeiter Zugriff auf Ihre personenbezogenen Daten, die sie zur Erfüllung der vertraglichen und gesetzlichen Pflichten benötigen und die zur Verarbeitung dieser Daten berechtigt sind.

Eine Übermittlung Ihrer personenbezogenen Daten an Dritte findet nur zu den unter c) und d) genannten Verarbeitungszwecken statt. Der Empfängerkreis richtet sich nach den vertraglich übernommenen Verpflichtungen des Verantwortlichen. Zu den Empfängern gehören z.B. die für die Besteuerung zuständigen Finanzämter, Sozialversicherungsträger, sonstige zuständige Behörden, Gerichte und Kreditinstitute, mit denen Sie Geschäftsbeziehungen unterhalten. Im Rahmen der Vertragserfüllung beauftragen wir Auftragsverarbeiter, die zur Erfüllung der vertraglichen Pflichten beitragen, z.B. das Rechenzentrum X, den EDV-Partner Y, den Aktenvernichter Z etc. Diese Auftragsverarbeiter werden von uns vertraglich gemäß § 62a StBerG zur Einhaltung der Verschwiegenheit sowie zur Einhaltung der Vorgaben der DSGVO und des BDSG verpflichtet.

Darüber hinaus erfolgt eine Übermittlung personenbezogener Daten an Dritte nur auf Grund ausdrücklich erklärter Einwilligung gem. Art. 6 Abs. 1a) DSGVO bzw. Entbindung von der Verschwiegenheitspflicht.

f) Übermittlung an Drittstaaten oder internationale Organisationen

Eine Übermittlung an Drittstaaten oder internationale Organisationen findet nicht statt.

2. Informationspflichten gem. Art. 13 Abs. 2 DSGVO

a) Dauer der Speicherung

Die personenbezogenen Daten werden so lange gespeichert, wie dies zur Erfüllung des vertraglich vereinbarten Zwecks notwendig ist, in jedem Falle so lange, wie das

Vertragsverhältnis besteht. Nach Beendigung des Vertragsverhältnisses werden die Daten bis zum Ablauf der gesetzlichen Aufbewahrungspflichten gespeichert. Die gesetzlichen Aufbewahrungspflichten nach Handels-, Steuer- und Berufsrecht betragen bis zu zehn Jahre. Zur Wahrung eigener berechtigter Interessen können die personenbezogenen Daten auch bis zu 30 Jahre aufbewahrt werden.

b) Auskunft über Ihre Rechte

- Sie haben das Recht, auf Antrag unentgeltlich **Auskunft** zu erhalten, ob und welche Daten über Sie gespeichert sind und zu welchem Zweck die Speicherung erfolgt, Art. 15 DSGVO.
- Sie haben das Recht, von XY unverzüglich die **Berichtigung** ihrer unrichtigen personenbezogenen Daten zu verlangen. Unter Berücksichtigung der Zwecke der Verarbeitung haben Sie das Recht, die **Vervollständigung** unvollständiger personenbezogener Daten zu verlangen, Art. 16 DSGVO.
- Sie haben das Recht, von XY zu verlangen, dass ihre **Daten unverzüglich gelöscht** werden, Art. 17 DSGVO. XY ist verpflichtet, personenbezogene Daten unverzüglich zu löschen, sofern einer der folgenden Gründe zutrifft:
  - Die Zwecke, für die die personenbezogenen Daten erhoben wurden, sind entfallen.
  - Widerruf Ihrer Einwilligung in die Verarbeitung, ohne dass eine anderweitige Rechtsgrundlage für die Verarbeitung vorliegt.
  - Widerspruch gegen die Verarbeitung, ohne dass eine anderweitige Rechtsgrundlage für die Verarbeitung vorliegt.
  - Die personenbezogenen Daten wurden unrechtmäßig verarbeitet.
  - Die Löschung der personenbezogenen Daten ist zur Erfüllung einer rechtlichen Verpflichtung nach dem Unionsrecht oder dem Recht der Mitgliedstaaten erforderlich, dem der Verantwortliche unterliegt.
  - Die personenbezogenen Daten wurden in Bezug auf angebotene Dienste der Informationsgesellschaft gem. Art. 8 Abs. 1 DSGVO erhoben.
- Sie haben das Recht, die **Einschränkung der Verarbeitung** gem. Art. 18 DSGVO, § 35 BDSG zu verlangen, wenn eine der folgenden Voraussetzungen gegeben ist:
  - Die Richtigkeit der personenbezogenen Daten wird von Ihnen angezweifelt.
  - Die Verarbeitung ist unrechtmäßig; Sie lehnen eine Löschung jedoch ab.
  - Personenbezogene Daten werden für die Zwecke der Verarbeitung nicht länger benötigt; Sie benötigen die Daten jedoch zur Geltendmachung, Ausübung oder Verteidigung von Rechtsansprüchen.
  - Sie haben Widerspruch gegen die Verarbeitung gem. Art. 21 Abs. 1 DSGVO eingelegt. Solange noch nicht feststeht, ob die berechtigten Gründe des Verantwortlichen Ihnen gegenüber überwiegen, wird die Verarbeitung eingeschränkt.
- Sie haben das Recht auf **Datenübertragbarkeit**, Art. 20 DSGVO. Dies bedeutet, dass Sie die von Ihnen bereitgestellten Daten in einem strukturierten, gängigen und maschinenlesbaren Format von XY erhalten können. Eine Weiterleitung an einen anderen Verantwortlichen darf nicht behindert werden.

c) Widerrufbarkeit von Einwilligungen

Beruht die Verarbeitung der personenbezogenen Daten auf ihrer Einwilligung gemäß Art. 6 Abs. 1a oder Art. 9 Abs. 2a DSGVO, sind Sie jederzeit berechtigt, die Einwilligung für die Zukunft zu widerrufen. Die Rechtmäßigkeit der auf Grund der Einwilligung bis zum Widerruf erfolgten Verarbeitung bleibt unberührt. Bitte wenden Sie sich an XY. Es genügt eine E-Mail an .... @XY.steuerrecht.de.

d) Beschwerderecht bei der Aufsichtsbehörde

Wenn Sie der Ansicht sind, dass die Verarbeitung Ihrer Daten gegen die DSGVO verstößt, haben Sie das Recht, Beschwerde bei der Aufsichtsbehörde einzulegen. Hierzu wenden Sie sich bitte an die zuständige Aufsichtsbehörde, Art. 77 DSGVO.

e) Verpflichtung zur Bereitstellung personenbezogener Daten – Herkunft der Daten

Wir verarbeiten die personenbezogenen Daten, die zur Erfüllung der vertraglichen Pflichten oder vorvertraglichen Maßnahmen erforderlich sind und die Sie uns zu diesem Zweck zur Verfügung gestellt haben. Wenn Sie uns die benötigten Daten nicht zur Verfügung stellen, kann ein Vertrag nicht abgeschlossen werden bzw. können wir unseren vertraglichen Pflichten nicht nachkommen. Buchhalterische und/oder steuerliche Nachteile für Sie wären nicht ausgeschlossen.

Zur Erfüllung unserer vertraglichen Pflichten kann es erforderlich sein, personenbezogene Daten zu verarbeiten, die wir von anderen Unternehmen oder sonstigen Dritten, z.B. Finanzämtern, Sozialversicherungsträgern, Ihren Geschäftspartnern etc. zulässigerweise zur Vertragserfüllung erhalten haben. Weiterhin verarbeiten wir ggf. auch personenbezogene Daten aus öffentlich zugänglichen Quellen, z.B. aus Registern oder dem Internet, wenn dies für die Vertragserfüllung erforderlich ist.

f) Automatisierte Entscheidungsfindung und Profiling

Zur Verarbeitung der von Ihnen überlassenen Daten kommt keine vollautomatisierte Entscheidungsfindung gemäß Art. 22 DSGVO zum Einsatz.

3. Widerspruchsrecht gem. Art. 21 DSGVO

Sofern Ihre Daten auf Grundlage eines berechtigten Interesses verarbeitet werden, haben Sie das Recht, Widerspruch gegen die Verarbeitung Ihrer personenbezogenen Daten einzulegen, soweit dafür Gründe vorliegen, die sich aus Ihrer besonderen Situation ergeben. Hierzu genügt eine E-Mail an .... @XY.steuerrecht.de.

III. Haftungsbegrenzungsvereinbarung mit Bank bei Auskunftsvertrag

919 Sehr geehrte Damen und Herren,

in vorbezeichneter Angelegenheit überreiche ich anliegende Vollmacht und erkläre rein vorsorglich für den Fall, dass zwischen uns ein Auskunftsvertrag zustande kommen sollte, dass im o.g. Mandatsverhältnis eine Haftungsbeschränkung vereinbart ist, die wie folgt lautet:

„Der Anspruch des Auftraggebers gegen den Auftragnehmer und Dritte auf Ersatz eines durch Fahrlässigkeit verursachten Schadens wird auf .... Mio. €[1] begrenzt. Von der Haftungsbegrenzung ausgenommen sind Ansprüche, die nicht aus den zwischen den Parteien bestehenden Vertragsverhältnissen beruhen, sowie Ansprüche aus der Verletzung des Lebens, des Körpers und der Gesundheit."

Ich bitte um Ihre schriftliche Einverständniserklärung, dass diese Haftungsbegrenzung auch Ihnen gegenüber gilt. Die erbetenen Auskünfte werde ich übersenden, sobald mir ein von Ihnen unterzeichnetes Exemplar dieses Schreibens zugegangen ist.

Mit freundlichen Grüßen

.... Steuerberater

....

Zur Kenntnis genommen und akzeptiert

....

Datum / Unterschrift

1) Betrag der vereinbarten Haftungsbeschränkung hier einsetzen. Bei vorformulierten Vertragsbedingungen muss der vierfache Betrag der Mindestversicherungssumme versichert sein (§ 67a Abs. 1 Satz 1 Nr. 2 Satz 2 StBerG). Die Höhe der Mindestversicherungssumme hängt bei Berufsausübungsgesellschaften von der Rechtsform ab (§ 55f StBerG).

IV. Vergütungsvereinbarung (Pauschale für steuerliche Registrierung, Fibu, Lohn und Stundensätze)

Vergütungsvereinbarung
Zwischen 920

....

(Auftraggeber)

und

Steuerberater

....

(Auftragnehmer)

wird folgende Vereinbarung getroffen:

§ 1 Steuerliche Registrierung

Für die Bearbeitung des Fragebogens zur steuerlichen Registrierung beim Finanzamt, für die Kommunikation mit dem Finanzamt bis zur Vergabe der Steuernummer und für die Beantragung einer Umsatzsteuer-Identifikationsnummer erhält der Auftragnehmer eine feste Gebühr in Höhe von .... €.

§ 2 Finanzbuchführung

(1) Der Auftraggeber hat den Auftragnehmer mit der Erstellung der monatlichen Finanzbuchführung ab dem .... beauftragt. Hierfür zahlt der Auftraggeber ab dem .... an den Auftragnehmer eine monatliche Pauschale in Höhe von .... €. Tätigkeiten betriebswirtschaftlicher Art, wie BWA, Abwicklung des Zahlungsverkehrs, Berichtswesen, Controlling, Erfolgsrechnungen, Liquiditätsrechnungen, interne und externe Betriebsvergleiche werden mit den in § 5 genannten Zeitgebühren/Stundensätzen berechnet.

(2) Tätigkeiten im Zusammenhang mit dem Einrichten der Finanzbuchführung werden gesondert mit den in § 5 genannten Zeitgebühren/Stundensätzen berechnet (§ 32 StBVV).

(3) **Alternative 1***:* Die Finanzbuchführung umfasst alle Tätigkeiten im Sinne des § 33 StBVV einschließlich aller Vor-, Neben- und Nacharbeiten sowie der Umsatzsteuervoranmeldungen.
Alternative 2*:* Die Finanzbuchführung umfasst .....(genaue, detaillierte Beschreibung der Tätigkeit).

(4) Leistungen, die darüber hinausgehen, werden mit den in § 5 genannten Zeitgebühren/Stundesätzen berechnet. Hierzu gehören u.a.:[1)]

- Sortieren und Scannen von Belegen
- Mitwirkung bei der Kassenbuchführung
- Kassenprüfung auf Fehlbeträge
- Klärung und Prüfung von Belegen (z.B. Repräsentationsaufwendungen, Reisekostenabrechnungen)
- Laufende Beratung
- Erledigung von Rückfragen seitens des Auftraggebers
- Unterstützung bei der Umstellung auf digitale Prozesse.
- ....

1) Aufzählung ist individuell anzupassen.

§ 3 Lohnbuchführung

Der Auftraggeber hat den Auftragnehmer auch mit der Lohnbuchführung ab .... beauftragt. Für die monatlichen Lohnabrechnungen werden pro Arbeitnehmer pauschal .... € und pro Einrichtung eines Lohnkontos mit Aufnahme der Stammdaten ebenfalls .... € berechnet. Der Auftragnehmer schuldet keine sozialversicherungsrechtliche und arbeitsrechtliche Beratung.

Alternative 1*:* Die Pauschalen umfassen alle Tätigkeiten des § 34 StBVV einschließlich aller Vor-, Neben- und Nacharbeiten sowie der Lohnsteueranmeldungen.

Alternative 2*:* Die Lohnbuchführung umfasst die Einrichtung der Lohnbuchhaltung, die Einrichtung eines Lohnkontos je Arbeitnehmer, die Führung der monatlichen Lohnbuchhaltung, die Erstellung einer monatlichen Lohnabrechnung je Arbeitnehmer, die Anfertigung der Lohnsteueranmeldungen, die Anfertigung der Beitragsnachweise für die Sozialversicherungsträger, das Erstellen des Lohnjournals und die Aufstellung einer monatlichen Lohn-Zahlungsliste.

Leistungen, die darüber hinausgehen, werden mit den in § 5 genannten Zeitgebühren/Stundensätzen berechnet. Hierzu gehören u.a.[1]

- manuelle Lohnsteueranmeldungen bei verspäteter Einreichung der Unterlagen
- Korrektur von Lohnabrechnungen bei nicht rechtzeitiger Übermittlung der Daten
- An- und Abmeldung von Arbeitnehmern bei Sozialversicherungsträgern
- Ausstellen von Verdienstbescheinigungen
- Berufsgenossenschaftsnachweise
- Bearbeitung von Anträgen im Rahmen der Entgeltfortzahlung und bei Krankheit
- Lohnpfändungen
- ...

§ 4 Angemessenheit der Pauschalen

Bei Anwendung der Alternative 1: Dem Auftraggeber ist bekannt, dass die in §§ 1, 2 Abs. 1 und 3 vereinbarten Pauschalen die gesetzlichen Gebühren möglicherweise übersteigen.

Bei Anwendung der Alternative 2*:* Dem Auftraggeber ist bekannt, dass die in §§ 1 und 2 Abs. 1 vereinbarten Pauschalen die gesetzlichen Gebühren möglicherweise und die in § 3 vereinbarte Pauschale die gesetzliche Gebühr in jedem Fall überschreiten. Die vereinbarte Pauschale nach § 2 ist jährlich auf ihre Angemessenheit zu prüfen. Sie basiert auf dem Jahresumsatz des Vorjahres in Höhe von .... €. Bei Abweichungen des Jahresumsatzes von mehr als .... € nach unten oder oben gehen die Vertragsparteien noch von der Angemessenheit der Pauschale aus.

Oder:

Eine Anpassung der Pauschale für die Finanz- und Lohnbuchführung bleibt vorbehalten. Die neuen Pauschalen sind dem Auftraggeber in Textform mitzuteilen und gelten mit Ablauf des dritten Monats nach Erhalt der Anpassungsmitteilung als vereinbart. Auf diese Rechtsfolge wird der Auftragnehmer den Auftraggeber in dem Erhöhungsverlangen nochmals ausdrücklich hinweisen. Gleichzeitig wird der Auftraggeber den Auftragnehmer in transparenter Form auf die Möglichkeit der fristlosen und kostenfreien Kündigung hinweisen.

1) Aufzählung ist individuell anzupassen.

Oder:

Am Ende eines jeden Jahres werden die vereinbarten Pauschalen um die jeweils geltende Inflationsrate (gemessen am Verbraucherpreisindex für Deutschland) erhöht (alternativ: Erhöhung nur, wenn ein bestimmter Wert, z.B. 2 % überschritten wird).

§ 5 Zeitgebühren/Stundensätze

Alle Tätigkeiten, für die die StBVV eine Abrechnung nach Zeitgebühr (§ 13 StBVV) vorsieht, werden abweichend von der gesetzlichen Regelung wie folgt berechnet:

Partner	.... € je angefangene 15 Minuten
Angestellter Steuerberater	.... € je angefangene 15 Minuten
Qualifizierter Mitarbeiter	.... € je angefangene 15 Minuten

§ 6 Auslagenersatz, Umsatzsteuer

Sämtliche Leistungen verstehen sich zuzüglich des gesetzlichen Auslagenersatzes und der jeweils gültigen gesetzlichen Umsatzsteuer.

....	....
Ort, Datum	Unterschrift/Auftraggeber
....	....
Ort, Datum	Unterschrift/Auftragnehmer

V. Kombinierte Vergütungsvereinbarung (StBVV, Zeitgebühr, Pauschale)

Vergütungsvereinbarung
Zwischen 921

....
(Auftraggeber)

und

Steuerberater

....
(Auftragnehmer)

wird vereinbart:

Grundsätzlich werden alle Tätigkeiten nach der Steuerberatervergütungsverordnung (StBVV) in der jeweils gültigen Fassung abgerechnet.

§ 1 Sondervereinbarungen

(1) Für folgende Tätigkeiten erhält der Auftragnehmer abweichend von der StBVV ein **Zeithonorar**:

- allgemeine steuerliche Beratung und Auskunftserteilung in steuerlichen Angelegenheiten aufgrund von Einzelfragen[1)]
- Anfertigung der Steuererklärungen, insbesondere die rückwirkende Aufbereitung der Jahre 20.......... und 20..........
- Vertretung im außergerichtlichen Rechtsbehelfsverfahren
- *ggf. weitere Tätigkeiten auflisten*

1) Auch im Zusammenhang mit der Finanz- und Lohnbuchführung, der Jahresabschlusserstellung, der Anfertigung von Steuererklärungen und im Rechtsbehelfsverfahren.

(2) Es gelten folgende Nettostundensätze:

Partner	.... €
Angestellte Steuerberater	.... €
Qualifizierte Mitarbeiter (ggf. gestaffelt nach Qualifikation)	.... €
Hilfskräfte	.... €

(3) Dem Auftraggeber ist bekannt, dass die vereinbarten Zeitgebührensätze die gesetzlichen Gebühren nach StBVV möglicherweise übersteigen.

(4) Der Auftragnehmer rechnet minutengenau ab.

(5) Als Mindestvergütung werden – unabhängig von dem tatsächlich angefallenen Zeitaufwand – die gesetzlichen Gebühren in Höhe der Mittelgebühr nach der StBVV geschuldet. Die gesetzlichen Gebühren richten sich dann nach dem Gegenstandswert.

(6) Tätigkeiten im Bereich der **Lohnbuchführung** werden wie folgt abgerechnet:

Einrichten der Lohnbuchführung (nach Zeitaufwand)	.... €/Std.
Einrichten von Lohnkonten je Arbeitnehmer	.... €
Anfertigung der Lohnabrechnung je Arbeitnehmer	.... €
ggf. weitere Tätigkeiten auflisten	.... €

(7) Für die Erstellung einer Offenlegungs-/Hinterlegungsversion des Jahresabschlusses und die Bereitstellung der Daten für den elektronischen Bundesanzeiger wird eine **Pauschale** i.H.v. .... € vereinbart.

§ 2 Vorschuss

Der Auftragnehmer ist berechtigt, jederzeit einen angemessenen Vorschuss zu fordern.

§ 3 Nebenkosten

Der Auftraggeber erstattet dem Auftragnehmer die im Zusammenhang mit seiner Tätigkeit anfallenden erforderlichen Aufwendungen in der gesetzlich vorgesehenen Höhe.

§ 4 Umsatzsteuer

Sämtliche Positionen verstehen sich zuzüglich der jeweils gültigen gesetzlichen Umsatzsteuer.

....	....
Ort, Datum	Unterschrift/Auftraggeber
....	....
Ort, Datum	Unterschrift/Auftragnehmer

VI. Vergütungsvereinbarung (Buchungszeilen)

Vergütungsvereinbarung
Zwischen **922**

....
(Auftraggeber)

und

Steuerberater

....
(Auftragnehmer)

wird folgende Vereinbarung getroffen:

§ 1 Finanzbuchführung

(1) Der Auftraggeber hat den Auftragnehmer mit der Erstellung der monatlichen Finanzbuchführung ab dem .... beauftragt. Hierfür zahlt der Auftraggeber abweichend von der Steuerberatervergütungsverordnung (StBVV) einen Betrag von .... € pro Buchungszeile ab dem .... Dem Auftraggeber ist bekannt, dass dadurch die gesetzliche Vergütung nach der StBVV möglicherweise überschritten wird.

(2) Tätigkeiten im Zusammenhang mit dem Einrichten der Finanzbuchführung werden gesondert nach Zeitgebühr berechnet (§ 32 StBVV).

(3) Die Finanzbuchführung umfasst ....

(4) Sonstige Hilfeleistungen im Zusammenhang mit der Finanzbuchführung werden

☐ nicht gesondert berechnet, sondern sind von der Gebühr nach Abs. 1 abgegolten;

☐ mit einer Zeitgebühr berechnet (§ 33 Abs. 7 StBVV i.V.m. § 13 Satz 1 Nr. 1, Satz 2 StBVV).

§ 2 Auslagenersatz, Umsatzsteuer

Sämtliche Leistungen verstehen sich zuzüglich des gesetzlichen Auslagenersatzes und der jeweils gültigen gesetzlichen Umsatzsteuer.

....	....
Ort, Datum	Unterschrift/Auftraggeber
....	....
Ort, Datum	Unterschrift/Auftragnehmer

VII. Vergütungsvereinbarung (Zeitgebühr für außergerichtliche Tätigkeiten)

Vergütungsvereinbarung

923 Abweichend von den gesetzlichen Gebühren nach der Steuerberatervergütungsverordnung (StBVV) (*ggf.: bzw. dem Rechtsanwaltsvergütungsgesetz (RVG)*) wird gemäß § 4 Abs. 1 StBVV (*ggf.*: *bzw. § 40 Satz 1 StBVV i.V.m.* § 3a RVG)[1] zwischen

....
(Auftraggeber)

und

Steuerberater

....
(Auftragnehmer)

☐ für die im Steuerberatungsvertrag vom .... unter § 1 .... [2] übernommenen (ggf.: *„und alle zukünftigen")* Leistungen

Alternativ:

☐ für folgende Angelegenheiten: .... [3]

Alternativ:

☐ für alle aktuellen und künftigen Aufträge

folgende Vergütung vereinbart:

§ 1 Zeitgebührensätze

(1) Es werden Stundensätze vereinbart.

(2) Die Stunden werden wie folgt vergütet:

Praxisinhaber	.... € je Stunde
angestellte Berufsangehörige	.... € je Stunde
qualifizierte Mitarbeiter	.... € je Stunde
Hilfskräfte	.... € je Stunde

(3) *Ggf.*: Der Vergütungsvereinbarung liegt ein Dauerschuldverhältnis zu Grunde. Deshalb bleibt dem Auftragnehmer eine angemessene Erhöhung der Stundensätze, orientiert am Verbraucherpreisindex und der Inflationsrate, vorbehalten. Eine beabsichtigte Erhöhung ist dem Auftraggeber in Textform oder schriftlich mitzuteilen und gilt mit Ablauf des dritten Monats nach Erhalt der Mitteilung als vereinbart. Auf diese Rechtsfolge wird der Auftragnehmer den Auftraggeber in dem Erhöhungsverlangen nochmals ausdrücklich hinweisen. Gleichzeitig wird der Auftraggeber den Auftragnehmer in transparenter Form auf die Möglichkeit der fristlosen und kostenfreien Kündigung hinweisen.

(4) *Ggf.:* Bei Reisen zur Erfüllung des Beratungsauftrages wird die Reisezeit mit der Hälfte der in Absatz 2 genannten Stundensätzen in Rechnung gestellt.
Alternativ: Bei Reisen zur Erfüllung des Beratungsauftrages wird die Hälfte der Reisezeit zu den in Absatz 2 genannten Stundensätzen abgerechnet.

1) Wenn Gegenstand der Vergütungsvereinbarung (auch) ein außergerichtliches Rechtsbehelfsverfahren ist, muss in die Vergütungsvereinbarung zusätzlich eine Regelung zur Kostenerstattung aufgenommen werden (→ § 3 Muster VIII., Rz. 924).
2) Bitte Tätigkeiten benennen.
3) Bitte Tätigkeiten benennen.

(5) *Ggf.:* Abgerechnet wird in Intervallen von angefangenen sechs Minuten.

(6) Dem Auftraggeber ist bekannt, dass die vereinbarten Zeitgebührensätze die gesetzlichen Gebühren nach StBVV möglicherweise übersteigen.

(7) Als Mindestvergütung werden – unabhängig von dem tatsächlich angefallenen Zeitaufwand – die gesetzlichen Gebühren nach dem Gegenstandswert (*ggf.*: in Höhe der jeweiligen Mittelgebühr) nach der StBVV geschuldet.

§ 2 Zahlungsweise, Anerkenntnis, Vorschuss

(1) Der Auftraggeber zahlt die vereinbarte Vergütung nach Erhalt der Berechnung. Der Auftragnehmer rechnet monatlich ab und fügt der Berechnung eine Leistungsübersicht über die abgerechneten Stunden bei. Der Auftraggeber ist darüber hinaus jederzeit berechtigt, Auskunft über den entstandenen Zeitaufwand zu verlangen.

(2) Hinsichtlich der abgerechneten Zeiten tritt Fälligkeit ein.

(3) Widerspricht der Auftraggeber dieser Leistungsübersicht nicht innerhalb eines Monats nach Erhalt der Berechnung, gelten die abgerechneten Stunden als anerkannt. Auf diese Widerspruchsfrist weist der Auftragnehmer in jeder Berechnung noch einmal gesondert hin.

(4) Der Auftragnehmer ist berechtigt, jederzeit einen angemessenen Vorschuss zu fordern.

§ 3 Nebenkosten

(1) Der Auftraggeber erstattet dem Auftragnehmer folgende im Zusammenhang mit seiner Tätigkeit anfallende erforderliche Aufwendungen: Entgelte für Post- und Telekommunikationsdienstleistungen, Dokumentenpauschale und Fahrtkosten[1)] in der gesetzlich vorgesehenen Höhe.

(2) Daneben werden besondere Geschäftskosten i.S.d. § 3 Satz 2 StBVV (z.B. mandantenbezogene EDV-Kosten) weiterberechnet.

(3) Verauslagte Kosten von Gerichten, Behörden oder sonstigen Dritten sind darin nicht enthalten und werden ohne Aufschlag weiterberechnet.

§ 4 Umsatzsteuer

Sämtliche Positionen verstehen sich zuzüglich der jeweils gültigen gesetzlichen Umsatzsteuer.

....	....
Ort, Datum	Unterschrift/Auftraggeber

1) Ggf.: wenn nicht die Regelung in § 1 Abs. 4 übernommen wird: auch Tage- und Abwesenheitsgelder.

VIII. Vergütungsvereinbarung (Zeitgebühr für gerichtliche Tätigkeiten)

Vergütungsvereinbarung

924 Zwischen

....

(Auftraggeber)

und

Steuerberater

....

(Auftragnehmer)

wird abweichend von der Steuerberatervergütungsverordnung (StBVV) und dem Rechtsanwaltsvergütungsgesetz (RVG) gemäß § 40 Satz 1 StBVV i.V.m. § 3a Abs. 1 RVG für die Tätigkeit in dem/den Verfahren vor dem Finanzgericht ....

wegen

....

folgende Vergütungsvereinbarung geschlossen:

§ 1 Zeitgebühr

(1) Es wird eine Zeitgebühr in Höhe von .... € je Stunde vereinbart.

(2) *Ggf.:* Abgerechnet wird in Intervallen von angefangenen 6 Minuten.

(3) Dem Auftraggeber ist bekannt, dass die Abrechnung nach Zeitgebühr möglicherweise zu einer höheren Vergütung führt als Abrechnung nach den gesetzlichen Gebühren.

(4) *Ggf.:* Als Mindestvergütung werden – unabhängig von dem tatsächlich angefallenen Zeitaufwand – die gesetzlichen Gebühren nach dem Gegenstandswert des RVG geschuldet.

§ 2 Vorschuss

Auf die vereinbarte Vergütung zahlt der Auftraggeber einen Vorschuss in Höhe von .... € bis spätestens zum ....

§ 3 Erstattungsfähigkeit

Der Auftraggeber hat für den Fall, dass die Gebühren und Auslagenersatz von einem Dritten[1)] zu ersetzen sind,[2)] einen Erstattungsanspruch nur in Höhe der gesetzlichen Gebühren und des gesetzlichen Auslagenersatzes, § 40 Satz 1 StBVV i.V.m. § 3a Abs. 1 Satz 3 RVG.

§ 4 Nebenkosten

(1) Der Auftraggeber erstattet dem Auftragnehmer folgende im Zusammenhang mit seiner Tätigkeit anfallende erforderliche Aufwendungen: Entgelte für Post- und Telekommunikationsdienstleistungen, Dokumentenpauschale in der gesetzlich vorgesehenen Höhe.

(2) Abweichend von der gesetzlichen Regelung in Nr. 7003 VV RVG wird für Fahrten mit dem eigenen Pkw ein km-Geld in Höhe von .... € berechnet. Als Tage- und Abwesenheitsgeld im Fall einer Geschäftsreise werden abweichend von

1) Z.B. der gegnerischen Partei oder der Staatskasse.
2) Z.B. bei Obsiegen in dem finanzgerichtlichen Verfahren.

Nr. 7005 VV RVG folgende Beträge berechnet: bis zu 4 Stunden: .... €, 4–8 Stunden: .... €, mehr als 8 Stunden: .... €.

(3) Verauslagte Kosten von Gerichten, Behörden oder sonstigen Dritten sind darin nicht enthalten und werden ohne Aufschlag weiter berechnet.

(4) Der Auftraggeber wird darauf hingewiesen, dass die Nebenkosten die gesetzlichen Nebenkosten nach der StBVV teilweise übersteigen.

§ 5 Umsatzsteuer

Sämtliche Positionen verstehen sich zuzüglich der jeweils gültigen gesetzlichen Umsatzsteuer.

....

Ort, Datum Unterschrift/Auftraggeber

IX. Einverständniserklärung ZUGFeRD

Formulierungsvorschlag Einverständniserklärung ZUGFeRD (Zentraler User Guide des Forums elektronische Rechnung Deutschland)

Vereinbarung zwischen 925

....

(nachfolgend Steuerberater)

und

....

(nachfolgend Mandant)

Der Mandant erklärt sein Einverständnis, dass der Steuerberater Honorarrechnungen ab sofort nur noch (*alternativ: auch*) im Standardformat für elektronische Rechnungen – ZUGFeRD) an ihn verschicken oder über das Portal DATEV-Unternehmen-Online bereitstellen darf. Der Versand erfolgt mindestens unter Einsatz einer Transportverschlüsselung. Der Steuerberater stellt sicher, dass er jede einzelne Honorarrechnung vor Versand geprüft und freigegeben hat, und archiviert die Rechnungen des Mandanten.

Ort, Datum

______________________ ______________________

Unterschrift Unterschrift

X. Vergütungsvereinbarung (Nachträgliche Arbeiten)

Vergütungsvereinbarung

„... Alle nachträglichen Tätigkeiten und Arbeiten des Beraters im Zusammenhang mit der Anfertigung der Steuererklärung werden nach Zeitgebühr berechnet. Zu den nachträglichen Arbeiten und Tätigkeiten gehören insbesondere: 926

- Nacharbeiten, die nicht auf einem Fehler des Beraters beruhen,
- Beratertätigkeit auf Grund weiterer Ermittlungen der Finanzbehörde (Auskünfte, Besprechungen mit der Behörde usw.) bis zum Erlass des Steuerbescheids im Zusammenhang mit der jeweiligen Steuererklärung.

Es werden folgende Zeitgebührensätze vereinbart:

..."

XI. Pauschalvergütungsvereinbarung

Vergütungsvereinbarung

927 Zwischen

....

(Auftraggeber)

und

Steuerberater

....

(Auftragnehmer)

wird folgende Vergütungsvereinbarung getroffen:

§ 1 Auftragsumfang

(1) Der Auftraggeber beauftragt den Auftragnehmer mit der Erstellung der monatlichen Finanzbuchführung und der Lohnbuchführung ab dem .... Für die Finanzbuchführung zahlt der Auftraggeber ab dem .... an den Auftragnehmer eine monatliche Pauschale in Höhe von .... € zuzüglich Auslagenersatz und der jeweils gültigen gesetzlichen Umsatzsteuer. Für die Lohnbuchführung zahlt der Auftraggeber je Arbeitnehmer ab dem .... eine monatliche Pauschale i.H.v. .... € zuzüglich Auslagenersatz und der jeweils gültigen gesetzlichen Umsatzsteuer. Tätigkeiten im Zusammenhang mit dem Einrichten der Finanz- bzw. Lohnbuchführung werden gesondert berechnet.

Der Auftraggeber erteilt dem Auftragnehmer auf einem separaten Formular ein SEPA-Firmenlastschriftmandat. Das Honorar wird jeweils am 20. eines Monats abgebucht.

☐ Über die Pauschale erhält der Auftraggeber monatlich eine Berechnung nach § 9 StBVV.

Alternativ:

☐ Der Auftraggeber erklärt, dass er auf eine monatliche Rechnung verzichtet und stattdessen eine Dauerrechnung im Sinne des § 31 UStDV wünscht.[1)]

(2) Die Finanzbuchführung umfasst alle Tätigkeiten im Sinne des § 33 StBVV einschließlich aller Vor-, Neben- und Nacharbeiten sowie der Umsatzsteuervoranmeldungen ab dem ....

Ggf.: Die vereinbarte Pauschale für die Finanzbuchführung deckt einen Arbeitsaufwand bis zu .... Stunden ab. Darüber hinausgehende Arbeitsstunden werden gesondert nach Zeitaufwand mit einem Stundensatz in Höhe von .... € berechnet.

(3) Die Lohnbuchführung umfasst alle Tätigkeiten nach § 34 StBVV einschließlich aller Vor-, Neben- und Nacharbeiten sowie der Lohnsteueranmeldungen ab dem . ...

Ggf.: Die vereinbarte Pauschale für die Lohnbuchführung deckt einen Arbeitsaufwand bis zu .... Stunden ab. Darüber hinausgehende Arbeitsstunden werden gesondert nach Zeitaufwand mit einem Stundensatz in Höhe von .... € berechnet (Hinweis: *ggf.* § 4 StBVV beachten).

§ 2 Anpassung der Pauschale

Die vereinbarte Pauschalvergütung ist jährlich auf ihre Angemessenheit zu prüfen. Änderungen dieser Vereinbarung bedürfen der Textform. Kommt zwischen den

1) S. gesonderte Zahlungsvereinbarung zu diesem Vertrag; → Rz. 928, Muster XII.

Beteiligten bis zum 31.3. eines Jahres keine neue Vereinbarung zustande, tritt die Vereinbarung außer Kraft und es gelten die gesetzlichen Vorschriften.

Alternative 1: Eine Anpassung der Pauschalvergütung bleibt vorbehalten. Die neue Pauschale ist dem Auftraggeber in Textform mitzuteilen und gilt mit Ablauf des dritten Monats nach Erhalt der Anpassungsmitteilung als vereinbart. Auf diese Rechtsfolge wird der Auftragnehmer den Auftraggeber in dem Erhöhungsverlangen nochmals ausdrücklich hinweisen. Gleichzeitig wird der Auftraggeber den Auftragnehmer in transparenter Form auf die Möglichkeit der fristlosen und kostenfreien Kündigung hinweisen.

Alternative 2: Am Ende eines jeden Jahres wird die vereinbarte Pauschale um die jeweils geltende Inflationsrate (gemessen am Verbraucherpreisindex für Deutschland) erhöht (alternativ: Erhöhung nur, wenn ein bestimmter Wert, z.B. 2 % überschritten wird).

....
Ort, Datum Unterschrift/Auftraggeber

....
Ort, Datum Unterschrift/Auftragnehmer

XII. Dauerrechnung zur Pauschalvergütungsvereinbarung

Dauerrechnung (§ 31 UStDV) zur Pauschalvergütungsvereinbarung (→ Rz. 927, Muster XI)

Leistungszeitraum: 01.01.Jahr 01 – 31.12.Jahr 01 **928**

USt-ID-Nr.:

Rechnung-Nr.:

Auftragsgegenstand	Monat	Jahr
Buchführungsarbeiten: Buchführungspauschale	€	€
Führung der Lohn- und Gehaltskonten: Lohnbuchführungspauschale	€	€
Auslagenersatz gem. § 16 StBVV	€	€
Summe	€	€
zzgl. der jeweils gültigen gesetzliche USt	€	€
Gesamtbetrag	€	€

Diese Rechnung berechtigt in jedem Monat ihrer Laufzeit, in dem eine Zahlung geleistet wird, gemeinsam mit dem Zahlungsbeleg zum Vorsteuerabzug aus der geleisteten Zahlung.

....
Ort, Datum Unterschrift/Auftraggeber

....
Ort, Datum Unterschrift/Auftragnehmer

XIII. Bestellungsformular Erstberatung

Bestellungsformular Erstberatung (z.B. für eigene Homepage)

929 Hiermit bestelle ich eine Erstberatung durch den Steuerberater ....

Zu diesem Zweck leiste ich eine Vorauszahlung in Höhe von .... € auf das angegebene Konto. Nach Zahlungseingang wird mich die Kanzlei zwecks Terminvereinbarung kontaktieren.

Anrede: ______________________________

Vorname: ______________________________

Nachname: ______________________________

Telefon: ______________________________

Telefax: ______________________________

Mobil: ______________________________

E-Mail ______________________________

Terminvereinbarung bevorzugt per: ____________________

Bemerkungen:

____

____

bestellen	**löschen**

XIV. Mandantenaufnahmebogen

Mandantenaufnahmebogen
Stammdatenaufnahme für Neumandanten (natürliche Person)

930

	Steuerpflichtiger	**Ehegatte/Partner**
Name:		
Vorname:		
Titel/Akad. Grad:		
Straße:		
PLZ:		
Ort:		
Personalausweisnr.:		
Telefon privat:		
Telefon dienstl.:		
Mobiltelefon:		
E-Mail:		
Geburtsname:		
Geburtsort:		

	Steuerpflichtiger	**Ehegatte/Partner**
Geburtsdatum:		
Nationalität:		
Religion:		
Familienstand:		
Familienstand seit:		
Beruf:		
Arbeitgeber:		
Bankverbindung:		
Bank:		
IBAN:		
BIC:		
Finanzamt:		
Steuernummer:		
Identifikationsnr.:		

Kinder

Name:		
Vorname:		
Straße:		
PLZ:		
Ort:		
Kindschaftsverhältnis zum Steuerpflichtigen:		
zum Ehegatten/Partner:		
Geburtsdatum:		
Nationalität:		
Ausbildungsstand:		

Sonstiges

Bisheriger StB: ____________________

Grund des Besuchs/ der Beauftragung: ____________________

____

____

Ort, Datum	**Unterschrift**	**Unterschrift**

XV. Vergütungsvereinbarung (Keine Anrechnung der Beratungsgebühr)

Formulierungsvorschlag für eine entsprechende Regelung in einer Vergütungsvereinbarung

931 „Die Beratungsgebühr im Hinblick auf den Erwerb der Immobilie .... wird entgegen § 21 Abs. 1 Satz 3 StBVV nicht auf die Gebühr für die Anfertigung der Einkommensteuererklärung angerechnet."

oder

„Die Beratungsgebühr im Hinblick auf die Abfindungsberatung .... wird entgegen § 21 Abs. 1 Satz 3 StBVV nicht auf die Gebühr für die Anfertigung der Einkommensteuererklärung angerechnet."

oder

„Die Gebühr für die Selbstanzeigeberatung .... wird entgegen § 21 Abs. 1 Satz 3 StBVV nicht auf die Gebühr für die Selbstanzeige angerechnet."

oder

„Die Gebühr für die Beratung zu den Erfolgsaussichten eines Rechtsmittels (hier: Nichtzulassungsbeschwerde gegen ....) wird entgegen § 21 Abs. 2 StBVV i.V.m. Anmerkung zu Nr. 2100 VV RVG nicht auf die Verfahrensgebühr für das Rechtsmittelverfahren (Nichtzulassungsbeschwerde) angerechnet."

XVI. Nachforderungsvorbehalt

Nachforderungsvorbehalt

932 „Die Gebühr für die Finanzbuchführung für das Jahr .... wird wegen des noch nicht feststehenden Jahresumsatzes nur vorläufig festgesetzt. Bei Abweichungen des geschätzten Gegenstandswertes von mehr als .... € erfolgt auf der Basis des tatsächlichen Jahresumsatzes eine Neuberechnung, wobei keine Bindung an den vorläufig bestimmten Zehntelsatz besteht."

XVII. Muster Vergütungsvereinbarung Erfolgshonorar

Vergütungsvereinbarung

933 Herr StB .... (Steuerberater)

und

Herr/Frau .... (Mandant)

schließen folgende Vergütungsvereinbarung

§ 1

Der Mandant beauftragt den Steuerberater Einspruch gegen den Steuerbescheid vom .... einzulegen und einen Antrag auf Aussetzung der Vollziehung zu stellen.

§ 2

Der Steuerberater soll auf der Grundlage eines Erfolgshonorars nach § 40 Satz 1 StBVV i.V.m. § 4a RVG tätig werden. Unter „Erfolg" verstehen die Parteien, dass der Einspruch gegen den Steuerbescheid .... erfolgreich ist und zu einer Reduzierung der Steuerschuld um mindestens .... Prozent führt. Sollte Aussetzung der Vollziehung gewährt werden, erhält der Steuerberater für diesen „Teilerfolg" ein gesondertes Honorar nach § 3.

§ 3

Tritt der „Erfolg" i.S.d. § 2 Satz 1 ein, verpflichtet sich der Mandant, an den Steuerberater eine Vergütung in Höhe des dreifachen Satzes der gesetzlichen Gebühren zu bezahlen. Tritt der Erfolg i.S.d. § 2 Satz 1 nicht ein, schuldet der Mandant nur die Hälfte der gesetzlichen Gebühren. Tritt der „Teilerfolg" i.S.d. § 2 Satz 2 ein, erhält der Steuerberater hierfür eine 2,0-Gebühr gem. § 40 Satz 1 StBVV i.V.m. Nr. 2300 VV RVG, unter Zugrundelegung eines Gegenstandswertes von 25 %; andernfalls erhält er keine Gebühr. Sämtliche Gebühren verstehen sich zuzüglich der jeweils gültigen gesetzlichen Umsatzsteuer.

§ 4

Steuerberater und Mandant vereinbaren das Erfolgshonorar nur für diesen Einzelfall. Ohne Vereinbarung eines Erfolgshonorars könnte der Mandant die beabsichtigte Rechtsverfolgung nicht wahrnehmen, weil .... (genaue Darstellung). Eine Rechtsschutzversicherung besteht nicht bzw. ist nicht eintrittspflichtig. Der Mandant hat keinen Anspruch auf Beratungshilfe.

§ 5

Die gesetzliche Vergütung nach § 40 Satz 1 StBVV i.V.m. Nr. 2300 VV RVG beträgt voraussichtlich .... €. Der Steuerberater ist nicht bereit, das Mandat zu dieser oder einer anderen erfolgsunabhängigen, gesetzlichen Vergütung zu übernehmen.

§ 6

Bestimmend für die Höhe des Erfolgshonorars i.S.v. § 40 Satz 1 StBVV i.V.m. § 4a Abs. 3 Satz 1 RVG ist für die Vertragsschließenden, dass .... (genaue Darstellung). Auf dieser Grundlage gehen die Vertragsschließenden von einer Erfolgswahrscheinlichkeit von 50 % aus.

§ 7

Diese Vereinbarung hat keinen Einfluss auf vom Mandanten ggf. zu zahlende Gerichtskosten, Verwaltungskosten und die von ihm zu erstattenden Kosten anderer Beteiligter.

§ 8

Im Fall der Kostenerstattung haben Dritte regelmäßig nicht mehr als die gesetzliche Vergütung nach § 40 Satz 1 StBVV i.V.m. den Vorschriften des RVG zu erstatten. Die Differenz trägt der Mandant.

....

Ort, Datum

....

(Mandant) (Steuerberater)

XVIII. Antrag auf Kostenfestsetzung

Antrag auf Kostenfestsetzung

934 An das Finanzgericht

....

Aktenzeichen:

....

In dem Rechtsstreit des Klägers

....

Prozessbevollmächtigter:

....

gegen

das Finanzamt Beklagte

....

wegen (Steuerart und Jahr)

....

beantrage ich namens und in Vollmacht des Klägers die Festsetzung nachstehender, dem Kläger entstandener Kosten gegenüber dem Beklagten. Bereits bezahlte Gerichtskosten bitte ich hinzuzusetzen. Hinsichtlich der Kosten des außergerichtlichen Vorverfahrens wird die Entscheidung des Gerichts beantragt, dass die Zuziehung eines Bevollmächtigten zum Vorverfahren notwendig war.

Dem Kläger sind folgende Kosten entstanden:

1. Vorverfahren	
Gegenstandswert:	.... €
..........,.......... Geschäftsgebühr gem. § 40 Satz 1 StBVV i.V.m. Nr. 2300 VV RVG	.... €
evtl. 1,5 Erledigungsgebühr gem.§ 40 Satz 1 StBVV i.V.m. Nr. 1002 VV RVG	.... €
Post- und Telekommunikationsdienstleistungen gem. § 40 Satz 1 StBVV i.V.m. Nr. 7002 VV RVG	.... €
Fahrtkosten gem. § 40 Satz 1 StBVV i.V.m. Nr. 7003 VV RVG:	
Fahrt zum Finanzamt .... km à .... €	.... €
Tage- und Abwesenheitsgeld gem. § 40 Satz 1 StBVV i.V.m. Nr. 7005 VV RVG	.... €
Umsatzsteuer gem. § 40 Satz 1 StBVV i.V.m. Nr. 7008 VV RVG	.... €
Zwischensumme	.... €
2. Klageverfahren	
Streitwert:	.... €
1,6 Verfahrensgebühr gem. § 40 Satz 1 StBVV i.V.m. Nr. 3200 VV RVG[1]	.... €

1) Ggf. Erhöhungsgebühr für weitere Personen gem. Nr. 1008 VV RVG.

Anzurechnen gem. Vorbem. 3 Abs. 4 Satz 1 VV RVG ....,.......... aus .... (Gegenstandswert des Klageverfahrens)	.... €
1,2 Terminsgebühr gem. § 40 Satz 1 StBVV i.V.m. Nr. 3202 VV RVG	.... €
ggf. 1,0 Erledigungsgebühr gem. § 40 Satz 1 StBVV i.V.m. Nr. 1003 VV RVG	.... €
3. Aussetzungsverfahren	
Gegenstandswert:	.... €
1,6 Verfahrensgebühr gem. § 40 Satz 1 StBVV i.V.m. Nr. 3200 VV RVG[1)]	.... €
ggf. 1,2 Terminsgebühr gem. § 40 Satz 1 StBVV i.V.m. Nr. 3202 VV RVG	.... €
Zwischensumme	.... €
Post- und Telekommunikationsdienstleistungen gem. § 40 Satz 1 StBVV i.V.m. Nr. 7002 VV RVG	.... €
Fahrtkosten (§ 40 Satz 1 StBVV i.V.m. Nr. 7003 VV RVG):	
Fahrt zum Finanzgericht .... km à .... € gem. § 40 Satz 1 StBVV i.V.m. Nr. 7003 VV RVG	.... €
Tage- und Abwesenheitsgeld gem. § 40 Satz 1 StBVV i.V.m. Nr. 7005 VV RVG	.... €
Fotokopierkosten gem. § 40 Satz 1 StBVV i.V.m. Nr. 7000 Ziff. 1a VV RVG	.... €
Umsatzsteuer gem. § 40 Satz 1 StBVV i.V.m. Nr. 7008 VV RVG	.... €
Summe	.... €

Ich beantrage ferner,

die Verzinsung des festzusetzenden Betrags mit 5 Prozentpunkten über dem Basiszinssatz nach § 247 BGB seit dem Tage der Anbringung des Gesuchs bei Gericht auszusprechen, dem Kläger, zu Händen des Unterzeichners, eine vollstreckbare Ausfertigung des Festsetzungsbeschlusses zu erteilen und den festzusetzenden Betrag auf das Konto des Unterzeichners .... bei .... zu überweisen.

Es wird versichert, dass der Kläger die berechnete Umsatzsteuer nicht als Vorsteuer abziehen kann.

....

Steuerberater

1) Ggf. Erhöhungsgebühr für weitere Personen gem. Nr. 1008 VV RVG.

XIX. Erinnerung gegen Kostenfestsetzungsbeschluss

Erinnerung gegen Kostenfestsetzungsbeschluss

935 An das
Finanzgericht ....
Az.: ....
In dem Finanzrechtsstreit
des ....
Kläger und Erinnerungsführer
Prozessbevollmächtigter: ....
gegen ....
Beklagte und Erinnerungsgegner

lege ich hiermit namens und in Vollmacht des Klägers gegen den Kostenfestsetzungsbeschluss des Finanzgerichts .... vom .... Az.: ....

Erinnerung ein und beantrage:

In Abänderung des angefochtenen Beschlusses vom .... wird ein Betrag in Höhe von .... € nebst fünf Prozentpunkten über dem Basiszinssatz seit Eingang des Gesuchs beim Finanzgericht festgesetzt.

Begründung (Beispiel):

Die beantragte Erledigungsgebühr i.H.v. 1,0 gem. § 40 Satz 1 StBVV i.V.m. Nr. 1003 VV RVG wurde nicht festgesetzt. Diese Gebühr ist jedoch entstanden und in der beantragten Höhe festzusetzen.

Der Prozessbevollmächtigte des Klägers/Erinnerungsführers hat in vielfachen fernmündlichen und mündlichen Erörterungen gemeinsam mit der Beklagten die dem Rechtsstreit zu Grunde liegenden steuerlichen Problemkreise aufgearbeitet und einer Lösung zugeführt. Er hat ferner dergestalt auf den Kläger/Erinnerungsführer eingewirkt, dass dieser sein ursprüngliches Begehren wesentlich eingeschränkt und sich mit den zwischenzeitlich aktenkundigen Änderungsbescheiden der Beklagten einverstanden erklärt hat, was schließlich zur Erledigung des Rechtsstreits in der Hauptsache führte. Diese Mitwirkung war für die Erledigung ursächlich, da der Kläger/Erinnerungsführer ansonsten nicht in der Lage gewesen wäre, die Chancen und Risiken der jetzt erzielten Verständigung abzuschätzen, was dazu geführt hätte, dass eine streitige Entscheidung ergangen wäre.

Der Erinnerung ist somit stattzugeben.

....

Steuerberater

XX. Antrag auf Vergütungsfestsetzung

Antrag auf Vergütungsfestsetzung

An das Finanzgericht 936

Az. ....

In Sachen ....

des Klägers

Prozessbevollmächtigter: ....

gegen ....

Beklagte

Prozessbevollmächtigter: ....

bitte ich die vom Kläger an den Unterzeichner nach §§ 40 StBVV, 11 RVG zu zahlenden Kosten wie folgt festzusetzen:

1. Vorverfahren	
Siehe Muster XVIII (→ Rz. 934)	
2. Klageverfahren	
Streitwert:	.... €
1,6 Verfahrensgebühr gem. § 40 Satz 1 StBVV i.V.m. Nr. 3200 VV RVG *ggf. Erhöhungsgebühr für weitere Personen gem. Nr. 1008 VV RVG*	.... €
Gem. Vorbem. 3 Abs. 4 Satz 1 VV RVG anzurechnen ....,.......... aus .... (Streitwert des Klageverfahrens)	.... €
1,2 Terminsgebühr gem. § 40 Satz 1 StBVV i.V.m. Nr. 3202 VV RVG	.... €
evtl. 1,0 Erledigungsgebühr gem. § 40 Satz 1 StBVV i.V.m. Nr. 1003 VV RVG	.... €
3. Aussetzungsverfahren	
Gegenstandswert:	.... €
1,6 Verfahrensgebühr gem. § 40 Satz 1 StBVV i.V.m. Nr. 3200 VV RVG *ggf. Erhöhungsgebühr für weitere Personen gem. Nr. 1008 VV RVG*	.... €
ggf. 1,2 Terminsgebühr gem. § 40 Satz 1 StBVV i.V.m. Nr. 3202 VV RVG	.... €
Pauschale für Post- und Telekommunikationsdienstleistungen gem. § 40 Satz 1 StBVV i.V.m. Nr. 7002 VV RVG	.... €
Fahrtkosten gem. § 40 Satz 1 StBVV i.V.m. Nr. 7003 VV RVG:	.... €
Fahrt zum Finanzgericht .... km à .... €	.... €
Fotokopierkosten gem. § 40 Satz 1 StBVV i.V.m. Nr. 7000 Ziff. 1a VV RVG	.... €
Umsatzsteuer gem. § 40 Satz 1 StBVV i.V.m. Nr. 7008 VV RVG)	.... €
Zwischensumme	.... €
Gesamtsumme	.... €

auszusprechen, dass der festzusetzende Betrag von der Einreichung des Gesuchs an mit 5 % zu verzinsen ist.

Das Mandatsverhältnis zum Kläger ist durch meine Kündigung des Steuerberatervertrages vom .... beendet.

Mit der Kündigung des Mandats habe ich meine Vergütungsberechnung an den Kläger übersandt, die dieser trotz Mahnung vom .... nicht bezahlt hat.

....

(Unterschrift)

XXI. Antrag auf Prozesskostenhilfe

Antrag auf Prozesskostenhilfe

An das **937**

Finanzgericht/den Bundesfinanzhof

Antrag auf Bewilligung von Prozesskostenhilfe
in der Sache ....

Antragsteller

Prozessbevollmächtigter: ....

gegen

das Finanzamt ....

Antragsgegner

wegen (Steuerart und Streitjahr)

Namens und in Vollmacht des Antragstellers beantrage ich,

- dem Antragsteller für das Verfahren vor dem Finanzgericht/Bundesfinanzhof Prozesskostenhilfe zu bewilligen,
- dem Antragsteller den Unterzeichnenden als Prozessbevollmächtigten beizuordnen.

Zu den persönlichen Einkommens- und Vermögensverhältnissen ist der amtlich vorgeschriebene Vordruck beigefügt.

Die hinreichende Erfolgsaussicht begründe ich wie folgt:

Das Verfahren soll nur durchgeführt werden, wenn die Prozesskostenhilfe bewilligt wird.

....

Steuerberater

E. Streitwertübersicht für die Finanzgerichtsbarkeit

Inhalt

Schrifttum

Gräber, Finanzgerichtsordnung: FGO, München, 9. Aufl. 2019; **Gürsching,** Der Streitwert in Steuerstreitsachen, NWB 1988, 4999; **Kühn/v. Wedelstädt,** Abgabenordnung und Finanzgerichtsordnung, 21. Aufl., § 11 FGO Rz. 4; **Hübschmann/Hepp/Spitaler,** Abgabenordnung Finanzgerichtsordhung, § 11 FGO Rz. 58, August 2020; **Reiche/Mittelstaedt/Redetzke,** Der Streitwert im Steuerrecht, BB Beilage 8/1969, 13; **Tipke/Kruse,** Abgabenordnung, Finanzgerichtsordnung, Vor § 135 FGO Rz. 214, September 2023; **Zimmer/Schmidt,** Der Streitwert im Verwaltungs- und Finanzprozess, Schriften NJW, Heft 52, Rz. 409 ff.

A. Einführung

Der Begriff „Streitwert" spiegelt das in Geld ausgedrückte, finanzielle Interesse eines Rechtsuchenden an der Durchführung eines Verfahrens wider. **938**

Dabei bildet der Gegenstand des Klagebegehrens (§ 65 Abs. 1 Satz 1 FGO) den Ausgangspunkt für den Streitwert. Da FG neben Rechtsschutz in Steuerangelegenheiten (einschließlich Kindergeldverfahren) auch Rechtsschutz in Zollsachen gewähren, ist die Spanne der möglichen Streitgegenstände ebenso vielfältig wie die finanzgerichtliche Rspr. hinsichtlich der Ermittlung der Streitwerte.

Um das Kostenrisiko im Vorfeld eines finanzgerichtlichen Rechtsstreits kalkulierbar zu machen und die Streitwertrechtsprechung gerichtsübergreifend zu vereinheitlichen, existiert seit 2009 ein sog. „Streitwertkatalog für die Finanzgerichtsbarkeit." Dieser, von den Präsidenten der bundesdeutschen FG initiierte Katalog[1] versteht

1) Beschlossen auf der Arbeitstagung der Präsidenten der FG der Bundesrepublik Deutschland am 15. und 16.6.2009 in Hannover.

sich vor dem Hintergrund der seit dem 1.1.2002 ausgeschlossenen Streitwertbeschwerde an den BFH.[1]

Der Katalog ist veröffentlicht auf den Internetseiten der FG, u.a. auf der Homepage des Finanzgerichts Düsseldorf www.fg-duesseldorf.nrw.de unter dem Stichwort „Streitwert des Verfahrens".

Der Streitwertkatalog enthält eine Zusammenstellung finanzgerichtlicher Rspr. zur Streitwertfestsetzung. Er umfasst – basierend auf der hierzu ergangenen Rspr. – neben allgemeinen Grundsätzen zur Streitwertberechnung eine tabellarische, stichwortartige Auflistung von Streitwertberechnungen für häufig vorkommende Klage-/Antragsgegenstände in der Finanzgerichtsbarkeit.

Der Streitwertkatalog erhebt keinen Anspruch auf Vollständigkeit oder auf Verbindlichkeit.

Die in diesem Katalog angegebenen Werte sind – soweit nicht auf gesetzlichen Bestimmungen beruhend – lediglich als Empfehlungen anzusehen. Die verbindliche Festlegung des zutreffenden Streitwerts obliegt allein dem zuständigen Gericht. Nach dem Grundgedanken des Katalogs sind i.d.R. Richtwerte und keine Rahmenwerte angegeben.

Der Streitwertkatalog soll gleichzeitig einen Beitrag zur gerichtsbarkeitsübergreifenden Vereinheitlichung der Streitwertrechtsprechung leisten.

In regelmäßigen Zeitabständen erfolgt eine Aktualisierung und Fortschreibung des Katalogs.

B. Allgemeines

939 Der Streitwert bildet die **Grundlage für die Berechnung der Gerichtsgebühren** sowie für die **Gebührenberechnung** der bevollmächtigten RA, StB und anderer **Prozessbevollmächtigte**r, die geschäftsmäßige Hilfe in Steuersachen leisten.

Außerdem hat der Streitwert Bedeutung im Rahmen der Regelung des **§ 94a FGO**: Danach kann das Gericht sein Verfahren nach billigem Ermessen bestimmen, wenn der Streitwert bei einer Klage, die eine Geldleistung oder einen hierauf gerichteten Verwaltungsakt betrifft, 500 € nicht übersteigt.

C. Gesetzliche Grundlagen

940 Soweit das Gesetz nichts anderes bestimmt, ist in Verfahren vor den Gerichten der Finanzgerichtsbarkeit der Streitwert nach der sich aus dem Antrag des Klägers für ihn ergebenden Bedeutung der Sache **nach Ermessen** zu bestimmen (§ 52 Abs. 1 GKG).

Betrifft der Antrag des Klägers eine **bezifferte Geldleistung** oder einen hierauf gerichteten Verwaltungsakt, so ist deren Höhe maßgebend (§ 52 Abs. 3 GKG).

Auch wenn eine **Steuererhöhung** begehrt wird, bemisst sich der Streitwert grundsätzlich nach der Differenz zwischen der festgesetzten und der angestrebten Steuer.[2]

1) Vgl. § 68 Abs. 1 Satz 5 i.V.m. § 66 Abs. 3 Satz 3 GKG.
2) BFH v. 21.7.2017, X S 15/17, BFH/NV 2017, 1460.

Hat ein Antrag **offensichtlich absehbare Auswirkungen auf die Zukunft**,[1] d.h. ist ohne umfangreiche Prüfung oder aufwändige Überlegungen auf den ersten Blick erkennbar, dass der konkret verwirklichte Sachverhalt auch die Höhe zukünftiger Bescheide beeinflusst, ist der Streitwert insoweit zu erhöhen.[2] Hierbei dürfen das Dreifache des Werts nach § 52 Abs. 3 Satz 1 GKG und in Kindergeldangelegenheiten[3] der einfache Jahresbetrag nicht überschritten werden (§ 52 Abs. 3 Sätze 2 und 3 GKG).

Sind **mehrere Jahre strittig**, ist die Erhöhung auf das Dreifache des durchschnittlichen Streitwerts für die anhängigen Streitjahre begrenzt.[4]

§ 52 Abs. 3 Satz 2 GKG findet jedoch keine Anwendung, wenn die **identische rechtliche Problematik** in zukünftigen Zeiträumen wieder auftritt, die Verwirklichung des entsprechenden konkreten Sachverhalts aber nicht hinreichend sicher absehbar ist.[5] Insoweit reicht es aber grundsätzlich aus, wenn eindeutig bestimmbar ist, dass die künftigen steuerlichen Auswirkungen dem Grunde nach eintreten werden und die Höhe einigermaßen zuverlässig geschätzt werden kann.[6] Darüber hinaus ist § 52 Abs. 3 Satz 2 GKG nur anwendbar, wenn sich der Streitwert nach § 52 Abs. 3 Satz 1 GKG richtet, nicht aber für Fälle des § 52 Abs. 1 GKG.[7]

Sind mehrere VZ streitbefangen, sind auch unmittelbare Auswirkungen auf Grund der Entscheidung hinsichtlich eines Streitgegenstandes in allen streitigen Jahren zu berücksichtigen.

Der Streitwert in Verfahren vor den Gerichten der Finanzgerichtsbarkeit darf gem. § 52 Abs. 4 GKG für gebührenrechtliche Zwecke nicht unterhalb von 1 500 € angenommen werden (sog. **Mindestwert**). Die Bindung des Gerichts an das Gesetz (Art. 20 Abs. 3 GG) verbietet eine günstigere Entscheidung, so dass es im Einzelfall bei dieser Bemessung zu besonderen Härten kommen kann.[8]

Dieser gesetzlich fixierte Mindestwert gilt in Hauptsacheverfahren unabhängig von dem tatsächlichen Streitwert bzw. einer abweichenden Streitwertfestsetzung.[9]

Für **Kindergeldangelegenheiten** (hierunter fallen auch Verfahren, die Kostenentscheidungen in Kindergeldangelegenheiten gem. § 77 EStG betreffen, ebenso wie Verfahren wegen Hinterziehungszinsen nach § 235 AO wegen einer durch einen unberechtigten Kindergeldbezug verwirklichten Steuerhinterziehung[10]) kommt der Mindestwert nicht zur Anwendung.[11]

1) Dies gilt für Eingänge ab dem 1.8.2013. Beispiele für dvon der Rechtsprechung angenommene „Offensichtlich absehbare Auswirkungen": In Folgejahren ruhende Einspruchsverfahren mit demselben Sachverhalt (BFH v. 17.8.2015, XI S 1/15, BFHE 250, 327; FG Köln v. 16.3.2016, 10 Ko 2520/15); Frage einer noch möglichen Wahlrechtsausübung gem. § 34 Abs. 3 EStG (BFH v. 21.7.2017, X S 15/17, BFH/NV 2017, 1460 ff.); Steuerliche Behandlung einer wiederkehrenden Gewinnausschüttung (BFH v. 26.3.2020, X E 8/19, BFH/NV 2020, 1092 ff.).

2) BFH v. 26.3.2020, X E 8/19, BFH/NV 2020, 1092; Minderungen des Streitwerts können nicht auf § 52 Abs. 3 Satz 2 GKG gestützt werden, vgl. BFH v. 15.1.2019, II S 1/19, BStBl II 2019, 183 = BFHE 263, 302; v. 16.12.2015, X E 20/15, BFH/NV 2016, 573.

3) Ab dem 16.7.2014.

4) BFH v. 17.8.2015, XI S 1/15, BStBl II 2015, 906 = BFHE 250, 327.

5) BFH v. 17.8.2015, XI S 1/15, BStBl II 2015, 906 = BFHE 250, 327.

6) BFH v. 24.7.2018, VI S 12/17, BFH/NV 2018, 1090; v. 21.7.2017, X S 15/17, BFH/NV 2017, 1460.

7) BFH v. 18.1.2017, X S 22/16, BFH/NV 2017, 615; für Berücksichtigung im Rahmen des Ermessens aber FG Hamburg v. 6.6.2017, 5 K 148/16 bestätigt durch BFH v. 18.12.2019, III R 46/17, BFH/NV 2020, 690.

8) FG Köln v. 18.11.2007, 10 Ko 257/07, EFG 2008, 332 (rkr.).

9) FG Düsseldorf v. 19.3.2013, 14 Ko 333/13 GK.

10) FG Köln v. 3.2.2016, 10 Ko 257/07, EFG 2016, 682.

11) 2. Kostenrechtsmodernisierungsgesetz v. 23.7.2013, BGBl. I 2013, 2586.

Auch in **Verfahren des vorläufigen Rechtsschutzes** vor den Gerichten der Finanzgerichtsbarkeit findet der Mindestwert keine Anwendung.[1]

Bietet der Sach- und Streitstand für die Bestimmung des Streitwerts keine genügenden Anhaltspunkte, so ist als sog. **Auffangstreitwert** ein Streitwert von 5 000 € anzunehmen (§ 52 Abs. 2 GKG).

Der Auffangstreitwert ist keine starre Größe. Falls die Bedeutung des Antrags erkennbar in ihrem Wert über oder unter dem Auffangstreitwert liegt, kann der Streitwert höher oder niedriger bemessen werden.[2]

Der Streitwert für die Vorauszahlung von Gerichtsgebühren ist ebenfalls vorläufig in Höhe des Mindestwerts zu bemessen (§ 52 Abs. 5 GKG), solange der Wert nicht festgesetzt ist und sich auch nicht unmittelbar aus den gerichtlichen Verfahrensakten ergibt.

941 Gemäß § 23 Abs. 1 Satz 1 RVG bestimmt sich der Gegenstandswert in gerichtlichen Verfahren, in denen sich die Gerichtsgebühren nach dem Streitwert berechnen, nach den für die Gerichtsgebühren geltenden Wertvorschriften. Damit bestimmt sich der Gegenstandswert für die Berechnung der Anwaltsgebühren nach den Streitwertvorschriften des GKG. Nach § 52 Abs. 1 GKG bemisst sich in Verfahren vor Gerichten der Finanzgerichtsbarkeit der Streitwert nach der sich aus dem Antrag des Klägers für ihn ergebenden Bedeutung der Sache nach Ermessen, soweit nichts anderes bestimmt ist. Eine solche andere Bestimmung ist etwa für den Streitwert die Vorschrift des § 52 Abs. 4 Nr. 1 GKG („Mindestwert").

Da § 52 Abs. 4 Nr. 1 GKG als Mindestwert 1 500 € vorsieht, ist diese Regelung für die Berechnung der Gerichtskosten vorrangig. Nach Auffassung des Niedersächsischen FG[3] gilt dies auch für den Gegenstandswert der Anwalts- bzw. Steuerberatergebühren. Es sei nichts dafür ersichtlich, dass der Gesetzgeber bei der Verweisung in § 23 Abs. 1 Satz 1 RVG auf die „für die Gerichtsgebühren geltenden Wertvorschriften" die vorrangige Ausnahmevorschrift des § 52 Abs. 4 GKG nicht in Bezug nehmen wollte. Sinn und Zweck dieses Mindestwerts in finanzgerichtlichen Verfahren sei es, dem Aufwand, den ein solches Verfahren ohne Frage mit sich bringe, besser Rechnung tragen zu können. Derartige Verfahren hätten häufig deshalb eine höhere Bedeutung, weil der in Streit befindliche Betrag in Steuersachen auch Bedeutung für die Folgejahre haben könne. Diese Gründe für die Bestimmung des Mindestwerts würden somit auch für die Gebühren des Prozessvertreters Anwendung finden.

D. Hilfsanträge

942 Hilfsanträge wirken sich nur dann streitwerterhöhend aus, wenn das Gericht über sie entscheidet (§ 45 Abs. 1 Satz 2 GKG). Umfasst der Hilfsantrag (teilweise) denselben Gegenstand wie der Hauptantrag, ist nur der Wert des weitergehenden Antrags maßgebend (§ 45 Abs. 1 Satz 3 GKG).[4]

Betreffen Haupt- und Hilfsantrag denselben Gegenstand, so dass beide Anträge im Ergebnis auf dasselbe Ziel gerichtet sind und das finanzielle Interesse bereits vollständig durch den Hauptantrag abgedeckt ist, wirkt sich der Hilfsantrag gem. § 45 Abs. 1 Satz 3 GKG nicht streitwerterhöhend aus.[5]

Bei einer **unechten Eventualklage**, bei der eine Aufteilung eines einheitlichen Klagegegenstands in Haupt- und Hilfsantrag erfolgt mit dem Ziel, dass zur Beschrän-

1) BFH v. 14.12.2007, IX E 17/07, BStBl II 2008, 199 = BFHE 220, 22.
2) BFH v. 24.10.1989, VII S 17/89, BStBl II 1990, 75.
3) Niedersächsisches FG v. 9.6.2005, 11 KO 19/05, EFG 2005, 1804 (rkr.).
4) BFH v. 3.8.2005, I E 3/05, BFH/NV 2005, 2228; v. 23.9.2003, IX E 10/03, BFH/NV 2004, 77.
5) FG Berlin-Brandenburg v. 7.9.2011, 3 K 473/06, EFG 2012, 550 f. (rkr.).

kung des Kostenrisikos in dem Hauptantrag lediglich ein Teilbetrag und hilfsweise für den Fall des Obsiegens der Gesamtbetrag eingeklagt wird, ist für den Streitwert der höhere Wert des Hilfsantrags maßgeblich.[1]

E. Bindung an Streitwertfestsetzung

Nach § 63 Abs. 2 Satz 2 GKG kann auf Antrag der Streitwert des Verfahrens gerichtlich festgesetzt werden. Nach ständiger Rechtsprechung des BFH[2] ist im finanzgerichtlichen Verfahren Voraussetzung hierfür das Vorliegen eines Rechtsschutzbedürfnisses. 943

Von einem Rechtsschutzbedürfnis ist auszugehen, wenn die Höhe des Streitwerts nicht mittels eines einfachen Rechenvorgangs ermittelt werden kann und zwischen den Beteiligten streitig ist, oder auch in Verfahren, in denen noch keine Rechtsprechung zu der Problematik vorliegt.[3]

Setzt das FG den Streitwert nach § 63 Abs. 2 GKG fest, so sind der Kostenbeamte des FG und der zur Entscheidung über Erinnerungen in Kostensachen berufene Spruchkörper des FG hieran gebunden.[4]

Soweit § 47 Abs. 2 Satz 1 GKG vorsieht, dass der Streitwert im Rechtsmittelverfahren durch den Wert des Streitgegenstands der ersten Instanz begrenzt ist, bedeutet dies nicht, dass der Rechtsmittelführer Vertrauensschutz hinsichtlich einer Festsetzung des Streitwerts wie im Klageverfahren genießt. Setzt das FG den Streitwert nach Meinung des BFH z.B. zu niedrig fest, kann der BFH den nach seiner Auffassung materiell zutreffenden Streitwert bei den von ihm festzusetzenden Gerichtskosten zu Grunde legen. Der vom FG angesetzte Wert des Streitgegenstandes ist für den BFH nicht bindend.[5]

Der BFH kann den Streitwert nicht für das Verfahren vor den FG festsetzen.[6]

F. Streitwerthöchstgrenze

§ 39 Abs. 2 GKG ordnet eine typisierende Begrenzung des Streitwerts auf 30 Mio. € an, die unter verfassungsrechtlichen Gesichtspunkten nicht zu beanstanden ist. Die Streitwerthöchstgrenze des § 39 Abs. 2 GKG gilt auch in AdV-Verfahren mit Steuerforderungen von mindestens 300 Mio. €.[7] 944

G. Subjektive Klagehäufung

Verfolgen in einer Klage mehrere Kläger mehrere selbständige Klagebegehren (§ 43 FGO) zusammen, sind die Beträge[8] der einzelnen Begehren – ohne Berücksichtigung des Mindestwerts für einzelne Klagebegehren[9] – zu einem Gesamtstreitwert zu addieren (§ 39 Abs. 1 GKG). Wenn und soweit die verfolgten Klagebegehren wirtschaftlich identisch sind, führt eine subjektive Klagehäufung („Streitgenossenschaft") zu keiner Erhöhung des Streitwerts.[10] 945

1) BFH v. 23.8.2023, XI E 1/23, BFH/NV 2023, 1415 f.
2) BFH v. 10.10.2006, VIII B 177/05, BStBl II 2007, 54.
3) BFH v. 18.1.2017, X S 22/16, BFH/NV 2017, 615 ff.
4) Sächsisches FG v. 21.9.2011, 3 Ko 654/11.
5) BFH v. 13.5.2013, I E 4/13, BFH/NV 2013, 1449.
6) BFH v. 9.11.1976, VII R 22/76, BStBl II 1977, 42.
7) BFH v. 6.9.2012, VII E 12/12, BFH/NV 2013, 211.
8) Ohne Berücksichtigung etwaiger Minusvorzeichen, FG Baden-Württemberg v. 20.5.2015, 13 KO 280/15, EFG 2015, 1388 (rkr.).
9) Nds. FG v. 17.3.2015, 15 K 196/11, EFG 2015, 1023 (rkr.); FG Köln v. 19.11.2007, 10 Ko 257/07, 10 Ko 258/07, EFG 2008, 332 (rkr.).
10) BFH v. 26.9.2006, X S 4/06, BStBl II 2007, 55.

H. Objektive Klagehäufung

946 Werden in einer Klage mehrere selbständige Streitgegenstände (§ 43 FGO) zusammen verfolgt („Objektive Klagehäufung"), sind die Werte der einzelnen Begehren zu einem Gesamtstreitwert zu addieren (vgl. § 39 Abs. 1 GKG),[1] d.h. bei einer objektiven Klagehäufung ist ein Gesamtstreitwert zu bilden. Dabei sind die für die einzelnen VZ begehrten Unterschiedsbeträge zu addieren, wobei auch (negative) Unterschiedsbeträge streitwerterhöhend zu berücksichtigen sind, so dass bei der Berechnung die mit Plus- und Minuszeichen versehenen Beträge nicht saldiert werden.[2] Der Mindestwert gem. § 52 Abs. 4 GKG für einzelne Klagegegenstände findet dabei keine Anwendung, denn dieser ist verfahrens- und nicht streitgegenstandsbezogen.[3]

I. Ergehen eines Änderungsbescheides

947 Ergeht während eines Verfahrens ein Änderungsbescheid, der nach § 68 FGO Gegenstand des Verfahrens wird, ändert sich kostenrechtlich der Streitgegenstand erst, wenn das Begehren durch ausdrückliche Prozesserklärung an den geänderten Streitgegenstand angepasst wird. Denn die Anpassung des Rechtsschutzbegehrens an die nach § 68 FGO veränderten Verhältnisse ist allein Sache des Rechtsuchenden. Er muss das Klage- bzw. Revisionsziel bezogen auf den neuen Verfahrensgegenstand neu bestimmen.[4]

J. Einschränkung des Begehrens

948 Der Streitwert des Rechtsmittelverfahrens bzw. des Klageverfahrens für die allgemeine Verfahrensgebühr bestimmt sich nach den Anträgen des Rechtsmittelführers im Zeitpunkt der Einlegung der Klage bzw. der Revision. Es kommt nicht darauf an, ob das FA im Laufe des Revisionsverfahrens bzw. Klageverfahrens zu Gunsten des Rechtsmittelführers und späteren Gerichtskostenschuldners einen Änderungsbescheid erlassen hat, der zum Gegenstand des Verfahrens geworden ist und an den der Rechtsmittelführer seinen Antrag angepasst hat.[5]

In Fällen der Streitwertminderung im Laufe eines Rechtsstreits können die Kosten für die verschiedenen Zeitabschnitte des Rechtsstreits getrennt in unterschiedlichen Quoten verhältnismäßig geteilt werden. Die Kosten sind nach den verschiedenen Streitwerten zu berechnen.[6]

K. Verbindung von Verfahren

949 Seit dem 1.7.2004 wird das gesamte Verfahren vor den FG durch eine pauschale Verfahrensgebühr abgegolten. Ein Verbindungsbeschluss hat deshalb keine Auswirkungen auf die Höhe der vor der Verbindung der Verfahren in den jeweiligen Einzelverfahren bereits entstandenen Verfahrensgebühr; diese bemisst sich jeweils allein nach dem für das jeweilige Klageverfahren zu bildenden Einzelstreitwert. Dies gilt auch in Fällen, in denen zwei Klagen mit demselben Klagegegenstand („Doppeleinreichung") verbunden werden.[7]

---

1) BFH v. 10.10.2006, VIII B 177/05, BStBl II 2007, 54; v. 26.9.2006, X S 4/06, BStBl II 2007, 55.
2) FG Baden-Württemberg v. 20.5.2015, 13 KO 280/15, EFG 2015, 1388 (rkr.).
3) Nds. FG v. 17.3.2015, 15 K 196/11, EFG 2015, 1023; FG Köln v. 19.11.2007, 10 Ko 257/07, 10 Ko 258/07, EFG 2008, 332; FG Baden-Württemberg v. 5.4.2005, 12 K 300/04, EFG 2005, 1894.
4) FG Berlin-Brandenburg v. 7.9.2011, 3 K 473/06, EFG 2012, 550 f. (rkr.); BFH v. 29.6.2010, XI E 1/10, BFH/NV 2010, 2087.
5) BFH v. 29.11.2011, IV E 9/11, BFH/NV 2012, 434 f.
6) BFH v. 6.6.1984, II R 184/81, BStBl II 1985, 261.
7) FG Düsseldorf v. 30.12.2021, 13 Ko 2594/21 GK.

Ein Gesamtstreitwert ist lediglich für die RVG-Gebühren, die erst nach der Verbindung entstehen, zu errechnen.

Werden Verfahren nicht formell verbunden, sind sie kostenrechtlich als getrennte Verfahren zu behandeln.[1]

Werden Verfahren ohne formelle Verbindung lediglich gemeinsam verhandelt, führt dies ebenfalls nicht dazu, dass die Rechtsfolgen einer Verbindung angenommen werden können.[2]

Gleiches gilt bei gleichzeitiger Terminierung mehrerer Verfahren.[3] 950

Beispiel:

Der Prozessvertreter ist Bevollmächtigter für die Verfahren 1 und 2. Gleichzeitig wurde in beiden Verfahren ein gemeinsamer Termin zur mündlichen Verhandlung bestimmt. In diesem Termin wurden nach dem Aufruf der Sachen beide Verfahren zur gemeinsamen Verhandlung und Entscheidung verbunden. Der Prozessvertreter macht für beide Verfahren Grund-, Verfahrens- und Terminsgebühr geltend. Diese hat das LG festgesetzt.

Der Prozessvertreter kann in **beiden Verfahren** die beantragten Gebühren verlangen. Die Verbindung der Verfahren erfolgte erst durch ausdrücklichen Beschluss des Gerichts nach Aufruf im Verhandlungstermin. Da es sich bis dahin um zwei getrennte Verfahren handelte, kann der Vertreter in beiden Verfahren die Verfahrens- und die Terminsgebühr einschließlich der Gebühren des Vorverfahrens gesondert nach den Einzelstreitwerten der Verfahren verlangen.

Diese Gebühren entstanden bereits mit Anwesenheit des Prozessvertreters bei Auf- 951
ruf der Sachen. Erst danach erfolgte eine Verbindung beider Verfahren zur gemeinsamen Verhandlung und Entscheidung. Dies berührt bereits entstandene Gebühren nicht. Einzelne Verfahren bleiben bis zur Verbindung selbständig. Auch wenn eine Anberaumung der Verhandlung auf den gleichen Termin erfolgt, bedeutet dies nicht die stillschweigende Verbindung der Verfahren.

Die Terminsgebühr des Prozessbevollmächtigten fällt nach dem Einzelstreitwert der Verfahren vor Verbindung zur gemeinsamen Erörterung an, wenn der Prozessbevollmächtigte nach Aufruf der Sachen und vor Verkündung des Verbindungsbeschlusses vertretungsbereit anwesend ist; eine spätere Verbindung der Verfahren lässt die einmal entstandene Terminsgebühr unberührt.[4]

L. Trennung von Verfahren

Werden mehrere in einem Verfahren zusammengefasste Klagegegenstände 952
getrennt, so sind die Streitwerte für die jeweiligen Verfahren getrennt zu ermitteln. Das heißt ab Trennung entsteht die allgemeine Verfahrensgebühr nach dem für das abgetrennte Verfahren zu bestimmenden Streitwert neu nach den Einzelstreitwerten, da die Verfahrensgebühr mit jeder gerichtlichen Handlung neu entsteht.[5]

Bei Abtrennung eines Verfahrens kommen die Berechnung einer Gebühr nach dem Gegenstandswert und die prozentuale Aufteilung der Gebühr auf verschiedene Verfahrensgegenstände in Betracht, wenn der RA die Gebühr abschließend in dem vor Trennung liegenden Verfahrensabschnitt verdient hat. Dies ist nicht der Fall, wenn eine spätere Tätigkeit in einem nunmehr selbständigem Einzelverfahren erneut ausgelöst wird.[6]

1) FG Düsseldorf v. 11.5.2012, 11 Ko 3244/11, EFG 2012, 1779 (rkr.).
2) Sächs. FG v. 26.7.2010, 5 KO 805/10, EFG 2011, 375 (rkr.).
3) LG Hanau v. 25.7.2005, 3 Qs 80/05, RVGreport 2005, 382.
4) Niedersächsisches FG v. 20.5.2009, 6 Ko 3/09, EFG 2010, 442 ff. (rkr.).
5) BFH v. 13.4.2016, X E 5/16, BFH/NV 2016,1057; FG Köln v. 19.11.2007, 10 Ko 257/07, 10 Ko 258/07, EFG 2008, 332 f. (rkr.).
6) FG Münster v. 15.12.1999, 5 Ko 4026/99 KFB.

Dass bei Trennung der Streitwert für das fortgeführte und das abgetrennte Verfahren zusammen u.U. höher ist als der Streitwert für das ursprüngliche, nicht getrennte Verfahren, ist dabei hinzunehmen.[1)]

M. A – Z der Streitwerte

953 Hinweis: Soweit Entscheidungen noch mit DM-Beträgen ergangen sind, werden die Beträge auf Grund der BFH-Rspr. zur Ermittlung eines heute in Euro entsprechenden Gegenstandswerts mit 50 % der DM-Beträge angenommen.[2)]

954 **Abgabe einer eidesstattlichen Versicherung**

Der Streitwert in Verfahren wegen Abgabe einer eidesstattlichen Versicherung und Vorlage eines Vermögensverzeichnisses ist regelmäßig mit 50 % der rückständigen Steuerbeträge anzunehmen, maximal jedoch mit 500 000 €.[3)]

Abgabe einer Steuererklärung

Der Streitwert ist auf die Hälfte der im Schätzungswege festgesetzten Steuer zu schätzen, nachdem im Klageverfahren eine Herabsetzung/Festsetzung der Steuer auf Grundlage der Steuererklärung beantragt, die Erklärung jedoch nicht eingereicht worden ist.[4)]

Wird die **Aufforderung zur Abgabe** angefochten, ist die Höhe der zu erwartenden Steuerzahlung (auf Grund der mutmaßlichen Angaben in der Steuererklärung) maßgebend, wenn es zahlenmäßige Anhaltspunkte gibt, diese Größe abzuschätzen: In diesen Fällen kann der Streitwert ebenfalls mit 50 % dieses Betrags angenommen werden.[5)]

Fehlt es jedoch an diesen Anhaltspunkten, ist der Streitwert regelmäßig mit dem Auffangstreitwert anzunehmen, z.B. in folgenden Fällen:

- Ein Schätzungsbescheid ist ergangen und dieser wird angefochten, ohne dass Hinweise auf die tatsächlichen Besteuerungsgrundlagen gegeben werden.[6)]
- Es geht dem Kläger weniger um die Steuerfestsetzung, sondern vielmehr um die „Erklärungspflicht als solche". Wird die Aufforderung des FA, die Steuererklärung in elektronischer Form zu übermitteln, angefochten, ist jedenfalls dann der sog. Auffangstreitwert (nach § 52 Abs. 2 GKG i.H.v. 5 000 €) anzusetzen, wenn davon auszugehen ist, dass der Kläger über einen Computer verfügt.[7)]

Abhaltung einer Schlussbesprechung

Bei einem Rechtsstreit um die **Abhaltung einer Schlussbesprechung** ist der Streitwert mit 10 % der steuerlichen Auswirkungen, die sich aus den in der Schlussbesprechung zu erörternden Sachverhalten ergeben, anzusetzen,[8)] da in der Schlussbesprechung das Ergebnis der Prüfung erörtert wird.

Ist nicht die Frage streitig, ob, sondern **nur in welcher Form – etwa telefonisch, in Präsenz oder per Videokonferenz** – eine Schlussbesprechung stattfindet, kann der Streitwert mit 5 % der steuerlichen Auswirkung der zu besprechenden Sachverhalte angenommen werden.[9)]

1) Niedersächsisches FG v. 2.7.2010, 12 K 8/09, EFG 2010, 1823 ff. (rkr.).
2) BFH v. 18.11.2003, VII B 299/02, BFH/NV 2004, 515.
3) BFH v. 23.10.2003, VII E 14/03, BFH/NV 2004, 351.
4) BFH v. 13.8.1986, VIII R 181/85, BFH/NV 1987, 114.
5) FG Baden-Württemberg v. 20.7.1982, X 113/82, EFG 1983, 146 = DStZ/E 1983, 70; Zimmer/Schmidt, Schriften NJW, Heft 52, Rz. 409 ff.
6) BFH v. 10.11.1977, VIII R 163/77.
7) BFH v. 27.12.2021, X S 35/21, BFH/NV 2022, 426 f.
8) BFH v. 29.1.1986, I R 31/85, BFH/NV 1987, 525.
9) FG Düsseldorf v. 5.7.2021, 13 V 771/21 AE(AO) (rkr.).

Fehlt es an Schätzungsgrundlagen für die steuerlichen Auswirkungen, ist der Auffangstreitwert gem. § 52 Abs. 2 GKG i.H.v. 5 000 € anzunehmen.[1)]

Ablehnung von Richtern

Der Streitwert beträgt pauschal 10 % des Werts der Hauptsache für die Ablehnung eines Richters,[2)] bei Ablehnung mehrerer Richter einen entsprechend größeren Bruchteil.[3)] Dieser Streitwert ist nur anzusetzen in Beschwerdeverfahren wegen der Ablehnung, da in Rechtsstreiten vor den FG das Verfahren wegen Ablehnung von Richtern ein Nebenverfahren des Finanzrechtsstreits darstellt und den Streitwert des Hauptverfahrens nicht erhöht.

Ablichtung aus Akten

Bei Streit wegen Anfertigung und Herausgabe von Ablichtungen von Akten wird der Streitwert – ebenso wie in Verfahren auf Gewährung von Akteneinsicht – nach § 52 Abs. 2 GKG (5 000 €) angesetzt.[4)]

Abrechnungsbescheid

Maßgebend ist das finanzielle Interesse des Klägers im konkreten Fall.[5)]

Ist die **Anrechnung von Vorauszahlungen** streitig, beläuft sich der Streitwert auf den Betrag der fehlerhaften Vorauszahlungen.[6)]

Wird in dem Verfahren um die **Erteilung eines Abrechnungsbescheides dem Grunde nach** gestritten, kann der Streitwert mangels anderer Anhaltspunkte mit dem Auffangstreitwert gem. § 52 Abs. 2 GKG angenommen werden.[7)]

Ist in einem Klageverfahren gegen einen Abrechnungsbescheid nicht nur die Zahlungsverjährung der steuerlichen Hauptforderung, sondern auch die **Zahlungsverjährung von Nebenforderungen** streitig, bildet der Nennbetrag aller Forderungen den Streitwert.[8)]

Ist ein Verfahren sowohl gegen einen **Abrechnungsbescheid als auch gegen den der Abrechnung zugrundeliegenden Festsetzungsbescheid** gerichtet und ist das steuerliche Interesse dasselbe, sind die Einzelstreitwerte der beiden Streitgegenstände nicht zu addieren, vielmehr ist das wirtschaftliche identische Interesse nur einmal anzusetzen.[9)]

Akteneinsicht

Der Streitwert ist bei fehlenden Anhaltspunkten einer konkreten steuerlichen Auswirkung mit dem Auffangstreitwert gem. § 52 Abs. 2 GKG (5 000 €) anzunehmen, dies gilt auch insoweit als das Begehren auf die DSGVO gestützt wird.[10)] In einem Verfahren eines Insolvenzverwalters, das auf Akteneinsicht und Auskunftserteilung gerichtet war, ist der Streitwert bei fehlenden Anhaltspunkten ebenfalls mit dem Auffangstreitwert i.H.v. 5 000 € anzusetzen.[11)]

1) BFH v. 11.1.2011, VI E 11/10, BFH/NV 2011, 629 (rkr.); v. 11.6.2004, IV B 167/02, BFH/NV 2004, 1657.
2) BFH v. 3.9.1999, VII E 5/99, BFH/NV 2000, 217.
3) BFH v. 3.8.1976, VII B 17/76, BStBl II 1976, 691.
4) BFH v. 20.9.1983, VII R 85/81.
5) FG Düsseldorf v. 1.3.1972, VI 8/71, EFG 1972, 354 (rkr.).
6) BFH v. 16.8.1991, VII S 31/91, BFH/NV 1992, 262.
7) Streitwertkatalog der Finanzgerichtsbarkeit, Stand: Mai 2025, II. Besondere Wertansätze „Abrechnungsbescheid".
8) BFH v. 7.3.2016, VII E 1/16, BFH/NV 2016, 1039.
9) BFH v. 5.9.2023, X E 4/23, BFH/NV 2023, 1330.
10) BFH v. 15.5.2024, IX S 14/24, BFH/NV 2024, 917; v. 7.5.2024, IX R 21/22, BFH/NV 2024, 1070 f.; FG Saarland v. 1.9.2010, 2 K 1614/09, EFG 2011, 271 (rkr.).
11) FG Berlin-Brandenburg v. 27.10.2021, 16 K 11306/19, EFG 2022, 828 (rkr).

Aktenübersendung, Anfechtung

Ansatz wie bei Akteneinsicht mit 5 000 €.[1)]

Anfechtung einer Rechtsbehelfsentscheidung

Der Streitwert ist mit 10 % der festgesetzten Steuer anzunehmen, wenn es in dem Verfahren lediglich um die Beseitigung des Rechtsscheins geht, der von der Einspruchsentscheidung ausgeht, ohne dass die eigentliche Steuerfestsetzung angefochten wird.[2)]

Anderer Ansicht ist das FG Münster:[3)] Bei isolierter Anfechtung einer Rechtsbehelfsentscheidung bietet die zu Grunde liegende Verwaltungsentscheidung nur dann einen Ausgangspunkt zur Streitwertbemessung, wenn der Betroffene (Adressat) der Rechtsbehelfsentscheidung und der Betroffene (Adressat) der zu Grunde liegenden Verwaltungsentscheidung identisch sind. Sind bei isolierter Anfechtung einer Rechtsbehelfsentscheidung der Betroffene (Adressat) der Rechtsbehelfsentscheidung und der Betroffene (Adressat) der zu Grunde liegenden Verwaltungsentscheidung nicht identisch, ist der Streitwert mit dem Wert gem. § 52 Abs. 2 GKG festzusetzen.

Der Streitwert ist nach einer Entscheidung des FG Düsseldorf[4)] ebenfalls mit dem Auffangstreitwert zu bemessen, wenn sich ein Klagebegehren nicht auf die Änderung einer Steuerfestsetzung, sondern lediglich auf die Wahrung einer verfahrensrechtlichen Position richtet, etwa bei einem Antrag auf Aufhebung einer Einspruchsentscheidung, die während des ruhenden Einspruchsverfahrens ergangen ist: Hier bietet der Sach- und Streitstand keine genügenden Anhaltspunkte zur Bestimmung des Streitwerts.

Anhörungsrüge

Für Verfahren wegen Rüge des rechtlichen Gehörs wird kein Streitwert festgesetzt, da dieser weder für die Gerichtgebühren notwendig ist – da Fixgebühr – noch für den Anwalt, da die Rüge des rechtlichen Gehörs keine Gebühr auslöst, sondern als eine mit dem Hauptverfahren zusammenhängende Tätigkeit gem. § 19 Abs. 1 Nr. 5 RVG anzusehen ist.

Anordnung (einstweilige)

→ *Einstweilige Anordnung*

Anordnung (erzwingbare)

→ *Erzwingungsgeld*

Anrechnungsverfahren

Trotz der verfahrensrechtlichen Selbständigkeit des Anrechnungsverfahrens richtet sich die Höhe des Streitwerts im Fall der Anteilsrotation nach dem Vorteil, der sich beim Anteilseigner durch die Anrechnung der auf die ausgeschütteten Beteiligungserträge entfallenden Steuern ergibt.[5)]

Anschlussbeschwerde und -revision

Im Fall einer unselbständigen Anschlussrevision gilt diese hinsichtlich der Kostenentscheidung als selbständiges Rechtsmittel. Der Streitwert ist als Gesamtstreitwert der Hauptrevision und der unselbständigen Anschlussrevision zu bestimmen.[6)]

---

1) BFH v. 12.8.1981, VII G 12/81.
2) BFH v. 7.9.1995, III R 111/89, BFH/NV 1996, 521 Änderung der bisherigen Rechtsprechung.
3) FG Münster v. 24.3.1998, 13 K 5880/97, EFG 1998, 1290 (rkr.).
4) FG Düsseldorf v. 8.1.2025, 7 K 1591/24 K,G, EFG 2025, 585.
5) FG Nürnberg v. 12.3.1999, I 54/97, EFG 1999, 670 (rkr.).
6) BFH v. 9.11.1994, X 844/93 und XI R 33/93, BFH/NV 1995, 621.

Arrest

Der Arrest ist keine Dauermaßnahme, er verfolgt nur einen vorübergehenden Sicherungszweck. Wenn keine Besonderheiten vorliegen, ist der Streitwert im Arrestverfahren entsprechend langjähriger Gerichts- und Verwaltungspraxis auf die Hälfte der Arrestsumme festzusetzen.[1)]

Ist der Rechtsstreit über eine Arrestanordnung durch das Vollstreckbarwerden inzwischen ergangener Steuerbescheide bereits in der Klageinstanz zur Hauptsache erledigt, so bemisst sich der Streitwert der Revisionsinstanz nach der Höhe der Kosten des Klageverfahrens.[2)] Im Verfahren der **Fortsetzungsfeststellungsklage nach Erledigung der Arrestanordnung** richtet sich dagegen der Streitwert allein nach dem vom Kläger nunmehr geltend gemachten wirtschaftlichen Interesse (Schaden, den der Kläger vor dem Zivilgericht geltend macht einschließlich eventueller Kosten einer Bankbürgschaft).[3)]

Art der Einkünfte

1 % des streitigen Betrags.[4)]

Aufhebung einer Einspruchsentscheidung

Der Streitwert einer Klage, mit der die Aufhebung einer Einspruchsentscheidung begehrt wird, bemisst sich nach dem Unterschied zwischen der zuletzt festgesetzten Steuer und der im Einspruchsverfahren begehrten Steuerfestsetzung.[5)]

Richtet sich das Verfahren lediglich gegen die von der Einspruchsentscheidung ausgehenden Beschwer mit der Begründung, es sei kein Einspruch eingelegt worden, hat der BFH den Streitwert mit 10% der festgesetzten Steuer angenommen.[6)]

Der Streitwert ist nach einer Entscheidung des FG Düsseldorf[7)] dagegen mit dem Auffangstreitwert zu bemessen, wenn sich ein Klagebegehren auf Aufhebung einer Einspruchsentscheidung nicht auf die Änderung einer Steuerfestsetzung, sondern lediglich auf die Wahrung einer verfahrensrechtlichen Position richtet, etwa bei einem Antrag auf Aufhebung einer Einspruchsentscheidung, die während des ruhenden Einspruchsverfahrens ergangen ist: Hier bietet der Sach- und Streitstand keine genügenden Anhaltspunkte zur Bestimmung des Streitwerts.

Aufhebung eines Änderungsbescheids

Wird ein FG-Urteil mit der Begründung angefochten, das FG habe über einen bestimmten Bescheid nicht entscheiden dürfen, so bemisst sich der Streitwert eines solchen Verfahrens nach der wirtschaftlichen Auswirkung der beantragten Aufhebung des Urteils. Wird diese Auswirkung dadurch geprägt, dass über den betreffenden Bescheid in einem Einspruchsverfahren zu befinden ist, so berechnet sich der Streitwert regelmäßig nach der Differenz zwischen der im Bescheid festgesetzten Steuer und der mit dem Einspruch angestrebten Steuerfestsetzung.[8)]

Aufhebung eines Steuerbescheids

Der Streitwert bestimmt sich bei **Anfechtungsklagen nach der festgesetzten bzw. strittigen Steuerschuld**.[9)] Einbehaltene **Steuerabzugsbeträge** sind nicht zu berück-

1) BFH v. 12.3.1985, VII R 150/81, BFH/NV 1986, 752.
2) BFH v. 17.3.1982, VII S 104/81, BStBl II 1982, 328.
3) Hessisches FG v. 29.2.1996, 6 K 1642/90, EFG 1996, 725 (rkr.).
4) BFH v. 12.3.1970, IV 4/64, BStBl II 1970, 547.
5) BFH v. 17.3.1982, VII S 104/81, BStBl II 1982, 328.
6) BFH v. 7.9.1995, III R 111/89, BFH/NV 1996, 521 f.
7) FG Düsseldorf v. 8.1.2025, 7 K 1591/24 K,G, EFG 2025, 585.
8) BFH v. 27.1.2010, I B 171/08, BFH/NV 2010, 1107 f.
9) BFH v. 7.6.1993, VII E 1/93, BFH/NV 1994, 255.

sichtigen.[1] **Folgeabgaben** wie Kirchensteuer oder Solidaritätszuschläge sind – soweit sie nicht selbst Streitpunkt sind – nicht in den Streitwert mit einzubeziehen.[2] Folgewirkungen sind nicht zu berücksichtigen.[3]

Beantragt ein Kläger die **ersatzlose Aufhebung eines Steuerbescheides**, so bemisst sich der Streitwert nach der Höhe des festgesetzten Betrags.[4] Allerdings geht das finanzielle Interesse eines Klägers, der die Aufhebung eines Steuerbescheides begehrt, durch den eine frühere Steuerfestsetzung geändert wurde, nur soweit, wie die Änderung reicht, weil die frühere Festsetzung nach der Aufhebung des Änderungsbescheides wieder auflebt.[5]

Bei **Aufhebung allein aus formellen Gründen** wird ein Streitwert mit 10 % der festgesetzten Steuer angenommen.[6] Die Aufhebung eines angefochtenen Bescheides aus formellen Gründen rechtfertigt dann keine Schätzung des Streitwerts auf 10 % der steuerlichen Auswirkung, wenn der Klageantrag auf die ersatzlose Aufhebung eines Bescheides aus materiellen Gründen gerichtet war.[7]

Ist hingegen nur eine **Verpflichtungsklage auf Verbescheidung** nach der Rechtsauffassung des Gerichts (sog. Bescheidungsklage) eingelegt, so beträgt der Streitwert die Hälfte des finanziellen Interesses des Klägers.[8]

Wird **ohne nähere Begründung die Aufhebung/ersatzlose Aufhebung eines Steuerbescheids** beantragt, ohne dass erkennbar wird, dass der Kläger die Steuerfestsetzung als solche bestreitet, ist dieser Antrag i.d.R. auf eine unbestimmte Herabsetzung der festgesetzten Steuer gerichtet. Somit kommt gem. § 52 Abs. 2 GKG der Auffangstreitwert in Betracht.[9]

Wird die **Aufhebung/ersatzlose Aufhebung eines Schätzungsbescheids** ohne nähere Begründung beantragt, ist dieser Antrag ebenfalls auf Herabsetzung der festgesetzten Steuer gerichtet, solange keine Anhaltspunkte vorliegen, dass der Kläger die Steuerpflicht als solche bestreitet. Es ist deshalb i.d.R. der Auffangstreitwert (§ 52 Abs. 2 GKG) anzusetzen.[10]

Aufrechnung

Den Streitwert bildet das Aufrechnungsinteresse, d.h. der Betrag, hinsichtlich dessen die Aufrechnung angegriffen wird.[11] Ist Gegenstand des Streits der Bestand der Aufrechnungsforderung bzw. deren Höhe, bemisst sich der Streitwert nach deren vollen Wert.[12]

Beim Streit über die Zulässigkeit einer vom FA erklärten Aufrechnung mit einer Steuerforderung beträgt der Streitwert i.d.R. 10 % des zur Aufrechnung gestellten Steueranspruchs.[13] Der Streitwert eines Klageverfahrens über die Zulässigkeit einer nach Insolvenzeröffnung erklärten Aufrechnung bestimmt sich jedenfalls dann nach dem vollen Nennwert der zur Aufrechnung gestellten Hauptforderung, wenn auf die aufrechnende Finanzbehörde voraussichtlich keine Insolvenzquote entfällt und Masseunzulänglichkeit droht.[14]

1) BFH v. 2.11.1977, I E 2/77, BStBl II 1978, 58.
2) BFH v. 29.11.2000, VI R 78/95.
3) BFH v. 10.12.1998, II R 60/95, BFH/NV 1999, 664.
4) BFH v. 10.9.1986, II E 2/86, BFH/NV 1987, 802; v. 5.7.2005, II E 1/05, BFH/NV 2005, 1852.
5) FG Düsseldorf v. 12.8.2019, 10 K 1892/19 AO, EFG 2019, 1649 (rkr.).
6) FG Nürnberg v. 17.5.1994, VI 79/94, EFG 1994, 980 (rkr.).
7) FG Düsseldorf v. 6.9.2004, 11 K 4618/03, EFG 2005, 65 (rkr.).
8) FG Baden-Württemberg v. 8.10.1993, 9 K 403/91, EFG 1994, 268 (rkr.).
9) BFH v. 9.4.1990, III E 3/89, BFH/NV 1991, 551.
10) BFH v. 14.11.1985, IX R 58/82, BFH/NV 1986, 295.
11) BFH v. 24.1.1962, VII 186/58 U, BStBl III 1962, 144.
12) BFH v. 29.1.1991, VII E 6/90, BStBl II 1991, 467.
13) BFH v. 31.8.1995, VII R 58/94, BStBl II 1996, 55 = HFR 1996, 3.
14) FG Baden-Württemberg v. 6.12.1995, 9 K 405/91, EFG 1996, 726 (rkr.).

Auskunftsbegehren

Sofern das finanzielle Interesse nicht erkennbar ist, sind für jedes Begehren 5 000 € anzusetzen, dies gilt auch insoweit als das Begehren auf die DSGVO gestützt wird;[1] Ebenso bei Klagen eines Insolvenzverwalters.[2]

Auskunftsbegehren in Zollsachen

Soweit ein finanzielles Interesse an den Auskünften nicht erkennbar ist, beträgt der Streitwert für jedes Auskunftsbegehren 5 000 € (§ 52 Abs. 2 GKG).[3]

Auskunftsersuchen

Begehrt der Beklagte vom Stpfl. eine Auskunft, so entspricht der Streitwert dem finanziellen Interesse, das der Stpfl. daran hat, die Auskunft nicht erteilen zu müssen. Dieses Interesse ist regelmäßig ebenso zu bewerten, wie das entgegengesetzte Interesse des Beklagten, sich durch die Erlangung der Auskunft die Geltendmachung von möglichen Steueransprüchen zu erleichtern. In Parallele zur Bewertung des Auskunftsanspruchs seitens der Zivilgerichte kommt ein Streitwert von $^1/_{10}$ bis $^1/_5$ des Hauptanspruchs in Betracht.[4] Sofern das finanzielle Interesse nicht erkennbar ist, ist für jedes Begehren der Wert gem. § 52 Abs. 2 GKG anzusetzen.[5]

Auskunftsersuchen nach Art. 15 Abs. 1 DSGVO

In einem finanzgerichtlichen Verfahren, in dem ein auf **Art. 15 Abs. 1 DSGVO gestützter Auskunftsanspruch** geltend gemacht wird, ist der Streitwert mit dem Auffangstreitwert von 5 000 € zu bemessen; etwas anderes gilt nur dann, wenn sich ohne weitere Ermittlungen aus dem Antrag des Klägers eine betragsmäßig abweichende Bemessung des Streitwerts nachvollziehbar ableiten lässt.[6]

Außenprüfung

Bei Streit über die **Rechtmäßigkeit einer Prüfungsanordnung** (oder bei einem Antrag auf Wiederholung bzw. Durchführung einer Prüfung) oder einzelner Prüfungsmaßnahmen sind die mutmaßlich zu erwartenden Mehr-/Mindersteuern maßgebend. Der Streitwert ist deshalb in Streitfällen über die Rechtmäßigkeit der Anordnung einer Außenprüfung regelmäßig mit 50 % der mutmaßlich zu erwartenden Mehrsteuern (Prognose auf den Zeitpunkt der letzten Verwaltungsentscheidung), die im Einzelfall geschätzt werden müssen, anzusetzen.[7] Sind die mutmaßlich sich ergebenden Mehrsteuern nicht bezifferbar, ist der Auffangstreitwert gem. § 52 Abs. 2 GKG anzusetzen.[8] Dies gilt auch in Fällen, in denen während des Klageverfahrens der Prüfungsbericht aufgrund der Außenprüfung vorgelegt wird.[9]

Sind infolge einer Außenprüfung Mehrsteuern bereits festgesetzt, beträgt der Streitwert im Verfahren wegen der Prüfungsanordnung 50 % dieser Mehrsteuern, unabhängig von deren künftigem Bestand.[10]

---

1) BFH v. 15.5.2024, IX S 14/24, BFH/NV 2024, 917; v. 7.5.2024, IX R 21/22, BFH/NV 2024, 1070 f.; v. 11.7.1986, III R 25/85, BFH/NV 1987, 99; v. 20.7.1982, VII B 154/81, BStBl II 1982, 705.

2) FG Berlin-Brandenburg v. 27.10.2021, 16 K 11306/19, EFG 2022, 828 f. (rkr.).

3) BFH v. 20.7.1982, VII B 154/81, BStBl II 1982, 705.

4) Hessisches FG v. 2.9.1966, B III 43/66, EFG 1967, 26; a.A. Ansatz i.H.v. 4 000 €: FG Baden-Württemberg v. 17.5.1984, VI 29/79, EFG 1984, 602.

5) BFH v. 11.7.1986, III R 25/85, BFH/NV 1987, 99.

6) BFH v. 15.5.2024, IX S 14/24, BFH/NV 2024, 917 ff.

7) BFH v. 20.5.2014, X E 1/14, BFH/NV 2014, 1387 mit einer Übersicht über die BFH-Rspr., v. 11.1.2011, VI E 11/10, BFH/NV 2011, 629; v. 29.7.2009, VIII E 4/09, BFH/NV 2009, 1823.

8) BFH v. 11.1.2011, VI E 11/10, BFH/NV 2011, 629.

9) FG Hamburg v. 5.11.2019, 4 K 142/17, EFG 2019, 1928 f.

10) BFH v. 29.7.2009, VIII E 4/09, BFH/NV 2009, 1823 f.

Ist lediglich die **Durchführung einer Schlussbesprechung** im Streit, ist der Streitwert mit 10 % der steuerlichen Auswirkung der zu erörternden Sachverhalte anzunehmen.[1)]

Auch im Verfahren nach § 69 Abs. 3 FGO ist bei mangelnden Anhaltspunkten für die zu erwartenden Mehrsteuern der Auffangstreitwert anzusetzen. Bei Ansatz des Auffangstreitwerts kommt hier eine Reduzierung auf 10 % des für das Hauptsacheverfahren anzusetzenden Streitwerts nicht in Betracht.[2)]

Außerordentliche Einkünfte i.S.d. § 34 Abs. 2 Nr. 1 EStG

Der Streitwert für ein Verfahren, in dem um die **Qualifikation** gesondert und einheitlich festgestellter Gewinne als der Fünftel-Regelung unterliegende außerordentliche Einkünfte i.S.d. § 34 Abs. 2 Nr. 1 EStG gestritten wird, ist pauschal mit 10 % des streitigen Gewinns zu bemessen, wenn nicht Anhaltspunkte dafür vorliegen, dass die betroffenen Mitunternehmer zu einem Großteil die Tarifvergünstigung nach § 34 Abs. 3 EStG beanspruchen können.[3)]

Aussetzung bzw. Ruhen des Verfahrens (nur für das Beschwerdeverfahren)

Der Streitwert beträgt 5 % der erstrebten Steuerminderung, wenn diese ersichtlich ist.[4)] Ansonsten 5 000 € (§ 52 Abs. 2 GKG).

Aussetzung der Vollziehung (AdV)

Der Streitwert in Verfahren auf Aussetzung der Vollziehung (AdV) von Steuerbescheiden beträgt grundsätzlich 10 % des Betrags, dessen Aussetzung begehrt wird.[5)]

Andere Ansicht: Im Verfahren der Aussetzung oder Aufhebung der Vollziehung von Steuerbescheiden beträgt der Streitwert 25 % des Werts der Hauptsache (Anschluss an den Streitwertkatalog für die Verwaltungsgerichtsbarkeit i.d.F. von 1996, NVwZ 1996, 563).[6)]

Diese Ansicht wird jedoch vom BFH nicht geteilt!

Unter den Senaten des BFH gibt es keine Mehrheit für eine Anhebung des Streitwerts von Verfahren wegen AdV.

Der Streitwert in einem Verfahren wegen AdV ist unter Fortsetzung der bisherigen Rspr. des BFH grundsätzlich mit 10 % des im Hauptsacheverfahren anzusetzenden Streitwerts zu bemessen.[7)] In einer BFH-Entscheidung heißt es u.a. sinngemäß, eine Entscheidung durch den Großen Senat des BFH könne nach Auffassung des beschließenden Senats nicht erreicht werden. Da die Höhe des Streitwerts gem. § 52 Abs. 1 GKG „nach Ermessen" zu bestimmen sei, würde der Senat mit der beabsichtigten Anhebung des Streitwerts nicht i.S.d. § 11 Abs. 3 FGO von der Rspr. anderer Senate abweichen. Denn eine Abweichung in einer Rechtsfrage komme insoweit nicht in Betracht als das Gericht i.R. des ihm durch die Vorschrift eingeräumten Spielraums auf der Grundlage zur Ermessensentscheidung tauglicher Gesichts-

1) BFH v. 23.4.1980, I B 45/78, BFHE 130, 445.
2) BFH v. 11.12.2019, VIII E 1/19, BFH/NV 2020, 380 f.
3) BFH v. 17.11.2011, IV S 15/10, BStBl II 2012, 246.
4) BFH v. 8.10.2008, IV S 2/08, BFH/NV 2009, 182; v. 16.10.1996, III B 89/96, BFH/NV 1997, 432.
5) BFH v. 6.9.2012, VII E 12/12, BFH/NV 2013, 211; v. 17.11.2011, IV S 15/10, BStBl II 2012, 246; v. 4.5.2011, VII S 61/11, BFH/NV 2011, 1721; v. 14.12.2007, IX E 17/07, BStBl II 2008, 199.
6) FG Berlin v. 10.12.1998, 2 B 2507/98, EFG 1999, 266 (rkr.).
7) Vgl. zuletzt BFH v. 14.12.2007, IX E 17/07, BStBl II 2008, 199.

punkte entscheide.[1] Der Senat habe zwar erwogen, von der bisherigen Handhabung abzuweichen und den Streitwert auf 25 % des Hauptsachestreitwerts festzusetzen. Er halte die von einigen FG für eine Erhöhung genannten Gründe für überzeugend und gehe davon aus, dass eine vom BFH vorgenommene Anhebung des Streitwerts auch zu einer Vereinheitlichung der Rspr. der FG beitragen würde. Der Senat habe deshalb informell bei allen anderen Senaten des BFH angefragt, ob sie der vorgeschlagenen Anhebung des Streitwerts zustimmen würden. Mehrheitlich hätten sich die Senate jedoch dagegen ausgesprochen.[2]

Ist im Hauptsacheverfahren der Auffangstreitwert anzusetzen, so ist auch im AdV-Verfahren dieser Wert in voller Höhe maßgebend, eine Reduzierung unter Anwendung des Vom-Hundert-Satzes von 10 % kommt nicht in Betracht.[3] Der Mindestwert gem. § 52 Abs. 4 Nr. 1 GKG kommt in Verfahren auf AdV nicht zur Anwendung.

Die vorstehenden Grundsätze gelten auch bei Anträgen auf AdV von Feststellungsbescheiden wegen einheitlicher und gesonderter Gewinnfeststellung und sind auf Haftungsbescheide zu übertragen.[4]

Aussetzung der Vollziehung einer Arrestanordnung

Der Streitwert für die Aussetzung der Vollziehung einer Arrestanordnung beträgt 10 % der Hälfte der Arrestsumme.[5]

Aussetzung des Verfahrens

Der Streitwert ist mit 5 % des Streitwerts der Hauptsache zu bemessen.[6]

Bedarfswertfeststellung

Laut BFH-Beschluss v. 11.1.2006 ist in Verfahren wegen gesonderter Feststellung von Grundbesitzwerten für Zwecke der Erb- bzw. SchenkSt der Streitwert nicht mit der konkreten erbschaft- oder schenkungsteuerlichen Auswirkung anzusetzen, sondern mit gestaffelten Pauschalsätzen: Bei Grundstückswerten bis einschließlich 512 000 € mit 10 %, bei Grundstückswerten bis einschließlich 12 783 000 € mit 20 % und bei darüberhinausgehenden Grundstückswerten mit 25 % der strittigen Wertdifferenz.[7] Aktualisierte Wertgrenzen: Bei Grundstückswerten bis 600 000 € mit 10 %, bei Grundstückswerten bis 13 000 000 € 20 % und bei darüberhinausgehenden Grundstückswerten mit 25 % der strittigen Wertdifferenz.[8]

Nach einer BFH-Entscheidung v. 11.11.2022[9] zur Streitwertermittlung bei gesonderter Feststellung der Summe der gemeinen Werte der Wirtschaftsgüter des Verwaltungsvermögens bis zum 30.6.2016 wurden die vorstehenden Pauschalsätze vom BFH unter Anpassung der Wertgrenzen und Prozentsätze an die zum jeweils streiti-

1) BFH v. 10.11.1971, I B 14/70, BStBl II 1972, 222; zustimmend insoweit BFH v. 29.7.1976, VIII B 6/75, BStBl II 1977, 119; Bartone in Kühn/v. Wedelstädt, AO/FGO, 21. Aufl. § 11 FGO Rz. 4; Schmid in Hübschmann/Hepp/Spitaler, AO FGO, § 11 FGO Rz. 58, August 2020; Sunder-Plassmann in Hübschmann/Hepp/Spitaler, § 11 FGO Rz. 58.
2) BFH v. 17.11.2011, IV S 15/10, BStBl II 2012, 246.
3) BFH v. 11.12.2019, VIII E 1/19, BFH/NV 2020, 380; v. 10.4.1990, III E 2/89, BFH/NV 1991, 552; v. 3.10.1986, III R 138/85, BFH/NV 1987, 114; FG Düsseldorf v. 1.2.2005, 12 V 5806/04 A (AO), EFG 2005, 1150 f.
4) BFH v. 4.5.2011, VII S 60/10, BFH/NV 2011, 1721 f.
5) BFH v. 12.3.1985, VII R 58/94, BFH/NV 1986, 752.
6) BFH v. 8.10.2008, IV S 2/08, BFH/NV 2009, 182; v. 16.10.1996, III B 89/96, BFH/NV 1997, 432.
7) BFH v. 11.1.2006, II E 3/05, BStBl II 2006, 333.
8) Streitwertkatalog der Finanzgerichtsbarkeit, Stand: Mai 2025, II. Besondere Wertansätze „Bewertungsgesetz".
9) BFH v. 11.11.2022, II E 3/22, BFH/NV 2023, 147 ff.

gen Stichtag geltenden erbschaftsteuerlichen Tarife und Freibeträge wie folgt modifiziert:

Demnach ist ein Pauschalsatz von

- 5 % auf Regelverschonungsbeträge bis einschließlich 600 000 €,
- 10 % auf Regelverschonungsbeträge bis einschließlich 6 000 000 €,
- 15 % auf Regelverschonungsbeträge bis einschließlich 13 000 000 €,
- 20 % auf Regelverschonungsbeträge bis einschließlich 26 000 000 € und
- 25 % auf darüber hinausgehende Regelverschonungsbeträge

anzuwenden. Eine Anwendung dieser Pauschalsätze auch in Verfahren wegen gesonderter Feststellung von Grundbesitzwerten für Erb- bzw. SchenkSt-Zwecke ist denkbar, Rechtsprechung dazu bleibt abzuwarten.[1)]

Für die Frage, welche festgestellten Beträge Ausgangswert für die Anwendung des Pauschalsatzes bilden, kommt es ausschließlich auf die Höhe des festgestellten Anteils der klagenden Partei an.[2)]

Beiderseitige Rechtsbehelfe

Die Streitwerte sind getrennt zu ermitteln, jedoch für die Gebührenfestsetzung zusammenzurechnen, wenn über beide Rechtsbehelfe gemeinsam entschieden wird.[3)]

Beigeladene

Haben die Beigeladenen keine Anträge gestellt, so bleibt die Auswirkung der Entscheidung auf sie unberücksichtigt.[4)] Bei Streit um die Erforderlichkeit einer Beiladung ist der volle Streitwert der Hauptsache maßgebend, wenn sich das Interesse des Klägers an der Beiladung auf den gesamten Streitgegenstand erstreckt.[5)]

Beiladung

Für den Beigeladenen ist grundsätzlich kein gesonderter Streitwert festzusetzen.[6)] Für die Kostenerstattung des Beigeladenen ist nur dann der Streitwert des Klageverfahrens maßgebend, wenn der Beigeladene von allen Streitpunkten selbst betroffen ist bzw. eigene Anträge stellt. Geht der Antrag eines Beigeladenen über den klägerischen Antrag hinaus, so ist der maßgebliche Streitwert zu erhöhen, wenn über den entsprechenden Antrag entschieden worden ist.[7)] Ansonsten richtet sich die Kostenerstattung des Beigeladenen nach dem Wert des Teils des Streitgegenstandes, durch den er selbst betroffen ist. Hierbei sind z.B. im Falle des Streites über die Höhe geleisteter Unterhaltszahlungen die Verhältnisse des Klägers, nicht die des Beigeladenen maßgebend.[8)] Bei Streit um die Erforderlichkeit einer Beiladung ist der Streitwert aus dem Vorbringen im Klageverfahren erkennbares Interesse des Beigeladenen an der Aufhebung des Beiladungsbeschlusses anzusetzen.[9)]

Bei Einlegung der Revision durch einen Beigeladenen bemisst sich der Streitwert danach, was dieser mit der Revision erstrebt.[10)]

1) Streitwertkatalog der Finanzgerichtsbarkeit, Stand: Mai 2025, II. Besondere Wertansätze „Bewertungsgesetz“, Hinweis in der Fußnote.
2) FG Hamburg v. 16.2.2010, III 215/05, AGS 2010, 405 (rkr.).
3) StuB 1923 Nr. 752.
4) BFH v. 1.8.1969, III R 110/66, BStBl II 1969, 626.
5) FG Hamburg v. 31.1.1975, II 118/74, EFG 1975, 268.
6) FG Baden-Württemberg v. 17.6.1996, 1 K 246/89, EFG 1996, 1059 (rkr.).
7) BFH v. 10.7.2013, IV E 7/13, BFH/NV 2013, 1809.
8) FG Saarland v. 5.9.2001, 1 K 185/96, EFG 2001, 1571 (rkr.).
9) BFH v. 14.8.1997, VIII B 153/94, BFH/NV 1998, 348.
10) BStBl II 1969, 628.

Beistand

Geht es in einer Beschwerdesache nur um die Zurückweisung eines Beistandes, ist der Streitwert mit 10 % des Werts der Hauptsache anzusetzen.[1]

Beitreibung

→ *Vollstreckung*

Bekanntgabe

Der Streitwert einer Verpflichtungsklage, mit der ein aus einer Personengesellschaft ausgeschiedener Gesellschafter die Bekanntgabe der nach seinem Ausscheiden ergangenen einheitlichen Bescheide für frühere Jahre erreichen will, beträgt 10 % des Streitwerts, der für den Gewinnanteil des ausgeschiedenen Gesellschafters zu bemessen wäre.[2]

Berufsausübungsgesellschaft (BAG)

Seit dem 1.8.2022 dürfen nur solche BAG die Bezeichnung „Steuerberatungsgesellschaft" führen, bei der StB und StBv die Mehrheit der Stimmrechte innehaben und bei denen die Mehrheit der Mitglieder der Geschäftsführung StB oder StBv sind (§ 55g StBerG).

> **Hinweis:**
>
> In finanzgerichtlichen Verfahren existiert bisher keine Rechtsprechung zum Streitwert im Zusammenhang mit BAG.
>
> → *Steuerberatungsgesellschaft*

Bescheidungsklage

Begehrt der Kläger mit seiner Klage nicht die Verurteilung des FA zum Erlass eines bestimmten Verwaltungsaktes, sondern vielmehr die Verurteilung der Behörde zur Verbescheidung eines Antrags unter Beachtung der Rechtsauffassung des Gerichts (sog. Bescheidungsklage), so ist als Streitwert die Hälfte des finanziellen Interesses des Klägers anzusetzen, wenn allein eine neue Ermessensausübung durch das FA erstrebt wird.[3]

Bestellung eines Bevollmächtigten auf Anordnung des FG

Für die Beschwerde gegen die Anordnung, einen Bevollmächtigten zu bestellen, sind 10 % des Streitwerts der Hauptsache anzusetzen.[4]

Besteuerungszeitraum

Für den Streit um die Verschiebung einer unstreitigen Steuerschuld in einen späteren Zeitraum bemisst sich der Streitwert nach dem Zinsvorteil entsprechend § 238 AO.[5]

Betriebsprüfung

→ *Außenprüfung*

Bevollmächtigter

Geht es in einer Beschwerdesache nur um die Zurückweisung eines Bevollmächtigten, ist der Streitwert mit 10 % des Werts der Hauptsache anzusetzen.[6] Bei einem

1) BFH v. 12.1.1994, IV E 2/93 u.a., BFH/NV 1994, 817.
2) BFH v. 25.7.1974, IV B 5/74, BStBl II 1974, 746.
3) BFH v. 1.12.2000, II E 2, 3, 4, 5/00; FG Baden-Württemberg v. 8.10.1993, 9 K 403/91, EFG 1994, 268 (rkr.).
4) BFH v. 29.11.1977, VII E 11 und 12/77, BStBl II 1978, 135.
5) BFH v. 25.2.1991, V E 5/90, BFH/NV 1992, 127.
6) BFH v. 12.1.1994, IV E 2/93 u.a., BFH/NV 1994, 817.

Streit um die Zurückweisung eines Bevollmächtigten im Verwaltungsverfahren wegen unbefugter geschäftsmäßiger Hilfeleistung in Steuersachen ist der Streitwert nach § 52 Abs. 2 GKG zu bestimmen, wenn keine Anhaltspunkte vorliegen.[1)]

Bewertung von GmbH-Anteil

Nach Wegfall der Vermögensteuer sind lediglich Bedarfsfeststellungen für die ErbSt denkbar.

Bewertung von Grundbesitz für die ErbSt

→ *Bedarfswertfeststellung*

Buchführungserleichterung

Bei Antrag auf Bewilligung einer Buchführungserleichterung liegt der Streitwert bei 5 000 € (§ 52 Abs. 2 GKG).[2)]

Buchführungspflicht

Bei Streit über den Beginn ist der Streitwert nach § 52 Abs. 2 GKG mit 5 000 € zu bemessen.[3)] Betrifft der **Streit allerdings zurückliegende Jahre** und sind Mehrsteuern wegen einer behaupteten Verletzung der Buchführungspflicht entstanden, so ist der Streitwert mit 10 % der Mehrsteuern anzusetzen.[4)] Bei Streit um die Art der Gewinnermittlung für künftige Jahre gilt dasselbe.[5)]

Doppelte Rechtshängigkeit

Eine Reduzierung oder Aufteilung des Streitwerts wegen eines anderen prozessual eigenständigen Verfahrens ist nicht möglich, auch wenn das andere Verfahren dasselbe Streitjahr betrifft.[6)]

Da das finanzgerichtliche Verfahren nicht als Normenkontrollverfahren ausgelegt ist, es ein solches Verfahren aber in der Verwaltungsgerichtsbarkeit gibt, erscheint es gerechtfertigt, sich bei der Bemessung des Streitwerts insoweit an dem Streitwertkatalog für die Verwaltungsgerichtsbarkeit zu orientieren. Der Streitwert einer Nichtigkeitsfeststellungsklage ist in derselben Höhe anzunehmen, wie der Streitwert einer auf ersatzlose Aufhebung des betreffenden Bescheids gerichteten Anfechtungsklage.[7)]

Drittschuldnerklage

Der Streitgegenstand einer Drittschuldnerklage ist der übergegangene, eingeklagte Anspruch. Somit ist als Wert der Klage der Wert des übergegangenen Gegenstandes anzusetzen. Zum Beispiel bei Lohnansprüchen der dreifache Jahreswert des gepfändeten monatlichen Betrags.[8)]

Duldungsbescheid

Maßgebend ist der Wert der zu Grunde liegenden Steuerforderung, begrenzt auf den Wert des Vollstreckungsgegenstandes.[9)] Für den Streitwert einer Klage gegen einen Duldungsbescheid, mit dem das FA Rechtshandlungen des Vollstreckungsschuldners auf Grund des § 3 AnfG angefochten hat, ist der Wert der in anfechtbarer

1) BFH v. 25.11.1997, VII E 16/97, BFH/NV 1998, 622.
2) FG Hamburg v. 13.6.1979, III 177/76, EFG 1979, 514 (rkr.).
3) BFH v. 12.3.1999, XI E 1/99, BFH/NV 1999, 1346; FG Hamburg v. 13.6.1979, III 177/76, EFG 1979, 514 (rkr.).
4) BFH v. 30.12.1986, III R 93/85, BFH/NV 1988, 589.
5) BFH v. 18.2.1982, IV R 32/79; v. 30.9.1983, IV R 250/82, BStBl II 1984, 39.
6) BFH v. 16.6.2009, X E 5/09.
7) FG des Landes Sachsen-Anhalt v. 15.9.2015, 5 K 150/15, EFG 2015, 2223 (rkr.).
8) LAG Baden-Württemberg v. 21.12.2001, 3 Ta 137/01, JurB 2002, 196 (rkr.).
9) BFH v. 29.6.2006, VII E 13/05, BFH/NV 2006, 2100.

Weise übertragenen Gegenstände zumindest dann maßgebend, wenn er niedriger ist als die im Duldungsbescheid aufgeführten Abgabenrückstände, aus denen die Zwangsvollstreckung betrieben wird.[1)]

Ehegattenbesteuerung

Wird nach erfolgter Zusammenveranlagung im Rechtsbehelfsverfahren die getrennte Veranlagung beantragt, so ergibt sich der Streitwert aus der Gesamtsteuer laut Zusammenveranlagung und getrennter Veranlagung.[2)]

Ehrenamtlicher Richter

In einem Verfahren wg. Entbindung vom Amt als ehrenamtlicher Richter wurde der Streitwert vom BFH mit umgerechnet 2 500 € angenommen.[3)]

Eidesstattliche Versicherung

→ *Vermögensverzeichnis*

Der Streitwert wegen der Aufforderung zur Vorlage eines Vermögensverzeichnisses und der Ladung zur Abgabe der eidesstattlichen Versicherung beträgt 50 % der rückständigen Steuerbeträge, höchstens 500 000 €.[4)] Ist nur die Vorlage eines Vermögensverzeichnisses oder die Ladung zur Abgabe der eidesstattlichen Versicherung strittig, so halbiert sich dieser Wert.[5)]

Einfuhrumsatzsteuer

Ist ein Steuerbescheid wegen **Einfuhrumsatzsteuer** angefochten worden, so bildet der strittige Einfuhrumsatzsteuerbetrag den Streitwert, unabhängig davon, dass ggf. eine Vorsteuerabzugsberechtigung besteht.[6)] Wird dagegen ein zusammengefasster Einfuhrabgabenbescheid, der sowohl die **Abgabenart Zoll als auch die Abgabenart Einfuhrumsatzsteuer** betrifft, mit dem Antrag angefochten, den im Einfuhrabgabenbescheid festgesetzten und gezahlten Zoll zu erstatten, bemisst sich der Streitwert nur nach der Höhe der begehrten Erstattung des mit dem Einfuhrabgabenbescheid erhobenen Zolls und umfasst nicht auch die Einfuhrumsatzsteuer.[7)]

Einheitliche und gesonderte Feststellung des gemeinen Werts der Anteile an der Gesellschaft

→ *Gesonderte und einheitliche Feststellung des gemeinen Werts der Anteile an der Gesellschaft*

Einheitliche und gesonderte Feststellung von Einkünften

→ *Gesonderte und einheitliche Feststellung von Besteuerungsgrundlagen*

Einheitsbewertung

Der Streitwert wird nur pauschal bemessen, da eine genaue steuerliche Auswirkung nicht errechenbar ist.

Die vom BFH bisher angesetzten Sätze sind unter Berücksichtigung der Vermögensteuer berechnet worden. Diese Steuer ist 1997 weggefallen, genauso wie die Gewerbekapitalsteuer ab 1998. Somit sind die Sätze der höchstrichterlichen Rechtsprechung nur noch bis zum Feststellungszeitpunkt 1.1.1996 anzuwenden:

---

1) Hessisches FG v. 12.6.1989, 11 K 381/88, EFG 1989, 652 (rkr.).
2) BFH v. 13.4.1962, IV 305/61 U, BStBl III 1962, 321.
3) BFH v. 4.4.1989, VII S 8/89, BFH/NV 1990, 561.
4) BFH v. 23.10.2003, VII E 14/03, BFH/NV 2004, 351.
5) FG Baden-Württemberg v. 23.8.1996, 9 K 162/97.
6) BFH v. 10.9.1974, VII B 60/73, BStBl II 1975, 196; Streitwertkatalog der Finanzgerichtsbarkeit, Stand: Mai 2025, II. Besondere Wertansätze „Einfuhrumsatzsteuer".
7) Hessisches FG v. 25.3.2014, 7 Ko 488/14, EFG 2014, 1232 (rkr.).

Einheitsbewertung Land- und Forstwirtschaft: 60 ‰ des strittigen Werts.[1]

Einheitswert des Grundvermögens: ebenfalls 60 ‰ des strittigen Werts.[2] Dieser Satz ermäßigt sich nur, wenn der Einheitswert tatsächlich weniger als drei Jahre Gültigkeit hat und gilt auch, wenn die Art- bzw. Zurechnungsfortschreibung eines Grundstückes strittig ist.[3] Wirkt sich der angefochtene Einheitswert des Grundbesitzes nur auf die Grundsteuer aus (ab 1996), bemisst sich der Streitwert nach dem Sechsfachen der jährlichen Grundsteuer.[4]

Einheitsbewertung, Bewertung des Betriebsvermögens: 30 ‰.[5] Hat der Feststellungsbescheid im Einzelfall eine kürzere Geltungsdauer als drei Jahre, so ist der Streitwert entsprechend zu ermäßigen. Für Feststellungszeiträume ab 1.1.1997 ist der Tausendstelsatz wegen Wegfalls der Vermögensteuer jährlich um fünf Tausendstelpunkte zu kürzen.[6] Bei Streit um die Artfeststellung Betriebsgrundstück 21 ‰.[7] Bei einem Streit um die Aufteilung eines Einheitswerts des Betriebsvermögens ermäßigt sich der Satz auf die Hälfte, also 15 ‰.[8]

Bedarfsbewertung – Feststellung des Grundbesitzwerts für die ErbSt: Bei Grundstückswerten bis einschließlich 512 000 € mit 10 %, bei Grundstückswerten bis einschließlich 12 783 000 € mit 20 % und bei darüberhinausgehenden Grundstückswerten mit 25 % der strittigen Wertdifferenz.[9] Aktualisierte Wertgrenzen: Bei Grundstückswerten bis 600 000 € mit 10 %, bei Grundstückswerten bis 13 000 000 € mit 20 % und bei darüberhinausgehenden Grundstückswerten mit 25 % der strittigen Wertdifferenz.[10]

Nach einer BFH-Entscheidung v. 11.11.2022[11] zur Streitwertermittlung bei gesonderter Feststellung der Summe der gemeinen Werte der Wirtschaftsgüter des Verwaltungsvermögens bis zum 30.6.2016 wurden die vorstehenden Pauschalsätze vom BFH unter Anpassung der Wertgrenzen und Prozentsätze an die zum jeweils streitigen Stichtag geltenden erbschaftsteuerlichen Tarife und Freibeträge wie folgt modifiziert:

Demnach ist ein Pauschalsatz von

- 5 % auf Regelverschonungsbeträge bis einschließlich 600 000 €,
- 10 % auf Regelverschonungsbeträge bis einschließlich 6 000 000 €,
- 15 % auf Regelverschonungsbeträge bis einschließlich 13 000 000 €,
- 20 % auf Regelverschonungsbeträge bis einschließlich 26 000 000 € und
- 25 % auf darüber hinausgehende Regelverschonungsbeträge

anzuwenden. Eine Anwendung dieser Pauschalsätze auch in Verfahren wegen gesonderter Feststellung von Grundbesitzwerten für Erb- bzw. SchenkSt-Zwecke ist denkbar, Rechtsprechung dazu bleibt abzuwarten.[12]

---

1) BFH v. 23.6.1978, III R 112/76, BStBl II 1978, 642.
2) BFH v. 3.1.2000, II E 6/99, BFH/NV 2000, 852.
3) BFH v. 17.7.1998, II R 7/96, BFH/NV 1999, 68.
4) BFH v. 16.10.1996, II R 17/96, BStBl II 1997, 228; FG Berlin-Brandenburg v. 8.6.2017, 3 K 3033/17, EFG 2017, 1204 f. (rkr.).
5) BFH v. 22.3.1982, III R 59/81, BStBl II 1982, 512.
6) FG Baden-Württemberg v. 4.2.2003, 3 K 22/99.
7) BFH v. 13.8.1976, III B 33/75, BStBl II 1976, 774.
8) BFH v. 28.6.1984, III B 42/83, BStBl II 1984, 721.
9) BFH v. 11.1.2006, II E 3/05, BStBl II 2006, 333.
10) Streitwertkatalog der Finanzgerichtsbarkeit, Stand: Mai 2025, II. Besondere Wertansätze „Bewertungsgesetz".
11) BFH v. 11.11.2022, II E 3/22, BFH/NV 2023, 147 ff.
12) Streitwertkatalog der Finanzgerichtsbarkeit, Stand: Mai 2025, II. Besondere Wertansätze „Bewertungsgesetz", Hinweis in der Fußnote.

Die Aufhebung eines angefochtenen Bescheides aus formellen Gründen rechtfertigt keine Schätzung des Streitwerts auf 10 % der steuerlichen Auswirkung, wenn der Klageantrag auf die ersatzlose Aufhebung eines Bescheides aus materiellen Gründen gerichtet war.[1)]

Einkommensteuer

Streitwert ist der Unterschied zwischen festgesetzter und begehrter Steuer.[2)] Dies gilt auch, wenn die erstrebte Steuer höher ist als die zuvor festgesetzte.[3)]

Nicht zu berücksichtigen sind: Steuerliche Nebenleistungen und abhängige Zahlungen z.B. Verspätungs- und Säumniszuschläge, Kirchensteuer, Einkommensteuervorauszahlungen, GewSt (außer evtl. Änderung der Gewerbesteuerrückstellung), abhängige Industrie- und Handelskammer-, Handwerkskammer- oder Krankenkassenbeiträge und Auswirkungen auf spätere Steuerabschnitte, Solidaritätszuschläge und Stabilitätszuschläge usw.[4)] und Änderungen in den wirtschaftlichen Verhältnissen des Klägers.[5)]

Ist die **ESt auf 0 €** festgesetzt, sind in Anlehnung an die Rechtsprechung zur Verlustfeststellung 10 % der beantragten Minderungsbeträge bzw. der gewünschte Steuererstattungsbetrag anzusetzen.[6)] Verlustvor- bzw. -nachträge, die in mehreren Streitjahren wegen des strittigen Verlustes zu berücksichtigen sind, sind in die Streitwertberechnung mit einzubeziehen.[7)] Ist Streitpunkt nur die **Verfassungsmäßigkeit einzelner Freibeträge**, so ist der Streitwert nach dem gewünschten Freibetrag zu berechnen.[8)] Wird dagegen nur beantragt, den Steuerbescheid hinsichtlich der strittigen **Verfassungsmäßigkeit für vorläufig zu erklären** beläuft sich der Streitwert auf einen Teil des Streitwerts gem. § 52 Abs. 2 GKG.[9)] Geht der Rechtsstreit um die **Zusammenveranlagung von Ehegatten**, so ist folgende Unterscheidung zu beachten: Begehrt der Stpfl. nach vorangegangener Einzelveranlagung die Zusammenveranlagung mit seiner Ehefrau, so ergibt sich der Streitwert nicht aus der Differenz der festgesetzten und der im Wege der Zusammenveranlagung festzusetzenden ESt-Schulden. Es ist vielmehr auf die wirtschaftliche Bedeutung abzustellen, wobei sich die wirtschaftliche Bedeutung aus dem angestrebten Zusammenveranlagungsbescheid im Fall der Nachzahlung unter Anwendung der §§ 268 ff. AO auf den Betrag der rückständigen Steuer ergibt, im Fall der Erstattung durch Halbteilung des Erstattungsbetrags.[10)] Begehrt der Stpfl. dagegen nach vorangegangener getrennter Veranlagung die Zusammenveranlagung, so ist der Streitwert zu ermitteln als Differenz zwischen der gegen den Kläger im Wege der getrennten Veranlagung festgesetzten ESt und dem auf den Kläger entfallenden Anteil an der im Wege der Zusammenveranlagung festzusetzenden ESt.[11)] Sind **mehrere Jahre streitig** und macht der Kläger Verluste geltend, die in einzelnen Streitjahren zu einem negativen Gesamtbetrag der Einkünfte führen, sind in den Streitwert auch diejenigen Steuerminderungen einzubeziehen, die sich im Falle eines Obsiegens infolge von Verlust-

1) FG Düsseldorf v. 6.9.2004, 11 K 4618/03, EFG 2005, 65 (rkr.).
2) BFH v. 17.2.1994, VII E 3/93, BFH/NV 1994, 819.
3) Niedersächsisches FG v. 23.11.1982, IV 407/82, EFG 1983, 371.
4) BFH v. 22.9.1999, IV E 3/99, BFH/NV 2000, 334.
5) BFH v. 12.6.1985, VIII E 4/85, BFH/NV 1986, 299.
6) FG Baden-Württemberg v. 23.11.1999, 9 K 425/99; a.A. FG Baden-Württemberg v. 28.3.1995, 8 Ko 1/95, EFG 1995, 853. Wurde in einem angefochtenen Bescheid die ESt auf 0 DM festgesetzt, dann ist der Streitwert nach § 13 Abs. 1 Satz 1 GKG zu bestimmen und mit dem der geringsten Gebühr zuzuordnenden Betrag anzusetzen.
7) BFH v. 8.9.2003, III E 1/03, BFH/NV 2004, 74.
8) BFH v. 28.7.1995, III B 107/90, BFH/NV 1996, 242.
9) FG Baden-Württemberg v. 11.3.1993, 9 K 86/86, EFG 1993, 603 (rkr.); FG Nürnberg v. 10.5.1993, VI 79/83, EFG 1993, 604 (rkr.).
10) FG Baden-Württemberg v. 27.2.1991, IV K 232/88, EFG 1991, 503 (rkr.).
11) FG Hamburg v. 8.9.1980, III 137/78, EFG 1980, 616 (rkr.).

rück- und vorträgen in den Streitjahren ergeben hätten.[1] Steht für ein Streitjahr in Frage, ob die **Bildung einer Rücklage rückwirkend zulässig** ist, ist der Streitwert um das Dreifache gem. § 52 Abs. 3 Satz 2 GKG zu erhöhen und zwar auch dann, wenn der Mindestwert für das Streitjahr zum Ansatz kommt, weil die festgesetzte ESt null beträgt.[2]

Klagen **Ehegatten einzeln gegen ESt-Zusammenveranlagungsbescheide** – aber jeweils in Bezug auf den gesamten Inhalt des Bescheids – ist den Kostenrechnungen im Verfahren jedes Ehegatten der volle Streitwert der Gesamtschuld zu Grunde zu legen. Eine – erst im Erhebungsverfahren vorgenommene – Aufteilung der Steuerschuld hat dabei keine Auswirkungen auf den Streitwert einer allein gegen die Einkommensteuerfestsetzungen gerichteten Verfahren.[3]

Einschränkung des Rechtsbehelfsantrags

Eine Einschränkung des Rechtsbehelfsantrags hat grundsätzlich keinen Einfluss auf die Bemessung des Streitwerts, ggf. sind mehrere Streitwerte festzusetzen.[4]

Ändert sich der Streitgegenstand im Laufe einer Instanz infolge einer teilweisen Rücknahme, liegen für dieselbe Instanz verschiedene Streitwerte vor.[5]

Einseitige Erledigungserklärung

Erklärt ein Beteiligter einen Rechtsstreit einseitig in der Hauptsache für erledigt, so bemisst sich der Streitwert für die Zeit ab Abgabe der Erledigungserklärung nur noch nach dem sog. Kosteninteresse des anderen Beteiligten,[6] wenn nicht die Fortsetzung des Verfahrens mit den gleichen Anträgen wie in der Hauptsache begehrt wird (dann Wert der Hauptsache).[7] Das Kosteninteresse kann den Streitwert der Hauptsache übersteigen.[8] Das gleiche gilt auch, wenn ein Bevollmächtigter erst nach Erledigung der Hauptsache für Zwecke der Erledigungserklärung eingeschaltet wird.[9]

Einspruchsentscheidung

1. Isolierte Aufhebung → *Anfechtung einer Rechtsbehelfsentscheidung*
2. Verpflichtung auf Erlass einer Einspruchsentscheidung (vgl. § 52 Abs. 2 GKG).[10]

Einstweilige Anordnung

Das finanzielle Interesse des Antragstellers wird durch den Gegenstand des Antragsverfahrens bestimmt. Die Bemessung kann dabei zwischen 10 %[11] – wenn das Verfahren anstelle eines AdV-Verfahrens geführt wird und nur ein zeitlicher Aufschub begehrt wird – und 100 % – wenn mit dem Verfahren ein endgültiger Zustand erlangt werden soll – des Streitwerts der Hauptsache liegen.

---

1) BFH v. 8.9.2003, III E 1/03, BFH/NV 2004, 74.
2) BFH v. 24.7.2018, VI S 12/17, BFH/NV 2018, 1090 f.
3) BFH v. 1.7.2014, X E 6, 7/14, X E 6/14, X E 7/14, BFH/NV 2014, 1570 ff.
4) BFH v. 15.11.1967, IV 311/62, BStBl II 1968, 534.
5) Brandenburgisches OLG v. 23.8.1995, 9 WF 50/95, JurB 1996, 589; analog BFH v. 21.9.1994, VIII E 1/94, BFH/NV 1995, 254.
6) BFH v. 12.10.1988, I R 212/84, BStBl II 1989, 106.
7) BFH v. 23.3.2000, IV E 1/00, BFH/NV 2000, 1218; a.A. Gürsching, NWB Fach 2, 5010, wenn der Beklagte den Rechtsstreit einseitig in der Hauptsache für erledigt erklärt, dann verbleibt es bei dem vollen Streitwert.
8) FG Baden-Württemberg v. 29.5.2000, 4 Ko 3/00, EFG 2000, 967 (rkr.).
9) Hessisches FG v. 16.4.1999, 12 Ko 7027/98, EFG 1999, 664 (rkr.).
10) BFH v. 18.11.2003, VII B 310/02, BFH/NV 2004, 361.
11) BFH v. 15.4.1997, VII E 2/97, BFH/NV 1997, 699.

Im Regelfall beträgt der Streitwert $^1/_3$ des Werts des Hauptsacheverfahrens.[1] Der Streitwert des Verfahrens über eine **einstweilige AdV** ist ebenfalls regelmäßig mit $^1/_3$ des Werts des zugehörigen Hauptsacheverfahrens zu bemessen.[2]

Der Streitwert eines Verfahrens der einstweiligen Anordnung, mit dem **die einstweilige Einstellung und Rückgängigmachung von Vollstreckungsmaßnahmen** begehrt wird, ist mit 10 % der Forderungsbeträge zu bemessen, die Anlass der Vollstreckung sind.[3] Der Streitwert des Verfahrens über die **AdV des Widerrufs einer AdV** ist ebenfalls auf 10 % des Betrags festzusetzen, um den im Verfahren über die Rechtmäßigkeit des zu Grunde liegenden Steuerbescheids gestritten wird.[4] Ist nur streitig, ob **gegen oder ohne Sicherheitsleistung** auszusetzen ist, so ist i.d.R. der Streitwert mit 10 % der geforderten Sicherheitsleistung zu bemessen.[5]

Wird in einem Verfahren des vorläufigen Rechtsschutzes gegen die **Pfändung eines Rechts auf wiederkehrende Nutzungen (hier: Mietzins)** Aufhebung dieser Pfändung und Auszahlung der vom Drittschuldner an das FA abgeführten Monatsmieten beantragt, kann der Streitwert des Aussetzungsverfahrens mit der Hälfte des Werts der Hauptsache angenommen werden.[6]

Wird im Verfahren des vorläufigen Rechtsschutzes gegen eine **Forderungspfändung (hier: Kontenpfändung)** eine Aufhebung dieser Pfändung und Rückzahlung des vom Drittschuldner an das FA überwiesenen Geldbetrags beantragt, kann der Streitwert des Aussetzungsverfahrens dem Wert der Hauptsache gleichkommen.[7]

Kann der vom Antragsteller angestrebte steuerliche Vorteil nicht bemessen werden, so ist der Streitwert nach § 52 Abs. 2 GKG anzusetzen.[8]

In Verfahren der einstweiligen Anordnung findet der Mindestwert gem. § 52 Abs. 4 Nr. 1 GKG keine Anwendung.

Einstweilige Aussetzung der Vollziehung

Der Streitwert ist i.H.v. $^1/_3$ des Streitwerts des zugehörigen Hauptsacheverfahrens zu bemessen.[9]

Einstweilige Einstellung der Zwangsvollstreckung

10 % des Betrags, weswegen die Zwangsvollstreckung betrieben wird.[10]

Energiesteuer

Den Streitwert bildet der strittige Abgabenbetrag; wird um die **Erlaubnis zur steuerfreien Verwendung von Energieerzeugnissen** gestritten, bemisst sich der Streitwert nach dem durchschnittlichen jährlicher Nutzen der Vergünstigung, teilweise werden die bei Einreichung der Klage bereits fälligen Beträge hinzugerechnet; ist die **Rücknahme einer Erlaubnis zur steuerfreien Verwendung von Energieerzeugnissen** strittig, ist der Streitwert mit dem Auffangstreitwert anzunehmen; ist die **Vergütung** strittig, bildet der streitige Vergütungsbetrag den Streitwert.[11]

---

1) BFH v. 14.10.1998, I B 82/98, BFH/NV 1999, 352; FG Köln v. 16.11.2001, 10 Ko 6021/01, EFG 2002, 224 (rkr.).
2) BFH v. 1.3.1977, VII B 81/76, BStBl II 1977, 354.
3) BFH v. 7.3.1989, VII E 1/88, BFH/NV 1989, 721.
4) BFH v. 16.3.1976, VII E 4/75, BStBl II 1976, 385.
5) BFH v. 24.5.2023, X B 22/22 (AdV), BFH/NV 2023, 1090.
6) FG Baden-Württemberg v. 25.10.1999, 9 V 35/99, EFG 2000, 98.
7) FG Baden-Württemberg v. 25.10.1999, 9 V 46/99, EFG 2000, 97.
8) BFH v. 25.8.1998, IX E 1/98, BFH/NV 1999, 213.
9) BFH v. 1.3.1977, VII B 81/76, BStBl II 1977, 354.
10) BFH v. 2.6.1967, IV B 15/66, BStBl III 1967, 512; v. 3.1.1978, VII B 21/77, BStBl 1978, 159; v. 2.6.1967, IV B 15/66, BStBl III 1967, 512.
11) Streitwertkatalog der Finanzgerichtsbarkeit, Stand: Mai 2025, II. Besondere Wertansätze „Energiesteuer".

Entbindung vom Richteramt

→ *Ehrenamtlicher Richter*

Entschädigungsklage

Bei der Wertfestsetzung gem. § 63 Abs. 1 Satz 1 GKG kann im Einzelfall die Wertung des § 198 Abs. 2 GVG zu berücksichtigen sein. Der Wert nach § 52 Abs. 2 GKG wird nur in Ausnahmefällen anzusetzen sein.

§ 198 Abs. 2 GVG (Gesetzeswortlaut):

Ein Nachteil, der nicht Vermögensnachteil ist, wird vermutet, wenn ein Gerichtsverfahren unangemessen lange gedauert hat. Hierfür kann Entschädigung nur beansprucht werden, soweit nicht nach den Umständen des Einzelfalles Wiedergutmachung auf andere Weise gem. Absatz 4 ausreichend ist. Die Entschädigung gem. Satz 2 beträgt 1 200 € für jedes Jahr der Verzögerung. Ist der Betrag gem. Satz 3 nach den Umständen des Einzelfalles unbillig, kann das Gericht einen höheren oder niedrigeren Betrag festsetzen.[1)]

Erbschaftsteuer

Wie → Einkommensteuer: Streitwert ist die Differenz zwischen festgesetzter und beantragter Steuer.

→ *Gesamtschuldner*

Erinnerung

Streitwert im Erinnerungsverfahren sind die jeweils strittigen Kosten bzw. die kostenrechtliche Auswirkung der Erinnerung.[2)]

Erlass

Betrag, dessen Erlass begehrt wird.[3)]

Maßgebend ist der Gesamtbetrag dessen Erlass begehrt wird[4)] (= Steuer einschließlich Nebenforderungen – auch die Kirchensteuer, wenn deren Erlass beantragt wird, obwohl für deren Erlass nicht das FA zuständig ist).[5)] Wird dagegen mit einer Verpflichtungsklage nur beantragt, die Ablehnung eines Antrags auf Billigkeitserlass aufzuheben und die Finanzbehörde zu verpflichten, erneut den Erlassantrag zu bescheiden, beträgt der Streitwert 50 % des streitigen Erlassbetrags.[6)] Eine Ermäßigung des Streitwerts für ein Verfahren in einer Erlasssache auf 50 % der zu erlassenden Steuer, scheidet aber dann aus, wenn der Kläger sich nicht mit dem Antrag auf Verurteilung des FG zur Neuverbescheidung begnügt, sondern darüber hinaus auch einen Antrag gestellt hat, den Erlass selbst auszusprechen bzw. das FA zum Erlass zu verurteilen.[7)]

Erledigung der Hauptsache

Übereinstimmende Erledigungserklärungen der Beteiligten lassen den ursprünglichen Streitwert unverändert.[8)]

1) BFH v. 5.3.2013, X K 10/12, BFH/NV 2013, 953.
2) BFH v. 28.2.1961, I 114/60, BStBl III 1961, 287.
3) BFH v. 16.7.1965, III 232/62 U, BStBl III 1965, 602; Streitwertkatalog der Finanzgerichtsbarkeit, Stand: Mai 2025, II. Besondere Wertansätze „Erlass".
4) BFH v. 23.1.1991, I E 3/90, BStBl II 1991, 528.
5) BFH v. 18.4.1989, VIII R 319/84, BFH/NV 1989, 756.
6) FG Baden-Württemberg v. 9.12.1994, 2 K 237/93, EFG 1995, 401.
7) BFH v. 1.12.2000, II E 2, 3, 4, 5/00; a.A. FG Saarland v. 9.12.1994, 2 K 237/93, EFG 1995, 401, 50 % des streitigen Betrags.
8) Streitwertkatalog der Finanzgerichtsbarkeit, Stand: Mai 2025, I. Allgemeines, „11. Erledigung der Hauptsache".

Maßgeblich ab (einseitiger) Erledigungserklärung ist das Kosteninteresse.[1] Bei Einschaltung eines Bevollmächtigten nach Erledigung der Hauptsache für Zwecke der Erledigungserklärung bemisst sich der Streitwert nach dem Kosteninteresse.[2] Das Kosteninteresse kann den Streitwert in der Hauptsache übersteigen.[3]

Erstattung

Streitwert richtet sich nach dem Betrag, dessen Erstattung begehrt wird.[4] Wird wegen Verzögerung bei der Rückzahlung das dem Grund und der Höhe nach unstreitigen Umsatzsteuerüberschusses Klage erhoben, so ist der Streitwert grundsätzlich mit 10 % des Erstattungsbetrags anzusetzen.[5]

Erzwingungsgeld

Maßgebend ist der angedrohte bzw. festgesetzte Betrag, soweit strittig.[6]

Europäischer Gerichtshof (EuGH)

Der Streitwert für das Vorabentscheidungsverfahren bestimmt sich nach dem Streitwert des Ausgangsverfahrens,[7] wobei es keinen Einfluss auf die Höhe des Streitwerts des Ausgangsverfahrens hat.

Eventualklage (unechte)

Bei einer unechten Eventualklage, bei der eine Aufteilung eines einheitlichen Klagegegenstands in Haupt- und Hilfsantrag erfolgt mit dem Ziel, dass zur Beschränkung des Kostenrisikos in dem Hauptantrag lediglich ein Teilbetrag und hilfsweise für den Fall des Obsiegens der Gesamtbetrag eingeklagt wird, ist für den Streitwert der höhere Wert des Hilfsantrags maßgeblich.[8]

Fälligkeit

Der Streit allein um die Fälligkeit einer nach Grund und Höhe unstreitigen Forderung ist mit 10 % dieser Forderung zu bewerten.[9]

Familienleistungsausgleich nach §§ 62 ff. EStG

Es gelten die Grundsätze für die Berechnung des Streitwerts in Verfahren wegen Zahlung von Kindergeld.[10]

Feststellungsbescheid

→ *Gesonderte Feststellung*

→ *Gesonderte und einheitliche Feststellung*

Feststellungsklage

Der Streitwert der **positiven Feststellungsklage** ist gegenüber dem Interesse der Leistungsklage um etwa 20 % zu kürzen. Das gilt nicht für die **negative Feststellungsklage**. Deren Streitwert entspricht dem Streitwert der entsprechenden Leistungsklage.[11] Der Streitwert einer Klage auf **Feststellung der Rechtswidrigkeit einer**

1) BFH v. 12.10.1988, I R 212/84, BStBl II 1989, 106 m.w.N.
2) Hessisches FG v. 16.4.1999, 12 Ko 7027/98, EFG 1999, 664 (rkr.).
3) FG Baden-Württemberg v. 29.5.2000, 4 Ko 3/00, EFG 2000, 967 (rkr.).
4) BFH v. 13.10.1970, VII B 44/70, BStBl II 1971, 25.
5) FG Münster v. 12.11.1974, V 1912/74, EFG 1975, 287 (rkr.).
6) BFH v. 24.1.1952, IV 382/51 U, BStBl III 1952, 55; Streitwertkatalog der Finanzgerichtsbarkeit, Stand: Mai 2025, II. Besondere Wertansätze „Erzwingungsgeld".
7) BFH v. 17.8.1976, VII R 96/72, BStBl II 1976, 714.
8) BFH v. 23.8.2023, XI E 1/23, BFH/NV 2023, 1415 f.
9) FG Düsseldorf v. 31.5.1974, V 234/73 A, EFG 1974, 435.
10) Vgl. auch Gruber, StB 2000, 314 m.w.N.
11) Hessisches FG v. 4.12.1967, VI 1/66, EFG 1968, 313 (rkr.).

Pfändungsverfügung kann jedenfalls dann mit 50 % des Streitwerts einer entsprechenden Anfechtungsklage angesetzt werden, wenn die Klage erst nach Erledigung des Verwaltungsaktes rechtshängig gemacht worden ist und die gepfändete Forderung voll werthaltig war.[1] Wenn allerdings der Wert nach einer Überleitung eines Anfechtungsverfahrens feststellbar ist, ist dieser Wert maßgebend.[2]

Forderungspfändung

In Streitigkeiten über die Rechtmäßigkeit einer Forderungspfändung bemisst sich der Streitwert im Allgemeinen nach der Höhe der zu vollstreckenden Forderung.[3] Dies gilt auch, wenn die Forderungspfändung zwar nicht sofort zur (vollen) Befriedigung des Vollstreckungsgläubigers führt, aber auch künftige Ansprüche aus einem Girovertrag bei einer so genannten „Bankkontenpfändung" erfasst, deren Einziehung die Tilgung der beizutreibenden Schuld bewirken können.[4]

Fortsetzungsfeststellungsklage

50 % des Streitwerts einer Anfechtungs- bzw. Verpflichtungsklage.[5]

Freistellungsbescheinigung nach § 5 Abs. 1 Nr. 9 KStG

Ist das Begehren bei mehreren auf 0 € lautenden Körperschaftsteuerfestsetzungen in der Sache darauf gerichtet, durch die Freistellungsbescheinigungen steuerbegünstigte Spenden zu erhalten, richtet sich der Streitwert nach den künftigen jährlichen Spendeneinnahmen, allerdings nur bezogen auf den letzten begehrten Freistellungsbescheid; für die übrigen angefochtenen Bescheide ist der Auffangstreitwert anzusetzen.[6]

Freistellungsbescheinigung nach EStG

Bei einer auf **Erteilung einer Freistellungsbescheinigung nach § 44a Abs. 5 EStG** gerichteten Klage beträgt der Streitwert das Dreifache des auf Seiten des Klägers eintretenden Zinsverlustes, der entsteht, wenn ohne Vorliegen der Bescheinigung die Zinsabschlagssteuer einbehalten wird.[7] Streitwert bei Streitigkeiten wegen der **Freistellungsbescheinigung gem. § 3 Nr. 39 i.V.m. § 39a EStG**: m.E. ist der Streitwert mit 25 % des freizustellenden Arbeitslohnes zu bemessen. Der Wert der Erteilung der **Freistellungsbescheinigung gem. § 48b EStG** (Freistellung von der Bauabzugssteuer) beträgt 10 % der Abzugssteuer.[8]

Fristverlängerung

Freies Ermessen; obere Grenze ist der Betrag, der als Erzwingungsgeld wegen Nichtabgabe der Steuererklärung äußerstenfalls aufzuerlegen wäre.[9]

Fünftel-Regelung

→ *Gesonderte und einheitliche Feststellung von Besteuerungsgrundlagen,*

b) Tarifbegünstigter Veräußerungsgewinn

1) BFH v. 26.1.1998, VII B 180/96, BFH/NV 1998, 879.
2) Hessisches FG v. 29.2.1996, 6 K 1642/90, EFG 1996, 725 (rkr.).
3) Anschluss an BFH v. 26.1.1998, VII B 180/96, BFH/NV 1998, 879.
4) FG des Saarlandes v. 1.6.2015, 2 KO 1172/15, EFG 2015, 2105 (rkr.).
5) BFH v. 29.6.2006, VII E 13/05, BFH/NV 2006, 2100; v. 20.10.2005, III S 20/05, BStBl II 2006, 77.
6) FG Münster v. 6.1.2012, 9 K 2649/10, EFG 2012, 1190 (rkr.).
7) FG Saarland v. 12.1.1995, 1 K 216/94, EFG 1995, 401 (rkr.).
8) Sächsisches FG v. 6.10.2003, 7 K 1693/02, EFG 2004, 61 (rkr.).
9) A.A.: Der Streitwert ist nach § 13 Abs. 1 Satz 2 GKG zu bemessen, FG Baden-Württemberg v. 31.10.2000, 4 K 242/00.

Gemeiner Wert

→ *Gesonderte und einheitliche Feststellung des gemeinen Werts der Anteile an der Gesellschaft*

Gemeinnützigkeit

Bei Verneinung der Gemeinnützigkeit eines Vereins und gleichzeitiger Körperschaftsteuerfestsetzung von 0 €, wird der Streitwert je angefochtener Steuerfestsetzung mit dem Auffangstreitwert i.H.v. je 5 000 € (§ 52 Abs. 2 GKG) bestimmt.[1] Wurde KSt festgesetzt, ist der Streitwertermittlung die festgesetzte Steuer zu Grunde zu legen.

Gesamtschuldner

Bei getrennten Verfahren gegen die in Anspruch genommenen Gesamtschuldner ist für jedes Verfahren der volle Betrag anzusetzen.[2] Bei subjektiver Klagehäufung bei der ESt (gemeinschaftliche Klage) ist der (einfache) Betrag der Streitwert, da dieselbe Leistung streitbefangen ist.[3] Anders ist es bei einer gemeinsamen Klage von Haftungsschuldnern zu sehen, da diese mit jeweils getrennten Haftungsbescheiden in Anspruch genommen worden sind und die Leistungen somit nicht identisch sind.[4]

Gesonderte Feststellung der Steuerpflicht von Zinsen aus Kapitallebensversicherungen

Der Streitwert bei der gesonderten Feststellung der Steuerpflicht von Zinsen auf Kapitallebensversicherungen gem. § 9 VO zu § 180 Abs. 2 AO[5] kann mit 10 % der Versicherungssumme angesetzt werden.[6]

Gesonderte Feststellung der Summe der gemeinen Werte der Wirtschaftsgüter des Verwaltungsvermögens bis zum 30.6.2016

Der Streitwert in Verfahren wegen gesonderter Feststellung der Summe der gemeinen Werte der Wirtschaftsgüter des Verwaltungsvermögens bis zum 30.6.2016 ist mit einem Prozentsatz auf Regelschonungsbeträge (85 % des zugrundeliegenden Betriebsvermögenswerts) zu bemessen und zwar

- mit 5 % auf Regelverschonungsbeträge bis einschließlich 600 000 €,
- mit 10 % auf Regelverschonungsbeträge bis einschließlich 6 000 000 €,
- mit 15 % auf Regelverschonungsbeträge bis einschließlich 13 000 000 €,
- mit 20 % auf Regelverschonungsbeträge bis einschließlich 26 000 000 € und
- mit 25 % auf darüberhinausgehende Regelverschonungsbeträge.[7]

Gesonderte Feststellung der Teilbeträge des verwendeten Eigenkapitals nach § 27 KStG

Anzusetzen sind 10 % der streitigen KSt.[8] Ist das Begehren auf die unterbliebene Minderung des steuerlichen Einlagekontos in Höhe des **Ausschüttungsbetrags**

1) BFH v. 5.1.1998, I E 2/97, BFH/NV 1998, 879.
2) EFG 1961, 518.
3) BFH v. 3.11.1988, X E 1/88, BFH/NV 1989, 384.
4) FG Düsseldorf v. 29.1.1999, 7 Ko 6835/98 GK, EFG 1999, 583 (rkr.).
5) Verordnung über die gesonderte Feststellung von Besteuerungsgrundlagen nach § 180 Abs. 2 der Abgabenordnung.
6) BFH v. 25.9.2018, VIII R 3/15, BStBl II 2019, 325; FG Nürnberg v. 6.11.2002, I 226/2002, EFG 2003, 345 (rkr.).
7) BFH v. 11.11.2022, II E 3/22, BFH/NV 2023, 147 ff.
8) FG Köln v. 8.8.2016, 10 Ko 3506/15, EFG 2016, 1557 f. (rkr.).

gerichtet, kann der Streitwert auch i.H. des Einbehalts von KapESt, d.h. in Höhe von 25 % des Ausschüttungsbetrags, angenommen werden.[1)]

Gesonderte Feststellung der Teilbeträge des verwendeten Eigenkapitals nach § 47 KStG a.F.

Anzusetzen sind 10 % der streitigen KSt.[2)]

- Steueränderung und Veränderung des ungemildert mit 56 % KSt belasteten Teilbetrags (Regelfall mit Faktor 0,4).[3)]
- Der Streitwert einer Klage gegen die gesonderte Feststellung des verwendbaren Eigenkapitals gem. § 47 Abs. 1 KStG a.F. mit dem Ziel der Erhöhung des EK 04 beträgt 10 % des geltend gemachten Erhöhungsbetrags.[4)]
- Bei gleichzeitiger Anfechtung des KSt-Bescheides, ohne dass ausdrücklich Einwände das verwendbare Eigenkapital betreffend erhoben werden, kann der Streitwert für die gesonderte Feststellung mit dem Tabelleneingangswert der GKG-Wertgebühren gem. § 34 Abs. 1 GKG i.H.v. 500 € angenommen werden.[5)]
- Bei Streit über Höhe der nach § 47 Abs. 2 KStG a.F. rechtsverbindlich festgesetzten Verluste ist der Streitwert 10 % der streitigen Verlustbeträge.[6)]
- Steuerabzugsbetrag gem. § 9 Abs. 1 DB StÄndG DDR ist zu berücksichtigen.[7)]
- Sonderregelungen = § 52 Abs. 2 GKG i.H.v. 5 000 €.[8)]

Gesonderte Feststellung des verbleibenden Großspendenvortrags

Der Streitwert eines auf die gesonderte Feststellung eines verbleibenden Verlustabzugs zur ESt gerichteten Verfahrens beträgt in Anlehnung an die Streitwertberechnung in Verfahren wegen einheitlicher u. gesonderter Gewinnfeststellung 25 %.[9)]

Gesonderte Feststellung des verbleibenden Verlustabzugs

Der Streitwert eines auf die gesonderte Feststellung eines verbleibenden Verlustabzugs zur ESt gerichteten Verfahrens beträgt regelmäßig 10 % des streitigen Verlustbetrags.[10)]

Bei der Feststellung eines verbleibenden Verlustabzugs zur **KSt** gilt derselbe Prozentsatz.[11)] Wird über die **Feststellung des verrechenbaren Verlustes** gem. § 15a Abs. 4 EStG gestritten, wird der Streitwert mit 10 % angesetzt.[12)] Der Streitwert für die Feststellung des vortragsfähigen **Gewerbeverlustes** beträgt 10 % des strittigen Verlustbetrages.[13)] Steht dagegen fest, dass sich der streitige Betrag in voller Höhe bei der GewSt auswirkt, so ist die volle GewSt anzusetzen.[14)]

---

1) BFH v. 16.2.2016, I E 1/16, BFH/NV 2016, 774.
2) BFH v. 1.12.2004, I E 3/04, BFH/NV 2005, 572; v. 12.8.1996, I R 20/95, BFH/NV 1997, 136; FG Hamburg v. 31.10.1997, II 106/96, EFG 1998, 409 (rkr.).
3) FG Düsseldorf v. 22.5.1981, I 506/80 F, EFG 1981, 591 (rkr.).
4) Sächsisches FG v. 10.8.2001, 5 K 1731/98, EFG 2001, 993 (rkr.).
5) FG Düsseldorf v. 20.2.2008, 6 Ko 31/08 KF, EFG 2008, 1070 (rkr.).
6) BFH v. 18.5.1983, I R 263/82, BStBl II 1983, 602; Sächsisches FG v. 10.8.2001, 5 K 1731/98, EFG 2001, 993 (rkr.).
7) FG Mecklenburg-Vorpommern v. 12.10.1994, I 228/93, EFG 1995, 338 mit weiteren Ausführungen zum StÄndG der DDR nachfolgend BFH v. 22.11.1995, I R 2/95, BStBl II 1996, 381.
8) FG Düsseldorf v. 9.2.1994, 6 K 7739/91 F, EFG 1994, 714 (rkr.).
9) FG Düsseldorf v. 30.1.2003, 7 K 2426/00 F, EFG 2003, 646 (rkr.).
10) A.A. FG Düsseldorf v. 12.10.1995, 14 K 2199/93 F, EFG 1996, 158 (rkr.).
11) BFH v. 18.5.1983, I R 263/82, BStBl II 1983, 602.
12) BFH v. 5.12.1996, IV R 2/95, BFH/NV 1997, 350.
13) BFH v. 28.12.2009, IV E 1/09, BFH/NV 2010, 666.
14) FG München v. 9.6.1999, 2 K 3354/97, EFG 1999, 1156 (rkr.).

Gesonderte Feststellung gem. § 36 KStG

Der Streitwert ist nach dem vollen Betrag des strittigen Körperschaftsteuerguthabens zu bemessen.[1]

Gesonderte Feststellung gem. § 37 KStG

Der Streitwert ist i.H. des streitigen Körperschaftsteuerguthabens bzw. mit $^1/_6$ der streitbefangenen Gewinnausschüttung zu bemessen.[2]

Gesonderte Feststellung gem. § 38 KStG

Ansatz des Streitwerts mit $^3/_7$ (bis VZ 2007) und mit $^3/_{100}$ (ab VZ 2008) des strittigen Erhöhungsbetrags/der strittigen Leistungen.[3]

Gesonderte Feststellung nach § 18 AStG

Unter Berücksichtigung der Anzahl der Mitglieder der Erbengemeinschaft und der Anzahl der Streitjahre ist der Wert zu schätzen mit etwa 25 %, unter bestimmten Voraussetzungen ist der Streitwert auch höher.[4]

Gesonderte Feststellung von Besteuerungsgrundlagen

Maßgeblich für die Streitwertbestimmung bei der gesonderten Gewinnfeststellung sind grundsätzlich die konkreten einkommensteuerlichen Auswirkungen.[5] Sind die tatsächlichen Auswirkungen nicht zu ermitteln, ist der Streitwert grundsätzlich mit 25 % des streitigen Betrags der Einkünfte anzusetzen.[6]

Gesonderte Feststellung von Verlusten nach § 180 Abs. 1 Nr. 2b AO

Der Streitwert einer Klage gegen einen gesonderten Feststellungsbescheid nach § 180 Abs. 1 Nr. 2b AO richtet sich nach dem erkennbaren (evtl. zu schätzenden) steuerlichen Auswirkungen. Werden **negative Einkünfte** festgestellt, die sich erkennbar nicht im Verlustentstehungsjahr und gem. § 10d Abs. 1 EStG in den zwei vorangegangenen Jahren, sondern gem. § 10d Abs. 2 EStG in den folgenden, zeitlich nicht eingrenzbaren VZ auswirken, ist die steuerliche Auswirkung auf 10 % der festgesetzten Verluste zu schätzen.[7]

Gesonderte Gewinnfeststellung

Anzusetzen ist die konkrete einkommensteuerliche Auswirkung.[8]

Gesonderte und einheitliche Feststellung des gemeinen Werts der Anteile an der Gesellschaft

Nach Wegfall der Vermögensteuer sind lediglich Bedarfsfeststellungen für die ErbSt denkbar.

Daher ist der Streitwert – wie auch bei der Bedarfswertfeststellung für Zwecke der Erb- und SchenkSt – pauschal, gestaffelt nach der Höhe der festgestellten Anteils-

1) BFH v. 27.10.2015, I E 9–12/15, BFH/NV 216, 782.
2) Streitwertkatalog der Finanzgerichtsbarkeit, Stand: Mai 2025, II. Besondere Wertansätze „Körperschaftsteuer".
3) Streitwertkatalog der Finanzgerichtsbarkeit, Stand: Mai 2025, II. Besondere Wertansätze „Körperschaftsteuer".
4) FG Nürnberg v. 25.3.1985, VI 309/84, EFG 1985, 413 (rkr.).
5) BFH v. 21.11.2005, III E 2/05, BFH/NV 2006, 585; v. 10.6.1999, IV E 2/99, BFH/NV 1999, 1608.
6) Streitwertkatalog der Finanzgerichtsbarkeit, Stand: Mai 2025, I. Allgemeines „13. Gesonderte Feststellung von Besteuerungsgrundlagen", präzisiert gem. Nds. FG v. 17.3.2015, 15 K 196/11, EFG 2015, 1023 (rkr.).
7) FG Düsseldorf v. 25.7.2003, 11 K 3813/99 F, EFG 2003, 1731 f.
8) BFH v. 21.11.2005, III E 2/05, BFH/NV 2006, 585.

werte zu bemessen,[1] d.h. 5 %, 10 %, 20 % oder 25 % des streitigen Wertunterschiedes.[2]

Bei Miteigentumsanteilen ist der strittige Wert des Miteigentumsanteils als strittige Wertdifferenz zu Grunde zu legen, der Wert des gesamten Grundstücks ist für die Bestimmung des Pauschalwerts in diesem Fall ohne Bedeutung.[3]

Gesonderte und einheitliche Feststellung von Besteuerungsgrundlagen

a) Allgemeine Grundsätze

Im Verfahren der gesonderten und einheitlichen Gewinnfeststellung bemisst sich der Streitwert nach der typisierten einkommensteuerlichen Bedeutung für die Gesellschafter (§ 52 Abs. 1 GKG), die grundsätzlich mit 25 % des streitigen Gewinns oder Verlusts zu bemessen ist, sofern die Feststellung des laufenden, nicht tarifbegünstigten Gewinns streitig ist.[4] Die tatsächlichen einkommensteuerrechtlichen Auswirkungen bei den einzelnen Gesellschaftern werden nicht ermittelt und zwar auch dann nicht, wenn die tatsächlichen einkommensteuerlichen Auswirkungen bei den einzelnen Feststellungsbeteiligten bekannt sind.[5] Dies bestätigt der BFH in ständiger Rechtsprechung.[6]

Der Ansatz eines höheren Prozentsatzes kommt dann in Betracht, wenn ohne besondere Ermittlungen im Gewinnfeststellungsverfahren erkennbar ist, dass der Pauschalsatz von 25 % den tatsächlichen einkommensteuerlichen Auswirkungen nicht gerecht wird.[7] Hierzu wird jedoch nicht nach einzelnen Feststellungsbeteiligten differenziert, sondern der streitige Gesamtbetrag wird durch die Anzahl der Feststellungsbeteiligten dividiert und der auf dieser Grundlage anzunehmende Pauschalsatz wird der Streitwertermittlung zu Grunde gelegt.[8]

Die Obergrenze des Pauschalsatzes orientiert sich an dem für das Streitjahr geltenden Höchststeuersatz wie folgt: bis VZ 2000: 50 %,[9] VZ 2001 bis 2003: 45 %, VZ 2004: 42 %, VZ 2005 und 2006: 40 %,[10] für spätere VZ entsprechende Bemessung anhand des jeweiligen Höchststeuersatzes des Streitjahres. Nach § 35 EStG begünstigte positive gewerbliche Einkünfte führen zu einem weiteren pauschalen Abschlag i.H.v. 5 %.[11] Bei Feststellung eines Verlusts ist eine solche Korrektur des Pauschalsatzes regelmäßig nicht vorzunehmen.[12]

Ist eine **Kapitalgesellschaft an den festgestellten Einkünften beteiligt** und ist deren Anteil an den streitigen Einkünften ohne weiteren Aufwand erkennbar, wird auf den insoweit strittigen Teilbetrag ein Pauschalsatz i.H. des Körperschaftsteuersatzes

1) FG Düsseldorf v. 21.2.2019, 4 K 108/18.
2) BFH v. 11.11.2022, II E 3/22, BFH/NV 2023, 147 ff.; v. 11.1.2006, II E 3/05, BStBl II 2006, 333.
3) BFH v. 9.4.2009, II E 2/09, BFH/NV 2009, 1138.
4) BFH v. 12.3.2020, IV R 9/17, BStBl II 2021, 226; v. 5.8.2019, IX S 16/19, BFH/NV 2019, 1354; v. 29.11.2011, IV E 9/11, BFH/NV 2012, 434.
5) BFH v. 27.10.2023, I E 4/23, BFH/NV 2024, 189 f.; v. 14.4.2016, IV E 1/16, BFH/NV 2016, 1066; v. 29.11.2012, IV E 7/12, BFH/NV 2013, 403; v. 18.10.2012, IV S 17/12, BFH/NV 2012, 248; v. 29.2.2012, IV E 1/12, BFH/NV 2012, 1153.
6) BFH v. 27.10.2023, I E 4/23, BFH/NV 2024, 189.
7) BFH v. 29.2.2012, IV E 1/12, BFH/NV 2012, 1153 f.; v. 22.1.2015, IV S 17/14; v. 31.7.2014, IV E 2/14, BFH/NV 2014, 1766; v. 10.10.2006, VIII B 177/05, BStBl II 2007, 54.
8) BFH v. 4.9.2008, I E 5/08, BFH/NV 2008, 2041 f.
9) Streitwertkatalog der Finanzgerichtsbarkeit, Stand: Mai 2025, I. Allgemeines „12. Gesonderte und einheitliche Feststellung von Besteuerungsgrundlagen".
10) BFH v. 18.4.2018, IV E 1/18, BFH/NV 2018, 835; v. 10.10.2006, VIII B 177/05, BStBl II 2007, 54.
11) BFH v. 18.4.2018, IV E 1/18, BFH/NV 2018, 835; v. 14.4.2016, IV E 1/16, BFH/NV 2016, 1066; v. 10.10.2006, VIII B 177/05, BStBl II 2007, 54.
12) BFH v. 12.11.2015, IV E 8/15, BFH/NV 2016, 221.

des Streitzeitraums angewandt.[1] Eine progressive Erhöhung entfällt dabei.[2] Bei der **Beteiligung einer Körperschaft an einer Fondsgesellschaft mit planmäßiger Verlusterzielung** kann jedoch nicht ausgeschlossen werden, dass die Körperschaft nur als Treuhänderin für natürliche Personen (=Treugeber) agiert: In diesem Fall ist der Anteil der Körperschaft dem Höchstsatz zu unterwerfen, falls nicht ausnahmsweise offensichtlich feststeht, dass kein Treuhandverhältnis besteht.[3]

Abweichend von den vorstehend beschriebenen Grundsätzen sind v.a. folgende Sonderfälle zu berücksichtigen:

b) Tarifbegünstigter Veräußerungsgewinn

Bis Ende 1998 wurden die außerordentlichen Einkünfte i.S.d. § 34 EStG durch Anwendung des halben durchschnittlichen Steuersatzes tarifbegünstigt besteuert. Entsprechend wurde der Streitwert mit dem hälftigen Steuersatz, mindestens mit (im Regelfall) 15 % des streitigen Betrags angesetzt, der bei sehr hohen Veräußerungsgewinnen aber angemessen auf bis zu 25 % angehoben werden konnte.[4]

Ab 1999 erfolgt die Besteuerung tarifbegünstigter Veräußerungsgewinne grundsätzlich mittels der sog. Fünftel-Regelung. Ist ab diesem Besteuerungszeitraum nur die Frage der Qualifikation eines gesondert und einheitlich festgestellten Gewinns als der Fünftel-Regelung unterliegend strittig, ist der Streitwert mit einem Betrag von 10 % anzunehmen, der auf bis zu 20 % angehoben werden kann, wenn Anhaltspunkte dafür bestehen, dass ein Hauptteil der Feststellungsbeteiligten die Tarifbegünstigung des § 34 Abs. 3 EStG beanspruchen.[5]

c) Aufhebung eines Gewinnfeststellungsbescheids

Es gelten die unter a) beschriebenen Grundsätze einschließlich der ab dem VZ 2001 zu berücksichtigenden Obergrenzen. Beschränkt sich der Streit auf die gemeinschaftliche Einkünfteerzielung oder formelle Mängel, ist der Streitwert mit 10 % des festgestellten Gewinns anzusetzen.

d) Verluste bzw. Verlustanteile bei Abschreibungsgesellschaften, Bauherrengemeinschaften oder Fondgesellschaften

Bei sog. Abschreibungs- bzw. Bauherrengemeinschaften beträgt der Streitwert 50 % (bzw. Spitzensteuersatz des Streitjahres in Prozent) des streitigen Verlust- oder Gewinnbetrags;[6] ab dem VZ 2001 sind die oben unter a) aufgelisteten Obergrenzen zu beachten. Gleiches gilt für streitige Verluste einer Fondsgesellschaft, deren Geschäftsmodell die Verlusterzielung explizit vorsieht.[7] Die Anwendung dieser Pauschalsätze wurde vom BFH auch in Fällen des sog. Goldfingermodells vorgenommen.[8]

e) Einkünfteverteilung

Ist nur die Einkünfteverteilung und nicht deren Höhe streitig, ist der Streitwert mit 25 % der laufenden bzw. 15 % der tarifbegünstigten Einkünfte;[9] bei zusammen veranlagten Ehegatten sind 10 % der laufenden Einkünfte anzusetzen.[10]

---

1) BFH v. 18.4.2018, IV E 1/18, BFH/NV 2018, 835; FG Münster v. 1.7.2025, 15 Ko 1417/25 GK; BFH v. 18.4.2018, IV E 1/18, BFH/NV 2018, 835.
2) BFH v. 4.9.2008, I E 5/08, BFH/NV 2008, 2041.
3) BFH v. 14.4.2016, IV E 1/16, BFH/NV 2016, 1066 f.
4) BFH v. 6.4.2016, IV E 9/15, BFH/NV 2016, 1063; v. 17.11.2011, IV S 15/10, BStBl II 2012, 246; v. 14.2.2007, IV E 3/06, BFH/NV 2007, 1155.
5) BFH v. 17.11.2011, IV S 15/10, BStBl II 2012, 246.
6) BFH v. 11.5.2007, IX E 12/07, BFH/NV 2007, 1528; v. 22.1.2001, IV S 10/00, BFH/NV 2001, 806.
7) BFH v. 14.4.2016, IV E 1/16, BFH/NV 2016,1066 f.
8) BFH v. 27.10.2023, I E 4/23, BFH/NV 2024, 189.
9) BFH v. 6.9.2001, VIII S 6/01, BFH/NV 2002, 207.
10) BFH v. 12.8.1987, IV E 3/87, BFH/NV 1988, 657.

Als Unterfall der Verfahren, in denen ausschließlich um die Verteilung des Gewinns gestritten wird, ist auch bei sog. negativen Feststellungsklagen von einem anzuwendenden Pauschalsatz v. 25 % auszugehen, wobei von diesem Prozentsatz weder nach unten noch nach oben abzuweichen ist.[1)]

f) Einkünfteumqualifizierung

25 % der im Wege der Umqualifizierung begehrten Freibeträge oder Freigrenzen.[2)]

Ergeben sich aus der begehrten Umqualifizierung keine einkommensteuerlichen Auswirkungen, beträgt der Streitwert 1 % der umzuqualifizierenden Einkünfte.[3)]

Ist in einem Verfahren der gesonderten und einheitlichen Feststellung **lediglich die Verteilung** des festgestellten, der Höhe nach unstrittigen Gewerbesteuermessbetrags auf die Gesellschafter streitig, errechnet sich der Streitwert als Summe der beantragten Mehrbeträge respektive als Summe der beantragten Minderbeträge der einzelnen Gesellschafter am Messbetrag; eine Addition der Mehr- und Minderbeträge findet dabei nicht statt.[4)]

Gewerbesteuer

Im Verfahren gegen den Gewerbesteuermessbescheid ergibt sich der Streitwert aus dem Unterschied zwischen dem festgesetzten und dem erstrebten Steuermessbetrag, vervielfacht mit dem Hebesatz der zuständigen Gemeinde.[5)] Dies gilt auch in Fällen von Zerlegungsbescheiden.[6)] Der Streitwert ist dabei nicht um den Betrag der ggf. zu beanspruchenden Steuermäßigung gem. § 35 EStG zu mindern.[7)] Bei begehrter Feststellung getrennter statt einheitlicher Gewerbesteuermessbeträge für verschiedene Firmen ist Streitwert der Unterschied zwischen dem einheitlich festgesetzten Gewerbesteuermessbetrag und den gesondert festzusetzenden Beträgen laut Klagebegehren, vervielfacht mit dem Hebesatz.[8)]

Erhebt eine GmbH Klage mit der Begründung, sie sei als Organ im Rahmen eines **Organschaftsverhältnis** nicht gewerbesteuerpflichtig und beantragt sie die Festsetzung der GewSt gegen sie aufzuheben, so ist der Streitwert in voller Höhe der festgesetzten Gewerbesteuermessbetrags (x Hebesatz) anzunehmen; eine „Gegenrechnung" des ggf. gegen den Organträger festzusetzenden Gewerbesteuermessbetrags erfolgt nicht.[9)] Begehren dagegen zwei OHG in einer Klage (Klagehäufung), die gewerbesteuerlich als Einheit behandelt wurden, die Festsetzung **getrennter Gewerbesteuermessbeträge**, so besteht ihr steuerliches Interesse (Streitwert) in dem Unterschied zwischen dem einheitlich festgesetzten Gewerbesteuermessbetrag und den gesondert festgesetzten Beträgen, vervielfacht mit dem Hebesatz.[10)] Ergibt sich kein Unterschied, so ist § 52 Abs. 2 GKG maßgebend. Klagt eine **Gemeinde**, so ist die auf sie entfallende streitige GewSt maßgebend.[11)] Ist im Zerlegungsverfahren der streitige Messbetrag auf Gemeinden mit verschieden hohen Hebesätzen zu verteilen, so ist der Streitwert ebenfalls mit der konkreten steuerlichen Auswirkung zu berechnen.[12)]

1) BFH v. 17.7.1975, IV R 190/72, BStBl II 1975, 827.
2) BFH v. 9.7.1985, VIII R 21/84, BFH/NV 1986, 39.
3) BFH v. 26.9.2011, VIII E 2/11, BFH/NV 2012, 444.
4) FG Düsseldorf v. 14.2.2024, 10 K 1404/19 F, EFG 2024, 590 f. (rkr.).
5) BFH v. 13.5.2013, I E 4/13, BFH/NV 2013, 1449.
6) Streitwertkatalog der Finanzgerichtsbarkeit, Stand: Mai 2025, II. Besondere Wertansätze „Gewerbesteuer".
7) BFH v. 16.12.2015, X E 20/15, BFH/NV 2016, 573.
8) BFH v. 25.10.1963, VI 342/62, HFR 1964, 86.
9) BFH v. 26.4.1978, I B 1/78, BStBl II 1978, 463.
10) BFH v. 25.10.1963, VI 342/62, HFR 1964, 86.
11) BFH v. 10.5.1993, I R 137/90, BFH/NV 1994, 55.
12) BFH v. 17.3.1982, I R 189/79, BStBl II 1982, 624.

Gewerbesteuerlicher Verlustvortrag

Bei einem Streit um die Höhe eines vortragsfähigen Gewerbeverlusts bestimmt sich der Streitwert nach den konkreten steuerlichen Auswirkungen, soweit diese erkennbar sind. Ansonsten ist der Streitwert mit 10 % des streitigen Verlusts zu schätzen und zwar unabhängig vom Hebesatz.[1)]

Grundbesitzwert

→ *Einheitsbewertung, Bedarfswertfeststellung*

Grunderwerbsteuer

Streitwert ist der Unterschiedsbetrag zwischen festgesetzter GrESt und beantragter Festsetzung.[2)] Bei gemeinschaftlicher Klage von Eheleuten, ist Streitwert die Summe der beiden Streitwerte.[3)] Beispielhaft sei hier der Fall genannt, dass Eheleute bei gemeinschaftlichem Erwerb eines Grundstücks durch getrennte Bescheide zur GrESt herangezogen wurden. Setzt das FA wegen Wegfalls der Steuerbefreiung mit Wirkung für die Vergangenheit nach dem früheren Grunderwerbsteuer/Eigentumswohnungsgesetz mit zwei Bescheiden (auch auf einem Papier) GrESt und Zinsen fest, so rechnen bei einer gemeinschaftlichen Klage von Eheleuten gegen beide Bescheide auch die festgesetzten Zinsen zum Streitwert.[4)] Das heißt, wenn nur der Grunderwerbsteuerbescheid angefochten wird, so ist der Streitwert nur die strittige Steuer als solche.

Grundlagenbescheid

Ist in einem Verfahren der einheitlichen und gesonderten Feststellung von Einkünften nur streitig, ob ein Feststellungsbescheid dem Grunde nach ergehen darf, so ist der Streitwert – auch im Verfahren über die AdV – mit 5 000 € zu bemessen, wenn die steuerliche Erfassung der Einkünfte ohnehin im Einkommensteuerbescheid erfolgt.[5)] *Anmerkung:* Der Streitwert beträgt 5 000 € (Auffangstreitwert gem. § 52 Abs. 2 GKG). Zwar ist für die Ermittlung des Streitwerts bei der Anfechtung von ESt-Bescheiden regelmäßig die Differenz zwischen dem festgesetzten und dem angestrebten Steuerbetrag maßgebend. Es besteht die Besonderheit, dass im Verfahren die gesonderte und einheitliche Feststellung negativer Einkünfte aus Gewerbebetrieb begehrt wurde. Es geht in der Sache darum, die Verluste einmal – unmittelbar oder mittelbar über die einheitliche und gesonderte Gewinnfeststellung – bei der ESt berücksichtigen zu können.

Grundsteuerbefreiung

Für den sozialen Wohnungsbau; vgl. wie bei der Grundsteuer.[6)]

Grundsteuermessbetrag

Nach einer Entscheidung des VFH aus 1996 ermittelt sich der Streitwert mit dem Sechsfachen des strittigen Grundsteuermessbetrags, multipliziert mit dem Hebesatz.[7)] Der BFH begründete dies mit dem regelmäßigen Hauptveranlagungszeitraum von – damals – 6 Jahren (§ 16 Abs. 2 Satz 3 GrStG).

Erwägungen aufgrund der Grundsteuerreform zum 1. Januar 2025 (sog. „Bundesmodell"):
Die Grundsteuerwerte werden gemäß § 221 Abs. 1 BewG nunmehr in Zeitabständen

1) BFH v. 28.12.2009, IV E 1/09, BFH/NV 2010, 666; v. 13.5.2013, I E 4/13, BFH/NV 2013, 1449.
2) BFH v. 5.7.2005, II E 1/05, BFH/NV 2005, 1852.
3) BFH v. 9.11.1983, II R 157/81, BStBl II 1984, 204.
4) BFH v. 31.5.1995, II S 8/95, BFH/NV 1996, 165.
5) FG Hamburg v. 1.7.1999, V 70/99, EFG 1999, 1157.
6) BFH v. 10.8.1962, III 211/61, HFR 1963, 151.
7) BFH v. 16.10.1996, II R 17/96, BStBl II 1997, 228.

von sieben Jahren festgestellt, erstmaliger Feststellungszeitpunkt war der 1.1.2022, nächster Hauptfeststellungszeitpunkt ist der 1.1.2029. Die bisherigen Grundsteuerbescheide haben kraft Gesetzes zum 31.12.2024 ihre Gültigkeit verloren. Aufgrund der Bezugnahme der Vorschriften über die Festsetzung der Steuermessbeträge im GrStG (§ 16 Abs. 1 Satz 1 GrStG) auf entsprechende Vorschriften zur Feststellung der Grundsteuerwerte im BewG (§ 221 Abs. 1 BewG) folgt der Hauptveranlagungszeitraum der Steuermessbeträge grundsätzlich dem siebenjährigen Hauptfeststellungszeitraum der Grundsteuerwerte.[1)]

Grundsteuervergünstigung

Nach dem Wohnungsbauförderungsgesetz; vgl. wie bei der GrSt.[2)]

Haftung

Will ein Haftungsschuldner die Aufhebung eines Haftungsbescheids erreichen, ist für die Festsetzung des Streitwerts die im Haftungsbescheid festgestellte Haftungssumme maßgeblich.[3)]

Der Streitwert entspricht der Haftungssumme, die sich aus dem angefochtenen Bescheid ergibt, z.B. bei Haftungsbescheid betreffend Lohnsteuer und Kirchensteuer die Haftungssumme dieser beiden Steuern.[4)] Erheben **zwei Haftungsschuldner**, die jeweils durch Bescheid für die volle Höhe der Haftungssumme in Anspruch genommen wurden, Klage, errechnet sich der Streitwert aus der Summe der Haftungsbeträge, da kein identischer Streitgegenstand vorliegt.[5)] Ist Klagegegenstand **nur das Leistungsgebot**, dann entspricht der Streitwert dem geforderten Betrag.[6)] Werden während des Verfahrens gegen einen Haftungsbescheid Zahlungen geleistet, die zu einer Minderung der Haftungsschuld führen, hat dies keine Auswirkungen auf die Höhe des Streitwerts, es sei denn, es ergeht ein geänderter Haftungsbescheid.[7)]

Insolvenzverfahren

Bei einer Klage, bei der um die **Höhe der festzustellenden Forderungen zur Insolvenztabelle** gestritten wird, ist der Streitwert mit der voraussichtlichen Insolvenzquote anzunehmen. Steht diese nicht fest, kann eine Quote i.H.v. 2 % im Schätzungswege angenommen werden.[8)]

Wird **während eines laufenden finanzgerichtlichen Verfahrens ein Insolvenzverfahren eröffnet**, ist das finanzgerichtliche Verfahren gem. § 155 FGO i.V.m. § 240 Abs. 1 ZPO unterbrochen. Diese Unterbrechung hat Auswirkungen auf den Streitwert:

Bis zur Verfahrensaufnahme bleibt weiterhin der ursprüngliche Streitwert maßgebend, ab Aufnahme bemisst sich der Streitwert lediglich noch nach Höhe des Betrags, der sich unter Anwendung der Insolvenzquote auf die Forderung mutmaßlich ergibt.[9)]

1) Streitwertkatalog der Finanzgerichtsbarkeit, Stand: Mai 2025, II. Besondere Wertansätze „Grundsteuermessbetrag".
2) BFH v. 25.5.1962, III 60/62 U, BStBl III 1962, 358.
3) BFH v. 24.11.1994, VII E 7/94, BFH/NV 1995, 720.
4) BFH v. 4.5.2011, VII S 61/10, ZSteu 2011, R1190; v. 22.10.1971, III B 12/71, BStBl II 1972, 181.
5) FG Münster v. 8.3.1978, V 1599/76 U, EFG 1978, 475 (rkr.).
6) BFH v. 15.6.2015, VII E 18/14, BFH/NV 2015, 1417.
7) BFH v. 6.12.1979, V R 125/76, BStBl II 1980, 103.
8) FG Köln v. 17.8.2016, 10 Ko 781/16, EFG 2016, 1726 (rkr.).
9) BGH v. 28.5.2015, III ZR 260/14, ZVI 2015, 484; v. 26.9.2006, X S 4/06, BStBl II 2007, 55; Streitwertkatalog für die Finanzgerichtsbarkeit , Stand: Mai 2025, II. Besondere Wertansätze „Insolvenzverfahren".

In einem Verfahren , in dem die **Rücknahme eines vom FA gestellten Antrags auf Eröffnung des Insolvenzverfahren**s streitig ist, folgt das FG Düsseldorf insoweit der Rechtsprechung des BFH, der in vergleichbaren Verfahren wegen Vorlage eines Vermögensverzeichnisses und Abgabe der eidesstattlichen Versicherung gem. § 284 AO mehrfach ausgeführt hat, dass der Steuerrückstand, aus dem vollstreckt wird, einen Anknüpfungspunkt für das finanzielle Interesse bildet, das der Kläger mit dem von ihm betriebenen Verfahren verfolgt. Wegen der Nichtvorhersehbarkeit, ob und in welchem Ausmaß spätere Vollstreckungsmaßnahmen Erfolg haben werden, hat er den Streitwert regelmäßig mit 50 % der rückständigen Steuerbeträge angenommen,[1] wobei die Streitwertobergrenze 500 000 € beträgt.[2]

Im Verfahren wegen eines **Antrags auf Eröffnung des Insolvenzverfahrens** bietet der Rückstand der Abgaben ebenfalls einen Anhaltspunkt für das finanzielle Interesse, das der Antragsteller mit dem von ihm betriebenen Verfahren verfolgt. Mit dem Begehren, das FA zur Rücknahme des Antrags zu bewegen, geht es dem Schuldner nämlich nicht nur allgemein darum, ein für ihn unangenehmes Insolvenzverfahren abzuwenden. Vielmehr will er auch eine Befriedigung des Gläubigers im Rahmen des Insolvenzverfahrens verhindern. Vor diesem Hintergrund ist die rückständige Abgabenschuld zumindest ein tragfähiger Anknüpfungspunkt für das zu beziffernde finanzielle Interesse, so dass für den Ansatz eines Auffangstreitwerts von 5 000 € (§ 52 Abs. 2 GKG) kein Raum ist.[3]

Im Hinblick auf die Ungewissheit, dass im Zeitpunkt der Antragstellung durch das FA nicht vorauszusehen ist, ob der Insolvenzantrag den Schuldner bewegt, die Abgabenschuld zu tilgen, oder ob die Eröffnung des Insolvenzverfahrens mangels Masse abgelehnt wird, oder mit welcher Quote das FA im Fall der Insolvenzeröffnung befriedigt werden wird, ist der Streitwert regelmäßig auf einen Bruchteil i.H.v. 50 % der Abgabenrückstände zu bemessen.[4]

Ein weiterer Abschlag, wenn es sich um ein **Verfahren des einstweiligen Rechtsschutzes** handelt, hält das FG Düsseldorf nicht für gerechtfertigt. Zwar sei üblicherweise in Verfahren des einstweiligen Rechtsschutzes ein Abschlag auf den Streitwert in der Hauptsache vorzunehmen.[5] Im Streitfall hätte der Senat jedoch, wenn er über den Antrag hätte entscheiden müssen, die Entscheidung in der Hauptsache vorweggenommen. Diese Vorwegnahme der Entscheidung in der Hauptsache wäre zulässig und geboten gewesen, da anderenfalls kein effektiver Rechtsschutz durch die Finanzgerichtsbarkeit hätte gewährt werden können. Nach Ergehen des Eröffnungsbeschlusses durch das Amtsgericht wären nämlich vollendete Tatsachen geschaffen worden, die in einem Hauptverfahren nicht mehr korrigierbar gewesen wären.[6] Dies rechtfertige es, auch im einstweiligen Rechtsschutzverfahren den Streitwert des Hauptsacheverfahrens anzusetzen.[7]

---

1) BFH v. 20.4.1993, VII E 8/92, BFH/NV 1994, 118.

2) FG Mecklenburg-Vorpommern v. 28.8.2015, 3 V 65/15, EFG 2016, 56 nachfolgend BFH v. 27.1.2016, VII B 119/15, HFR 2017, 60; FG Düsseldorf v. 5.2.2008, 8 Ko 249/08 GK, EFG 2008, 642 (rkr.).

3) Ebenso FG Düsseldorf v. 5.2.2008, 8 Ko 249/08 GK, EFG 2008, 642 (rkr.); Brandis in Tipke/Kruse, AO/FGO Vor § 135 FGO Rz. 214, September 2023 270; a.A. FG des Saarlandes v. 2.6.2004, 1 K 437/02, EFG 2004, 1021 (rkr.); Morsch in Hübschmann/Hepp/Spitaler, AO/FGO § 139 FGO Anm. 298a; Ratschow in Gräber, 10. Aufl. 2025, Vor § 135 FGO Rz. 160 „Insolvenzverfahren" November 2024.

4) FG Düsseldorf v. 5.2.2008, 8 Ko 249/08, EFG 2008, 642 (rkr.).

5) Brandis in Tipke/Kruse, AO/FGO Vor § 135 FGO Rz. 185, September 2023.

6) FG Köln v. 26.6.2008, 6 V 973/08, EFG 2009, 870 (rkr.).

7) FG Düsseldorf v. 23.8.2010, 11 V 4410/09 AE(KV).

Investitionshilfe

Als Streitwert ist der Betrag der strittigen Investitionszulage anzusehen ohne Einbeziehung der Zinsen, auch wenn die Änderung des Zinsbescheides ausdrücklich beantragt wird, das Gericht die Zinsen jedoch nur als Nebenforderungen ansieht.[1)]

Im Rechtsstreit über Investitionszulage für mehrere verschiedene Wirtschaftsgüter können zu Unrecht gewährte Investitionszulagen nicht mit zu Unrecht versagter Investitionszulage saldiert werden.[2)]

Im Rechtsstreit um einen Erlass der Investitionshilfe beträgt der Streitwert 50 %, im Verfahren hinsichtlich einer Stundung 10 % des Aufbringungsbetrags.[3)]

Kindergeld

Die Streitwertproblematik in einem Verfahren wegen „Kindergeld" ergibt sich zum einen aus der Frage, welcher Zeitraum hierbei tatsächlich als Streitzeitraum anzusehen ist, zum anderen aus der Frage, ob der Streitwert ggf. gem. § 52 Abs. 3 Satz 2 GKG (Spezialvorschrift der Verfahren wegen Kindergeld) zu erhöhen ist.

Wird in einem Verfahren gegen die **Aufhebung einer Kindergeldfestsetzung für einen bestimmten Zeitraum** geklagt, bestimmt sich der Streitwert nach den begehrten Kindergeldzahlungen für das Kind, dessen Kindergeldanspruch in dem Verfahren strittig ist. Auswirkungen auf andere Kinder (Stichwort „**Zählkinder**"), die sich durch die Aufhebung bzw. der Anfechtung der Aufhebung rechnerisch ergeben, bleiben unberücksichtigt.[4)] Soweit in einem Aufhebungsverfahren gleichzeitig die **Rückforderung** der von der Aufhebung betroffenen Kindergeldbeträge angefochten wird, umfasst der Antrag auf Aufhebung diesen Betrag und der Rückforderungsbetrag erhöht den Streitwert nicht.

Wird um einen **bestimmten Betrag** gestritten, z.B. in Verfahren, in denen ausschließlich ein Kindergeldrückforderungsbetrag strittig ist, bestimmt sich der Streitwert nach diesem Betrag.

Ein mit der Aufhebung bzw. der Beantragung von Kindergeld einhergehender **Kinderbonus** ist wegen der temporären Erhöhung des Kindergeldes Teil des Streitwerts.[5)] Der Streitwert eines Klageverfahrens wegen **Aufhebung einer Kindergeldfestsetzung „ab" einem bestimmten Monat ohne zeitliche Begrenzung** bestimmt sich längstens bis zum Monat der Bekanntgabe der Einspruchsentscheidung, wenn die Aufhebung keine Auswirkungen auf künftige Kindergeldzahlungen hat. Denn nach der BFH-Rspr. reicht der Regelungsinhalt des Bescheides nur bis zu diesem Zeitpunkt.[6)]

Ist der **Streitwert für das Einspruchsverfahren** zu ermitteln, so beinhaltet dieser die Kindergeldbeträge von dem Monat der Aufhebung des Kindergeldes bis zum Erlass der Einspruchsentscheidung.

Die Frage, ob der auf Grund der zuvor dargestellten Grundsätze ermittelte Streitwert ggf. gem. § 52 Abs. 3 Satz 2 und Satz 3 GKG i.V.m. § 42 Abs. 1 und 3 GKG **auf Grund „offensichtlich absehbarer Auswirkungen auf künftige Geldleistungen" zu erhöhen** ist, wird in der Rspr. sehr uneinheitlich beantwortet.

Eine Gegenüberstellung der unterschiedlichen Rechtsansichten findet sich in dem Beschluss des Hessischen FG v. 8.7.2022:[7)]

1) BFH v. 20.10.2005, III R 24/04, BFH/NV 2006, 816 ff.
2) BFH v. 14.1.1975, VIII R 241/72, BStBl II 1975, 385.
3) BFH v. 9.12.1954, IV 437/53, BStBl III 1955, 56.
4) BFH v. 20.10.2005, III S 20/05, BStBl II 2006,77.
5) Sächsisches FG v. 9.12.2015, 6 Ko 791/15.
6) BFH v. 6.5.2019, III S 16/18, BFH/NV 2019, 1133 f.; v. 25.9.2014, III R 36/12, BStBl II 2015, 286; FG Düsseldorf v. 3.5.2023, 9 K 242/23 Kg.
7) Hessisches FG v. 8.7.2022, 2 K 1836/18 (rkr.).

„(a) Nach einer Auffassung soll sich ab der Änderung des § 52 Abs. 3 GKG durch das Zweite Gesetz zur Modernisierung des Kostenrechts (2. KostRMoG) vom 23. Juli 2013 und nachfolgend durch das Gesetz zur Durchführung der Verordnung (EU) Nr. 1215/2012 sowie zur Änderung sonstiger Vorschriften vom 08. Juli 2014 der Streitwert stets in direkter Anwendung der Vorschriften aus dem einfachen Jahresbetrag zuzüglich der bei Einreichung der Klage fälligen Beträge berechnen, wenn gegen eine zeitlich unbegrenzte Aufhebung einer Kindergeldfestsetzung oder auf eine zeitlich unbegrenzte Verpflichtung zur Festsetzung von Kindergeld geklagt wird (Niedersächsisches FG, Beschluss vom 27.11.2014, 13 K 231/14, EFG 2015, 1858). Nur eine solche Auslegung werde dem gesetzgeberischen Willen der Neuregelungen der §§ 52 Abs. 3 Satz 2, 3 i.V.m. 42 Abs. 1 Satz 1 und Abs. 3 GKG gerecht. Sehe man Anfechtungsklagen gegen Aufhebungsbescheide und Verpflichtungsklagen bzgl. der Festsetzung von Kindergeld nämlich nicht als „Ansprüche auf wiederkehrende Leistungen" an, so ginge § 52 Abs. 3 Satz 3 mit seiner Verweisung auf § 42 GKG ins Leere. Es könne jedoch nicht davon ausgegangen werden, dass der Gesetzgeber eine Norm ohne Anwendungsbereich habe schaffen wollen. Zudem habe der BFH im Zeitpunkt des Erlasses des Gesetzes zur Durchführung der Verordnung (EU) Nr. 1215/2012 sowie zur Änderung sonstiger Vorschriften am 08. Juli 2014 noch die Auffassung vertreten, dass sich der Streitwert aus dem Jahresbetrag des Kindergeldes zuzüglich der bis zur Einreichung der Klage zu zahlenden streitigen Kindergeldbeträge ergebe. Erst mit Beschluss vom 02.10.2014 (Az: III S 2/14, BStBl II 2015, 37) habe der BFH dann – korrespondierend zur neueren Rechtsprechung zum Regelungsumfang eines Kindergeld festsetzenden Bescheides vom ersten streitigen Kindergeldmonat bis zum Monat der Bekanntgabe der Einspruchsentscheidung – entschieden, dass dieser Zeitraum auch für die Bestimmung des Streitwertes zugrunde zu legen sei. Es spreche viel dafür, dass der Gesetzgeber in Kenntnis der neueren Rspr. des BFH zum begrenzten Regelungsumfang der die Festsetzung von Kindergeld betreffenden Bescheide abweichend hiervon die bisherige Berechnung des Streitwerts durch den BFH habe aufrechterhalten wollen. Die Anfügung des § 52 Abs. 3 Satz 3 GKG habe demnach verhindern sollen, dass der BFH seine Streitwertrechtsprechung seiner neueren Rspr. zum eingeschränkten Regelungsumfang der Aufhebungs- und Ablehnungsbescheide anpasse, den Streitwert mithin auf den Regelungsumfang der Kindergelbescheide beschränke. Dies ergebe sich auch aus den Gesetzesmaterialien (BT-Drs 18/823, 26), in denen darauf verwiesen werde, dass „in Kindergeldangelegenheiten … für zukünftige wiederkehrende Leistungen entsprechend der derzeitigen Rechtsprechung auf einen Jahresbezug abgestellt werden [solle]".

(b) Demgegenüber verstehen andere Gerichte (vgl. FG Rheinland-Pfalz, Beschluss vom 21.08.2014, 6 K 1191/14, EFG 2014, 1991) die Regelung zur Anhebung des Streitwertes als Ausnahmevorschrift, die auf die Festsetzung von Kindergeld ohne Benennung einer zeitlichen Begrenzung gerichtete Anträge nicht grundsätzlich, sondern nur dann anwendbar sei, wenn „offensichtlich absehbare Auswirkungen auf künftige Geldleistungen" i.S.v. § 52 Abs. 3 Satz 2 GKG vorlägen. Von der Streitwertanhebung erfasst werden könnten demnach nur Konstellationen, in denen die Kontinuität des Vorliegens oder Nichtvorliegens von streitigen Tatbestandsmerkmalen für die Festsetzung von Kindergeld „offensichtlich" sei. Dies sei z.B. der Fall, wenn um das Vorliegen einer Behinderung i.S.v. § 32 Abs. 4 Satz 1 Nr. 3 Einkommensteuergesetz (EStG) gestritten werde (vgl. z.B. Reuß, Anm. zu Niedersächsisches FG, Beschluss vom 22.04.2015, 13 K 231/14, a.a.O.)."

Anmerkung der Autorin: So hielt auch das FG Düsseldorf die Erhöhung des Streitwerts um einen Jahresbetrag in einem Verfahren für geboten, in dem ausschließlich darüber gestritten wurde, ob für die Unfähigkeit des Kindes, sich selbst zu unterhalten, dessen Behinderung ursächlich war.[1]

1) FG Düsseldorf v. 27.7.2021, 7 K 1179/20 Kg (rkr.).

„(c) Nach der engsten Auffassung werden die Vorschriften zur Streitwertanhebung ebenfalls – wie die unter (b) dargestellte Auffassung – als eng auszulegende Ausnahmevorschriften verstanden. Für die Streitwertbestimmung sollen jedoch auch in den Fällen, in denen die Festsetzung von Kindergeld ab einem bestimmten Monat ohne zeitliche Begrenzung beantragt oder die Aufhebung einer Festsetzung von Kindergeld ohne zeitliche Einschränkung angefochten wird, in der Regel nur die Monate der Kindergeldfestsetzung zu berücksichtigen sein, für die in zulässiger Weise Klage erhoben werden kann. Mit dem Zeitraum der zulässigen Klageerhebung gemeint ist hierbei jeweils der Zeitraum ab dem ersten streitigen Kindergeldmonat bis zum Monat der Bekanntgabe der Einspruchsentscheidung. Alle anderen Monate bleiben nach dieser Auffassung für die Streitwertberechnung außer Betracht. Ihre Grundlage hat diese Auffassung in der neueren Rspr. des BFH zur begrenzten gerichtlichen Überprüfbarkeit von Verwaltungsentscheidungen im Kindergeldrecht, die auf die Monate des ersten streitigen Monats bis zum Monat der Bekanntgabe der Einspruchsentscheidung begrenzt sei. Nur in diesem Umfang sei eine Klage zulässig (s.u.). Daher sei davon auszugehen, dass sich auch ein klägerischer Antrag nur hierauf richte.

Dies soll für die Fälle gelten, in denen der gestellte Antrag ausdrücklich in diesem Sinne verstanden wird (FG Köln, Beschluss vom 23.07.2015, 10 Ko 890/15, EFG 2015, 2106) bzw. nach einer weitergehenden Auffassung auch für diejenigen Fälle, in denen der Antrag vom Gericht im Sinne rechtsschutzgewährender Auslegung dahingehend ausgelegt werden könne (Reuß, Anm. zu Niedersächsisches FG, Beschluss vom 22.04.2015, 13 K 231/14, a.a.O.). Noch weiter geht die Auffassung des BFH, der vertritt, dass für die Streitwertberechnung der Zeitraum der zulässigen Klageerhebung immer dann zugrunde zu legen sei, sofern nicht ausdrücklich etwas Abweichendes beantragt werde (BFH, Beschluss vom 02.10.2014, III S 2/14, a.a.O.: zu einer Anfechtungsklage gegen die Aufhebung einer Kindergeldfestsetzung von unbestimmter Dauer)."

Im Übrigen siehe auch: Streitwertkatalog der Finanzgerichtsbarkeit, Stand: Mai 2025, II. Besondere Wertansätze „Kindergeld", Hinweis in der Fußnote:

„Gegen eine Erhöhung:
FG Düsseldorf, Beschluss v. 3.5.2023, 9 K 242/23 Kg; FG Hessen, Beschluss v. 29.11.2021, 9 K 689/21; FG Köln, Beschluss v. 23.7.2015, 10 Ko 890/15; vgl. zum Ganzen auch BFH v. 6.5.2019, III S 16/18, BFH/NV 2019, 1133.

Für eine Erhöhung um den einfachen Jahresbetrag, soweit die Voraussetzungen des § 52 Abs. 3 Satz 2 GKG vorliegen:
FG Düsseldorf, Beschluss v. 27.7.2021, 7 K 1179/20 Kg („offensichtlich absehbare Auswirkungen" auf künftige Leistungen bejaht bei streitiger Ursächlichkeit einer Behinderung für die Unfähigkeit zum Selbstunterhalt); die Summe des Kindergelds vom ersten streitigen Monat bis zum Monat der Klageerhebung zuzüglich eines Jahresbetrag annehmend im Wege einer analogen Anwendung von § 52 Abs. 1, Abs. 3 Satz 2 und Satz 3 i.V.m. § 42 Abs. 1 Satz 1, Abs. 3 GKG bei einem nicht auf bestimmte Monate begrenzten Klagantrag FG Berlin-Brandenburg, Beschluss v. 8.7.2022, 2 K 1836/18; für die Summe des Kindergelds vom ersten streitigen Monat bis zum Monat der Klageerhebung zuzüglich eines Jahresbetrag eintretend FG Niedersachsen, Beschluss v. 27.11.2014, 13 K 231/14, EFG 2015, 1858; offengelassen von BFH v. 2.10.2014, III S 2/14, BFHE 247, 119 = BStBl II 2015, 37."[1]

Ist das Verfahren nur auf die **Beseitigung eines nicht eindeutig formulierten Tenors** gerichtet, ist der Streitwert mit dem Auffangstreitwert i.H.v. 5 000 € anzunehmen.[2]

1) Streitwertkatalog der Finanzgerichtsbarkeit, Stand: Mai 2025, II. Besondere Wertansätze „Kindergeld", Hinweis in der Fußnote.

2) BFH v. 18.12.2019, III R 46/17, BFH/NV 2020, 690; v. 6.5.2019, III S 16/18, BFH/NV 2019, 1133.

Wenn das Verfahren als **Untätigkeitsklage** ausschließlich auf das Tätigwerden der Familienkasse gerichtet ist, beträgt der Streitwert 10 % des in der Sache strittigen Kindergeldanspruchs.[1)]

Hinweis:

Bei den nordrhein-westfälischen FG wird in Kindergeldverfahren die Verfahrensgebühr nur dann mit Einreichen der Klageschrift als Vorauszahlung erhoben, wenn sich der Streitwert unmittelbar aus der Klageschrift ergibt (z.B.: Eine Klage mit einem bezifferten Klageantrag). Ansonsten wird auf die vorläufige Gebührenerhebung verzichtet, da der Mindestwert in Kindergeldverfahren nicht zur Anwendung gelangt.[2)]

Kirchensteuer

Für die festgesetzte Kirchensteuer ist nur dann ein Streitwert anzusetzen, wenn Gegenstand des Verfahrens die Kirchensteuer ist.[3)]

Klageerweiterung

Ändert sich der Streitgegenstand im Laufe einer Instanz infolge einer Klageerweiterung oder einer teilweisen Klagerücknahme, liegen für dieselbe Instanz verschiedene Streitwerte vor.[4)]

(Fehlende) Klagebegründung

Anzusetzen ist in Fällen einer fehlenden Begründung grundsätzlich der Auffangstreitwert.[5)] Dieser Wert wird regelmäßig nicht je Verfahren, sondern je Streitgegenstand angenommen.[6)]

Klagehäufung

Einheitlicher Streitwert bei Verbindung mehrerer Klagen eines Klägers[7)] oder mehrerer Kläger.[8)]

Bei einer **subjektiven Klagehäufung** ist das Interesse aller Streitgenossen, soweit es sich nicht um wirtschaftlich identische Streitgegenstände handelt, zusammenzurechnen.[9)] Die Höhe der (allgemeinen) Verfahrensgebühr richtet sich nach dem Einzelstreitwert jeder Klage bei Klageerhebung, selbst wenn die Klage mit einer anderen Klage zur gemeinsamen Verhandlung und Entscheidung verbunden wird. Dies gilt auch bei einem Wechsel des Prozessbevollmächtigten nach der Verbindung.[10)] Bei einer **objektiven Klagehäufung** werden die Werte der einzelnen Streitgegenstände addiert.[11)]

Körperschaftsteuer

Streitwert ist der Unterschiedsbetrag zwischen festgesetzter KSt und beantragter KSt-Festsetzung, ohne Berücksichtigung der Ausschüttungsbelastung.[12)]

→ *Einkommensteuer*

1) BFH v. 18.12.2019, III R 46/17, BFH/NV 2020, 690.
2) 2. Kostenrechtsmodernisierungsgesetz v. 23.7.2013, BGBl. I 2013, 2586.
3) BFH v. 25.8.1955, IV 410/55 U, BStBl III 1955, 298.
4) BFH v. 6.6.1984, II R 184/81, BStBl II 1985, 261; OLG Brandenburg v. 23.8.1995, JurB 1996, 589.
5) FG Berlin v. 20.02.2003, 8 K 8262/02.
6) Streitwertkatalog der Finanzgerichtsbarkeit, Stand: Mai 2025, II. Besondere Wertansätze „fehlende Bezeichnung des Klagebegehrens (§ 65 FGO)".
7) BFH v. 18.6.1969, I B 8/69, BStBl II 1969, 587.
8) BFH v. 11.4.1962, II 248/60 U, BStBl II 1962, 320.
9) BFH v. 9.11.1983, II R 157/81, BStBl II 1984, 204; BGH v. 23.6.1983, IV a ZR 136/82, NJW 1984, 927, 928.
10) FG Bremen v. 7.1.1997, 2 96 108 Ko 2, EFG 1997, 495 = Stbg Heft 8, 317.
11) BFH v. 26.2.1985, IV B 104/84.
12) BFH v. 22.9.2008, II E 14/07.

→ *Gesonderte Feststellung der Teilbeträge des verwendeten Eigenkapitals nach § 47 KStG a.F.*

Bei Klagen gegen den Ansatz einer **verdeckten Gewinnausschüttung** ist der Streitwert ab Übergang von dem Anrechnungs- zum Halbeinkünfteverfahren in 2001 mit dem KSt-Satz zu bemessen und zwar ab 2001 bis 2007 mit 25 %, seit 2008 mit 15 %.[1)] Der Bescheid über die Feststellung des zu versteuernden Einkommens ist Folgebescheid und somit nicht bei der Streitwertberechnung zu berücksichtigen, sofern er nicht eigenständig angegriffen wurde.

Beim Streit darüber, ob das FA zu Recht eine **verdeckte Einlage** angesetzt hat, ist von einem Streitwert i.H.v. 10 % der streitigen Einlagebeträge auszugehen.[2)] Ebenso zu bemessen ist der Streitwert in Fällen, in denen die gesonderte Feststellung des Betrags der Einlagenrückgewähr einer Körperschaft an die Anteilseigner strittig ist.[3)]

Kontenpfändung

Wird im Verfahren des vorläufigen Rechtsschutzes gegen eine Forderungspfändung (hier: Kontenpfändung) Aufhebung dieser Pfändung und Rückzahlung des vom Drittschuldner an das FA überwiesenen Geldbetrags beantragt, kann der Streitwert des Aussetzungsverfahrens dem Wert der Hauptsache gleichkommen.[4)]

Kontrollmitteilung

Der Streitwert einer Klage gegen die Übersendung von Kontrollmitteilungen des FA an ausländische Finanzbehörden wird nach § 52 Abs. 2 GKG bemessen.[5)]

Kostenentscheidung

Wird eine Kostenentscheidung angefochten, bestimmt sich der Streitwert nach der finanziellen Auswirkung, die mit der Änderung beantragt wird. Den Ausgangspunkt dafür bildet die Summe der gerichtlichen und außergerichtlichen Kosten.

Kraftfahrzeugsteuer

Der Streitwert eines Verfahrens wegen Kraftfahrzeugsteuerfestsetzung von unbestimmter Dauer bemisst sich grundsätzlich nach dem strittigen Jahressteuerbetrag; dies gilt allerdings nicht in Fällen, in denen der angefochtene Steuerbescheid einen geringeren Betrag als den Jahressteuerbetrag festsetzt.[6)]

Löschungsbewilligung

Bei einer Klage auf Erteilung einer Löschungsbewilligung ist der Streitwert die vom Beklagten geltend gemachte Restforderung zuzüglich 20 % des restlichen Nominalwerts des Grundpfandrechtes, sofern der Kläger nicht konkrete weitere Nachteile für ihn vorträgt.[7)]

Lohnsteuerfreibetrag und Jahresausgleich

Maßgebend ist der streitige Betrag.

Bei Anträgen auf **Erhöhung des steuerfreien Betrags** ist Streitwert der Unterschied zwischen der Lohnsteuer, die monatlich ohne Gewährung des beantragten Freibe-

1) Streitwertkatalog für die FinanzgerichtsbarkeitStand: Mai 2025, II. Besondere Wertansätze „Körperschaftsteuer".
2) FG Saarland v. 31.7.1998, 1 K 172/95, EFG 1998, 1667 (rkr.).
3) FG Köln v. 8.8.2016, 10 Ko 3506/15, EFG 2016, 1557 f. (rkr.).
4) FG Baden-Württemberg v. 25.10.1999, 9 V 46/99, EFG 2000, 97 (rkr.).
5) BFH v. 19.11.1985, VII R 95/85, BFH/NV 1986, 419.
6) BFH v. 4.10.2005, VII S 41/05, BFH/NV 2006, 319; v. 21.12.1999, VII R 71/98, BFH/NV 2000, 598.
7) OLG Celle v. 5.9.2000, 4 W 165/00, JurB 2000, 645.

trags und der Lohnsteuer, die bei Gewährung des beantragten Freibetrags zu zahlen ist, vervielfältigt mit der Zahl der Monate, für die der erhöhte Freibetrag beantragt wird. Ist nur die Frage im Streit, ob **ein der Höhe nach unstreitiger Betrag bereits als Freibetrag auf der Lohnsteuerkarte eingetragen wird** oder erst bei der späteren Einkommensteuerveranlagung zu berücksichtigen ist, so bemisst sich der Streitwert mit 10 % der auf diesen Betrag entfallenden steuerlichen Minderungsbetrags.[1)]

Beim **Lohnsteuerjahresausgleich** ist Streitwert die Differenz zwischen der Lohnsteuer, deren Erstattung beantragt ist und dem tatsächlich erstatteten Lohnsteuerbetrag.[2)] Bei Streit über Ablehnung des Lohnsteuerjahresausgleichs wird die Kirchenlohnsteuer nicht in den Streitwert einbezogen.[3)]

Lohnsteuerhilfeverein

Bei Streit um die **Schließung einer Beratungsstelle** ist der Streitwert mit 20 % des Beitragsaufkommens der betreffenden Geschäftsstelle anzusetzen.[4)] Für die **Eintragung einer bestimmten Person als Leiter einer Beratungsstelle** in das Verzeichnis der Beratungsstelle bestimmt sich der Streitwert nach dem Auffangstreitwert.[5)] Dieser Auffangstreitwert ist auch in den Fällen zu Grunde zu legen, in denen über die **Befugnis eines Lohnsteuerhilfevereins zur Hilfe in Steuersachen für eines seiner Mitglieder** gestritten wird.[6)] Gleiches gilt, wenn ein Lohnsteuerhilfeverein begehrt, ein ihn **schädigendes Tätigwerden eines Konkurrenten zu unterbinden**, hier im Wege einer einstweiligen Anordnung.[7)] Für den **Widerruf der Anerkennung einer Steuerberatungsgesellschaft** hat der BFH in Ausübung eines insofern notwendigerweise weiten Ermessens auf Grund der Bedeutung einer solchen Verfügung, welche der Gesellschaft die Möglichkeit nimmt, die von ihr aufgebaute Organisation weiterhin zur Erzielung von Einkünften aus der steuerlichen Beratung zu nutzen, entschieden, dass der Streitwert grundsätzlich mit 50 000 € anzunehmen ist. Obgleich eine solche Einkünfteerzielung nicht das unmittelbare Ziel eines Lohnsteuerhilfevereins sein darf, kann nicht unberücksichtigt bleiben, dass auch ein solcher Verein eine einer Steuerberatungsgesellschaft vergleichbare Organisation aufzubauen und zu unterhalten pflegt, den von ihm beschäftigten Mitarbeitern die Möglichkeit der Berufstätigkeit und damit der Einkünfteerzielung verschafft und infolgedessen nicht zuletzt auf Grund seines Mitgliederstammes einen wirtschaftlichen Wert verkörpert, der es gerechtfertigt erscheinen lässt, einen gleich hohen Streitwert anzusetzen.[8)]

Lohnsteuerkarte

Wird gegen den Arbeitgeber wegen einer Berichtigung der Lohnsteuerkarte gestritten, so ist der Streitwert mit dem Auffangstreitwert anzusetzen.[9)]

Lohnsteuernachforderung

Bestreitet ein Arbeitgeber die Nachforderung von Lohn- und Kirchensteuer, so sind beide Steuerarten bei der Bemessung des Streitwerts zu berücksichtigen.[10)]

Lotteriesteuer

Den Streitwert bildet die strittige Steuer, die ersparte USt darf nicht abgesetzt werden.[11)]

1) FG Hamburg v. 24.3.1993, III 42/92, EFG 1993, 602 (rkr.).
2) BFH v. 8.8.1958, VI 127/58 U, BStBl III 1958, 385: Streitwertkatalog der Finanzgerichtsbarkeit, Stand: Mai 2025, II. Besondere Wertansätze „Lohnsteuer".
3) BFH v. 18.10.1974, VI R 126/72, BStBl II 1975, 145.
4) BFH v. 2.2.1982, VII R 62/81, BStBl II 1982, 360.
5) BFH v. 3.4.1995, VII B 116/94, BFH/NV 1995, 921.
6) BFH v. 9.9.1999, II S 20/99, BFH/NV 2000, 219.
7) BFH v. 2.8.1988, VII S 17/88, BFH/NV 1989, 191.
8) BFH v. 22.3.2011, VII R 49/09, BFH/NV 2011, 1164.
9) FG Baden-Württemberg v. 7.7.1998, 4 K 34/98.
10) BFH v. 15.10.1964, VI 153/63, BStBl III 1965, 56.
11) BFH v. 30.3.1955, II 88/54, BStBl III 1955, 156.

Mahnung

Wird die Berechtigung einer Mahnung bestritten, so ist nicht der volle angemahnte Betrag, sondern 10 % dieses Betrags als Streitwert anzusetzen.[1)]

Mietzinspfändung

Wird im Verfahren des vorläufigen Rechtsschutzes gegen die Pfändung eines Rechts auf wiederkehrende Nutzungen (hier: Mietzins) Aufhebung dieser Pfändung und Auszahlung der vom Drittschuldner an das FA abgeführten Monatsmieten beantragt, kann der Streitwert des Aussetzungsverfahrens der Hälfte des Werts der Hauptsache gleichkommen.[2)]

Milchquote (Feststellungsbescheid des HZA hinsichtlich der Anlieferungs-Referenzmenge nach der Milch-Garantiemengen-Verordnung)

In Referenzmengen-Streitigkeiten bemisst sich der Streitwert nach dem Jahresbetrag der Milchabgabe für die begehrte Referenzmenge.[3)]

Im Verfahren wegen der Zuteilung einer Milchquote ist der Streitwert mit 0,10 € je kg umstrittener Milchquote anzunehmen.[4)]

Mineralölsteuer

Streitwert ist die strittige Mineralölsteuer. Wird mit der Klage eine **Steuervergünstigung** (Freistellung von der Mineralölsteuer) angestrebt, ist für die Bestimmung des Streitwerts der sich aus der angestrebten Steuervergünstigung ergebende wirtschaftliche oder finanzielle Nutzen maßgebend. Wird die **Steuervergünstigung für einen unbestimmten Zeitraum** angestrebt, ist der Streitwert i.d.R. nach dem wirtschaftlichen Vorteil in dem Zeitraum eines Jahres zu bestimmen.[5)] Im Verfahren um den **Fortbestand der Bewilligung eines Mineralölsteuerlagers** ist der Streitwert nach den Zinsen zu bemessen, die der Lagerinhaber durchschnittlich in einem Jahr dadurch erspart, dass er die Mineralölsteuer nicht schon beim Bezug des gelagerten Mineralöls entrichten muss.[6)]

Nachforderungsbescheid (Lohnsteuer, Kirchensteuer)

Bestreitet ein Arbeitgeber, die Nachforderung von Lohnsteuer und Kirchensteuer, so sind beide Steuerarten bei der Bemessung des Streitwerts zu berücksichtigen.[7)]

Nachprüfungsvorbehalt bei Steuerbescheiden

Der Streitwert beläuft sich i.d.R. auf 5 000 € (§ 52 Abs. 2 GKG).[8)]

Nichtigkeitsklage

Bei der Klage auf Feststellung der Nichtigkeit ist der Streitwert in derselben Höhe festzusetzen wie bei einer Anfechtungsklage,[9)] die auf die ersatzlose Aufhebung des Bescheides gerichtet ist.[10)] Betrifft das Verfahren einen Änderungsbescheid, ist Streitwert die mit dem Änderungsbescheid festgesetzte Differenz zum ursprünglich festgesetzten Steuerbetrag.

---

1) BFH v. 23.11.1960, II 103/57, StLex BFH 2, 307; Reiche/Mittelstaedt/Redetzke, BB Beilage 8/1969, 13.
2) FG Baden-Württemberg v. 25.10.1999, 9 V 46/99 und 9 V 35/99, EFG 2000, 97 f. (rkr.).
3) BFH v. 4.2.1992, VII E 10/91, BFH/NV 1992, 621.
4) BFH v. 23.8.2010, VII E 2/10, BFH/NV 2010, 2307.
5) BFH v. 28.2.1989, VII E 5/88, BFH/NV 1989, 654.
6) BFH v. 22.1.1985, VII R 87/83, BFH/NV 1986, 771.
7) BFH v. 15.10.1964, VI 153/63, BStBl III 1965, 56.
8) BFH v. 28.2.1980, V R 118/76, BStBl II 1980, 417.
9) BFH v. 6.4.2016, IV E 9/15, BFH/NV 2016, 1063; v. 29.6.2006, VII E 13/05, BFH/NV 2006, 2100.
10) BFH v. 9.3.2022, IX E 3/21, BFH/NV 2022, 609 f.; v. 3.4.2002, V E 1/02, BFH/NV 2002, 949.

Nichtvermögensrechtliche Streitigkeiten

Ermessen; vgl. § 52 Abs. 1 GKG.

Nichtzulassungsbeschwerde

Für den Streitwert eines Nichtzulassungsbeschwerdeverfahrens ist der Wert des beabsichtigten Revisionsverfahrens zu Grunde zu legen.[1] Soweit dieser Wert, etwa mangels Begründung der Nichtzulassungsbeschwerde nicht erkennbar ist, bestimmt sich der Streitwert nach dem Streitwert des vorangegangenen Klageverfahrens,[2] sofern der Kläger nicht erkennbar macht, dass er in einem Revisionsverfahren das Klagebegehren nur noch eingeschränkt weiterverfolgen will.[3] Letzteres ist grundsätzlich der Fall, wenn der Beschwerdeführer im Klageverfahren lediglich zu einem geringeren Teil unterlegen ist[4] bzw. im Beschwerdeverfahren wegen teilweisen Obsiegens vor dem FG nur noch ein Teil strittig ist (angestrebtes Revisionsverfahren).[5]

Der Streitwert eines Nichtzulassungsbeschwerdeverfahrens, das die **Wiederaufnahme zum Gegenstand** hat, entspricht grundsätzlich dem Streitwert des Verfahrens, dessen Wiederaufnahme beantragt wird.[6]

Pfändung

Bei Streit um die Rechtmäßigkeit der **Pfändung einer Forderung oder eines sonstigen Rechts** richtet sich der Streitwert grundsätzlich nach der Höhe der zu vollstreckenden Forderung; ist der Wert des gepfändeten Rechts niedriger, so ist dieser maßgebend.[7] Bei der Wertberechnung bleiben nicht nur die zukünftigen Säumniszuschläge, sondern auch bereits angefallene Säumniszuschläge außer Acht. Führt die Vollstreckung hinsichtlich einer Forderung finanziell aber nicht zum vollen Erfolg, so ist der Streitwert nach dem tatsächlich erlangten Erfolg zu bemessen.[8] Ist Pfandgegenstand eine **Lohnforderung**, so ist für die Wertberechnung nur der pfändbare Teil zu berücksichtigen. Dieser ist mit dem dreifachen Jahresbetrag anzusetzen.[9] Dies gilt auch bei einer **Mietpfändung** (vgl. § 9 ZPO).

Ist in einem finanzgerichtlichen Verfahren die Rechtmäßigkeit einer Pfändungs- und Einziehungsverfügung, mit der das FA den **Anspruch auf Zahlung einer Altersrente** gepfändet hat im Streit, so ist der gebührenrechtliche Streitwert (Gegenstandswert) nach § 52 Abs. 2 GKG i.V.m. einer entsprechenden Anwendung des § 17 Abs. 3 GKG (i.d.F. v. 15.12.1975; 36-facher Betrag des monatlich gepfändeten und überwiesenen Betrags) zu bestimmen.[10] Erfolgt die Pfändung in **Vollzug eines Arrestes**, ist der Streitwert höchstens so hoch wie derjenige im Arrestverfahren zu bewerten.[11]

Streitwert bzgl. vorläufigen Rechtsschutz bei Pfändungen → *Aussetzung der Vollziehung.*

1) BFH v. 6.5.2019, III S 16/18, BFH/NV 2019, 1133.
2) BFH v. 6.5.2019, III S 16/18, BFH/NV 2019, 1133.
3) BFH v. 24.4.2012, IX E 4/12, BFH/NV 2012, 1798.
4) BFH v. 9.4.2009, II E 2/09, BFH/NV 2009, 1138 f.
5) BFH v. 4.11.1998, VI E 5/98, BFH/NV 1999, 511; v. 9.8.2000, III 61/98, BFH/NV 2001, 604.
6) BFH v. 10.11.2022, XI E 1/22, BFH/NV 2023, 146 f.
7) BFH v. 17.11.1987, VII R 68/85, BFH/NV 1988, 457; FG Baden-Württemberg v. 8.2.2000, 9 K 47/98, EFG 2000, 654 (rkr.).
8) BFH v. 4.5.2011, VII S 61/10, ZSteu 2011, R1190 f.; v. 15.4.1987, VII S 2/87, BFH/NV 1988, 112.
9) FG Baden-Württemberg v. 8.2.2000, 9 K 47/98, EFG 2000, 654 (rkr.).
10) BFH v. 18.4.1989, VII S 5/89, BStBl II 1989, 625.
11) FG Baden-Württemberg v. 16.10.1980, IX 210/79, EFG 1981, 205 (rkr.).

Prozessfähigkeit

Wenn bei Verfahren wegen Feststellung der Prozessfähigkeit dem Klage- oder Revisionsbegehren das finanzielle Interesse nicht zu entnehmen ist, wird der Streitwert nach § 52 Abs. 2 GKG (5 000 €) bemessen.[1]

Prüfungsanordnung

→ *Außenprüfung*

Rechtmäßigkeit einzelner Ermittlungsmaßnahmen

Der Streitwert bemisst sich auf 50 % der zu erwartenden steuerlichen Auswirkungen.[2]

Restitutionsklage

Der Streitwert eines Wiederaufnahmeverfahrens richtet sich nach dem Streitwert des wieder aufzunehmenden Verfahrens bzw. der mit dem Verfahren angestrebten Steuerminderung.[3]

Revision

Der Streitwert ist grundsätzlich der sich aus dem formal gestellten Revisionsantrag ergebende Wert. Ergeht während des Revisionsverfahrens ein Änderungsbescheid, der nach § 68 FGO Gegenstand des Verfahrens wird, ändert sich kostenrechtlich der Streitgegenstand erst, wenn das Revisionsbegehren durch ausdrückliche Prozesserklärung an den geänderten Streitgegenstand angepasst wird.[4]

Richterablehnung

→ *Ablehnung von Richter*

Ruhen des Verfahrens

→ *Aussetzung des Verfahrens*

Säumniszuschlag

Hierfür ist ein selbständiger Streitwert anzunehmen, der den strittigen Säumniszuschlägen entspricht, sofern die Säumniszuschläge einen selbständigen Streitgegenstand bilden und nicht Nebenforderung des Hauptsacheverfahrens sind.[5]

Schätzung

Wird Klage erhoben mit dem Antrag, eine Steuerfestsetzung um einen nicht bezifferten Betrag herabzusetzen, so kann der Wert des Streitgegenstandes auf die Hälfte der festgesetzten Steuer geschätzt werden.[6] Sollte während des Klagverfahrens die **Steuererklärung eingereicht werden**, so ist der Klageantrag beziffert und der Streitwert die Differenz zwischen festgesetzter Steuer und laut Erklärung beantragter Steuer.[7] Dies gilt auch, wenn sich auf Grund der Steuererklärung eine höhere Steuer ergeben sollte.

1) BFH v. 2.2.1982, VII B 153/81.
2) BFH v. 12.3.1985, VII R 150/81, BFH/NV 1986, 752.
3) BFH v. 25.9.1989, VI E 51/89, BFH/NV 1990, 257; a.A. FG Düsseldorf v. 4.7.1994, 14 K 3727/94 U, EFG 1994, 1109 (rkr.), wonach der Streitwert des Wiederaufnahmeverfahrens aus den Kosten des ersten Verfahrens zu berechnen ist.
4) BFH v. 29.6.2010, XI E 1/10, BFH/NV 2010, 2087.
5) BFH v. 24.11.1964, VII 237/63, HFR 1965, 130.
6) BFH v. 15.11.1995, VIII E 3/95, BFH/NV 1996, 431.
7) BFH v. 6.6.1979, I B 17/79, BStBl II 1979, 565.

Schenkungssteuer

Streitwert ist der strittige Betrag. Wirkt sich der Ausgang eines Rechtsstreits auf eine weitere Steuerfestsetzung wegen Rückschenkung auf, so bemisst sich der Streitwert gleichwohl allein nach der strittigen Steuer.[1)]

Schuldnerverzeichnis

Das betragsmäßige Interesse, aus dem Schuldnerverzeichnis gelöscht zu werden, kann sich dann nicht an den Steuerrückständen orientieren, wenn nach Abgabe der Vermögensauskunft feststeht, dass der Schuldner vermögenslos ist und somit das Interesse nicht mehr auf die Abwendung der Vollstreckung der Steuerrückstände gerichtet sein kann.[2)]

Sicherheitsleistung

Wird in einem die Aussetzung der Vollziehung betreffender Verfahren lediglich darum gestritten, ob gegen oder ohne Sicherheitsleistung auszusetzen ist, so ist der Streitwert im Regelfall mit 10 % der geforderten Sicherheitsleistung zu bemessen.[3)]

Sicherungshypothek

Wird auf die **Feststellung der Nichtigkeit des Eintragungsantrags bzw. einer Sicherungshypothek** geklagt, so erfolgt die Wertfestsetzung gem. § 3 ZPO nach freiem Ermessen. Zu dessen Ausübung ist jedoch unter anderen § 6 ZPO heranzuziehen, insbesondere dessen Satz 2.

Bei einer **negativen Feststellungsklage betreffend die Eintragung einer Sicherungshypothek**, d.h. wird die Feststellung der Nichtigkeit eines Eintragungsantrags bzw. einer Sicherungshypothek begehrt, ist der Verkehrswert des Grundstücks als Streitwert anzusetzen und nicht der volle Forderungsbetrag. Dieser ist auch bei Nachrangigkeit des Pfandrechts grundsätzlich nicht zu kürzen.[4)]

Sprungklage

Der Streitwert wird durch das Interesse an der Verfahrensbeschleunigung und an der Kostenersparnis bestimmt.[5)]

Wenn in einem Verfahren nur über das **Vorliegen einer Zustimmung zur Sprungklage** gestritten wird, ergibt sich der Streitwert aus dem Kostenrisiko des außergerichtlichen Rechtsbehelfsverfahrens.[6)]

Steuerberaterbestellung

Bei Streitigkeiten um den **Widerruf der Bestellung** als Steuerberater wird der Streitwert in früheren Entscheidungen mit 50 000 € angenommen,[7)] der Entscheidung des FG Hamburg zur Verdopplung des Streitwertes im Fall des Streits um das Bestehen einer Steuerberaterprüfung folgend, wäre bei einem streitigen Widerruf hier ebenfalls von einer Wertverdopplung auf 100 000 € auszugehen.[8)] Bei **Versagung der endgültigen Bestellung** zum StBv ist der Streitwert, auch wenn dies nach Ablauf

---

1) BFH v. 11.1.2006, II E 3/05, BStBl II 2006, 333.
2) FG Münster v. 8.7.2020, 8 K 1081/18 (rkr.).
3) BFH v. 24.5.2023, X B 22/22(AdV), HFR 2023, 848; v. 17.11.2011, IV S 15/10, BStBl II 2012, 246.
4) FG Schleswig-Holstein v. 14.11.1985, IV 544/85, EFG 1986, 310 f. (rkr.).
5) BFH v. 27.11.1958, IV 99/57, DStRdsch 1959, 109.
6) Hessisches FG v. 2.4.1971, II 22 /71, EFG 1971, 348 (rkr.).
7) BFH v. 20.6.2011, VII E 11/11, BFH/NV 2011, 1723; v. 10.12.2009, VII R 39/07, BFH/NV 2010, 661; v. 15.5.2006, VII E 15/05, BFH/NV 2006, 1678; v. 18.11.2003, VII B 79/02, BFH/NV 2004, 361.
8) Streitwertkatalog der Finanzgerichtsbarkeit, Stand: Mai 2025, II. Besondere Wertansätze „Steuerberater“.

der Übergangsfrist den Verlust der vorläufigen Bestellung zur Folge hat, nicht auf 50 000 €, sondern lediglich auf 10 000 € zu bemessen, wenn bereits ohne Erfolg gegen die Rücknahme der vorläufigen Bestellung gestritten worden ist.[1] In Rechtsstreitigkeiten wegen **Anerkennung bzw. Widerruf oder Rücknahme der Anerkennung einer Steuerberatungsgesellschaft** ist der Streitwert mit 50 000 € (bei großen Gesellschaften mit 100 000 €) zu bemessen.[2] Bei einer Klage gegen die **Ablehnung der Wiederbestellung als StB** ist der Streitwert mit 25 000 € anzusetzen, wenn auf Grund besonderer Umstände nur die Erlangung der aus der steuerberatenden Tätigkeit resultierenden Vorteile und nicht auch die Wiedererlangung der für den Aufbau einer Steuerberaterpraxis getätigten Aufwendungen im Vordergrund des Interesses des StB steht.[3] Klagt eine **StBK**, weil die Behörde einen StB oder eine Steuerberatungsgesellschaft anerkannt hat, so ist der Streitwert des § 52 Abs. 2 GKG anzusetzen,[4] da das finanzielle Interesse der StBK nicht annähernd zu schätzen ist.

Steuerberaterprüfung bzw. Bestellung zum Steuerberater ohne Prüfung

Der Streitwert eines Verfahrens, bei dem um das **Bestehen einer Steuerberaterprüfung** gestritten wird, wurde vom BFH in einem 2003 entschiedenen Verfahren mit 25 000 € angenommen,[5] nach dem Streitwertkatalog der Finanzgerichtsbarkeit (Stand: Mai 2025, II. Besondere Wertansätze „Steuerberater") ist der Streitwert dagegen mit 50 000 € zu bemessen. Dieser Wert ist auf die Hälfte zu ermäßigen, wenn der Kläger bereits die Zulassung zur unbeschränkten Hilfeleistung in Steuersachen als RA hat; der Wert ermäßigt sich auf ein Viertel, wenn der Kläger die Qualifikation als Fachanwalt für Steuerrecht besitzt. Der Streitwert ist nicht deshalb zu ermäßigen, weil der Kläger bei Erfolglosigkeit der Klage die Prüfung noch einmal wiederholen könnte.[6]

Geht es um die **Zulassung zur Steuerberaterprüfung**, so beträgt der Streitwert grundsätzlich 5 000 €.[7] Wird dagegen nur auf die Verpflichtung der Behörde, die Prüfung **erneut durchzuführen** geklagt, so beträgt der Streitwert 2 500 €.[8] Für den Fall, dass nicht nur die Frage, ob eine Zulassung zur Steuerberaterprüfung zu einem früheren oder späteren Zeitpunkt möglich ist, sondern die **gesamte bisherige Berufstätigkeit nicht als praktische Tätigkeit i.S.d. § 36 Abs. 2 Nr. 1 StBerG** angesehen wird, kann der Streitwert mit 25 000 € bemessen werden.[9] Der Gegenstandswert der **prüfungsfreien Bestellung als StB** beträgt nach älterer BFH-Rechtsprechung 25 000 €,[10] nach dem Streitwertkatalog der Finanzgerichtsbarkeit (Stand: Mai 2025, II. Besondere Wertansätze „Steuerberater") bemisst sich in diesen Fällen den Streitwert in gleicher Höhe wie bei einem Streit um das Bestehen der Prüfung, d.h. Ansatz i.H.v. 50 000 €.

Steuerberatungsgesellschaft

In Rechtsstreitigkeiten wegen **Anerkennung bzw. Widerruf oder Rücknahme der Anerkennung einer Steuerberatungsgesellschaft** ist der Streitwert mit 50 000 € (bei großen Gesellschaften mit 100 000 €) zu bemessen.[11]

1) BFH v. 18.2.2000, VII E 2/00, BFH/NV 2000, 976.
2) BFH v. 10.12.2009, VII R 39/07, BFH/NV 2010, 661.
3) Niedersächsisches FG v. 12.6.2013, 6 Ko 7/13.
4) FG Münster v. 8.8.1988, VII 4644/85, EFG 1989, 35 (rkr.).
5) BFH v. 18.11.2003, VII B 299/02, BFH/NV 2004, 515.
6) FG Hamburg v. 2.9.2004, V 12/02, EFG 2005, 312 (rkr.).
7) BFH v. 4.4.1989, VII S 6/89, BFH/NV 1989, 656.
8) BFH v. 26.7.1988, VII E 3/88, BFH/NV 1989, 315.
9) Niedersächsisches FG v. 17.8.2011, 6 K 189/11, EFG 2012, 551 (rkr.).
10) BFH v. 10.4.2003, VII S 9/03, BFH/NV 2003, 1082.
11) BFH v. 10.12.2009, VII R 39/07, BFH/NV 2010, 661.

Der Streitwert einer Klage auf **Erteilung einer Ausnahmegenehmigung nach § 50 Abs. 3 StBerG a. F.** (d.h. in der vor dem 1.8.2022 geltenden Fassung) zur Berufung einer „besonders befähigten Person" in die Geschäftsführung einer Steuerberatungsgesellschaft beträgt nach einer Entscheidung des FG Berlin aus 2005 25 000 €,[1] nach dem Streitwertkatalog der Finanzgerichtsbarkeit (Stand: Mai 2025, II. Besondere Wertansätze, „Steuerberatungsgesellschaft") pauschal 50 000 €.Wenn sowohl die Steuerberatungsgesellschaft als auch die zu berufende Person Klage erheben und beide Klagen verbunden werden, so verdoppelt sich der Streitwert nicht.[2]

Steuerbevollmächtigtenprüfung

Den Streitwert bei einem Streit um das Bestehen der Prüfung zum StBv hat der BFH mit 5 000 € und bei einem Streit um Wiederholung der Prüfung mit 2 500 € angenommen.[3]

Steuererklärung

→ *Abgabe einer Steuererklärung*

Steuergeheimnis

Bei einem Verfahren auf **Feststellung der Verletzung des Steuergeheimnisses aus Anlass eines Gewerbeuntersagungsverfahrens** kann der Streitwert eines Gewerbeuntersagungsverfahrens als Anhaltspunkt herangezogen werden (Jahresbetrag des zu erwartenden Gewinns mindestens 7 500 €); soweit das Verfahren auf Feststellung der **Verletzung des Steuergeheimnisses aus Anlass einer Forderungspfändung** gerichtet ist, bemisst sich der Streitwert nach § 52 Abs. 2 GKG.[4]

Steuervergünstigung

→ *Gesonderte und einheitliche Feststellung von Besteuerungsgrundlagen,*

b) Tarifbegünstigter Veräußerungsgewinn

Wird eine Steuervergünstigung für unbestimmte Zeit beantragt und kann die Vergünstigung widerrufen werden, so ist als Streitwert der Betrag des jährlichen Nutzens anzusetzen, bei Streit um die vorläufige Belassung $^1/_3$ des Streitwerts der Hauptsache.[5] Eine Klage auf Gewährung einer Steuervergünstigung für eine unbestimmte Zeit wird im Verlauf des Klageverfahrens nicht durch Zeitablauf automatisch zu einer Klage auf Steuervergütung für die jeweils zurückgelegten Zeiträume.[6]

Stundung

Maßgebend ist das Interesse des Stpfl. an der Stundung und deren Dauer. In der Regel 10 % des Steuerbetrags, für den Stundung gewährt werden soll.[7] Sind in ein und demselben Verfahren **Stundung und Erlass** streitig, so umfasst der für den Erlass maßgebende höhere Streitwert den für die Stundung mit.[8]

---

1) FG Berlin v. 31.3.2005, 4 K 2252/02, DStR 2006, 251 f.
2) FG Hamburg v. 2.9.2004, V 12/02, EFG 2005, 312 (rkr.).
3) BFH v. 16.2.1983, VII S 1/82, BStBl II 1983, 422.
4) FG Saarland v. 19.10.1998, 1 K 318/97, EFG 1999, 189 (rkr.).
5) BFH v. 18.7.1968, VII B 41/67, BStBl II 1968, 743; FG Hamburg v. 19.2.1998, IV 868/97, EFG 1998, 784 (rkr.).
6) FG Hamburg v. 19.2.1998, IV 868/97, EFG 1998, 784 (rkr.).
7) BFH v. 13.9.1994, IX R 21/92, BeckRS 1994, 12324; v. 14.4.1967, IV B 23/66, BStBl III 1967, 321.
8) BFH v. 17.1.1958, VI 163/55 S, BStBl III 1958, 121.

Übersendung eines Prüfungsberichts an einen ausgeschiedenen Gesellschafter

Das Interesse des ausgeschiedenen Gesellschafters ist mit demjenigen eines Auskunftsbegehrens gleichzusetzen, der Streitwert beträgt daher also 10 % der ihn betreffenden steuerlichen Auswirkung der Prüfung.[1)]

Übersendung von Kontrollmitteilung

Es lässt sich kein unmittelbares steuerliches Interesse erkennen. Somit ist der Streitwert nach § 52 Abs. 2 GKG mit 5 000 € zu bemessen.[2)]

Umsatzsteuer

Maßgeblich ist der streitige Betrag zwischen festgesetzter Steuer und beantragter Festsetzung.[3)] Macht eine Gesellschaft **Unternehmereinheit zu einer anderen Gesellschaft** geltend, ist Streitwert die gesamte gegen sie festgesetzte USt. Bei Streitigkeiten in denen es lediglich um die **Verschiebung einer dem Grund und der Höhe nach anerkannten Steuerschuld (hier: Umsatzsteuervorauszahlung**) von einem Besteuerungszeitraum auf einen späteren Besteuerungszeitraum geht, ist der Streitwert geringer festzusetzen als der dem Grunde nach anerkannte Steuerbetrag, dessen Festsetzungsverschiebung begehrt wird. Die zu § 140 Abs. 3 FGO a.F. ergangene Rechtsprechung, wonach in einem solchen Fall das finanzielle Interesse nach dem finanziellen Vorteil zu bemessen sein könnte, der darin bestehe, später zahlen zu müssen,[4)] ist auch zur Auslegung des § 52 GKG heranzuziehen. Es ist daher nicht zu beanstanden, den Streitwert gem. § 52 Abs. 2 GKG nach dem finanziellen Vorteil bei einer späteren Zahlung nach dem Grundsatz der Verzinsung der Ansprüche aus dem Steuerschuldverhältnis (entsprechend § 238 AO mit 0,5 % je Monat) zu ermitteln.[5)] Hat der Kläger mit der Klage beantragt, dass ihm die **Besteuerung nach vereinnahmten Entgelten** zu gestatten ist, ist, wenn genauere Angaben über die von ihm angestrebten späteren Besteuerungszeiträume, in denen er die Entgelte vereinnahmte, fehlen, der Streitwert gem. § 52 Abs. 2 GKG zu bemessen.[6)]

Der Streitwert einer Klage auf **Feststellung der Steuerpflicht eines Umsatzes zum Zwecke der Vorbereitung einer Zivilklage auf Rechnungserteilung**, ist mit 50 % des in Betracht kommenden Vorsteuerabzugsbetrags anzusetzen.[7)]

Unbedenklichkeitsbescheinigung

Grunderwerbsteuer: Der Streitwert eines Rechtsstreits wegen Erteilung einer Unbedenklichkeitsbescheinigung ergibt sich aus dem – möglicherweise auch auf außersteuerlichem Gebiet liegenden – unmittelbaren Interesse des Klägers an der erstrebten Entscheidung. Das vermögensrechtliche Interesse ist unter der Berücksichtigung aller Besonderheiten des Falles zu schätzen.[8)]

Steuerberatungsgesellschaft: Für die Klage auf Zurücknahme der von der Behörde zum Zweck der Eintragung der Gesellschaft in das Handelsregister erteilten Unbedenklichkeitsbescheinigung ist der Streitwert mit 40 000 DM = 20 000 € anzunehmen.[9)]

1) Hessisches FG v. 28.3.1973, II 110/72, EFG 1973, 330 (rkr.).
2) BFH v. 19.11.1985, VII R 95/85, BFH/NV 1986, 419.
3) BFH v. 17.2.1994, VII E 3/93, BFH/NV 1994, 819.
4) BFH v. 14.12.1970, IV B 87/70, BStBl II 1971, 206.
5) BFH v. 25.2.1991, V E 5/90, BFH/NV 1992, 127.
6) BFH v. 12.8.1994, V E 1/94, BFH/NV 1995, 428.
7) Hessisches FG v. 24.8.2010, 6 K 2069/09.
8) BFH v. 12.7.1972, II R 168/70, BFHE 106, 277.
9) BFH v. 26.3.1981, VII R 14/78, BStBl II 1981, 586.

Untätigkeitsklagen

Richtet sich das Klagebegehren lediglich auf ein Tätigwerden des FA, ist der Streitwert 10 % des mit dem Einspruch angefochtenen Steuerbetrags.[1] Nur dann ist der Streitwert nach dem streitigen Steuerbetrag zu bemessen, wenn der Kläger mit der Untätigkeitsklage eine Sachentscheidung begehrt (z.B. die mit dem Einspruch angefochtenen Bescheide aufzuheben oder zu berichtigen).[2]

Untersagung der Hilfeleistung in Steuersachen

In einem Verfahren über die Untersagung der Hilfeleistung in Steuersachen bemisst sich der Streitwert nach den Einkünften, die der Betroffene in dem der Untersagungsverfügung vorangegangenen Kalenderjahr aus der untersagten Tätigkeit erzielt hat.[3]

Verbindliche Auskunft

Die Ermittlung des Gegenstandswerts einer verbindlichen Auskunft unterscheidet sich von der Ermittlung des Streitwerts in einem Klageverfahren, dessen Gegenstand der Einkommensteuerbescheid eines bestimmten Jahres ist, dadurch, dass sich die verbindliche Auskunft auf die steuerliche Auswirkung einer Sachverhaltsgestaltung über den gesamten Planungshorizont hinweg bezieht. Mit der verbindlichen Auskunft erlangt der Stpfl. eine verlässliche Planungsgrundlage (die Finanzverwaltung ist an die in der Auskunft dargelegte rechtliche Beurteilung gebunden), so dass der Ansatz von 100 % des Gegenstandswerts gerechtfertigt ist.[4]

Der Streitwert einer erteilten Auskunft richtet sich dabei nach den sich aus dem Antrag ergebenden steuerlichen Auswirkungen. Diese ermitteln sich aus der steuerlichen Differenz zwischen dem Betrag, der sich auf Grund der von dem Antragsteller vorgetragenen Auffassung ergibt und dem Betrag, der sich bei einer von der Finanzbehörde vertretenen Rechtsauffassung ergeben würde. Steuerliche Auswirkungen, die sich mittelbar ergeben können, die jedoch nicht selbst zum Gegenstand des Antrags auf verbindliche Auskunft gemacht worden sind, werden bei der Bemessung der Auskunftsgebühr nicht berücksichtigt.[5]

Als Streitwert für Klage auf **Erteilung einer verbindlichen Ursprungsauskunft** ist im Regelfall der Auffangstreitwertwert von 5 000 € festzusetzen.[6]

Verbrauchssteuern (wie Bier-, Branntwein-, Tabaksteuer etc.)

→ *Umsatzsteuer*[7]

Verdeckte Einlage

→ *Körperschaftsteuer*

Verdeckte Gewinnausschüttung

→ *Körperschaftsteuer*

Verfassungsmäßigkeit

Ist im finanzgerichtlichen Verfahren lediglich die Verfassungsmäßigkeit steuerlicher Regelungen streitig und erledigt sich der Rechtsstreit mit der – allein beantragten –

1) FG Nürnberg v. 13.8.2015, 5 K 544/14; FG Rheinland-Pfalz v. 16.4.2015, 6 Ko 1093/15, EFG 2015, 1229 (rkr.); FG Nürnberg v. 13.8.2015, 5 K 544/14; für die Kosten des Vorverfahrens im Falle eines Untätigkeitseinspruchs nach § 77 EStG ebenso BFH v. 18.12.2019, III R 46/17, BFH/NV 2020, 690.
2) BFH v. 25.1.1967, I B 11/66, BStBl III 1967, 253; v. 11.6.1987, III R 92/85.
3) BFH v. 9.12.2005, VI B 324/04, BFH/NV 2006, 764.
4) FG Münster v. 15.2.2012, 12 K 5002/07 AO, EFG 2012, 1706.
5) BFH v. 22.4.2015, IV R 13/12, BStBl II 2015, 989.
6) BFH v. 24.9.2010, VII S 17/10, BFH/NV 2011, 270.
7) BFH v. 17.2.1994, XI E 1/94, BFH/NV 1994, 819.

Ausdehnung einer Vorläufigkeitserklärung, so ist der Streitwert nach § 52 Abs. 2 GKG – wie bei einer Verfahrensaussetzung nach § 74 FGO – mit 10 % der möglichen steuerlichen Auswirkung zu bemessen.[1)]

Verkehrssteuern

Wie → Einkommensteuer[2)]

Verletzung des Steuergeheimnisses

Der Streitwert von Klagen auf Feststellung der Verletzung des Steuergeheimnisses im Gewerbeuntersagungsverfahren beträgt 7 500 €. Für Klagen auf Feststellung der Verletzung des Steuergeheimnisses im Zuge der Drittschuldnerpfändung beträgt der Streitwert i.d.R. 5 000 €.[3)]

Verluste

Da seit dem Inkrafttreten des Jahressteuergesetzes 2010 am 14.12.2010 eine inhaltliche Bindung des Verlustfeststellungsbescheides an den jeweiligen Einkommensteuer-, Körperschaftsteuer- und Gewerbesteuermessbescheid besteht, sind wegen der grundlagenbescheidähnlichen Wirkung für den vortragsfähigen Verlust (zusätzlich) auch die Auswirkungen hieraus rechnerisch in den Streitwert mit einzubeziehen.[4)] Das heißt der Streitwert ist – sofern möglich – nach den tatsächlichen konkreten einkommensteuerlichen Auswirkungen des Verlustes in den Folgejahren zu bestimmen. Wenn die konkreten einkommensteuerlichen Auswirkungen nicht ermittelbar sind, sind 10 % der streitigen Verluste als steuerliche Auswirkung anzunehmen.[5)]

Der Streitwert einer Klage gegen einen Bescheid zur Feststellung des vortragsfähigen Gewerbeverlusts ist dieser Pauschalsatz – auch unabhängig vom Hebesatz – mit 10 % des streitigen Verlusts zu bemessen.[6)]

Verluste Verrechenbarkeit

Bei einer Klage gegen einen Feststellungsbescheid, wobei die Frage strittig ist, ob Verluste sofort abziehbar oder nur verrechenbar sind, kann ausnahmsweise der Ansatz eines Streitwerts i.H.v. 20 % der streitigen Verluste angemessen sein, wenn bei den Feststellungsbeteiligten eine hohe Einkommensteuerbelastung anzunehmen ist.[7)]

Verlustfeststellung

In der Regel besträgt der Streitwert 10 % des streitigen Verlustes, sofern die steuerlichen Auswirkungen nicht bestimmbar sind,[8)] eine ggf. mitangefochtene ESt-Festsetzung auf null erhöht den Streitwert des Verfahrens nicht.[9)]

Vermögensverzeichnis

→ Eidesstattliche Versicherung

---

1) Niedersächsisches FG v. 26.8.1991, VIII 623/90; BFH v. 28.5.1991, IX B 189/90, BFH/NV 1991, 763; FG Nürnberg v. 10.5.1993, VI 79/83, EFG 1993, 604 (rkr.).
2) BFH v. 25.1.1967, I B 11/66, BStBl III 1967, 253.
3) FG Saarland v. 19.10.1998, 1 K 318/97, EFG 1999, 189 (rkr.).
4) FG Hamburg v. 6.9.2021, 6 K 44/21, EFG 2021, 2018 (rkr.); FG Münster v. 15.1.2020, 13 K 2556/15 K,G (rkr.); FG Sachsen-Anhalt v. 15.9.2015, 3 KO 962/15, EFG 2015, 2108 (rkr.); FG Köln v. 23.7.2015, 10 Ko 597/15, EFG 2015, 1752 (rkr.).
5) BFH v. 7.8.2018, IX E 1/18, BFH/NV 2018, 1282; v. 18.1.2017, X S 22/16, BFH/NV 2017, 615; v. 31.3.2008, IX E 1/08, BFH/NV 2008, 1336.
6) BFH v. 28.12.2009, IV E 1/09, BFH/NV 2010, 666 f.
7) FG Sachsen-Anhalt v. 8.8.2013, 2 Ko 1704/10.
8) BFH v. 7.8.2018, IX E 1/18, BFH/NV 2018, 1282; v. 31.3.2008, IX E 1/08, BFH/NV 2008, 1336; v. 26.1.2006, VIII E 6/05, BFH/NV 2006, 1112.
9) FG Köln v. 23.7.2015, 10 Ko 597/15, EFG 2015, 1752 (rkr.).

Verpflichtungsklage

Bei einer Klage auf Verpflichtung des FA zur Gewährung von Vollstreckungsaufschub ist, ebenso wie bei einem Antrag auf Erlass einer einstweiligen Anordnung auf Vollstreckungsaufschub, der Streitwert mit 10 % der Forderungsbeträge zu bemessen, deren Vollstreckung droht bzw. die Anlass zu der Vollstreckung waren.[1]

Verrechnung

Keine Verrechnung von Auswirkungen (plus oder minus) in nachfolgenden VZ.[2]

Verspätungszuschlag

Streitwert ist der strittige Betrag.

Vertagung

Lehnt der Kläger die Stellung eines Sachantrags ab und stellt er lediglich einen Vertagungsantrag, ist der Streitwert mit 5 000 € zu bemessen.[3]

Verweisung

Wird eine bisher bei einem Gericht anhängige Streitsache an das zuständige Gericht verwiesen, so wird Letzterem auch die Entscheidung über den Streitwert und die Kosten des Verfahrens vor den FG überlassen.[4]

Vollstreckung

Der Streitwert bestimmt sich grundsätzlich in Höhe der zu vollstreckenden Forderung, sofern der Wert der gepfändeten Forderung nicht niedriger ist; bei einem **Antrag gem. § 152 FGO** bemisst sich das finanzielle Interesse ebenfalls nach der Höhe der zu vollstreckenden Forderung; bei einem **Antrag nach § 258 AO** beträgt der Streitwert 10 % des streitigen Beitreibungsbetrags; bei einem **Verfahren wegen Zwangsgeldfestsetzung** entspricht der Streitwert der Höhe des festgesetzten Zwangsgeldes; bei einer Zwangsgeldandrohung ist der strittige Wert mit 50 % des angedrohten Betrags anzunehmen.[5]

→ Duldungsbescheid, → Eidesstattliche Versicherung, → Pfändung, → Schuldnerverzeichnis, → Sicherungshypothek, → Vermögensverzeichnis

Vorauszahlungen

Wird der Rechtsstreit um den **Grund und die Höhe der letztlich zu zahlenden Steuer** geführt, ist der Streitwert auch bei Steuervorauszahlungen grundsätzlich nach dem vollen Steuerbetrag zu bemessen, wenn das Verfahren inhaltlich quasi anstelle eines „Hauptsacheverfahrens" geführt wird.[6] Wird dagegen, wie es meist der Fall ist, die **Herabsetzung der Vorauszahlungen auf vorläufige Ergebnisse und Erkenntnisse gestützt**, die für die endgültige Veranlagung keine Folgewirkung haben werden, ist der Streitwert wegen der stundungsähnlichen Wirkung mit 10 % zu bemessen.[7] Es ist der Streitwert nur für die streitigen Vorauszahlungen eines VZ anzusetzen,[8] es sei denn, dass auch Vorauszahlungen für abgelaufene VZ angegriffen wurden.[9]

1) FG Baden-Württemberg v. 27.7.1990, IX K 182/88, EFG 1990, 655 (rkr.).
2) BStBl III 1958, 122.
3) BFH v. 7.5.2010, IV S 3/10, BFH/NV 2010, 1476 f.
4) BFH v. 17.12.1958, II 133/56 U, BStBl III 1959, 254.
5) Streitwertkatalog für die Finanzgerichtsbarkeit, Stand: Mai 2025, II. Besondere Wertansätze „Vollstreckungsverfahren".
6) BFH v. 16.6.2009, X E 4/09.
7) FG Nürnberg v. 24.5.1988, VI 7/88, EFG 1988, 654 (rkr.).
8) FG Nürnberg v. 30.9.1987, VI 214/87, EFG 1988, 136 (rkr.).
9) FG Hamburg v. 19.4.1988, I 95/82, EFG 1988, 536 (rkr.).

Vorbehalt der Nachprüfung gem. § 164 AO

Geht der Rechtsstreit ausschließlich um die Frage, ob einem Steuerbescheid ein **Nachprüfungsvorbehalt i.S.d. § 164 Abs. 1 Satz 1 AO hinzugefügt werden darf**, so ist der Streitwert mangels anderer Anhaltspunkte i.d.R. unter Anlehnung an § 52 Abs. 2 GKG in Höhe des Auffangstreitwerts anzusetzen.[1] Gleiches gilt für die **isolierte Klage wegen Nichtaufhebung eines Vorbehalts der Nachprüfung**.[2]

Vorläufigkeitsvermerk

Bei ausschließlichem Streit um die Rechtmäßigkeit des Vorläufigkeitsvermerkes findet § 52 Abs. 1 GKG keine Anwendung.[3] Bei ausschließlichem Streit um die Rechtmäßigkeit des Vorläufigkeitsvermerkes i.S.d. § 165 Abs. 1 AO ist der Streitwert gem. § 52 Abs. 2 GKG mit 5 000 € (Auffangstreitwert) anzunehmen.[4]

Vorlage eines Vermögensverzeichnisses (vor dem 1.1.2013: „Vorlage eines Vermögensverzeichnisses einschließlich der Abgabe der eidesstattlichen Versicherung")

Als Streitwert im Verfahren um die Vorlage eines Vermögensverzeichnisses sind 50 % der rückständigen Steuern anzunehmen.[5] Die frühere Rechtsprechung des BFH wird bestätigt durch den Beschluss des BFH v. 29.7.1999,[6] jedoch begrenzt auf 500 000 €.

Vorsorglicher Rechtsbehelf

Ist kein bestimmter Rechtsbehelfsantrag gestellt, so ist der Streitwert im Wege der Schätzung nach pflichtgemäßem Ermessen zu ermitteln; ein Streitwert von 0 € kommt nicht in Betracht.[7] Der Streitwert in Verfahren über vorsorglich eingelegte Rechtsbehelfe ist nach den allgemeinen Grundsätzen zu bestimmen, ggf. gem. § 52 Abs. 2 GKG.[8]

Vortragsfähiger Gewerbeverlust

Es sind im Wege der Schätzung die Auswirkungen auf die GewSt in den Folgejahren (falls nicht ermittelbar ggf. 10 % des streitigen Verlusts) anzusetzen.[9]

Vorverfahren

Die erstattungsfähigen Aufwendungen für einen hinzugezogenen Bevollmächtigten sind für das außergerichtliche Rechtsbehelfsverfahren höchstens nach dem Streitwert des anschließenden Klageverfahrens zu berechnen.[10]

Widerruf der Anerkennung einer Steuerberatungsgesellschaft

→ *Anerkennung einer Steuerberatungsgesellschaft*

---

1) BFH v. 28.2.1980, IV R 154/78, BStBl II 1980, 417.
2) BFH v. 18.10.1984, V B 37/84.
3) Ebenso BFH v. 23.11.1994, II R 54/90, BFH/NV 1995, 633 zur § 52 Abs. 1 GKG entsprechenden Vorgängervorschrift des § 13 Abs. 1 Satz 1 GKG a.F.
4) BFH v. 23.11.1994, II R 54/90, BFH/NV 1995, 633.
5) BFH v. 8.3.1977, VII R 3/76, BStBl II 1977, 614; a.A.: 25 % der rückständigen Beträge, FG Baden-Württemberg v. 23.8.1996, 9 K 162/97.
6) BFH v. 29.7.1999, VII E 6/99, BStBl II 1999, 756.
7) BFH v. 20.3.1957, II 135/56 U, BFHE 64, 575.
8) Hessisches FG v. 22.11.1977, B II 44/77, EFG 1978, 344 (rkr.).
9) BFH v. 13.5.2013, I E 4/13, BFH/NV 2013, 1449.
10) BFH v. 17.9.1974, VII B 25/79, BStBl II 1975, 39; FG Baden-Württemberg v. 15.4.1986, IX Ko 6/85, EFG 1986, 611 (rkr.); FG Rheinland-Pfalz v. 20.3.1998, 4 Ko 1346/98, AGS 1998, 170; a.A.: FG Baden-Württemberg v. 18.12.2001, 3 Ko 1/00, EFG 2002, 497 (rkr.), danach ist der Gegenstandswert des Einspruchsverfahrens höher als der Streitwert des Klageverfahrens, so ist nur der dem Verhältnis dieser Werte entsprechende Teil der Kosten des Vorverfahrens erstattungsfähig.

Widerruf der Bestellung zum Steuerberater

→ *Steuerberaterbestellung*

Wiederaufnahme eines abgeschlossenen Verfahrens

Der Streitwert entspricht grundsätzlich, wenn auch das **Wiederaufnahmeverfahren letztlich auf die Aufhebung bzw. Änderung eines angefochtenen Bescheides gerichtet ist**, dem Streitwert des Verfahrens, dessen Wiederaufnahme begehrt wird.[1] Geht es in dem Verfahren ausschließlich um den **Kostenausspruch**, sind die Kosten des früheren Verfahrens für den Streitwert maßgebend.[2]

Wiederaufnahmeverfahren

→ *Restitutionsklage*

Wiederkehrende Leistung und Verpflichtung

→ *Kindergeld*, → *Kraftfahrzeugsteuer*, → *Pfändung*

Zahlungsfrist

→ *Fälligkeit*

Zerlegung

→ *Gewerbesteuer*

Ist kein bezifferter Antrag gestellt worden und sind auch keine Anhaltspunkte für das finanzielle Interesse ersichtlich, so ist der Streitwert nach § 52 Abs. 2 GKG zu bemessen.[3]

Zerlegungs- und Zuteilungsverfahren

Maßgebend ist das geltend gemachte Interesse.[4]

Zinsen

Zinsen als **Nebenforderung** sind nicht mit in den Streitwert eingerechnet.[5] Zinsen sind nicht nur als Nebenforderung betroffen und erhöhen deshalb im Anfechtungsprozess vor den FG den Streitwert, wenn der Kläger die Rechtmäßigkeit der Zinsfestsetzung mit eigenständigen Angriffsmitteln in Frage stellt und wenn das FG darüber in der Hauptsache entschieden hat.[6]

Der Streitwert für eine auf Grund § 233a Abs. 5 Satz 1 AO geänderte Zinsfestsetzung berechnet sich bei einem Antrag auf ersatzlose Aufhebung der geänderten Zinsfestsetzung als **Hauptanspruch** nach der Differenz zwischen angefochtener und vorangegangener Festsetzung, wobei Unterschiedsbeträge, die ein negatives Vorzeichen haben, nicht mit solchen, die ein positives Vorzeichen haben, zu saldieren sind.[7]

Zinsen auf Kapitallebensversicherungen

Der Streitwert bei der gesonderten Feststellung der Steuerpflicht von Zinsen auf Kapitallebensversicherungen gem. § 9 VO zu § 180 Abs. 2 AO[8] kann mit 10 % der Versicherungssumme angesetzt werden.[9]

---

1) BFH v. 27.4.2022, VIII E 3/21, BFH/NV 2022, 826; v. 10.11.2022, XI E 1/22, BFH/NV 2023, 146.
2) FG Düsseldorf v. 4.7.1994, 14 K 3727/94, EFG 1994, 1109 (rkr.).
3) BFH v. 28.1.1986, VII E 7/85, BFH/NV 1986, 424.
4) BFH v. 6.2.1962, I R 31/59, BStBl III 1962, 341.
5) BFH v. 10.8.1984, III R 77/84.
6) BFH v. 17.8.2012, VIII S 15/12, BFH/NV 2012, 1822.
7) FG Düsseldorf v. 12.8.2019, 10 K 1892/19 AO, EFG 2019, 1649 (rkr.).
8) Verordnung über die gesonderte Feststellung von Besteuerungsgrundlagen nach § 180 Abs. 2 der Abgabenordnung.
9) FG Nürnberg v. 6.11.2002, I 226/2002, EFG 2003, 345 (rkr.).

Zoll

Bei Streit um die **Bewilligung eines besonderen Zollverkehrs** richtet sich der Streitwert i.d.R. nach der Höhe der damit verbundenen Abgabenvergünstigung, in besonderen Fällen nach dem Reingewinn, der bei der Durchführung des beabsichtigten Geschäfts zu erwarten ist.[1] Streitwertbemessung für eine Klage, mit der ein Stpfl. die Feststellung begehrt, dass er bei der **Einreise aus Frankreich unter bestimmten Voraussetzungen Eingangsabgabenfreiheit** in Anspruch nehmen kann: 500 €.[2]

a) Antrag auf Erlaubnis oder Widerruf der Erlaubnis zur steuerbegünstigten Entnahme von Strom oder anderen Energieerzeugnissen (z.B. Erdgas, Mineralöl)

Der Streitwert bemisst sich bei einem **feststehenden Zeitraum** aus der Differenz des Steuerbetrags bei Bezug zu normalem Preis gegenüber dem Steuerbetrag bei Bezug zu ermäßigtem Preis. Bei einem **zeitlich nicht feststehenden Zeitraum** bemisst sich der Streitwert aus der Differenz des Steuerbetrags bei Bezug zu normalem Preis gegenüber dem Steuerbetrag bei Bezug zu ermäßigtem Preis für die Dauer von einem Jahr ab Antragstellung.[3] Der feststehende bzw. nicht feststehende Zeitraum richtet sich nach Maßgabe des Klageantrags.

b) Ausgabe von (Tabak-)Steuerzeichen

Der Streitwert bemisst sich in Höhe der Differenz der Tabaksteuer, die sich bei Herausgabe der beantragten Steuerzeichen ergeben würde und der Tabaksteuer, die sich bei den ausgelieferten oder verwehrten Steuerzeichen ergeben hat. Nicht zu berücksichtigen sind Folgewirkungen, die sich durch die verwehrte Auslieferung der Steuerzeichen ergeben (z.B. Gewinnausfälle, Schadensersatzforderungen, Personal- und Betriebskosten, usw.).

c) Feststellung der Unrichtigkeit von Ursprungsnachweisen (Präferenznachweisen)

Der Streitwert bemisst sich grundsätzlich nach dem auf den Wert der ausgeführten Waren entfallenden Zoll des betreffenden Ausfuhrlands. Bewertungsabschläge sind zu machen wegen unsicherer Feststellung der Unrichtigkeit, unsicherer Nacherhebung und unsicherem Regress. Die Abschläge werden dabei jeweils pauschal mit 50 % bemessen.[4]

d) Milchreferenzmenge bzw. Milch-Garantiemengenabgabe

Der Streitwert bemisst sich in Höhe der Milchgarantiemengenabgabe, die bei Überlieferung der streitigen Referenzmenge im Zwölf-Monats-Zeitraum der Klageerhebung anfallen würde.[5] Ist die Milchreferenzmenge selbst streitig, bestimmt sich das wirtschaftliche Interesse nach der Abgabe, die für diese Menge im Zeitpunkt der Klageerhebung zu zahlen wäre.

e) Verbindliche Zolltarif- und Ursprungsauskünfte

Der Streitwert bemisst sich immer in Höhe des Auffangstreitwerts gem. § 52 Abs. 2 GKG. Werden mehrere Zolltarifauskünfte mit der Klage begehrt, ist der Auffangstreitwert für jede beantragte Zolltarifauskunft anzusetzen.[6]

1) BFH v. 25.5.1976, VII R 163/83, BStBl II 1976, 568.
2) BFH v. 5.6.1985, VII R 163/83, BFH/NV 1986, 349.
3) Siehe BFH v. 9.8.2006, VII E 18/05, BFH/NV 2006, 2135.
4) Siehe FG Düsseldorf v. 24.4.2006, 4 K 5279/00 Z; v. 8.11.2006, 4 K 7567/02 Z.
5) Siehe FG Düsseldorf v. 18.10.1995, 4 K 212/90 MOG, EFG 1996, 159 (rkr.).
6) Siehe ständige BFH-Rspr. insb. BFH v. 30.1.2001, VII R 83/99, HFR 2001, 491 mit Hinweisen auf weitere Rspr.

Zurückverweisung

Der Streitwert ist nach dem höchsten bei dem FG anhängig gewesenen Anspruch zu bemessen.[1] Beantragt der Kläger im Revisionsverfahren das Verfahren an das FG zurückzuverweisen, ist Streitwert der Wert des Klageverfahrens bzw. bei teilweiser Stattgabe durch das Gericht, der Wert, mit dem der Kläger unterlegen ist.[2]

Der Streitwert des zweiten Rechtsgangs vor dem FG richtet sich nach dem Wert des zurückverwiesenen Streitgegenstandes.

Zurückweisung eines Prozessbevollmächtigten

Der Streitwert dieses Verfahrens ist mit 10 % des Streitwerts der Hauptsache anzunehmen.[3]

Zusammenveranlagung

→ *Einkommensteuer*

Zuständigkeit

Wird allein darüber gestritten, welche Verwaltungsbehörde für den Erlass des Verwaltungsaktes oder die Entgegennahme von Steueranmeldungen zuständig ist, wird der Streitwert gem. § 52 Abs. 2 GKG angesetzt.[4]

Zwangsgeld

→ *Vollstreckung*

Zwangsversteigerung

Im Falle einer Klage gegen einen Antrag auf Anordnung der Zwangsversteigerung bemisst sich der Streitwert nach dem Betrag, der dem FA voraussichtlich im Zwangsversteigerungsverfahren zugeteilt wird.[5]

Zwangsverwaltung

Der Streitwert bei der Anfechtung des Antrags auf Anordnung der Zwangsverwaltung ist der Jahresbetrag der an den Zwangsverwalter zu zahlenden Miete.[6]

Zwangsvollstreckung

→ *Vollstreckung*

Zwischenstreit, Zwischenurteil

Wird nach § 97 FGO über die Zulässigkeit einer Klage durch Zwischenurteil vorab entschieden, bemisst sich der Streitwert nach dem vollen Gegenstand der Hauptsache.[7] War im erstinstanzlichen und im Revisionsverfahren das volle Interesse der Hauptsache bestritten, ist der Streitwert nicht deswegen zu ermäßigen, weil Gegenstand des Revisionsverfahrens ein Zwischenurteil war.[8]

1) RStBl 1931, 791.
2) BFH v. 4.11.1998, VI E 5/98, BFH/NV 1999, 511.
3) BFH v. 5.6.2003, XI B 188/02, BFH/NV 2003, 1341.
4) FG Baden-Württemberg v. 8.4.1987, XII Ko 6/86.
5) FG Baden-Württemberg v. 8.12.1995, 14 Ko 2/94, EFG 1996, 197 (rkr.); BFH v. 18.5.1982, VII S 3/82.
6) FG Saarland v. 16.10.1998, 1 K 193/98, EFG 1999, 189.
7) BFH v. 25.3.1986, III R 134/80, BFH/NV 1986, 631.
8) BFH v. 10.5.1993, I R 137/90, BFH/NV 1994, 55.

F. Gebührentabellen

Tabelle A Beratungstabelle

Beratungstabelle (ab 1.7.2025)

(**Anlage 1 der StBVV (BGBl. I 2025 Nr. 105 = BStBl I 2025, 1009)**, redaktionell ergänzt um Bruchteilsgebührenwerte)

Gegen-standswert bis ... Euro	Volle Gebühr (10/10) Euro	Bruchteilsgebühr in € (* Mindestgebühr 10 €)									
		1/20	1/10	2/10	3/10	4/10	5/10	6/10	7/10	8/10	9/10
300	31	1,55*	3,10*	6,20*	9,30*	12,40	15,50	18,60	21,70	24,80	27,90
600	56	2,80*	5,60*	11,20	16,80	22,40	28,00	33,60	39,20	44,80	50,40
900	81	4,05*	8,10*	16,20	24,30	32,40	40,50	48,60	56,70	64,80	72,90
1 200	106	5,30*	10,60	21,20	31,80	42,40	53,00	63,60	74,20	84,80	95,40
1 500	130	6,50*	13,00	26,00	39,00	52,00	65,00	78,00	91,00	104,00	117,00
2 000	166	8,30*	16,60	33,20	49,80	66,40	83,00	99,60	116,20	132,80	149,40
2 500	200	10,00	20,00	40,00	60,00	80,00	100,00	120,00	140,00	160,00	180,00
3 000	235	11,75	23,50	47,00	70,50	94,00	117,50	141,00	164,50	188,00	211,50
3 500	270	13,50	27,00	54,00	81,00	108,00	135,00	162,00	189,00	216,00	243,00
4 000	305	15,25	30,50	61,00	91,50	122,00	152,50	183,00	213,50	244,00	274,50
4 500	340	17,00	34,00	68,00	102,00	136,00	170,00	204,00	238,00	272,00	306,00
5 000	375	18,75	37,50	75,00	112,50	150,00	187,50	225,00	262,50	300,00	337,50
6 000	422	21,10	42,20	84,40	126,60	168,80	211,00	253,20	295,40	337,60	379,80
7 000	467	23,35	46,70	93,40	140,10	186,80	233,50	280,20	326,90	373,60	420,30
8 000	514	25,70	51,40	102,80	154,20	205,60	257,00	308,40	359,80	411,20	462,60
9 000	560	28,00	56,00	112,00	168,00	224,00	280,00	336,00	392,00	448,00	504,00
10 000	605	30,25	60,50	121,00	181,50	242,00	302,50	363,00	423,50	484,00	544,50
13 000	655	32,75	65,50	131,00	196,50	262,00	327,50	393,00	458,50	524,00	589,50
16 000	705	35,25	70,50	141,00	211,50	282,00	352,50	423,00	493,50	564,00	634,50
19 000	755	37,75	75,50	151,00	226,50	302,00	377,50	453,00	528,50	604,00	679,50
22 000	805	40,25	80,50	161,00	241,50	322,00	402,50	483,00	563,50	644,00	724,50
25 000	854	42,70	85,40	170,80	256,20	341,60	427,00	512,40	597,80	683,20	768,60
30 000	946	47,30	94,60	189,20	283,80	378,40	473,00	567,60	662,20	756,80	851,40
35 000	1 036	51,80	103,60	207,20	310,80	414,40	518,00	621,60	725,20	828,80	932,40
40 000	1 125	56,25	112,50	225,00	337,50	450,00	562,50	675,00	787,50	900,00	1012,50
45 000	1 215	60,75	121,50	243,00	364,50	486,00	607,50	729,00	850,50	972,00	1093,50
50 000	1 304	65,20	130,40	260,80	391,20	521,60	652,00	782,40	912,80	1043,20	1173,60
65 000	1 399	69,95	139,90	279,80	419,70	559,60	699,50	839,40	979,30	1119,20	1259,10
80 000	1 496	74,80	149,60	299,20	448,80	598,40	748,00	897,60	1047,20	1196,80	1346,40
95 000	1 592	79,60	159,20	318,40	477,60	636,80	796,00	955,20	1114,40	1273,60	1432,80
110 000	1 689	84,45	168,90	337,80	506,70	675,60	844,50	1013,40	1182,30	1351,20	1520,10
125 000	1 784	89,20	178,40	356,80	535,20	713,60	892,00	1070,40	1248,80	1427,20	1605,60
140 000	1 879	93,95	187,90	375,80	563,70	751,60	939,50	1127,40	1315,30	1503,20	1691,10
155 000	1 976	98,80	197,60	395,20	592,80	790,40	988,00	1185,60	1383,20	1580,80	1778,40
170 000	2 071	103,55	207,10	414,20	621,30	828,40	1035,50	1242,60	1449,70	1656,80	1863,90

Beratungstabelle (ab 1.7.2025)

(**Anlage 1 der StBVV (BGBl. I 2025 Nr. 105 = BStBl I 2025, 1009**), redaktionell ergänzt um Bruchteilsgebührenwerte)

Gegenstandswert bis ... Euro	Volle Gebühr (10/10) Euro	Bruchteilsgebühr in € (* Mindestgebühr 10 €) 1/20	1/10	2/10	3/10	4/10	5/10	6/10	7/10	8/10	9/10
185 000	2 168	108,40	216,80	433,60	650,40	867,20	1084,00	1300,80	1517,60	1734,40	1951,20
200 000	2 264	113,20	226,40	452,80	679,20	905,60	1132,00	1358,40	1584,80	1811,20	2037,60
230 000	2 412	120,60	241,20	482,40	723,60	964,80	1206,00	1447,20	1688,40	1929,60	2170,80
260 000	2 559	127,95	255,90	511,80	767,70	1023,60	1279,50	1535,40	1791,30	2047,20	2303,10
290 000	2 705	135,25	270,50	541,00	811,50	1082,00	1352,50	1623,00	1893,50	2164,00	2434,50
320 000	2 859	142,95	285,90	571,80	857,70	1143,60	1429,50	1715,40	2001,30	2287,20	2573,10
350 000	2 926	146,30	292,60	585,20	877,80	1170,40	1463,00	1755,60	2048,20	2340,80	2633,40
380 000	2 990	149,50	299,00	598,00	897,00	1196,00	1495,00	1794,00	2093,00	2392,00	2691,00
410 000	3 055	152,75	305,50	611,00	916,50	1222,00	1527,50	1833,00	2138,50	2444,00	2749,50
440 000	3 115	155,75	311,50	623,00	934,50	1246,00	1557,50	1869,00	2180,50	2492,00	2803,50
470 000	3 175	158,75	317,50	635,00	952,50	1270,00	1587,50	1905,00	2222,50	2540,00	2857,50
500 000	3 234	161,70	323,40	646,80	970,20	1293,60	1617,00	1940,40	2263,80	2587,20	2910,60
550 000	3 320	166,00	332,00	664,00	996,00	1328,00	1660,00	1992,00	2324,00	2656,00	2988,00
600 000	3 404	170,20	340,40	680,80	1021,20	1361,60	1702,00	2042,40	2382,80	2723,20	3063,60
vom Mehrbetrag bis 5 000 000 Euro je angefangene 50 000 Euro	149	7,45	14,9	29,8	44,7	59,6	74,5	89,4	104,3	119,2	134,1
vom Mehrbetrag über 5 000 000 Euro bis 25 000 000 Euro je angefangene 50 000 Euro	112	5,6	11,2	22,4	33,6	44,8	56	67,2	78,4	89,6	100,8
vom Mehrbetrag über 25 000 000 Euro je angefangene 50 000 Euro	88	4,4	8,8	17,6	26,4	35,2	44	52,8	61,6	70,4	79,2

Tabelle B Abschlusstabelle

Abschlusstabelle (ab 1.7.2025)

(**Anlage 2 der StBVV (BGBl. I 2025 Nr. 105 = BStBl I 2025, 1009**), redaktionell ergänzt um Bruchteilsgebührenwerte)

Gegen-standswert bis ... Euro	Volle Gebühr (10/10) Euro	Bruchteilsgebühr in € (* Mindestgebühr 10 €) 1/10	2/10	4/10	5/10	6/10	12/10	15/10	20/10	36/10	40/10
3 000	49	4,90*	9,80	19,60	24,50	29,40	58,80	73,50	98,00	176,40	196,00
3 500	57	5,70*	11,40	22,80	28,50	34,20	68,40	85,50	114,00	205,20	228,00
4 000	68	6,80*	13,60	27,20	34,00	40,80	81,60	102,00	136,00	244,80	272,00
4 500	76	7,60*	15,20	30,40	38,00	45,60	91,20	114,00	152,00	273,60	304,00
5 000	86	8,60*	17,20	34,40	43,00	51,60	103,20	129,00	172,00	309,60	344,00
6 000	96	9,60*	19,20	38,40	48,00	57,60	115,20	144,00	192,00	345,60	384,00
7 000	105	10,50	21,00	42,00	52,50	63,00	126,00	157,50	210,00	378,00	420,00
8 000	116	11,60	23,20	46,40	58,00	69,60	139,20	174,00	232,00	417,60	464,00
9 000	121	12,10	24,20	48,40	60,50	72,60	145,20	181,50	242,00	435,60	484,00
10 000	127	12,70	25,40	50,80	63,50	76,20	152,40	190,50	254,00	457,20	508,00
12 500	134	13,40	26,80	53,60	67,00	80,40	160,80	201,00	268,00	482,40	536,00
15 000	151	15,10	30,20	60,40	75,50	90,60	181,20	226,50	302,00	543,60	604,00
17 500	166	16,60	33,20	66,40	83,00	99,60	199,20	249,00	332,00	597,60	664,00
20 000	178	17,80	35,60	71,20	89,00	106,80	213,60	267,00	356,00	640,80	712,00
22 500	191	19,10	38,20	76,40	95,50	114,60	229,20	286,50	382,00	687,60	764,00
25 000	201	20,10	40,20	80,40	100,50	120,60	241,20	301,50	402,00	723,60	804,00
37 500	215	21,50	43,00	86,00	107,50	129,00	258,00	322,50	430,00	774,00	860,00
50 000	263	26,30	52,60	105,20	131,50	157,80	315,60	394,50	526,00	946,80	1052,00
62 500	303	30,30	60,60	121,20	151,50	181,80	363,60	454,50	606,00	1090,80	1212,00
75 000	338	33,80	67,60	135,20	169,00	202,80	405,60	507,00	676,00	1216,80	1352,00
87 500	353	35,30	70,60	141,20	176,50	211,80	423,60	529,50	706,00	1270,80	1412,00
100 000	369	36,90	73,80	147,60	184,50	221,40	442,80	553,50	738,00	1328,40	1476,00
125 000	423	42,30	84,60	169,20	211,50	253,80	507,60	634,50	846,00	1522,80	1692,00
150 000	471	47,10	94,20	188,40	235,50	282,60	565,20	706,50	942,00	1695,60	1884,00
175 000	512	51,20	102,40	204,80	256,00	307,20	614,40	768,00	1024,00	1843,20	2048,00
200 000	548	54,80	109,60	219,20	274,00	328,80	657,60	822,00	1096,00	1972,80	2192,00
225 000	582	58,20	116,40	232,80	291,00	349,20	698,40	873,00	1164,00	2095,20	2328,00
250 000	613	61,30	122,60	245,20	306,50	367,80	735,60	919,50	1226,00	2206,80	2452,00
300 000	641	64,10	128,20	256,40	320,50	384,60	769,20	961,50	1282,00	2307,60	2564,00
350 000	696	69,60	139,20	278,40	348,00	417,60	835,20	1044,00	1392,00	2505,60	2784,00
400 000	746	74,60	149,20	298,40	373,00	447,60	895,20	1119,00	1492,00	2685,60	2984,00
450 000	791	79,10	158,20	316,40	395,50	474,60	949,20	1186,50	1582,00	2847,60	3164,00
500 000	832	83,20	166,40	332,80	416,00	499,20	998,40	1248,00	1664,00	2995,20	3328,00
625 000	871	87,10	174,20	348,40	435,50	522,60	1045,20	1306,50	1742,00	3135,60	3484,00
750 000	968	96,80	193,60	387,20	484,00	580,80	1161,60	1452,00	1936,00	3484,80	3872,00
875 000	1 050	105,00	210,00	420,00	525,00	630,00	1260,00	1575,00	2100,00	3780,00	4200,00
1 000 000	1 126	112,60	225,20	450,40	563,00	675,60	1351,20	1689,00	2252,00	4053,60	4504,00
1 250 000	1 194	119,40	238,80	477,60	597,00	716,40	1432,80	1791,00	2388,00	4298,40	4776,00

Abschlusstabelle (ab 1.7.2025)

(**Anlage 2 der StBVV (BGBl. I 2025 Nr. 105 = BStBl I 2025, 1009**), redaktionell ergänzt um Bruchteilsgebührenwerte)

Gegenstandswert bis ... Euro	Volle Gebühr (10/10) Euro	Bruchteilsgebühr in € (* Mindestgebühr 10 €)									
		1/10	2/10	4/10	5/10	6/10	12/10	15/10	20/10	36/10	40/10
1 500 000	1 324	132,40	264,80	529,60	662,00	794,40	1588,80	1986,00	2648,00	4766,40	5296,00
1 750 000	1 438	143,80	287,60	575,20	719,00	862,80	1725,60	2157,00	2876,00	5176,80	5752,00
2 000 000	1 542	154,20	308,40	616,80	771,00	925,20	1850,40	2313,00	3084,00	5551,20	6168,00
2 250 000	1 635	163,50	327,00	654,00	817,50	981,00	1962,00	2452,50	3270,00	5886,00	6540,00
2 500 000	1 718	171,80	343,60	687,20	859,00	1030,80	2061,60	2577,00	3436,00	6184,80	6872,00
3 000 000	1 797	179,70	359,40	718,80	898,50	1078,20	2156,40	2695,50	3594,00	6469,20	7188,00
3 500 000	1 951	195,10	390,20	780,40	975,50	1170,60	2341,20	2926,50	3902,00	7023,60	7804,00
4 000 000	2 089	208,90	417,80	835,60	1044,50	1253,40	2506,80	3133,50	4178,00	7520,40	8356,00
4 500 000	2 214	221,40	442,80	885,60	1107,00	1328,40	2656,80	3321,00	4428,00	7970,40	8856,00
5 000 000	2 328	232,80	465,60	931,20	1164,00	1396,80	2793,60	3492,00	4656,00	8380,80	9312,00
7 500 000	2 720	272,00	544,00	1088,00	1360,00	1632,00	3264,00	4080,00	5440,00	9792,00	10880,00
10 000 000	3 162	316,20	632,40	1264,80	1581,00	1897,20	3794,40	4743,00	6324,00	11383,20	12648,00
12 500 000	3 520	352,00	704,00	1408,00	1760,00	2112,00	4224,00	5280,00	7040,00	12672,00	14080,00
15 000 000	3 819	381,90	763,80	1527,60	1909,50	2291,40	4582,80	5728,50	7638,00	13748,40	15276,00
17 500 000	4074	407,40	814,80	1629,60	2037,00	2444,40	4888,80	6111,00	8148,00	14666,40	16296,00
20 000 000	4 293	429,30	858,60	1717,20	2146,50	2575,80	5151,60	6439,50	8586,00	15454,80	17172,00
22 500 000	4 573	457,30	914,60	1829,20	2286,50	2743,80	5487,60	6859,50	9146,00	16462,80	18292,00
25 000 000	4 831	483,10	966,20	1932,40	2415,50	2898,60	5797,20	7246,50	9662,00	17391,60	19324,00
30 000 000	5 315	531,50	1063,00	2126,00	2657,50	3189,00	6378,00	7972,50	10630,00	19134,00	21260,00
35 000 000	5 759	575,90	1151,80	2303,60	2879,50	3455,40	6910,80	8638,50	11518,00	20732,40	23036,00
40 000 000	6 172	617,20	1234,40	2468,80	3086,00	3703,20	7406,40	9258,00	12344,00	22219,20	24688,00
45 000 000	6 558	655,80	1311,60	2623,20	3279,00	3934,80	7869,60	9837,00	13116,00	23608,80	26232,00
50 000 000	6 923	692,30	1384,60	2769,20	3461,50	4153,80	8307,60	10384,50	13846,00	24922,80	27692,00
vom Mehrbetrag bis 125 000 000 Euro je angefangene 5 000 000 Euro	273	27,30	54,60	109,20	136,50	163,80	327,60	409,50	546,00	982,80	1092,00
vom Mehrbetrag über 125 000 000 Euro bis 250 000 000 Euro je angefangene 12 500 000 Euro	477	47,70	95,40	190,80	238,50	286,20	572,40	715,50	954,00	1717,20	1908,00

Abschlusstabelle (ab 1.7.2025)

(**Anlage 2 der StBVV (BGBl. I 2025 Nr. 105 = BStBl I 2025, 1009**), redaktionell ergänzt um Bruchteilsgebührenwerte)

Gegenstandswert bis ... Euro	Volle Gebühr (10/10) Euro	Bruchteilsgebühr in € (* Mindestgebühr 10 €) 1/10	2/10	4/10	5/10	6/10	12/10	15/10	20/10	36/10	40/10
vom Mehrbetrag über 250 000 000 Euro je angefangene 25 000 000 Euro	681	68,10	136,20	272,40	340,50	408,60	817,20	1021,50	1362,00	2451,60	2724,00

Tabelle C Buchführungstabelle

Buchführungstabelle (ab 1.7.2025)

(**Anlage 3 der StBVV (BGBl. I 2025 Nr. 105 = BStBl I 2025, 1009**), redaktionell ergänzt um Bruchteilsgebührenwerte)

Gegenstandswert bis ... Euro	Volle Gebühr	Bruchteilsgebühr in € (* Mindestgebühr 10 €)					
	(10/10) Euro	1/20	1/10	2/10	5/10	6/10	12/10
15 000	72	3,60*	7,20*	14,40	36,00	43,20	86,40
17 500	80	4,00*	8,00*	16,00	40,00	48,00	96,00
20 000	88	4,40*	8,80*	17,60	44,00	52,80	105,60
22 500	93	4,65*	9,30*	18,60	46,50	55,80	111,60
25 000	101	5,05*	10,10	20,20	50,50	60,60	121,20
30 000	108	5,40*	10,80	21,60	54,00	64,80	129,60
35 000	117	5,85*	11,70	23,40	58,50	70,20	140,40
40 000	122	6,10*	12,20	24,40	61,00	73,20	146,40
45 000	129	6,45*	12,90	25,80	64,50	77,40	154,80
50 000	138	6,90*	13,80	27,60	69,00	82,80	165,60
62 500	145	7,25*	14,50	29,00	72,50	87,00	174,00
75 000	158	7,90*	15,80	31,60	79,00	94,80	189,60
87 500	174	8,70*	17,40	34,80	87,00	104,40	208,80
100 000	188	9,40*	18,80	37,60	94,00	112,80	225,60
125 000	209	10,45	20,90	41,80	104,50	125,40	250,80
150 000	230	11,50	23,00	46,00	115,00	138,00	276,00
200 000	275	13,75	27,50	55,00	137,50	165,00	330,00
250 000	317	15,85	31,70	63,40	158,50	190,20	380,40
300 000	359	17,95	35,90	71,80	179,50	215,40	430,80
350 000	404	20,20	40,40	80,80	202,00	242,40	484,80
400 000	441	22,05	44,10	88,20	220,50	264,60	529,20
450 000	475	23,75	47,50	95,00	237,50	285,00	570,00
500 000	512	25,60	51,20	102,40	256,00	307,20	614,40
vom Mehrbetrag über 500 000 Euro je angefangene 50 000 Euro	36	1,80	3,60	7,20	18,00	21,60	43,20

Tabelle D Landwirtschaftliche Tabelle

Landwirtschaftliche Tabelle (ab 1.7.2025)

(Teil a – Betriebsfläche)

(**Anlage 4 der StBVV (BGBl. I 2025 Nr. 105 = BStBl I 2025, 1009**), redaktionell ergänzt um Bruchteilsgebührenwerte)

Betriebsfläche bis … Hektar	Volle Gebühr (10/10) Euro	Bruchteilsgebühr in € 1/20	1/10	3/20	3/10	5/10	6/10	8/10	15/10	20/10
40	369	18,45	36,90	55,35	110,70	184,50	221,40	295,20	553,50	738,00
45	395	19,75	39,50	59,25	118,50	197,50	237,00	316,00	592,50	790,00
50	420	21,00	42,00	63,00	126,00	210,00	252,00	336,00	630,00	840,00
55	444	22,20	44,40	66,60	133,20	222,00	266,40	355,20	666,00	888,00
60	467	23,35	46,70	70,05	140,10	233,50	280,20	373,60	700,50	934,00
65	489	24,45	48,90	73,35	146,70	244,50	293,40	391,20	733,50	978,00
70	508	25,40	50,80	76,20	152,40	254,00	304,80	406,40	762,00	1.016,00
75	527	26,35	52,70	79,05	158,10	263,50	316,20	421,60	790,50	1.054,00
80	545	27,25	54,50	81,75	163,50	272,50	327,00	436,00	817,50	1.090,00
85	562	28,10	56,20	84,30	168,60	281,00	337,20	449,60	843,00	1.124,00
90	576	28,80	57,60	86,40	172,80	288,00	345,60	460,80	864,00	1.152,00
95	589	29,45	58,90	88,35	176,70	294,50	353,40	471,20	883,50	1.178,00
100	601	30,05	60,10	90,15	180,30	300,50	360,60	480,80	901,50	1.202,00
110	631	31,55	63,10	94,65	189,30	315,50	378,60	504,80	946,50	1.262,00
120	659	32,95	65,90	98,85	197,70	329,50	395,40	527,20	988,50	1.318,00
130	687	34,35	68,70	103,05	206,10	343,50	412,20	549,60	1.030,50	1.374,00
140	714	35,70	71,40	107,10	214,20	357,00	428,40	571,20	1.071,00	1.428,00
150	742	37,10	74,20	111,30	222,60	371,00	445,20	593,60	1.113,00	1.484,00
160	769	38,45	76,90	115,35	230,70	384,50	461,40	615,20	1.153,50	1.538,00
170	793	39,65	79,30	118,95	237,90	396,50	475,80	634,40	1.189,50	1.586,00
180	818	40,90	81,80	122,70	245,40	409,00	490,80	654,40	1.227,00	1.636,00
190	842	42,10	84,20	126,30	252,60	421,00	505,20	673,60	1.263,00	1.684,00
200	865	43,25	86,50	129,75	259,50	432,50	519,00	692,00	1.297,50	1.730,00
210	888	44,40	88,80	133,20	266,40	444,00	532,80	710,40	1.332,00	1.776,00
220	911	45,55	91,10	136,65	273,30	455,50	546,60	728,80	1.366,50	1.822,00
230	932	46,60	93,20	139,80	279,60	466,00	559,20	745,60	1.398,00	1.864,00
240	952	47,60	95,20	142,80	285,60	476,00	571,20	761,60	1.428,00	1.904,00
250	972	48,60	97,20	145,80	291,60	486,00	583,20	777,60	1.458,00	1.944,00
260	992	49,60	99,20	148,80	297,60	496,00	595,20	793,60	1.488,00	1.984,00
270	1 011	50,55	101,10	151,65	303,30	505,50	606,60	808,80	1.516,50	2.022,00
280	1 028	51,40	102,80	154,20	308,40	514,00	616,80	822,40	1.542,00	2.056,00
290	1 046	52,30	104,60	156,90	313,80	523,00	627,60	836,80	1.569,00	2.092,00
300	1 062	53,10	106,20	159,30	318,60	531,00	637,20	849,60	1.593,00	2.124,00

Landwirtschaftliche Tabelle (ab 1.7.2025)

(Teil a – Betriebsfläche)

(**Anlage 4 der StBVV (BGBl. I 2025 Nr. 105 = BStBl I 2025, 1009**), redaktionell ergänzt um Bruchteilsgebührenwerte)

Betriebsfläche bis … Hektar	Volle Gebühr (10/10) Euro	Bruchteilsgebühr in €								
		1/20	1/10	3/20	3/10	5/10	6/10	8/10	15/10	20/10
320	1 097	54,85	109,70	164,55	329,10	548,50	658,20	877,60	1.645,50	2.194,00
340	1 131	56,55	113,10	169,65	339,30	565,50	678,60	904,80	1.696,50	2.262,00
360	1 166	58,30	116,60	174,90	349,80	583,00	699,60	932,80	1.749,00	2.332,00
380	1 198	59,90	119,80	179,70	599,00	718,80	718,80	958,40	1.797,00	2.396,00
400	1 229	61,45	122,90	184,35	368,70	614,50	737,40	983,20	1.843,50	2.458,00
420	1 262	63,10	126,20	189,30	378,60	631,00	757,20	1.009,60	1.893,00	2.524,00
440	1 293	64,65	129,30	193,95	387,90	646,50	775,80	1.034,40	1.939,50	2.586,00
460	1 323	66,15	132,30	198,45	396,90	661,50	793,80	1.058,40	1.984,50	2.646,00
480	1 352	67,60	135,20	202,80	405,60	676,00	811,20	1.081,60	2.028,00	2.704,00
500	1 379	68,95	137,90	206,85	413,70	689,50	827,40	1.103,20	2.068,50	2.758,00
520	1 409	70,45	140,90	211,35	422,70	704,50	845,40	1.127,20	2.113,50	2.818,00
540	1 436	71,80	143,60	215,40	430,80	718,00	861,60	1.148,80	2.154,00	2.872,00
560	1 463	73,15	146,30	219,45	438,90	731,50	877,80	1.170,40	2.194,50	2.926,00
580	1 488	74,40	148,80	223,20	446,40	744,00	892,80	1.190,40	2.232,00	2.976,00
600	1 515	75,75	151,50	227,25	454,50	757,50	909,00	1.212,00	2.272,50	3.030,00
620	1 540	77,00	154,00	231,00	462,00	770,00	924,00	1.232,00	2.310,00	3.080,00
640	1 564	78,20	156,40	234,60	469,20	782,00	938,40	1.251,20	2.346,00	3.128,00
660	1 587	79,35	158,70	238,05	476,10	793,50	952,20	1.269,60	2.380,50	3.174,00
680	1 610	80,50	161,00	241,50	483,00	805,00	966,00	1.288,00	2.415,00	3.220,00
700	1 630	81,50	163,00	244,50	489,00	815,00	978,00	1.304,00	2.445,00	3.260,00
750	1 681	84,05	168,10	252,15	504,30	840,50	1.008,60	1.344,80	2.521,50	3.362,00
800	1 726	86,30	172,60	258,90	517,80	863,00	1.035,60	1.380,80	2.589,00	3.452,00
850	1 764	88,20	176,40	264,60	529,20	882,00	1.058,40	1.411,20	2.646,00	3.528,00
900	1 797	89,85	179,70	269,55	539,10	898,50	1.078,20	1.437,60	2.695,50	3.594,00
950	1 822	91,10	182,20	273,30	546,60	911,00	1.093,20	1.457,60	2.733,00	3.644,00
1 000	1 843	92,15	184,30	276,45	552,90	921,50	1.105,80	1.474,40	2.764,50	3.686,00
2 000 je ha	1,69 mehr	0,08	0,17	0,25	0,51	0,85	1,01	1,35	2,54	3,38
3 000 je ha	1,53 mehr	0,08	0,15	0,23	0,46	0,77	0,92	1,22	2,30	3,06
4 000 je ha	1,38 mehr	0,07	0,14	0,21	0,41	0,69	0,83	1,10	2,07	2,76
5 000 je ha	1,22 mehr	0,06	0,12	0,18	0,37	0,61	0,73	0,98	1,83	2,44
6 000 je ha	1,07 mehr	0,05	0,11	0,16	0,32	0,54	0,64	0,86	1,61	2,14

Landwirtschaftliche Tabelle (ab 1.7.2025)

(Teil a – Betriebsfläche)

(**Anlage 4 der StBVV (BGBl. I 2025 Nr. 105 = BStBl I 2025, 1009**), redaktionell ergänzt um Bruchteilsgebührenwerte)

Betriebsfläche bis … Hektar	Volle Gebühr (10/10) Euro	Bruchteilsgebühr in € 1/20	1/10	3/20	3/10	5/10	6/10	8/10	15/10	20/10
7 000 je ha	0,92 mehr	0,05	0,09	0,14	0,28	0,46	0,55	0,74	1,38	1,84
8 000 je ha	0,76 mehr	0,04	0,08	0,11	0,23	0,38	0,46	0,61	1,14	1,52
9 000 je ha	0,60 mehr	0,03	0,06	0,09	0,18	0,30	0,36	0,48	0,90	1,20
10 000 je ha	0,46 mehr	0,02	0,05	0,07	0,14	0,23	0,28	0,37	0,69	0,92
11 000 je ha	0,30 mehr	0,02	0,03	0,05	0,09	0,15	0,18	0,24	0,45	0,60
12 000 je ha	0,16 mehr	0,01	0,02	0,02	0,05	0,08	0,10	0,13	0,24	0,32
ab 12 000 je ha	0,16 mehr	0,01	0,02	0,02	0,05	0,08	0,10	0,13	0,24	0,32

Landwirtschaftliche Tabelle (ab 01.07.2025)

(Teil b – Jahresumsatz)

(**Anlage 4 der StBVV (BGBl. I 2020 Nr. 105 = BStBl I 2025, 1009)**, redaktionell ergänzt um Bruchteilsgebührenwerte)

Jahresumsatz i. S. v. § 39 Abs. 5 bis ... Euro	Volle Gebühr (10/10) Euro	Bruchteilsgebühr in € 1/20	1/10	3/20	3/10	5/10	6/10	8/10	15/10	20/10
40 000	384	19,20	38,40	57,60	115,20	192,00	230,40	307,20	576,00	768,00
42 500	403	20,15	40,30	60,45	120,90	201,50	241,80	322,40	604,50	806,00
45 000	422	21,10	42,20	63,30	126,60	211,00	253,20	337,60	633,00	844,00
47 500	442	22,10	44,20	66,30	132,60	221,00	265,20	353,60	663,00	884,00
50 000	459	22,95	45,90	68,85	137,70	229,50	275,40	367,20	688,50	918,00
55 000	497	24,85	49,70	74,55	149,10	248,50	298,20	397,60	745,50	994,00
60 000	533	26,65	53,30	79,95	159,90	266,50	319,80	426,40	799,50	1.066,00
65 000	571	28,55	57,10	85,65	171,30	285,50	342,60	456,80	856,50	1.142,00
70 000	605	30,25	60,50	90,75	181,50	302,50	363,00	484,00	907,50	1.210,00
75 000	642	32,10	64,20	96,30	192,60	321,00	385,20	513,60	963,00	1.284,00
80 000	678	33,90	67,80	101,70	203,40	339,00	406,80	542,40	1.017,00	1.356,00
85 000	713	35,65	71,30	106,95	213,90	356,50	427,80	570,40	1.069,50	1.426,00
90 000	748	37,40	74,80	112,20	224,40	374,00	448,80	598,40	1.122,00	1.496,00
95 000	782	39,10	78,20	117,30	234,60	391,00	469,20	625,60	1.173,00	1.564,00
100 000	817	40,85	81,70	122,55	245,10	408,50	490,20	653,60	1.225,50	1.634,00
105 000	850	42,50	85,00	127,50	255,00	425,00	510,00	680,00	1.275,00	1.700,00
110 000	883	44,15	88,30	132,45	264,90	441,50	529,80	706,40	1.324,50	1.766,00
115 000	918	45,90	91,80	137,70	275,40	459,00	550,80	734,40	1.377,00	1.836,00
120 000	951	47,55	95,10	142,65	285,30	475,50	570,60	760,80	1.426,50	1.902,00
125 000	983	49,15	98,30	147,45	294,90	491,50	589,80	786,40	1.474,50	1.966,00
130 000	1 017	50,85	101,70	152,55	305,10	508,50	610,20	813,60	1.525,50	2.034,00
135 000	1 048	52,40	104,80	157,20	314,40	524,00	628,80	838,40	1.572,00	2.096,00
140 000	1 081	54,05	108,10	162,15	324,30	540,50	648,60	864,80	1.621,50	2.162,00
145 000	1 114	55,70	111,40	167,10	334,20	557,00	668,40	891,20	1.671,00	2.228,00
150 000	1 146	57,30	114,60	171,90	343,80	573,00	687,60	916,80	1.719,00	2.292,00
155 000	1 178	58,90	117,80	176,70	353,40	589,00	706,80	942,40	1.767,00	2.356,00
160 000	1 209	60,45	120,90	181,35	362,70	604,50	725,40	967,20	1.813,50	2.418,00
165 000	1 242	62,10	124,20	186,30	372,60	621,00	745,20	993,60	1.863,00	2.484,00
170 000	1 273	63,65	127,30	190,95	381,90	636,50	763,80	1.018,40	1.909,50	2.546,00
175 000	1 304	65,20	130,40	195,60	391,20	652,00	782,40	1.043,20	1.956,00	2.608,00
180 000	1 336	66,80	133,60	200,40	400,80	668,00	801,60	1.068,80	2.004,00	2.672,00
185 000	1 366	68,30	136,60	204,90	409,80	683,00	819,60	1.092,80	2.049,00	2.732,00
190 000	1 397	69,85	139,70	209,55	419,10	698,50	838,20	1.117,60	2.095,50	2.794,00
195 000	1 428	71,40	142,80	214,20	428,40	714,00	856,80	1.142,40	2.142,00	2.856,00
200 000	1 459	72,95	145,90	218,85	437,70	729,50	875,40	1.167,20	2.188,50	2.918,00

Landwirtschaftliche Tabelle (ab 01.07.2025)

(Teil b – Jahresumsatz)

(Anlage 4 der StBVV (BGBl. I 2020 Nr. 105 = BStBl I 2025, 1009), redaktionell ergänzt um Bruchteilsgebührenwerte)

Jahresumsatz i. S. v. § 39 Abs. 5 bis ... Euro	Volle Gebühr (10/10) Euro	Bruchteilsgebühr in €								
		1/20	1/10	3/20	3/10	5/10	6/10	8/10	15/10	20/10
205 000	1 490	74,50	149,00	223,50	447,00	745,00	894,00	1.192,00	2.235,00	2.980,00
210 000	1 520	76,00	152,00	228,00	456,00	760,00	912,00	1.216,00	2.280,00	3.040,00
215 000	1 550	77,50	155,00	232,50	465,00	775,00	930,00	1.240,00	2.325,00	3.100,00
220 000	1 580	79,00	158,00	237,00	474,00	790,00	948,00	1.264,00	2.370,00	3.160,00
225 000	1 611	80,55	161,10	241,65	483,30	805,50	966,60	1.288,80	2.416,50	3.222,00
230 000	1 640	82,00	164,00	246,00	492,00	820,00	984,00	1.312,00	2.460,00	3.280,00
235 000	1 670	83,50	167,00	250,50	501,00	835,00	1.002,00	1.336,00	2.505,00	3.340,00
240 000	1 699	84,95	169,90	254,85	509,70	849,50	1.019,40	1.359,20	2.548,50	3.398,00
245 000	1 728	86,40	172,80	259,20	518,40	864,00	1.036,80	1.382,40	2.592,00	3.456,00
250 000	1 755	87,75	175,50	263,25	526,50	877,50	1.053,00	1.404,00	2.632,50	3.510,00
255 000	1 785	89,25	178,50	267,75	535,50	892,50	1.071,00	1.428,00	2.677,50	3.570,00
260 000	1 815	90,75	181,50	272,25	544,50	907,50	1.089,00	1.452,00	2.722,50	3.630,00
265 000	1 842	92,10	184,20	276,30	552,60	921,00	1.105,20	1.473,60	2.763,00	3.684,00
270 000	1 871	93,55	187,10	280,65	561,30	935,50	1.122,60	1.496,80	2.806,50	3.742,00
275 000	1 898	94,90	189,80	284,70	569,40	949,00	1.138,80	1.518,40	2.847,00	3.796,00
280 000	1 926	96,30	192,60	288,90	577,80	963,00	1.155,60	1.540,80	2.889,00	3.852,00
285 000	1 953	97,65	195,30	292,95	585,90	976,50	1.171,80	1.562,40	2.929,50	3.906,00
290 000	1 980	99,00	198,00	297,00	594,00	990,00	1.188,00	1.584,00	2.970,00	3.960,00
295 000	2 008	100,40	200,80	301,20	602,40	1.004,00	1.204,80	1.606,40	3.012,00	4.016,00
300 000	2 034	101,70	203,40	305,10	610,20	1.017,00	1.220,40	1.627,20	3.051,00	4.068,00
305 000	2 060	103,00	206,00	309,00	618,00	1.030,00	1.236,00	1.648,00	3.090,00	4.120,00
310 000	2 086	104,30	208,60	312,90	625,80	1.043,00	1.251,60	1.668,80	3.129,00	4.172,00
315 000	2 110	105,50	211,00	316,50	633,00	1.055,00	1.266,00	1.688,00	3.165,00	4.220,00
320 000	2 136	106,80	213,60	320,40	640,80	1.068,00	1.281,60	1.708,80	3.204,00	4.272,00
325 000	2 160	108,00	216,00	324,00	648,00	1.080,00	1.296,00	1.728,00	3.240,00	4.320,00
330 000	2 186	109,30	218,60	327,90	655,80	1.093,00	1.311,60	1.748,80	3.279,00	4.372,00
335 000	2 209	110,45	220,90	331,35	662,70	1.104,50	1.325,40	1.767,20	3.313,50	4.418,00
340 000	2 233	111,65	223,30	334,95	669,90	1.116,50	1.339,80	1.786,40	3.349,50	4.466,00
345 000	2 257	112,85	225,70	338,55	677,10	1.128,50	1.354,20	1.805,60	3.385,50	4.514,00
350 000	2 278	113,90	227,80	341,70	683,40	1.139,00	1.366,80	1.822,40	3.417,00	4.556,00
355 000	2 302	115,10	230,20	345,30	690,60	1.151,00	1.381,20	1.841,60	3.453,00	4.604,00
360 000	2 325	116,25	232,50	348,75	697,50	1.162,50	1.395,00	1.860,00	3.487,50	4.650,00
365 000	2 346	117,30	234,60	351,90	703,80	1.173,00	1.407,60	1.876,80	3.519,00	4.692,00
370 000	2 368	118,40	236,80	355,20	710,40	1.184,00	1.420,80	1.894,40	3.552,00	4.736,00
375 000	2 390	119,50	239,00	358,50	717,00	1.195,00	1.434,00	1.912,00	3.585,00	4.780,00

Landwirtschaftliche Tabelle (ab 01.07.2025)

(Teil b – Jahresumsatz)

(**Anlage 4 der StBVV (BGBl. I 2020 Nr. 105 = BStBl I 2025, 1009)**, redaktionell ergänzt um Bruchteilsgebührenwerte)

Jahresumsatz i. S. v. § 39 Abs. 5 bis ... Euro	Volle Gebühr (10/10) Euro	Bruchteilsgebühr in € 1/20	1/10	3/20	3/10	5/10	6/10	8/10	15/10	20/10
380 000	2 404	120,20	240,40	360,60	721,20	1.202,00	1.442,40	1.923,20	3.606,00	4.808,00
385 000	2 432	121,60	243,20	364,80	729,60	1.216,00	1.459,20	1.945,60	3.648,00	4.864,00
390 000	2 452	122,60	245,20	367,80	735,60	1.226,00	1.471,20	1.961,60	3.678,00	4.904,00
395 000	2 472	123,60	247,20	370,80	741,60	1.236,00	1.483,20	1.977,60	3.708,00	4.944,00
400 000	2 492	124,60	249,20	373,80	747,60	1.246,00	1.495,20	1.993,60	3.738,00	4.984,00
410 000	2 531	126,55	253,10	379,65	759,30	1.265,50	1.518,60	2.024,80	3.796,50	5.062,00
420 000	2 569	128,45	256,90	385,35	770,70	1.284,50	1.541,40	2.055,20	3.853,50	5.138,00
430 000	2 609	130,45	260,90	391,35	782,70	1.304,50	1.565,40	2.087,20	3.913,50	5.218,00
440 000	2 645	132,25	264,50	396,75	793,50	1.322,50	1.587,00	2.116,00	3.967,50	5.290,00
450 000	2 682	134,10	268,20	402,30	804,60	1.341,00	1.609,20	2.145,60	4.023,00	5.364,00
460 000	2 718	135,90	271,80	407,70	815,40	1.359,00	1.630,80	2.174,40	4.077,00	5.436,00
470 000	2 752	137,60	275,20	412,80	825,60	1.376,00	1.651,20	2.201,60	4.128,00	5.504,00
480 000	2 787	139,35	278,70	418,05	836,10	1.393,50	1.672,20	2.229,60	4.180,50	5.574,00
490 000	2 817	140,85	281,70	422,55	845,10	1.408,50	1.690,20	2.253,60	4.225,50	5.634,00
500 000	2 848	142,40	284,80	427,20	854,40	1.424,00	1.708,80	2.278,40	4.272,00	5.696,00
vom Mehrbetrag über 500 000 Euro je angefangene 50 000 Euro	165	8,25	16,50	24,75	49,50	82,50	99,00	132,00	247,50	330,00

Tabelle E Rechtsanwaltsvergütungstabelle

Anlage 2 (Zu § 13 Absatz 1 Satz 3 RVG), BGBl. I 2025 Nr. 109

Gegenstandswert bis … €	Gebühr … €	Gegenstandswert bis … €	Gebühr … €
500	51,50	50 000	1 357,00
1 000	93,00	65 000	1 456,50
1 500	134,50	80 000	1 556,00
2 000	176,00	95 000	1 655,50
3 000	235,50	110 000	1 755,00
4 000	295,00	125 000	1 854,50
5 000	354,50	140 000	1 954,00
6 000	414,00	155 000	2 053,50
7 000	473,50	170 000	2 153,00
8 000	533,00	185 000	2 252,50
9 000	592,50	200 000	2 352,00
10 000	652,00	230 000	2 492,00
13 000	707,00	260 000	2 632,00
16 000	762,00	290 000	2 772,00
19 000	817,00	320 000	2 912,00
22 000	872,00	350 000	3 052,00
25 000	927,00	380 000	3 192,00
30 000	1 013,00	410 000	3 332,00
35 000	1 099,00	440 000	3 472,00
40 000	1 185,00	470 000	3 612,00
45 000	1 271,00	500 000	3 752,00

Stichwortverzeichnis

Die Ziffern des Stichwortverzeichnisses verweisen auf die Randziffern.

C

E

H

S

U